2022

BEIJING EDUCATION YEARBOOK

北京教育年鉴

北京市教育委员会　编

北京出版集团
北 京 出 版 社

图书在版编目（CIP）数据

北京教育年鉴. 2022 / 北京市教育委员会编. — 北京：北京出版社，2022.12
ISBN 978-7-200-17421-2

Ⅰ. ①北… Ⅱ. ①北… Ⅲ. ①教育事业 — 北京 — 2022 — 年鉴 Ⅳ. ① G527.1-54

中国版本图书馆 CIP 数据核字（2022）第 174174 号

责任编辑：王　晶
责任印制：承伯平

北京教育年鉴　2022
BEIJING JIAOYU NIANJIAN　2022
北京市教育委员会　编
*
北京出版集团
北京出版社　出版
（北京北三环中路 6 号）
邮政编码：100120

网址：www.bph.com.cn
北京出版集团总发行
北京天恒嘉业印刷有限公司印刷
*
210 毫米 ×285 毫米　49.5 印张　1856 千字
2022 年 12 月第 1 版　2022 年 12 月第 1 次印刷

ISBN 978-7-200-17421-2
定价：200.00 元

北京教育年鉴编纂委员会（2022）

主　　任　张　革　刘宇辉

副 主 任　李　奕　沈千帆　曹文军　张永凯　孙其军　柳长安　丁大伟　王定东（常务）　葛巨众

常务委员（按姓氏笔画排序）

马千里　王力志　王建辉　王艳霞　刘　霄　刘忠心　刘新军　杨江林　吴　洁　张树刚　庞成立　赵长顺　聂　荣　徐建姝　郭春彦　寇红江　魏旭斌

委　　员（按姓氏笔画排序）

王　栋　史晓河　杜建峰　李善廷　杨志强　吴雅星　邹美凤　冷传才　宋晓辉　张凤华　张宪国　张晓玲　武怀海　范忠伟　庞　谦　赵学智　胡　靖　姚林修　陶春梅　潘芳芳

《北京教育年鉴》（2022）工作人员名录

主　　编　赵长顺

执行主编　华　蕾

副 主 编　张晓兰

责任编辑（按姓氏笔画排序）

仪修宪　华　蕾　孙晓楠　张　楠　张晓兰　胡　雨　曾　婷

特约编辑（按姓氏笔画排序）

丁兆博　于　点　于平波　马亚莉　马晓梅　马甜甜　马嘉悦　王　希　王　雨

王　岩　王　亮　王　莉　王　敏　王　琴　王　雁　王　磊　王　薇　王小夕

王元锴　王长兴　王玉江　王卉乔　王宇航　王玢玢　王佳琦　王彦彦　王振华

王钰璋　王海杰　王媛媛　王新辉　王黎黎　方　卫　邓　鸿　石　燕　石金生

叶天琦　申　珊　申　政　史玉婷　付　佳　付　震　付婉宁　冯香春　巩增芳

朴悦嘉　师　昊　朱　天　朱　甜　朱珅跃　乔　永　任婉君　向姣姣　刘　侠

刘　欣　刘　莹　刘　晖　刘　雯　刘书峰　刘纪江　刘建华　刘爱枫　刘家杰

刘梦龙　刘新红　齐佳兵　江瑾尧　汤　澄　孙一淞　孙文玥　孙田田　孙亚茹

孙莉娜　孙桂凤　苏隆中　李　安　李　玥　李　萌　李士新　李玉娥　李明海

李佳琦　李治建　李冠宁　李媛媛　李婷婷　李新影　李静静　杨　一　杨　旭

杨　恬　杨　硕　杨　蓉　杨　蕻　杨伟丽　杨威威　杨莉锋　杨晓靖　杨海红

杨海蓉　肖　娜　肖　勇　肖婧怡　吴　静　吴天宇　吴玉仙　吴金柯　何其锋

何新潮　邹　翔　沈柳莺　宋　佳　宋亚甫　宋宇杰　宋慧宇　张　明　张　冼

张　源　张　静　张一帆　张子琎　张琬琦　张棣滢　张瑞婷　陈　怡　陈　萌

陈飞飞　陈泉廷　陈彦旭　武　晔　罗　芳　罗克东　岳　鹏　周　敏　周东妹

周晓宇　周翊兰　单　伟　赵　蕊　赵文强　赵希传　赵明丽　胡军伟　相　京

段晓萌　祝　欣　胥丹丹　贺　捷　贺红梅　贺雪莹　聂冯接　顾　盼　钱多多

钱进军　钱浩君　倪永娟　徐　荧　徐聪颖　凌　晨　高　杰　高　爽　高亚斌

郭　佳　郭奇琦　唐　明　黄　超　黄少卿　蒋　婧　韩丹丹　程诗惠　焦　隆

綦金秋　楚艳红　阚四进　霍绪艳

1997

1997 年起，逐年编纂

2022

编辑说明

EDITOR'S NOTE

一、《北京教育年鉴》是一部大型专业性资料工具书。在中共北京市委教育工委、北京市教委领导下，由北京市教育档案馆（北京教育博物馆）主持编纂。本年鉴始终坚持以马克思列宁主义、毛泽东思想、邓小平理论、“三个代表”重要思想、科学发展观、习近平新时代中国特色社会主义思想为指导，遵循实事求是的原则，科学、客观地反映北京教育事业发展的实际情况。

二、本年鉴以文章和条目为基本体裁，条目为主，使用规范的语体文、记述体，直陈其事，文字力求言简意赅。文前配有彩色图片，文内配有彩色随文图片，文后附有索引。索引由条目主题词、随文图片、随文表格、单位名称、人名索引五部分组成。

三、本年鉴从 1997 年开始逐年编纂。当年出版的年鉴，记述上一年内北京教育事业各个方面发生的新情况，为领导决策提供依据，为教育规划发展提供资料，为国内外各方面人士了解、研究北京教育事业提供最新的信息。自 2017 年起，本年鉴以正式出版的年鉴版本、《北京教育年鉴简本》和《北京教育年鉴》网络版（njzypt.jyzh.cn）三个版本呈现，各有侧重。

四、本年鉴除记述北京市属教育部门情况外，对北京行政区划内中央部委所属各级各类教育单位的情况也作全面记述，力求反映北京教育事业发展全貌。

五、2022 卷年鉴按教育管理、教育教学、教育服务支撑三大系统布局结构，采用分类编纂法，设北京教育总述、年度关注、大事记、首都教育系统庆祝中国共产党成立 100 周年、学前教育、基础教育、普通高等教育、职业与继续教育、民办教育、德育体育美育劳育、党的工作、综合管理、教育督导、科学研究、师资建设、学生管理、招生与考试、交流与合作、京津冀教育协同发展、各区教育、市教委直属单位、社会团体、人物、专文与纪实、文献、调研报告、统计表、附录 28 个类目。

六、本年鉴附录部分通过图表记述北京行政区划内教育事业发展基本情况，便于读者查询相关信息。

七、本年鉴收录单位在收录时限内更名的，以原名称为正名，新名称用括号附在正名后。由于版面限制，年鉴中出现的国务院和北京市行政机构原则上使用规范简称，彩色插页和随文图片的说明使用各单位的规范简称，具体见附录“部分单位全称简称对照表”。

八、本年鉴收录的部分领导的职务在大事记中首次出现时予以注明，其他地方直书其名。

九、本年鉴收录北京各级教育行政部门主要负责人名录，所列均以 2021 年内任职为限，其中任免情况分别予以注明。

十、本年鉴收录的文章、条目和图片均由各级教育行政部门和各级各类教育单位专人提供，并经部门和单位主要负责人审核。北京市教育事业统计资料由北京市教委发展规划处提供。

十一、本年鉴记述货币名称中，人民币直书“元”，其他货币采用通用名称。

十二、本年鉴涉及各项年度数据以 2021 年 12 月 31 日为统计口径，其他非年度数据以统计部门或业务主管部门的统计口径为准。

十三、本年鉴反映 2021 年 1 月 1 日至 12 月 31 日期间情况（部分内容依据实际情况时限向前略有延伸）。

十四、本年鉴增设“勘误”，对 2017 卷至 2021 卷年鉴中发现的错误进行更正。

Editor's Note

1. Beijing Education Yearbook is a large-scale specialized reference book. It is compiled by Beijing Municipal Education Archives (Beijing Education Museum) under the guidance of the Education Commission of CPC Beijing Municipal Committee and Beijing Municipal Education Commission. Its compilation is always guided by Marxism-Leninism, Mao Zedong Thought, Deng Xiaoping Theory, the important thought of Three Represents, the Scientific Outlook on Development and Xi Jinping Thought on Socialism with Chinese Characteristics for a New Era, and also follows the principle of seeking truth from facts to reflect the actual developments of Beijing education scientifically and objectively.

2. With articles and entries as the primary literature type, this Yearbook mainly consists of entries. It uses narratives to present straightly and make efforts to be concise and comprehensive. There are colorful pictures both before and in articles. The indexes of keywords, pictures, tables, units, and names of people are at the end of the articles.

3. This Yearbook has been published annually since 1997. Each yearbook records the previous year's new development of Beijing education , which offers references for decision-making and information for educational planning and development. In addition, it also helps people from both home and abroad to understand and do research on Beijing education. Since 2017, this Yearbook has been presented in three versions: the officially published yearbook version, the Brief Edition of the Beijing Education Yearbook, and the online edition of the Beijing Education Yearbook（njzypt.jyzh.cn）, and the contents of them are emphasized differently.

4. This Yearbook embodies the panorama of Beijing education, which includes educational departments directly under Beijing Municipal and all kinds of educational units at all levels under the ministries and commissions in Beijing.

5. The 2022 Yearbook was compiled by categories, which has three major sections: education management, Teaching, and Education service. It contains 28 categorically codified categories, including Summary of Beijing Education, Annual Concern, Chronicle, Capital Education System Celebrating The 100th Anniversary of the Founding of CPC, Preschool Education, Elementary Education, Higher Education, Vocational and Further Education, Non-Government Education, Moral Physical Aesthetic and Labor Education, Party Work, Integrated Management, Education Supervision, Scientific Research, Teaching Workforce, Students Management, Enrollment and Examination, Communication and Cooperation, Beijing-Tianjin-Hebei Education Coordinated Development, Education in Districts, Directly Affiliated Institutions to the Education Commission of CPC

Beijing Municipal Committee and Beijing Municipal Education Commission, Social Group, Personage, Special Articles And Documentary, Documents, Research Reports, Statistics, and Appendix.

6. For readers' convenience, the appendix section uses charts to indicate the overall situation of education development in different districts of Beijing.

7. In this Yearbook, those working units which have changed their names during the editing period would still be referred to as their primitive names with the new names in the following brackets. Due to layout limitations, abbreviations are used in referring to Party and government organizations in the yearbook. Abbreviations are used in referring to the name of the organizations in captions of the color images. Details can be found in the Full name & Abbreviation table of some organizations in Appendix.

8. Some leaders' titles are indicated only when they appear for the first time in the Chronicle in this Yearbook, and will not repeat in other situations.

9. This Yearbook contains a list of chief leaders of Beijing Educational Administrative sections at various levels, all of whom held positions in 2021, and the appointment and dismissal are noted separately.

10. All the articles, entries, and pictures in this yearbook are provided by specialized staff from all types of educational administrative sections and examined carefully by their chief managers. The Statistical Material of Beijing Education is provided by the Development Planning Department of Beijing Municipal Education Committee.

11. In terms of the currency in this yearbook, RMB is referred to as Yuan, and the common names are used in referring to other currencies.

12. Annual statistics involved in this yearbook take the statistical criteria of December 31, 2021; other non-annual statistics are taken from statistical or operating departments.

13. This Yearbook describes educational events between January 1, 2021, and December 31, 2021. Some of its contents may date back a bit according to practical circumstances.

14. This Yearbook has added the errata for Beijing Education Yearbooks from 2017 to 2021.

党建引领 ADVANCES UNDER PARTY BUILDING

01 3 月 30 日，市委教育工委、市教委召开 2021 年北京教育系统全面从严治党工作会议暨警示教育大会 （新闻中心　供）

02 3 月 31 日，市委教育工委举办“首都百万师生同上一堂党史课”网络公开课启动仪式暨首场报告会 （新闻中心　供）

03 3 月 29 日，市委教育工委召开“永远跟党走”主题教育活动动员推进大会 （新闻中心　供）

改革创新 REFORM AND INNOVATION

01 2021 年，北京市继续推进义务教育优质均衡发展。图为 9 月 2 日，中关村二小科学城北区分校、幼儿园举行落成仪式暨开学、开园典礼

（中关村二小　供）

02 2021 年，市教委推进义务教育体育与健康考核。图为 5 月，西城区初中学业水平考试体育测试现场　（教育考试院　供）

03 2021 年，市教委调整完善校方责任保险保障方案，将课后服务和校园课外体育锻炼等扩充到保险范围。图为十一学校一分校学生开展课后体育活动

（十一学校一分校　供）

04 2021 年，市教委加强和改进新时代学校美育工作。图为门楼中心小学学生社团——“中国鼓”排练　（门楼中心小学　供）

05 2021 年，北京中小学开展冰雪运动进校园及奥林匹克教育。图为 4 月 13 日至 20 日，景山学校大兴实验学校开展冰雪嘉年华活动

（景山学校大兴实验学校　供）

01 2021 年，北京教育“十四五”规划发布，提出要持续疏解中心城区部分教育功能。图为竣工后的中央财大沙河校区 C8 地块教学楼、教学服务楼竣工 （中央财大　供）

02 2021 年，北京市继续推进思政课改革创新。图为 3 月 27 日，中国音乐学院“中国乐派 8+1、思政+X”课程体系建设学术研讨会授课展示 （中国音乐学院　供）

03 2021 年，北京大中小学推进劳动教育。图为 9 月 23 日，北京联大学生在门头沟区清水镇下清水村劳动教育实践基地掐藜麦 （北京联大　供）

04 2021 年，市委教育工委市教委所属事业单位改革，其中北京学生活动管理中心更名为北京市少年宫。图为 7 月 13 日至 17 日，市少年宫开展体育研学实践活动 （市少年宫　供）

教育“双减” EDUCATIONAL DOUBLE REDUCTION POLICY

01 4月21日，大兴区迎接市级“双减”工作调研（北京小学大兴分校 供）

02 6月19日，朝阳区教委检查培训机构公示栏（朝阳区教委 供）

03 10月21日，市委教育工委“双减”工作宣讲走进怀柔（怀柔区教委 供）

04 12月29日，市委教育工委、市教委举办市领导“双减”课题研讨会暨结项会（新闻中心 供）

05 2021年，昌平实验二小落实“双减”“311”体育课堂展示（昌平实验二小 供）

06 2021年，丰台区“小学生核心素养培养研究”联盟校开展落实“双减”要求课堂教学交流活动（首师大附属云岗小学 供）

07 12月2日，燕山星城小学落实“双减”要求，提高课堂教学质量（燕山星城小学 供）

08 10月29日，房山区召开中小学“双减”工作专项推进会（房山区教委 供）

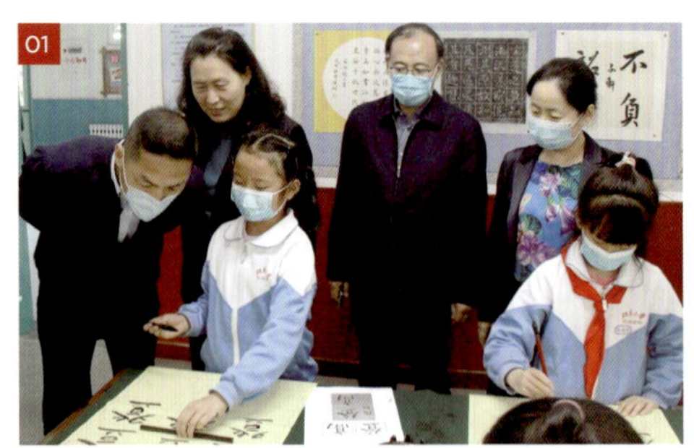

东城区

延庆区

经开区

海淀区

2021 年，北京市中小学课后服务实现全面覆盖，质量得到有效保障。各区各校“一校一案”制订课后服务方案，92.7% 的学校开展文艺体育类活动，88.3% 的学校开展阅读类活动，87.3% 的学校开展科普、兴趣小组和社团活动。

石景山区

平谷区

西城区

密云区

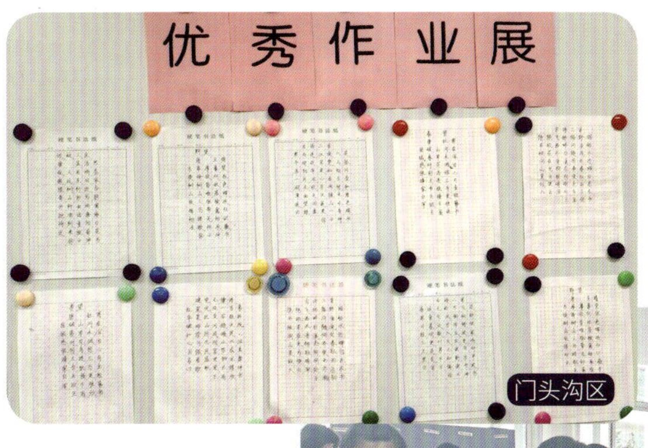

门头沟区

作业布置与管理的探索形成模式，学生作业负担有效降低。82.9% 的家长认为与“双减”之前相比，学生作业“减负”的实际效果明显。

通州区

顺义区

人才培养 TALENT CULTIVATION

学前教育

01 3月20日，市教委、市政府教育督导室开展办园质量督导评估 （市教委相关处室 供）

02 4月25日，三里屯幼儿园开展“交通童行·交警陪伴”交通安全体验日活动 （三里屯幼儿园 供）

03 6月10日，怀柔四幼举办学生割麦子活动 （怀柔四幼 供）

01 10月9日，经开区社会事业局举办首届中小学生运动会（经开区社会事业局 供）

02 10月13日，怀柔三小学区开展“双师课堂”互动活动（怀柔三小 供）

03 10月13日，昌平职校为昌平区小学五年级学生提供劳动教育课程（昌平职校 供）

04 10月30日至31日，安定镇中心小学开展3～11岁学生新冠疫苗接种工作（安定镇中心小学 供）

05 12月17日，北师大燕化附中开展学习《习近平新时代中国特色社会主义思想学生读本》（高中）系列活动（北师大燕化附中 供）

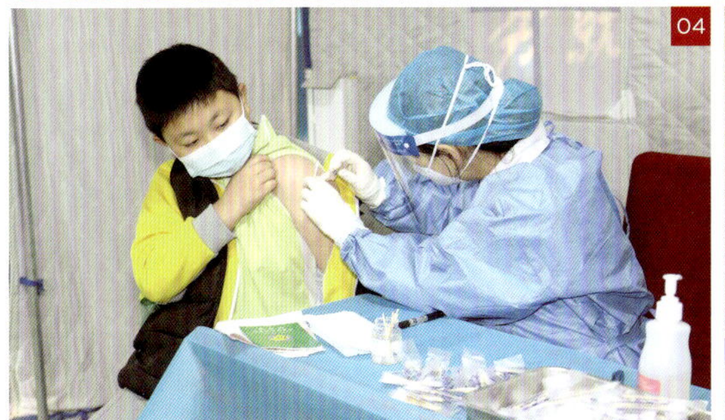

高等教育

01 5月8日，中央第六巡视组巡视北大党委工作动员会召开 （北大 供）

02 5月18日，戏剧学院舞剧系学生在第四届世界戏剧教育大会上表演《相和歌》（戏剧学院 供）

03 6月25日，北科大与华为技术有限公司举办“智能基座”产教融合协同育人基地签约仪式 （北科大 供）

04 9月，北航2021级研究生迎新 （北航 供）

05 4月25日，清华举办建校110周年校庆联欢晚会 （清华 供）

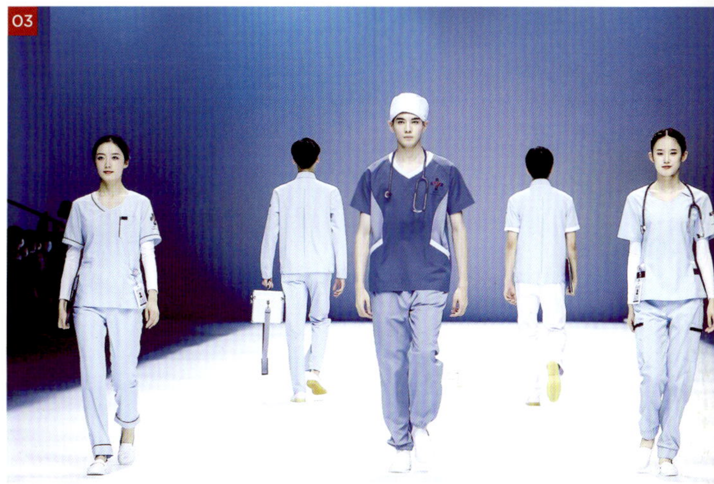

高等教育

01 6月11日，石化学院新食堂启用
（石化学院　供）

02 2021年，市属高校推进人才强教。图为北工大青年教学名师黄秋梅为学生课后讲解
（北工大　供）

03 9月11日，北服与迪尚集团研发设计的医护服装在中国国际时装周上发布（北服　供）

04 7月6日，信息科大召开第三次党代会
（信息科大　供）

05 12月16日，北京国际奥林匹克学院在首体院揭牌（首体院　供）

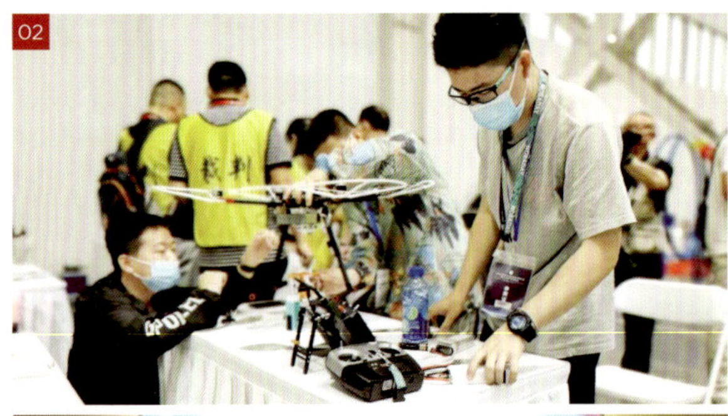

职业与继续教育

01 6月6日，黄庄职高为京源学校学生提供劳动教育实践课程（黄庄职高 供）

02 6月9日，交通职院参加全国无人机创新技能大赛创新设计赛项（交通职院 供）

03 7月6日，北京老年开放大学“百千万智慧助老”公益行动启动（北开大 供）

04 9月3日，教育部中外语言交流合作中心与北工职院合作共建“中文+职业技能”教育实践与研究基地启动（北工职院 供）

05 9月22日至29日，市教委开展《北京市职业院校教学管理通则》培训（市教委相关处室 供）

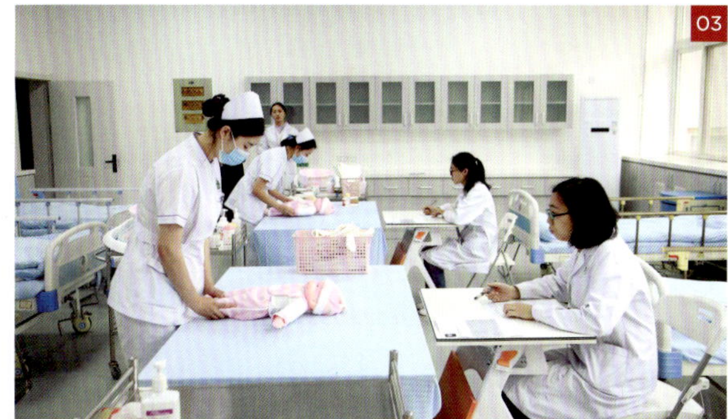

01 3月31日，牛栏山一中实验学校劳动课程启动
（牛栏山一中实验学校　供）

02 4月2日，幸福童年幼儿园幼儿上趣味篮球特色课　（幸福童年幼儿园　供）

03 5月15日，北大方正软件学院学生参加“1+X”母婴护理职业技能等级证书操作考试
（北大方正软件学院　供）

04 7月6日，北科院航空与服务学院客舱服务课程
（北科院　供）

人才强教 STRENGTHENING EDUCATION THROUGH TALENTS

01 3 月 31 日，第三届北京市“紫禁杯”优秀班主任工作室成果展示交流活动暨第四届工作室启动仪式举行　　（北京教科院　供）

02 8 月 27 日，2021 年北京市中小学教师专场招聘会举办　　（就业创业指导中心　供）

03 8 月 31 日，北京市教师发展中心挂牌　　（教育学院　供）

04 9 月 29 日，北京市中小学新任教师第五届“启航杯”教学风采展示总结交流大会召开　　（教育学院　供）

01 1月9日，北京市教师资格考试举行。图为六十五中考点现场 （新闻中心 供）

02 3月23日，怀柔实验小学骨干教师领航工程启动。图为首次骨干教师挂牌课 （怀柔实验小学 供）

03 3月至11月，实验职校开展骨干教师教育教学引领示范活动 （实验职校 供）

04 11月23日，燕山教委举办第四届“燕翔杯”幼儿骨干教师优课展示活动 （燕山东风幼儿园 供）

科学研究 SCIENTIFIC RESEARCH

科研成果

01 10月14日18时51分，由北航牵头开展的亚太空间合作组织大学生小卫星—1（APSCO-SSS-1）在太原卫星发射中心成功发射　　（北航　供）

02 11月，北大“单壁碳纳米管的可控催化合成”获国家自然科学奖二等奖　　（北大　供）

03 12月16日，《清华大学藏战国竹简（拾壹）》发布　　（清华　供）

04 2月6日，北服修复完成的中国古代人物塑像与服饰在国家博物馆“中国古代服饰文化展”中展出　　（北服　供）

05 7月20日，国科大“太极一号”首批科学成果在《自然·天文》（Nature Astronomy）发布　　（国科大　供）

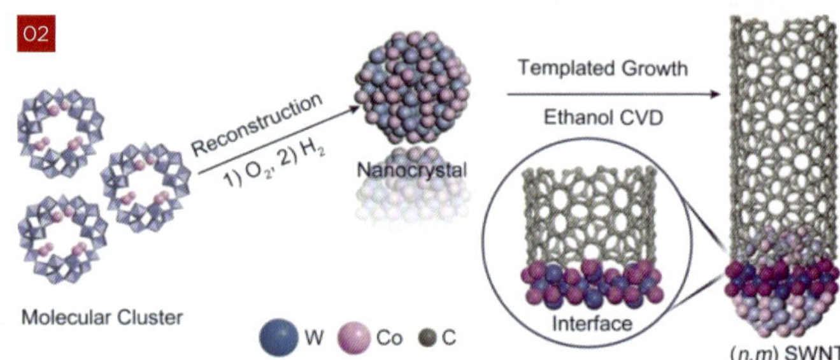

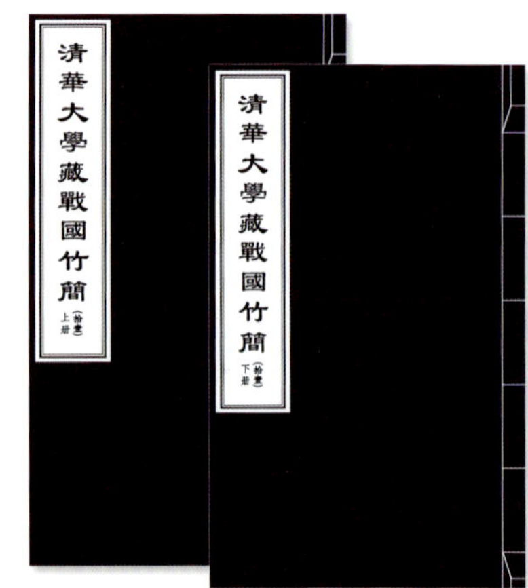

01 5月27日，职业教育新版专业目录智慧财经与数字商贸专业群建设研究课题成果发布会召开 （北财院 供）

02 6月8日，北京市特级教师工作室革命传统教育主题教学研究活动 （昌平区教委 供）

03 6月4日，首经贸举办首届课程思政教学设计大赛。图为学校体育部教师进行比赛 （首经贸 供）

04 12月27日，八一学校举办《习近平新时代中国特色社会主义思想学生读本》大中小思政一体化教学研讨活动 （八一学校 供）

05 11月26日，陈经纶中学民族分校开展九年贯通大教研组展示活动 （陈经纶中学民族分校 供）

交流与合作 COMMUNICATION AND COOPERATION

01 4月19日至24日，2021大学校长全球论坛在清华举办 （清华 供）

02 5月10日至12日，内蒙古奈曼旗第一中学干部教师到运河中学交流访问 （运河中学 供）

03 3月17日，北师大实验小学与香港友好学校开展线上交流 （北师大实验小学 供）

04 5月17日，2021京津冀专场线下招聘会举办 （人才交流中心 供）

05 9月3日至7日，国际服贸会教育服务专题展举办。图为观众体验职业教育课程（国际教育交流中心 供）

目 录

CONTENTS

学前教育

综述

保育教育

幼儿园选介

基础教育

综述

小学教育

中学教育

民族教育

特殊教育

小学选介

中学选介

民族教育学校选介

特殊教育学校选介

普通高等教育

综述

本科教育

学位与研究生教育

普通高等学校

■ 北京大学

■ 中国人民大学

职业与继续教育

综述

职业教育

继续教育

学习型城市建设

高等职业院校

■ 北京工业职业技术学院

■ 北京信息职业技术学院

■ 北京电子科技职业学院

■ 北京京北职业技术学院

■ 北京交通职业技术学院

■ 北京青年政治学院

民办教育

综述

民办教育管理

民办高等学校

■ 北京城市学院

■ 北京北大方正软件职业技术学院

■ 北京经贸职业学院

■ 北京经济技术职业学院

■ 北京汇佳职业学院

■ 北京科技经营管理学院

■ 首都师范大学科德学院

■ 北京工商大学嘉华学院

体育卫生

■ 体育

■ 学校卫生

冬季奥林匹克教育

艺术与校外教育

■ 艺术教育

■ 校外教育

■ 科技活动

劳动教育

党的工作

综述

重要活动

组织干部工作

宣传与思想政治教育

统一战线与群众工作

纪检与监察

安全稳定

离退休干部与关心下一代工作

机关党建

综合管理

综述

信息化管理

校园安全

语言文字

教育督导

综述

督政

督学

评估与监测

科学研究

综述

科研管理

科研成果

教育科学研究

教育教学研究

师资建设

综述

师德建设

师资管理

师资培训

职称评定与资格认定

学生管理

综述

学籍管理

创新创业

毕业就业

征兵工作

奖贷助学

招生与考试

综述

高级中等学校招生

普通高中学业水平合格性考试

普通高等学校招生

研究生招生

成人高等学校招生

高等教育自学考试

社会考试

交流与合作

综述

国际交流与合作

■ 友好往来

普通高等教育

职业与继续教育

各区教育

东城区

西城区

朝阳区

丰台区

石景山区

海淀区

门头沟区

密云区

延庆区

燕山地区

经开区

市委教育工委市教委直属单位

综述

单位选介

■ 北京教育科学研究院

■ 北京教育考试院

■ 北京教育融媒体中心

■ 北京教育督导评估院

社会团体

人物

先进人物

逝世人物

专文与纪实

文献

调研报告

统计表

2021—2022 学年度北京市教育事业统计资料

一、综合

二、高等教育

三、中等职业教育

附录

CONTENTS

IMPORTANT EVENTS FOR THE BEIJING EDUCATION SYSTEM TO CELEBRATE THE CENTENARY OF FOUNDING OF THE CPC

PRESCHOOL EDUCATION

SUMMARY

NURSERY EDUCATION

INTRODUCTION TO SELECTED KINDERGARTENS

ELEMENTARY EDUCATION

SUMMARY

PRIMARY SCHOOL EDUCATION

SECONDARY SCHOOL EDUCATION

ETHNIC EDUCATION

SPECIAL EDUCATION

INTRODUCTION TO SELECTED PRIMARY SCHOOLS

INTRODUCTION TO SELECTED SECONDARY SCHOOLS

INTRODUCTION TO SELECTED ETHNIC EDUCATION SCHOOLS

INTRODUCTION TO SELECTED SPECIAL EDUCATION SCHOOLS

HIGHER EDUCATION

SUMMARY

VOCATIONAL AND CONTINUING EDUCATION

SUMMARY

NON-GOVERNMENT EDUCATION

SUMMARY

MANAGEMENT OF NON-GOVERNMENT EDUCATION

INTRODUCTION TO NON-GOVERNMENT COLLEGES AND UNIVERSITIES

INTRODUCTION TO SELECTED NON-GOVERNMENT HIGHER EDUCATIONAL INSTITUTES

INTRODUCTION TO SELECTED NON-GOVERNMENT KINDERGARTENS, PRIMARY AND SECONDARY SCHOOLS

MORAL, PHYSICAL, AESTHETIC AND LABOUR EDUCATION

PARTY WORK

ENROLLMENT AND TESTING

COMMUNICATION AND COOPERATION

TONGZHOU DISTRICT

SHUNYI DISTRICT

CHANGPING DISTRICT

DAXING DISTRICT

HUAIROU DISTRICT

PINGGU DISTRICT

MIYUN DISTRICT

YANQING DISTRICT

YANSHAN REGION

ECONOMIC-TECHNOLOGICAL DEVELOPMENT AREA

DIRECTLY AFFILIATED INSTITUTIONS TO THE EDUCATION COMMISSION OF CPC BEIJING MUNICIPAL COMMITTEE AND BEIJING MUNICIPAL EDUCATION COMMISSION

SUMMARY

INTRODUCTION TO SELECTED AFFILIATED INSTITUTIONS

■ BEIJING ACADEMY OF EDUCATIONAL SCIENCES

■ BEIJING EDUCATION EXAMINATIONS AUTHORITY

■ BEIJING EDUCATION CONVERGENCE MEDIA CENTER

■ BEIJING EDUCATION SUPERVISION AND EVALUATION INSTITUTE

■ BEIJING TEACHER DEVELOPMENT CENTER

■ BEIJING DIGITAL EDUCATION CENTER (BEIJING AUDIOVISUALDUCATION CENTER)

■ BEIJING SCHOOL IDEOLOGICAL AND POLITICAL WORK CENTER

■ BEIJING STUDENTS' ACTIVITY MANAGEMENT CENTER (BEIJING CHILDREN'S PALACE 〈BEIJING YOUTH SCIENCE AND TECHNOLOGY MUSEUM/ BEIJING EDUCATION BOTANICAL GARDEN〉)

■ BEIJING EDUCATION CHRONICLE COMPILATION COMMITTEE OFFICE (BEIJING MUNICIPAL EDUCATION ARCHIVES 〈BEIJING EDUCATION MUSEUM〉)

■ BEIJING INTERNATIONAL EDUCATION EXCHANGE CENTER (HONG KONG, MACAO AND TAIWAN EDUCATION EXCHANGE CENTER OF BEIJING, BEIJING INTERNATIONAL CHINESE LANGUAGE PROMOTION CENTER)

■ BEIJING EDUCATION SERVICE CENTER (BEIJING EDUCATION GOVERNMENT AFFAIRS SERVICE CENTER)

SOCIAL GROUPS

RED CROSS SOCIETY OF CHINA BEIJING BRANCH

PERSONAGE

ADVANCED FIGURES

PERSONAGE PASSED AWAY

SPECIAL ARTICLES AND RECORDS

DOCUMENTS

RESEARCH REPORTS

STATISTICAL LIST

APPENDIX

HIGHER EDUCATION

坚持党的全面领导

“双减”工作

坚持高质量发展

坚持深化改革

坚持依法治教

2022 北京教育总述

OVERVIEW OF BEIJING EDUCATION

北京教育总述

OVERVIEW OF BEIJING EDUCATION

2021 年北京市教育事业发展情况概述

2000 所幼儿园
667 所普通中学
297 所完全中学
35 所高级中学
188 所初级中学
147 所九年一贯制学校
837 所小学
20 所特殊教育学校
6 所专门学校
109 所中等职业学校
92 所普通高等学校
18 所成人学校
15 所民办普通高校

基本情况

基础教育

北京市共有普通中学 667 所，其中完全中学 297 所、高级中学 35 所、初级中学 188 所、九年一贯制学校 147 所；中学在校生 52.57 万人、招生 18.27 万人。其中，普通高中在校生 17.61 万人、招生 6.23 万人，初中在校生 34.96 万人、招生 12.04 万人。小学 837 所，在校生 103.66 万人、招生 18.64 万人。幼儿园 2000 所，在园幼儿 56.67 万人，入园幼儿 19.02 万人。特殊教育学校 20 所，在校生 7808 人，招生 1134 人。专门学校 6 所，在校生 479 人，入校 204 人。

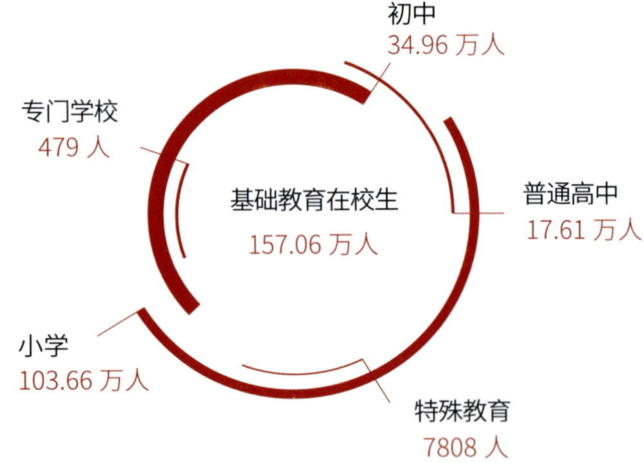

中等职业教育

北京市有中等职业学校 109 所，在校生 7.41 万人、招生 2.66 万人。其中，普通中专 29 所，在校生 3.11 万人、招生 1.00 万人；成人中专 10 所，在校生 0.43 万人、招生 0.14 万人；职业高中 44 所，在校生 1.27 万人、招生 0.51 万人，技工学校 26 所，在校生 2.61 万人、招生 1.01 万人。

另有，国家开放大学附设中职班北京校区非全日制成人中专在校生 18.00 万人，招生 17.24 万人。

研究生教育

北京市共有 59 所普通高校和 86 个科研机构培养研究生。在学研究生 41.31 万人，其中博士生 11.66 万人、硕士生 29.66 万人。招收研究生 13.93 万人。在 59 所普通高校中，中央部委所属高校 38 所，研究生在校生 33.79 万人、招生 11.14 万人；市属高校（含民办高校）21 所，研究生在校生 5.40 万人、招生 2.09 万人。

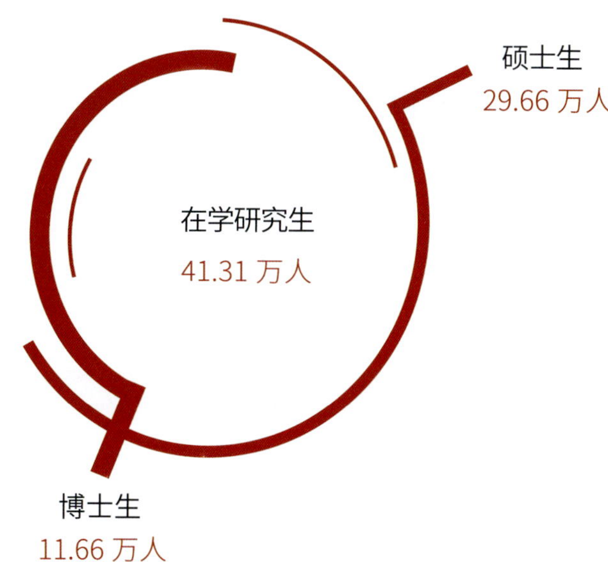

+ 0.81 万人

博士生 11.66 万人，比上年增加 0.81 万人

+ 1.85 万人

硕士生 29.66 万人，比上年增加 1.85 万人

普通本专科教育

北京市有普通高等学校 92 所。普通本专科在校生 59.58 万人，其中，普通本科在校 52.77 万人、普通专科在校生 6.80 万人；普通本专科招生 16.04 万人。在 92 所普通高校中，市属普通高校 53 所（含民办高校 15 所），普通本专科在校生 26.37 万人。

+ 1.02 万人

普通本科在校生 52.77 万人，比上年增加 1.02 万人

+ 0.11 万人

普通高校本专科招生 16.04 万人，比上年增加 0.11 万人

成人教育

北京市有独立设置成人高校 18 所，成人高等学历教育在校生 9.36 万人、招生 2.63 万人。培训机构 2198 所，注册学生 160.03 万人。

民办教育

北京市有民办普通高校 15 所。民办中学 103 所，其中完全中学 69 所、高级中学 9 所、初级中学 3 所、九年一贯制学校 22 所。中学在校生 3.30 万人、招生 1.16 万人，其中普通高中在校生 0.76 万人、招生 0.30 万人，初中在校生 2.54 万人，招生 0.85 万人。民办中等职业学校 19 所，在校生 0.09 万人、招生 0.03 万人。民办小学 49 所，在校生 4.30 万人、招生 0.69 万人。民办幼儿园 1021 所，在园幼儿 23.99 万人、入园幼儿 8.25 万人。民办职业技术培训机构 675 所，注册学生数 65.42 万人。

中外合作办教育

北京市有中外合作办科研机构 1 所，在校生 406 人、招生 129 人。普通高中 4 所，在校生 235 人、招生 92 人。幼儿园 2 所，在园幼儿 697 人、入园幼儿 209 人。职业技术培训机构 1 所，注册学生 139 人。

教育资源状况

北京市高等教育设施情况

单位：万平方米

		学校产权占地面积	学校产权校舍建筑面积	学校产权教室面积	学校产权图书馆面积	学校产权学生宿舍面积	正在施工校舍面积	非学校产权独立使用占地面积	非学校产权独立使用校舍建筑面积
普通高校	计	5504	4191	361	160	913	194	560	257
	市属	1577	1185	172	60	296	5	278	125
成人高校		73	64	12	3	13	2	37	5

北京市高等教育设备情况（学校产权）

		固定资产（万元）	教科仪器（万元）	图书（万册）	学生终端数（台）	教室（间）	网络多媒体教室（间）
普通高校	计	21692001	7217017	11859	447329	20115	14323
	市属	5950030	2256320	4350	147143	10227	6627
成人高校		337170	27483	199	4831	810	483

注：以上两个表格中市属普通高校办学条件包含民办普通高校数据

北京市基础教育设施情况

单位：万平方米

	占地面积	校舍建筑面积	教室面积	专用教室面积	公共教学用房面积
普通中学	2696.51	1741.51	295.39	211.77	274.53
小学	1446.68	796.48	226.65	91.77	126.15

北京市基础教育设备情况

	固定资产（万元）	仪器设备（万元）	数字终端（台）	图书（万册）
普通中学	5210304.16	1341549.71	375920	3216.23
小学	2521882.51	846750.09	260268	2796.93

师资队伍状况

普通高校教职工 15.44 万人，其中专任教师 7.26 万人。北京市小学教职工 6.53 万人，其中专任教师 5.90 万人，生师比 13.9∶1；普通中学教职工 9.66 万人，其中专任教师 7.68 万人，生师比 8.6∶1。

（注：部分小数点后数值按四舍五入取值，分项数据加总可能不等于总计）

（李佳琦　张晓兰）

2021 年北京教育事业发展综述

2021 年，北京市教育系统坚持以习近平新时代中国特色社会主义思想为指导，深入贯彻落实习近平总书记关于教育的重要论述和对北京重要讲话精神，全面贯彻党的教育方针，深入贯彻新发展理念，坚持稳中求进工作总基调，努力办好人民满意的教育。

坚持党的全面领导，深入贯彻落实中央和市委的决策部署

加强党对教育工作的全面领导。扎实推进习近平新时代中国特色社会主义思想“三进”。深入开展党史学习教育。教育评价改革、“双减”工作等重大教育决策，严格按程序提交市委教育工委委员会议、市委教育体制改革专项小组、市委教育工作领导小组等审议。

全力服务保障“两件大事”。发挥首都政治优势，组织 3 万余名师生参与服务保障建党百年系列庆祝活动，广大师生接受最直接、最深刻的爱国主义教育。从近 50 所高校和中小学选拔 4000 余人组建合唱团和献词团，发出“请党放心，强国有我”的时代强音。成立服务保障冬奥会工作专班，全力做好 1.4 万余名志愿者的招募、选拔、培训和驻地保障等工作。完成 2022 北京冬奥会和冬残奥会开、闭幕式部分 3700 余名演员遴选工作。

全面落实立德树人根本任务。在抓思政工作上，高水平建设“北京高校思政课重点难点问题库”。出台《北京市中小学思政课示范基地建设标准》，评选首批 54 个示范基地。在抓体育上，印发《北京市义务教育体育与健康考核评价方案》，推进体育中考改革，切实保证学生每天 1 小时校园体育锻炼。开展冰雪进校园及奥林匹克教育。在抓美育上，研究制定北京市《关于全面加强和改进新时代学校美育工作的行动方案》，开展传统艺术进校园活动。在抓劳动教育上，召开全市中小学劳动教育工作推进会，开展周末校园大扫除等活动。

优化教育资源结构布局。深入落实新一轮疏解整治促提升专项行动。北京电影学院怀柔校区一期、北京信息科技大学昌平校区一期建设完成；北京工商大学良乡校区学生宿舍、食堂及学生活动中心竣工投入使用；北京城市学院顺义校区三期工程学生宿舍在建。首都医科大学大兴校区、首都体育学院延庆校区完成建设方案。首都师范大学完善良乡校区规划建设方案。推动沙河、良乡大学城内涵发展联盟建设，开放优质课程，共享教学资源，丰富园区文化，探索交叉复合型人才培养，大力推动大学城与怀柔未来科学城等园区的强强联合。

7 月 1 日，庆祝中国共产党成立 100 周年大会在天安门广场举行。1048 名清华师生参加演出或志愿服务 （清华 供）

坚持首善标准，把“双减”作为重大民生实事抓紧抓实

北京市率先在全国开展“双减”行动。坚持“治乱、减负、防风险”和“改革、转型、促提升”并重的工作思路，通过全市上下共同努力，北京“双减”工作取得明显进展。

学科类校外培训治理成效明显。机构数量大幅压减，全市原审批备案机构压减率超过 80%，无证机构全部实现动态清零。“营转非”“备改审”工作全部完成。全市培训机构压减力度大，扭转校外培训过多过滥、乱象丛生的局面。

校内提质增效稳步实施。编制作业指导手册，减轻学生作业负担。深入推进“互联网+基础教育”，提高课堂教学质量。引进优质教育资源进校园，全覆盖开展课后答疑辅导，持续提高课后服务质量，学生自愿参与率 96% 以上。印发《北京市义务教育体育与健康考核评价方案》，开展全学段试卷评估检查，深化教育评价改革。试点推进校长教师交流轮岗，优质资源合理流动，教育质量稳步提升。全社会支持“双减”改革的良好氛围越来越浓。

坚持高质量发展，办好人民满意的首都教育

推进学前教育普及普惠安全优质发展。精准扩增普惠性学前教育学位。以办理“接诉即办”“每月一题”为抓手，分析出群众反映普惠园学位不足问题集中的点位 63 个，其中 23 个点位通过增加周边园招生计划解决需求，40 个点位通过新建 54 所普惠园扩增约 1.3 万个普惠学位，补足学前教育资源的结构性短缺。

推进义务教育优质均衡发展。新增中小学学位 2.8 万个，提前超额完成新增 2 万个学位的市政府实事项目。稳步推进 17 所市级统筹优质学校建设。推进实施回天地区提升计划的 15 个在建项目和 8 个新启动项目。推动城南行动计划的 7 个在建项目和 1 个待开工项目。完善中小学集团化办

学数据库，扩大集团化、学区制改革北京经验的影响力和辐射作用。推进34对城乡“手拉手”项目学校内涵发展和质量提升。修订城乡教育一体化发展项目管理办法，完善建设机制，持续推动100所城乡一体化项目学校发展。

推进普通高中多样化发展。研究制定普通高中多样化特色发展创建工作方案。坚持“一校一案”，引导学校合理确定发展路径，以课程为核心凝练办学特色。坚持过程评价、增值评价和综合评价相结合，为每所有基础有潜力有需求学校提供必要的政策支持，重点向郊区、重点功能区、人才聚集区倾斜，在公平竞争中体现扶弱扶需扶特扶新。充分发挥“互联网+基础教育”课题作用，探索年级部、学院制等与选课走班相适应的教学组织管理和授课方式，面向全体学生，服务每名学生全面而有个性发展。

推进高等教育内涵特色差异化发展。完善专业课程体系。在第二批全国“双万计划”建设中，北京高校410个专业入选国家级“一流专业”，231个专业入选省市级“一流专业”；108种教材获评首届国家教材成果奖。开展“优质本科课程”和“优质教材课件”评选，229门课程和226种教材课件获得支持。组织完成高精尖学科中期考核评估。启动新一期高精尖创新中心建设。推进市属公办本科高校分类发展。印发《关于推进新时代北京研究生教育改革发展的实施意见》，加快推动北京研究生教育高质量发展。

提升职业教育服务城市发展能力。研究制定《关于推动北京职业教育高质量发展的若干意见》。支持“丝路工匠”“丝路学堂”等职业教育国际合作交流平台建设，助力国家服务业扩大开放综合示范区和自由贸易试验区“两区”建设。国内21所中高职院校、国外4个国家的10所院校入驻“丝路工匠”职业院校国际合作联盟平台。10所职业院校与环球度假区签订合作协议。新增“3+2”中高职衔接办学项目82个，项目总量459个，衔接专业占比75%（不含艺体类）。推进“1+X”证书制度试点工作，2021年62所院校244个专业、354个证书、31287名学生参与。

提升信息化服务教育发展能力。印发《北京市中小学校信息化建设规范（试行）》，指导学校信息化高质量发展。制定《北京市中小学空中课堂录制基地管理规定》《北京市中小学空中课堂录制基地录制规范》等制度，完善“空中课堂”建设。开展第二批教育信息化融合创新“双百”示范行动项目评选，遴选出32个示范基地和42个创新课题。稳步做好教育类App备案工作。建成教育大数据基础平台，完成海量教育数据的治理，初步实现“数出一源”。

坚持深化改革，不断激发学校办学活力

推进教育评价改革。印发《北京市贯彻落实〈深化新时代教育评价改革总体方案〉的工作方案》及任务清单。开展专题网络培训，对照负面清单完成相关文件及规章制度的清理。抓好严禁宣传中高考升学率、状元工作。开展市属高校哲学社会科学研究评价中“唯论文”不良导向专项整治。组织西城、海淀、门头沟等区调研中小学落实教育评价改革的问题、困难和建议，深入推进工作落实。

深化教师队伍建设改革。启动师德专题教育活动，引导广大教师牢记为党育人、为国育才的初心使命。印发《北京市关于加强新时代乡村教师队伍建设的实施意见》，面向全国招聘332名紧缺学科乡村教师。评选10名北京市人民教师奖、10名北京市人民教师提名奖。评审出第二批北京市中小学特级校长44人。持续实施“北京市名校长领航工程·李希贵校长工作室”。组织市属高校参与教育部国家级人才计划项目申报工作，推荐特聘教授岗位16人，青年学者项目19人；国家高层次人才特殊支持计划青年拔尖项目18人，教学名师项目20人；北京学者15人。平稳有序推进事业单位改革落地。推动落实减轻中小学教师负担，对中小学校和教师的督查检查评比考核事项在现有基础上减少50%以上。全面实施中小学教师信息技术应用能力提升工程，提升教师信息技术应用能力。

平稳推进考试招生改革。推进体育中考改革，增加过程性考核。修订《北京市中小学校学生学籍管理办法》，为巩固招生入学改革成果提供制度保障。完成疫情防控常态下的中高考组考工作。压实计划保障任务，确保各区普通高中比例不降低、优质高中计划进一步增加。压缩优质高中、中外合作办学项目和民办高中跨区招生规模，压缩比例30%，初步遏制郊区学生向城区学校流动的数量。106所优质高中拿出50.5%的招生计划分配到一般初中校，进一步促进教育公平。启动实施市属高校招生专业“灰名单”制度，14所市属高校的24个本科专业列入首批“灰名单”招生专业。指导市属公办本科高校制订招生专业调整方案，引导高校招生向本校优势特色学科专业、新兴交叉学科专业、首都经济社会发展急需

6月16日，二中邀请中国探月工程首任首席科学家欧阳自远作题为《向太阳系的星辰大海挺进》的讲座 （二中 供）

1月5日，清华附小丰台学校学生上课实景
（新闻中心 供）

的学科专业倾斜，合计调整招生计划5180个，校均调整比例17%。持续扩大市属高校研究生招生规模，市属高校博士生和硕士生招生计划分别比上年增长16.5%和10.5%。

坚持开放共享，加强国内外教育交流合作

深化京津冀协同发展。继续实施三省市高职跨省单招项目，市属高校新增面向河北的高职招生计划2000余个。与雄安新区管委会签订教育发展的合作协议。雄安新区3所“交钥匙”建设项目顺利推进，4所援建学校（幼儿园）在教师互派、课程共享机制等方面探索出较为成熟的合作机制。推动北京教育学院、通州区教委支持“北三县”（隶属于河北省廊坊市的三河市、大厂回族自治县、香河县）教师开展跟岗研修和专题培训，两所北京优质学校与三河市开展合作办学。做好援藏、援青等对口支援教师遴选工作。调整优化“组团式”支教方式，以受援学校为培训基地，形成市有“工作室”、县有“工作站”的人才培养模式。

扩大对外教育合作与交流。加快推进国际学校建设，对5所进展缓慢的老大难学校，进行专项督办。新布局的26所国际学校，19所开工建设。制定《北京市幼儿园、中小学招收和培养国际学生管理办法》《北京市来华留学生高等教育质量发展指标体系（试行）》等文件，进一步完善来华留学质量标准和管理服务。开展高水平中外合作办学，全市中外合作办学机构和项目157个。成功举办服贸会教育服务专题展及论坛。

坚持依法治教，推进教育治理体系和治理能力现代化

提高运用法治思维和法治方式抓治理的能力。加强教育立法，修订《北京市中小学生人身伤害事故预防和处理条例》，研制《北京市教育督导规定（修订草案）》。持续推进《北京市实施〈中华人民共和国民办教育促进法〉办法》和《学前教育条例》修订调研工作。办理教育行政案件57件，有效维护师生合法权益。围绕“双减”工作开展执法检查，教育系统执法检查3.3万余件。推进高校章程改革试点、章程修订及规章制度立改废工作。全面总结教育系统“七五”普法工作成效，启动“八五”普法工作。落实好“双反馈”“双回访”机制，强化信息通报，解答“接诉即办”工作咨询13万余件。推进教育领域优化营商环境工作。

发挥教育督导的重要作用。组织开展对区级政府履行教育职责整改情况的回访督导。开展“双减”专项督导。挂牌责任督学对每所学校开展日常督导，市委教育工委、市教委领导带队对全市各区每周开展“四不两直”下区入校检查指导。督政信息化平台启动上线运行。完成2000余所幼儿园办园质量督导评估工作，完成10轮中小学、幼儿园挂牌责任督学全覆盖专项督导工作，完成职业院校人才培养质量督导评估（试评）实地督导工作。构建智能化评估监测体系，完成2019—2020学年论文抽检工作。编制完成北京地区高等学校本科教学质量分析报告。完成国家义务教育质量监测工作。组织完成学前教育发展状况监测在线填报和数据清理，形成《2021年北京市学前教育发展状况监测报告》。

加强大学生就业创业工作。举办各类双选会250余场，提供就业岗位145万个，2021届北京高校毕业生总体毕业去向落实率93%。加大与中关村“一区十六园”等科技园区对接力度，与海淀创业园、北京市青年企业家协会、创业公社等签订战略合作协议，为孵化期满的创业企业发展拓宽渠道。开展北京地区高校大学生优秀创业团队评选，61所高校1920支创业团队参加评选，参评数量再创新高。多渠道遴选出111支创业团队入驻市级园孵化。

维护首都教育的安全稳定。进一步细化新冠肺炎疫情防控相关预案，采取精准防控措施，抓好常态化疫情防控。落实好意识形态工作责任制，守好意识形态重要阵地。按照“一区一案”“一校一策”要求，对市政府重要民生实事项目涉及的51所中小学进行重点治理。推广交管警官担任中小学校交通副校长模式，开展有针对性的交通安全宣传教育，全市交通副校长覆盖80%的学校。夯实校园安全人防、物防、技防基础，不断提升“平安校园”建设质量。

提升服务保障能力和绿色发展水平。优化经费使用结构，提高经费支出效率和使用绩效。持续抓好“垃圾分类”“光盘行动”“厕所革命”三件“关键小事”。围绕年度重点改革任务，从以学生为本、为民办实事出发，切实解决中小学在校就餐问题，截至年底，全市实现在校就餐保障全覆盖。制定《北京市绿色学校创建标准》，搭建管理信息平台，全市30%的学校创建达标，以绿色学校创建促进生态文明理念深入人心。

（王艳霞 付震）

（本栏责任编校 张晓兰）

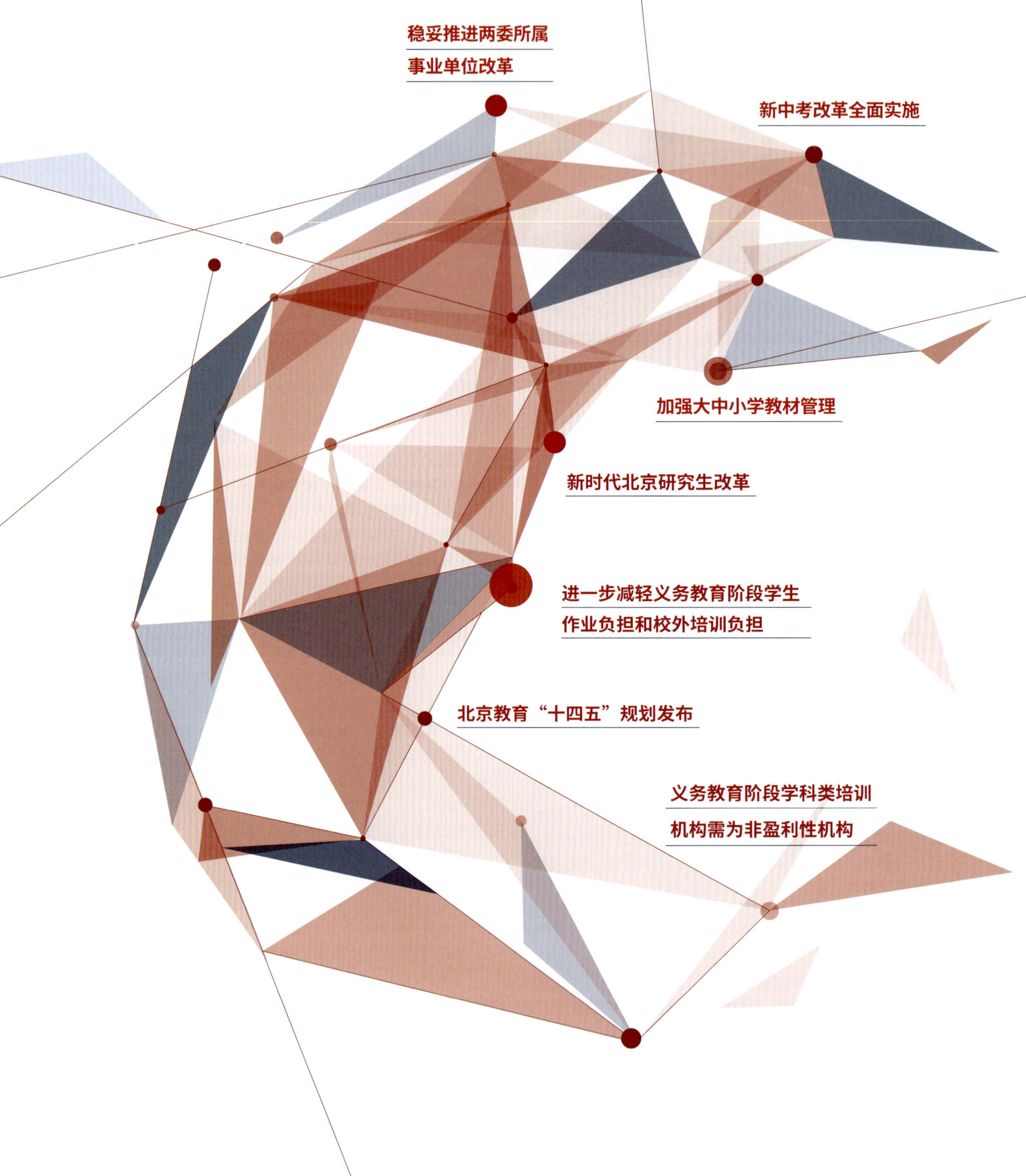
稳妥推进两委所属
事业单位改革
新中考改革全面实施
加强大中小学教材管理
新时代北京研究生改革
进一步减轻义务教育阶段学生
作业负担和校外培训负担
北京教育“十四五”规划发布
义务教育阶段学科类培训
机构需为非盈利性机构

2022 | 年度关注

ANNUAL CONCERN

年度关注

ANNUAL CONCERN

年度聚焦

稳妥推进两委所属事业单位改革

按照北京市深化事业单位改革工作部署和安排，市委教育工委、市教委成立改革工作领导小组和专项工作组，建立协调机制。

在近两年的前期研究基础上，研究起草《关于所属事业单位改革方案》，经过反复研究，并经市教委主任办公会、市领导专题会、市委教育工委委员会议审议后报送市委编办，市委编办于 2021 年 5 月 27 日正式批复。改革后，市委教育工委、市教委所属事业单位由 33 个精简至 18 个（不含学校和医院），机构数量减少 15 个。事业编制由 1807 个精简至 1270 个（不含学校和医院），编制数量减少 537 个。首都师范大学财政补助事业编制由 2809 个增至 2825 个，北京联合大学财政补助事业编制由 1722 个增至 1757 个。

2021 年 6 月，市委教育工委、市教委制订所属事业单位改革落实工作方案，包括领导班子任命、人员划转方案、办公用房分配方案、预算和资产管理工作方案、直属事业单位管理办法，同时列出详细的改革任务清单、任务分工和时间表，经市教委第 20 次主任办公会、市委教育工委第 16 次委员会议审议通过。7 月 7 日，市委教育工委、市教委组织召开事业单位改革动员部署会。

7 月，北京教育志编纂委员办公室更名为北京市教育档案馆（北京教育博物馆），并于 9 月 1 日正式挂牌（教育档案馆 供）

至年底，两委所属事业单位改革工作顺利完成。18 个新的事业单位均完成领导班子组建、新机构挂牌、法人登记和人员转隶工作。改革后的北京教育督导评估院等 15 个两委所属处级事业单位及北京教育融媒体中心完成岗位设置方案编订和审核备案，北京教育督导评估院等具备条件的 12 个单位完成岗位聘用工作。改革进一步理顺直属单位管理机制，从深层次上解决直属单位管理和效益问题。

（市教委人事处）

推进校长教师交流轮岗

北京市深入落实中央“双减”文件精神，着力推进义务教育学校校长教师交流轮岗工作，创新开展大面积大比例交流轮岗。按照先行试点、扩大试点、全面推开“三步走”策略，聚焦多元供给，精准对接，教学相长，活血再造，稳妥有序推进校长教师交流轮岗工作。

聚焦“双减”内涵，科学设计目标。市教委研究制定《北京市推进义务教育学校校长教师交流轮岗工作方案（试行）》，经市委教育工作领导小组研究通过。通过推进交流轮岗，深化学区、教育集团和城乡学校共同体改革，统筹教育资源，采取多种方式，促进义务教育基本公共服务供给由单体学校供给向更加包容、多元的学区（教育集团）供给、区域供给转变，拓展优秀校长和高质量教师基本公共服务范围，盘活更多学校教师优质服务属性，激活自身“造血”功能，确保教师成长、学校服务水平和学生实际获得同步发展，整体推进教育高质量发展。

遵循教育规律，合理设置范围。合理设置交流轮岗的对象、年限和规模。此轮校长教师交流轮岗的主要形式包括区域内校长交流轮换、骨干教师均衡配置、普通教师按需轮岗三个关键维度。校长交流轮岗的对象为义务教育阶段公办学校正、副校长，交流的年限按照校长管理权限，由区干部主管部门确定。凡距离退休时间超过 5 年的，且在同一所学校任职满 6 年的正、副校长原则上应进行交流轮岗。教师交流轮岗的对象为义务教育阶段公办学校在编在岗教师。凡距离退休时间超过 5 年的，且在同一所学校连续工作 6 年及以上的教师，原则上均应交流轮岗。教师交流轮岗的规模为每学年教师交流轮岗的比例不低于符合交流轮岗条件教师总数的 10%。在推进过程中，试点区结合实际，制定区域交流轮岗方案，均已超原计划交流规模。

选择试点先行，分步稳妥推进。2021 年下半年，按照先教师后校长、先小学后初中、先试点后推开的原则，采取“三步走”策略稳妥推进。8 月中旬，先行启动东城和密云区试点；8 月底、9 月初连续启动西城、海淀、朝阳、大兴、门头沟和延庆 6 个区试点工作；2022 年 8 月在全市全面推开。推进过程中落实“五步工作法”：一是底数调查，包括基本信息等，特别是每名教师最擅长、最独特优质教育服务属性。二是统筹实现区域内学区集团化管理全覆盖。三是基于学区、集团和学校的岗位需求调研，形成供需报表。四是研究制定交流轮岗方案，实施实名制管理。五是明确实施时间表和过程质量评估方案；召开启动会，交流轮岗人员到位。

精准聚焦需求，盘活优质资源。依托大数据平台，精准聚焦需求，建立供需台账，采取多种形式促进有序流动。通过特级教师工作室和市级学科教学带头人工作站等，探索“团组式”交流轮岗，聚焦学科，以点带面，切实形成团队力量，促进普通学校或者薄弱学科整体提升。建立教师交流发展典型学校，让轮岗教师及其智力资源、智慧经验等有机嵌入流动校，双向激发办学内驱力，构建更有活力、更高水平、更有品质的学校发展良好生态，促进每所学校的自我改革与发展、每名教师的自我提升和反思，实现穿越多种边界的资源共享，形成不同尺度、多种形式的区域教育合作组织和育人共同体。借助“智慧＋交流”等信息化手段扩大优质资源覆盖面，通过双师课堂、在线辅导、在线研修等在线服务方式将优质资源输送至薄弱学校和地区，促进义务教育优质均衡发展。

完善保障机制，破解轮岗难题。各相关部门统筹协同，关联编制管理、岗位管理、聘用管理、职称评审、薪酬分配等配套措施，提供政策保障。一是统筹编制管理。根据生源变化和教育教学改革需要，统一城乡标准，每 3 年核定一次编制总量，按需分配各校编制，实行学区统筹配置，每年动态调整的管理机制。二是改进岗位管理办法。按照岗位设置政策，在总量范围内核定岗位数量。按照学区（教育集团）打包分配，各校统筹。三是改进公开招聘方式。鼓励和支持各区探索以学区（教育集团）为单位统筹招聘教师，完善公开招聘考试办法。四是完善教师管理制度。将参与交流轮岗和工作绩效作为校长职级晋升，教师专业技术职务评聘与晋升，区级及以上骨干教师评选、评优评先等方面工作优先条件。切实保障参与人员工资待遇，在绩效工资分配中予以适当倾斜，具体标准由各区根据实际情况确定。

强化组织实施，加大宣传力度。一是加强组织领导。实行“市级统筹、以区为主”的领导体制，将交流轮岗工作纳入区政府和学校教育工作督导评价范围，作为各区教育改革、提升教育质量等督导评价重要指标。二是营造良好氛围。利用央广北京总台以及市教委官方微博、微信、公众号等融媒体平台，通过“双特谈双减”等栏目及时宣传报道交流轮岗的相关政策、举措，以及教师个体和区域的典型经验，在全社会营造交流轮岗的良好氛围。

实时跟踪评估，总结试点经验。市教委组建干部教师交流轮岗跟踪评估项目组，加强对干部教师交流轮岗的过程性评估。不断总结试点经验，分析制度设计中存在的不足，进一步厘清交流时间和方式、考核评价、奖励激励等方面的要求，为制度的全面推广奠定基础。

此次在“双减”背景下的干部教师交流轮岗，北京市聚焦“双减”内涵，坚持整体规划、科学设计、试点先行、稳妥推进、跟踪评估，不断总结试点经验，提炼思想理念，完善制度措施，逐步形成基于新的教育供给体的供给侧结构性改革的北京经验和北京模式。按计划，2022 年春季学期，试点交流轮岗的区达到 8 个，约 6900 名干部教师参加交流轮岗，占符合交流轮岗人数的 19.7%。到 2022 年秋季学期，干部教师交流轮岗将在全市全面推开。

（市教委人事处）

义务教育体育与健康考核改革

市教委为引导学生形成良好的健康生活习惯，培养学生更加健康的生活状态，以体育人、融通互育，促进学生德智体美劳全面发展，在反复征求专家意见、充分论证的基础上，根据学生的身体成长特点和需要，于2021年12月8日印发《义务教育体育与健康考核评价方案》。

此次改革强调合格性、弱化选拔性；强化过程，鼓励重在参与。改革突出全过程、全方位。全过程是贯穿义务教育全过程，从小学抓起，实现中小衔接、以测促练、抓早抓小、以下促上；全方位是在每一天、每一课、每一个场景，从学校体育文化、环境建设到干部教师健康理念，再到课程供给，要全方位贯彻健康生活、科学锻炼的理念。

义务教育体育与健康考核评价包括过程性考核与现场考试两部分。过程性考核为新增部分，考核重过程、强参与、要积累、降低分差和区分度。达到基本健康标准、了解基本健康运动常识、认真坚持参与就能得高分、得满分。现场考试改革重点是增加测试项目，让学生有更多选择，能够尽可能选择自己比较擅长、感兴趣的项目，增加拿高分的几率。

过程性考核：包括学生体质健康考核和体育与健康知识考核两部分。

一是体质健康考核。占分30分，每次10分。考核内容依据《国家学生体质健康标准（2014年修订）》，不同学段有具体的单项指标和权重，体现循序渐进的过程。考核时间是四年级、六年级、八年级第一学期，由各区负责组织。这部分重在引导学生和家长尽早关注学生体质健康的目标达成度。

二是体育与健康知识考核。占10分，为机考开卷考试。考核时间为八年级第二学期。各区按照全市统一要求组织考核。这部分目的是让学生了解必要的健康安全和体育运动常识。

现场考试：与以往相同，分值仍为30分，还是在九年级考试，方式为市级统考，由各区负责组织实施，考试具体时间一般为春季4月至5月。

现场考试进一步扩大项目数，让学生用自己最擅长的项目参与考试，体现快乐体育导向。考试采取分类限选的方式，将内容划分为四类，设置22项考试内容，新增14项，每人可挑选4项。

第一类素质项目1，占8分，为必选项，考耐力，中长跑项目，与以往相比没有变化。包括女生800米、男生1000米。

第二类至第四类，为可选项，由学生在每类里自主选择1项即可。

第二类素质项目2，占8分，侧重力量、速度、灵敏、协调等。为8项，其中新增5项，选项由从原来的2选1变成6选1。

第三类运动能力1，占8分，侧重对抗性项目或集体项目。除原有足球（考运球和射门）、篮球（考运球和投篮）、排球（考发球和垫球）3项外，新增乒乓球（考发球和左推右攻）、羽毛球（考发高远球和正反手挑球）2项，选项由原来的3选1变成5选1。

第四类运动能力2，占6分，侧重个人项目。包括体操4项、武术2项、游泳1项，均为新增项目，选项为5选1。

方案自公布之日施行，分年级过渡、逐步推开，直到全面推行。具体分四个节点。2021年9月1日，新升入八、九年级的学生，仍沿用原体育中考政策；新升入五、六、七年级的学生，只参加八年级过程性考核，也就是在八年级第一学期参加体质健康考核，第二学期参加体育与健康知识考核，为20分，九年级现场考试30分，总分50分；新升入三、四年级的学生，参加六年级、八年级过程性考核，也就是在六年级和八年级第一学期参加体质健康考核，八年级第二学期参加体育与健康知识考核，为30分，九年级现场考试30分，总分60分；新升入一、二年级的学生，参加四年级、六年级、八年级过程性考核，在四年级、六年级、八年级第一学期参加体质健康考核，在八年级第二学期参加体育与健康知识考核，为40分；九年级现场考试30分，总分70分。

（市教委体育卫生与艺术教育处）

5月19日，2021年平谷区中小学生《国家学生体质健康标准》测试赛（平谷区教委 供）

中小学研学旅行管理

为全面贯彻落实教育部等11个部门《关于推进中小学生研学旅行的意见》有关精神，市教委于2021年2月1日印发《关于加强全市中小学研学旅行管理的通知》。通知中明确提出，小学原则上不出京、中学原则上不出境开展研学旅行活动。

规范组织管理方面。要求各区切实履行属地管理责任，落实对辖区中小学研学旅行活动的管理职责。各区加强和规范研学旅行收费，严格执行有关收费政策，向家长公开费用收支情况。合理核算成本，确保研学旅行活动公益性原则。

各学校严格落实主体责任，将研学旅行活动纳入学年工作计划，坚持面向全体、以学定行。研学旅行可采取自行开展或委托开展的形式。出京研学旅行活动应坚持学生和家长自愿参加原则，不得将学生参加出京研学旅行活动情况作为学校教育评价的依据和标准，不得与学生升学、毕业挂钩。学校应为不参加活动的学生提供相关课程学习机会，确保学习效果。

提高教育实效方面。各区加强对辖区中小学开展研学旅行指导，充分依托中小学生社会大课堂，与综合实践活动课程统筹考虑，使研学旅行和学校课程有机融合，与课堂教学相互衔接，引导学生学会动手动脑，学会生存生活，学会做人做事。

学校完善研学旅行评价机制，对学生参加研学旅行的情况和成效进行科学评价。不得以组织研学旅行为名开展变相旅游，确保学生“游有所研”“旅有所学”，避免“只旅不学”。

确保活动安全方面。各区和学校制定科学有效的研学旅行安全保障方案，落实研学旅行活动组织实施中各方安全责任、人员配备要求和应急管理措施。各区要严格审核学校报送的活动方案、安全和应急预案，加强师生行前安全教育，确保随行医疗救助力量。

（市教委基础教育一处）

加强中小学生全市性竞赛活动管理

市教委为防止竞赛活动过多过滥，切实减轻中小学生过重课业负担，维护正常教育教学秩序，于2021年1月22日印发《关于面向中小学生的全市性竞赛活动管理办法（试行）》。

市教委从严控制、严格管理面向中小学生的全市性竞赛活动，实行清单管理制度，清单每年动态调整一次，除教育部认定的全国性面向中小学生竞赛活动北京市分赛区外，面向中小学生的全市性竞赛活动必须经过申报认定，原则上不举办面向义务教育阶段的学科竞赛活动。

竞赛活动必须遵循教育教学规律和青少年成长规律，体现发展素质教育要求，促进中小学生健康成长、全面发展，有不低于市级部门的规范性文件以上等级的文件或法律法规作为依据。主办方应为在中央编办、民政部或北京市编办、市民政局登记注册的正式机构，必须具有法人资格，信誉良好，无不良记录，具备较强的专业影响力和学术团队。

市教委每年11月发布面向中小学生竞赛活动的申报通知，12月，委托专业机构集中对申请举办的竞赛活动合法性、必要性、可行性、科学性、严谨性进行论证，开展实地调查，提出初核意见并报市教委。次年春季学期开学前，市教委按规定程序研究，对同意举办的，将活动名称、主办方、时间、内容、范围、组织方式、监督方式等信息在市教委官网公布。

面向中小学生的全市性竞赛活动应坚持公益性，不得以营利为目的，做到“零收费”。要坚持自愿原则，不得强迫和诱导任何学校、学生或家长参加竞赛活动。不得面向参赛者开展培训，不得推销或变相推销资料、书籍、商品等。竞赛以及竞赛产生的结果只能视为荣誉，不与基础教育招生入学挂钩。

（市教委基础教育一处）

加强大中小学教材管理

为贯彻落实党中央、国务院关于加强和改进新形势下大中小学教材建设的意见，全面加强党的领导，切实提高教材建设和管理水平，市委全面深化改革委员会教育体制改革专项小组2021年第一次全体会议审议通过《北京市中小学教材管理办法》《北京市职业院校教材管理办法》《北京市普通高等学校教材管理办法》，于2021年7月12日由市教委印发。

管理办法突出政治导向，强化教材的国家事权属性，确保国家意志全面落实；突出首善标准，融入“四个中心”功能建设，构建国内领先、国际一流教材体系；突出育人为本，中小学教材体现立德树人和素质教育理念，职业院校教材对接产业标准，高等学校教材融入“双一流”建设；突出统筹协同，落实市区校统筹为主、统分结合的工作机制。

中小学教材管理办法10章49条，主要内容包括：一是管理职责，规定北京市中小学教材实行国家、市、区和学校分级管理。二是国家课程教材选用使用，明确选用单位、选用要求、选用程序等。三是地方课程教材编写修订，明确编写要求、编写主体、人员条件、编写团队、主编负责制、教材修订等。四是地方课程教材审核，明确审核机构、审核专家、审核要求、审核程序、审核结论等。五是地方课程教材出版发行，明确出版条件、编印要求和禁止事项等。六是地方课程教材选用使用，明确选用单位、选用要求、选用程序等，特别强调加强各类专题教育教材和读本进校园管理。七是保障机制，明确经费保障、激励机制、信息化建设等。八是检查监督，明确纪律要求、监督机制、退出机制、追责机制等。

职业院校教材管理办法 6 章 26 条，主要内容包括：一是保持方向正确，要求职业院校教材必须体现党和国家意志，全面贯彻党的教育方针，落实立德树人根本任务，服务高精尖产业结构、城市运行与发展、高品质民生对技术技能人才培养培训的需求。二是明确管理职责，实行分级管理，要求各区、各职业院校建立健全教材建设管理机构和人员配置，学校党委（党组织）对本校教材工作负总责。三是提出建设要求，对教材建设规划、研究、开发、编写、出版审核等提出具体要求，坚持凡编必审，确保科学性、先进性，适应现代职业教育发展，满足教育教学改革需要。四是健全管理制度，要求职业院校建立健全教材选用使用、征订更新、评价反馈、舆情报告等制度，确保教材工作科学、规范、有序。五是强化保障机制，加强对职业院校教材选用使用、编写出版的检查监督，落实国家教材奖励和惩戒制度，加大对优秀教材的支持，严肃处理违规行为。

普通高等学校教材管理办法 9 章 28 条，主要内容包括：一是管理职责，规定市级教育行政部门和高校的相应职责任务，进一步强化高校在教材建设中的主体责任，规定高校党委对本校教材工作负总责。二是教材规划，对高校教材规划作出具体规定，要求高校须根据人才培养目标、学科优势、专业特色，制定本校教材建设规划。三是教材编写，明确编写要求、编写人员条件、主编负责制、教材修订、教材编写队伍建设等。四是教材审核，明确高校教材实行分级分类审核，坚持凡编必审，严把政治关、学术关，确保教材质量，明确教材审核人员条件、教材审核制度。五是教材选用，明确高校是教材选用工作主体，要求高校成立教材选用机构，具体承担教材选用工作，明确教材选用原则、选用程序等。六是支持保障，明确经费保障、激励机制等。八是检查监督，明确纪律要求、监督机制、退出机制、追责机制等。

（市教委基础教育二处、市教委职业教育与成人教育处、市教委高等教育处）

新中考改革全面实施

2021 年，新中考改革方案全面落地，基于初中学业水平考试成绩、结合综合素质评价的高中阶段学校考试招生录取模式初步形成。北京市初中学业水平考试开始承担“两考合一”功能，考试分数同时作为检验初中生毕业和升入高一级学校的依据。

市教委于 2018 年 7 月 13 日印发《关于进一步推进高中阶段学校考试招生制度改革的实施意见》，启动中考改革。2021 年 6 月 24 日至 27 日，北京市初中学业水平考试首次全科开考，84849 人报名参加考试。

考试科目调整。将初中毕业考试和高中招生考试两考合一，实施初中学业水平考试制度。统考科目为 10 门（语文、数学、外语、道德与法治、物理、历史、地理、化学、生物和体育与健康）。总成绩满分为 660 分，其中语文（100 分）、数学（100 分）、外语（100 分）、道德与法治（80 分）、物理（80 分）、体育与健康（40 分）6 门成绩必须计入；在历史和地理中择优确定 1 门、在化学和生物中择优确定 1 门计入，计入的两门成绩满分均为 80 分。

考试时间调整。学生在完成每门科目课程内容学习后参加该科目初中学业水平考试，实行随教、随考、随清。其中，综合实践活动（信息技术和劳动技术）学完即考。地理、生物考试安排在初二年级第二学期末，体育与健康、艺术（音乐、美术）考试安排在初三年级第二学期，语文、数学、外语（笔试）、道德与法治、历史、物理、化学考试安排在初三年级第二学期末。

招生录取形式。实行考后知分填报志愿。招生录取分提前招生、校额到校招生、统一招生三个阶段。被前一阶段录取的考生不再参加后一阶段的录取。统一招生录取结束后，对外公布未完成的计划，未被录取的考生可填报征集志愿进行录取。

（北京教育考试院）

加强北京市学士学位管理

2019 年 7 月，国务院学位委员会发布《学士学位授权与授予管理办法》，全面提升学士学位管理质量。北京市学位委员会办公室、市教委为进一步加强北京市学士学位管理工作，系统梳理学士学位授权及授予情况以及存在的问题，于 2021 年 2 月 28 日研究印发《北京市学士学位授权与授予管理办法》及授权审核标准，完善相关程序和制度，健全学位授予标准和程序。

管理办法包括 5 章 26 条，主要涵盖学位授权，规定学士学位授权的主要内容、责任主体和审批程序；学位授予，规范高校学士学位授予工作，对辅修学位、双学士学位和联授学位作出专门规定，细化双学士学位和联授学位审批程序。办法对中外合作办学中学士学位授予问题和第二学士学位也作出规定。

市学位委员会办公室按照“不低于本科院校设置标准”和“本科专业设置标准”要求，结合北京市学位授权审核工作实际，印发《北京市学士学位授予单位审核标准》和《北京市学士学位专业审核标准》。两个标准主要从办学方向、师资队伍、教学水平与培养质量、科学研究、条件保障、管理体系和制度等方面对新增授予单位、授权专业作出基本要求。

（市教委科学技术与研究生工作处）

加强市属高校合作办学管理

近年来，北京市属高校通过开展校企合作、国际交流等合作办学，进一步拓展办学资源，增强社会服务能力，对提升办学水平发挥一定作用。与此同时，高校合作办学中也存在一些突出问题。为大力推进高校分类发展，推动市属高校走内涵式、特色化、差异化发展道路，进一步规范市属高校合作办学行为，市教委于 2021 年 1 月 11 日印发《关于加强市属高校合作办学管理工作的指导意见》。

所要解决的问题。切实规范市属高校合作办学行为，加强内部规范管理，要求各高校进一步提高政治站位，开展合作办学要落实立德树人根本任务、坚持学校主体责任、符合首都城市发展需要、依法依规开展合作办学、提升合作办学质量等工作原则。合理规划合作办学，努力提升办学水平和人才培养质量，增强服务社会能力。

合作办学主要类型。主要包括四种类型，一是高校与社会机构合作举办独立学院；二是高校与其他高校或社会机构合作共同举办普通本专科、成人本专科、研究生等学历教育项目；三是高校与社会机构合作共同举办非学历教育（培训）项目；四是高校与外国（或港澳台地区）教育机构合作举办中外合作办学机构和中外合作办学项目（包括学历教育项目和非学历教育培训项目）。

规范合作办学管理的具体要求。对高校合作办学管理工作从七个方面提出具体要求，务求有实效。一是全面加强党的领导；二是科学规划设置合作办学；三是严格执行审批程序；四是严格落实学校管理责任；五是严格风险防控，确保安全稳定；六是严格进行责任追究；七是开展合作办学清查。

（市教委高等教育处）

新时代北京研究生教育改革

2020 年 7 月，习近平总书记对研究生教育工作作出重要指示，李克强总理作出重要批示。7 月 29 日，全国研究生教育会议召开，孙春兰副总理出席会议传达指示批示并发表重要讲话。会后，教育部、国家发展改革委、财政部印发《关于加快新时代研究生教育改革发展的意见》等系列文件，明确“立德树人、服务需求、提高质量、追求卓越”的工作主线及下一步改革任务，并要求各地各培养单位要切实落实主体责任，结合本地本单位实际，明确改革发展目标，提出关键落实措施，精心组织实施，确保各项改革任务落地见效。市委教育工委、市教委、市发展改革委、市财政局根据工作要求，于 2021 年 6 月 15 日印发《关于推进新时代北京研究生教育改革发展的实施意见》。

实施意见提出建设原则为明确北京研究生教育改革发展坚持“育人为本、需求导向、内涵发展、开放合作”原则，要突出人才培养中心地位，服务国家重大战略需求和北京城市战略定位，推进研究生教育内涵发展，深化研究生教育国内国际交流合作。提出研究生教育改革发展目标分两步定位：到 2025 年，研究生培养质量和国际影响力显著提升；到 2035 年，北京成为世界研究生教育高地，研究生教育辐射力和贡献力显著增强。

实施意见明确改革任务和举措。从思想政治教育、学科专业建设、人才培养体系、导师队伍水平、开放合作和质量保障六个方面提出 13 项重点举措：一是深入开展思想政治教育，推动习近平新时代中国特色社会主义思想“进教材、进课堂、进头脑”，将研究生思想政治教育评价结果作为“双一流”建设成效评价、学位授权点合格评估的重要内容。二是分类推进学科建设，稳定支持基础学科建设发展，引导应用学科对接经济社会发展需求，加大对新兴、前沿、交叉学科建设支持力度。三是加强学位授权统筹，优化学科专业结构，大力发展专业学位研究生教育，完善学科专业动态调整机制。四是深化招生选拔机制改革，探索招生计划分配机制改革，探索实施科研经费博士研究生专项招生计划。五是创新科教融合育人机制，促进科技创新与人才培养深度融合。六是完善产教融合协同育人模式，推动行业企业深度参与研究生培养过程。七是面向世界科技发展最前沿，对接国家及北京重大需求，实施关键领域核心技术紧缺高层次人才培养专项和经济社会发展急需高层次人才培养专项。八是加强课程教材建设，打造精品示范课程，提升教材质量水平，优化教育教学资源供给。九是加强导师队伍建设，加强导师培训，强化岗位管理，明确导师权责，鼓励导师潜心育人。十是深化研究生教育开

6 月 26 日，清华举行 2021 年研究生毕业典礼

（清华 供）

放合作，鼓励京津冀、国内外高校间，高校与科研机构、行业企业开展研究生联合培养，打造“留学北京”品牌。十一是强化质量监督与管理，健全内部质量管理体系，加强研究生教育质量监测。十二是深化研究生教育评价改革，突出人才培养核心地位，健全分类多维的教育评价体系。十三是加强科学道德与学风建设，弘扬科学家精神，加强学术道德和学术规范宣传教育。

（市教委科学技术与研究生工作处）

学习型城市建设行动计划印发实施

为加快构建服务全民终身学习的教育体系，结合北京发展实际，构建首都学习型城市建设新格局，2021 年 11 月 30 日，市委教育工委、市教委等 16 个部门联合印发《北京市学习型城市建设行动计划（2021—2025 年）》。

行动计划以坚持创新、协调、绿色、开放、共享的发展理念，把握首都城市战略定位，立足城市治理体系和治理能力现代化，坚持以人民为中心，立足新发展阶段、贯彻新发展理念、构建新发展格局。健全服务全民终身学习的教育体系，提升市民素质和城市文明程度，以首善标准推动首都学习型城市和学习型社会建设。

行动计划重点关注老年教育、家庭教育、社区教育、市民技能提升等领域，注重增强人民群众获得感、幸福感、安全感，注重城市管理精细化和社会治理创新，注重首都教育高质量发展。行动计划的建设目标是，到 2025 年，建成理念先进、体系完备、质量优良、环境优越、保障有力的现代教育体系；形成教育事业发达、学习资源丰厚、学习氛围浓厚、学习条件优越、优势人才集中、充满创新精神和发展活力的学习之都；成为世界领先、可持续发展的学习型城市典范。

行动计划包括十项重点任务，即“十大工程”。一是促进城教融合，示范城区建设工程。积极推动各部门协同合作，建设示范性学习型组织和学习型城区示范项目。二是服务基层治理，社区教育提质工程。统筹社区教育资源，创新社区教育传播形式，打造具有京韵特色社区教育示范项目。三是助力乡村振兴，农民头雁培育工程。遴选优秀中青年农民，引导毕业生、退役军人、科技人员，挖掘乡村工匠和文化能人，推进高素质农民的培育。四是建设美丽北京，生态文明教育工程。立足生态校园与文化建设，建设一批特色生态文明教育基地，推进绿色家庭、生态社区建设。五是推进资源融合，开放学习体验工程。完善“京学网”和“京学在线”，打造数据驱动、跨界融合、便捷市民的终身学习平台。六是激励终身学习，学分银行试点工程。开展学分认定与转换的试点业务，面向市民提供学习成果存储、认定、积累与转换服务。七是创新培训模式，全民技能提升工程。推行终身职业技能培训制度，鼓励对不同群体开展针对性、适应性、专业精深的领域培训。八是传承京城文化，市民研习游学工程。强化市民终身学习基地的服务功能，鼓励各类公共文化机构面向市民开放，推动全民阅读。九是实现老有所学，智慧乐龄聚力工程。依托北京老年开放大学及各区分校，推进老年教育体系建设，培育老年学习示范校（点）和老年学习共同体。十是完善协同育人，家教家风评促工程。建设家庭教育专家、指导师和志愿者队伍，开展“学习型家庭”“最美家庭”评建。

（市教委职业教育与成人教育处）

提升高校后勤管理水平

市委教育工委、市教委高度重视高校后勤管理工作，持续加大支持力度。高校学生食堂和学生公寓是高校后勤服务保障的重要基础，关系到广大师生的身体健康和切身利益，也是学生思想政治教育和日常行为习惯养成的重要阵地。市教委为进一步健全完善学生食堂和公寓管理的政策制度，建立保障稳定运行的长效机制，更好地服务学生健康成长，于 2021 年 4 月 15 日印发《北京高等学校学生食堂管理办法（试行）》《北京高等学校学生公寓管理办法（试行）》。

管理办法坚持问题导向，突出全程监管、务实管用、标本兼治，注重总结提炼各高校长期形成的经验做法和实践探索，提出制度体系和长效机制建设，也提出解决突出问题的方法措施。

学生食堂管理办法包括高校学生食堂组织管理、食堂管理基本要求、食堂食品安全与营养健康、食堂从业人员管理、保障措施等 9 章 60 条，规定高校应建立由学校分管领导牵头，学校后勤管理、学生工作、基建、财务、审计、保卫、组织人事、国有资产管理、宣传、团委、校医院等相关部门负责人和学生、教职工代表参加的学生食堂管理委员会，统筹学生食堂监督管理。管理办法还就高校新建学生食堂规划、选址及建设、学生食堂的流程布局、食堂食品原材料采购、引入社会力量承包或者委托经营学生食堂、食堂食品安全管理、食堂投入责任和优惠政策落实、食堂从业人员管理、宣传教育以及监督与检查等作出具体的规定。

学生公寓管理办法包括高校学生公寓管理机制、日常管理基本要求、学生公寓安全管理、住宿学生思想教育与管理、学生公寓收费管理等 7 章 50 条，规定高校应成立学生公寓校级管理组织和日常管理服务部门，并明确其具体工作职责，还对高校学生公寓日常管理服务、公寓从业人员管理、公寓消防安全、住宿学生教育等作出具体规定。

市教委为进一步落实管理办法的实施，将会同卫生健康、公安消防等部门，定期深入高校学生公寓和食堂，督促指导学校准确把握管理办法的具体要求，落实日常管理。

（市教委学校后勤处）

政策解读

进一步减轻义务教育阶段学生作业负担和校外培训负担

2021年7月20日，中央办公厅、国务院办公厅印发《关于进一步减轻义务教育阶段学生作业负担和校外培训负担的意见》，北京迅速学习贯彻落实，全面部署落实北京“双减”工作。

教育“双减”是指减轻义务教育阶段学生作业负担和校外培训负担。2021年以来，北京从关心学生的健康成长、减轻家庭负担、巩固全面小康社会成果的政治高度出发，率先在全国推进“双减”北京行动。市委办公厅、市政府办公厅于2021年8月14日印发《北京市关于进一步减轻义务教育阶段学生作业负担和校外培训负担的措施》，包括7个部分28条。

一、工作目标

校内校外双向发力，稳妥推进，分步实施，确保学生过重作业负担和校外培训负担有效减轻。一是校内服务要提质增效。充分发挥学校育人主渠道作用，加大改革力度，统筹校内校外教育资源，统筹课内课后两个时段，对学校教育教学安排进行整体规划，全面系统打造学校育人生态。提升校内教育服务质量，构建高质量教育体系，让每名学生在校内能够学得会、学得好、学得足。二是校外培训要规范有序。坚持从严治理，全面规范校外培训机构，防止无序扩张，严查各类违规行为和侵害群众利益的行为，为学生全面健康成长创造有利环境。

二、重点工作

文件的核心是减负提质多措并举，校内校外同时发力，坚持首善标准，不仅要“治乱、减负、防风险”，更要“改革、转型、促提升”，逐条逐项抓好落实。

在校内服务提质增效方面，强化学校育人主体地位，从根本上满足学生多样化教育需求。一是有效减轻学生过重作业负担。这是减轻课内负担的重要切入点。包括统筹作业管理，控制作业总量，加强作业设计指导，发挥作业诊断、巩固、学情分析等功能，将作业设计纳入教研体系，系统设计符合学生年龄特点和学习规律、体现素质教育导向、涵盖德智体美劳全面育人的基础性作业，鼓励布置分层、弹性、个性化作业，切实提高作业质量和针对性。二是提高课后服务水平。包括整体规划设计，丰富服务内容，提供菜单式课后服务项目和内容，供学生自愿选择，切实增强课后服务的吸引力；学校充分利用课后服务时间，指导学生完成作业，积极开展丰富多彩的综合素质拓展类活动；拓宽服务渠道，引入社会优质资源和优质师资参与课后服务；做强做优免费线上学习服务，完善线上公共教学平台，打造“双师课堂”等。三是提高校内教育教学质量。包括扩大优质资源覆盖面，缩小城乡、区域、学校间教育水平差距，促进义务教育优质均衡发展，大比例促进干部教师在区域内流动；规范教育教学秩序，小学一年级坚持“零起点”教学，学校不得组织任何形式的招生、分班考试，严禁划分重点班、实验班；提高课堂教学质量，提升学生在校学习效率。四是不断深化高中招生考试方式改革。依据不同科目特点，完善考试和成绩呈现形式，进一步提升中考命题质量，逐步提高优质普通高中招生指标分配到区域内初中的比例。

在深化校外培训机构治理方面，一是严格审批准入，不再审批新的面向义务教育阶段学生的学科类培训机构。对现有学科类培训机构重新审核登记。二是严格控制学科类培训时间，严格执行未成年人保护法有关规定，校外培训机构不得占用国家法定节假日、休息日及寒暑假期组织学科类培训。三是规范培训服务行为，完善学科类培训管理服务平台，动态掌握学科类培训的培训内容、培训材料、教师资质等信息。严禁超标超前培训，严禁非学科类培训机构从事学科培训，严禁提供境外教育课程。四是强化经营活动监管，落实将义务教育阶段学科类校外培训收费纳入政府指导价管理的要求，科学合理确定计价办法，明确收费标准，坚决遏制过高收费和过度逐利行为。全面落实学科类校外培训机构预收费管理办法。五是严禁资本化运作，严格落实中央有关要求，学科类培训机构一律不得上市融资。六是加强校外培训广告管理等。

三、组织领导和支撑保障

一是全面加强党对“双减”工作的领导，充分发挥党委和政府的组织领导作用，把“双减”工作作为重大民生工程，列入重要议事日程，确保“双减”工作落地落实。

二是明确部门工作职责，落实“市级统筹、属地负责”工作机制，市、区“双减”工作专班做好统筹协调工作，研究解决重点难点问题，定期报告工作进展，确保“双减”工作取得实效。

三是强化监督检查，加大“双减”工作专项督查力度，充分发挥市、区两级教育督导力量，对“双减”工作进行专项督导检查，建立责任追究机制，督查结果纳入年度绩效考核。同时，利用好12345“接诉即办”机制，加大监督检查和整改查处力度。

四是促进家校社协同，密切家校沟通，创新协同方式，推进协同育人共同体建设，指导学校建立定期家访制度，完善家长培训体系，引导家长树立正确的育儿观、成才观。

（市教委基础教育一处）

北京“双减”措施出台后
中小学生的新一天

课堂教学

上课

初中不早于 **8:00**

小学不早于 **8:20**

小学一年级

“零起点”教学

1

没有任何形式的分班考试

不划分重点班、实验班

2

教学设计

更加真实、有效、有趣

3

体育锻炼要加强

小学体育课 每周至少5节

初中体育课 每周4~5节

4

能见到更多优秀老师

部分优秀校长和教师

暑假期间在区域内合理流动

5

考试压力降低

✕ 提前结课 ✕ 违规统考

✕ 考题超标 ✕ 考试排名

成绩实行登记制

6

人人作业都不同

学生层次和学习状况不同

作业也要分层、弹性、个性化

1

书面作业总量

小学一、二年级	无作业
小学三至六年级	≤60分钟
初中	≤90分钟

2

家长要做什么？

加强家校联系

与任课教师、班主任商讨

如何提高课堂教学效率

如何提高作业效率和质量

如何用好课后三点半资源

课后服务　下课 15:30

补足锻炼量 1
课堂+课间+课后≥每天1小时

就地写作业 2
教师指导　小学生基本完成
同学讨论　初中生完成大部分

名师来服务 3
学有困难者　课业答题和辅导
学有余力者　拓展学习空间

素质大拓展 4
各类兴趣小组及社团活动
可在少年宫等校外场所进行

校外时间　离校 17:30

学校应按需提供延时托管服务
初中工作日晚上可开设自习班

学科类校外培训 1
每课时≤30分钟
课程间隔≥10分钟

✕ 占用节假日、休息日、寒暑假　✕ 拍照搜题　✕ 超前培训
✕ 境外教程　✕ 跨国培训　✕ 在职教师与机构合作

培训时间不得晚于 2
线下 20:30
线上 21:00

家长要做什么？

加强自身学习
从孩子的个性爱好出发
帮助孩子选择适合的教辅
设计家庭教育供给

其他空闲时间 3
完成剩余书面作业　从事力所能及的家务
开展文体、娱乐活动　与爸妈交流谈心

家长要做什么？

学会跟孩子沟通
关注孩子思想情绪变化
倾听孩子心声 做孩子的朋友

睡眠休息　就寝
小学最晚 21:20
初中最晚 22:00

作业没做完？ 1
那也得先睡觉

沉迷打游戏？ 2
网络游戏 22:00 到次日 8:00
不得为未成年人提供服务

（制作　于龙）

北京教育“十四五”规划发布

市教委于2021年9月28日发布《北京市“十四五”时期教育改革和发展规划（2021—2025年）》，明确提出未来五年，将在重点功能区和人才聚集区，规划建设17所左右优质中小学校。

一、中小学生体质健康优良率超70%

规划确定未来5年首都教育总体发展目标：到2025年，全面构建首都高质量教育体系，实现更高水平、更具影响力的教育现代化，培养具有家国情怀、首都气派、国际视野、创新精神的高素质人才。为此，规划提出学前教育更加普及普惠安全优质、义务教育更加优质均衡等10个方面的分目标，设置12项主要指标。

与以往相比，“十四五”教育规划优化首都教育主要发展指标，用质量型指标替换传统数量型指标，删去学前教育毛入园率、义务教育毛入学率、高中阶段毛入学率、高等教育毛入学率等指标，增加普惠性幼儿园覆盖率、中小学生体质健康测试达标优良率、智慧校园覆盖率等。其中，到2025年，全市适龄儿童入园率保持在90%以上，普惠性幼儿园覆盖率达90%，学前教育教师接受专业教育比例达85%；义务教育就近入学率保持在99%以上，义务教育专任教师中本科及以上学历人员比例超过96%。

规划特别明确，到2025年，中小学生体质健康测试达标优良率要由2020年的62.4%升至70%以上。同时，智慧校园覆盖率达85%以上，绿色学校达标率超过70%，平安校园达标率达100%。

二、补齐人口密集地区教育设施缺口

未来5年，北京市将新建、改扩建和接收居住区教育配套中小学150所左右，完成后新增学位16万个。同时，加强优质教育资源市级统筹，在城市副中心、三城一区、大兴国际机场临空经济区等重点功能区和人才聚集区，规划建设17所左右优质中小学学校。通过“市建共管”或“市建区办”方式，统筹全市优质教育资源支持学校建设，建成后可提供优质中小学学位5万个左右。

按照规划，北京市教育资源将分区域优化配置。将综合运用户籍、住房、入学等政策，合理控制核心区入学规模；大力引入优质教育资源，全面补齐海淀山后、丰台河西等地区教育设施短板。城市副中心教育配套保障将进一步加强，加快北京学校、首都师范大学附属中学、北京景山学校、北海幼儿园等优质教育项目建设；统筹中心城区优质学校与城市副中心学校精准帮扶协作，促进区域教育质量整体提升；加快补齐昌平回天、房山长阳等人口密集地区教育设施缺口。

还将支持河北雄安新区教育发展，建成3所“交钥匙”学校并投入使用；支持部分中央在京高校向雄安新区有序转移；推进城市副中心与河北廊坊北三县教育统筹规划发展，促进优质教育资源向北三县地区延伸布局。

三、稳妥推进中高考改革

在深化考试评价制度改革方面，稳妥推进中考改革，探索基于初中学业水平考试成绩、结合综合素质评价的招生录取模式；完善和规范普通高中自主招生；完善高中学业水平考试制度和高中综合素质评价制度。高考综合改革将进一步巩固深化；进一步完善高等职业教育“文化素质+职业技能”考试招生办法。

此外，北京市将优化高校学科专业结构，瞄准科技前沿和关键领域，推进新工科、新医科、新农科、新文科建设，加快培养紧缺人才；深化高水平技能型大学建设，重点加强养老、护理、学前教育、托育、家政服务、健康管理、轨道交通、城市运行、非遗传承等专业人才培养；重点建设12所有特色、高水平的高等职业学校和100个左右骨干特色专业。

（市教委发展规划处）

3月22日至4月8日，顺义区开展中小学学生（不含毕业班）体质健康测试 （顺义区教委 供）

社会关注

义务教育阶段学科类培训机构需为非营利性机构

为贯彻落实教育部办公厅等三部门《关于将面向义务教育阶段学生的学科类校外培训机构统一登记为非营利性机构的通知》，切实做好北京市符合条件的现有营利性义务教育学科类培训机构申请登记非营利性机构工作，市教委会同市民政局、市市场监管局、市人力资源社会保障局和市通信管理局于 2021 年 9 月 9 日联合印发《关于做好义务教育学科类培训机构登记为非营利性机构相关工作的通知》。

义务教育学科培训是指组织开展面向义务教育阶段中小学生群体，培训内容涉及国家课程标准的语文、数学、外语（英语、日语、俄语）、物理、化学、生物、道德与法治、地理、历史学科知识的培训活动。按照国家政策要求，从事义务教育学科培训的主体应当是非营利性机构，营利性机构不得组织开展义务教育学科培训的招生收费活动。

文件规定，现有登记为营利法人的线上线下义务教育学科类培训机构且办学规范的，可以申请登记成为非营利性机构。登记为非营利性机构主要包括三个程序。一是申请新办学许可。现有机构向区教育部门申请新办学许可，同时交还原办学许可证，区教育部门审批通过后颁发新的办学许可证。二是申请设立新非营利法人。现有机构向区民政部门提出申请，区民政部门依法审批登记。新非营利法人依法设立后，按照审批办学范围开展学科培训。三是注销原办学许可。区教育部门及时注销现有机构原办学许可，并向市场监管部门反馈注销情况。

（市教委民办教育处）

加强学科类校外培训机构预收费管理

近些年，学科类校外培训机构普遍采取预收费模式，虽然在保证培训机构资金流动便利性方面发挥一定作用，但存在风险隐患，例如，机构将预收学费当做金融杠杆，盲目扩大规模，导致资金链断裂，无法保证履约；机构诱导学员违规使用“培训贷”支付培训费引发纠纷争议等。市教委、市地方金融监督管理局、中国人民银行营业管理部、北京银保监局为加强培训机构预收费管理，于 2021 年 5 月 18 日印发《北京市学科类校外培训机构预收费管理办法（试行）》。

预收费资金管理是系统工程，需全过程监管资金流入、资金沉淀、资金划拨等环节。管理办法在合同规范、收费规范、退费规范、预收费存管、政府监管职责等方面提出明确要求，构筑制度性的“防火墙”。

管理办法规定预收学员培训费须采用银行存管模式开展资金监管，同时培训机构应将必要的交易信息提供至存管银行。对于培训机构不配合资金监管，以及未履行资金监管义务的，由教育部门对机构提出警告，情节严重的或拒不整改的，移交相关执法部门依法作出行政处理。存管资金拨付须与授课进度同步、同比例。机构授课完成并经学员确认同意，存管银行于 5 日内完成资金拨付，学员超过 15 日未确认的，存管银行视为确认同意，履行资金拨付。办法要求有关部门、机构、存管银行应当对收集的学员及家长个人信息严格保密，不得泄露、出售或者非法向他人提供。

管理办法在收费方面明确规定：一是规范收费时限。按培训周期收费的，不得一次性收取或变相收取时间跨度超过 3 个月的费用；按课时收费的，每科不得一次性收取或变相收取超过 60 课时的费用；按周期收费和按课时收费同时进行的，只能选择收费时段较短的方式，不得变相超过 3 个月。二是规范提前收费时间。按培训周期收费的，不得早于新课开始前 1 个月收取费用；按课时收费的，不得早于本门科目剩余 20 课时或新课开始前 1 个月收取费用。防止机构过早收费或诱导学员“囤课”。三是公示收费项目和标准。收费项目与标准应在机构办学场所、网站等显著位置进行公示，并于培训服务前向学员明示。机构不得在公示的项目和标准外收取其他费用，不得以任何名义向学员摊派费用或者强行集资。

管理办法在退费方面规定：一是学员在课程开始前提出退费的，原则上在 5 日内按原渠道一次性退还所有费用。二是学员在课程开始后提出退费要求的，应按已完成课时的比例扣除相应费用，其余费用原则上在 15 日内按原渠道一次性退还。此外，学员与机构发生退费纠纷的，机构不得以资金监管或学员使用培训贷方式缴纳培训费用为由，拒绝学员的合理诉求。三是面向中小学生的培训不得使用培训贷方式缴纳培训费用。

（市教委民办教育处）

（本栏责任编校 华蕾）

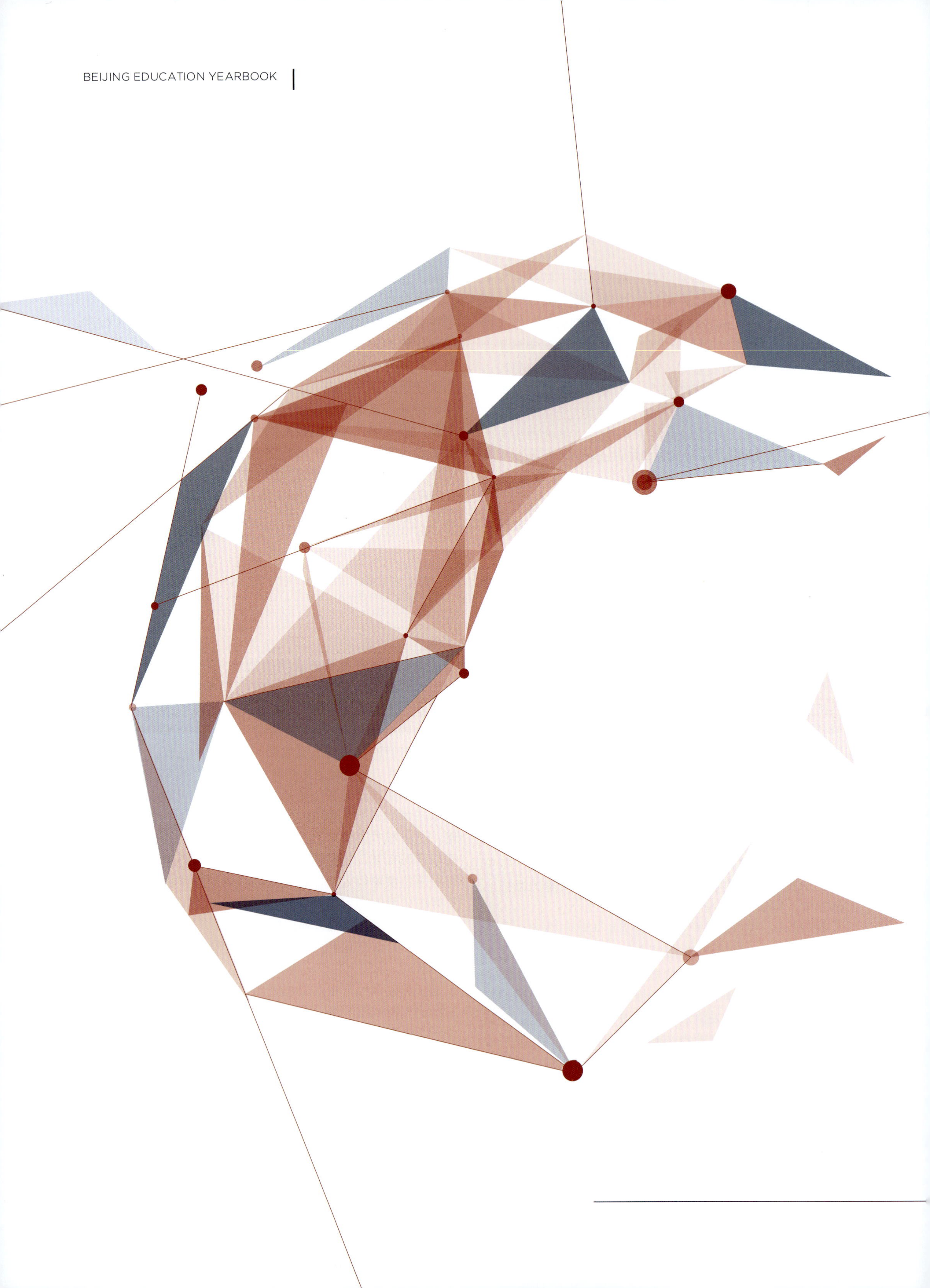

2022 | 大事记

MAJOR EVENT RECORDS

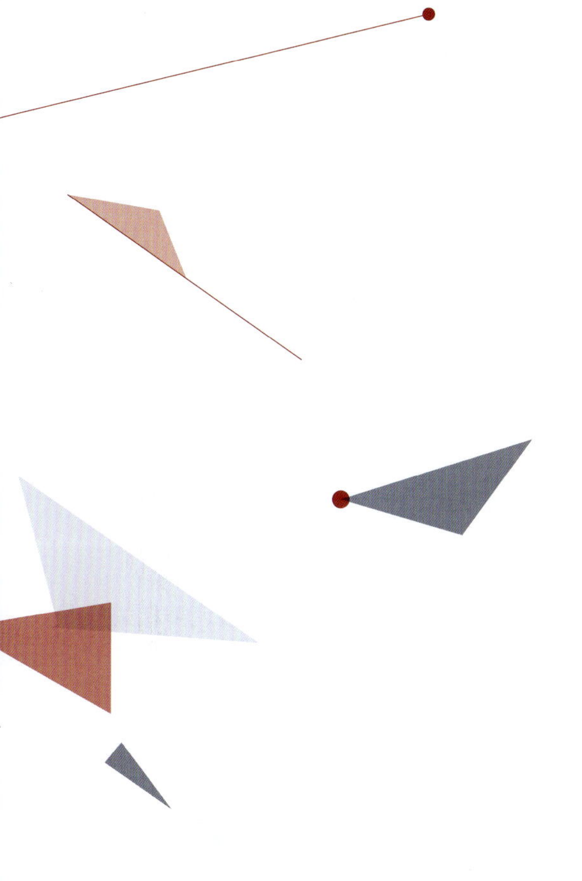

大事记
MAJOR EVENT RECORDS

2021 年北京教育大事记

1 月

8 日　教育系统 2 人入选市委宣传部、首都精神文明办评选的“2020 北京榜样”年榜人物，1 个支教团获年度特别奖。

11 日　市教委印发《关于加强市属高校合作办学管理工作的指导意见》，进一步规范市属高校合作办学行为。

13 日　市委常委、市委教育工委书记王宁到北京服装学院开展 2020 年度全面从严治党（党建）工作考核现场督查。

15 日　昌平区被认定为 2020 年全国青少年校园足球试点区，门头沟区教委被认定为“满天星”训练营，全市 64 所幼儿园被认定为足球特色幼儿园，全市 40 所中小学被认定为足球特色校。该评选结果由教育部办公厅发布。

22 日　市教委印发《关于面向中小学生的全市性竞赛活动管理办法（试行）》，从严控制、严格管理面向中小学生的全市性竞赛活动。

1 月　市委教育工委、市教委做好市委巡视两委相关工作，配合市委巡视组召开会议 12 次，安排巡视组列席会议 7 次，协调巡视组驻地谈话 114 人，提供调阅资料 18 批次 741 项 1 万余份，协调巡视组延伸走访 18 次，接受巡视组转办信访件 4 批次 56 件。4 月，市委第四巡视组反馈对市委教育工委、市教委巡视整改意见。

1 月 28 日，八中永定实验学校入选 2020 年全国青少年校园足球特色学校。图为高一年级足球班级联赛　（门头沟区教委　供）

△　市教委奖励教育系统脱贫攻坚先进集体 128 个、脱贫攻坚先进个人 502 人。

△　首都精神文明办、市教委、团市委、市妇联、关工委联合推出 2020 年首都“新时代好少年”30 人。

2月

1 日　市教委印发《关于加强全市中小学研学旅行管理的通知》，提出小学原则上不出京、中学原则上不出境开展研学旅行活动。

10 日　市委教育工委、市教委召开领导干部大会，宣布市委决定，夏林茂任市委教育工委书记，王宁不再担任市委教育工委书记。

25 日　北京教育系统 14 人获“全国脱贫攻坚先进个人”称号、11 个集体获“全国脱贫攻坚先进集体”称号。该评选由中共中央、国务院表彰。

28 日　市学位委员会、市教委印发《北京市学士学位授权与授予管理办法》及授权审核标准，完善相关程序和制度，健全学位授予标准和程序。

3月

15 日　北京市扶贫协作总结表彰大会上，教育系统 20 个集体和 37 名个人获表彰。

17 日　市教委、市人力资源社会保障局公布 2021 年新增及调整“3+2”中高职衔接办学项目名单，新增 82 个、撤销 2 个、微调 2 个。

22 日　北京教育系统党史学习教育领导小组成立，夏林茂担任组长，郑吉春、刘宇辉担任常务副组长。

23 日　市教委认定 10 个项目为北京市第四批职业院校“一校一品”优秀德育品牌（三星级）。

24 日　市委书记蔡奇到北京大学调研并主持召开市委教育工作领导小组会议。

25 日　2021 年北京市基础教育工作会召开，部署下半年基础教育工作重点任务。

△　市教委启动加强职业院校学生管理专项行动，为期 3 周，全面深入开展隐患排查，加强学生管理、强化家校共育、完善应急管理，建立问题台账，制定整改措施。

29 日　市委教育工委召开“永远跟党走”主题教育活动动员推进大会，启动“穿越时空的对话”——写给革命先烈的一封信征集活动和“唱支歌儿给党听”百万师生网络歌咏比赛活动。

30 日　市委教育工委、市教委召开 2021 年北京教育系统全面从严治党工作会议暨警示教育大会。12 月 28 日，召开 2021 年北京教育系统“以案为鉴、以案促改”警示教育大会。

31 日　市委教育工委举办“首都百万师生同上一堂党史课”网络公开课启动仪式暨首场报告会。

3 月至 6 月　市教委完成北京市 2020—2021 学年学前教育发展状况监测，结果显示，全市适龄儿童毛入园率 90%，普惠性幼儿园覆盖率 85% 以上，公办园在园幼儿占比 50% 以上。

3 月至 11 月　市教委组织 13.3 万人次中小学生参加“四个一”活动。其中，4.5 万人次走进军事博物馆、3.9 万人次走进国家博物馆、2.8 万人次走进首都博物馆、2.1 万人次走进抗日战争纪念馆。

4月

2 日　中共中央总书记、国家主席、中央军委主席习近平参加首都义务植树活动时叮嘱少先队员，要从小培养

3 月 1 日，门头沟五幼开展开学第一课教育活动，学习党的光辉历程　（门头沟区教委　供）

劳动意识、热爱劳动，勤劳是人的基本素质。北京市朝阳区陈经纶中学分校少先队员参与植树活动。

9日　教育部党组书记、部长陈宝生调研北京市教育综合改革及党史学习教育情况。蔡奇会见陈宝生一行，就推进落实党中央教育决策部署交换意见。

15日　市教委印发新修订的《北京市中小学校学生学籍管理办法》。

△　市教委印发《北京高等学校学生食堂管理办法（试行）》《北京高等学校学生公寓管理办法（试行）》，提升高校后勤管理水平。

17日　市教委印发《关于推进“互联网＋基础教育”的工作方案》，提出建设具有最合理组织架构、最鲜明制度文化、最润心铸魂德育建设、最高水平教育教学质量的虚拟理想学校之创新理念。

19日　在清华大学建校110周年校庆日即将来临之际，习近平到清华考察。习近平代表党中央，向清华全体师生员工和海内外校友致以节日的祝贺，向全国广大青年学生致以诚挚的问候。

20日　市委教育工委、市教委召开会议，部署北京教育系统学习贯彻习近平在清华考察时的重要讲话精神。

21日　市教委组织西城、朝阳、海淀、房山4个区7所学校1748名师生完成国际学生评估项目（PISA2022）预试测试。

△　市委教育工委、市教委召开北京市研究生教育会议，专题部署研究北京地区研究生教育改革发展规划。

27日　团市委、市委教育工委在北京联合大学成立北京高校学生社团发展指导中心。

△　市委宣传部、市委教育工委举办首届北京市重点建设马克思主义学院发展论坛。

29日　教育部、市委教育工委联合主办的“我宣誓——‘永远跟党走’”主题青年大学生诗诵会首场演出在清华大学举行。

4月至9月　清华大学作为首家接受新一轮本科教育教学审核评估的高校完成评估。

5月

7日　蔡奇、陈吉宁到西城区、海淀区调研“双减”工作，并分别与中小学校长、校外培训机构代表座谈。

8日　市教委与相关委办局联合印发《关于进一步做好深化无证园治理，清理规范培训机构变相举办无证园工作的通知》，市教委牵头推进全市变相无证园治理工作，实现变相无证园持续动态清零。

13日至16日　市教委、市体育局联合主办首都高等学校第59届学生田径运动会。

14日　昌平、海淀、东城3个区入选全国中小学劳动教育实验区。评选结果由教育部办公厅印发。

18日　市学位委员会下达首批双学士学位复合型人才培养项目及联合学士学位项目名单，批准7所高校设置38个双学士学位复合型人才培养项目，同意3所高校设置4个联合学士学位项目。

△　市教委、市地方金融监督管理局、中国人民银行营业管理部、北京银保监局联合印发《北京市学科类校外培训机构预收费管理办法（试行）》，对学科类校外培训预收费模式进行制度性规范。

19日　市教委印发《关于开展2021年北京市中小学生奥林匹克教育及冰雪进校园系列活动的通知》。

△　经市委编办同意，市教委在全国省级教育行政部门中最先成立校外培训工作处，主要负责校外培训机构规范管理等工作。6月24日，经市委编办同意，市教委扶贫协作与支援合作处更名为支援合作处。

21日　市发展改革委、市教委认定16家企业为北京

5月10日，北师大大兴附小开展“童心向党，助力冬奥”主题校园冰雪嘉年华活动　　（北师大大兴附小　供）

市第一批产教融合型试点企业，并纳入北京市产教融合型企业建设信息储备库。

27日 市委编办对市委教育工委、市教委所属事业单位改革方案作出批复。改革后，两委有处级直属单位21个，其中事业单位20个、企业1个。直属事业单位（不含学校和医院）由33个精简至18个。7月，市委教育工委完成直属单位处级干部安置调配方案及涉改单位的领导班子配备工作。

28日 市委教育工委在中国电影博物馆举行“光影看中国”——北京高校“电影中的党史大课”系列活动启动仪式。

△ 北京高校119门课程和3个研究中心入选教育部课程思政示范项目名单。

29日 市教委印发《北京市推进幼儿园与小学科学衔接攻坚行动实施方案》，加强幼儿园与小学的统筹管理。

6月

1日 中共中央政治局委员、国务院副总理孙春兰在北京市参加“童心向党 争做好少年”主题活动，向全国各族少年儿童转达习近平总书记和党中央、国务院的亲切关怀和节日祝贺，向广大少儿工作者致以诚挚问候。

△ 孙春兰到北京市陈经纶中学考点、朝阳区招生考试中心检查高考准备工作，并主持召开专题会议，听取有关部门高考组织准备情况汇报。

△ 市委教育工委发布北京教育系统党史学习教育系列可视化教材。

7日 市委副书记、市长陈吉宁到北京教育考试院检查调度全市高考工作。

7日至10日 北京市2021年普通高等学校招生全国统一考试及高中学业水平等级性考试举行。统招录取新生45109人，高职单独招生录取2299人。

10日 市委教育工委举行北京高校“我听亲人讲‘四史’”系列活动征文颁奖典礼暨宣讲团成立仪式。

15日 市委教育工委、市教委、市发展改革委、市财政局联合印发《关于推进新时代北京研究生教育改革发展的实施意见》，提出研究生教育改革发展目标。

16日 北京教育系统“永远跟党走”主题教育活动“网上重走长征路”收官暨“永远的长征”大学生综合文艺展演活动在国家大剧院举行。

21日 习近平给北京大学的留学生们回信，鼓励他们更加深入地了解真实的中国，把想法和体会介绍给更多的人，为促进各国人民民心相通发挥积极作用。

23日 市委教育工委、市教委举办的首都教育系统庆祝中国共产党成立100周年主题教育活动“在灿烂阳光下”在清华大学举行。

△ 市委教育工委举行首都教育系统“唱支歌儿给党听”百万师生网络歌咏比赛总结展示活动暨颁奖典礼。

24日至27日 北京市初中学业水平考试首次全科开考，84849人报名参加考试。该项考试开始承担“两考合一”功能，考试分数同时作为检验初中生毕业和升入高一级学校的依据。

28日 北京教育系统3名个人当选全国优秀共产党员，1个集体当选全国先进基层党组织。该表彰由中共中央印发。

7月

1日 北京教育系统3.6万名师生参与庆祝中国共产党成立100周年大会广场献词、大型情景史诗《伟大征程》演出和相关志愿服务工作。

3日 第九届世界和平论坛在清华大学开幕。

6月，地大开展建党百年誓师大会活动。图为师生集体宣誓
（地大　供）

△ 市委教育工委、河北省委教育工委在河北省保定市阜平县举办“薪火好少年 奋进新时代”京冀牵手关心下一代主题教育活动。

10日 北京沙河高教园区高校联盟成立。

12日 市教委印发《北京市中小学教材管理办法》《北京市职业院校教材管理办法》《北京市普通高等学校教材管理办法》，全面加强教材管理。

12日至17日 北京代表团在中华人民共和国第14届学生运动会上取得团体总分第一名的成绩。

14日 市委教育工委举办首都教育系统服务保障中国共产党成立100周年庆祝活动首场宣讲会。

15日 市教委公布首批市属公办本科高校招生专业“灰名单”。“灰名单”是指列入市属公办本科高校重点调整并限制招生的专业名单，首批包括14所市属高校的24个本科专业。

△ 市教委评选出2021年北京地区高校大学生优秀创业团队149个。

△ 市委教育工委、市教委公布北京市第二批中小学特级校长名单，44人当选。

17日至18日 第三届世界马克思主义大会在北京大学召开。

21日 市教委与内蒙古教育厅在呼伦贝尔市签订《京蒙教育对口协作框架协议（2021—2025)》。

22日 市委教育工作领导小组办公室印发《关于开展党的教育方针学习宣传贯彻活动和在全市各级各类学校开展贯彻落实专项行动的工作方案》，面向全市各级各类学校（含幼儿园、民办学校），形成有利于党的教育方针准确把握、有力执行、全面贯彻的长效机制。

30日 市人才工作局公布2021年北京学者名单，市属高校7人入选。

7月 首钢工学院建设完成全国首个冰上器材师实训室。

△ 市教委面向中小学校及教师开展有偿补课和违规收受礼品礼金问题专项整治工作。持续至2022年3月。

7月至8月 市教委首次组织暑期学生托管服务工作，统筹408所小学分2期（每期10天）为10244名学生提供托管服务，10778名干部教师轮流参加服务。

8月

4日 市教委召开北京教育系统“双减”工作部署会，指出北京市坚持一手抓校内教育质量提升，一手抓校外培训机构治理，突出“双减”任务全覆盖。

△ 10名学生当选2020—2021学年度“北京市优秀学生”。

9日 北京7所职业院校入选教育部第二批国家级职业教育教师教学创新团队立项建设单位。

11日 教育部党组书记、部长怀进鹏调研北京“双减”工作，实地调研海淀区七一小学暑期托管班，听取北京市“双减”工作情况汇报并讲话。

14日 市委办公厅、市政府办公厅印发《北京市关于进一步减轻义务教育阶段学生作业负担和校外培训负担的措施》，全面部署落实北京“双减”工作。

20日 市教委印发《关于做好全市中小学2021年秋季学期开学工作的通知》，明确师生返校条件，要求师生员工在京满14天后持48小时内核酸检测阴性证明方可返校。

27日和11月2日 市教委召开两次全市基础教育校长大会，推动“双减”工作向纵深发展。

8月，五十中为参与课后服务的教师子女开办托管班 （五十中 供）

9月

3日　市教委公布第17届北京市高等学校教学名师奖和第5届北京市高等学校青年教学名师奖获奖名单，70人获教学名师奖、69人获青年教学名师奖。

3日至7日　市教委承办2021年中国国际服务贸易交易会教育服务专题，包括教育服务专题展和国际教育服务贸易论坛两部分内容。

7日　教育部公布第二批人工智能助推教师队伍建设行动试点单位名单，北京5所高校和3个区入选。

△　市委教育工作领导小组印发《关于进一步做好义务教育阶段学校课后服务的实施意见》，指出课后服务坚持面向人人、整体设计、提高质量、突出重点4项工作原则。

8日　习近平回信勉励全国高校黄大年式教师团队代表，真正把为学为事为人统一起来，当好学生成长的引路人，并向全国广大教师致以节日的祝贺和诚挚的祝福。市委教育工委通过多种形式深入学习，推动重要回信精神在办校治校、教书育人、服务“四个中心”功能建设等方面形成生动实践。

△　经市政府批准，授予10人“北京市人民教师”称号。市委教育工委、市教委等5部门联合表彰奖励10名“北京市人民教师提名奖”获得者。

9日　教育部教师工作司、中国教师发展基金会公布2021年乡村优秀青年教师培养奖励计划入选教师名单，北京市3名教师入选。

△　市教委、市民政局等5部门联合印发《关于做好义务教育学科类培训机构登记为非营利性机构相关工作的通知》，要求义务教育学科类培训机构必须为非营利性机构。

10日　市教委确定229个课程项目和226个课件项目为2021年北京高校优质本科课程和优质本科教材课件。

△　蔡奇、陈吉宁到人大附中北京经济技术开发区学校和北京市前门外国语学校调研并看望慰问教师，向全市广大教师及教育工作者致以节日问候，祝大家教师节快乐。

13日　市教委公布2021年北京高校优秀本科育人团队和优秀教学管理人员名单，45个团队和56人入选。

14日　市教委印发《北京市义务教育学校教学基本要求》，明确落实课程方案和课程标准、严格依据教材开展教学、严格执行教学计划等9项要求。

15日　市委教育工委举办2021年北京高校新生引航工程启动仪式暨北京市“永远跟党走”百姓宣讲活动。

16日　市委教育工委印发《关于设立北京高校党建和思想政治工作特色项目的工作方案（试行）》，并公布第一批15个北京高校党建和思想政治工作特色项目名单。

17日　市委教育工委召开北京高校党的建设工作会议，印发《市委教育工委、市教委贯彻落实第27次全国高校党的建设工作会议精神任务清单》，提出40项任务50条具体措施。表彰第八次北京市党的建设和思想政治工作先进普通高等学校及提名奖学校。

24日　市教委印发《关于加强中小学生心理健康管理工作的通知》，从4个方面提出14项具体要求。

26日　国家教材委员会公布首届全国教材建设奖获奖名单，第一主编为北京教育单位的教材107种获奖。

28日　经市政府同意，市教委发布《北京市“十四五”时期教育改革和发展规划（2021—2025年）》。

9月至12月，北师大实验小学落实课后服务工作。图为插花课程　（北师大实验小学　供）

9月　教育部公布全国首批100个教育世家名单，北京市5个教师家庭入选。

△　市教委等部门增加各区中小学教师绩效工资额度，用于鼓励和引导教师积极参与课后服务，提高课后服务质量。

9月至10月　市委教育工委落实属地责任，协助做好中央巡视中管高校整改相关工作，制定《市委教育工委、市教委落实习近平总书记听取第七轮巡视汇报时重要讲话精神工作方案》，梳理4项重点内容，建立3项工作机制，制定高校共性问题和市委教育工委、市教委工作深化“两张清单”，将高校普遍问题细化为30个方面，组织开展自查自纠。

9月至12月　市委教育工委、市教委共同开展“双减”校内工作大检查。

10月

15日　第七届中国国际“互联网+”大学生创新创业大赛闭幕，北京高校获19金28银47铜的总成绩。比赛由教育部举办。

20日　教育部办公厅公布全国高校毕业生就业能力培训基地名单，北京3所高校入选。

25日　市教委、市规划自然资源委印发《北京市教育设施专项规划（2018年—2035年）》，明确至2035年基础教育、职业教育、高等教育设施规划目标。

26日　“首都高校冬奥、冬残奥志愿者誓师大会暨首都青少年迎冬奥倒计时100天冰雪嘉年华”活动在北京体育大学举行。

△　中组部、中宣部、人力社保部、科技部印发《关于表彰第六届全国杰出专业技术人才和专业技术人才先进集体的决定》，北京教育系统3名个人和3个集体入选。

10月　市教委完成第一批“双百”示范行动项目验收评估，38个智慧校园融合应用示范基地和29个信息技术与课堂应用融合创新课题入选“双百”示范行动优秀建设项目。

11月

3日　2020年度国家科学技术奖励大会上，清华大学教授王大中获国家最高科学技术奖，北京高校作为第一完成单位的27项通用成果获国家科学技术奖励。其中，获得国家自然科学奖二等奖7项，国家技术发明奖一等奖1项、二等奖6项，国家科学技术进步奖一等奖1项、二等奖12项。

8日　市教委公布2021年北京高等教育本科教学改革创新项目入选名单，北京高校240个项目入选。

17日　市教委公布第一批北京高校大学生创业园高校分园绩效考核结果，8个高校分园均通过绩效考核。

18日　市教委、市财政局印发《北京市中小学教师开放型在线研修计划（试行）》，计划搭建中小学教师在线研修管理服务平台，为教师提供多样化、个性化、精准化的线上互助研修服务。

△　北京高校7人增选为中国科学院院士、16人增选为中国工程院院士。

19日　市教委印发《北京高等教育本科人才培养质量提升行动计划（2022—2024年）》，旨在推进人才供给侧改革，提升高校人才培养与经济社会需求的匹配度。

23日　市委教育工委、市教委与中国精神卫生协会签约携手实施学校心理健康教育工作提升计划。

9月29日，民族小学举行“激情冰雪 相约冬奥”主题实践活动（民族小学　供）

26日　市教委和北京12所高校入选教育部普通高校毕业生就业创业典型案例名单。

△　蔡奇到清华大学宣讲党的十九届六中全会精神。

△　北京12所高校12个实验室入选首批教育部哲学社会科学实验室，其中试点类4个、培育类8个。

29日　陈吉宁到北京大学宣讲党的十九届六中全会精神。

△　教育部公布第三批基础学科拔尖学生培养计划2.0基地（2021年度）名单，北京高校20个基地入选。

30日　市委教育工委、市教委等16个部门印发《北京市学习型城市建设行动计划（2021—2025年）》。

11月　市人力资源社会保障局发布第五批北京市创业孵化示范基地认定名单，3所高校科技园获认定。

△　市教委完成2019—2020学年北京硕士论文抽检工作，首次实现各类型硕士论文全覆盖。抽检合格率98.08%。

11月至12月　市教委组织开展2021年度中小学教材选用结果和中小学生课外读物进校园管理情况网上填报工作。

12月

2日　北京高校学习宣传党的十九届六中全会精神师生宣讲团宣讲会在中国人民大学举行。市委教育工委常务副书记郑吉春出席活动并为宣讲团成员颁发聘书。

6日至9日　2021世界慕课与在线教育大会在线举办。会议由教育部高等教育司指导，清华大学发起成立的世界慕课联盟与联合国教科文组织教育信息技术研究所共同主办。

8日　市教委印发《义务教育体育与健康考核评价方案》，改革体育与健康考核评价方式。改革遵循学生成长规律，尊重学生兴趣需求，注重科学性、基础性和公平性。

9日　北京市第十三中学物理教师李晓彤作为地面主课堂授课教师，配合神舟十三号乘组3名航天员完成“天宫课堂”第一课时地面授课任务。

10日　北京市名校长领航工程首期研修班结业。11个区23名中学副校长（或中层干部）完成李希贵校长工作室项目为期3年学习。

15日　市教委、市老龄办认定20家首批北京市老年学习示范校（点）。

17日　市委组织部、市委教育工委、市教委召开全市民办学校党建工作推进会。

21日　市教委印发《关于进一步深化中小学生社会大课堂实践活动管理工作的实施意见》，完善社会大课堂管理机制。

23日　市教委公布第13届北京市中小学生科学建议奖获奖名单，17名学生获科学建议奖、11名学生获科学建议提名奖。

25日　北京市第八中学举办“立德百年路 树人新征程”建校百年系列活动之发展素质教育研讨活动。八中前身为始建于1921年的私立四存中学。

26日　市教委、市科委和市科协主办的第39届北京学生科技节闭幕。科技节于5月启动。

28日　市教委召开第34届北京市“紫禁杯”优秀班主任和第9届北京市“学生喜爱的班主任”评选获奖教师表彰会，400名优秀班主任和200名学生喜爱的班主任获表彰。

30日　教育部、工信部公布首批特色化示范性软件学院名单，北京6所高校软件学院入选。

△　市教委、市人力资源社会保障局公布第三批北京市职业院校特色高水平骨干专业（群）29个和实训基地（工程师学院、技术技能大师工作室）28个。

31日　市委教育工委、市教委等八部门联合印发《“十四五”时期北京市属高校教师队伍建设支持计划》，为今后一段时期市属高校教师队伍建设提供政策依据和工作参照。

12月　全市中小学幼儿园平安校园建设达标验收全部完成。

是年

至年底　市委教育工作领导小组召开8次专题会议，深入推进“双减”工作。蔡奇主持会议，形成高位推动的态势。

△　市教委组织实施全市幼儿园、中小学在园儿童、在校学生和教职员工疫苗接种和核酸检测工作。完成12～17岁在校学生疫苗接种52.20万人，接种率超过92.5%；完成3～11岁在园幼儿、在校学生第一剂接种156.50万人，接种率93.9%；完成60岁及以上退休教职工接种近6万人，教职工加强免疫接种23.30万人。

△　市委教育工委、市教委开展中央巡视市委落实意识形态工作责任制情况反馈意见涉教育领域问题整改工作。对照反馈意见中的问题清单，研究制定23项整改措施，协调市委组织部等9个部门和10所高校推动整改任务落实。同时，以巡视整改为契机，修订市委教育工委、市教委《意识形态工作责任制分工方案》，印发《北京教育系统2021年意识形态工作要点》《北京高校二级单位落实意识形态工作责任制工作指引》《关于贯彻落实〈高校学生社团建设管理办法〉的若干措施》等文件。

△　市委教育工委、市教委全面从严治党主体责任领导小组召开会议23次，巡察工作领导小组召开会议9次。

△　市教委、市政府教育督导室完成首轮幼儿园办园质量督导评估。

△　全市教育系统开展校园安全专项整顿工作。检查各级各类学校4438校次，排查整治各类涉校安全隐患12562项，其中普通高校7308项、基础教育系统5254项。

（华蕾）

（本栏责任编校　华蕾）

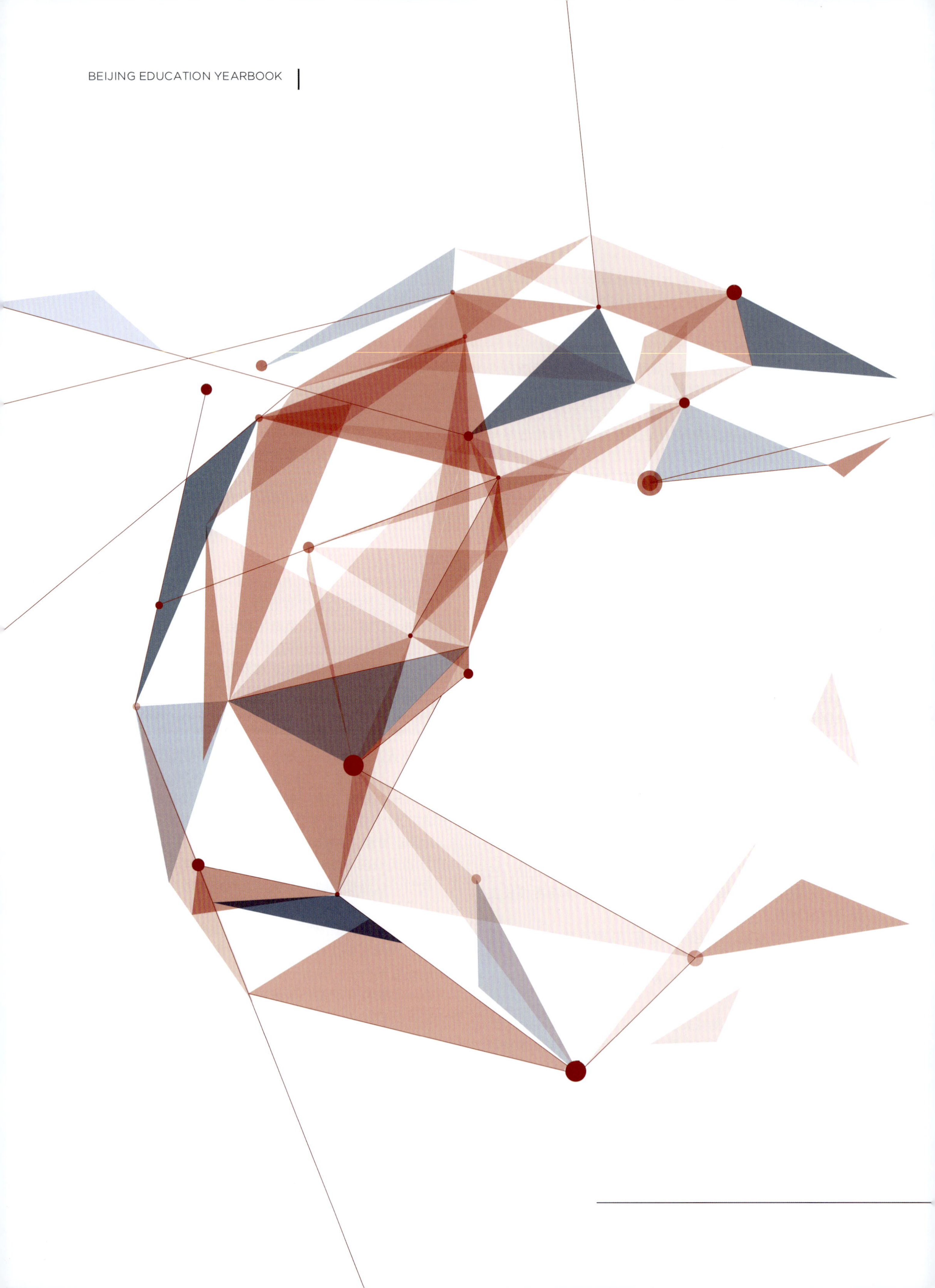

2022 首都教育系统庆祝中国共产党成立100周年

THE CAPITAL EDUCATION SYSTEM CELEBRATES THE 100th ANNIVERSARY OF FOUNDING OF THE CPC

- 铭初心 担使命 奋力推进首都教育高质量发展
- 北京教育系统青少年党史学习教育暨“永远跟党走”主题教育活动
- 北京教育系统庆祝建党百年重要活动

首都教育系统庆祝中国共产党成立 100 周年

THE CAPITAL EDUCATION SYSTEM CELEBRATES THE 100th ANNIVERSARY OF FOUNDING OF THE CPC

北京教育系统庆祝建党百年情况概述

铭初心 担使命 奋力推进首都教育高质量发展

2021 年是中国共产党成立 100 周年，在全党开展党史学习教育，是以习近平同志为核心的党中央作出的一项重大战略决策。市委教育工委、市教委坚决贯彻落实党中央统一部署和市委要求，按照学史明理、学史增信、学史崇德、学史力行的要求，精心组织开展党史学习教育，高质量完成各项任务。市委第六指导组精准指导，先后 6 次到两委机关现场指导，有力促进党史学习教育提质增效。

一、持续学深悟透习近平总书记关于党史学习教育的系列重要论述

党的十八大以来，习近平总书记在主持召开重要会议、到地方考察调研等重要活动中反复强调学习党史的重要意义，要求每名党员学好党史这门必修课。总书记将党史学习教育同庆祝建党百年、召开党的十九届六中全会统筹考虑、一体部署，率先垂范、全程指导，先后发表系列重要讲话，作出系列重要指示，有力指引和推动党史学习教育深入开展。总书记关于党史学习教育的系列重要论述，深刻阐明党百年奋斗的历史价值，以及学习党史的根本目的、基本要求、科学态度，把党对历史的认识提升到新的高度，为在新的征程上以史为鉴、开创未来提供根本遵循和行动指南。

两委机关干部按照蔡奇书记在全市党史学习教育总结会议上的要求，对习近平总书记关于党史学习教育的一系列重要论述再学习、再领悟、再对标，全面掌握其精神实质、思想精髓和核心要义，主动查找差距、改进不足。要深刻领悟党的百年成绩单是一代又一代共产党人用理想和信念书写的，牢记中国共产党是什么、要干什么这个根本问题，始终坚持社会主义办学方向，更加坚定历史自信、增强政治自觉，努力办好人民满意的首都教育。要深刻领悟红色资源是宝贵的精神财富，牢记总书记在视察清华大学时对广大青年“要爱国爱民，从党史学习中激发信仰、获得启发、汲取力量”的嘱托，全面做好立德树人、铸魂育人各项工作，赓续红色血脉、传承红色基因。要深刻领悟唯物史观是我们共产党人认识把握历史的根本方法，善于从历史长河、时代大潮、全球风云中分析演变机理、探究历史规律，真正从政治上看教育、从民生上抓教育、从规律上办教育，扎实推进首都教育治理体系和治理能力现代化，推动首都教育高质量发展。

二、深入总结党史学习教育成效

2021 年 2 月以来，市委教育工委、市教委将党史学习教育作为贯穿全年的重大政治任务，有力有序推进，使广大党员干部受到全面深刻的政治教育、思想淬炼、精神洗礼。

一是建机制、强组织，推动党史学习教育高起点开局、高标准推进。市委教育工委领导专题研究审议两委机关党史学习教育工作方案和学习计划，牵头成立北京教育系统党史学习教育领导小组，紧盯 8 项任务和 30 项工作措施落实落地，带头为两委机关干部讲专题党课。两委领导班子发挥“关键少数”作用，以上率下开展专题学习、专题培训、专题研讨、专题组织生活会、专题民主生活会等各环节，组织集中学习研讨交流 8 次，为基层讲党课 18 次，指导督促基层各级党组织压实责任。组建 5 个机关系统党

史学习教育巡回指导组，对学习教育实地督导、随机抽查，严格把关专题组织生活会和民主生活会质量，先后 47 次深入基层、深入干部群众开展指导工作，有效发挥“领航员”作用。两委机关各级党组织发挥自身特点，将学习理论与行动实践、推进工作与服务群众紧密结合，形成同频共振的良好效果。

二是学党史、悟思想，引领广大党员牢固树立正确党史观。紧扣主题主线，分阶段、分专题深入学习习近平总书记在动员大会上的重要讲话、“七一”重要讲话等系列重要讲话精神，深入学习贯彻党的十九届六中全会精神，邀请曲青山、王民忠等为广大党员干部作辅导报告。抓住处级以上干部学习这个重点，集中 2 天时间，组织机关副处级以上党员干部分 4 个专题学习研讨交流和专题测试；各级党组织组织理论中心组学习 194 次，党员干部集中学习 331 次，红色实践活动 149 次，持续掀起党史学习教育热潮。两委机关组织“北京教育中的红色基因”展览和“百年党史中的北京教育”展览，通过开展“庆祝建党百年华诞·向党说句心里话”主题作品征集、“奋进百年路”主题朗诵比赛和线上党史知识竞赛等活动，引导党员干部重温党的百年光辉历程，深刻认识在党的领导下北京教育取得的发展成就，爱党爱国爱社会主义的炽热情感显著增强。

三是办实事、开新局，深入践行“为党育人、为国育才”初心使命。坚持把“我为群众办实事”作为党史学习教育的落脚点，研究制定实践活动实施方案和机关 2021 年度重点民生和实事项目，全部实行“台账”管理。至年底，两委负责的市级民生项目和重点实事项目全部按期完成，推动解决入园入学难、教育公共资源均衡化、大学生就业等一批人民群众“急难愁盼”的问题：一年内，有效扩增普惠学位 1.3 万个，新增中小学学位 2.81 万个；将集团办学和城乡手拉手学校建设纳入全市义务教育优质均衡发展支持政策，设立专项资金 1.5 亿元；实施北京高校毕业生就业促进计划，为 2021 届毕业生举办各类线下、线上双选会 255 余场，提供岗位 145 万个，有效提升首都群众的教育获得感、幸福感和安全感。特别是，把推进“双减”工作，作为党史学习教育成效的重要检验，引领各级党组织和广大党员紧紧围绕“治乱减负防风险、改革转型促提升”的工作主线攻坚克难，率先开展“营转非”“备改审”工作，线下有证学科类培训机构减少 1021 址，压减率 71.5%，集中力量抓好规范教育教学秩序、提高课堂教学质量、丰富课后服务供给等关键工作，推进校长教师区域交流轮岗，得到社会广泛认同。

两委机关党史学习教育取得明显成效，达到预期目的。广大党员干部从学史明理中受到深刻的政治教育，进一步深化对加强党对教育全面领导的认识；从学史增信中受到深刻的思想淬炼，进一步增强用党的创新理论引领首都教育高质量发展的信念信心；从学史崇德中受到深刻的精神洗礼，进一步凝聚干事创业的奋进力量；从学史力行中受到深刻的实践锤炼，进一步践行以人民为中心的发展思想。

三、持续巩固拓展党史学习教育成果

习近平总书记在开年第一课上强调，要认真总结党史学习教育的成功经验，建立常态化、长效化制度机制，不断巩固拓展党史学习教育成果。北京教育系统要深刻认识到，总结不是“终结”，党史学习教育没有“休止符”，必须进一步把党史学习教育成果转化为理论素养和党性修养，把党史学习教育实效体现在推动首都教育改革发展的良好业绩和为民服务的实际行动上。

一要更加自觉地捍卫“两个确立”、做到“两个维护”。始终牢记“看北京首先从政治上看”要求，带头坚持和捍卫“两个确立”，增强“四个意识”、坚定“四个自信”、做到“两个维护”。要坚持不懈加强理论武装，深刻感悟和灵活运用习近平新时代中国特色社会主义思想所蕴含的马克思主义立场观点方法，不断提高工作的原则性、系统性、预见性、创造性。

二要更加坚决落实中央决策部署。始终牢记“首都工作关乎‘国之大者’”，坚持以首都发展为统领谋划教育改革发展，全力以赴完成好冬奥筹办、国际科技创新中心建设等各项任务，在服务国家、服务首都中彰显教育价值。

5 月 29 日，北大举行庆祝中国共产党成立 100 周年未名湖畔党史学习教育活动（北大 供）

要在贯彻新发展理念、服务构建新发展格局上多出新招实招硬招，深入实施首都教育“十四五”规划，统筹发展和安全，毫不放松抓好常态化疫情防控、防范化解重大风险等重点工作。

三要更加深入践行初心使命。始终牢记“人民就是江山、江山就是人民”，牢固树立为群众办实事永远在路上的意识，把群众关心关切作为工作的“晴雨表”，把群众满意与否作为工作的“度量衡”，着力解决人民群众“急难愁盼”问题，更好满足人民群众对教育发展的新期盼。要将从百年党史中汲取的精神力量，体现到巩固“双减”工作成效、构建大中小幼一体化德育体系建设等攻坚行动中，坚持“五育”并举，建设高质量教育体系，着力培养担当民族复兴大任的时代新人、强国一代。

四要更加勇于自我革命、自我净化。始终牢记“打铁还需自身硬”的道理，增强全面从严治党永远在路上的政治自觉，深入贯彻落实新时代党的建设总要求，严守党的政治纪律和政治规矩，严肃党内政治生活，着力打造一支忠诚、干净、担当的机关干部队伍。要加强机关党的建设，加强对“一把手”和领导班子监督，加强警示教育，用身边人、身边事教育党员干部，持之以恒正风肃纪，坚定不移推进党风廉政建设。

奋进新征程的集结号、建功新时代的冲锋号已经吹响。教育两委要更加紧密地团结在以习近平同志为核心的党中央周围，大力弘扬伟大建党精神，以史为鉴、开创未来，埋头苦干、勇毅前行，奋力推动首都教育高质量发展，以优异成绩迎接党的二十大胜利召开。

（本文为郑吉春在两委机关党史学习教育总结会上的讲话）

北京教育系统青少年党史学习教育暨“永远跟党走”主题教育活动

习近平总书记强调，要抓好青少年学习教育，让红色基因、革命薪火代代传承。2021年，市委教育工委市教委精心组织策划“永远跟党走”主题教育活动，打造贯穿全年的“学”“唱”“讲”“做”4个板块17项市级活动，为广大青少年开设一堂精彩的党史学习教育“大思政课”。

一、全员覆盖“学起来”筑牢信仰之基

北京教育系统组织师生认真学习习近平总书记关于党史学习教育的重要讲话精神、党的十九届六中全会精神，深入研读指定书目及学习材料。

举行“首都百万师生同上一堂党史课”11次，“现场教学+网络直播”，线上线下一起学。开展“四史”知识竞赛，全市大中小学生在线答题，参与人次超过730万，征集学生学习成果及各类作品17万件。推荐100个红色教育场所，15万余名师生参观学习。组织“‘穿越时空的对话’——写给革命先烈的一封信”活动，各高校、各区委教育工委区教委积极响应，征集1200余所大中小学学生信件10万余封。举办“大剧院里的思政课”，光影看中国——北京高校“电影中的党史大课”系列活动，40余场演出、百余部影视作品、老艺术家领学，让青少年感悟红色作品的精神力量。

二、满怀深情“唱起来”抒发爱党之情

北京教育系统开展形式多样的歌曲传唱展演，引导青

6月29日，丰台一小召开“传承红色基因 筑梦红色未来”永远跟党走主题大队会 （丰台一小 供）

少年充满激情“唱”起来，向党表白心声。央视新闻联播多次报道。

唱出热情。组织开展“唱支歌儿给党听”百万师生网络歌咏比赛，1200 余所大中小学积极参与。参赛视频累计全网阅读量 3 亿次。

唱出感情。17 所高校近 200 名师生参演，我宣誓——“永远跟党走”主题青年大学生诗诵会，连演 3 场，20 余所高校 3600 余名师生现场观演。

唱出深情。6 月 16 日，“网上重走长征路”收官暨“永远的长征”大学生综合文艺展演在国家大剧院上演。

各高校、各区委教育工委区教委积极组织大中小学师生党员、共青团员、少先队员、学前儿童开展红歌比赛、戏曲展演，创编各类歌舞剧，到红色基地唱起来，在红色地标唱起来。

三、生动鲜活“讲起来”砥砺奋进之志

北京教育系统各级各类宣讲团相继组建，名师专家、机关干部、书记校长、师生员工纷纷“讲”起来，讲好创新理论，讲好爱国奉献，讲好中国故事、教育大事和身边小事。

名师大家讲。打造“名师大家讲党史”系列网络公开课，曲青山、欧阳淞等名师专家线上开讲，每月一期、贯穿全年，形成可视化教材，累计收看量超千万。

领导干部讲。夏林茂带头讲党课；郑吉春、王民忠等中央和市委宣讲团成员深入宣讲习近平总书记在党史学习教育动员大会和“七一”重要讲话精神；刘宇辉等领导讲主题党课 18 次。党委书记、校长走上讲台，讲党史说校史，与师生交流。

师生员工讲。思政课教师广泛宣讲习近平总书记“七一”重要讲话精神；参与“七一”建党百年庆祝活动的 13 名师生，组建宣讲团，讲述亲身经历和感人故事。

北京高校“我听亲人讲‘四史’”系列活动，动员退休老干部、校友等社会力量，讲述“小故事”，悟透“大道理”。

“校史中的党史”活动，学生拍摄微视频讲述校史背后的党史故事，推出《校史中的红色记忆》党史专题片。调动广大青少年学习的自发性和积极性。

四、全力投入“做起来”汇聚报国之行

北京教育系统师生将党史学习教育“永远跟党走”主题教育的成果转化为实际行动。3 万余名师生直接参与建党 100 周年庆祝大会、“伟大征程”文艺演出、志愿服务保障等工作。2.33 万名首都师生参与服务保障冬奥会和冬残奥会相关工作，展现出新时代首都师生的蓬勃朝气和奋进姿态。

推出“见证优秀共产党员榜样”活动，4 个首都大学生集体采访团，赴内蒙古、青海、新疆等地，采访北京支援扶贫的优秀共产党员，坚定理想信念，传递榜样力量。

（丁贞栋）

北京教育系统庆祝建党百年重要活动

教育系统党史学习教育领导小组成立

3 月 22 日，北京教育系统党史学习教育领导小组成立。领导小组由夏林茂担任组长，郑吉春、刘宇辉担任常务副组长。领导小组下设办公室，办公室包括综合协调组、机关党史学习教育组、“永远跟党走”主题教育活动组、实践活动组、专题宣传组、文稿组、督促指导组和红色基因研究专班。

（赵国伟　苏珊　李林）

“永远跟党走”主题教育活动动员

3 月 29 日，市委教育工委召开“永远跟党走”主题教育活动动员推进大会。会议启动“穿越时空的对话”——写给革命先烈的一封信征集活动和“唱支歌儿给党听”百万师生网络歌咏比赛活动，部署主题教育相关工作。会议强调，北京教育系统要紧紧抓住党史学习教育重大契机，上好“大思政课”。教育部相关领导及夏林茂参加会议并讲话。教育部、中宣部及市委组织部、市委宣传部、市委教育工委、市教委相关负责人在主会场参会，各高校党委书记及相关部门负责人，各区两委负责人以及中小学校长在分会场参加视频会议。

（付震　马驰知）

党史学习教育市委宣讲团宣讲活动

3 月 30 日，市委教育工委举办党史学习教育市委宣讲团宣讲活动。市委宣讲团成员、市委党校常务副校长王民忠作题为《百年恰是风华正茂》的宣讲，郑吉春主持。市委教育工委、市教委班子成员，各处室和直属事业单位相关负责人在主会场参加，各市属高校副处级以上党员干部以视频会议方式参加。

（赵国伟）

“首都百万师生同上一堂党史课”网络公开课

3 月 31 日，市委教育工委举办“首都百万师生同上一堂党史课”网络公开课启动仪式暨首场报告会。报告会邀请中共中央党校（国家行政学院）副校（院）长谢春涛国

绕“中国共产党为什么能”主题，通过史料和数据阐述中国共产党在制定政策、改善百姓生活等方面所做的努力。活动以线上线下相结合的方式开展，200余名首都高校师生代表现场参加活动，各级各类学校近百万名师生通过北京高校思政课高精尖创新中心网络直播平台和北京市学校“学习思政课”App参与线上学习。至12月，公开课录制8讲线上播放，同时作为北京高校“形势与政策”市级示范课，供各高校参考使用。市委教育工委、市委讲师团另于5月21日举办“首都大学生同上一堂脱贫攻坚大思政课”活动，邀请北京市“决战脱贫攻坚”百姓宣讲团6名成员授课。部分高校思政课教师、学生党员代表等近150人现场参与学习。北京高校全体专兼职思政课教师及在校生通过北京高校思政课高精尖创新中心网络直播平台参与学习，累计收看人次90余万。活动同时作为第十期北京市学校思政课教师“同备一堂课”活动内容。

（姜男　郑天仪）

职业院校庆祝建党百年主题教育活动

4月22日，北京职业院校启动“未来工匠心向党 青春奋进新时代”主题教育活动。活动包括“我们一起学党史”“写给2035年的我”“红色基因传承”等活动，建立“校校组织、班班活动、人人参与”活动机制。43所中职学校开展系列活动3000余场次，提交作品2136件；5000余名学生以书信或微视频等形式参与“写给2035年的我”活动；60余所职业院校开展“老党员讲入党故事”“我身边的党员故事”等活动；10万余名学生通过观演、观展、观影等活动，线上线下参加活动。

（高飞　巫梅琳）

“永远跟党走”主题诗诵会

4月29日，教育部、市委教育工委联合主办的“我宣誓——‘永远跟党走’”主题青年大学生诗诵会首场演出在清华大学举行。诗诵会分为“我和我的校园”“我和我的家乡”“我和我的祖国”“我和人类命运共同体”4个部分，通过朗诵、舞蹈、情景表演等形式开展。教育部和北京市有关领导参加首场活动。至4月30日，诗诵会连演3场，3600余名高校思政课教师、辅导员、学生党员等现场观演。

（丁贞栋）

“从小学党史，永远跟党走”系列主题教育活动

4月，市教委决定在全市中小学组织开展“从小学党史，永远跟党走”系列主题教育活动。活动设置“图话百年”宣传教育、“学习新思想，做好接班人”阅读、“童心向党”班会、“寻访红色足迹”红色教育实践、“永远跟党走”新童谣创编、“明理 增信 崇德 力行”第五届中学生时事辩论赛、“感悟初心，践行使命”第九届中学生社会实践挑战赛、“奋斗百年路，启航新征程”中学生时事论坛、第四届“全国中小学生电影周”、“开学第一课”宣传教育10项活动内容。至年底，活动征集到国旗下演讲讲稿及视频作品184件，评选出一、二、三等奖147个；征集到童谣创编作品108件、童谣传唱作品60件，评选出创编作品一、二、三等奖86个，传唱作品一、二、三等奖36个；征集到学生社会实践项目100余项；收到时事评论优秀稿件200余篇，择优在《中学时事报》等媒体上刊载。

（林臻）

5月18日，二外开展“百人讲百年党史”活动

（二外　供）

“音乐党史”系列活动

5 月 21 日，中央音乐学院等音乐院校牵头举办的“音乐党史”系列活动启动。活动以“唱响百年辉煌，凝聚奋进力量”为主题，由教育部主办，以 11 所音乐类院校为主体，联合全国音乐学科实力较强的综合性高校、师范院校共同参与。活动为期 1 个月，通过区域巡演、重点联演、广泛展演、云端会演 4 个板块并联推进，为师生和基层群众举办“音乐党课”800 余场。央视新闻联播、人民日报等报道活动内容。

（王小夕）

“电影中的党史大课”系列活动

5 月 28 日，市委教育工委在中国电影博物馆举行“光影看中国”——北京高校“电影中的党史大课”系列活动启动仪式。活动邀请演员代表李雪健、王霙、王斑担任主讲嘉宾，郑吉春参加启动仪式并为嘉宾颁发聘书。50 余名高校师生代表集体观看开幕影片《焦裕禄》。

（姜男）

“我和祖国一起成长”儿童节主题演出

5 月 31 日，中国宋庆龄基金会、中国福利会、国家大剧院共同主办，市教委协办的“我和祖国一起成长”2021 年“六一”国际儿童节主题演出活动在国家大剧院举行。活动分“你好！红领巾”“你好！新时代”“你好！百年风华”3 个篇章，涵盖主题故事、儿童戏剧、京剧新编等艺术形式，将党史传承、脱贫攻坚、冬奥梦想等内容有机融合，展现青少年追求梦想、努力奋斗的精神面貌。29 所中小学校 1100 名学生参加演出。活动的主创团队和分项导演团队，主要来自于北京大中小学的美育教师。

（徐春生）

党史学习教育系列可视化教材发布

6 月 1 日，市委教育工委发布北京教育系统党史学习教育系列可视化教材。教材包括“名师大家讲党史”“党史百年：人物·文献·事件”“跟着总书记学党史”3 个专栏，由北京高校思政课高精尖创新中心及中国人民大学马克思主义学院、中共党史党建研究院、习近平新时代中国特色社会主义思想研究院联合打造。3 部教材在“学习强国”、北京日报客户端等平台上线，供各类单位“四史”学习教育使用。至 12 月，全网累计收看量 1000 余万人次，新闻联播予以报道。

（姜男　吕鹏军）

“我听亲人讲‘四史’”系列活动

6 月 10 日，市委教育工委举行北京高校“我听亲人讲‘四史’”系列活动征文颁奖典礼暨宣讲团成立仪式。活动为获奖代表颁奖，并优选百余篇“四史”故事，形成“我听亲人讲‘四史’”专栏，上线现代教育报和“学习强国”平台。活动上，北京高校“我听亲人讲‘四史’”宣讲团正式成立。市委教育工委相关负责人及各高校党委学生工作部负责人、获奖学生代表等近 100 人参加活动。

（郑天仪）

“永远的长征”大学生综合文艺展演

6 月 16 日，北京教育系统“永远跟党走”主题教育活动“网上重走长征路”收官暨“永远的长征”大学生综合文艺展演活动在国家大剧院举行。展演活动以党史学习教

5 月 30 日，怀柔区举办“我和祖国一起成长”2021 年“六一”国际儿童节主题演出活动　（怀柔区教委　供）

育为主线，从“我”和校园、家乡、祖国、人类命运共同体4个层次，展示当代大学生精神风貌。孙春兰观看演出并讲话，陈宝生、夏林茂参加活动。17所高校的175名学生参加演出。教育部、北京市相关部门及57所高校主要负责人与1400余名师生观看演出。

（丁贞栋）

庆祝建党百年主题教育活动

6月23日，市委教育工委、市教委举办的首都教育系统庆祝中国共产党成立100周年主题教育活动“在灿烂阳光下”在清华大学举行。活动分不忘初心、青春向党、肩负希望3个篇章，以时间为轴，展现中国共产党为国为民甘于奉献、开拓进取的高尚品质以及首都学子坚持中国共产党的领导的坚定信念。35所大中小学师生850人参演，夏林茂、刘宇辉等与首都大中小幼职师生代表1500余人观看演出。

（徐春生）

“唱支歌儿给党听”百万师生网络歌咏比赛

6月23日，市委教育工委举行首都教育系统“唱支歌儿给党听”百万师生网络歌咏比赛总结展示活动暨颁奖典礼。活动为获奖代表颁发证书，邀请部分获奖选手现场表演。获奖单位代表200余人参加展示。活动于3月启动，1200余所高校及中小学参加，经学校推荐、专家评审、网络投票等程序，高校组及中小学组评选出特等奖21个、一等奖31个、二等奖44个、三等奖62个，以及最佳人气奖13个。

（丁贞栋）

百年党史中的北京教育专题展

6月28日至9月2日，市委教育工委、市教委在市教委办公楼一楼大厅举办“百年党史中的北京教育——庆祝中国共产党成立100周年专题展”。展览包括核心展区、专题展示、前言与后记、主景板四个部分，收录图片210幅，全景展示新民主主义革命时期、社会主义革命和建设时期、改革开放和社会主义现代化建设新时期、中国特色社会主义新时代四个阶段北京教育在党领导下的发展历程。

（张晓兰）

庆祝建党百年歌咏展播

6月，市教委委托北京电视台开展“歌声里的红星——首都教育系统庆祝中国共产党成立100周年歌咏展播”活动。活动组织录制5首经典歌曲MV，展播100所学校爱党歌曲、5所学校党史排练课等活动。至7月，130余所中小学近7000名学生现场参与活动，4000万人次通过电视台、网络等媒体观看。

（徐春生）

“光荣在党50年”纪念章颁发

6月，市委教育工委向各高校党龄50年以上老党员颁发“光荣在党50年”纪念章。关系隶属市委、归口市委教育工委管理的62所高校11797名老同志获得“光荣在党50年”纪念章。

（郭佳）

6月28日，市委教育工委、市教委举办的“百年党史中的北京教育——庆祝中国共产党成立100周年专题展”开展 （新闻中心 供）

7月14日，市委教育工委、市教委举办“知史爱党、知史爱国”北京市学生“四史”学习知识竞赛总决赛　（新闻中心　供）

建党百年庆祝大会系列活动服务保障

7月1日，北京教育系统3.6万名师生参与庆祝中国共产党成立100周年大会广场献词、大型情景史诗《伟大征程》演出和相关志愿服务工作。其中，37所高校、4个区12所中学组成合唱团2904人、献词团1068人、主献词人团队12人，组建分指挥和情绪引导员团队50人。北京舞蹈学院、中国戏曲学院、中央音乐学院等院校834名学生组成文艺晚会团队。市委教育工委另于6月组织90名高校师生参加中国共产党党史馆开馆仪式，500余名师生观看《伟大征程》演出。中央美术学院设计的“中国共产党成立100周年标识”由中宣部发布，并创作中国共产党历史展览馆广场主题雕塑《信仰》。北京印刷学院设计完成“中国共产党成立100周年庆祝活动城市志愿服务视觉形象系统”。

（赵国伟　王星星　徐春生）

首都教育系统服务保障建党百年庆祝活动首场宣讲会

7月14日，市委教育工委举办首都教育系统服务保障中国共产党成立100周年庆祝活动首场宣讲会。9名宣讲员现场分享参加建党百年庆祝活动的收获与感想。北京部分高校、中小学师生代表300余人参加宣讲会。至年底，举办10场线上线下宣讲会，2万余人聆听宣讲。

（王星星　宋宇杰）

“四史”学习知识竞赛

7月14日，市委教育工委、市教委举办“知史爱党、知史爱国”北京市学生“四史”学习知识竞赛总决赛。经预赛和复赛，东城区、朝阳区等6支代表队和北京工业大学、中国人民大学等6支代表队分别进入初中组和高校组决赛。经现场角逐，怀柔区代表队获中学组第一名、中国人民大学获高校组第一名。知识竞赛是“永远跟党走”主题教育活动中的市级重点活动之一，分为个人线上竞答闯关、现场团队竞赛两部分，全市大中小学学生720万人次参加，答题数3800万个，提交各类主题作品17万件。

（丁贞栋　滑经纬）

“写给革命先烈的一封信”征集活动

7月15日，市委教育工委、市教委举行“穿越时空的对话——写给革命先烈的一封信”征集活动颁奖典礼。活动为获奖代表颁奖，并展示优秀作品。活动于4月启动，号召学生通过书信形式铭记革命先烈光辉事迹，抒发内心感想体会，覆盖学校1200余所，参与师生10万人次。经过各高校、各区筛选推荐和专家评审，评出特等奖15个、一等奖30个、二等奖45个、三等奖60个。

（丁贞栋）

新生引航工程启动仪式暨北京市“永远跟党走”百姓宣讲活动

9月15日，市委教育工委举办2021年北京高校新生引航工程启动仪式暨北京市“永远跟党走”百姓宣讲活动。市委教育工委、党史学习教育市委指导组等领导及各高校主管校领导、学工部长、研工部长以及2021级辅导员和新生代表参加活动。新生引航工程明确要加强新生党史学习教育，组织开展“永远跟党走”主题教育、“青春与价值对话”等系列活动。

（王星星）

（本栏责任编校　华蕾　张晓兰）

学党史

新民主主义革命时期

1921-1949

社会主义革命和建设时期

1949-1978

改革开放和社会主义现代化建设新时期

1978-2012

·九运动
培养锻炼了大批干部

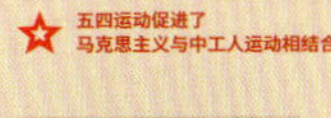

五四运动促进了
马克思主义与中工人运动相结合

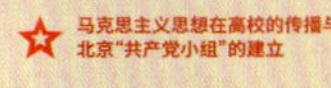

马克思主义思想在高校的传播与
北京"共产党小组"的建立

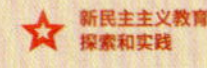

新民主主义教育
探索和实践

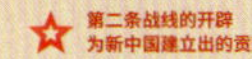

第二条战线的开辟
为新中国建立出的贡献

党领导下
北京教育的改革开放

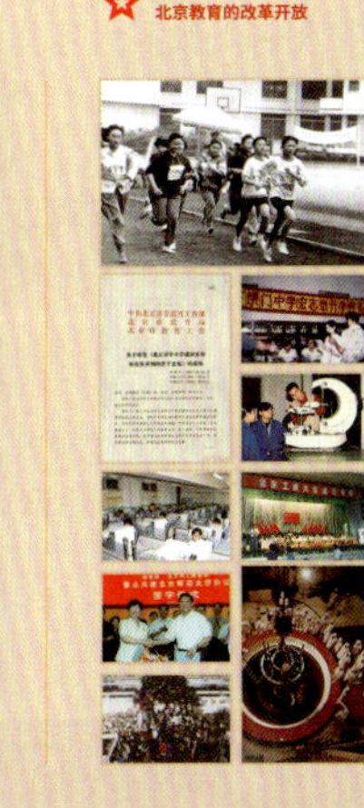

党领导下
北京教育现代化的基本实现

党领导下
北京教育取得辉煌成就

中国特色社会主义新时代
2012-至今

01 3月29日，北京教育系统“永远跟党走”主题教育活动动员推进大会召开 （新闻中心 供）

02 6月28日，市委教育工委市教委机关党委组织开展庆祝建党百年主题党日活动。图为机关干部参观在市教委大厅举办的“百年党史中的北京教育”专题展 （教志办 供）

03 3月31日，市委教育工委举办“首都百万师生同上一堂党史课”网络公开课启动仪式暨首场报告会 （新闻中心 供）

04 7月14日，市委教育工委、市教委举办北京市学生“四史”学习知识竞赛总决赛 （新闻中心 供）

01 4 月 20 日，革命历史题材电视剧《觉醒年代》主创团队来到北大与师生交流　　（北大　供）

02 2021 年，世纪学院开展党史学习教育系列活动。图为学生开展绣党旗活动　　（世纪学院　供）

03 2021 年，二外举办党史学习教育沉浸式主题展览　　（二外　供）

04 4 月 1 日，朝阳师范学校附属小学学生讲解党的百年历史　　（朝阳师范学校附属小学　供）

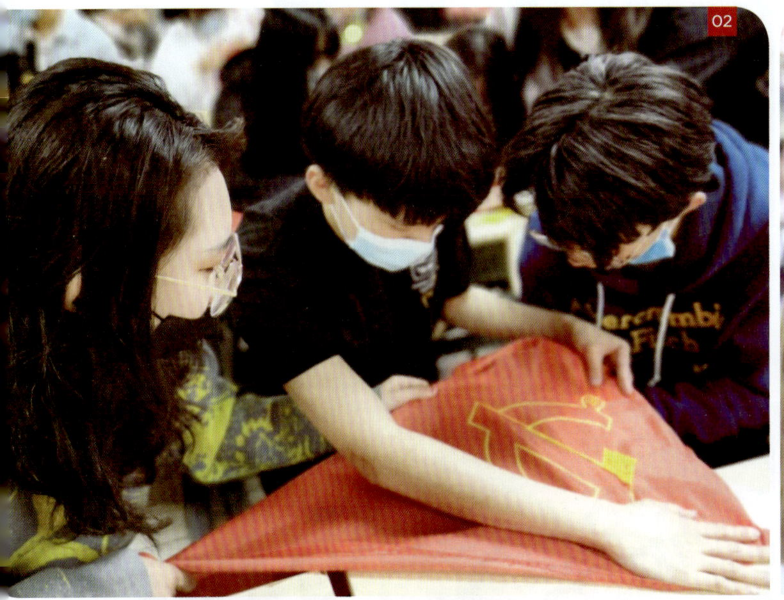

庆百年

庆祝中国共产党成立100周年
The 100th Anniversary of the Founding of
The Communist Party of China

中央美术学院设计的“中国共产党成立 100 周年标识”由中宣部发布

7月1日，北京教育系统 3.6 万名师生参与庆祝中国共产党成立 100 周年大会广场献词、大型情景史诗《伟大征程》演出和相关志愿服务工作

01

02

03

庆百年

01 6月1日，首师大附属云岗小学举办献礼建党百年暨“六一”儿童节庆祝活动
（首师大附属云岗小学 供）

02 1月至7月，海淀民族幼儿园开展庆祝建党百年系列主题教育活动 （海淀民族幼儿园 供）

03 2021年，北师大昌平附属学校开展“童心向党庆百年 百米画卷绘祝福”献礼建党百年华诞活动 （昌平区教委 供）

04 6月4日，朝阳实验小学开展“百年沧桑创辉煌 朝实少年谱华章”互巡展示活动
（朝阳实验小学 供）

04

01　4 月 13 日，中国矿大举办“庆祝建党百年 唱支歌儿给党听”活动　（中国矿大　供）

02　6 月 16 日，清华“光荣在党 50 年”纪念章集中颁发仪式举行　（清华　供）

03　2021 年，中央美院创作团队创作中国共产党历史展览馆广场主题雕塑《信仰》　（中央美院　供）

04　5 月 9 日，北财院唱响《没有共产党就没有新中国》　（北财院　供）

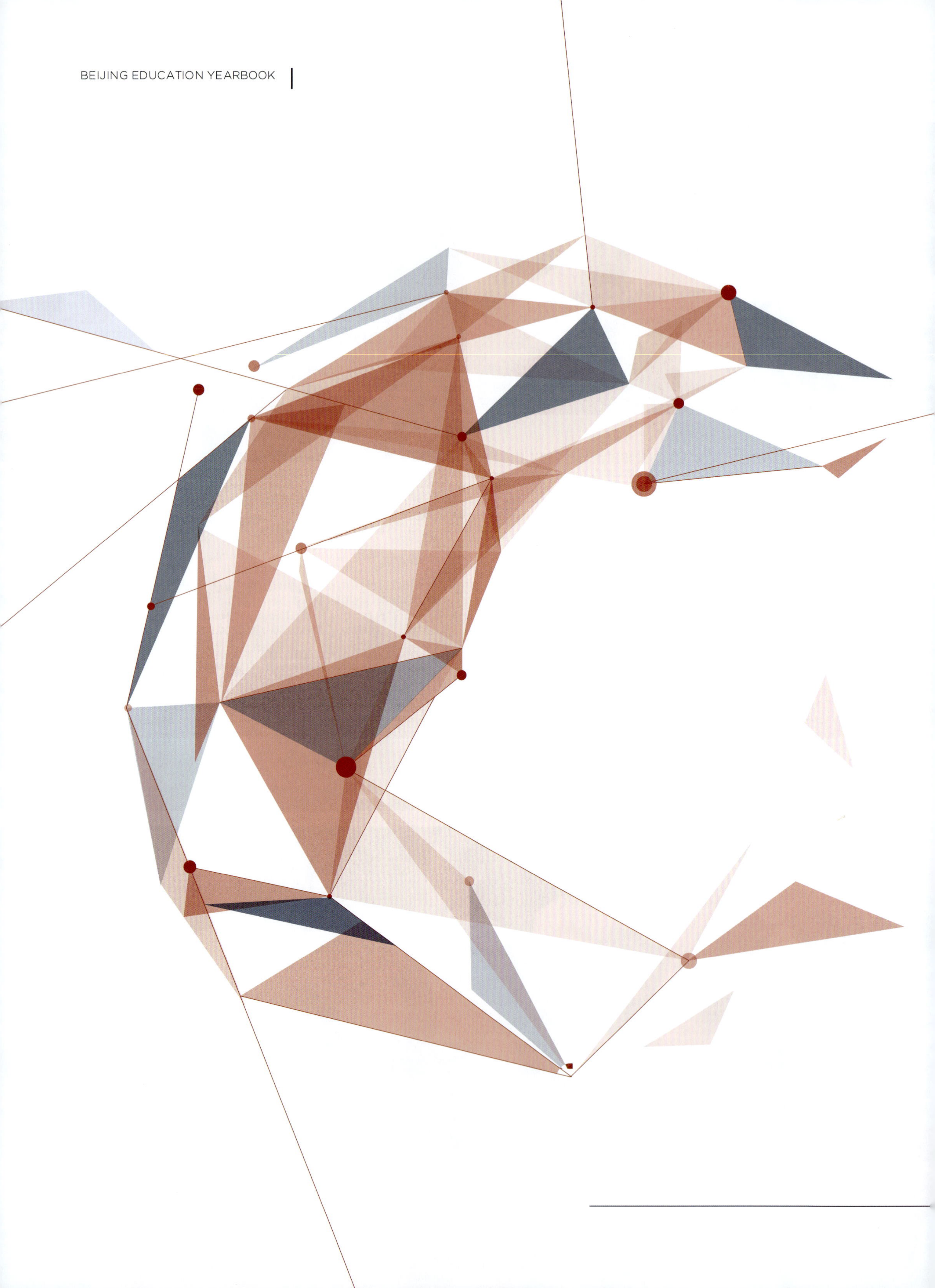

2022 | 学前教育

PRESCHOOL EDUCATION

- 第三期学前教育行动计划总结会
- 变相无证园实现持续动态清零
- 幼小科学衔接攻坚行动实施方案印发
- 普惠性学前教育学位精准扩增

学前教育
PRESCHOOL EDUCATION

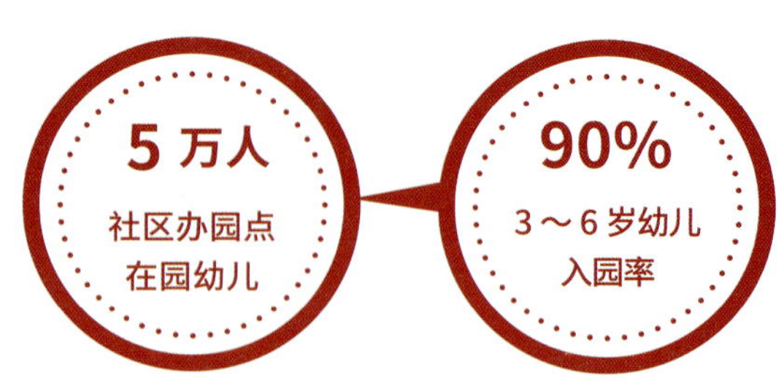

全市普惠率 88%

综述

概述

2021 年，北京市构建以公办幼儿园和普惠性民办幼儿园为主体、公办民办并举的多种形式的学前教育体系。通过扶持新建、改建、扩建、以租代建、举办社区办园点等方式，内外挖潜，公民并举，不断扩增学前教育学位资源，备案社区办园点在园幼儿 5 万人，全市 3～6 岁幼儿入园率 90%。同时，不断健全普惠发展保障机制，加大财政扶持力度，突出学前教育民生普惠特性，全市普惠率 88%。

（郭春彦）

第三期学前教育行动计划总结会

2 月 1 日，市教委召开北京市第三期学前教育行动计划总结部署会。会议总结实施学前教育三年行动计划经验，全市适龄儿童入园率 90%，普惠率 80% 以上，无证园治理实现规范发展，有效缓解“入园难”和“入园贵”问题，学前教育满意率大幅提升。会议强调在巩固学前教育发展成绩、优化布局、强化管理、提高质量、科学内涵发展上下功夫，强化干部教师队伍建设，加快建设高质量学前教育发展体系。市教委主任、相关处室领导和各区教委主要领导参加会议。

（曾婷）

变相无证园实现持续动态清零

5 月 8 日，市教委与相关委办局联合印发《关于进一步做好深化无证园治理 清理规范培训机构变相举办无证园工作的通知》。市教委牵头推进全市变相无证园治理工作。各区在全面排查基础上，按照“一事一议”原则，制定分类整改措施，相关部门齐力攻坚，实现变相无证园持续动态清零。

（汤澄）

幼小科学衔接攻坚行动实施方案印发

5 月 29 日，市教委印发《北京市推进幼儿园与小学科学衔接攻坚行动实施方案》。该方案旨在加强幼儿园与小学统筹管理，要求坚决杜绝“幼儿园小学化”，小学必须坚持“零起点”教学；遵循幼儿学习认知规律，转变教师和家长教育观念与教育行为；建立幼小协同有效机制，形成科学衔接的教育生态。

（吕萍）

12 月 2 日，昌平机关幼儿园举办交通安全日活动
（昌平机关幼儿园　供）

普惠性学前教育学位精准扩增

至年底，北京市普惠性学前教育学位精准扩增。通过梳理“12345”市民热线群众反映普惠园学位不足问题集中的点位，市教委形成一套总体解决方案和3项工作清单。部分点位通过增加周边幼儿园招生计划解决居民入园需求，全年新建54所普惠园，精准扩增1.3万个普惠性学前教育学位。

（孙艳云）

保育教育

北京五幼开展首届线上教育论坛

1月25日至26日，北京市第五幼儿园举办首届“赋能 融合 跨越——奋进者创造高质量发展”线上教育论坛。论坛围绕学前教育质量观，研讨如何创造高质量的教育发展，促进儿童发展，提升幼儿园整体质量。论坛设置7个分论坛，包含教科研实践创新、青年教师专业成长、和合党建品牌的创建与发展、新时代幼儿园大后勤的新作为、园本课题、小项目研究创新、面向未来的幼儿园信息化、家园共育等主题，开展“以研究激活教师专业发展的动能”专题讲座。新入职教师、干部等80余人参与，300余名教职工线上参加论坛。

（吕晓菲）

昌平工业幼儿园“爱耳日”活动

3月3日，北京市昌平区工业幼儿园开展“爱耳日”教育宣传活动。活动主题为“人人享有听力健康”，根据幼儿年龄特点利用实物模型、图片、手指游戏等形式讲授耳朵构造和功能及保护耳朵小知识，提高幼儿自我保护能力；利用展板向家长宣传爱耳护耳知识，通过家园共育，培养幼儿良好生活卫生习惯，减少噪音，保护听力，促进幼儿健康快乐成长。师生及家长680人参加活动。

（周冠花）

回龙观中心幼儿园文化四季课

3月至6月，北京市昌平区回龙观镇中心幼儿园开设园本课程“文化四季”。课程以不同形式开展春分、谷雨、立夏、芒种等节气活动。清明节，教师带领幼儿在自然小镇种植贝贝南瓜、扁豆等蔬菜，并见证其生长过程；6月底，幼儿收割小麦，并脱粒、磨面粉，在自然体验馆利用种植的食材，制作太阳糕、香椿鸡蛋饼等食物，用谷壳、南瓜子、麦穗等制作创意作品。全园幼儿285人、教师36人参与活动。

（郑玉春）

北师大实验幼儿园春季户外体育展示

4月13日至21日，北京师范大学实验幼儿园举办春季户外体育展示暨幼儿园106周年园庆活动。活动主题为“童心向党，健康成长”，根据幼儿不同年龄段特点、体能发展需求和场地特点，融入军旅、爱党、爱国、园庆等元素，结合“长征”“地道战”等红色故事开展体操、体能展示、区域体育活动。活动邀请北师大相关专家指导并座谈研讨，本部及各分园幼儿和教师2300人参加活动。

（郭美娟）

石景山实验幼儿园小菜园开耕

4月15日至19日，石景山区实验幼儿园举行“小菜园开耕仪式”。幼儿通过“挑选种子”“挑选菜地”“开耕献礼”等活动感受和自然一起游戏的快乐。大班幼儿现场展示舞龙舞狮和《悯农》舞蹈。

（王晓頔）

4月13日至21日，北师大实验幼儿园春季户外体育展示
（北师大实验幼儿园　供）

三里屯幼儿园交通安全体验

4月25日，北京市朝阳区三里屯幼儿园举办交通安全体验日活动。活动主题为“交通童行·交警陪伴”，幼儿通过观看视频、问题互动、情景游戏体验等活动，认识交通安全标志、学会看懂信号灯、交通指挥手势以及正确行走斑马线和安全乘车方法。230名幼儿和教师参加活动。

（李建）

顺义幸福幼教集团防震疏散演练

5月24日，顺义幸福幼教集团分别在幸福园区和中晟园区开展防震疏散演练活动。预设时间地震警报信号响起，班级教师迅速指挥幼儿室内紧急避险。1分钟后，地震警报再次响起，教师立即组织幼儿按照指定路线进行紧急疏散，各楼层负责人迅速就位，1分30秒内全体人员安全撤离教学楼，抵达安全位置后及时清点人数，并向总指挥汇报撤离情况。两园区师生600余人参加活动。

（焦杰）

军委机关红星幼儿园“童心向党 健康成长”运动会

5月27日，中央军委机关事务管理总局红星幼儿园（丰台园）举办“童心向党 健康成长”运动会。运动会将党的历史融入设计到9个游戏中，分设红船前行、抗日战争时期等5个篇章，游戏“红船前行”体验多名幼儿协同走，将红船精神世世代代相传；游戏“地道战”通过多种较长距离钻爬游戏体验八路军地道战；游戏“冲过封锁线”通过奔跑、跨越、攀登、匍匐爬等项目，增强幼儿体能，体验抗美援朝战争时期解放军顽强战斗意志。此外，编创“嘉兴小船红又红，共产党人坐船中，秘密召开党一大，美好梦想新起航”等5个篇章儿歌。全园553名幼儿和70名教职工参加活动。

（赵萍）

定福家园幼儿园红色童书展演

5月31日，北京市朝阳区定福家园幼儿园开展第10届红色童书展演活动。活动以“阅红色故事，展优秀精神”为主题，师生自主创编表演《闪闪红星》《少年英雄王二小》《长征路上故事》等8个经典红色童话剧目，展现不同历史时期英雄事迹，激发幼儿爱国情怀。260余名师生参加活动。

（李丽平）

昌平机关幼儿园毕业班独立日活动

6月11日，北京市昌平区机关幼儿园开展以“感恩相伴 长大你好”为主题的毕业班独立日活动。活动分为“成长仪式”“美味舌尖”“睡前活动”和“勇敢之夜”4个部分。“成长仪式”包含幼儿宣誓、观看独立小片、自由合影活动；“美味舌尖”即幼儿园准备食物，幼儿采取自助形式就餐；“晚间活动”包含各班自主开展寻宝游戏、观看成长回忆录、与爸爸妈妈连线、制作毕业礼物等活动；“勇敢之夜”为幼儿体验夜晚在园独立入睡。师幼452人参加活动。

（李晓杰）

六一幼儿院运动游戏开学礼

9月1日，北京市六一幼儿院举行运动游戏开学礼。活动设置升旗仪式和运动游戏，游戏包含竞赛类、球类、其他类3项。竞赛类有快乐奔跑区、趣味竞走区、环形接力区、飞跃跨栏区、毛毛虫竞赛区、轮胎翻滚区，球类有快乐足球区、篮球小将区、排球健儿区、旋风羽毛球区、网球弹弹区、玩转乒乓球区，其他类有骑行邮递员区、绳彩飞扬区、健康体操区、举重闯关区、射箭能手区项目。中大班幼儿404人参加活动。

（迟芳）

芳庄三幼珍惜粮食教育

9月至12月，北京市丰台区芳庄第三幼儿园举办“小手拉大手、制止餐饮浪费、践行光盘行动”活动。按照幼

9月1日，六一幼儿院举行运动游戏开学礼

（六一幼儿院 供）

儿年龄特点创设“我光盘 我亮灯”互动环境，展示古诗、故事、游戏等教育教学内容，鼓励幼儿爱惜粮食，吃光喝光不浪费，养成不挑食不浪费的良好生活习惯。师生 506 人参加活动。

（刘毓）

东华门幼儿园与景山学校幼小衔接结对合作

10 月 13 日，北京市东城区东华门幼儿园与北京景山学校启动科学幼小衔接结对合作工作。双方在学段交流、教研教学、课程建设等方面开展合作，形成园校互通共研合作机制，确保幼小衔接工作科学有效落实。年内，两校在家园共育、家校共建、课程共构等方面开展幼小衔接交流，并达成共识。

（郭家宁）

海淀民族幼儿园冰雪运动会

10 月 28 日，北京市海淀区民族幼儿园举办“民族体育 阳光童年”第七届民族体育游戏暨冰雪运动会。举办传递圣火仪式，旨在引导幼儿感受圣火意义，了解奥运精神。民族体育活动包括回族游戏“赶羊跑”、满族游戏“赛威呼”、彝族游戏“跳火圈”等游戏项目，冰雪运动会设置冰壶、冰球、雪球夺标、雪地战车等冰雪游戏项目。通过体验和感受民族体育游戏和冰雪游戏项目，增强身体协调性和灵活性，强化运动意识和健康意识，促进幼儿身体素质提高。全园幼儿 181 人参加活动。

（吴蕊）

怀柔三幼森林运动狂欢节

10 月 28 日至 29 日，北京市怀柔区第三幼儿园举办第五季向阳花园运动会。运动会围绕“森林运动狂欢节”主题，设置“障碍跨越”“小蚂蚁运粮”“大巨人搬瓜”等游戏项目 27 个，组织各年龄班幼儿分时段、分场地进行运动会。幼儿 1000 余人参加。

（李煜）

北实附幼“硕果金秋 别样丰收”活动

10 月，北京实验学校附属幼儿园开展“硕果金秋 别样丰收”主题系列活动。活动通过视频、图片、实物讲解、采摘蔬果等多种方式丰富幼儿认知经验；利用农作物根茎进行美工创作；借助家园联动开展漏粉活动，让幼儿体验红薯漏粉的全过程，感受劳动者的辛苦；将亲手收获的蔬果制作成美味食物，品尝丰收成果。

（陈伟）

康泉新城幼儿园自然园本课程研究

11 月 5 日至 12 日，北京市朝阳区康泉新城幼儿园围绕院内一棵海棠树开展自然教育活动，创新开展园本课程研究。课程内容包括“海棠果怎么摘？”“海棠果的五感”“玩转海棠果”“舌尖上的海棠果”4 部分，透过自然教育，幼儿走进自然、融入自然、在自然中促进教育生发，通过环境支持、理念支持和课程支持促进幼儿成长。334 名幼儿、41 名教师参与课程实施活动。

（于翔）

北海幼儿园消防安全主题教育活动

11 月 19 日，北京市北海幼儿园举办消防安全主题教育活动。活动通过听取讲解、消防演练、实战体验，强化幼儿“消防安全，防患未然”理念。师生和保卫干部共同了解消防安全常识，学习简单逃生方法。

（杨洁）

10 月 28 日，海淀民族幼儿园举办“民族体育 阳光童年”第七届民族体育游戏暨冰雪运动会（海淀民族幼儿园 供）

11 月 19 日，北海幼儿园开展消防安全主题教育活动
（北海幼儿园 供）

密云十幼亲子电台评选

12 月 1 日至 31 日，北京市密云区第十幼儿园举办亲子电台评选活动。幼儿与父母共同阅读，选取读物中的故事进行讲述表演，录制视频发送至班级微信群，评委从家庭阅读环境创设、亲子电台展示内容两方面进行评价，评出“最美书香家庭”116 个。全园幼儿及家长 360 余人参加活动。

（史丽梅）

怀柔二幼课程建构专题培训

12 月 2 日，北京市怀柔区第二幼儿园召开“双减背景下幼儿园课程建构”专题培训及课程实践观摩研讨活动。活动听取园长围绕“双减”政策对幼儿园教育的影响、如何落实政策、师幼发展与评价等方面开展专题培训，教师结合班级环境、主题课程开展如何注重幼儿年龄特点和如何将课程融入生活、回归生活，关注幼儿的兴趣需要及发展价值点等问题开展重点介绍及研讨点评。30 名教师参加活动。

（郑慧敏）

良乡二幼传统文化课程建设

至年底，北京市房山区良乡第二幼儿园开展传统文化课程建设。以园所三“xiao”（笑、效、孝）文化为引领，以传统节日、传统工艺、传统游戏为内容，创设传统文化特色凸显的环境，优化课程内容。班级先后开展“青花瓷”“影子戏”“快乐过节日”优秀传统文化相关主题系列活动；特色跳竹竿、打鸭子、舞龙等传统民间体育游戏活动；京剧小舞台国粹专项活动；编织、版画、扎染、刺绣等特色民间工艺活动以及传统棋类、跳棍、翻绳等民间桌面游戏等，完善优秀传统文化教育课程框架。

（宛立君）

幼儿园选介

北京市东城区东华门幼儿园

2021 年，北京市东城区东华门幼儿园隶属东城区教委，分两址办学，分别为本部和分部（大鹁鸽胡同校区）。本部占地面积 2212 平方米、校舍建筑面积 3009 平方米；大鹁鸽胡同校区占地面积 796 平方米、校舍建筑面积 938 平方米。全年教育经费投入 2550 万元，均为国家拨款。固定资产总值 1447.5 万元，其中教学仪器设备资产值 183.2 万元。拥有图书 1.3 万册，计算机 64 台。拥有专用教室 4 个，普通教室 12 个。教职工 73 人，包括专任教师 60 人，本科学历 56 人，中级以上专业技术职务 34 人；保健医 5 人，中级以上专业技术职务 2 人。开设教学班 14 个，其中小班 6 个、中班 4 个、大班 4 个。幼儿离园 196 人、入园 96 人、在园 354 人。

2021 年，幼儿园践行“秉承传统、文化立园、以人为本、和谐发展”办园理念，秉持幼儿利益高于一切的办园宗旨，以创办现代化、人文化、特色化优质示范幼儿园为办园目标，践行“生活即教育，行为即课程”教育理念。以督导评估为契机，制定《东华门幼儿园章程》，明确发展定位、核心文化、教师和幼儿权益保护等基本内容，抓人才培养，助力教师专业成长。重视教研组活动，搭建教师成长平台，开展“我的师德故事”演讲活动、“高质量学前教育”大讨论、“业务练兵”等活动，扎实开展“讲、听、评”活动，形成群体精研业务的氛围；狠抓保教，向一日生活各个环节要质量。开展园所种植区、沙水区游戏、“春满东幼种植活动”“春天大扫除——别样五一”“我的六一我做主”主题展等活动。发挥辐射带动，促姊妹园共成长，在与崇礼区第三幼儿园、湖北郧县幼儿园、天通苑南街道中心幼儿园拉手帮扶中，开放网络课堂、视频直播，加强线上交流，探索帮扶新形势。为庆祝建党百年，开展党史教育活动，支部先后开展“颂歌献给党 我们同欢唱”红歌传唱、“学史砺初心，力行担使命”主题教育、“咏诵红色经典，牢记初心使命”诵读会、“走红色之路，觅红色印记”探访红色教育基地等多个专题活动。将党史学习教育融入幼儿日常教育实践，以红色经典文学作品为载体，带领幼儿自制《董存瑞炸碉堡》等红色绘本故事，组织幼儿生动演绎《一封鸡毛信》，开展“国旗下讲话”“书香润童心 阅读伴成长”红色故事阅读、“革命小故事 代代永流传”讲述和“红歌嘹亮 童声向党”等党史学习教育活动。

（郭家宁）

北京市第五幼儿园

2021 年，北京市第五幼儿园为教育部门办园，日托制。园本部位于东城区夕照寺街，设有分园 4 个，分别为五幼分园、五幼城市副中心园和街道托管园——东城区红湖幼儿园、东城区崇文幼儿园。总占地面积 1.57 万平方米、校舍建筑面积 1.23 万平方米（不含五幼城市副中心园）。园本部占地面积 8023 平方米、校舍建筑面积 6986 平方米。全年教育经费投入 6544 万元，均为国家拨款。固定资产总值 3046 万元。拥有多功能游戏室、宝宝书吧和玩具图书馆等专用教室 6 个，普通教室 20 个，教室内设有教学终端触摸一体机和钢琴等教学设施。教职工 182 人，包括专任教师 122 人，本科及以上学历 112 人，中级及以上专业技术职务 81 人；保健医 11 人，中级及以上专业技术职务 5 人；保育员 20 人。开设教学班 20 个，其中小班 7 个、中班 7 个、大班 6 个。幼儿离园 245 人、入园 193 人、在园 650 人。

2021 年，幼儿园推动从管理走向治理，转变管理理念、管理职能和管理方式，细化园所结构体系和人员结构，发挥各园派驻干部的聚力引领作用以及教师积极带动作用，实现教育质量与队伍质量双提升。建构系统性园所文化体系，将园所物质文化、精神文化融入师幼生活、学习点滴。推进信息技术创新及园所课程资源库建设，实现优秀教学活动设计与案例、课程素材的共享和自助化学习。党建工作方面，五幼崇幼联合党支部升级为五幼党总支，召开党员大会，选举出党总支委员会 7 名委员。以五幼入选党组织领导的校长负责制区级试点为契机，加大党组织规范化建设，修订制度章程。新设中国共产党五大精神宣传墙，制作“伴行党史教育走廊”，引领各分园打造党建宣教区。开展“见字如面，对话时代英雄”主题宣讲活动。开展“百年奋斗 百年辉煌”七个一活动，将党建工作与教育教学、行政管理、后勤保障同频共振，做到“同位、同步、同重、同力”。园所建设。完成办园质量督评，创推“特色教师走园”“小项目研究”等管理模式。探索“教—培—研”教师成长三级模式；家校社共育咨询室开辟“一二三”咨询通道，开展幼小衔接、亲子时间管理课、游戏力工作坊等线上活动，强化“云”指导。1 人获首都劳动奖章，教师 13 人次在市、

4 月 23 日，北京五幼举办丰富多彩、形式各样读书活动
（北京五幼　供）

区级“童心杯”“京教杯”教育教学比赛中取得优异成绩，31 人获评特级教师、市区骨干和学科带头人。

（邹平　吕晓菲）

北京市东城区崇文第三幼儿园

2021 年，北京市东城区崇文第三幼儿园为教育部门办园，日托制。占地面积 4063 平方米、校舍建筑面积 3190 平方米。全年教育经费投入 2593 万元，均为国家拨款。固定资产总值 1115 万元，教学仪器设备资产值 465 万元。拥有图书 1.10 万册。拥有幼儿木工坊、感统游戏室 2 个专用教室，普通教室 14 个，计算机 49 台。教职工 74 人，包括专任教师 57 人，本科学历 51 人，中级以上专业技术职务 31 人；保健医 4 人，中级以上专业技术职务 2 人；保育员 14 人。开设教学班 14 个，其中小班 5 个、中班 5 个、大班 4 个。幼儿离园 140 人、入园 118 人、在园 383 人。

2021 年，幼儿园开展党史学习教育，加强园所文化建设，构建文化特色课程，开展幼小衔接专项研究，全面提升幼儿园保教质量。党史学习教育分别从党史学习聚共识、党旗飘飘暖人心、搭建平台促成长、智慧教育促发展、接诉即办体民意 5 个项目着手，为民办成 27 件实事；建立党史学习教育红色资源库；建成园史教育红色阵地；创设园史文化墙，呈现崇文三幼 60 年发展历史。深化认知，践行园所文化。深化“种子文化”认知，加强对班级保教工作全过程跟进指导，提升保教质量，教职工以班组为单位进行“践行园所文化案例”分享交流。课程建构，提升育人之质。立足“以情激行”“以行育德”的出发点，根据幼儿年龄特点将幼儿德育教育和养成教育融入课程体系建设中，构建“红韵中国情”之文化教育课程和“黄裔正德行”之养成教育课程。立足促进幼儿身心全面协调发展，理解育人方式改革内涵，注重各领域课程之间内容的相互联系，找准融合点，构建“蓝景大家园”和“绿趣大自然”之环境与生命教育的可持续发展特色课程。“双减”落地，推进幼小衔接。分别梳理相关教育策略 14 条，研究创编大班幼儿幼小衔接教案、游戏 48 个，将适合在家庭开展的游戏向家长宣传及推广。持续开展体智能特色课程，在加强幼儿体质锻炼的同时减轻家长在外报培训班的压力。

（李晶）

北京市北海幼儿园

2021 年，北京市北海幼儿园为教育部门办园，日托制。一园 6 址，分别为本址、后海分址、什刹海学区学前教育中心园址、北海幼儿园城市副中心园（东校区）、北海幼儿园城市副中心一分园、北海幼儿园城市副中心二分园、雄安新区北海幼儿园分园。西城区三址占地面积 26516 平方米、建筑面积 11854 平方米。全年教育经费投入 6467.62 万元，固定资产总值 4700.35 万元。图书室藏书 1.6 万册，信息化经费投入 6.33 万元，校园网出口总带宽 100Mbps，数字资源量 330GB。拥有计算机 298 台。幼儿园设 1 个功能教室和 28 个普通教室。正式在编教职工 173 人，包括高级职称 1 人、副高级 24 人、中级职称 56 人，市特级教师 1 人、市级骨干教师 3 人。专任教师 149 人，全日制硕士研究生 3 人，本科学历 154 人，专科学历 14 人。保健医 10 人，中级 2 人。开设 27 个教学班，其中小班 10 个为全日制班级、1 个为半日制班级，中班 9 个、大班 7 个。幼儿入园 258 人、离园 294 人、在园 768 人。北海幼儿园城市副中心园一园两址，分别为副中心一分园、副中心二分园。两个校区总占地面积 15202.4 平方米、建筑面积 26619 平方米。全年教育经费投入 1295.22 万元，固定资产总值 2444.62

9 月 17 日，东城崇文三幼举办猜灯谜活动

（东城崇文三幼　供）

万元。图书室藏书 1.05 万册，信息化经费投入 47.94 万元，拥有计算机 89 台。幼儿园设 2 个儿童资源库、美工教室和科学屋等专用教室 4 个，普通教室 24 个。正式在编教职工 21 人，其中中级职称 2 人。专任教师 49 人，其中本科学历 32 人、专科学历 17 人。保健医 6 人。开设 21 个教学班，其中小班 8 个、中班 7 个、大班 6 个。幼儿在园 812 人。雄安新区北海幼儿园分园占地面积 6069 平方米，总建筑面积 4495 平方米，至年底，该园所进行固定资产配置与教师招聘等开园筹备工作。

2021 年，幼儿园以实现“办好人民满意幼儿园”目标，深化文化建设，促进“人人做真正的自己”。全面梳理幼儿园“十三五”发展规划落实情况，制定幼儿园“十四五”发展规划，明确新时期工作方向。完善管理制度，深化质量分析，提升办园品质。以“师幼健康安全高于一切”为原则，坚决打赢新冠疫情阻击战，从理念、安全、质量 3 个维度共建健康防疫屏障。以“立德树人”为根本，不断优化课程，借助实践研究深入探索教学质量提升路径，借助科研月承办探索幼小衔接科学落实，支持幼儿全面发展。以雄安分园建设和副中心分园发展为契机，研究精细化管理，激发干部教师自主提升内驱力，推动幼儿园健康、可持续发展。

（杨洁）

北京市西城区棉花胡同幼儿园

2021 年，北京市西城区棉花胡同幼儿园为教育部门办园，日托制，设育德分园、松树街分园、七条分址、西城区少年宫学前教育中心 4 个分园。总占地面积 8692 平方米，校舍建筑面积 7384 平方米，运动场地面积 3198 平方米。图书馆（室）藏书 18029 册。全年教育经费投入 5927.53 万元，固定资产总值 2048.42 万元。信息化经费投入 4.9 万元，拥有计算机 142 台，网络多媒体教室 25 个，校园网出口总带宽 100Mbps，数字资源量 600GB。教职工 150 人，包括高级及以上教师 12 人、中级教师 46 人。专任教师 128 人，包括特级教师 1 人、北京市骨干教师 1 人、北京市学科教学带头人 13 人；本科及以上学历 106 人。开设教学班 27 个，其中小班 10 个、中班 9 个、大班 8 个。入园 252 人、离园 251 人、在园 858 人。

2021 年，幼儿园以督导评估为契机，进一步规范发展。举办庆祝建党百年系列活动，面向幼儿举办“红星点亮童年，趣味多彩体验”主题活动，包括红色合唱节、红色电影欣赏、红色绘画展、红色游戏汇编等；面向教师举办“对话战斗英雄臧雷”“对话蓝盔卫士”等活动。将师德师风建设与日常工作实践关联，挖掘身边的榜样力量，举办“我的育人故事”评比活动，提升教师师德素养。平安校园建设工作，通过“知、练、查、改”杜绝火灾隐患。推进德育课题研究，围绕园本课程特色取向，开展“讲述以爱育爱课程故事”评比活动，扎实推进园本课程教育教学实践。

（罗环）

北京市朝阳区三里屯幼儿园

2021 年，北京市朝阳区三里屯幼儿园为教育部门办园，日托制。占地面积 3107.87 平方米、建筑面积 2872 平方米，活动场地面积 945.7 平方米。全年教育经费投入 1662 万元，固定资产总值 895 万元。教室内设有液晶电视机、便携式

12 月 23 日，北海幼儿园开展新年美食品鉴会活动
（北海幼儿园　供）

计算机和数码照相机等教学设施。教职工 46 人，其中教师 41 人，包括高级职称 8 人、中级职称 15 人，特级教师 1 人；保健员 3 人，均为专科以上学历。开设教学班 10 个，其中小班 4 个、中班 3 个、大班 3 个。幼儿入园 96 人、离园 90 人、在园 288 人。

2021 年，幼儿园以督导工作为契机，磨炼教师队伍、彰显办园效果、多元推进、促工作质量提升，以儿童为本，促幼儿快乐全面发展。以精益管理为重心，以行政教研为抓手，结合督评优势与问题，完善部门工作。以课题项目为突破，以名师为龙头，开展年级组长走班制，围绕班级问题补短板、强弱项，形成流动式管理。增强师德师风建设，树立廉洁从教意识，通过教师节表彰、特级教师讲座、初心与使命讨论等活动，推动立德树人走深走实。基于中华传统文化，挖掘原创绘本文化资源，感受中国优秀传统文化。开展多元化培训，建设教师培训课程资源，构建教科研工作研究团队，通过调研、梳理，形成聚焦推进“十四五”规划课题申报。完善“传染病防控”与“防疫应急”两套机制建设，通过巡检、培训、实操、考核规范卫生保健工作行为，新冠病毒疫苗接种工作建立“园长统筹、部门实施、班级推进、家园联动”工作机制，通过思想动员——全程陪护——追踪回访，实现扎实闭环推进。

（李建）

以上学历，包括高级职称 4 人、中级职称 17 人；保健员 2 人，均为专科以上学历，中级职称 1 人。开设教学班 8 个，其中小班 3 个、中班 3 个、大班 2 个。幼儿入园 90 人、离园 65 人，在园 251 人。

2021 年，幼儿园在“知止有定 和而不同 七巧启智 爱悦五福”办园理念引领下，以教学基地为抓手，课题研究为载体，探索以“悦·阅·越”为核心思想的园本课程建设，提升保教质量。推进教师队伍建设，注重分层培养，成长期教师重实践，成熟期教师重反思，骨干教师重研究，充分挖掘不同阶段教师的专业内驱力，促进教师专业发展。强化师德建设，完善考核评价机制，提升教师职业道德素养。以区教研评优为契机，开展 3 个专题园本教研活动，通过专家引领，观摩展示及现场互动交流，提升教育教学水平，园本教研“自主体育游戏中提升幼儿动作技能的实践研究”获朝阳区第六届园本教研评选一等奖。探索基于设计导向主题活动模式与活动区游戏融合，落实“知礼仪、健身心、爱阅读、乐探究”培养目标，开展阅读、小机器人及足球等特色活动，培养幼儿在愉悦氛围中自主发现、自主探究、自主学习，不断超越自我，使其富有个性的全面发展。年内，幼儿园成为基础教育国家级优秀教学成果“以幼儿自主学习为核心的幼儿园低结构活动探索”朝阳区推广应用项目基地园。

（李丽平）

北京市朝阳区定福家园幼儿园

2021 年，北京市朝阳区定福家园幼儿园为教育部门办园，日托制。占地面积 2902 平方米、建筑面积 2518 平方米，活动场地面积 616 平方米。全年教育经费投入 1355 万元，固定资产总值 846 万元。教室内设有触摸一体机、钢琴等教学设施。教职工 40 人，包括教师 35 人，均为专科

北京市丰台区丰台第一幼儿园

2021 年，北京市丰台区丰台第一幼儿园为教育部门办园，日托制。分 6 址办园：丰台一幼东大街园、丰益分园、民族分园、草桥分园、顺八分园、西局分园。占地面积 20000 平方米、校舍建筑面积 11700 平方米。全年教育经费投入 5205.52 万元，固定资产总值 2601.85 万元。拥有

5 月 31 日，定福家园幼儿园中三班幼儿表演童话剧《少年英雄王二小》（定福家园幼儿园 供）

美术创意教室、多功能音乐室和绘本图书馆等专用教室18个，普通教室51个。教室内设有多媒体设备、消毒柜、直饮机和钢琴等设施。教职工198人，包括教师91人，均为专科以上学历，中级以上职称37人；保育员9人，均为专科以上学历，中级以上职称6人。开设教学班41个，其中小班14个、中班16个、大班11个。幼儿入园371人、离园233人、在园1159人。

2021年，幼儿园举办建党百年系列活动，培养幼儿爱国爱党情。推进冰雪进校园活动，以手工制作、唱表演、冰壶运动等方式，呈现七彩儿童昂扬向上的拼搏精神，拍摄冬奥会和冬残奥会主题视频《一起向未来》。发挥教科研引领作用，以市区级"十四五"规划课题为抓手，推动教师专业成长和园所课程建设。注重幼儿习惯养成，以21天刷牙训练营、冬季早操直播、营养套餐宣传、光盘行动等活动，实现家园共育。

（张小雨）

中央军委机关事务管理总局红星幼儿园（丰台园）

2021年，中央军委机关事务管理总局红星幼儿园（丰台园）为北京市幼儿园办园质量评估A级幼儿园，北京市示范幼儿园，日托制。占地面积2.40万平方米、建筑面积1.10万平方米。全年教育经费投入809.36万元，其中国家拨款643.9万元、自筹165.46万元。固定资产总值1139.09万元。幼儿图书1.77万册，教师用书8800册。建有幼儿礼堂、乐高游戏室、体育拓展室等配套用房，有钢琴、互动一体机、投影仪等室内教学设施。建有3个大型户外操场、1个游泳池、1个攀岩山、2个露天沙池，创建"天线宝宝""学做解放军"等游戏区域。教职工118人，包括专任教师48人，中学高级教师2人、幼儿园高级教师14人、一级和二级教师24人。保育员19人，包括高级保育员1人、初级保育员18人；后勤工作人员51人。开设教学班19个，其中小班7个、中班7个、大班5个。幼儿入园147人、离园64人、在园592人。

2021年，幼儿园提升教师队伍专业化。借助区级培训、教研带动，提升青年教师专业化水平；在常规培养、游戏活动组织、观察评价上发挥园所骨干教师作用，逐级帮带指导；参与区"十百千"师资培养项目，教师变学习者为培训者，每月分享实践收获；开展幼教基础知识、户外活动设计等6项岗位技能练兵，依托名师进行赛前培训、赛中互学、赛后讲评。丰富课程体验，围绕分离焦虑等19个主题开展5个领域融合教育，将环境创设、观察评价与主题有机结合，提升课程质量。开展共创教研，以精准指导语、场地利用等策略探究，提升幼儿游戏水平。大班早操融入舞龙、跳皮筋，中班以跳绳、高跷、风火轮等民间玩具开展体育游戏探索，小班开展沙包一物多玩。以探索自然、表现自然为途径，开展"自然之子"课程。大班写生、中班学习二十四节气、小班远足，让幼儿在体验中建构自然认知。开展庆祝建党百年系列活动，以班级为单位的红色故事讲述、主题搭建，以年龄组为单位的诗歌联唱、戏剧表演等，以园为单位"童心向党 健康成长"兵娃娃运动会，分设红船前行、抗日战争时期等5个篇章，编创鸡毛信、地道战等9个运动游戏和4个师生歌舞。

（赵萍）

北京市丰台区芳庄第三幼儿园

2021年，北京市丰台区芳庄第三幼儿园为教育部门办园，日托制。占地面积0.70万平方米、校舍建筑面积0.51万平方米。固定资产总值1737.66万元。全年教育经费投入2439.94万元。拥有幼儿图书室、美术教室等专用教室6

4月1日，军委机关红星幼儿园开展教研引领民间体育游戏体验活动　　（军委机关红星幼儿园　供）

个，普通教室18个。教室内设有多功能一体机、摄像机等教学设施。教职工68人，包括教师62人，均为专科以上学历，中级以上职称28人；保健员6人，均为专科以上学历，中级以上职称5人。开设18个教学班，其中小班6个、中班6个、大班6个。幼儿入园169人、离园136人、在园486人。

2021年，幼儿园促进教师队伍整体素质提高。注重教师专业化成长，通过线上讲座方式开展《教师心理职业生涯》《如何开展幼儿主题活动》等多场讲座；继续推进层级培养，关注不同层次教师不同需求，进行针对性培训。促进幼儿发展，组织幼儿开展丰富多彩的活动，鼓励幼儿人人参与，增进幼儿与父母的亲情、幼儿与教师之间的感情，彰显幼儿自我表现力和自信心。完成北京市教学质量督导评估，在督评中促进幼儿园发展。

（刘毓）

北京市石景山区实验幼儿园

2021年，北京市石景山区实验幼儿园为教育部门办园，一园两址，日托制。全年教育经费投入2788.3万元，其中国家拨款2385.08万元、自筹403.22万元。固定资产总值10956.19万元。八角园区占地面积8235平方米、建筑面积6378平方米，拥有宝贝厨房、美术长廊、科学建构室、棋趣及幼儿图书室、多功能大厅专业教室5个，普通教室12个。教室内设有幼儿桌椅、互动大屏、计算机和功能墙等教学设施。在编教职工45人，包括专任教师33人，均为专科以上学历，中级职称以上22人；保健员4人，包括专科以上学历3人，中级职称以上1人。开设12个教学班，其中小班4个、中班4个、大班4个。幼儿入园115人、离园120人、在园364人。

2021年，幼儿园凸显“人和 心和 家和”的阳光家园氛围，以自然教育理念为根基，落实“让幼儿的发展回归自然”教育思想，在全区开展两次教研开放活动。以“争做四有好老师，做好幼儿引路人”为主线，持续开展师德专题教育活动。通过“五个一”开展“小手拉大手，共筑免疫长城”主题活动，向全体家长发出《家校共育 筑牢免疫长城——致石景山区全体学生家长的一封信》，通过“主题班会巧宣传”“亲子交流爱无间”和“话题分享传心愿”等形式号召家长和幼儿重视新冠病毒疫苗接种。开展“我和自然一起游戏”的庆“六一”活动。通过“在自然中快乐运动”和“在自然中享受美食”两个板块，举办阳光操节、运动游戏及寻觅园内植物活动。开展迎冬奥系列活动，大班组开展“冬奥知识我知道”知识竞赛，中班组开展“冬奥场馆我设计”，小班组开展“冬奥项目我参与”，营造全园迎冬奥氛围。以“利用‘课程故事’找到儿童，联结自己”为主题，从《一面镜子引发的故事》入手，分析“课程故事”的四要素。结合“在二十四节气体验教育中涵养中华传统美德的实践研究”课题举办活动。

（张艳君　王晓頔）

北京市石景山区第二幼儿园

2021年，北京市石景山区第二幼儿园为教育部门办园，日托制。占地面积2271平方米、校舍建筑面积1127平方米。全年教育经费投入1132.78万元，其中国家拨款988.93万元、自筹143.85万元。固定资产总值

4月9日，石景山实验幼儿园举办“开耕仪式 感受自然”活动
（石景山实验幼儿园　供）

1349.79 万元。会议室 1 个，普通教室 7 个。教室内设电视、计算机和钢琴等教学设施。教职工 41 人，包括教师 22 人，专科以上学历 14 人，中级职称以上 2 人；保健员 3 人。开设 7 个教学班，其中小班 2 个、中班 3 个、大班 2 个。幼儿入园 57 人、离园 59 人、在园 225 人。

2021 年，幼儿园结合“双减”政策要求，通过集中讲座、网上学习等方式，区别幼小差异，改进学习环境、活动形式、师幼关系、教学方式，强化游戏教学法，确保“双减”高标准落地。引入海森高教育理念，组织高宽课程，重视“亲自然教育”，打造更多探索式学习模式，注重启发式教学，激发幼儿好奇心，增强幼儿主动学习意识与能力，提升教学效果，加强班级横向交流活动。一是开展主题活动、班级环境创设、自然角亮点展示、自学笔记等多元化评比活动，鼓励教师展示各班级亮点内容；二是开展“教师评比”“保育员评比”“炊事员评比”活动，提升教职工业务水平；三是加强日常考核，提升责任意识。坚持加强对后勤人员的政治思想和业务学习；完成食堂升级改造，重新规划制作区、食材区，合理摆放相关设施物品，同步制定完善食堂卫生管理制度，整体环境和卫生水平大幅提升；开展厨师冬日特色菜厨艺大比拼、厨师切菜技能大比拼、面点培训及评比活动，加强餐厨人员食品安全、日常消毒培训，确保食品安全。加强校园设施日常维护保养，确保使用安全。

（王艳晨）

北京明天幼稚集团

2021 年，北京明天幼稚集团为教育部门办园，日托制。占地面积 64732.34 平方米、校舍建筑面积 56348.88 平方米。全年教育经费投入 29441.69 万元。固定资产总值 17913.63 万元。拥有互动教室、视频会议室和特色教室等专用教室 33 个，普通教室 144 个。教室内设电子白板、计算机和电视等教学设施。在编教职工 638 人，包含教师 469 人，研究生学历 25 人、本科学历 503 人、专科学历 92 人，中学高级职称 31 人、小学高级职称 222 人；保育员 34 人，保健医 30 人。全年进入正式编制 8 人。开设 144 个教学班，其中小班 54 个、中班 46 个、大班 44 个。幼儿入园 1504 人、离园 1477 人、在园 4494 人。

2021 年，明天幼稚集团以质量督导评估为契机，践行和弘扬“求真 立美 至善”明天精神和精细实管理理念，围绕“教育高地 文化高地 幸福高地”共同愿景，推动保教、管理、队伍建设、教育科研、卫生保健等各方面工作全面进步。集团所属 17 所幼儿园均通过北京市幼儿园办园质量 A 级验收。落实全面文化管理发展道路，持续深化品牌视觉系统建设工程，开启课程文化建设，推进《幸福明天》文化丛书撰写出版。建设干部教师培训培养体系，强化人才发展战略，注重对青年教师的培养。以“教师专业发展标准”为依据，围绕教师“专业理念与师德”“专业知识”“专业能力”3 个板块，开展理论交流，丰富教学资源库。重视特色内涵发展，创新保教策略与方法，加强幸福课程建设，创新户外阳光体育活动，为幼儿构建和谐学习生活环境。重视教育科研工作，完成 21 项海淀区“十四五”规划课题立项申报，强化课题过程管理和成果转化，推动 6 项“十三五”规划课题结题工作，持续推进中国好老师项目、可持续发展、新教育、传统文化、主题游戏和美育等群体课题研究。重视卫生防疫工作，成立健康部负责卫生保教和疫情防控统筹指导与管理，做好卫生消毒、防疫防病、食品卫生、营养膳食、健康教育等各方面工作。重视安全总务体系建设，推动平安校园建设，完善集团和幼儿园两级后勤和财务工作体系，优化办园条

5 月至 11 月，明天幼稚集团 17 所园通过北京市办园质量 A 级督导评估　（明天幼稚集团　供）

件，确保校园安全。

（杨吉　王琮）

北京市六一幼儿院

2021年，北京市六一幼儿院为教育部门办园，一院4址办学，分别为玉泉山院区、西山庭院院区、西三旗院区、科学城园。4个院区占地面积8.21万平方米、建筑面积2.71万平方米，运动场地面积1.48万平方米，绿化用地面积1.53万平方米。全年教育经费投入6924万元。固定资产总值10496万元。藏书2.85万册，其中幼儿图书0.4万册、教师用书2.45万册。信息化经费投入148万元，拥有计算机200台，校园网出口总带宽300Mbps，数字资源量4944GB。教职工123人，包括高级职称14人、中级职称34人。专任教师104人，包括特级教师1人、北京市骨干教师1人，本科及以上学历92人。开设教学班38个。幼儿离园371人、入园385人、在园1075人。

2021年，幼儿院坚持“永远和孩子在一起”办院理念，坚持“保教合一、保教并重”教育方针，由红色“马背摇篮”过渡到今日和平年代绿色、自然、和谐、可持续发展的“爱的摇篮”。教育教学方面，举办第七届“小飞龙杯”教师半日活动展评，教师自荐参赛，特级教师、区骨干教师、学科带头人等跟踪指导，推动儿童真实、全面发展，提升全院保教水平；举办以“传承马背摇篮精神扣好人生第一粒扣子”为主题的首场“名园现场会”，包括儿童城市活动、主旨报告、名园之师论坛、名园长沙龙等环节。党建工作方面，通过党史知识问答、幼儿课程教育等形式开展党史学习；红色腰鼓舞《马背摇篮六一娃》多次参演党史学习庆百年主题活动；将党建工作与保教工作相结合，创建“党建四结合”工作法，构建红色“摇篮课程”。4月，六一幼儿院被命名为北京市爱国主义教育基地。

（迟芳）

北京师范大学实验幼儿园

2021年，北京师范大学实验幼儿园为其他教育部门办园，日托制和寄宿制兼收。设有3个分园，分4址办学，总占地面积2.41万平方米，其中本园9412平方米、望京分园3461平方米、龙樾分园4000平方米、明光分部7243平方米。藏书3.48万册。全年教育经费投入5739万元，其中国家拨款4352万元、自筹1387万元。固定资产总值4256万元，新增582万元。园内设有多功能厅、音乐教室、美术教室等专用教室，班级内配备电教设备。教职工461人，包括专任教师267人，保育员70人、保健员26人。教师中包括硕士研究生学历42人、本科学历150人、专科学历75人，一级及以上职称61人。开设教学班65个，其中婴班6个、小班20个、中班19个、大班12个、混龄班8个。幼儿入园615人、离园433人、在园1840人。

2021年，幼儿园重视党史学习教育，通过专家讲党课、党员讲党史故事、师生唱红歌、“牵手革命老区，共庆建党百年”等特色活动，开展党史理论与实践学习。落实安全管理“党政同责、一岗双责、齐抓共管、失职追责”，推进“平安校园”建设。开展“我为师生办实事”实践活动，先后完成办事台账12项，内容涉及改善办园环境条件、关心帮扶特殊困难教职工、改善教师住宿条件等。完成内控风险评估、手册编制，完善固定资产管理，构建内控控制体系。完成4个园区暑期工程改造和修缮。经过“十二五”“十三五”规划课题研究，园本课程——“发展课程”理论建构基本完善，增加课程评价部分。通过多途径帮助教师落实园本课

6月24日，北师大实验幼儿园举办庆祝毕业“足球友谊赛”

（北师大实验幼儿园　供）

程，在全园推广实施幼儿发展性评价体系。完成“十四五”规划编制工作。持续扩大优质学前教育增量，开设151个班级，招收4161名婴幼儿，与2017年相比，班级数增长75.58%，幼儿数增长69.77%。坚持增量与提质并重，4个园获评北京市办园质量督导评估A级。全面优化集团内部教师线上培训课程体系，培训效率和质量大幅提升；创新“云跟岗”方式，实现优质远程培训。创新国际交流新形式，策划并邀请丹麦、芬兰、澳大利亚等地专家共同构建“世界学前教育概览”线上课程。协办第二届SEED儿童早期发展与教育国际会议，开设“婴幼儿照护实践工作坊”，展示健全婴幼儿照护服务体系。

（丁乐）

北京市门头沟区第二幼儿园

2021年，北京市门头沟区第二幼儿园为教育部门办园，日托制。占地面积4989平方米、校舍建筑面积3031.1平方米。运动场地面积2198平方米，绿化用地面积1600平方米。固定资产净值1430.46万元，全年教育经费投入1744万元。信息化经费投入1.44万元，拥有计算机76台，校园网出口总带宽1000Mbps，数字资源量200GB。拥有图书馆（室）藏书18770册。拥有音体室、美劳室、木工屋、图书室、教师备课室、会议室6个专用教室，9个普通教室。教职工43人，包括高级职称4人、中级职称9人。专任教师30人，研究生学历2人、本科学历34人。开设教学班9个，其中小班3个、中班3个、大班3个。幼儿入园78人、在园260人。

2021年，幼儿园落实“心手相牵 红色传承共奋进”党建工作，创新“1+3+1”工作法，围绕一条主线“献礼建党百年”引领宣讲。将党建与教育教学管理深度融合，推进幼儿园整体工作提升和发展。以督导评估工作为契机，改善办园环境、增加玩教具及图书投入。分层培养，教师素质不断提升。以“以美育人 全面发展”为办园目标，深入推进园本及班本课程建设，开展“瓶子漂流记”“我们的运动会”“有趣的皮影”等探究式主题活动，进行“我的课程故事”撰写和分享活动。梳理幼儿一日生活常规、打造特色区域游戏、研磨优质教育活动，提升园所保教工作质量。以教科研引领发展，“利用周边资源开展幼儿美术活动的实践研究”获2021年门头沟区基础教育教学成果奖一等奖。

（李巍）

北京市房山区良乡第二幼儿园

2021年，北京市房山区良乡第二幼儿园为教育部门办园，日托制。园所占地面积5602平方米、建筑面积3820平方米。全年教育经费投入1371万元，均为国家拨款。拥有图书6369册。固定资产总值448.33万元，其中教学仪器设备资产值58.67万元，计算机100台。设局域网络与电子监控系统，亲子活动室和多功能厅、京剧大舞台等专用教室，幼儿书吧、家长阅览室，配有幼儿活动室12个、睡眠室12个。活动室内配有一体机和投影仪设备。教职工70人，包括专任教师35人，有资格证保健医3人；保育员中1人有保育员证书，其余10人均有教师资格证书。全园专科以上学历59人，包含本科学历教51人；高级教师10人、一级教师22人。开设教学班11个，其中小班4个、中班4个、大班3个。幼儿入园104人、离园90人、在园318人。

2021年，幼儿园以“做心中有人的教育”为理念，以“规范+提升”为标准，聚焦党史学习教育、“我为群众办实事”实践活动和“双减”工作，深入推进园所文化、课

12月，门头沟二幼举办拼插玩具创意比拼活动

（门头沟二幼 供）

程、队伍、党建品牌等建设，提高服务水平和保教工作质量。修改完善良乡二幼党支部制度汇编、内控制度、安全管理、疫情防控、公车和公章使用、物品采买制度流程等60余项。以第六届“最美二幼人”为抓手，探究“最美二幼人”师德品牌内涵和外延。落实“双减”政策，探索幼儿园和小学德育一体化建设。加强安全管理，确保幼儿园安全稳定，坚持以防为主，做好消防、交通、治安、食品安全及重点部位隐患排查、设备维修等工作，建立和完善安全隐患排查台账。以传统节日、传统工艺、传统游戏为内容，创设优秀传统文化特色环境，完善优秀传统文化教育课程框架，优化课程内容。先后开展“青花瓷”“影子戏”“快乐过节日”优秀传统文化相关主题系列活动；特色跳竹竿、打鸭子、舞龙等传统民间体育游戏活动；京剧小舞台国粹专项活动；编织、版画、扎染、刺绣等特色民间工艺活动以及传统棋类、跳棍、翻绳等民间桌面游戏等，强化利用优秀传统文化对幼儿的浸润和培育作用。

（苑立君）

北京市通州区新城东里幼儿园

2021年，北京市通州区新城东里幼儿园为公办园，日托制。幼儿园分两址办园，分别为东里幼儿园中大班部、玉桥东小区小班部。幼儿园占地面积4712平方米、校舍建筑面积3213平方米。全年教育经费投入1779.96万元，均为国家拨款。固定资产总值1070.28万元。图书室藏书1000册，拥有音乐专用教室1个，普通教室12个，计算机86台。信息化经费投入1.43万元，校园网出口总带宽100Mbps，数字资源量2500GB。教职工62人，包含教师52人；专科以上61人，中级职称以上19人；保健医5人，专科以上5人。开设12个教学班，其中小班4个、中班5个、大班3个。幼儿入园118人、离园226人、在园368人。

2021年，幼儿园坚持立德树人教育总目标，扎实做好常态化疫情防控工作，保障师生健康安全，深化教育教学质量提升，完善“润心育人”教育文化特色。通过A级园所验收，以督导评估工作为契机，完善制度建设、队伍规划、安全管理等方面，逐步形成“润心”管理模式。在教育教学上，加强教科研管理，“十四五”规划市级立项课题7项，区级课题5项，“润心四季”课程及园本育人课程体系进一步科学完善。培养幼儿强体魄、喜探究、乐交往、会欣赏，建设学习型、研究型教师队伍，提高幼儿园工作质量。落实“双减”政策，通过家园共育、线上参观小学、幼儿自理能力培养等措施，提高幼小衔接工作水平。减少大班幼儿流失情况发生，严格管理退园幼儿去向，配合区级监督部门做好学前班整顿工作。

（史新杰）

北京市顺义区建南幼儿园

2021年，北京市顺义区建南幼儿园为教育部门办园，日托制。分3址办园，分别是建南园区、永欣园区和鲁能园区。占地面积13711.4平方米、校舍建筑面积9697平方米。全年教育经费投入4049.2万元，均为国家拨款。固定资产总值2322万元。拥有音体室、录播室和会议室等专用教室4个，普通教室32个；教室内设有计算机、电视和智能交互平板等教学设施。教职工128人，包括教师72人，均为专科以上学历，中级职称以上13人；保健医5人，均为专科以上学历，中级职称以上3人。开设24个教学班，其中小班10个、中班7个、大班7个。幼儿入园349人、离园192人、在园942人。

2021年，幼儿园以庆祝建党百年为契机，加强党性教育，提升教师专业素养，涵养幼儿爱国情怀。坚持每

4月7日，通州新城东里幼儿园参加通州区第九届“启蒙杯”半日评优活动　（通州新城东里幼儿园　供）

两周一次政治学习，注重和强化教师思想政治素质和职业道德情操，坚持每月法律答题，使教师掌握法律常识。加强园所文化学习，感悟“生命、生活、生动、生长”育人理念。制定幼小一体化德育体系建设实施方案与细则，落实立德树人根本任务。提高教师专业化水平，聚焦“教研”工作，生成“方案先行—方案评选—方案反馈—方案现场”教研活动4步走模式，围绕“真问题”开展分层教研，优化教研内容。依托科研工作，围绕新课题“基于儿童视角提升表演区活动质量的研究”，通过“马赛克研究方法”使用，建构儿童视角下表演区活动指标。举办第15届科研月活动，关注幼儿生长，做好幼儿行为解读。落实“双减”政策，通过幼小衔接专项研究，尝试建构连续性、整体性、可持续性幼小衔接课程，关注幼儿发展内驱动力。继续执行户外活动制度，加强对户外活动时间、活动材料、幼儿运动量管理，确保幼儿按时参加锻炼。继续开展特色课程，包括“幼儿快乐体育游戏”项目、“之乐言”课程等。录制体育活动、“疫情防控”“爱国卫生”“节约粮食”“生活垃圾分类”集体教育活动课。组织幼儿参加“我为妈妈献才艺”活动与“少年读中国，读给祖国听”幼儿诵读活动。

（耿波）

北京市昌平区工业幼儿园

2021年，北京市昌平区工业幼儿园为教育部门办园。分3址办学，分别为园本部、冠华园南园和冠华园北园。占地面积1.86万平方米、校舍建筑面积1.58万平方米。园本部占地面积1万平方米、校舍建筑面积0.89万平方米。全年教育经费投入6274.73万元，均为国家拨款。固定资产总值5935.21万元，其中教学仪器设备资产值358.79万元。拥有图书1.68万册，计算机197台，有多功能厅、香味书屋、乐动空间、妙创工坊等专用教室9个，普通教室49个。教职工220人（含特岗教师121人），包括专任教师157人，均为专科以上学历，中级以上职称39人，北京市骨干教师3人，区学科带头人7人，区骨干教师17人；保育员10人，均为专科以上学历，中级以上职称4人。开设47个教学班，其中小班17个、中班16个、大班14个。幼儿离园347人、入园478人、在园1372人。

2021年，幼儿园借助办园质量督导评估契机，根据新冠疫情防控要求，调整幼儿一日生活常规，加强教师案头工作指导检查。依托节日组织开展读书节、体育节、六一儿童节、毕业典礼等活动，中班教研组与职校联手开展主题研讨。组建幼小衔接核心团队，建立幼小协同机制，开展幼小衔接系列活动。开展生活化实践探索课程，对幼儿进行生活自理能力、阅读能力、游戏能力引导，关注幼儿生活习惯、学习习惯、学习品质培养。继续探索新冠疫情防控常态化的家长工作方式，切实做好家长工作，促进家园深层合作。加强教职工卫生保健知识和岗位技能培训。完成北京市健康促进幼儿园评估。

（袁媛）

北京市大兴区第一幼儿园

2021年，北京市大兴区第一幼儿园为教育部门办园，日托制。总园占地面积11348平方米、校舍建筑面积8711平方米；分园占地面积2889.2平方米、校舍建筑面积

11月1日至30日，昌平工业幼儿园开展消防安全月活动
（昌平工业幼儿园　供）

2379.45 平方米。全年教育经费投入 3697.43 万元，均为国家拨款。固定资产总值 3064.2 万元。拥有普通教室 30 个，教室内设有计算机、多媒体和显示屏等教学设施。教职工 179 人，包括教师 70 人，均为专科以上学历，高级教师 1 人、中级 10 人；保健员 10 人，专科以上学历 9 人，中级职称 4 人。总园开设 26 个教学班，分园开设 4 个教学班，其中小班 12 个、中班 11 个、大班 7 个。幼儿入园 373 人、离园 178 人、在园 970 人。三合庄分园（小班部）正式开园，入园幼儿 100 人。教职工 179 人，包括正式教职工 69 人。

2021 年，幼儿园依托"三精"管理，做到管理制度精准化、人员分工精细化、管理水平精益化。在教育教学上，采取行政教研方式对课程再审视，立足课程中育人元素和育人价值两个层面进行构建。借助建党百年契机，依托"六大解放"思想，引领教师将四史内容融入主题，深入研究"红船博物馆主题"核心价值，丰富课程内容 6 板块，创造高质量教育生态，实现师幼"养德润心，启智铸魂"。在家园共育上，建设家校舍共育咨询室，更新家校社指导团队，探索家校社三方协同育人模式，家长自主约谈 4 次，涉及 4 个家庭，解决个性育儿问题 8 人次，开展家长讲座活动 7 次。发挥早教基地辐射作用，创新开展服务，坚持以服务婴幼儿、服务家长为原则，每月制定详细的活动方案，定期通过公众号向家长推送科学育儿知识。

（李梦亚）

北京市大兴区第七幼儿园

2021 年，北京市大兴区第七幼儿园为公办园，日托制，一园 3 址。占地面积 8877 平方米（双高园 2223 平方米、春天园 3200 平方米、悦风华园 3454 平方米）、校舍建筑面积 8877 平方米。全年教育经费投入 2648.68 万元，均为国家拨款，固定资产 894.75 万元。拥有普通教室 31 个（双高园 9 个、春天园 13 个、悦风华园 9 个），专用教室 3 个，设有电子屏幕、计算机和电视等教学设施。教职工 135 人，包括教师 78 人，均为专科以上学历，中级职称以上 23 人；保育员 9 人，均为专科以上学历，中级职称以上 1 人。开设 24 个教学班，其中小班 8 个、中班 8 个、大班 7 个、混龄班 1 个。幼儿入园 314 人、离园 198 人、在园 676 人。

2021 年，大兴七幼教育集团正式成立，成员单位包括旧宫二幼、礼贤镇中心幼儿园、瀛海四幼。幼儿园构建"自然生活教育"文化体系，以"探自然万物，养生命自觉"为教育理念，以"自然育生命，生活绽七彩"为办园宗旨，形成自然、自主、自信、自由校园风气，努力培养会生活、爱探究、敢担当、善合作的七彩幼儿。以园本培训形式着力推进教师文化建设，立足"修己、立身、成德"，实现"自明、自得、自立、自强、自持、自勉、自由、自在"发展目标，坚持定位、规划、学习与研究，加强主动学习、自我反思、同伴共研、自觉行动，逐步形成教育自觉、发展共识和教育共识。教师在研课题 10 个，中层干部、骨干教师承担各级课程交流、教研、课例等专题展示交流 7 次，组织拉手园、共同体各类型学习 15 次，共同读书 3 本，学习感受 350 余篇。

（赵郁）

北京市怀柔区第三幼儿园

2021 年，北京市怀柔区第三幼儿园由教育部门办园。幼儿园占地面积 16800 平方米、校舍建筑面积 9472 平方米。全年教育经费投入 4482.61 万元，均为国家拨

12 月 10 日，怀柔三幼举办冰雪嘉年华活动

（怀柔三幼　供）

款，固定资产总值5160.16万元，教学仪器设备资产值197.81万元。拥有图书2.30万册，计算机149台。拥有专用教室2个，普通教室27个。教职工142人，包括专任教师92人，本科学历134人，中级职称70人；保健医9人，保育员27人。开设教学班27个，其中小班9个、中班11个、大班7个。幼儿离园145人、入园343人、在园1015人。

2021年，幼儿园秉承“立德树人”教育思想，以“和·乐”园所文化为依托，以生活课程为载体，以幼儿自主发展为目标，以教师专业成长为根本，以保教质量提升为重点，落实“双减”政策要求，营造教育发展良好环境。以幼儿快乐学习、生活为目标，以解决家长困惑为己任，制订各类活动计划，保证教育教学工作有序开展。遵循幼儿年龄特点，通过游戏化活动、增强体育锻炼、课外阅读等方面引导，做到有“减”有“增”，促进幼儿全面发展。持续开展幼儿学习能力与品质系列活动，开展生活探究主题活动54个，其中传统文化类主题5个、自然类主题22个、生活类主题27个。结合季节特点、节日节气、自然资源、生活中的问题开展各项“和乐”生活课程建设。开展以“生活中的‘语言’”为主题的阅读月活动，形成班级绘本，从倾听、阅读、表达、讲述4个方面诠释生活中的语言意义。开展美食月活动，以“点亮新年心愿 兑现心中璀璨”为主题，分为成长篇、游戏篇、美食篇。提升教师专业素养。开展督导评估、特级教师工作室、青蓝计划、海怀计划和语言、数学、体育、融合教育等多个领域园本培训活动50余次。发挥教师传帮带作用，将外出学习经验分享给同伴，期末举办弹唱、案例分析、师德演讲等内容的沙龙展示，以多种方式开展教师专业考核。承办北京市“创新教研方式 推进全覆盖教研”项目（第三组）走进怀柔区交流研讨会。园长、业务干部、骨干教师到怀北、雁栖、渤海等姐妹园开展课程指导。通过幼儿园微信公众号推出“初遇小学·逐梦成长”“向阳花园的美味”“生活课程趣玩树枝”“森林运动会”等60余个主题，内容涉及生活课程、卫生保健、健康指导等。开展多种形式垃圾分类、光盘行动，根据幼儿年龄特点创设墙饰，帮助幼儿从小树立环保意识。

（李煜）

北京市平谷区第一幼儿园

2021年，北京市平谷区第一幼儿园为教育部门办园，日托制。占地面积5155平方米、校舍建筑面积5335平方米。全年教育经费投入2641.37万元，均为国家拨款，固定资产总值1004.97万元。图书室藏书2.5万册，计算机133台。专用教室6个、普通教室16个。教职工75人，包括专任教师53人。本科学历71人，中级以上职称50人；保健医3人，均具有中级以上职称；保育员16人。开设教学班16个，其中小班5个、中班6个、大班5个。幼儿离园139人、入园116人、在园471人。

2021年，幼儿园开展党史学习教育，庆祝建党百年。“四讲平台”培养“绿谷红娃”，向幼儿播放平谷区红色故事，引导幼儿知平谷、爱家乡。利用经典诵读时间，讲述中国共产党领导中国人民奋斗的红色故事。组织幼儿参与讲红色故事、说红色歌谣、唱红色歌曲，开展“红娃风采”故事大赛，教师“永远跟党走 同心颂党恩”系列活动。多举措强化教师专业素养，促进教师自主学习研究，开展专题培训、研讨、实操活动，助力教师提升科学设计与组织教学活动、观察与分析幼儿行为的能力。劳动启蒙教育，利用自然教育资源，结合“‘亲自然’园本课程建构的实

3月11日，平谷一幼举办植树节活动

（平谷一幼 供）

践研究”课题，组织幼儿开展亲近自然主题教育实践活动。教师以植物生长变化为主线，通过选种、播种、收获等环节，将劳动教育贯穿始终。落实“双减”工作，组织教师开展“减负提质下幼儿园可以做些什么”专题讨论，研究“双减”背景下幼儿园教师行为规范，幼儿发展目标及园所重点工作。转变家长教育观念，通过幼儿园太阳花园报、公众平台、家长讲座等渠道，宣传科学幼小衔接的方法与意义。培养幼儿学习能力，开展促进幼儿深度学习的有效策略研究与实践，培养幼儿自主学习能力与品质。每两个月组织一次体能测试，强健幼儿体魄。

（于海清）

北京市密云区第二幼儿园

2021年，北京市密云区第二幼儿园分两址办学。两个校区占地面积4350平方米、建筑面积3566平方米。全年教育经费投入1747.41万元，均为国家拨款，固定资产1113.36万元。图书室藏书4800册。绘本图书馆专用教室1个，普通教室15个。教室内设计算机、Ipad、数码相机、多媒体电子白板等教学设施。教职工83人，包括高级职称5人、中级职称34人。专任教师65人，包括区级骨干教师9人，本科及以上学历63人。保健员5人，专科以上学历5人，中级职称1人。开设10个教学班，其中小班4个、中班3个、大班3个。幼儿入园122人、离园126人、在园314人。

2021年，幼儿园以“缘起种爱聚合力，涵养众爱美家园”为办园理念，突出“以人为本”管理模式，在“种爱 爱众 众爱”思想指引下，打造“爱的乐园”。幼儿园以规范办园常态化、队伍素质提升、园本课程建设为重点，研幼儿、研实践，不断提高办园质量，积淀园所特色。以“爱的教育”园本课程文化为核心，培养幼儿爱周围人、爱家乡、爱集体、爱环境等意识。开展体育节、艺术节、第三届阅读节等活动，培育幼儿爱的情感。开展“健康动起来——体育活动观摩暨园本教研活动”，通过教师观摩、专题研讨、专家点拨，提升教师组织实施课程的能力。开展“花样面点展风采 丰富膳食亮厨艺”系列主题活动，打造“一园两址”新突破，实现同质同步共发展。

（刘一歌）

北京市延庆区第三幼儿园

2021年，北京市延庆区第三幼儿园为教育部门办园，日托制。占地面积6204平方米、校舍建筑面积9102平方米。全年教育经费投入3308.21万元，固定资产3035.04万元。图书室藏书5.6万册，电子图书2.80万册。拥有绘本、玩具和舞蹈3个专用教室，普通教室24个，计算机184台。信息化经费投入160.69万元，校园网出口总带宽4096Mbps，数字资源量1020GB。教职工119人，专科及以上学历119人、中级及以上职称21人，北京市骨干教师1人，北京市特级教师1人。教师91人，保健员7人，均为专科及以上学历，中级职称及以上4人。开设28个教学班，其中小班12个、中班8个、大班8个。幼儿入园293人、离园207人、在园846人。完成供电局租址办学装修改造工程，开设9个教学班，其中8个小班、1个中班，容纳幼儿230人，均按照“双普”验收标准设施设备投放。获北京市首批健康促进幼儿园称号，北京市办园质量督导评估B级。

2021年，幼儿园旨在办成“蒲公英”文化品牌鲜明、

5月10日，密云二幼举办艺术节绘本剧表演

（密云二幼 供）

“真实践”育人成效显著，幼享优育，师享幸福的幼儿园。运用新机制提升管理效能，激发保教管理人员管理潜能。实施轮执机制，利用“轮执园长”，达到人人参与、人人管理、人人负责效果；实施联动机制，保教干部与保健人员联动，加大对班级常规的管理力度；实施锁链机制，班级中出现任何问题，从班长到值班保健人员、值周园长进行倒查追责，与绩效挂钩；实施分享机制，教师课程故事分享、常规分享、家长工作分享，将分享融入培训、总结现场之中，同时为月考核评价提供依据。开展真实践生成式主题课改。“真实践——生成式探究性”主题课程以幼儿动手操作的具体材料基础，以幼儿“做中学”为主张，以幼儿主动热情地学习为导向，倡导幼儿基于问题开展探究性学习。从四方面开展课改，改变教学方式，实施“五步法教学”；改变备课方式，教师撰写课程故事，对幼儿学习与发展进行过程性分析和形成性评价；改变主题环境创设，将活动在主题墙呈现为课程地图；改变作息时间，将原有分块活动整合为“学习与游戏时间”，夯实幼儿一日常规习惯。保教管理和保健管理一体化，沉入班级对重点环节、重点班级、重点人员进行全方位无死角督察。每月通过特色评价方式，月末形成等级评价进行排名公布。规范一日常规要求及教师指导，促使一日常规习惯得到全面提升。破解幼小衔接难题，沿着全面渗透、难点分解、以点带面、追踪成效的思路开展幼小科学衔接工作。结合小、中、大班幼儿年龄特点，将小幼衔接内容化整为零，渗透至幼儿一日生活。在语音意识准备、前识字、前阅读、前书写几方面开展工作，形成《说绕绕口令 培养语音意识》等园本幼小衔接成果 3 册。完成基建优化办园条件。

（刘胤）

北京市房山区燕山东风幼儿园

2021 年，北京市房山区燕山东风幼儿园为北京市一级一类日托制幼儿园。占地面积 4050 平方米，校舍建筑面积 3313 平方米，运动场地面积 2000 平方米，绿化用地面积 840 平方米。全年教育经费投入 554.8 万元，固定资产总值 774 万元。图书馆（室）藏书 3600 册。信息化经费投入 7.8 万元，拥有计算机 87 台，网络多媒体教室 5 个。教职工 26 人，包括高级职称 2 人、中级职称 5 人。专任教师 12 人，区级骨干教师 2 人，本科以上学历 7 人。开设教学班 5 个。幼儿离园 40 人、入园 46 人、在园 122 人。

7 月 1 日，燕山东风幼儿园开展迎“七一”系列活动（燕山东风幼儿园　供）

2021 年，幼儿园深入推进党组织领导的园长负责制，通过北京市幼儿园办园质量督导评估 A 级园验收，促进幼儿园办园质量提升。完成东风幼儿园第三期学前教育行动计划展示活动，促进幼儿身心健康发展。以课程建设为核心，为幼儿教师发展搭建平台，促进教师专业素质提升。组织教师开展班级环境创设、区域游戏指导评价、教师边弹边唱基本功展示、幼儿操设计、幼儿玩教具制作等学习培训活动。开展“六一节”“游戏节”“庆冬奥”等系列活动。2 名教师进行地区级公开课展示。聚焦新冠肺炎疫情防控，科学筹备幼儿园各项安全工作，确保校园安全稳定。坚持全员每日健康监测，落实“日报告”“零报告”制度。日常重视幼儿园监控室、气瓶间、食堂、饮用水等重点部位安全检查，每月召开安全小组工作例会，节假日前做好校园安全及意识形态工作部署，确保校园及周边治安环境整治到位。做好家园共育，深化“双减”工作举措，开展德育一体化实践研究。召开新学期家长会并讲好开学第一课，通过电话、微信群、线上家访等形式，全年组织发放家长一封信 29 次，召开家长会 9 次，关注幼儿情绪和心理状态，引导家长树立正确的育儿观。深化研究探索幼儿园和小学一体化德育工作纵向衔接及幼儿园、家庭、社区横向协同育人问题，推动幼儿园、教师与幼儿德育发展“同向同行”。

（纪樱梅）

（本栏责任编校　曾婷）

小学教育

中学教育

特殊教育

民族教育

2022 | 基础教育

ELEMENTARY EDUCATION

- 普通高中新课程新教材实施示范区示范校建设推进
- 融合教育质量提升纵深推进
- “互联网+基础教育”工作统筹推进
- 首次小学生暑期托管服务
- 两次全市基础教育校长大会
- 义务教育学校教学基本要求印发
- “双减”校内工作大检查

基础教育 ELEMENTARY EDUCATION

综述

概述

2021年，北京市有小学837所（比上年减少97所）。毕业134051人、招生186440人、在校生1036584人。教职工65269人，其中专任教师59013人。学校占地面积1446.68万平方米，校舍建筑面积796.48万平方米。固定资产总值252.19亿元，其中教学仪器设备资产值84.68亿元。

北京市有普通中学667所（比上年增加11所）。其中，完全中学171所、十二年一贯制学校126所、高级中学35所、初级中学188所、九年一贯制学校147所。初中毕业87856人、招生120431人、在校生349611人；高中毕业45077人、招生62263人、在校生176095人。教职工96583人（比上年增加3663人），其中专任教师76803人（比上年增加3088人）。学校占地面积2696.51万平方米，校舍建筑面积1741.51万平方米。固定资产总值521.03亿元，其中教学仪器设备资产值134.15亿元。

北京市有民族学校30所，其中小学22所、中学8所。在校生18998人，其中少数民族学生6490人。教职工2008人，其中少数民族教职工346人，专任教师1712人。民族中学分布在西城、朝阳、海淀、门头沟、通州、大兴6个区；民族小学分布在东城、西城、房山、通州、昌平、大兴、怀柔、密云8个区。内地新疆高中班办班学校11所，在校生3944人；内地西藏班（校）5所，在校生1197人；内地青海班办班学校6所，在校生793人。

全市有在校残疾儿童少年7808人。全市有特殊教育学校教职工1291人。北京市教育部门所属市级特殊教育中心1个、区级特殊教育中心16个、特殊教育学校20所。另有自闭症儿童教育康复训练基地15个、学区融合教育资源中心72个、建立资源教室的普通中小学329所、附设特殊教育班的普通中小学5所。

（张琳　刘碧原　陆小红）

普通高中新课程新教材实施示范区示范校建设推进

2021年，市教委推进普通高中新课程新教材实施示范区示范校建设。5月，组织新课程新教材实施国家级示范区示范校干部教师全员网络研修。9月15日至18日，组织西城、海淀两个示范区接受教育部组织的普通高中新课程新教材实施国家级示范区示范校建设工作调研。11月30日，在教育部召开的国家级示范区示范校建设工作总结会上，西城区教委和北京市育英学校作为代表介绍经验。

（赵以文）

融合教育质量提升纵深推进

2021年，市教委面向16个区开展普通学校融合教育推进委员会制度建设。完成东城、西城、朝阳、石景山、通州、顺义6个试点区及22所试点学校（幼儿园）试点建设推进工作，开展专家评审，形成北京市融合教育推进委员会制度落实典型经验；完善北京市融合教育质量评价标准，提炼北京特色融合教育发展模式，开展北京市普通

4月至12月，健翔学校教师参与录制北京市自闭症儿童教育线上资源　（健翔学校　供）

学校特殊需要学生数量调查、融合教育质量现状调查及普通学校随班就读学生就读经验现状调查。开发面向自闭症儿童的教育学习资源和精品课程，组织全市特教教师骨干力量录制自闭症教育线上学习资源。经专家审核，全年在北京市特殊教育支持服务平台上发布精品资源课 93 节。

（张琳　杜媛　朱振云）

“互联网＋基础教育”工作统筹推进

4 月 17 日，市教委印发《关于推进“互联网＋基础教育”的工作方案》。方案明确总体设计为“3＋4＋5”，即打造 3 个课堂、构建 4 种能力平台、形成 5 个工作机制，并以此为基础提出建设具有最合理组织架构、最鲜明制度文化、最润心铸魂德育建设、最高水平教育教学质量的虚拟理想学校创新理念。至年底，“空中课堂”形成覆盖小初高各学段各学科的全口径课程资源库。“双师课堂”基于精品优质微课丰富教育供给，主要解决教师紧缺、教师培训、优质资源共享、教师互助 4 个问题。在西城、朝阳、海淀、石景山 4 个试点区先行开展融合课堂建设与应用实践研究，注重先行先试，技术赋能新场景，着重于在虚拟环境下克服互动障碍。

（周航）

首次小学生暑期托管服务

7 月至 8 月，市教委首次组织暑期学生托管服务工作。全市统筹 408 所小学分 2 期（每期 10 天）为 10244 名学生提供托管服务，其中一年级 3286 人、二年级 2479 人、三年级 2191 人、四年级 1413 人、五年级 875 人。10778 名干部教师轮流参加服务工作，其中管理干部 2616 人、班主任及教师 7539 人、校医 623 人。托管服务形式包括自主阅读、作业答疑辅导、体育锻炼等。

（王昱人）

“双减”工作部署会

8 月 4 日，市教委召开北京市教育系统“双减”工作部署会。会议指出，北京市坚持一手抓校内教育质量提升，一手抓校外培训机构治理，突出“双减”任务全覆盖，“双减”工作取得初步成效。会议部署两项“双减”工作任务：充分发挥学校主渠道作用，规范教育教学行为、提高课堂教学质量、增加课后服务供给，全面提升育人水平；深化校外培训机构治理，全面完成好各项工作任务。会议还布置疫情防控、疫苗接种、暑期托管服务工作。北京教育科学研究院、北京教育考试院、北京教育学院主管负责人，北京市数字教育中心、北京国际教育交流中心、北京市少年宫主要负责人，各区委教育工委书记、区教委主任，市教委有关处室负责人，市教委“双减”专班有关人员、市教委派驻各区联络员等参加会议。

（向姣姣）

6 月 15 日，“空中课堂”样片拍摄现场

（信息中心　供）

两次全市基础教育校长大会

8 月 27 日和 11 月 2 日，市教委分别召开首次和第二次全市基础教育校长大会。首次会议指出，北京市率先在全国启动“双减”专项治理行动，部署“双减”以及新学期有关重点工作，对教研工作提出强化育人意识、强化研修素养、强化专业情谊、强化合作精神 4 方面意见，部署做好教学调查、联合开展实践研究、构建展示交流机制、全面加强教研员队伍建设 4 方面工作。第二次会议以贯彻落实市委教育工作领导小组系列会议精神，专题研究部署课后服务工作，推动“双减”向纵深发展为主要任务；指出北京市“双减”工作拐点正在形成，进入推动“双减”工作取得胜利的关键时段。会议对全面提高课后服务质量，推进校内提质增效提出 4 点意见。市教委班子有关领导，北京教育科学研究院、北京教育考试院、北京教育学院中层以上干部，各区教育两委班子成员、有关科室负责人，市教委相关处室负责人，市、区两级全体教研员，全市中小学、幼儿园书记、校长等近万人通过线上、线下相结合方式参加两次会议。

（向姣姣）

义务教育阶段学校课后服务推进

9 月 7 日，市委教育工作领导小组印发《关于进一步做好义务教育阶段学校课后服务的实施意见》。意见指出课后服务坚持面向人人、整体设计、提高质量、突出重点 4 项工作原则。意见明确课后服务全覆盖开展、保证时长、提高质量、坚持学生自愿参加、拓宽渠道、强化保障 6 项工作任务。至年底，全市义务教育学校“三个全覆盖”（义务教育学校全覆盖、周一至周五全覆盖、所有有需求的学生全覆盖）开展课后服务，全面开展课业答疑辅导及课后育人活动。全市新增义务教育教师绩效工资额度 4.70 亿元，专项用于参加课后服务教师的激励。全市义务教育学生 96% 以上参加。

（向姣姣）

义务教育学校教学基本要求印发

9 月 14 日，市教委印发《北京市义务教育学校教学基本要求》。文件明确落实课程方案和课程标准、严格依据教材开展教学、严格执行教学计划、优化教学过程、规范教学秩序、加强作业统筹管理、完善考试评价、规范教研工作、树立良好师德形象 9 项要求，同时要求各区制订区级教学基本规范，各校制订教学基本规程。

（向姣姣）

“双减”校内工作大检查

9 月至 12 月，市委教育工委、市教委共同开展“双减”校内工作大检查。检查工作由两委局级干部带队，分成 16 个检查组包区每周入校检查“双减”工作落实情况。16 名局级干部以及来自 24 个处室的相关工作人员参与检查工作，走进 16 个区及燕山地区、经开区的 920 所学校，听课 306 节。根据检查发现的情况及问题，发出检查情况通报 13 期，对教育教学秩序规范、课后服务工作落实到位、探索弹性上下班等落实到位的情况提出表扬 113 校次，批评课后服务不到位、“五项”管理落实不到位、教学秩序不规范等问题 272 校次，建立问题整改台账，定期督促各区整改落实。

（向姣姣）

中小学教材选用结果和中小学生课外读物进校园管理情况网上填报

11 月至 12 月，市教委组织开展 2021 年度中小学教材选用结果和中小学生课外读物进校园管理情况网上填报工作。填报内容包括 2021 年度中小学教材选用结果和学校落实《中小学课外读物进校园管理办法》情况。各区教委于 11 月 30 日前完成中小学教材选用结果填报，12 月 15 日前完成学校落实《中小学课外读物进校园管理办法》情况填报。

（陆小红）

小学教育

西城“拿起纸笔·见字如面”书信交流活动

1 月，西城区教委举办“拿起纸笔·见字如面”书信交流活动。活动围绕“见字如面·对话历史”“见字如面·对话时代英雄”“见字如面·对话未来”“见字如面·对话行业模范”“见字如面·对话首都北京”“见字如面·对话红色西城”6 个主题，组织开展书信交流。区教委在内刊《小学 Hui Tan》中展示全区各小学报送的书信交流作品和信息，将此活动纳入学校日常教育全过程，并将书信交流活动与学校主题班（队）会活动、心理健康教育、家校教育有机结合。寒假期间，全区除特殊教育学校和民办校外的近 60 所小学，9.50 万名学生参与活动。

（赵嫣娜）

昌平·顺义课程建设交流

5 月 25 日，顺义区教委举办“昌平·顺义课程建设交流暨顺义小学‘减负提质’教学校校行活动”。活动分为成

9 月至 12 月，北师大实验小学落实课后服务工作——抖空竹
（北师大实验小学　供）

果展示和现场会议2个部分，组织参观首都师范大学附属顺义实验小学各年级、各学科作业、教案及六年级故宫课程文创作品成果展，以及学校美术社团建党100周年美术作品展、学校冬奥课程成果展。首师大顺义附小介绍学校生长教育课程建设与实施工作，展示学校故宫系列课程。首都师范大学有关专家教师，顺义区教委相关科室负责人，顺义区、昌平区部分学校教学负责人等100余人参加活动。

（闫萌）

小学语文区域性联动研讨

6月8日和12月3日，通州区教委举办两次小学语文三区教研展示活动。举办北京市小学语文通州、丰台、门头沟区域教研展示活动，分为课堂教学展示、专家点评2个阶段。三区教师代表80余人参加现场活动，在线参会800余人。举办通州区语文学术学部教学研讨活动暨北京市“减负提质”通州、平谷、密云三区小学语文区域教学研讨活动，分设现场课会场和说课、经验分享两个会场。三区教师研修中心教师、语文教师等1000余人通过线上、线下形式参加会议。

（张明　林蕊馨）

区域联动课堂教学展示活动

6月22日，北京市小学“基于核心素养培育 构建课堂教学新常态”区域联动式系列课堂教学展示活动在北京市密云区第二小学举行。来自13个区的36名教师进行11个学科29节课堂教学展示和9节说课展示。北京教育科学研究院、朝阳区教育科学研究院各学科专家团队，海淀、东城、西城等13个区教研员及教师代表，密云区教委、区教师研修学院及区内各小学领导干部和教师代表等600人参加活动。

（王家艳　李士新）

大兴小学“1+2+N”德育创新项目推进

至年底，大兴区教委推进小学“1+2+N”德育创新项目。项目以促进学生全面发展为1个中心，通过2个结合（学生形成积极心理品质目标与良好行为习惯目标相结合、课程育人路径与活动育人路径相结合），形成多个基于“一中心 两结合”框架下的德育创新典型学校，并基于典型学校形成更多典型教育案例。4月至5月，围绕项目实验教师自主研发的23节德育创新课程开展课程实践活动，邀请专家团队提出课程改进建议。12月3日至7日，通过线上线下相结合方式举办4场精品德育展示交流活动。

（王薇　袁沈珍）

中学教育

“海淀·密云”一体化教研发展项目启动

1月29日，密云区教师研修学院与海淀区教师进修学校签订教研一体化合作框架协议。依据协议，密云教师研修学院选派中学研修员和部分骨干教师同步参加海淀区教研活动，提升密云区中学教研水平；密云区初三、高三年级学生期中、期末、一模、二模使用海淀试卷同步考试，海淀教师进修学校为密云区提供分析指导；密云区教师可参加海淀教师进修学校组织的教育科研课题研究，破解密云教育发展中的问题。该协议有效期至2024年1月29日止。

（王家彦　李士新）

东城首批高中名学科基地建设启动

3月，东城区教育系统启动首批高中名学科基地建设。区教委制定《东城区中学名学科基地建设管理办法》，联合东城区教育科学研究院，聘请教育领域学科专家，组织申

5月25日，顺义区教委举办“昌平·顺义课程建设交流暨顺义小学‘减负提质’教学校校行活动”（顺义区教委　供）

报学校开展答辩评审。7月14日，涉及14所学校10个学科的28个基地获颁铜牌和证书，其中引领性名学科基地23个、发展性名学科基地5个。名学科基地将实行动态管理，每3年复评1次。名学科基地建设旨在遴选并培育“名学科”，助力学校内涵发展；为一批德才兼备、有学术影响力的优秀教师赋能，助力教师专业化成长。

（周倾楚　李媛媛）

首届北京市素养导向中学课堂教学研讨会

10月22日，北京教育科学研究院举办的北京市素养导向的中学课堂教学研讨会在北京市第八中学召开。会议围绕核心素养的单元主题开展教学研究，体现“坚持课程育人，坚持素养导向，突出研究价值”活动宗旨。在同课异构和学科研讨环节，来自全市的36名优秀教师分科同台作课，就同一课题进行创新设计，涉及12个学科。北京教科院、西城区教委、西城区教育研修学院领导，以及市区学科教研员、教师等680余人参加会议。

（赵鑫　连冰）

大兴中学课业辅导精准化

至年底，大兴区教委制定《大兴区中学课业辅导指导意见》，落实学科承包制、骨干答疑制和分层辅导制。各校通过设立答疑室、制订学习清单、开展分层指导等方式，打破班级年级界限，满足学生学业发展需求。区内25所中学根据学生需求开设晚自习。12月，评选出2021年度大兴区中学双师在线辅导星级学校10所，优秀辅导教师30人。

（黄山环）

民族教育

内地民族班心理健康教育专题培训

1月28日，市教委举办北京市内地民族班心理健康教育专题培训班。培训旨在加强内地民族班学生心理健康教育，做好寒假期间内地民族班学生心理疏导，进一步提升疫情防控常态下内地民族班学生的教育管理服务水平，传达教育部民族教育司《关于做好内地西藏班新疆班2021年寒假工作的通知》，聘请北京教育科学研究院专家作相关培训，22所内地民族班办班学校校长（书记）、主管校长（书记）、主管主任、班主任、心理教师和内派管理教师550人参训。

（陆小红）

内地民族班工作研讨

4月28日，市教委召开北京市内地民族班工作研讨会。会议组织研讨《关于全面加强内地民族班学生教育管理服务工作的意见》起草工作，交流上学期工作中存在的问题及相关对策，布置“新时代内地民族班民族团结进步教育有效途径实践探索”课题研究工作，通报本学期工作安排。市教委、市民宗委相关处室负责人，民族教育专家代表及20所内地民族班办班学校主管领导30人参加会议。

（陆小红）

第四届内地民族班演讲比赛

6月19日，市教委举办北京市第四届内地民族班演讲比赛。来自20所内地民族班办班学校的40名学生围绕“学党史、感党恩、跟党走”主题，结合自身成长经历，忆党史、颂党恩、感党情，交流展示首都内地民族班爱国主义教育和民族团结进步教育成果。比赛评出一等奖16人、二等奖16人、三等奖8人。内地民族班师生代表500人参加活动。

（陆小红）

内地民族班校长培训研讨

6月和12月，市教委分别召开北京市内地民族班校长工作会和北京市内地民族班校长培训研讨会。两次会议分别就《关于全面加强内地民族班学生教育管理服务工作的意见》初稿和修改稿征求意见建议；分别针对“新时代内地民族班民族团结进步教育有效途径实践探索”课题研究进行工作布置和进展情况通报。6月29日，市教委相关处室负责人、民族教育专家代表及20所内地民族班办班学校主管领导25人参加校长工作会；12月1日，市教委相关处室负责人、民族教育专家及21所内地民族班办班学校主管领导31人参加民族宗教有关政策培训，并全覆盖到北京西藏中学各班组织听课学习。

（陆小红）

特殊教育

盲人学校加挂“北京市特殊教育学校”校牌

4月28日，北京市盲人学校加挂“北京市特殊教育学校”校牌。学校增加“开展残疾学生职业教育、视障儿童学前教育”职能，原校牌、公章保留，新增“北京市特殊教育学校”公章。特殊教育学校学段为高中，学制3年，招生形式为全市统一招生，招生对象为全市特教学校和随班就读的轻度智力障碍学生及自闭症学生，招生规模计划每个年级3个班，每班8～12人，专业设置为中医康复保健和音乐表演。开展以职业教育为主的高中阶段教育，开设符合残疾学生身心发展规律的专业课程、特色课程。2021年，首届招生22人。

（高爽　杨伟丽）

北京市视障教育资源中心成立

4月，北京市盲人学校成立北京市视障教育资源中心。该中心为协助市级教育行政部门开展视障教育指导、研究、服务的技术支持机构，致力于在教育行政部门、视障类特殊教育学校、视障类随班就读学校，以及视障儿童家庭之间建立上下联动的工作机制。中心设主任 1 人，副主任 1 人，教学干事 1 人，康复教师 10 人。

（赵瑜）

第二期特殊教育提升计划实施质量评估

4 月，市教委开展北京市第二期特殊教育提升计划实施质量评估工作。评估采取发展信息数据调查、实施情况问卷调查和实地检查 3 种方式面向各区开展。评估内容包括各区特殊教育专业服务实体标准化建设、职能发挥、特殊儿童服务与经费保障落实情况；特殊教育学校办学条件达标与建设、办学向“两头延伸”、落实国家课程标准情况、教师队伍建设等情况；融合学校办学、资源教室建设和个别化教育支持等情况；区级专家委员会制度和融合学校推行委员会制度运行情况。评估结果显示：经过 4 年努力，北京市特殊教育体系进一步健全，学前残疾儿童享有基本康复实现全覆盖，义务教育入学率稳定在 99% 以上，高中阶段特殊职业教育积极发展且入学率显著提高；深入推进融合教育，形成市、区、学区、学校四级融合支持体系，在 70% 以上的普通中小学校建立融合教育推进委员会，融合资源覆盖全市所有普通中小学；但义务教育阶段设点布局有待进一步优化，非义务教育阶段设点布局有待加强，融合教育质量有待进一步提升，师资队伍数量和专业能力有待进一步加强，无障碍环境建设有待进一步强化。

（张琳）

特教教研员系列培训

9 月，市教委委托北京教育科学研究院特殊教育研究指导中心举办特殊教育教研员系列培训。培训采取线上线下相结合的方式，从政策、理论与实践 3 个维度，组织全体特教教研员围绕特殊教育实践领域紧密相关的基础知识、基本理论、重要技能和方法开展学习，累计组织培训 13 次 26 场 52 学时，参训特教教研员和其他骨干教师近 4000 人次。

（张琳）

4 月 30 日，东城特教学校接受市教委第二期特教提升计划实施质量评估　（东城特教学校　供）

小学选介

北京市东城区府学胡同小学

2021 年，北京市东城区府学胡同小学分五址办学，分别为府学校区、香饵校区、东四十四条校区、美术馆后街校区和什锦花园校区。5 个校区总占地面积 26412 平方米，建筑面积 22456 平方米，运动场地面积 7910 平方米。图书馆（室）藏书 148957 册。固定资产总值 10337 万元，全年教育经费投入 12880 万元。学校信息化经费投入 431.42 万元，拥有计算机 1032 台，网络多媒体教室 155 个，“信息技术”课程 1 课时 / 周。教职工 309 人，其中高级职称 43 人、中级职称 156 人。专任教师 294 人，包括特级教师 3 人、北京市骨干教师 12 人、北京市学科教学带头人 2 人；本科以上学历 286 人。开设教学班 84 个。毕业 530 人、招生 645 人、在校生 3629 人，包括随班就读生 5 人。

2021 年，学校发挥党史学习教育示范带动作用，通过主题党日、微党课、建党百年红色教育系列课程等，引领师生学习党史，举办“百年府学致敬百年辉煌”书画展活动。学校成为全国大中小学思政课一体化建设实践研究共同体会员单位。

实施“双减”，强化“双升”。丰富课后服务供给，完善“学府式府学”博学苑课程建设，传统文化校本读物——新编《幼学琼林》进课堂，开设综合实践选修课程 70 门、兴趣拓展课程 98 门，课后服务指导学生自主学习、答疑解惑。多措并举提升校内教育教学质量，承办北京市小学美术学科教学展示活动、全国小学数学学科“赋课堂思考的力量”教学研讨会。开展“一起向未来——燃情冰雪，最美冬奥”系列活动，面向学生征集体现冬奥元素的徽章、纪念品及创意作品，打造冬奥博物馆，举办冬奥彩车项目制作活动、英语节活动等，引导学生争做传播冬奥文化小使者。学生获第 15 届全国青少年打击乐比赛北京选拔赛金奖。学校获评

4月20日，府学胡同小学开展中国航天日主题教育活动
（府学胡同小学 供）

2021年全国青少年航天科普活动基地校、2020年北京青少科学调查体验活动优秀实施学校。

发挥引领辐射作用，积极承担社会职责。继续帮扶府学怀柔分校、府学朝阳学校，选派教师支教新疆和田，外派教师支持驻外使馆阳光学校。选派10名优秀教师参加学区内交流轮岗工作。承担云南、内蒙古等地跟岗培训教师接待任务。与延庆、怀柔、新疆和田等地学校合作，开展线上线下教育交流活动。什锦校区作为3～11岁儿童疫苗接种点提供场地及服务保障。

（胡松林 许银萍）

北京市东城区史家胡同小学

2021年，北京市东城区史家胡同小学分三址办校，分别为高年级部、二年级部和一年级部。3个校区总占地面积2.49万平方米，校舍建筑面积3.92万平方米，运动场地面积0.59万平方米。图书馆（室）藏书8.98万册。固定资产总值2.46亿元，全年教育经费投入1.84亿元。学校信息化经费投入150万元，拥有计算机1414台，网络多媒体教室142个，“信息技术”课程1.5课时/周。教职工410人，其中高级职称91人、中级职称181人。专任教师388人，包括特级教师6人、北京市骨干教师21人；本科以上学历404人。开设教学班108个。毕业702人、招生833人、在校生4651人。

2021年，学校推进“双减”促“双升”，聚焦课堂课业、课后服务、学科组教研组建设、家校社共育、教师交流轮岗5项核心内容开展工作。制订《学科教研组研修管理机制》，以四级教研为路径，开展年段教研、大年级组教研、骨干带培教研和校区学科教研，选派75名教师参与轮岗。学校被评为第二届全国文明校园、“十三五”期间北京市教育科研先进单位。

党史学习教育。5名代表受邀参加庆祝中国共产党成立100周年大会及庆祝中国共产党成立100周年文艺演出《伟大征程》首次专场演出。举办“传承红色·诵响中国”庆祝建党百年朗诵会；推出“党史国史大讲堂”系列公益视频，组织党员教师和学生一同讲党史；打造百节红色课程，在师生中开展党史学习教育、落实党的教育方针研讨。

落实“双减”。集团课后服务实现全学段、全时段、全员覆盖，落实体育锻炼全参与和学业培优补弱全覆盖，学生参与率100%，开设艺术、阅读、创意、律动4个特色空间368门课程。在东城区“双师课堂建设项目”引领下，利用互联网技术推进教育双线供给，制订《史家教育集团“双师课堂”工作方案》，探索基于ClassIn网络平台的“双师课堂”。上线“双师课堂”30节，惠及学生1500余人次。

（陈斯睿 赵朋秋）

12月13日，史家胡同小学课后服务——国画社课后作品展示
（史家胡同小学 供）

北京光明小学

2021 年，北京光明小学分四址办学，分别为本校区、本校区低年级部、和义校区和广渠校区。4 个校区总占地面积 2.37 万平方米，校舍建筑面积 2.39 万平方米，运动场地面积 1.06 万平方米。图书馆藏书 2.85 万册。固定资产总值 5034 万元，全年教育经费投入 9681 万元。学校信息化经费投入 281.57 万元，拥有计算机 705 台，网络多媒体教室 131 个，“信息技术”课程四年级、五年级 1 课时 / 周。教职工 218 人，其中高级职称 26 人、中级职称 96 人。专任教师 205 人，包括特级教师 1 人、北京市骨干教师 1 人、北京市学科教学带头人 1 人；本科以上学历 185 人。开设教学班 71 个。毕业 333 人、招生 496 人、在校生 2823 人，包括寄宿生 20 人。

2021 年，学校将德育贯穿全学科各领域。以庆祝建党百年为契机，组织“学党史、知党情、跟党走”系列主题活动，教师讲“立德树人”课 100 节，记录实践撰写光明教育教学案例 100 篇。挖掘代表性研究内容，调研学生感兴趣研究话题，以任务驱动方式，开展项目学习与研究。开展“我是北京‘活地图’·我是冬奥志愿者”宣讲活动、“见字如面·我与非遗传承人对话”主题教育活动、第二届“我们的未来充满光明”儿童新年游艺会以及“民族昌盛 为你而歌”书法作品展览等活动。

探索全员参与的体育“月月赛”。4 个校区统一比赛项目、组织方式，为每名学生创设“学、练、赛”全流程运动体验。在对全校学生体测成绩进行统计与分析基础上，根据各年级学生实际情况设定目标，分年级举办“向运动 100 冲刺 向建党百年献礼”第八届健康节·运动会。

以“双减”促“双升”。规范每日、每周、每月、每学期学生班级生活内容，组建“育研”团队强化学生研究，分享作业设计、批改、评价案例，聚焦作业研究开展教研。推进课堂节律开课 3 分钟研究性实践，进行光明教案·光明课堂实战演练，组织“光明杯·光明课堂教育探索”青年教师说课活动。挖掘校内外资源，扩展课后服务课程覆盖面，每周一至周五 15：30～17：30 开设课程，学生参与率 92.47%。

（郭颖　卢凤霞）

北京市西城区奋斗小学

2021 年，北京市西城区奋斗小学分三址办学，分别为东校区、西校区和北校区。3 个校区总占地面积 2.43 万平方米，校舍建筑面积 3.14 万平方米，运动场地面积 1.03 万平方米。图书馆（室）藏书 76967 册，电子图书 504 册。固定资产总值 6775 万元，全年教育经费投入 10944 万元。学校信息化经费投入 214.36 万元，拥有计算机 675 台，网络多媒体教室 118 个，“信息技术”课程 1 课时 / 周。教职工 246 人，其中高级职称 28 人、中级职称 108 人。专任教师 226 人，包括北京市骨干教师 3 人、北京市骨干班主任 1 人；本科以上学历 178 人。开设教学班 97 个。毕业 451 人、招生 737 人、在校生 3769 人，包括随班就读生 9 人。

2021 年，学校开展党史学习教育，讲好红色故事。师生共同创作、演出大型原创校史剧《雏鹰奋飞》。组织全校师生学唱红色歌曲，参加首都教育系统百万师生网络

10 月 20 日，奋斗小学课后服务环境科学社团进行小组作品展示
（奋斗小学　供）

歌咏比赛“唱支歌儿给党听”。举办主题书画展，组织全校师生、家长用书画表达对党的热爱。坚持百天好习惯打卡活动，教师通过志愿服务活动为建党百年献礼。推进“奋翮”德育课程体系建设，依托“道德与法治”“心理健康”“班队会”，打造主题式、项目式德育课程。构建德育课程、学科课程、传统文化课程和实践活动课程“四位一体”德育课程新格局。

落实“双减”，促进学生健康发展。加强课堂教学研究，提出“教—学—评”一体化设计要求，年级统一进度、作业、检测。推进重点课题研究，开展“单元整体教学设计”。加强作业管理，完善《奋斗小学教学管理制度》，开展“基于数学学科核心素养培养的单元作业设计与实践”研究。丰富课后服务，分为课业辅导答疑和综合素质拓展类活动两部分内容，重新设计、搭建奋斗小学课后服务整体构架。与家庭携手开展“作业、睡眠、手机、课外读物、体质”5项管理工作。

（张煜晨）

北京第二实验小学

2021年，北京第二实验小学分三址办学，分别为金融街学区、西长安街学区和德胜学区。3个校区总占地面积5.36万平方米，校舍建筑面积6.51万平方米，运动场地面积2.59万平方米。图书馆（室）藏书23.85万册。固定资产总值15616万元，全年教育经费投入3436万元。学校信息化经费投入168.05万元，拥有计算机1139台，网络多媒体教室129个，“信息技术”课程1课时/周。教职工417人，其中高级职称67人、中级职称196人。专任教师394人，包括特级教师2人、北京市骨干教师5人、北京市学科教学带头人2人；本科以上学历405人。开设教学班129个。毕业797人、招生960人、在校生4975人，包括随班就读生8人。

2021年，学校推进“基于五育并举的课程体系”“基于立德树人的全员育德”和“基于框架+要点的思维教学”3项任务，为促进教师两个价值统一及学生健康成长搭建平台。

加强管理。推进“党组织领导的校长负责制”，在“法治+元治+自治”善治体系中，构建“五部一库”（教学管理部、德育管理部、课程管理部、行政管理部、后勤管理部和智库）内设机构，坚持校级领导下沉进组，推进年级主任、支部书记双肩挑制度，实现“制度+人文”管理。

提升教育教学质量。推进教师队伍建设，借助高校、各级研修学院等科研机构和党委、工会等组织，推进特色教师工作室、党政助理、驻派集团、全员轮训、“四有书院”和“未来学者型教师”等项目，制订《“我在二小30年”——新时期北京第二实验小学人才发展规划》。发挥实验二小教育集团爱慧师苑教师专业成长社区优质资源辐射作用，打造专业教师队伍线上成长社区，在全国10余个省市30余所集团校开展教学、德育互动活动160余次，教师累计访问量8万人次。

培育全面发展的学生。深化“全员育德”工程，加强班主任队伍建设，规范家校合作工作，通过“九三六”、月话题、大家谈和隔周教研等活动，促进家校社和谐发展。结合学校特色落实“四史教育”，将“永远跟党走”贯穿学校育人全过程。加强课程科研，遵循“超越、未来、个性”课程文化，抓“双减”机遇，根据五育并举要求，增设夯基、拓展类课程，探索新形势下课内+课后“学森课程”体系建设。

（王子荣　吴文念　赵伟）

北京市西城区育民小学

2021年，北京市西城区育民小学分三址办学，分别为北校区、南校区和白云观校区（于8月启用）。3个校区总占地面积2.39万平方米，校舍建筑面积4.05万平方米，运动场地面积0.79万平方米。图书馆（室）藏书87763册，电子图书26801册。固定资产总值7524万元，全年教育经费投入8588万元。学校信息化经费投入259.43万元，拥有计算机611台，网络多媒体教室97个，“信息技术”课程0.5课时/周。教职工165人，其中高级职称22人、中级职称70人。专任教师159人，包括特级教师1人、北

3月29日，育民小学举办体育月启动仪式

（育民小学　供）

京市骨干教师2人；本科以上学历154人。开设教学班79个。毕业336人、招生656人、在校生3039人，包括随班就读生3人。

2021年，学校结合全面育人办学理念，整合校内外教育资源，让“课后服务”成为推进素质教育的一部分，为学生提供校外优质教育资源。

立德树人，活动育人。推进冰雪进校园，举办“冰雪校园，助力冬奥”体育月，将冰球、冰壶、雪车等旱地冰雪项目引入体育课堂、阳光课间，邀请冬奥会花样滑冰冠军担任“冰雪项目推广大使”。坚持开展“生长融通、以劳育人”劳动月、“党辉耀百年，童心献颂歌”艺术月和“科海创新 筑梦太空”科技月活动。通过百人书法展、学生“小舞台”等活动，为学生搭建展示平台。继续实施家校成长课堂项目，举办家长线上线下直播课程、家长会、家长座谈等30余次，参与家长5000余人次。现代化人机交互体应急安全体验教室建成，用于实施消防、用电、交通等多种应急安全教育内容，并根据内容不同创设不同主题的安全屋，屋内利用仿真道具、多媒体交互等设备，模拟真实应急安全时刻，开展沉浸体验式应急安全教育。学校被评为北京市首批“中小学心理健康教育实践研究特色学校”。

提升教育教学质量。加强青年教师队伍建设，举办“青年教师教学实践活动”。召开第二届科研年会，回顾学校3年中小学贯通育人模式研究实践。深化课堂教学研究，开展“课堂变学堂”育民小学课堂教学实践研究活动。积极参与西城区教育科研月，承办“协同教研，贯通培养，探索科学的幼小衔接”专场活动。与首都师范大学政法学院共建“传统文化进校园”合作基地，聘请3名首师大教授为客座学者，来校举办6场讲座。

（赫颢　王馨　何悦）

3月31日，白家庄小学举办“走近冬奥，爱上冰雪，让生命与生态共燃”主题研讨会　（白家庄小学　供）

北京市朝阳区白家庄小学

2021年，北京市朝阳区白家庄小学分七址办学，分别为本部北校区、本部南校区、朝外校区、望京新城校区、望京科技园校区、汇景苑校区和珑玺校区。7个校区总占地面积6.14万平方米，校舍建筑面积4.83万平方米，运动场地面积3.28万平方米。图书馆（室）藏书12.11万册。固定资产总值25533万元，全年教育经费投入13914万元。学校信息化经费投入51万元，拥有计算机2841台，网络多媒体教室201个，“信息技术”课程0.5课时/周。教职工378人，其中高级职称57人、中级职称139人。专任教师370人，包括北京市骨干教师5人；本科以上学历366人。开设教学班155个。毕业600人、招生1140人、在校生5686人，包括随班就读生13人。

2021年，学校教育文化建设整体提升。以“尊重”理念为引领，紧抓“我要成为这样的人”育人目标，组织各校区开展学习和宣传活动，党员干部带头讲述“生活因尊重更美好”。根植“友善”品质培育，开展“友善在课堂在班级”培育活动，开展办公室、班级和家庭“友善沟通公约”践行与评价，提升全体教师友善沟通、化解矛盾能力。推进教师培育工程，运用“综合、星级、团队”三轨并行评价体系和“师德专项标准”引航，修改完善“自我发展清单”。组织教师录制区级资源课360节，市级及以上研究课103节。

科研引领教育教学均衡发展。以12项市、区级课题带动，促进校级小课题研究水平提升。推广马芯兰数学教学法研究，开展专题教学研究活动。学校语文、数学、英语3个学科同时在朝阳区首届双研会上分享课改经验。学校在全国课堂教学校长论坛上作“优化课堂教学”主旨发言；在全国信息建设校长论坛上作校长信息化领导力主旨发言，并分享学校信息学科编程课程经验。召开3场市级学科现场会，展示学校管理成果和教师教育教学实践成果。

学生全面发展和特色发展。通过培育和践行社会主义核心价值观，结合主题课程学习，开展“我的梦 中国梦”主题教育活动，举办“一班一明星”冬奥特色教育活动。推进养成教育，全学科、全方位开展多样化学生星级评价与展示活动。尊重差异培养兴趣，推进学生社团建设，通过重点突破、文化浸润、竞赛展示等，落实“双减”。学校金帆合唱团、金帆书画院、金鹏科技团再次通过市教委评审验收，成为朝阳区唯一“三金”小学；区级社团在原有8个精品社团基础上新增4个社团。

（李瑞霞）

北京市朝阳区实验小学

2021年，北京市朝阳区实验小学分三址办学，分别为幸福校区、柳芳校区和体育场路校区。3个校区总占地面积2.64万平方米，校舍建筑面积2.81万平方米，运动场地面积0.63万平方米。图书馆（室）藏书77204册，电子图书104册。固定资产总值13255万元，全年教育经费投入864万元。学校信息化经费投入48万元，拥有计算机1478台，网络多媒体教室196个，"信息技术"课程0.5课时/周。教职工158人，其中高级职称28人、中级职称77人。专任教师147人，包括特级教师3人、北京市骨干教师20人；本科以上学历146人。开设教学班59个。毕业182人、招生348人、在校生1705人，包括寄宿生415人。

2021年，学校落实"双减"工作。通过整体课程改革减负增效，梳理数学关键课优化课时58节，每周增加数学游戏课。推出分级阅读书单，学生人手一本《阅读指导手册》，阅读总量不少于145万字。统筹课内、课外两个时段，做好作业辅导和课后活动，继续加强学生作业研究。加强教师课后答疑、辅导，集中和个性化辅导答疑相结合，同时开设艺术、体育、科技类学生课后活动。推动信息化建设，推广国家级教学成果奖项目"小学数字化教学的实践探索"。利用数字化校园系统，丰富课程和学习资源供给，为学生个性化学习提供平台；"运动健康助手"投入使用。举办"春华杯""秋实杯"集团教学联赛，提升课堂教学品质。

借助"5G条件下的教学应用探索实践项目"，开展双师在线教学、教研、主题教育活动。学校"5G条件教学应用探索实践项目"入选2020年度教育信息化教学应用实践共同体项目名单，学校获评"北京市教育信息化融合应用示范基地"。组织教师开展"永远跟党走 颂歌献给党"等相关活动40余次，结合教育实际组织学生开展"听党话 跟党走"主题系列活动24次，师生"永远跟党走 颂歌献给党"主题非遗剪纸作品在朝阳区教委展出，开展"童心向党筑未来"红领巾义卖暨校内跨学科实践活动。学校被认定为"全国大中小学思政一体化建设实践研究共同体"会员单位。

（王新宇　孙滨）

北京市朝阳区日坛小学

2021年，北京市朝阳区日坛小学分两址办学，分别为四惠校区和东恒校区。2个校区总占地面积1.48万平方米，校舍建筑面积1.07万平方米，运动场地面积0.47万平方米。图书馆(室)藏书4.43万册。固定资产总值4344万元，全年教育经费投入740万元。学校信息化经费投入4万元，拥有计算机289台，网络多媒体教室52个，"信息技术"课程0.5课时/周。教职工82人，其中高级职称6人、中级职称46人。专任教师77人，本科以上学历74人。开设教学班37个。毕业174人、招生206人、在校生1210人，包括随班就读生2人。

2021年，学校以党史学习教育为契机，发挥党员干部先锋模范作用，在学校教育教学、"双减"工作、课后服务等工作中带动教师队伍发展。

德育工作。围绕建党百年，开展百年健体、百年传承、百年浸润等系列活动。活动体现学史明理、全员参与、互动交流等特点，收集学生原创诗歌、绘画、摄影、书法、微电影等作品374件，开通"永远跟党走"百年系列活动平台展示成果。以课后供给服务为抓手，落实"双减"工作，开设戏曲、竞技体育、影视制作等各类课程54门，课程教学做到学生自主选择、教师因材施教、成果展示多样。

教学工作。构建"五有"课堂，即有准备、有情境、有问题、有训练、有延展，以提升学生学科素养为核心，研制学科学生素质评价量表和课堂教学评价量表。在作业设计中提出"一个注重、两个倡导、三个严格、四种类型"，即注重统筹；倡导学科特色和创新建设；严控时间、严把质量、严格批改；基础性作业做到保底、选择性作业做到激趣和分层、实践性作业做到融合和打通、创新性作业做到形式多样和内容综合。

（刘卫东）

4月23日，朝阳实验小学少先队开展"童心向党筑未来"红领巾义卖暨校内跨学科实践活动（朝阳实验小学　供）

府学胡同小学朝阳学校

2021年，府学胡同小学朝阳学校占地面积1.31万平方米，校舍建筑面积1.12万平方米，运动场地面积0.75万平方米。图书馆（室）藏书25887册。固定资产总值4741万元，全年教育经费投入3173万元。学校拥有计算机410台，网络多媒体教室47个，“信息技术”课程0.5课时/周。教职工74人，其中高级职称8人、中级职称28人。专任教师69人，本科以上学历74人。开设教学班31个。毕业150人、招生204人、在校生1057人，包括随班就读生7人。

2021年，学校坚持“明确、规范、简洁、自主”管理思路，引领全体师生落实学校文化理念、完善实践体系。

干部教师队伍建设。通过民主生活会解决意见和分歧，形成“讲政治、懂业务、会管理、敢负责”管理常规。加强组长管理培训，提高组级管理实效，推行行政管理人员“月工作汇报制度”。提升教师队伍专业素养，组织开展专题学习、培训活动，提升教师理论水平。实施与北京市东城区府学胡同小学两校教师间“一对一影子培训”工作，每月至少开展一次线上或线下交流，学期末安排“徒弟邀请课”或“徒弟汇报课”，提升现有骨干教师和青年教师业务能力。加强新教师、骨干教师和教育教学能力弱3个层面教师的培养和考核。

加强过程管理，落实“立德树人”根本任务。以“好习惯终身受益”为主线，通过“导行—明理—评价—成长”活动过程，开展主题教育活动，落实“五项管理”。开展节粮环保教育，举办“携手共创美好‘食’光”主题教育活动，组织学生参加朝阳区“垃圾分类计量分析”活动。“魁星点斗 诗韵登科”传统文化诵读活动表彰获奖学生887人，开展爱国主义教育，举办“缅怀先烈忆初心 传承精神担使命”主题教育活动。落实“双减”工作，发挥导向作用，每月以学科知识小竞赛为抓手，组织教师开展布置有效作业研讨，举办优秀作业展览。

（张丽红）

北京舞蹈学院附中丰台实验小学

2021年，北京舞蹈学院附中丰台实验小学占地面积9510平方米，校舍建筑面积5772平方米，运动场地面积2240平方米。图书馆（室）藏书21615册。固定资产总值1423万元，全年教育经费投入2125万元。学校信息化经费投入19.58万元，拥有计算机93台，网络多媒体教室17个，“信息技术”课程1课时/周。教职工51人，其中高级职称3人、中级职称27人。专任教师49人，本科以上学历42人。开设教学班17个。毕业83人、招生80人、在校生501人，包括寄宿生108人。

2021年，学校结合建党百年，开展“红色育人”微党课评选活动，通过党员与群众谈话，及时了解教职工思想动态。开展“永远跟党走”主题教育活动，以党史学习教育为主线对师生开展政治教育和师德师风教育。加强学生思想教育，少先队以“永远跟党走”为主题，开展党史学习教育；举办“传承百年红色基因，争做新时代好队员”主题队日暨2021新队员入队活动；与马家堡司法所合作，开展开学法治第一课活动。推进艺术教育，构建特色艺术课程体系，逐步形成学校艺术教育品牌，举办“童心颂党恩，舞台话百年”主题戏剧节、校园艺术节，以及“中秋节”“国庆节”“重阳节”主题学科综合实践等活动。

落实“双减”。调整作息时间，确保8∶20之前不开展集体教育教学活动。调整课程安排，调整体育课节数，保证每班每天1节体育课。优化作业，减轻学生课业负担。基础类作业重在应用，能力型作业重在实践，拓展类作业重在个性发展。创新模式，开展骨干教师线上答疑解惑活动，

12月22日，北舞附小举办舞蹈期末汇报展示活动
（北舞附小 供）

为学生线下学习作补充。

（胡春凝）

北京市丰台区丰台第一小学

2021年，北京市丰台区丰台第一小学教育集团分四址办学，分别为本校区、丰益校区、远洋校区和长辛店分校（独立法人）。除长辛店分校外，其他3个校区总占地面积4.49万平方米，建筑面积3.21万平方米，体育场（馆）面积1.38万平方米。图书馆（室）藏书12.66万册。固定资产总值4004万元，全年教育经费投入9909万元。学校信息化经费投入55万元，拥有计算机909台，网络多媒体教室135个，“信息技术”课程0.5课时/周。教职工230人，其中高级职称40人、中级职称111人。专任教师222人，包括北京市骨干教师2人、北京市学科教学带头人1人；本科以上学历207人。开设教学班83个。毕业492人、招生560人、在校生3068人，包括随班就读生7人。

2021年，学校以推进“双减”工作为重点，聚焦核心素养，落实立德树人根本任务。开展理想信念教育，培植师生爱国情怀。建立党组织参与学校重大事项决策制度，统筹协调“双减”工作落实等。坚持“守住底线，追求特色”工作思路，实行师德失范一票否决。开展以提升师德水平为目标的实践活动，召开第一届“遇见·成长”教育教学论坛活动。

学生综合素质培养。坚持五育并举，提升学生学习力，举行以“弘扬奥运精神做新时代小公民”为主题的新学期开学典礼，并围绕这一主题开展班队活动，利用每周主题升旗仪式和红领巾广播，组织学生分享学习探究心得。开展“一起向未来”主题教育活动，举办“舞出快乐 炫出风采”首届舞蹈个人挑战赛等。

家校协同共育形成合力。依托知子花教育，围绕幼升小、青春期和“双减”等内容，为家长开设“完美跨越幼升小”“青春期的亲子关系与沟通秘籍”“‘双减’之下如何升级孩子的学习力”等专题讲座。成立家长互助小组，面向一年级家长开展“塑造行为，引导孩子养成良好习惯”家庭教育指导活动。通过家长自我成长工作坊，开展特需学生家长专项培训。

（陈力强）

北京市丰台区师范学校附属小学

2021年，北京市丰台区师范学校附属小学分两址办学，分别为本校区和城南校区。2个校区总占地面积1.62万平方米，建筑面积0.97万平方米，运动场地面积0.77万平方米。图书馆（室）藏书5.99万册，电子图书10万册。固定资产总值3854万元，全年教育经费投入5959万元。学校信息化经费投入14.66万元，拥有教师计算机148台、教师用笔记本电脑118台、教师用iPad平板电脑76台、学生计算机117台、学生用iPad平板电脑985台、办公用计算机13台，网络多媒体教室59个，互动教学设备111套，“信息技术”课程2课时/周。教职工148人，其中高级职称20人、中级职称69人。专任教师141人，本科以上学历141人。开设教学班59个。毕业316人、招生385人、在校生2247人，包括随班就读生10人。

2021年，学校以品质提升项目为抓手，推进“双减”工作，提高育人质量和办学水平。

加强党史学习教育活动。以党员示范课、教育沙龙为主要展示形式，发挥党员个性特长；利用升旗仪式和红领巾广播站，对全校师生进行思想政治和爱国主义教育。依托重大节日、纪念日，开展“绿色环保表心意，童心感念教师情”绘制布袋活动、“我以我心爱祖国，我以我行报祖国”教育实践活动、“红领巾看全会，争做新时代好队员”主题队课和班会等。组建创卫专班，将宣传教育活动与学校的日常管理结合，举办“创区有我”主题班会、“文明社区行”实践活动、“小手拉大手，文明一起走”家校联动活动等。

提升教育教学质量。以科研课题研究为引领，推

12月31日，丰台一小举办“一起向未来”主题教育活动

（丰台一小　供）

11月，丰师附小城南嘉园校区组织各中队召开“强国有我”主题队会 （丰师附小　供）

进数字环境下教师的教与学生学的方式变革研究。与科大讯飞股份有限公司合作，加强“真态课堂”建设。尝试开设年级体育竞赛课和班级体育游戏课，通过大、小课设置以及班主任参与，增加体育课时，保障学生体育锻炼时间。加强教研组对学生基本作业的统筹设计和创新作业实践研究。建立作业班级统筹公开和总量控制制度，鼓励教师结合学情分析设计分层作业、创新作业、个性化作业，全面压减学生作业总量。落实“双减”和“五项管理”工作要求。丰富课后服务内容供给，改变传统自习式托管，开设多种兴趣小组活动供学生自主选择。

（薛燕）

北京市丰台区丰台第五小学

2021年，北京市丰台区丰台第五小学教育集团分六址办学，分别为本校区、银地校区、京铁校区、鸿业校区、科丰校区和万柳分校（独立法人）。除万柳分校外，其他5个校区总占地面积5.32万平方米，校舍建筑面积3.06万平方米，运动场地面积2.36万平方米。图书馆（室）藏书12.95万册，电子图书9万册。固定资产总值6424万元，全年教育经费投入773万元。学校信息化经费投入91.10万元，拥有计算机997台，网络多媒体教室152个，“信息技术”课程1课时/周。教职工308人，其中高级职称44人、中级职称125人。专任教师304人，包括北京市骨干教师8人；本科以上学历295人。开设教学班117个。毕业643人、招生794人、在校生4464人，包括随班就读生14人。

2021年，学校坚持将党史学习教育贯穿全年教育教学，落实“双减”，确保学校教育事业高质量发展。举办庆祝建校70周年活动，发布建校70周年校庆主题歌曲《最好的时光》MV，开展70周年校庆标识（LOGO）作品征集活动、建校70周年祝福语征集活动、“我为母校过生日”微电影开机仪式等。

教学质量提升。盘活优秀人才，调整2个校区校长，组织20人次干部教师轮岗。成立邓艳芳、何亚辉、乔豫3个北京市骨干班主任工作坊，辐射带动教师发展。推进学习共同体课堂改革实践。邀请北京师范大学专家团队开展学习共同体教学研讨活动2次，举办“幸福交响课堂”校庆教学研讨会2次，用好集团范围内共同体巡课活动形式，以常态课和学科共同体研究为抓手，提升教学质量，发布《幸福教育行动指南》。《用教育润泽生命“学习共同体”教师论文集锦》《用教育润泽生命主题课程案例集锦》2本教师教研成果出版。

活动育人。开展德育干部案例分享培训、毕业典礼工作经验交流等。利用美术展、合唱专场音乐会、金帆民乐团等活动，激发学生爱党爱国爱校情。开展民族体育游戏、茶操展示、冰雪体验活动等特色活动，促进学生健康发展。开展系列“永远跟党走”主题教育活动。重视劳动教育，开发“五色土”劳动系列课程。学校被评为丰台区首批新时代学校思想政治理论课改革创新基地校。

（李燕军　邢艳　李景怡）

北京市石景山区古城小学

2021年，北京市石景山区古城小学占地面积9000平方米，建筑面积8617平方米，运动场地面积2592平方米。图书馆（室）藏书7042册。固定资产总值2317万元，全年教育经费投入1460万元。学校信息化经费投入18.11万元，拥有计算机106台，网络多媒体教室33个，“信息技术”课程1课时/周。教职工45人，其中高级职称5人、中级职称7人。专任教师38人，本科以上学历44人。开设教学班12个。招生100人、在校生293人。

2021年，学校以“打好生命底色，点亮智慧人生”为核心价值观，秉承“生命教育”办学理念，以“培养‘求真、向善、尚美、至慧’具有民族根基和国际视野的智美少年”为育人目标，坚持“至美古城，至慧乐园”办学目标，稳步开展教育教学工作。

学生综合素质培养。成立向善服务部，党支部带领团员与少先队员以“同写一首诗词，共表一份哀思”形式，开展“清明祭英烈　诗词表哀思”见字如面主题教育活动；少先队员作为石景山区少工委红领巾志愿者联盟代表到古城西社区，开展“小雷锋进社区、垃圾分类我先行”等活动。

3月5日，古城小学少先队员到古城西社区开展小雷锋进社区活动（古城小学 供）

分别邀请全国幼儿园教材编委、北京市人民检察院第一分院检察干警、中国戏曲学院优秀青年演员走进学校，开展红色故事阅读分享、法律知识讲座、京剧表演等活动。活动育人，组织师生走进南宫地热博览园、北京八大处公园，开展“共享鸟语花香，探索自然奥秘”“重阳登高话秋风 红色电波印心中”社会大课堂实践活动，举办“阳光校园，七彩少年”体育嘉年华活动、“绘声绘色润童心 阅读启智琢圭璋”活动等。

（高穆菲 郭辉）

北京市石景山区五里坨小学

2021年，北京市石景山区五里坨小学占地面积1.01万平方米，建筑面积3242平方米，运动场地面积4750平方米。图书室藏书2.35万册。固定资产总值2386万元，全年教育经费投入1373万元。学校拥有计算机96台，网络多媒体教室1个，“信息技术”课程2课时/周。教职工32人，其中高级职称4人、中级职称23人。专任教师21人，本科以上学历28人。开设教学班6个。毕业92人、在校生174人。

6月11日，五里坨小学开展“探寻红色足迹 践行科技强国梦”实践活动（五里坨小学 供）

2021年，学校以“君子相友，善德以成”为办学理念和育人目标，对国家课程和地方课程进行选择和再开发，梳理、整合学校课程，建立“友善课程”体系。

党史学习教育。以建党百年为主线，组织学生开展“党旗带队旗，志愿服务行”主题实践活动、“我向党旗敬个礼”主题教育活动、“党的光辉照我心——致敬革命先烈”观影活动等；组织教师参加“首都百万师生同上一堂党史课”学习，开展“国家安全教育日”教育活动；组织师生到西山国家森林公园无名烈士广场举行“缅怀革命先烈 传承红色精神”清明祭扫活动，到北京圆明园遗址公园开展“忆历史烟云勿忘国耻 为国家昌盛发奋图强”实践活动，到北京石景山游乐园“飞跃中国”开展“探寻红色足迹 践行科技强国梦”实践活动。

课程实施多样化。整合学科实践与研究性学习，形成同一主题下跨学科联动课程。整合学科实践与社会活动，开展国家烈士纪念日、中秋节、重阳节等课程实践活动；组织社会大课堂参观学习，让学生在活动中发现、活动中学习、活动中创作。以中华传统节日文化为载体，开展综合实践活动。

教学活动全面化。举办体育、艺术、科技普及活动，开设14个体育、科技、艺术类社团。持续开展冰雪进校园活动，成立冰壶训练队。邀请石景山区文化馆京剧艺术家走进学校，讲解表演技巧和艺术风格。关注学生健康，组织全体教师开展学习培训，进行预防近视健康教育；聘请优秀退伍教官进校园，开展“锻炼身体 强国有我”主题实践活动。

（李佳雯 张美玲）

北京市海淀区中关村第二小学

2021年，北京市海淀区中关村第二小学分三址办学，分别为中关村校区、华清校区和百旺校区。3个校区总占地面积5.11万平方米，校舍建筑面积5.21万平方米，体育场地面积1.83万平方米。图书馆藏书15万册，电子图书65万册。固定资产总值20075万元，全年教育经费投入16382万元。学校信息化经费投入440.10万元，拥有计算机871台，网络多媒体教室160个，“信息技术”课程2课时/周。教职工284人，其中高级职称46人、中级职称152人。专任教师284人，包括特级教师2人、北京市级骨干教师 4 人、北京市学科教学带头人 2 人、北京市骨干班主任 2 人；本科以上学历 270 人。开设教学班 114 个。毕业 723 人、招生 815 人、在校生 4788 人。

10 月，中关村二小获北京市体育艺术比赛舞蹈展演金帆组金奖 （中关村二小 供）

2021 年，学校以建党 100 周年、建校 50 周年为契机，围绕爱党、爱校，育知促行，举行“童心向党，筑梦成长”主题教育系列活动。中关村二小集团化办学影响范围扩大，科学城北区分校落成开学、科学城北区幼儿园落成开园。

落实“双减”工作。成立家校共育中心，任命学校“双减”工作负责人，组织年级、班级家长会，由“双减”工作负责人、家庭教育指导师、年级组长、班主任和学科教师共同帮助家长提升家校共育意识，形成教育合力；发布《致家长的一封信》，指导家长理解“双减”政策，科学安排学生课余学习、生活。

学生综合素质培养。每周开设儒雅讲堂，邀请家长为学生授课。统筹校内校外教育资源，统筹课内课后两个时段，一、二年级实行“4+1”（4 节基本运动技能课和 1 节形体课），三年级至六年级实行“3+2”（3 节基本运动技能课和 2 节专项运动技能课），让每名学生掌握 1～2 项体育技能。落实每天锻炼 1 小时，开展课间操和课后活动课，实现全员动起来。提供菜单式课后服务项目和内容，开设篮球、奥林匹克教育、体育全能等多元课程。开展体育家校互动，根据学生自身情况，制订家庭锻炼建议单，学生体质监测良好率 85% 以上。学校获北京市首批“中小学心理健康教育实践研究特色学校”称号。

对口帮扶与协作。发挥优势资源引领辐射作用，通过义卖方式捐赠图书，为四川大凉山布拖县特木里镇中心小学、布拖县民族小学依撒校区、西藏乃东实验学校 3 所学校每校捐建梦想书屋 1 间。

（张苗）

北京市海淀区中关村第一小学

2021 年，北京市海淀区中关村第一小学分四址办学，分别为中关村校区、天秀校区、党校校区和怀柔分校。4 个校区总占地面积 7.45 万平方米，建筑面积 5.52 万平方米，体育场地面积 2.60 万平方米。图书馆（室）藏书 29.80 万册。固定资产总值 21955 万元，全年教育经费投入 13267 万元。学校信息化经费投入 427 万元，拥有计算机 3194 台，网络多媒体教室 15 个，“信息技术”课程 1 课时 / 周。教职工 456 人，其中高级职称 96 人、中级职称 232 人。专任教师 422 人，包括特级教师 4 人、北京市骨干教师 9 人、北京市学科教学带头人 2 人；本科以上学历 397 人。开设教学班 184 个。毕业 1103 人、招生 1289 人、在校生 6667 人，包括随班就读生 18 人。

2021 年，学校以做好“双减”工作“最后一公里”决心，坚守育人主阵地，突出教育改革创新，发挥顶层设计优势，同时挖掘每个教研组、每个班级、每名教师的教育智慧。

强化课堂主阵地作用。教师聚焦提质增效、扎实有效教研，课程与教学中心、学生成长服务中心搭建平台、深度参与，举办教师基本功展示活动，通过团队成员间的高频互动、对话、交流，创造合作共赢教研生态。

坚持统一集团化办学原则。坚持“一个标准、一套制度、一种文化”办学原则，通过启动导师引领工程发挥优质资源辐射作用，借助现代信息技术创造性解决多校区管理与联动问题，实现跨校区教研、跨学科融合等多项同步。校园红色京剧《红·传》参加“我和祖国一起成长”2021 年“六一”国际儿童节主题演出活动。

（董静　张玉会）

北京大学附属小学

2021 年，北京大学附属小学占地面积 28579 平方米，校舍建筑面积 33899 平方米，体育场（馆）面积 11647 平方米。图书馆（室）藏书 59555 册。固定资产总值 5475 万元，全年教育经费投入 9459 万元。学校信息化经费投入 482 万元，拥有计算机 599 台，网络多媒体教室 100 个，“信息技术”课程 1 课时 / 周。教职工 199 人，其中高级职称 31 人、中级职称 142 人。专任教师 170 人，包括特级教师 4 人、北京市骨干教师 5 人、北京市学科教学带头人 3 人；本科以上学历 198 人。开设教学班 64 个。毕业 336 人、招生 441 人、在校生 2393 人。

2021年，学校落实“双减”，积极开展课后服务，开设175门选修课及综合实践课程。

德育工作。弘扬爱国主义教育、夯实行为习惯教育，重点推进心理健康教育与法治教育，以少先队活动为抓手，推进大学、小学思政活动一体化。学校美育研究课题获海淀区“十三五”优秀教育科研成果特等奖，该课题于2018年立项，形成《百年美育浸润无声》《缤纷美育弦歌不辍》《创新的美育课程》《杨辛美育馆》4本成果集。

教学工作。以跟班形式，全面了解学生在校学习、生活。各学科开展各级各类课堂研讨活动，同时全面开展单元作业设计研讨交流活动。举办英语教研基地活动，围绕“落实‘双减’工作，提升课堂教学质量和作业设计的有效性”主题，开展现场课教学及点评交流。天文小组学生获北京市中小学生天文知识竞赛一等奖。机器人小组获第21届中国青少年机器人竞赛线上展示交流活动团体一等奖，第21届北京青少年机器人竞赛人工智能项目团体一等奖、综合技能项目团体一等奖。

科研工作。以国家级课题建设与重大科研成果孵化为突破口，助力学校良好科研氛围形成。美育团队、英语团队、科学团队研究成果获得海淀区“十三五”教育科研成果奖特等奖3个。教师撰写的《基于项目的信息技术课程群实践研究》获北京市2020—2021学年度基础教育课程改革优秀成果一等奖。教师著作《“玩”出博雅：创新人才培养的小学实践》由北京大学出版社出版。

（刘健　刘桂红　庄严）

清华大学附属小学

2021年，清华大学附属小学本校区占地面积3.30万平方米，建筑面积1.20万平方米，运动场地面积1.93万平方米。图书馆藏书13.50万册。固定资产总值1582万元，全年教育经费投入8474万元。学校信息化经费投入436万元，拥有计算机710台，网络多媒体教室65个，“信息技术”课程1课时/周。教职工188人，其中高级职称19人、中级职称74人。专任教师161人，包括特级教师3人、北京市骨干教师8人、北京市学科教学带头人1人、北京市班主任带头人2人；本科以上学历188人。开设教学班54个。毕业355人、招生424人、在校生2242人，包括随班就读生12人。学校有社团26个。

2021年，学校以建党百年为契机，开展党史学习教育。学生获2021年北京红色故事“小小讲解员”大赛第一名。

落实“双减”。围绕“德智体美劳全面而又个性的高质量发展”进行学段进阶系统优化和课程内容迭代升级，集成“1+X课程”育人结构与内容，形成升级版“全天候”育人体系。提升课后“X课程”育人水平，下半年，开设90门课程、366个班级，设置到17∶30的“X课程”满足学生托管需求，覆盖率95.5%以上，一线教师参与率100%，家长满意率91.83%。立德树人成果《让立德树人书写在中国大地上——清华附小德育工作方案》被选为教育部第二批“一校一案”《中小学德育工作》典型案例。

提升学生培养水平。接受北京教育科学研究院常态课监测评估，参评学科全部获评优秀，成为北京市“五育并举”全学科优秀典型学校。推进体育发展，冰球社团再获全国中小学生冰球比赛冠军，足球社团获“2034杯小学生足球大会全国总决赛”荣誉组冠军。科技教育稳步发展，100余名学生获全国青少年信息学竞赛一等奖，《神奇动物在哪里》登上联合国生物多样性缔约国大会。美育创新发展，金帆民乐团、金帆话剧团获北京市学生艺术节金奖。

教师育人能力和研究能力提升。思政课团队15人次参与《习近平新时代中国特色社会主义思想学生读本》编写、试教、示范课等教育部2021年重点工作，推动大中小思政课一体化实现新突破，成为北京市首批中小学思政示范基地。科研成果获全国教育科学研究优秀成果二等奖。1项课题通过全国教育科学规划办公室结题审核。

学校影响力提升。受邀在市政府新闻发布会分享体育改革经验与做法。承办海淀区推进“双减”工作现场会，召开《基础教育国家级优秀教学成果》推广会启动仪式暨实践研讨会。继续承担“同上一堂课”任务，一体化各校区220名教师在中国教育电视台直播课程268节。

（代养兵　黄雯雯）

5月至7月，清华附小举行第十届“马约翰杯”足球联赛
（清华附小　供）

北京师范大学实验小学

2021年，北京师范大学实验小学占地面积1.38万平方米，建筑面积1.24万平方米，体育场馆面积0.81万平方米。图书馆藏书14.93万册，电子图书7260册。固定资产总值3732万元，全年教育经费投入4972万元。学校信息化经费投入149.90万元，拥有计算机762台，网络多媒体教室65个，"信息技术"课程1课时/周。教职工117人，其中高级职称25人、中级职称77人。专任教师98人，包括特级教师2人、北京市骨干教师5人；本科以上学历116人。开设教学班36个。毕业264人、招生250人、在校生1412人，包括外籍学生9人。

2021年，学校以建党百年为契机，开展系列主题教育活动。落实"双减"，减轻义务教育阶段学生作业负担和校外培训负担。落实课后服务工作，面向全体学生每周5天，每天2小时开展课后服务，分2个时段开展学科辅导180个班次、兴趣类课程256个班次。全体教职工及外聘教师128人参与课后服务；全校教师延迟下班1小时。

关注学生全面发展。举办阅读节阅读成果展、整本书阅读活动、英文阅读之星评比等阅读活动鼓励学生阅读；举办"Happy English"综合实践课程与活动，拓展学生国际视野、提升学生跨文化交流能力。"感官心理社团活动"通过可持续发展教育和特殊学生团体辅导，增强学生团队适应能力。举办迎冬奥冰雪嘉年华活动让学生全面理解冬奥会。举办"童友杯"足球赛、"童心杯"排球赛、跳绳比赛等活动，促进学生身心健康发展。

推进交流互动。与香港教育大学赛马会小学开展"京港两地共享'福'·中国福文化和写福字"活动、"牛年画牛促友谊·京港共绘'禅绕画'"活动。与日本新潟大学教育学部附属新潟小学开展"中日共唱一首歌"活动。与新加坡道南学校分别以"新加坡文化"和"扇绘团圆月，卷书万里情"为主题开展2次线上交流活动，同时组织双方学生互赠个人作品。

（李梦瑶）

北京第二实验小学永定分校

2021年，北京第二实验小学永定分校占地面积2.73万平方米，校舍建筑面积1.30万平方米，室内运动场地面积0.10万平方米、室外运动场地面积0.60万平方米。图书馆（室）藏书4.06万册。固定资产总值2681万元，全年教育经费投入6477万元。学校信息化经费投入12万元，拥有计算机266台，网络多媒体教室50个，"信息技术"课程1课时/周。教职工116人，其中高级职称29人、中级职称85人。专任教师98人，包括北京市骨干教师2人；本科以上学历115人。开设教学班36个。毕业229人、招生215人、在校生1283人，包括随班就读生5人。另设附属幼儿园占地面积5875平方米，园舍建筑面积4000平方米。固定资产总值648万元，全年教育经费投入1266万元。教职工44人，其中专任教师33人、保健员4人。开设教学班11个（小班、中班各4个，大班3个）。幼儿离园98人、入园113人、在园347人。

2021年，学校以创城创未为核心，以落实"双减"工作为重点，落实立德树人根本任务。制定"十四五"时期学校发展规划，完成新老干部交替。组织百人合唱《唱支新歌给党听》，并录制MV。建立校长—学科主管—教研组—教师四级质量监控体系，通过年级综合视导日、翔云语文

3月至5月和9月至12月，北师大实验小学开展"Happy English"综合实践课程与活动　　（北师大实验小学　供）

9 月 28 日，实验二小永定分校邀请名师入校开展示范引领活动
（实验二小永定分校 供）

教师工作坊、“爱慧师苑”平台等，引导教师优化教学结构，关注学生实际获得。组织教研组、年级组共同关注作业设计，进行单元作业尝试，举办语、数、英及科任综合学科作业展。举办“制造点亮生活 智造放飞梦想”科技节等。

丰富教育内容。将文明校园创建工作落实在日常教育活动中，通过班会、广播、主题教育活动等，营造良好教育氛围。以“学党史 知党情 跟党走”为主题开展系列教育活动，组织师生阅读《寻迹 100 打卡红色地标》红色读本，参与党史知识竞赛，举办“走红色路程地标 打卡综合实践拓展”体验活动、“阳光体育筑梦未来 童心向党礼赞百年”第六届体育文化节等。以学生成长手册为抓手，“以评促养”培养学生良好行为习惯和道德品质。完成 4 项基建工程并通过验收。结合“新九年幼小衔接”研究项目，对身心准备、生活准备、社会准备和学习准备 4 个方面内容进行科学规划和培养，并梳理出“幼儿园的入学准备课程”。

（谭峰　张华　宋玉玲）

北京市大峪中学分校附属小学

2021 年，北京市大峪中学分校附属小学占地面积 1.27 万平方米，建筑面积 1.29 万平方米，运动场地面积 0.25 万平方米。图书馆（室）藏书 2.47 万册。固定资产总值 13177 万元，全年教育经费投入 1607 万元。学校信息化经费投入 21.21 万元，拥有计算机 126 台，网络多媒体教室 17 个，“信息技术”课程 1 课时 / 周。教职工 49 人，其中高级职称 2 人、中级职称 15 人。专任教师 40 人，包括北京市骨干教师 1 人；本科以上学历 40 人。开设教学班 16 个。招生 132 人、在校生 555 人，包括随班就读生 1 人。

2021 年，学校固本强基求发展，以“双减”工作为核心，建设高素质教师队伍。邀请特级教师、教研员来校开展学科指导活动 36 次。以市、区级竞赛为引领，加速新教师专业素养提升，1 人获北京市“启航杯”一等奖，1 人获北京市优秀教学设计大赛一等奖。举办第三届“峪分杯”竞赛、青年教师理论考试、新教师课堂展示等竞赛及展示活动，提升教师教育教学能力。各教研组以“真善美”评价为核心，开展优秀教研活动展评。构建组长示范课、师父引路课、党员先锋课、徒弟汇报课、课题引路课、文化展示课“六课”体系，辐射全体教师、根据不同课型开展听评课、提升课堂教学实效性。作为区级“双师课堂”输出学校，邀请区教委领导、项目负责人来校指导 4 次，完成区域首次“双师课堂”授课。建立作业每日公示制度，将减负工作落在实处。建立以校长为组长，教研组长、骨干教师为主要成员的课后服务工作专班，统筹校内校外资源，建立由学业辅导、体育活动、劳动实践、安全演练、素质社团、班队会 6 个板块组成的课后服务体系。

开拓立德树人新路径。通过开展“班会开放日”“校园上镜日”“小水滴志愿服务日”活动以及主题升旗仪式，将红色革命精神教育、养成教育、劳动教育等融入其中，发挥活动育人效能。发挥艺术学科特色，弘扬中华优秀传统文化，开展“我们的节日·端午”与“我们的节日·中秋”传统节日主题活动、“永远跟党走 绽放向阳花”第三届校园艺术节活动。落实“每天锻炼一小时”健康理念，打造足球、射击特色，成立减脂训练营，自编室内操丰富大课间体育活动，定期举办体育节、运动会及跳绳、拔河等小型比赛。借助小水滴志愿服务活动、爱国卫生运动及创城创未活动，将劳动实践教育融入学生日常学习生活。

（段介然）

北京市房山区良乡第三小学

2021 年，北京市房山区良乡第三小学占地面积 1.06 万平方米，校舍建筑面积 9159 平方米，运动场地面积 5615

平方米。图书馆（室）藏书 31633 册，电子图书 400 册。固定资产总值 4338 万元，全年教育经费投入 3215 万元。学校拥有计算机 429 台，网络多媒体教室 42 个，“信息技术”课程 1 课时 / 周。教职工 90 人，其中高级职称 23 人、中级职称 50 人。专任教师 80 人，包括北京市骨干教师 2 人；本科以上学历 72 人。开设教学班 33 个。毕业 210 人、招生 194 人、在校生 1219 人。

2021 年，学校坚持引领，以党史学习教育和深化党建品牌建设为抓手，提升育人质量。通过党员、队员“4＋4”实践活动、“重走长征路 筑牢信仰魂”庆“六一”体验活动、薪火相传童心向党——庆祝建党 100 周年暨师生同上一节党史课主题党日等活动，推动党建带队建工作有效开展。学校获房山区人民满意标兵学校、房山区教育系统文明单位、房山区教育系统先进基层党组织等称号。

立德树人。建立起党组织主导、校长负责、家长参与、社区联动的德育工作机制。以“把有意义的事做得有意思”为指导，确立厚植爱国情怀、做细养成教育、夯实德育课程、构建勤敏少年培养模式的德育目标。按照重规则、强队伍、抓细节、成体系、创品牌的德育工作思路，构建课程育人、文化育人等较完善的“六育人”工作格局。以常态化疫情防控、创建文明城区、争创文明校园、争做冬奥大使为主题开展教育实践活动。邀请房山区生态环保局讲师走进校园，面向全校 1300 余名师生开展“推进生态文明”专题讲座。

教育科学研究。以学生实际获得为核心，探索“尊重、互动、发展”立达课堂。以北京市教育科学规划“学习力”课题结题为契机，引领教学实践；以“课程领导力三年行动”为抓手提升干部、教师课程领导力；以常态课堂为主渠道，提高育人质量。学校课程领导力自选项目通过现场特色达标评估。以“规范＋提质”为主题，落实“双减”。以提高课堂教学质量、加强作业研究、做好课后服务为抓手，加强学习、研究和实践，邀请北京教育科学研究院研究员以“为教师的专业发展赋能——教研组长如何带好团队”为主题对全体教研组长进行培训。

（胡建军）

北京市房山区良乡第四小学

2021 年，北京市房山区良乡第四小学分两址办学，分别为瑞雪校区和滨河校区。2 个校区总占地面积 5.62 万平方米，校舍建筑面积 5884 平方米，运动场地面积 1.32 万平方米。图书馆（室）藏书 34455 册。固定资产总值 900 万元，全年教育经费投入 2642 万元。学校信息化经费投入 254.37 万元，拥有计算机 476 台，网络多媒体教室 54 个，“信息技术”课程 0.5 课时 / 周。教职工 86 人，其中高级职称 15 人、中级职称 31 人。专任教师 82 人，包括北京市骨干教师 6 人；本科以上学历 85 人。开设教学班 36 个。毕业 104 人、招生 294 人、转出 23 人、在校生 1347 人，包括随班就读生 1 人。

2021 年，学校以“建党百年、建校十年”为契机，加强党建品牌、教师品牌、质量品牌建设，总结十年经验，明确发展方向与战略，彰显品牌效应。

优化“五育”布局。将“爱上学习”作为目标，以幼小初一体化为主线，优化小学教育；以学科一体化为课题，成立研究组，推进学科能力、方法与知识的对接；以让环境支持学生发展为课题，成立课题组，推进学校建设专业化。

落实“双减”。开展“减负中蜕变——让我们的教育适合学生成长”新学期计划讨论会，梳理学生校园生活，举办“双减”背景下课堂教学改革研讨，以语文、数学、英语等 11 个学科为主要教学内容，在 12 个会场开展活动。

加强师资队伍建设。优化教师管理机制，突出“专业＋精神生活”的校园样态。通过多层级学习展示平台以及任务驱动，提升教师发现问题、研究问题、解决问题的能力。组织近 3 年参加工作的新教师开展“四小新任教师成长营”活动，提高青年教师专业素养。

（齐利敏）

北京教育科学研究院通州区第一实验小学

2021 年，北京教育科学研究院通州区第一实验小学占地面积 1.72 万平方米，校舍建筑面积 3680 平方米，运动场地面积 4311 平方米。图书馆（室）藏书 31855 册。固定资产总值 2922 万元，全年教育经费投入 6134 万元。学校信息化经费投入 52.50 万元，拥有计算机 315 台，网络多媒体教室 54 个，“信息技术”课程 1 课时 / 周。教职工 169 人，其中高级职称 22 人、中级职称 71 人。专任教师 163 人，包括北京市骨干教师 5 人、北京市学科教学带头人 1 人；本科以上学历 167 人。开设教学班 54 个。毕业 273 人、招生 495 人、在校生 2569 人。

2021 年，学校践行“发现教育”办学思想，落实“双减”工作与“五项管理”，促进学校全面发展。

师资队伍建设。构建学科组、年级组、教研组、工会组、项目组以及“五项管理”团队、“双减”工作组等多个交叉团队，实施矩阵式管理。打造教育高端引领工程，建构“课堂中的行走与行走中的课堂”教师培养策略，助力教师专业发展。启动特级教师吉春亚语文工作室。探究“1 优 1 完善的双机制”（优化作业布置管理机制、完善学生作业反

12 月 9 日，北京教科院通州实验一小与奈曼旗东明学区中心校联合举办“双师”项目式学习实践活动（北京教科院通州实验一小　供）

馈机制），“1 课 1 加强的双保障”（结合大单元梳理，适量增加作业反馈课保障学生完成作业质量、加强对学生学情分析保障课堂教学质量），“1 融 1 多维的双评价”（融合课上、课下，师、生多方的导向性评价，通过多维度数据支撑精准化评价）的课堂教学管理模式。深化教学常规管理、推进校本教研和深度落实“项目＋”研究，开展语文学科创新作业设计的联合教研活动和“一体化教研落实‘双减’政策，同课异构促进质量提升”主题教研活动暨两校区同年级、同学科教师“同课异构”。

促进学生多元发展。将“德、智、体、美、劳”五育并举设计体现在养成教育的强化、德育课程的开发和德育活动中，形成“管理自治—活动自主—行为自律”德育模式。举办“同心向党·致敬百年”北京教育科学研究院实验学校联盟联合党建活动暨庆祝六一系列活动、“我当红军这一天，重走长征路”红色爱国主义教育活动、金秋采摘节等活动。

（陈军华）

北京市史家小学通州分校

2021 年，北京市史家小学通州分校占地面积 4.01 万平方米，校舍建筑面积 3.06 万平方米，运动场地面积 1.77 万平方米。图书馆（室）藏书 49796 册。固定资产总值 17962 万元，全年教育经费投入 8268 万元。学校信息化经费投入 568.43 万元，拥有计算机 516 台，网络多媒体教室 98 个，“信息技术”课程 1 课时 / 周。教职工 186 人，其中高级职称 29 人、中级职称 91 人。专任教师 175 人，包括北京市骨干教师 6 人；本科以上学历 185 人。开设教学班 63 个。毕业 419 人、招生 505 人、在校生 2924 人，包括随班就读生 3 人。

2021 年，北京市史家小学通州分校教育集团成立，成为通州区首批集团化办学改革实验校。

落实“双减”。通过数据调研、家长会等形式向家长宣传“双减”政策，开展“绿色校园”创建活动，并通过验收。分阶段安排不同发展时期教师进行展示，鼓励教师上好 9 种常态课，确保“5＋15＋15＋5 的课堂学习模式”有效推进，全面提升教育质量。针对作业布置对全校 2900 余名学生开展“我最喜欢的作业”调研，设计符合学生成长需求、高质量的个性化作业；为每个班级配置作业公示栏，由班主任负责整体协调作业量，保证把作业量控制在规定范围之内。将课后服务分成 2 个时段统筹安排，实现答疑时空全覆盖、全学科教师集中答疑、学生互助答疑等；研发学科类拓展课程、家长课程、同伴课程等多种课程。促进学生特长发展，采取大数据聚焦整合、多元设置、优化组合形式，统筹开设艺术、体育、信息化 3 类 43 门社团课程。校内外聘用指导教师 96 人，服务全校 2200 余名学生。

（王颖　徐群志）

北京小学通州分校

2021 年，北京小学通州分校占地面积 2.23 万平方米，校舍建筑面积 1.95 万平方米，运动场地面积 7415 平方米。图书馆（室）藏书 3.29 万册，电子图书 6 万册。固定资产总值 3154 万元，全年教育经费投入 5590 万元。学校信息化经费投入 112.27 万元，拥有计算机 493 台，网络多媒体教室 58 个，“信息技术”课程 1 课时 / 周。教职工 134 人，其中高级职称 15 人、中级职称 58 人。专任教师 125 人，包括北京市骨干教师 4 人；本科以上学历 134 人。开设教

12 月 29 日，史家小学通州分校开展冰雪嘉年华活动

（史家小学通州分校　供）

学班43个。毕业271人、招生379人、在校生2087人。

2021年，学校落实“双减”工作总要求，坚持“五育并举”、素质教育，深化教育改革、家校联动，加强课程建设，促进学生全面发展。组织教师开展“双减”工作大学习、大理解、大讨论，制定《“五项管理规定”实施细则》《德育工作指南》等规章制度，组织编印《“双减”政策文件汇编》。落实“五节十力”活力课堂教学流程，优选基于学生真实生活情境的教学资源，引入大数据精准支持课堂教学模式创新，举办“双减”背景下以信息技术提升课堂实效研究——精准教学项目学科组视导活动及北京小学通州分校学科融合教学研究活动、“市区联合视导 助力副中心教育发展——基于学科核心素养，提高学生思维能力”主题活动、第12届“活力杯”新五届教学评优活动总结会暨“双减”工作沙龙研讨会。

10月9日至11月30日，北京小学通州分校举办第十届活力科技节科技嘉年华活动　　（北京小学通州分校　供）

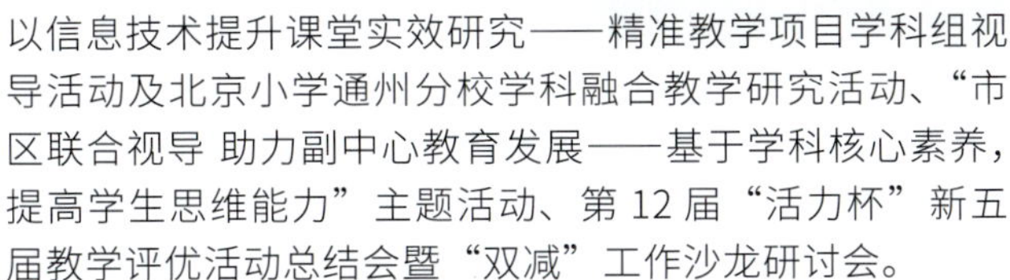

培育全面发展的学生。以“双减”政策为导向，制定课后服务方案，通过整合和深度研发，构建学校教育课内课后育人体系。统筹校内外资源，创新课后服务课程设计与实施。横向打破学科壁垒，串联各学科间的知识和技能，通过研究式、项目式和主题式学习推进，实现学科间融合。学校艺格管乐团被评为北京市学生金帆艺术团，金石翰墨书法社团被评为北京市学生金帆书画院（书法分院）。学校被评为北京市健康促进学校、2021年北京市冰雪运动特色学校等。艺术社团受邀参加“纯情的冰雪 激情的约会”中国—俄罗斯中外青少年人文艺术交流活动，18名学生成为首批“中外人文交流”志愿者。

（孙紫薇）

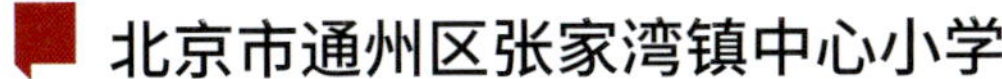

北京市通州区张家湾镇中心小学

2021年，北京市通州区张家湾镇中心小学分五址办学，分别为张家湾镇中心小学校区、张家湾镇民族小学校区、张家湾村民族小学校区、枣林庄民族小学校区和上店小学校区。5个校区总占地面积5.89万平方米，校舍建筑面积2.24万平方米，运动场地面积3.06万平方米。图书馆（室）藏书11.46万册。固定资产总值3826万元，全年教育经费投入7364万元。学校信息化经费投入47.70万元，拥有计算机773台，网络多媒体教室110个，“信息技术”课程1课时/周。教职工219人，其中高级职称35人、中级职称103人。专任教师183人，包括北京市骨干教师1人；本科以上学历174人。开设教学班83个。毕业391人、招生431人、在校生2469人，包括随班就读生10人。

2021年，学校完善课程建设，提升教学质量。在确保课堂教学规范基础上，注重过程监控和评价，每学期进行4次教学质量监控，同时召开完小校长会议进行集体反思交流。致力于“知行主人”课程体系建设，课程建设成果获北京市教育学会一等奖。校本教研助力教师专业成长，在通州区小学第11届“春华杯”课堂教学评优活动中获农村组第一名。

加强德育管理。完善“体验型”德育体系建设。组织开展“践行百年党史 争做张家湾主人”微班会评比活动，拍摄《灯火里的中国》MV庆祝建党百年。举办“诵百年诗篇 忆百年征程”百年党史诗歌朗诵会暨第六届校园艺术节、纪念毛主席诞辰128周年诗词朗诵会、“我是自理小达人”评选等活动。坚持悦动健身，促进体育工作。在市区联合视导活动中，承担2节“篮球训练课”展示任务并获好评。推进“一校一品”体育教学改革，组建足球、篮球、冰壶等体育运动队，举办校际足球联赛、冰壶联赛等。

落实“双减”。遵循“系统整合、文化引领、以需定给、全面均衡”总体工作思路，提升课后服务质量。引进绢人、毛猴2个非遗项目进校园，丰富课后服务内容。举办“合作‘双减’行 班级辩论联赛”等，加强宣传教育工作。

（张海涛）

北京市顺义区石园小学

2021年，北京市顺义区石园小学分两址办学，分别为本部校区和高部校区（借址）。2个校区总占地面积32237平方米，校舍建筑面积2610平方米，运动场地面积13877平方米。图书馆（室）藏书5.79万册。固定资产总值4835万元，全年教育经费投入8877万元。学校信息化经费投入158.60万元，拥有计算机907台，网络多媒体教室88个，

“信息技术”课程 1 课时 / 周。教职工 187 人，其中高级职称 34 人、中级职称 92 人。专任教师 146 人，包括北京市骨干教师 2 人、北京市学科教学带头人 1 人；本科以上学历 132 人。开设教学班 68 个。毕业 329 人、招生 491 人、在校生 2767 人。

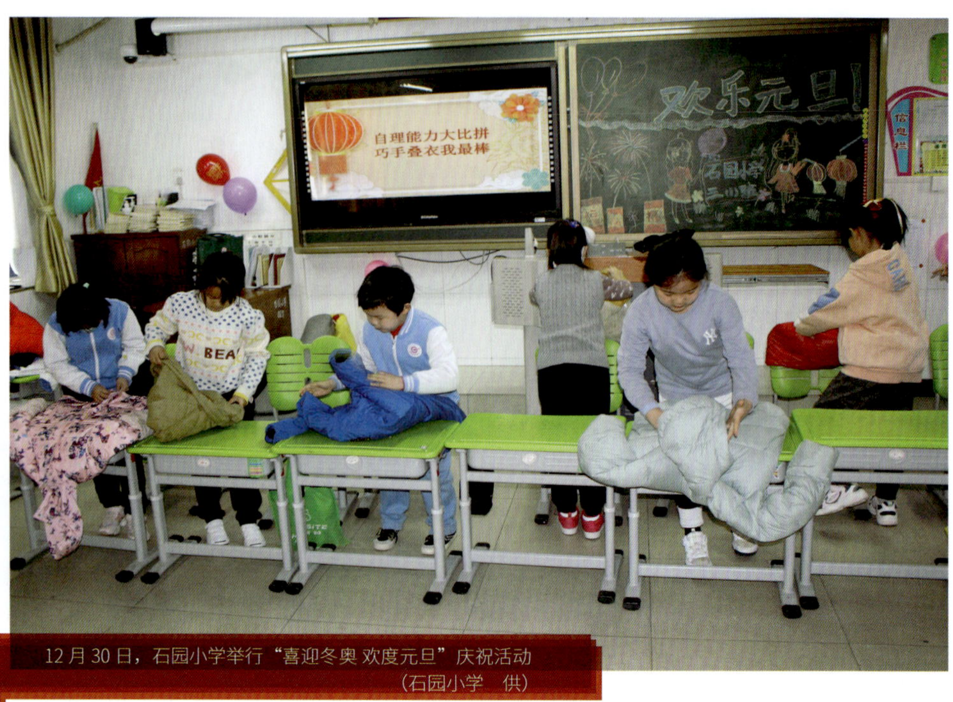

12 月 30 日，石园小学举行“喜迎冬奥 欢度元旦”庆祝活动（石园小学 供）

2021 年，学校完善“大党建”工作格局，完成支部换届，落实“三会一课”制度，在卡口执勤、支教、献血、课后服务中，发挥“四岗联动”党员队伍建设机制作用。发挥工会作用，召开 5 次教代会，审议学校改革、教师发展、民生回馈实施方案，利用 2 次民主日，向全体会员征集提案 390 份，举办 9 次集团工会活动，助力学校发展。围绕学校中心工作，借助学习培训、案例宣讲、警示教育等途径，强化教师纪律意识。推进管理变革，秋季工资改革实行岗位工资制，制订《石园小学岗位绩效评价细则》，启动教师选岗机制。形成以育人为核心的教育小生态，在课程建设整体筹划中建设课程资源群，实现资源共享。承办中国教师研修网“指向核心素养的小学数学教学行动研究”项目活动，邀请特级教师来校指导课程研讨。

落实“双减”。完善课程体系，每个年级开设 4 ～ 5 门“关注基础、激发兴趣”普惠性课程供学生选择，设置 23 个跨年级走班特长类课程。

活动育人。举办第六届“我心向党 科技筑梦”校园科技节、“雅趣滋润心灵 艺术点亮人生”第三届校园艺术节等活动，推进学生全面发展。

（肖艳丽）

北京市顺义区东风小学

2021 年，北京市顺义区东风小学教育集团分五校五址办学，分别为本部校区、建新校区、仓上校区、裕龙校区和现代校区。5 个校区总占地面积 106663 平方米，校舍建筑面积 55170 平方米，运动场地面积 46667 平方米。图书馆（室）藏书 17.21 万册，电子图书 179 册。固定资产总值 16226 万元，全年教育经费投入 24604 万元。学校信息化经费投入 157.04 万元，拥有计算机 1034 台，网络多媒体教室 246 个，“信息技术”课程 1 课时 / 周。教职工 528 人，其中高级职称 94 人、中级职称 256 人。专任教师 478 人，包括北京市骨干教师 13 人；本科以上学历 463 人。开设教学班 192 个。毕业 993 人、招生 2022 人、在校生 7969 人。

2021 年，东风小学教育集团加强党对教育的全面领导。围绕“和时代东风 育强国少年”发展定位，作为顺义区党建示范校和党组织领导的校长负责制试点，将“惠风和畅”理念引入党建工作，探索出“纲举目张”联席会议制度、运行制度，调整干部分工，合并党团队、道德与法治课程建设，加强课程思政。架构高质量教育教学体系，打造“学研训”一体化学习共同体项目，整合教师学习、教研、培训等工作，让研究走进学习，提升教师专业素养。

建设东风“五育”校园。构建“两层三级五苑”课程体系，分别为“基础课程”“未来课程”两层，基础课程的学科、拓展、实践三级，未来课程的研究、项目、云端三级，以及崇德苑——德育课程、启智苑——智育课程、健体苑——体育课程、尚艺苑——美育课程、实创苑——劳育课程。

统筹资源拓宽育人空间。依托学校“四史”学习馆、少先队室、电影放映室、东风工匠馆 4 个馆室，体育运动广场、红领巾广场、奥林匹克文化广场 3 个广场，科技种植基地、国防教育基地 2 个基地和校园涂鸦墙，开设体验课程。整合周边资源，依托少年之家，体育局场馆、滑雪场，联动部队和专业教师开设跆拳道、快板等各类精品社团 20 余个。

（张茜　刘姗姗）

北京市顺义区天竺第一小学

2021 年，北京市顺义区天竺第一小学占地面积 23549 平方米，校舍建筑面积 7721 平方米，运动场地面积 11340 平方米。图书馆（室）藏书 5.03 万册。固定资产总值 1363 万元，全年教育经费投入 2540 万元。学校信息化经费投入 16.32 万元，拥有计算机 162 台，网络多媒体教室 18 个，“信息技术”课程1课时/周。教职工52人，其中高级职称9人、中级职称30人。专任教师43人，包括北京市骨干教师3人；本科以上学历51人。开设教学班15个。毕业58人、招生82人、在校生472人，包括随班就读生2人。

2021年，学校围绕立德树人根本任务，坚持“五育”并举，重视德育实效，聚焦常态课堂。

规范管理。制定并落实《一日行为规范》，上好“习惯养成教育课”，倡导学生从身边事做起，注重文明礼貌、遵规守纪、勤俭节约等习惯养成。利用升旗仪式、班队会、红领巾广播站等途径，开展宣传工作。加强个别生和随班就读生针对性辅导，组织任课教师共研教育教学方案，与兄弟学校心理骨干教师共同研讨方案并作专项培训，邀请北京师范大学心理专家进校园开展“一对一的心理干预”。将3月、4月、9月和10月确定为学校全员家访月。组织教师将《综合素质评价手册》和《成长护照》评价方式相结合，从13个学科17个方面设定奖章对学生进行评价。通过班级阅读、亲子阅读实现家校共读，利用广播站开展好书推荐、读书交流活动，全年广播32周，为128人次学生提供平台，分享阅读心得。

教师队伍培养。从师德师风、教学能力等维度确定青年教师培养模式和发展标准，启动青蓝工程，加速青年教师成长；通过卓越教师成长项目，以网络直播主题课程+分享课程形式，设置教育合力、职业发展等模块，组织线上学习。组织教研组开展集体备课、磨课、评课。

推进“双减”落实。规范教案作业，与顺义区小学教研室、北京市顺义区牛栏山第一小学合作举办“双减”背景下学生作业设计分享交流会，采取组内自评与全校展评方式，以“评”促“导”。课后服务开展全时段答疑，突出课业答疑辅导，统筹开展各项活动。课后服务家长满意率99.8%。学校被确定为顺义区特色课程建设项目实验校。

（李冬青　袁志新）

北京市昌平区昌盛园小学

2021年，北京市昌平区昌盛园小学占地面积1.37万平方米，校舍建筑面积1.16万平方米，运动场地面积0.37万平方米。图书馆藏书6.06万册，电子图书25万册。固定资产总值5283万元，全年教育经费投入5078万元。学校信息化经费投入36.90万元，拥有计算机468台，网络多媒体教室54个，“信息技术”课程1课时/周。教职工142人，其中高级职称23人、中级职称65人。专任教师125人，包括特级教师3人、北京市骨干教师8人、北京市学科教学带头人1人；本科以上学历124人。开设教学班45个。毕业292人、招生315人、在校生1928人。

2021年，学校落实学科德育要求，加强学科育人研究与落实。推进国家德育课程教学实施，开展随堂听课活动。在全学科实施“尊重”课堂教学模式，开展典型案例指导、观摩与讨论。修正完成语文、数学学科《可持续发展教育课程大纲》2.0版；完成英语学科《学习探究作业本》编写。推进生态教育，培养学生环保观念，举办“践行节能减排，共创绿色家园”第二届科技嘉年华、2021年北京市环境教育系列活动等。

促进教育教学水平提升。加强教师队伍建设，提高教师专业化水平，通过三级教研、三级课堂、对外交流等方式，为教师专业发展搭建平台。加强教育合作交流，接待昌平区滨河幼儿园一行6人，来校开展“科学幼小衔接”半日观摩研讨活动。与北京市顺义区教育研究和教师研修中心附属实验小学共同承办两区信息技术学科教学研讨会。承办“民族昌盛·为你而歌”北京市中小学庆祝建党100周年书法教育现场会（2021专场）。

加强基础设施建设。将45个教室的老式普通灯具更换为新灯具，每间教室安装灯具12盏，创建防眩光、无蓝光

10月9日，昌盛园小学承办北京市中小学庆祝建党100周年书法教育现场会（2021专场）　（昌盛园小学　供）

照明环境。

（王京辉 李长海 由长龙）

北京市昌平区城北中心小学

2021年，北京市昌平区城北中心小学分四址办学，分别为中心校城北中心六街小学和完小城北中心三街小学、城北中心东关小学、城北中心西关小学。4个校区总占地面积2.91万平方米，校舍建筑面积1.93万平方米，运动场地面积1.03万平方米。图书馆（室）藏书12.21万册，电子图书307册。固定资产总值7293万元，全年教育经费投入11334万元。学校信息化经费投入244.31万元，拥有计算机1157台，网络多媒体教室96个，“信息技术”课程1课时/周。教职工314人，其中高级职称58人、中级职称158人。专任教师300人，包括北京市骨干教师4人；本科以上学历279人。开设教学班96个。毕业579人、招生689人、在校生3921人，包括随班就读生4人。

2021年，学校以师德建设、课程建设和教师专业发展为重点，以校本研修和课堂教学为抓手，落实“双减”。完善“五养”校本课程体系建设，明确学生培养目标。

以培训促提升。借助基本功比赛、即时性教学研讨、信息技术能力应用提升2.0工程整体推进等方式深化“生态育人”课堂，打造研究型教师队伍。依托班主任工作室、青年教师研修班提高青年教师专业素养，举办“幼小科学衔接 携手共育英才”幼小衔接工作交流研讨活动、班主任岗位公开竞聘、习惯培养专题培训以及全员德育培训系列活动等；开展课堂教学诊断、青年教师研修班跟岗学习、感动城北人物评选等活动。举办“干部亮课”活动，组织8名干部为教师展示课堂教学过程，涉及语文、数学、英语、美术、体育5个学科。

学生培养。推进“四有”主题教育课程建设，发挥特色课程作用，将阅读活动与学科教学、校园文化、项目研究、德育活动、党史学习教育整合起来，提升学生核心素养。开展《英语绘本教学中借助图形组织器培养小学生思维能力的研究》课题线下研究，科学落实学科思政育人理念。立德树人，举办“见字如面”系列主题教育活动、“强国有我 助力冬奥”活动、庆祝中国共产党成立100周年系列主题教育活动等活动。将劳动教育与德育相结合，分2批开展“养正少年劳动忙 中华点心感恩情”劳动主题教育活动。

交流合作。承办第三期昌平区教科研骨干高研班结业展示、“共研共建共享共生”昌平区课例研修实践跟进展示、2021年昌平区小学生田径精英赛暨第一届北京市小学生运动会选拔赛等活动。与内蒙古自治区赤峰市阿鲁科尔沁旗天山蒙古实验小学、内蒙古自治区赤峰市阿鲁科尔沁旗道德小学开展联合教研活动，接待阿鲁科尔沁旗干部教师来校跟岗学习。

（王英）

北京市昌平第二实验小学

2021年，北京市昌平第二实验小学分两址办学，分别为东校区和西校区。2个校区总占地面积3万平方米，校舍建筑面积1.92万平方米，运动场地面积1.46万平方米。图书馆藏书8.66万册，电子图书265册。固定资产总值5266万元，全年教育经费投入5943万元。学校信息化经费投入131.99万元，拥有计算机1012台，网络多媒体教室83个，“信息技术”课程1课时/周。教职工173人，其中高级职称25人、中级职称37人。专任教师168人，包括北京市骨干教师5人；本科以上学历169人。开设教学班65个。毕业316人、招生434人、在校生2638人，包括随班就读生15人。

2021年，学校落实“双减”，提升教育教学质量。关注学生实际获得，打造“自主参与、深度发生、人人受益”的“润泽生命教育”课堂。提高教学质量，探索构建“211”课堂（即20分钟教师精讲、10分钟学生小组合作探究、10分钟练习），通过“四会制、一调研、一关注、三督评”形式提升教师对“双减”政策要求的理解和落实。建立“311”体育课程模式：每周5节体育课中，3节由体育教师任课，确保完成国家课程内容的教学任务；1节由专项体育教师任课，在各年级开展足球、篮球、乒乓球、健美操专项运动教学；最后是由班主任

9月27日至10月9日，城北中心小学举办“干部亮课”活动

（城北中心小学 供）

负责组织，体育教师负责巡视指导的大体育课，教学内容为全员参与的“绳梯”素质训练课。举办“用工具撬动课堂，让学习深度发生”第五届学科教学研讨会。承办昌平区信息技术学科 scratch 编程教学研究活动。

五育并举。举办“相信体育的力量”体育节，举办 6 项 138 场比赛。读书节围绕“同读经典，对话圣贤”主题，组织开展西游剧场、小课题研究、西游论坛和思辨坊等活动。举办“启智·融创”数科节，开展数学比拼活动、数学直播专场、科技实践活动等。艺术节以“人人有艺、艺促育人”为目标，组织金帆民乐团和金帆书画院开展艺术赏鉴、展示等活动。加强爱国主义教育，开展“永远跟党走”主题系列活动，设置“永远跟党走 穿越时空的对话——写给革命先烈的一封信”“永远跟党走 悠扬乐声传国韵——金帆民乐团专场音乐会”“永远跟党走 同心·童画——金帆书画院书画作品展”等活动。举办“节约粮食，我们在行动”主题教育活动，设置主题升旗仪式、主题班会、趣味手抄报等活动内容。注重家校共育，召开线上家长会 3 次，每月开展线上家庭教育指导。

（佟倩倩　赵琬儒　胡建丽）

北京航空航天大学附属小学昌平学校

2021 年，北京航空航天大学附属小学昌平学校分两址办学，分别为路松街校区和高教新城校区。2 个校区总占地面积 2.79 万平方米，校舍建筑面积 2.98 万平方米，运动场地面积 7200 平方米。图书馆（室）藏书 11742 册。固定资产总值 1400 万元，全年教育经费投入 1968 万元。学校信息化经费投入 612 万元，拥有计算机 132 台，网络多媒体教室 20 个，“信息技术”课程 1 课时 / 周。教职工 64 人，其中高级职称 3 人、中级职称 4 人。专任教师 59 人，本科以上学历 61 人。开设教学班 20 个。招生 314 人、在校生 754 人，包括随班就读生 1 人，休学 1 人。

2021 年，学校落实“双减”，针对学生和家长需求，提供“菜单式”课后服务并接受督导检查。

爱国主义教育。开展“永远跟党走”主题教育活动，召开党史学习教育专题组织生活会，举办清明“缅怀先烈、祭祖追思”仪式、“唱支歌儿给党听”师生合唱、“童心向党，礼赞百年”文艺汇演等活动。

师资队伍建设。关注“零起点”教学，通过与北京航空航天大学实验学校小学部合作，开展三校区双向成长课堂、三校区联动学科大教研、学科教学比赛等，举办“智慧领航”教师成长课堂活动、“启智育心 打造高效课堂 让‘双减’落地生根”第三届“秋实杯”教学展示活动、班主任沙龙等活动。

学生综合素质培养。依托“5＋1”空间站特色育人体系举办主题活动，设立小航家大世界、学生作品展示区和特色活动展示等文化展板。开展第一届“激活思维‘慧’玩数学”数学节活动、“学习雷锋 热爱劳动”劳动实践活动和“健康科普、低碳环保、绿色家园”爱国卫生月活动等。围绕“情绪空间站”展开系列活动。依托“航文化”，打造海陆空三位一体特色国防教育体系，开展海军“旗语操”学习。

（常雨薇　刘安琦　赵怡雯）

北京师范大学大兴附属小学

2021 年，北京师范大学大兴附属小学占地面积 1.57 万平方米，建筑面积 0.97 万平方米，运动场地面积 0.71 万平方米。图书馆（室）藏书 2.86 万册，电子图书 0.83 万册。固定资产总值 2001 万元，全年教育经费投入 3232 万元。学校信息化经费投入 3.40 万元，拥有计算机 395 台，网络多媒体教室 35 个，“信息技术”课程 1 课时 / 周。教职工 79 人，其中高级职称 12 人、中级职称 34 人。专任教师 74 人，包括北京市骨干教师 3 人；本科以上学历 78 人。开设教学班 26 个。毕业 110 人、招生 166 人、在校生 967 人，包括外省市借读生 445 人。学校有社团 29 个。

2021 年，学校构建全员育人德育工作体系，立足学生成长，践行“1161”德育体系（1 日、1 年、6 年、一生成长课程），通过德育课程建设培养学生行为习惯，举办“红领巾心向党，争做新时代队员”迎接建党 100 周年暨“六一”国际儿童节庆祝活动、“学党史 唱红歌 永远跟党走”迎接

4 月 30 日，北师大大兴附小举办 2021 年青色健康节暨第 11 届田径运动会　（北师大大兴附小　供）

建党 100 周年主题教育活动。

全面育人。探索实践“学习共同体”模式，跨学科整合每个课程领域内部的课程，采用“主题”形式进行，遵循“实践性”课程定位，按照课程体系领域和展示平台进行梳理和整合，创新作业形式与内容，践行“减负”提质。组建多样社团发展学生潜能。秉承“无体育不教育”理念，坚持“两操一课＋N 社团＋全员体育”工作思路，举办“强健体魄 志在拼搏——北师大大兴附小 2021 年青色健康节”暨第 11 届田径运动会等活动。开展绘本、戏剧、舞蹈等项目实践与探索。将劳动教育细化到日常习惯之中，引导学生崇尚劳动。

（方亮 赵闪闪）

北京市大兴区团河小学

2021 年，北京市大兴区团河小学占地面积 8851 平方米，校舍建筑面积 4188 平方米，运动场地面积 4755 平方米。图书馆（室）藏书 2 万册。固定资产总值 2633 万元，全年教育经费投入 297.58 万元。学校信息化经费投入 41.14 万元，拥有计算机 116 台，网络多媒体教室 26 个，“信息技术”课程 1 课时 / 周。教职工 62 人，其中高级职称 7 人、中级职称 23 人。专任教师 54 人，本科以上学历 52 人。开设教学班 21 个。毕业 83 人、招生 120 人、在校生 739 人，包括随班就读生 2 人。

2021 年，学校针对不同学段学生特点，科学制订德育目标，合理设计内容，开展德育课程体系建设评优活动。利用道德与法治教材实施与教育，规范学校德育工作管理，完善德育工作体系，开展“永远跟党走”——暨迎建党百年主题活动等党建教育活动。发挥“创展课程”特色化和多样化，开展礼仪展示、阅读项目、红色教育等课程。实施国旗下课程、幼小衔接课程、劳动教育课程等课程。组织教职工参与无偿献血，5 名教师报名参与，其中 3 人符合相关条件，3 人共计献血 600 毫升。

3 月 9 日，团河小学开展吴正宪小学数学教师工作站大兴分站第 24 次集中研修活动 （团河小学 供）

教育教学活动。借助名师工作室引导作用，引导教师能力提升，开展特级教师吴正宪小学数学教师工作站大兴分站第 24 次集中研修活动和“践行吴正宪数学教育思想 共创儿童喜爱的数学课堂”校本研修系列活动等交流研讨活动。落实“双减”，制订《学生作息时间表》《总课程表》《领导干部听评课制度》等，接受市教委“双减”工作专题调研，相关工作做法得到肯定。学校获评大兴区中小学课后服务工作先进学校。

（周进飞）

北京市大兴区安定镇中心小学

2021 年，北京市大兴区安定镇中心小学分五址办学，分别为安定中心校、后安定校区、通马坊校区、东白塔民族小学校区和西芦各庄校区。5 个校区总占地面积 8.82 万平方米，建筑面积 1.91 万平方米，运动场地面积 2.37 万平方米。图书馆（室）藏书 60683 册。固定资产总值 9637 万元，全年教育经费投入 5238 万元。学校信息化经费投入 230 万元，拥有计算机 575 台，网络多媒体教室 59 个，“信息技术”课程 1 课时 / 周。教职工 108 人，其中高级职称 18 人、中级职称 40 人。专任教师 108 人，本科以上学历 100 人。开设教学班 45 个。毕业 184 人、招生 231 人、在校生 1439 人，包括外省市借读生 137 人。学校有社团 40 个。

2021 年，学校作为大兴区首批党组织领导的校长负责制试点校，以党组织为依托，打造“探索美、践行美‘规范＋特色’的优质花园式农村学校”。围绕“人人上好课、节节是好课、一师一优课”目标，举办“智慧杯”暨兴安杯教学大赛，组织全镇 60 名骨干教师、学科带头人通过撰写大单元教学设计、课堂教学展示等，提升课堂教学水平。通过“榜样教师计划”营造有利于教师严格自我要求的思想环境，通过“种子教师计划”营造加速青年教师能力提升的学术环境，通过“卓越教师计划”营造有利于骨干型、名师型教师发挥引领示范作用的制度环境，推进“塑德炼能”好老师爱心工程，引领教师爱岗敬业，提升教师育人能力。

开展传统文化教育，强调快乐学习、实践学习、创造学习。落实“双减”，构建德智体美劳全面培养育人体系，承办“民族昌盛 为你而歌”北京市中小学生庆祝建党 100 周年书法教育现场会暨北京市民族团结进步示范单位和北京市铸牢中华民族共同体意识示范学校展示活动、大兴区小学精品课堂展示活动、大兴区小学1+2+N德育创新课程实践活动等。丰富校本实践课程，探索学校美育课程建设，深化古桑课程、精品阅读等主题课程，加强10%学科实践活动课程进一步实施。营造校园文化、班级文化育人氛围，营造校园阅读氛围，开展诵读展示、演讲活动，加强学生学科能力和综合素养培养。

（王艳）

北京市大兴区第五小学

2021年，北京市大兴区第五小学分两址办学，分别为南校区和北校区。2个校区总占地面积1.26万平方米，建筑面积9997平方米，体育场面积6040平方米。图书室藏书4万册。固定资产总值3473万元，全年教育经费投入5959万元。学校信息化经费投入128.93万元，拥有计算机300余台，“信息技术”课程1课时/周。教职工136人，其中高级职称22人、中级职称74人。专任教师125人，包括北京市学科教学带头人2人；本科以上学历134人。开设教学班43个。毕业233人、招生262人、在校生1598人，包括外省市借读生366人。学校有社团20余个。

2021年，学校以“自然教育”办学理念为核心，关注学生实际获得，构建德智体美劳全面育人体系。启动“红领巾奖章争章”活动，开展“红领巾爱首都，献礼建党100年”系列活动，依托重要节日和活动，开展主题教育活动。推进养成教育，开展两期“21天分起来”垃圾分类打卡集章活动。依托金鹏科技团和“远航计划”，发展科技艺术教育，开设科技模型社团、编程社团、合唱社团等科技、艺术类精品社团，模型社团入选北京市学生金鹏科技团。关注学生身心健康发展，开展学生心理健康教育线上和线下讲座和家庭教育指导活动。分批次、分校区完成1500余名学生疫苗接种工作。

建设高素质教师队伍。持续做好班主任培训，开展优秀班主任工作成果展示、教学团队评优活动，加强班主任工作交流，提升班主任班级管理能力。承接北京师范大学教育学部20余名教育教学实习生来校，完成实习工作。组织教师依托北京教育科学规划校本专项课题“关于教师专业判断力提升研究”展开系列研讨活动，提升教师教育教学能力。

落实“双减”。开展以大学科组为核心的“双减”工作大学习、大讨论活动。聚焦课堂提质，开展领导班子推门课、青年教师展示课、骨干教师“卓越杯”课堂展示赛活动。统筹课内、课后2个时段，统筹校内、校外2种教育资源，开展课后服务工作，开设包括智育、体育、美育类课程在内的综合素养课程150余门，学生参与率90%以上。学校被评为大兴区课后服务工作典型校。

（阎蕾　段晓炜）

北京市怀柔区第三小学

2021年，北京市怀柔区第三小学分两址办学，分别为本校区和北校区。2个校区总占地面积1.01万平方米，校舍建筑面积0.71万平方米，运动场地面积0.35万平方米。图书馆（室）藏书4.50万册。固定资产总值2203万元，全年教育经费投入3641万元。学校信息化经费投入49万元，拥有计算机303台，网络多媒体教室35个，“信息技术”课程1课时/周。教职工170人，其中高级职称16人、中级职称69人。专任教师169人，包括北京市骨干教师2人；本科以上学历167人。开设教学班48个。毕业207人、招生428人、在校生1969人，包括随班就读生1人。

2021年，学校以“慧信教育”研究为中心，建设“智慧校园”，发展“慧信教师”。立德树人，开展“慧信少年心向党，歌声飞扬献百年”校园艺术节暨“北京建工最美童声杯”合唱比赛、“民族昌盛，为你而歌”北京市中小学庆祝建党100周年书法教育现场会暨庆六一活动、“走进怀柔博物馆——争做小小讲解员”志愿服务活动等。增强学生体质，调整优化大课间，组织篮球运球接力赛、跳绳赛、远足等

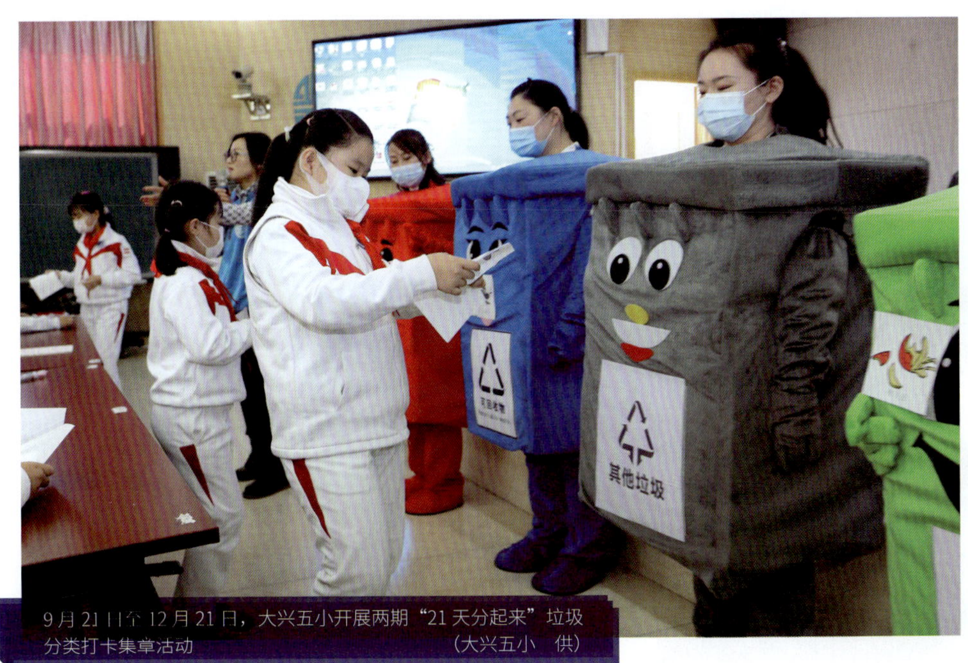

9月21日至12月21日，大兴五小开展两期“21天分起来”垃圾分类打卡集章活动　（大兴五小　供）

活动；开设篮球、田径、独轮车等社团，创新课后体育锻炼方式；通过学校公众号、家长云课堂向学生推送“学生家庭体育锻炼一小时运动指南”。推进家校共育，利用“三槐 e 课堂”举办 28 期系列家庭教育讲座。对班主任开展为期半年的“家庭教育指导师”培训。开发精品特色课程，形成以国学为底色、以节日文化课程为主线的课程方案升级版。开展“东韵西讲，中国故事听我说”——用英语讲好中国故事演讲比赛，举办孔子特色课程建设研讨会。

落实“双减”。承办全国教育科学课题“益智课堂与学生思考力培养的案例研究”展示活动，开展“语文与话剧的学科融合教学探究”活动。探索“双师课堂”，形成“教师＋教师”“教师＋学生”“教师＋家长”3 种形态的“双师组合”，应用于课堂教学和课后服务。制订作业公示制度，统一在班级开辟作业公示栏。有机结合课内教学与课后服务，探索“花式小讲师课程”。开设各年级作业辅导班 7 个，语文、数学、英语学科答疑班 4 个，跳皮筋儿、乒乓球、篮球社团 13 个，合唱、书法、美术专业提升班 3 个。加强年级组、学科组建设，按照“组内研讨—学校审定—部门计划—学校计划”流程制订工作计划，学校“战略决策组织”“服务支持组织”和“研究发展组织”分别从年级组学生养成教育、班级文化建设、年级活动设计和学科组教学常规、学科评价、教研组建设等方面进行审议与建议。

（陈晓燕　钟红英　刘竹燕）

北京市怀柔区实验小学

2021 年，北京市怀柔区实验小学占地面积 3.30 万平方米，校舍建筑面积 1.86 万平方米，运动场地面积 1 万平方米。图书馆（室）藏书 4.80 万册。固定资产总值 12190 万元，全年教育经费投入 4073 万元。学校信息化经费投入 50 万元，拥有计算机 300 台，网络多媒体教室 52 个，“信息技术”课程 1 课时 / 周。教职工 127 人，其中高级职称 18 人、中级职称 70 人。专任教师 107 人，包括北京市骨干教师 1 人；本科以上学历 105 人。开设教学班 37 个。毕业 239 人、招生 202 人、在校生 1397 人，包括随班就读生 4 人。

12 月 2 日，怀柔实验小学开展“快乐迎冬奥，一起向未来”系列宣传活动　（怀柔实验小学　供）

2021 年，学校落实“双减”，驱动教育教学高质量发展，成立以校长为组长的“双减”工作领导小组，统筹协调学校各项工作。建立学科作业班级统筹公开和总量控制制度，教学干部每天公示作业情况，巡查作业总量、“含金量”，设计《周作业时间统计表》，开展《作业情况调研问卷》调查。设计低、中、高年级阅读手册，指导学生自主填写手册中的阅读记录卡。建立“基础＋兴趣＋特色”和“三时段”课后服务“3＋3”模式，统筹盘活课程、师资等资源，设计多元化服务“菜单”。课后服务“三个时段”分别开展 60 分体育活动，30 分钟答疑辅导、培优提升，30 分钟兴趣爱好培养，开设体育、艺术、科技 3 类 27 个特色课后服务班。

打造高效课堂。构建课堂教学“1＋3”主渠道。“1”即落实课堂文化；“3”即课前参与、课中研讨、课后延伸“三段式”教学，加强教研，课题研究 3 个维度。采取骨干教师挂牌课、青年教师展示课、“海怀一体”研究课等多种形式，对常态课进行全员、全年级、全学科“三全”质控。重点抓教学过程管理，教研活动时间每组每周做到 1 小时集中教研，并开展单周集体备课、双周教研活动。利用线上课程与专业视频资源，由培训团队组织教师以个人、学科教研组、年级组等形式参与线上课程学习研讨交流；鼓励实践类学科教师制作微课、小视频，探索多种授课模式。

（吕永梅）

北京市平谷区马坊中心小学

2021 年，北京市平谷区马坊中心小学分三址办学，分别为中心小学、北京市平谷区马坊中心幼儿园和北京市平谷区马坊镇果各庄幼儿园。3 个校区总占地面积 17837 平方米，校舍建筑面积 6539 平方米，运动场地面积 6580 平方米。图书室藏书 19636 册。固定资产总值 1435 万元，全年教育经费投入 2740 万元。学校信息化经费投入 5.86 万元，拥有计算机 195 台，网络多媒体教室 29 个，“信息技术”课程 3 课时 / 周。教职工 63 人，其中高级职称 10 人、中级职称 40 人。专任教师 62 人，本科以上学历 52 人。开设教学班 23 个。毕业 180 人、招生 215 人、在校生 669 人。

4 月 30 日，马坊中心小学在校内红领巾种植园开展劳动种植实践活动　　（马坊中心小学　供）

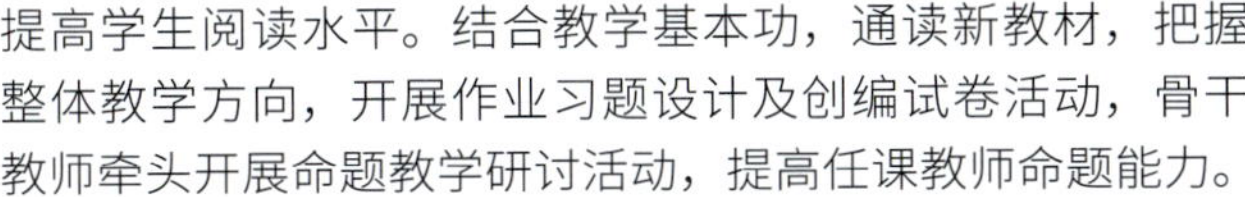

2021 年，学校落实“双减”，规范课后作业，减轻学生课业负担，控制学生作业量 1 个小时内完成；创新作业形式，布置探究性、活动性、实践性作业。

加强课堂研究。加强课堂常规管理，包班干部实行不定时推门课，重点加强备课、上课、作业等教学常规过程监督。抓薄弱环节，提高学生阅读能力，分析研讨教学薄弱环节，开展阅读专项提升活动，通过主题讲座、阅读测试、阅读评优等活动，举办“新时代好少年——红心向党”主题教育读书活动，提高学生阅读水平。结合教学基本功，通读新教材，把握整体教学方向，开展作业习题设计及创编试卷活动，骨干教师牵头开展命题教学研讨活动，提高任课教师命题能力。

落实养成教育。把文明礼仪教育作为主要突破口，通过“一站”（校园广播站）、“一式”（周一升旗仪式）、“一岗”（校园红领巾监督岗）、“一会”（主题班队会），全面开展“文明习惯”教育活动。学生用餐时，组织护导教师督促学生养成良好用餐纪律，同时评选“光盘之星”，每周在升国旗仪式上进行表彰。丰富师生校园文化生活，举办手工制作月饼体验活动。开展法治教育，创设安全校园环境，开展禁毒宣传教育活动、宪法日宣传教育活动和“预防校园欺凌 共建和谐校园”预案演练活动等。

（高秋双　赵晓静　马建兴）

北京市平谷区大华山中心小学

2021 年，北京市平谷区大华山中心小学分四址办学，分别为大华山中心小学校区、后北宫小学校区、大华山幼儿园校区和东辛撞幼儿园校区。4 个校区总占地面积 36874 平方米，校舍建筑面积 6827 平方米，运动场地面积 17584 平方米。图书馆（室）藏书 5.40 万册。固定资产总值 3126 万元，全年教育经费投入 4328 万元。学校信息化经费投入 7.25 万元，拥有计算机 411 台，网络多媒体教室 37 个，“信息技术”课程 1 课时 / 周。教职工 101 人，其中高级职称 19 人、中级职称 54 人。专任教师 79 人，本科以上学历 93 人。开设小学教学班 20 个。毕业 49 人、招生 54 人、在校生 387 人，包括随班就读生 4 人。

2021 年，学校强化落实学业管理制度，加强薄弱学科、薄弱教师跟进指导。借助教育集团、教研室作用，根据教学质量监控情况，确定薄弱学科、薄弱教师，有针对性指导改进；聘请平谷区特级教师入校开展系统指导；组织干部、教师召开研讨会，发挥英语、科学、道德与法治优势学科带动与辐射作用，推动薄弱学科教学质量提升。开展常态课堂评优，落实“双减”，组织课堂教学和教学质量分析工作，发挥作业诊断、反馈、巩固、提高功能。提升课后延时服务质量，推进“511”课后延时工作模式，确保每周 5 个工作日开展课后服务，每天 1 小时课外作业指导、1 小时兴趣特长小组和社团活动。

立德树人。开展建党百年系列庆祝活动，推荐百部红色电影、传唱红色经典歌曲、征集红色征文，开展“我是共产党员”主题演讲活动等。开设家政、烹饪、园艺等综合实践课，提高劳动教育实效性。在语文、数学、道德与法治等学科教学中加大劳动观念态度培养。校内结合“人人有事做，事事有人管”班级岗位责任制，精细化管理，从班级实际物品分工管理，让学生人人参与；校外鼓励学生参与家务劳动。

习惯养成。结合学生实际情况制订《学生养成教育评价细则》，增加自主自强、诚实守信 2 项内容。提出课堂常规 5 个规范，即“一脚放平、二腰挺直、三手放平、四头放正、五眼看前”。发挥小干部管理作用，形成“生管生”自主管理模式。通过评选“习惯之星”“礼仪之星”“桃乡好少年”等方式，树立榜样。

（范立娟）

北京市密云区第四小学

2021 年，北京市密云区第四小学占地面积 11290 平方米，校舍建筑面积 5094 平方米，运动场地面积 7184 平方米。图书室藏书 4.76 万册。固定资产总值 2263 万元，全年教育经费投入 2738 万元。学校信息化经费投入 10 万元，拥有计算机 449 台，网络多媒体教室 30 个，“信息技术”课程三年级至五年级 1 课时 / 周。教职工 72 人，其中高级职称 10 人、中级职称 35 人。专任教师 63 人，包括北京市骨干教师 4 人；本科以上学历 63 人。开设教学班 23 个。毕业 172 人、招生 136 人、在校生 982 人。

2021 年，学校落实“双减”，提质增效。基于国家课程校本化、校本课程特色化目标，推进“课内 + 课外”双线实施策略，以课程领导力、牵引力落实“双减”，课堂教学注重提质增效，课后服务注重课程延展。在作业“减负”环节，教师备课对作业质量和难度控制备案，并通过教师周例会总体把控作业量。落实作业公示制度，让任课教师相互照应，赋予班主任本班作业删减权。举办“落实‘双减’优化作业”校本研修活动，组织教师围绕“义务教育阶段教师优化作业的十条建议”开展研讨，并根据研讨结果制定《第四小学低年级语文作业要求》。

加强课程建设，推进课后服务。将“课后服务”纳入学校课程体系，开设每天锻炼一小时体育锻炼必修课程，包括七段式跑步、乒乓球自编操、曳步舞等特色课程；设置以课业辅导、综合素质拓展、社团活动为主的个性化选修课。与密云区青少年宫、密云河北梆子剧团、密云博物馆等单位合作开发的书法、河北梆子、快板等特色课程内容被纳入课后服务课程；以“骨干教师工作室”为主体，为学生提供个性化课业辅导，组织全校骨干教师围绕学生学习困境和瓶颈进行点对点、分学科、跨年级问题破解，同时生成微课资源列入课后答疑解惑菜单。

（王俊英）

北京市密云区西田各庄镇中心小学

2021 年，北京市密云区西田各庄镇中心小学下辖西田各庄镇中心小学、卸甲山小学、疃里小学和太子务小学 4 所完全小学。4 所学校总占地面积 67717 平方米，建筑面积 17060 平方米，运动场地面积 25700 平方米。图书馆（室）藏书 8.77 万册。固定资产总值 6521 万元，全年教育经费投入 7146 万元。学校信息化经费投入 20 万元，拥有计算机 430 台，网络多媒体教室 63 个，“信息技术”课程 1 课时 / 周。教职工 202 人，其中高级职称 28 人、中级职称 104 人。专任教师 120 人，包括北京市骨干教师 2 人；本科以上学历 120 人。开设教学班 42 个。毕业 191 人、招生 181 人、在校生 1089 人。

2021 年，学校实施“智 · 爱”教育，以师德为先，以能力为重，以“双减”推进工作为指导，通过教研训一体化落实，提高干部管理能力，提升教师教书育人水平。

加强教师队伍建设。开展信息技术 2.0 培训，指导教师将信息技术与课堂教学有机融合，达到提质增效减负目的。启动“蒲公英计划”，培养种子干部和影子教师。组织“智 · 爱杯”评优课活动，通过“骨干教师示范课 + 青年教师自评自录课”提升教师教育教学能力。围绕“十四五”课题“种子课堂的实践研究”，按月组织活动，逐步推进落实。

培育“志 · 爱”少年。以课程为主阵地，通过课程育人挖掘各门课程蕴含的德育资源，围绕“童心向党”主题，发挥课堂教学的育人作用，树立人人皆思政理念。组织校外基地劳动，开展班级内劳动技能竞赛、校级志愿服务活动，让学生参与家庭秋收劳动。推进家校共育，开学初进行全员家访，学期中召开家长会，定期开展家庭教育讲座。打造以武术为龙头的“体育”特色。

落实“双减”工作。以“校外减负，校内提质；学生减负，教师提能”为工作目标，落实“备课、上课、作业、辅导、监测、教研、读书”7 项常规工作要求。挖掘教师潜能，4 个校区开设社团 80 余个，为学生提供科技、艺术、体育等素质拓展类课后服务。学生参加中央电视台少儿频道《看我 72 变》现场录制和网络直播，表演创意节目《群鸟》和密云非物质文化遗产《太子务形意拳》。

（张琪　王雪芹　李晓静）

6 月 20 日，西田各庄镇中心小学学生参加央视少儿频道节目录制（西田各庄镇中心小学　供）

北京市延庆区康庄中心小学

2021 年，北京市延庆区康庄中心小学占地面积 2.67 万平方米，建筑面积 5619 平方米，体育场（馆）面积 1.34 万平方米。图书馆藏书 4.17 万册。固定资产总值 2726 万元，全年教育经费投入 3065 万元。学校信息化经费投入 5.60 万元，拥有计算机 225 台，网络多媒体教室 31 个，“信息技术”课程 1 课时 / 周。教职工 88 人，其中高级职称 6 人、中级职称 46 人。专任教师 69 人，包括北京市骨干教师 1 人；

本科以上学历 82 人。开设教学班 28 个。毕业 88 人、招生 135 人、在校生 844 人。

2021 年，学校以“和·宜教育”为办学理念，以“培养健康快乐的阳光少年”为育人目标，开展中华传统文化教育，深化课程改革，构建生态课堂。

加强师资队伍建设。借力首都师范大学培训项目，各学科完成 3 次与首师大专家团队线上连线培训。邀请特级教师、教研员入校指导 10 次。开展区、校级评优活动，骨干开放课以及常态推门课等各种形式听评课。

丰富教育教学活动。利用科技节开展天文科普互助等科技教育活动，邀请市、区级专家进校园，开展机器人、创意搭建等科技活动。通过升旗仪式、唱响国歌、班会课，加强爱国主义教育；结合中秋、国庆、春节等重要节日，组织学生手写书信，开展传统文化教育。组织学生走进怀柔雁栖湖、延庆云瀑沟、北京市延庆区第一职业学校、北京绿富隆农业股份有限公司和北京世园公园 5 个市级社会大课堂资源单位开展社会大课堂系列活动。在活动中推进光盘行动、生活垃圾减量分类教育。开展法治进课堂活动。

推进校园足球特色建设。发挥全国校园足球特色校辐射作用，主动承担国家级、市级、区级、校际间各类校园足球培训，每周每支足球队开展 3～4 次训练。组织学生参加 2021 年北京市校园足球特色校联赛、延庆区中小学校园足球联赛；继续开展绘画、摄影、海报、小记者等活动，提升校园足球整体普及率。

（吕亚娟）

北京市延庆区第二小学

2021 年，北京市延庆区第二小学占地面积 2.53 万平方米，建筑面积 1.83 万平方米，体育场（馆）面积 6900 平方米。图书馆藏书 6.73 万册。固定资产总值 9678 万元，全年教育经费投入 4538 万元。学校信息化经费投入 8.70 万元，拥有计算机 384 台，网络多媒体教室 58 个，“信息技术”课程 1 课时 / 周。教职工 133 人，其中高级职称 15 人、中级职称 54 人。专任教师 113 人，包括北京市骨干教师 3 人；本科以上学历 109 人。开设教学班 42 个。毕业 234 人、招生 338 人、在校生 1837 人。

2021 年，学校坚持五育并举，落实“双减”工作，以“教师学院”为载体，以城乡一体化项目为抓手，以提升质量为目标，全面开展教育教学工作。

活动育人。开展“听党话 跟党走 做新时代好少年”系列活动，举办制作手抄报活动，以绘画、手写书信、劳动体验等形式组织大课堂活动庆祝建党百年；承办区级千人大合唱《没有共产党就没有新中国》庆祝活动。举办“童心迎冬奥做文明二小人”系列活动，举办“庆建党百年，迎冬奥盛会”春季田径运动会；开展北京冬奥会倒计时 100 天庆祝活动、垃圾分类小手拉大手活动；召开交通安全和文明出行主题班会；创建冰雪特色校，组织学生学习冰雪运动知识和技能。

师资培训。依托北京市东城区史家胡同小学开展城乡一体化建设“教师关键能力提升”系列研讨活动。“史家学院”语文、数学、英语、综合、科学、艺术、体育、劳动 8 个团队 60 名教师，分 50 次走进学校开展教学研讨、同课异构、评课议课、专题讲座等活动。学校干部教师 76 人次走进史家胡同小学，参与教育教学研讨。

课后服务。探索“3+1”多彩课程模式，每周 3 天开设校级多彩课程，包括体育、艺术、科技、国学、劳动 5 个大项 20 类 51 个兴趣班和书法、儿童画、豆塑等具有年级特点、学生可自主选择的 31 个兴趣班。开展推进整本书阅读研讨系列活动、“鸿雁计划”数学研修系列活动。

（盛敏）

北京市房山区燕山星城小学

2021 年，北京市房山区燕山星城小学占地面积 19274 平方米，校舍建筑面积 6207 平方米，运动场地面积 7458 平方米。图书馆（室）藏书 70227 册，电子图书 207 册。固定资产总值 4758 万元，全年教育经费投入 2816 万元。学校信息化经费投入 161.17 万元，拥有计算机 338 台，网络多媒体教室 50 个，“信息技术”课程 1 课时 / 周。教职工 77 人，其中高级职称 6 人、中级职称 43 人。专任教师 71 人，本科以上学历 77 人。开设教学班 27 个。毕业 147 人、招生 196 人、在校生 962 人，包括随班就读生 2 人。

12 月 21 日，星城小学举办幼小衔接展示活动

（星城小学 供）

2021年，学校坚持和加强党的全面领导，发挥党史教育政治引领功能，为思政教育添加党史元素，全方位落实党史教育，推动党史教育强课程。结合习近平读本进课堂，整合构建“道德与法治”课为主体，各学科课程相渗透，实践课程为补充的思政课程体系。结合党史教育，多措并举丰富课后服务供给，挖掘各类课程和教学方式中蕴含的思政教育资源，构建起全面覆盖、类型丰富、层次递进、相互支撑的课程思政脉络。整体推进学校建设，提升学校发展动力。推进校级领导办学理念研读、中层干部的工作职责领悟与学校文化对接。坚持重大事项开展符合流程规范，重大决议集体决策政策。丰富学生学习生活，组织学生滑冰体验、唱冬奥歌曲、冰雪嘉年华系列活动，组织各年级分别推出绘本故事、课本剧、好书介绍与推荐等整本书阅读分享展示活动。

借助星城教育联盟，促进教育均衡发展。实现幼小初贯通培养，开展多样化活动促进联盟发展。星城教育联盟3所学校党支部构建中小幼一体化德育目标，建立德育要素融通一体、学段衔接一体、各方协同一体德育工作新格局，重点围绕外陪内培相结合，借助北京教育科学研究院专业力量开展多项系列活动。

（陈佳云　张瑶）

北京亦庄实验小学

2021年，北京亦庄实验小学占地面积37269平方米，校舍建筑面积25800平方米，运动场地面积12700平方米。图书馆（室）藏书72430册。固定资产总值4285万元，全年教育经费投入14277万元。学校信息化经费投入76万元，拥有计算机816台，网络多媒体教室76个，“信息技术”课程1课时/周。教职工228人，其中高级职称20人、中级职称40人。专任教师196人，包括特级教师8人；本科以上学历220人。开设教学班76个。毕业237人、招生281人、在校生2398人，包括随班就读生1人。

2021年，学校以党的建设为统领，深化党建与教学融合，开展系列党员活动。依托十一学校组织结构模型，构建管理标准化体系。坚守“志远意诚 思方行圆”育人目标，对学校课程进行整体的、创新的思考与逻辑构建，创建“亦课程”体系。

加强师德师能培养。选树师德标兵、教学骨干、优秀教师等先进典型，依托名师工作室、学科组打造“助力成长”提升工程，促进教师专业水平提升，开展“一师一优课”“教学设计大赛”“启航杯”等系列活动，打造“名师工作室”引领工程，举办名师教育思想研讨会、名师周等活动，发挥示范引领作用。邀请海淀教师进修学校10名小学教研员来校开展教学视导。

推进信息化建设，优化办公流程。上线教师发展档案袋系统、学生成长评价系统、课堂资源服务系统，定制开发“亦小”APP，利用信息化技术提升工作效率。与京师项目学习研究院合作启动“项目化学习”。

培育全面发展的学生。选派420名学生参加经开区首届中小学田径运动会开幕式表演及各项比赛，获优秀组织奖。学校花样滑冰队在全国花样滑冰俱乐部联赛中获总决赛亚军，19名运动员被评为国家二级运动员。在北京市中小学冬季运动会中，获花样滑冰队列滑季军和越野滑雪小学男子组冠、亚军。学校被评为北京2022年冬奥会和冬残奥会奥林匹克教育示范校、全国校园冰雪运动特色校。

（王婷婷　王会娜）

中学选介

北京市第二中学

2021年，北京市第二中学占地面积2.94万平方米，校舍建筑面积4.52万平方米，运动场地面积0.74万平方米。图书馆（室）藏书9.82万册，电子图书1500册。固定资产总值10568万元，全年教育经费投入14426万元。学校信息化经费投入110万元，拥有计算机710台，网络多媒体教室40个，“信息技术”课程3课时/周。教职工251人，其中高级职称115人、中级职称61人。专任教师220人，包括特级教师5人、北京市骨干教师7人；本科以上学历148人。开设高中教学班45个。毕业395人、招生368人、在校生1161人。高中录取分数线635分（东城区），应届

4月23日，二中举办“百位模范进校园”首场活动

（二中　供）

高考本科上线率100%。

2021年，学校落实“双减”，规范教学管理，优化教学过程。借助人工智能、大数据等手段，推进“互联网+教育”学习样态构建，探索建立精细化教学诊断、分析、评价体系，开展基于精准供给的课堂教学。

加强教师队伍建设。以“紫禁杯”班主任工作室建设为引领，加强年级组长、班主任队伍专业化培养，建设长期稳定的德育工作团队。确立年级/班级管理目标、规范常规管理。深化家校社协同育人，加强学科德育和思政课建设。通过领航计划和学科基地建设，从教育实践和教育研究方面搭建专业平台，打造高水平、专业化、创新性教师队伍。

提升教学教研质量。将课程改革、学科建设与学生培养、学科素养培育等目标融为一体，举办“百位模范进校园”“百所高校进校园”等活动。探索特色课程，启发并激励学生在学科学习和实践中实现文化、科学、体育等全面发展。在第35届中国化学奥林匹克竞赛中，1名学生获金牌并获清华大学“强基计划”破格最优录取资格，1名学生获银牌及北京大学“强基计划”破格最优录取资格。

（薛丽霞　李震）

北京市第一六六中学

2021年，北京市第一六六中学分两址办学，分别为灯市口校区和东四六条校区。2个校区总占地面积2.12万平方米，校舍建筑面积2.46万平方米，运动场地面积0.64万平方米。图书馆（室）藏书9.18万册。固定资产总值8402万元，全年教育经费投入11628万元。学校信息化经费投入282.30万元，拥有计算机853台，网络多媒体教室54个，“信息技术”课程1课时/周。教职工267人，其中高级职称103人、中级职称86人。专任教师237人，包括特级教师2人、北京市骨干教师5人；本科以上学历259人。开设教学班54个（初中32个、高中22个）。毕业463人（初中257人、高中206人）；招生664人（初中391人、高中273人）；在校生1953人（初中1175人、高中778人），包括寄宿生10人，随班就读生2人。高中录取分数线612分（东城区），应届高考本科上线率100%。

2021年，学校落实“双减”。开展跨年级、跨学段课后服务课程，分别为学科素养类课程72门、兴趣类课程83门、社团类课程12门，180名教师参与，惠及1860名学生。统筹作业管理，设置家庭作业公示专区，倡导多维学习目标，多样化作业，由教研组、年级组、备课组形成闭环管理。促进教师专业化发展，为青年教师开设专业成长系列课程，举办“‘双减’背景下教学评一体化”专题讲座。组织中青年骨干教师40人参加“2021年初中教育发展论坛”学习，开展市、区级联动视导2次，举办“博雅杯”骨干教师示范课27节。

党史学习教育。学校党总支升建党委，成立6个年级组党支部，举办主题讲座、知识问答，开展微党课、主题党日活动，组织教师参观红色教育基地。在学生中开展“博雅学子红心向党”党史系列宣讲18次，举办“扬科技强国梦想，担博雅少年责任”科技节、“百年风华砥砺行 博雅学子心向党 五四表彰暨班级合唱”展演、“妙笔绘山河”书画展等活动。金帆话剧团16名师生参加庆祝中国共产党成立100周年大会千人朗诵，发出“请党放心，强国有我”青春宣言。

（周燕）

北京市广渠门中学

2021年，北京市广渠门中学分三址办学，分别为校本部、初三学部和高三学部。初三学部借用龙潭中学校舍上课，建筑面积0.18万平方米；另外2个校区总占地面积2.54万平方米，校舍建筑面积3.53万平方米，运动场地面积1.06万平方米。图书馆（室）藏书10.33万册。固定资产总值1.50亿元，全年教育经费投入1.40亿元。学校信息化经费投入185万元，拥有计算机1035台，网络多媒体教室105个，“信息技术”课程1课时/周。教职工290人，其中高级职称104人、中级职称79人。专任教师274人，包括北京市骨干教师8人、北京市学科教学带头人1人；本科以上学历286人。开设教学班79个（初中50个、高中29个）。毕业617人（初中374人、高中243人）；招生749人（初中492人、高中257人）；在校生2261人（初中1459人、高中802人），包括寄宿生328人，随班就读生7人。高中

4月5日，广渠门中学举办足球篮球联赛

（广渠门中学　供）

录取分数线 624 分（东城区），应届高考本科上线率 100%。

2021 年，学校发挥优质资源作用，组织策划“璀璨国礼承载精神血脉，百年征程续写文化自信”东崇前协作组教工团教师致敬建党百年参观活动，举办“永远跟党走——北京市广渠门中学庆祝建党百年华诞特展”。

活动育人。举办“踏歌起舞 随心而动”第九届星光杯校园集体舞比赛、“向美而歌”金帆合唱团专场音乐会、“广中好声音”征集等活动。2 名学生获评全国中学生英才计划“优秀学生”。学校被评选为 2021 年北京市冰雪运动特色学校一类校和 2021 年北京市奥林匹克教育示范学校。聘请专业心理咨询专家为有需求的学生提供心理咨询援助。

师资建设。首期副班主任成长营开营，助力班主任后备队伍建设。成立由 10 余名具有博士学位教师组成的“领军联盟”和骨干班主任、学科教师组成的“名师工作室”。举办“大观念视域下单元教学实践”研讨会、“让技术赋能教学——推动‘双减’落地”第三届学术年会等研讨活动，提升教师教研能力。

（吴臻）

北京市第五十中学

2021 年，北京市第五十中学占地面积 2.79 万平方米，校舍建筑面积 2.42 万平方米，运动场地面积 1.01 万平方米。图书馆藏书 11.08 万册，电子图书 4000 册。固定资产总值 7971 万元，全年教育经费投入 10612 万元。学校信息化经费投入 547.21 万元，拥有计算机 450 台，网络多媒体教室 51 个，“信息技术”课程 1 课时 / 周。教职工 238 人，其中高级职称 95 人、中级职称 73 人。专任教师 172 人，包括北京市骨干教师 1 人；本科以上学历 234 人。开设教学班 48 个（初中 24 个、高中 24 个）。毕业 438 人（初中 217 人、高中 221 人）；招生 587 人（初中 326 人、高中 261 人）；在校生 1780 人（初中 995 人、高中 785 人），包括寄宿生 161 人，随班就读生 2 人。高中录取分数线 606 分（东城区），应届高考本科上线率 95.33%。

2021 年，学校围绕庆祝建党百年主题，开展党史学习教育，将建党百年主题融入初三、高三年级教学活动，举办“砥砺奋进激扬青春风采 谱写华章献礼百年华诞”2021 届高三年级毕业典礼、“恰风华正茂 谱奋斗华章”2021 届高三成人仪式暨百日誓师大会等活动，组织各班开展“学党史 跟党走 致敬英雄”主题班会交流、班级宣传板设计以及党史知识竞赛活动。各学科挖掘学科中蕴含的传统文化，展示学科百年发展历史。落实“我为群众办实事”，通过问卷调研、年级视导、校长接待日等，征集意见和建议。根据建议，改善教育教学设施和办公条件，丰富校园精神文化生活。

落实“双减”。成立“双减”工作专班，确立减负增效目标，研究校本方案。探索数字化环境下的学习方式变革，将信息技术融入课堂，激活学生学习动力，探索“互联网+”新型教学模式，鼓励学科尝试探索线上线下双课堂教学，完善《作业管理办法》，制定《作业公示制度》。完善课后服务方案，增加课业辅导项目，统筹安排社团课和选修课，优化课后服务课程内容。成立课后服务教师子女托管班，解决课后服务教师后顾之忧。

（张剑平）

5 月 17 日至 6 月 6 日，五十中举办科技节活动

（五十中 供）

北京汇文中学

2021 年，北京汇文中学分两址办学，分别为校本部和南校区。2 个校区总占地面积 6.18 万平方米，校舍建筑面积 7.42 万平方米，运动场地面积 2.11 万平方米。图书馆藏书 10.89 万册，电子图书 10 万册。固定资产总值 9084 万元，全年教育经费投入 15770 万元。学校信息化经费投入 258.60 万元，拥有计算机 1024 台，网络多媒体教室 123 个，“信息技术”课程初中 1 课时 / 周、高中 1.5 课时 / 周。教职工 279 人，其中高级职称 97 人、中级职称 82 人。专任教师 220 人，包括特级教师 2 人、北京市骨干教师 8 人、北京市学科教学带头人 2 人；本科以上学历 277 人。开设教学班 69 个（初中 41 个、高中 28 个）。毕业 601 人（初中 316 人、高中 285 人）；招生 1049 人（初中 694 人、高中 355 人）；在校生 2027 人（初中 1043 人、高中 984 人），包括寄宿生 97 人，

随班就读生2人。高中录取分数线625分（东城区），应届高考本科上线率100%。

2021年，学校以庆祝建党百年为契机，利用校园红色资源，开展落实党史学习教育各项活动，举办“红色传承”大型主题党建活动。

庆祝建校150周年。构筑文化育人环境，完成文化手册、宣传画册等材料编制、宣传片拍摄、校史馆建设等工作。建设系列校园文化标识，行政楷模高凤山校长、教师楷模阎述诗先生人物雕像落成。

9月17日，汇文中学校史馆开馆

（汇文中学　供）

探索集团发展新模式。南校区于9月开学。加强集团管理模式和体制建设，实施中心制管理模式，提升财务、人事、信息等部门管理效率。在教学方面施行两校区及北京汇文中学朝阳学校统一备课、教研，以集团为单位开展教师讲座交流及听课活动。落实“交流轮岗”要求，跨校交流干部5人，市、区骨干教师8人；全职、兼职跨校教师人数超过80人。建立8个市、区、校三级学科基地。开展北京汇文中学教育集团教师育人能力提升项目，举办集团教师培训活动64次。

落实“双减”。通过分层教学和作业个性化匹配，完善教育评价方式和方法。实施汇文书院课程，发展学生特长、提升综合素质。开设未来之星课程，培养理科创新人才。加大体育、美育、劳动技术教育课程开发力度，落实五育并举。

（王苗）

北京市第四中学

2021年，北京市第四中学分四址办学，分别为高中校区、北海校区、广外校区和国际校区。4个校区总占地面积9.21万平方米，建筑面积11.59万平方米，运动场地面积2.83万平方米。图书馆（室）藏书25.11万册，电子图书1350册。固定资产总值3.01亿元，全年教育经费投入2.60亿元。学校信息化经费投入249.32万元，拥有计算机2368台，网络多媒体教室157个，“信息技术”课程2课时/周。教职工456人，其中高级职称174人、中级职称146人。专任教师352人，包括特级教师10人、北京市骨干教师6人、北京市学科教学带头人4人；本科以上学历443人。开设教学班108个（初中56个、高中52个）。毕业951人（初中493人、高中458人）；招生1412人（初中808人、高中604人）；在校生4006人（初中2204人、高中1802人），包括高中寄宿生387人。高中统招录取分数线638分（西城区），应届高考本科上线率100%。

2021年，学校贯彻“北京四中教育价值体系”，强调学校教育中“个人成长”与“责任担当”双重属性，强调师生共同成长。围绕“提升学生自我学习能力”目标，开展各项教学工作。

提升教育教学质量，发挥辐射作用。加强集体备课，探索基于学生“学习逻辑”新教法，尝试学习方式与教学模式变化。基于学校培养目标，完善课程体系建设。作为学校整体发展中的重要组成，加快发展国际教育，出台国际校区教职工福利待遇相关制度。加强“教育集团校”工作业务交流，办好顺义、房山两区分校，推动雄安北京四中分校各项工作，筹办密云北京市第二实验学校。

关注师生培养，加强理想教育。通过“任务派送”和“作业分层”，激发学生主动性，引导学生自主和谐发展。关注教师专业化发展，加强备课组建设，以备课组工作作为切入点，进一步完善《北京四中备课组目标管理条例》。以“双新为导向”，关注课堂教学改革。通过教师发展中心促进教师专业发展，做好“四个一”建设，即开设“传统与前沿”讲坛、推进学校创新项目、开设校师训课程体系、完善教师发展中心专业团队建设。建立数据中心，通过数据分析，进一步反馈、服务、指导教学。加强课堂常规管理，落实听课要求，通过各级各类开放日，为教师搭建平台，促进专业化发展。

（王海明）

北京市第十三中学

2021年，北京市第十三中学分两址办学，分别为高中校区和初中校区。2个校区总占地面积28249平方米，校舍建筑面积25379平方米，运动场地面积8360平方米。图书馆（室）藏书108227册，电子图书330册。固定资产总值5855万元，全年教育经费投入8985万元。学校信息化经费投入11.28万元，拥有计算机1520台，网络多媒体教室 69 个，“信息技术”课程 3.5 课时 / 周。教职工 197 人，其中高级职称 71 人、中级职称 61 人。专任教师 160 人，本科以上学历 195 人。开设教学班 44 个（初中 18 个、高中 26 个）。毕业 317 人（初中 93 人、高中 224 人）；招生 555 人（初中 235 人、高中 320 人）；在校生 1562 人（初中 692 人、高中 870 人），包括随班就读生 2 人。高中统招录取分数线 618 分（西城区），应届高考本科上线率 100%。

2021 年，学校以党史学习促进夯实基层党建工作，发挥党员在防疫和教育教学过程中的先锋模范作用。开展“信念在心 使命在肩”主题党日活动，提高党员责任意识。举办“百年政党建伟业 时代青年建新功”青年教师“五四”表彰活动，鼓励青年教师把立德树人放在首位。推出“传红色基因，赓精神血脉”主题团课、王府之声“百年话党史”系列节目、“唱支歌儿给党听，革命薪火代代传”校园艺术节等活动。

提升教育教学水平。开展新教师培训“青蓝双馨工程”，加速青年教师成长。作为新课程新教材实施情况调研学校，邀请专家团队入校调研，完善课程方案，促成学校课程方案建设与实施。举办推进普通高中新课程新教材实施学校课程建设教师研讨会。各学科积极探索，推动基础教育课程学习方法理念转化落地，开展系列市级教研活动。学校物理教师李晓彤作为地面主课堂授课教师与神舟十三号乘组航天员配合，完成天宫课堂地面授课任务。落实“双减”工作，组织各学科聚焦“双减主题”，开展“以课堂精准减‘负’，促进提‘质’”研讨，课后服务提优拓展，五育并举。

（董玉红　杨志红）

北京市第八中学

2021 年，北京市第八中学分六址办学，分别为金融街校区、西便门东里校区、西便门西里校区、木樨地校区、百万庄校区和京西校区（初中住宿）。6 个校区总占地面积 60330 平方米，校舍建筑面积 83081 平方米，运动场地面积 26709 平方米。图书馆藏书 16.70 万册，电子图书 2840 册。固定资产总值 19409 万元，全年教育经费投入 29069 万元。学校信息化经费投入 681 万元，拥有计算机 3899 台，网络多媒体教室 144 个，“信息技术”课程 4 课时 / 周。教职工 545 人，其中高级职称 195 人、中级职称 144 人。专任教师 491 人，包括特级教师 7 人、北京市骨干教师 12 人、北京市学科教学带头人 1 人；本科以上学历 491 人。开设教学班 126 个（初中 60 个、高中 40 个、超常教育实验班 21 个、中美高中课程班 5 个）。毕业 1159 人（初中 761 人、高中 398 人）；招生 1376 人（初中 797 人、高中 469 人、超常教育实验班 110 人）；在校生 4278 人（初中 2275 人、高中 1373 人、超常教育实验班 630 人），包括寄宿生 513 人，随班就读生 1 人。高中录取分数线 631 分（西城区），应届高考本科上线率 100%。

2021 年，学校创新发展素质教育，深入推进“双新”建设，以建校百年系列活动为契机，承续优秀，志笃行稳。强化基层党组织建设，出台《党支部工作手册》，推进党支部规范化、标准化发展。

提升教育教学质量。加强青年教师队伍建设，开展“这就是八中教育”青年教师成长半月谈，累计举办 8 期活动。选派 3 名教师参加西城区教育两委组织的优秀年轻干部培训班。深化教育改革，借助新课程新教材实施国家级示范校建设契机，全面梳理和规范课程建设、教学管理、教学评价、教学研究和教师培养。拓展住宿入学途径，在京西校区增设初一年级住宿班，是西城区义务教育阶段（初中学段）首个住宿班。2 名学生入围清华大学“丘成桐数学科学领军人才培养计划”，被清华录取。中国教育学会拔尖创新人才基础培养专业委员会在学校成立。学校成为教育部“深度学习”项目实验校、全国网络学习空间应用优秀校、北京市“双百”示范基地校、北京市教育信息化融合应用示范基地。

丰富德育工作内涵。加强制度保障，制订惩戒实施办法、手机使用管理办法、劳动教育实施方案等文件。以落实教育部《中小学德育工作指南》典型案例征集评选为契机，梳理学校德育工作。举办德育工作坊，通过专题研讨、专家讲座等加强成员培养并发挥示范作用，2 名班主任分获北京市中小学“紫禁杯”特等奖和一等奖。召开“建党百年”“北京冬奥”等主题系列德育活动。以“立德百年路 树人新征程”为主题，举办系列活动。

（吴晋　李璠）

北京师范大学附属中学

2021 年，北京师范大学附属中学分三址办学，分别为东校区、西校区和南校区。3 个校区总占地面积 4.61 万平方米，校舍建筑面积 5.61 万平方米，运动场地面积 1.68 万平方米。图书馆（室）藏书 14.20 万册，电子图书 0.50 万册。固定资产总值 40477 万元，全年教育经费投入 21291 万元。学校信息化经费投入 1425 万元，拥有计算机 1620 台，网络多媒体教室 163 个，“信息技术”课程初中 1 课时 / 周、高中 2 课时 / 周。教职工 410 人，其中高级职称 163 人、中级职称 139 人。专任教师 331 人，包括特级教师 7 人、北京市骨干教师 8 人、北京市学科教学带头人 1 人；本科以上学历 399 人。开设教学班 93 个（初中 54 个、高中 39 个）。毕业 953 人（初中 592 人、高中 361 人）；招生 1287 人（初中 841 人、高中 446 人）；在校生 3517 人（初中 2183 人、高中 1334 人），包括寄宿生 171 人。高中录取分数线 629 分（西城区），应届高考本科上线率 100%。

2021 年，学校建校 120 周年，推进“双减”落实，丰富和完善课后服务供给，不断提高教学质量。钱学森纪念馆、赵世炎烈士像获批为北京市爱国主义教育基地。

提升教育教学质量。加强日常教学管理，特别是命题规范性管理。推进“双新”国家级示范校建设，聚焦高阶思维能力和深度学习研究。学校被授予北京大学“博雅人才共育基地”。开展第三届教学展示活动，推进单元教学研究、“两心两力”研究，各学科推出优质课20余节。修订作业制度，明确各方职责，要求学科教研组和备课组将单元作业设计研究纳入校本教研活动中。教师全员参与提供课后服务，学生参与率90%，6个教研组参加教育部“普通高中指向核心素养的深度学习教学改进项目”，进入课例实施阶段，推出多节深度学习研究课。

促进教师专业发展。践行“研训一体”，理论培训实现线上线下相结合，通识与学科打通，关注到骨干教师、青年教师等不同群体，注重信息素养与教育教学能力整合等。教研组长通过组织研究课、课例分析活动及学科内专题研讨，形成阶段性成果。搭建“展示交流”平台，推出专题研究课23节，整理书稿10余册，各教研组完成学科研究展板设计制作。举办迎新年外教趣味运动会，设置投壶、高尔夫、躲避球等体育项目，为因疫情不能回到家乡的外籍教师送祝福。

学生在学科类、科技创新类竞赛中表现优异。1人获第35届中国化学奥林匹克（初赛）一等奖，并入选北京代表队。VEX机器人社团获VEX世锦赛中国总决赛全能奖和冠军，直通世锦赛。在第21届北京中小学生金鹏科技论坛中，4名学生的科技创新成果获4项一等奖。1人获第12届全国青少年科学影像节“最佳作品奖”。多人获北京市第22届中小学师生电脑作品交流展示活动单项奖。

（韩颖）

北京市第十五中学

2021年，北京市第十五中学分三址办学，分别为陶然校区、春明校区东址和春明校区西址。3个校区总占地面积50913平方米，校舍建筑面积46744平方米，运动场地面积19204平方米。图书馆（室）藏书10万册。固定资产总值22607万元，全年教育经费投入16516万元。学校信息化经费投入450万元，拥有计算机540台，网络多媒体教室66个，“信息技术”课程2课时/周。教职工345人，其中高级职称126人、中级职称106人。专任教师268人，包括北京市骨干教师1人、北京市学科教学带头人1人；本科以上学历335人。开设教学班66个（初中38个、高中28个）。毕业563人（初中348人、高中215人）；招生887人（初中567人、高中320人）；在校生2354人（初中1468人、高中886人），包括寄宿生109人，随班就读生3人。高中录取分数线616分（西城区），应届高考本科上线率100%。

2021年，学校制定《2021—2023三年发展规划（纲要）》，并从办学规模、教育质量、教师水平等方面规划25项具体实施内容。制定《新时代教职工行为规范实施细则》，以提高全体教职工文明修养。

加强减负增效，规范教学常规。通过对教学过程的质量监控和教学质量分析，重点提高课堂教学有效性，聚焦“常态课”。探索课堂教学中教师教学方式与学生学习方式变革，构建和完善“价值引领、五育并举、多元发展”的十五中特色课程体系。优化选科走班制建设，以“双新”建设为契机，落实课程建设目标，丰富课程资源，建设特色校本课程。

探索年级主任负责制管理模式。成立“德育名师工作室”，推动教师快速成长。加强教师专业化发展，做好教研组文化建设、队伍建设、课程建设和学科环境建设。鼓励和支持教师不断创新，积极开展课题研究。学校作为西城区“双新”项目实施重点参与校，全年成功申请“双新”项目22个。

（谭小青）

中国教育科学研究院朝阳实验学校

2021年，中国教育科学研究院朝阳实验学校分四址办学，分别为中学部校区、小学低部校区、小学高部校区和小学安华里校部校区。4个校区总占地面积3.32万平方米，校舍建筑面积2.32万平方米，运动场地面积1.67万平方米。图书馆（室）藏书74224册。固定资产总值11337万元，全年教育经费投入7258万元。学校信息化经费投入19万元，拥有计算机1034台，网络多媒体教室125个，“信息技术”

5月19日，中国教科院朝阳实验学校承办新时代学校“高质量课堂”暨中国教科院朝阳实验学校“思考力课堂”建设研讨会（中国教科院朝阳实验学校 供）

课程初中 1 课时 / 周、小学 0.5 课时 / 周。教职工 169 人，其中高级职称 21 人、中级职称 69 人。专任教师 156 人，包括特级教师 4 人；本科以上学历 149 人。开设教学班 59 个。毕业 265 人（小学 189 人、初中 76 人）；招生 362 人（小学 222 人、初中 140 人）；在校生 1635 人（小学 1279 人、初中 356 人），包括随班就读生 25 人。学校有学生社团 43 个。

2021 年，学校推进九年一贯制治理体系建设，优化双向岗位聘任制，深度实施扁平化管理，不断提升学校治理能力。

师资队伍建设。完善学校思考力课堂理论与实践体系，承办新时代学校“高质量课堂”暨学校“思考力课堂”建设研讨会。通过“润泽杯”“希望杯”课堂教学大赛及骨干教师引领课，深入实践思考力课堂。开展 2 次基于思考力培养青年教师说教材活动。深化 5 个学科工作坊和 10 个名师工作室工作，开展线上线下教研活动 60 余次。

科研成果研发。国家级重点课题“九年一贯制学校治理创新的行动研究”结题，4 项课题获批北京市教育学会立项课题。2 个“双减”专项课题经朝阳区选拔推荐参加北京市课题评选。组织区级课题“诊断式督导教师教育教学评价实践研究”专题研讨会等活动 10 次。举办第三届教育教学成果奖评选活动，评选出教育教学成果一等奖 4 项、二等奖 3 项。学校被评为北京市基础教育科研先进单位。

探索“双减”工作下作业设计、课后服务、课程资源开发等。中小学部进行作业展览 8 次。教师结合个人教学实际及对“双减”政策理解，撰写相关研究文章 70 余篇。在北京市 2020—2021 学年度基础教育科学研究优秀论文评比中，11 名教师获二等奖。在 2021 年北京市教师“基本功与专业能力”教育教学研究成果征集中，4 名教师获一等奖、24 名教师获二等奖。学校评选推荐 8 个优秀课后服务课程资源参加区级评选，其中 2 个课程建设优秀成果经朝阳区选拔推荐参加北京市课程成果评选。“年级组跨学科综合实践活动课程研究成果”获评北京市基础教育课程一等奖。“STIP”课程在原有资源基础上进行系统整理提升，形成完善课程体系。学校获评北京市中小学综合实践活动课程实施特色学校。

构建九年一贯制“润泽德育”体系。推进五优（德育优、智育优、体育优、美育优、劳动优）班集体建设。成立 3 个校级名班主任工作室，发挥骨干班主任引领作用。召开 6 次班主任专题培训会，促进教师专业成长。开展“永远跟党走”主题系列活动。举办第六届校园文化节暨 2021 年“传承文化 喜迎冬奥”庆祝新年主题展演活动。普及科技教育，以模型社团为引领，形成科技模型课程特色品牌。学校少先队大队获评 2020 年度北京市优秀少先队集体。

（喻小兰 刘江）

北京市第五中学朝阳双合分校

2021 年，北京市第五中学朝阳双合分校分两址办学，分别为双合校区和焦化厂校区。2 个校区总占地面积 3.64 万平方米，校舍建筑面积 2.36 万平方米，运动场地面积 1.01 万平方米。图书馆藏书 15014 册。固定资产总值 7238 万元，全年教育经费投入 1816 万元。学校信息化经费投入 6 万元，拥有计算机 232 台，网络多媒体教室 43 个，“信息技术”课程初中 1 课时 / 周、小学 0.5 课时 / 周。教职工 41 人，其中高级职称 4 人、中级职称 21 人。专任教师 36 人，本科以上学历 38 人。开设教学班 21 个。毕业 51 人（小学 33 人、初中 18 人）；招生 120 人（小学 93 人、初中 27 人）；在校生 580 人（小学 469 人、初中 111 人），包括随班就读生 3 人。学校有教师社团 16 个。

2021 年，学校实施《朝阳区中小学生养成教育三年行动计划》，落实“双减”工作，在坚持“五育并举”的同时关注心理健康教育和优化家校互信建设。

注重教师专业发展。通过专家诊断式督导、跨区联校教研交流、青蓝工作室及师徒结对方式搭建教学相长平台，发挥骨干教师引领作用。通过周例会、教学巡查、优质常态课等制度监督常规教学。“五中双合分校构建校园急救体系的实践与探索”“‘微课程’方式下初中语文专题学习研究”2 个北京市教育学会“十四五”教育科研课题立项。

推进德育队伍建设，提升教育管理能力。创设学段及班级特色管理，加强班主任基本功培训。1 人被评为区教育系统师德先锋，1 人获北京市第 34 届“紫禁杯”优秀班主任称号。探究课堂及作业分级特色设计，构建课后服务多元课程：初中开设学科拓展及实践活动等课程，小学开展绘本阅读、心理小屋、趣味数学等特色社团活动。推出各级各类展示课 126 节。

推进“悦”文化构建。举办“一起向未来”秋季运动会、“你好 2022 一起悦起来”新年活动、“不忘初心跟党走 红歌唱响主旋律”暨庆“七一”红歌会等活动，开展“迎中秋 庆佳节”及“红心向党 匠心育人”活动。通过理想信念、生态文明、心理健康等主题教育融入核心价值观，提升学生道德素养。心理社团参与《教育头条》第四届京津冀百所中小学活力社团展示。

（王冰）

中国科学院附属实验学校

2021 年，中国科学院附属实验学校分四址办学，分别为科学园校区、南沙滩校区、华严里小学部校区和华严里初中部校区。4 个校区总占地面积 3.13 万平方米，校舍建筑面积 2.17 万平方米，运动场地面积 1.12 万平方米。图书馆（室）藏书 79476 册。固定资产总值 11062 万元，全年教育经费投入 8060 万元。学校信息化经费投入 43 万元，拥有计算机 732 台，网络多媒体教室 119 个，“信息技术”课程高中 1 课时 / 周、初中 1 课时 / 周、小学 0.5 课时 / 周。教职工 227 人，其中高级职称 32 人、中级职称 82 人。专任教师 222 人，包括北京市骨干教师 1 人；本科以上学历 225 人。开设教学班 99 个。毕业 355 人（小学 270 人、初中 85 人）；招生 678 人（小学 395 人、初中 178 人、高中

11 月 24 日，中科院附属实验学校高中部举办第二届艺术体育节艺术项目展演 （中科院附属实验学校 供）

105 人）；在校生 2872 人（小学 2271 人、初中 426 人、高中 175 人），包括寄宿生 89 人，随班就读生 11 人。学校有学生社团 89 个。

2021 年，学校探索“科教融合”特色发展道路。建设立德树人德育高地，成立家庭教育支持中心。开展家长大课堂活动，全年邀请家长进校园 268 人次。

教师培养。重视青年教师培养，完成全学段青年教师培养工程，56 名青年教师参加培训。完成骨干教师培训，形成骨干教师梯队。为各级各类教师搭建学习平台，开展“中科杯”教学基本功全员培训，“硕博论坛”成为教师活动品牌。发挥育人主阵地作用，开展“三爱、三气、三结合、三融入”12 年一体化建设，打通学段、试点贯通，建立大思政课程体系。开展“党史讲起来，红歌（诗）唱起来，戏剧演起来，颂歌奏起来”“4 个起来”实践活动。

依托中科院优质资源促发展。以“小小发明家 未来科学家”及“生命科学”为突破口，以硕博教师为主力军，联合研究院所研发科学特色课程。高中部开设“院士课程”“微生物校本课程”；初中部开设 STEAM 课程；小学部开设“微风计划”课程“风云系列”课程。举办“走近院士”“走进院所”“科学家进校园”等活动。全年邀请 38 名科学家走进校园，弘扬科学精神，传播科学知识。

推进素质教育。以“确保学生在校内学会学足学好”为目标，贯彻落实“双减”要求，丰富课后服务供给，在校生课后服务参与率 97.5%，教师 100% 参与课后服务保障工作。学生科技社团生命科学分团获评“北京市学生金鹏科技团”；交响乐团获北京市第 24 届学生艺术节器乐展演金奖。

（王芃）

北京市陈经纶中学

2021 年，北京市陈经纶中学分五址办学，分别为本部高中校区、本部初中校区、帝景分校校区、保利分校校区和保利小学校区。5 个校区总占地面积 12.24 万平方米，校舍建筑面积 10.74 万平方米，运动场地面积 5.28 万平方米。图书馆（室）藏书 21.83 万册。固定资产总值 43867 万元，全年教育经费投入 28541 万元。学校信息化经费投入 7 万元，拥有计算机 3090 台，网络多媒体教室 321 个，“信息技术”课程高中 1 课时 / 周、初中 1 课时 / 周、小学 0.5 课时 / 周。教职工 692 人，其中高级职称 180 人、中级职称 168 人。专任教师 651 人，包括特级教师 19 人、北京市骨干教师 30 人、北京市学科教学带头人 7 人；本科以上学历 650 人。开设教学班 238 个。毕业 1172 人、招生 2149 人、在校生 8148 人，包括寄宿生 469 人，随班就读生 25 人。学校有学生社团 366 个，教师社团 14 个。

2021 年是学校建校 100 周年。学校举办庆祝经纶百年校庆系列活动，与历届校友、老教师、在校师生、社会大众共同回顾学校百年发展历史成就和奋斗历程。

加强队伍建设，提升教学质量。通过骨干梳理工程、教师专业书架、教师专业发展存折等路径，推动骨干教师成长，在全集团成立 78 个骨干教师工作室，设立“经纶未来之星”青年骨干教师培养项目。组织市级以上骨干教师分成 4 个小组，走进各校区指导教育教学活动。加强与中国科学院大学合作，与中国传媒大学签署合作协议，将院士和大学名师请进中小学课堂，推进人文、数理、艺术等课程建设，探索基础教育与高等教育贯通衔接的人才培养模式。举办首届教学成果奖评审，评选出首届教学成果年度成果奖 3 项和提名奖 5 项。

提倡素质教育。提升德育品质，提出“一校一品”“践行性品质德育”等德育工作新思路，形成厉行节约新风尚和垃圾分类新常态，通过庆祝建党百年和建校百年系列德育活动，促进德育在体验和实践中生成。

落实“双减”。按照“双减”要求，提升干部教师教育教学管理能力、课程开发能力、作业管控能力、课后服务能力和家校沟通能力，重构经纶教育改革生态。召开落实“双减”工作大会，分享初中校区家校协同、作业优化、课程设计、体质健康 4 个方面的工作经验。

（罗军　荣丽）

北京汇文中学朝阳垂杨柳分校

2021 年，北京汇文中学朝阳垂杨柳分校占地面积 3.04 万平方米，校舍建筑面积 4.07 万平方米，运动场地面积 1.14 万平方米。图书馆（室）藏书 34457 册。固定资产总值 26202 万元，全年教育经费投入 64656 万元。学校信息化经费投入 16 万元，拥有计算机 605 台，网络多媒体教室 90 个，“信息技术”课程 1 课时 / 周。教职工 154 人，其中高级职称 54 人、中级职称 49 人。专任教师 142 人，包括特级教师 1 人、北京市骨干教师 1 人；本科以上学历 152 人。开设教学班 36 个。毕业 214 人（初中 156 人、高中 58 人）；招生 367 人（初中 217 人、高中 150 人）；在校生 1094 人（初中 738 人、高中 356 人），包括随班就读生 29 人。学校有学生社团 32 个。

2021 年，学校落实立德树人根本任务，推进教育教学管理、师资建设、课程改革、基础设施建设、党团建设工作。

发挥学校育人主阵地作用。开展“永远跟党走”庆祝建党百年系列活动。组织师生走进北京汇文中学，传承汇文红色基因。与松榆里社区党委共建“红柳党建工作坊”，扩大党建辐射作用。

教师队伍建设。借助北京市规划课题“基于中学教师专业标准，构建教师校本培训课程的行动研究”，坚持科研引领，科学规划教师校本研修计划，组建“青年教师成长导师团”，借助汇文中学优质资源，拓宽教师成长道路。

教学管理。落实“双减”，确保开齐开足课程，不随意增减课时。加强作业设计研究，组织“双减”阶段工作总结专题会，展示作业创新设计研究成果。通过问卷调查掌握学生需求，调整作息时间，为学生增加 1 小时午休和活动时间，保障学生自主学习和体育锻炼。合理安排学生课后服务内容，每学期为学生提供体育、艺术、科技等 20 余门社团课程，保证每名学生至少参加 1 门社团课程。

德育工作。坚持以立德树人和社会主义核心价值观教育为引领，全员育人思想为共识，通过量化评比，抓实学生养成教育。在学生社团课程、心理健康教育课程、行为常规养成课程等方面形成体系。推进劳动教育，通过“合耕园”活动，鼓励学生参加农耕劳动。改革创新体育课程模式，落实义务教育阶段“双减”和设计最新体育中考课程，通过项目选修教育模式，保证学生在校学习期间至少掌握 1 项集体项目体育技能和 1 项个人项目体育技能。

（程爱华）

清华大学附属中学朝阳学校

2021 年，清华大学附属中学朝阳学校分五址办学，分别为新源里校区、新源西里校区、柳芳南里 20 号校区、柳芳南里 14 号校区和小学部。5 个校区总占地面积 5.77 万平方米，校舍建筑面积 6.03 万平方米，运动场地面积 1.42 万平方米。图书馆（室）藏书 70873 册，电子图书 5000 册。固定资产总值 28912 万元，全年教育经费投入 13345 万元。学校信息化经费投入 27.72 万元，拥有计算机 935 台，网络多媒体教室 87 个，“信息技术”课程高中 1 课时 / 周、初中 1 课时 / 周、小学 0.5 课时 / 周。教职工 291 人，其中高级职称 91 人、中级职称 105 人。专任教师 278 人，包括特级教师 6 人、北京市骨干教师 6 人、北京市学科教学带头人 2 人；本科以上学历 259 人。开设教学班 87 个。毕业 700 人（小学 74 人、初中 480 人、高中 146 人）；招生 893 人（小学 128 人、初中 585 人、高中 180 人）；在校生 2954 人（小学 624 人、初中 1790 人、高中 540 人），包括寄宿生 407 人，随班就读生 11 人。学校有学生社团 56 个，教师社团 1 个。

2021 年，学校坚持问题导向、研究先行、以学生为中心，推进教学质量提升。组织开展课题研究、基本功培训等活动，为教师搭建平台，促进中青年教师成长。完成 9 项北京市教育学会课题开题和结题工作。录制市、区级资源课 165 节次。举办庆祝中国共产党成立 100 周年“红心向党 自主成长”课程展示活动，小学、初中展示研究课 30 余节，涵盖 12 个学科。

12 月 28 日，清华附中朝阳学校举办“迎冬奥 展风采”冰雪运动进校园活动（清华附中朝阳学校 供）

德育工作。每周开展1次学生集体思想教育活动，加强核心价值观宣传教育。全年累计邀请10名专家为师生开展普法、急救、心理疏导等专项培训。每月开展1次班主任培训研讨，邀请5名教育专家为班主任作专项培训。开展知识竞赛、艺术绘画、歌曲合唱等活动，通过国旗下讲话、主题班会课、主题团队日系列教育活动，围绕“践行社会主义核心价值观”和“实现中国梦”2个主题，设计符合学生身心特点，突出学校德育文化特色的系列教育活动。

重视社团建设。将“紫荆杯”项目打造为每年1次的不定期常规赛事，设置篮球、足球、排球、羽毛球、乒乓球和棋类比赛6类比赛内容。排球队参加2021年北京市体育传统项目学校排球比赛，获初中男子组冠军、高中男子组季军；围棋队获2021年北京市中小学生智力运动会冠军。学校团建创新项目入选中国青少年研究会图书《强基固本——新时代中学共青团工作创新典型100例》;“跟着家书学党史 心中有话对党说”暨初二离队建团、14岁青春门主题教育活动在央广网展播。学校入选全国中小学中华优秀传统文化传承学校。

（闫立华）

对外经济贸易大学附属中学

2021年，对外经济贸易大学附属中学（北京市第九十四中学）分两址办学，分别为南湖中园315号（高中部）和花家地北里（初中部）。2个校区总占地面积5.65万平方米，校舍建筑面积4.31万平方米，运动场地面积1.87万平方米。图书馆（室）藏书70480册，电子图书14800册。固定资产总值19341万元，全年教育经费投入8899万元。学校信息化经费投入32万元，拥有计算机1475台，网络多媒体教室85个，“信息技术”课程1课时/周。教职工196人，其中高级职称72人、中级职称64人。专任教师184人，包括特级教师8人、北京市骨干教师4人、北京市学科教学带头人2人；本科以上学历184人。开设教学班48个。毕业377人（初中141人、高中236人）；招生551人（初中223人、高中328人）；在校生1593人（初中661人、高中932人），包括寄宿生194人，随班就读生6人。学校有学生社团25个，教师社团2个。

2021年，学校推进高效管理，建设专业队伍。落实教育部“五项管理”文件精神，出台《手机管理制度》《分层分类作业制度》《午休制度》等制度。民主管理取得实效，发挥《学生校长助理制度》《“九五”家校社育人共同体机制》等制度优势，多元主体在学校管理中显现积极作用。成立首届校长助理团，10名学生校长助理深度参与学校管理；选拔聘任手机管理员、光盘行动劝导员、安全员，让学生从他律转向自律；探索走读生自主晚自习，实现全员自主、全程安静；落实手机管理要求，基本实现“手机不进校园”；邀请47名教职工参与校务会议事，高中部“心语信箱”启用，收到谏言献策322件。队伍建设优势凸显，61名教师参评区级骨干教师100%通过。成功申报北京市紫禁杯优秀班主任工作坊，成立沈海英生涯名师工作室。

开设特色课程，打造优质课堂。细化“一三一”人本课程体系，初中部开发课业辅导类、综合素养类、实践体验类、主题教育类4类26门课程，高中部开展特级教师、骨干教师大讲堂12次。初步建立以生物组科学实践探究、初中部劳动教育校本课程、初中部课后服务课程等为龙头的特色课程体系。落实“课堂教学质量年”建设，构建“中心—教研组—备课组—教师”课堂教学质量四级监控体系，构建“学业＋特长”双驱动拔尖创新人才培养模式。

建设健康附中。推进《健康校园十大行动》，制定《加强体育教育工作 促进学生身心健康工作方案》。学生基本养成健康生活习惯，实现每天锻炼一小时；形成崇尚劳动风尚，开发“生活、生产、服务、制作”4类劳动课程，开设“校园种植”“烘焙课”等特色课程，搭建劳动教育特色校本课程体系，每周1节劳动课，坚持全员大扫除；涵养积极阳光心态，组织高中心理团建3场，开展家长大讲堂10期，完成心理健康辅导60余人次。

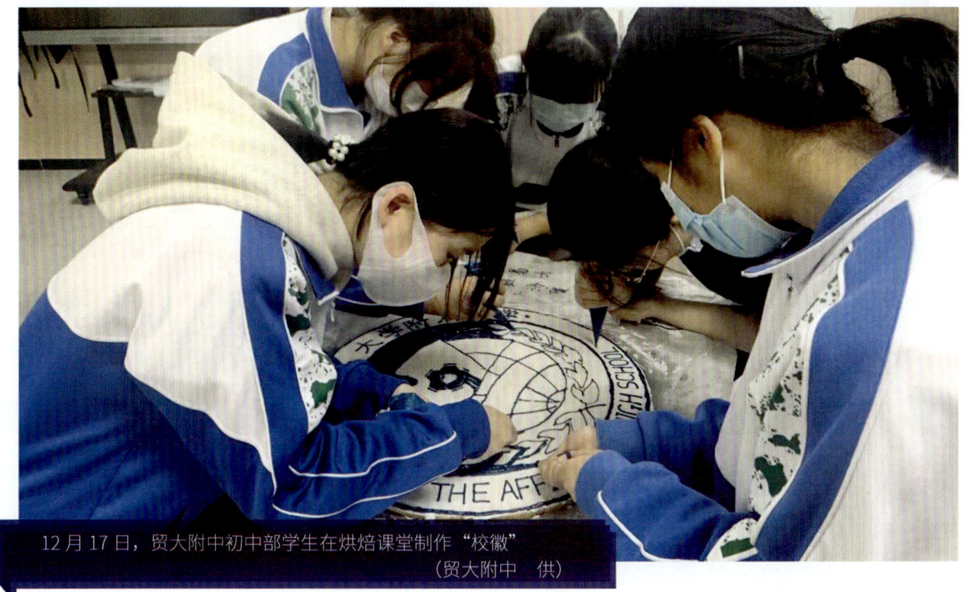

12月17日，贸大附中初中部学生在烘焙课堂制作“校徽”（贸大附中　供）

发挥区域辐射作用，加强对外交流合作。协调56名教师参与学区、集团交流轮岗，选派2名教师赴青海、内蒙古支教；接待河北、甘肃等地学校校长教师来校跟岗学习。与丹麦学校开展笔友活动，参与教育部中小学对外开放能力提升项目和国际理解教育课程开发，3名学生参加“欧洲中小学冬奥主题线上体验营”活动，1名学生赴美国参加国际文化交流项目。

（尹帅）

中央美术学院附属实验学校

2021年，中央美术学院附属实验学校分四址办学，分别为高中校区、初中校区、小学校区和小学低部校区。4个校区总占地面积4.49万平方米，校舍建筑面积3.51万平方米，运动场地面积1.85万平方米。图书馆（室）藏书96521册。固定资产总值17727万元，全年教育经费投入1112万元。学校信息化经费投入1.78万元，拥有计算机853台，网络多媒体教室172个，“信息技术”课程高中1课时/周、初中1课时/周、小学0.5课时/周。教职工244人，其中高级职称50人、中级职称84人。专任教师222人，包括北京市骨干教师2人；本科以上学历242人。开设教学班60个。毕业222人（小学87人、初中90人、高中45人）；招生317人（小学88人、初中107人、高中122人）；在校生1329人（小学654人、初中404人、高中271人），包括寄宿生156人，随班就读生15人。学校有学生社团74个，教师社团3个。

2021年，学校以提升办学质量和特色水平为核心，全力做好疫情防控、线下教育教学、课后服务等工作。实现“双减”提质，“服务”增效。提供小学暑期托管和小初分时段课后服务，开设阅读、体艺科、手工制作、劳动及德育教育课程，党员、教师志愿者314人次保障“早来晚走”学生安全，服务学生1081人。

提升校区管理水平，落实精细化管理。各校区围绕“一堂好课的标准是什么”开展教学研讨，关注常态课教学目标实现和有效教学评价。巩固教师培养梯队建设，组织线上线下校本研修、分层分岗、核心素养提升和信息技术2.0提升培训，累计252学时，参与学习3063人次。加强宣传及品牌推介，通过媒体发布相关信息277条，公众号关注人数8239人。严格财务和资产管理，协调资金343万元完成小学低部教学楼改造、小学部食堂改造、校园绿化等建设项目。

强化德育、艺体及心理健康教育。以“庆祝建党百年、加强理想信念”主题教育活动为主线，开展实践活动156次、高一研究性学习33项。社团、社会实践和研究性学习活动课程系列化，小学部“红领巾心向党 学习雷锋好榜样”录像课获北京市第三届中小学立德树人研究成果主题班会类特等奖。开好中小学心理必修课，开展师生心理疏导260余次，心理测量10次。

提升文化建设与特色发展水平。新校区建设以“尚美文化”为主题，融合美术特色，注重中华传统文化和民族团结进步文化建设。延安鲁艺纪念馆建成开馆，成为学校爱国主义思想教育基地。与北京市联合国教科文组织协会、北京市教育学会中小学国际教育研究分会共同举办原创绘本国际艺术节，来自9个国家的825名学生参赛。完善美术课程专业化改革，完成高中美术课程体系建设，组织开展美术教学系统教研和培训交流22次，成为中央美术学院国际学院学术支持单位。美术课堂教学抓“讲练评改考补”6个环节，261名学生参加秋季下乡写生，完成作品1500幅，首次举办“1+3”实验班教学课程汇报展，组织初、高中368名学生赴中央美院美术馆观展。美术特色生应届高考本科上线率94%，美术联考本科通过率100%。成立京津冀美术特色高中联合体，开展展览和交流活动3次。学校获教育部全国中小学中华优秀传统文化传承学校称号，传承项目为民族民间美术、手工。

（王佳　黄春丽）

北京市第八十中学

2021年，北京市第八十中学分三址办学，分别为望京校区、南校区和北校区。3个校区总占地面积13.02万平方米，校舍建筑面积14.31万平方米，运动场地面积3.56万平方米。图书馆（室）藏书19.12万册，电子图书10万册。固定资产总值61813万元，全年教育经费投入22952万元。学校信息化经费投入319万元，拥有计算机3431台，网络多媒体教室105个，“信息技术”课程高中2课时/周、初中1课时/周。教职工422人，其中高级职称169人、中级职称138人。专任教师388人，包括特级教师34人、北京市骨干教师19人、北京市学科教学带头人3人；本科以上学历388人。开设教学班105个。毕业862人（初中451人、

7月7日，八十中举办非遗文化进校园活动

（八十中　供）

高中411人）；招生977人（初中487人、高中490人）；在校生3047人（初中1581人、高中1466人），包括寄宿生294人，随班就读生1人。学校有学生社团59个，教师社团7个。

2021年，学校围绕课后服务、作业设计、校内减负等形成工作机制，定制个性化服务包，落实“双减”。

创设特色生态课堂，完善选课分层走班方案。构建科学探究与创新、学科竞赛与学科拓展类学习领域、德育与生活体验类学习领域、国际与民族理解类学习领域校本特色课程200门。必修必选课程形成“立交桥”式选课方式，满足学生个性需求；校本选修课程为学生量身定制，力求体现学校办学特色和满足学生发展需求；综合素质评价形成以评价促发展机制。

以教育科研为引领，提升教师育人能力。新立项北京市教育科学“十四五”规划课题2项，北京市教育学会“十四五”科研课题16项。45名教师在第七届北京市示范性高中同课异构线上教学研讨会上献课，促进教师学科能力与教学能力发展。

五育并举，以“立德树人”为根本发展任务。确定理想信念、社会责任、科学文化素养、终生学习能力、自主发展、沟通合作6项学生培养内容，依据中国学生核心素养18项指标细化、整合及梳理学校课程体系，完善学校生态德育课程体系，开设青年党校、汉藏民族团结、感动八十等主题教育课程。举办非遗文化进校园活动，开设面塑、剪纸、掐丝珐琅等9个类型非遗文化体验课程。学校金帆艺术团管乐团、金帆艺术团舞蹈团、金帆艺术团民族管弦乐团、金帆书画院美术分院通过市教委评审验收，同时学校被认定为北京市学生金鹏科技团（机器人分团）、金鹏科技团（电子与信息分团）和金奥运动队，成为北京市唯一同时拥有“七金”称号的学校。金帆管乐团、金帆民乐团均获北京市第24届学生艺术节展演金帆组金奖，金帆管乐团原创歌曲《寒冬里的火焰》获2020年“使命在肩 奋斗有我”学生原创歌曲大赛新生代组优秀作品奖。学校入选首批北京大学博雅人才共育基地。

（方媛）

中国人民大学附属中学朝阳学校

2021年，中国人民大学附属中学朝阳学校分六址办学，分别为太阳宫校区、安华校区、和平西桥校区、凤凰城校区和芍药居303校区、212校区。6个校区总占地面积11.30万平方米，校舍建筑面积12.09万平方米，运动场地面积3.66万平方米。图书馆（室）藏书148972册，电子图书61册。固定资产总值41098万元，全年教育经费投入23654万元。学校信息化经费投入59万元，拥有计算机2449台，网络多媒体教室267个，“信息技术”课程高中1课时/周、初中1课时/周、小学0.5课时/周。教职工614人，其中高级职称100人、中级职称163人。专任教师577人，包括特级教师14人、北京市骨干教师8人、北京市学科教学带头人1人；本科以上学历613人。开设教学班203个。毕业1099人（小学415人、初中487人、高中197人）；招生2296人（小学955人、初中1084人、高中257人）；在校生7786人（小学4456人、初中2591人、高中739人），包括寄宿生375人，随班就读生14人。学校有学生社团91个，教师社团8个。年内，学校高中部高一、高二年级从安华校区迁至凤凰城校区。

2021年是学校建校10周年。在“双减”背景下，学校注重减负提质，继续推进教师培养、课程建设、对外援助等工作。

教师培养。举行“共享荣光 凝聚智慧 擎书未来 奋进超越”落实“双减”促高质量发展全员岗位培训活动。发挥优秀教职工引领和示范作用，开展师徒结对，形成师徒68对。举办教师“‘双减’路上提升课堂质量”基本功大赛、教师全员阅读分享“读书氧吧”系列活动等，推进教师发展。

课程建设。举行第10届科研年会，继续完善课程体系。校本课程形成传统文化课程群、现代文明素养课程群、体育健康课程群等400余门（含小学部）校本课程。啦啦操社团获全国啦啦操联赛技巧项目第一名。小学部“基于未来课堂架构的合作学习课堂模式研究”被评为“朝阳区特色文化品牌项目”。高一、高二年级学生开展研究性学习项目30余个。基于实践教学，续办《人朝心语》《人朝教育》2册校刊。

7月9日，人大附中朝阳学校安华校区举办第三届高中生职业模拟招聘会（人大附中朝阳学校 供）

德育工作。举行小、初、高德育“一体化”建设工作推进会。以“学习榜样人物，争做时代新人”为主线开展社会主义核心价值观主题教育活动。小学部组织庆“六一”嘉年华、开学第一课、冬奥知识竞赛等活动；初中部组织“一二·九”爱国话剧展演、阳光体育节、宪法晨读等活动；高中部举办“弘扬航天精神、助力创新实践”校园科技节，开展“生存岛”社会实践活动，组织“靓丽青春·炫舞人朝”舞蹈啦啦操比赛、趣味运动会等活动。

对外援助。组织 90 余名教师参与国家、市、区级各类课程和讲座录制工作，参与“国培计划”培训工作，为偏远地区教师送培送教。与河北保定市 4 所学校联合开展线上教研，做好优质教育资源共享，推动地区基础教育优质均衡发展。

（权秀贤）

北京市丰台第八中学

2021 年，北京市丰台第八中学分两址办学，分别为北大地校区和中海校区。2 个校区总占地面积 1.84 万平方米，校舍建筑面积 1.44 万平方米，运动场地面积 0.70 万平方米。图书馆（室）藏书 4.20 万册。固定资产总值 2365 万元，全年教育经费投入 5559 万元。学校信息化经费投入 51.22 万元，拥有计算机 601 台，网络多媒体教室 40 个，“信息技术”课程 2 课时 / 周。教职工 141 人，其中高级职称 34 人、中级职称 45 人。专任教师 120 人，包括北京市骨干教师 1 人；本科以上学历 137 人。开设初中教学班 37 个。毕业 338 人、招生 409 人、在校生 1269 人，包括外省市借读生 33 人。学校有学生社团 27 个。

2021 年，学校从发展学生核心素养出发，融合“德智体美劳”全面育人总体要求，构建至真课程体系，分为基础课程、拓展课程和个性课程 3 类。

形成全员、全过程、全方位育人格局。举办建党百年党史学习教育，开展“立德树人百年计 桃李芳菲一生情”感恩教师活动、“建党百年 红色传承 永远跟党走”系列活动、党史学习教育原创话剧《萌芽》汇报展演等活动。关注学生健康发展，举办系列心理讲座、预防及应对校园欺凌讲座、国家安全日宣传教育活动等。学校戏剧社团、篮球社团、生态饲养观察摄影社团被评定为丰台区特色社团。

落实“双减”，推进教育教学改革。将转变课堂教学方式作为突破口，在“至真教育”办学理念引领下，围绕“培养知行合一的至真少年”育人目标，关注情境设置与综合运用。举办“优化课程供给 落实减负提质”研讨活动、“专家引领课程深研 五育并举创新融通”课程整体育人项目研讨会、“推进单元学习 优化教学方式”课程研讨活动，提升教师课程建设能力和专业素养。以“真·好”教师文化为依托，加强教师队伍建设。成立骨干教师工作室，借助“骨干教师同步课例在线”录课项目，开放骨干教师课堂。加强青年班建设，开展职业道德、心理建设、专业提升等培养工作，组织青年教师参加市、区、校级课题研究、教学比赛。

（李亚娟　肖瑞娟　陈雪静）

5 月 7 日，丰台八中举办“优化课程供给 落实减负提质”研讨会

（丰台八中　供）

北京市第十二中学

2021 年，北京市第十二中学联合学校总校分八址办学，分别为本部校区、科丰校区、钱学森学校、南站学校、附属实验小学、附属实验幼儿园、朗悦学校和铭品校区良乡小学。除隶属于房山区教委的朗悦学校和铭品校区良乡小学外，其他 6 个校区总占地面积 17.63 万平方米，校舍建筑面积 15.17 万平方米，运动场地面积 4.65 万平方米。图书馆（室）藏书 26.82 万册。固定资产总值 84454 万元，全年教育经费投入 28454 万元。学校信息化经费投入 556 万元，拥有计算机 4220 台，网络多媒体教室 264 个，“信息技术”课程 2 课时 / 周。教职工 582 人，其中高级职称 190 人、中级职称 191 人。专任教师 497 人，包括特级教师 22 人、北京市骨干教师 11 人、北京市学科教学带头人 2 人；本科以上学历 580 人。开设教学班 151 个（小学 33 个、初中 66 个、高中 52 个）。毕业 1341 人（小学 142 人、初中 676 人、高中 523 人）；招生 1402 人（小学 175 人、初中 687 人、高中 540 人）；在校生 5099 人（小学 1131 人、

初中2319人、高中1649人），包括寄宿生1008人，随班就读生5人。高中统招02专业钱学森航天实验班录取分数线640分（丰台区）、01专业普通班录取分数线631分（丰台区）、03专业钱学森学校录取分数线622分（丰台区），应届高考本科上线率100%。

2021年，学校从“质量提升”到“固本高质”发展，统领课程研发、资源协同、督导评价和国际发展，顶层设计“十四五”发展规划，推进12项新任务和12项新工程。联合总校完成对本部校区、科丰校区和附属实验幼儿园的督导工作。

3月22日，丰台二中校史馆揭幕

（丰台二中　供）

党史学习教育。开展“致敬百年史，奋斗新征程”主题教育系列活动，举办“四史”主题展览、“追寻赶考足迹 不忘初心使命”主题教育、“唯美杯”青年教师演讲比赛等活动。新建虚拟校史馆和党建活动室。科丰校区推进艺术教育，举办“文化凝心百年梦 艺术丰盈校园魂”庆祝建党百年主题画展；合唱团参加北京市第24届学生艺术节合唱展演获初中组童声金奖，参与《唱支山歌给党听》《冬奥唱起来，一起向未来》等视频录制；民乐团参加北京市第24届学生艺术节器乐展演获金奖，推出中国管弦乐作品《青少年中国管弦乐队指南》。

落实“双减”。附属实验小学制订兴趣培养类、创新发展类、学科延伸类3类近60门课程课后服务菜单，推行菜单式课后服务项目，通过选课小程序供学生自愿选择。学校课后服务坚持气象学特色；坚持把体育锻炼、主题研究、特色体验等课程与课后服务相融合，形成全员普及、年级体验、个性化选择3个层次的服务课程体系；坚持进行学科延伸，结合校园环境开展“我为宣传牌洗个澡”劳动课程、社会情感心理特色课程。

（李婷婷　阮守华　史卫东）

北京市丰台区丰台第二中学

2021年，北京市丰台区丰台第二中学分五址办学，分别为本部校区、附属中学小屯校区、附属中学看丹校区、附属实验小学校区和附属看丹小学校区。5个校区总占地面积142.25万平方米，校舍建筑面积97.80万平方米，运动场地面积46.92万平方米。图书馆（室）藏书25万册，电子图书0.40万册。固定资产总值28152万元，全年教育经费投入7369万元。学校信息化经费投入13.90万元，拥有计算机2174台，网络多媒体教室271个，“信息技术”课程1课时/周。教职工458人，其中高级职称112人、中级职称160人。专任教师416人，包括特级教师12人、北京市骨干教师8人；本科以上学历432人。开设教学班112个（小学43个、初中45个、高中24个）。毕业797人（小学239人、初中311人、高中247人）；招生1102人（小学240人、初中581人、高中281人）；在校生3558人（小学1399人、初中1433人、高中726人），包括寄宿生230人，随班就读生25人。高中录取分数线545分（丰台区），应届高考本科上线率100%。

2021年，学校坚持健康第一、教育为本、服从安排、转变观念做好各项工作。学校校史馆揭幕，展示学校59年办学历程。开展“学党史 讲校史”纪念中国共产党成立100周年“百年筑梦复兴路”系列活动，第25期学生业余党校开班。

打造高品质有特色的教育品牌。以增强教育集团凝聚力，提升教育集团整体实力，扩大教育集团影响力为目的，进行集团管理顶层设计。坚持继承发扬优良传统与革新发展相结合，活用科研课题和规划项目，创新集团集群、教育科研工作；实施有针对性的教师培训。以教师专业发展为动力，以课程开发和课堂教学方式变革为抓手，提升课堂教学品质。以“研用新课标，钻研新教材，建构新体系，适应新高（中）考”的“四新”融合为基础，打造“生态智慧课堂”。学校金帆管乐团举办庆祝建党100周年“音乐党史”主题专场音乐会。

加强班主任和任课教师培训。建立丰台二中心理工作室，以心理教师为核心，聘请部分有证书和对心理工作感兴趣的教师担任兼职学生心理辅导员，解决学生心理问题。

（刘丹）

北京市第十八中学

2021年，北京市第十八中学分六址办学，分别为方庄校区、西马金润校区、左安门分校校区、附属实验小学校区、嘉泰学校校区和丰台外国语学校校区。6 个校区总占地面积 9.57 万平方米，校舍建筑面积 6.94 万平方米，运动场地面积 3.67 万平方米。图书馆（室）藏书 26.57 万册，电子图书 52.68 万册。固定资产总值 22313 万元，全年教育经费投入 14629 万元。学校信息化经费投入 94.33 万元，拥有计算机 480 台，网络多媒体教室 159 个，“信息技术”课程 2 课时 / 周。教职工 399 人，其中高级职称 123 人、中级职称 141 人。专任教师 354 人，包括特级教师 11 人、北京市骨干教师 4 人；本科以上学历 384 人。开设教学班 130 个（小学 38 个、初中 38 个、高中 54 个）。毕业 669 人（小学 170 人、初中 345 人、高中 154 人）；招生 1049 人（小学 272 人、初中 462 人、高中 315 人）；在校生 3371 人（小学 1191 人、初中 1307 人、高中 873 人），包括寄宿生 60 人，随班就读生 6 人。高中录取分数线 613 分（丰台区），应届高考本科上线率 100%。

2021 年，学校以一体化德育体系建设和“双减”工作为重点，推进教学质量提升。以大、中、小、幼一体化德育为重点，探索从课程建构的全过程开展德育，推进区域德育效果整体提升。德育案例《“聚学宽居 知行合一”——北京市第十八中学教育集团一体化德育工作方案》入选教育部第二批“一校一案”落实《中小学德育工作指南》典型案例。北京教育科学研究院德育研究中心倡议成立的全国儿童青少年中医文化教育协作组将秘书处设在十八中。学生通过开展校园爱心义卖捐献活动，筹资 2 万元，资助青海玉树 2 名藏族学生完成大学阶段 1 年学业。学校获评北京市初中学生综合素质评价工作先进单位。

改革课堂教学，贯彻学术赋能“双减”工作。应邀参加全球教师教育峰会，作《基于协同：共情、共话、共创——北京市第十八中学集团推进学习共同体实践》专题发言，介绍学校以集团推进模式实施基于协同的学习共同体课堂改革经验。学生在第 35 届中国化学奥林匹克初赛中获一等奖 2 个、二等奖 4 个、三等奖 2 个。1 名学生入选第 35 届中国化学奥林匹克冬令营北京代表队，并获银牌。学校获评 2021 年度全国青少年人工智能活动特色单位。

（管杰）

北京市古城中学

2021 年，北京市古城中学分两址办学，分别为主校区和东校区。2 个校区总占地面积 3.42 万平方米，校舍建筑面积 2.02 万平方米，运动场地面积 1.35 万平方米。图书馆（室）藏书 3.08 万册。固定资产总值 14521 万元，全年教育经费投入 6724 万元。学校信息化经费投入 5 万元，拥有计算机 384 台，网络多媒体教室 70 个，“信息技术”课程 2 课时 / 周。教职工 135 人，其中高级职称 49 人、中级职称 54 人。专任教师 104 人，包括特级教师 1 人；本科以上学历 135 人。开设教学班 27 个（初中 16 个、高中 11 个）。毕业 125 人（初中 81 人、高中 44 人）；招生 253 人（初中 150 人、高中 103 人）；在校生 705 人（初中 488 人、高中 217 人），包括寄宿生 36 人，随班就读生 1 人，外籍学生 1 人。高中录取分数线西语班 583 分（石景山区）、普通班 562 分（石景山区），应届高考本科上线率 100%。

2021 年，学校以争创文明城区、安全校园为工作目标，推进课堂教学改革，提高教育教学质量。

党史学习教育。组织师生参加“共绣一面党旗，共学一本党史”“知党史、明党情、跟党走——石景山区教育系统百场党史知识竞赛”“首都百万师生同上一堂党史课”等活动，举办“传承红色基因 弘扬雷锋精神”雷锋季系列活动和“学习十九届六中全会精神”主题团课活动等。

综合素质培养。健全学校德育管理体系，将爱国主义教育、科技人文教育、心理健康教育等融入德育教育中。开展校园爱国卫生运动，统筹推进健康教育、传染病防控、食品安全等行动。举办首师大—古城中学“知学小组”携手学习系列活动，组织学生参观首都博物馆“秘境：秘鲁安第斯文明探源”临时展览。组织学生参加北京市第 24 届学生艺术节合唱展演、第 21 届北京青少年机器人竞赛暨第 6 届北京青少年创意编程与智能设计大赛等活动和比赛，丰富学习生活。

7 月 1 日，古城中学 2020 级“1+3”卓越班暑期科技营开班 （古城中学 供）

教育科学研究。强化教学科研管理，建立教师学术研究及保护、监督机制，有效提升公开课、论文及科研课题质量。打造“三青项目”品牌：针对青年教师的“青萍”项目；针对校级骨干教师的“青蓝”项目；邀请校外名师对学校区级骨干教师和部分教研组长以及毕业年级部分教师开展培训的“青云”项目。

平安校园建设。开展安全疏散演习和应急救援进校园活动，组织保安定期开展反恐演练。推进对口支援与交流合作，接待北京教育支援合作地区管理干部赴石景山区跟岗研修的2名校长来校挂职。邀请北京塞万提斯学院校领导、厄瓜多尔共和国驻华使馆文化专员、西班牙驻上海领事馆文化处博士来校交流。

（李嘉）

北京市第九中学

2021 年，北京市第九中学占地面积 6.30 万平方米，校舍建筑面积 1.18 万平方米，运动场地面积 1.89 万平方米。固定资产总值 2.45 亿元，全年教育经费投入 9213 万元。学校信息化经费投入 46.07 万元，拥有计算机 863 台，网络多媒体教室 68 个，“信息技术”课程 2 课时 / 周。教职工 182 人，其中高级职称 75 人、中级职称 50 人。专任教师 144 人，包括特级教师 1 人、北京市骨干教师 8 人、北京市学科教学带头人 2 人；本科以上学历 178 人。开设高中教学班 35 个。毕业 374 人、招生 400 人、在校生 1265 人，包括寄宿生 429 人。高中录取分数线 593 分（石景山区），应届高考本科上线率 97.52%。

2021 年，学校明确“十四五”期间发展具体目标、主要任务。发挥示范校特色，组织成员校创作歌曲《冬奥燃梦》并录制 MV。作为全国校园冰雪特色校，多次组织学生体验冰雪课程。金帆舞蹈团获邀参加冬奥会开、闭幕式演出排练，学校成立冬奥专班工作组，组织骨干教师做好参演师生工作、学习和生活保障。

推进民族教育。承办北京市内地民族班工作研讨会；组织内地新疆高中班各民族师生参加石景山区统战系统“共植同心林——百人百树庆百年”植树活动。新疆部被评为 2020 年北京市民族团结进步创建示范单位、2021 年全国巾帼文明岗，学校被评为北京市铸牢中华民族共同体意识主题教育实践活动试点校。新疆部舞蹈团原创民族舞蹈《葡萄架下》获北京市第 16 届民族健身操舞大赛决赛自选套路学生组金奖和优秀表演奖、“石榴花开石景山”获石景山区第 13 届民族健身操舞大赛一等奖。

关注学生健康成长。组织师生开展危险化学品突发事故应急演练和消防应急疏散演练，联合石景山区红十字会及石景山区红十字蓝天救援队以现场直播方式开展“急救知识进校园 守护生命伴成长”主题教育活动。邀请石景山区公安分局反诈中心民警来校举办反电信诈骗宣传讲座，并为师生分发防范电信网络诈骗手册。邀请石景山区未成年人心理健康辅导站教师为学生团干部开展心理授课服务。

（荀梦圆）

北京理工大学附属中学

2021 年，北京理工大学附属中学教育集团分四址办学，分别为校本部、小学部、东校区和南校区。4 个校区总占地面积 76967 平方米，校舍建筑面积 80331 平方米，运动场地面积 29457 平方米。图书馆（室）藏书 208763 册。固定资产总值 31954 万元，全年教育经费投入 25530 万元。学校信息化经费投入 285 万元，拥有计算机 1300 台，网络多媒体教室 118 个，“信息技术”课程 1 课时 / 周。教职工 567 人，其中高级职称 166 人、中级职称 175 人。专任教师 449 人，包括特级教师 11 人、北京市骨干教师 11 人、北京市学科教学带头人 2 人；本科以上学历 442 人。开设教学班 130 个（小学 30 个、初中 64 个、高中 36 个）。毕业 1170 人（小学 168 人、初中 596 人、高中 406 人）；招生 1541 人（小学 218 人、初中 879 人、高中 444 人）；在校生 4938 人（小学 1222 人、初中 2410 人、高中 1306 人），包括寄宿生 117 人，随班就读生 17 人。高中录取分数线 608 分（海淀区），应届高考本科上线率 100%。

11 月 11 日，北理工附中开展校园科技嘉年华系列活动

（北理工附中　供）

2021 年，学校完善“大思政”育人工作格局，抓内涵建设，“以评促建”推动教育教学工作再上新台阶，推进学校治理体系和治理能力现代化。发挥学校主阵地作用，统筹挖掘潜在资源，推动“双减”落地落实，设计“全体—分层—个体”三类课业辅导课程，创新实施作业“三维管理法”（限量、优组、限时），课堂提质增效、课后服务多元（学生课后服务参与率 97.3%）。

课程体系和师资队伍建

设。完善多元立体“钻石型”发现课程体系，组织开展全校及各学科“课程建设与研讨”，开设“学‘习’大课”等特色系列课程，高中“强基课程”成为热门课程。研发心理干预课程，关注并推进学生心理健康工作，并持续开展传统课程，高二年级话剧社团走进北京人艺展演。搭建发展平台，聚合优势资源，建设新时代高素质教师队伍，开展“三大工程”（青蓝工程、骨干工程、文化工程）为教师发展赋能，推进“发现身边‘三牛’人”系列宣传活动。学校“集团化办学背景下中小学思政一体化建设研究”获批北京市教育科学“十四五”规划2021年度重点课题，另有14项课题立项海淀区教育科学规划2021年度课题。

革新培养模式，推进特色发展。深化、拓展国际交流，线上对外交流活动延伸至学校各校区，参与师生700人次。推进“英才计划”“后备人才计划”等高中阶段创新人才培养项目，为学生搭建多维度平台，满足学生个性化发展需求，推荐20余名高一年级学生加入各类国家级、市级高中阶段创新人才培养计划。坚持“健康第一”教育理念，构建“课堂教学＋课后活动＋高水平竞赛”层级递进体育教育体系。举办“艺术作品献礼建党百年”系列活动，学校被认定为“全国冰雪运动特色学校”和“北京市冰雪运动特色学校一类校”等。

（文伟　张凯琪）

北京市第十九中学

2021年，北京市第十九中学分三址办学，分别为万泉河路校区、阳春光华校区和阂庄路校区。3个校区总占地面积9.90万平方米，建筑面积8.55万平方米，运动场地面积6.37万平方米。图书馆（室）藏书9.61万册，电子图书1.10万册。固定资产总值28844万元，全年教育经费投入13513万元。学校信息化经费投入470.29万元，拥有计算机1110台，网络多媒体教室198个，“信息技术”课程初中1课时/周、高中2课时/周。教职工234人，其中高级职称90人、中级职称88人。专任教师224人，包括返聘特级教师3人、北京市骨干教师2人、北京市学科教学带头人3人；本科以上学历224人。开设教学班71个（幼儿4个、小学2个、初中38个、高中27个）。毕业627人（初中362人、高中265人）；招生1029人（幼儿61人、小学74人、初中512人、高中382人）；在校生2801人（幼儿127人、小学74人、初中1552人、高中1048人），包括寄宿生44人，随班就读生12人，外省市学生307人。高中录取分数线587分（万泉河路校区）、581分（阂庄路校区）；应届高考本科上线率98%。

2021年，学校以“十四五”发展规划为指导，以落实“双减”为重点，以“初中开展单元教学整体设计、高中开展深度学习项目”为抓手，加挂“中国政法大学附属实验学校”校牌，收回阂庄校区，增设小学部，设立培德教育基金。各年级、各学科组调研学情，研究本学科教学要点、重点、难点以及考试倾向，研制出《初中英语独立阅读策略训练》《高三地理一轮复习》《高三历史一轮复习》等系列校本教材、作业、学案和育人经验。开展系列课堂教学展示活动，18个学科展示公开课89次。

落实“双减”。以“五育并举”为抓手，从课后服务与课业辅导、教学管理与作业管理、体质管理与劳动教育3个方面开展相关工作。课后服务与课业辅导工作以实践类课程、体育锻炼和多学科课程为主，学生参与率小学100%、初一95.31%、初二91.94%、初三95.90%。动员109名教师报名提供服务，其中27人为音乐、体育、美术、心理、技术教师，引进2名校外教师参与小学部课后服务。为初中学生提供田径、跆拳道、打击乐等20门特色课程，以及电子技术、物理实验、街舞等18门选修课；为小学生提供菜单式艺术、体育、科技课程13门。在学生“体质管理与劳动教育”上，保证开齐上好体育课，保证体育课课时，初中每周4节、小学每周5节。

（胡少农　张津京　江翠红）

清华大学附属中学

2021年，清华大学附属中学分三址办学，分别为校本部、奥林匹克森林公园校区和将台路校区。校本部位于清华大学院内，占地面积7.88万平方米，校舍建筑面积9万平方米，运动场地面积1.80万平方米（室外）。图书馆（室）

11月8日至25日，清华附中与海淀区教师进修学校联合举办“学科德育”校本教研系列活动　（清华附中　供）

藏书 13.90 万册，电子图书 300 册。固定资产总值 1.49 亿元，全年教育经费投入 3.40 亿元。学校信息化经费投入 600 万元，拥有计算机 1080 台，网络多媒体教室 160 个，“信息技术”课程初一和初二年级 1 课时 / 周、高一年级 2 课时 / 周。教职工 435 人，其中高级职称 118 人、中级职称 99 人。专任教师 298 人，包括特级教师 26 人、北京市骨干教师 16 人、北京市学科教学带头人 5 人；本科以上学历 390 人。开设教学班 101 个（初中 51 个、高中 50 个）。毕业 1073 人（初中 515 人、高中 558 人）；招生 1344 人（初中 697 人、高中 647 人）；在校生 3903 人（初中 1980 人、高中 1923 人），包括寄宿生 362 人。高中录取分数线 632 分（海淀区），应届高考本科上线率 100%。校本部有初中社团 53 个、高中社团 41 个。

2021 年，学校贯彻落实“双减”，培养高素质师资队伍，提升教师学科育人能力。严把作业数量关、质量关，鼓励布置体现素质教育导向的基础性作业；着重提升学生自学能力、阅读能力、兴趣爱好、综合素质。开展聚焦“双减”工作，提升育人能力——北京市基教研中心视导课活动；组织理论学习市委教育工委《以“双减”工作为核心，促进教育高质量发展》线上专题报告等。

巩固优质教育资源。学校被认定为“全国大中小学思政课一体化建设实践研究共同体”发展单位，被评为北京青少年创意编程与智能设计大赛“优秀学校”。学校“马约翰体育特长班”获中国高中篮球联赛冠军、“星火杯”精英赛冠军、北京市青少年田径锦标赛 12 金。金帆民乐团获 2021 年“敦煌杯”全国第二届重奏、室内乐器大赛银奖；舞蹈女团、男团在北京市第 24 届学生艺术节暨 2021 年海淀区学生艺术节群舞展演中双双摘金；高中混声合唱团、初中童声合唱团分获北京市 YM1 组、GB1 组金奖。与大疆创新达成战略合作，共同研发相关课程，探索未来创新人才培养；与深圳零一学院签署创新教育联合培养协议，并成立清华附中“零一学堂——创新学习特色班”；开办 2021 年清华附中创新思维挑战营（“TIME”）。

基础教育领域服务辐射全国。学生综合素质评价系统服务全国 7000 余所学校，在北京市首届新高考中，系统生成报告册近 5 万份，为“强基计划”提供报告册 8000 余份。研发教师评价系统，为教师提供优质培训资源，开展青年教师专业成长系列培训。联合清华大学及相关学术机构，成立拔尖人才评价与培养研究中心。加强对一体化办学项目的管理和监督考核，包括 2021 年开学的广州市湾区学校、清华附中嘉兴学校、北京市潭柘寺学校。开展帮扶和支教活动，赴全国各地遴选贫困地区学生开展“中华英才培养计划”，开设综合实践、研学考察等课程。继续开展党员暑期支教活动，组织 25 名教师赴江西省吉安市吉安一中、白鹭洲中学支教，举办各类报告、说课、交流等活动 52 场次。承办首届北京市基础教育发展论坛分论坛。

（王殿军）

北京市十一学校

2021 年，北京市十一学校占地面积 15.60 万平方米，建筑面积 16 万平方米，体育场（馆）面积 6.42 万平方米。图书馆藏书 15 万册。固定资产总值 7.99 亿元，全年教育经费投入 3.90 亿元。学校信息化经费投入 590 万元，拥有计算机 3638 台，网络多媒体教室 357 个，“信息技术”课程 2 课时 / 周。教职工 642 人，其中高级职称 208 人、中级职称 171 人。专任教师 535 人，包括特级教师 23 人、北京市骨干教师 8 人、北京市学科教学带头人 3 人；本科以上学历 620 人。开设教学班 2232 个。毕业 1592 人（初中 683 人、高中 909 人）；招生 1607 人（初中 916 人、高中 691 人）；在校生 5166 人（初中 2508 人、高中 2658 人）。高中录取分数线 629 分（海淀区），应届高考本科上线率 97.58%。

2021 年，学校落实“双减”，将课后服务纳入整体育人环节，结合“五育并举”和学生发展需要综合考量，构建多元课后服务课程，包括学生影院、校园吉尼斯、学长有约等，满足学生个性化成长需求。

持续推进“从教走向学”。成立考试与评价研究中心、作业研究中心、课例研究中心和学习诊断分析研究中心，研究学习规律，促进课堂提质增效。

培养全面发展的学生。1 名学生入选国家代表队并获第 62 届国际奥林匹克数学竞赛金牌。2 名学生在国际语言学奥林匹克竞赛全国决赛中获金奖并入选国家队，6 名学生在

6 月和 7 月，十一学校举办庆祝建党百年活动

（十一学校 供）

国际经济学奥林匹克竞赛全国决赛中获专业组团队金奖，3人获专业组个人金奖。举办“艺术之夜”系列活动，累计开展14场艺术活动。北京市第24届学生艺术节中，金帆交响乐团和管乐团获器乐展演金奖，金帆合唱团获合唱展演金奖，舞蹈团获舞蹈展演银奖。初中冰球队获第三届全国学校冰雪运动竞赛中国中学生冰球锦标赛冠军，2名学生获中国中学生击剑联赛（北区赛）个人第一名。

加强硬件设施建设。增设室外运动场照明设施，提高冬季傍晚运动场地利用率；改造卫生间基础设施，提升全校卫生间环境标准；添置自动加压冷疗系统和其他运动损伤相关的高质量设备，为意外受伤学生提供专业救治。

（刘佳琪　聂璐　张东云）

中国人民大学附属中学

2021年，中国人民大学附属中学占地面积119407平方米，校舍建筑面积115233平方米，运动场地面积47532平方米。图书馆（室）藏书173570册。固定资产总值54168万元，全年教育经费投入44386万元。学校信息化经费投入346万元，拥有计算机1279台，网络多媒体教室181个，“信息技术”课程1课时/周。教职工（含聘用）577人，其中高级职称276人、中级职称191人。专任教师459人，包括特级教师19人、北京市骨干教师16人、北京市学科教学带头人8人；本科以上学历550人。开设教学班158个（初中62个、高中96个）。毕业1739人（初中713人、高中1026人）；在校生5455人（初中2268人、高中3187人）。高中录取分数线636分（海淀区），应届高考本科上线率99.1%。

2021年，学校完成“十四五”发展规划编制。建设道德教育课程体系，以理想信念教育为主线，坚持爱国主义教育、社会主义核心价值观教育，逐步构建由德育课、思政课、专题讲座、劳动教育体育美育以及道德教育体验活动组成的道德教育课程体系。构建传统文化课程体系，重点建设“故宫”主题课程，借助“数字博物馆”等资源和技术开展指向深度学习的项目式学习。开展学生安全教育，举办安全主题月活动，组织安全知识讲座、AEF紧急救护知识学习、交通安全教育等活动。

落实“双减”。继续加强课程体系和结构建设。重新梳理初中课程体系，按要求分成国家课程体系和课后服务体系两部分。国家课程着重课程实施，突出学生主体性，加强探究性、启发性、项目式学习。课后服务本着立德树人、五育并举原则，统筹学校课程资源，将心理、形体、书法等校本必修课程和周三校本选修课程纳入课后服务体系，形成课后服务结构化课程。加强学校课后服务建设，建立心理疏导机制、学生手机管理办法、睡眠管理办法等规章制度。

9月，人大附中开设校本拓展课程
（人大附中　供）

（杨春燕　张卫汾）

首都师范大学附属中学

2021年，首都师范大学附属中学占地面积10.65万平方米，校舍建筑面积16.74万平方米，运动场地面积3.02万平方米。图书馆（室）藏书15万册，电子图书2万册。固定资产总值23481万元，全年教育经费投入32302万元。学校信息化经费投入530万元，拥有计算机2303台，网络多媒体教室289个，“信息技术”课程1课时/周。教职工447人，其中高级职称149人、中级职称105人。专任教师367人，包括特级教师10人、北京市骨干教师6人、北京市学科教学带头人3人；本科以上学历366人。开设教学班105个（初中48个、高中57个）。毕业1265人（初中587人、高中678人）；招生1219人（初中697人、高中522人）；在校生4266人（初中2024人、高中2242人），包括寄宿生139人，随班就读生2人。高中录取分数线628分（海淀区），应届高考本科上线率100%。

2021年，学校深化“四修课程”建设，着力打造成达思维发展型课堂，构建以思维培养为主线的课堂教学。成立成达教育发展研究院，为学校下设学术研究机构，设立6个研究中心。

师生培养。开展建党百年“五个一”系列庆祝活动，举办庆祝中国共产党成立100周年暨“光荣在党50年”纪念章颁发大会，组织观看献礼建党100周年专题片《党建铸师魂 初心育英才》。学校师生作品《新征程》在首都教育系统“唱支歌儿给党听”百万师生网络歌咏比赛中获特等奖。

初中篮球代表队获北京市中小学篮球冠军杯赛初中组冠军，高中男篮代表队获中国体育彩票杯 2021 北京市体育传统学校篮球比赛高中男子组冠军。举办第三届和第四届成达教育论坛，分别围绕“为党育人，为国育才——讲述我和我们的育人故事”和“培根铸魂，启智润心”“凝心聚力，提质增效”主题，组织教职工开展分享交流。聘请最高人民检察院常务副检察长担任学校法治副校长。

发挥资源优势，提升办学质量。承办教育部基础教育教学指导委员会基础教育基层代表座谈会、教指委委员代表座谈会。承办科学思想方法沙龙第二期暨化学名师工作室成立仪式。信息、生物两个学科入选北京大学博雅人才共育基地。召开“双减”背景下课后服务及作业设计研讨会，推进首师大附中教育集团各成员校落实“双减”。

（范广宁　邓晨）

北京大学附属中学

2021 年，北京大学附属中学分两址办学，分别为黄庄本部校区和惠新校区。2 个校区总占地面积 7.75 万平方米，建筑面积 11.97 万平方米，运动场地面积 1.66 万平方米。图书馆藏书 10 万余册；电子图书和数据库与北京大学图书馆共享，另有自采数据库 1 个。固定资产总值 11560 万元，全年教育经费投入 20192 万元。学校信息化经费投入 700 万元，拥有笔记本电脑 560 台、台式机 696 台、平板电脑 539 台，网络多媒体教室 155 个，“信息技术”课程 2 课时 / 周。教职工 422 人，其中高级职称 130 人、中级职称 123 人。专任教师 336 人，包括特级教师 6 人、北京市骨干教师 3 人；本科以上学历 410 人。开设教学班 226 个（初中 61 个、高中 165 个）。毕业 1346 人（初中 594 人、高中 752 人）；招生 1151 人（初中 302 人、高中 849 人）；在校生 3652 人（初中 1171 人、高中 2481 人），包括寄宿生 430 人。高中录取分数线 624 分（海淀区），应届高考本科上线率 100%。

2021 年，学校加强教学工作与课程建设。初中部推进学科教学分层探索，为各类学生设置个性化课程。高中部行知学院特级教师和学科专家开展全方位研讨，形成制度化和平台化教育教学规范及资源，引领高中各学科推进翻转课堂和混合式学习，培养学生自主学习能力和终身学习素养。高中部元培学院持续推进“1+3”四年制初高中贯通培养项目，初三衔接班设置必修、选修、研学和综合实践课程，高中荣誉课程体系在学生深度学习方面提供高水平资源和指导。元培学科竞赛课程资源同步向分校输出，支持海口分校和台州分校开设竞赛课程。预科部探索形成闭环云课程，在课程实施过程中执行分层教学，形成先学后教与个性化指导相结合、同步课堂异步学习、线上线下融合等多种课堂模式。2021 届学生对预科部学科课程平均满意度 99.2%，对预科部教师平均满意度 99%。元培学院引入导师制取代传统班主任制，面向学生开发基于“OKR（Objectives and Key Results，目标和关键成果）模式”以促进学生成长为目的的动态目标管理系统。

落实“双减”，开展特色课程建设与课后服务工作，初中部开设课外活动课程 34 门，内容涉及科技类、艺术类、体育类 3 类。践行体教融合，初中部开设 15 项俱乐部体育课程及多种竞技类体育社团活动课程，同时面向全体学生组织开展“一二·九”火炬接力赛、“锋神杯”篮球赛、“追风杯”足球赛等校级大型赛事。

（张蓉）

北京市八一学校

2021 年，北京市八一学校分六址办学，分别为本部校区、北校区、小学部校区、五年级校区、附属玉泉中学校区和延庆分校校区。本部校区、北校区和小学部校区 3 个校区总占地面积 148030 平方米，校舍建筑面积 107360 平方米，运动场地面积 26818 平方米。图书馆（室）藏书 188951 册，电子图书 4000 册。固定资产总值 48498 万元，全年教育经费投入 24703 万元。学校信息化经费投入 956 万元，拥有计算机 1000 台，网络多媒体教室 12 个，“信息技术”课程 2 课时 / 周。教职工 429 人，其中高级职称 178 人、中级职称 167 人。专任教师 347 人，包括特级教师 6 人、北京市骨干教师 11 人、北京市学科教学带头人 1 人；本科以上学历 419 人。开设教学班 143 个（小学 56 个、

10 月 22 日至 23 日，第八届全国中小学校长论坛在北大附中召开——国际部课程展示　（北大附中　供）

初中 47 个、高中 40 个）。毕业 1298 人（小学 278 人、初中 561 人、高中 459 人）；招生 1612 人（小学 433 人、初中 689 人、高中 490 人）；在校生 5694 人（小学 2290 人、初中 1929 人、高中 1475 人），包括随班就读生 12 人。高中录取分数线 613 分（海淀区）。

2021 年，学校追求提升教育教学质量。小学抓品牌课程建设，以九年一贯课程顶层设计方案为蓝本，实行三级课程整体建设方案，构建体现学校核心价值和育人文化的品质课程体系。结合各学科教师特长及校本教研主题，科学安排教师参与课后服务，设置适合学生发展、家长需求和学校特色的多彩课程。初中重点抓教学质量提升，从学科及个人等级评价上拉开差距，全面提升初三教师专业能力。针对非毕业年级，在备课组内形成以评价为先的全流程教学模式，重视衔接年级教学提升和课程建设，多次召开小初衔接专题研讨会。高中抓特色发展，依托海淀区普通高中新课程新教材实施国家级示范区项目，结合学校建设科技高中发展规划，进行“新课程新教材”相关教育教学实践，突出科技特色发展要求。推进劳动教育，启动“京西稻品质文化课程实践活动”。

提出“到 2035 年进入到‘一流科技高中’行列”战略目标。将科技创新特色的打造、国际科技创新人才培养和复合型教师队伍建设作为学校未来工作的重中之重，与北京理工大学共建“智能多源感知创新实验室”揭牌。为推进 2035 科技高中建设，成立专项组落实规划方案具体实施路径。加强航天科普教育顶层设计，与中国航天科技集团发起成立中国宇航学会航天科学与技术教育工作委员会及科普专家委员会，开设一系列航天特色课程推进航天特色教育，成立航天少年科学院，开发、整合航天科学与技术教育资源，推动航天科学普及、科技创新和精神文化进入校园，培养航天后备人才。以实验室为载体开展航天科普课程及实验研究，并依托大学、科研机构资源，逐步建立中学、高校贯通人才培养模式。为打造“TECH”科技育人模式，提出包括科技创新苗子早期发现与选拔工程、小初高一体化培养工程、一流教师队伍建设工程等 12 项工程 24 项重点任务。

（左秋洁）

北京市第一〇一中学

2021 年，北京市第一〇一中学分三址办学，分别为圆明园校区、双榆树校区和温泉校区。3 个校区总占地面积 244204 平方米，校舍建筑面积 105528 平方米，运动场地面积 30627 平方米。图书馆（室）藏书 13.59 万册，电子图书 13.60 万册。固定资产总值 58325 万元，全年教育经费投入 27945 万元。学校信息化经费投入 937.14 万元，拥有计算机 2591 台，网络多媒体教室 151 个，“信息技术”课程初中 1 课时 / 周、高中 2 课时 / 周。教职工 475 人，其中高级职称 181 人、中级职称 167 人。专任教师 361 人，包括特级教师 14 人、北京市骨干教师 20 人、北京市学科教学带头人 4 人；本科以上学历 467 人。开设教学班 140 个（初中 84 个、高中 56 个）。毕业 1400 人（初中 811 人、高中 589 人）；招生 1862 人（初中 1163 人、高中 699 人）；在校生 5084 人（初中 3149 人、高中 1935 人），包括寄宿生 943 人，随班就读生 5 人。高中录取分数线 566 分（海淀区），应届高考本科上线率 100%。另外，北京一零一中实验幼儿园开园，位于丽景苑小区内，占地面积 4200 平方米，园舍建筑面积 4535 平方米，有教职工 27 人，开设教学班 9 个，首批招收幼儿 90 人。

2021 年，一〇一中教育集团形成涵盖幼儿园、小学、初中、高中的 K—12 教育集团。开展党史教育，“一知讲堂”系列讲座开讲。翔宇学院推动德育课程落地，基于“在地化教育”理念，设计“四宜书院”“浩然书院”课程群。开展“筑梦同行”——一〇一中迎接建党 100 周年、建校 75 周年主题教育活动。

学生综合素质培养。落实“双减”，推进“双新”示范校建设，开展首轮常态课展示与交流，采取全学科参与形式，组织各学科教师作课程展示。入选首批三星级北大博雅人才共育基地，数学、语文、化学 3 个学科入选。“101 科普小卫星”成功发射。学生在第 48 届日内瓦国际发明展中取得 2 金 1 银。

开展交流与合作。与北京大学前沿计算研究中心签约，共建“计算机科学人才培养基地”，与北京教育学院联手培养高质量教师。与日本立命馆大学开展国际教育升学合作，与美国康州地

7 月 25 日，八一学校举办“逐梦火星”航天主题科技教育活动（八一学校 供）

区联合教育服务局（ACES）合作推进学校国际化。国际部正式成为IB世界学校（国际文凭世界学校），获得相关国际课程官方授权。

（康文中）

北京市大峪中学

2021年，北京市大峪中学分两址办学，分别为本部校区和西校区。2个校区总占地面积80360平方米，校舍建筑面积58375平方米，运动场地面积31504平方米。图书馆（室）藏书106443册。固定资产总值31981万元，全年教育经费投入12351万元。学校信息化经费投入83.97万元，拥有计算机999台，网络多媒体教室110个，“信息技术”课程1课时/周。教职工267人，其中高级职称111人、中级职称86人。专任教师218人，包括特级教师7人、北京市骨干教师5人；本科以上学历217人。开设教学班60个（初中28个、高中32个）。毕业717人（初中394人、高中323人）；招生625人（初中278人、高中347人）；在校生2136人（初中1029人、高中1107人），包括寄宿生273人，随班就读生1人。高中录取分数线533分（门头沟区），应届高考本科上线率98.36%。

2021年，学校以提高教育教学质量、培养学生良好习惯养成为重点，推进各项工作。落实“双减”，推广学生“深度学习”，在“文献课堂”基础上继续打造“学术课堂”，建设山谷教育研究院，构建“5+2+N”课后服务体系，即每周5天，每天2小时课后服务基础上，为学生提供N种增值服务（“N”即“时段扩展+学段延伸+内容拓展”），开设书法（诗词、对联）课、红楼梦诗词鉴赏课、数学思维与方法拓展课等课后服务实践活动课程。发挥优质资源引领辐射作用，举办“山谷中的一所学校——乡村教育振兴”座谈会，组织75名专家学者研讨乡村教育振兴发展之路。

2021年，大峪中学课后服务——轻轻炫舞

（大峪中学　供）

学生培养。完善生涯教育课程体系，组织师生开展“华夏霓裳”传统文化服饰展演活动。家校共育共促学生成长，举办“小手拉大手 亲子共成长”系列主题活动，设置专题讲座、心理沙龙、实地参观等内容。举办“邂逅自然，感悟生命”科技节等活动。为初中学生提供打破班级和年级的山谷选修课服务。

（于君雅　王金杰）

北京市第八中学永定实验学校

2021年，北京市第八中学永定实验学校占地面积23000平方米，校舍建筑面积36919平方米，运动场地面积5200平方米。图书馆（室）藏书5.61万册，电子图书10万册。固定资产总值43639万元，全年教育经费投入943万元。学校信息化经费投入63.65万元，拥有计算机693台，网络多媒体教室60个，“信息技术”课程2课时/周。教职工153人，其中高级职称61人、中级职称53人。专任教师108人，本科以上学历148人。开设教学班30个（初中12个、高中18个）。毕业322人（初中94人、高中228人）；招生402人（初中132人、高中270人）；在校生1087人（初中396人、高中691人），包括寄宿生254人。应届高考本科上线率80%。

2021年，学校贯彻落实国家教育方针和“双减”工作，坚持党建引领，与学校整体工作相融合、相促进。为庆祝建党百年，特别策划“永远跟党走”建党一百周年系列活动。开展“学党史 悟思想 办实事 开新局”党史学习教育，成立党史学习教育领导小组。举办“我宣誓”庆祝建党一百周年主题诗颂会、“跟历史老师学党史”主题教育活动、“青春飞扬 红歌传唱”合唱展演等活动。开通《党史天天学》微信宣传专栏，利用学习强国APP，将党史学习教育落在日常。

落实“双减”，提质增效培育全面发展的学生。举办“双减”工作布置会，聚焦“减负·增效·提质”目标，坚持课堂教学阵地和干部教师交流“两手抓”，推进特色建设。构建“2+1”三段式课后服务体系，坚持“分层教学、分类培养”，注重学生特长发展。入选2020年全国青少年校园足球特色学校，学生足球社团参与率不低于20%，每周足球活动时间不少于2小时。推进内部综合改革，学校获“首都文明校园”称号。获得北京市第24届学生艺术节门头沟专场合唱展演中学组总分第一名。

（赵文青）

北京市房山区良乡第二中学

2021年，北京市房山区良乡第二中学占地面积3.25万平方米，校舍建筑面积1.70万平方米，运动场地面积1.60万平方米。图书馆（室）藏书49236册，电子图书1328册。固定资产总值5567万元，全年教育经费投入6061万元。学校信息化经费投入49.95万元，拥有计算机743台，网络多媒体教室62个，“信息技术”课程1课时/周。教职工160人，其中高级职称56人、中级职称59人。专任教师135人，包括北京市骨干教师5人；本科以上学历160人。开设教学班36个。毕业431人、招生458人、在校生1425人，包括随班就读生6人。

2021年，学校全面推动党史学习教育，创建文明校园，继续深化课程改革和考试改革，完善学校课程领导力三年规划。

学生综合素质教育。组织初一年级学生开展“激情冰雪、相约冬奥”实践活动，组织初二年级学生开展“冰雪结缘·快乐相伴”第六季冰雪节滑雪体验活动，组织全校学生开展“激情冰雪 冬奥有我”知识竞赛。为提高学生自护自救能力，邀请北京市红十字会为师生开展急救知识培训和体外除颤仪（AED）使用培训。为庆祝建党百年，开展“不忘初心跟党走、青春奋进正当时”主题教育活动、“不忘初心跟党走，砥砺青春育新人”青年教师风采大赛、“红领巾心向党，争做新时代好队员”建队仪式以及青少年马克思主义工程暨少年先锋团校活动等主题教育系列活动。

落实“双减”。执行“五项管理”规定，制定《睡眠制度》《手机管理制度》《作业管理制度》等管理规定和相关制度；线上线下相结合召开家长会，解读“双减”工作背景和目的意义，提出应对措施和具体方法。将作业管理纳入学校常规管理范畴。提升学校课后服务水平，将课后服务与学校课程建设统一建构，聚焦学生体育健康、兴趣发展、个性补偿等关键领域，让学生能够在课后服务时间段内，获得个性化成长。完成“双师”教室调试并投入使用。

（崔雪艳）

北京市房山区长沟中学

2021年，北京市房山区长沟中学占地面积6.54万平方米，校舍建筑面积1.97万平方米，运动场地面积2万平方米。图书馆（室）藏书1.68万册，电子图书50册。固定资产总值7446万元，全年教育经费投入2628万元。学校信息化经费投入5万元，拥有计算机497台，网络多媒体教室50个，“信息技术”课程1课时/周。教职工62人，其中高级职称21人、中级职称27人。专任教师59人，本科以上学历58人。开设初中教学班12个。毕业121人、招生134人、在校生421人。

2021年，学校以“毓秀教育”为文化引领，以毓秀课程为载体，以精进课堂为途径，落实“双减”，提高教育教学质量。

党史学习教育全面开展。搭建“四起来”（“讲起来”“唱起来”“学起来”“做起来”）教育平台，组织师生参加“唱支歌儿给党听”百万师生网络歌咏比赛活动。组建面向学生的“悄悄话”“大朋友”“手拉手”等服务团队，为学生提供个性化服务。

“毓秀课程体系”初步形成。以国家《义务教育课程设置实验方案》为依据，形成基础型、拓展型、探究型课程，通过“教材＋”“主题＋”“美术＋”课程群方式落位课堂。梳理德育课程体系，以“创建文明城市”工作、垃圾分类工作等为载体，推进学校各项教育工作。开设各类学生课外活动小组，满足学生个性化需求。组队参加2021年房山区青少年排球比赛，获房山区优秀组织奖。加强心理健康教育，建立三级学生心理健康教育网络机制。开展入户家访活动、完善家委会组织、开办家庭教育大讲堂活动、做好“家长志愿者”工作，形成家校合力，提高“三结合”教育实效。

（穆美佳）

北京市通州区运河中学

2021年9月，北京市通州区运河中学注册地址由运河西大街107号（原东校区）变更为梨园镇京洲中街（原西校区）。原东校区于2020年7月29日，经批准成立北京市通州区运河中学东校区，为独立法人单位。梨园镇京洲中街（原西校区）占地面积6.01万平方米，校舍建筑面积0.77万平方米，运动场地面积1.88万平方米。图书馆（室）藏书1.86万册。全年教育经费投入1.54亿元。学校信息化经费投入56.39万元，拥有计算机724台，网络多媒体教室138个，“信息技术”课程1课时/周。教职工213人，其中高级职称115人、中级职称104人。专任教师186人，包括特级教师4人、北京市骨干教师3人；本科以上学历186人。开设教学班50个（初中20个、高中30个）。毕业713人（初中264人、高中449人）；招生811人（初中331人、高中480人）；在校生2072人（初中743人、高中1329人），包括寄宿生687人，随班就读生3人。高中录取分数线597分（通州区），应届高考本科上线率98.5%。

2021年，学校深化“运河教育先锋”党建品牌工作，实现党员队伍建设由数量规模型向质量效能型战略转变。开展“新时代运河中学党小组作用发挥的策略研究”课题研究，建立年级党小组工作模式。

坚持立德树人根本任务。逐步形成以“‘做’为特色，以‘活动’为载体”德育工作模式，完善教书育人、管理育人、服务育人、环境育人立体德育工作体系建设。以北京市学生金帆书画院和金奥运动队等社团为载体，开发篆刻、体育等特色课程，举办“‘红色党史’献礼建党一百周年”金帆书画院美术作品展、“‘徽’舞青春 秀出精彩”班徽设计大赛、“童心向党庆七一，筑梦成长颂百年”学生诵读活动等。

提高教育教学质量，拓展“运河文化”课程体系。加强日常工作精细化管理，完善以学生发展为本、多层次、多类型、可选择的三层四领域“和谐课程”体系。提高教师课程意识，探索“运河文化”特色校本课程群建设，搭建社团活动与成果展示交流平台，推进具有“运河文化”特色的精品校本课程、精品社团与特色品牌学科建设。

落实“双减”，探索“多元”课后服务体系。开展调研工作，明确家长需求。加强作业管理与公示，注重作业分层布置和“鼓励性评语”育人效果实践研究。聚焦课堂，开展“高效教研”“规范常规”与“组团听课”“质量提升月”等活动。实施“固定与走班”“必选与自选”相结合的菜单式课后服务模式。

（周杰南　任建辉　王友早）

北京市通州区潞河中学

2021 年，北京市通州区潞河中学占地面积 17.06 万平方米，建筑面积 10.02 万平方米，运动场地面积 2 万平方米。图书馆藏书 13.60 万册。固定资产总值 52662 万元，全年教育经费投入 18881 万元。学校信息化经费投入 183.60 万元，拥有计算机 2600 台，网络多媒体教室 8 个，“信息技术”课程初中 1 课时 / 周、高中 2 课时 / 周。教职工 376 人，其中高级职称 162 人、中级职称 144 人。专任教师 305 人，包括特级教师 14 人、北京市骨干教师 19 人、北京市学科教学带头人 5 人；本科以上学历 364 人。开设教学班 80 个（初中 30 个、高中 50 个）。毕业 913 人（初中 393 人、高中 520 人）；招生 1066 人（初中 445 人、高中 621 人）；在校生 3217 人（初中 1231 人、高中 1986 人），包括寄宿生 1012 人。高中录取分数线 618 分（通州区），应届高考本科上线率 100%。

2021，学校完善党组织领导的校长负责制各项体制机制，完善上下贯通、执行有力的组织体系建设，全面提升教育教学质量。北京潞河中学三河校区建设完成并揭牌。围绕社会主义核心价值观、建党百年开展特色主题教育活动，举办“学党史、祭先烈、跟党走”系列主题活动等。

构建高品质课程体系。实行行政班与教学班双轨制并存教学管理模式，满足学生个性发展需要；“1+3”试验项目取得初步成果。学校被评为第 15 届北京市思想政治工作优秀单位、奥林匹克教育示范校、校园冰雪运动特色校。落实“双减”，探索课堂提质增效，聘请专家进校园指导课堂教学。以学科竞赛为载体开展课例研讨，开展以“双减”背景要求下作业设计为主题的课题研究等工作。开发利用校内外优质资源，开设学科专题拓展类课程，以及科普、文体和社团活动等综合素质拓展类课后育人活动课程。

（徐甲　张娜）

北京市通州区永乐店中学

2021 年，北京市通州区永乐店中学占地面积 13.10 万平方米，校舍建筑面积 8.76 万平方米，运动场地面积 2.95 万平方米。图书馆（室）藏书 8.37 万册，电子图书 10 万册。固定资产总值 13682 万元，全年教育经费投入 13901 万元。学校信息化经费投入 220.85 万元，拥有计算机 1041 台，网络多媒体教室 135 个，“信息技术”课程 1 课时 / 周。教职工 291 人，其中高级职称 113 人、中级职称 76 人。专任教师 219 人，包括特级教师 2 人、北京市骨干教师 7 人、北京市学科教学带头人 1 人；本科以上学历 291 人。开设教学班 45 个（初中 12 个、高中 33 个）。毕业 601 人（初中 111 人、高中 490 人）；招生 667 人（初中 127 人、高中 540 人）；在校生 1544 人（初中 410 人、高中 1134 人），包括寄宿生 1077 人，随班就读生 5 人。高中录取分数线 559 分（通州区），应届高考本科上线率 87.97%。

2021 年，学校开展社会主义核心价值观教育，以提升学生核心素养为导向，落实各项工作。多次召开全校班主任培训会，组织听取优秀班主任分享工作经验。以专任教师学科德育渗透、德育操作技能为主要内容，通过校本培训、自主研修，提升专任教师德育素养。开展主题教育实践活动和社会大课堂活动。开展模拟政协活动，组织学生拟写提案，提高学生实践运用能力。承办第十届全国学习科学友善用脑高峰论坛，分享学校打造“高质量、有特色”农

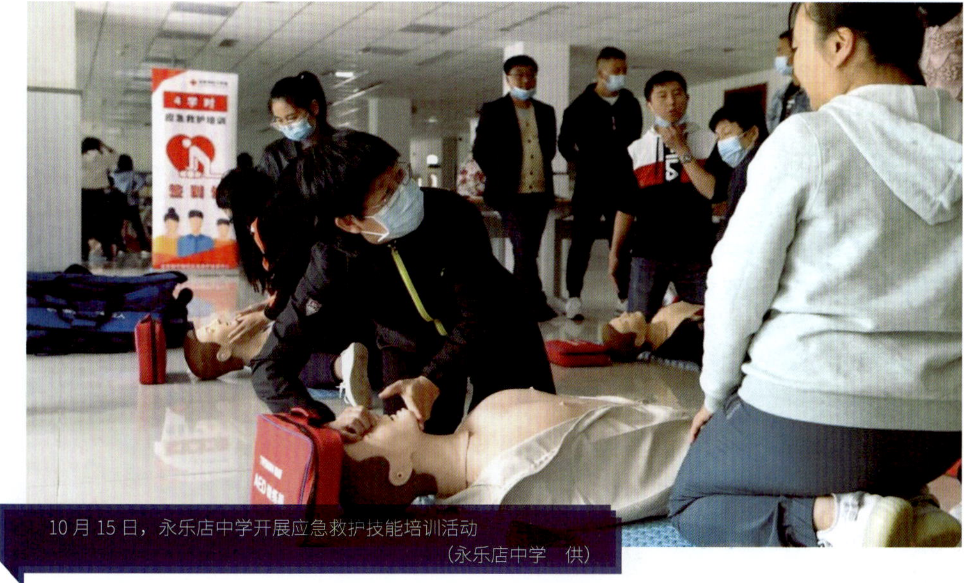

10 月 15 日，永乐店中学开展应急救护技能培训活动
（永乐店中学　供）

村教育改革和发展示范校，助力实现副中心“打造新兴的教育强区”的具体实践。

加强文化建设，打造平安校园。出版《永中光影》，修复和复原老相册 14 本，老照片 695 张，对老照片做到精细备注。完善安全制度管理，健全安全制度，制定疫情防控方案、校园封闭管理制度等。围绕自动体外除颤器使用与心肺复苏对学校 100 余名教师开展应急救护技能培训。

关注学生健康发展。各年级开展不同形式和内容的心理健康教育，加强心理辅导。心理咨询室专设 3 名教师完成学生一般心理问题、校园欺凌、危机个案处理，接待教师、家长咨询等日常心理咨询活动。举办“科技冬奥 智慧北京”科学素养实践活动。

落实“双减”。统筹安排课后服务，组织教师开展课外活动和开展课业答疑辅导，开设 6 门体育类课程，成立篮球兴趣小组、足球兴趣小组、冰雪兴趣小组等。优化学校作业管理，制定并完善《永乐店中学义务教育阶段作业布置、批改、反馈、统筹办法》《永乐店中学作业总量调控制度》《永乐店中学义务教育阶段作业公示制度》。

（颜玉英　杨立福）

北京中加学校

2021 年，北京中加学校占地面积 7.23 万平方米，建筑面积 2.35 万平方米，运动场地面积 1.84 万平方米。图书馆藏书 4.32 万册，电子图书 0.50 万册。固定资产总值 768 万元，全年教育经费投入 3066 万元。学校信息化经费投入 9 万元，拥有计算机 392 台，网络多媒体教室 55 个，“信息技术”课程 4 课时 / 周。教职工 81 人，其中高级职称 4 人、中级职称 17 人。专任教师 33 人，外籍教师 15 人，本科以上学历 72 人。开设高中教学班 12 个。毕业 70 人、招生 47 人、在校生 116 人，全部为寄宿生。高中录取分数线 500 分（通州区）；申请国内外大学学生 70 人，录取率 100%。

2021 年，学校落实立德树人根本任务，发展素质教育，培养社会主义建设者和接班人。确立“以人为本、中外融合；尊重差异、因材施教；全面发展、知行合一”三级办学理念。课程设置重视全面性与基础性、拓展性与多样性、探究性与开放性结合，把发展的主动权还给学生。突出艺术、体育课程，推进课间操校本化改进。普及街舞活动，举办国体全国街舞执委会、加皇教育集团“街舞文化推广实验校”签约授牌仪式。提高国际课程教学质量，开展 AP 课程（针对“美国大学预修课程考试”开设的授课辅导）与国际竞赛课程的各项工作。组织学生参加爱丁堡公爵国际奖及各学科国际竞赛等课程及活动。加强国际交流，组织学生参加圆方委员会线上国际会议，为视力障碍人士提供文学经典作品线上朗读服务；举办美国圆方线上国际会议，分享美国洛杉矶城市文化。

加强爱国主义教育。开展庆祝中国国产党成立 100 周年系列活动。高中组举办“唱支歌儿给党听”红歌比赛；组织党员赴“承兴密联合县政府旧址纪念馆”参观学习，开展主题党日教育活动。加强教师教育技能和教学基本功训练，提高教师信息技术和现代教育装备应用能力。组织 49 名班主任参加班主任基本功大赛；举办第 24 届教育教学研讨会，鼓励教师探索混合式教学、翻转课堂、构建线上线下相结合的教学模式，推动学校实现教学质量“变轨超车”；举办两届教师管理与教学论文评选活动，分别评选出优秀论文 35 篇、37 篇，在学校《行成集》刊载 37 篇；与北京理工大学共同举办专业发展研讨会暨教师“一对一”结队活动，打造新型教师队伍。培养全面发展的学生，组织高二、高三年级学生开展拓展训练；组织高三年级师生参观 798 艺术中心中国当代杰出艺术家曹斐回顾展；开展高一年级诗文朗诵会；组织世界环境日的环保课堂、学生环保作品展、圆方观影日系列活动。

（王莉）

北京市顺义区高丽营学校

2021 年，北京市顺义区高丽营学校占地面积 7.33 万平方米，校舍建筑面积 1.83 万平方米，运动场地面积 1.43 万平方米。图书馆（室）藏书 4.73 万册。固定资产总值 2163 万元，全年教育经费投入 5419 万元。学校信息化经费投入 6.38 万元，拥有计算机 449 台，网络多媒体教室 57 个，“信息技术”课程 1 课时 / 周。教职工 110 人，其中高级职

12 月 7 日，高丽营学校举办主题冰雪体验活动
（高丽营学校　供）

称 32 人、中级职称 50 人。专任教师 82 人，本科以上学历 106 人。开设教学班 27 个（小学 21 个、初中 6 个）。毕业 143 人（小学 107 人、初中 36 人）；招生 193 人（小学 116 人、初中 77 人）；在校生 890 人（小学 725 人、初中 165 人），包括外省市借读生 402 人，随班就读生 4 人。学校有兴趣社团 36 个。

2021 年，学校营造“德融天下，智通致成”文化氛围，致力于打造九年制一体化办学特点，培养融通型学生，建设融通型学校。

立德树人。加强学生思想道德建设，开展“新学期新征程再启航”开学典礼活动，以学期目标激励学生前进。在劳动教育过程中开展“小餐桌大教育”“秋收”等特色实践活动。利用安全教育月，开展“校警直连，共筑校园消防安全”及消防应急疏散演练活动，增强学生消防安全意识。开展传统文化教育，与北京市顺义区第三中学共同开展“创意工场”——喜庆吉祥的大红灯笼制作实践活动。

落实“双减”。围绕“课堂提质增效”目标，探索课后服务、课堂教学改革和作业实效性设计。课后服务工作以学生成长为课程核心，关注学生成长过程，特别突出课程“整体育人”基本理念，设置学科答疑、兴趣课程 2 个板块，开设艺术类、竞技类、劳动类 3 类社团课程。课堂教学和作业设计以学生为中心开展，举办“深度学习理念下任务型教学设计与实践”主题展示课。在顺义区聚力“双减”同向而行活动中介绍“五项管理”、课后服务工作经验。

（闫江玲）

北京市顺义牛栏山第一中学

2021 年，北京市顺义牛栏山第一中学占地面积 18.17 万平方米，校舍建筑面积 12.28 万平方米，运动场地面积 5.65 万平方米。图书馆（室）藏书 12.70 万册，电子图书 9 万册。固定资产总值 53056 万元，全年教育经费投入 23181 万元。学校信息化经费投入 1011 万元，拥有计算机 1345 台，网络多媒体教室 112 个，“信息技术”课程 1 课时 / 周。教职工 357 人，其中高级职称 142 人、中级职称 128 人。专任教师 253 人，包括特级教师 14 人、北京市骨干教师 19 人、北京市学科教学带头人 4 人；本科以上学历 253 人。开设教学班 57 个（初中 2 个、高中 55 个）。毕业 778 人（初中 89 人、高中 689 人）；招生 898 人（初中 90 人、高中 808 人）；在校生 2601 人（初中 90 人、高中 2511 人），包括寄宿生 2562 人，随班就读生 1 人。高中录取分数线 618 分（顺义区 01 专业）、613 分（顺义区 02 专业），应届高考本科上线率 97.8%。

2021 年，学校以庆祝建党百年为主线开展党史知识竞赛、“永远的长征”人文综合素养课、诵读红色经典等活动，推进爱国主义及革命传统教育。学校成为北京大学博雅人才共育基地、北京市中小学思想政治理论课首批示范基地、北京市教育信息化融合应用示范基地。

完善课程体系，开发特色课程。在原有“德育＋健康＋基础＋拓展＋特长”多元化课程基础上，融入自觉＋教育理念，确立“五自五育”发展课程体系。着力开发特色课程，《牛栏山一中高中音乐国家课程校本实施方案》被北京教育科学研究院基础教育课程教材发展研究中心认定为北京市普通高中特色课程。构建拔尖创新人才培养体系，在“1＋3”创新班优化班主任和任课教师配置，创新选科走班形式和时间，开发大学先修课程、强基课程、书苑课程、中科院课程、游学课程，建立导师制。召开 2021 年中科院科技人才早期培养中学生科学探究课题成果汇报会，10 个课题组 30 名学生 10 个课题成果通过汇报答辩，获得结题证书。

构建教师专业发展路径，创新教育教学评价机制。以建设自主发展型教师团队为切入点，在培养教师可持续发展能力基础上，提升教师学习、分享的自觉意识。通过班主任专题培训和“立德立言”名师讲坛等活动，打造博学、智慧、合作教师团队。

（许坤　商玉娟）

北京市顺义区第一中学

2021 年，北京市顺义区第一中学占地面积 66000 平方米，校舍建筑面积 50212 平方米，体育场（馆）面积 4250 平方米。图书馆（室）藏书 12.10 万册，电子图书 107 册。

5 月 26 日，顺义一中开展党史学习综合实践活动

（顺义一中　供）

固定资产总值21199万元，全年教育经费投入1470万元。学校信息化经费投入183.50万元，拥有计算机572台，网络多媒体教室87个，“信息技术”课程2课时/周。教职工266人，其中高级职称118人、中级职称100人。专任教师223人，包括特级教师5人、北京市骨干教师2人；本科以上学历256人。开设教学班45个（初中2个、高中43个）。毕业522人（初中42人、高中480人）；招生540人（初中40人、高中500人）；在校生1704人（初中40人、高中1664人），包括寄宿生914人。高中录取分数线598分（顺义区），应届高考本科上线率96.2%。

2021年，学校坚持立德树人根本任务，结合党史学习教育，落实“双减”，聚焦提质增效。加强党的建设，开展“四史”教育，成立党史学习教育宣讲团，举办校本系列讲座和“党团课进校园”活动。组织领导班子集中学习、专题交流研讨近20次。

丰富德育课程体系。庆祝建校65周年，将党史教育融入德育活动，以“永远跟党走”为主题，开展“六五华诞，百年辉煌”系列活动，参加“唱支歌儿给党听”歌咏比赛。开发“国风舞韵”选修课程，实现语文古诗词知识、历史知识与舞蹈艺术门类相融合，诗词艺术与舞蹈艺术相融合。开设栋林画室、追梦合唱团、栋林舞蹈团等社团选修课。

推进学科建设。以落实顺义区“挺腰工程”为抓手，开展特色主题教研活动。组织门头沟地质实践、燕京啤酒生产工艺观摩等活动。聘请10余名学科专家来校落实高端备课。与北京市第一零九中学开展联合教研，共同承办2021年新课标背景下高中课堂教学研讨会；与内蒙古林东九中共建教研共同体。与中国科学院合作开展“1+3”项目理科实验活动。推进栋林书院哲学课程、国学课程建设。举办名家进校园讲座23次，开展红色文化教育“微游学”课程、“生涯规划”课程、心理拓展活动等，为学生提供更多选择。

（李耀华）

北京市昌平区阳坊中学（北京市昌平区阳坊学校）

2021年，北京市昌平区阳坊中学（北京市昌平区阳坊学校）分三址办学，分别为阳坊校区、四家庄校区和后白虎涧校区。3个校区总占地面积3.74万平方米，校舍建筑面积2万平方米，运动场地面积1.74万平方米。图书馆（室）藏书4.04万册，电子图书64册。固定资产总值3476万元，全年教育经费投入6103万元。学校信息化经费投入11.30万元，拥有计算机337台，网络多媒体教室49个，“信息技术”课程1课时/周。教职工114人，其中高级职称26人、中级职称49人。专任教师107人，包括北京市骨干教师1人；本科以上学历99人。开设教学班31个（小学24个、初中7个）。毕业122人（小学61人、初中61人）；招生139人（小学75人、初中64人）；在校生723人（小学521人、初中202人），包括随班就读生3人（小学2人、初中1人）。

2020年5月，昌平区教委宣布北京市昌平区阳坊中心小学和北京市昌平区阳坊中学合并，成立北京市昌平区阳坊学校；2021年5月，学校获批更换公章。

2021年，学校围绕管理文化、学生文化、教师文化、课程文化、课堂文化、公共关系文化、环境文化七大主题，打造阳光校园。依托“育·沙龙”班主任工作室，聘请校外专家进行专题培训，提升班主任专业素养。开发智能机器人、中国跤、旱地冰球等特色课程。建立优秀阳光学子评价体系，每学期评选明礼诚信奖、志愿服务奖、勤奋学习奖、艺术人才奖、体育特长奖、进步突出奖、优秀管理奖、阳光师友奖和阳光团队奖。

学生培养。通过节日教育、主题教育、安全教育、特色活动教育、家校共育促提升等课程对学生进行教育，分别以“你我携手筑梦 共育阳光学子”为主题，开展线上家访活动；以“家校共育 阳光育人”为主题，开展家访月活动；以“珍惜水 爱护水”为主题，开展主题班会、手抄报、征集家庭节水金点子等活动；以“垃圾分类 从我做起”为主题，开展主题班会活动；以“深入学习宣传贯彻习近平法治思想，坚定不移走中国特色社会主义法治道路”为主题，开展国家宪法日系列活动。丰富学生学习生活，开展体育节、读书节、阳坊学校好声音等活动，举办第二届“在阅读中阳光成长”读书节闭幕式暨读书节成果分享会、“拿起纸笔·见字如面”书信交流活动以及“阳光杯”昌平区中小学第一届跳绳邀请赛。

（胡亚丽）

北京市昌平区百善学校

2021年，北京市昌平区百善学校占地面积5.19万平方米，校舍建筑面积2.20万平方米，运动场地面积2.10万平方米。图书室藏书5.10万册。固定资产总值2276万元，全年教育经费投入5097万元。学校信息化经费投入85.26万元，拥有计算机466台，网络多媒体教室49个，“信息技

9月9日，昌平区“冰雪知识进校园”活动走进百善学校
（百善学校　供）

术”课程1课时/周。教职工125人，其中高级职称21人、中级职称73人。专任教师110人，包括北京市骨干教师2人；本科以上学历107人。开设教学班33个（小学24个、初中9个）。毕业191人（小学113人、初中78人）；招生238人（小学132人、初中106人）；在校生1159人（小学879人、初中280人），包括随班就读生4人。

5月13日，昌平一中教育集团举办第二届科技节 （昌平一中 供）

2021年，学校通过开展干部暑期培训、教师上岗培训和校本培训，组织“身边榜样”师德标兵宣讲先进事迹，提高干部教师政治业务素质。以“永远跟党走”为主线，开展“童心跟党走 争做好队员”少先队主题大队会、“童心向党 尚善成长”第六届“六一”儿童嘉年华表彰庆祝活动以及“学党史 做先锋”“永远跟党走 民族精神代代传”“红心向党 茁壮成长”等主题教育活动，培养学生思想品质、道德情操和行为习惯。

以学生为本落实“双减”。提升教学质量和科研水平，开展有效教学交流活动、英语组带题授课活动、首届植物栽培大赛、四校联盟文科骨干教师实践交流活动，召开北京市教育科学“十三五”规划优先关注课题“中小学生危机处理的有效策略研究”项目子课题开题指导培训会。培育全面发展的学生，举办“尚善健体 和谐校园”第五届体育节，开展昌平区“冰雪知识进校园”、“劳动与成长同步 青春与梦想同行”2021届学生综合实践活动等活动。组织学生参加2021年昌平区中小学生春季田径运动会、中国体育彩票杯2021年北京市体育传统项目学校健美操比赛、“阳光体育”2021年昌平区中小学生篮球联赛和校园足球比赛，培养学生体育精神。

校园文化建设及合作交流。开展“绽放‘她’风采·致敬最美的你”百善学校“丝巾百变，魅力无限”庆三八活动和教职工书法、板书比赛，丰富教职工业余文化生活。开展消防安全疏散演练、防震疏散演练、应急救护安全防护知识大讲堂活动，提高师生安全防范意识和自救互救能力。接待内蒙古自治区锡林郭勒盟太仆寺旗2名骨干教师来校跟岗交流。学校被评为北京市首批中小学心理健康教育实践研究特色校。

（张立亭　孙晓飞　林成山）

北京市昌平区第一中学

2021年，北京市昌平区第一中学分四址办学，分别为本部校区、天通苑校区、西关校区和中滩校区。4个校区总占地面积6.74万平方米，校舍建筑面积5.10万平方米，运动场地面积3.56万平方米。图书馆（室）藏书12.50万册，电子图书2万册。固定资产总值1.46亿元，全年教育经费投入1.37亿元。学校信息化经费投入131.95万元，拥有计算机781台，网络多媒体教室95个，“信息技术”课程1课时/周。教职工354人，其中高级职称135人、中级职称96人。专任教师290人，包括特级教师10人、北京市骨干教师7人、北京市学科教学带头人2人；本科以上学历340人。开设教学班84个（小学8个、初中42个、高中34个）。毕业803人（初中407人、高中396人）；招生1091人（小学79人、初中569人、高中443人）；在校生3062人（小学278人、初中1461人、高中1323人），包括寄宿生577人，随班就读生8人。高中录取分数线617分（昌平区），应届高考本科上线率99%。

2021年是学校建校70周年，学校开展LOGO发布、《七十载·向阳而生》宣传片拍摄、《长城下的点灯人》校史剧创编公演、校史馆开馆等系列庆祝活动。推进集团化改革，实施“三思”课堂建设实践与研究，开发分层单元作业设计，探索分层分类选项走班新方式、“1+3”特色贯通选修课程、“学科思维”课程等。做好普通高中多样化办学申报工作，完成《昌平一中教育集团一体化贯通育人基地创建方案》。成立昌平一中“致忠”班主任工作室，建立集团校区间班主任培养联动机制，同时在科技、体育、艺术等方面探索集团内跨校区、跨学段合作交流及特长人才、创新人才培养。组织学生参加2020年美国高中生数学建模竞赛（HIMCM），8名学生获奖。举办第八届学生节、第二届“科技教育联盟人工智能创客营”活动以及“科技一中 孵化梦想——昌平一中教育集团第二届科技节”等主题活动。完成能源审计项目，开展绿色校园、垃圾分类示范校创建工作。学校被评为2021年全国青少年人工智能活动特色单位。

（刘靖　张楠）

北京市昌平区第二中学

2021 年，北京市昌平区第二中学分两址办学，分别为政府街校区和回龙观校区。2 个校区总占地面积 8.20 万平方米，校舍建筑面积 6.84 万平方米，运动场地面积 3.69 万平方米。图书馆（室）藏书 13.90 万册，电子图书 4.41 万册。固定资产总值 1.52 亿元，全年教育经费投入 1.65 亿元。学校信息化经费投入 212.50 万元，拥有计算机 1367 台，网络多媒体教室 179 个，“信息技术”课程 2 课时 / 周。教职工 436 人，其中高级职称 146 人、中级职称 129 人。专任教师 372 人，包括特级教师 8 人、北京市骨干教师 7 人；本科以上学历 370 人。开设教学班 110 个（初中 63 个、高中 47 个）。毕业 914 人（初中 474 人、高中 440 人）；招生 1431 人（初中 934 人、高中 497 人）；在校生 4291 人（初中 2567 人、高中 1724 人），包括寄宿生 1136 人，随班就读生 9 人。高中录取分数线 616 分（昌平区），应届高考本科上线率 96.6%。

2021 年，学校围绕建党百年，开展建设“四强”党支部活动，被昌平区委教育工委评为先进党组织。落实国家课程，开设机器人、民乐、管乐等 40 余个社团，为学生成长提供空间和展示机会。加强与高校、科研院所和高新企业的联系，带领学生走进高校和科研院所参与课题研究。

学生综合素质培养。落实课程思政理念，学校入选首批北京市中小学思想政治理论课示范基地。加强爱国主义教育，开展“每一个你，我们都记得”——2021“网上祭英烈”清明活动、“庆祝建党一百周年，地方特色传统民居创意制作比赛”，组织师生参加“首都少年先锋岗”活动，带领师生走进抗日战争纪念馆参观抗战馆专题展览。关注学生身心健康，举办“守法规知礼让，安全文明出行”系列交通安全宣传教育活动、“增进交流，提高班级凝聚力”心理活动。组织学生参加“2021 北京市昌平区中小学冰雪知识进校园”知识讲座、到北京市昌平职业学校基地进行劳动教育实践，承办昌平区首届“阳光少年 创想未来”创想杯——中小学生创意编程大赛。

（王洁睿　高宇　周思辰）

北京市第十五中学南口学校

2021 年，北京市第十五中学南口学校占地面积 9.60 万平方米，校舍建筑面积 3.23 万平方米，运动场地面积 1.74 万平方米。图书馆（室）藏书 4.50 万册，电子图书 10 万册。固定资产总值 3801 万元，全年教育经费投入 7531 万元。学校信息化经费投入 92 万元，拥有计算机 389 台，网络多媒体教室 56 个，“信息技术”课程初中 1 课时 / 周、高中 2 课时 / 周。教职工 158 人，其中高级职称 57 人、中级职称 57 人。专任教师 116 人，包括北京市骨干教师 2 人；本科以上学历 116 人。开设教学班 22 个（初中 12 个、高中 10 个）。毕业 175 人（初中 97 人、高中 78 人）；招生 308 人（初中 148 人、高中 160 人）；在校生 798 人（初中 402 人、高中 396 人），包括寄宿生 274 人，随班就读生 6 人。高中录取分数线 571 分（昌平区），应届高考本科上线率 91.18%。

2021 年，北京市昌平区南口铁道北中学师生并入，学校扩招高中部，开展走班教学，落实特色办学。组织党员参观昌平革命历史纪念馆和中共南口特别支部纪念馆，开展“感受爱国情怀，追忆革命精神”主题实践活动。多措并举提升教学质量，开展班主任专业培训和心理健康培训、班主任师徒结对及“我和我的祖国”主题班会评比等。落实“双减”，针对学生开展法治、交通、消防等主题宣传教育活动，针对教师开展师德师风、“双减”等专题培训和“双减”背景下如何做好课后服务工作等专题研讨。

培育全面发展的学生。组织学生开展青春期教育专题讲座、饮食和心理健康讲座、家校协同共育讲座等，举办“传承文化经典，演绎青春风采”课本剧展演活动、“英雄从未走远 精神薪火相传”演讲朗诵展示活动、“尊法 学法 守法 用法”模拟法庭活动等。指导学生参加 2021 年北京国际航空航天模型邀请赛暨北京市青少年航空航天模型比赛，获一等奖 5 个、二等奖 3 个、三等奖 8 个；参加第 21 届北京青少年机器人竞赛暨第 6 届北京青少年创意编程与智能设计大赛获珠峰奖 1 个、冠军 1 个、亚军 2 个、一等奖 5 个、二等奖 3 个。

4 月 28 日，十五中南口学校开展以职业体验为内容的劳动教育课程实践活动　（十五中南口学校　供）

（程红玲）

北京景山学校大兴实验学校

2021年，北京景山学校大兴实验学校占地面积38919平方米，建筑面积25977平方米，运动场地面积3710平方米。图书馆（室）藏书66000册。固定资产总值11569万元，全年教育经费投入5634万元。学校信息化经费投入5.94万元，拥有计算机522台，网络多媒体教室81个，“信息技术”课程1课时/周。教职工154人，其中高级职称27人、中级职称36人。专任教师148人，本科以上学历148人。开设教学班56个（小学39个、初中17个）。毕业305人（小学192人、初中113人）；招生500人（小学317人、初中183人）；在校生2183人（小学1547人、初中636人），包括外省市借读生634人。学校有社团52个。

2021年，学校落实“全面发展打基础，发展个性育人才”办学理念，完善常规教育、养成教育、特色活动和校本课程建设。开展党史学习教育，增强师生主人翁意识，开展建党百年系列教育活动、摄影作品征集、“祭烈士英魂，传红色基因”主题教育活动等。组织教师赴北京市房山区东湖港开展主题拓展活动。关注教师培养，推进课堂提质增效工作，开展师德师风教育，举办时事政治宣讲、教育故事交流等活动。

安全教育管理。通过参与创建全国文明城区、卫生城区系列教育筹备工作，提升学校教育教学发展整体水平。开展“小拉大手，文明交通一起走”主题活动，组织学生上“小李警官进校园——守法规 知礼让 安全文明出行”交通普法课。学校为“小月卡 大能量——校园周边文明交通我在行动”打卡争优活动先进个人和“文明交通优秀集体”颁发证书和纪念品。邀请清源路派出所、中国公安大学警体战训学院防卫与控制教研室专业人员来校针对个人暴力伤害特殊场景，开展儿童安全防护系列教育活动，结合5～8岁儿童身心特点，设置“利用障碍物躲避”“下蹲逃跑”“拍肩膀”“三人协防”4个家庭安全小游戏。

（杨婕　王蕾）

首都师范大学附属中学大兴北校区

2021年，首都师范大学附属中学大兴北校区占地面积3.97万平方米，建筑面积3.63万平方米，体育场（馆）面积1.42万平方米。图书馆（室）藏书5.05万册。固定资产总值29262万元，全年教育经费投入6554万元。学校信息化经费投入20万元，拥有计算机345台，网络多媒体教室61个，“信息技术”课程1课时/周。教职工137人，其中高级职称30人、中级职称39人。专任教师132人，本科以上学历132人。开设教学班46个（小学34个、初中12个）。毕业215人（小学139人、初中76人）；招生472人（小学298人、初中174人）；在校生1753人（小学1344人、初中409人）。

2021年，学校以提高课堂学习质量为核心，引领教师向课堂要质量，备课先行、跟进教研、随堂听课，提高教学质量；各学科教研组立足校本教研，创新作业形式，兼顾基础性和拓展性作业。落实“双减”，拓展体育、德育、劳动等课后活动形式，创设多元、发展个性的课后服务课程，提供“菜单式”课表供学生自主选择，开设年级特色课后课程。做好教育后勤保障，保障校园安全、食品质量、心理健康，定期采用学生心理发展评估系统开展学生心理测评，建立重点关注学生档案。加强师资队伍建设，开展亦庄协作区“助力教师成长”项目培训，邀请专家来校参与教师培训。小学部举办“聚点滴智慧 扬奋斗风帆”主题论坛，中学部举办“依法执教 幸福成长”新学期班主任培训，提高教师教育教学水平。

学生培养。推动学校特色发展，举办“中华古诗文”大赛，承办大兴区小学第五届中华古诗文大会展示赛，小学部举办“京南杯”经典诵读展示活动，承办大兴区第十届“京南杯”小学生诵读展示交流活动并获“优秀组织奖”。举办“向美而生‘艺’彩纷呈”校园艺术节，设置校园艺术书画展、个人才艺展演等活动内容。举办阳光体育节、“我运动 我健康”室内操比赛、迎新接力跑比赛等体育赛事，提升学生身体素质。开展学科实践系列活动，设置第四届π节活动、“了解传统节日 感受古风文化”学科实践活动、“博闻广见 卓有通识”主题实践活动等活动内容。小学部走进实践基地、动物园等，开展校外实践活动23次、校内实践活动19

10月至12月，首师大学附中大兴北校区举办“中华古诗文”大赛　（首师大附中大兴北校区　供）

次，各年级通过主题汇报、手抄报、节目展演等形式汇报展示 8 次。

（陈合宁）

北京市大兴区第一中学

2021 年，北京市大兴区第一中学分两址办学，分别为东校区和新校区。2 个校区总占地面积 25.23 万平方米，校舍建筑面积 22.81 万平方米，运动场地面积 4 万平方米。图书馆（室）藏书 22.67 万册。固定资产总值 19490 万元，全年教育经费投入 33835 万元。学校信息化经费投入 3400 万元，拥有计算机 2056 台，网络多媒体教室 153 个，“信息技术”课程 1 课时 / 周。教职工 380 人，其中高级职称 141 人、中级职称 142 人。专任教师 299 人，包括特级教师 7 人、北京市骨干教师 4 人、北京市学科教学带头人 1 人；本科以上学历 380 人。开设教学班 78 个（初中 28 个、高中 50 个）。毕业 804 人（初中 311 人、高中 493 人）；招生 1283 人（初中 522 人、高中 761 人）；在校生 3409 人（初中 1173 人、高中 2236 人），包括寄宿生 1426 人（初中 38 人、高中 1388 人）。高中录取分数线 584 分（大兴区），应届高考本科上线率 99.17%。

2021 年，大兴区第一中学教育集团成立，新校区投入使用。作为党组织领导的校长负责制试点单位，抓好意识形态工作。在新校区筹建党群教育活动中心，构建有效载体，通过“和合一中”微信、“大兴一中校报”“RHA 电视台”以及校园中的板报、橱窗等，宣传社会主义核心价值观。

提升教育教学质量。举办话题研讨会，针对实现学生个性化作业、积累学生个性化知识图谱、个性化教与学和“双减”背景下如何提高课堂效率等问题开展研讨。利用科技手段结合高质量教学资源，采集学生全过程学习数据，构建学生个性化知识图谱，为教师了解全班共性问题提供重点讲解，同时为教师了解学生个体问题提供针对性指导。承办“守初心 伴成长 做新时代的‘大先生’”——刘丽云教育教学实践研讨会，展示该校特级教师刘丽云 30 年教育教学实践成果。

（张俊　孙会波　孙鹏）

12 月 20 日至 25 日，兴华中学仰山校区举办“科技探索 智能未来”第七届科技节　（兴华中学　供）

北京市大兴区兴华中学

2021 年，北京市大兴区兴华中学分两址办学，分别为高中部校区和仰山校区。2 个校区总占地面积 6.06 万平方米，校舍建筑面积 4.73 万平方米，运动场地面积 2.55 万平方米。图书馆（室）藏书 11.75 万册，电子图书 800 册。固定资产总值 18668 万元，全年教育经费投入 15127 万元。学校信息化经费投入 40 万元，拥有计算机 894 台，网络多媒体教室 76 个，“信息技术”课程 1 课时 / 周。教职工 354 人，其中高级职称 101 人、中级职称 116 人。专任教师 292 人，包括特级教师 1 人、北京市骨干教师 6 人；本科以上学历 349 人。开设教学班 76 个（小学 30 个、初中 12 个、高中 34 个）。毕业 660 人（小学 118 人、初中 139 人、高中 403 人）；招生 767 人（小学 229 人、初中 178 人、高中 360 人）；在校生 2890 人（小学 1120 人、初中 497 人、高中 1273 人），包括寄宿生 501 人，随班就读生 18 人。高中录取分数线 566 分（大兴区），应届高考本科上线率 96.05%。

2021 年，学校坚持立德树人根本任务，发挥教育主阵地作用。推进养成教育，小学部开展“学规范 正行为 养习惯”主题班会课，开启养成教育主题月活动。组织学生学习《中小学生守则》《北京市中小学生日常行为规范》《大兴区小学生养成教育十大习惯》。各班启动“十大习惯之星”评比活动，引导学生在学习生活中规范行为、美化语言、培养良好习惯。开展校园节约系列教育活动，倡导学生参与垃圾分类、光盘行动，初中部通过“21 天分起来”打卡、垃圾分类手抄报、废弃纸盒制作书签等活动，评选出“垃圾分类小明星”380 人。

“五育”并举。举办纪念五四运动 102 周年暨 14 岁青春礼活动，传承红色基因，引领青年茁壮成长。举办“兴华同心话百年 党史故事青年说”党史宣讲主题教育活动，组建学校党史宣讲团，带领学生学习党史。开展法治教育活动，邀请最高检察院第六检察厅厅长作“《民法典》实施与未成年人权益保护”法治教育课。举办第四届体育文化嘉年华暨模拟冬奥会活动、“筑梦在兴华 一起向未来”第 10 届体育节暨秋季运动会、“科技探索 智能未来”第七届科技节等活动，促进学生全面发展。

（李晶）

北京市怀柔区第五中学

2021年，北京市怀柔区第五中学占地面积2.70万平方米，校舍建筑面积2.30万平方米，运动场地面积1.74万平方米。图书馆（室）藏书7.12万册。固定资产总值7891万元，全年教育经费投入6669万元。学校信息化经费投入230.80万元，拥有计算机645台，网络多媒体教室61个，“信息技术”课程1课时/周。教职工183人，其中高级职称59人、中级职称71人。专任教师147人，包括特级教师2人、北京市骨干教师1人；本科以上学历182人。开设教学班38个。毕业346人、招生421人、在校生1190人，包括随班就读生3人。

2021年，学校立德树人，文化立校。举办“社会主义核心价值观进课堂系列活动”，与学科知识相结合开展价值观教育。发挥家长委员会作用，通过家访、召开家长会、致家长一封信等形式达成家校共育。开展家庭教育讲座、小手拉大手活动等系列活动。学生在“知史爱党 知史爱国”北京市学生“四史”学习知识竞赛中获一等奖。学生模拟政协提案《关于增加北京市中小学非物质文化遗产项目或传统文化体验课程的提案》入选市政协提议。推进科研特色建设，打造国家、市、区三级科研体系，借助科技副校长及其所属单位中国科学院资源优势助力学校科技发展，举办学校科技发展的方向与思路研讨、“逐渐睁开的中国天眼”专题讲座等活动。

减负提质，增效赋能。提出“智慧课堂，有效作业”思路，制定《怀柔区第五中学减轻过重课业负担的措施》《怀柔区第五中学作业管理办法》；建立“班主任—年级组—教务处”作业逐级审批制度、教师“软作业评价”和“师生作业双评价”等制度。加大培训力度，采取“走出去 请进来”等方式提升教师能力，争取课堂效益最大化；组织“三课展示”等评选活动，发挥引领辐射作用，指导教师深化教育教学改革。保障课后服务工作全覆盖，制定《怀柔区第五中学课后服务实施方案》；开展“两段式”课后服务，通过教学干部年级包干制、骨干教师跨年级辅导制等措施，以“小专题”形式，解决学生学习困惑。成立教学、德育、安全、服务保障4个“双减”工作专班，每周定期召开会议，通过干部下沉年级组管理模式，发现并解决问题。

（赵录志）

北京市怀柔区第一中学

2021年，北京市怀柔区第一中学占地面积5.65万平方米，校舍建筑面积3.37万平方米，运动场地面积2.77万平方米。图书馆（室）藏书10.90万册，电子图书6.80万册。固定资产总值1.78亿元，全年教育经费投入1.83亿元。学校信息化经费投入4863万元，拥有计算机1307台，网络多媒体教室67个，“信息技术”课程2课时/周。教职工253人，其中高级职称76人、中级职称72人。专任教师201人，包括特级教师6人、北京市骨干教师2人、北京市学科教学带头人2人；本科以上学历155人。开设教学班52个（初中2个、高中50个）。毕业636人（初中78人、高中558人）；招生757人（初中80人、高中677人）；在校生2008人（初中80人、高中1928人），包括寄宿生626人。高中录取分数线577分（怀柔区），应届高考本科上线率98.4%。

2021年，学校坚持将立德树人与社会主义核心价值观教育、优良传统文化教育相融合，丰富爱国主义教育、理想教育、感恩教育等主题活动，举办“学规范、正行为、养习惯”“三爱三节”“重家教 树新风 传美德 共育人”等系列主题教育活动，强化学生行为习惯养成教育，引导学生树立正确的人生价值取向。

提升教师专业能力，提高教育教学质量。依托特级教师工作室、怀海名师工作室、国科大课程资源等平台，以教研组为实施主体推进培训工作，开展深度学习背景下的单元教学模式研究。启动教学质量提升工程系列活动，开展骨干教师示范课、党员教师示范课、青年教师评优课、新入职教师汇报课、新教材研讨课、高考备考研究课，通过听课、评课、座谈等形式调研教师课堂教学水平，将学科核心素养融入学科教学。

学生培养。加强课程建设，开设多元化课程。开设校本课31门，兴趣小组34个，涉及学科竞赛、生命科学、机器人编程等竞技课程，刺绣、衍纸等传统技能，利用国防课、时政课、团课等

4月17日，怀柔一中举办第五届体育文化节活动

（怀柔一中 供）

课程打造特色课程体系。启动阅读工程，通过扩充电子图书资源、丰富图书借阅形式、提高图书流通量等形式，组织学生阅读名著。举办第五届体育文化节、首届心理健康活动周等活动，发挥活动育人作用。

（韩晓阔）

北京市平谷区第五中学

2021 年，北京市平谷区第五中学分两址办学，分别为东校区和西校区。2 个校区总占地面积 8.74 万平方米，校舍建筑面积 4.10 万平方米，运动场地面积 2.50 万平方米。图书馆（室）藏书 50990 册。固定资产总值 17429 万元，全年教育经费投入 14382 万元。学校信息化经费投入 600 万元，拥有计算机 680 台，网络多媒体教室 130 个，“信息技术”课程初中 1 课时 / 周、高中 2 课时 / 周。教职工 364 人，其中高级职称 147 人、中级职称 140 人。专任教师 246 人，包括特级教师 1 人、北京市骨干教师 4 人、北京市学科教学带头人 1 人、北京市骨干班主任 2 人；本科以上学历 246 人。开设教学班 61 个（初中 30 个、高中 31 个）。毕业 554 人（初中 357 人、高中 197 人）；招生 765 人（初中 405 人、高中 360 人）；在校生 2301 人（初中 1173 人、高中 1128 人），包括寄宿生 164 人，随班就读生 4 人。高中录取分数线 554 分（平谷区），应届高考本科上线率 100%。

2021 年，学校坚持开好思政课程，通过“三级三课”活动提升课堂教学质量，通过“思研践”教研模式，深化课堂教学改革，借助“学习强国”平台，抓好教师队伍建设。

学生培养。倡导“五育并举”，德育居首，开展师德学习、逐步完善规范评价机制，通过开展师德标兵评选、师德交流与演讲及班主任沙龙等活动，提升教师师德素养和个人魅力。班主任工作坊被评为“北京市紫禁杯班主任工作室学校优秀工作坊”。推进养成教育，通过开展系列主题教育活动，践行社会主义核心价值观。发展劳动教育，引导学生树立“劳动光荣”信念，开辟学农基地——“植趣园”，开展“垃圾分类”“光盘行动”“桶前值守”志愿服务等活动。发展学生特长，举办“星章”评选、广播操比赛、双语演讲比赛等活动。倡导、鼓励更多学生在体育、艺术、科技领域掌握一项特长。培育学生健康心理，搭建心理健康教育平台“心晴”。

规范课后服务。通过调查问卷、家长会、家委会等形式进行前期调研；实施过程推行“五育并举”，丰富课后供给。初中市、区级骨干教师全员参与课后服务。全面提升体美素养，实行菜单式服务，开设 19 个社团，分为科学素养和学科拓展类、体育健康类。

（马国亮　刘婷婷）

北京实验学校

2021 年，北京实验学校占地面积 35330 平方米，校舍建筑面积 23353 平方米，运动场地面积 13611 平方米。图书馆（室）藏书 5.68 万册，电子图书 15 万册。固定资产总值 9191 万元，全年教育经费投入 8301 万元。学校信息化经费投入 102.20 万元，拥有计算机 673 台，网络多媒体教室 33 个，“信息技术”课程 2 课时 / 周。教职工 206 人，其中高级职称 78 人、中级职称 80 人。专任教师 137 人，包括特级教师 2 人、北京市骨干教师 1 人、北京市学科教学带头人 1 人；本科以上学历 201 人。开设教学班 33 个（初中 7 个、高中 26 个）。高中毕业 320 人（包括玉树内高班 86 人）；招生 404 人（初中 57 人、高中 347 人，包括玉树内高班 80 人）；在校生 1155 人（初中 199 人、高中 956 人，包括玉树内高班 233 人），包括寄宿生 628 人（初中 174 人、高中 454 人，包括玉树内高班 233 人）。高中录取分数线 539 分（平谷区），应届高考本科上线率 84.8%。

2021 年，学校作为北京实验学校平谷教育集团龙头校，创新管理方式，推动一体化党建基地建设。定期召开集团管理委员会会议，谋划集团发展方向、目标、内容和路径，统筹各校发展，形成资源共享、文化共建、优势互融、协同治理教育共同体。实施幼、小、初、高 4 个学部干部和学术委员双培训制度，致力于打通幼、小、初、高 4 个学段，建设一体化课程系统和教育教学体系。

3 月，北京实验学校开展“磨、研、讲、评”课堂研究活动
（北京实验学校　供）

推进学生思想道德教育。将德育工作与创建全国文明城区工作有机结合，组织学生学习《中学生守则》《中学生日常行为规范》，排查自身差距；通过主题班会、思想宣讲、道德实践活动及十佳之星、星级宿舍、

文明班集体评选等，开展爱国主义、理想信念、遵纪守法等专题教育。

加强教师师德建设。完善党员和教师“双积分”方案，细化“双积分”管理，在各项评选中，将“双积分”结果作为重要依据。通过召开师德师风专题教育大会，组织签订师德师风承诺书，举办师德师风大讨论及师德师风演讲比赛、开展师德标兵及教书育人楷模评选、举行教师入职和晋职承诺宣誓等活动。提升班主任队伍素质，举办每月一主题的“聚焦班级管理，共享教育智慧”班主任论坛，邀请校内外知名教师传授经验。打造特色魅力课堂，通过校长培训、海淀教师示范课、“磨、研、讲、评”教研活动及每月一次魅力大课堂激情课堂展示等系列活动，引导教师理解并践行魅力课堂核心，推进魅力课堂学科化、课型化研究。

突出艺术体育特色。高一“挖潜”特长生，高二、高三“专项培养”，组建美术、体育班，科学安排专业课和文化课，学校被教育部和北京 2022 年冬奥会冬残奥会组委会认定为“奥林匹克教育示范校”。

重视民族团结教育。承办玉树内地高中班，通过抓常规促养成，抓教育促团结，抓细节促效能，抓活动促融合，提升学生民族自豪感和品格修养。学校成立玉树管理办公室，组建玉树管理团队，同年级组形成双向发力、多点配合的无缝化管理模式。学校在“北京市事业单位集中开展脱贫攻坚专项奖励工作”评审中，被授予“集体记功”奖励。

（郭峰亭）

北京市育英学校密云分校

2021 年，北京市育英学校密云分校占地面积 33951 平方米，建筑面积 21292 平方米，运动场地面积 17884 平方米。图书馆（室）藏书 59365 册。固定资产总值 9606 万元，全年教育经费投入 3938 万元。学校信息化经费投入 138.68 万元，拥有计算机 476 台，网络多媒体教室 42 个，“信息技术”课程 2 课时 / 周。教职工 119 人，其中高级职称 38 人、中级职称 27 人。专任教师 95 人，包括北京市骨干教师 1 人；本科以上学历 95 人。开设教学班 25 个。毕业 234 人、招生 309 人、在校生 956 人，包括外省市借读生 89 人。

2021 年，学校以课堂为阵地提质增效，严格控制作业量，加强跨学科主题实践课程研究，借助课程整体规划促进学生全面发展；以课后服务为抓手，促进学生健康、全面发展，满足学生课后在校服务、个性化发展等需求。

推进跨学科主题实践课程建设。以传统节日为依托，确定节日课程春节、清明节、端午节、中秋节、重阳节五大主题板块，每个板块以某一学科为主，综合多学科教学内容，形成学科联动，学科融合。举办初一、初二年级跨年级、跨学科“月圆京城 情系中华”中秋节实践活动，初二年级“登高望远 爱老敬老”——跨学科主题教学活动。结合红色节日，培育学生家国情怀，举办纪念红军胜利会师 85 周年跨学科主题教学区级展示活动。

以劳动教育为载体，落实五育并举。有目的、有计划地组织学生，参加生活劳动、生产劳动和服务性劳动。开展初一年级学生“种植冬小麦”学科实践活动，组织生物、历史、地理、道德与法治 4 科教师和种植专业人员联合授课。

（王艳）

北方交通大学附属中学密云分校

2021 年，北方交通大学附属中学密云分校占地面积 37532 平方米，校舍建筑面积 12987 平方米，运动场地面积 12222 平方米。图书馆（室）藏书 54326 册，电子图书 5250 册。固定资产总值 1168 万元，全年教育经费投入 3868 万元。学校信息化经费投入 120 万元，拥有计算机 322 台，网络多媒体教室 43 个，“信息技术”课程 1 课时 / 周。教职工 103 人，其中高级职称 35 人、中级职称 28 人。专任教师 91 人，本科以上学历 91 人。开设教学班 24 个。毕业 256 人、招生 223 人、在校生 743 人。

2021 年，学校开展党史学习教育和未成年人思想道德建设，以“幸福教育”理念指导办学，培养“感恩重责、阳光包容、博学笃行、健康雅趣”全面发展的新时代中学生。

德育工作。以庆祝建党百年为主题，组织团队活动、主题班会，举办阅读工程展示、学生演讲比赛等活动，带

3 月至 6 月，北方交通大学附中密云分校举办学生体育文化节暨第五届“思源杯”足球节　（北方交通大学附中密云分校　供）

领学生线上参观宝塔山、枣园、杨家岭革命旧址；开展以“四JING（净、静、敬、竞）”为主题的学校文化建设，发挥校学生会、年级学生会、班干部以及团委、少先队作用，通过日常检查、评比，激发学生发展内驱力，实现由自我管理到自主管理。加强德育队伍建设，选派德育干部、班主任到集团总校学习，邀请总校优秀班主任、德育专家指导班主任工作坊工作。以“红星照耀中国”为主题开展线下仪式教育活动，组织学生探访中央领导人故居、中共七大会址和毛泽东“纸老虎论谈话地点”等地。

教学改革。围绕北京市学科改革方向和“双减”工作落实要求，依托集团优质资源，加强校本课程建设，成立体育、科技、艺术类社团 17 个，丰富学生课后服务内容，在足球、合唱、科技等方面形成学校特色项目。

（吴兴宇）

北京市密云区第二中学

2021 年，北京市密云区第二中学占地面积 76300 平方米，校舍建筑面积 34074 平方米，运动场地面积 26500 平方米。图书馆（室）藏书 10 万册。固定资产总值 6047 万元，全年教育经费投入 9000 万元。学校信息化经费投入 600 万元，拥有计算机 628 台，网络多媒体教室 81 个，“信息技术”课程 2 课时 / 周。教职工 292 人，其中高级职称 88 人、中级职称 52 人。专任教师 248 人，包括特级教师 4 人、北京市骨干教师 6 人、北京市学科教学带头人 3 人；本科以上学历 248 人。开设教学班 62 个（初中 2 个、高中 60 个）。毕业 743 人（初中 80 人、高中 663 人）；招生 769 人（初中 80 人、高中 689 人）；在校生 2405 人（初中 80 人、高中 2325 人），包括寄宿生 760 人。高中录取分数线 612 分（密云区），应届高考本科上线率 97%。

2021 年，学校坚持培养“品德高尚、学业精良、面向未来、有为担当”的卓越人才。引领教师转变观念，完善入门教师“浸润式”培养，合格教师“养成式”培育，优秀教师“发展式”引领，卓越教师“自主式”助推的教师成长体系。开展“疫情背景下密云二中有效教育的探索与实践”和“实践单元教学，培育核心素养”主题校本研修活动，借助专家力量，提升师生内在能力。启动 9 科高端备课项目，邀请 9 科专家举办辅导讲座上百场次，提升教师备考能力。每月开展优秀教师“芳华杯”和骨干教师（党员教师）“先锋杯”展示课活动，每月安排 1 次骨干教师讲座。贯彻《骨干教师考核实施方案》，组织骨干教师考核工作。

完善厚德课程体系，提升学生核心素养。形成年级主导文化和班级核心文化，使德育工作实践化、课程化、系列化、课题化。举办感动二中人物颁奖典礼暨“牢记初心使命，共谱和美乐章”艺术节。开设密云二中大讲堂活动，培养学生自主学习习惯，提高学生文化素养。突出篮球、科技示范校特色，开设综合实践社团，对体育特长生进行积分管理。开设 60 个社团涵盖科技、艺术、人文、公益、体育 5 个领域，学生参与率 98% 以上。

（杨洪军）

北京市延庆区旧县学校

2021 年 1 月，北京市延庆区旧县中心小学整体搬迁、并入北京市延庆区旧县中学；9 月 30 日，北京市延庆区旧县中学与北京市延庆区旧县中心小学整合，组建北京市延庆区旧县学校，为九年一贯制学校。学校占地面积 3.24 万平方米，建筑面积 1.23 万平方米，体育场（馆）面积 1.71 万平方米。图书馆（室）藏书 1.78 万册，电子图书 3500 册。固定资产总值 10116 万元，全年教育经费投入 2172 万元。学校信息化经费投入 18.01 万元，拥有计算机 163 台，网络多媒体教室 35 个，“信息技术”课程四年级至八年级 1 课时 / 周。教职工 93 人，其中高级职称 18 人、中级职称 40 人；本科以上学历 83 人。专任教师 62 人，包括北京市骨干教师 1 人；本科以上学历 58 人。开设教学班 22 个（小学 16 个、初中 6 个）。毕业 103 人（小学 65 人、初中 38 人）；招生 114 人（小学 63 人、初中 51 人）；在校生 496 人（小学 352 人、初中 144 人），包括外省市借读生 47 人，随班就读生 47 人。

2021 年，学校以“和谐共生、涵养心灵”为核心理念，坚持励志笃行、乐学自主、阳光自信育人目标。加强教育教学工作，开展学生养成教育活动，实施全校德育一体化管理模式。与北京上地实验学校和北京市海淀区双榆树小学开展合作交流 20 次。建设“延庆区旧县学校长征专室”与“走进

5 月 27 日，密云二中举办“芳华杯”教学展示活动
（密云二中 供）

长征”校本课程相匹配，挖掘当地资源开展党史、抗战史教育。建设陶艺教室并开设陶艺校本课程。

落实“双减”。组织全体教职工签订“双减”工作承诺书和拒绝有偿补课承诺书。分年级召开家长会宣讲“双减”政策，不定期召开“双减”工作阶段总结会。开展基于全面落实“双减”任务的“小初”衔接教研组一体化建设；组织基于落实“双减”提升质量的骨干教师展示课活动。

培育学生综合素质。多途径开展系列学党史活动，举办“永远跟党走”党史知识竞赛、“学习延庆党史 传承红色精神 庆祝建党百年”主题教育活动等。组织学生走进军事博物馆、北京世园公园、北京生存岛实践基地等 8 个资源单位开展系列社会大课堂活动。在延庆区德育研训员指导下开展“一班一品”班级建设活动。依托华海田园天文农庄，举办天文观测等活动。

（赵落义）

北京市延庆区第八中学

2021 年，北京市延庆区第八中学占地面积 3.89 万平方米，校舍建筑面积 1.73 万平方米，运动场地面积 1.40 万平方米。图书馆（室）藏书 45103 册。固定资产总值 1782 万元，全年教育经费投入 4587 万元。学校信息化经费投入 127.64 万元，拥有计算机 222 台，网络多媒体教室 42 个，“信息技术”课程 1 课时 / 周。教职工 107 人，其中高级职称 25 人、中级职称 46 人；本科以上学历 104 人。专任教师 60 人，本科及以上学历 60 人。开设教学班 18 个。毕业 113 人、招生 185 人、在校生 517 人，包括寄宿生 496 人，随班就读生 3 人。

2021 年，学校以落实立德树人为根本，以强化队伍建设为抓手，进一步提升办学质量。提高教育教学质量，以手写教案为抓手，推进备课组集体备课、教师二次备课。开展干部指导督查基础年级减负增效课堂提质活动。通过走出去、线上交流等形式与北京十一晋元中学开展线上听评课、项目式指导等合作交流活动。开展常规教学有效策略和案例、经验分享，师徒帮带指导活动。举办 9 期师德论坛，19 人分享教学经历和育人经验。落实“双减”，设置答疑辅导室，业务干部、骨干教师定时开展跨年级答疑辅导，开展落实“双减”项目式研究、课题研究。

培育学生综合素质。开展书香校园快乐阅读、讲党史故事、讲冬奥建设故事等主题教育活动。推进校园生态文明宣传教育，开展学生生态文明志愿服务、班牌“一班一品”设计活动。加强传统文化教育，举办中秋诗词大会、中秋团圆月饼制作品尝、感恩亲人手写书信等活动。建立“延庆八中特殊事件处理仲裁委员会联席会议”制度，发挥学校、社会、家庭协作育人功能。“居家生活直播间”“校园之声”开播。

学校特色工作。录制“奋斗百年路 启航新征程”主题烙画微党课，教师创作 24 幅烙画描绘建党、建立新中国、改革开放等重要历史事件，采用信息技术手段进行录制，并生成二维码。建设校园足球教研室，成立足球社团，班级、年级、学校三级足球队。

（李雪茹）

北京师范大学燕化附属中学

2021 年，北京师范大学燕化附属中学分两址办学，分别为本部校区和向阳校区。2 个校区总占地面积 6.02 万平方米，校舍建筑面积 3.13 万平方米，运动场地面积 2.63 万平方米。图书馆（室）藏书 44344 册，电子图书 2000 册。固定资产总值 9272 万元，全年教育经费投入 8423 万元。学校信息化经费投入 943.74 万元，拥有计算机 272 台，网络多媒体教室 67 个，“信息技术”课程 2 课时 / 周。教职工 149 人，其中高级职称 49 人、中级职称 32 人。专任教师 133 人，包括北京市骨干教师 2 人；本科以上学历 133 人。开设高中教学班 34 个。毕业 330 人、招生 365 人、在校生 1090 人（包括西藏内高班学生 406 人），包括寄宿生 429 人。

2021 年，学校以“做扎根的教育”理念为指导，深化教育领域综合改革，实现内涵发展。坚持开展党组织领导的校长负责制试点工作，完善《北师大燕化附中党组织领导的校长负责制实施细则》（试行）并持续执行落实。通过加强学校党组织建设，打造“希望党建”品牌，强化党组织对学校工作的全面领导，建设“希望党支部”，培养“希望党员”，打造“希望教师”，培养“希望学生”，学校党委、纪委换届工作完成。成为北师大教育集团“以学校课程发展为核心的育人方式变革”研究工作首批“先行示范校”，通过专家指导、任务分解、小组攻关等方式，推进各项任务工作开展。

推动课程教学改革。借助北师大“全课程”体系建设项目平台，构建和完善学校课程体系；借助“石化科技班”“人文实验班”提升学校吸引力、影响力和优秀人才培养力，形成两类班级特色课程方案。开设 30 余门社团课程及多门特色项目课程，助力学生核心素养提升。落实《习近平新时代中国特色社会主义思想学生读本》进课堂、进学生头脑。学校成为北京市思政理论课首批示范基地校，学校“开放式石化科技教育资源示范基地”被评为北京市首批“双百”示范行动优秀建设项目。

优化学校管理，推进学校建设。设立“六大中心”，进行机构重组；进一步梳理各部门、部门内各岗位分工、职责、工作规范与流程。做好本部综合楼结算审计工作，推进学校信息化、校园文化一期、强弱电、专业教室一期建设，完成操场看台、宿舍平房改造。

（张军胜　张爱平）

北京亦庄实验中学

2021 年，北京亦庄实验中学占地面积 9.86 万平方米，校舍建筑面积 11.78 万平方米，运动场地面积 2.52 万平方米。

图书馆（室）藏书4万册。固定资产总值7818万元，全年教育经费投入12339万元。学校信息化经费投入350.49万元，拥有计算机701台，网络多媒体教室215个，“信息技术”课程2课时/周。教职工284人，其中高级职称31人、中级职称32人。专任教师204人，包括特级教师1人、北京市骨干教师2人、北京市学科教学带头人1人；本科以上学历255人。开设教学班66个(初中40个、高中26个)。毕业392人（初中271人、高中121人）；招生710人（初中473人、高中237人）；在校生1701人（初中1140人、高中561人），包括寄宿生659人。高中录取分数线602分（经开区），应届高考本科上线率100%。

2021年，学校积极改进教育教学方式，各项工作取得新进展。推动学校发展，召开第一届教职工代表大会第二次会议，通过《北京亦庄实验中学章程》等13项重要制度文件；完善基于标准化的管理体系建设，在各年级、各部门推进目标与关键成果(OKR)管理法。学校获评“首都文明单位”“北京市足球运动特色学校”“北京市奥林匹克教育示范校”等。提升教育教学水平，开展教育年会和寒暑假封闭教研活动，各学科聚焦“从教走向学”主题，在“项目化学习”“学科大概念落实”“大单元教学”等方面开展新探索。2名学生获2021全国中学生化学奥林匹克竞赛（北京）一等奖；学生代表队获2021国际基因工程机器大赛（IGEM）全球总决赛高中组金奖。丰富校园文化生活，推进校园精神文明建设，举办“特色植树节”“迎冬奥——冰雪嘉年华”“技术节”等活动。加强爱国主义教育，举办庆祝中国共产党成立100周年音乐会、“庆祝建党100周年暨‘七一’表彰大会”，表彰优秀共产党员43人、优秀党务工作者11人、魅力党员38人，以及魅力党小组9个、先进党支部3个。

（赵亚）

人大附中北京经济技术开发区学校

2021年，人大附中北京经济技术开发区学校分两址办学，分别为本部校区和北校区。2个校区总占地面积11.74万平方米，建筑面积11.79万平方米，体育场面积2.47万平方米，风雨操场建筑面积1.31万平方米。图书馆（室）藏书10.07万册。固定资产总值1.37亿元，全年教育经费投入2.93亿元。学校信息化经费投入163.21万元，拥有计算机1650台，网络多媒体教室235个，“信息技术”课程1课时/周。教职工670人，其中高级职称115人、中级职称161人。专任教师538人，包括特级教师20人、北京市骨干教师3人、北京市学科教学带头人1人；本科以上学历609人。开设教学班162个（小学94个、初中46个、高中21个、国际高中1个）。毕业775人（小学371人、初中356人、高中48人）；招生1453人（小学673人、初中572人、高中203人、国际高中5人）；在校生5994人（小学3735人、初中1652人、高中602人、国际高中5人），包括寄宿生270人，外省市借读生1528人，随班就读生4人。高中录取分数线为557分（经开区），应届高考本科上线率100%。学校有社团101个。

12月14日至23日，人大附中经开区学校举办课堂教学展示活动
（人大附中经开区学校　供）

2021年，学校依托人大附中联合学校总校资源，培养具有家国情怀、国际视野、科学素养和人文精神的高品质人才。

提出“育人先育心，育才先育德”理念。总结出课堂增效提质、作业精心设计、个性答疑辅导、多彩课后服务、温暖延伸服务、家校协同共育“双减”六步法，推出“加强版”答疑辅导课程，每班配备1名辅导教师，在每周三课后服务时段安排1课时全员走班答疑。深入开展党史学习教育，党员干部为师生办实事1163件，创办党刊《力行》、校刊《力量》。开展“培根铸魂种桃李 百年树人育栋梁”植树活动、“人开·讲党史”“红领巾献礼建党百年——红领巾讲红色故事”等献礼建党百年系列活动。

积极参与服务保障工作，推进教育合作。完成2021年中考、2022年高考和初中学考英语第一次听说机考、高考美术类专业统一考试考点任务；参与北京市第六届中小学生冬季运动会开幕式暨冬奥倒计时50天文艺演出，承办多项市、区级体育赛事。与内蒙古地区2所学校签订结对帮扶框架协议。与芬兰图尔库国际学校合作举办中芬国际高中课程项目。学校获评2018—2020年首都精神文明标兵单位、北京市学生金帆书画院、北京市中小学思想政治理论课首批示范基地、北京市奥林匹克教育示范学校、北京市冰雪运动特色学校。

（侯萱　李雪　王宁）

民族教育学校选介

北京市东城区回民小学

2021年，北京市东城区回民小学占地面积4426平方米，校舍建筑面积7592平方米，运动场地面积1860平方米。图书馆藏书26432册。固定资产总值2712万元，全年教育经费投入3153万元。学校信息化经费投入20万元，拥有计算机235台，网络多媒体教室20个，“信息技术”课程1课时/周。教职工82人，其中高级职称5人、中级职称53人。专任教师78人，本科以上学历73人，少数民族教师16人。开设教学班25个。毕业124人、招生182人、在校生839人，包括少数民族学生237人，外省市借读生111人，外籍学生3人。

2021年，学校结合全面学习党史开展各项活动。开展开学第一课学习活动，组织教师共同观看、学习《党史故事100讲之五党运动——唤醒民众》，组织师生参观宋庆龄故居以及伟大征程——庆祝中国共产党成立100周年特展。将民族团结教育与学校课程建设结合，开展“多彩民族节”多彩+德育课程。邀请北京冬奥组委新闻宣传部工作人员到校为教职工讲述冬奥故事。落实“双减”，将学生在校时间分为课内、课后2个时段并视为1个有机整体，全部纳入学校五育并举多彩课程体系中，重点创新作业管理机制，建立作业统筹制度、公示制度等管理细则，优化作业设计，减掉机械、重复性作业，增加实践类、融合性作业，设计学生综合素质拓展课程和学生课业辅导。

（张翔云）

北京市东城区回民实验小学

2021年，北京市东城区回民实验小学占地面积3454平方米，校舍建筑面积5185平方米，运动场地面积781平方米。图书馆（室）藏书1.61万册。固定资产总值1173万元，全年教育经费投入2515万元。学校信息化经费投入13.25万元，拥有计算机165台，网络多媒体教室23个，“信息技术”课程四、五年级1课时/周。教职工58人，其中高级职称1人、中级职称5人。专任教师52人，包括特级教师1人、北京市学科教学带头人1人；本科以上学历53人。开设教学班16个。毕业81人、招生86人、在校生611人，包括随班就读生2人。

12月6日至31日，陈经纶中学民族分校开展“活力迎冬奥 童心创未来”主题活动　（陈经纶中学民族分校　供）

2021年，学校深化思想教育，通过“唱、读、讲、写”等形式，组织全体师生开展党史学习教育，指导少先队大队开展“学党史、知党情、感党恩、跟党走”主题教育活动。“为民办实事”全年解决10项群众关切问题。

深化戏剧教育特色研究。继续以市规划办课题“基于小学生核心素养培养的戏剧教育实践研究”为载体，总结戏剧教育经验，运用戏剧教育方式，打造红色经典剧目教育师生，出版《童心向党——校园剧本集》丛书和《“剧”享童年》专著，完成课题结题申报。

落实“双减”。制定《以“双减”工作为核心，推动学校高质量建设》校本实施方案，出台配套管理流程和规章制度。确定“基于大数据的问题化教学研究项目”，建立多个教师研修共同体，聚焦作业设计研究。学校在教育部基础教育司平台调研中，家长满意度99.58%。打造满足多元需求的课后服务课程，制定《北京市东城区回民实验小学课后服务实施方案》，开展课程需要调研，开设辅导答疑课程、拓展课程2类86门，分为中华传统文化、科技、艺术、体育、思维、文学6个板块，学生参与率98%。

（庞雪梅）

北京市陈经纶中学民族分校

2021年，北京市陈经纶中学民族分校占地面积2万平方米，校舍建筑面积1.37万平方米，运动场地面积0.76万平方米。图书馆（室）藏书29010册。固定资产总值3328万元，全年教育经费投入3798万元。学校信息化经费投入42万元，拥有计算机315台，网络多媒体教室52个，“信息技术”课程初中1课时/周、小学0.5课时/周。教职工93人，其中高级职称11人、中级职称50人。专任教师88人，本科以上学历86人，少数民族教师19人。开设教学班38个。毕业155人（小学113人、初中42人）；招生244人（小学171人、初中73人）；在校生1132人（小学897人、初中235人），包括少数民族学生467人，随班就读生2人。学校有学生社团56个，教师社团6个。

2021年，学校以提升课堂教学质量、优化课后服务供给为减负基础，通过构建良好家校生态、提高教育教学质量、提升队伍建设水平等系列举措，努力实现提质增效目标。

强化制度保障。补充完善干部教师值班、家访等制度，建立学生作业、手机等管理制度。以“维护正常教育教学秩序、丰富课后服务供给、加强校内教师队伍建设”为目标，细化工作流程和实施方案。组织语文、数学、英语教研组探索中小学学科课堂教学关联点、衔接点、生长点，开展大教研组建设行动研究，举办九年贯通教研展示活动。实施作业双向管理，明确作业设计要求和管理标准，建立“教研组+年级组”作业统筹双向管理机制。

提供高质量课后服务。在调研教师、学生、家长需求基础上，课后服务与原有民族团结教育特色课程有机结合，开发开设延展学科、民族特色、智能开发、体能锻炼、劳动教育5类56门课程。课程与活动开展打破年段、班级界限，在学生自主选择基础上，采取走班上课形式，根据实际申请人数均衡协调，形成“组织+教学”双重管理模式。初中部学科教师研制“晨享时光学习单”，课代表及学习委员负责联系学科教师，提前提供自主学习内容菜单。学生自主选择安排每周5天的学习内容，按需求制订“一人一单”规划，班主任把关确保选单内容适合学生需求和实际。班委会组织成立“晨享时光管理小组”，拟定公约，公示执行。学期末评选校级“晨享时光标兵班级”4个。

关注师生成长。依托“青研会”，通过谈心谈话、主题论坛、风采展示等方式，关注青年教师个人发展、情感激励和幸福生活需求。搭建学生展示平台，举办艺术节、科技节、英语节等，鼓励学生参加各级各类比赛。

（楚洪娟）

北京西藏中学

2021年，北京西藏中学占地面积3.59万平方米，建筑面积2.81万平方米，体育场（馆）面积1.06万平方米。图书室藏书5.05万册，电子图书0.35万册。固定资产总值5018万元，全年教育经费投入5306万元。学校信息化经费投入70万元，拥有计算机356台，网络多媒体教室17个，“信息技术”课程2课时/周。教职工119人，其中高级职称40人、中级职称26人。专任教师65人，包括特级教师1人、北京市学科教学带头人1人；本科以上学历77人；少数民族教师14人。开设教学班18个。毕业190人、招生189人、在校生560人，全部为少数民族学生。

2021年，西藏中学围绕“风气正、队伍优、质量高”奋斗目标，不断深化教育教学改革，积极实施新课程改革和落实“双减”。

培养社会主义建设者和接班人。抓好德育常规管理工作，以学生日常行为规范教育和文明礼仪养成教育为抓手，全面提高学生思想道德、科学文化、身体心理素质。采取“走出去、请进来”等方式，聘请专家为学生进行爱国主义和科普教育讲座，举办“解读西藏文化，建设美丽西藏”藏文化周，组织学生前往西藏文化博物馆开展校外实践活动；举办首届科技节，挖掘校内科技教育资源，设计46项活动，6000人次学生参与。

坚持以人为本。发挥课堂教学主阵地作用，修订《北京西藏中学课堂常规》，细化课堂常规要求；巩固并不断丰富“高效课堂”教学模式，遵循“教研活动与常规教学相结合，教学理念与教学实践相结合”工作原则；制定《北京西藏中学考试质量分析模板》，确保有定性的总体评价；制定《北京西藏中学班研实施办法》《北京西藏中学班研系列模板》《2022届高三年级第一学期工作计划》等工作方案，系统规划学生研学和高三年级教育教学等重点工作。

（张一帆　曾丽）

北京市海淀区民族小学

2021年，北京市海淀区民族小学分两址办学，分别为马甸后黑寺1号和花园北路26号。2个校区总占地面积28684平方米，建筑面积14908平方米，运动场地面积8885平方米。图书馆（室）藏书5万册，电子图书1200册。固定资产总值11596万元，全年教育经费投入6450万元。学校信息化经费投入120万元，拥有计算机400台，网络多媒体教室66个，“信息技术”课程1课时/周。教职工162人，其中高级职称25人、中级职称59人。专任教师152人，本科以上学历152人。开设教学班61个。毕业336人、招生414人、在校生2438人，包括少数民族学生356人，随班就读生2人。

4月20日，海淀民族小学学生与新疆学生同上一节队会
（海淀民族小学　供）

2021 年，学校继续围绕“直面社会关切，构建城市新型学校”总目标，以“搭建平台、整合资源、重塑角色、组建成长共同体”为 4 项基本策略。落实“双减”，把准育人方向，推进教育教学发展，举办海淀区推进“双减”工作第五场现场会。

开展民族特色活动。承办海淀区“跨越百年的一堂课”民族小学教育家办学实践研讨会；组织教师编写《“森林里的学校——五育并举构建和融课程生态体系”》一书，编写《名校名家教育丛书》民族小学卷，集中展现学校育人实践成果。举办“民族昌盛·为你而歌”艺术展示活动，设置书画非遗作品展和民乐演出，展出学校艺和工作坊学生创作的书画、非遗作品 1300 余件，组织民族乐团学生演奏民族管弦乐、书法社团学生展出百人百句书法长卷。

（马万成　王晶　李扬）

中央民族大学附属中学

2021 年，中央民族大学附属中学占地面积 2.27 万平方米，建筑面积 2.28 万平方米，运动场地面积 4293 平方米。图书馆（室）藏书 20153 册。固定资产总值 13348 万元，全年教育经费投入 19173 万元。学校信息化经费投入 156 万元，拥有计算机 260 台，网络多媒体教室 106 个，“信息技术”课程 2 课时 / 周。教职工 133 人，其中高级职称 51 人、中级职称 65 人。专任教师 118 人，包括特级教师 2 人、北京市骨干教师 1 人、北京市学科教学带头人 1 人；专任教师中本科以上学历 117 人；少数民族教师 25 人。开设教学班 56 个。毕业 618 人、招生 881 人、在校生 2437 人，包括寄宿生 2437 人，少数民族学生 1563 人。

2021 年，学校以建党百年、北京冬奥会等重大事件为契机，开展爱国主义教育、民族团结教育，五育并举协同推进。关注学生获得，深入开展学情调研，立足学生实际情况，开展全员陪伴教育。关注课堂教学质量，通过组织干部进班听评课、校内公开课展示、教师基本功比赛等方式提升课堂教学效果。学校入选北京大学博雅人才共育基地，获批学科为信息科学。学生获北京市第 24 届学生艺术节合唱、器乐展演 2 个金奖；参加北京市第 16 届民族健身操舞大赛，展示 2 个民族健身操作品，包揽学生组“规定套路”2 项金奖。

强化管理服务，保障水平明显提升。开展服务师生工作能力提升活动，进一步完善绩效工资激励机制。推进集团化办学，总校初中部开学；接管昆明西山实验小学和三亚天涯中学，集团分校数增至 23 所。总校领导深入分校调研指导，通过选派骨干教师赴分校教学督导、接待民族地区教师培训交流等方式共享优质教育资源。组织开展集团校主题微课评比、红色经典诵读、教师演讲比赛等活动，深入开展爱国主义教育、民族团结教育。

（孙立清）

北京市门头沟区妙峰山民族学校

2021 年，北京市门头沟区妙峰山民族学校占地面积 15028 平方米，校舍建筑面积 7256 平方米，运动场地面积 2500 平方米。图书馆（室）藏书 3 万册。固定资产总值 3992 万元，全年教育经费投入 4306 万元。学校信息化经费投入 29.20 万元，拥有计算机 246 台，网络多媒体教室 2 个，“信息技术”课程 8 课时 / 周。教职工 102 人，其中高级职称 19 人、中级职称 39 人。专任教师 72 人，本科以上学历 90 人，少数民族教师 4 人。开设教学班 18 个（小学 12 个、初中 6 个）。毕业 64 人（小学 29 人、初中 35 人）；招生 61 人（小学 32 人、初中 29 人）；在校生 319 人（小学 215 人、初中 104 人），包括寄宿生 30 人，少数民族学生 51 人，外省市借读生 53 人。另设附属幼儿园，园所占地面积 2272 平方米，建筑面积 886 平方米。固定资产总值 241 万元，全年教育经费投入 37 万元。教职工 24 人，包括专任教师 18 人。开设教学班 6 个（小班、中班、大班各 2 个）。幼儿离园 40 人、入园 55 人、在园 171 人。

2021 年，学校以“赏文之妙　识人之长　登学之峰”为核心价值追求。落实“双减”，规范教学行为，建立作业减负监督反馈制度，改进课堂教学、作业管理、考试制度，通过学校减负热线，线上线下家长会，学生座谈会、问卷调查和作业减负记录表等渠道，发现问题并修正解决。组织教师开展相关政策学习，将课后服务分为作业辅导、培优补差 2 个阶段，开设传统布艺、舞龙舞狮、京西太平鼓

11 月，妙峰山民族学校入选全国中小学中华优秀传统文化传承校
（妙峰山民族学校　供）

等特色社团。举办“‘福满京城 春贺神州’在京过大年 文明天天见”主题垃圾分类21天打卡盯桶活动、“共享绿色喜迎冬奥 禁燃禁放保安全”主题教育实践活动等，倡导安全、环保、绿色、健康过节新风尚。

完善赏识课程体系。分设幼儿园、一年级至五年级和六年级至九年级3段，横向设置人文社会、自然科学、艺术修养、实践活动4个领域，纵向设计基础课程、拓展类课程、研究性课程3个维度。推进特色发展，开设民族体育课程，每周利用一节体育课组织开展民族体育活动。小学阶段设置推铁环、蹴球、竹竿舞等项目；初中阶段将民族体育活动与课堂教学和专项体育训练相结合，设置珍珠球、篮球、舞龙舞狮等项目。学校“舞龙舞狮项目”入选第三批“全国中小学中华优秀传统文化传承学校”传承项目。

（马焕　张金燕）

北京市昌平区西贯市回民小学

2021年，北京市昌平区西贯市回民小学占地面积1.33万平方米，校舍建筑面积0.27万平方米，运动场地面积0.54万平方米。图书馆（室）藏书1.15万册，电子图书68册。固定资产总值1587万元，全年教育经费投入855万元。学校信息化经费投入5万元，拥有计算机56台，网络多媒体教室13个，“信息技术”课程1课时/周。教职工21人，其中高级职称1人、中级职称12人。专任教师21人，本科以上学历17人，少数民族教师16人。开设教学班6个。毕业12人、招生15人、在校生81人，包括少数民族学生76人。

2021年，学校全面推进素质教育，深化课程改革。加强爱国主义教育，开展“永远跟党走”系列活动，举办走进红色教育基地——北京公共安全体验馆、“体验农耕文化，感悟劳动之美”活动，与北京化工大学材料科学与工程学院共同举办“纪念建党一百周年”主题班会教育活动、“生态文明进校园”红色“1+1”共建活动等。开展国家公祭日活动，举办“铭记历史 勿忘国耻”爱国影片展映。落实课程教学计划，规范课程内容深度、广度和进度，严禁超课标教学、抢赶教学进度；控制作业量，不布置需由家长完成的作业。利用网络平台，整合综合实践、学科实践、劳动教育等，以大概念、大单元、任务群为基本形式进行教学；确保“教、学、考”相一致，突出基础和核心知识，关注学科能力考查；建立常态化教研机制，探讨交流“双减”下作业批改、质量监控与评价等工作。加强教师培养和培训，组织教师学习各学科《课程标准》，通过自学、集中学等形式，学习各学科教学理论，专业知识与技能；开展现代技术培训，组织教师参加全区中小学、幼儿园教师信息技术应用能力提升工程2.0全员培训，并与所教学科整合，利用现代教育技术服务教育教学。关注校园安全，组织开展交通安全法治副校长进校园活动，举办“法治关乎生命，安全文明出行”主题教育活动。成立膳食委员会，为全校师生提供清真餐午餐外供餐服务。

5月18日，西贯市回民小学开展“体验农耕文化，感悟劳动之美”活动　（西贯市回民小学　供）

（李乃欣　包雪莲）

北京市怀柔区喇叭沟门满族乡中心小学

2021年，北京市怀柔区喇叭沟门满族乡中心小学占地面积22177平方米，校舍建筑面积6300平方米，运动场地面积4100平方米。图书馆（室）藏书6000册。固定资产总值2546万元，全年教育经费投入1695万元。学校信息化经费投入5万元，拥有计算机71台，网络多媒体教室15个，“信息技术”课程1课时/周。教职工31人，其中高级职称4人、中级职称19人。专任教师23人，包括北京市学科教学带头人1人；本科以上学历30人；少数民族教师7人。开设教学班6个。毕业24人、招生11人、在校生85人，包括寄宿生85人，少数民族学生45人。

2021年，学校围绕“团结花课程体系”，以“民族文化之水浇学校特色之花”为特色，从师生、学校实际出发，推进各项工作。

坚持党建引领，促进学校健康特色发展。开展“以案释德、以案释纪、以案释法”典型案例学习交流研讨活动，通过党员“1+1”发展模式培养青年教师，创建“三员兴三园”党建特色品牌。创新教研活动方式，开展骨干教师“1+1”活动。重视教师专业成长，在2021年怀柔区小学教师基本功竞赛中，4名教师获纸笔测试一等奖，4名教师获课堂教学一等奖并获“教师能手”称号。

坚持“五育并举”，凸显办学特色。重视德育工作，利用升旗仪式、班队会、课堂教学等形式进行全方位德育渗透；开展班主任工作坊活动，组织班主任交流管理心得。重视家校合作，采取线上线下相结合形式举办家庭教育讲座、家长会，并开展家访活动。重视学生智育发展，开足开齐课程，开展多种形式阅读活动。加强美育熏陶，落实音乐、美术、书法等课程，借助北京市学生金帆书画院优势，开设书法、剪纸社团，利用云端课堂与首都师范大学共上一节音乐课。学校凭借剪纸、二魁摔跤和蹴球3个传承项目，入选教育部第三批全国中小学中华优秀传统文化传承学校。

（杨帆）

特殊教育学校选介

北京市东城区特殊教育学校

2021年，北京市东城区特殊教育学校改扩建工程建设中，暂时在安定门外大街安德路西营房胡同2号院内办学，占地面积5074平方米，校舍建筑面积10051平方米（其中租借校舍建筑面积6278平方米），运动场地面积2858平方米。图书馆（室）藏书23883册。固定资产总值2469万元，全年教育经费投入3821万元。学校信息化经费投入75万元，拥有计算机422台，网络多媒体教室27个，“信息技术”课程小学1课时/周、初中和高中2课时/周。教职工85人，其中高级职称13人、中级职称32人。专任教师77人，包括北京市骨干教师1人；本科以上学历77人。开设教学班23个（小学阶段7个、初中阶段6个、职业高中阶段10个）。毕业37人（小学阶段12人、初中阶段17人、职业高中阶段8人）；招生40人（小学阶段9人、初中阶段12人、职业高中阶段19人）；在校生157人（小学阶段63人、初中阶段42人、职业高中阶段52人），其中听力残疾29人、智力残疾128人，包括寄宿生23人。

2021年，学校稳步推进“党组织领导的校长负责制”体制改革。调整组织设置，成立党总支部与第一届党总支部委员会。组织教职工观看红色电影，开展党史知识问答等活动。组织学生围绕“童心向党 百年圆梦”主题，利用开学第一课、“见字如面”主题班会等开展党史学习教育活动。

利用课题引领教师科研能力提升。实施个别化教育计划，做好课后服务管理和监管，建立作业校内公示制度。推进“健康·提升2025”工程，通过开展劳动实践，打造“以劳育志”“以劳培能”“以劳健体”学校劳动教育体系。申报“体育、艺术2+1项目”，不断完善评价机制；将足球、乒乓球、篮球纳入体育课程，继续开设校本冰雪体验活动。利用强心课程，通过天天跑、天天跳、天天练和单项赛，提高学生身体素质。

（彭彤）

北京市东城区培智中心学校

2021年，北京市东城区培智中心学校占地面积3659平方米，校舍建筑面积2550平方米，运动场地面积1009平方米。图书馆（室）藏书700册。固定资产总值1225万元，全年教育经费投入1369万元。学校信息化经费投入119.30万元，拥有计算机100台，网络多媒体教室9个，“信息技术”课程3课时/周。教职工37人，其中高级职称3人、中级职称16人。专任教师24人，本科以上学历36人。开设教学班9个（小学阶段5个、初中阶段3个、送教班1个）。毕业12人（全部为初中阶段）；招生9人（全部为小学阶段）；在校生84人（小学阶段49个、初中阶段35人），其中听力残疾1人、肢体残疾5人、智力残疾39人、精神残疾26人、多重残疾13人。

2021年，学校作为东城区首批“党组织领导的校长负责制”试点校，梳理完善党组织发挥领导作用的制度机制，细化岗位职责和清单，编纂成册15万字，重点深化10项课程改革。以“学党史、知党情、跟党走、践行动”为主

12月31日，东城培智中心校举办冬奥主题教育活动
（东城培智中心校 供）

题开展党史学习教育，邀请家长通过校园电视台、广播站讲初心故事，与普特学校合作开展唱红歌、党史知识问答、看中华传统文化表演等活动。

注重科研、教研和课程相结合。聚焦“课堂体验”“作业设计”，开展低、中、高学段集体研讨，围绕个训课、汉字与生活、计算与生活等内容组织6节集体备课。组织校本教研，聚焦信息技术与课堂“互动式”学习模式，推动青年教师率先在课堂教学运用H5软件技术，形成优秀课堂教学案例。组织231人次教师参加北京市特殊教育中心教研、茶文化、食育等专业培训。以班级组训方式进行潜能教学，结合戏剧表演、乐器演奏、茶艺展示等形式进行潜能开发和缺陷补偿。

特色活动，丰富学生生活。推进“冰雪进校园”活动，通过主题班会邀请学生说冬奥、写体会、展作品，艺术课设置冬奥茶具制作、冬奥吉祥物捏制、冬奥绘画作品绘制3项内容，邀请世界冠军讲速滑故事等。在体育节活动中，设置旱地冰壶、冰球射门、雪鞋走等项目。以班级为单位开展做冬奥游戏、唱冬奥歌曲、看冬奥影片等创新活动。举办“承载中国梦·点燃航天情”科技节，展示5种国之重器，同时开展学生作品展示、文艺表演等活动。

（肖晓萌）

北京市朝阳区安华学校

2021年，北京市朝阳区安华学校占地面积5628平方米，校舍建筑面积3984平方米，运动场地面积1734平方米。图书馆（室）藏书7790册。固定资产总值2488万元，全年教育经费投入3573万元。学校拥有计算机179台，网络多媒体教室28个，“信息技术”课程8课时/周。教职工78人，其中高级职称10人、中级职称24人。专任教师71人，本科以上学历78人。开设教学班26个。毕业75人（小学阶段36人、初中阶段15人、职业高中24人）；招生82人（小学阶段24人、初中阶段36人、职业高中22人）；在校生375人，其中听力残疾2人、言语残疾2人、肢体残疾40人、智力残疾127人、精神残疾90人、多重残疾114人。

2021年，学校秉承为培智学生提供优质特殊教育服务理念，建构生命成长育人体系，打造和谐平安校园。建立师德考核机制和特殊教育教师专业发展梯队标准，开展校本培训活动4次，涉及唤醒内驱力——教师生涯发展规划、培智学校主题教学与作业分层设计等内容。依据教师个人发展规划安排4批48人次参与专业学习，涉及VB-MAPP（语言行为里程碑评估及安置程序）评估师专业技能培训、戏剧化课堂等。与科尔沁左翼后旗特殊教育学校建立对口支援关系，选派1名教师到该校挂职支教；朝阳、密云、延庆特殊教育发展联盟开展4次活动，开发上线市级自闭症资源包29个。

坚持活动育人。开展“童心绽放，快乐安华”游乐嘉年华体验、“永远跟党走，劳动最光荣”主题校园劳动节、“党史润童心 永远跟党走”第六届校园文化节（艺术节）等活动。举办美丽大自然主题教育实践活动，通过短视频、照片、手工制作等形式，引导学生实践和操作。

推进个别化教学。规范个别化教育计划（IEP）制定工作，细化目标表述规范，以积分管理为手段促改进。规范个别化教育计划研讨会申报流程，做实个别化教育计划目标过程管理监控。召开线下个别化教育计划（IEP）研讨会136场，线上研讨会7场。送教督学关注24名学生的送教入户教学、送教线上教学、送教远程教学。职业高中教育阶段24名毕业生中，3人入职社会企业、19人被安置在职业康复劳动站。

（刘晓静）

北京市丰台区培智中心学校

2021年，北京市丰台区培智中心学校占地面积9003平方米，校舍建筑面积7747平方米，运动场地面积1820平方米。图书馆（室）藏书3314册。固定资产总值1823万元，全年教育经费投入2015万元。学校信息化经费投入57.29万元，拥有计算机160台，网络多媒体教室14个，“信息技术”课程2课时/周。教职工41人，其中高级职称5人、中级职称19人。专任教师39人，本科以上学历36人。开设教学班13个（小学阶段9个、初中阶段4个）。毕业11人（全部为初中阶段）；招生13人（全部为小学阶段）；在校生196人（小学阶段125人、初中阶段71人），其中智

9月30日，丰台培智中心校举办“我是小牛人”趣味运动会
（丰台培智中心校 供）

力残疾 110 人、自闭症 32 人、言语残疾 2 人、肢体残疾 4 人、多重残疾 48 人，包括外省市借读生 2 人。

2021 年，学校围绕“共容、共熔、共融、共荣”办学理念，加强教师对自闭症及情绪行为问题学生的认知了解。作为丰台区自闭症基地，举办自闭症及情绪行为问题学生评估与干预教师培训班 10 次，为随班就读学生提供支持策略，为家长提供训练指导建议。搭建平台，促进教师专业成长、提升课堂效果、提高教学质量，邀请北京联合大学特殊教育学院教授带队到校开展教学研讨与运动评估活动。开展以新课标、个别化教育计划（IEP）为指导，以发展学生能力为宗旨，以研究使用新教材为依托，举办“双减”背景下的教师评优课、常态组内教研等活动。加强理想信念教育，开展“学党史 讲党史”系列教育活动和“重温光辉历史 传承红色基因”——培智中心校党支部“永远跟党走”主题教育活动。根据学生需求，继续开展送教上门工作，扩大义务教育覆盖面，累计开展送教上门活动 200 余次。丰富学生校园生活，举办“向阳花开 童心绽放——‘六一’庆祝活动”“我是小牛人”趣味运动会等活动。

（李司琪）

北京市盲人学校

2021 年，北京市盲人学校占地面积 2.97 万平方米，建筑面积 3.14 万平方米，运动场地面积 0.83 万平方米。图书馆藏书 3.05 万册，包括盲文版书 0.87 万册。固定资产总值 14225 万元，全年教育经费投入 5233 万元。学校信息化经费投入 31.87 万元，拥有台式机 266 台、笔记本电脑 124 台，“信息技术”课程 2 课时 / 周。教职工 126 人，其中高级职称 34 人、中级职称 33 人。专任教师 87 人，包括北京市骨干教师 2 人；其他专业技术人员 13 人；管理人员 20 人；本科以上学历 115 人。开设教学班 18 个（学前 1 个、小学 7 个、初中 3 个、职业高中 7 个）。毕业 36 人（小学 11 人、初中 15 人、职业高中 10 人）；招生 47 人（学前 5 人、小学 7 人、初中 13 人、职业高中 22 人）；在校生 146 人（学前 5 人、小学 57 人、初中 41 人、职业高中 43 人），包括寄宿生 72 人。

2021 年，学校积极推进“十四五”规划重点任务落地，落实加挂“北京市特殊教育学校”校牌、建设北京市视障教育资源中心、创设学前部 3 项改革工作。推进视障教育，夯实多重残疾儿童教育教学基础，实行分层分类教学，借助新星杯、耕耘杯、巧手杯、秋实杯等校级教学比赛平台，提高教师业务水平。优化内设机构，新建宣信部、视障教育资源中心，更名并重构党政办、党群部、职教科等部门职能，完成新一轮岗位设置和聘任工作。

坚持德育为先，“五育并举”。推动党史学习教育向学生延伸，拓展劳动教育有效途径，强化资助育人功能，创新美育育人途径。学校被评为北京市心理健康教育先进单位、北京市中小学综合素质评价“先进单位”。学校“乐之光”合唱团 27 名学生受邀参加“梦想与未来”北京 2022 冬残奥会开幕式倒计时 100 天大型活动，合唱《点亮梦想》。与青光侠基金会合办“看见希望之光”音乐会，邀请往届毕业生参与演出。

（茹甜子　高爽）

北京市健翔学校

2021 年，北京市健翔学校分两址办学，分别为海培校区和牡丹园校区。2 个校区总占地面积 17938 平方米，校舍建筑面积 18651 平方米，运动场地面积 4529 平方米。图书馆（室）藏书 52554 册，电子图书 5000 册。固定资产总值 9292 万元，全年教育经费投入 9340 万元。学校信息化经费投入 431.15 万元，拥有计算机 1133 台（笔记本 285 台、台式机 272 台、平板电脑 576 台），网络多媒体教室 44 个，“信息技术”课程小学 1 课时 / 周、初中和高中 2 课时 / 周；牡丹园校区听障部职业高中设有计算机专业，学制 4 年，“信息技术”课程预科 5 课时 / 周、高一年级 6 课时 / 周、高二年级 7 课时 / 周、高三年级 9 课时 / 周。教职工 151 人，其中高级职称 35 人、中级职称 81 人。专任教师 138 人，包括特级教师 2 人、北京市骨干教师 3 人（包括北京市骨干班主任 1 人）；本科以上学历 136 人。海培校区开设教学

5 月至 6 月和 11 月至 12 月，健翔学校开展班主任素质提升活动
（健翔学校　供）

班46个（附设幼儿班1个、小学阶段32个、初中阶段13个）。毕业88人（幼儿1人、小学阶段35人、初中阶段52人）；招生88人（幼儿3人、小学阶段43人、初中阶段42人）；在校生373人（幼儿6人、小学阶段252人、初中阶段115人），其中智力残疾135人、精神残疾129人、多重残疾109人。牡丹园校区由十三年一贯制听障部和三年制培智高中部组成，开设教学班26个（小学1个、初中2个、职业教育23个）。毕业48人（初中11人、职业教育37人）；招生58人（全部为职业教育）；在校生179人（义务教育12人、职业教育167人），其中智力障碍52人、自闭症31人、听力障碍47人、言语障碍8人、肢体障碍3人、多重残疾38人、视力障碍1人，包括寄宿生56人，外省市借读41人。

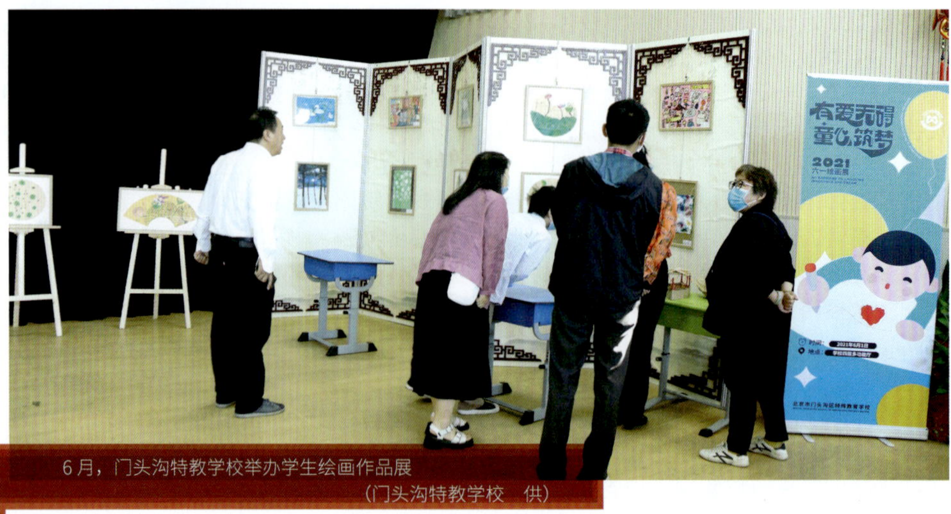

6月，门头沟特教学校举办学生绘画作品展
（门头沟特教学校　供）

2021年，学校牡丹园校区通过学生会、团委、班委任职服务，切实提高学生自我管理和自我教育能力，鼓励各班级争创“文明行为示范班”。推进社会主义核心价值观教育，围绕“建党百年”“党史学习”主题开展班会课展示、板报评比。校区特奥足球队获全国第11届残疾人运动会暨第8届特奥足球比赛H组冠军，并获“体育道德风尚奖”。手语中心开设特色栏目“手语话冬奥”；手语中心4名教师承担市政府新闻办新冠疫情防控发布会等重大活动手语新闻翻译工作，5名教师承担央视体育台、北京电视台、海淀电视台等媒体手语新闻翻译工作。

海培校区持续推进课程改革。发挥市级优质资源辐射项目校优势，开展系列特教联盟活动、体验式培训活动。组织教师参加北京市自闭症儿童教育线上资源录制，20名市、区级骨干教师累计录制自闭症教育线上资源课程20节。推进班主任队伍专业化发展，每月举办班主任例会，每周进行首席班主任工作室分享交流指导。利用重大节日、纪念日，开展“传统文化嘉年华”“冬奥进校园”“新年游园会”等活动。家长学校依据家长需求开展不同主题线上家长培训活动，包括“生活中如何引导自闭症孩子更好地沟通”“特殊需求孩子的正面管教”“特殊儿童冬季健身小常识”等，并结合实际情况开展线下培训活动，包括舞动治疗、葫芦丝培训，为特殊家庭提供支持。

（王茜娜　刘娟）

北京市门头沟区特殊教育学校

2021年，北京市门头沟区特殊教育学校占地面积3915平方米，校舍建筑面积3775平方米，运动场地面积2861平方米。图书馆（室）藏书7380册，电子图书1000册。固定资产总值1983万元，全年教育经费投入1188万元。学校信息化经费投入11.90万元，拥有计算机107台，网络多媒体教室17个，“信息技术”课程4课时/周。教职工29人，其中高级职称6人、中级职称13人。专任教师22人，本科以上学历26人。开设教学班9个（小学阶段6个、初中阶段3个）。毕业15人（小学阶段7人、初中阶段8人）；招生12人（小学阶段4人、初中阶段8人）；在校生81人（小学阶段50人、初中阶段31人），其中肢体残疾1人、智力残疾32人、精神残疾14人、多重残疾34人。

2021年，学校发挥党员先锋模范作用，凝心聚力谋发展，形成合力，提升教学质量。加强教师队伍建设，发挥骨干教师示范引领作用，以教研组为核心，开展教学研究。加强家长教师协会建设，加固学校、家长与教师沟通桥梁。举办“有爱无碍 童心筑梦”学生绘画作品展，为学校艺术教育发展明确方向。

特殊教育支持工作。规范随班就读备案管理，做到“科学评估、应随尽随”。开展巡回指导与个案研讨，加强中心对融合教育学校巡回指导工作。依托项目训练，为特殊需求学生提供服务。承办门头沟区融合教育种子教师培训工作，安排5次9讲培训课程。成立区级评审小组，做好北京市融合教育论文评选筛选报送工作。2名教师参与北京市特殊教育指导中心组织的北京市培智学校线上资源开发工作，完成2个教学资源包制作，并上传到北京市特殊教育资源网。落实东西部扶贫协作相关要求和门头沟区委区政府、区教委关于推进教育扶贫工作的系列精神，承担武川县骨干教师及管理干部赴京培训任务。

（魏宏亮　李玲玲　刘天龙）

北京市通州区培智学校

2021年，北京市通州区培智学校占地面积1.13万平方米，校舍建筑面积0.72万平方米，运动场地面积0.21万平方米。图书馆（室）藏书8321册。固定资产总值2865万元，全年教育经费投入2537万元。学校信息化经费投入

58万元，拥有计算机112台，网络多媒体教室22个，"信息技术"课程2课时/周。教职工63人，其中高级职称10人、中级职称28人。专任教师62人，包括特级教师1人、北京市骨干教师1人；本科以上学历61人。开设教学班19个（小学阶段12个、初中阶段7个）。毕业22人（小学阶段13人、初中阶段9人）；招生14人（全部为小学阶段）；在校生181人（小学阶段122人、初中阶段59人），其中言语残疾1人、肢体残疾4人、智力残疾140人、精神残疾30人、多重残疾6人。

2021年，学校为学生提供专业教育与康复课程，以"礼孝"教育为重点，深化养成，提高学生实践能力和综合素养。

深化课程改革。制定《培智学校作业布置、批改、反馈统筹办法以及相关制度》，并提出作业设计要体现"四性"（层次性、生活性、互动性和开放性）要求。开展《落实"双减"提升作业质量——暨"双减"背景下作业设计》校本培训活动，让作业设计更有针对性、科学性。

强化教师队伍建设。成立初心、熠彩2个班主任工作室，定期开展家访活动。开展"同课同台促成长，异构异思显智慧"同课异构主题教研活动，组织教师聆听课堂教学评优专家讲座。组织青年教师参加通州区"启慧杯""秋实杯""春华杯"等课堂教学评优活动，创新教研活动。组织63名教师参加急救知识培训，其中55名教师通过考核，取得救护技能证。

落实"双减"。组织干部、教师学习系列政策文件，开展系列学习研讨活动。规范课后服务，制定《通州区培智学校课后托管服务工作方案》，并利用线上家长会加强宣传，为有需求的学生提供课后托管服务，服务内容涉及文娱、体育活动等，并结合学生兴趣开展绘画手工、绘本阅读、劳动技能游戏等活动。

（李福玉　徐心蕊　吴铮）

北京市顺义区特殊教育学校

2021年，北京市顺义区特殊教育学校占地面积30665平方米，校舍建筑面积9327平方米，运动场地面积5800平方米。图书馆（室）藏书8680册。固定资产总值1642万元，全年教育经费投入4220万元。学校信息化经费投入36.29万元，拥有计算机178台，网络多媒体教室28个，"信息技术"课程2课时/周。教职工73人，其中高级职称26人、中级职称29人。专任教师47人，包括北京市骨干教师1人；本科以上学历73人。开设教学班25个（小学阶段18个、初中阶段7个）。毕业24人（小学阶段14人、初中阶段10人）；招生39人（小学阶段24人、初中阶段15人）；在校生252人（小学阶段160人、初中阶段92人），其中视力残疾1人、言语残疾8人、肢体残疾7人、智力残疾159人、精神残疾16人、多重残疾61人，包括寄宿生140人。

2021年，学校加强党建引领，统整中心工作。组织教师开展香山红色教育基地考察活动，加强意识形态教育，每月一警示，不断巩固壮大主流思想舆论。完成顺义区处于疫情中高风险时期"北京市高中合格考备用考点"服务保障任务。推进"双帮促优即'1+1+1'党员教师帮困生项目"。

提升教师队伍专业素养。举办拜师会、硬笔书法比赛。关注教师身心健康发展，举办花卉盆栽DIY活动，开展拓展活动，打造团结向上、富有向心力和凝聚力的优秀教师队伍。

培育学生核心素养。举办学雷锋、清明节纪念日活动，举办"红领巾心向党""请党放心 强国有我"主题班会，激发师生爱国热情。推进垃圾分类、学农实践、冬奥知识宣传普及活动。

聚焦教学质量提升。高质量完成市教委、市特教中心落实《北京市特殊教育提升计划（2017—2020）》情况验收。启动特教教师基本功大赛、兰馨杯课堂教学评优活动，全体一线教师参与课堂教学展示、教学设计评比、IEP评比3项比赛。完成北京市自闭症专业资源录制，录制课程5课时。学校被评为顺义区信息技术工作先进集体。

（王向辉　张卫华）

北京市昌平区特殊儿童教育学校

2021年，北京市昌平区特殊儿童教育学校分两址办学，分别为南口校区和流村校区。2个校区总占地面积8020平方米，校舍建筑面积2441平方米，运动场地面积3727平方米。图书馆（室）藏书9931册。固定资产总值935万元，全年教育经费投入1848万元。学校信息化经费投入11万元，拥有计算机89台，网络多媒体教室16个，"信息技术"课程6课时/周。教职工50人（在编45人、特岗5人），其中高级职称4人、中级职称14人。专任教师38人，包括北京市骨干教师1人；本科以上学历41人。开设教学班21个（学前2个、小学12个、初中6个、高中1个）。毕业52人（小学27人、初中25人）；招生77人（学前15人、小学25人、初中30人、高中7人）；在校生158人（学前15人、小学87人、初中49人、职高7人），其中听力残疾2人、言语残疾3人、肢体残疾6人、智力残疾91人、

9月3日，昌平特教学校开展就近送教工作
（昌平特教学校　供）

精神残疾 8 人、多重残疾 48 人，包括寄宿生 13 人。

2021 年，学校在南口校区开设学前部，招收 3～5 周岁学龄前残障幼儿 15 人，施行半日班，改造完成 2 个学前教室，通过验收并投入使用；开设职高部，招收适龄残障少年 7 人，成为北京市第一所十五年一贯制培智类特殊教育学校。每周五在 10 所资源学校为 60 名送教生开展就近送教。与北京昌平区特教中心学校合署办公，承担特教中心工作，申请区培训专项资金 38 万余元，开展 20 所融合资源学校资源教师专业培训及相关特殊教育支持性工作。

开展爱国主义教育和传统文化教育。举办“党史学习教育”和“永远跟党走”活动、“粽叶飘香，浓情端午”主题活动。关注学生身心健康，确保户外活动质量，组织师生开展期末线上家访活动、“展我风采，快乐运动”课间操评比活动、“安全知识记心间”线上大讲堂系列活动。团结社会力量，助力特殊教育发展，接待五城社区党委到校开展“不忘初心传递爱 志愿服务新时代”爱心物资捐赠活动。

（吴振奇　王海童　张涛）

北京市怀柔区培智学校

2021 年，北京市怀柔区培智学校占地面积 4098 平方米，校舍建筑面积 1777 平方米，运动场（馆）面积 1296 平方米。图书馆（室）藏书 1 万册。固定资产总值 2154 万元，全年教育经费投入 1230 万元。学校信息化经费投入 80.08 万元，拥有计算机 80 台，网络多媒体教室 11 个，“信息技术”课程 6 课时 / 周。教职工 37 人，其中高级职称 5 人、中级职称 19 人。专任教师 32 人，本科以上学历 36 人。开设教学班 11 个。毕业 10 人、招生 7 人、在校生 92 人，其中听力残疾 3 人、智力残疾 66 人、自闭症 4 人、多重残疾 18 人、脑瘫 1 人，包括寄宿生 53 人，送教上门学生 39 人。

10 月 28 日，怀柔培智学校骨干教师示范课
（怀柔培智学校　供）

2021 年，学校以育人为根本任务，全面提高教育教学质量为主要目标，提高课堂教学实效。“减负 提质”满足特殊学生特殊需求，开展进社区实践活动、社会大课堂实践活动等。根据教师特长、学生兴趣爱好，开设烹饪课、律动表演、艺术休闲等走班兴趣小组。为个别特殊需求的学生提供康复训练，设计个性化康复训练计划。抓好学生个别化教育计划制订与实施工作，通过课堂教学、实践活动、家长开放日等落实个别化教育目标。加强教学研究，开展“生活化”特色课堂教学模式研究教研活动。

建设专业团队，加强培训学习。启动怀柔区巡回指导教师工作室。依托特殊教育学校干部教师专业发展体验式培训，选派 1 名教师到北京市西城区培智中心学校参加为期 15 周的跟岗培训。培育特殊教育优质教研团队，2 名培智教研组教研员及 5 名教师全程参加培训学习。为电教教师开展信息技术能力培训，鼓励教师选择适合学生的微能力点开展学习实践。

（任海明）

北京市平谷区特教中心

2021 年 9 月，北京市平谷区特教中心新校舍投入使用，位于平谷区王辛庄镇政府北校园路 14 号，占地面积 24326 平方米，建筑面积 3718 平方米，运动场地面积 1998 平方米。图书馆（室）藏书 2401 册。固定资产总值 758 万元，全年教育经费投入 2880 万元。学校拥有计算机 131 台，网络多媒体教室 16 个，“信息技术”课程 2 课时 / 周。教职工 62 人，其中高级职称 11 人、中级职称 35 人。专任教师 42 人，本科以上学历 59 人。开设教学班 16 个。毕业 5 人、招生 8 人、在校生 126 人，其中听力障碍 2 人、智力障碍 76 人、脑瘫 12 人、孤独症 10 人、多重残疾 26 人，包括寄宿生 21 人。

2021 年，学校继续深化“双积分”管理，不断完善积分办法，强化过程评价，促进学校教育教学工作科学规范发展，助力教师专业化成长。

坚持全方位育人。通过升国旗，国旗下讲话，重要纪念日活动，培养学生爱校、爱家、爱国的家国情怀。举办雷锋月系列活动、庆祝中国共产党成立 100 周年“我会写名字”主题学生书写竞赛活动、“国风、国范、中国结，向阳、向上、心向党”迎国庆主题系列活动等。组织学生走进金海湖开展社会大课堂实践活动，开展“垃圾分类”“节约粮食”等系列宣传和实践活动，举办“冬奥有我，爱卫同行”冬季爱国卫生运动。构建学校、家庭、社会三结合教育网络，设立学校开放日。

提升教育教学质量。成立专业委员会，通过评估进行入学安置和动态安置，为个别化教育计划（IEP）制订和有效实施奠定基础，融合各方意见制订个别化教育计划，开展基于个别化教育计划有效实施的课堂教学评优活动，为每名学生制订个性化成长档案。开发软笔书法、语言训练、趣味手工等校本课程。利用校内康复器材及设备对有康复需要的学生开展康复训练，定期召开特异体质学生家长会，提升康复效果。继续参加东城特教联盟组织的系列线上线下活动，推动教师专业化发展。

（王红梅）

北京市密云区特殊教育学校

2021年，北京市密云区特殊教育学校占地面积9144平方米，校舍建筑面积4215平方米，运动场地面积2864平方米。图书馆（室）藏书4196册。固定资产总值3610万元，全年教育经费投入1791万元。学校信息化经费投入7.23万元，拥有计算机64台，网络多媒体教室16个，“信息技术”课程1课时/周。教职工50人，其中高级职称7人、中级职称25人。专任教师38人，本科以上学历37人。开设教学班12个。毕业14人；招生15人；在校生73人、送教上门学生33人，其中智力残疾83人、精神残疾3人、肢体残疾3人、多重残疾17人，包括寄宿生11人。

2021年，学校深化特殊教育课程改革，加强师德师风建设，举办“为党育人 为国育才”师德演讲、师德先进个人评选活动。加强青年教师培养，开展新教师拜师活动，以老带新促进青年教师快速成长。举办首届“星空杯”教学设计基本功大赛、第二届特教理论素养考核大赛等，提升教师专业素养和教学能力。

教育教学改革。推进包班制教学改革，包班制教学班增至5个，使用人教版教材开展综合性主题教学；生活适应研修部3个班级和职业教育研修部4个班级开展分科式教学，落实“一人一案个别化教育计划”。教学中注重特教学生人格塑造和学生生活技能培养，唤醒学生独立自强意识，培养学生适应未来生活能力。

体育美育教育。举办第五届水墨童心书画艺术展，联合7所共建校共同展示学生书法、绘画等艺术作品千余幅；举办第二届校园融合足球联赛，开展特奥冰壶训练，丰富学生课余生活。

（赵丽娟）

北京市延庆区特殊教育中心

2021年，北京市延庆区特殊教育中心占地面积1.98万平方米，校舍建筑面积0.40万平方米，运动场地面积1.04万平方米。图书馆（室）藏书2.32万册，电子图书1万册。固定资产总值2380万元，全年教育经费投入165万元。学校信息化经费投入13万元，拥有计算机110台，网络多媒体教室1个，“信息技术”课程2课时/周。教职工44人，其中高级职称9人、中级职称20人。专任教师33人，本科以上学历41人。开设教学班8个（小学阶段6个、初中阶段2个）。毕业8人（小学阶段1人、初中阶段7人）；招生7人（全部为小学阶段）；在校生85人（小学阶段54人、初中阶段31人），其中听力残疾1人、言语残疾1人、肢体残疾3人、智力残疾63人、多重残疾17人，包括寄宿生16人。

2021年，学校以“实施个性化教育，让每个生命都精彩”为办学目标，推进全区融合教育工作。为28名中小学、幼儿园随班就读学生做好审核和认定。成立巡回指导教师队伍，通过集体巡回、分组巡回、单人巡回等方式对全区融合教育学校开展巡回指导。开展学区资源中心和资源教室巡视指导，推进新建资源教室和自闭症康复教育基地前期筹备工作。

加强教师队伍建设。组织教师开展特教核心专业培训，加速教师专业化成长。借助与北京市朝阳区安华学校、北京市密云区特殊教育学校三校联盟优势，组织教师参加特教核心素养笔试，开展作业治疗、代币制的应用、言语治疗等专业化教研。“包班制下综合课程实施的实践研究”课题开题。组织教师参加市级资源开发，围绕“自闭症儿童相关知识及教育策略”录制微视频8节。

提高教育教学质量。在“双减”背景下，关注学生学习前系统评估，掌握学生学习现状。注重教学过程中的质量提升，在活动化、生活化、游戏化、情景化课堂中，带领学生参与学习。加强教学后的评估，低年级通过每月一评促进教师教学，中、高年级通过“每人一卷”考评学生学习效果。推门听课150节，通过听课、评课、规范备课等，指导教师教育教学行为。组织教师为极重度学生提供送教上门服务，并对送教上门学生、长期不到校学生和新生进行家访。

开展社会实践活动。以课程开发为模式，组建种植小组、环保小组、志愿服务队，参与学校种植活动、废品回收活动、卫生打扫活动。组织学生到太平洋海底世界、密云张裕爱斐堡酒庄、世界园艺博览会参加社会大课堂活动，到银行、超市、公园参加社会实践活动。

（周英杰）

（本栏责任编校　孙晓楠）

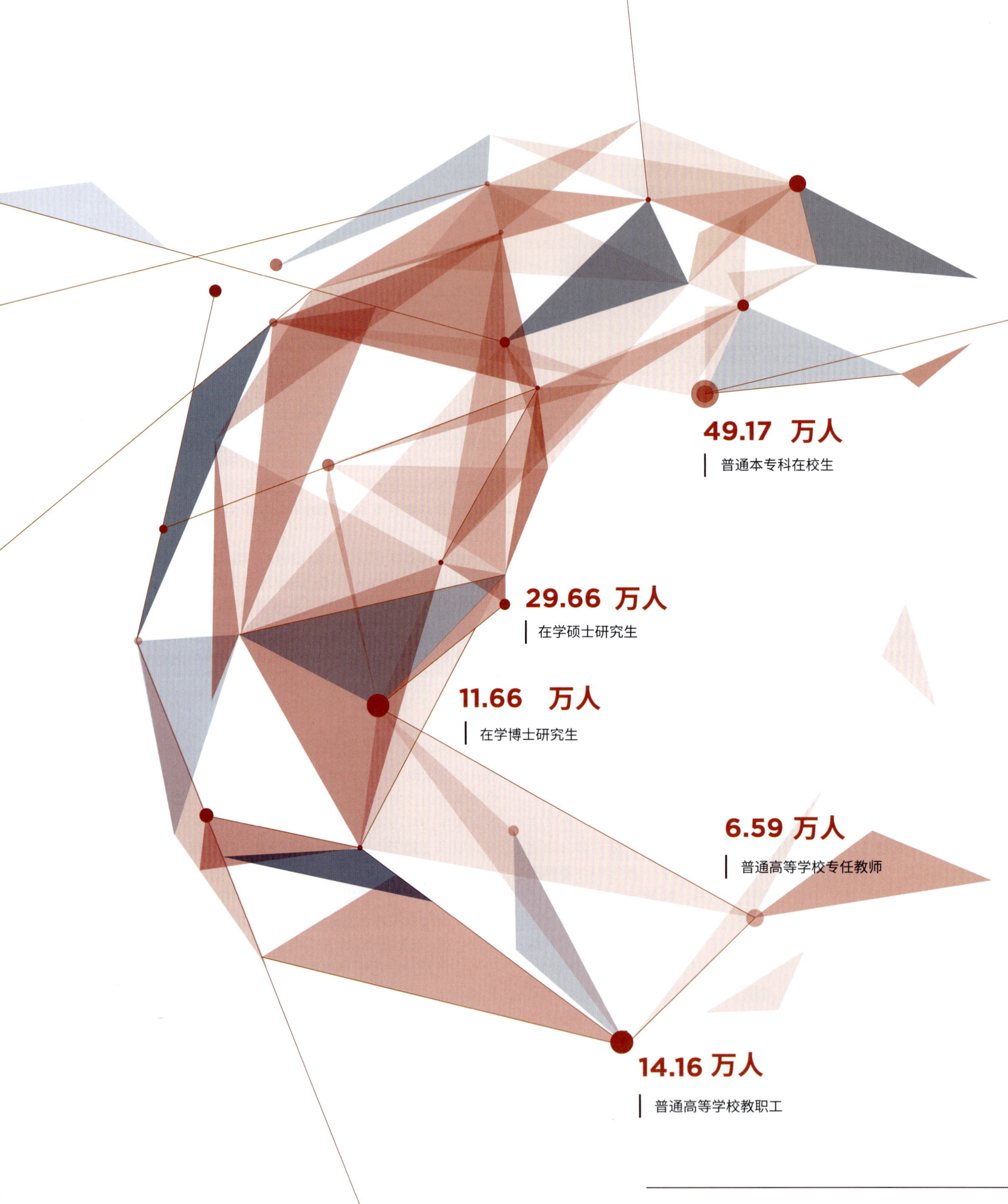
49.17 万人
普通本专科在校生
29.66 万人
在学硕士研究生
11.66 万人
在学博士研究生
6.59 万人
普通高等学校专任教师
14.16 万人
普通高等学校教职工

2022 | 普通高等教育

HIGHER EDUCATION

- 优化高等教育布局
- 市属高校分类办学推进
- 99 个高精尖学科完成中期考核评估
- 本科人才培养质量提升行动计划印发
- 《北京高等教育质量报告（本科）2020》完成

普通高等教育

HIGHER EDUCATION

综述

概述

2021 年，北京 60 所普通本科高校（不含民办、高职）中，中央部委属高校 39 所，包括教育部属 25 所、其他部委属 14 所；市属公办高校 21 所。高校产权占地面积 4722.13 万平方米，产权校舍建筑面积 3731.58 万平方米；有图书 10210 万册；固定资产总值 19974670.33 万元，其中教学、科研仪器设备资产 6734687.91 万元。有教职工 141634 人，其中专任教师 65910 人，包括正高级职称 20213 人、副高级职称 24724 人。本专科毕业生 113655 人，招生 88606 人，在校生 491757 人。

2021 年，北京 59 所普通高校和 86 个科研机构培养研究生，在学研究生 41.32 万人。其中，博士生 11.66 万人，硕士生 29.66 万人。招收研究生 13.93 万人。在 59 所招收研究生的普通高校中，中央部委属高校 38 所，研究生在校生 33.79 万人，招生 11.14 万人；21 所市属高校研究生在校生 5.40 万人，招生 2.09 万人。

（张晓兰）

优化高等教育布局

2021 年，市教委不断优化高等教育布局，持续推进高校疏解。以建设良乡、沙河大学城为重点促进部分中央部委属高校向外转移，推进沙河、良乡高教园区向大学城转化，建设结构合理、要素齐全、职住平衡、充满活力的科教融合新城。落实在京高校疏解激励政策，对有效落实疏解任务的中央部委属高校给予经费支持。完善市区、市校两级联动机制，及时掌握各项任务完成情况、存在问题和下一阶段目标，层层压实责任，推动各项任务落点落图落实。推进市属高校校区建设，北京工商大学、北京电影学院、北京信息科技大学、北京城市学院、首都医科大学、首都体育学院新校区建设项目按计划推进，向外疏解学生 3500 人。

（徐焕喆）

9 月，北航沙河校区一体化社区新公寓投入使用

（北航　供）

市属高校分类办学推进

2021 年，北京市深入推进市属高校分类办学。市委教育工委、市教委指导 21 所市属高校制定分类发展专项规划，召开 2021 年北京市属高校本科人才培养质量提升促进会。要求各高校以提升高校人才培养与经济社会需求契合度为重点，指导学校在专业设置、教学大纲调整、实践创新教育等方面实现差异化改革和分类发展。

（王佳琦）

沙河高教园区高校联盟推进课程共享

2021 年，北京沙河高教园区高校联盟推进课程共享。7 所联盟高校以在线教学方式实现第二轮、第三轮开课，开设共享课程 47 门次，3195 人次学生跨校选课。依托沙河高教园区高校联盟资源共享信息系统（shgjlm.buaa.edu.cn），秋季学期学生选课人数较上学期提升 206%。联盟于 2020 年下半年推出共享课程，至 2021 年年底，3 个学期联盟认定共享课程 40 门，累计开课 61 门次，学生跨校选课 4596 人次。联盟总结共享课三轮开课经验，修订《沙河高教园区高校联盟资源共享课程建设与管理实施方案》，从强化课程运行规范、加强教师开课激励与保障等方面推进共享课程建设。

（冯彦钧）

641 个专业入选 2020 年度一流本科专业建设“双万计划”

2 月 10 日，教育部公布 2020 年度国家级和省级一流本科专业建设点名单，北京高校 410 个专业入选国家级一流本科专业建设点、231 个专业入选北京市级一流本科专业建设点。经高校网上申报、高校主管部门审核，教育部高等学校教学指导委员会评议、投票，2020 年度教育部认定 3977 个国家级一流本科专业建设点，北京高校 410 个专业入选。经各省级教育行政部门审核、推荐，教育部审核确定 4448 个省级一流本科专业建设点，北京高校 231 个专业入选。

（张晓兰）

人民大学召开文科实验教学改革与实验室建设研讨会

4 月 2 日，中国人民大学、虚拟仿真实验教学创新联盟召开文科实验教学改革与实验室建设研讨会。会议听取人民大学题为《新文科实验教学体系探索》主题报告，研讨交流文科实验教学建设进展情况，强调文科实验教学是新文科建设的重要基础建设工程，是在新信息技术时代下人文社会科学领域开展科学研究、创新人才培养、提供社会服务的重要手段，各高校需在文科实验教学领域积极探索、广泛交流，主动承担资源共享和示范引领的责任，加快推进文科实验教学建设，为国家培养更多文理交叉的复合型高素质人才。教育部高教司、虚拟仿真实验教学创新联盟相关负责人及 15 所高校代表参加会议。

（叶垚）

清华建校 110 周年大会

4 月 25 日，清华大学召开建校 110 周年大会。会议以视频方式重温习近平总书记在清华考察时的重要讲话精神。校长作题为《自信从容迈向未来，自强创新不辱使命》的致辞，校党委书记主持大会。会议同时邀请校友代表、教师代表、学生代表等发言致辞。中央和国家机关有关部门、有关省区市负责人，部分高校、企业、国际组织代表及校友代表，学校老领导、两院院士、文科资深教授及师生代表等参加大会。会议通过网络平台同步直播。清华前身清华学堂始建于 1911 年，1912 年更名为清华学校。1928 年更名为国立清华大学。1937 年抗日战争全面爆发后南迁长沙，与北京大学、南开大学组建国立长沙临时大学，1938 年迁至昆明改名为国立西南联合大学。1946 年迁回清华园。1952 年全国高等学校院系调整后，成为一所多科性工业大学。改革开放以来，学校逐步确立建设世界一流大学长远目标，先后恢复或新建理科、文科、医学学科和经济管理学科，成立研究生院和继续教育学院。1999 年，中央工艺美术学院并入，成立清华美术学院。2012 年，中国人民银行研究生部并入，成立清华五道口金融学院。至 2021 年，学校累计培养毕业生 30 万人。

（徐思羽）

全国音乐教育专业建设论坛

5 月 15 日至 16 日，中国音乐学院举办全国音乐教育专业建设论坛。该论坛为中国音乐学院与教育部高等学校音乐与舞蹈学类专业教学指导委员会共同举办。论坛听取题为《音乐开启教育未来——源自作曲技术理论的音乐教育四重启示》主旨发言，围绕“音乐学是什么、教育学是什么、音乐教育是什么”问题研讨交流。论坛在中国音乐学院举办“奥尔夫教学法”“柯达伊教学法”“歌曲写作与小乐队编配”“歌曲伴奏编配与弹唱”教学片段展示及音乐会。全国教育学和音乐教育学领域 400 余名专家、学者、教研员、教师参加论坛。

（江瑾尧）

4 月 25 日，清华召开建校 110 周年大会

（清华　供）

沙河高教园区文化交流月开幕

5月31日，第八届北京沙河高教园区文化交流月开幕式在中国矿业大学（北京）沙河校区举行。活动以“红色初心 青春有我”为主题，园区7所高校师生代表400余人参加开幕式，2000余人观看线上直播。交流月期间，7所高校联合举办10余场学术交流和师生互动等活动。北京沙河高教园区文化交流月2013年开始举办，通过学术交流等活动，发挥北京航空航天大学、北京师范大学、北京邮电大学、中央财经大学、中国矿大、外交学院、北京信息科技大学7所高校学科特色鲜明、资源优势互补等特点，推动校际交流，提升育人软环境。

（杨恬）

99个高精尖学科完成中期考核评估

5月至8月，市教委完成99个高精尖学科建设中期考核评估。市教委委托北京理工大学研究生教育研究中心作为第三方评估机构负责组织实施，经学校自评、专家函评等程序，19个高精尖学科评估结果为优秀、72个为合格、8个需限期整改。需整改学科整改期限2年，期满后接受复评。

（侯东云）

北京高校高精尖学科中期评估优秀名单

北京大学	分子光谱学
中国人民大学	新时代中国经济学
清华大学	环境学科
北京工业大学	光学工程、材料科学与工程、控制科学与工程、机械工程
北京航空航天大学	网络空间安全、先进无人飞行器
北京理工大学	空天智能信息网络科学与技术、光机电微纳制造科学与技术
北京建筑大学	土木工程
中国农业大学	作物智能育种生物学
首都医科大学	临床医学
北京师范大学	认知神经学
首都师范大学	教育学、历史学
中国矿业大学（北京）	城市工程地球物理
中国科学院大学	地质与地球物理学

（侯东云）

北京高校高精尖学科中期评估合格名单

北京大学	智慧医疗工程与技术、人工智能
中国人民大学	科技金融
清华大学	先进材料及其加工技术、安全科学与工程
北京交通大学	新一代信息技术及应用
北京航空航天大学	人工智能
北京理工大学	数字表演与创意学
北京科技大学	安全科学与工程、人工智能科学与工程
北方工业大学	控制科学与工程
北京化工大学	生物安全
北京工商大学	应用经济学、食品科学与工程、工商管理
北京服装学院	设计学
北京邮电大学	网络空间治理、信息材料科学与工程
北京印刷学院	设计学、新闻传播学
北京建筑大学	测绘科学与技术
北京石油化工学院	机械工程
中国农业大学	农业绿色发展
北京农学院	园艺学

5月31日，第八届北京沙河高教园区文化交流月开幕式在中国矿大沙河校区举行 （中国矿大 供）

北京林业大学	生态修复工程学、城乡人居生态环境学
首都医科大学	口腔医学、基础医学
北京中医药大学	中医生命科学、系统中药学
北京师范大学	陆地表层学、文化遗产与文化传播
首都师范大学	马克思主义理论、艺术类学科群、中国语言文学
首都体育学院	体育学
北京外国语大学	外语教育学
北京第二外国语学院	旅游管理、外国语言文学
北京语言大学	国别区域学、中国语言文学
中国传媒大学	互联网信息、文化产业
中央财经大学	金融安全工程、战略经济与军民融合
对外经济贸易大学	数字贸易
北京物资学院	管理科学与工程
首都经济贸易大学	统计学、应用经济学、工商管理
中国人民公安大学	国家安全学
国际关系学院	国家安全学
北京体育大学	运动康复医学
中央音乐学院	音乐人工智能与音乐信息科技
中国音乐学院	音乐与舞蹈学
中央美术学院	视觉艺术管理
中国戏曲学院	戏剧与影视学
北京电影学院	电影学
北京舞蹈学院	音乐与舞蹈学
中央民族大学	城市民族学、民族艺术学
中国政法大学	证据科学
华北电力大学	清洁能源学
北京信息科技大学	仪器科学与技术、机械工程
中国矿业大学（北京）	城市地下空间工程
中国石油大学（北京）	城市能源供给安全与保障
中国地质大学（北京）	城市地质环境与工程
北京联合大学	北京学、工商管理
中国科学院大学	智能科学与技术、工程科学

（侯东云）

北京高校高精尖学科中期评估限期整改名单

北京化工大学	新能源材料与器件
北京建筑大学	建筑学
北京电子科技学院	网络空间安全
北京协和医学院	群医学
外交学院	中国特色国际关系与外交学
北京电影学院	艺术学理论
中央民族大学	质谱成像与代谢组学
中国石油大学（北京）	清洁低碳能源工程

（侯东云）

二外发起成立全国高校日语专业联盟

6 月 24 日，北京第二外国语学院和中国外文局翻译专业资格考试（CATTI）项目管理中心发起成立全国高校日语专业联盟。启动中日国际中文通用翻译能力测试（CATTI）。联盟成员包括北京大学、清华大学、上海外国语大学等 40 所日语专业领先的国内高校，旨在为各方在日语教学与研究、中日文化交流和国际合作等方面提供平台，并共同推进中日国际中文通用翻译能力测试在高校和企事业单位中的普及和应用。学校另于 6 月 25 日举办全国高校日语专业思政教育建设论坛，联盟高校日语专业的负责人围绕“日语专业课思政元素探索及教学设计”“课程思政体制建设与模式创新”“研究生课程思政研究与实践”3 个主题展开讨论。

（王薇）

矿山机器人创新应用联盟成立

6 月 26 日，中国矿业大学（北京）举行矿山机器人创新应用联盟揭牌仪式。联盟由中国矿大、中信重工开诚智能装备有限公司联合发起成立。联盟本着“共建、共享、共赢”的原则，旨在聚合高等院校、科研院所、矿山机器人与煤机制造企业等相关单位，以国家矿山安全监察局安全基础司、国家安全生产应急救援指挥中心为指导机构，以采掘运、安控类、救援类矿山机器人研发与应用共性技术需求为导向，形成联合攻关、协同创新、共谋发展的矿山机器人政研产学用一体化体系。联盟成员 35 个，其中高等院校 5 个。秘书处设在中国矿大机电与信息工程学院，中国矿大担任联盟首期会长单位。

（杨恬）

6 月 26 日，中国矿大举行矿山机器人创新应用联盟揭牌仪式
（中国矿大　供）

新时代地矿油行业特色高校高质量发展与创新型人才培养学术论坛

6月26日，中国地质大学（北京）举办新时代地矿油行业特色高校高质量发展与创新型人才培养学术论坛。论坛邀请中国石油勘探开发研究院副院长作题为《碳中和下油气工业绿色低碳发展与科技创新》主旨报告，邀请中国矿大副校长、中国石油大学（华东）副校长、成都理工大学副校长等围绕地矿油行业人才需求和人才供给依次作主旨报告，分享关于地矿油行业特色高校高质量发展和创新人才培养的理解和认识。论坛为国家自然科学基金委管理资助项目，来自地矿油行业企业代表和全国各地20余所行业特色高校学者专家和师生代表200余人参加会议。

（师昊）

北京沙河高教园区高校联盟成立

7月10日，北京沙河高教园区高校联盟成立大会暨第一届理事会在北京航空航天大学沙河校区召开。夏林茂、刘宇辉及昌平区领导、高校联盟成员单位共同为“北京沙河高教园区高校联盟”揭牌。联盟由北航、北京师范大学、北京邮电大学、中央财经大学、中国矿业大学（北京）、外交学院、北京信息科技大学7所高校共同组建，北航担任首届秘书长单位。联盟秉持“共商、共建、共享”原则，为促进高校资源共享、学科共建、联合创新、校地融合提供动力，助力沙河高教园高质量发展。市委教育工委、市教委、昌平区及高校联盟成员单位相关负责人参加成立大会。

（李萌）

外交学院与公安大学签署合作协议

7月12日，外交学院与中国人民公安大学签署合作协议。根据协议，双方本着优势互补、资源共享、特色互融、开放共进原则，在涉外警务人才培养、国家安全学科建设、师资队伍共享共建等方面开展合作，协议有效期5年。

（阚四进　孙文玥）

7月12日，外交学院与公安大学签署合作协议

（外交学院　供）

首批市属高校招生专业“灰名单”公布

7月15日，市教委公布首批市属公办本科高校招生专业“灰名单”。招生专业“灰名单”是指列入市属公办本科高校重点调整并限制招生的专业名单，首批包括14所市属高校的23个本科专业。该制度旨在引导高校招生向本校优势特色学科专业、新兴交叉学科专业、首都经济社会发展急需的学科专业倾斜。市教委将持续压减“灰名单”招生规模，同时建立动态调整机制，健全经费拨款、专业建设等配套政策。

（王鑫）

2021年市属公办本科高校招生专业“灰名单”

院校名称	专业名称
北京工业大学	广告学
北方工业大学	汉语言文学、广告学、日语
北京工商大学	工业设计、电子科学与技术
北京服装学院	会计学
北京印刷学院	物流工程、市场营销
北京建筑大学	电子信息科学与技术
北京石油化工学院	会展经济与管理、国际经济与贸易、油气储运工程
北京农学院	信息管理与信息系统
首都师范大学	政治学与行政学、录音艺术、信息管理与信息系统
北京第二外国语学院	人文地理与城乡规划
北京物资学院	工商管理
首都经济贸易大学	公共事业管理
北京信息科技大学	工业工程、行政管理
北京联合大学	信息管理与信息系统

（王鑫）

国内首个语言资源学学科设立

8月20日，北京语言大学设立国内首个语言资源学学科。该学科为学位授予单位自设二级学科和交叉学科，以语言资源为研究对象，系统研究语言资源类型、构成、分布等，下设语言资源理论与实践、语言资源应用技术、语言资源管理与伦理3个主要研究方向。北语共有5个与语言资源紧密相关科研基地，其中与国家语委共建3个，与国家民委共建1个，与北京市共建1个。

（杨威威）

服贸会数字货币技术与应用论坛

9月6日，北京联合大学、中国人民大学在北京首钢园举办2021年中国国际服务贸易交易会数字货币技术与应用论坛。论坛以“技术引领·应用创新”为主题，探讨全球央行数字货币现状与产业变革、数字货币基础设施建设与应用场景分析、数字货币智能合约金融安全话题。来自人民大学、北京大学、美国哥伦比亚商学院、中国科学院的6名专家作主题演讲或专题报告。论坛发布数字货币发展全景图暨数字人民币实践教学平台，举行数字货币产业规划战略合作签约仪式。论坛是2021年中国国际服务贸易交易会重要专业论坛，来自高校及企业的专家和学者100余人参加论坛。

（王岩）

北外开设全国首个迪维希语课程

9月7日，北京外国语大学开设的马尔代夫官方语言迪维希语课程开班。这是中国高校首次开设迪维希语课程，共72课时，为选修（全校通开第三外语），课程内容为迪维希语言与马尔代夫文化。

（吴天宇）

中医药高等院校书院联盟成立

9月10日，北京中医药大学发起成立中医药高等院校书院联盟。天津中医药大学、广州中医药大学、成都中医药大学等14所中医药高等院校为首批联盟理事单位。联盟是以实现交流合作、资源共享、优势互补、整体提升为目的而自愿组成的非营利性组织。

（沈琦）

首届A5联盟与国际组织论坛

10月14日，中国农业大学举办首届A5联盟大学与国际组织论坛。A5联盟大学即世界顶尖涉农大学联盟。论坛包括大会演讲和自由讨论两个环节，围绕后疫情时代的农业合作、全球公共品服务、携手应对全球挑战等话题探讨交流。会议的重要成果为达成“A5共识”，认为当前疫情使全球发展成果倒退，全球消除贫困和饥饿事业面临新的不确定性和挑战。中国农大及A5联盟院校美国康奈尔大学、加州大学戴维斯分校、巴西圣保罗大学、荷兰瓦赫宁根大学以及来自联合国粮农组织、联合国教科文组织、南南合作办公室、世界粮食计划署等国际组织的代表通过线上线下方式参加会议。

（孙桂凤）

北大新工科国际论坛（2021）

10月22日至24日，北京大学举办新工科国际论坛（2021）。论坛围绕“智能制造与工业软件”“集成电路前沿技术”“新工科背景下的精准医学和智慧医疗技术开发与应用”“碳中和的国际经验”“人工智能助力北大新工科：新趋势、新交叉、新应用”等主题，探讨新工科发展与建设的新挑战、新机遇与新举措。论坛期间，学校与昌平区、华为技术有限公司分别签署战略合作协议，推动新工科人才培养、科研创新、成果转化等方面工作。中国科协党组书记、国家自然科学基金委员会副主任、教育部高等教育司司长、科学技术部重大专项司司长、复旦大学校长，国内外高校及科研机构代表，电子信息、新材料、新能源和力学等领域院士专家，以及企业界嘉宾等240人参加会议。年内，作为加快新工科建设的重要举措，北大成立未来技术学院、集成电路学院、计算机学院、智能学院4个新工科学院。

（徐聪颖）

本科人才培养质量提升行动计划印发

11月19日，市教委印发《北京高等教育本科人才培养质量提升行动计划（2022—2024年）》。计划旨在推进人才供给侧改革，提升高校人才培养与经济社会需求的匹配度。文件包括健全完善高校铸魂育人体系、开展人才培养模式改革实践、夯实本科教育教学基础等7大类共25项改革任务。市教委另于11月25日召开北京市属高校本科人才培养质量提升促进会。北京市27所本科院校校长、教学副校长、教务处处长等1000余人通过线上线下相结合方式参加会议。

（冯彦钧）

10月23日，北大新工科国际论坛2021举办

（北大　供）

北京高校 20 个基地入选拔尖计划 2.0 基地

11 月 29 日，教育部公布第三批基础学科拔尖学生培养计划 2.0 基地（2021 年度）名单，北京高校 20 个基地入选。经各地各高校申报、专家审议，教育部按相关工作程序确定基础学科拔尖学生培养计划 2.0 基地，全国高校 89 个基地入选，北京高校 20 个基地入选。教育部分别于 2019 年、2020 年公布两批共计 199 个基础学科拔尖学生培养计划 2.0 基地名单。

（张晓兰　焦隆）

基础学科拔尖学生培养计划 2.0 基地（2021 年度）名单（北京）

类别	所属学校	基地名称
数学	北京理工大学	数学拔尖学生培养基地
数学	首都师范大学	数学拔尖学生培养基地
物理学	中国人民大学	物理学拔尖学生培养基地
物理学	北京航空航天大学	物理学拔尖学生培养基地
化学	北京航空航天大学	化学拔尖学生培养基地
化学	北京化工大学	宏德化学拔尖学生培养基地
化学	中国科学院大学	化学拔尖学生培养基地
生物科学	北京大学	未名学者生态学拔尖学生培养基地
生物科学	北京林业大学	生物科学拔尖学生培养基地
计算机科学	中国人民大学	计算机科学拔尖学生培养基地
计算机科学	北京交通大学	计算机科学拔尖学生培养基地
天文学	北京大学	未名学者天文学拔尖学生培养基地
地质学	北京大学	未名学者地质学拔尖学生培养基地
心理学	北京大学	未名学者心理学拔尖学生培养基地
经济学	北京大学	未名学者经济学拔尖学生培养基地
经济学	清华大学	经济学拔尖学生培养基地
中国语言文学	首都师范大学	中国语言文学拔尖学生培养基地
中国语言文学	北京语言大学	“中文国际传播”中国语言文学拔尖学生培养基地
药学	北京大学	未名学者药学拔尖学生培养基地
中药学	北京中医药大学	中药学拔尖学生培养基地

（张晓兰　焦隆）

第十届全国乐器学研讨会

12 月 4 日至 5 日，中国音乐学院举办第十届全国乐器学研讨会。会议围绕中国乐器博物馆特色与属性、中国民族乐器定名规律和标准化、东西方乐器比较、中国民族乐器传承发展与科技创新 4 个内容版块展开。会议收到论文 80 余篇。会议采用线上形式，中国知网全程直播。部分高校以及全国各地研究所、博物院、博物馆，部分音乐科技企业专家学者及学生代表参加会议。

（江瑾尧）

外语院校繁荣发展哲学社会科学高等论坛

12 月 10 日，国际关系学院举办第 12 届外语院校繁荣发展哲学社会科学高等论坛暨全国外语院校科研管理协作会年会。会议围绕“教育评价改革背景下推动科研高质量发展的探索与思考”“加强顶层设计，推进双一流建设的经验”“外语学科构建遇到的问题与新时期外语学术科研的开展”等主题研讨交流。来自全国 18 所高校的专家学者 170 余人参加会议。

（任婉君）

世界人文社会科学高校联盟年会

12 月 16 日，世界人文社会科学高校联盟年会暨“共享、教育与未来：2021 奥林匹克教育国际论坛”在中国人民大学举办。论坛以线上线下结合形式举办，设“奥林匹克文化共享与教育”“奥林匹克愿景与未来”两个分论坛，与会人员听取题为《大学在奥林匹克运动中的使命》主旨报告，围绕“共享、教育与未来”交流研讨。论坛由人民大学与意大利路易斯大学、世界人文社会科学高校联盟主办，世界人文社会科学高校联盟专家学者及学生 200 人参加论坛。世界人文社会科学高校联盟由人民大学和意大利路易斯大学 2019 年发起成立，是由全球以人文、社会科学见长的高等教育和研究机构自愿组成的松散型、学术性国际合作机制，包括 14 家正式成员单位和 9 家观察员单位，是全球首个以人文社会科学为主要合作领域的大学联盟。

（吕鹏军）

全国乡村振兴高校联盟成立

12 月 30 日，中国农业大学牵头成立全国乡村振兴高校联盟。联盟由全国 42 所具有不同学科及地域特点的高校共同发起成立，旨在发挥成员高校学科、人才、技术等综合优势，打造服务乡村振兴高端智库和协同创新平台，助力乡村振兴和农业农村现代化。联盟理事会表决通过《全国乡村振兴高校联盟章程》，选举中国农大当选理事长单位。联盟秘书处设在中国农大。

（孙桂凤）

6 所高校入选首批特色化示范性软件学院

12 月 30 日，教育部、工业和信息化部公布首批特色化示范性软件学院名单，北京 6 所高校软件学院入选。经高校自主申报、专家综合评议、网络公示等程序，首批公布 33 所特色化示范性软件学院，北京 6 所高校软件学院入选，分别是北京大学软件与微电子学院、清华大学软件学院、北京交通大学软件学院、北京航空航天大学软件学院、北京理工大学软件学院、北京邮电大学计算机学院。

（张晓兰　高杰）

24 项大学生学科竞赛举办

至年底，市教委举办 24 项大学生学科竞赛。竞赛分别为北京市大学生数学建模与计算机应用竞赛、北京市大学生电子设计竞赛、北京市大学生人文知识竞赛、北京市大学生物理实验竞赛、北京市大学生化学实验竞赛、北京市大学生动漫设计竞赛、北京市大学生英语演讲比赛、北京市大学生计算机应用大赛、北京市大学生 ERP 管理会计应用决策大赛、北京市大学生交通科技竞赛、北京市大学生建筑结构设计竞赛、北京市大学生机器人大赛、北京市大学生工程实践与创新能力大赛、北京市大学生书法大赛、北京市大学生工业设计大赛、北京市大学生广告设计大赛、北京市大学生生物学竞赛、北京市大学生集成电路设计大赛、北京市大学生工程设计表达大赛、北京市大学生物流设计大赛、北京市大学生数字媒体设计大赛、北京大学生化学原理竞赛、北京市节能节水低碳环保社会实践与科技竞赛、北京市文化创意设计竞赛。比赛结合北京市和学校疫情防控要求，采取线上线下相结合方式开展。

（荣燕宁）

北京学院培养工作

至年底，北京学院继续开展学生培养工作。北京航空航天大学北京学院毕业学生 162 人，获成绩合格修业证明 103 人，获研究生推免资格 10 人，推免至北航 7 人。北京交通大学北京学院学生 44 人完成专业学习和科研训练顺利毕业。北京理工大学制定《北京学院双创工作实施方案》，成立北京学院“双创”工作委员会，依托地面机动装备国家级实验教学中心、双创中心等实践平台，开展“天擎燃料火箭”“汽车智造梦工厂”等科技创新活动，受益学生 200 余人。北京邮电大学北京学院推进北京高校大学生创新创业校际合作计划，举办第六期北京高校“双创”师资培训专项培训和北京“互联网+”大学生创新创业训练营；6 个专业方向招生 85 人，毕业 141 人。中国传媒大学北京学院实行“统一规划，特色培养，插班上课+独立成班”的教学管理模式，加强通识教育，丰富实践教育。推出“传者大讲堂”“明德讲堂”系列讲座，组织各类“经典研习会”，制作《双培同学修业指导》手册。中国地质大学（北京）北京学院为学生量身设计课程体系，采取“授课+实习+科研素质训练”的融合方式培养。中国农业大学北京学院面向 5 所北京市属高校招生 35 人。中央财经大学北京学院开设辅导课堂，覆盖 12 门专业课和核心基础课，2018 级学生课程通过率 99.68%；发挥奖学金体系激励作用，383 人次和 1 个双培班获 2020—2021 学年“双培计划”项目专项奖学金；建设 3 间智慧教室，策划“智慧共荣”线上双师示范课，邀请合作市属高校领导、教师远程观摩。

（冯彦钧）

卓越联盟培养工作

至年底，市教委推进卓越联盟相关工作。北京卓越新闻人才高校联盟录制《2021 中国新闻传播大讲堂——践行四力，与时代同行》，课程资源与北京市新闻传播院校共享；与光明日报社合作《二十四节气里的中华文化》，向全网推送；举办“半夏的纪念”北京国际大学生影像展和“光影纪年”中国纪录片学院奖（CAADF）等活动。北京卓越工程师教育培养高校联盟召开中法高等工程教育研讨会；编写出版工程师培养相关书籍 1 本；推进工业科学力学实验室建设。北京卓越医学人才培养高校联盟推进虚拟仿真实验教学平台建设；联合中西部高校师资，整合教学资源，推动跨学科、跨学

12 月 30 日，中国农大牵头成立全国乡村振兴高校联盟
（中国农大　供）

院、交叉型教学创新团队建设；举办师资培训专题讲座；推动医学实践教学改革，组织并参加第十届中国大学生医学技术技能大赛。

（冯彦钧）

高水平人才交叉培养计划继续推进

至年底，市教委继续推进北京高等学校高水平人才交叉培养计划。市教委深入实施“双培计划”“外培计划”，一是全面提升学生的培养质量，重视学生思想政治意识引领、专业能力培养和学生身心健康发展；二是不断完善学生管理保障体系，加强派出与接收高校的合作，完善学生管理体系和监管监查体系。市教委对各高校开展每年一次定期检查和不定期抽查。北京地区各高校 2021 年招录双培生 987 人、外培生 244 人。

（冯彦钧）

清华发起全球融合式课堂项目

至年底，清华大学发起全球融合式课堂项目（Global Hybrid Classroom）。该项目通过在本地创建全球化课程，克服疫情带来的学生互访困难，为学生创建具有全球视野的课堂，促进学生间交流。清华向新加坡南洋理工大学、俄罗斯圣彼得堡国立大学、意大利米兰理工大学等高校开放 49 门线上线下融合式课程，实现海内外大学生“同堂上课”，并获学分认定。14 所海外高校的 400 余名学习者选修课程，清华 70 余名学生选修境外合作高校课程。

（徐思羽）

普通高等学校基本情况表

单位：人

学校名称	普通本专科学生			在学研究生			教职工数	专任教师			产权占地面积（平方米）	学校产权校舍建筑面积（平方米）	图书（万册）	固定资产总值（万元）	
	毕业生数	招生数	在校生数	合计	硕士生	博士生		计	正高级	副高级				计	其中：教学、科研仪器设备
北京大学	3629	3962	16459	29689	16769	12920	12683	3713	1634	1650	2744451	2994332	816	1903120.26	868085.02
中国人民大学	2720	2823	11300	16251	11306	4945	3621	2005	770	775	2002552	1221491	447.3	520240.68	76760.51
清华大学	3172	3584	15307	31773	16234	15539	16266	3776	1399	1756	4627397	3708370	476.4	2540295.33	1125641.55
北京交通大学	3833	4583	17268	12932	10002	2930	4537	2049	585	850	805568	1127722	262.5	516621.3	134836.83
北京工业大学	3333	3579	13545	10264	8527	1737	3250	1817	420	728	915880	1046567	207.3	701599.22	332486.55
北京航空航天大学	3735	3930	15786	20661	14295	6366	5577	2917	715	1071	1726593	2219759	294.9	1352760.67	426912.23
北京理工大学	3520	3812	14980	18169	12969	5200	4846	2445	660	988	1877909	1820793	280.2	925519.62	357729.62
北京科技大学	3281	3512	13852	13714	9732	3982	3355	2067	618	740	803855	941032	235.1	457667.19	198101.55
北方工业大学	2797	3336	11730	3070	3017	53	1556	905	163	353	301549	399333	177.8	211394.46	81609.26
北京化工大学	3526	3882	15435	8601	7256	1345	2761	1376	369	506	1611996	832614	187	444172.55	147344.66
北京工商大学	2751	3289	12407	3428	3303	125	1760	1096	200	480	776310	518819	190.5	300984.38	132279.52
北京服装学院	1364	1599	6295	1328	1286	42	912	652	119	223	134822	255010	84.5	99249.11	41580.36
北京邮电大学	3491	3770	15084	12596	10526	2070	2592	1715	355	654	870835	897217	221.3	409398.24	107942.45
北京印刷学院	1554	1677	6400	1568	1568		872	535	85	194	219011	282944	127.7	175590.11	53879.72
北京建筑大学	1888	2203	8156	2967	2852	115	1163	738	139	287	612564	489971	118	128843.56	92841.55
北京石油化工学院	1694	1760	6932	746	746		821	566	78	220	263120	296141	99.9	152846.24	67277.99
北京电子科技学院	439	433	1721	295	295		387	144	21	61	76004	69494	36	64558.57	12882.56
中国农业大学	2728	3951	13994	12134	7855	4279	2961	1934	669	985	2816476	1328415	220.4	575168.77	219359
北京农学院	1680	1788	7093	1660	1660		779	546	109	248	756701	305927	95.2	143661.2	48501.16
北京林业大学	3233	3398	13719	7694	6277	1417	2098	1386	355	600	463739	731851	196.9	209478	75455
北京协和医学院	131	148	578	5939	2559	3380	14144	1587	954	518	1138709	897650	300.5	58243.71	8405.96
首都医科大学	1581	2003	7752	6055	4159	1896	1507	803	146	326	235324	356539	106.4	424139.74	224595.4
北京中医药大学	1769	2001	8894	5721	4278	1443	1301	823	226	253	1169266	500032	136.2	242387.44	72166.44
北京师范大学	2478	2360	9939	17456	12405	5051	6164	2182	966	716	810775	1133616	518.4	758145.68	234656.04
首都师范大学	2834	3173	12159	8202	7011	1191	2946	1675	396	642	927298	694228	306.2	424473.86	174505.3

续表

学校名称	普通本专科学生			在学研究生			教职工数	专任教师			产权占地面积（平方米）	学校产权校舍建筑面积（平方米）	图书（万册）	固定资产总值（万元）	
	毕业生数	招生数	在校生数	合计	硕士生	博士生		计	正高级	副高级				计	其中：教学、科研仪器设备
首都体育学院	698	908	3471	892	840	52	550	368	61	125	187490	127699	54	85803.26	20916.02
北京外国语大学	1409	1443	5768	3745	3114	631	1372	836	177	269	323895	505611	152.7	235431.88	16788.36
北京第二外国语学院	2267	2569	7681	1625	1625		961	635	113	189	213224	292423	126.9	107202.45	20979.36
北京语言大学	1086	1217	4654	2668	2236	432	2085	771	123	219	330289	427442	92.1	157111.38	27280.03
中国传媒大学	2338	2978	10909	6329	5415	914	1770	1040	294	416	463706	646681	212.4	356640.55	82769.45
中央财经大学	2450	2513	10128	6505	5651	854	1827	1194	340	457	735211	508448	218.4	325196.41	22196.58
对外经济贸易大学	2010	2206	8731	5894	5115	779	1705	994	290	405	343911	503762	151.3	246593.69	18504.04
北京物资学院	1370	1638	6232	1410	1410		1021	517	80	193	304351	219492	132.1	110965.36	31004.06
首都经济贸易大学	2430	3257	11215	4682	4111	571	1593	1031	183	355	259511	453549	216.7	180012	95314
中国消防救援学院	71	1521	4122				591	253	11	31	649017	168854	15.7	59333.68	7145.29
外交学院	324	400	1508	968	863	105	461	226	48	79	352905	163050	62.8	94743.65	4697.29
中国人民公安大学	2274	2680	10029	2871	2628	243	1090	701	116	246	767937	617725	157.8	292281.35	26864.2
国际关系学院	553	436	1877	696	696		359	180	37	80	136803	119299	53.4	56486.24	6981.76
北京体育大学	2342	2348	9710	3608	3052	556	1152	821	156	225	755188	465555	135.9	242488.39	40258.51
中央音乐学院	351	344	1569	950	792	158	788	334	81	97	64821	180655	30	123889.8	26577.33
中国音乐学院	287	379	1555	593	489	104	545	378	62	119	44181	18253	33.9	98656.56	46019.43
中央美术学院	810	1132	3906	1595	1316	279	729	436	161	127	296450	287148	56.4	171884.1	23499.19
中央戏剧学院	578	523	2451	539	418	121	544	272	70	101	257573	186686	59.2	127102.52	20016.35
中国戏曲学院	487	510	2087	381	381		425	275	57	102	54297	98293	33.3	82659.55	25701.58
北京电影学院	511	720	2449	922	779	143	609	379	71	143	359202	314913	50.9	131156.28	64745.97
北京舞蹈学院	325	342	1403	214	214		571	366	56	99	56823	118370	27.7	104785.87	30020.22
中央民族大学	2747	3366	12075	7120	5928	1192	1941	1120	327	354	380830	591748	237.8	184773.72	50337.11
中国政法大学	2217	2882	10155	7800	6242	1558	1937	1194	345	407	406514	557121	261.5	169669.29	26134.18
华北电力大学	2885	2859	11539	9727	8394	1333	1680	1179	303	463	392190	619661	121.8	302204.25	74636.71
中华女子学院	1502	1065	4582	186	186		472	330	32	82	105961	109106	70.4	67251.23	5414.03
北京信息科技大学	2632	2842	10953	2426	2426		1608	1012	161	429	313704	308069	134.2	154461.75	80494.98
中国矿业大学（北京）	1917	2186	8224	8732	7115	1617	1074	792	223	304	346719	561401	105	217850.58	64922.94
中国石油大学（北京）	1850	2283	8741	8775	6889	1886	1473	1004	286	400	477826	580583	128.5	329797.16	125375.82
中国地质大学（北京）	1993	2168	8412	8606	6646	1960	1885	1102	324	379	668742	584308	14.8	285735.14	84280.22
北京联合大学	5026	5399	17954	963	963		2608	1534	208	572	406348	495348	311	275653.86	105334.19
中国青年政治学院				388	388		255	82	17	36	113220	162728	69.5	68098.7	7461.46
中国劳动关系学院	1482	1530	5467	251	251		586	380	46	108	419814	322088	95.3	64423.99	12444.08
北京警察学院	557	578	2173				231	117	17	34	605587	168574	66.3	138559.69	3904.46
中国科学院大学	376	404	1640	30825	14919	15906	4125	2840	2222	611	6507587	634454	325.2	500330.49	111288.09
中国社会科学院大学	339	394	1602	5450	3334	2116	2152	1765	964	644	430843	126862	52.9	84875.62	8544.39

（数据来源：《2021—2022 学年度北京市教育事业统计资料》）

（仪修宪　张晓兰）

本科教育

本科新增 124 个专业

2 月 22 日，教育部公布 2021 年度普通高等学校本科专业备案和审批结果，北京地区 42 所普通本科高校的 124 个本科专业（含第二学士学位专业）通过教育部备案或批准设置。其中，26 所中央部委属高校增设 87 个本科专业，16 所市属高校增设 37 个本科专业。新增专业自 2022 年起开始招生。另有 8 所高校撤销本科专业 19 个，其中 3 所中央部委属高校撤销本科专业 6 个，5 所市属高校撤销本科专业 13 个。

（陈雷）

首经贸与美国南佛罗里达大学合作举办本科教育项目

3 月 26 日，首都经济贸易大学与美国南佛罗里达大学合作举办统计学专业本科教育项目获教育部批准。该项目是教育部批准 2020 年下半年中外合作办学项目中唯一的北京高校项目。项目开设统计学（商业大数据方向）本科专业，双方选派教师采用全日制授课培养模式，毕业生同时获颁两校学士学位及学校毕业证书。学校设立数据科学学院负责项目开展。

（黄少卿）

《北京高等教育质量报告（本科）2020》完成

3 月，市教委、北京教育科学研究院完成《北京高等教育质量报告（本科）2020》。报告 5 万余字，包括北京普通本科教育基本情况、北京普通高校本科教学质量状态与分析、本科教育发展的主要举措与成效、问题分析与发展展望 4 个部分，从师资与教学条件、教学建设与改革、专业培养能力、质量保障体系和学生学习效果 5 个方面对 62 所北京地区普通本科高校进行教学质量分析，为服务政府宏观管理与决策提供依据。

（韩亚菲）

清华本科教育教学审核评估完成

4 月至 9 月，清华大学本科教育教学审核评估完成。作为首所接受此轮本科教育教学审核评估的高校，清华完成自我评估和相关准备工作。正式评估以线上线下相结合方式开展，线上评估 4 月 27 日启动，22 名专家（含 1 名学生观察员）通过在线访谈、师生座谈、听课看课以及调阅培养方案、试卷、毕业论文等方式考察；在线上评估基础上，专家组 9 名成员和 1 名学生观察员 9 月 27 日至 28 日入校评估，围绕思想政治教育、课程体系优化、教学质量保障体系建设等提出意见建议。专家组一致认为，清华在中国高校本科教育教学改革中发挥出经验、出示范的重要作用，是当之无愧的中国高等教育的一面旗帜。

（徐思羽）

119 门课程和 3 个研究中心入选教育部课程思政示范项目

5 月 28 日，教育部公布课程思政示范项目名单，北京高校 119 门课程和 3 个研究中心入选。经组织推荐、专家遴选、会议评议和网络公示，教育部确定课程思政示范课程 699 门（课程思政教学名师和团队 699 个）、课程思政教学研究示范中心 30 个。北京高校 119 门课程入选示范课程，其中普通本科教育类 59 门、研究生教育类 25 门、职业教

3 月，北航 2021 春季学期 719 门课程开课

（北航 供）

育类 12 门、高校继续教育类 23 门。清华大学课程思政教学研究中心、清华大学继续教育学院课程思政教学研究中心和北京理工大学继续教育课程思政教学研究中心入选示范中心。

（张传标）

教育部课程思政教学研究示范中心名单

学校名称	课程思政教学研究示范中心名称
普通高等教育	
清华大学	清华大学课程思政教学研究中心
职业教育与继续教育	
清华大学	清华大学继续教育学院课程思政教学研究中心
北京理工大学	北京理工大学继续教育课程思政教学研究中心

（张传标）

北航首届国际通用工程学院本科生毕业

6 月 15 日，北京航空航天大学首届国际通用工程学院本科生毕业。首届毕业生 37 人，包括航空航天工程和机械工程 2 个专业，毕业授予航空航天工程和机械工程学士学位。国际通用工程学院 2015 年入选科技部、教育部共同实施的“高校国际化示范学院推进计划”，2017 年招收本科生，2018 年加入美国工程院重大挑战学者计划（NAE-Grand Challenges Scholars Program，GCSP），是北航“新工科”建设国际化人才培养及教育改革的品牌学院。2020 年 10 月，国际通用工程学院和国际交叉科学研究院合并，2021 年开始招收首届研究生。

（朴悦嘉）

北京交大成立本科生院

9 月 3 日，北京交通大学本科生院揭牌。本科生院由原教务处、教学质量监评中心、招生就业处中的招生办公室合并组成，设 6 个业务办公室、1 个综合办公室、5 个挂靠中心和 1 个直管学院，统筹推进学校本科招生、培养、内涵建设、深化改革、质量促进、教学能力提升等建设工作，更好地落实新时代人才培养新要求，提升人才培养质量，开创本科教育新局面。本科生院旨在统筹推进本科人才培养改革，构建育人长效机制，深化本科运行管理模式，打造德智体美劳全面发展“五育并举”人才培养体系。

（高杰）

优质本科课程及本科教材课件遴选

9 月 10 日，市教委公布 2021 年北京高校优质本科课程和优质本科教材课件遴选结果。经高校推荐、专家评审，共遴选出优质本科课程项目 229 个，其中重点项目 46 个、一般项目 183 个；优质本科教材课件项目 226 个，其中重点项目 44 个、一般项目 182 个。此项评选旨在激发教师对本科教学的积极性，推进课程创新与课程建设，提高教材课件的规范性和前沿性，有力支撑高校专业发展建设和实践创新教育改革。市教委对于入选优质本科课程的主讲教师及入选优质本科教材课件的主编颁发证书。

（陈雷）

240 个项目入选北京高校本科教学改革创新项目

11 月 8 日，市教委公布 2021 年北京高等教育本科教学改革创新项目入选名单，北京高校 240 个项目入选。经学校申报、市教委审定等程序，北京航空航天大学“区域性校际合作与校企融合的关键机制研究”、清华大学“以艺术与科技交叉融合为创新特色的美育探索与实践”、中国人民大学“融合现代信息技术的公共管理教学方法创新与实践”等 240 个项目获立项支持。其中，重大项目 12 个（包括“四新”〈新工科、新医科、新农科、新文科〉建设项目 4 个）、重点项目 32 个（包括“四新”建设项目 7 个）、一般项目 196 个（包括“四新”建设项目 44 个）。项目建设周期 2～3 年。

（张富宇）

人民大学与北外开展跨校联合培养

11 月，中国人民大学和北京外国语大学签订联合人才培养协议。根据协议，双方开展马克思主义理论+英语、中国共产党历史+英语、新闻学+西班牙语等马克思主义理论国际传播人才培养项目，形成具有创新引领效应的“新文科”交叉融合人才培养模式。项目针对本科生培养，采用跨校辅修培养方式，通过校内二次选拔方式招生。

（叶垚）

人民大学本科人才培养工作专题会

12 月 9 日，中国人民大学召开本科人才培养工作专题会。会议围绕落实习近平总书记致人民大学建校 80 周年贺信精神，回顾学校近年来本科人才培养改革建设成效，瞄准构建新时代高质量本科人才培养体系，研讨未来本科人才培养工作定位。会议强调坚持“以本为本”“四个回归”，解决好“后继有人”这个根本问题；做好本科人才培养顶层设计，围绕建设高质量本科人才培养体系，做好“加”“减”“乘”“除”，制定本科生培养路线图 2.0；把立德树人作为评价本科人才培养成效的根本标准，抓好重点工作，推动新文科建设，优化本科专业设置，建设高质量教材体系；做好全面支撑保障，建强教师和教学管理人员两支队伍，扎实落实各项举措，深化协同育人。学校各学院（系）、书院及主要机关部处 46 个部门 70 人参加会议。

（叶垚）

电科院本科教学"示范引领交流展示"系列活动

12月17日至28日，北京电子科技学院举办本科教学"示范引领交流展示"系列活动。活动分为"教学改革示范展示"和"教师教学能力竞赛"两个环节，10个教学改革类项目组分别围绕本科课程及教材课件建设情况，从课程设计理念、教学模式、教学方法、特色做法方面作15分钟课堂展示，13名教师参加活动。活动评出"教师教学能力竞赛"一、二等奖和优秀奖，并颁发"教学改革示范展示"证书。院领导和130余名一线教师现场观摩。

（赵明丽）

"实培计划"项目建设管理

至年底，市教委加强"实培计划"项目建设管理。升级完善北京市高水平人才交叉培养实培计划信息管理平台；对2020年立项项目进行过程审核、结题总结；编辑完成2018年、2019年优秀"实培计划"项目案例汇编两套六册，供学校交流。

（荣燕宁）

毕业设计（论文）评优

至年底，市教委完成年度毕业设计（论文）评优工作。经组织申报、材料校核、结果审核等程序，评选出优秀本科毕业设计（论文）1034项。市教委严把质量关、出口关，对弄虚作假或违反学术道德等行为坚持"零容忍"，加强教育引导、制度规范、监督约束、查处警示相结合的学风长效机制建设，营造良好的学术诚信氛围，保证本科毕业设计（论文）质量。

（荣燕宁）

学位与研究生教育

外交学院与协和医学院签署战略合作协议

3月31日，外交学院与北京协和医学院签署战略合作协议。根据协议，双方共同加强全球卫生外交与全球卫生安全学科建设，联合培养硕士、博士研究生，合作开展政策研究，共建中国—东盟思想库网络公共卫生合作基地，协议有效期5年。双方为共建的"中国—东盟思想库网络公共卫生合作基地"和"全球卫生外交协同创新中心"揭牌，并共同举办"东亚区域公共卫生合作"圆桌会议，与会人员围绕"东亚区域公共卫生合作的成就与展望"等交流研讨。来自外交、卫健、教育等单位负责人及专家近40人参加会议。

（阚四进）

3月31日，外交学院与协和医学院签署战略合作协议

（外交学院 供）

第八届全国生态修复研究生论坛

4月17日，中国地质大学（北京）举办第八届全国生态修复研究生论坛。论坛听取题为《国土空间生态修复的原理及应用》的报告。论坛设国土综合整治与生态修复等8个议题，设置提交作品、评审环节，分为博士组和硕士组，80余名博、硕研究生进入决赛答辩。论坛是跨学科、跨领域的针对广大研究生群体的公益性专业学术论坛，由中国农业工程学会土地利用工程专业委员会、中国水土保持学会工程绿化专业委员会、中国生态学学会生态工程专业委员会等单位联合主办。

（师昊）

北京市研究生教育会议召开

4月21日，市委教育工委、市教委召开北京市研究生教育会议。会议专题部署研究北京地区研究生教育发展规划，中国人民大学、北京理工大学、北京工业大学和中国农业科学院研究生院分别从思政育人、服务需求、产教融合、科教融合方面就研究生教育改革经验作交流发言。会议由卢彦主持，夏林茂参加会议并讲话。市相关委办局负责人，市学位委员会委员，北京各高校及具有博士硕士学位授权的科研机构主要负责人通过视频参会。

（刘帅）

首次设立双学士复合型人才培养项目及联合学士学位项目

5月18日，北京市学位委员会下达首批双学士学位复合型人才培养项目及联合学士学位项目名单。经高校申请、专家论证、市学位委员会审议等相关程序，批准7所高校设置38个双学士学位复合型人才培养项目，同意3所高校设置4个联合学士学位项目。

（杨晖）

法学+英语联合学士学位项目设立

5 月 20 日，中国政法大学和北京外国语大学联合设置的法学+英语联合学士学位项目获批设立。该项目 2021 年开始招生，两校各招 15 人；学生分别在两校完成主要法学和英语课程，符合学位授予标准的，授予联合学士学位；经考核合格的，获法大免试攻读研究生推荐资格，通过选拔后，攻读法大国际法学（涉外法治方向）学术型硕士研究生。

（陈泉廷）

北京市研究生英语演讲比赛

10 月 8 日至 12 月 12 日，北京市高等教育学会研究生英语教学研究分会举办第 12 届北京市研究生英语演讲比赛。比赛题目为“新时代　新挑战”（Challenges in the New Era），分初赛、复赛、决赛。经过学校初赛，29 所高校推选 96 名选手入围复赛。复赛和决赛均采取腾讯会议线上即时演讲比赛形式举行，最终评出特等奖 3 人、一等奖 6 人、二等奖 9 人。北京大学、北京理工大学、北京林业大学获优秀组织单位奖。

（刘晖）

10 月 8 日至 12 月 12 日，市高教学会举办第 12 届北京市研究生英语演讲比赛　（高教学会　供）

北京 5 所高校增列研究生学位授予单位

10 月 26 日，国务院学位委员会审议下达 2020 年审核增列的博士、硕士学位授予单位名单，北京 5 所高校入选。经高校申请、专家论证、国务院学位委员会审议等程序，批准 14 个博士学位授予单位、25 个硕士学位授予单位开展研究生培养工作。北京信息科技大学（仪器科学与技术）入选博士学位授予单位，中华女子学院（法律、社会工作、教育）、中国劳动关系学院（社会工作、新闻与传播、公共管理）入选硕士学位授予单位。批准 20 个博士学位授予单位、18 个硕士学位授予单位待其办学水平和研究生培养能力达到相应要求后开展招生、培养、授予学位工作，其中国际关系学院（政治学）、北京电子科技学院（网络空间安全）为待加强建设博士学位授予单位。

（杨晖）

北京高校增设研究生学位授权点

10 月 26 日，国务院学位委员会审议批准下达 2020 年审核增列的博士、硕士学位授权点名单，北京高校及科研机构新增一批博士硕士学位授权点。经高校申请、专家论证、国务院学位委员会审议等相关程序，全国有博士学位授予单位新增博士学位授权一级学科 225 个，北京新增 5 个；新增博士专业学位授权点 89 个，北京新增 10 个。有博士、硕士学位授予单位新增硕士学位授权一级学科 442 个，北京新增 12 个；新增专业学位硕士点 1215 个，北京新增 46 个。

（杨晖）

中国社科大举办“政治与传播”研究生论坛

10 月 30 日，中国社会科学院大学举办第八届“政治传播与社会发展”论坛暨第五届“政治与传播”研究生论坛。论坛以“以史为鉴、开创未来：面向新征程的中国政治传播研究”为主题，旨在立足历史，总结中国共产党过去 100 年的政治传播经验，客观审视当下中国政治传播实践面对的各种挑战，寻求科学的解决方案。30 余所高校和科研机构的 50 余名专家学者和百余名博士、硕士研究生参会。

（李安）

中国社会科学案例论坛

11 月 2 日，中国人民大学举办第七届（2021 年）中国社会科学案例论坛。论坛以“跨学科案例与应用统计专业学位研究生教育——统计与大数据分析”为主题，采用线上会议与直播相结合方式，包括开幕式、主旨演讲、人民大学专业学位研究生教学案例支持计划评审优秀案例颁奖、主题报告四个环节。来自教育部学位中心，全国金融、应用统计、法律、公共管理、会计专业学位教指委秘书处，全国各高校专业学位领域的专家、学者、师生代表线上参会。

（胡涛）

两个单位成为硕士学位授予立项建设单位

11 月 3 日，市学位委员会公布 2021 年度硕士学位授予立项建设单位名单。经高校申请、专家论证、市学位委员会会议审议等程序，北京警察学院、中国消防救援学院成为硕士学位授予立项建设单位。建设周期分别为 2021 年至 2023 年和 2021 年至 2026 年。

（杨晖）

第九届首都高校“五马论坛”

11 月 27 日，中国青年政治学院举办第九届首都高校马克思主义学院研究生“五马论坛”暨学生理论社团学术研讨会。来自清华大学、北京大学、中国人民大学等 98 所高校的马克思主义学院研究生围绕“建党百年与青年使命”主题探讨交流。论坛收到论文 246 篇，其中 108 篇来自“双一流”高校。“五马论坛”2013 年由中国青年政治学院创办，逐渐成为全国马克思主义理论学科研究生学术交流的品牌活动。

（王钰璋）

第 16 届全国国际关系专业博士生线上论坛

12 月 3 日，外交学院、中国国际关系学会、《世界经济与政治》编辑部共同主办的中国国际关系学会第 16 届全国国际关系专业博士生论坛在线举行。论坛围绕“国际秩序与全球治理”展开，与会人员 400 余人。收到论文投稿近 120 篇，经专家委员会评审，来自北京大学、清华大学、复旦大学等海内外高校的 15 篇入选优秀论文。中国国际关系学会首届博士生论坛 2006 年举办，在青年人才培养中发挥重要作用，在 2018 年至 2020 年评审入围论坛的 45 篇优秀论文中，19 篇先后在《世界经济与政治》《外交评论》《当代亚太》等重要学术期刊上发表。

（阚四进）

普通高等学校

北京大学

概述

2021 年，北京大学设有 55 个院系、132 个本科专业，覆盖除军事学外的所有学科门类；一级学科博士点 52 个、目录外博士学位授权交叉学科 1 个，目录内博士专业学位授权类别 7 个；一级学科硕士点 52 个，目录内硕士学位授权专业学位类别 27 个，目录外硕士专业学位授权类别 2 个。博士后科研流动站 49 个，博士后研究人员出站 599 人、进站 718 人、在站 2008 人。博士生导师 2633 人、硕士生导师 3095 人；两院院士 123 人（包括中科院院士 95 人，其中兼职 41 人；工程院院士 28 人，其中兼职 15 人）。国家一流学科 41 个，省级一流学科 3 个，国家级一流本科专业建设点 71 个，北京市级一流本科专业建设点 19 个，北京高校高精尖学科 3 个。学校由教育部举办，为综合大学。拥有教室 381 间，其中网络多媒体教室 361 间。数字终端 67999 台，其中学生终端 46853 台、教师终端 21146 台。数字资源量中电子图书 303.01 万册、电子期刊 7.96 万册、学位论文 415.17 万册、音视频 3.10 万小时。国家重点实验室 9 个、国家研究中心 1 个、国家工程研究中心 2 个、国家工程实验室 2 个，国家临床医学研究中心 5 个、教育部野外科学观测研究站 1 个。北京实验室 1 个、北京高精尖创新中心 3 个，北京市重点实验室 39 个。高考北京地区提档线不限选考专业 I 组 678 分、不限选考专业 II 组 683 分、物理必考专业组 681 分、物理 / 化学专业组 679 分。网址：www.pku.edu.cn。

2021 年，学校传承弘扬革命传统和红色基因，开展党史学习教育和庆祝建党百年系列活动，以标杆标准推进中央巡视整改，认真学习贯彻党的十九届六中全会精神，完成学校“十四五”改革和发展规划以及新一轮“双一流”建设方案的编制工作。6 月，党中央授予学校党委“全国先进基层党组织”称号。

党史学习教育。成立党史学习教育领导小组，党委书记、校长担任组长。制定《党史学习教育实施方案》。把党史专题课程作为教师入职培训、日常培训重要内容。在全校学生党支部开展“永远跟党走”主题党课，面向全校学生推出“百年党史专题”课程。全年共开设 19 门“四史”类课程。出版《五四精神》《李大钊年谱》等重要学术著作。举办“第三届世界马克思主义大会”“中国共产党对外工作 100 年”研讨会等。举办“初心薪火相传，使命勇担在肩——北京大学庆祝中国共产党成立 100 周年主题展览”等党史专题展览。举行庆祝建党百年未名湖畔党史学习教育活动，4000 余名师生共同重温红色经典。校图书馆专辟 1000 平方米设立“大钊阅览室”，复原红楼办公场景，陈列党史重要文献。

常规巡视。5 月至 7 月，中央第六巡视组对学校开展常规巡视。其间，学校党委成立专项工作组，圆满完成中央巡视各项任务。通过巡视整改，着力解决一批重点难点问题。

学科建设。基础学科、交叉学科、应用学科协同发展。在交叉学科门类下申报增列集成电路科学与工程、国家安全学 2 个一级学科，自主设置数据科学与工程、整合生命科学、纳米科学与工程 3 个交叉一级学科，材料与化工硕士、资源与环境博士 2 个专业学位类别，习近平新时代中国特色社会主义思想研究等 4 个二级学科。成立现代中国人文研究所、出土文献与古代文明研究所、国际机器学习研究中心等实体研究机构。以昌平新校区建设为契机，优化调整新工科院系，形成学校新工科建设的合力，合理优化北大学科布局。整合校本部、医学部、附属医院优势资源，推进“临床医学＋X”项目。获批 3 个国家药监局重点实验室，组建抗肿瘤新药与新技术研发北京市工程研究中心，在外科学下增设“创伤医学”方向。怀密医学中心获教育部立项批复。成立数字人文研究中心、文学讲习所、现代中国人文研究所等研究机构，语言学实验室作为试点单位入选首批教育部哲学社会科学实验室。

人才培养。全年累计开展近 7000 门次线上课程、1000 余场线上考核。通过在线教学平台，把人工智能、大数据等各种新技术、新模式整合起来，考古文博学院《清官式大木作虚拟仿真教学实验》获评首批国家虚拟仿真一流课程。设立思政课程与课程思政办公室，制定学校本科思政选择性必修课程建设方案，“田野考古实习”“人体解剖学”2 门本科课程入选国家级课程思政示范课程。制定《关于进一步加强新时代体育工作的实施意见》《新时代劳动教育教学改革实施方案》等制度，推出“学术科创月”“美育文化月”“健康北大人”等系列活动，进一步构建“五育”并举的全方位育人体系。

队伍建设。学校将2021年确立为“人才战略年”，召开全校人才工作会议，制定人才强校战略的20条举措，持续优化人才评价体系。完善人才选聘机制，全年引进170余名学术带头人和优秀青年人才；其中70%为35岁以下青年人才，队伍结构进一步优化。全年通过绿色通道引进11名高层次人才。3人当选为中科院院士，1人当选工程院院士。海外优青入选89人，另有12名教师入选万人计划。加强博士后和劳动合同制科研人员队伍建设，为开展有组织的科研提供强有力的团队人才支撑。制定实施师德专题教育工作方案，形成师德师风建设长效机制。

科研工作。2021年，学校获批国家自然科学基金项目808项，创近5年新高，其中“杰青基金”获批23项，位居全国第一；获批担任科技部高端科学仪器链项目链长单位。学校作为第一完成单位的6项成果获国家科学技术奖，其中国家技术发明奖一等奖1项，二等奖1项，国家自然科学奖二等奖4项。持续开展抗疫科研攻关。12月，生物医学前沿创新中心谢晓亮团队研制的新冠病毒中和抗体药物获准开展第三期临床试验。服务首都科技创新中心功能定位，深度参与怀柔科学城建设，“十三五”国家重大科技基础设施——多模态跨尺度生物医学成像设施建设工程进展显著，北京市交叉研究平台及后备项目有序推进，举办首届“怀柔论坛”。组织学校优势学科力量参与军民融合科研工作。构建新时代中国特色哲学社会科学体系，成立中共党史研究中心、李大钊研究中心，习近平经济思想、法治思想、外交思想、生态文明思想研究中心。举办高校社科界庆祝中国共产党成立100周年座谈会等学术研讨活动，开展“百年中共党报党刊史（多卷本）”“中国共产党百年思想进程与马克思主义中国化历史性飞跃”等重大研究项目。推动新型高端智库建设，若干成果获中央领导批示，一大批成果被上级部门采纳，有力发挥服务决策咨询作用。

交流合作。成立北大教育对外开放工作领导小组。连续第18年举办北京论坛。在线与东京大学、早稻田大学、莫斯科大学、白俄罗斯国立大学、芝加哥大学举行会谈，举办国际儒联亚洲和合文明论坛。与世界多所高校共同启动“全球课堂”项目，实现优质教学资源世界共享，来自世界多个国家的36所院校近200名学生选修287门次课程。

社会服务。共建北京大学上海临港国际创新中心、北京大学南昌创新研究院、医学部（泰州）医药健康产业创新中心等新型研发机构，深圳研究生院迎来建院20周年。深化教育帮扶，国家发展研究院获“全国脱贫攻坚先进集体”。启动“乡村振兴千万带头人培养计划”，10名学院负责人担任弥渡县“名誉村长”。人民医院通州院区、第三医院崇礼院区正式启用。服务首都疫情防控大局，积极参与京内核酸检测及疫苗接种工作。筹备组织北京冬奥会及冬残奥会的医疗服务保障。4月，口腔医院、第六医院、第三医院、第三医院延庆医院获颁“中国冰雪医疗卫生保障定点医院”。

党委书记 邱水平
校　　长 郝平

（张子瑞　刘钊　徐聪颖）

《李大钊年谱》新书发布

3月31日，北大发布新书《李大钊年谱》。该书是国家出版基金项目，由中国李大钊研究会和北大共同组织编写，北大校史馆副研究员杨琥历时20年完成，包括上下两册，135万余字。该书包括李大钊生平事迹，李大钊师友交往与社会、政治活动，李大钊诗文系年与重要论著解析，李大钊学术贡献与思想观念四个部分。年谱以时为纲，以事为目，逐年逐月记载李大钊的一生，每年分“谱主事略”“诗文系年”“时事纪要”三部分；某些年份根据具体情况，增设“存疑”或“考辨”等部分，对社会上流传的错误说法进行辨析；在李大钊思想演变的关键年份，增设“思想演变”部分，集中论述李大钊思想的转变。该书由云南教育出版社出版发行。7月29日，《李大钊年谱》获第五届中国出版政府奖。

（刘钊）

3月31日，北大发布新书《李大钊年谱》。图为《李大钊年谱》封面　（北大　供）

“百年党史专题”课程推出

4月1日，北大开设“百年党史专题”选修课程。课程面向全校本科生和研究生，采用系列讲座形式，邀请校内外8名党史研究专家围绕不同历史时期的重大事件讲述党史国史，内容包括以“波澜壮阔一百年”为题解读百年党史、

“中国为什么要选择马克思主义”“中国共产党究竟是如何创建的”“党的成立给中国带来了怎样的变化”、中国共产党创造性地开辟“井冈山道路”的艰险历程、以“抗日战争中的中流砥柱”为主题阐释中国共产党在抗战期间所采取的“群众路线”、以“为了新中国而奋斗”为主题聚焦解放战争中中国共产党从谋求和平到坚决斗争再到获得胜利的艰难历程。课程采取主教室现场授课、直播+各校区线下集中上课的方式，校本部、医学部、深圳研究生院、软件与微电子学院同步开课。

（徐聪颖）

许渊冲先生翻译思想与成就研讨会

4月18日，北大举办许渊冲先生翻译思想与成就研讨会。会议正值新闻与传播学院教授许渊冲百岁寿辰，回顾许渊冲与中国共产党同龄的百岁人生，高度评价许渊冲先生的翻译成就。许渊冲感谢北大师生的生日祝福，并以“关关雎鸠”和“三民主义”的翻译为例阐释中国传统文化的独特魅力，表达不同文化语境下翻译思想的交融与通达。他认为，中国文化特别是优秀的传统文化是世界先进文化的重要组成部分，他勉励翻译同人让中国的译法和翻译理论走向世界，让悠久灿烂的中国文化为世界人民所熟知。在许渊冲先生翻译思想研讨环节，与会者就许渊冲的翻译工作对中外文化交流的影响、人类命运共同体建设中的中国优秀文化外译与国际传播、当代中外文化交流的特点等问题进行研讨。学校领导，相关高校领导、学科负责人，许渊冲亲友、学生，国内翻译界的学者以及北大师生代表200余人参加会议。

（刘钊）

中共党史研究中心成立

5月4日，北大举办中共党史研究中心成立仪式暨中共党史研究与党史教育理论研讨会。活动为党史研究中心揭牌。研究中心是校内第一个中共党史专门研究机构，旨在整合校内相关学科、学术资源，培养中共党史研究人才。研讨会以“中共党史研究与党史教育理论”为主题开展学术研讨会。来自教育部、中共中央党校、中国社会科学院等部门、院校，以及校内师生代表100余人参加会议。

（刘鹏）

中国人民大学

概述

2021年，中国人民大学设有4个校区，设置39个院（系、部）。开设84个本科专业（含自设专业国学），覆盖9个学科门类；具有一级学科35个；一级学科博士点23个、二级学科博士点136个；一级学科硕士点35个、二级学科硕士点166个、硕士专业学位授权类别24个；博士后科研流动站21个，其中博士后研究人员出站89人、进站102人、在站263人。博士生导师1043人、硕士生导师1630人。“双一流”建设学科14个，国家级一流本科专业建设点41个，北京市级一流本科专业建设点12个，北京高校重点建设一流专业3个，北京高校高精尖学科2个。学校由教育部举办，为综合大学。拥有教室389间，全部为网络多媒体教室。数字资源量中电子图书456.04万册、电子期刊21.07万册、学位论文15.18万册、音视频1.16万小时。北京高精尖创新中心1个，北京重点实验室2个。高考北京地区提档线不限选考专业组666分、物理专业组667分、物理/历史专业组668分。网址：www.ruc.edu.cn。

2021年，学校统筹推进疫情防控和学校事业发展，向着建设中国特色、世界一流大学奋斗目标，各方面工作取得新的进展。

党史学习教育。5月至6月先后举办4次建党百年与学科建设系列研讨活动。中共党史学科建设高层论坛主题为“中国共产党百年历程与中共党史学科建设”，围绕习近平总书记关于加强党史研究和党史学科建设的重要论述研

5月4日，北大举办中共党史研究中心成立仪式暨中共党史研究与党史教育理论研讨会 （北大 供）

究、中共党史学科的布局和师资队伍建设、中共党史研究的前沿问题和重要成果等开展研讨。中国共产党百年新闻事业学术研讨会通过将新闻事业放在党史、新中国史乃至中国史之中考察，挖掘中国共产党百年新闻事业积累的宝贵经验与现实启示。中国共产党百年与政治经济学发展研讨会系统梳理中国共产党百年经济思想，探讨政治经济学未来发展道路。中国共产党百年与公共管理学科发展高端论坛系统总结建党百年的治国理政经验，阐释党在中国公共管理学科发展中的核心作用，梳理新时代面临的国家治理挑战，为公共管理学科的未来发展提供科学的方向指引和有效的政策建议。

学科建设。学校首轮“双一流”建设14个一流学科全部通过评估。“十四五”规划审议通过，瞄准2035远景目标和2037建校百年，明确“独树一帜”应高举的“六个旗帜”。明确以“独树一帜的人文社会科学”为学科建设目标，明确“引领的马克思主义理论学科、卓越的基础学科、顶尖的社科学科、创新的交叉学科”的学科新布局，推动开展世界人文社会科学大学评价，努力将习近平总书记的贺信精神有机融入办学治校实践。全面启动学校新文科人才培养系统性研究与改革，首批支持建设18个新文科改革项目，其中13个项目入选教育部首批新文科研究与改革实践项目；成立共同富裕研究院、全国高校首个双碳研究院、国有经济研究院等7个研究院；新增伦理学等19个国家级和6个北京市级一流本科专业建设点。新设1个专业方向、4个跨学科实验班。

人才培养。抓好制度建设、评价体系建设、精准思政品牌项目建设三个着力点，构建精细化的“三全育人”工作模式，全面打通育人“最后一公里”。加强精准思政建设，制定《深化本科课程思政建设实施方案》，系统推进课程思政建设，“社会学概论”“国际金融”名师工作室入选2021年教育部课程思政示范项目；坚持以本为本，深入开展本科人才培养路线图2.0研制工作，全面开展“123”金课建设；深化大类培养改革，完善明德书院、明理书院培养管理体制机制；大力加强拔尖创新人才培养，获批物理学、计算机科学2个基础学科拔尖学生培养计划2.0基地；全力落实《新时代研究生教育改革行动方案》各项目标任务，建立以科研训练体系全过程管理和关键环节质量把控的新型人才培养模式。

科学研究。学校《中文社会科学引文索引》（CSSCI）核心期刊发文量连续17年位居全国高校首位；获国家社科基金各类项目126个，重大项目立项数、重点项目立项数、青年项目立项数、优秀博士论文出版项目数均居全国高校首位；获国家自然科学基金项目104个，创学校立项数新高；获北京社科基金青年学术带头人项目8个，占总立项数13.3%，居北京市首位；学校主办的13种期刊入选《中文社会科学引文索引》（CSSCI）来源期刊目录。

师资队伍。师资队伍结构进一步优化。新入职教师中，35周岁及以下达73.5%，教授、副教授达25.7%；聘期内“杰出学者”663人；遴选推荐的国家人才项目候选人中，“杰出学者”占比74%，进入终审的“杰出学者”占比84%，最终入选的“杰出学者”占比88%；新增“长江学者奖励计划”特聘教授9人、青年学者11人，“万人计划”哲学社会科学领军人才2人、青年拔尖人才6人，国家优秀青年科学基金获得者5人。

交流合作。国际合作方面，与10所高校新签或续签校际合作协议；配合中俄、中美等高级别人文交流机制，推进中俄友好、和平与发展委员会教育理事会等工作；服务“一带一路”倡议，举办知识“一带一路”论坛等；完成世界人文社会科学高校联盟中英文章程草案、人文社会科学大学世界排名指标体系草案；牵头成立“中国—中东欧国家高校联合会经济学学科建设共同体”。国内合作方面，签署各类协议14份；促成文化科技园西部分园落地重庆，协助河北省阜平县举行“华北联合大学文化聚落”启动仪式；持续开展对口支援和对口合作工作；持续开展教育专项帮扶，相关成果获学校教学成果奖二等奖、中国教育在线“2021高校服务乡村振兴优秀案例”奖。

智库和社会服务。学校科研项目选题聚焦党和国家工作大局，推动机构与智库建设持续繁荣，服务国家社会发展成绩显著。习近平新时代中国特色社会主义思想研究院在重要媒体上发表文章300余篇；“中国人民大学数字政府与国家治理实验室”入选教育部哲学社会科学实验室（培育）名单。

校园建设。通州新校区全面开工建设，多个项目完成竣工验收或钢结构封顶，获评北京市绿色安全样板工地和北京市结构长城杯金奖。基础设施一期工程完成教育部评审入库及初步设计，成为首批纳入全国试点、首个完成试点规划、首个通过专家评审的全国示范项目。

党委书记 张东刚
校　　长 刘伟

（吕鹏军）

与最高人民法院签约合作

5月26日，人民大学与最高人民法院合作共建的人民法院纠纷解决研究基地揭牌。基地旨在发挥合作双方在司法实践和学术研究方面的优势，在多元纠纷解决机制建设与创新研究、多元纠纷解决案例库建设、教学资源共享和人才培养等领域开展合作，推进多元化纠纷解决体系建设和能力提升，完善多元化纠纷解决机制。

（吕鹏军）

“辉煌与使命：百年交汇点上的中国共产党与世界”国际学术会议

6月11日至12日，人民大学召开“辉煌与使命：百年交汇点上的中国共产党与世界”国际学术会议。会议围绕政党政治、现代化道路、国际关系、全球治理等领域展开对话研讨，总结中国共产党管党治党、治国理政的百年历程、成就与经验，展望21世纪马克思主义理论与实践的发展前景。南非、古巴、越南、尼泊尔、津巴布韦、巴西、阿根廷等多国政要和学者，以及来自中国30余所高校300余名专家学者参加会议。

（吕鹏军）

《十问美国民主》研究报告发布

12 月 6 日，人民大学发布《十问美国民主》研究报告并召开研讨会。报告从美国制度实践、国家治理、社会现状、人权自由、国际影响方面提出十个问题，对美国民主表达担忧和批判。30 余个国家驻华使馆代表、近 20 家外国驻京媒体记者及 40 余家国内媒体记者现场与会。全球超过 100 万人在线听取报告发布。

（吕鹏军）

清华大学

概述

2021 年，清华大学设有 1 个校区，设置 21 个学院、59 个系。开设 87 个本科专业，覆盖 10 个学科门类；具有一级学科 58 个；一级学科博士点 54 个，一级学科硕士点 58 个，二级学科硕士点 1 个，硕士专业学位授权类别 24 个，其中 7 个可授予博士学位，23 个可授予硕士学位；博士后科研流动站 50 个，其中博士后研究人员出站 880 人、进站 1304 人、在站 2680 人。博士生导师 2821 人、硕士生导师 807 人；中科院院士 53 人、工程院院士 35 人。“双一流”建设学科 34 个，国家级一流本科专业建设点 51 个，北京市级一流本科专业建设点 6 个，北京高校重点建设一流专业 2 个，北京高校高精尖学科 3 个。学校由教育部举办，为综合大学。拥有教室 311 间，全部为网络多媒体教室。数字终端 150593 台，其中学生终端 109572 台、教师终端 41021 台。数字资源量中电子图书 696.84 万册、电子期刊 514.86 万册、学位论文 1252.04 万册、音视频 152.21 万小时。国家重点实验室 13 个、国家研究中心 1 个、国家工程研究中心 4 个、国家工程技术研究中心 3 个、国家工程实验室 11 个。北京实验室 3 个、北京高精尖创新中心 2 个，北京重点实验室 19 个。高考北京地区提档线不限选考专业组 684 分、物理必考专业组 681 分、物理化学必考专业组 683 分。网址：www.tsinghua.edu.cn。

2021 年，学校组织开展党史学习教育，迎接中央巡视并认真完成集中整改，持续深化改革、推进“双一流”建设、谋划学校长远发展，一以贯之全面从严治党从严治校，不断提升推动内涵式高质量发展能力水平。

习近平总书记来校考察。4 月 19 日，在学校建校 110 周年校庆日来临之际，习近平总书记来到清华考察并发表重要讲话，为学校长远发展指明前进方向、提供根本遵循。学校党委制定实施《学习贯彻落实习近平总书记在清华大学考察时重要讲话精神行动方案》，把学习宣传重要讲话精神作为校庆系列活动的主线，全面融入校庆大会、联欢晚会、校史展览等各类活动。

中央巡视集中整改。中央第九巡视组于 5 月 8 日至 7 月 5 日对学校党委开展常规巡视，于 9 月 2 日向学校反馈巡视意见。学校党委全面梳理上一轮中央巡视整改措施完成情况，成立巡视整改工作领导小组，制定巡视整改工作方案和工作台账。截至 11 月底，巡视整改措施全部按进度完成，巡视移交问题线索和信访举报处置严格规范、办结率 100%，集中整改工作取得阶段性成果。

110 周年校庆。以“自强成就卓越，创新塑造未来”为主题，坚持“简朴、温暖、务实、共享”总基调，采用线上线下融合方式开展 110 周年校庆活动，全方位展示清华 110 年的历史文化积淀和新百年发展取得的成绩。圆满举办庆祝建校 110 周年大会、“天行健，正清华”校庆联欢晚会、“大学”系列论坛、2021 大学校长全球论坛等 110 周年校庆活动。

发展规划。制定实施学校事业发展“十四五”规划纲要及行动方案，以推动高质量发展为主题，以“创新、协调、绿色、开放、共享”的新发展理念为统领，设置约束类、任务类、导向类、监测类四类“十四五”规划关键指标。制定《2030 高层次人才培养方案》《2030 创新行动计划》《2030 全球战略》，明确实现 2030 年中长期发展目标路线图和时间表。

6 月 28 日，清华召开庆祝中国共产党成立 100 周年暨表彰先进大会 （清华 供）

教育评价改革。制定《本科培养方案管理办法》，规范本科培养方案修订工作。成立求真书院和集成电路学院。以强基书院为试点探索制定“一人一策”个性化培养方案，推动构建本博贯通体制机制。顺利通过本科教育教学审核评估。发布《关于在新发展阶段进一步深化研究生教育改革的若干意见》，修订《攻读硕士学位研究生培养工作规定》，推进研究生教育高质量发展。

人才强校推进。系统总结人才工作经验，在中央人才工作会议上作为高校代表进行交流发言。召开学校人才工作会议，组织二级单位召开人才工作会议，凝聚深入实施人才强校核心战略共识，加快建设世界人才高地和创新高地。完善顶尖人才引进机制，菲尔兹奖得主考切尔·比尔卡尔教授、数学物理学家尼古拉·莱舍提金教授、信息领域专家何友院士入职清华。世界顶级医师科学家、新加坡国家科学院院士、美国国家医学科学院外籍院士黄天荫受聘清华讲席教授。

学科布局优化。首轮“双一流”建设成效显著，建筑学、核科学与技术等 14 个学科被专家评议为“已进入国际一流行列或者前列”。编制学科调整调研报告及工作方案建议，修订《学科建设管理规定》，构建校系联动工作机制。举办 2021 年亚洲工学院院长论坛，分享清华工科建设经验。推进文科建设“双高”计划实施，鼓励攻关学科重大基本理论问题，推进文科内部以及文理工之间交叉融合。明确医学发展战略，推进制定医学发展规划，布局医学与健康交叉学科群，顺利通过临床医学专业认证。

科研体制改革。推进重要科研平台建设，形成 10 个全国重点实验室重组改革初步方案。产出重大科研创新成果，作为第一完成单位或第一完成人所在单位获 2020 年度国家科学技术奖 6 项，王大中获国家最高科学技术奖。完善科技成果转化机制，作为参与“科技冬奥”项目最多的单位，共牵头 7 个项目、18 个课题，参与子课题 38 个，涉及院系 17 个，全力服务保障北京冬奥会、冬残奥会。加强国家治理与全球治理研究院建设，高质量完成国家高端智库试点整改任务，正式通过国家高端智库理事会验收。学校师生以第一完成人（单位）在《自然》(Nature)、《科学》(Science) 杂志发表论文 8 篇。成立清华一合芯科技有限公司高端服务器处理器芯片联合研究院、清华一故宫博物院文化遗产联合研究中心、清华北京市中医药交叉研究所等 5 个研究机构。

制度文化建设。全面梳理制度体系，完成《清华大学章程》修订，上线运行“清华大学规章制度检索平台”。编制文化建设“十四五”规划，构建学校视觉形象识别系统。完成第四教学楼和第六教学楼公共空间文化性设计与提升，在教学楼公共空间营造“身边有名师，时时受鼓舞”的文化氛围。

服务社会发展。对口支援办公室、继续教育学院获全国脱贫攻坚先进集体奖。通过选派校长及院系挂职干部、输出优质教育资源、共建科研平台等方式，持续助力青海大学、新疆大学综合实力提升。发起成立乡村建设高校联盟，新建乡村振兴远程教学站 109 个，累计培训近 575 万人次。

交流合作。与多家企业和政府机构签署多项合作协议。举办第九届世界和平论坛、第五届世界公益慈善论坛、首届世界卫生健康论坛、2021 人工智能合作与治理国际论坛、世界慕课与在线教育大会，与麻省理工学院联合主办“气候变化青年在行动”中美青年对话活动，与耶鲁大学共同主办以“大学创新创业教育”为主题的线上交流会，召开经管学院、计算机系、公共卫生与健康学院国际顾问委员会会议。

党委书记　陈旭
校　　长　邱勇

（钱浩君　徐思羽）

第四教学楼室内设计获 IDA 国际设计奖金奖

1 月 28 日，清华美术学院教授团队设计作品《清华大学第四教学楼室内设计》获 2020 年度美国国际设计大奖（International Design Awards，IDA）室内设计类别金奖。第四教学楼于 2019 年完成改造，以学生为中心，打造集课堂教学、交流研讨、小组学习等多元化的交互场所。该设计将教学延伸到东侧的公共空间中，在东侧三至五层增加 13 个更为灵活的小型研讨室，利用各楼层的碎片空间形成若干个开放式学习区和教室休息室，满足学生在不同时段所需要的临时性学习需求；一至四层西侧为 24 个标准公共教室，在标准教室走廊的处理上，南侧墙面被设计成透光的格栅，由此可以将自然光线引入走廊中；同时教学楼的走廊设计打破常规的单一直线路径，在若干个空间节点上设置包厢式的座椅供人停留使用，让原本封闭冗长的通道变成一个类似于街区的公共环境。

（徐思羽）

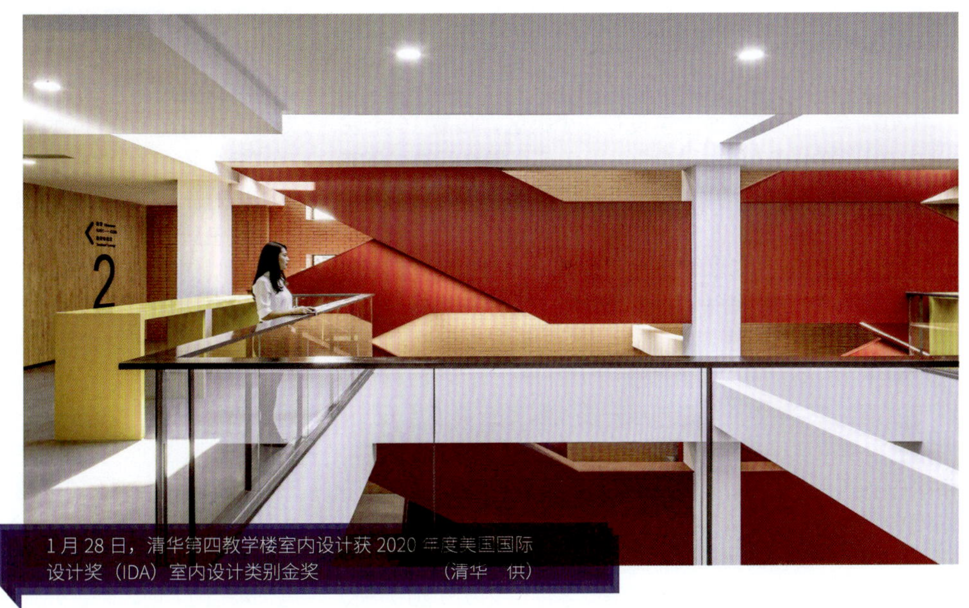

1 月 28 日，清华第四教学楼室内设计获 2020 年度美国国际设计奖（IDA）室内设计类别金奖　（清华　供）

量子信息班成立

5月24日，清华成立量子信息班。该班由姚期智担任首席教授，是学校首个量子信息方向本科人才培养项目，基于交叉信息研究院量子信息、计算机、人工智能与交叉学科实力，结合计算机科学实验班和人工智能班在人才培养和班级建设过程中形成的教育理念和管理经验，主要培养特色是广基础、重交叉，注重科研实践、理论实验相结合，专业核心课程包括量子复杂性理论、量子计算机科学、统计物理与量子多体理论等。该班面向参加高考且在各省本科一批次或保送生批次可被清华录取的学生中进行二次选拔，首批招生19人。该班是清华继计算机科学实验班、人工智能班之后第三个拔尖创新人才培养项目。

（徐思羽）

杨振宁百岁学术思想系列研讨会

9月22日至23日，清华举办杨振宁先生学术思想研讨会——贺杨先生百岁华诞活动。清华校长、中国物理学会理事长、香港中文大学校长分别致辞，杨振宁发表题为《但愿人长久，千里共同途》的讲话。活动围绕杨振宁在科教领域的主要贡献和前沿物理领域的重点研究成果分享与探讨。活动采用线上线下相结合方式，与中国物理学会、香港中文大学联合举办。来自各高校及中科院、中国物理学会的专家学者以及海外学者、友人等120余人通过网络平台在线参加会议。5月14日，杨振宁先生将图书、文章手稿、来往书信、影像资料以及字画和雕像等艺术品2000余件（册）无偿捐赠给清华；9月22日，受习近平总书记委托，教育部负责人到清华看望杨振宁，代表习近平赠送花篮，转达习近平对他百岁生日的祝福。

（徐思羽）

北京交通大学

概述

2021年，北京交通大学设有2个校区，设置16个院（系、部）。开设66个本科专业，覆盖7个学科门类；具有一级学科33个；一级学科博士点21个、专业学位博士点3个；一级学科硕士点33个、二级学科硕士点2个、硕士专业学位授权类别19个；博士后科研流动站17个，其中博士后研究人员出站46人、进站74人、在站197人。博士生导师645人、硕士生导师1515人；中科院院士4人、工程院院士10人。“双一流”建设学科1个，国家级一流本科专业建设点34个，北京市级一流本科专业建设点6个，北京高校重点建设一流专业3个，北京高校高精尖学科1个。学校由教育部举办，为理工院校。拥有教室227间，其中网络多媒体教室225间。数字终端16376台，其中学生终端9820台、教师终端6556台。数字资源量中电子图书159.67万册、电子期刊124.38万册、学位论文919.20万册、音视频2292.9小时。国家重点实验室1个、前沿科学中心1个、国家工程研究中心1个、国家协同创新中心2个、国家工程实验室6个、教育部重点实验室/工程研究中心8个，交通运输行业重点实验室2个，铁路行业重点实验室3个，北京实验室2个、北京市重点实验室/工程技术研究中心17个。高考北京地区提档线不限选考专业组626分、物理必考专业组630分。网址：www.bjtu.edu.cn。

2021年，学校贯彻新发展理念，发布实施“十四五”规划，以庆祝建党百年为主线，以立德树人为根本，以改革创新为动力，以狠抓落实为保障，不断完善与新发展格局相适应的办学机制，特色鲜明世界一流大学建设取得新进展。

人才培养。完善“五育”并举培养体系，开展体育、美育、劳育工作专项行动。本科生全面开设“习近平新时代中国特色社会主义思想概论”必修课，获批国家级课程思政示范课3门、教学名师与团队3个。成立本科生院，整合本科教育教学资源，实施本研贯通、学科融通、产学相通、国际互通“四通”的人才培养模式改革，持续推进詹天佑学院拔尖学生培养工作。全面推进研究生招生制度、学位点建设、课程建设、学位论文质量、导师队伍等系统化改革。获批一流本科专业建设点国家级17个、北京市级5个，国家级新文科项目5个；获批国家级基础学科拔尖学生培养基地、国家级特色化示范性软件学院，新增4名北京市教学名师和4门北京市优质本科课程，5本教材获评首届全国优秀教材。

科学研究。成立科学技术研究院，面向国家战略和行业需求优化科研布局，统筹各类科技创新资源。推进科研平台实体化改革，智慧高铁系统前沿科学中心揭牌运行，学校轨道交通运行控制系统、移动专用网络2个研究中心纳入国家工程研究中心新序列，获批交通强国建设试点单位。获批主持国家科技计划重大项目6个，千万级以上军工科研重大项目2个，首次获批主持青年科学家项目1个、科技创新2030重大项目1个。4项参与成果获国家科学技术奖，3项主持成果获北京市科学技术奖。入选首批高校专业化国家技术转移机构建设试点单位和北京市知识产权运营示范单位。

学科建设。推动传统学科升级改造以及新兴交叉学科发展，开展面向2035的学科创新计划研究。推进第五轮学科评估工作。学校学科实力和核心竞争力稳步提升，经管学院通过三大商学院国际认证。

队伍建设。深化人才工作制度改革，制定学校进一步加强人才队伍建设意见及6个配套文件。深化落实新时代教育评价改革，制定专业技术职务评聘实施办法，全面修订各类教师评价标准，拓宽各类人才发展通道。新增工程院院士1人，国家级高层次人才计划入选者2人，国家级青年人才计划入选者6人，交通运输行业科技创新人才推进计划重点领域创新团队1个，首批北京市社会科学基金青年学术带头人2人。新增北京交大“卓越百人计划”人才10人、“青年英才”63人。获评“最美铁道科技工作者”1人。

合作与交流。启动线上涉外培训，获批国家援外短期培训项目17项。制定外国专家项目管理办法，推进校内引智工作改革。与丰台区签署共建轨道交通创新基地投入运行。波兰孔子学院完成转隶。构建中外学生协同管理工作机制，做好留学指导与服务。与 12 个国家的 16 所高校和机构签署 16 份合作协议，举办 8 次高速铁路高校联盟大会。与 42 家企事业单位建立合作关系。

党委书记　黄泰岩

校　　长　王稼琼

（高杰）

经管学院通过三大商学院国际认证

2 月 24 日、7 月 28 日、12 月 24 日，北京交大经济管理学院通过三大商学院国际认证。三大认证分别为欧洲质量体系认证（European Quality Improvement System，EQUIS），国际商学院协会认证（The Association to Advance Collegiate Schools of Business，AACSB）认证和英国工商管理硕士协会（Association of MBAs，AMBA）& 商学院毕业生协会（Business Graduates Association，BGA）联合认证。该学院 1996 年成立，拥有 12 个本科专业，有一级学科博士点 3 个（工商管理、管理科学与工程、应用经济学）。拥有教职工 302 人，其中专任教师 230 人，包括教授 74 人、副教授 100 人。学院成为全球第 116 所、中国大陆第 13 所、北京第 3 所通过三大国际认证的商学院，也是国内首个在一年之内通过三大国际认证的商学院。

（高杰）

科学技术研究院揭牌

9 月 3 日，北京交大科学技术研究院揭牌。科学技术研究院旨在推进学校科研体制机制改革，围绕国家和行业重大战略和重大工程需求，优化科研布局，增强组织科研能力，负责学校各类科研项目、平台、人才等政策制定、筹划组织和管理服务工作。本科生院同期揭牌。

（高杰）

9 月 3 日，北京交大本科生院、科学技术研究院揭牌

（北京交大　供）

建校 125 周年

9 月，北京交大建校 125 周年。学校召开建校 125 周年创新发展大会，成立减碳技术研究中心，曾鲲化先生铜像、应尚才教授铜像等人文景观落成。校庆期间，成立校友企业家联盟，设立校友知行奖、校友企业家创新基金和首批“院士基金”。北京交大历史渊源可追溯至 1896 年，前身是 1909 年清政府创办的铁路管理传习所，1917 年改组为铁路管理学校和邮电学校，1921 年与上海工业专门学校、唐山工业专门学校合并组建交通大学。1923 年更名为北京交通大学，1950 年学校定名北方交通大学，1952 年改称北京铁道学院，1970 年恢复北方交通大学校名。2000 年与北京电力高等专科学校合并，2003 年恢复使用北京交通大学校名。

（高杰）

北京工业大学

概述

2021 年，北京工业大学设有 7 个校区，设置 17 个学部（院）。开设 70 个本科专业，研究生专业覆盖 34 个学科（含 1 个自设交叉学科）；具有一级学科 33 个；一级学科博士点 20 个、专业学位博士点 4 个；一级学科硕士点 33 个、硕士专业学位授权类别 18 个；博士后科研流动站 18 个，其中博士后研究人员出站 61 人、进站 124 人、在站 302 人。博士生导师 657 人，硕士生导师 1509 人；工程院院士 9 人。“双一流”建设学科 1 个，国家级一流本科专业建设点 32 个，北京市级一流本科专业建设点 14 个，北京高校重点建设一流专业 4 个，北京高校高精尖学科 4 个。学校由北京市举办，为理工院校。拥有教室 519 间，其中网络多媒体教室 396 间。数字终端 25885 台，其中学生终端 14165 台、教师终端 11720 台。数字资源量中电子图书 169.25 万册、电子期刊 189.23 万册、学位论文 1315.25 万册、音视频 15.30 万小时。国家工程实验室 2 个，“111 计划”引智基地 3 个，国家级产学研中心 1 个，国际合作研究中心 1 个，省部共建国家级重点实验室培育基地 1 个，教育部工程研究中心 3 个，教育部重点实验室 5 个，北京市级科研基地 45 个，行业重点实验室 4 个，省部共建协同创新中心 1 个，北京市级协同创新中心 3 个，北京高精尖创新中心 1 个。高考北京地区提档线不限选考专业组 589 分、物理必考专业组 585 分、物理 / 化学专业组 578 分、不限选考（中外合作办学）专业组 579 分、物理必考（中外合作办学）专业组 573 分。网址：www.bjut.edu.cn。

2021 年，学校重点工作如下：

深化改革与学科建设。落实《关于统筹推进北京高等教育改革发展的若干意见实施方案》，北工大《“十四五”时期发展建设规划（2021—2025 年）》获批复，确定建设“高水平研究型大学”发展定位，以一流党建为引领，重点打造“七个一流”（一流学科发展体系、一流拔尖创新人才、一流卓越师资队伍、一流科技创新成果、一流国际化新格局、一流大学精神文化、一流内部治理体系）。完成《综合改革方案（2021—2035 年）》编制工作，开展 33 个一级学科“十四五”时期学科建设规划编制工作。完成第五轮学科评估工作，完成 31 个参评学科 801 项信息核查和公示异议结果反馈。启动 4 个高精尖学科中期考核评估工作，均获评优秀，占全市优秀高精尖学科总数 21%。

人才培养。2 门课程入选教育部首批普通本科教育“课程思政示范课程”。2 个项目分获北京高校“三全育人”优秀成果评选工作案例类一等奖、调研报告类二等奖。新增 12 个国家级一流本科专业建设点，国家级一流本科专业 32 个。获批机械、材料与化工、资源与环境、土木水利 4 个博士专业学位授权点。获第 11 届“挑战杯”首都大学生课外学术科技作品竞赛特等奖 2 项、一等奖 3 项、二等奖 5 项、三等奖 3 项并获“优胜杯”和优秀组织奖。获第 17 届“挑战杯”全国大学生课外学术科技作品竞赛三等奖 3 项。获第七届中国国际“互联网+”大学生创新创业大赛全国金奖 2 项、铜奖 3 项，北京赛区一等奖 7 项、二等奖 27 项、三等奖 44 项，其中主赛道金奖数量位居北京地区高校第二。4 名教师获 2021 年度北京市高等学校教学名师奖、青年教学名师奖。“创业基础”课程入选首批北京高校就业创业金课，学校入选首批北京市大学生创业板孵化培育基地。经济与管理学院毕业生李俊慧和刘雨辰在东京奥运会获羽毛球男子双打银牌，本科生于静瑶获第 14 届全国运动会游泳首金，并包揽女子 100 米蛙泳、200 米蛙泳双冠。

科技创新。首次以第一完成人获 2020 年度国家自然科学奖二等奖 1 项，以第二完成人获国家技术发明奖二等奖。获北京市科学技术奖 8 项、国际合作中关村奖 2 项、自然科学奖 3 项，实现 2 项超千万级成果转化。国家基金项目申请首次突破 600 项，获资助 157 项。《北京工业大学学报（社会科学版）》入选北京大学《中文核心期刊要目总览》、南京大学《中文社会科学引文索引》（CSSCI）来源期刊，取得历史性突破。成立碳中和城市科技创新研究院，成为国内高校首个聚焦城市碳中和科技创新平台。与北京经济技术开发区签署全面战略合作协议。经开区·北工大合作园区“北京工业大学（亦庄）协同创新基地”同期揭牌。

队伍建设。召开党委人才工作会议，落实人才分类综合评价制度，制定 25 个学科分类评价标准和多维度人才遴选指标，推进终身教职制度。新增中国工程院院士 1 人、教育部重大人才项目 1 人、北京学者 3 人、教育部重大青年人才项目 1 人。已入选北京市自主认定项目 167 人，占全市 1/10，成为朝阳区凤凰计划首批自主认定单位。招收博士后 120 人，入选“创新人才计划”等国家及北京市博士后人才项目 6 人，获各类博士后基金 80 项。

社会服务。104 名北工大师生担任庆祝中国共产党成立 100 周年大会合唱团和献词团成员，170 名学生志愿者在四惠交通枢纽，为 5000 余名天安门广场观礼嘉宾提供安检服务。北工大艺术设计学院团队主创的雕塑作品亮相“不忘初心、牢记使命”中国共产党历史展览。文法学部教师杨嵘作为文艺演出《伟大征程》执行导演参加中国共产党成立 100 周年庆祝活动总结会议，接受习近平会见。学校组建先进事迹宣讲团，将参与服务保障工作转化为“大思政课”，不断强化师生的政治认同、思想认同、情感认同。

新冠肺炎疫情防控常态化。召开新冠肺炎疫情防控工作领导小组会议 13 次，组织师生集中开展疫苗接种 3.5 万人次。采取“如期开学、延迟返校、先线上后线下教学”工作方案，分 3 个批次完成春季学期学生返校工作。面向

2021 年，北工大“十四五”发展规划获批，面向 2025 年重点打造“七个一流” （北工大 供）

本科生和研究生举办两场毕业典礼，5745 名 2021 届毕业生、1923 名重返校园的 2020 届毕业生代表参加典礼。环境与生命学部高学云教授团队“新冠肺炎治疗药物”项目实施成果转化。

党委书记　谢辉
校　　长　聂祚仁

（凌晨）

碳中和城市科技创新研究院成立

3 月 4 日，北工大成立碳中和城市科技创新研究院。研究院为学校跨学科新型研究机构，是国内高校首个聚焦城市碳中和科技创新平台。通过整合能源、环境、化工、材料、城市建设、循环经济多学科优势资源，聚焦零碳新能源与新材料、低碳智慧城市运维、流程工业供应链低碳技术、碳中和技术及政策综合评估等方向开展科研攻关，为北京实现“碳达峰”“碳中和”目标提供技术支撑。研究院设管理委员会、学术委员会，负责研究院日常管理运行和决策科研工作中重大事项。

（凌晨）

两个项目获“互联网 +”大学生创新创业大赛金奖

10 月 15 日，北工大“超导‘基’业——自主化高温超导合金基带拓荒者”和“格镭智图——国内首款、国际领先双旋轴激光扫描仪”获第七届中国国际“互联网+”大学生创新创业大赛金奖，创造市属高校自参赛以来最好成绩。其中，“超导‘基’业——自主化高温超导合金基带拓荒者”依托学校高温超导实验室，从熔炼、轧制、结晶 3 个方面解决“卡脖子”技术，实现具有纳米级平整表面、强织构度、高机械强度、完全无磁性等优异特性的百米级合金基带生产。第七届中国国际“互联网+”大学生创新创业大赛由教育部、中央统战部、中央网络安全和信息化委员会办公室等部门联合举办，121 个国家和地区 4347 所学校 956 万余人次报名参赛。

（凌晨）

10 月 15 日，北工大在第七届中国国际“互联网+”大学生创新创业大赛中获两项金奖　（北工大　供）

首获博士专业学位授权

10 月 26 日，北工大首次获批博士专业学位授权。新增博士专业学位包括机械、材料与化工、资源与环境、土木水利 4 个。至此，学校博士学位授权点增至 25 个，其中博士专业学位授权点 4 个、博士学术学位授权点 21 个。

（凌晨）

北京航空航天大学

概述

2021 年，北京航空航天大学设有 2 个校区，设置 39 个学院。教育部备案本科专业 78 个，覆盖 7 个学科门类；具有一级学科 39 个；一级学科博士点 27 个、专业学位博士点 5 个；一级学科硕士点 39 个、二级学科硕士点 1 个、硕士专业学位授权类别 15 个；博士后科研流动站 23 个，其中博士后研究人员出站 178 人、进站 162 人、在站 445 人。拥有博士生导师 1301 人、硕士生导师 1288 人；中科院院士 8 人、工程院院士 23 人。“双一流”建设学科 8 个、国家级一流本科专业建设点 36 个、北京市级一流本科专业建设点 8 个、北京高校重点建设一流专业 2 个、北京高校高精尖学科 3 个。学校由工业和信息化部举办，为理工院校。拥有教室 310 间，全部为网络多媒体教室。数字终端 2017 台，其中学生终端 1050 台、教师终端 967 台。纸质图书 294.87 万册，数字资源量中电子图书 765.47 万册、电子期刊 182.18 万册、学位论文 1009.38 万册、音视频 11.86 万小时。国家重点实验室 2 个、国家工程技术研究中心 1 个、国家工程实验室 3 个、国家技术创新中心 4 个、国家科技资源共享服务平台 1 个。北京实验室 6 个、北京高精尖创新中心 3 个，北京重点实验室 15 个。高考北京地区提档线不限选考专业组 646 分、限选物理必考专业组 658 分。网址：www.buaa.edu.cn。

2021 年是学校“十四五”规划和新一轮“双一流”建设开局之年，修订学校《章程》，首次构建学校制度建设指标体系，积极推进各项工作。

学科建设。完成首轮“双一流”建设任务，学校整体评价和 5 个“双一流”建设学科整体评价为“显著”；交通运输工程入选新一轮“双一流”建设学科，“双一流”建设学科数 8 个。编制新一轮“双一流”建设方案和 5 个一流学科培优行动方案。召开学科建设大会，制定 1 个学校总体、5 个学科群、32 个一级学科三级建设方案。集成电路科学与工程获批国家首批 18

个新增交叉学科博士学位授权点之一，同时获批自主审核增列应用经济学一级学科博士学位授权点。完善两校区学科布局，10 个学院（研究院）整建制入驻沙河校区。获交通运输部批复，同意学校在智能交通人才培养模式创新、机场基础设施智能化研究、智能交通关键技术研究 3 个方面开展试点。

人才培养。形成“强情怀、强基础、强实践、强融通”新时代人才培养“四强”模式。召开年度人才培养大会，制定人才培养实施方案及体育、美育、劳动教育等 10 个方面配套制度。落实校领导讲思政课计划。制定思想政治理论课质量提升方案，开展思政课教师专项培训。获批 1 个全国高校思政课名师工作室。制定课程思政工作方案，总结推广 45 门示范课，打造北航特色课程思政体系。2 门课程入选教育部首批课程思政示范课。深化“一站式”学生社区建设，新生辅导员全部入驻宿舍楼。选拔 1011 名教师担任学生“专属导师”。制定加强新时代学生积极心理健康教育服务体系建设实施方案，对全体本研学生开展全覆盖心理普查。制定加强和改进学风建设的实施方案，构建“大学风”体系和学风建设长效机制。深化教学课堂、科研课堂、社会课堂“三个课堂”建设。加强教学课堂建设，制定教材建设与管理实施办法；打造“科研导师、实验室开放日、微课题”三位一体科研课堂，25 个试点学院、48 个省部级以上重点实验室共同开设科研课堂 473 门次，探索构建有北航特色的科研育人模式；7 个试点学院组织学生开展不少于 8 周的套餐制生产实习，创新学科、科研、人才培养有机衔接的产教融合机制。围绕研究生招生管理、资格考试、开题答辩、论文评阅、导师队伍等制定系列制度文件，强化全过程质量管理。获批 17 个国家级一流本科专业建设点，8 个北京市级一流本科专业建设点。数学、空天力学、物理学和化学 4 个专业获批“基础学科拔尖学生培养计划 2.0 基地”。获全国优秀教材 3 项、全国教材建设先进集体和先进个人各 1 项。在全国第六届大学生艺术展演活动中获 4 个一等奖；在第 11 届首都“挑战杯”大学生课外学术科技作品竞赛上获 15 项特等奖、17 项一等奖、21 项二等奖、35 项三等奖，团体总分和特等奖数量位列北京高校第一，并打破自己保持的历史记录。

师资队伍建设。构建“人才一人事一思政”三位一体议事机构。制定关爱教师谈心谈话工作实施细则。评选表彰第五届“立德树人奖”。制定并落实年度师德专题教育工作方案，建设 15 门“师德讲堂”微课程。出台教师分系列招聘工作指导意见和管理办法，优化薪酬体系。新增两院院士 3 人，5 人获评“长江学者”特聘教授，5 人获国家杰出青年科学基金，9 人获优秀青年科学基金。1 人获“万人计划”教学名师，1 人获宝钢优秀教师特等奖。国家级重大人才工程青年项目新增 60 余人。国家海外高层次人才项目建议入选 46 人，其中国防领域 28 人。

科学研究。召开学校科技创新大会，建设航空发动机研究院等校内科研特区。参与网络空间安全和航空发动机国家实验室筹备与论证，参与合肥实验室和鹏城实验室建设。超高灵敏极弱磁场和惯性测量装置重大科技基础设施获发展改革委批复。获批首批教育部哲学社会科学重点实验室。某型临近空间飞行器驻空飞行航时再创世界纪录。持续承担某测试场技术重大任务，形成先进战机全链条保障能力。获 5 项国家科技奖励，其中技术发明奖二等奖 2 项、科技进步奖二等奖 3 项。参与“两机专项”基础论证和大飞机专项第二阶段论证。获国家自然科学基金资助 319 项。获批某重大基础研究类计划 4 项。8 人入选全球高被引科学家。5 人以第一或通讯作者发表《科学》（Science）高水平论文。《北航学报》自然科学版在航空航天科学技术类期刊中影响力指数排名第二。制定军民融合发展“十四五”规划。与中国电子科技集团、航天科技集团等签署战略合作协议。全年实施科技成果转化项目 120 个、产学研合作横向科研项目 2525 个。

交流与合作。与山西省政府、大同市政府及山西省的学校、公司分别签署战略合作协议。与 12 个国家（地区）的 23 所院校（机构）新签订 27 项合作协议，与国（境）外高校建立 160 个学生交换或双学位联合培养项目。实施暑期学校、寒假学校、暑期科研实习等 21 个线上海外学习项目。

党委书记 曹淑敏（12 月 16 日免）
校　　长 徐惠彬

（朴悦嘉　林鹭）

未来航空发动机协同设计中心成立

3 月 19 日，北航未来航空发动机协同设计中心揭牌。中心是 2020 年在沙河校区建成的大型发动机协同研讨环境，设有 1 个大型协同环境和 9 个协同岛，旨在通过引入

5 月 14 日，北航举办首届北航艺术节“知古今诗韵 筑凌霄之志”诗词大会决赛（北航　供）

校企协同、校校协同、院院协同和跨学科协同的协同化创新机制，培养总师潜质的发动机人才，探索建立未来航空发动机正向研发体系和基于复杂系统协同设计平台的管理体系，通过整合生产环境资源和人才智力资源，实现基础研究和关键技术层面的协同和闭环。

（朴悦嘉）

“智能基座”产教融合协同育人基地签约

4月12日，北航与华为技术有限公司“智能基座”产教融合协同育人基地签约。根据协议，基地从联合课程开发与教学、学生课外实践活动、实习就业等方面开展合作，为国家培养既掌握计算机、大数据分析、人工智能等关键技术，又具有产业思想和创新精神的高级人才。学校32名教师参与联合课程开发与教学，计划开展20门联合课程共建。2020年9月，教育部高等教育司发布《关于在有关高校建设教育部—华为“智能基座”产教融合协同育人基地的通知》，北航为首批72所共建高校之一。

（朴悦嘉）

未来空天技术学院成立

7月13日，北航成立未来空天技术学院。学院实施八年制本博贯通、定制化学研一体人才培养模式。聘请空天信融合领域的两院院士、总师等担任学生导师，开设名家精品课、大师讲座课、微纳研讨课，设置历时一年的新型科研项目课程，强化数理人文思维基础、注重学科专业交叉融通。学院2021年启动本科招生，招生专业为工科试验班类（未来空天领军计划），首批招生86人。

（朴悦嘉）

沙河校区西区学生宿舍食堂正式运营

9月，北航沙河校区西区学生宿舍食堂项目正式投入使用。该项目是北航两校区规划布局调整重要建设项目，也是中央在京高校重点建设项目。项目总建筑面积14.84万平方米，占地面积5.87万平方米，总投资98293万元。北航沙河校区西区学生宿舍食堂采用一体化学生社区建设模式，将学生自习、研讨、餐饮、咖啡厅、便利店、社团活动、健身、阅览各种空间分散布置于首层和地下空间，打造复合型社区综合体。项目建设宿舍楼5栋，地上10层、地下2层，功能围合成3个组团、4个室外共享庭院；食堂地上3层、地下2层，可提供就餐座位2500个。

（朴悦嘉）

北京理工大学

概述

2021年，北京理工大学设有2个校区，设置21个院（系、部）。开设75个本科专业，覆盖8个学科门类；具有一级学科31个；一级学科博士点30个、二级学科博士点13个、专业学位博士点4个；一级学科硕士点30个、二级学科硕士点14个、硕士专业学位授权类别15个；博士后科研流动站22个，其中博士后研究人员出站915人、进站1590人、在站675人。博士生导师1263人、硕士生导师2419人；中科院院士11人、工程院院士22人。“双一流”建设学科3个，国家级一流本科专业建设点36个，北京市级一流本科专业建设点6个，北京高校重点建设一流专业3个，北京高校高精尖学科3个。学校由工业和信息化部举办，为理工院校。拥有教室319间，其中网络多媒体教室319间。数字终端25111台，其中学生终端14212台、教师终端10899台。数字资源量中电子图书171.63万册、电子期刊138.83万册、学位论文866.91万册、音视频11.10万小时。国家重点实验室2个、国家工程技术研究中心1个、国家工程实验室2个。北京实验室1个、北京高精尖创新中心1个，北京重点实验室19个。高考北京地区提档线不限选考专业组649分、物理必考专业组一664分、物理必考专业组二653分、中外合作办学不限选考专业组626分、中外合作办学物理必考专业组634分。网址：www.bit.edu.cn。

7月13日，北航成立未来空天技术学院

（北航　供）

2021，学校坚持立德树人根本任务，推动“双一流”建设再上新台阶。

接受中央巡视整改。制定的107项整改任务及举措中，集中整改阶段的任务及举措全部完成。其中，3项立行立改，80项有明确时间节点的任务按期完成，24 项需要长期坚持的任务完成集中整改阶段任务并形成长效机制。

扎实开展党史学习教育。统筹推进“学百年党史”“知红色校史”“育时代新人”“干一流事业”4 个板块，开展“红色育人路”宣传教育和实践研究，拍摄《徐特立》《第一》《进京》等校史专题片。开展“我为群众办实事”实践活动，推进党史学习教育深度融入一流大学建设。同时，开展“延安精神进校园”系列活动。

落实立德树人根本任务。着力培养领军领导人才持续深化“书院制”人才培养改革，着力提升人才培养质量。瞄准拔尖创新人才培养，成立未来精工技术学院，数学学科入选教育部“基础学科拔尖学生培养计划 2.0 基地”。坚持思政课程与课程思政同向同行，获批建设全国高校思政课虚拟仿真体验教学中心，获批国家级课程思政示范课 4 门，4 名教师（团队）入选国家级课程思政教学名师（团队）。获评北京市优质课程和教材 10 项，7 本教材获评首届全国优秀教材奖。科教、产教育人模式双融合，学生在中国国际“互联网+”创新创业大赛获 6 项金奖、在“挑战杯”中国大学生创业计划竞赛中获 4 项特等奖，博士生以共同第一作者在《科学》（Science）主刊发表论文。

深入推进交叉融合。持续完善一流学科体系坚持“顶尖工科、优质理科、精品文科、新兴医工”建设方针，加快构建“工理管文医”协同发展格局，申报增设 4 个一级学科博士点，集成电路科学与工程交叉学科获批建设。完成首轮“双一流”建设方案既定目标，物理学、材料科学与工程、控制科学与工程、兵器科学与技术入选第二轮“双一流”建设学科名单。全面启动第二轮“双一流”建设，启动网络空间安全、集成电路科学与工程、医学技术、海洋信息、国家安全 5 个学科建设。

坚持人才强校战略。坚持师德为先，完善教师荣誉激励制度，开展首届“三全育人”先进典型评选，推出教师专访微视频 10 余期，积极营造尊师重教氛围。加速新兴重点领域学科领军人才引育，加大创新中心和青年科学家工作室支持力度，推动人才、团队、平台相互赋能。完善人才多元评价激励机制，坚决破“五唯”，打通职称竞聘晋升通道，建立重点人才绿色通道，促进新原体系融合发展。新增工程院院士 1 人，新增国家级人才计划入选者 102 人，高层次人才占比 15%；专任教师新增 230 人、总量 2451 人；持续推进博士后“倍增计划”，进站 259 人、在站 675 人。

推进高质量科技创新。加强原始创新，获批国家自然科学基金数再创新高，包括重大仪器专项 1 人。着力攻关“卡脖子”关键核心技术，牵头承担多项国家重点研发计划和科技创新 2030—重大项目；发挥技术优势服务保障建党百年庆典，为“科技冬奥”赋能助力。国防优势持续巩固，获批重点型号项目 6 个以及多项军科委重点项目。人文社科建设取得新突破，获批国家社科基金项目 24 个，其中重大项目 4 个、重点项目 3 个。5 项成果获国家科学技术奖，其中一等奖 1 项；国防科技成果鉴定项目 46 个，牵头项目获国防科技奖 14 个，包括一等奖 3 个。首批入选高校专业化国家技术转移机构，6 个典型案例亮相国家“十三五”科技成就展。

推进大学治理体系现代化建设。推进校院两级管理体制改革，新增宇航、法学等 4 个试点学院，覆盖工、理、文科各类学院。树立科学的教育评价导向，制定落实《深化新时代教育评价改革总体方案》的实施方案。加强制度体系建设，制订党群工作会议、院部（处）长联席会议等议事规则，提升科学决策水平。以信息化推动管理流程再造，全面升级综合事务流程平台，改造数据中心，逐步建立“数据有标准、变化可追溯、质量受管控”的数据治理体系。改革教师服务大厅运行管理模式，实现“一窗受理、集成服务”，优化简化 11 项业务流程。

党委书记 赵长禄

校　　长 张军

（岳鹏）

第 15 次党代会

1 月 29 日至 30 日，中共北京理工大学第 15 次党员代表大会召开。会议回顾第 14 次党代会以来的工作，提出新

2021 年，北理工完成良乡校区文科教学楼组团装修改造工程
（北理工　供）

1 月 29 日至 30 日，北理工第 15 次党员代表大会召开

（北理工　供）

时代学校的历史使命和发展目标，对当前和今后一段时期学校事业发展以及坚持和加强党的全面领导进行部署。会议选举产生第 15 届党委和第 15 届纪委，通过《中国共产党北京理工大学第十五次代表大会关于十四届党委工作报告的决议》和《中国共产党北京理工大学第十五次代表大会关于十四届纪委工作报告的决议》。学校 265 名师生党员代表、43 名列席人员出席大会。

（岳鹏）

未来精工技术学院成立

8 月 18 日，北理工成立未来精工技术学院。学院在原徐特立学院及其英才班基础上，汇聚顶级国家平台和学术大师，聚焦“智能无人+”领域，致力于培养富有家国情怀与强国责任，执着坚毅、担当作为，具备前瞻性、批判性、颠覆性思维和扎实跨学科学术基础的“智能无人+”领域拔尖创新领军领导人才。设有未来精工技术班，通过高考招生与入校选拔方式选拔学生。学院拥有教学管理人员 16 人，院士导师 15 人，学术导师百余人，指导学生学习与开展科研工作。

（岳鹏）

北京科技大学

概述

2021 年，北京科技大学设有 2 个校区，设置 20 个直属院（系）。开设 55 个本科专业，覆盖 8 个学科门类；具有一级学科 30 个；一级学科博士点 20 个、二级学科博士点 82 个；一级学科硕士点 30 个、二级学科硕士点 140 个、硕士专业学位授权类别 15 个；博士后科研流动站 17 个，其中博士后研究人员出站 52 人、进站 173 人、在站 396 人。博士生导师 571 人、硕士生导师 1471 人；中科院院士 4 人（双聘 1 人）、工程院院士 12 人（双聘 7 人）。“双一流”建设学科 4 个，国家级一流本科专业建设点 23 个，北京市级一流本科专业建设点 2 个，北京高校重点建设一流专业 2 个，北京高校高精尖学科 2 个。学校由教育部举办，为理工院校。拥有教室 260 间，其中网络多媒体教室 158 间。数字终端 15513 台，其中学生终端 9068 台、教师终端 6445 台。数字资源量中电子图书 430.97 万册、电子期刊 66.92 万册、学位论文 843.56 万册、音视频 11.24 万小时。国家科学中心 1 个、国家安全监管监察科技支撑工程 1 个、国家重点实验室 2 个、国家工程研究中心 2 个、国家工程技术研究中心 1 个、国家科技资源条件平台 2 个、“2011 计划”协同创新中心 1 个、国家国际科技合作基地 2 个、国家科技资源共享服务平台 1 个、北京实验室 1 个、北京高精尖创新中心 1 个，北京重点实验室 15 个、北京市工程（技术）研究中心 6 个、北京市国际科技合作基地 12 个。高考北京地区提档线不限选考专业组 618 分、物理必考专业组 622 分、物理 / 化学专业组 619 分。网址：www.ustb.edu.cn。

2021 年，学校坚持以一流学科建设带动学科集群发展，全面提高学科整体水平。开展安全科学与工程、人工智能科学与工程两个北京市高精尖学科中期考核自我评估工作。全面推进学科顶层设计和交叉融合。完成学校“十四五”事业发展总体规划和新一轮“双一流”建设方案编制，稳步推进教育现代化工程项目。

深入实施一流本科教育行动计划。推动本科教育教学内涵发展。新增统计学、储能科学与工程 2 个本科专业。获批 10 个国家级一流本科专业建设点，获批 10 个北京市级一流本科专业，2 个本科专业通过中国工程教育专业认证。新增北京高校“优质本科课程”4 门，获批 4 个首批教育部新文科研究与改革实践项目。全力推进本科生全程导师制从“任务”阶段向“责任”“感情”阶段发展，选聘由 8 名院士领衔的 1609 名专任教师担任本科生导师，覆盖全校所有本科生。印发《本科生劳动教育实施办法》，将劳动教育纳入人才培养全过程。

深化研究生教育教学改革。印发《研究生教育教学改革项目管理办法》《研究生教材建设项目管理办法》，提升研究生培养质量，加强研究生教材建设管理。制定《研究生毕业与学位授予分离实施细则》，完成首批单独毕业学生和资格审查和材料存档工作。新增机械、资源与环境两个工程博士专业学位授权点。落实研究生导师指导行为准则，编制研究生导师手册，组织集中培训，强化研究生导师队伍建设。

深入推进人才评价制度改革。完善"评晋聘"三位一体职称职级岗聘体系，打通一级学科内任职条件，209 人晋升高一级专技职务。优化评价周期，对教学科研系列教师实施四年周期滚动考核。深入实施"双走"战略。进一步完善博士后工作机制。获批国家级人才计划 15 人，获批博士后人才项目 16 人。鼓励教学科研单位结合学科发展实际自主制定教师岗位准入条件。积极聘用留学归国人员，引进包括 3 名"双聘院士"、1 名"万人计划"领军人才在内的教师 149 人，特聘教授、特聘副教授等引进人才比去年增长 61%，博士后招收规模比去年增长 57%。

优化科研管理机制，加快实现科学研究新突破。高效轧制与智能制造国家工程研究中心通过整合评价，成为国内金属材料加工与智能制造领域唯一的国家工程研究中心。建立国家材料腐蚀与防护科学数据中心－澳门发展及质量研究所联合实验室和 5G＋工业视觉联合创新实验室；推进 2 个国家重点实验室重组改革落到实处。连续 4 年获批国家自然科学基金重大项目，牵头 15 项国家重点研发计划项目、1 项科技基础资源调查专项、2 项装发部快速转化项目、1 项军科委基础加强重点项目和 1 项某工程专项项目。加强科技奖励培育和孵化，2021 年组织申报省部级各类奖励 116 项，申报增长率 18%；获高等学校科学研究优秀成果奖 8 项（居全国第五），北京市科学技术奖 8 项，冶金科学技术奖 25 项（含特等奖 1 项），2 篇论文在《自然》(Nature) 和《科学》(Science) 上发表。截至 12 月 20 日，到账科研经费 11.78 亿元，同比增长 10%。

深入推进开放办学。与故宫博物院、四川省文物考古研究院、通州区政府、华为等研究机构、政府和企业签订 5 项合作协议。拓展对外交流合作新模式。同英国莱斯特大学、法国国立航空航天大学等 7 个海外高水平院校建立合作关系。1 名教授获 2021 年中国政府友谊奖，新增"111"引智基地 1 个，2 个项目入选 2021 年中国科协"一带一路"国际科技组织合作平台建设项目名单。与南洋理工大学共同举办首期"党政管理人员国际化建设能力提升班"，设立"青年教师国际交流成长计划""Go Beyond 国际互联学堂"等"鼎新北科"子项目。实施"知友工程"，成立巴基斯坦留学生校友会、泰国留学生校友会。成立科技与文明中外人文交流研究中心，设立科技与文明中外人文交流研究开放课题。全面改版升级学校英文网站，推进学校对外宣传及其英译规范化，推出英文画册和英译规范手册。

坚持以文育人。持续加强学校美育工作和校园文化建设，打造舞蹈《我的北科时代》《中国制造·北科力量》《飞翔》，话剧《追寻》，民乐《前行的光》等原创校园艺术文化作品。

提升管理服务效能。有序推动昌平创新园西区项目建设。提升信息化建设水平，启动建设线上一站式、一体化校级服务平台，业务系统数据实现数据层面联动和整合。召开首次档案工作会议。

党委书记 武贵龙
校　　长 杨仁树

（于点）

二氧化碳科学研究中心揭牌

1 月 13 日，北科大二氧化碳科学研究中心揭牌。中心致力于世界二氧化碳科学研究前沿，聚焦国家二氧化碳科学研究领域战略需求，组织承接国家和地方任务部署，开展 CO_2 在钢铁领域的利用技术、CO_2 回收捕集技术、钢铁流程回收 CO_2 用于农业食品技术、CO_2 熔盐电化学增值转化、CO_2 低氮氧化物燃烧技术、基于 CO_2 的煤－钢－化联产技术 6 个方向的研究。拥有专职研究人员 4 人、兼职研究人员 25 人。

（于点）

科技美育中心揭牌

6 月 6 日，北科大科技美育中心揭牌。中心旨在坚持教学、科研以及文化建设相结合，推进美育教育和改革，全方位构建美育协同工作机制，主要职责为加强文化输出与国际交流、强化科技与艺术交叉融合、构建科技美育生态体系、推广国家科技美育平台。有工作人员 17 人。

（于点）

第 12 次党代会

6 月 9 日至 10 日，中共北京科技大学第 12 次党员代表大会召开。会议审议通过第 11 届委员会题为《绘就新蓝

1 月 13 日，北科大二氧化碳科学研究中心揭牌
（北科大　供）

图 奋进新时代 为建设特色鲜明的世界一流大学不懈奋斗》的工作报告，审议通过纪律检查委员会题为《监督保障执行 促进完善发展 为建设特色鲜明的世界一流大学提供坚强纪律保障》的书面报告。会议选举产生由27人组成的第12届党委和由13人组成的纪委。教育部、市委教育工委相关人员及学校全体领导班子、党员代表235人参加会议。

（于点）

北方工业大学

概述

2021年，北方工业大学设有1个校区，设置12个院（系、部）。开设50个本科专业，覆盖7个学科门类；具有一级学科17个；1个服务国家特殊需求博士人才培养项目；一级学科硕士点17个，硕士专业学位授权类别10个。博士生导师31人、硕士生导师457人；双聘院士1人;“国家高层次人才特殊支持计划”领军人才1人。国家级一流本科专业建设点13个，北京市级一流本科专业建设点7个，北京高校重点建设一流专业2个，北京高校高精尖学科1个。学校由北京市举办，为理工院校。拥有教室244间,其中网络多媒体教室95间。数字终端9311台，其中学生终端7240台、教师终端1891台。数字资源量中电子图书176.83万册、电子期刊116.52万册、学位论文503.66万册、音视频27.02万小时。北京重点实验室4个。高考北京地区提档线不限选考专业组532分、物理必考专业组510分、化学必考专业组512分、物理/化学/生物专业组519分、物理/历史/地理专业组525分、生物/历史/地理专业组518分、中外合作办学478分。网址：www.ncut.edu.cn。

2021年，学校坚持立德树人，高站位做好重大活动服务保障，科学谋划学校“十四五”发展，统筹推进常态化疫情防控，为快速推动高水平应用型大学建设奠定坚实基础。

“三全育人”综合改革。制定实施“三全育人”综合改革方案，制定辅导员、班导师队伍建设意见，推动“全员育人”体系建设。举办“师德传承 毓秀流芳”育人故事宣讲会，学校官微推送系列育人故事；成立“我们的育人故事”宣讲团，面向学校二级单位、党团组织开展宣讲。学校获首都百万师生网络歌咏比赛网络投票第三名，MV作品入选北京市“永远跟党走”歌曲传唱活动作品库，学生入围市委教育工委“我听亲人讲四史”宣讲团。

3月11日，北方工大召开研究生教育工作会议

（北方工大 供）

思政课程和课程思政改革。制定深化新时代思政课改革创新实施办法，打造思政课“精彩一课”。1人获北京高校教书育人“最美课堂”一等奖。制定深化课程思政建设实施方案，强化各门课程育人功能，2门课程入选首批全国课程思政示范项目，2人获评全国课程思政教学名师，入选全国课程思政教学团队1个。

人才培养。录取本科新生超过一本线70分以上省份7个。本科毕业生升学率29.25%，就业率97.64%。遴选挂牌首批7个研究生产教融合联合培养示范基地。新增备案16个校外研究生培养基地。建立“能源工业互联网产教融合基地”。推进数字产业学院建设。新增8个国家级一流专业建设点，4个北京市一流专业建设点。3个专业通过工程教育国际认证评估。5门课程获评“北京市高校课程思政示范课程”。获评北京高校“优质本科课程”4个、北京市“优质本科教材课件”3个。获批6个省部级教育教学改革创新项目，教育部产学合作协同育人项目立项25个。1人获首届教师教学创新大赛国家级特等奖。获评北京市教学名师2人、青年教学名师2人、北京高校优秀育人团队1个。

学科建设。控制科学与工程高精尖学科通过市教委中期考核。修订学科建设工作考核指标体系，引导学科和学位点突出特色、质量与贡献，保障人才培养质量。启动二级学科方向凝练与调整工作。持续跟踪第五轮学科评估后续工作。完成学校2020—2025年合格评估参评学位授权点清单，形成2020—2025年学位授权点周期性合格评估工作方案。

科技创新。年度科研经费1.65亿元，国家级、省部级及其他纵向项目立项311个。获省部级奖励16项。获批北京城市治理研究基地。11项成果被统战部、最高人民法院、中国科协等部门采纳。获批北京市技术转移机构资质、市科委科技成果转化平台建设专项。完成校属企业体制改革各项工作。

合作交流。成立教育对外开放工作领导小组，加强对外事工作全面领导。承办“2021 两岸高等教育（北京）高峰论坛”——智能交通分论坛。接收来自 53 个国家长期外国留学生 356 人，其中 153 人来自 14 个“一带一路”沿线国家。

实践育人。“见证优秀共产党员榜样”首都大学生集体采访实践团，走进新疆和田采访北京市援疆干部感人事迹，在北京电视台播出。1800 余名师生组建 310 支实践团队开展暑期实践活动，学习强国、光明日报等媒体报道。2 个实践团获评“全国大学生百强暑期实践团队”、首都大学生集体采访行动优秀团队。获评 2021 年首都高校大中专学生暑期社会实践优秀团队 4 个，学校被评为先进单位。1 人获评北京市“五星级志愿者”。

校园文化建设。“北方工业大学人民号”被人民日报社评为 2021 年度优秀高校创作者。开展 2020 年度“玉兰新闻奖”评选表彰，评出“玉兰新闻人物奖”等各类奖项 88 项。

党委书记　缪劲翔

（刘侠）

研究生教育工作会议

3 月 11 日，北方工大召开研究生教育工作会议。会议以立德树人、服务需求、提高质量、追求卓越为主线，以“高水平应用型大学研究生教育高质量发展”主题，举办 1 场主题报告和 3 场专家辅导报告，就扎实推进研究生教育改革发展提出 13 项针对性重要举措，为服务国家战略需求和首都“四个中心”功能建设，特别是国际科技创新中心建设提供人才保障和智力支撑。学校全体校领导、各职能处室负责人、任课教师等 400 余人通过线上线下参加会议。学校另于 3 月至 4 月组织开展研究生教育思想大讨论，举办座谈会 26 场，500 余人次参加会议；制定《研究生教育改革发展实施意见》，修订研究生培养方案；实施《研究生“交叉人才”培养专项计划实施办法》，依托重点项目开展交叉学科创新人才培养。

（刘侠）

北京化工大学

概述

2021 年，北京化工大学设有 4 个校区，设置 17 个院（系、部）。开设 54 个本科专业，覆盖 8 个学科门类；具有一级学科 8 个；一级学科博士点 8 个；一级学科硕士点 21 个、二级学科硕士点 2 个、硕士专业学位授权类别 10 个；博士后科研流动站 8 个，其中博士后研究人员出站 51 人、进站 50 人、在站 174 人。博士生导师 362 人、硕士生导师 636 人；中科院院士 4 人、工程院院士 9 人（含中科院外籍院士 1 人、工程院外籍院士 1 人，双聘中科院院士 1 人、工程院院士 4 人）。“双一流”建设学科 1 个，国家级一流本科专业建设点 18 个，北京市级一流本科专业建设点 8 个，北京高校重点建设一流专业 1 个，北京高校高精尖学科 2 个。学校由教育部举办，为理工院校。拥有教室 267 间，其中网络多媒体教室 207 间。数字终端 11202 台，其中学生终端 9181 台、教师终端 2021 台。数字资源量中电子图书 111.52 万册、电子期刊 72.21 万册、学位论文 984.76 万册、音视频 6.76 万小时。国家重点实验室 2 个、国家工程研究中心 1 个、国家工程实验室 1 个、北京实验室 1 个、北京高精尖创新中心 1 个，北京重点实验室 8 个、部级工程技术研究中心（所）15 个。高考北京地区提档线不限选考专业组 605 分、物理必考专业组 606 分、物理化学必考专业组 598 分。网址：www.buct.edu.cn。

2021 年，学校健全校园疫情常态化防控工作体系，扎实开展党史学习教育，完成教育部党组政治巡视集中整改，编制学校“十四五”事业发展规划，完成学校章程修订并报教育部核准，持续推进学校治理体系和治理能力现代化建设。

人才培养。实施“育人为先”战略。印发学校《构建德智体美劳全面培养的教育体系，形成更高水平的人才培养体系的实施意见（试行）》。召开研究生教育会议，明确“立德树人、服务需求、提高质量、追求卓越”工作主线，介绍《研究生教育高质量发展十大行动计划》。建立健全以“习近平新时代中国特色社会主义思想概论”为核心的思政课程体系，成立“北京化工大学—人民网文化在线课程思政教学研究中心”及“大化工课程思政虚拟教研室”。入选国家级首批课程思政示范课程 3 门，国家级课程思政教学名师和教学团队 3 个。新增 7 个国家级本科一流专业建设点。在中国大学慕课（MOOC）平台上线 37 门课程。成立宏德书院。“宏德化学拔尖学生培养基地”获批教育部基础学科拔尖学生培养计划 2.0 基地。成立艺术与设计系，纳入产品设计专业、数字媒体艺术专业、音乐舞蹈教育中心和书法美术教育中心。完善学生体育评价方案，将“课外体育锻炼”纳入课程评价，男篮首次晋级 CUBA 全国四强。首次推行跨学院大类本科招生，设 9 个大类招生专业。学生首次在第七届中国国际“互联网+”创新创业大赛中获全国总决赛银奖。获批国家级大学生创新创业训练计划项目 80 个。

教师队伍。实施“人才强校”战略。开展师德专题教育，组织向“时代楷模”王红旭、李桓英学习，“弹性体科学与工程教师团队”入选第二批全国高校黄大年式教师团队。探索长聘体系和“北化学者”人才奖励体系建设，推进“青年英才百人计划”项目实施。新增“教学育人”类别的人才分类评价体系。严格按照实际学术水平和贡献进行教师岗位评聘，完成 2020—2023 年专业技术职务岗位聘任工作。张立群当选工程院院士，徐福建领衔的创新团队入选科技部创新人才推进计划重点领域创新团队，特聘教授戴伟（David G.Evans）当选“北京榜样”年榜人物，引进海内外全职来校工作的高层次人才及青年优秀后备人才 55 人，其中国家级人才计划入选者 8 人。

学科建设。实施“交叉突破”战略，构建“强工、厚理、兴文、重交叉”学科布局，启动第二轮“双一流”建设。持续实施一流学科培优计划和提升计划，启动人工智能交叉学科创新平台建设和“医用内增塑聚氯乙烯共聚树脂工业中试及器械的研制”重大科学工程项目，深入实施 2 个北京高校高精尖学科项目。布局培育建设“生物安全”“新能源材料与器件”等新兴学科。筹建化工安全、新能源、碳中和、人工智能、高纯气 5 个前沿交叉研究中心。实施理科提升计划、推进“新文科”建设，推进文物保护领域科技评价研究国家文物局重点科研基地、碳中和研究院等文、理、工学科交叉融合。新增“材料与化工”专业学位博士授权点。

科学研究。推进国家重点实验室重组。组织“创新与未来”JMRH 科技创新论坛，培育高性能聚酰亚胺创新团队，获批基础科研重点项目 1 个、前沿创新快响项目 1 个。国防科研到款经费 2.04 亿元，同比增长 29%。与燕山石化公司共建“面向绿色首都发展先进能源与材料创新中心”。开展怀柔区碳达峰碳中和规划研究工作。与企业共建联合研发中心 24 个，签订各类技术合同 327 项，总经费 1.47 亿元。获批国家重点研发计划项目 9 个、课题 21 个；获批国家自然科学基金项目 116 个，其中重点项目 3 个。科研到款 8.33 亿元，其中竞争性科研到款近 6 亿元，同比增加 4200 万元。以第一完成人获国家科学技术进步奖二等奖 1 项、国家技术发明奖二等奖 1 项。化工资源有效利用国家重点实验室研究成果入选国家“十三五”科技创新成就展，智库成果获国家发改委、科技部、工信部采纳。

国际交流。实施“全球发展”战略。编制完成学校《全球发展规划 2021—2025》。推进“全球合作百强计划”和“一带一路”伙伴计划，新（续）签校（院）级国际合作协议 36 份，新增全球合作伙伴 11 个。举办“中印尼人文交流发展论坛”，牵头成立“中印尼产学研合作联盟”。实施“北化—世界百强高校本硕博精英计划”，与国外一流院校新（续）签 6 项本科生海外学习项目协议。引进授课海外师资 37 人次，引进海内外优质课程 43 门，完成中外合作办学教改项目 21 个。

脱贫攻坚。帮助内蒙古科左中旗盐碱土壤改良示范面积达 13.34 万平方米。培训基层干部 7478 人次、乡村振兴带头人 924 人次、技术人员 2095 人次。支持塔里木大学孵化出三个学院、获批“材料与化工”专业硕士学位授权点、新增 4 个本科专业建设。

党委书记　袁自煌（3 月 19 日免）
　　　　　刘贵芹（3 月 19 日任）
校　　长　谭天伟

（肖勇）

中国工业碳中和研究院成立

4 月 21 日，北化成立中国工业碳中和研究院。研究院整合学校优质资源，致力于推动中国相关行业、地区（园区）和企业实现碳达峰、碳中和目标，是集科学研究、高端智库、学术交流、传播中国智慧于一体的低碳技术与碳资源管理国际化平台，同时创办以“中国工业碳中和论坛”为旗舰项目的业界交流平台。研究院实行理事会领导下的院长负责制，成立研究院理事会、学术委员会和顾问委员会，拥有经济、环境、化工等领域的专兼职研究人员 40 余人。7 月 22 日至 24 日，举办中国工业碳中和（石家庄）论坛，以“绿色发展新阶段，工业低碳新征程”为主题，就循环经济发展、碳达峰碳中和实现方法与路径等方面展开学术交流。

（肖勇）

宏德书院成立

9 月 6 日，北化成立宏德书院。书院为北化首个书院，旨在推进人才培养模式改革创新，加强通识教育与专业教育有机结合。工科试验班、卓越实验班纳入书院制培养，采用三年书院管理模式，学生一年级实行书院完全管理；二至三年级思想教育、日常管理由书院安排，专业培养由学院安排。9 月，150 名本科新生进入书院学习。

（肖勇）

第五届国际倍半硅氧烷基功能材料学术研讨会

9 月 24 日至 25 日，北化线上举办第五届国际倍半硅氧烷基功能材料学术研讨会。密歇根州立大学教授安德

9 月 6 日，北化宏德书院揭牌

（北化　供）

鲁·李（Andre Lee）作题为《不对称功能化双层倍半硅氧烷的最新进展》(Recent Developments to Asymmetric Functionalized Double-Decker Shaped Silsesquioxanes）的主旨报告，邀请7个国家专家学者作18场学术报告，内容涉及倍半硅氧烷合成、表征、模拟、高分子功能材料制备及应用等。北京大学、四川大学、山东大学等高校及美国、法国、日本等国学者40人参加研讨会。

（肖勇）

北京工商大学

概述

2021年，北京工商大学设有2个校区，设置17个院（部）。开设63个本科专业，覆盖7个学科门类；具有一级学科18个；一级学科博士点5个；一级学科硕士点18个、二级学科硕士点40个、硕士专业学位授权类别19个；博士后科研流动站2个，其中博士后研究人员出站5人、进站8人、在站29人。博士生导师107人、硕士生导师735人；工程院院士1人。国家级一流本科专业建设点15个，北京市级一流本科专业建设点12个，北京高校重点建设一流专业3个，北京高校高精尖学科3个。学校由北京市举办，为财经院校。拥有教室293间，其中网络多媒体教室179间。数字资源量中电子图书131.67万册、电子期刊200.07万册、学位论文950.12万册、音视频52.37万小时。国家工程研究中心1个（国家工程实验室1个）。北京实验室2个、北京高精尖创新中心1个，北京重点实验室4个。高考北京地区提档线不限选考专业组527分、物理必考专业组520分、化学必考专业组515分。网址：www.btbu.edu.cn。

2021年，学校统筹疫情防控与事业发展，全面深化改革、锐意进取，开创学校事业跨越式发展的新局面。

学校规划。完善综合改革方案、分类办学专项规划；修订“十四五”时期发展规划以及专项规划、学院（部）规划，获北京市教委批复。

人才培养。主动融入首都发展新格局，探索形成交叉融合、拔尖创新人才培养模式。8个专业入选国家级一流本科专业建设点、8个专业入选北京市级一流本科专业建设点。召开研究生联合培养示范基地授牌仪式暨专业学位硕士研究生产教融合培养模式研讨会。812名学生在各类市级及以上学科竞赛中取得优异成绩。实施本科生阶梯式思想政治教育计划，健全研究生导师研究生思想教育责任制度。召开学科建设暨研究生教育大会，听取高精尖学科建设情况汇报和国家级线上一流课程负责人、北京高校思政理论课特级教授专题报告。实施“37度温暖计划”，提高少数民族学生培养质量；加强心理健康教育与心理咨询工作。严格落实《校领导带头抓思政课工作方案》，常委会定期研究思政课建设、听评思政课。制定《马克思主义学院教师队伍建设三年行动计划（2021—2023年）》。

学科建设。获批系统科学、轻工技术与工程、工商管理3个一级学科博士学位授权点。环境工程专业通过中国工程教育专业认证。制定《学院学科专业建设规划》《交叉学科建设项目实施办法》。

科学研究。调整组建科学研究院。发表A区科研论文983篇，比上年增长29.68%；获批各类知识产权264项，比上年增长44.3%，其中发明专利159项，比去年增长27.2%。获批哲学社会科学、自然科学基金项目81个，获批数目为历史最多。获批中国轻工业联合会工程技术研究中心1个。推动科研成果转化，承担的北京市“两区”立法项目结项，服务北京“两区”“三平台”建设及昌平、平谷、房山等各区服务业发展。

交流合作。设置国际学生辅导员岗位。签署涉外合作协议11份，新增合作院校和科研机构3所。获批中国科协“一带一路”国际科技组织平台建设项目，举办“一带一路”中欧科技发展国际学术论坛暨第一届国际食品营养健康与风味创新论坛、第六届“一带一路”中巴科技与经济合作高水平国际学术论坛，分期举办“一带一路”数字化转型国际培训。

11月27日，北工商举办第六届“一带一路”中巴科技与经济合作论坛（北工商 供）

人才强校。引进高层次人才26人，柔性引进高层次人才10人。1人入选教育部“长江学者奖励计划”青年学者；1人入选国家自然科学基金优秀青年科学基金项目；4人入选北京市海聚工程青年项目。制定《2021年师德专题教育工作方案》，开展师德主题宣传教育月活动。

基础设施。良乡校区AB座教学科研楼开工建设。持续推进良乡主校区建设，“一院一楼”改造项目有序实施，良乡主校区疏解增加 1466 人。实现学校领导和围绕学生培养的主要职能部门主体搬迁至良乡校区。两校区一站式服务大厅按期完成，首批入驻 11 家单位。建成智慧教学一体化管理平台，建设智慧教室 8 间，智慧会议室 3 间。开通“第一应答”学生服务热线。获评 2018—2021 年“首都文明校园”。

党委书记　黄先开
校　　长　孙宝国

（杨蓉　张凯伟）

“智慧教室”投入使用

3 月，北工商 8 间“智慧教室”投入使用。“智慧教室”安装智能化环境控制和硬件设备，可满足两校区授课“互联互通、直录直播、资源共享”，同时具有教学大数据收集和分析功能，实现教学分析和教学督导数据化、智能化和全面化。学校另有 3 间智慧会议室投入使用，一体化线上教学平台初步搭建完成。

（杨蓉　张凯伟）

“第一应答”学生服务热线开通

4 月 12 日，北工商“第一应答”学生服务热线，面向良乡校区在校学生开通。热线旨在更便捷、高效服务在校学生学习、生活，第一时间倾听并协助解决学生遇到的困难、问题。学校定制能够体现服务理念的专属热线号码 4000－360－160（含义是 360 度〈全方位〉每天 16〈小时〉×10〈实心实意〉为学生服务），以“统一接办、按责转办、限时办结、统一督办、评价反馈”为工作模式，把学生来电可能问题划分为咨询类、生活服务类、教育教学类、险情上报类和投诉类 5 大类 80 余个问题，并明确问题响应时间。40 名学生通过面试入选第一批热线团队成员。

（杨蓉　张凯伟）

获批 3 个一级学科博士学位授权点

10 月 26 日，北工商获批 3 个一级学科博士学位授权点。3 个授权点分别是系统科学、轻工技术与工程、工商管理。至此，学校有一级学科博士授权点 5 个，实现学校理、工、经、管学科博士点的突破。

（杨蓉　张凯伟）

北京服装学院

概述

2021 年，北京服装学院设有 4 个校区，设有 8 个二级学院以及国际学院、继续教育学院；开设 31 个本科专业，覆盖 6 个学科门类；双学位专业点 2 个，服务国家特殊需求博士人才培养项目 1 个；一级学科硕士点 7 个，二级学科硕士点 1 个、硕士专业学位授权类别 5 个。博士生导师 16 人、硕士生导师 348 人。享受政府特殊津贴专家 4 人，北京市海聚工程特聘专家 5 人。国家级一流本科专业建设点 9 个，北京市级一流本科专业建设点 6 个，北京高校重点建设一流专业 2 个，国家级特色专业建设点 7 个、市级特色专业建设点 9 个。学校由北京市举办，为艺术院校。拥有网络多媒体教室 241 间。数字终端 3702 台，其中学生终端 2768 台、教师终端 934 台。数字资源量中电子图书 231.88 万册、电子期刊 7.90 万册、学位论文 889.18 万册、音视频 2.07 万小时。高考北京地区提档线不限选考专业组 464 分、物理必考专业组 455 分、化学必考专业组 456 分、物理 / 化学专业组 460 分。网址：www.bift.edu.cn。

2021 年，学校全体师生员工齐心协力推进各项事业稳步发展。

党建引领事业发展。将党建工作与中心工作高度融合，凝练出“党旗红引领时尚红”特色党建模式，策划实施“新时代中国乡村劳动者服装设计暨美好生活时尚工程”党建协同创新项目，服务人民美好生活需要，助力乡村振兴。开展“最美逆行者”系列医护服装设计，向医护工作者致敬，部分成果应用于冬奥工作人员防护。

人才培养质量不断提升。获批教育部“新闻与传播”硕士专业学位授权点，国家级一流本科专业建设点 6 个，北京市级一流本科专业建设点 3 个，3 门课程被评为首批“国家级一流本科课程”。设计学获批北京市高精尖学科，1 个项目获批教育部首批新文科研究与实践项目，获“纺织之光”教学成果奖特等奖 1 项、一等奖 4 项、二等奖 4 项，4 部教材入选北京高校优质本科教材课件，《数字媒体艺术概论》（第 4 版）获首届全国教材建设奖，取得历史性突破。坚持以本为本，获批 2021 北京“本科教学改革创新项目”4 个，其中重点项目 1 个。学生获德国红点设计概念奖、世界精英模特大赛冠军、第七届中国国际“互联网+”大学生创新创业大赛北京赛区一等奖等奖项；2021 届毕业生就业率 95.68%，自主创业率 6%，就业创业工作稳步推进。

科学研究成果丰硕。承担科研项目 150 余个，科研到款近 4000 万元，其中国家级科研项目新获批 10 个。发表科研论文 380 余篇，其中《科学引文索引》（SCI）和《社会科学引文索引》（SSCI）等核心以上期刊收录论文 80 余篇。国家重点研发计划“科技冬奥”重点专项“冬季运动与训练比赛高性能服装研发关键技术”“无障碍、便捷智慧生活服务体系构建技术与示范”成果取得重大进展；北京市重点研发计划项目“高性能多功能冬奥服装服饰研发”系列制服科研成果被北京冬奥组委采纳并应用于赛事服装设计；与国家博物馆合作开展“中国历代典型人物及服装服饰复原”项目，完整再现中国古代衣冠配饰的整体形象。《艺术设计研究》期刊再次入选《中文社会科学引文索引》（CSSCI）（2021—2022 年）来源目录期刊。

社会服务再创佳绩。学校积极服务北京“四个中心”建设。充分发挥设计力、科技力和组织力，积极承担建党 100 周年庆祝大会活动服装设计任务；承担北京 2022 年冬奥会和冬残奥会运动员高性能比赛服、系列制服（工作人员、技术官员及志愿者制服）、颁奖礼仪服装、火炬手服装、开幕式中国体育代表团入场礼仪服饰、冬残奥会运动员训练服、具有防护功能的工作系列服装、安保民警防寒被装等重大任务服装设计，承担国家高山滑雪中心、国家雪车雪橇中心等场馆景观，宣传海报、纪念邮票等多项形象视觉设计，并接受习近平总书记检阅；承担2020东京奥运会开幕式“开门红”入场式服装设计任务。深化与朝阳区、海淀区、丰台区等合作，与朝阳区联合主办“2021朝阳时尚峰会”，发布《北京时尚产业发展蓝皮书2021》；北服设计创新中心落户望京小街；与中国服装设计师协会共同主办中国国际时装周，助力北京国际消费中心城市建设。

党委书记　周志军

院　　长　贾荣林

（付佳）

北服设计·迪尚创新中心投入运营

4月22日，北服设计·迪尚创新中心（BIFT DESIGN）投入运营。创新中心（BIFT DESIGN）位于朝阳区望京小街时代中心B座六层，面积1000平方米。空间功能主要包括北服创新设计区、时尚会客厅、高级定制中心、设计师工作室。中心由北服与迪尚集团有限公司共同运营，旨在孵化新消费品牌引导时尚潮流，推广中国本土优秀新锐设计师和先锋设计力量，共同促进时尚产业发展，助力朝阳时尚之城建设。创新中心是北服和朝阳区政府战略合作落地项目之一。

（付佳）

中纺—北服时尚产业软实力研究院成立

7月9日，北服成立中纺—北服时尚产业软实力研究院。研究院与中国纺织职工思想政治工作研究会联合成立，旨在发挥高校战略研究、政策建言、人才培养、产业服务优势和行业协会在政府、行业与企业间桥梁纽带作用，助力中国时尚产业软实力提升，促进学院专业化、特色化发展。双方同时签订《中国纺织职工思想政治工作研究会与北京服装学院产学研合作框架协议》。

（付佳）

医护服装联合发布展演

9月11日，北服举办“最美逆行者”——北服·迪尚集团医护服装联合发布展演。展演包括“生生不息”“爱与奇迹”“大爱无疆”“一路同行”4个篇章，发布医护主题服装研发设计成果96款，包含医护工作服、医护礼服、患者服装、医用防护服和日常通勤防护服多品类医护、防护主题服装。

（付佳）

4月22日，北服设计·迪尚创新中心成立

（北服　供）

北京邮电大学

概述

2021年，北京邮电大学设有4个校区，设置15个院（系、部）。开设51个本科专业，覆盖8个学科门类；一级学科博士点11个；一级学科硕士点24个、硕士专业学位授权类别12个；博士后科研流动站7个，其中博士后研究人员出站27人、进站30人、在站73人。博士生导师553人、硕士生导师653人；工程院院士1人；“长江学者奖励计划”特聘教授7人、“国家杰出青年科学基金”获得者15人。“双一流”建设学科2个，国家级一流本科专业建设点16个，北京市级一流本科专业建设点7个，北京高校高精尖学科2个。学校由教育部举办，为理工院校。拥有教室298间，其中网络多媒体教室298间。数字资源量中电子图书368.71万册、电子期刊117.80万册、学位论文837.03万册、音视频36.85万小时。国家重点实验室2个、国家工程研究中心2个。北京实验室1个，北京重点实验室5个。高考北京地区提档线不限选考专业组633分、物理必考专业组638分、中外合作办学专业组（物理必考）615分。网址：www.bupt.edu.cn。

2021年，学校年度重点工作主要包括以下几个方面。

加快“双一流”建设。完成新一轮“双一流”整体建设方案和信息与通信工程、计算机科学与技术两个一流学科建设方案的编制。制定“双一流”建设工作指导细则，成立两个一流学科

部，落实新一轮“1255”（一个党建引领、两个一流学科、五项建设任务、五个重点领域）建设任务。发展新兴交叉学科，获批国家首批特色化示范性软件学院，获批全国首批集成电路科学与工程一级学科博士学位授权点，推进组建集成电路学院。

深化教育评价改革。制定《贯彻落实〈深化新时代教育评价改革总体方案〉任务清单》。举办深化教育评价改革专题培训会。修订《职称评审办法》，通过教育部高校教师职称评审监管现场检查。科学设置聘任条件，完成2021—2023年聘期岗位聘任工作。改革学生评价，修订学校《本科生综合素质评价办法》，将“研究生综合素质”纳入培养方案，促进和激励学生全面发展。

加强教师队伍建设。召开学校教师工作会议，制定《关于进一步加强教师队伍建设的实施意见》。全面落实“1551”（到2025年，完成引育10名“国脉人才”、50名“传邮人才”、50名“鸿雁人才”、100名“托举人才”）人才计划，加大教师引进和培育力度。新入职教师数增长近50%。加强教师教学发展中心建设，开展专题培训。1个教师团队入选第二批“全国黄大年式教师团队”，1个教学团队获“首届全国高校教师教学创新大赛”一等奖。

提高本科教育质量。落实“五育”并举，完成2021级本科专业培养方案修订。新增4个本科专业、11个国家和省级一流本科专业建设点。立项建设“高新课程”221门，获批国家级一流本科课程13门。成立教材建设委员会，获首届全国教材建设优秀教材奖2项、先进个人、先进集体1项。建设智慧教室40间，完成“百间智慧教室”建设任务，是“以智慧教室为切口践行‘以学生为中心’的学习革命”。完成教学云平台一期建设。深化创新创业教育改革，举办第12届大学生创新创业实践成果展示交流会，在第七届中国国际“互联网+”大学生创新创业大赛中获2金、2银历史最好成绩。

提升研究生教育水平。完成研究生培养方案修订，实施研究生专业课程“前沿”计划。入选全国集成电路高层次紧缺人才培养专项。完成首轮专业学位授权点水平评估。新增电子信息博士专业学位授权点、教育学一级学科硕士学位授权点、汉语国际教育硕士专业学位授权点。深化产教融合，推进与华为、小米等公司联合培养人才项目，实施“定制化人才培养项目”。完成导师遴选和招生资格审查工作，导师门户服务系统投入使用。举办第六届研究生创新创业成果展。

科研实力水平增强。新增国家重点研发计划项目8个，在研项目28个；科研经费到账8.85亿元，同比增长25%。连续获国家自然科学基金重大项目。2个国家工程研究中心获批纳入国家新序列管理。新增创新引智基地1个、文旅部重点实验室1个。“人工智能驱动的重大疾病动态画像新技术和远程高效防治系统”入选“2021世界互联网领先科技成果”。《自然》（Nature）报道学校数字医疗方面开展的系列研究工作以及取得的重要成果。师生团队在国家空间站建设和北京冬奥会重大科研任务中贡献北邮力量。召开第三届强邮论坛暨现代流通体系创新发展及邮政快递业高层次人才培养峰会。举办第三届北邮网络空间文化节、第二届“系统论、信息论、博弈论”三论融合学术会议暨北邮校庆学术论坛。

拓展交流与合作。与中国科学院空天信息创新研究院、中国航天科技集团公司第十二研究院等签署战略合作协议。与中国科学院科技战略咨询研究院联合成立北京邮电大学—中国科学院科技战略咨询研究院数字战略联合研究中心（智库）。新建英国伦敦玛丽女王大学孔子学院。获批与英国伦敦玛丽女王大学联合共建中外合作办学机构。与海南省教育厅签署合作协议，推进海南中外合作办学机构申报工作。与希腊塞萨利大学签署两校合作备忘录和学生交换协议，与深圳大学签署系统科学联合研究中心共建协议。

推进新校区建设。校区征地工作实现突破。完成新建污水处理站、校园绿化景观提升工程。人文学院、马克思主义学院整体搬迁至沙河校区。

党委书记　吴建伟

校　　长　徐坤

（刘家杰）

空天信息科技联合创新中心成立

1月18日，北邮成立空天信息科技联合创新中心。中心与中国科学院空天信息创新研究院、北京东方通科技股

12月8日，北邮召开教师工作会议

（北邮　供）

份有限公司合作成立，致力于开展空天信息科学与技术领域创新人才联合培养、科研联合攻关，构建创新型产业生态，服务国家空天信息产业发展。中心设主任1人，副主任3人。

（刘家杰）

学代会和教代会

4月10日和11月23日至26日，北邮分别召开第18次学生代表大会、第18次研究生代表大会和第13届工会会员代表大会、第七届教职工代表大会。学代会中，校学生会和研究生会执行主席分别作学生会和研究生会工作报告，审议并通过章程和工作报告，选举产生第18届学生会主席团、学生会委员会和第18届研究生会主席团、研究生会委员会。教职工代表157人参会。

（刘家杰）

“永不消逝的电波”密码大赛

5月28日，北邮举办“永不消逝的电波”密码大赛。比赛是学校党史学习教育系列活动之一，围绕党史知识设置题目，开展积分闯关型竞赛，分为五大站点，破译提示前往情报站点执行任务后，即可体验一场别样的“红色党史密码之旅”。比赛另设计“党史中的密码——永不消逝的电波”主题展览，从密码事件、密码人物和密码器物3个方面展示红色听风岁月里的党史百年。学校学生1000余人参加比赛。

（刘家杰）

北京印刷学院

概述

2021年，北京印刷学院设有3个校区，设置11个院（系、部）。开设31个本科专业，覆盖6个学科门类；具有一级学科硕士点12个、硕士专业学位授权类别5个；博士后科研流动站1个，其中博士后研究人员出站39人、进站45人、在站2人。硕士生导师217人。国家级一流本科专业建设点7个，北京市级一流本科专业建设点6个，北京高校重点建设一流专业2个，北京高校高精尖学科2个。学校由北京市举办，为理工院校。拥有教室134间，其中网络多媒体教室90间。数字终端5438台，其中学生终端3969台、教师终端1469台。数字资源量中电子图书59.41万册、电子期刊82.59万册、学位论文493.22万册、音视频17.85万小时。北京重点实验室7个。高考北京地区提档线不限选考专业组493分、物理必考专业组480分、化学必考专业组492分、物理/化学专业组482分。网址：www.bigc.edu.cn。

2021年，学校编制完成“十四五”规划，完成《北京印刷学院章程》修订，组织机构调整和中层干部换届，获国家级“节约型公共机构示范单位”称号，各项工作稳步推进。

人才培养。3个专业入选国家级一流本科专业建设点，3个专业入选省级一流本科专业建设点。稳步推进大类招生培养，完成专业分流及专业分方向。“以书载道，立德树人”入选教育部高校思政工作精品项目。获首都高等学校第13届秋季学生田径运动会男女丙组团体冠军。师生艺术实践工作坊《北京特色文创产品设计工作坊》《IM设计创艺工作坊——以科技创新为志业篇》获第六届全国大学生艺术展演艺术实践工作坊一等奖，师生设计作品《夏苗——疫情情况下的可持续发展系列设计》获艺术作品甲组一等奖。

学科建设。获批增列机械、材料与化工2个专业学位授权点。组织8个一级学科参评全国第五轮学科评估、3个专业学位参评全国专业学位水平评估。2个高精尖学科被北京市中期考核评为合格。

师资队伍。招聘青年博士教师34人，专任教师队伍中博士学位占比54.02%。开展“我最尊敬的教师”“师德先进个人”等系列评选表彰。教师获第四届北京市高校青年教学名师奖、首届北京高校教书育人“最美课堂”比赛一等奖。

科研创新。“高端包装印刷装备关键技术及系列产品开发”获国家科学技术进步奖二等奖。“新闻出版领域关键技术研发及应用综合实验室”获批出版业科技与标准重点实验室。评选表彰首届“科研标兵”。成立艺术与科技研究中心、北人智能装备科技有限公司联合工程研究中心、北京文化产业发展研究院3个研究机构。

社会服务。完成建党百年广场合唱献词、广场庆祝活动导视系统设计、城市志愿服务视觉形象系统设计等工作。举办庆祝中国共产党百年华诞百版红色报纸展。完成2022北京冬奥会和冬残奥会城市志愿者标识系统设计。京津冀印刷业协同发展北京创新示范园区开园。成立北京文化产业发展研究院。与北京出版集团、读者出版集团、青岛海信集团签署战略合作协议。

党委书记 高锦宏
校　　长 罗学科（8月18日免）

（全健）

新闻出版署重点实验室获批

2月10日，北印新闻出版领域关键技术研发及应用综合实验室获批国家新闻出版署出版业科技与标准重点实验室。实验室以“校企合作，智库支撑”为建设原则，围绕出版物物联网、出版物大数据、出版物绿色印刷3个主要研究领域，重点开展出版行业物联网软硬件技术、出版物物联网标准、基于区块链技术数字内容可信传播体系等内容研究。实验室与福建新华发行（集团）有限责任公司、北人智能装备科技有限公司、中新金桥数字科技（北京）有限公司、北京金印联国际供应链管理股份有限公司共建。

（杨蕻）

基础教育学院成立

7月7日，北印举行基础教育学院揭牌仪式。基础教育学院在原基础部、体育部、外语部三个教学部基础上合并

10月25日，“学习强国”平台发布北印师生设计“强强”和“国国”IP形象（北印　供）

成立，基础部化学教研室整建制转入印刷与包装工程学院。学院下设党政办公室、数理部、体育部、外语部四个三级部门，拥有教职工86人，其中教授6人、副教授30人。

（杨蕻）

“学习强国”平台“强强”“国国”IP形象设计

10月25日，“学习强国”平台发布由北印师生创意设计“强强”“国国”IP形象。该设计由专业教师团队带领157名本科生、硕士研究生，以课程实践教学方式完成。“强强”“国国”IP形象原型是成都大熊猫繁殖基地大熊猫“庆贺”于2020年产下的一对幼崽，设计团队把头部放大，设计较高胯部位置和柔软身体关节，体现可爱、自信、从容、友善的性格。

（杨蕻）

北京建筑大学

概述

2021年，北京建筑大学设有2个校区，设置10个学院和1个基础教学单位，另设有科学技术发展研究院、国际发展研究院（国际教育学院）、文化发展研究院、建筑遗产研究院和继续教育学院。开设40个本科专业，覆盖5个学科门类；具有一级学科14个；一级学科博士点2个；一级学科硕士点14个、硕士专业学位授权类别12个；博士后科研流动站2个，其中博士后研究人员出站27人、进站76人、在站41人。博士生导师67人、硕士生导师405人。国家级一流本科专业建设点12个，北京市级一流本科专业建设点8个，北京高校高精尖学科1个。学校由北京市举办，为理工院校。拥有教室157间，其中网络多媒体教室140间。数字终端941台，其中学生终端801台、教师终端140台。数字资源量中电子图书197.83万册、电子期刊31.88册、学位论文522.81万册、音视频3181小时。教育部重点实验室1个、教育部工程研究中心1个、自然资源部重点实验室1个，北京实验室1个、北京高精尖创新中心1个，北京重点实验室8个等省部级科研平台26个。国家级教学名师1人、全国优秀教师2人。高考北京地区提档线不限选考科目专业组513分、物理必考专业组495分、物理/化学选考专业组515分、物理/历史/地理专业组539分、地理必考专业组518分。网址：www.bucea.edu.cn。

2021年，学校高标准服务保障建党百年与冬奥“两件大事”，融入首都经济社会发展大局，治理体系和治理能力现代化成效显著；牵头获国家科学技术进步奖，获批全市首家高校“院士工作站”和市属高校首家“北京市工程研究中心”，办学实力、核心竞争力和社会影响力持续增强，高质量内涵发展迈上新台阶。

人才培养。推动“三规”（北京城市总体规划、核心区规划、城市副中心控规）进课堂、进教材，完成2021级本科人才培养方案制定。召开第四次学生代表大会和第四次研究生代表大会，审议通过《学生会章程修正案》《研究生会章程修正案》。开设“三规”主题通识核心课11门，完善校院两级“三规”课程体系。树立“大思政”工作格局，启动服务首都“四个中心”功能建设“百团行动计划”，101支师生实践团队将专业优势延伸至北京16个区、143个街道乡镇，优秀实践成果被人民日报、新华社等多家媒体报道。获全国高校“百个研究生样板党支部”和“百名研究生党员标兵”，连续2年获北京高校“十佳示范班集体”称号，连续6年获北京高校红色“1+1”示范活动一等奖。获“2021年全国大中专学生志愿者暑期‘三下乡’社会实践活动优秀单位”。承办3项北京市级科技竞赛，举办17项校级学科类竞赛，学生获省部级以上科技竞赛奖297项，50个项目入选国家级大学生创新创业计划。39部教材入选高等教育住房和城乡建设领域学科专业“十四五”规划教材选题，包括9部“三规”教材。

教师队伍。成立机构编制委员会，完善人力资源配置方式，新增100个事业编制。修订出台《岗位聘任办法（修订版）》《岗位考核办法（修订版）》等10余个人才、人事制度，优化绩效工资结构和分配办法，突出分类发展成果导向和二级单位贡献度，设置单位关键绩效指标（KPI）考核奖励，强化“多劳多得，优劳优酬”。全年召开13次人才工作领导小组会，面向全球先后开展六批次公开招聘计划，累计招聘 68 人。构建“培训+考核+奖励”新任教师培训体系，建立“教学科研双重考核”评价机制，做实教学基本能力培训，组织 600 余人次参加各类专题培训，举办各类交流研讨会、专题讲座、学术报告等 30 余场；2 名青年教师获北京高校青年教师教学基本功比赛一等奖并获全部单项奖。新增 8 名省部级人才，其中包含 2 名海外高层次人才。1 个团队获评第二批全国高校黄大年式教师团队，1 人获评北京市科技新星，1 人获评北京学者，1 人获首都劳动奖章。获批中国博士后基金项目 3 个，获批北京市博士后基金项目 9 个。申请并获批全市首个高校院士专家工作站。

学科建设。强化学科专业建设龙头地位，优化学科专业布局，着力构建与学校发展目标定位相匹配的学科专业体系。申报并获批电子工程、法学 2 个专业学位硕士点，积极开展建筑学、土木工程、测绘科学与技术 3 个高精尖学科建设。完成北京高校高精尖学科中期考核工作，土木工程获优秀档次。组织推进新一届学科负责人遴选与聘任工作，组织完成教育部第五轮学科评估工作，完成建筑学、城市规划、社会工作三个专业硕士点水平评估工作。新增 6 个国家级和 5 个北京市级一流专业建设点，2 个专业顺利完成工程教育认证专家入校考察。

科技创新。优化科技创新长效发展体制机制，修订完善关于科研经费、科研项目、科研奖励管理制度 10 余项。优化创新团队建设，设立交叉学科首席 PI 制，加强对 PI 全流程培育工作。牵头建设的城市基础设施与建筑绿色低碳技术北京市工程研究中心获批，是学校首个由市发展改革委正式批复科研平台。获批国家自然科学基金项目 40 个，比上年增加 1 倍；获批节能减排与城乡可持续发展准国家级协同创新中心，作为高校唯一牵头单位获批北京市工程研究中心；全年累计纵向、横向科研项目到账经费分别同比增长 11% 和 41%。推动科研成果转化，授权专利 194 件；与 75 个区、委办局、行业龙头企业开展深入合作，签署校地、校企合作协议 19 份，承接服务国家和首都重大需求项目 91 个，获市领导批示 12 次。作为第一完成单位承担的“高性能隔震建筑系列关键技术与工程应用”项目获 2020 年度国家科学技术进步奖二等奖；年度获省部级及以上科研成果奖数量首次突破 30 项。

国际化办学。8 家单位加入“一带一路”建筑类大学国际联盟，联盟成员增加至 27 个国家的 72 所高校。承办第五届中国—中东欧国家首都市长论坛分论坛，启动第一批“暑校共享计划”，长短期国际学生 123 人。开展世界一流大学暑期学术交流项目，线上线下派出学生 120 名学生参加学习。7 名中美联合培养给排水科学与工程“2 + 2”项目毕业生均被美国哥伦比亚大学、加州大学洛杉矶分校等海外知名高校录取。

党委书记　姜泽廷
校　　长　张爱林（9 月 9 日免）
　　　　　张大玉（9 月 9 日任）

（何其锋）

北京老城保护更新基地成立

10 月 24 日，北建大与西城区新街口街道联合共建北京首个“北京老城保护更新基地”。针对老城保护与更新中的问题及百姓诉求，基地拟建立“服务首都功能定位核心区实验室”和“新立方社区营建工坊”，围绕城市文化遗产传承保护、历史街区有机更新、美好宜居社区营造等领域开展研究和实践，并为周边居民提供社区营造、文化传承、精细设计、专题研究 4 类服务。

（何其锋）

获国际生土建筑大奖

11 月 24 日，北建大“马岔村民活动中心”项目在国际生土建筑大奖中获 2021 TERRAFIBRA 国际“社区发展”组别大奖。该项目团队基于在现代夯土领域多年试验研究成果，利用本地可得以生土为主的自然材料资源，形成一系列具有突破性和示范意义设计创新。这是该团队继 2016 年“马鞍桥村震后重建综合示范”项目之后，第二次获国际生土建筑大奖。TERRAFIBRA 国际生土建筑大奖，是在联合国教科文组织“生土建筑、文化与可持续发展”教席支持下，由法国国际生土建筑中心、amàco 自然材料实验室、苏黎世联邦理工学院与阿森纳展览馆联合举办，是国际生土建筑领域最具权威

10 月 24 日，北建大与西城区新街口街道联合共建全国首个“北京老城保护更新基地”　（北建大　供）

奖项，每4年举办一次，旨在表彰以生土、竹木等自然材料为主材，在建筑美学、建造技艺和生态效能方面均表现突出的生态建筑项目。

（何其锋）

北京石油化工学院

概述

2021年，北京石油化工学院设有3个校区，设置11个院（部）。开设38个本科专业，覆盖5个学科门类；具有一级学科硕士点6个、硕士专业学位授权类别7个；博士后科研工作站1个，其中博士后研究人员出站5人、进站5人、在站9人。拥有硕士生导师203人。“长江学者奖励计划”特聘教授1人；“国家杰出青年科学基金”获得者1人；“国家优秀青年科学基金”获得者1人，“国家特支计划”青年拔尖人才1名。国家级一流本科专业建设点7个，北京市级一流本科专业建设点5个，北京高校重点建设一流专业3个，北京高校高精尖学科1个。学校由北京市举办，为理工院校。拥有教室119间，全部为网络多媒体教室。数字终端5695台，其中学生终端3405台、教师终端2290台。数字资源量中电子图书124.62万册、电子期刊63.51万册、学位论文488.54万册、音视频3.04万小时。国家级工程实践教育中心2个，国家虚拟仿真实验教学中心1个，国家级实验教学示范中心1个。北京重点实验室5个。高考北京地区提档线不限选考专业组450分、物理必考专业组456分、化学必考专业组450分、物理/化学/生物专业组449分。网址：www.bipt.edu.cn。

2021年，学校统筹推进疫情防控和事业发展，党的建设和各项事业取得新进展新成效，学校高质量发展迈出坚实步伐。

“十四五”开局良好。制定26项核心指标、9项非核心指标，夯实首善之区工程师培养计划、学科内涵建设计划、科技创新能力提升计划、创新创业拓展计划、人才强校行动计划、合作平台夯实计划、体制机制改革计划、智慧校园建设行动的内涵。指导10个二级单位制定分规划和任务分解落实方案，推进规划落地实施。

思想政治工作。成立习近平新时代中国特色社会主义思想学习研究中心。深化思政课改革，推进思政课教法创优，开展专题教学研究与实践，增设校史教育课，建立密云水库实践教学基地。推进课程思政建设，印发实施细则，启动第三批示范课建设。首次获全国“三下乡”社会实践活动优秀团队。2项成果获北京高校“三全育人”优秀成果奖。5门本科生课程和1门研究生课程获北京市高校课程思政示范课程。辅导员入驻学生公寓，拓展思政工作阵地。开展师德专题教育，加强新教师入职培训。成立党外知识分子联谊会和首都高校首家妇女联合会。

人才培养。坚持“五育”并举，推进特色体美劳育人方案制定，完善应用型人才培养体系。加强课程教材建设，2本教材获全国优秀教材二等奖，4门课程和教材获北京市优质课程、优质教材。4个项目获北京高等教育“本科教学改革创新项目”立项。深化实践创新教育，全年5000余人次学生参与创新创业竞赛，实现国家大学生数学建模竞赛一等奖突破，获“挑战杯”中国大学生创业计划竞赛三等奖、第七届中国国际“互联网+”大学生创新创业大赛铜奖。加强研究生导师队伍管理和培训，推进核心课程建设，新建一批实践基地，发布研究生教育质量年报，不断提高研究生培养质量。

学科专业建设。结合北京市高精尖产业及部分新兴产业发展需要，优化应用型学科专业结构。重点发展材料与化工、智能制造、城市安全运行与管理等学科专业，培育电子信息、节能环保、生物医药类学科专业。新增2个硕士学位授权一级学科和6个硕士专业授权点。通过高精尖学科建设中期考核。基于“人工智能+”和“+安全应急”，大力推进新兴交叉学科建设。新增4个国家级一流本科专业建设点、3个北京市级一流本科专业建设点。2个专业通过国家工程教育专业认证中期审核。

科技创新。召开科技创新大会，部署“十四五”科技创新工作。推动科研制度创新，修订科研奖励办法等系列文件，组织交叉科研探索、重要科研成果培育、科研重器建设项目立项27个。获省部级科技成果奖2个、牵头获国家级行业协会奖7个。新立项科研项目276个，同比增长

9月29日，石化学院举办纪念孔子诞辰2572周年中华传统文化经典诵读活动（石化学院　供）

33%。竞争性科研经费到账 7800 余万元，同比增长 31%，再创历史新高。加强重点科研机构和团队建设，成立氢能研究中心。建设全市首个高校创新簇工作站，成立北石化科协。

师资队伍建设。引进教师 28 人，本科毕业院校“双一流”率 83%、海外经历占 57%，较往年明显提升。入选“国家高层次人才特殊支持计划”青年拔尖人才 1 人。新增北京海外优秀人才、市科技新星各 1 人。新增北京市教学名师、青年教学名师、优秀教学管理人员 3 人。

内部机制体制治理。深化人事聘任制度改革。修订年度考核办法，建立二级单位差异化考核评价机制。推进机构改革，合并组建新材料与化工学院、致远学院，成立生物医药健康产业学院。成立分析测试研究中心，推动大型仪器设备集约化管理。启动学校章程修订工作，开展内部控制手册修订和规章制度清理优化，推进财务制度规范完善。推进“一张表”管理，切实为基层减负。

校园设施建设。推进基础设施改造升级，新食堂、新浴室、新操场投入使用，学生综合服务大楼、56 间新教室、710 间新宿舍启用，康庄校区消防改造、主楼空调改造等 8 个建设项目完成，推进创新创业实训基地建设。优化上课时间表，增设自助报账投递机，引进校内咖啡厅。举办致远大讲堂、清源书院人文素养大讲堂等 30 余场，浓厚校园文化建氛围。

交流与合作。深化与市应急管理局和大兴区、北京经济技术开发区合作，推进相关学科和二级单位融入北京中日创新合作示范区、大兴国际氢能示范区等产业建设和管理服务，与密云区文旅局探索政产学研用一体化合作模式。特种机器人团队助力冬奥会等重大项目。环境工程专业科研活动助力大兴区绿色低碳发展，中标项目近 1300 万元。首次承办北京高校青年教师基本功比赛、注册会计师全国统一考试、会计专业技术中级资格考试等。成为首个与市科协签署战略合作协议、开展全面战略合作高校。作为轮值理事长单位做好京南大学联盟工作。与韩国亚洲大学签订联合培养博士研究生项目，务实推动“中法工程师”、ACCA 班等项目。

党委书记 刘颖
校　　长 蒋毅坚（9 月 9 日免）
罗学科（9 月 9 日任）

（王元锴）

两个学院成立

6 月 29 日和 30 日，石化学院分别成立新材料与化工学院、致远学院。新材料与化工学院由原化学工程学院和材料科学与工程学院合并成立，下设化学工程系、材料工程系、制药工程系 3 个系，化学化工教学与实验中心、仪器分析教学与实验中心 2 个基础教学中心，国家级专家团队 2 个，北京市重点实验室 3 个，校级重点研发机构 2 个。拥有教职工 117 人，其中教授 23 人、副教授 42 人。致远学院由原数理系和外语系合并成立，下设外语教研中心、数学教研中心、物理教学与实验中心、综合办公室 4 个基层组织及 1 个校级重点科研机构。拥有教职工 91 人，其中教授 7 人、副教授 37 人。

（王元锴）

思政课教学教法专题研讨会

9 月 18 日，石化学院召开思政课教学教法专题研讨会。会议围绕提升学校思政课教师教学能力，更好发挥思政课在学校思想政治工作中主渠道作用展开。学校领导、思政课教师、相关处室负责人 18 人参加研讨会。学校持续推进思政课建设，形成“1＋1＋N”（领导班子＋马院＋各部门）思政课建设体系。打造大学生“红色摇篮思政课”“红色摇篮微电影”“红色摇篮主题演讲”3 个活动品牌。开展思政课教法创优专项活动，探索适合学校思政课教学的“学、思、研、悟、行”五步教学法，提高思政课思想性、理论性、亲和力和针对性。

（王元锴）

北京电子科技学院

概述

2021 年，北京电子科技学院设有 1 个校区，设置 6 个院（系、部）。开设 8 个本科专业，覆盖 2 个学科门类；具有一级学科 7 个；一级学科博士点 1 个；一级学科硕士点 1 个、硕士专业学位授权类别 2 个。硕士生导师 52 人。国家级一流本科专业建设点 3 个，北京市级一流本科专业建设点 1 个，北京高校高精尖学科 1 个。学校由中央办公厅举办，为理工院校。拥有教室 25 间，均为网络多媒体教室。数字资源量中电子图书 9.83 万册、电子期刊 76.84 万册、学位论文 299.05 万册、音视频 437.50 小时。高考北京地区提档线不限选考专业组 604 分、物理必考专业组 605 分。在校生 2016 人，其中硕士研究生 295 人、普通本科生 1721 人。网址：www.besti.edu.cn。

2021 年，学院统筹推进党的建设、业务建设、队伍建设和改革发展稳定各项工作，办学治校水平和人才培养质量不断提升，“十四五”开局取得良好成绩。

党的建设。党史学习教育坚持领导带头、全员参与、形式多样、与思政教育深度融合，党委理论中心组开展专题学习 9 次，各党支部组织集体学习 400 余次，举办党课 100 余次，开展主题党日活动 180 余次，制定“我为群众办实事”44 件具体任务基本完成。以党的政治建设为引领，持续用力抓好思想建设、组织建设和纪律作风建设。开展政治生态大讨论活动，制定《教职工政治生态建设守则》《学生涵养优良校风行为守则》，持续巩固政治生态建设成果。

教育教学改革。实施以德立人、以智慧人、以体健人、以美化人、以劳塑人五个攻坚行动计划。开展以学生发展为中心的课堂教学模式改革和教学方法创新，培育孵化课程思政示范项目、一流本科专业、一流本科课程等七大类33个项目，构建起国家、省、校三级培育孵化机制。获批立项教育部首批新文科研究与改革实践项目3个，北京高等教育“本科教学改革创新项目”重点项目1个、一般项目2个。成立研究生教学指导委员会旨在健全研究生教学全过程管理机制、提高研究生教育教学质量，负责学院研究生培养工作和研究生教学管理工作。

学科专业建设。获批博士学位授予单位、网络空间安全一级学科博士学位授权点和公共管理类专业学位授权点。开办密码科学与技术专业，停办信息与计算科学、信息管理与信息系统专业，专业结构进一步优化，专业布局进一步完善。信息安全、保密管理、电子信息工程专业获批国家级一流本科专业建设点，计算机科学与技术专业获批北京市一流本科专业建设点。

课程教材建设。制定《2021—2025年教材建设规划》，针对培养方案中没有合适选用教材的30余门课程，分期分批开展教材建设。制定《课程思政建设实施方案》，构建覆盖全面、类型丰富、层次递进、相互支撑的课程思政工作体系、教学体系和内容体系。统筹规划研究生与本科生课程体系，打通部分通识类平台课程，推动本硕一体化培养。

科研创新工作。加强科研制度建设，完善绩效考核体系，激发科研人员创新创造活力。全年获批科研立项50个，发表论文104篇，出版著作6部，发明专利5项。获省部级以上奖励7项，其中学院作为主研单位承担的“新一代普通密码关键技术与算法设计”项目获2020年度国家科技进步奖二等奖，实现历史性突破。

学生管理服务。落实学院《关于加强和改进学生思想政治工作的实施意见》，将学生日常思想政治教育做深做细做实。建立国家级、市级、校级大学生创新创业训练项目一体化管理体系，提升学生创新实践能力，467人次获省部级以上奖励。继续保持生源好、就业稳良好局面，本科招生录取重点率100%。加强就业指导，总体毕业去向落实率96.4%，在行业部门就业比例占落实毕业去向学生总数83.61%，办学特色进一步彰显。

人才队伍建设。加大人才培养和引进力度，引进1名高层次人才，招录15名应届博士和硕士研究生，解决37名教师职称职级晋升问题。教师博士进修5人次，博士后进修1人次，访问学者1人次。专任教师中，45岁以下占比52.8%，高级职称占比56.9%，获博士学位者占比56.9%，师资结构进一步优化。

改善办学条件。科研楼项目竣工并投入使用，校园改扩建二期工程开工建设。完成智慧教室、人脸识别通行管理系统和网络中心建设任务，扩大校园网出口带宽，信息化保障能力不断增强。提高图书档案以及餐饮、物业等后勤工作服务水平。

内设机构调整。成立法治工作办公室、保密工作办公室、审计室3个内设机构，均在现有机构基础上加挂牌子。其中，办公室加挂“法治工作办公室”和“保密工作办公室”两个牌子，纪委办公室加挂“审计室”牌子，原保密保卫处因承担学校保密工作职责划归办公室，其名称更名为保卫处。调整后，各相关部门原编制和领导职数均不变。

党委书记 鲍遂献

院　　长 毛明

（吴文征　赵明丽）

电子信息工程专业获评国家级一流本科专业建设点

2月10日，电科院电子信息工程专业获评国家级一流本科专业建设点。该专业设立于2000年，2008年被评为教育部特色专业建设点，2009年被评为北京市特色专业建设点。电子信息工程专业教学团队于2007年获首批“北京市优秀教学团队”称号，2008年电子与信息安全实验教学中心被评为北京市高等学校实验教学示范中心。

（赵明丽）

首届学生体质健康精英赛

6月6日，电科院举办首届学生体质健康精英赛。比赛根据大学生体质测试标准（2014）设计，是学校落实“以体健人”攻坚行动计划具体举措。比赛设置50米、1000米、引体向上、立定跳远4个男子项目和50米、800米、仰卧起坐、立定跳远4个女子项目，要求参赛选手分别完成全部比赛项目。4个系80名学生参赛，评出一、二、三、四名团体奖项。

（赵明丽）

中国农业大学

概述

2021年，中国农业大学设有2个校区，设置19个院（系、部）。开设76个本科专业，覆盖9个学科门类；具有一级学科32个；一级学科博士点23个、二级学科博士点105个、专业学位博士点1个；一级学科硕士点33个、二级学科硕士点149个、硕士专业学位授权类别15个；博士后科研流动站19个，其中博士后研究人员出站81人、进站162人、在站341人。博士生导师1020人、硕士生导师562人；中科院院士4人、工程院院士9人。“双一流”建设学科9个，国家级一流本科专业建设点23个，北京市级一流本科专业建设点11个，北京市重点建设一流专业2个。教育部高等学校特色专业建设点14个，北京市级特色专业建设点10个。10个专业入选“卓越农林人才教育培养计划”改革试点项目。学校由教育部举办，为农业院校。数字资源量中电子图书25.76万册、电子期刊5.15万册、学位论文67.77万册、音视频2294小时。拥有国家重点实验室3个，国家工程实验室1个，国家工程技术研究中心2个，国家级研发中心1个，国家级国际联合研究中心1个，国家野外科学观测研究站3个；省部级科研平台108个，包括3个示范型国际科技合作基地，省部级国际科技合作基地1个，省部级重点实验室/研究中心/基地95个，部级野外科学观测实验站9个。高考北京地区提档线不限选考专业组627分、物理必考专业组622分、化学必考专业组627分、物理/化学/生物专业组632分，中外合作办学不限选考专业组602分、中外合作办学限选化学专业组615分。网址：www.cau.edu.cn。

2021年，学校在“双一流”建设、人才培养、师资队伍、科学研究、社会服务、国际合作、办学条件等方面取得进展。

“双一流”建设。首轮“双一流”建设总体成效与建设方案获教育部专家组认可。教育部反馈学校整体发展水平、可持续发展能力、成长提升程度3个总体情况处在第一档。

办学资源。烟台研究院新增2个本科专业、2个专业硕士专项；三亚研究院拓展“红旗、朗典，坝头”三大基地，占地38.69万平方米；国际玉米技术创新与成果转化中心正式开工；与保定市签署市校农业科技创新合作协议；中国农大深圳研究院（筹）揭牌落户。

人才培养。4门课程入选教育部课程思政示范项目，位列全国高校第一；1个团队获第二批全国黄大年式教师团队；2人当选北京市教学名师；获批新设4个本科专业，新增国家级一流本科专业建设点8个、北京市级一流本科专业建设点6个；获批11个虚拟教研室试点；获全国首届教材建设一等奖3项，先进集体奖1项；10个项目入选北京高校“优质本科课程”“优质本科教材课件”；5个项目入选2021年北京高等教育“本科教学改革创新项目”。至8月31日，2021届毕业生总体毕业去向落实率95.91%，选调生人数实现“九连增”；在第七届中国国际“互联网+”大学生创新创业大赛中，获“两金一银”，实现历史性突破。

师资队伍。学校实施“315人才引进计划”和“2115人才培育发展支持计划”升级版，实现精准引进和强化管理。1人当选中国工程院院士、3人获国家杰出青年基金、3人入选“国家高层次人才特殊支持计划”领军人才、4人获宝钢优秀教师；全年引进人才105人，杰出人才以上22人，首次突破20%；专任教师占比67.6%；博士后招收162人，同比增加49.5%，在站博士后首次突破300人。

科学研究。开发具有自主知识产权的基因编辑器Cas12i、Casl2j，实现关键核心技术突破，打破美国技术垄断；单倍体育种技术进一步拓展到双子叶植物，首次建立番茄诱导体系；揭示犀牛极小种群历史，实现古DNA大数据在濒危物种保护应用的突破，成果发表在《细胞》(Cell)杂志；获国家科学技术奖励4项，获奖数位列全国高校第四名；获2020—2021年度神农中华农业科技奖11项。国家自然科学基金获批项目246个，直接经费1.94亿元；获国家社科基金项目16个，同比增长14.3%；获批教育部人文社会科学研究项目7个，同比增长75%；获批北京市社会科学基金项目14个，同比增长100%；发表论文被《科学引文索引》(SCI)、《工程引文索引》(E1)和《社会科学引文索引》(SSCI)收录3697篇次，同比增长10%；获授权专利888项（其中国际9项)，同比增长3%；全年完成签订科技成果转化项目86个，同比增长16%，合同总额3617.68万元。甘肃武威绿洲农业高效用水野外科学观测研究站和河北曲周农业绿色发展野外科学观测研究站获科技部批准建设。

社会服务。1人获全国脱贫攻坚先进个人，农学院获先进集体。联合全国41所高校发起成立“全国乡村振兴高校联盟”，实体化运行国家乡村振兴研究院；河边村及帮东村乡村振兴项目入选“教育部2021年第一批直属高校服务乡村振兴创新试验培育项目”；临沧市萝卜山村乡村振兴项目获“第六届教育部直属高校精准帮扶典型案例”；新建教授工作站46个；支持河北省曲周县、河北省鸡泽县、吉林省梨树县建设农业农村部“全国农业科技现代化先行县”；与国家卫健委、黑龙江、四川等部委和地方政府开展战略性实质性合作；与中国银行股份有限公司、北京大北农科技集团股份有限公司、华为技术有限公司等企业开展深层次全方位合作。

国际合作。与美国康奈尔大学本科合作办学项目启动；新获批国家留学基金委“创新型人才国际合作培养项目”4个，新增国际合作培养研究生名额42个；“建设中非农业发展与减贫示范村”政策建议列入《中非合作2035年愿景》；《消除绝对贫困——中国的实践》中英文入选《中国联合国合作立场文件》；“小技术大丰收”减贫增产项目获中国脱贫攻坚“国际贡献奖”、入选“联合国南南合作典型案例”；“中非科技小院”项目入选2021年“联合国粮农组织国际减贫案例”；与世界顶尖涉农大学联盟（A5联盟）院校巴西圣保罗大学签约；提出“A5联盟院校+国际组织+发展中国家

1月22日，中国农大举办第一届教师教学创新大赛
（中国农大 供）

（简称 A5＋）发展倡议；与荷兰瓦赫宁根大学合作成果入选2021 中国农业科学十大重大进展。

党委书记　姜沛民

校　　长　孙其信

（孙桂凤）

3 家科技小院获“十佳北京科技小院”称号

6 月 4 日，中国农大承建 3 家科技小院获市委统战部评选“十佳北京科技小院”称号。3 家小院分别为统农 001 号密云区西邵渠村科技小院、统农 005 号门头沟区黄安坨科技小院和统农 006 号大兴区小黑垡村科技小院。3 家小院通过持续深入开展科技帮扶，将“小院”打造成开展耕读教育的实验田，使小院真正成为“聚神、聚人、聚力、聚气”的新时代乡村振兴发展实践新高地，助力乡村振兴。市委统战部将中国农大、市农林科学院、北京农学院和北京农职院等“一校三院”纳入小院建设平台，组织高校师生和科研人员长期驻村，开展科技帮扶，“打造一支带不走的帮扶工作队”。

（孙桂凤）

全国首家高校共青团融媒体中央厨房揭牌

6 月 11 日，中国农大举办共青团融媒体中央厨房揭牌仪式。融媒体中央厨房以“一次创作，特色加工，多平台推送”为理念，是集媒体策划、采访、制作、播发等功能于一身的多媒体综合平台，包括指挥控制区、会议讨论区、录制拍摄区、图形工作区、成果展示区 5 个区域。该媒体平台是首家高校共青团融媒体中央厨房，旨在深化共青团改革与推进媒体融合相结合，运用专业化工具优化思想引领的表现形式，开创共青团思想引领新模式。

（孙桂凤）

北京农学院

概述

2021 年，北京农学院设有 1 个校区，设置 14 个院（系、部）。开设 36 个本科专业，覆盖 7 个学科门类；具有一级学科 11 个；硕士专业学位授权类别 13 个；博士后科研工作站 1 个，其中博士后研究人员出站 14 人、进站 31 人、在站 14 人。国家级一流本科专业建设点 3 个，北京市级一流本科专业建设点 5 个，北京高校重点建设一流专业 2 个，北京高校高精尖学科 1 个。学校由北京市举办，为农业院校。拥有教室 267 间，其中网络多媒体教室 77 间。数字终端 5257 台，其中学生终端 3236 台、教师终端 2021 台。数字资源量中电子图书 120.46 万册、电子期刊 65.95 万册、学位论文 705 万册、音视频 4.34 万小时。农业部重点实验室 1 个、北京实验室 2 个、北京高精尖创新中心 1 个，北京重点实验室 5 个、北京市工程中心 6 个，北京市哲学社会科学研究基地 1 个。博士生导师 18 人、硕士生导师 490 人；“长江学者奖励计划”特聘教授 1 人；“国家杰出青年科学基金”获得者 1 人，“国家优秀青年科学基金”获得者 1 人。高考北京地区提档线不限选考专业组 450 分、不限选考（中外合办）专业组 444 分、物理必考专业组 458 分、物理 / 化学专业组 449 分、物理 / 化学 / 生物专业组 451 分、物理 / 化学 / 生物（中外合办）专业组 433 分。网址：www.bua.edu.cn。

2021 年，学校以培养知农爱农新型人才为育人使命，勇担强农兴农、助力首都乡村振兴时代重任，带领全校师生员工锚定建设高水平应用型大学办学目标，推动学校取得新进展、新成效。

政治责任落实落细。选派 100 名师生参与庆祝中国共产党成立 100 周年大会广场合唱和青少年代表献词活动。开展“我为师生办实事”活动，深入了解师生需求，形成校级实事清单 38 项，解决一批师生关切的热点、痛点问题。启动第八批校内巡察，对 14 个二级党组织党史学习教育开展情况专项巡察，推动学校党史学习教育走深走实。完成 94 个基层党支部换届选举。植科学院园艺研究生 1 支部获评第二批全国高校“百个研究生样板党支部”。以黄土梁村科技小院为具体案例撰写的《“第一书记+知联会教授团队”助力乡村振兴》入选全市农民增收工作典型案例；“发挥平台资源优势 提升精准帮扶成色”项目入选第四届省属高校精准帮扶典型项目。

特色办学方向明确新定位。编制实施《推进分类发展建设高水平应用型现代农林大学专项工作方案（2021—2022 年）》，明确学校“高水平应用型大学”发展定位的两年建设目标和工作举措，初步探索形成内涵、特色、差异化的“小而精”“小而特”特色发展路径。

教育教学与人才培养模式取得新进展。主动对接首都行业需求，改造传统专业，停招 7 个、增设 4 个专业。在林学专业设置古树保护方向并完成首次招生，学校成为全国首个培养古树保护本科专业人才的单位；设立数据科学与大数据技术本科专业。坚持把思政课改革创新作为政治任务抓好抓实，实施思政课质量提升 15 项措施。完善校领导联系学生、处级干部担任第二班主任工作机制。文化育人工程持续推进，学校再度获“首都文明校园”称号。1 个团队获美国大学生数学建模竞赛和跨学科建模竞赛一等奖，1 个团队获第七届中国国际“互联网+”大学生创新创业大赛北京赛区一等奖。

科技创新实现新突破。在全国高校中率先推行科技“揭榜挂帅”，发布 26 个科技攻关需求“榜单”，榜额 2338 万元。成功申报国家林业草原古树健康与古树文化工程技术研究中心，新建智慧农业研究院等多个特色校级平台。大学科技园被科技部、教育部联合认定为国家大学科技园。发表高水平学术论文 88 篇，1 篇论文获中国科技期刊农林学科年度优秀论文特等奖。获神农中华农业科技奖 4 项，专利授权 111 项，软件著作权登记 77 项。

师资队伍建设彰显新成效。聚焦教师能力提升，修订教育教学奖励办法和教职工培训管理办法。1 个团队获评

2021年北京高校优秀本科育人团队，2人获北京市级青年教师教学基本功比赛一等奖。园林学院林学系获“全国巾帼建功先进集体”称号。4人获批“本科教学改革创新项目”，11部教材入选国家林业和草原局“十四五”规划教材第一批立项目录。

对外合作开拓新局面。积极搭建国际交流平台，联合多家高校和企业申报的“一带一路”国际葡萄与葡萄酒产业科技创新院获批建立。与延庆区、平谷区政府签署战略合作协议，与中国农业科学院、北京市农林科学院、民革北京市委等开展交流合作，加入中国高等教育学会高等农林教育分会、国家农业科技发展战略智库联盟等行业组织，学校对外合作平台更加广阔，合作办学资源更加丰富。

6月16日，北农举办“揭榜挂帅”发布会

（北农 供）

内部治理释放新效能。对科技综合楼、东大地实验用地资源重组，成立实践教学基地管理中心，实现学校基地统一管理、统一规划、统一建设。扎实推进“平安校园”“绿色校园”建设，制定实施“北农节能十七条”，成为北京市率先推行节能校园建设的高校之一。

党委书记　杨军（12月31日免）
　　　　　赵锋（12月31日任）
院　　长　周剑平

（王磊）

科技“揭榜挂帅”发布会

6月16日，北农举办科技“揭榜挂帅”发布会。26个科技攻关需求“榜单”面向全校教师正式发布，榜额2338万元，重点服务农业农村局、园林绿化局等行业部门，以及平谷、延庆和河北承德等学校的社会服务主要阵地及相关行业企业重大科技需求。至年底，26个科技项目陆续启动并稳步开展科学研究。

（王磊）

智慧农业研究院成立

6月19日，北农智慧农业研究院挂牌成立。研究院致力于高端人才培养，下设农业物联网、农业大数据与人工智能、农产品区块链追溯、农业数字媒体技术、智慧乡村5个研究所，并参与中国城郊经济研究会数字乡村专业委员会、国家生态农业数字产业链创新联盟、国家农业大数据与信息服务联盟3个协会与联盟组织建设。研究院隶属于北农，设院长1人、常务副院长1人、副院长2人，拥有教职工33人，包括研究人员27人。

（王磊）

北京林业大学

概述

2021年，北京林业大学设有1个校区，设置17个院（系、部）。开设65个本科专业，覆盖8个学科门类；具有一级学科25个；一级学科博士点8个，博士学位授权点8个；一级学科硕士点25个、硕士专业学位授权类别17个；博士后科研流动站7个，其中博士后研究人员出站69人、进站35人、在站142人。博士生导师370人、硕士生导师495人；两院院士4人（含双聘）。“双一流”建设学科2个，国家级一流本科专业建设点18个，省部级一流专业建设点8个，北京市重点建设一流专业2个。学校由教育部举办，为林业院校。拥有教室164间，全部为网络多媒体教室。数字资源量中电子图书133.58万册、电子期刊58.40万册、学位论文1162.05万册。国家工程技术研究中心1个、国家工程研究中心1个、国家野外观测科学研究站1个、国家能源非粮生物质原料研发中心1个、林业生物质能源国际科技合作基地1个、国家水土保持科技示范园区2个、国家水土保持监测站4个；北京实验室1个、北京高精尖创新中心1个、北京市重点实验室8个；国家林业和草原局长期科研基地3个，林草国家创新联盟24个，国家林业和草原局科技协同创新中心2个。高考北京地区提档线物理/生物/地理专业组627分、物理/历史/地理专业组617分、物理/化学/地理专业组613分、不限选考专业组611分、化学/生物专业组609分、化学必考专业组604分、物理/化学/生物专业组601分、物理必考专业组597分、化学/生物中加合作办学专业组594分、物理/化学/生物中加合作办学专业组575分。网址：www.bjfu.edu.cn。

12 月 3 日，北林大举办基础学科拔尖学生培养计划 2.0 揭牌仪式暨建设工作推进会 （北林大 供）

2021 年，学校科学编制“十四五”规划，积极推进党史学习教育，各项工作取得积极进展。

办学条件和机构建设。经党中央、国务院批准，成为首批 4 所入驻雄安新区高校之一。发展改革委 7000 万元项目支持，推进“林业生态与资源高值化利用创新平台”建设。获教育部追加专项经费 2230 万元。林科实验楼获教育部等相关部门批准建设。

学校治理。稳步推进机构改革和校企改革。成立信息化建设与管理办公室。成立依法治校委员会、法治办，制定制度补齐合法合规性审核、合同管理漏洞。持续健全校园安全工作体系，抓好疫情防控常态化管理，全面实施校园安全整顿行动，实施实验室安全分类分级精准管控。

人才队伍。深化实施干部强基工程。制定修订干部队伍建设配套制度 9 项，多措并举补强年轻干部和“双肩挑”干部队伍建设短板。深化人事制度改革，系统推进第四聘期任务落地和全员聘岗工作，完善绩效考核、收入分配和奖励激励体系。实施“5.5”（五纵阶梯式支持工程、五横并行式建设工程）工程构建人才引育工作体系，兼职引进 1 名中科院院士，6 人入选国家级人才项目，1 个团队入选第二批全国黄大年式教师团队。

思政工作。着力构建教师思政大工作格局，制定首个系统加强教师思政工作总体方案，开展师德专题教育和警示教育。制定 91 项工作举措，系统实施“三全育人”综合改革。扎实推进北京市重点马克思主义学院建设，成立课程思政教学研究中心，获评首批国家级课程思政示范课 2 门。持续推进以文化人、以文育人，稳步推进校史编撰、校史馆建设，组织编纂北林大师学术思想文库。

学生培养。稳步推进教育教学改革。启动本科专业优化调整和人才培养方案修订工作。推进本硕贯通培养，深入实施研究生教育“1358”质量工程（围绕“1”个人才培养目标；落实“3”项责任；构建“5”大体系；实施“8”项计划）。获批林业高校首个国家基础学科拔尖学生培养计划 2.0 基地。全面促进学生成长成才。毕业生就业率保持在 90% 以上，读研深造率首次突破 52%。

“双一流”建设。林学、风景园林学继续入选第二轮“双一流”建设学科。制定支持草学冲击一流学科系列举措。9 个国家林草局重点（培育）学科建设通过验收。

科研管理。围绕林草花卉种业等“卡脖子”问题，部署 13 项科技攻关重点任务。全力冲击黄河流域森林资源保育国家重点实验室，高精尖中心验收评估获高度评价，获批林木育种与生态修复国家工程研究中心。首次在《细胞》（Cell）发表第一作者文章，首次获单项 5000 万级国家重点研发项目，年度横向课题经费首次突破 1 亿元。

服务社会。发布全国首部《黄河生态文明绿皮书》。谋划 22 国绿色“一带一路”建设，打造科右前旗乡村振兴“北林样板”。组建 14 个技术团队打造服务“绿色冬奥”北林样板，主持冬奥会核心赛区景观设计和生态修复。

党委书记　王洪元
校　　长　安黎哲

（焦隆）

生物科学拔尖学生培养基地揭牌

12 月 3 日，北林大举办基础学科拔尖学生培养计划 2.0 基地揭牌仪式暨建设工作推进会。会议为学校基础学科拔尖学生培养计划 2.0 基地——生物科学拔尖学生培养基地揭牌。学校整合各类资源，成立由校党委书记、校长任组长的生物学基础学科拔尖学生培养计划领导小组，并成立专家委员会，实施“一核一魂、四梁八柱”（一核指以森林生物学位特色的拔尖创新人才，一魂指梁希精神，四梁指立德树人、梁希书院、导师制、学分制，八柱指科学选才鉴才、科教融合、产教结合、小班化、个性化、国际化、综合素养、质量持续改进）的拔尖人才培养模式，营造“浸润”“熏陶”“养成”“感染”“培育”的教学氛围，持续探索“三制三化”（书院制、导师制、学分制、个性化、小班化、国际化）创新育人范式。基地依托生物科学与技术学院建设，计划于 2022 年首批招生 30 人。

（焦隆）

北京协和医学院

概述

2021 年，北京协和医学院与中国医学科学院实行院校合一管理体制，是集医教研产为一体的国家级综合性医学科学研究机构。拥有 19 个研究所、6 家附属医院、10 个学院、106 个院外研发机构，包括研究院 / 基地 3 个、创新单元 95 个，研究中心 4 个、工作站 4 个。国家重点实验室 6 个、国家临床医学研究中心 5 个、其他国家科研基地 14 个；省部级科研平台 59 个，其中北京市重点实验室 19 个。院校现有两院院士 26 人、国家杰出青年 45 人、万人计划领军人才 27 人，博士生导师 1032 名、硕士生导师 1231 名；拥有国家“双一流”建设学科 5 个，一级学科博士学位授权点 9 个，在教育部第四轮学科评估中有 6 个 A 类学科；拥有国家级重点实验室 6 个、国家临床医学研究中心 5 个、其他国家级科研基地 15 个、省部级实验室 59 个等。院校直属北京协和医院、阜外医院、肿瘤医院、整形外科医院、血液病医院和皮肤病医院 6 所医院，集医院、研究所和教学机构于一体，形成国内外闻名的医疗、教学和科研紧密结合的医疗服务体系。网址：www.oumc.edu.cn。

2021 年，学校统筹推进疫情防控和医学科技创新体系核心基地建设，实现院校阶段性发展目标。

建设国家级创新资源平台。推进国家转化医学重大基础科学设施、国家动物模型技术创新中心、国家人口健康科学数据中心、国家发育和人脑组织资源库、国家生物医学实验细胞资源库、国家人类疾病动物模型、药用植物资源库和菌毒种保藏中心平台建设。推进实验室生物安全防护水平 4 级（ABSL-4 实验室）规范运行和共享服务。

搭建学术交流平台。召开首届中国医学发展大会、首届中国血液学发展大会、首届医学信息学发展大会、第二届中国皮肤病学发展大会、中国心脏大会 2021 等学科系列发展大会，成立中国血液病专科联盟、全国医学信息学学科发展联盟、中国“一带一路”皮肤病学专科联盟、群医学研究联盟等，共议学科发展，发挥行业核心引领作用。

科研管理。谋定“十四五”期间“5＋2＋2”战略布局，包括重点科技攻关方向 5 个，战略科技力量建设专项 2 个及创新培育专项 2 个，设立重大项目 74 个。提高科研治理水平，加强科技成果保护与知识产权管理。开展生物安全、医学伦理及科研诚信管理工作。成立院校实验安全管理办公室；开展院校人类遗传资源管理自查。首次发布《中国 21 世纪重要医学成就》《中国 2020 年度重要医学进展》。发布年度中国医院和中国医学院校科技量值（STEM）。设立咨询研究项目“我国医学科技评价体系与方法的建立”“我国规范化中文临床医学术语体系及结构化电子病历的构建”“建设我国新型医学研发机构”并形成报告。全年纵向科研项目立项 1098 个，经费 4.06 亿元；发表论文 4571 篇，其中《科学引文索引》（SCI）收录 2849 篇；获授权专利 752 项；获 2020 年度国家自然科学奖二等奖 2 项，国家科学技术进步奖二等奖 1 项；科研成果亮相国家“十三五”科技创新成就展 7 项。

人才培养。公布《高层次人才队伍建设行动计划》。构建以“器官—系统—功能”为主线、以临床问题为导向整合课程体系，培养“X＋医学”高层次复合型创新医学人才。推进药学博士（Pharm.D.）教育，探索具有协和特色“临床药学专业博士”创新培养模式。加强研究生培养工作制度化建设。增加研究生招生计划 270 个；首次联合院外研发机构共同开展博士研究生培养。推进临床医学专业培养模式改革试点，国外高校生源比例增加，生源质量逐年提升。修订《本科专业培养方案》，推行学分制改革，鼓励开设“医学+”及“跨专业教育”课程，在临床医学专业中推行全程科研训练。2021 届毕业生就业率 96%。

学科建设。完成教育部第五轮学科评估。推进“双一流”学科群建设，打造临床医学、公共卫生与预防医学、药学、生物学、生物医学工程学科等一流学科群。成立马克思主义学院。《内科学（第 9 版）》获首届全国优秀教材一等奖；获全国首届教材建设先进个人奖 1 人；获北京市高校优质本科课程 3 门；获北京高校优质本科教材课件重点项目 1 个；获精品教材立项建设项目 5 个；获 2021 年“北京高校优秀本科育人团队”1 个和“北京高校优秀教学管理人员”1 人；八年制代表队获 2021 年全国医学生技术技能大赛全国总决赛冠军，护理专业代表队获银奖。

师资建设。面向全球引进高层次人才 49 人，超过近 10 年引进高层次人才数量总和。聘任特聘教授 4 人及兼职教授 1 人。推行准长聘教职及临床医学教职聘任工作，新聘 74 人，其中教授 12 人、长聘副教授 12 人、准聘副教授 6 人、助理教授 44 人。推进基础教学系列专业技术职务聘任。

10 月 9 日，协和医学院举行 2021 级临床医学试点班人体解剖学开课仪式（协和医学院　供）

新增工程院院士2人，教育部特聘教授1人，教育部讲席教授1人，科技部“火炬计划”获得者1人，国家自然科学基金杰出青年基金获得者3人，国家自然科学基金优秀青年基金获得者5人，国家自然科学基金优秀青年基金（海外）获得者6人。1人获北京市教学名师奖。派出援疆援藏干部22人，博士后服务团5人。开展院校教学名师、优秀教师、优秀教育工作者评选。

交流合作。与外交学院签约成立“中国东盟思想库网络公共卫生合作基地”“全球卫生外交协同创新中心”。组织专家参加世卫组织、国际生物医学研究高层组织、柳叶刀新冠委员会、全球防治慢性呼吸疾病联盟（GARD）、博鳌亚洲论坛等国际组织和非政府组织会议，面对全球卫生挑战贡献中国经验。

新冠肺炎科研攻关。开展病毒溯源、致病机制、药物与疫苗研发等科研攻关，建立呼吸道传染病通用疫苗及广谱抗病毒药物研发体系。编写《新型冠状病毒肺炎报告》226期、《新冠快讯》28期、《全球新冠疫苗进展报告》111期和《舆情报告》82期；完成《新冠肺炎疫情国内外防控经验研究》《新冠病毒变异株及疫苗保护效力分析》等报告。参与国务院新闻办公室新闻发布会、国务院联防联控机制新闻发布会等。

新冠肺炎疫情防控。召开院校疫情防控工作部署会议3次、疫情防控领导小组会议23次、综合组例会29次。印发各类文件32件，形成疫情防控文件汇编3册。做好全员核酸检测、重点场所环境取样、常态化防疫物资储备。院校健康隔离观察中心累计接受医学观察2680人次。及时传达部署落实各级疫情防控要求，宣传动员引导师生接种新冠疫苗，接种率达95.4%。做好学生在校学习、生活及寒暑假返校复课工作。

院（校）长　王辰

党委书记　姚建红

（孙莉娜）

首届中国医学发展大会

4月17日，协和医学院召开首届中国医学发展大会。会议以“擘画新时代国家医学创新体系及核心基地建设蓝图”为主题，听取题为《国家医学科技创新体系及核心基地建设》的报告。会议同期召开“2021年中国医学科学院学术咨询委员会学部委员全体会议”及“2021年中国医学科学院开放型医学科技创新体系建设会议”。110余名中国医学科学院学部委员，院外研发机构等院校平台基地负责人及骨干代表等院校负责人、机关职能部门负责人、所院负责人及相关科研人员500余人参加会议。

（孙莉娜）

转化医学综合楼启用

9月5日，协和医院转化医学综合楼启用。转化医学综合楼位于门急诊楼南侧，建筑面积5.6万平方米，地上10层，地下5层，拥有五大系统15个功能平台。该楼2018年动工建设，综合楼采取“开放、共享、公用”运行管理模式，旨在推动国家转化医学和医学创新事业发展，拥有的转化医学国家重大科技基础设施为国家5个转化医学国家重大科技基础设施之一。

（孙莉娜）

医学院落成百年纪念大会

9月19日，协和医学院召开协和医学院100周年暨中国医学科学院建院65周年纪念大会。会议发布《尊科学济人道》百年纪念视频，重温协和医学院落成百年和中国医学科学院建院65年来发展历程。全国人大、全国政协、国家卫健委相关领导参加大会。北京协和医学院由美国洛克菲勒基金会于1917年捐资创办，1919年10月开办八年制医学本科，是中国最早设有八年制临床医学专业和护理本科教育医学院校。2007年5月18日正式复名为北京协和医学院。为探求中国高等医学教育改革创新模式，北京协和医学院与清华大学于2006年9月起开展合作办学，同时使用“北京协和医学院—清华大学医学部”作为第二名称。中国医学科学院1956年建立，是中国唯一国家级医学科学学术中心和综合性医学科学研究机构，为北京协和医学院提供师资和技术力量。中国医学科学院和协和医学院自1957年起实行院校合一管理体制。

（孙莉娜）

首都医科大学

概述

2021年，首都医科大学设有5个校区，设置11个学院，1个研究中心，有21所临床医学院（19所为附属医院）、1个预防医学教学基地（北京市疾病预防控制中心），有39个临床专科学院（学系），35个临床诊疗与研究中心。开设24个本科专业、3个长学制专业，覆盖5个学科门类；具有一级学科14个；一级学科博士点8个、二级学科博士点46个、专业学位博士点3个；一级学科硕士点13个、二级学科硕士点64个、硕士专业学位授权类别10个；博士后科研流动站9个，其中博士后研究人员出站59人、进站104人、在站252人。博士生导师1024人、硕士生导师1252人；中科院院士3人、工程院院士3人。国家级一流本科专业建设点5个，北京市级一流本科专业建设点2个，北京高校重点建设一流专业4个，北京高校高精尖学科3个。学校由北京市举办，为医药院校。拥有教室177间，其中网络多媒体教室170间。拥有数字终端9010台，其中学生终端3210台、教师终端5800台。数字资源量中电子图书129.44万册、电子期刊141.39万册、学位论文458.79万册、音视频2907小时。国家医学中心3个、国家临床医学研究中心6个；省部共建协同创新中心2个、北京高精尖创新中心2个、省部共建国家重点实验室培育基地1个、教育部重点实验室5个、工信部实验室1个、国家药监局实验室1个、北京实验室3个、北京市重点实验室54个；国家工程研究中心1个、国家工程技术研究中心1个、教育部工程研究中心3个。高考北京地区提档线不限选考专业组534分、物理必考专业组539分、物理化学必考专业组597分、物理/化学专业组566分、物理/化学/生物专业组550分。网址：www.ccmu.edu.cn。

2021年，学校坚持和完善党对学校工作全面领导，立足服务首都城市战略定位和健康中国健康北京战略部署，对标国际一流研究型医科大学，编制完成学校“十四五”时期发展规划，统筹推进常态化疫情防控与学校事业发展。

学科建设。对标“双一流”，对临床医学学科系统评估。获批传染病国家医学中心和神经疾病国家医学中心，建立新的国家级学科平台。形成公共卫生学院建设方案和复合型卫生通科人才培养方案，加大公共卫生学科研究生招生支持力度，2021年招收硕博生比2019年分别增长64.7%、58.3%。与市卫生健康委合作，研究论证国内外联合培养公共卫生硕士博士方案。推进基础医学学科建设，获批国家级科研项目20项。推进口腔医学学科建设，获批局级及以上科研项目21个，包括国家自然科学基金项目8个。完成新一届临床专科学院系的院（系）的院（系）务委员会换届调整。落实国家关于加快中医药特色发展的精神，专项设立中医脓毒症、代谢相关脂肪性肝病中西医结合两个临床诊疗与研究中心；完成第三批临床诊疗与研究中心周期考核。

师资队伍建设。探索建立基础临床“双聘”高层次国际人才工作机制，落实校院两级人才引进实施办法。发挥国际青年学者论坛引进人才作用，引进人才61人。完善师资队伍培养政策机制，制定学校关于深化新时代教师队伍建设改革实施方案，修订教师岗位评聘实施细则；推进临床教师分类评聘；完成两批首医大青年学者招生绿色通道计划；启动首医优秀青年人才项目。建立高层次人才资源库，1人入选教育部特设岗位教授，6人获评北京学者，1人获“北京市人民教师”称号，2人获评北京市教学名师，1人获评北京市青年教学名师，1个团队入选北京市本科优秀教学团队。

教育教学与人才培养。完成临床医学（阶平班）30人、口腔医学（阶平班）20人首批招生工作。深化落实“卓越医生”教育培养计划，完善临床医学、儿科学、口腔医学“5＋3”（5年本科、3年研究生）一体化人才培养方案。制定本科课程建设方案，修订各门课程教学大纲。完成校级教材立项89个，完成年度“实培计划”66项；组织申报教育部产学合作协同育人项目8个。加强临床联合教研室建设。落实研究生教育观改革精神和要求，修订完善38个一级学科专业培养方案。建立导师培训云平台，615名导师参加培训。调整培养层次规模，优化招生专业结构，加强招生政策研究和宣传，录取分数稳中有升，生源状况良好，研究生录取比上年增加246人。开展校院两级精准就业指导；细化重点人群就业帮扶工作，实行“一人一策”。获批国家级一流本科专业建设点4个、北京市级一流本科专业建设点4个；教育部医学类课程思政示范课程2门，2021年北京高校“优质本科课程”和“优质本科教材课件”8门，首届北京高校教书育人“最美课堂”2门。获首届全国教材建设奖12项，评选校级优秀教材67部。

科学研究及成果转化。获批科技部项目48个；获批国家自然科学基金项目354个，其中重点项目5个、重大研究计划集成项目1个、中药防治新冠专项1个；北京自然科学基金项目133个；国家哲学社会科学基金项目4个；教育部哲学社会科学基金项目1个；北京市哲学社会科学基金项目9个。获批北京实验室2个，国家药品监督管理局重点实验室1个，国家工程研究中心1个。以第一完成单位3项成果获2020年度国家科学技术进步二等奖。获中华医学科技奖6项，华夏医学科技奖10项。完善医药健康科技成果管理系统，收录科技成果20余项。推动附属医院成果转化。完成36家校属企业改制任务。

国际国内交流合作。成立教育对外开放工作领导小组。推荐58名青年教师和学生申报国家公派留学项目。应对疫情影响，开发线上境外学习项目，84名学生参加由牛津大学、耶鲁大学等7所国际一流院校和联合国提供的16个境外线上学习项目；基础临床1496名教师参加线上培训，308名教师获相应证书。4名外国专家入选北京市外国专家局高端外国专家项目。持续落实京青、京鄂等对口支援合作项目。落实消费帮扶有关任务，超出全年采购任务154%。持续推进驻村帮扶，选派优秀干部赴村担任第一书记。首医教育基金会获评4A等级。

推进新校区规划。对标国际一流研究型医科大学，推进新校区（校本部）、国际化研究型医院、首都医学科学创新中心三大重点建设任务。加强与市政府有关委办局和大兴区委区政府工作对接、协商沟通，组织专家反复研讨论证。成立新校区建设指挥部，公开招标新校区建设项目管理公司。至年底，3个功能板块选址已经完成，新校区（校本部）建设方案获市政府批准，研究型医院和首都医学科学创新

7月12日至16日，首医大药学院临床药学系开展暑期实践活动（首医大 供）

中心两个建设方案已修改完善。

党委书记　呼文亮

校　　长　饶毅

（王于英　陈飞飞）

国际青年学者论坛

1月18日和10月12日，首医大分别举办第一、二届国际青年学者论坛。论坛旨在为海内外青年才俊搭建学术交流平台和学术成果展示舞台，通过专题报告、学术研讨、线上和线下交流方式，聚焦学术前沿，探讨学科热点。两届论坛均以“四方辐辏共筑健康”为主题，来自美国、英国、西班牙等国家青年学者2500余人参加活动。

（陈飞飞）

青年学者招生绿色通道计划实施

5月6日和11月9日，首医大完成两批青年学者招生绿色通道计划。该计划旨在加强研究生导师队伍建设，为青年学科骨干搭建成长平台。根据计划，首医大定期在全校范围内遴选各学科素质过硬、创新能力强的拔尖青年学者，给予博士研究生招生支持，两年后纳入导师常规管理体系。两批遴选43名临床和基础学科青年学者，其中第一批20人、第二批23人。

（陈飞飞）

首批“阶平班”招生

6月，首医大完成首批“阶平班”招生。“阶平班”通过高考统招方式招生50人，其中临床医学（阶平班）30人、口腔医学（阶平班）20人。该班是落实新医科和医学教育创新发展要求，推进“5＋3”人才培养模式改革重要举措，通过本科直博一贯制复合型人才培养模式，培养具有医学科学家潜质一流医学人才。该班注重学生科学研究能力、创新能力、思辨能力及国际视野培养，实施基础与临床双导师制，同时设置分流与淘汰机制。

（陈飞飞）

北京中医药大学

概述

2021年，北京中医药大学设有3个校区，设置13个院（系、部）。开设16个本科专业，覆盖6个学科门类；具有一级学科2个；一级学科博士点3个，学术型二级学科博士点42个，专业学位博士点9个；一级学科硕士点7个，二级学科硕士点47个，硕士专业学位授权类别14个；博士后科研流动站3个，学校（含附属医院）博士后人员出站36人、退站3人，进站54人、在站144人。博士生导师356人、硕士生导师835人；工程院院士2人。“双一流”建设学科3个。国家级一流本科专业建设点6个，北京高校重点建设一流专业1个，北京高校高精尖学科2个。学校由教育部举办，为医药院校，拥有教室184间，全部为网络多媒体教室。数字资源量中电子图书144.83万册、电子期刊19.07万册、学位论文937.63万册、音视频1.49万小时。教育部重点实验室3个，教育部工程研究中心3个。北京市教委重点实验室2个、北京市教委工程研究中心1个，北京市科委重点实验室4个。国家中医药管理局重点研究室10个，国家级实验教学示范中心1个。北京市实验教学示范中心4个。高考北京地区提档线不限选考专业组576分、物理／化学／生物专业组571分。网址：www.bucm.edu.cn。

2021年，学校完成“十四五”规划编制工作，编制“双一流”建设方案，推进学校常态化疫情防控和新冠肺炎病毒疫苗接种，各项工作取得进展。

党建思政。开设“书记讲堂”，成立课程思政教学研究中心。4个项目入选教育部课程思政示范课程，入选项目数量居全国中医药院校首位；8个项目入选北京市级课程思政示范项目。组织课程思政“精诚讲坛”。与国家教育行政学院合作开发建设课程思政网络课程。“实施中华传统文化传承创新‘六项工程’”被评为北京高校党建和思想政治工作特色项目。

教育教学。20名教师当选中国中医药出版社全国中医药行业高等教育“十四五”本科规划首批教材主编，学校被授予全国中医药行业高等教育“十四五”规划教材建设突出贡献奖。1部主编教材获全国教材建设奖全国优秀教材二等奖，另获全国教材建设奖10项。中药拔尖创新人才培养基地入选教育部基础学科拔尖学生培养基地。完成教育部第二届中医“专博+专培”培养模式试点改革，优化“+中医”（优才计划）项目培养方案及研究生培养工作。1人获北京高校教书育人“最美课堂”一等奖，1团队获北京高校优秀本科育人团队。1团队入选全国高校黄大年式教师团队。“生物传感AI算法融合的中医过敏／平和体质差异靶点科学解码”和“电针改善术后肠麻痹的神经——免疫抗炎机制被初步揭示”入选中华中医药学会2021年度中医药十大学术进展。

学科科研。建立北京中医药大学优秀期刊库。“中医养生（中医传统导引法）”获教育部唯一获批国家级非物质文化遗产项目。获国家重点研发计划“战略性科技创新合作”重点专项1项，市教委共建项目1个。建设国家中医疫病学传承创新团队。新增国家药监局中医药研究与评价重点实验室1个。获国家自然科学基金项目99个，其中重点项目、重大研究计划项目、区域联合基金项目各1个，面上项目49个，青年项目45个。首次获区域联合基金项目，连续7年获重点项目资助。获国家社科基金项目6个，马克思主义·科学社会主义学科首次获得资助。学校及附属医院获专利授权92项，其中发明专利39项、实用新型45项、外观设计8项。软件著作权获授权5项。承担的“灸用艾绒”及“问诊规范”两项国家标准获批正式发布，实现学校参与国家级标准制定的新突破。中医学、中西医结合、中药学、公共管理4个学科参加全国第五轮学科评估。

人才师资。2个团队分获首届北京高校教师教学创新大赛一等奖和二等奖；1人获北京市高等学校教学名师奖，1人获北京市高等学校青年教学名师奖。启动实施“壶天人才计划”，畅通“博士后—优秀青年人才—高层次领军人才”成长“全链条”，11人入选“壶天人才计划”。

学生活动。女子足球队获中国大学生女子足球锦标赛甲组冠军；获第14届全国学生运动会大学组武术比赛冠军1项。

交流合作与社会服务。签订校地、校企合作协议8项。中医文化视频及音频投放海内外新媒体平台，阅读量累计1683万人次。主办2021中医药国际发展论坛，成立“国际中医教育联盟”，启动北京中医药大学国际远程教育平台。获批“北京中医药大学国际中文教育（中医药文化）实践与研究基地”。承办2022年北京冬奥会和冬残奥会中医药体验馆，形成中医药文化国际传播的新范式。临床医学院医护骨干进驻冬奥村参与疫情防控，学校理疗志愿者为大会提供中医药健康服务。

党委书记　谷晓红
校　　长　徐安龙

（沈琦）

王琦书院成立

9月10日，北中医召开“实施‘九体医学健康中国计划’高峰论坛暨北京中医药大学王琦书院成立大会”。此次论坛由北中医与中华中医药学会共同举办。会议为王琦书院揭牌并为特聘教授颁发聘书。书院是全公益性质教学机构，挂靠在北中医国家中医体质与治未病研究院。书院以“发经典之奥义、融现代之新知、汇百家之言论、畅自由之思想”为办学宗旨，以培养中医药领军人才为办学目标。聘请70余名两院院士、国医大师任特聘教授，首期拟开设岐黄学者班、首都名中医班、海外学者班、王琦院士高徒班4个班，学员190人。高峰论坛围绕“九体医学健康计划”交流研讨。学校领导、两院院士、国医大师等600余人通过线上线下方式参加会议。

（沈琦）

第九次党代会

12月2日至3日，中共北京中医药大学第九次党员代表大会召开。会议听取题为《立德树人，守正创新，为建设中医药特色世界一流大学而奋斗》工作报告，总结第八次党代会以来取得的成绩，选举产生第九届党委会和纪律检查委员会。会议指明新时代学校发展方位、目标和思路，确立建设中医药特色世界一流大学奋斗目标和“三步走”发展战略。学校领导、党员代表共189人参加大会。

（沈琦）

9月10日，北中医举行“九体医学健康中国计划”启动仪式暨北中医王琦书院揭牌仪式　（北中医　供）

北京师范大学

概述

2021年，北京师范大学设有2个校区，设置3个学部、31个学院、2个系、11个研究院（所）。开设77个本科专业，覆盖10个学科门类；具有一级学科38个；一级学科博士点31个、专业学位博士点1个；一级学科硕士点38个、二级学科硕士点（不含一级学科覆盖点）1个、硕士专业学位授权类别15个；博士后科研流动站28个，其中博士后研究人员出站132人、进站196人、在站480人。博士生导师46人、硕士生导师900人；中科院院士1人、工程院院士1人。“双一流”建设学科11个，国家级一流本科专业建设点46个，北京市级一流本科专业建设点6个，北京高校高精尖学科3个。学校由教育部举办，为师范院校。拥有教室513间，其中网络多媒体教室510间。数字终端33186台，其中学生终端15303台、教师终端14499台。数字资源量中电子图书891.99万册、电子期刊17.37万册、学位论文1208.04万册、音视频34.87万小时。学校有国家重点实验室4个、国家工程实验室1个、国家野外科学观测研究站1个。北京高精尖创新中心1个，北京重点实验室6个。高考北京地区提档线不限选考专业组646分、物理必考专业组658分、物理/化学专业组657分、思想政治必考专业组654分、历史/地理专业组660分。网址：www.bnu.edu.cn。

2021年，学校积极推进党史学习教育，并参与建党百年庆祝活动；制定“十四五”发展规划；大力培养“四有”好老师，推进落实“强师工程”和“优师计划”；开展科学研究服务国家战略与社会发展，继续深化“一体两翼”建设；主持、主编、参编的多部教材获国家荣誉。

党史学习教育。开展党史学习教育，组织“我为师生办实事”实践活动；成立中共党史党建研究院，编写《中国共产党教育100年》；“七一”期间，500余名学生参与庆祝中国共产党成立100周年鸟巢晚会和天安门广场庆祝大会，教师担任大会总导演和晚会执行导演；开展“传承红色基因 建功新时代”系列活动。举办《思想政治课教学》

创刊 40 周年暨“学党史 讲思政”一体化教学研讨会。

师资建设。培养“四有”好老师和各类人才，入选国家基础学科拔尖学生培养计划2.0基地10个、研究课题5项，召开教育教学大讨论总结会；制定学校“十四五”发展规划、部署 14 项重点任务，12 个学科入选“双一流”建设学科；落实“强师工程”，推进“优师计划”“启航计划”“教师能力素质提升计划”。举办 2020 年教育教学大讨论，举办各类专题报告会、研讨会、座谈会 684 场，参与师生近 10 万人次；形成校级调研分析报告 6 份、书面调研报告 35 份；编制典型案例 95 个；完成相关议题建议 6 份；发布教育教学相关文件 20 项，其中新制定 9 项、修订 11 项，尚待审议的新研制文件 18 项。

科研管理。科研服务国家战略与社会发展，获批国家社科重大项目 10 个、国家自然科学基金项目 220 余个，获第六届全国教育科学研究优秀成果奖 45 项；立足中国教育与社会发展研究院为党和国家提供智力支持，支撑东北虎豹国家公园建设生态文明；成立国家安全与应急管理学院和中共党史党建研究院；出版业用户行为大数据分析与应用重点实验室揭牌成立；与生态环境部、文化和旅游部共建创新平台，与黑龙江省政府、安徽省政府、中央广播电视总台、天津师范大学、合肥国家实验室、雅砻江流域水电开发有限公司、中国建设银行签订战略合作协议，与国家天文台共建天文前沿研究所。

深化“一体两翼”（北京校区和珠海校区为两翼，一体化办学）格局。在珠海校区布局六个学科领域，建成国家安全与应急管理学院、未来设计学院、湾区国际商学院；昌平校园新校区建设方案获认可，西城校园明确中华文化国际传播高端平台定位。

学生培养。专门召开美育、研究生教育等领域工作会议。获准建设首批国家安全学一级学科博士学位授权点。学校女篮夺得中国大学生篮球联赛全国总冠军。学生团队获国际遗传工程机器大赛金牌。2018 级学生田雨欣获 2020 年度“中国大学生自强之星”称号。

教材建设。获首届全国教材建设奖 60 项奖励。其中，3 人获评全国教材建设先进个人，北师大出版集团获评全国教材建设先进集体。在所获 56 项优秀教材奖励中，基础教育类优秀教材奖项 37 项，其中作为第一单位获奖 30 项，含一等奖 7 项、二等奖 23 项；作为参与单位获奖 7 项，含特等奖 2 项、二等奖 5 项。高等教育类优秀教材奖项 19 项，其中作为第一单位获奖 8 项，含一等奖1项、二等奖7项；以“本书编写组”署名并作为主要成员参编“马工程”重点教材获特等奖 1 项，以“本书编写组”署名并作为首席专家及主要成员编写“马工程”重点教材获一等奖 2 项；作为主要参与单位获奖 8 项，含一等奖 1 项、二等奖 7 项。与中国儿童中心联合发布“家庭教育指导者专业标准”和“家庭教育指导者专业素养与专业能力基础课程”。

党委书记 程建平

校　　长 董奇

（申政）

全球灾害数据平台（中文版）上线

5 月 12 日，北师大上线全球灾害数据平台（中文版）。该平台由北师大运行，应急管理部—教育部减灾与应急管理研究院、中国灾害防御协会、应急管理部国家减灾中心联合建设。平台通过收集、整理与集成中国地震台网中心、中国气象局国家气候中心、全球灾害警报和协调系统（GDACS）、比利时鲁汶大学（EM-DAT）、红十字与红新月会国际委员会（IFRC）、联合国世界银行（WB）及知名媒体等权威网站的数据形成全球灾害数据库，涵盖全球灾害实况、重大灾害、灾害评估报告、灾害特征分析、中国灾害数据库 5 个板块，实时采集发布全球灾害数据、共享全球灾害分析评估产品、提供全球灾害风险管理决策支持。北师大同时发布《2020 年全球自然灾害评估报告（中文版摘要）》。报告显示 2020 年全球自然灾害总体呈较低水平，洪水灾害是 2020 年度影响全球的主要自然灾害。全球灾害数据平台（中文版）网址：www.gddat.cn。

（申政）

《文秀，你好》点映活动举办

6 月 15 日，北师大举办纪录电影《文秀，你好》点映活动。该片由广西百色市委、市政府，北师大、长治学院联合出品，是一部展现黄文秀生平事迹的人物纪录片。活动在北京校区设主会场，在珠海校区设视频分会场，两地师生 200 人及影片主创人员、百色相关代表参加活动。黄文秀，女，壮族，中共党员，2016 届定向选调生、北师大哲学学院 2016 届思想政治教育专业硕士研究生。2018 年到广西百色市乐业县新化镇百坭村担任驻村第一书记，2019 年 6 月

6 月 15 日，北师大举办纪录电影《文秀，你好》点映活动

（北师大　供）

17 日遭遇山洪因公殉职，先后被授予“时代楷模”“全国脱贫攻坚楷模”“七一勋章”等。近年，北师大多措并举引导优秀毕业生到基层就业，建立选调生和基础教育双向渠道，形成“激励+培养+关怀”三重就业工作机制，实施“四有”好老师启航计划，以“扶上马、送一程、服务终身”理念，支撑毕业生续航。

（申政）

家庭教育指导者专业课程发布

11 月 13 日，北师大、中国儿童中心联合发布“家庭教育指导者专业标准”和“家庭教育指导者专业素养与专业能力基础课程”。专业标准强调家庭教育指导者应坚持的思想性、科学性、儿童为本、家长主体、能力为重、终身学习 6 项基本原则，梳理出基于专业伦理与道德、专业理念、专业知识、专业技能 4 个维度的 18 个基本领域和 49 项基本要求，明确新时代合格家庭教育指导者应具备的专业素养与能力。基础课程定位于向学习者传播国内外最新家庭教育理论、理念与实践方法，涵盖家庭教育指导者的专业知识、专业素养与专业伦理、专业技能与实务 3 个模块，涉及 24 个家庭教育指导主题内容。

（申政）

首都师范大学

概述

2021 年，首都师范大学设有 8 个校区，设置 33 个院（系、部）。开设 59 个本科专业，覆盖 10 个学科门类；具有博士学位授权一级学科 18 个，硕士学位授权一级学科 25 个，博士专业学位类别 1 个，硕士专业学位类别 16 个，自主设置目录外二级学科学位授权点 18 个，自主设置交叉学科学位授权点 9 个，博士后科研流动站 14 个，其中博士后研究人员出站 26 人、进站 39 人、在站 104 人。博士生导师 284 人、硕士生导师 1098 人；中科院院士 1 人。国家“双一流”建设学科 1 个。学校由北京市举办，为师范院校。拥有教室 734 间，其中网络多媒体教室 386 间。数字资源量中电子图书 178.36 万册、电子期刊 9.96 万册、学位论文 949.15 万册、音视频 20.81 万小时。北京高精尖创新中心 1 个，北京实验室 1 个，北京市重点实验室 11 个。高考北京地区本科普通批提档线不限选考专业组 570 分、物理必考专业组 570 分、物理 / 化学专业组 567 分、物理 / 化学 / 生物专业组 569 分、物理 / 化学 / 地理专业组 582 分、历史必考专业组 587 分、地理必考专业组 583 分。高考北京地区本科提前批 A 段提档线不限选考专业组 542 分、思想政治必考专业组 572 分。网址：www.cnu.edu.cn。

2021 年，学校聚焦“双一流”建设目标，落实立德树人根本任务。

学科建设。通过首轮“双一流”建设周期总结验收。获批国家级一流专业建设点 15 个、省级 8 个，获批化学一级学科博士学位授权点，获批智能教育学、生物信息学、国别区域研究交叉学科博士点。获评首批新文科项目 3 个，数学、中国语言文学入选基础学科拔尖学生培养计划 2.0 基地。获批博士后特别项目 1 个、面上项目 5 个、北京市博士后资助项目 10 个。

科学研究。新增国家科技创新 2030“新一代人工智能”重大项目 1 个，获批国家重点研发计划项目 1 个、科技部专项课题 1 个。国家自然科学基金项目 49 个，其中优秀青年科学基金 1 项、原创探索计划 1 项。新增 PCT 国际专利 1 件、国内专利 95 件、国内授权专利 127 件、软件著作权 134 件，完成科技成果转化 10 项。获批国家社科基金重大项目 4 个、重点项目 3 个，获第六届全国教育科学研究优秀成果奖 5 项、北京市第十六届哲学社会科学优秀成果奖 7 项。“古文字与中华文明传承发展工程”协同攻关创新平台获批国家级哲学社会科学研究基地，国家语言文字推广基地、中外文明传承与交流研究中心获批省部级基地。中国语言智能研究中心获二期建设资助。获全国优秀教材奖 23 项。

人才师资。获国家科学技术进步奖二等奖。1 人获全国教材建设先进个人。9 人签订高层次人才岗位聘任书。完成 2021 年度教育部人才项目遴选推荐工作，获批教育部特聘教授 1 人，北京学者 2 人、海聚工程青年项目 7 人、国家自然科学优秀青年基金项目入选者 1 人。数学及信息交叉科研教学团队，入选第二批全国高校黄大年式教师团队。在站博士后获批青年基金项目。

服务社会。完成建党百年专项任务和服贸会志愿服务，持续做好冬奥会、冬残奥会筹备保障。开展“双减”背景下干部教师轮岗交流研究，完成教育部中小学名师领航工程培训项目 10 余个。新疆学院连续 10 年教育援疆，获全国脱贫攻坚先进集体称号。

抗击疫情。全年处理校园密接、次密接 8 次，疫苗注射 3.6 万剂次，核酸检测万余人。疫情以来，保持全校师生零感染，每日编发《疫情防控工作情况通报》。组织线上教学，开课率 99.99%、出勤率 97.82%。助力学生就业，本专科生就业率 95.81%、研究生就业率 96.91%，均较上年提高 7% 以上。

党委书记 孟繁华（6 月 3 日任）
郑萼（6 月 3 日免）
校　　长 方复全（9 月 14 日任）
孟繁华（9 月 14 日免）

（程诗惠）

“第一班主任”工作启动

12 月 23 日，首师大构建三维班主任体系暨“第一班主任”工作启动。“第一班主任”工作室通过参加主题班会、讲授“大思政课”、开设专题讲座、开展面对面谈心谈话等多种形式，发挥思想政治引领作用。学校首批聘任“第一班主任”9 人，由全体校领导担任。“第一班主任”与“领航班主任”“专任班主任”共同构成首师大三维班主任体系，

12月23日，首师大举行构建三维班主任体系暨“第一班主任”工作启动仪式　（首师大　供）

承担学生思想政治教育工作。

（程诗惠）

首都体育学院

概述

2021年，首都体育学院设有3个校区，设置9个院（系）。开设14个本科专业，覆盖4个学科门类；具有一级学科2个；一级学科硕士点2个、二级学科硕士点6个、硕士专业学位授权类别2个；博士后科研工作站1个，其中博士后研究人员进站2人、在站2人。博士生导师18人、硕士生导师109人。国家级一流本科专业建设点5个，北京市级一流本科专业建设点4个，北京高校重点建设一流专业2个，北京高校高精尖学科1个。学校由北京市举办，为体育院校。拥有教室48间，其中网络多媒体教室33间。数字终端中，学生终端427台、教师终端33台。数字资源量中电子图书100万册、电子期刊23.51万册、学位论文339.57万册、音视频1.67万小时。北京重点实验室2个。高考北京地区提档线不限选考专业组465分。网址：www.cupes.edu.cn。

2021年，学校统筹疫情防控与事业发展，加快推进高水平特色型大学建设，推动学校事业发展取得重大进展。

绘制新发展蓝图。学校加挂“北京国际奥林匹克学院”牌子，建设方案论证完成。延庆新校区筹建工作取得重要阶段性进展，按照一址办学原则整体规划，分期建设，分步实施。首创提出“体医工”融合创新发展办学思路，凝练六大办学特色：体育教育、奥林匹克教育、体育人工智能、体医融合、文化与新闻传播、冰雪运动。

服务冬奥筹办。把服务保障冬奥会作为首要政治任务，超过800名师生全面参与冬奥会竞赛组织及执裁、国家队服务保障、新闻转播、冬奥宣讲、冰雪运动普及、赛会志愿服务等各项工作。承担冬奥会开闭幕式、体育展示等彩排演练百余场次。组建团队参与北京冬奥会和冬残奥会官方报告编写，开展科技冬奥重点项目科研攻关，自主研发的“北斗+冬奥”科技应用示范项目成果直接应用于冬奥赛场。承办全国青少年奥林匹克知识和反兴奋剂教育系列活动，指导奥林匹克教育示范校和冰雪示范校开展相关活动，建成“冬奥驿站”，创办“奥运书屋”，塑造“双奥城市”奥林匹克教育国际品牌。

体制机制改革。准确把握分类发展政策要求，科学编制实施高水平特色型大学建设方案，明确深化改革的路线图和时间表。首次实施教师工作量考核和奖励性绩效工资分配，彻底打破“大锅饭”和平均主义，解决长期以来制约学校发展的瓶颈问题。协同推动科研体制机制改革，新制定、修订《知识产权管理办法》《科研项目管理办法》等7项制度，创新活力得到有效释放。理顺校企管理组织机构，推动校办企业改革工作全部完成。

干部人才队伍建设。坚持事业为上，开展大规模干部调研，全面掌握领导班子和干部队伍状况，谈话624人次，39名新提拔干部均全票通过试用期考核。扩大选人用人视野，推进干部能上能下，全年选任干部16人，其中选调干部提拔1人、引进提拔1人、校内提拔2人、平级交流12人。强化党管人才工作格局，聚焦“体医工”融合，新引进青年长江学者1人并成功申报北京市战略科技人才，新引进国家重点研发计划项目负责人1人，新引进来自海内外名校的人工智能、力学、医学等领域专家10余人。制定《博士后管理办法》，发布公开招聘公告，推动博士后工作站成为高层次人才引育新平台。

学科建设和研究生教育取得新进步。全面布局、系统推动体育学“高精尖”学科建设，落实学校首个《关于加强学科建设的实施意见》，统筹抓好博士单位和博士点申报、第五轮学科评估、高精尖建设学科中期考核评估、研究生人才培养方案修订、导师遴选及管理办法制定等重要工作，学科建设基础全面夯实，学位与研究生教育质量管理进一步严格规范。研究生奥林匹克教育教学团队和研究生教育实践基地挂牌成立。

专业建设和本科人才培养实现新提升。6个专业入选国家和北京市一流本科专业建设点，近70%专业入选国家“双万计划”。成立冰雪运动学院，成功申报冰雪运动专业，为北京冬奥会举办及后冬奥时期冰雪运动可持续发展提供智力支持。课程改革和教学变革取得实效。获首批国家级优秀教材奖3项，先进个人1人。新入选市级教学改革创新项目4项、优质本科课程4门、优质本科教材课件4项，“北京高校优秀本科育人团队”1个。围绕立德树人根本任务，高质量完成新一轮人才培养方案修订。完善学科竞赛代表队管理建设，支持校女子足球队、冰球队取得佳绩。

科技创新和成果转化实现新突破。在竞技体育、学校体育以及大众健康等领域全面布局，实施“有组织的科研”获批国家级重大项目。军民融合领域科研工作全面展开，获批重大项目3项。成果转移转化成效显著，申报发明专利14项，获专利授权 7 项。获中国体育科学学会科学技术奖 4 项。科研经费 2646 万元，申报省部级及以上项目、奖项和专利数均创历年新高。

高水平平台建设和条件保障全面提升。全方位强化科技攻关和人才培养的条件支持与平台保障。搭建全国首个“体医工融合高精尖创新中心”，布局运动训练场馆与创新平台建设智能互联，系统建设传感网和运动生物力学研究中心、体医工精准组学实验室、体育运动大数据云平台、5G + 8K 超高清技术和内容生产创新中心等科研平台，办学资源条件进一步提升。实验楼宿舍改造全面完工，“奥运花园”修葺完成。推动解决危旧平房历史遗留问题取得实质性进展。“身体运动功能训练”课程登录“学习强国”平台。

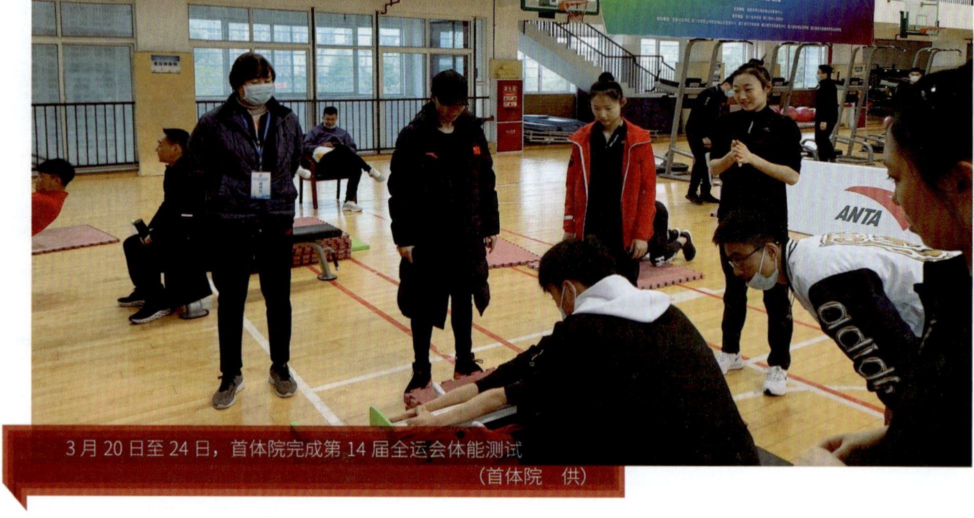

3 月 20 日至 24 日，首体院完成第 14 届全运会体能测试

（首体院　供）

社会服务和对外交流合作展现新作为。联合俄罗斯国立体育运动与旅游大学，发起成立“中俄体育院校联盟”，相关议题将纳入中俄部长级会议成果清单。成功申报中华预防医学会体育运动与健康分会理事长单位，与朝阳医院等近 10 家医院开展深度合作，积极推动“体医融合”临床应用。主办首届运动生物力学与体育科技促进学术研讨会等多项高水平学术会议，与普华永道中国联合举办“体育风云科技奖”，打造产学研行业新标杆。主动服务健康北京，系统实施“中小学体育教育提升计划”，研发日锻炼监测系统，助力“双减”任务落实，得到上级专项支持。建成“首体院滑冰馆”，服务 10 余所中小学代表队驻馆训练，累计培训 3 万余人次。

党委书记　何明

校　　长　张霞（6 月 15 日任）

（申珊）

“身体运动功能训练”登录“学习强国”平台

2 月 5 日，首体院“身体运动功能训练”课程登录“学习强国”平台。该课程由体育教育训练学院教学团队研发，包括运动生理学、运动医学、运动解剖等学科理论和方法，强调以身体功能动作筛查和诊断作为身体训练过程起点，以提高竞技运动表现、提升身体运动能力和健康水平为目标。至 3 月，课程第一节“身体运动功能训练概述”播放 24000 余次。

（申珊）

冰雪运动学院成立

5 月 13 日，首体院成立冰雪运动学院。冰雪运动学院是学校下属二级学院，突出冰雪专业教学、训练、竞赛、科研与社会服务五位一体办学定位。以本科教学为主，筹备开展研究生培养工作，包括冰雪运动、运动训练（冰雪运动方向）共 2 个专业，拥有教职工 9 人，其中专职教师 8 人。

（申珊）

北京外国语大学

概述

2021 年，北京外国语大学设有 2 个校区，设置 28 个院（系、部）。开设 121 个本科专业，覆盖 7 个学科门类；一级学科博士点 2 个、二级学科博士点 18 个；一级学科硕士点 11 个、二级学科硕士点 35 个、专业硕士点 8 个；博士后科研流动站 1 个，其中博士后研究人员出站 13 人、进站 25 人、在站 69 人。博士生导师 121 人、硕士生导师 376 人。“双一流”建设学科 1 个，国家级一流本科专业建设点 33 个，北京市一流本科专业建设点 8 个，北京市重点建设一流专业 2 个。学校由教育部举办，为语文院校。拥有教室 345 间，其中网络多媒体教室 265 间。数字资源量中电子图书 215.93 万册、电子期刊 6.52 万册、学位论文 390.50 万册、音视频 2.98 万小时。高考北京地区提档线不限选考专业组 632 分、思想政治必考专业组 631 分、历史必考专业组 635 分。网址：www.bfsu.edu.cn。

2021 年，学校落实立德树人根本任务，谋划未来发展目标，秉承“外特精通”育人理念，推进国际化、重特色、高水平、综合型世界一流外国语大学建设。

落实习近平总书记重要回信精神。9 月 25 日，在北外建校 80 周年之际，习近平总书记给北外老教授们回信，向他们以及全校师生员工和校友致以诚挚的问候，对北外和外语院校发展提出殷切期望。全校师生积极学习贯彻回信精神，党委研究制定《贯彻落实习近平总书记重要回信精神近期工作安排》，明确加强国际化人才培养、打造外语人才实践基地、外语教育红色基地等 19 项工作任务。把学习贯彻落实重要回信精神，同制定“十四五”规划相结合，同推动教师队伍建设相结合，同培养复合型外语人才相结合，同助力人类命运共同体建设相结合。明确责任部门、形成任务清单、确定完成时限，逐条逐项抓好落实，切实把学习成果转化为推动事业发展的强大动力。

深化“双一流”建设，推进学校发展跃上新台阶。优化建设方案和项目布局。加强顶层设计，编制完成“十四五”改革与发展规划及专项规划。完成《“双一流”重大标志性项目建设指南（2021—2025）》《“双一流”建设高校整体建设方案》《一流学科建设方案》等编制工作，制定“双一流”建设管理办法，为学校“双一流”重大标志性成果产出提供制度遵循。

科研工作。启动“101”工程非通用语建设、全球治理数据库建设、北外全球智库等15个重大标志性项目，确立24项2021年度继续支持项目，布局“少数民族地区语言教育伦理研究”“中国古代少数民族翻译史研究”“国家关键语言战略及人才培养研究”3个前沿探索项目，通过项目建设助力“双一流”发展。强化科研立项和平台建设。制定《高级别科研项目和科研成果奖项培育办法》，学校5个项目获2021年度国家社科基金重大项目立项，16个项目获2021年度国家社科基金年度项目立项，5个项目获国家自然科学基金立项，10个项目获教育部人文社科研究一般项目立项，5个项目获北京市社科基金项目立项。举办“教育部人工智能助推教师队伍建设行动”试点工作总结交流会，介绍学校3年试点情况，发出《人工智能助推高校教师发展之北外倡议》，以中、英、法、俄、阿、西6种语言，从10个方面号召全国高校积极应对人工智能对高等教育产生的深远影响，探索人工智能赋能教育的有效路径。高水平研究平台有序扩容，新成立中华文化国际传播研究院、国家翻译能力研究中心、全球教育治理研究中心、北外—《求是》全球传播中心；深化多语种学术期刊方阵建设，助力中国学术走出去。

人才工作。引育并举打造一流人才梯队。国家级人才工程成效显著，1人入选长江学者特聘教授、1人入选长江学者青年学者、3人入选国家万人计划青年拔尖人才、2人获北京市“四个一批”人才资助。面向全球招聘海内外顶尖人才和有潜力青年人才，引进高层次9人，中青年骨干2人。人工智能助推教师队伍建设试点工作成效显著，发布《人工智能助推高校教师发展之北外倡议》。修订《非通语种师资培养支持计划实施办法（试行）》，加快高水平非通用语种师资队伍建设步伐。

教材建设。统筹推进教材管理和建设。在全国高校中成立首家教材处，召开首届教材工作会议，制定教材建设管理办法。牵头承担高等学校外语类专业“理解当代中国”多语种系列教材重大项目，设立校级重点规划教材，组织编写《非通用语口语入门系列教材》。2人获全国教材建设先进个人，外语教学与研究出版社获全国教材建设先进集体，16种40部教材获全国优秀教材。

德育为先，加快构建“大思政”格局。推进北京市重点马院建设；健全思政课程体系，在北京高校中首开“中国共产党史”和“社会主义发展史”两门必修课；牵头推进《习近平谈治国理政》多语种版本“三进”工作，把《习近平谈治国理政》多语种版本纳入教学模块课程，在学校63个语种中实现“三进”全面覆盖。推进思政课程与课程思政双向融合，联合12所外语院校举办“三进”口译大赛，促进外语院校校际互学互鉴；成立思政协同育人工作室，打造思政工作亮点，组建思想政治课教师、专业课教师和辅导员协同育人团队。获北京高校“三全育人”优秀成果奖工作案例类一等奖。

创新为源，持续推动本科生联合培养。修订《本科专业人才培养方案》。推进与中国政法大学、中国人民大学、北京理工大学、中央财经大学等A+学科的本科生联合培养，北外—法大涉外法治人才联合培养项目开班，北外—人民大学“英语+党史”“英语+马理论”跨校辅修项目选拔15人辅修人大马理论或党史专业，北外—北理工“英语+信管”和北外—中央财大“英语+金融学”联合培养项目有序进行。成立学业支持中心，重点面向国家专项、高校专项、少数民族预科、新疆协作计划、新疆内高班、西藏内高班等招录来源的一年级新生提供涵盖33种语言，包含47类、99个专题、515周学时的针对性辅导，实现一年级全部本科专业及开课语种全覆盖。加快国际教育资源的引进，完成2021年线上暑假国际小学期101门专家开课申请。

质量为基，着力提高研究生培养质量。制定《关于修订博士、硕士研究生培养方案的指导意见》；修订课程管理制度，加强研究生培养过程管理，提高研究生课堂教学质量；修改学术奖励办法，提高奖励力度，鼓励产出高水平学术成果。通过实施研究生通识教育课程体系改革项目和外国语言文学学科研究生高端学术论坛资助项目，加强研究生学术创新意识和能力培养。鼓励研究生赴海外高层次院校开展交流学习，细化海外交流奖学金实施方案，做好研究生出国留学审批管理。对标《翻译人才培养实施方案（2021—2025年）》，强化北外特色专业优势，探索和提升研究生人才培养新路径。

党委书记　王定华
校　　长　杨丹

（吴天宇　崔苗苗）

《人类命运的回响——中国共产党外语教育100年》发布

6月10日，北外发布《人类命运的回响——中国共产党外语教育100年》。该书由学校党委书记、校长担任主编，包括奋进之路、外语之兴、大学之道、专业之盛、名家之忆、文明之基6个篇章，围绕建党百年主线，立体呈现中国共产党领导下的外语教育100年历程。全书56.60万字，由外语教学与研究出版社出版发行。

（吴天宇）

建校80周年

9月26日，北外召开建校80周年大会。会议回顾学校办学历程，传达习近平总书记给北外老教授的回信精神，合作高校、外国使节、校友代表分别致辞。学校全体师生员工、海内外校友通过线上线下参加大会。学校于9月23日举办新校史馆、世界语言博物馆、校庆雕塑落成开馆及揭幕仪式。新校史馆展示学校80年发展历史；世界语言博物馆按由远及近的时间脉络，从历史到现状再到未来，呈现语言的各个方面。校庆雕塑以象征“融合”和“无限”的莫比乌斯带为基，内面镂刻101种语言的“你好”，涵盖学校开设的全部外语语种。北外前身是1941年成立于延安的中国人民抗日军政大学三分校俄文队，历经军委俄文学校、军委外国语学校、华北联大外国语学院、中央外事学校等主要阶段，1949年更名为外国语学校，1954年更名为北京外国语学院，1959年与北京俄语学院合并组建新的北京外国语学院，1994年更名为北京外国语大学。至2021年，培养毕业生30.33万人。

（崔苗苗）

北京第二外国语学院

概述

2021年，北京第二外国语学院设有1个校区，设置17个院（系）。开设48个本科专业（包括29个语种专业），覆盖4个学科门类；具有一级学科硕士点5个，二级学科硕士点28个、硕士专业学位授权类别6个；联合培养博士点2个，联合共建博士后工作站2个。国家级一流本科专业建设点11个，北京市级一流本科专业7个，北京高校重点建设一流专业2个。国家级特色专业4个，教育部专业综合改革试点专业1个。北京高校高精尖学科2个。学校由北京市举办，为语文院校。拥有教室262间，全部为网络多媒体教室。数字终端4935台，其中学生终端1766台、教师终端3169台。数字资源量中电子图书123万册、电子期刊156万册、学位论文911万册、音视频4.58万小时。高考北京地区提档线不限选考专业组（1）538分，不限选考专业组（2）529分。网址：www.bisu.edu.cn。

2021年，学校“十三五”圆满收官，高质量编制完成“十四五”规划，并实现“十四五”良好开局。

推进新时代教育评价改革，形成教育发展新标尺。学校贯彻落实中央和国务院《深化新时代教育评价改革总体方案》及北京市“一个方案两个清单”要求，坚持“五育”并举，以立德树人为主线，以破“五唯”为导向，制定《贯彻落实〈深化新时代教育评价改革总体方案〉的实施方案》和台账，确立“形成富有时代特征、彰显二外特色、体现高水平的教育评价体系”的改革目标，明确学校教育评价改革的5大重点领域和16项重点任务要求。

开好两个“大会”，全方位形成高质量人才培养新抓手。先后召开研究生教育大会和教风、学风、考风建设（“三风”）大会。制定研究生教育“十大行动”，主动破解“三风”建设顽瘴痼疾，形成13项改革重点任务要求，坚持从严治教、从严治学、从严治考，推动“学生忙起来、教师强起来、评价严起来、效果实起来”。

学生工作“1＋1”工作法推进。工作法涵盖6个领域，一是心之约“1＋1”，要求1名领导干部对接1个班级社团，率先垂范深入一线进课堂、进支部、进班级、进食堂、进心灵并开展深度辅导。二是学生党建“1＋1”，要求1名学生党员联系1个新生宿舍。三是学风引领“1＋1”，要求1名优秀学生代言1个专业。四是新生引航“1＋1”，即1名新生收获1份“开学大礼包”，包含“校园通行绿码”“校门核酸检测”“书记开学第一课”内容。五是资助育人“1＋1”，要求帮助1名困难学生至少实现1次成长。六是就业指导“1＋1”，即1名咨询师助力1名学生成长规划。

学科建设。“十四五”发展规划总规突出学科至关重要地位，同时明确高精尖学科发展目标。组织完成高精尖学科中期考核，强化高精尖学科规范管理，推进高精尖学科出版资助规范化建设。新增泰语、越南语、印尼语三个东南亚非通用语专业。6个专业入选国家级一流本科专业建设点、7个专业入选北京市级一流本科专业建设点。全面推动两轮“双万计划”获评一流专业建设。

人才培养。实施《2020版本科生培养方案》，基本形成以“双复”为导向的“四跨”（跨学科专业、跨年级班级、跨校内校外、跨国别区域）人才培养体系。引进国内知名在线教育平台优质慕课160门，资助立项自主在线课程建设169门，30门标准慕课上线主流慕课平台，课程资源进一步丰沛，“复语复合”人才培养的课程需求不断满足。成立两个名师工作室。

科研工作。科研制度与机制改革持续出新；高层次科研立项取得新突破；全年获国家级项目30个，获省部级科

5月4日，二外师生共同绘制巨型画作庆祝建党百年 （二外 供）

研立项 34 个，实现中国在 APEC 旅游领域项目零的突破；科研成果的数量和质量保持稳定增长态势；智库平台的服务能力水平凸显，发起创建北京市翻译协会、北京漫画学会，推进北京旅游学会落户学校，形成新的平台优势，获批国家社科基金项目 6 个，省部级课题 11 个。与中国国际贸易学会共同举办“中国国际服务贸易交易会·第 15 届国际服务贸易论坛”，首发 4 个系列 12 部研究成果，包括服务贸易蓝皮书系列《中国国际服务贸易发展报告 2021》、文化贸易蓝皮书系列《中国国际文化贸易发展报告 2021》《首都文化贸易发展报告 2021》等。

师资建设。推进教师评价与绩效分配改革，激发人才队伍新活力。强化师德师能教育培训；优化师资队伍结构，遴选建立“翔宇人才储备库”；深化教师评价改革；稳步推进人才招聘，设置职称申报绿色通道，有效提高岗位吸引力，留住优秀人才。

国际交流。开拓国际化新资源，推动国际交流合作开新局。拓展与教育部、留学基金委等的合作交流，主动对接需求；坚持“一院一策”稳步推进孔子学院转型升级，推动孔院努力讲好“中国故事”；二外孔院显示度不断提高，巴拿马大学孔子学院本土教师获“汉语桥”突出贡献奖。

提升治理能力。坚持和完善党委领导下的校长负责制，不断健全议事决策、分工协调和监督制约机制，优化“接诉即办”，推动“未诉先办”，开通“8001”服务热线，畅通师生意见诉求校内反映渠道。坚持做好二外拉萨附属中学合作办学、拉萨旅游发展规划援助和北京山神庙村“引智帮扶”工作，在北京市脱贫攻坚专项奖励评选中学校被授予集体嘉奖。加快教育信息化建设步伐。制定《校务数据管理规定》《网络安全管理规定》，持续推进教职工、学生两个数据群中核心字段的互通共享。

党委书记　顾晓园
校　　长　计金标

（王薇）

“红培工程”入选高校思想政治工作精品项目

3 月 4 日，二外“以‘五个一’文化育人体系引领打造‘传承红色基因培育时代新人’”工程入选 2021 年度高校思想政治工作精品项目。该工程简称“红培工程”，将培育时代新人与服务国家和地方经济社会发展有机结合，着力打造“五个红”（红色课程体系、红色品牌赛事、红培思政工作室、红色实践教育基地、红色精神文化体系），围绕课堂阵地、科研创新、校园文化、志愿服务、社会服务形成“五位一体”红色育人体系，在全国高校思想政治教育中形成“二外模式”。

（王薇）

获联合国世界旅游组织学生联赛硕士组冠军

9 月 30 日，二外学生在联合国世界旅游组织 2021 年全球学生联赛中获“塑料污染挑战赛”（Plastics Pollution Challenge）硕士组冠军。学校 6 名硕士研究生组成雨燕行动小组（SWIFT ACTION），针对“首钢工业文化旅游区”提出减塑限塑行动方案。比赛由世界旅游组织举办，旨在促进全球旅游人才发展，使专业与实践有机结合，并为行业面临的挑战提出科学、可持续的解决方案。来自 45 个国家 150 余支队伍参加比赛，二外学生与来自印度和澳门城市大学的两支队伍进入“塑料污染挑战赛”硕士组总决赛，最终获冠军。

（王薇）

北京语言大学

概述

2021 年，北京语言大学设有 1 个校区，设置 16 个院（系、部）。开设 39 个本科专业，覆盖 9 个学科门类；具有一级学科 13 个；一级学科博士点 2 个、二级学科博士点 23 个；一级学科硕士点 11 个、硕士专业学位授权类别 9 个；博士后科研流动站 2 个，其中博士后研究人员出站 8 人、进站 10 人、在站 19 人。博士生导师 75 人、硕士生导师 347 人。国家级一流本科专业建设点 10 个，北京市级一流本科专业建设点 4 个，北京高校重点建设一流专业 1 个，北京高校高精尖学科 2 个。学校由教育部举办，为语文院校。拥有教室 407 间，其中网络多媒体教室 319 间。数字终端 6550 台，其中学生终端 4990 台、教师终端 1560 台。数字资源量中电子图书 575.42 万册、电子期刊 3.83 万册、学位论文 287.86 万册、音视频 9.44 万小时。北京高精尖创新中心 1 个。高考北京地区提档线不限选考专业组 601 分，物理 / 化学 / 生物专业组 601 分，物理必考专业组 591 分。网址：www.blcu.edu.cn。

2021 年，学校依照以“十四五”总体规划为统领、“十大行动计划”为支撑、教学科研单位规划为基础的“十四五”发展规划体系，在党建、教学、科研等各方面取得重要成绩。

党史学习教育。成立党史学习教育领导小组，下设 4 个工作组。实施党史学习教育“十大行动”。建立为师生办实事工作台账，学校层面 35 件事项，二级单位层面 165 件事项。面向国际学生讲好中国共产党的故事。

支援协作与志愿活动。持续做好定点帮扶和乡村振兴工作，获评“广西脱贫攻坚特别贡献单位”。完成 291 名冬奥会志愿者选拔培训和 51 名冬奥会赛时实习生定制化培养。组织国际学生志愿者代表参加开幕式有关演出排练。

机构编制和机构改革。制定《机构编制管理办法（试行）》。独立设置巡察工作办公室、教师工作部，整合发展规划处和学科建设办公室，设置干部人事档案管理办公室。深化学部制改革。启动恢复科级建制及机关定岗定编。

学科建设。获批新增马克思主义理论等 5 个一级学科硕士学位授权点。获批新增新闻与传播等 4 个硕士专业学位授权点，获批新增“人工智能”和“波斯语”2 个本科专业。获批自主增设“教育评价与治理”“语言资源学”等 5 个二级学科点。学校 5 个专业获批国家级一流本科专业，4 个专业获批北京市一流专业。新成立教材研究院等 11 个教学科研平台。

人才培养。印发《全面推进本科教育课程思政建设实施办法》。开展《习近平谈治国理政》多语种版本“三进”项目建设。中国语言文学拔尖学生培养基地入选国家基础学科拔尖学生培养计划2.0基地。制定并实施《研究生课程论文学术不端行为检测实施办法》《研究生课程考核及成绩管理办法》。探索智慧型国际中文教育与文化传播模式。成立第一届国际中文教育教学督导组。

科学研究。制定《科研激励办法》，探索对科研贡献进行多维度评价。获纵向项目43个、横向项目45个，其中国家哲学社会科学年度项目10个，项目数量及学科分布为历年最多。《文献语言学》和《国别和区域研究》新增为《社会科学引文索引》（SSCI）核心集刊。获批设立北京市“汉学与国际传播能力建设名家工作室”。发布《中国语言生活状况报告·语言政策篇》（俄文版）。

人才队伍建设。成功引进2名学校急需高层次人才，聘任特聘教授3人、银龄学者4人。聘任校内高层次人才63人。实施非编长聘用人制度，管理和其他专技岗位选聘12名非编长聘人员。

对外开放合作。成立教育对外开放工作领导小组。拓展与“一带一路”沿线国家、东盟地区及中亚的优质高校校际合作项目。加大力度拓展曼谷、东京分校及沙特教学点建设。1名外籍专家获评北京市学联“我心目中的大先生”，是该活动获奖的唯一外国教师。

党委书记 倪海东

校　　长 刘利

（杨威威）

冬奥会志愿者通用技能培训

10月31日，北语冬奥会志愿者通用技能培训班开班。培训班为期3周，以大班和小班形式开展。培训内容包括冬奥会及冬残奥会期间志愿者服务礼仪及注意事项、志愿者心理及身体健康管理、应急救护理论、大型活动突发事件应对和安全防范意识、防疫手册知识讲解、跨文化交际规范与外事纪律、冬奥会英语通用和专用词汇讲解、国际形势与国际关系。学校志愿者300人参加培训。

（杨威威）

10月31日，北语对冬奥会志愿者进行场景模拟培训

（北语　供）

获批首个中外合作办学学历项目

11月3日，北语商业智能与分析专业中外合作办学硕士教育项目获教育部批准。该项目是学校首个自主招生中外合作办学学历项目，计划2022年开始招生，学制1.5年，由北语与法国克莱蒙高等商学院共同完成培养工作。培养全程在中国境内完成，学生满足项目毕业要求后可获由法国克莱蒙高等商学院颁发“商务智能与分析”理学硕士学位证书。

（杨威威）

心理学院成立

12月4日，北语成立心理学院。该学院为学校实体教学科研单位，拥有心理学本科专业、心理学一级学科硕士学位授权点、应用心理硕士专业学位授权点和心理语言学二级学科博士点。拥有专兼任教师16人，专任教师10人，其中教授6人。拥有学生89人，其中本科生43人，研究生46人。该学院旨在强化北语办学特色、助推双一流建设，为国际中文教育和教师教育提供学科支撑。

（杨威威）

中国传媒大学

概述

2021年，中国传媒大学设有1个校区，开设88个本科专业，覆盖7个学科门类；具有8个博士学位授权一级学科点，1个二级学科学位授权点，19个硕士学位授权一级学科点，11个专业硕士学位授权类别。博士后科研流动站7个，其中博士后研究人员出站29人、进站23人、在站61人。博士生导师233人、硕士生导师603人。“双一流”建设学科2个，国家级一流本科专业建设点35个，北京市级一流本科专业建设点22个。北京高校重点建设一流专业7个，北京高校高精尖学科2个。学校由教育部举办，为语文院校。拥有教室439间，其中网络多媒体教室184间。数字终端2837台。数字资源量中电子图书689.70万册、电子期刊130.60万册、学位论文884.48万册、音视频1000小时。1个媒体融合与传播国家重点实验室，有数字动画技术研究与应用北京市重点实验室、现代演艺技术北京市重点实验室等2个北京市重点实验室，另有22个省部级科研平台。高考北京地区提档线普通类不限选考专业组620分、物理必考专业组620分，提前批小语种不限选考专业组612分、中外合作办学不限选考专业组616分。网址：www.cuc.edu.cn。

2021年，学校推出“保持上热、加热中温、解决下凉”十二字方案，以高质量党建引领高质量发展，召开第三次党代会和第三届教职工代表大会、工会会员代表大会。

扎实推进两轮校内巡察。试点开展“巡审联动”和交叉巡察“双组长”制。牢牢把握政治巡察职能定位，与被巡察单位98.7%的干部群众进行谈话，查出真问题、查出震慑力。召开全面从严治党工作会暨警示教育大会，结合巡察中发现的共性问题，在学校各二级党组织中实施“明责·担责·督责”行动，抓住二级党组织这个关键主体，紧盯党组织负责人这个关键少数，持续压紧压实管党治党主体责任。

学科专业建设推进。新增国家“双万计划”一流专业建设点16个，新闻学、广播电视学、网络与新媒体等9个专业入选国家级一流本科专业建设点，汉语言文学、音乐表演、西班牙语等7个专业入选北京市一流专业建设点。《中国传媒大学学报（自然科学版）》改版打造未来媒体领域高精尖科研成果发布平台。

“十四五”发展规划高质量落地。设置国际传播白杨硕士班、博士班，开设双语播音专业，国际传播人才培养实现“国新班”和“国传班”双轮驱动，教学团队获第二批全国高校黄大年式教师团队称号，创新年终述职形式，打造“中传有我”建言献策平台，600余名师生参与完成建党百年庆祝活动服务保障各项任务。

开启人才重大改革。推出“创作型青拔人才培育项目”“‘金核桃’人才支持计划”“青年教授聘任”实施办法等重大改革举措，创造性提出并系统建构十字方针教师评价体系，建立完善从毕业生到“大先生”的人才培养链条，构建人才“评价、培育、保障”制度体系。“中层干部交叉任职”“专业教师校内挂职”两项重大改革举措推动学校事业高质量发展。

完成东京奥运会赛事转播任务。继北京、伦敦、里约热内卢奥运会之后，再次走进奥运赛场，作为国际奥委会奥林匹克转播公司OBS正式国际雇员，参与体育电视国际公用信号制作任务。

推进基础设施规划建设。实现校园“南北合一”，关闭校园东门、西门，解决困扰学校多年分割校园社会路问题，消除师生校园安全隐患，同时科学规划校内行车路线，实现整体校园无车化，提升建设“平安校园”基础保障。对有70年楼龄的1号楼改造升级，加装电梯。完成智慧教学软硬件、教学专网等改造建设，实现软硬件双提升，改善教学环境。

党委书记　廖祥忠

校　　长　廖祥忠

（刘书峰）

网络舆情方向研究生首次招生

9月16日，传媒大学公布2022年攻读硕士学位研究生招生简章和专业目录，新闻与传播专业硕士网络舆情方向研究生首次招生。学校依托媒体融合与传播国家重点实验室、国家舆情实验室等网络舆情相关科研机构开展新闻与传播专业硕士网络舆情方向研究生培养。首次计划招生5人。该方向研究生入学后要求学生深入掌握网络舆情基本原理和社会科学研究方法，借助大数据挖掘技术，运用社会学、心理学、管理学、政治学等相关学科知识，分析、研判网络舆情，提出有针对性的舆情应对策略，为相关单位提供理论分析和决策支持。毕业授予专业硕士学位。

（刘书峰）

博士候选人资格考试和学术学位硕士基本文献考试首次举办

11月6日至7日，传媒大学首次举办博士候选人资格考试、学术学位硕士基本文献考试。此举是学校研究生教育综合改革举措中基本文献阅读制度一次正式检验。196名2020级博士研究生、830名2020级学术学位硕士研究生参加为期两天候选人资格考试和基本文献考试。考试包括笔试和面试，其中博士候选人资格考试时间为1天半，包括1天笔试和半天面试；学术学位硕士基本文献考试时间为1天，笔试、面试各为半天。其中，博士183人考核成绩合格、硕士814人考核成绩合格。

（刘书峰）

中央财经大学

概述

2021年，中央财经大学设有5个校区，设置27个院（系、部）。开设53个本科专业，覆盖7个学科门类；具有一级学科16个，其中博士学位授权一级学科5个，硕士学位授权一级学科16个；硕士专业学位授权类别20个；博士后科研流动站5个，其中博士后研究人员出站16人、进站9人、在站83人。博士生导师228人、硕士生导师815人。“国家杰出青年科学基金”获得者1人，“国家优秀青年科学基金”获得者1人。“双一流”建设学科1个，国家级一流本科专业建设点23个，北京市级一流本科专业建设点8个，北京高校重点建设一流专业3个，北京高校高精尖学科2个。学校由教育部举办，为财经院校。拥有教室218间，其中网络多媒体教室211间。数

9月12日，传媒大学举行2021级开学典礼

（传媒大学　供）

字资源量中电子图书 16.77 万册、电子期刊 53.63 万册、学位论文 743.41 万册、音视频 286 小时。高考北京地区提档线不限选考专业组 639 分、物理必考专业组 645 分。网址：www.cufe.edu.cn。

2021 年，学校扎实开展党史学习教育，落实立德树人根本任务，编制完成“十四五”规划并实现良好开局，全面推进第二轮“双一流”建设，以教育事业高质量发展迎接中国共产党成立 100 周年。

党建引领。召开中国共产党中央财大第七次党员代表大会；接受教育部党组巡视，全力配合保障巡视工作开展；以巡视整改和校内巡察整改为契机，着力推进“深水区”改革，促进学校特色发展。

课程建设。开设“习近平新时代中国特色社会主义思想概论”必修课、“中国共产党党史专题”2 门选修课、“四史类”选修课中国共产党历史专题，面向法学专业学生开设“习近平法治思想概论”；中国教育电视台专题报道学校“培根铸魂‘问题链’让思政课活起来”的思政育人创新举措；5 门本科课程获批北京市课程思政示范课程；2 门课程思政示范课程、2 名课程思政教学名师及其团队入选教育部“课程思政示范项目”名单。

学科专业。入选第二轮“双一流”建设高校；应用经济学入选第二轮“双一流”建设学科；编制完成第二轮“双一流”建设方案；获批体育、工程管理等 2 个硕士专业学位授权类别；15 个专业入选一流本科专业。

人才培养。获批统计学—金融学双学士学位复合型人才培养项目；获 14 个教育部产学合作协同育人项目立项；3 本教材获首届全国优秀教材奖；7 本教材获评北京高校优质本科课程、优质本科教材；3 名教师获评北京高校教书育人“最美课堂”一等奖；7 个项目入选首批新文科研究与改革实践项目；实施“科教融合研究生学术新星孵化计划”；获评全国大中专学生暑期社会实践百强团队、暑期“三下乡”社会实践活动“优秀单位”。

师资队伍。7 名教师入选国家级人才项目；《中国金融学》教材编写团队入选首批承担中国经济学教材编写团队；3 人获评北京市高等学校教学名师；完成第三批“龙马学者”支持计划聘任工作及首批“龙马学者”聘期考核。开展新增博士生导师遴选办法改革。

科研工作。国家级项目立项 85 个；咨政报告采纳率近 50%；《金融学前沿文献导读》获金融图书“金羊奖”；举办“中国共产党百年财经思想与实践”等高水平研讨会 5 场，出版《财经中国》等多部著作；与中国国际扶贫中心联合发布《国际减贫年度报告 2021》。

思政工作。举行首届“感动中财人物”颁奖典礼；举办《立德树人 财经报国》主题展；录制“做财经报国的排头兵”示范微党课；1 人获评“北京市优秀共产党员”；6 人获评“北京高校优秀德育工作者”。

校园文化。发挥校园文化育人功能，打造校史馆延伸展区，复原四道口校区 20 世纪 60 年代风貌，编演大师剧《姜维壮》2.0 版本，《潮起东方》等原创作品获大学生艺术节 3 项金奖。

基础建设。沙河校区建设二期 C8 地块教学楼、教学服务楼项目投入使用，前沿交叉学科实验楼揭牌启用；学院南路校区学生宿舍、学术会堂前广场修缮改造、学院南路校区子佩心舍（原学一食堂）共享空间开放供师生校友使用。

支援合作。举全校之力，助力宕昌县高质量巩固拓展脱贫攻坚成果，直接投入和引进帮扶资金 1164.48 万元，培训基层干部、技术人员、乡村振兴带头人 5639 人，购买和帮助销售脱贫地区农产品 451.68 万元。启动研究生助力乡村振兴“1331”工程，建立乡村振兴研究生服务站 19 个。

社会服务。在建党 100 周年庆祝大会上，2017 级本科生赵建铭作为现场青年领诵人致献词，在天安门广场上立下“请党放心，强国有我”的青春誓言。430 名师生组成的 3 支专项工作队伍，参与天安门广场合唱朗诵、庆祝中国共产党成立 100 周年文艺演出《伟大征程》合唱和文艺演出志愿服务专项活动任务。

党委书记　何秀超
校　　长　王瑶琪

（王卉乔）

经济学拔尖学生培养基地

4 月 14 日，中央财大经济学拔尖学生培养基地启动。该基地是国家首批基础学科拔尖学生培养计划 2.0 基地之一，旨在培养通晓经济理论、精通数据方法、熟知中国经济、具备国际视野、充满本土情怀的数字经济时代的研究型人才和高级经济管理专家。基地深化书院制、导师制、学分制改革，加强育人成效评价，完善多元主体评价机制，首批招生 24 人。

（王卉乔）

12 月，中央财大原创舞蹈《潮起东方》获北京市大学生艺术节金奖、优秀创作奖，北京舞蹈大赛二等奖　（中央财大　供）

首届“感动中财人物”评选

5月12日，中央财大举办首届“感动中财人物”颁奖典礼。经过组织推荐、委员会初评、集中宣传等程序，评选出9名“感动中财人物”、3名提名奖获得者。颁奖典礼通过投屏直播在沙河校区分会场同步进行，同时通过网络直播，近10万人次线上同步观看。“感动中财人物”评选每两年举办一届，是学校党史学习教育一项特色活动。

（王卉乔）

对外经济贸易大学

概述

2021年，对外经济贸易大学设有2个校区，设置27个院（系、部）。开设51个本科专业，覆盖6个学科门类；具有一级学科博士点7个、一级学科硕士点11个、硕士专业学位授权类别12个；博士后科研流动站6个，其中博士后研究人员出站4人、进站10人、在站39人。博士生导师231人、硕士生导师814人。“双一流”建设学科1个，国家级一流本科专业建设点20个，北京市级一流本科专业7个，北京高校重点建设一流专业2个，北京高校高精尖学科1个。学校由教育部举办，为财经院校。拥有教室306间，其中网络多媒体教室269间。数字终端10147台，其中学生终端1442台、教师终端8705台。数字资源量中电子图书59.28万册、电子期刊8.26万册、学位论文814.61万册、音视频12.59万小时。国家重点实验室1个。高考北京地区提档线不限选考专业组643分、物理必考专业组652分。网址：www.uibe.edu.cn。

2021年，学校扎实开展党史学习主题教育，制定“十四五”发展规划，围绕立德树人中心工作，坚持以教育评价综合改革为牵引，坚决落实破“五唯”的要求，积极服务国家重大战略需要，不断提升创新办学理念，努力增强学校核心竞争力，培养德智体美劳全面发展的社会主义事业建设者和接班人。

庆祝建校70周年。召开建校70周年庆祝大会。组织全球贸易治理论坛、中外大学校长论坛等系列高水平学术交流活动，开展与大型央企集中签约，建成对外经贸博物馆，举办合唱比赛等。在人民网、光明日报、央视频道等媒体平台发布学校短视频80余个。签署43份捐赠协议，协议金额3828万元。9名教授联袂向习近平总书记写信，并收到习近平总书记亲切问候。

加强“双一流”建设。成立对外经贸大学以色列分校（UIBE-ISRAEL）、数字经济实验室、湾区发展研究院、国家安全与治理研究院、商务战略研究院、中国首家涉外法治研究院。全球价值链研究院入选首批教育部哲学社会科学实验室。推进全球治理学科建设，设立全球治理二级学科。8个案例入选中国专业学位案例中心案例库。

科研工作高质量发展。修订《高水平科研成果奖励办法》《非实体科研机构管理办法》等制度文件，全年产出各类科研成果2069个，发表各类论文1654篇，其中国际高质量论文391篇，国际A类期刊27篇，国际权威期刊115篇（B以及B以上）。获各类纵向课题107个，国家社会科学基金项目35个，国家自然科学基金项目32个，其中国家社会科学基金重大项目11个。承担横向课题162个（含国际课题3个），获资助经费共计3315余万元。

教育教学改革深化。推进“破五唯”工作，全方位强化人才培养工作，积极推进招生就业工作。坚守立德树人初心，加强教材建设，人才培养质量不断提升，推进思政课程和课程思政建设，组建全国财经类高校课程思政联盟。加强改进新时代体育工作和大学生劳动教育，完善“五育”并举，举办“红色翻译家”“红色金融之路”“永远跟党走”等系列主题教育活动。

后勤服务工作推进。定期研判和部署全校疫情防控工作，制定实施春季开学、秋季开学、疫苗接种等工作方案，坚持师生每天“一人一案”信息报送，确保学校各项工作顺利进行。严密组织四次疫苗接种工作，接种师生27251人次，实现“应接尽接”既定目标。紧扣基层师生需求，打造“青蓝计划”工程，完善学生权益反馈机制，成立“惠园夕阳情关老基金”，推进附中、附小、附幼建设，改造学生食堂，实施科研楼、“汇”字号学生公寓、虹远楼周边等基础设施修缮，加强校园环境改造。

社会服务工作开展。召开两次乡村振兴工作会议，制定年度工作计划，从智力支持、教育引领、产业赋能、消费助力等方面推进工作。选派1名干部、5名教师和21名研究生支教团开展挂职支教活动，助推西双版纳职业技术学院开设10门微专业课程，举办159名中小学教师心理健康教学技能提升培训班，采购帮扶地区农产品近百万元。

党委书记　蒋庆哲
校　　长　夏文斌

（苏隆中）

涉外法治研究院成立

3月20日，对外经贸大学成立涉外法治研究院。该研究院是中国首家涉外法治研究院，以涉外法治为研究中心，以学校传统优势学科法学为基础，整合外语学院、英语学院、国际关系学院、政府管理学院相关学科和资源，通过举办涉外法治高端论坛、涉外法治大讲堂、《中国涉外法治发展报告》（2021）蓝皮书发布会等活动，创新涉外法治人才培养体制机制。学院拥有教学科研编制10人、党政教辅编制1人。至年底，研究院出版涉外法治要报14期，完成涉外法治发展报告初稿。

（苏隆中）

博物馆落成开馆

9月16日，对外经贸大学举办博物馆落成典礼暨捐赠仪式。原对外贸易经济合作部部长向博物馆捐赠2001年11月11日由其代表中国政府签署《中国加入世界贸易组

9 月 19 日，对外经贸大学召开建校 70 周年庆祝大会
（对外经贸大学 供）

织议定书》时使用的签字笔等 8 件藏品。原对外贸易经济合作部部长、中国世界贸易组织研究会副会长、学校领导等近 70 人参加仪式。博物馆建筑面积 1016 平方米，以“懋迁有无，相通共进”为主题，设梯航万国、百年沧桑、破冰突围、伟大变革和走向复兴 5 个单元，展示自张骞凿通西域以来外贸发展变迁。至年底，博物馆接待观众 3000 余人次。

（苏隆中）

建校 70 周年

9 月 19 日，对外经贸大学召开建校 70 周年庆祝大会。会议回顾学校办学历程，教育部、商务部、市委教育工委代表致辞，教师代表、学生代表分别发言。中央和国家机关、省市区、企事业单位等负责人、部分高校代表、校友组织代表及学校 1500 名师生代表参加大会。对外经贸大学前身是 1951 年创办的高级商业干部学校，1953 年更名为北京对外贸易专科学校，1954 年更名北京对外贸易学院，1984 年更名为对外经济贸易大学。至 2021 年，学校累计培养毕业生 30 余万人。

（苏隆中）

北京物资学院

概述

2021 年，北京物资学院设有 5 个校区，设置 11 个教学院部。开设 27 个本科专业，覆盖 6 个学科门类；具有一级学科 6 个；一级学科硕士点 6 个，二级学科硕士点 20 个，硕士专业学位授权类别 9 个。硕士研究生导师 258 人。国家级一流本科专业建设点 5 个，北京市级一流本科专业建设点 5 个，北京高校重点建设一流专业 1 个，北京市特色专业建设点 3 个。学校由北京市举办，为财经院校。拥有教室 138 间，其中网络多媒体教室 114 间。数字终端 6285 台，其中学生终端 3054 台、教师终端 2244 台。数字资源量中电子图书 198.09 万册、电子期刊 109.16 万册、学位论文 1002.01 万册、音视频 3.99 万小时。国家级人才培养模式创新实验区 1 个，国家级实验教学示范中心 1 个，北京市高等学校实验教学示范中心 2 个，北京重点实验室 2 个。高考北京地区提档线不限选考专业组（1）482 分；不限选考专业组（2）484 分；物理必考专业组 481 分；物理 / 化学 / 生物专业组 500 分。网址：www.bwu.edu.cn。

2021 年，学校严格执行新形势下党内政治生活若干准则，加强学校政治文化建设，营造风清气正的良好政治生态。

完善治理体系。健全各方面制度，深化改革、激发活力。修订《处级领导干部选拔任用工作办法》，完善干部选用管育工作体系。落实《党政领导干部考核工作条例》，将考核结果和奖励绩效工资挂钩，实现优绩优酬，切实发挥干部考核的指挥棒作用。

党史学习教育。将党史学习教育与学习习近平总书记“七一”重要讲话精神、党的十九届六中全会精神结合。坚持落实“一会一解读”学习机制，夯实理论基础。以深度调研、专题推进、挂账督办等方式，解决制约学校发展和群众急难愁盼问题 211 件。

做好服务保障。推动庆祝中国共产党成立 100 周年和冬奥会冬残奥会服务保障工作落实。学校选派 261 名师生参加中国共产党成立 100 周年庆祝大会和文艺汇演，训练及汇演全程做到“零通报”“零掉队”“零传染”。发挥学校专业特色和优势，选拔 131 名志愿者和物流实习生，承担冬奥会冬残奥会物流服务等任务。

落实立德树人根本任务。编制完成学校“十四五”学科建设规划，以学位点和博士点建设为切入点，推动落实学科建设。按照特色发展、差异发展、分类发展原则，全面修订人才培养方案。围绕“双万”计划，推进专业与课程建设。获批马克思主义理论一级学科授权点，国际商务、法律、应用统计、电子信息、交通运输 5 个专业硕士学位授权点。实现期货学院、京东学院的招生运行。获批金融学、物流工程、物联网工程 3 个国家级一流本科专业建设点，4 门课程获批北京市优质本科课程，1 部教材获首届全国优秀教材（高等教育类）二等奖，获批教育部新文科创新项目 1 项、教育部产学研协同育人项目 22 个、北京市本科教学改革创新项目 4 个，1 门课程获评教育部课程思政示范项目。

落实科研体制改革。对标北京市高端智库建设要求，成立双碳研究院。与通州区签订战略合作协议，筹建副中心发展研究院、自由贸易区研究院。

国际交流与合作。获批国家留学基金委本科学术互认课程（ISEC）项目。在马来西亚沙捞越成立物资学院“一带一路”教育与科研中心，与玛拉工艺大学（沙捞越校区）合作举办亚洲国家“一带一路”国际教育合作与地方发展论坛。获批北京市“一带一路”东盟国际物流人才本科班、“一带一路”国际电子商务人才本科班两项专项资助。

疫情防控工作。针对“一校多区”情况，实时动态调整疫情防控工作机制，完善应急响应分级动态防控工作机制。推动疫苗接种工作，实现全年“零疫情”“零感染”。将抗疫精神总结与宣讲融入大学生思想政治教育工作，讲好“疫情防控思政课”。扎实巩固“平安校园”建设成果，维护疫情特殊时期下校园稳定与安全。

党委书记 王文举
院　　长 刘军

（丁兆博）

首都经济贸易大学

概述

2021年，首都经济贸易设有2个校区，设置20个院（系、部）。设置44个本科专业，其中38个专业招生，覆盖10个学科门类；具有一级学科11个；一级学科博士点4个；一级学科硕士点7个、硕士专业学位授权类别18个；博士后科研流动站4个，其中博士后研究人员出站6人、进站3人、退站1人、在站13人。博士生导师156人、硕士生导师604人。国家级一流本科专业建设点18个，北京市级一流本科专业建设点9个，北京高校重点建设一流专业4个，北京高校高精尖学科3个。学校由北京市举办，为财经院校。拥有教室500间，其中网络多媒体教室395间。数字终端8576台，其中学生终端1335台、教师终端7241台。数字资源量中电子图书116.16万册、电子期刊123.76万册、学位论文968.93万册、音视频7.36万小时。北京重点实验室1个。高考北京地区提档线不限选考科目组（1）558分；不限选考科目组（2）552分；不限选考科目组（3）545分；不限选考科目组（4）544分；不限选考科目组（5）564分；不限选考科目组（6）561分；物理必考科目组（1）555分；物理必考科目组（2）561分；物理必考科目组（中外合作办学）545分；民委专项不限选考科目组（1）568分、不限选考科目组（2）547分，不限选考科目组（4）547分。网址：www.cueb.edu.cn。

2021年，学校加强党对学校工作全面领导，把握立德树人根本任务，推进“三全育人”综合改革，加快北京市属高水平研究型大学建设。

党建和思政工作。修订学校关于贯彻落实《党委（党组）意识形态工作责任制实施办法》的实施细则等3个制度，组织开展意识形态工作专项督查；推进北京市习近平新时代中国特色社会主义思想研究中心首经贸大研究基地成立研究生时代宣讲团、党史理论宣讲团和离退休老党员讲师团等宣讲队伍；成立红色文化研究教育中心，举办“立德树人践初心 服务首都担使命”建校65周年办学成果展。制定提升学校和学院层面思政课质量25条工作举措，抓好首批北京市重点马克思主义学院建设；挂牌成立首经贸思想政治教育基地、思想政治教育影视基地，建立大学生思想政治教育中心，“构建‘骆驼精神’文化育人工作体系”获批教育部高校思想政治工作精品项目。

教育评价改革。发布“首经贸本科教育20条”，从指导思想、建设目标、建设原则、课程思政、专业建设、课程建设、教材制度、教学模式、培养体系、教改研究、实践教学、竞赛科创、教学团队、教学评价、教学管理、教学服务、考核机制、智慧环境、质量评估、组织实施20个方面规范首经贸教育教学改革工作；修订本科人才培养方案，强化劳育、提升美育，推进专业思政和课程思政一体化设计；按一级学科修订研究生培养方案，推进“本硕博”贯通培养，落实导师立德树人工作职责；深化教师职称制度改革，突出师德师风首要要求，强化教学业绩和教书育人实效，将教授、副教授为本科生上课作为基本制度，完善教师分类评价机制；克服“五唯”倾向，增设智库类成果、软件著作权登记等科研成果认定类型，提高科研著作、优秀教材等科研成果评价等级。

学科建设。学校探索以数字经济、数字管理为核心的学科群建设，应用经济学、工商管理、统计学3个北京市高精尖学科通过北京市教委中期考核评估；立足“贯通培养”项目学生特色，开展“贯通培养”专业建设；“新闻与传播”获批新增专业硕士学位授权点，自主设置“大数据与商业智能”交叉学科获批；强化一流专业建设，共获批18个国家级一流本科专业，9个北京市级一流本科专业，4个北京市重点建设一流本科专业，一流专业集群效应初具规模。

人才培养。学校获批教育部首批新文科研究与改革实践项目1个。“审计学”获批国家级课程思政示范课程，获批北京市优质本科课程4门；《客户关系管理》获批全国优秀教材，获批北京市优质本科教材（课件）4部；开设慕课课程43门、小规模限制性在线课程（SPOC）课程49门，1门获评北京高校就业创业金课；推进新商科智慧学习中心实验室建设，入选北京市教育信息化融合创新“双百”示范基地；整体就业率95.33%。

科研和社会服务。《马克思“科技—经济”思想及其发展研究》入选“国家哲学社会科学成果文库”，5项成果获北京市哲学社会科学优秀成果奖。获批各类纵向项目197个，其中国家级项目43个（国家社科基金重大项目1个、重点项目5个，国家自科基金项目23个），实现历史性突破；获批横向项目68个；出版专著、编著、译著、其他专业出版物98部，其中学术专著80部；成立首都城市治理法治研究基地，推动自贸区研究院的建设。加强特大城市经济社会发展研究省部共建协同创新中心建设，获批咨询项目20个，发表文章6篇，出版专著5本；北京市经济发展研究院完成研究报告40余份，多份研究成果被市政府采纳。

干部和师资队伍建设方面。提拔任用14人，交流任职24人，机构调整任职9人；录用事业编制教职工100人，遴选经贸学者5人、后备学科带头人10人、中青年骨干教师16人；4名教师入选市级以上人才项目。

1月9日，首经贸举办首届中国ESG论坛
（首经贸　供）

国际交流与合作方面。经教育部批准获批中外合作办学项目，成立数据科学学院（筹），开设统计学（商业大数据方向）本科专业；抓好“国际组织后备人才项目”和“创新人才国际培养项目”等高层次国际化人才培养创新实践基地建设。

党委书记　韩宪洲

校　　长　付志峰

（黄少卿）

首届中国ESG论坛

1月9日，首经贸举办首届中国ESG论坛2021。该论坛由首经贸联合央视网以线上线下结合形式举行。ESG（环境、社会、治理）论坛包括主旨演讲与圆桌论坛两个部分，邀请全国政协经济委员会主任、中国发展研究基金会副秘书长、中国证券投资基金业协会副秘书长先后作主旨演讲，与会人员围绕ESG投资理念与实践等问题交流研讨。论坛同时发布中国ESG研究院关于ESG理论与实践、披露标准和评价研究的最新成果。中央财经委员会、商务部、北京丽泽金融商务区控股有限公司相关领导及部分高校专家学生200余人现场参加论坛，126万人次通过央视网观看论坛。

（黄少卿）

大数据与商业智能交叉学科新增

11月2日，首经贸自主设置大数据与商业智能交叉学科。该学科由统计学院、工商管理学院、金融学院、国际经济管理学院共建，含大数据统计与智能学习、大数据与经济统计、大数据计量经济分析与应用、金融科技与量化金融以及商业智慧与管理创新5个方向，计划每年招收硕士研究生20人、博士研究生8人、博士后研究人员2人。该学科依托学校统计学、应用经济学、工商管理3个一级学科建设，涉及统计学、数学、计算机科学等领域，旨在为大数据环境下智能经济、智能管理、智能金融等的分析与决策提供理论与方法支撑。

（黄少卿）

中国消防救援学院

概述

2021年，中国消防救援学院设有1个校区，设置16个处室、9个直属单位、8个部系。开设6个本科专业，覆盖4个学科门类。北京市级一流本科专业建设点1个。学校由应急管理部举办，为理工院校。拥有教室87间，其中网络多媒体教室69间。数字终端2296台，其中学生终端688台、教师终端948台。数字资源量中电子图书120.62万册、电子期刊15.23万册、学位论文316.39万册、音视频1.02万小时。高考北京地区提档线物理必考专业组531分、物理 / 化学专业组517分、思想政治必考专业组534分。网址：www.cfri.edu.cn。

2021年，是学院发展进程中具有里程碑意义的一年。“三定”实施构建办学育人新格局，“十四五”规划开启跨越发展新篇章。

党的建设。修订党委常委会、院长办公会和二级党组织议事规则，制定党委班子成员经常性沟通协调办法、联系基层党组织工作措施等规章制度，完善党委统一领导、党政分工合作、协调运行责权秩序。严密组织基层选举，选优配强二级党组织书记，全面实施以机关党建“灯下黑”问题专项整治、教师党支部书记“双带头人”培育、学员队党支部政治功能强化为重点的“党建质量提升计划”，推进党建与教学科研管理工作深度融合。

党史学习。举办挂牌组建三周年文艺汇演、巡礼展览等系列文化活动，开展“建党百年话忠诚”主题系列活动，举办“党旗下的火焰蓝”校园文化节，创作“历史的长河，青春的赞歌”舞台剧，打造线上党史故事会课堂，开辟线下图书馆党史读物专区，72名党组织书记和领导干部围绕“知史爱党、当好‘三个表率’”上专题党课。开展向先进典型“三学”“两送”活动（学政治品格、学实干担当、学奉献精神，送喜报到家、送慰问上门）。为学院消防员增加15天季度轮休假，提高师生医疗费用核销比例。“我为群众办实事”实践活动测评满意率100%。

综合改革。组织299名干部、53名消防员平职落编定位，为115名专业技术干部首次授衔，完善各级各类组织职责，明晰机构权责定位。印发贯彻落实新时代教育评价“实施方案”和“工作清单”、全面加强法治工作实施方案，推进425项本科教学工作合格评估重点任务建设，开展巡视反馈意见整改“回头看”，制定覆盖党支部书记考核、教育教学成果和学员学业奖励等系列激励措施，启动社会化服务保障改革，提升治理体系和治理能力现代化水平。

学生工作。制定《学员社团建设管理办法（试行）》，首批成立思想政治、学术科技、文化体育3个类别8个社团。首次组织参加首都高校秋季学生田径运动会，获5金、1银和丙组男子团体冠军、赛会“最佳赛事组织奖”荣誉。制定《奖学金管理及评审办法（试行）》，63名学员获2020—2021学年奖学金10.7万元，填补学院奖学金空白。

人才培养。修订人才培养方案和课程教学大纲，获批国内首个消防政治工作专业，“消防指挥”入选北京市一流本科专业建设点，“消防政治工作”获评北京市优秀本科课程，2个项目获批北京高等教育本科教学改革创新项目立项，1名教师获北京市教学名师奖，公开出版6部自编教材，开发162门4470个视频微课慕课，在线学习资源跻身驻京高校第一方阵。增列为北京市硕士学位授予规划建设单位，联合北京林业大学、西安科技大学探索硕士研究生培养路径。高等学历继续教育在黑龙江、云南设立函授站，以本科教育为主体、研究生教育和继续教育协调发展的“一体两翼”教育新格局加速形成。

科研工作。森林草原火灾风险防控实验室、与天津消防研究所联合建设的工业与公共建筑火灾防控技术实验室列为应急管理部重点实验室立项建设，无人机应急救援技术实验室列为应急管理部重点实验室培育对象立项建设。森林火灾基础理论、森林火灾调查2个功能实验室投入教学。开发翼龙Ⅱ长航时大型无人机应急通信系统，牵头申报国家战略项目1个，参与科技部重大专项2个、工信部重点项目1个，承担省部级和相关委托项目24个。组建综合性应急救援种子队，至年底，应急救援力量拓展至700余人。

招生工作。研发招生综合服务平台和招生网站，推进招录流程规范化、数据处理系统化、统计分析精确化、任务实施智能化。录取新生1521人，均在本科第一批次录取分数线以上。招录首届27名航空救援专业人才，选拔18名在校生为航空救援专业培养对象。

开放办学。与俄罗斯紧急情况部民防学院、北京林业大学、应急管理部信息研究院、甘肃省消防救援总队签订战略合作框架协议，组织师生参加圣彼得堡国立消防大学线上交流、亚太地区地震应急演练线上观摩、国际消防和救援人员运动联合会第22届国际线上会议。联合中国民用航空飞行学院探索建立航空救援专业人才培养创新模式，开启“直升机飞行与指挥”“直升机维修与工程”2个联合学士学位培养项目，填补应急领域“飞行+救援”复合型人才培养空白。

师资队伍。选聘73名应届硕博士毕业生、选调16名队伍优秀教官充实教书育人一线，选晋59名专业技术干部，选任118名领导干部、职级干部和教研室负责人，举办2期管理干部、专业技术干部任职培训，组织首届“师德标兵”评选、青年教师教学基本功大赛，择优选配29名青年教师到学员队挂职锻炼，形成“引进与培育并重、师德与业务并举”良好局面。1个集体、2名个人被授予应急管理系统“先进集体”“先进工作者”称号，2名个人分别被授予中央和国家机关工委“优秀共青团员”“优秀党务工作者”称号。

条件保障。争取财政部专项资金4亿余元改善办学基础条件，协调市财政经费1500万元支持学院应急救援力量建设，消防救援局和森林消防局捐赠装备物资1166件套。协调北京市完成主校区41.22万平方米土地确权领证。实现无线网络、红外监控校区全覆盖。

服务社会。承办应急管理部、国家综合性消防救援队伍专题培训班（线上、线下）7期，培训学员64041人次。参与冬奥会安全服务保障系列应急演练和市应急救援综合演练，选派130名学员增援2022冬奥会冬残奥会消防安保，50人次赴国家综合性消防救援队伍一线开展理论宣讲、政策解读、心理服务、决策咨询等，派员参加国务院专项整治督导、全国业务技能巡讲、修订国家森林草原防灭火条

9月6日至10月16日，消防救援学院开展入学教育训练
（消防救援学院　供）

例及应急预案。

党委书记 徐宝东

院　　长 闫胜利

（王新辉）

新增全国首个消防政治工作本科专业

2月10日，消防救援学院新增消防政治工作本科专业。该专业为全国首个消防政治工作本科专业，是教育部特设与控制布点专业，为培养满足国家综合性消防救援队伍建设发展和应急救援工作需要、能在消防救援队伍从事党的建设、基层政治工作、政治机关工作、心理工作等方面工作的应用型指挥与管理人才。专业学制4年，隶属法学、公安学类。主要课程包括消防政治工作基本理论、消防基层政治工作、消防政治机关工作、队伍基层管理工作。2021年开始招生，首届学生136人。毕业要求修够162个学分，在规定修业年限完成各教育教学环节学业任务，考核合格；体质健康测试达标，体能毕业达标考核合格，准予毕业获毕业证书。

（王新辉）

毕业学员野外驻训综合演练

6月17日至26日，消防救援学院组织2021届毕业学员开展野外驻训综合演练。在生疏复杂地形、艰苦恶劣环境，采取情况诱导、角色转换等方式昼夜实施，先后完成组织指挥、应急通信、政治工作、野外生存、搜索救护等多课题训练科目，夯实毕业学员第一任职基础。82名学员参加训练。此次演练，是学院转隶组建以来首次以“跨省机动增援”为背景，深入推进“教、学、研、练、战”一体化人才培养模式改革的实战化训练。

（王新辉）

院歌《启航》首发

11月25日，消防救援学院院歌《启航》首发。歌曲时长2分10秒，通过国家大剧院交响乐团演奏，旋律充满激情、坚定有力，歌词彰显学院作为应急救援主力军培训基地、党和人民忠诚卫士成长摇篮，矢志“为党育人、为消防救援事业育才”初心和使命。

（王新辉）

6月17日至26日，消防救援学院组织2021届毕业学员开展野外驻训综合演练　（消防救援学院　供）

外交学院

概述

2021年，外交学院设有2个校区，设置9个教学单位，36个研究中心，设置11个本科专业，覆盖3个学科门类；具有一级学科3个；一级学科博士点1个、二级学科博士点4个；一级学科硕士点5个、二级学科硕士点18个、硕士专业学位授权类别3个；博士后流动站1个，其中博士后研究人员进站2人、在站7人。“双一流”建设学科1个，国家级一流本科专业建设点3个，首批国家级一流本科课程1门；北京市级一流本科专业建设点2个，北京高校重点建设一流专业1个，北京高校高精尖学科1个。国家重点学科2个、北京市重点学科3个。学校由外交部举办，为语文院校。拥有教室109间，其中多媒体教室98间。数字终端2126台，其中学生终端333台、教师终端378台。数字资源量中电子图书142.61万册、电子期刊115.69万册、学位论文2605.22万册、音视频1.54万小时。有36个研究中心，中国国际关系学会、中国国际法学会2个国家一级学会秘书处以及北京市对外交流与外事管理研究基地。博士生导师16人、硕士生导师110人；“长江学者奖励计划”特聘教授1人，“万人计划”哲学社会科学领军人才1人，享受政府特殊津贴专家11人，北京市教学名师6人，北京市优秀教师3人，北京市青年教学名师2人。高考北京地区提档线不限选考专业组623分。网址：www.cfau.edu.cn。

2021年，学院坚持社会主义办学方向，发布《“十四五”发展规划纲要》，从服务中国特色大国外交的大局出发，扎实推进外交外事人才培养、科研理论创新、新时代对外交流合作等方面工作。

学科建设。获批法学一级学科硕士授权点，获批国家安全学硕士授权点，增设国际事务与全球治理专业。编制《“双一流”建设高校整体建设方案》《“高精尖学科”建设规划》。编写《战后国际关系史》《美国外交政策史》《非传统安全概论》《经济外交概论》等一批外交外事特色鲜明的教材。与北京协和医学院签署战略合作协议，启动外交学院—北京协和医学院全球卫生外交方向研究生联合培养项目。与中国人民公安大学签署合作协议。与红河学院加强小语种人才培养合作。与北京外国语大学、对外经济贸易大学、武汉大学共同发起成立涉外法治人才教育联盟。

人才培养。《发展经济学》教材课件获评 2021 年北京市高校“优质本科教材课件”。组织学生参加日内瓦高级研究院暑期课程，参与到模拟联合国大会、外交外事礼仪大赛、模拟外交谈判大赛、模拟政协提案大赛等活动。邀请高级外交官来院开展“外交谈判”“中国特色大国外交”“习近平外交思想”“外交调研”等专题系列讲座。

教学改革。制定《深化新时代教育评价改革工作清单》。制定《课程思政建设实施方案》，增加思政课程和学时学分。开设“习近平新时代中国特色社会主义思想专题研究”“马克思主义经典著作选读”“习近平外交思想与中国特色大国外交”课程，覆盖本科和研究生各专业。推进“马克思主义理论研究和建设工程”重点教材使用工作。使用《习近平谈治国理政》第三卷相关内容作为教学材料。开设习近平外交思想学习专栏。“当代国际思潮”课程入选“课程思政示范课程”。获教育部 4 项首批新文科研究与改革实践项目立项。

科研工作。加强与外交部政策司的调研合作，呈报市社科联有关北京对外交流与外事管理研究报告 6 篇，撰写《北京国际交往与全球影响力建设》丛书。亚洲研究所咨政建言案例入选中国智库综合评价参考案例。成立中国国际法研究院。获国家社科基金立项 5 个，其中冷门绝学专项项目 1 个。教育部项目 1 个。北京市社会科学基金年度项目 5 个，包含 2 个重大项目立项。出版《外交学院一流学科建设文库系列丛书》4 部。举办“外交一线”“学术前沿”“文化纵横”等系列讲座 100 余场。《外交评论》《国际法学刊》、英文期刊《中国国际法论刊》成为具有影响力的学术刊物。

学生工作。组织“2021 年毕业生就业能力提升”系列专题讲座，举办到西部、基层就业创业先进典型事迹线上宣讲会，邀请优秀校友分享经验。制定《2021 届本科毕业生就业创业促进行动计划》，开展“职业测评与职业咨询”“大学生求职心理建设”“就业创业政策宣传解读”等 7 个专题 10 余场活动，约 1500 人次参与，举办 9 场线上线下专场招聘宣讲会。外交学院团委获 2021 年全国青少年模拟政协提案征集活动“优秀组织单位”。

合作交流。与 11 所世界知名高校新签或续签实质性合作文书。与红十字国际委员会东亚地区代表处建立机制化合作，与世界粮食计划署建立实习生推送机制。以视频直播方式向 50 余个国家留学生举办“讲好中国故事”讲座。与外交部安全司、新疆维吾尔自治区外事办公室合作，举办“新疆是个好地方”视频连线活动，讲好中国故事，让留学生全面了解当代中国社会及民族文化。借助数字外交国际会议、金砖国家、东盟“10＋3”外交学院院长会议、与第 76 届联合国大会主席沙希德视频对话活动等场合发出中国声音，提升学院国际影响力和国际传播力。

9 月 25 日，外交学院自编自导自演剧目《国家》获“祖国在你身后”领事保护情景剧大赛一等奖　（外交学院　供）

社会培训。举办外交部定向培养生“外交专班”“澳门特区公务员外交知识综合培训班”“澳门青年女性国际事务培训班”“国家移民管理机构第二期外语和国际合作人才培训班”“国家知识产权局专利局外派国际化人才能力提升培训班”等。

党委书记　崔启明
院　　长　徐坚

（阚四进）

中国国际法研究院成立

10 月 16 日，外交学院成立中国国际法研究院。研究院以国际法系现有教学研究人员为依托，同时聘请客座教授、项目研究人员以及特邀专家开展研究，主要研究方向包括国际法前沿问题、中国国际法实践、边界与海洋问题、国际争端解决、国际经贸争端多元解决。研究院拥有专职研究人员 18 人、兼职研究人员 5 人。

（阚四进）

首次研究生代表大会

12 月 11 日，外交学院召开首次研究生代表大会。会议围绕新一轮“双一流”建设，旨在发挥好为党联系青年学生桥梁纽带作用。会议表决通过研究生会工作报告和提案工作报告，制定《研究生会章程》，选举产生学校第一届研究生委员会委员和 2021—2022 学年研究生会主席团成员。学校领导及研究生代表 40 余人参加会议。

（阚四进）

中国人民公安大学

概述

2021 年，中国人民公安大学设有 2 个校区，设置 13 个院（系、部）。开设 16 个本科专业，覆盖 3 个学科门类；具有一级学科 4 个；一级学科博士点 3 个、二级学科博士点 11 个；一级学科硕士点 4 个、二级学科硕士点 14 个、硕士专业学位授权类别 2 个；博士后科研流动站 3 个，其中博士后研究人员出站 3 人、进站 1 人、在站 16 人。博士生导师 88 人、硕士生导师 330 人。“双一流”建设学科 1 个，国家级一流本科专业建设点 7 个，北京市级一流本科专业建设点 2 个。学校由公安部举办，为政法院校。拥有教室 241 间，其中网络多媒体教室 220 间。数字终端 9015 台，其中学生终端 5238 台、教师终端 3477 台。数字资源量中电子图书 234.39 万册、电子期刊 17.44 万册、学位论文 944.01 万册。国家工程实验室 2 个；北京重点实验室 1 个。高考北京地区提档线物理 / 化学专业组 570 分、思想政治必考专业组 432 分。网址：www.ppsuc.edu.cn。

2021 年，学校推进内涵式高质量发展，首轮“世界一流学科大学”建设圆满收官，制定“十四五”发展规划，开启新一轮“双一流”建设。

推进教育教学及人才培养体系改革。推进教育教学改革，以强化通识教育和警察职业精神培育为重点，打破学院和专业壁垒，按照学科大类组建新生书院，推进本科教育教学改革。新生书院加强课程内涵建设，首批 60 门课程采取“教师挂牌授课、学生自主选课”模式，新开设通识素质课程 35 门，对英语、数学、体育等公共基础课程实施分级教学；发挥以老带新作用，为新生选配以研究生和高年级学生为主的朋辈导师；推行体能技能集中训练与常态化训练，改革学生警务化教育管理机制，引导新生筑牢忠诚理想信念、养成过硬作风、拓宽知识视野、提升综合素养、促进全面发展。实施“本研一体化”人才培养体系改革，全面修订本科人才培养方案，实现本科各年级培养模式、课程体系有效平稳衔接。积极推行“微专业”、辅修制，推动专业课程更新换代，促进学科专业有效融合。依托“警英班”试点项目，探索本研贯通的拔尖创新人才培养模式，建成若干具有较高挑战度的本研进阶课程群。推进通识课程改革创新提高教育教学质量，鼓励资助教师结合公安工作和科学研究最新发展方向淘汰旧课开设新课，逐步充实本科通识课程体系。

学科及专业建设。首次采取总体规划与基本专项规划结合形式系统编制实施“十四五”发展规划。数据警务技术本科新专业获教育部批准并开始招生培养。首批入选国家安全学一级学科博士学位授权点。犯罪学专业、公安管理学专业、网络安全与执法专业、法学专业 4 个专业入选国家级一流本科专业建设点。

人才工作。成立人才工作领导小组。新增国务院特殊津贴专家 1 人、省部级名师和优秀教师 12 人，新增公安部、教育部、科技部专家人才 41 人。新增教师 42 人，管理干部转岗任教 20 人。聘请 62 名实战教官、111 名专业实习指导教官和 10 名客座教授。提任中层领导干部 33 人，轮岗交流 12 人。首次聘用 15 名高学历非事业编制人员。

教育培训改革。召开学生工作会议，制定学生工作意见等指导性文件，健全完善“三全育人”体制机制。按照学科大类组建新生书院。扩大专业学位研究生规模，加强警务专业高层次人才培养。加强学生择业辅导。学校体育代表队获省部级以上赛事冠亚季军 71 项。学生“第二课堂”累计获省部级以上奖项 176 项。搭建公安网直播互动平台。成立警务装备应用培训中心，打造警用摩托车和无人机驾驶培训等特色品牌。坚持线上线下双轨并行，高质量承办培训班 74 个，培训学员 7900 余人次。

科研工作。制定完善科研经费管理、成果转化和知识产权保护等规章制度，科研经费审批和报销手续全面简化。获批国家级科研项目 9 个，省部级项目 33 个；接受委托横向科研项目 89 个。发表核心以上论文 370 篇，出版学术著作 60 部，申请专利 5 项，推出智库成果 80 余份。首次实现军用航空载荷在公安业务中应用，首次将公安遥感应用成果向军队共享。学生获省部级以上科研竞赛奖项 50 余项。

合作交流。制定合作办学、社会捐赠管理等指导性文件。全力打造与市公安局“同城一体化”建设金牌项目。与公安部境外非政府组织管理办公室、治安局、铁路公安局等 8 家公安机关签署合作共建协议。与 8 所境内外院校签署校际合作协议或达成合作意向。与 16 家企业签署校企合作协议。引进 13 家社会企业捐赠资金 7000 余万元。举办“一流公安学科专业建设暨新时代公安教育发展学术研讨会”“中国化马克思主义公安理论研讨会”“网络空间安全治理论坛”、第 12 届国际警务论坛和国际警察教育合作论坛。

建党百年安保工作。完成增援建党百年庆祝活动安保任务，4072 名学生和 78 名带队干部教师承担安保任务，获公安部集体二等功。

党委书记 陈定武

校　　长 曹诗权

（邓杰　孙文玥）

接受水象公益基金会捐资 500 万元

1 月 8 日，公安大学接受湖北水象公益慈善基金会捐资 500 万元。根据协议，水象公益基金会向学校一次性捐赠 500 万元支持学校“新时代公安教育发展研究中心”建设，开展公安教育研究，推动公安教育事业更高水平发展。至年底，学校与 16 家企业签署校企合作协议，形成行业内外融通、资源优势互补、辐射影响广泛的高水平开放办学格局；引进 13 家社会企业捐赠资金 7000 余万元，用于支持学校建设发展，创设奖教金和奖助学金。

（邓杰）

一流公安学科专业建设学术研讨会

8 月 28 日，公安大学举办一流公安学科专业建设暨新时代公安教育发展学术研讨会。研讨会以“推进一流公安学科专业建设 构建新时代公安教育发展新格局”为主题，来自公安院校、公安实战部门和同济大学等高校 21 名专家学者围绕新时代公安院校高质量发展、公安教育转型升级、世界一流学科大学建设等作主题发言。国务院公安学与公安技术学科评议组成员，公安学类教学指导委员会委员和公安教育工作者 3300 余人线上参加会议。会议收到论文 100 余篇。

（孙文玥）

国际关系学院

概述

2021 年，国际关系学院设有 1 个校区，设置 5 个院（系、部）。开设 11 个本科专业，覆盖 5 个学科门类；具有一级学科6个；一级学科博士点1个；一级学科硕士点5个、二级学科硕士点15个、硕士专业学位授权类别4个、工程硕士授权领域1个。博士生导师10人、硕士生导师374人。国家级一流本科专业建设点5个，北京市级一流本科专业建设点1个，北京高校高精尖学科1个。学校由教育部举办，为政法院校。拥有教室63间，全部为网络多媒体教室。数字终端450台，其中学生终端384台、教师终端66台。数字资源量中电子图书186.79万册、电子期刊15.86万册、学位论文396.02万册、音视频15.65万小时。高考北京地区提档线不限选考专业组592分、物理必考专业组588分。网址：www.uir.cn。

2021年，学校全面加强党的建设，立足院校职能高质量开展学历教育，提升综合服务保障能力，夯实学院发展基础。

专业及学科建设。成为新增博士学位授予单位，政治学一级学科入选一级学科博士点，实现办学层次历史性突破。作为试点单位优先成功申报增列“国家安全学”一级学科硕士点。国际经济与贸易、英语、法语3个专业入选国家级一流本科专业建设点名单，网络空间安全专业入选北京市级一流本科专业建设点名单。“国家安全教育”等3门课程入选首批国家一流本科课程，“美国政府与政治”等8门课程入选北京高校优质本科课程，《西方文明史》等8部教材课件入选北京高校优质本科教学课件，“国家安全意识在网络空间安全专业课教学中的培养与引导”等4项课题入选北京高等教育本科教学改革创新项目。成立“一带一路”安全研究中心和知识产权与科技安全研究中心两个研究中心。

教学改革。启动修订2021版本科人才培养方案，加大实践教学改革力度。践行新文科融合理念，探索开展专业复合型人才培养，法学专业新开设涉外法治方向，创新“政治+法律”“外语+专业”“国内+涉外”和“理论+实践”人才培养模式。持续推进综合英语混合式教学改革，英语专业专四、专八通过率为95.8%和84%，高于全国同类院校平均水平13.5和12.5个百分点。

学生管理。强化学生思政教育，面向2020级本科生开设“习近平新时代中国特色社会主义思想概论”通识必修课程。推进落实学生评价改革，制定关于全面加强和改进体育美育工作实施意见，加强学生日常体能锻炼；制定学生心理危机干预方案，关心关注学生心理健康；研究起草劳动教育和美育教育实施办法，加强美育和劳动教育培养。组织志愿服务和军训征兵工作，激发学生服务社会、报效祖国的热情，选拔冬奥会志愿者156人；组织2019级和2020级学生军训，做好学生参军入伍和退伍复学工作，1人被评为北京市征兵工作先进个人。

师资队伍建设。落实师德师风考核制度，强化师德在各类评优评奖环节的考核和鉴定，组织开展专任教师和管理人员师德总结述职和评优推荐，33人被评为“优秀”，140人被评为“合格”。强化教师理想信念教育，组织开展“为党育人，为国育才——讲述我的育人故事”活动。完善教师培训体系，推进教师理论学习常态化、制度化、规范化建设，促进提升教师思想政治素质和教育教学水平。组织开展“高校教师教学及科研能力提升全周期培养在线研修项目”，为全体教师提供专业素养能力全周期发展培训资源。修订专业技术职务评审实施办法，公平公正组织开展职称评审。

后勤保障。执行预算收入32122万元，较上年减少2296万元，保障能力基本稳定。在“过紧日子”总体要求下，发挥预算调控职能，提升资金使用效益，压缩一般性支出，保重点、保教学、保民生。服务教学科研加强信息保障，升级网络教学设备，改善网络直播课程体验。加强图书资源保障，馆藏纸质图书53.3万册，订购电子资源数据库70余个。启动校园前区整体规划改造和老旧小区加装电梯等工程，完成食堂西侧钢结构雨棚等修缮工程。落实疫情防控要求，加强防控物资保障，组织开展师生疫苗接种工作，筑牢疫情防控防线。严格校门出入管理，加强校园检查巡查和消防管理，确保校园安全稳定。制定《校园安全专项整顿工作方案》，初步完成“平安校园”管理服务中心升级改造设计工作，巩固提升“平安校园”建设成果。

党委书记　韦春江
校　　长　陶坚

（任婉君）

“新科技革命与国际安全”国际研讨会

9月27日至28日，国关举办“新科技革命与国际安全”国际研讨会。会议围绕“新科技革命与国际安全形势”“新科技革命与大国安全关系”“生物科技与国际安全”“太空、网络、人工智能技术与国际安全”等议题讨论交流。来自各国政府机构、科研单位和高等院校等100余名专家学者参会。

（任婉君）

9月27日至28日，国关举办“新科技革命与国际安全”国际研讨会　　（国关　供）

成为博士学位授予单位

11月8日，国关获批博士学位授予单位。新增政治学一级学科博士学位授权点，博士点下辖政治学理论、国际关系、国际政治、国际安全4个博士学位授权点，拥有博士生导师10人。本博士点旨在培养能够熟练运用外语从事本专业研究及开展国际交流，具有坚定理想信念、国际视野和战略思维，能够独立开展教学与科学研究工作、德才兼备的复合型高层次专门人才。计划2023年开始招生，首批招生14人。学校另新增国家安全学一级学科硕士学位授权点。

（任婉君）

北京体育大学

概述

2021年，北京体育大学设有1个校区，设置25个院（系）。开设41个本科专业，覆盖9个学科门类；具有一级学科7个；一级学科博士点1个；一级学科硕士点7个、硕士专业学位授权类别6个。博士后科研流动站1个。博士生导师116人、硕士生导师412人。“双一流”建设学科1个，国家级一流本科专业建设点9个，北京市级一流本科专业建设点6个。学校由国家体育总局举办，为体育院校。拥有教室112间，其中网络多媒体教室111间。数字终端3973台，其中学生终端1359台、教师终端1312台。数字资源量中电子图书186.2万册、电子期刊81.7万册、学位论文1018.03万册、音视频13.99万小时。北京实验室1个、北京重点实验室1个，拥有教育部运动与体质健康重点实验室，国家体育总局实验室3个、研究基地2个。高考北京地区提档线不限选考专业组564分、物理必考专业组568分、物理/化学专业组572分、思想政治必考专业组570分、物理/化学/生物专业组567分、历史必考专业组566分、体育类专业体育统考成绩75分（按高考体育类专业统考成绩从高到低择优录取）。网址：www.bsu.edu.cn。

2021年，学校对标体育强国、教育强国、健康中国等国家战略和体育系统重大任务，紧扣“大学+基地”发展主线，全面落实立德树人根本任务，科学编制学校“十四五”发展规划，开启新一轮“双一流”建设，不断深化“三个转型”（从传统经验型体育大学向现代科技型体育大学转型、从以夏季项目为主的体育大学向夏季冬季项目全面发展的体育大学转型、从本土化体育大学向国际化体育大学转型）综合改革，学校各项事业取得显著进步。

做好东京奥运会、北京冬奥会备战服务工作。基本建成北体大国家冰雪运动训练科研基地，完成40余支国家集训队39000人次训练、测试等服务保障工作。完成国家训练基地智能化维修改造，建立体育大数据采集与分析平台，承办完成中芬科技冬奥对接会。30余名师生直接参与东京奥运会国家队科技服务保障，学校师生校友在东京奥运会和残奥会上分别取得18金11银7铜和32金11银9铜的优异成绩。组建40支科研团队参与冬季项目国家队科技保障服务。1000余名师生参加北京冬奥会志愿服务。编印出版《冬奥参考》45期，编印《奥林匹克资讯》等刊物共50余期约20万字。发布《北京2022年冬奥会和冬残奥会遗产报告（2020）》等。高质量完成跳台滑雪奥运积分选拔赛等8站共计46场次转播任务。

推进反兴奋剂和北京兴奋剂检测实验室移交工作。会同反兴奋剂中心共同完成11项独立性材料并通过WADA审核，制定接收方案，确保年底前完成纸面移交。坚持移交与建设同步推进，筹建中国反兴奋剂研究院，开展反兴奋剂人才培养，率先开设国内首个“兴奋剂检测技术与方法”博士和硕士研究生招生方向。与反兴奋剂中心共同创办国内第一本反兴奋剂学术刊物《反兴奋剂研究》并编辑出版5期。加强反兴奋剂工作组织领导，修订印发《反兴奋剂工作实施办法》。科研处更名为科研与反兴奋剂工作处。

加快建设中国特色新型体育智库，科研创新服务能力进一步提升。以服务国家战略需要为导向，制定印发科研平台建设方案。新增“5G高新视频体育融合创新应用国家广播电视总局实验室”和“体育融合出版可视化技术重点实验室”2个省部级科研平台，冬奥文化研究中心获批北京市哲学社会科学基地。

深化学校“三个转型”综合改革。推进项目学院实体化建设，拟定《运动项目学院建设指导意见》，筹建中国雪上运动学院。培养冬奥备战急需体育人才，持续优化招生结构，招收速度滑冰、冰球、越野滑雪等16个冰雪运动项目161名本科生。加快建设以“三大球”为龙头的青训体系，搭建北体青训教练员综合培训平台，对244名基层教练员开展培训。启动雄安校区筹建工作，正式启动在雄安建设国家运动康复中心、国家军民融合体能训练中心和附属运动医院规划论证工作。海南国际办学取得实质性进展，海南自贸港国际英才班首批28名学生顺利开学。

全面推进实施教育评价改革，着力破解“五唯”。制定落实工作清单和涵盖7个方面97项具体落实举措，完成涉及31项规章制度清理工作。开展“深化新时代教育评价改革”大讨论。紧盯学生评价、教师评价、科研评价等关键领域，形成3篇典型案例上报教育部。

党委书记 曹卫东
校　　长 曹卫东（11月19日免）
张剑（11月19日任）

（马嘉悦）

杨家玉、刘虹打破竞走世界纪录

3月20日，北体大研究生冠军班学生杨家玉、刘虹在全国竞走锦标赛暨奥运会选拔赛女子20公里竞走决赛中打破世界纪录。研究生冠军班学生杨家玉、刘虹、切阳什姐包揽赛事冠、亚、季军。其中，杨家玉、刘虹分别以1小时23分49秒、1小时24分27秒成绩打破世界纪录。4月24日，学校博士研究生苏炳添在2021中国田径分区邀请

3月20日，北体大研究生冠军班学生杨家玉（603号选手）、刘虹（602号选手）参加全国竞走锦标赛暨奥运会选拔赛 （北体大 供）

赛（华东赛区）男子百米决赛中，以9秒98成绩夺冠，创造亚洲男子百米赛季最好成绩。

（马嘉悦）

自贸港国际英才班开学

10月11日，北体大自贸港国际英才班开学。英才班是学校海南陵水黎安国际教育创新试验区首批入住学生。该班学生由加拿大阿尔伯塔大学与北体大联合培养，旨在培养具有国际化视野的复合型人才。首批学生28人。

（马嘉悦）

中央音乐学院

概述

2021年，中央音乐学院设有1个校区，设置12个院（系、部）。开设3个本科专业，覆盖1个学科门类；具有一级学科1个；一级学科博士点1个、二级学科博士点5个；一级学科硕士点1个、二级学科硕士点6个、硕士专业学位授权类别1个；博士后科研流动站1个，其中博士后研究人员出站5人、进站1人、在站21人。博士生导师75人、硕士生导师172人。“双一流”建设学科1个，国家级一流本科专业建设点3个，北京高校重点建设一流专业1个，北京高校高精尖学科1个。学校由教育部举办，为艺术院校，拥有教室203间，包括网络多媒体教室39间。数字终端471台，其中学生终端17台、教师终端454台。数字资源量中电子图书7.03万册、电子期刊6.44万册、学位论文85.75万册、音视频10.24万个小时。教育部人文社会科学重点研究基地1个、教育部哲学社会科学实验室1个、省部级实验教学示范中心1个、国家级实验教学示范中心1个、省部级教学团队2个、教育部创新团队1个。文化名家暨四个一批人才工程获得者1人，第五届中青年德艺双馨文艺工作者1人。网址：www.ccom.edu.cn。

2021年，学校在教育部首轮“双一流”建设成效考察中获“整体发展水平显著”的评价。制定“十四五”发展规划，着力在音乐创作和音乐人工智能两大领域启动“一流培优行动”，加快推进中国特色、世界一流音乐学院建设。

音乐人工智能专业发展。音乐人工智能专业是学校“十四五”时期重点发展的两大领域之一。促进成立中国人工智能学会（CAAI）艺术与人工智能专委会成立。“音乐与人工智能协同创新发展理论研究”项目获批国家哲学社会科学基金艺术学重大项目。中央音乐学院与中国人工智能学会联合举办世界音乐人工智能大会。

学科建设。音乐学专业入选国家级一流本科专业建设点，至此，学校3个专业全部进入国家级一流本科专业。音乐学系获全国教材建设先进集体，1人获全国教材建设先进个人，其主编教材《西方音乐通史》入选全国优秀教材。获北京高校优质本科课程2门、北京市高校课程思政示范课程4门、北京高校优质本科教材2套、北京高校本科教学改革创新立项2项。民乐系获北京高校优秀本科育人团队称号。

师资建设。调整岗位设置，修订教师聘任办法，引育并重，努力提升师资队伍整体水平。新增“长江学者奖励计划”青年学者1人、中组部万人计划“青年拔尖人才支持计划”2人、北京市高校教学名师奖1人，北京市高校青年教学名师奖1人。加强师德师风建设，制定《师德师风制度手册》，举办全体教职工专题轮训班（分三期），引导教师做“四有”好教师。充分发挥主科教师主体责任作用，形成学生工作部—辅导员—班主任—主科教师四位一体育人机制。

人才培养。推进教育教学改革，原有61个教研室“撤扩并”为41个，完成教研室主任换届工作；强化各专业大学、附中一体化建设，打通教研室；明确硕、博研究生各教学层次培养目标，梳理、精炼教学内容和课程。学校师生获奖项目644个，其中国际397个，首奖217个；国内247个，首奖100个。完善三级就业工作体系与四位一体工作机制，毕业生整体就业率98.7%。加强创新创业平台建设，以创业带动就业。学生分别获评国家级和北京市级立项大学生创新创业训练项目2个；获选文旅部共建院校学生团队支持项目1个；获第七届中国国际“互联网+”大学生创新创业大赛北京赛区一等奖1项、三等奖2项。3个学生创业团队项目入驻北京高校大学生市级创业园。

科研创新。加强国家级、省部级项目申报工作，20个项目获批立项，包括国家哲学社会科学基金项目重大项目1个、重点项目1个、一般项目1个；教育部哲学社会科学重大项目1个，教育部首批社科重点实验室1个。校级项目建立召集人制和研讨制，立项8个校级重大项目。新设“十四五”规划重点教材项目，首批6部教材获批立项。音乐学研究所通过教育部人文社会科学重点研究基地评估。中国传统音乐文化方向基地自主立项3个，举办4次国际国内学术会议。博士后人才流动站首招音乐人工智能博士后。

10月22日至24日，中央音乐学院举行世界音乐人工智能大会启帷仪式 （中央音乐学院 供）

社会服务。继续推进青海化隆乡村振兴扶贫启智工作，开展7个党建帮扶项目，建立农村中学音乐特色班，组织青年教师、大学生进行“双实践”。培训基层干部813人、技术人员296人、乡村振兴人才30人。做好山西吕梁、陕西延安等10余个地方美育教育和文明实践帮扶工作；对口支援新疆艺术学院、青海师范大学等院校音乐专业建设。在全国832个脱贫县8000余所学校试点设立“乡村音乐教室”，为西部偏远地区送校歌（完成13首），在西藏定日县成立“珠峰少年合唱团”。

对外交流合作。克服新冠肺炎疫情造成的困难，开展线上国际学术交流活动，举办“一带一路”音乐教育联盟年度会议暨院长论坛、首届世界音乐人工智能大会等活动，与加拿大多伦多大学、奥地利维也纳音乐与表演艺术大学等国外院校签署或续签合作框架和交换学习项目协议，建立国内首个阿根廷探戈艺术研究与实践中心。与英国切特姆音乐学校共建全球首个“中文音乐课堂”，获批“国际中文教育（音乐）实践与研究基地”。

党委书记 赵旻

校　　长 俞峰

（王小夕）

中国音乐学院

概述

2021年，中国音乐学院设有1个校区，设置11个院（系）。开设4个本科专业，覆盖1个学科门类；具有一级学科1个；一级学科博士点1个；一级学科硕士点1个、硕士专业学位授权类别2个；博士后科研流动站1个，其中博士后研究人员出站2人、进站6人、在站14人。博士生导师75人、硕士生导师102人。“双一流”建设学科1个，国家级一流本科专业建设点3个，北京高校“重点建设一流专业”2个，北京高校高精尖学科1个。学校由北京市举办，为艺术院校。拥有教室61间，其中网络多媒体教室30间。数字资源量中电子图书141.10万册、电子期刊3.29万册、学位论文205.38万册、音视频92.52万小时。北京高精尖创新中心1个。高考北京地区提档线音乐学理论、音乐教育声乐特长、音乐教育钢琴特长、音乐教育师范声乐特长、音乐教育师范钢琴特长招考方向359分；音乐管理招考方向410分；作曲招考方向333分；指挥招考方向308分；中国声乐、中国歌剧、管弦乐器演奏、中国乐器演奏、钢琴、电子管风琴招考方向300分。网址：www.ccmusic.edu.cn。

2021年，学校以庆祝建党百年为契机，落实立德树人为根本，统筹疫情防控和事业高质量发展为主题，提升干部和基层党组织能力为重点，建设“中国乐派8＋1、思政＋X”课程体系为抓手，党的建设和教育事业蓬勃发展。

学科建设。“中国乐派8＋1、思政＋X”课程体系进入课程教学，并形成首个全国独立设置音乐学院本科主课教学国家标准。音乐学专业入选国家级一流本科专业建设点，增设“音乐教育”本科专业，通过教育硕士专业学位授权点专项合格评估，开展艺术管理专业申报备案工作。编制《高校整体建设方案（2021—2025）》《一流学科建设方案》，完成第五轮学科评估工作相关工作。完成“中央支持地方建设—双一流建设”“科技创新服务能力建设—高精尖学科建设”等五大学科建设项目。

人才培养。推进研究生分类课程建设，探索“1＋5＋X”（其中“1”指学科主课，“5”指“文献方法类”“学科拓展类”“思政通识类”“实践类”和“专题研究类”5大学科课程模块，“X”指第二课堂）研究生培养体系。推出中国声乐博士研究生培养方案，探索表演艺术人才培养示范性、引领性创新举措。加强研究生导师队伍管理，建立健全研究生导师培训体系，启动导师评价考核机制。加强研究生学位论文过程管理，持续完善博士研究生培养过程考核与分流机制。招聘6名博士后，发挥博士后流动站人才蓄水池作用。第13届中国音乐金钟奖比赛中，3人获金钟奖，其中古筝组1人，民族声乐组2人。

科研成果。《基本乐理简明教程》获全国优秀教材（高等教育类）一等奖，校长被评为首届“全国教材建设先进个人”。完成国家级一流课程、国家级教育教学成果奖、国家级一流专业申报。2个项目获市级“本科教学改革创新项目”立项，2门课程、2项教材课件分别获评北京高校“优质本科课程”“优质本科教材课件”。推进国家社科基金艺术学重大项目“中国乐派研究”“中国声乐艺术研究”，发表论文近50篇，6项成果入选2021年中华民族音乐传承出版工程精品出版项目。获批国家社科基金重点课题、北京市重大课题各1项。《中国音乐大典·文论编》入选“2021年度国家出版基金资助项目”，《中国音乐》入选《中文社会科学引文索引》（CSSCI）期刊索引目录。

9月28日，中国音乐学院举办世界经典歌剧选曲选段实验音乐会
（中国音乐学院 供）

师资队伍建设。引进市级、校级高层次人才各3人，公开招聘海外优秀人才5人，新增国家级人才1人，北京市高校教学名师、青年教学名师、优秀教学管理人员各1人。贯彻落实《深化新时代教育评价改革总体方案》，推进职称评审条件修订工作。完善特聘教授聘用管理机制，加强返聘、外聘教师管理。探索线上招聘形式，创新推进人才引进与公开招聘工作。完成第五聘期全员岗位分级聘任、聘用合同签订与科级干部选聘工作。

交流合作。全球音乐教育联盟正式经民政部注册成为具有独立法人资质的非政府、非营利性国际组织，吸纳世界排名前100名覆盖亚洲、欧洲、北美洲、大洋洲85所世界顶尖音乐院校。在金砖国家人文交流论坛开幕式上举行“全球音乐教育联盟金砖国家成员单位合作签约仪式”。首届联合培养7名学生在联盟院校完成所有课程学习，第二届联合培养5名学生完成第一年学习，第三届10名学生赴联盟院校学习。中国乐派交响乐团参与北京国际电影节、国际服贸会等国家大型活动演出。举办第11届艺术实践周，完成27场专业讲座、3次大师课、23场音乐会演出、7个教学工作坊等实践活动。举办“蛋壳空间”午间音乐会34场，并走进清华大学、北京邮电大学，把音乐艺术带入更多高校。线上线下相结合，承办北京大学生音乐节，完成第七届全国青少年民族器乐教育教学成果展示活动。

社会服务。完善线上考级系统，实现线上培训教学工作，考级人数突破300万人。在2020年线上师资培训认证基础上，建成师资培训认证管理系统。编写《诗词吟诵》等美育教材，完成引智扶贫、“国音绕梁”“西藏公益讲座演出”等考级公益助推少数民族地区音乐教育事业发展工作。

院　　长　王黎光
党委书记　王旭东

（江瑾尧）

“中国乐派8＋1、思政＋X”课程体系建设学术研讨会

3月27日至28日，中国音乐学院召开“中国乐派8＋1、思政＋X”课程体系建设学术研讨会。会议由评审会、课堂展示、学术研讨会三部分组成。来自中央音乐学院、上海音乐学院等全国11所独立设置音乐学院和北京师范大学、中国人民大学、中央民族大学等综合性艺术学院及国家各大院团200余名专家学者参加会议。“中国乐派8＋1、思政＋X”课程体系中“8”指中国乐派8门核心专业基础课，“1”指包括专业主课和专业实践课的专业课；“思政”指国家规定的思想政治理论课类课程，“X”指全面人文素养课程。学校另于7月18日召开“中国乐派8＋1、思政＋X”课程标准建设专家评审会，就中国乐派“8＋1、思政＋X”课程体系下作曲系4门作曲技术理论类课程、1门音乐理论基础课程和作曲主课课程标准建设开展研讨交流。

（江瑾尧）

思想政治理论课教辅片推出

6月，中国音乐学院推出思想政治理论课教辅片《百年初心》。该片为学校原创教辅片，100集，2017年立项，每集时长10分钟左右。内容以《毛泽东思想和中国特色社会主义理论体系概论》教材为依据，以“四史”视频文献资料展现自中华人民共和国成立以来中国经济、政治、文化等各方面发展历程与变化态势。

（江瑾尧）

首届明清音乐研究与表演实践学术研讨

10月16日至17日，中国音乐学院举办首届明清音乐研究与表演实践学术研讨会。活动设置明清乐律学研究、弦歌研究和音乐史学研究三部分，包括朱载堉专题研究、明清乐学研究、明清律学研究等7场专题研讨会。会议举办“弦歌今咏——中国乐派（明清）音乐研究与表演实践音乐会”。音乐会表演《太古遗音》《东皋琴谱》《碎金词谱》等作品15首。来自中国音乐学院、中国艺术研究院、中央音乐学院等16所院校近40名专家学者和学生参加活动。

（江瑾尧）

中央美术学院

概述

2021年，中央美术学院设有3个校区，设置13个院（系、部）。开设22个本科专业，覆盖9个学科门类；具有一级学科6个；一级学科博士点3个；一级学科硕士点6个、专业学位硕士点2个、硕士专业学位授权类别2个；博士后科研流动站3个，其中博士后研究人员出站2人、进站6人、在站30人。博士生导师93人、硕士生导师162人。国家级一流本科专业建设点11个，北京市级一流本科专业建设点3个，北京高校重点建设一流专业1个。学校由教育部举办，为艺术院校。拥有教室556间，其中网络多媒体教室21间。数字终端5410台，其中学生终端4079台、教师终端1331台。数字资源量中电子图书468.48万册、电子期刊4701.30万册、学位论文2034.18万册、音视频12.80万小时。网址：www.cafa.edu.cn。

2021年，学校围绕党建工作、教育发展、队伍建设、人才培养、社会服务、国际交流合作开展各项工作，全面贯彻教育改革，弘扬美育精神，培养新时代人才。

改革创新。重新调整各学科招生目录；建立以课题方向科学性、学理性为重点的博导遴选方式，强化导师职责，优化“双导师”制，坚持研究生学术研究与艺术实践能力同步培养；加强研究生思政课建设，开设人文主题共同课程，强化质量监督。推进新文科、新工科研究与改革实践项目，5个新文科项目获批立项，召开专题项目推进会，研讨新文科、新工科项目研究思路及推进情况。

学科建设。系统总结学校“十三五”时期各项成果与经验，编制“十四五”发展规划，形成学校新一轮“双一流”建设方案。明确以美术学、设计学两个一流学科为引领，艺术人文、建筑两大学科群为支撑，以视觉艺术管理、科技艺术、文化乡建等交叉学科为增长点的“新艺科”学科布局。组建修复学院，5个专业入选国家级一流本科专业，1个专业入选北京市级一流专业。新增3个本科专业。

师资建设。完善党委教师工作部职责职能，制定评价体系改革文件，推动教师思想政治工作和师德师风建设，加强在人才招聘中的思想品德考察，在新入职教职工培训中加强立德树人内容学习和要求。以引育并举方式构筑师资队伍，公开招聘A类教学岗位20人，B类岗位6人，派遣岗位、科研助理60余人，引进各类人员105人，推荐各类人才项目和专家人选等19人次；继续开展好“徐悲鸿奖”的评选颁奖工作，奖励在建党百年国家重大项目中作出突出贡献的优秀团队；开展“青新工程”，通过入职培训、“美院下午茶”“美院学艺塾”等形式多样活动，帮助青年教师过好师德关、教学关、科研关、双师关、育人关。

3月，中央美院团队创作中国共产党历史展览馆广场主题雕塑《信仰》 （中央美院 供）

人才培养。推动以美育人与立德树人有机统一。注重课程思政，将思政教育的价值理念与精神追求融入课程体系，在教学内容和社会实践中培养学生认识国情社情、服务人民的正确艺术观，举办“以美育人，培根铸魂——课程思政教学案例展”。强化专业定位、培养目标、课程建设和教学方法的一脉贯通，巩固传统优势课程，注重积累网络教学资源，自主研发建设的在线开放课程累计立项19门，订阅学习17万余人次。制定《教材管理办法》，与4家出版集团签订战略合作协议，完成第一批30余本教材出版合同签订，其中16本教材完成编撰工作。制定教学质量标准和效果监控系列制度，保障教育教学的规范性与科学性。

学生工作。抓好团员教育，举办青年座谈会、青年论坛、国旗下演讲等主题团日活动，形成“主题鲜明、多维覆盖、形式多样”的教育工作模式。鼓励引导青年学生将理论学习与主题创作相结合，打造“央美青年”主题创作中心，办好第十届“青春·足迹”学生主题创作展。抓好“一年级工程”，以理想信念教育、价值观引领、学习生活适应、健康安全教育为主要抓手，引导新生扣好“人生第一粒扣子”；支持学生社会实践和创新创业，推出“青竹计划2.0”“1＋3＋X”创新创业扶持计划等。举办学校第12届创新创业大赛、北京卓越艺术人才培养高校联盟创新创业比赛，孵化诸多优秀创新创业项目；完善资助育人体系，修订校内各项奖助学制度，持续吸纳社会赞助，吸纳社会捐赠61万元，全年发放各类奖助金额1000万余元，资助学生3000余人次。打造毕业季品牌，首次开启三段式线上、线下双维度毕业展，打造“艺就业”就业指导服务工作品牌，举办多场次大规模招聘会，举办“观展览选人才”主题推介活动，开展“毕业生就业促进月活动”等。毕业生就业率92.86%，高于上年同期3个百分点。

科研管理。获批立项国家级项目11个，省部级重点以上项目2个，省部级其他项目1个，其中获国家哲学社会科学基金艺术学项目 5 个；获国家艺术基金 2020 年度资助项目 6 个。

服务社会。设计北京 2022 年冬奥会、冬残奥会奖牌和体育图标、宣传海报、颁奖服装等。完成建党百年庆祝活动标识、天安门广场会场、文艺演出《伟大征程》多媒体舞台设计工作。完成天安门城楼领袖像绘制；参与“建党 100 周年主题雕塑创作工程”“不忘初心继续前进——庆祝中国共产党成立 100 周年大型美术创作工程”，多件作品被中国共产党历史展览馆陈列和收藏。举办《百年征程，精神图谱——庆祝中国共产党成立 100 周年专题展》《百年华诞，央美贡献》展览。联合相关单位制作“美术经典中的党史”“新时代中华美育故事·第一讲”等节目。举办城市设计、艺术管理、中国画人物画教学等领域国内国际研讨会和学术论坛。完成中央礼品馆壁画设计项目，联合外文局筹办“中国——东盟首饰艺术展”，与奥地利驻华使馆合作举办庆祝中奥建交 30 年展览，举办国际版画联盟学术交流展。与国家大剧院和中国宋庆龄基金会签署战略合作协议，共同推动文化文艺事业和高校美育工作繁荣发展。

党委书记　高洪
院　　长　范迪安

（任劲坤）

中青年非遗传承人高级研修班举办

4 月 19 日，中央美院举办中国非物质文化遗产传承人群研培计划——中央美术学院中青年非遗传承人高级研修班。该班为期 4 周（讲座课 1 周，实践课 3 周），内容包括五个版块，通过周期性研习、研修与交流，最终以结业展览方式呈现研修成果。来自云南省大理白族自治州剑川县 20 名学员参加研修。2015 年，在中央美院先期试点开展振兴传统手工艺的传承人培训项目“非遗保护与现代生活——中青年非遗传承人交流实践活动”基础上，文化部、教育部联合启动中国非物质文化遗产传承人群研修研习培训计划。至 2021 年，学校举办中国非物质文化遗产传承人培训班 10 期，累计培训 275 人。

（任劲坤）

《徐悲鸿全集》首发

5 月 20 日，中央美院举办《徐悲鸿全集》出版发布会暨学术研讨会。发布会暨学术研讨会由中央美院与中国青年出版社联合举办。徐悲鸿之子徐庆平讲述父亲徐悲鸿的生活细节和艺术创作中的故事。中国出版协会常务副理事长、中央美院党委书记和校长、中国美术学家协会主席、徐悲鸿纪念馆馆长等美术界和出版界领导嘉宾 25 人参加研讨会。《徐悲鸿全集》由中央美院校长范迪安、徐悲鸿之子徐庆平担任总主编，由中国青年出版社出版发行，包括油画、素描、中国画（人物·山水）、中国画（动物·花卉）、书法、著述共 6 卷。

（任劲坤）

中央戏剧学院

概述

2021 年，中央戏剧学院设有 2 个校区，设置 13 个系，开设 9 个本科专业，覆盖 2 个学科；具有一级学科 2 个，一级学科博士点 2 个，博士学位授权点 2 个，硕士学位授权点 2 个和专业学位授权点 1 个；博士后流动站 6 个，其中博士后研究人员进站 2 人、在站 6 人。博士、硕士导师 56 人、硕士生导师 64 人。“双一流”建设学科 1 个，国家级一流本科专业建设点 8 个，北京市级一流本科专业建设点 1 个，北京高校重点建设一流专业 1 个，国家级重点学科 1 个。学校由教育部举办，为艺术院校。拥有教室 375 间，其中，网络多媒体教室 74 间。数字终端 1578 台，其中学生终端 680 台、教师终端 215 台。数字资源量中电子图书 368.10 万册、学位论文 675.01 万册、音视频 63.37 万小时。网址：www.zhongxi.cn。

2021 年，学院推动教育教学改革，在学科建设、师资队伍建设、科研创作等方面取得突出成绩。

教育教学改革。深化课程改革，落实教育部有关思政课建设标准，制定《课程思政建设方案》，推进慕课建设，遴选优秀本科课程参加国家级一流本科课程认定工作。加强教材建设，完善教材编写、选用、引进审核机制，制定《本科教材选用管理办法》，成立本科教材选用委员会，对选用教材全面审核。做好教学质量监督，推进课程体系建设，把劳动教育纳入本科人才培养方案，加强美育与德育、智育、体育、劳动教育相融合。依托“国家级实验教学示范中心”等平台，完善实践教学体系建设，加强专业实践师资队伍培养，推进研究生培养改革，全面提升研究生教育质量。强化分类培养思路，在生源选拔方面调整硕士研究生考试科目。修订艺术硕士专业学位培养方案，增加对于创作实习实践方面的具体要求，完善课程体系建设。与中国儿童艺术剧院、中国国家话剧院共建产教融合研究生联合培养基地。

学科建设。优化本科专业布局结构，向教育部申报曲艺专业、音乐剧专业，增设曲艺相声创作表演、电影声音设计与制作专业方向。以“推优”工作为抓手，浓厚教学研究氛围，扎实推进学科建设。戏剧影视美术设计专业、戏剧学专业获批国家级一流本科专业建设点，播音与主持艺术专业获批北京市一流本科专业建设点。依托人文学部的建设，加强“新文科”背景下学科内部及跨门类的学科交叉融合，打破专业壁垒，扩大资源共享面。

师资队伍建设。坚持把教师思想政治素质和师德师风表现放在队伍建设首要位置，定期开展教师思想政治状况调查和师德考核，严格落实“一票否决制”。完善教师理论学习制度，引导教师学习实践新时代师德规范。组织教师定期开展专题学习和讨论，营造“比 学 赶 帮 超”的良好氛围。制定《教师队伍建设规划方案》，加强对教师队伍发展的顶层设计。坚持党管人才的原则，落实人才引进“四级把关”，稳步推进人才强校战略，引进教学、行政教辅人员 29 人，教师队伍结构不断优化，队伍整体素质持续提升。

科研工作。制定“十四五”科研工作推进计划，围绕国家战略布局、学科前沿发展，有重点的进行科研规划和布局。“当代中国戏剧影视‘高峰’作品创作建设研究”“当代中国话剧作品评价体系与质量提升研究”“欧美戏剧剧场资料翻译与研究”3个项目获批国家社科基金及艺术学重大项目。加强科研制度建设，细化对项目经费、项目成果鉴定和结项、项目信息内部公开等工作制度化建设，为促进高水平研究成果产出提供保障。深化“放管服”改革，持续推进“科研减负”，进一步简化科研出版合同审签流程。

7月30日至8月1日，戏剧学院原创音乐剧《家》演出（戏剧学院 供）

交流合作。深化教育对外开放，推动学科创新引智基地建设，3个科技部高端外国专家引进项目和“对台交流重点项目”获批立项。与俄罗斯国立舞台艺术学院、英国伦敦艺术大学等境外合作院校联系，推动疫情期间联合培养项目落实。举办第四届世界戏剧教育大会暨第六届亚洲戏剧院校大学生戏剧节、世界戏剧教育联盟2021戏剧教育研究国际论坛、首届国际戏剧“学院奖”（导演奖）、第二届国际戏剧“学院奖”（理论奖）暨戏剧与影视学学科研究论坛等学术交流活动。服务首都文化中心建设，拓宽国内交流合作，与西城区政府、四川省凉山彝族自治州开展战略合作。

乡村振兴。加强定点帮扶贵州省长顺县工作，聚焦教育、文化振兴，及时完善组织机制，调整成立定点帮扶工作领导小组，落实帮扶资金，为帮扶干部提供保障。发挥学院特色优势，开展人才培训、消费扶贫、艺术文化帮扶、爱心捐书等工作，选派研究生支教团、主办长顺乡村戏剧周、举办长顺傩文化研讨会、开展暑期社会实践和实地研学等活动，助力长顺县巩固拓展脱贫攻坚成果同乡村振兴有效衔接。

党委书记　徐翔
院　　长　郝戎

（李静静）

原创音乐剧《家》首轮演出

7月30日至8月1日，戏剧学院原创音乐剧《家》在北京天桥艺术中心首轮演出。该剧改编自巴金同名长篇小说，时长120分钟，包括两个部分，讲述四川封建大家庭“高家”的腐朽没落，并歌颂新一代青年人冲破藩篱决心和民主意识觉醒。全剧包含《凤玨梅》《觉醒》《青春四重唱》等28首歌曲，吸收中国古典舞、民族民间舞和中国戏曲等创作元素，是学校党的百年华诞献礼剧目。至年底，该剧共演出4场，累计2486人观看演出。

（李静静）

中国戏曲学院

概述

2021年，中国戏曲学院设有1个校区，设置8个教学系。开设15个本科专业；具有一级学科硕士点3个、硕士专业学位授权类别3个；国家级一流本科专业建设点3个，北京市级一流本科专业建设点2个，北京高校重点建设一流专业1个。学校由北京市举办，为艺术院校。拥有教室271间，其中网络多媒体教室31间。数字终端2470台。数字资源量中电子图书130万册、电子期刊8000册、学位论文200万册、音视频15万小时。博士生导师4人、硕士生导师95人。青年北京学者1人，北京市高等学校教学名师5人、青年教学名师3人，北京市高层次创新创业人才支持计划领军人才、教学名师3人，中宣部“四个一批”人才6人，长城学者8人。高考北京地区提档线不限选考专业组校考专业不限制，统考专业319分，普通类专业400分。网址：www.nacta.edu.cn。

2021年，学院召开第三次党代会，以立德树人为根本任务，以高质量发展为主题，以改革创新为动力，以巡视整改为抓手，统筹发展和安全，加强党的全面领导，推动“十四五”开好局、起好步，各项工作取得新的成绩。

党建思政。把学习宣传贯彻习近平总书记重要回信精神作为首要政治任务，制定实施贯彻意见，围绕重要回信一周年，召开专题座谈会、研讨会，举办成果展、专场演出、线上展演。突出“戏曲+思政”，制定课程思政实施方案，召开推进会，举办专题讲座，促进课程思政和思政课程同向同行。上好“大思政课”，做好建党百年、冬奥会和冬残奥会等重大活动服务保障。打好政治建设攻坚战，以钉钉子精神抓好84项任务落实。

党史学习教育。开展党史学习教育，组织交流研讨、读书班、主题参观等各类学习36次；开展专题讲座，拍摄《党史中的国戏》纪录片；开展“讲述我和我们的育人故事”“永远跟党走”主题教育活动，落实“我为群众办实事”任务清单，51件任务全部完成。开设“国戏诉求在线”，办理师生诉求139件。

教育教学。思政教学成果分别获北京市“三全育人”优秀成果、“最美课程”一等奖，思政部获评2021年“北京高校优秀本科育人团队”。稳妥有序做好第七届“青研班”招生录取工作。主动停招4个“灰名单”专业，集中力量发展优势专业。全面推进学院领导、党委常委听课，听课140门次、220课时。开展跨系部公开课教研活动。

深化改革。成立学科专业建设工作领导小组、人事工作领导小组、教育对外开放（国际交流与合作）等工作领导小组，加强顶层设计、分类指导。成立附中工作领导小组，推进附中党组织领导的校长负责制试点。

人才师资。聘请荣誉教授30人、客座教授72人，引进专业紧缺人才4人，充实教师队伍。选派怀柔区汤河口镇卜营村驻村第一书记。

开放办学。与汕头市政府、属地丰台区政府、北京演艺集团、北京市文化创意产业投资基金管理有限公司等签署战略合作协议。分别在贵州、湖南、青海、汕头建立邕剧、湘剧、花鼓戏、黄南藏戏、潮剧教学实践基地、在昆山建立创作实践基地，在北京园博园建立艺术实践基地、戏曲文化创意设计基地；在福建增设继续教育函授站，成立戏曲文化翻译与研究中心；与美国宾汉顿大学合作建立“戏剧交流中心”，与英国奥斯特大学共建“艺术文化交流中心”。

党委书记　李必友

校　　长　尹晓东

（朱天）

习近平给戏曲学院师生回信一周年座谈会

10月23日，戏曲学院举办学习贯彻习近平总书记给学院师生重要回信精神一周年座谈会。会议听取校长介绍学习贯彻总书记重要回信精神一周年工作情况，与会教师、学院首届毕业生、国家级非物质文化遗产京剧项目代表性传承人谢锐青、学院客座教授孟广禄、学院附中2016级学生等先后发言，畅谈学习贯彻重要回信精神体会收获，表达推动戏曲艺术发展的信念和决心。夏林茂参加会议并强调，戏曲学院要以习近平总书记的重要回信精神为指引，持续加深对回信精神的学思、笃行，汲取前行智慧，凝聚奋进力量，推动中国戏曲教育事业再上新台阶。市委、市政府相关部门负责人及学校师生代表30人参加会议。

（朱天）

少儿京剧联唱《红·传》演出

12月31日，戏曲学院及附中师生戏曲作品少儿京剧联唱《红·传》在全国政协2022年新年茶话会演出。节目以戏曲形式讲述新时代少年儿童重温革命先辈们英勇事迹，通过《智取威虎山》《红灯记》《奇袭白虎团》《红色娘子军》经典唱段，表达新时代少年儿童传承红色血脉，继承革命精神的雄心壮志。该节目是学校贯彻落实习近平总书记重要回信一周年教学成果展示，也是茶话会7个节目中唯一戏曲节目、少儿节目。

（朱天）

北京电影学院

概述

2021年，北京电影学院设有2个校区，设置15个直属院系及研究生院、人文学部、思政部3个教学单位。开设22个本科专业，11个专科专业，覆盖3个学科门类；具有一级学科3个；一级学科博士点3个，博士学位授权点3个，硕士学位授权点3个；博士后科研流动站1个，其中博士后研究人员出站6人、进站13人、在站7人。博士生导师17人、硕士生导师170人。国家级一流本科专业建设点6个，入选省级一流本科专业建设点6个。学校由北京市举办，为艺术院校。拥有教室232间，其中网络多媒体教室118间。数字终端2592台，其中学生终端1883台、教师终端709台。数字资源量中电子图书147万册、电子期刊77万册、学位论文829万册、音视频10.73万小时。网址：www.bfa.edu.cn。

2021年，学校推动高质量发展，落实立德树人根本任务，实施“质量立校、科创强校、人才兴校、开放办校”四大战略，在教学育人、学科专业、人才队伍、科研创作、校区建设、文化建设、治理能力和治理体系提升方面，取得新的成绩，以高质量发展开启中国特色世界一流电影学院建设新阶段。

新校区投入使用。学校怀柔新校区投入使用，进入两校区办学阶段。

开展党史学习教育。制定党史学习教育实施方案，常委会18次专题研究推动落实，校领导班子带头讲授专题党课16次，组建校内巡回指导组带队督促指导工作。召开学习“七一”讲话和六中全会专题报告会，举办庆祝建党百年“五个一”（一场“百首红色影视歌曲评选发布活动”，一场大型文艺演出，一套“红色校史里的党史”建党百年献礼系列短片，一系列展映与学术研讨活动，一次“七一”表彰活动），服务保障建党百年天安门广场纪念活动和2022北京冬奥会开闭幕式，推动党史学习教育走向深入。

思想政治工作。以“三人民”艺术观（即向人民学习、为人民服务、做人民的艺术家）培养为特色，推进思政课程改革和课程思政建设，扎实推进质量提升工程，打造两批共35门示范课程，6门课程入选2021年北京市高校课程思政示范课。

人才培养。坚持“以本为本”，不断提升本科教学质量，获批北京高校优质本科课程3门、优质本科教材与课件3项、优秀本科育人团队1个。推出“研究生学科文献目录”，重新布局研究生长片创作计划，深化拔尖创新人才培养新模式。完善博士“申请—审核制”招生方式，强化中期考核、预答辩等分流选择机制，加强关键环节质量监控。深化实践教学，设立约 800 万元专项资金，支持毕业联合作业拍摄（14 部），毕业联合作业及学生短片获奖 20 余项。

学科专业建设。推动学科建设质量跃升，跟进第五轮学科评估和专业学位水平评估工作，成立戏剧与影视学、艺术学理论、美术学三个一级学科研究院，组建第一届研究生教育与学科建设专家咨询委员会，搭建一级学科下相关院系和相关人才的全新管理机制。推进问题整改，停招两年的博士招生方向“表演学”恢复招生。3 个学科入选国家级一流本科专业建设点，3 个专业入选北京市级一流本科专业建设点。举办新时代中国电影学派大型学术论坛、第八届全国电影学青年学者论坛等高水平学术活动。拔尖人才实验班、艺术硕士联合学位作品、研究生长片作业等实践教学稳步开展，完成故事短片作品 19 部。

科研创作。加强新型高端智库、重点实验室的申报和建设。承接国家社科基金特别委托项目“中国电影金鸡奖、大众电影百花奖研究”和国家重点研发计划“科技冬奥”重点专项“冬奥会赛事活动规划与运行设计仿真系统研究及应用示范”。完成“未来影像高精尖中心”验收、“数字影视动画创作教育部工程研究中心”周期验收，正式启动高精尖国家重点实验室建设。实施“师生创作提升计划”，学校师生主创的电影项目《追月》在国家电影局正式立项并已完成拍摄。

师资建设。实施“125”高水平人才队伍建设计划（建设一支以 10 名领军人才、20 名卓越人才、50 名拔尖创新人才为中坚力量的高水平师资队伍），制定《高层次人才管理办法》《高层次人才薪酬管理办法（试行）》，探索创新高层次人才管理及薪酬分配方法。引进 20 余名高水平中青年拔尖人才、骨干教师。全面改革学校职称评聘工作，拓宽职称评聘通道。启动中断 13 年的教授分级工作（两次）。

党委书记　钱军

（马晓梅）

怀柔校区启用

9 月 14 日，电影学院怀柔校区启用，学校开启两址办学。新校区占地面积 27 万平方米，规划建筑面积 40 万平方米，至 8 月，新建完成建筑面积 17.92 万平方米并投入使用，包括教学楼、学生宿舍、办公楼、图书馆、食堂、影院剧场、摄影棚、展厅、公共教室、人防和地下车库等。除常规教学设施外，设有 8 个影厅、能举行大型综艺演出的千人剧院；拥有 5 个摄影棚，最大占地面积 1000 平方米，可满足学生实践及中小成本影视剧的拍摄。9 月，摄影学院、动画学院、管理学院、电影学系、视听传媒学院、数字媒体学院、思政部、人文学部、高职学院 9 个院系 200 名教职工 1200 余名学生搬迁入驻。年内，学校另投入资金约 6 亿元，加强设备设施配套，强化条件保障。

（马晓梅）

北京舞蹈学院

概述

2021 年，北京舞蹈学院设有 1 个校区，设置 11 个院（系、部）。开设 5 个本科专业，覆盖 3 个学科门类；具有一级学科 1 个；一级学科硕士点 2 个、二级学科硕士点 2 个、硕士专业学位授权类别 1 个，国家级一流本科专业建设点 2 个，北京市级一流本科专业建设点 3 个，国家级特色专业 3 个。学校由北京市举办，为艺术院校。拥有教室 121 间，其中网络多媒体教室 22 间。数字终端 124 台，其中学生终端 102 台、教师终端 22 台。数字资源量中电子图书 2.5 万册、电子期刊 6000 册、学位论文 830 册、音视频 1.20 万小时。有国家级校外人才培养基地 1 个、北京市实验教学示范中心 3 个。网址：www.bda.edu.cn。

2021 年，学校落实疫情防控要求，扎实开展“我为群众办实事”实践活动，科学编制“十四五”时期事业发展规划，完成庆祝中国共产党成立 100 周年大型情景史诗《伟大征程》演出任务，以“为人民而舞”为主题，举办系列活动献礼建党百年。

开展特色党史学习教育。把圆满完成庆祝建党百年文艺演出和服务保障冬奥会、冬残奥会作为最生动的党史学习教育，探索形成在完成重大排演任务中党建和思政、专业教学、艺术演出深度融合的“北舞模式”，把党旗插在第一线，在排演师生团队上建立临时党组织，选派优秀干部和教师驻扎一线开展工作，在一线考察和发展党员，在一线结合演出任务开展思想政治教育。在《伟大征程》排演过程中，32 名学生和 1 名教师“火线入党”，参演的 101 名学生自愿递交入党申请书。聘请总导演、副总导演等近 60 人担任特聘指导教师，结合演出排练讲好“大思政课”。举办“学党史，追寻百年历史中的舞蹈记忆”专题展览。创排《百年正阳门》《唱支山歌给党听》《望长城》等舞剧、舞蹈诗。坚守“为人民而舞”初心，举办系列活动献礼建党百年，包括“为人民而舞”庆祝建党百年百部作品线上展播活动，“为人民而舞”百年百部舞蹈作品专场演出等活动。

落实意识形态责任制。成立教材工作委员会、艺术实践与创作领导小组，健全完善对教材、实践的意识形态指

2021 年，北舞参加春节国际演出线上交流活动

（北舞　供）

导和审查机制。对学院重大学术活动开展意识形态审查，审查报备 313 人次。印发二级单位意识形态工作责任清单，开展意识形态工作专项督查，推动意识形态责任制落实。

提高人才培养质量。编制实施《本科人才培养质量提升行动计划》，改革本科招生政策和培养机制。打造优势特色专业群，舞蹈表演、舞蹈编导、舞蹈学被评为国家级一流专业建设点，舞蹈教育被评为北京市级一流专业建设点。实施“八大育人工程”（指全课程育人、科研育人、实践育人、文化育人、组织育人、网络育人、心理育人、管理服务育人），打造“三全育人”北舞特色模式。开设“习近平新时代中国特色社会主义思想概论课”和“新思想大讲堂”15讲。探索“艺术+思政”的实践路径，联合全国 11 家艺术院校举办“艺术名家领学党史”13 讲，编写《舞动百年——建党百年百部舞蹈作品思政案例》，组织原创舞蹈诗《那些故事》团队与师生共同寻找总书记所讲 10 个革命经典故事的初心。启动新一批“课程思政”示范课培育项目。建立完善“第二课堂成绩单”制度，增开体育和劳动教育课程。制定《新时代北京舞蹈学院研究生教育改革发展方案》，打造“学研创演一体化”研究生培养实践育人平台。举办 10 期“306 学术沙龙”活动，106 名校内外教师参与中国舞蹈表演实践谈主题研讨。完成各类竞争性项目申报立项 12 个，获全国教育科学研究优秀成果二等奖 1 项。

深化教师队伍建设。通过与国家大剧院等高端院团开展合作，建立“青年舞蹈家工作室”，以及遴选优秀青年演员转入学院教师岗位，帮助青年舞蹈艺术人才成长成才和拓展职业发展路径。加强师德师风建设，落实师德“一票否决制”，暑期组织教师赴延安开展师德培训，开展师德年度考核，处理 3 名师德失范行为教职工。

扩大交流与合作。完成伦敦大学金史密斯舞蹈与表演孔子学院转隶。春节期间，参加阿尔巴尼亚、英国 3 场线上文化演出交流活动，《淮水情兰花弯》《大美不言“Beauty beyond Words”》2 个节目分别参加展演。附属中学冰舞和大学高水平运动队冰雪联合培养项目取得阶段性成果，获“全国群众体育先进单位”。举办“2021 第八届北京国际舞蹈院校芭蕾舞邀请赛”，22 个国家和地区的 147 名选手参与，线上观赛 182.40 万人次。承办“2021 北京大学生舞蹈节”，以赛促教、以赛促学，强化拔尖人才培养机制。举办第四届“一带一路”民族传统舞蹈展演，参加第十七届国际民俗舞蹈节暨第三届巴西世界舞蹈锦标赛、第二十八届罗马尼亚锡比乌国际戏剧节展演活动。

党委书记 巴图
院　　长 郭磊

（段晓萌）

参加建党百年文艺演出

6 月 28 日，北舞 1005 名学生参加庆祝中国共产党成立 100 周年大型情景史诗《伟大征程》演出。学生表演贯穿 4 个篇章的 14 个节目。近百名学生在排演过程中递交入党申请书，学校党委“火线”发展党员 33 人。学校另有教师 15 人加入表演主创团队，担任导演、创意策划、舞美总设等工作。

（段晓萌）

中央民族大学

概述

2021 年，中央民族大学设有 2 个校区，设置 1 个学部、23 个学院。开设 67 个本科专业，覆盖 11 个学科门类；一级学科博士点 6 个、二级学科博士点 30 个；一级学科硕士点 27 个、二级学科硕士点 58 个、硕士专业学位授权类别 19 个；博士后科研流动站 5 个，其中博士后研究人员出站 9 人、进站 13 人、在站 25 人。博士生导师 248 人、硕士生导师 934 人（其中学术型硕士生导师 582 人，专业型硕士生导师 614 人）。“双一流”建设学科 1 个，国家级一流本科专业建设点 22 个，北京市级一流本科专业建设点 7 个，北京高校重点建设一流专业 1 个，北京高校高精尖学科 3 个。学校由国家民委举办，为综合大学。拥有教室 342 间，其中网络多媒体教室 150 间。数字终端 3115 台，其中学生终端 837 台、教师终端 2278 台。数字资源量中电子图书 284.55 万册、电子期刊 63.74 万册、学位论文 895.78 万册、音视频 5.47 万小时。北京市工程中心 1 个，教育部重点实验室 1 个。高考北京地区提档线不限选考专业组 620 分、历史必考专业组 622 分、物理必考专业组 617 分、物理 / 化学 / 生物专业组 618 分、中外合作办学 600 分。网址：www.muc.edu.cn。

2021 年，学校“中央民族学院开学”入选党的百年大事记并入选“不忘初心 牢记使命”中国共产党历史展览，首次获“北京高校党的建设和思想政治工作先进普通高等学校提名奖”，丰台校区顺利启用。

加强铸牢中华民族共同体意识主线工作。推进“铸牢中华民族共同体意识”教材、课程和研究体系建设。承担国家重大任务《中华民族史》《中华民族交往交流交融史》和“马工程”教材《铸牢中华民族共同体意识教育》编纂任务，获批创办《中华民族共同体研究》期刊。习近平新时代中国特色社会主义思想研究中心中央民大研究基地在“三报一刊”发表理论文章 22 篇，列北京市 21 个研究基地首位。

深入推进“三全育人”综合改革。实施校领导深入基层工作制度，配齐配强思政课教师、专职辅导员、班主任、心理健康教师四支队伍，建设形成“习近平新时代中国特色社会主义思想”概论、铸牢中华民族共同体意识教育专题、“四个共同”慕课等特色思政课程，组织 1000 余名师生参加建党 100 周年、全国少数民族文艺会演等党和国家重大活动。“铸牢中华民族共同体意识，加强少数民族学生思想引领”获批首批 15 个北京高校党建和思政工作特色项目。严格落实意识形态责任制，专题研究意识形态工作十余次，制定实施意识形态工作责任制工作指引，开展意识形态工作专项督查和政治安全研判月会商，加强阵地管理，强化国家安全、网络安全和保密工作。

学科建设。在教育部反馈的首轮“双一流”建设成效评价结果中，民族学“一流学科”所有建设指标均获评第一档“显著”，教育部专家组评价学校发挥独特窗口作用，为党和国家民族工作作出重要贡献。成立国家安全研究院，推进交叉学科建设，拓宽学校服务党和国家重大战略的新领域。获批一级学科博士点和硕士点 3 个，国家级和北京市级一流本科专业建设点 17 个，获批北京市教改重大项目、“本科教学改革创新”项目、优秀本科育人团队、优质教材课件、国家民委教改项目和国家首批新文科研究与改革实践项目 31 个。

9 月 1 日，中央民大丰台校区启用

（中央民大 供）

人才培养。完成校院两级“十四五”规划、新一轮“双一流”建设方案论证编制工作。召开首届人才培养工作会议，制定《关于推进新时代人才培养高质量发展的意见》，推动人才培养能力全面提升。27 个省、直辖市、自治区选调范围和近 8% 毕业生选调比例，位居全国高校前列。

科研管理。深化新时代教育评价改革，制定 101 项具体举措和 20 项清理措施。修订横向科研项目管理办法，激发教师科研积极性；获批国家级科研项目 71 个，获评北京市哲学社会科学优秀成果奖 6 项。获批国家语言文字推广基地。与海南、黑龙江、山西等省区和华为等企业签订战略合作协议，形成校地、校企携手发展的良好局面。成立“中国—吉尔吉斯斯坦人文交流中心”，发挥“一带一路”民族艺术教育联盟作用。深化中国少数民族语言文学学院改革，探索推进铸牢中华民族共同体意识创新实践。2 部主编教材获“全国优秀教材（高等教育类）二等奖”。

师资建设。通过开展培训、岗位交流、挂职锻炼等方式，提升干部综合能力素质，注重在重大活动中历练年轻干部，推进年轻干部培养使用。推进人才强校战略，推进实施新进人员预聘制、干部任期制、全员聘任制，探索实施职称准聘制。13 名教师获国家“万人计划”领军人才、全国杰出专业技术人才、宝钢优秀教师特等奖、全国教材建设先进个人、北京市高等学校教学名师等称号；铸牢中华民族共同体意识创新团队入选第二批全国高校黄大年式教师团队。巩固拓展“师德师风建设年”建设成果，印发《师德专题教育工作方案》，开展全覆盖的师德专题教育，坚持师德失范违纪行为零容忍，将师德师风建设贯穿教师管理全过程。9 人获评“北京高校优秀德育工作者”“北京高校优秀辅导员”等称号。

党委书记　张京泽

校　　长　郭广生

（周翊兰）

西藏边境地区基层干部双语能力提升培训班

5 月 17 日至 26 日，中央民大举办西藏边境地区基层干部双语能力提升培训班。培训班邀请统战部、国家民委、中国民族语文翻译局等单位专家学者为学员授课，授课内容包括略谈《习近平谈治国理政》、新时代中国共产党治藏方略、推广普及国家通用语言文字是做好民族工作的固本之基等，期间组织参观民族博物馆、国家博物馆、毛主席纪念堂等现场教学活动。来自西藏拉萨、那曲、昌都等地 40 名从事双语编译工作基层干部参加学习。

（周翊兰）

丰台校区启用

9 月 1 日，中央民大丰台校区启用。丰台校区位于丰台区王佐镇，占地面积 80.40 万平方米，总建筑规模约 64 万平方米，第一、二组团已完工并投入使用。至 9 月 17 日，6556 名 2021 级新生入住新校区。丰台校区教学科研楼于 2017 年 9 月 22 日奠基开工建设，至 2021 年年底，第三组已完成主体结构。第三、第四组团及公租房项目计划 2023 年投入使用，可同时容纳 12000 余名学生学习和生活。

（周翊兰）

建校 70 周年

10 月 16 日，中央民大召开建校 70 周年大会。会议以“我从延安来 永远跟党走”为主题，回顾学校发展历程，校友、教师、学生代表为母校献上“生日快乐”的祝福。学校师生员工、海内外校友及中央和国家机关、市委市政府、50 余所高校领导参加会议。中央民大前身是 1941 年 9 月在延安创办的民族学院；1951 年 6 月，中央民族学院在北京正式成立；1978 年成为全国重点大学；1993 年 11 月，更名为中央民族大学；1999 年，入选“211 工程”重点建设大学；2004 年，入选“985 工程”重点建设大学。至 2021 年，学校累计培养毕业生 20 余万人。

（周翊兰）

国家安全研究院成立

12 月 10 日，中央民大国家安全研究院揭牌。研究院依托优势学科资源，整合校内外优质师资力量，围绕国家安全重大实践需求、重要理论问题、重点突破领域，建设新型高端智库、建设“国家安全学”交叉学科、培养高层次人才。研究院设全球治理、边疆安全、文化安全、语言信息安全 4 个研究中心，学院设院长 1 人、执行院长 1 人、副院长 2 人，拥有专兼职研究人员 18 人。2022 年开始博士生招收）。

（周翊兰）

中国政法大学

概述

2021 年，中国政法大学设有 2 个校区，有 18 个教学单位。开设 26 个本科专业，覆盖 9 个学科门类；具有一级学科 13 个；一级学科博士点 4 个、博士学位授权点 39 个；硕士学位授权点 76 个、硕士专业学位授权类别 11 个；博士后流动站 4 个，其中博士后研究人员出站 27 人、进站 26 人、在站 109 人。博士生导师 237 人（含特聘 23 人、兼职 40 人）、硕士生导师 718 人。“双一流”建设学科 1 个（法学），国家级一流本科专业建设点 12 个，北京市级一流本科专业建设点 4 个，北京高校重点建设一流专业 2 个，北京高校高精尖学科 1 个。学校由教育部举办，为政法院校，拥有教室 302 间，其中网络多媒体教室 269 间、智慧教室 33 间。数字终端 7369 台，其中学生终端 827 台、教师终端 6542 台。数字资源量中电子图书 243.34 万册、电子期刊 134.02 万册、学位论文 607.41 万册、音视频 219.07 万小时。高考北京地区提档线不限选考专业组 632 分。网址：www.cupl.edu.cn。

2021 年，学校深入开展党史学习教育，全面落实立德树人根本任务，克服疫情影响，系统推进改革，加快推进“双一流”建设，各项事业取得长足进步。

人才培养。首次实施本科直博生和硕博连读贯通培养改革。创新涉外法治人才培养，与北京外国语大学开设法学+英语联合学士学位项目，涉外法治人才实验班以及法律硕士专业学位（涉外律师）项目首年招收近百名研究生。推进研究生教育改革，与中央政法委签署应用型法学博士培养协议。推进习近平法治思想“三进”，开设“习近平法治思想概论”专业必修课，建成 120 门“课程思政示范课程”。加强教材建设，7 部教材获评首届“全国优秀教材”，1 人获“全国教材建设先进个人”称号。完善全人教育格局，促进学生德智体美劳全面发展。学生在系列国际模拟法庭竞赛、“互联网”大学生创新创业大赛、计算机设计大赛以及数学建模竞赛中获多个一等奖。女子足球在首都大学生足球联赛女子乙组 11 人制比赛中夺冠，赢得 2011 年以来第 16 个冠军。乒乓球队在 2021 年首都高校乒乓球锦标赛（单项赛）中获金牌 2 块、银牌 2 块、铜牌 1 块。就业率稳中有升达 97.51%，260 名毕业生赴西部和基层就业，就业质量明显提升。

学科建设。新增哲学、经济学、国际政治、英语、国际商务、公共事业管理 6 个国家一流本科专业和 3 个省级本科专业建设点。新增审计、汉语国际教育、应用心理 3 个硕士专业学位授权点，总数增至 11 个。自主增设国家安全学交叉学科，证据科学北京高校高精尖学科建设成效显著，通过考核验收。

科研实力。落实教育评价改革要求，推进代表作评价、同行评价、分类评价、过程评价，教育评价制度更加完善。科研立项数再创历史新高，全年获批纵向项目 114 个，获国家社会科学基金重大项目和教育部重大攻关项目 8 个、国家社会科学基金年度项目和青年项目 32 个、国家自然科学基金项目 4 个、教育部人文社会科学研究一般项目 12 个、司法部法治建设与法学理论研究项目 12 个。法学学术论文发表数在全国高校继续保持领先地位，4 项成果获北京市第 16 届哲学社会科学优秀成果奖。设立习近平法治思想研究院，打造研究阐释宣传习近平法治思想的高端平台。设立数据法治研究院。

人才工作。坚持“育引并举”，加大对青年教师的培养支持力度，稳步实施高层次人才支持计划，师资队伍建设取得成效：2 人入选国家人才支持计划，3 人入选国家青年人才项目，2 人获北京市高等学校教学名师奖、青年教学名师奖。

合作共建。与最高人民检察院合作共建检察基础理论研究基地，与退役军人事务部共建退役军人事务研究基地，

3 月 26 日，法大“习近平法治思想概论”第一课开讲 （法大 供）

与青海、四川、山西等省政府签署战略合作协议，与北京金融法院、知识产权法院协同共建教育实践基地，深化与北京邮电大学、中国人民公安大学、司法行政学院、北京建筑大学、中国残疾人联合会、中国互联网协会等组织合作，在学科建设、人才培养、科学研究、社会服务等方面实现优势互补、资源共享、协同发展。

国际交流。与日本同志社大学等多所高校签署合作协议，合作高校及国际组织和机构总数增至288所，合作国家和地区增至55个。学校成为中国—中东欧国家高校联合会法学学科共同体中方牵头高校。学生赴海外学习交流项目增至337个，45人进入哈佛大学、牛津大学等世界名校攻读硕士、博士学位项目。设立国际中文教育法律研究基地，向海外推出中国法课程，积极传播中国法治文化。数据法治学科创新引智基地成为学校第3个获教育部、科技部批准的创新引智基地。

社会服务。作为全国人大法制工作委员会唯一的高校"立法联系点"，参与《反食品浪费法》《监察官法》《家庭教育促进法》等30部法律的制定或修改。有效衔接乡村振兴战略，继续承担内蒙古自治区通辽市科尔沁左翼中旗定点帮扶工作，巩固拓展教育脱贫攻坚成果。700余名师生参与庆祝中国共产党成立100周年庆祝活动。开展习近平法治思想和《民法典》公益宣讲活动。学校教育基金会接受捐赠金额达到历史新高，首次获评北京市5A级社会组织。

党委书记　胡明

校　　长　马怀德

（陈泉廷）

"习近平法治思想概论"课程开设

3月26日，法大"习近平法治思想概论"第一课开讲。学校校长作为主讲人讲授"习近平法治思想的核心要义"。法学专业本科新生参加学习。学校为加强习近平法治思想学习宣传和研究阐释、培养德才兼备的高素质法治人才，把习近平法治思想作为统领法学学科体系、法治人才培养、法学教材体系和法学课程体系建设总纲，融入法治人才培养全过程，组织宪法、法理、行政法等学科的优秀师资精心设计课程。该课程共计32学时、2学分，开课10周、每周讲授1次、每次3学时，春季学期作为通识主干课程首次面向全校开设，秋季学期列入专业必修课面向全校法学专业学生开设，不再作为通识课程开设。

（陈泉廷）

华北电力大学

概述

2021年，华北电力大学设有2个校区，设置14个学院、1个教学部，另设有国际教育学院、研究生院、继续教育学院、艺术教育中心和工程训练中心。开设57个本科专业，覆盖7个学科门类；具有博士学位一级学科授权点7个、硕士学位一级学科授权点23个、专业学位授权类别13个；博士后科研流动站5个，其中博士后研究人员出站28人、进站47人、在站107人。博士生导师384人、硕士生导师1264人；工程院院士2人。"双一流"建设学科1个，国家级一流本科专业建设点15个，北京市级一流本科专业建设点10个，北京高校重点建设一流专业1个，北京高校高精尖学科1个。学校由教育部举办，为理工院校。拥有教室481间，其中网络多媒体教室373间。数字终端13874台，其中学生终端6912台、教师终端4126台。数字资源量中电子图书180万册、电子期刊57.05万册、学位论文517.44万册、音视频16.28万小时。国家重点实验室1个、国家工程技术研究中心1个、国家工程实验室1个；省、部级设置的研究（院、所、中心）、实验室22个。高考北京地区提档线不限选考专业组610分、物理必考专业组612分、化学必考专业组611分。网址：www.ncepu.edu.cn。

2021年，学校把党史学习教育作为首要政治任务和头等大事，持续开展具有针对性、多样性的全覆盖学习活动，积极推进党建思政工作开展，科学谋划学校发展战略。深刻审视碳达峰碳中和等重大国家战略给学校带来的机遇和挑战，高质量编制完成学校"十四五"发展规划。

"双一流"建设。完成"双一流"首轮建设任务，服务国家战略需求和能源电力行业转型升级成绩突出，学科体系构建成效显著。编制新一轮"双一流"学校整体建设和一流学科建设方案，完成2021年度建设项目论证、立项和建设工作，开启第二轮"双一流"建设新征程。推进学科交叉融合，自主设置储能科学与工程、氢能科学与工程两个交叉学科，完成"清洁能源学"北京市高校高精尖学科中期考核，谋划布局碳达峰碳中和学科体系，优化学科发展格局。完成学位授权审核复审工作，获批能源动力专业学位博士点，实现学校专业学位博士点零的突破。

人才培养。"三全育人"工作格局和"五育并举"人才培养体系进一步完善，思政课程和课程思政协同发力，3门课程入选教育部课程思政示范课程，7门课程入选北京市课程思政示范课。教育教学改革深入推进，制定实施新版本科人才培养方案，推进集成电路设计与集成系统等前沿交叉专业建设，获批河北省新型电力系统现代产业学院。5个项目入选教育部第二批新工科项目，4个项目入选教育部首批新文科项目，7门课程获批北京市优质本科课程。召开学校历史上首次研究生教育工作会议，制定系列研究生教育改革文件，研究生招生规模和培养质量同步提升。4名学生获全国高校"百名研究生党员标兵""中国大学生自强之星""大学生年度人物"入围奖等称号。在中国国际"互联网+"大学生创新创业大赛全国总决赛中取得1银1铜佳绩。

科学研究。成为首批3所国家储能技术产教融合创新平台"挂帅"高校之一，生物质发电成套设备国家工程实验室成功转设为新能源发电国家工程研究中心。保定校区新增2个省部级平台。全年新增各类项目合同总经费11.2亿元，比上年增长40%。推动科研奖励培育申报，组织制定三年奖励培育计划，全年共获科研奖励100余项，其中牵头获省部级科技一等奖 2 项。

师资队伍。实现师德专题教育全覆盖，制定实施教职工集中学习制度。引进各类高层次急需人才 19 人，招聘教师 147 人。扩大以“新讲师博士后”为主体的博士后科研人员招收规模，43 人入站。推进各项教育评价改革举措逐步落地，修订教师绩效奖励、高层次人才岗位聘用等规章制度，强化分类评价、分类晋升考评体系建设，鼓励教师在不同岗位作出业绩。

9 月 24 日，华电发布《华北电力大学碳达峰碳中和行动计划》
（华电 供）

对外合作和社会服务。建立健全“一企一方案”差异化合作新模式，与华电集团共建高效清洁智能发电联合研究院；与三峡集团联建三峡华电智慧电站技术创新中心，首期投入科研经费近亿元。深化校地合作，与昌平区开展新时期全方位战略合作。聚力打造政府支持、高校牵头、行业企业组成的“1＋1＋N”新型创新联合体，推动储能领域关键技术攻关。国际合作交流持续加强，与德国波鸿鲁尔大学、美国伯克利大学开展联合人才培养，成为欧洲风能科学院正式会员，共同倡议成立“碳中和世界大学联盟”。

条件保障。持续构建多元筹资渠道，学校全年完成收入 28.83 亿元，同比增长 24.47%。推进北京校部东区土地规划调整及保定校区置换建设相关工作。北京校部能源电力科研综合楼竣工。启动智慧校园建设，积极创建绿色校园。建成学生生活热水多能互补综合能源系统，实现北京校部学生宿舍“生活有热水，洗浴不出楼”全覆盖。升级改造多媒体教室 193 间、安装常态化录播系统 245 间、更换 1.1 万套教室桌椅。

党委书记 周坚

校　　长 杨勇平

（王振华）

1 人获国际仪表与测量学会年度研究生奖学金

5 月 19 日，华电控制与计算机工程学院博士研究生郑格获电气与电子工程师协会（IEEE）国际仪表与测量学会（Instrumentation and Measurement Society）2021 年度研究生奖学金（Graduate Fellowship Award）。获奖项目为“基于声发射和静电传感技术的生物质及煤粉颗粒的质量流量及粒径分布在线测量”（Online Measurement of Mass Flow Rate and Size Distribution of Biomass and Coal Particles Through Acoustic Emission Detection and Triboelectric Sensing）。该奖项由 IEEE 国际仪表与测量学会创办，旨在为全球从事仪表及测量领域博士研究生提供研究资助。该奖项评估标准主要是课题内容创新性、所选主题影响力以及研究生在获奖期间完成目标能力，是全球仪表与测量领域研究生最高荣誉，每年奖励 3 人，奖金为 15000 美元。

（王振华）

碳达峰碳中和行动计划发布

9 月 24 日，华电发布《华北电力大学碳达峰碳中和行动计划》。根据计划，学校实施学科专业拓新、人才培养提质、科技创新登攀、开放合作升级、师资高端汇聚、零碳校园建设 6 项行动，推出 20 条具体举措。成立行动计划领导小组，制定战略发展路径，明确时间表、路线图、施工图。组织重点部门和重点院系科学制定梯次方案，加强碳中和急需紧缺人才和高层次创新人才培养，大力支持教师承担或参与碳中和领域国家重大科技任务，积极培育碳中和国家级、省部级创新平台和产教协同联合体，重点建设碳中和相关学科专业。计划实施周期 10 年。

（王振华）

中华女子学院

概述

2021 年，中华女子学院设有 3 个校区，设置 15 个院（系）。开设 24 个本科专业，1 个社会工作专业硕士点，4 个高职专业，覆盖 7 个学科门类；具有一级学科 12 个；专业硕士学位授权点 1 个；国家级一流本科专业建设点 2 个；省级一流本科专业建设点 2 个。学校由中华全国妇女联合会举办，为语文院校。拥有教室 118 间，其中网络多媒体教室 118 间。数字终端 2089 台，其中学生终端 1355 台、教师终端 445 台。数字资源量中电子图书 287.32 万册、电子期刊 128.16 万册、学位论文 755.22 万册、音视频 2.77 万小时。专任教师 330 人，包括教授 32 人、副教授 82 人；国家级高层次人才 3 人，省部级高层次人才 7 人。享受国务院政府特殊津贴教授 7 人。高考北京地区提档线不限选考专业组 508 分、物理必考专业组 501 分。网址：www.

cwu.edu.cn。

2021年，学校聚焦学校主责主业和立德树人根本任务，统筹抓好常态化疫情防控和教育教学工作，不断提升办学治校育人能力，发展动力不断增强，编制《学校改革方案》《“三定”方案》和“十四五”事业发展规划并获批复。各项工作取得新进展、新突破、新成效。

办学层次实现新提升，成功获批硕士学位授予单位。新增法律、社会工作、教育3个专业硕士授权点。召开首届研究生教育工作会议，制定《研究生教育发展指导意见》，全面推进硕士授权单位和硕士点建设。

专业结构进一步优化，特色优势专业建设加强。完成17个专业的2021版本科人才培养方案修订工作。学前教育、法学两个专业获评国家一流专业建设点，社会工作专业获批北京市一流专业建设点。3门课程、2本教材、2门课程课件分别被评为北京高校优质本科课程、教材和课件。2门课程获评教育部课程思政示范课程、教学名师和团队，5门课程获评北京市课程思政示范课程、教学名师和团队。

教学改革不断推进，探索新文科建设思路。制定《“三全育人”综合改革工作实施方案》《〈深化新时代教育评价改革总体方案〉实施方案》。举办新文科建设工作研讨会。“媒介与女性”课程获北京市高等教育本科教学改革创新项目重点项目立项；2项教改课题获北京高等教育本科教学改革创新项目。3个项目获批教育部产学协同育人项目，3个项目获评2021年北京高等教育“本科教学改革创新项目”。

强化主责主业，妇联干部培训工作推进。举办第二届培训工作会议暨专题培训会。编纂《全国妇联干部培训学院干部培训制度汇编》。完成19期全国妇联调训培训班，培训学员1749人，学员总体满意度99.8%。举办5期承接社会培训班，培训学员467人。全年累计培训2216人。

科研服务能力再提升，中国特色社会主义妇女理论和家庭建设研究迈出新步伐。获批2项国家社科基金，获批教育部人文社科项目立项1个，入选全国妇联2021年度重点调研题目1个，首次获批自然基金项目1个。完成《中国妇女发展纲要》专家建议稿项目、妇女教育蓝皮书《中国妇女百年发展报告》《马克思妇女理论中国化与妇女事业发展研究论文集》等图书出版工作。“马克思主义妇女理论中国化文献资源库”揭牌启用。召开第二届马克思主义妇女理论研讨会、马克思主义妇女理论学科建设研讨会、第九届联合国教科文组织媒介与女性教席论坛等学术交流活动。

做好留学生培养工作，加大国际交流合作。招收来自13个国家的23名硕士留学生，5年累计招收120人。学校援外学历学位教育项目被写入2021年国务院新闻办《新时代的中国国际发展合作》白皮书。参与“2021南南人权论坛”“上海合作组织妇女教育与减贫论坛”等重大国际会议。

不断提高政治站位，完成国家重大活动服务保障。91名师生完成建党100周年庆祝大会的献词与合唱任务。99名师生承担北京2022年冬奥会和冬残奥会的志愿服务任务。受北京冬奥组委委托，学校礼仪与修养教研室开展为期一年的志愿者服务礼仪的课程开发与培训任务。研发《志愿者服务礼仪与人际沟通》课程在北京冬奥组委IKM平台正式上线。

党委书记 李明舜
院　　长 刘利群

（杨莉锋）

在职学历学位项目写入国务院新闻办白皮书

1月10日，女子学院“女性领导力与社会发展”在职学历学位项目写入国务院新闻办公室发布的《新时代的中国国际发展合作》白皮书。“女性领导力与社会发展”在职学历学位项目是女子学院经商务部和全国妇联批准，自2016年起开始承办商务部援助发展中国家学历学位教育项目，是专门为发展中国家女官员开设两年制全日制专业硕士项目。至2021年，该项目招收及培养来自30个国家97名发展中国家女性政府官员、毕业生70余人。

（杨莉锋）

设置养老服务管理本科专业

2月10日，女子学院获准设置养老服务管理本科专业。专业学制4年，毕业授予管理学本科学位，主修课程包括管理学、养老服务与管理概论、养老机构运行与管理、老年政策与法规、社区居家养老服务管理等。女子学院是北京市首家设置养老服务管理本科专业普通本科院校。2021年首批招生28人。

（杨莉锋）

育慧书院首批学生毕业

7月4日，女子学院育慧书院首批5名学生毕业。其中，4人分赴伦敦国王学院、爱丁堡大学、阿姆斯特丹大学、香港中文大学继续深造。2018年，为推动人才培养模式改革，实施“卓越女性人才培养计划”，学校成立育慧书院，通过优选本校优秀本科生，以“专业+卓越课程”，采用“特区”式管理，配备高水平师资，旨在培养具有领导能力和国际视野，较高社会责任感，较强专业能力卓越女大学生。至2021年，育慧书院招收学生95人。

（杨莉锋）

北京信息科技大学

概述

2021年，北京信息科技大学设有43个本科专业，覆盖6个学科门类；具有一级学科14个；一级学科硕士点13个、硕士专业学位授权类别6个；博士后科研工作站1个，其中博士后研究人员进站2人，在站8人。博士生导师34人，硕士生导师483人。国家级一流本科专业建设点11个，北京市级一流本科专业建设点7个，北京高校重点建设一流专业3个，北京高校高精尖学科2个。学校由北京市举办，为理工院校。拥有教室158间，其中网络多媒体教室158间。数字资源量中电子图书228.43万册、电子期刊125.66万册、学位论文936.24万册、音视频9.66万小时。省部级研究机构29个，其中教育部重点实验室2个、北京实验室1个、北京市重点实验室6个、北京市国际科技合作基地3个、北京市哲学社会科学研究基地1个、北京市高校工程中心1个。高考北京地区不限选考科目专业组提档线506分；选考物理专业组提档线492分。网址：www.bistu.edu.cn。

2021年，学校统筹推进疫情防控与事业发展，全面推进“五个环境建设”（空间环境、办学环境、育人环境、治理环境、情感环境建设）提质增效，制定“十四五”时期发展规划。

新校区建设。落实北京市“疏整促”任务，推动新校区建设搬迁工作重心转移。全年新校区累计开工面积约41.60万平方米，累计完工面积约18.40万平方米，完成启动区大市政、小市政、园林景观的施工，水、电、气、暖的接通。召开新校区启用大会，3000余名师生员工搬迁入住，标志新校区正式启用。

思想政治教育工作。以立德树人为根本，夯实立德树人思政育人体系，把思想政治工作贯穿教育教学全过程。制定加强“三全育人”工作方案，成立美育（艺术教育）中心，发布《本科生劳动教育实施方案》，落实“五育”并举。实施思政课质量保障工程，打造课程思政启航、导航、领航三大工程。制定全面推进课程思政建设五年工作方案，选树首批课程思政示范课程25门。加强学生思想政治教育，让专项活动同思政教育“齐步走”。

学科建设与科研工作。学校获批成为博士学位授予单位，仪器科学与技术学科获批成为博士学位授权点。国家自然科学和社会科学基金项目获批32项，首次获国家重点研发计划青年科学家项目。学校省部级重点科研机构达29个。国防军工“二证合一”年审通过，首次获批173重点基金项目。

师资建设。完成2021年度机构岗位职责梳理和岗位核定工作，制定《北京信息科技大学高层次人才引进与支持计划》，组织推荐各类高层次人才9人。完成招收2名博士后进站和2名博士后延期出站。获批北京市博士后工作经费资助16万元，1人获北京市博士后基金资助，2名引进人才获批入选北京市人才项目，1人获批2021年度高层次留学人才回国资助。

人才培养。优化制定2021版人才培养方案，设置智能制造等新专业，12个专业分别被认定为国家级、省级一流专业建设点。成立美育（艺术教育）中心，发布《本科生劳动教育实施方案》。新增优质课程21门，新增4门课程入选北京高校优质本科教材（课件）一般项目。入选北京高校优秀本科育人团队1个、北京高校优秀本科教学管理人员1人、北京市高校教学名师1人、北京市青年教学名师1人。教育部产学合作协同育人项目28个成功立项；获批北京地区高校大学生优秀创业团队3个。深化竞赛分级分类改革，在第七届中国国际“互联网+”大学生创新创业大赛中，获国家级铜奖1项，北京市一等奖1项。学生获中国赛暨亚太机器人世界杯天津国际邀请赛类人组季军及技术挑战赛冠军，全年在机器人创新竞赛项目中获奖292项，在参加机器人竞赛并获奖的776所本科高校中排名第一。

交流合作。分别与新加坡国立大学、日本早稻田大学、美国密苏里大学（堪萨斯市）等高校开展线上短期实践定制项目的交流活动。聘请长短期国外专家学者23人。获批举办“2021年智能决策与大数据应用国际会议”，参加新青年全球胜任力人才培养项目，成为全国首批入选该项目高校。

党委书记 王传亮

校　　长 王永生

（李萌）

成为博士学位授予单位

10月26日，信息科大获批成为博士学位授予单位。学校仪器科学与技术学位点获批成为博士学位授权点，拥有博士生导师43人，计划2022年开始招生。2018年7月，学校成为北京市博士学位授予立项建设单位。

（李萌）

新校区正式启用

12月18日，信息科大举行新校区启用仪式。新校区位于昌平区太行路55号，占地面积789040.9平方米，建筑面积427804平方米，可同时容纳12000余人学习生活。该校区建设2017年启动，累计投资537913万元，计划2024年完成建设。9月29日，学校首批3000余名师生已入住新校区。

（李萌）

12月18日，信息科大新校区启用

（信息科大　供）

中国矿业大学（北京）

概述

2021 年，中国矿业大学（北京）设有 2 个校区，设置研究生院和 12 个学院。开设 71 个本科专业，覆盖 8 个学科门类；具有一级学科 51 个；一级学科博士点 18 个、二级学科博士点 75 个、专业学位博士点 1 个；一级学科硕士点 33 个、二级学科硕士点 24 个、硕士专业学位授权点 19 个；博士后科研流动站 16 个，其中博士后研究人员出站 34 人、进站 36 人、在站 115 人。博士生导师 75 人、硕士生导师 329 人；中科院院士 1 人、工程院院士 4 人。“双一流”建设学科 2 个，国家级一流本科专业建设点 15 个，北京市级一流本科专业建设点 5 个，北京高校重点建设一流专业 2 个，北京高校高精尖学科 2 个。学校由教育部举办，为理工院校。拥有教室 214 间，其中网络多媒体教室 192 间。数字终端 7958 台，其中教师终端 7958 台。数字资源量中电子图书 191.32 万册、电子期刊 119.86 万册、学位论文 1039.11 万册、音视频 10.32 万小时。国家重点实验室 2 个、国家工程技术研究中心 1 个，北京重点实验室 2 个。高考北京地区提档线不限选考专业组 589 分、物理必考专业组 578 分。网址：www.cumtb.edu.cn。

2021 年，学校统筹推进疫情防控和事业发展，持续聚焦“双一流”建设，全面深化教育评价改革，实现学校“十四五”良好开局。

党史学习教育。设立党史学习教育专题网站，编订《理论学习月报》18 期。校领导在《中国高等教育》上发表理论文章 2 篇，光明日报头版刊发采访文章《心怀“国之大者”逐梦民族复兴》。372 名师生参与庆祝建党 100 周年大会及文艺演出。贯彻落实党的十九届六中全会精神，市政府领导到校作主题宣讲。

人才培养。全国首批增设智能采矿工程专业，获评全国高校黄大年式教师团队 1 个、北京高校优秀本科育人团队 1 个；获批国家级课程思政示范项目 2 个、新文科研究与改革实践项目 3 个；获首届全国优秀教材二等奖 1 项，1 人获评全国教材建设先进个人。召开学校首次体育工作会议，健全体教融合育人机制。

师资队伍。1 人当选中国工程院院士，2 人分别获俄罗斯矿业科学院外籍院士、国际欧亚科学院院士；1 人获国际有机岩石学会最高奖；3 人获国家技术发明奖；8 人入选中国高被引学者榜单，创五年来入选榜单人数新高；1 人获评北京市人民教师；2 人入选“万人计划”青年拔尖人才、2 人获评“长江学者奖励计划”青年学者、2 人获全国煤炭青年科技奖。

科学研究。3 篇论文入选“中国百篇最具影响国内学术论文”名单，与 4 所国内高校排名并列第一。获批 3 个应急管理部重点实验室，挂牌成立 3 个有色金属行业科研平台，在鄂尔多斯落地建设中国矿大内蒙古研究院。

学科建设。完成新一轮“双一流”建设方案论证工作，新增一批学位授予点。城市工程地球物理在北京高校高精尖学科建设中期考核评估结果为优秀，成为全市 19 个在建优秀高精尖学科之一。

社会服务。参与北京市“科技创新中心”建设，聚焦新材料、新能源、地下工程、人工智能等关键领域，与北京企事业单位开展科研项目 134 个，金额 4000 余万元。“城市地下空间安全研究中心”被市科委认定为首批新型研发中心。参与鄂尔多斯市碳中和研究院建设工作，与华为、中国节能环保集团签署战略合作协议，高位推进乡村振兴工作，全面深化政产学研用协同创新。

改善办学条件。学校能源科创中心暨综合实验楼及体育馆项目开工建设，沙河校区智造创新中心和“未来+”大学生创新中心落地建成。上线“财务网上综合服务平台”，稳步推进智慧校园建设，不断优化后勤服务保障机制。

党委书记 徐孝民
校　　长 葛世荣

（杨恬）

新增智能采矿工程本科专业

2 月 10 日，中国矿大新增智能采矿工程本科专业。该专业为教育部 2021 年批准设置新增 37 个本科专业之一，且是唯一矿业类新增专业。专业学位授予门类为工学，学制 4 年，将利用人工智能、大数据、云计算、物联网等高新技术，对传统采矿工程专业改造升级。学校 2021 年另新增备案人工智能、应急技术与管理、大数据管理与应用 3 个本科专业。

（杨恬）

“我国煤矿安全及废弃矿井资源开发利用战略研究”成果发布

6 月 3 日，中国矿大主持中国工程院重大战略咨询项目“我国煤矿安全及废弃矿井资源开发利用战略研究”成果发布会暨新书首发式召开。会议针对项目研究成果展开讨论，认为该项目秉承“创新、协调、绿色、开放、共享”五大发展理念，基于“技术、环境、经济”一体化科学思想，系统调研国内外煤矿安全及废弃矿井开发利用现状，归纳总结国外废弃矿井资源开发利用主要途径和模式，从能源化、资源化、功能化角度系统研究可采取的废弃矿井资源开发利用的途径和方案，提出废弃矿井资源开发利用战略路径和技术路线图，给出相关政策建议和科技攻关方向。新书对于提高废弃矿井资源开发利用效率、推动资源枯竭型城市转型发展、促进煤炭行业高质量发展与转型升级、保障中国能源安全及绿色可持续发展具有重大意义。16 名工程院院士及来自高校、科研单位及企业的 80 余名代表参加会议。

（杨恬）

中国石油大学（北京）

概述

2021年，中国石油大学（北京）设有2个校区，设置17个院（系、部）。开设37个本科专业；一级学科博士点14个、二级学科博士点3个、专业学位博士点3个；一级学科硕士点33个、二级学科硕士点2个、硕士专业学位授权类别12个；博士后科研流动站11个，其中博士后研究人员出站46人、进站34人、在站88人。博士生导师445人、硕士生导师489人；中科院院士3人、工程院院士1人。“双一流”建设学科2个，国家级一流本科专业建设点17个，北京市级一流本科专业建设点5个，北京高校重点建设一流专业2个，北京高校高精尖学科2个。学校由教育部举办，为理工院校。拥有教室231间，其中网络多媒体教室221间。数字终端40000台，其中学生终端36000台、教师终端4000台。数字资源量中电子图书26.17万册、电子期刊3.55万册、学位论文528.83万册、音视频14.43万小时。国家重点实验室2个。“长江学者奖励计划”特聘教授9人、青年长江学者1人，“国家杰出青年科学基金”获得者13人。网址：www.cup.edu.cn。

2021年，学校深入学习习近平总书记重要回信精神，切实把管党治党、办学治校主体责任“扛在肩上”，聚焦加快推动学校高质量发展。

深入贯彻落实习近平总书记重要回信精神。举办贯彻落实总书记重要回信精神一周年座谈会，总结落实回信精神进展成效，凝练出建设西部优质高等教育示范基地新目标。持续引导毕业生到祖国最需要的地方建功立业，学校赴西部基层就业毕业生人数创五年来新高。克拉玛依校区2021届毕业生中超过70%选择到西部基层就业。

人才培养。以完善纵向贯通横向联动的思想政治工作体系为总抓手，深化“三全育人”综合改革。按照“德育涵润、通专结合、智能绿色、知行合一”的思路，理论与实践、基础与前沿、通识与专业、虚拟与现实、课内与课外相融合原则，全面实施德智体美劳全面发展的贯通式大教育体系改革。推动“一站式”学生社区建设，打造“接诉即办”学生服务平台，及时关注和回应学生诉求。全面推进本研一体化人才培养，持续建设本研贯通拔尖创新人才培养体系，探索本研一体化“专业+管理”复合型人才培养模式。成立碳中和未来技术学院、碳中和示范性能源学院和数智油气现代产业学院，实施本硕博全链条、贯通式、个性化、定制化培养，推行书院制管理，加快培养前沿交叉能源技术领军人才。新增材料与化工博士专业学位授权和储能科学与工程本科专业。获批国家级一流本科专业建设点6个、省级一流本科专业建设点3个，省级以上一流本科专业占学校所有本科招生专业近70%。1个项目获第七届“互联网+”大学生创新创业大赛金奖，实现历史性突破。

学科建设。编制完成新一轮“双一流”建设方案，并构建“2+2”学科群，强化地质资源与地质工程、石油与天然气工程2个优势学科行业引领地位；围绕“双碳”长远目标，通过学科交叉融合，布局油气转化科学与工程、碳中和工程与技术2个新兴交叉学科领域，加快突破新能源新理论新技术。

科研成果。实质推进国家重点实验室重组，改革创新管理机制，全面加强有组织科研攻关。获批建设应急管理部重点实验室。新增国家科学技术奖5项，其中以第一完成单位获国家技术发明奖二等奖1项。新增国家重点研发计划项目、国家自然基金重大项目、重大科研仪器研制项目等6个，国家自然科学基金项目99个，获批数量再创新高。《自然》（Nature）发表高水平研究成果1篇。学校科研项目经费8.11亿元，创近五年新高。

人才队伍建设。实施“石大学者”计划，聚焦标志性成果，构建梯次合理、衔接有序、能上能下、动态管理的高层次人才培育体系，首批144人受聘，投入经费2千余万元。新增工程院院士1人，工程院外籍院士1人，国家级领军人才4人，国家级青年人才11人，国家级高层次人才总人次占专任教师比例达8%，较“十三五”末提升1.4%。成功引进国家级领军人才1人，国家级青年人才1人。油气井工程教师团队入选全国高校黄大年式教师团队。

开放办学。产学研合作不断深化，与中国海油、中国石化等签署全面战略合作协议，与国家管网共建联合研究院，与东营市、濮阳市共建联合研究院，在服务地方、区域和产业发展中推进“多点”协同发展。23个项目获批教育部产学合作协同育人项目。国际交流合作持续推进，开设全球能源治理微专业，创新高层次国际化能源人才培养模式。获批科技部国家外国专家项目立项7个。

综合改革。围绕党和国家新部署、新要求，完成学生章程修正案（草案）。建立前置审核机制，完善法律风险防控体系。按照不重不漏、应改尽改的原则，完成36家校属企业体制改革。以人才评价机制改革为突破口，统筹抓好教育评价改革任务落地实施。全面启动后勤综合改革。审议通过《“十四五”教育事业发展规划纲要》，召开“十四五”规划暨“双一流”建设任务分解落实布置会。

定点帮扶。做好巩固拓展脱贫攻坚成果同乡村振兴有效衔接，8大类23项具体帮扶举措全部落实到位，教育帮扶、科技帮扶、党建帮扶成效显著。争取到中国教育发展基金会近200万元引入资金。2个项目分别入选第六届教育部直属高校精准帮扶典型项目和教育部服务乡村振兴创新试验培育项目。

党委书记 陈峰
校　　长 吴小林

（李强楠）

学科发展战略咨询委员会成立

4月17日，中石大召开学科发展战略咨询委员会成立大会暨第一次会议。会议讨论并修订《中国石油大学（北京）

4月17日，中石大召开学科发展战略咨询委员会成立大会暨第一次会议 （中石大 供）

学科发展战略咨询委员会章程（草案）》，明确委员会主要职责是为学校整体战略发展、学科战略规划、学科建设方案、学科重大调整等提供咨询。首批聘任25名专家担任战略咨询委员会委员。

（李强楠）

贯彻落实习近平总书记重要回信精神一周年座谈会

7月7日，中石大召开贯彻落实习近平总书记给克拉玛依校区毕业生重要回信精神一周年座谈会。校本部和克拉玛依校区干部师生通过视频连线方式，重温总书记回信，围绕把回信精神“学得更深、悟得更透、做得更实”展开座谈交流。教育部、新疆相关部门负责人及全体校领导，相关职能部门和学院负责人及学校师生代表45人参加座谈会。

（李强楠）

中国地质大学（北京）

概述

2021年，中国地质大学（北京）设有1个校区，设置16个院（系、部）；开设44个本科专业；覆盖7个学科门类；具有一级学科博士点16个；一级学科硕士点34个；博士后科研流动站15个，博士后研究人员出站35人、进站44人、在站110人。博士生导师401人、硕士生导师305人；中科院院士11人，中国工程院院士2人。“双一流”建设学科2个，国家级一流本科专业建设点25个，北京市级一流本科专业建设点10个，北京高校重点建设一流专业1个，北京高校高精尖学科1个。学校由教育部举办，为理工院校。拥有网络多媒体教室105间。数字终端30000台。数字资源量中电子图书605.53万册、电子期刊307.46万册、学位论文1661.82万册、音视频421小时。国家重点实验室1个。高考北京地区提档线不限选考专业组604分、物理必考专业组583分、物理化学必考专业组573分、物理地理必考专业组601分。网址：www.cugb.edu.cn。

2021年，学校扎实开展党史学习教育，统筹常态化疫情防控和学校各项事业发展，推动实施“十四五”规划，实现学校事业高质量、跨越式发展。

学科建设。统筹推进大学科融合、大科学计划、大科学装置、大科技项目、大资源平台、大自然文化和大校区建设等“七大”建设，提升优秀人才培养力、前沿科学创新力、优势学科带动力、国家战略服务力、交流合作推进力、自然文化发展力和生态文明贡献力。科学编制“十四五”发展规划和新一轮“双一流”建设方案，明确2021—2025年学校整体建设目标和学科建设规划。研究制定在雄安新区办学的发展规划，成立“雄安校区建设办公室”，统筹推进新老校区协同发展。

人才培养。加强学校各类拔尖创新人才的培养及管理，构建燕山学院、基地班、求真班、创新班等多元拔尖创新人才培养模式。7个本科专业获教育部批准，其中“自然资源登记与管理”专业填补国内相关领域专门型人才培养的空白。新增国家级一流本科专业建设点15个，北京市级一流本科专业建设点9个，学校本科专业总数增至44个，国家级一流本科专业建设点25个。以“地质传家宝”为特色的“三全育人”思想政治工作体系成效凸显。成立课程思政教学研究中心，3门课程获教育部课程思政示范课程，3名教师获教育部课程思政教学名师。深化研究生教育改革，推进落实研究生质量提升十项行动，招生培养模式和严格学位授予质量等工作不断改革创新。开展研究生培养质量评估，狠抓博士生学位论文质量，强调高水平学术训练，研究生教育教学管理水平和人才培养质量不断提高。深入开展新“三光荣”教育，“2314”就业助推工程入选教育部百篇全国普通高校毕业生就业创业工作典型案例，在中国国际“互联网+”创新创业大赛中获1个金奖、3个铜奖，实现金奖零的突破。跆拳道队在世界大学生夏季运动会跆拳道项目中获2金2银5铜，田径队位列首都高等学校田径运动会榜首。

科学研究。“深时数字地球”国际大科学计划成功入选中国首批实施的国际大科学计划；松辽盆地国际大陆科学钻探项目获取全球最连续、最完整白垩纪陆相地质记录，成果入选中国共产党历史展览馆；科研团队获来自嫦娥五号的月球科研样品，开展月壤研究。国家自然科学基金获批118项，为历史最高。获批重大项目1个、国家重大研发计划项目3个。全年科研经费到账4.25亿元，比上年增加10%。高水平科研成果产出质量、数量双提升，全年发表高水平学术论文1373篇，标志性论文130篇，创历史新高，在《自然》（Nature）正刊发表科研成果。

师资队伍建设。1人当选中科院院士，1人当选工程院院士，引进双聘院士2人。1个团队获全国高校黄大年式教师团队，2人获北京市高校教学名师，1人获北京市高等学校青年教学名师，3人获北京高校青年教师教学基本功比赛一等奖。完善教师思想政治和师德师风建设工作体制机制，师德专题教育贯穿全年。选树“北地先锋”系列教师榜样，举办“尊师崇德”主题月系列活动，编印首版《教师手册》，营造尊师重教氛围。

合作交流。推动国际化人才培养和科学研究交流合作，与世界一流高校签署校际合作协议7份。召开孔子学院第七届理事会，完成中方理事换届和新任院长交接。搭建高

质量国际合作交流平台，新增学科创新引智基地1个，获批国家外国专家项目13个。签订国内战略合作协议26项。推进“支援西部计划”，选派离退休银龄教师赴疆开展援建。推进对口支援青海大学工作，完成庆祝对口支援青海大学20周年系列活动。深化校院两级校友工作体系，推进建设母校与校友良性互动的长效机制，逐步形成校际联合、校企合作、服务社会的合作发展新局面，新增社会捐赠630万元。加强继续教育平台建设，拓宽合作办学新格局，新建8个学习中心和1个函授站。

7月27日，地大3名教师均获北京市青教赛一等奖
（地大　供）

乡村振兴。保持帮扶机制稳定，工作力度不减，继续选派优秀干部赴化隆县挂职，1人入选全国脱贫攻坚先进个人。驻化隆县帮扶工作组获“青海省脱贫攻坚先进集体”称号。持续开展“大山里的蒲公英”“筑梦化隆”和“北地—化隆大讲堂”等品牌活动，牵头做好高校“资源环境帮扶联盟”工作，组织联盟年会，打造高校组团式帮扶协作标杆典范。创建乡村振兴示范点，推进实施“地质遗迹调查及地学旅游开发”项目，帮助化隆县阿河滩村成功申报地质文化村。推动化隆县巩固拓展脱贫攻坚成果同全面推进乡村振兴有效衔接。

党委书记　马俊杰

校　　长　孙友宏

（师昊）

自然资源战略发展研究院生态修复中心成立

3月29日，地大成立自然资源战略发展研究院生态修复中心。中心属于高校研究型智库和科技转化平台，聚焦生态修复政策、技术等方面理论和实践研究，主要职责是依托地大学科优势，推进生态修复理论创新、技术提升、试验示范和成果转化，助力生态文明、经济发展和美丽中国建设，为生态修复领域提供可复制的“地大方案”。中心拥有名誉主任1人、主任1人、研究员7人。

（师昊）

“2314”就业助推工程实施

至年底，地大实施“2314”就业助推工程，精准帮扶重点群体毕业生充分就业。“2314”就业助推工程完善毕业生就业进展、困难群体毕业生两个台账，把待就业毕业生划分为已有就业意向、求职中但尚未明确就业意向、无就业意愿三大类型，细分为14类就业指导帮扶群体，并针对每一类群体毕业生特点及指导服务需求，分别制定14个促就业计划。至年底，学校本科生就业率94.11%、研究生就业率97.79%。

（师昊）

北京联合大学

概述

2021年，北京联合大学设有11个校区，设置14个学院，4个直属教学部；开设本科专业70个，专科（高职）专业18个，覆盖10个学科门类；具有硕士学位授权一级学科点9个、硕士专业学位类别10个。拥有硕士生导师419人。国家级特色专业5个，北京市级特色专业7个，国家级一流本科专业建设点8个，北京市级一流本科专业建设点14个，北京高校重点建设一流专业3个，北京市重点建设学科6个，北京高校高精尖学科2个。学校由北京市举办，为综合大学。拥有教室471间，其中网络多媒体教室365间。数字终端15946台，其中学生终端15264台、教师终端682台。数字资源量中电子图书163.48万册、电子期刊79.26万册、学位论文1016.73万册、音视频12.12万小时。国家级人才培养模式创新实验区1个、国家级实验教学示范中心2个、国家级虚拟实验教学中心1个。国家重点实验室1个。北京实验室1个，北京重点实验室3个。高考北京地区提档线不限选考专业1组457分、不限选考专业2组464分、物理必考专业组461分、物理/化学/生物专业组453分、物理/化学/地理专业组465分、历史/地理专业组469分、不限选考科目（中外合作办学）专业组444分、物理必考（中外合作办学）专业组441分。网址：www.buu.edu.cn。

2021年，学校将党史学习教育贯穿全年工作，推进巡视整改和全面从严治党纵深发展；实施常态化疫情防控；落实立德树人根本任务，构建大思政工作格局；定位高水平应用型大学，提升人才培养质量、科研实力和服务社会能力。

人才培养。制定实施意见，成立大思政课研究中心，构建思政课、课程思政、日常思政工作与社会现实相融合的大思政育人路径；深化思政课改革，实施北京红色教育资源融入思政课教学实践；举办第四届课程思政教学设计大赛并首次在人民公开课平台全国直播；承办首届北京市重点建设马克思主义学院发展论坛。召开第六次团代会、

第八次学代会和第三次研代会，承担北京高校学生社团发展指导中心工作。成立领导小组，推进体育、美育、劳动教育实践教学基地建设，将劳动教育写入人才培养方案。优化研究生培养质量监控体系，强化导师考核与奖励。深化教学改革，举办首届教师教学创新大赛；建设线上课程，在中国大学慕课（MOOC）平台开课 82 门、学堂在线平台开课 21 门。培养学生实践和创新能力，立项教育部产学合作协同育人项目 36 项。

学科专业建设。提升专业建设水平，制定一流本科专业建设与管理试行办法。优化专业结构，新增大数据管理与应用本科专业。建筑环境与能源应用工程专业通过住建部高等教育工程专业评估（认证）。统筹学科资源配置，成立工学部，整合公共外语教学资源；优化学科布局，新增政治学硕士学位授权一级学科点，国际商务、电子信息、土木水利、艺术 4 个硕士专业学位类别，撤销文化遗产区域保护规划、投融资管理、移动商务 3 个自主设置二级学科点。

科学研究。全年科研到账经费 1.5 亿元，其中横向课题经费 1.28 亿元。获批省部级以上科研项目 64 个。单项科技成果转化金额首超 100 万元。整合科研平台资源，组建跨学科、学院的交叉融合团队，获批车路协同自动驾驶北京市工程研究中心，新增校级科研机构 8 个，合作创建北京老字号品牌设计研究中心，加入京津冀自贸区智库联盟。举办 2021 数字货币技术与应用专业论坛和首都档案治理体系高端论坛。发布《中国城市休闲和旅游竞争力报告（2020）》。

合作交流。与国外高校签署合作协议 10 项。线上举办中俄交通大学校长论坛、第四届中国—中东欧国家旅游院校联盟国际研讨会。获评国际中文教学技能交流活动最佳组织奖。

服务社会。提升服务社会能力，成立对外合作服务处和北京全国文化建设研究院。服务乡村振兴战略，开展平谷区精品民宿管家服务标准及三年行动计划项目，举办乡村振兴与数字经济论坛。探索社区治理智能化，举办回天治理论坛。448 名师生参与庆祝中国共产党成立 100 周年活动，其中天安门广场合唱及献词 96 人、《伟大征程》文艺演出 264 人，服务保障志愿者 88 人。组织 537 名师生参加冬奥会志愿、餐饮服务及开闭幕式演出。

党委书记　楚国清
校　　长　李学伟（11 月 23 日免）
　　　　　郭福（12 月 21 日任）

（王岩）

首都档案治理体系建设高端论坛

5 月 20 日，北京联大举办首都档案治理体系建设高端论坛。论坛以守档为民、资政育人为主题，通过主题演讲和现场交流，研讨怎样贯彻执行好档案法、档案资源建设工作模式转型、校企协同人才培养模式探索及“十四五”时期档案信息化建设问题。论坛现场举行北京联大档案（校史）馆与 3 家企业开展文档管理、电子票证管理和智慧档案共建校企合作实践基地签约及揭牌仪式。北京市、区档案部门负责人，机关、企事业单位档案工作负责人，以及部分高校档案部门负责人 200 余人参加论坛。论坛在北京联大直播平台、兰台之家、精英档案人同步直播，1 万余人在线参加论坛。

（王岩）

两个研究中心成立

6 月 25 日和 12 月 3 日，北京联大分别成立北京老字号品牌设计研究中心和大思政课研究中心。北京老字号品牌设计研究中心由北京联大与北京老字号协会合作创建，是高校与协会和行业、企业合作产学平台，开展北京老字号品牌、设计文化研究、创新设计实践、设计文化教育与传播活动。大思政课研究中心为校级校管科研机构，旨在加强“大思政课”理念研究，统筹全校“大思政课”教学研究与建设工作，推广学校“大思政课”建设实践中优秀成果，实现资源内外联动，形成全校齐抓共建“大思政课”思政工作新格局。设中心主任 1 人，同时邀请部分高校和教育管理机构专家学者作为中心兼职研究员或特聘研究员。

（王岩）

中国青年政治学院

概述

2021 年，中国青年政治学院设有 1 个校区，设有 5 个教学科研部门，3 个干部教育培训部门，7 个党政管理部门。具有一级学科硕士授权点 2 个，专业型学位授权点 1 个，学术型硕士学位专业 9 个，专业型硕士学位专业 1 个。硕士生导师 68 人。学校由共青团中央举办，为政法院校。拥有教室 110 间，均为网络多媒体教室。数字终端 1977 台，其中学生终端 614 台、教师终端 1363 台。数字资源量中电子图书 19.56 万册、期刊 2764 册、音视频 3.68TB。网址：www.zytx.org.cn。

2021 年，学校扎实开展党史学习教育，持续深化改革创新，统筹抓好疫情防控和教育教学工作，拓展涉外培训交流新渠道新模式，推进校园基础设施改造和建设项目实施，全面推进学校第 11 次党代会各项决策部署落地见效，实现“十四五”规划起步之年学校各项事业发展开局良好、稳中有进。

党史学习教育。按照“学党史、悟思想、办实事、开新局”的总要求，把党史学习和团干部教育培训、学术研究、咨政工作相结合，彰显学校教育培训和理论研究特色。发挥理论名家导学促学作用，聚焦党史学习教育重点，邀请著名专家学者来校作专题报告。主办“加强党史学习教育 赓续中国共产党人精神血脉——庆祝中国共产党成立 100 周年”“学习习近平总书记在庆祝中国共产党成立 100 周年大会上的重要讲话精神”“学习习近平总书记关于年轻干部健康成长的重要论述”等理论研讨会。“我为群众办实事”聚焦服务广大青少年，面向青少年开展理论宣讲，指导中小学开展党史学习教育、发挥专业优势开展的青少年帮扶项目等。

干部和师资队伍建设。召开第六次职工代表大会、第七次工会会员代表大会。会议听取和审议学校工作报告、“双代会”工作报告、工会财务工作报告、工会经费审查委员会工作报告、提案征集工作报告；完成新一届职代会工会领导机构及各专门工作委员会的换届，9 名职工当选为学校第六届职代会执行委员会委员，9 名职工当选为学校第七届工会委员会委员、5 名职工当选为第七届工会经费审查委员会委员。

人才培养。动态调整学科设置，完成社会工作专业水平评估和学位授权点周期性合格评估，中国哲学专业获准招生。撤销应用经济学等 4 个一级学科、世界经济二级学科以及法律专业类别的硕士学位授予权。召开研究生教育工作会议。“习近平总书记关于青年工作的重要思想研究”课程教学团队入选教育部课程思政示范课程，课程组和成员入选教育部课程思政教学团队和教学名师。召开研究生教育工作会议，原创抗疫京剧《更迭》获 2021 年北京大学生戏剧节银奖。

冬奥服务。作为北京 2022 年冬奥会、冬残奥会赛会志愿者来源高校，做好国家速滑馆志愿者招募、培训和服务保障工作，选派志愿者完成两次测试赛志愿服务工作。在赛事服务、通信、注册、人员管理和志愿者统筹管理等岗位发挥重要作用。

科研建设。完善运行机制，推进共青团与青年工作高端智库高质量发展。“新兴青年群体的利益诉求与政治倾向研究——国家治理现代化视角下新兴青年群体的社会整合”课题获国家社科基金重大委托项目立项。“中国共产党百年青年思想政治工作史研究”课题获国家社科基金青年项目立项，“‘一带一路’视角下中国对外减贫援助的基本经验与国际共享研究”课题获教育部人文社会科学研究青年项目立项。聚焦新兴青年群体政治引领、“三孩”政策、青少年“躺平”现象等共青团和青少年工作热点难点问题，报送咨政报告 18 篇，其中 2 篇被中共中央办公厅综合采纳。

对外交流。承办澳门青年联合会“澳门青年议政能力训练计划”访京团学习交流项目。举办第六期“未来之桥”拉美青年领导人培训交流营活动。承办“中国—巴西青年党员对话”“中国—古巴青年党员对话”两场大型交流活动。与俄罗斯国立师范大学共同举办庆祝中国共产党成立 100 周年中俄马克思主义学术研讨会。与澳大利亚阿德莱德大学合作，首次引进教师国际科研能力云研修项目。与美国蒙大拿州高教厅合作开展研究生线上培训项目。

党委书记 倪邦文
院　　长 贺军科（兼）

（王钰璋）

“社会思潮的新变化及对青年的影响”学术研讨会举办

12 月 5 日，中青院召开“社会思潮的新变化及对青年的影响”学术研讨会。会议采用线上线下相结合形式举行。中国人民大学、北京师范大学、首都师范大学等高校的学者围绕社会思潮的新变化及对青年的影响开展交流研讨。会议研究成果作为《青年思想动态年度报告：2021 年》主要内容出版。

（王钰璋）

中国青少年发展论坛

12 月 18 日，中国青少年研究中心、中青院、中国青少年研究会共同举办第 17 届中国青少年发展论坛。论坛以“建党百年与中国青少年发展”为主题，包含“党的十九届六中全会精神与青年发展”“建党百年来我国青年运动与青年发展”“‘十四五’时期我国青少年发展的新机遇与新挑战”和“《中共中央关于全面加强新时代少先队工作的意见》与少先队事业创新”4 个专题。来自全国相关领域的专家学者及青少年工作者 800 余人参加论坛。

（王钰璋）

中国劳动关系学院

概述

2021 年，中国劳动关系学院设有 2 个校区、16 个学院（教学部）；开设 21 个本科专业，拥有 3 个硕士专业学位授权点。硕士生导师 64 人。国家级一流本科专业建设点 3 个，北京市级一流本科专业建设点 2 个。学校由全国总工会举办，为政法院校。拥有教室 92 间，全部为网络多媒体教室。数字终端 3486 台，其中学生终端 1103 台、教师终端 2383 台。数字资源量中电子图书 216.49 万册、电子期刊 96.83 万册、学位论文 1125.69 万册、音视频 9.34 万小时。高考北京地区提档线 480 分。高考北京地区提档线不限选考专业组 491 分，物理必考专业组 480 分、历史必考专业组 507 分。网址：www.culr.edu.cn。

2021 年，学校坚持立德树人根本任务，充分发挥特色优势，坚守课堂主阵地、强化实践育人、突出劳模特色，各项工作进展顺利，在教育教学、科学研究、工会干部培训、对外交流合作等方面均取得突出成绩。

党建工作。召开 2021 年全面从严治党工作会议，向学校“光荣在党 50 年”教职工代表颁发纪念章，学校党委与各党总支签订全面从严治党责任书。

学科建设。学校成为硕士学位授予单位，开展社会工作、新闻与传播、公共管理 3 个专业研究生招生、培养与学位授予工作，标志学校办学层次和办学水平迈上新台阶。思想政治教育、应急技术与管理两个专业获教育部新增专业备案；法学专业、人力资源管理专业入选国家级一流本科专业建设点，劳动与社会保障专业入选北京市级一流本科专业建设点。

干部培训。完成全总培训计划培训班（线下）4 期；建设全总计划内网络培训视频课程 2 期（12 门）；选送 15 名优秀骨干师资的 40 余场教学课程到基层，培训学员 2600 人次；推进工会学院、工会干部培训学院协同发展，主持召开全国工会学研究会理事会、全国工会学研究会 2021 年年会暨第 37 次全国工会理论教学讨论会，发布 2022 年度研究会课题研究指南；开展《中国特色社会主义工会学》（研究生教材）特色科学专题建设；出版《中国工人运动史教程》《中国工人运动史概论》等著作 3 部。举办委托培训班次 50 期，其中 46 期线下班、4 期网络培训班，培训各级工会干部学员 4033 人。

党委书记　刘向兵
校　　长　傅德印

（周敏）

成为硕士学位授予单位

10 月 26 日，劳关学院经国务院学位委员会审核批准成为硕士学位授予单位。根据文件，学校自批准之日起，可开展研究生培养工作社会工作、新闻与传播、公共管理 3 个专业研究生招生、培养与学位授予工作。这是学校办学的历史性突破。

（周敏）

北京警察学院

概述

2021 年，北京警察学院设有 1 个校区，设置 10 个系、部。开设 9 个本科专业，覆盖 2 个学科门类。具有一级学科 2 个；国家级一流本科专业建设点 1 个（网络安全与执法专业），北京市级一流本科专业建设点 2 个（涉外警务专业、网络安全与执法专业）。学校由市公安局举办，为政法院校。拥有教室 135 间，其中网络多媒体教室 109 间。数字终端 236 台，均为教师终端。数字资源量中电子图书 26.47 万册、电子期刊 16.70 万册、学位论文 280.19 万册、音视频 5.80 万小时。高考北京地区提档线思想政治必考专业组 461 分、物理 / 化学 / 生物专业组 485 分。网址：www.bjpc.edu.cn。

2021 年，学院把握高等教育和首都公安工作面临的新形势、新要求，统筹谋划学院政治建设、体制改革、服务市局中心工作及教育教学、科学研究、民警培训和管理工作，各项工作取得新成效。1110 名师生参加中国共产党建党 100 周年庆祝活动。

体制改革。按照市公安局党委关于学校体制改革的部署要求，逐步推进体制改革政策落地。7 月实行事业工资制度，8 月启动教师职务聘任工作。开展人才引进工作，先后三批在全局范围内选调近百名优秀民警到学院工作；面向社会公开招录事业编制人民警察。

课程建设。深化专业内涵建设，强化特色专业和专业特色建设，网络安全与执法专业获评国家一流本科专业建设点，涉外警务专业获评北京市一流本科专业建设点；评选“行政法与行政诉讼法”等 9 门学院一流本科课程，组织 17 门课程参加第二批国家级一流本科课程评选；立项 6 门网络教育精品课程，3 门网络教育精品课程在“爱课程”平台上线，实现学院在线开放课程零的突破。3 门课程入选北京高校“优质本科课程”，3 部教材入选北京高校“优质本科教材课件”；以 33 门重点建设课程为引领，强化课程建设工程三级规划落地。加强对毕业论文（设计）等实践教学工作的过程管理和质量管理，3 篇论文被评为市高等学校优秀毕业论文（设计）；组织开展侦查学专业政治安全保卫、反恐怖特色专业方向建设。聘任 95 名社会优秀人才作为名誉教授、客座教授、业务专家服务学院教育教学，助力办学实力提升。

课程思政建设。课程思政贯穿教学全过程，评选认定 5 个课堂为学院第二批课程思政示范课堂，开发建设“思政教学研究实践平台”，筹备课程思政示范课和示范课堂展示交流，扩大课程思政建设成果，全面推进成果验收和思政基地（示范中心）建设工作。

在职培训。完成公安部新闻宣传局“全国公安民警心理健康服务工作培训班”服务保障工作；会同市局警务实战教官团选派优秀教官赴北京边检总站开展送教工作；组织骨干教师研发以“防砍杀、防冲撞、防爆炸”为中心“最小作战单位”训练专题，打造培训精品课程；“首都警察反恐实务”课程在公安部国际合作局主办的短期外警培训项

7 月 2 日至 4 日，北京警院开展 2021 在京招生本科公安院校考生面试、体检、体能测评工作　（北京警院　供）

目精品课程评比大赛中获评外警培训首批精品课程。全年完成各类培训班次 28 期，培训学员 5792 人次。

科研成果。全年发表论文 105 篇，核心及以上期刊 11 篇，占比 10.48%，同比提高 2.65%。其中权威期刊 3 篇、重要期刊 3 篇、核心期刊 5 篇、一般刊物 49 篇，其他论文 45 篇。出版著作 29 部，其中专著 15 部、编著 10 部，自编教材 4 部。省部级项目立项 4 个，局级项目获批 6 个立项，院级项目立项 82 个，结项 52 个。“基于多源时空数据的犯罪风险预警模式研究”获批国家社科基金青年项目，实现学院竞争性国家级项目历史上零的突破；“完善首都公安多警种融合执法机制研究”成为学院首个社科基金决策咨询项目；《数据安全立法执法的法治观察》被《人大复印报刊资料·公安学》全文转载，“一种非机动车用儿童安全座椅”等 2 项成果获批实用新型专利。

智慧警院。围绕教学、科研、学管、行政等核心业务，继续完善两朵云（指北京警院公有云和私有云两个计算平台，学院的核心信息系统都在两朵云上部署运行）、三平台（指“统一身份认证平台”“统一数据中心”“统一门户”，是学院信息化的核心数据底座）建设，对原有在线教学平台升级改造，实现“在线直播”和“在线考试”等核心功能。建立人脸识别门禁系统和车辆人员出入管理系统。初步建立学院互联网云平台安全体系，完成一卡通更新替换工作，集成一卡通数据到网上办事大厅中。

党委书记　高岩

院　　长　王立

（肖婧怡）

获首都高校乒乓球锦标赛女子团体冠军

5 月 22 日至 23 日，北京警院女子乒乓球队获首都高等学校乒乓球锦标赛（团体赛）丙组女子团体冠军。比赛设甲、乙、丙男女组，各组经循环赛、淘汰赛、决赛最终决出冠亚季军。北京警院女子乒乓球队决赛战胜北京邮电大学世纪学院夺冠。比赛由北京市大学生体育协会主办，北方工业大学承办，来自 57 所院校的 106 支代表队、近 500 名运动员参赛。

（肖婧怡）

中国科学院大学

概述

2021 年，中国科学院大学设有 4 个校区，设置 62 个院（系、部）。开设 15 个本科专业，覆盖 2 个学科门类；具有一级学科博士学位授权点 46 个，一级学科硕士学位授权点 57 个、硕士专业学位授权类别 16 个；博士后科研流动站 12 个，其中博士后研究人员出站 38 人、进站 144 人、在站 336 人。拥有研究生导师 12880 人，其中博士生导师 7537 人；中科院院士 239 人，工程院院士 40 人。“双一流”建设学科 2 个，国家级一流本科专业建设点 7 个，北京市级一流本科专业建设点 5 个，北京高校高精尖学科 3 个。学校由中科院举办，为综合大学。拥有教室 230 间，均为网络多媒体教室。数字终端 15231 台。数字资源量中电子图书 212.08 万册，电子期刊 2.71 万册，学位论文 638.05 万册、音视频 18.59 万小时。国家重点实验室 73 个、国家研究中心 2 个、国家工程研究中心 8 个、国家工程技术研究中心 17 个、国家工程实验室 14 个、中科院重点实验室 191 个。高考北京地区提档线物理必考专业组 674 分、物理 / 化学专业组 673 分、物理 / 化学 / 生物专业组 679 分。网址：www.ucas.edu.cn。

2021 年，学校不断加强和完善党对学校工作的全面领导，统筹疫情防控和教育教学工作，以新一轮“双一流”建设和谋划“十四五”发展目标为契机，推动党的建设和事业发展取得新成效。

思想政治教育。制定《思想政治理论课质量提升实施方案》，切实发挥思政课立德树人关键课程作用；组织开展课程思政建设专题培训，“生物信息学”与“物理化学 II”获评教育部首批“课程思政示范课程”。举办全国党建研究学术论坛、马克思主义理论研究学术论坛，出版《坚持党对教育事业的全面领导》专著，成立党史党建研究中心。学校领导讲授思政课。召开全校思想政治工作会议，开展学生思政工作调研，压实思政工作责任。

教育教学质量。落实岗位教师管理制度，完善岗位教师遴选、考核和分流机制，全年增补 111 名岗位教师。成立校级教学督导委员会，逐步实现教学督导“全覆盖”。成立校级教材编审与选用委员会，持续加强教材建设和管理。在首届全国教材建设奖评选中，研究生系列教材《冰冻圈科学概论（修订版）》获全国优秀教材（高等教育类）特等奖，1 人获全国教材建设先进个人。启动新一轮研究生教学改革，开展智慧教室和教务大数据平台建设，优化教学评价和教务管理形式。

学科建设。重点抓好教育部 2 个一流学科群及北京市 3 个高精尖学科建设，继续开展学科建设分类支持计划，统筹基础学科、关键核心技术学科、新兴交叉学科的建设工作。集成电路科学与工程、行星科学和哲学 3 个一级学科获批博士学位授权点。生物科学专业和电子信息工程专业分别入围国家和北京市一流本科专业。化学入选第三批基础学科拔尖计划 2.0 基地，地质与地球物理学在北京市高校高精尖学科建设中评估结果优秀。获批 4 个教育部新文科建设项目。

科学研究。紧密结合国家战略布局，推动校部科研能力全面提升，科研项目争取、创新单元建设、科学成果产出等均取得显著进展。校部全年立项科研项目 544 个，包括国家自然科学基金项目 80 个（含重大项目 1 个）、国家社会科学基金重大项目 1 个，对外竞争性经费到账 3.28 亿元。

交流与合作。与中科曙光等签署合作协议，协助推进“华为—国科大联合创新中心”等 4 个内设科研机构的设立，获批“产学合作协同育人项目”立项 24 个。首次招收港澳台本科生 4 人。继续位列国家建设高水平大学公派研究生项目录取人数全国第一。举办京港大学联盟。继续实施国科大—香港城大联合培养博士生项目。加大国际招生力度，首次组织编制英文授课硕士留学生招生专业目录。

党委书记　李树深

校　　长　李树深

（顾盼）

应急管理科学与工程学院揭牌成立

1月12日，国科大成立应急管理科学与工程学院。学院围绕应急管理数字化转型、智能化升级需求，大力推动大数据、人工智能和物联网等新一代信息技术与应急管理实践的融合创新，打造防灾减灾救灾实战型科研基地。学院目前有电子信息、计算机应用技术、工业工程与管理、公共管理、工程管理、固体地球物理等专业，拥有教职员工11人，其中专任教师7人，包括教授4人、副教授3人。国科大于2003年成立专门机构，开展应急管理理论与应用研究，是国内最早开展应急管理领域研究的单位之一。

（顾盼）

中国社会科学院大学（中国社会科学院研究生院）

概述

2021年，中国社会科学院大学（中国社会科学院研究生院）设有2个校区，设置14个学院，22个教学系，2个教研部，开设34个本科专业（16个专业招生），覆盖6个学科门类。具有一级学科17个；现有一级学科博士学位授权点16个、硕士学位授权点17个，二级学科博士学位授权点115个（含自主设置博士学位授权点24个）、硕士学位授权点121个，专业学位授权点9个；博士后科研流动站4个，其中博士后研究人员出站5人、进站2人、在站15人。博士生导师736人、硕士生导师1205人。国家级一流本科专业建设点10个，北京市一流本科专业建设点3个。学校由中国社会科学院举办，为综合院校。拥有教室94间，其中网络多媒体教室94间。数字终端321台，其中学生终端222台、教师终端99台。数字资源量中电子图书13万册、电子期刊2.69万册、学位论文2.17万册、音视频420小时。省、部级设置的研究（院、所、中心）实验室6个。高考北京地区提档线最低为634分。网址：www.ucass.edu.cn。

2021年，学校围绕科教融合的工作重点，以庆祝建党百年为主线，落实好“立德树人”的根本任务，各项工作顺利开展。

组织建设。结合党史学习教育进一步规范党组织建设，常态化开展党日活动、组织生活，“三会一课”工作取得较大进展。在全校范围内组织“两优一先”评选表彰及庆祝中国共产党成立100周年表彰大会，形成“比学赶帮超”的激励氛围。加强学校党委、总支、支部三级党组织体系建设，部分学院成立党委，健全党总支委员会，配齐班子成员，不断强化组织功能。调整优化党委工作部门职能。11个二级学院相继召开党员大会或党员代表大会完成换届选举。

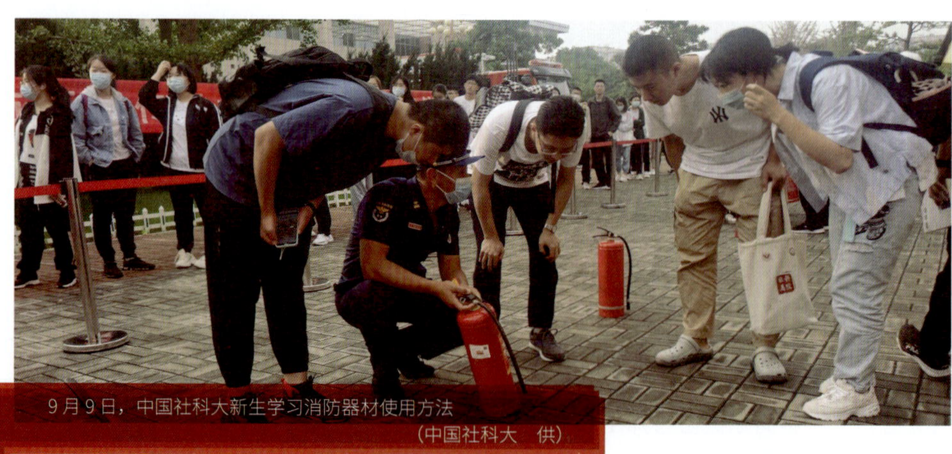

9月9日，中国社科大新生学习消防器材使用方法

（中国社科大　供）

学生工作。组织开展“学党史 悟初心”的党史学习教育活动。完善辅导员队伍建设办法和制定相关管理制度，举办高校辅导员职业能力与学生管理工作能力提升网络培训班，全校143名专兼职辅导员参加学习。《疫情冲击下的大学生就业：就业压力、心理压力与就业选择变化》获第六届全国教育科学研究优秀成果奖二等奖。爱国主义教育基地和历史学院教学实践基地挂牌。

人才培养。召开研究生教育工作会议，推动研究生教育高质量发展。本科课程建设取得突破性进展，3门课程获评北京市“优质本科课程”，11门课程获评校级一流本科课程。教材建设取得新突破。2本教材获国家教材委组织“首批中国经济学教材”立项，1名教师获评“全国教材建设先进个人”，6部教材获“全国优秀教材奖”，其中特等奖2项、一等奖3项、二等奖1项；3个教材（课件）获评“北京高校优质本科教材（课件）”。

合作交流。先后与故宫博物院、中国人民大学、南开大学、北京外国语大学等单位签署战略合作协议或达成合作意向。黄埔高等研究院落户中新广州知识城。

党委书记　高培勇

校　　长　张政文

（李安）

首届“学术中国”国际高峰论坛

10月14日，中国社科大举办首届“学术中国”国际高峰论坛。论坛以“中国式现代化新道路”为主题，中宣部部长参加开幕式并发表主旨演讲。论坛以线上线下结合方式举行，来自中国和20余个国家100余名学者参加论坛。

（李安）

“‘三大体系’建设与学术期刊的繁荣发展”研讨会

11月29日，中国社科大举办“‘三大体系’建设与学术期刊的繁荣发展”研讨会。会议以主题报告形式分4场进行，围绕“三大体系”（学科体系、学术体系、话语体系）建设背景下应如何发挥学术期刊重要作用，推动学报未来发展研讨交流。来自中国社会科学院，国内学术期刊、评价机构的专家学者百余人参加会议。

（李安）

中国农业科学院研究生院

概述

2021年，中国农业科学院研究生院有38个研究所（院）为培养单位，另设4个特色学院。开设73个研究生教育专业，覆盖4个学科门类；具有一级学科17个；一级学科博士点11个、二级学科博士点44个、博士专业授权类别1个；一级学科硕士点16个、二级学科硕士点52个、硕士专业学位授权类别4个；博士、硕士交叉学科5个。博士后科研流动站11个，其中博士后研究人员出站135人、进站231人、在站704人。博士生导师956人、硕士生导师1550人；中国科学院院士4人、中国工程院院士15人。学校由中国农业科学院举办。拥有网络多媒体教室23间。数字终端99台，其中学生终端76台、教师终端23台。数字资源量中电子图书31万余册、电子期刊164.7万册、学位论文18209册、音视频1000小时。国家农业图书馆建筑面积3.19万平方米，收藏文献210万余册、国内外图书33万余种，建有数据量80GB以上大型农业科学数据库，建有2个国家重大科技基础设施、6个国家重点实验室、5个国家工程技术研究中心、4个国家工程研究中心。在校生5674人（含留学生406人），其中博士生2236人、硕士生3438人。全年招生1809人，毕业1057人。网址：gs.caas.cn。

2021年，学院制定“十四五”时期研究生教育发展规划，推进各项工作取得新进展。

学科建设。立足“四个面向”，聚焦乡村振兴等国家重大战略和经济社会发展需求，围绕中国农业科学院九个学科集群，建设涵盖理学、工学、农学、管理学四个学科门类。推进“新农科”建设，完成自主设置“农业生物智能设计”“乡村振兴理论与政策”两个博士学位授权交叉学科，为培养适应和引领未来农业农村发展的高层次、复合型人才搭建优质学科平台。

人才培养。以“国家重大科技基础设施”“国家重点实验室”“国家工程技术研究中心”“国家工程实验室”“国家工程研究中心”“国家改良中心”“国家级作物种质库”“野外科学观测试验站”等重大科研平台、系列重大学术前沿与共性关键技术科研任务为支撑，以特色核心课程、生物安全课程、乡村振兴理论与实践课程等为抓手，完善硕士、博士、学术学位、专业学位以及中外合作办学、来华留学生教育等多层次、多类型、国际化、开放式的人才培养体系。启动首届海南专项研究生培养工作。

思政教育。利用“第二课堂”组织开展“学党史 守初心 勇担当”系列主题教育活动，引导农科学子听党话、跟党走，以实际行动传承红色基因，弘扬新风正气，践行“强国有我”。利用“农科校园”微信公众号加强思政建设，完成树人讲堂16期；举办第四届研究生三分钟论文演讲比赛；开展在校生心理筛查、2021级全体新生心理健康普查，建立学生心理健康档案。参与中国研究生创新实践系列大赛并获佳绩。举办校园风采大赛、学校学术节、“青春告白祖国”等活动，构建“三全育人”大思政格局。

队伍建设。以“筑师德根基 担育人使命”为主题，举办2021年导师培训班，审核通过1559名导师招生资格。完成2500余名导师“立德树人职责落实情况”考核。评选表彰优秀教师74人、教学名师12人。

国际交流。服务国家“一带一路”倡议，“一带一路”沿线国家留学生占比57%。中国政府奖学金年度评审中获评95分。毕业留学生发表《科学引文索引》（SCI）论文223篇（生均1.51篇）。组织召开新冠疫情下留学生教学培养与质量保证研讨会。应届毕业生32人出国攻读学位，在校生24人赴国外学习获外方学位，93人短期出国交流（连续3个月及以上），52人参加国际会议并作交流报告。

推进就业。通过线上线下、请进来和走出去等多种方式，开展就业宣讲会、春秋两季毕业生双选会和专场双选会；举办中国农业科学院京区科培养单位联合就业推介双选会；加强与用人单位的交流与合作，向用人单位推送毕业生电子版名册，收集用人单位对已就业校友的综合评价，建立基本信息库和跟踪调研分析机制，以市场需求和用人单位评价为导向，加大就业困难及离校未就业学生帮扶工作力度。采用微信公众号、专用电子邮箱等学生喜爱的方式开展就业指导与服务。

社会服务。立足服务乡村振兴战略，推进乡村振兴人才培训，举办“田间课堂”，为地方乡村振兴和“三农”事业发展贡献力量。组织实施人力资源社会保障部“专业技术人才知识更新工程2021年高级研修项目”等8个部委及地方培训项目。完成14期培训任务和中组部、人力资源社会保障部、农业农村部“西部之光”访问学者、少数民族特培学员研修项目。在做好疫情防控前提下，累计完成线下培训489人次、线上培训4万余人次。拓宽合作渠道，与中国教育发展战略学会、中国果品流通协会、“人民学习”、中国职业经理研究中心等建立服务经济社会发展的战略合作关系。

院　　长　唐华俊
党委书记　贾广东
执行院长　方海洋

（叶天琦）

（本栏责任编校　仪修宪　张晓兰）

109 所

中等职业学校

26 所

高等职业院校

18 所

独立设置成人
高等学校

2198 所

培训机构

2022 职业与继续教育

VOCATIONAL AND CONTINUING EDUCATION

- 高端技术技能人才贯通培养项目计划完成
- 职业院校教学管理通则出版
- 首批北京市产教融合型企业建设培育试点
- 承接国家职业教育提质培优行动计划任务
- 第三批“特高”项目遴选
- 首批北京市老年学习示范校（点）认定
- 首届首都终身学习青年论坛举办

职业与继续教育

VOCATIONAL AND CONTINUING EDUCATION

综述

概述

2021年，北京市有中等职业学校109所，其中普通中等专业学校29所、成人中等专业学校10所、职业高中44所、技工学校26所。普通中等专业学校毕业生7945人，招生10028人，在校生31064人；教职工3176人，包括专任教师1707人。成人中等专业学校毕业生3933人，招生1384人，在校生4293人；教职工410人，包括专任教师203人。职业高中毕业生2291人，招生5083人，在校生12671人；教职工5035人，包括专任教师3688人。技工学校毕业生8170人，招生10153人，在校生26104人；教职工2958人，包括专任教师1563人。

高等职业院校26所，毕业生26930人，招生23459人，在校生68027人；教职工8374人，包括专任教师4358人。

独立设置成人高等学校18所，毕业生4871人，招生1502人，在校生5942人；教职工3192人，包括专任教师1314人；学校产权占地面积73万平方米，学校产权校舍建筑面积64万平方米；固定资产总值33.72亿元，包括教学、科研仪器设备资产2.75亿元。培训机构2198所，注册学生160.03万人。

（武晔　胡雨）

高端技术技能人才贯通培养项目计划完成

2021年，北京市高端技术技能人才贯通培养项目计划完成。项目优化培养模式、招生专业、项目学校、对接关系等，投放招生计划2810人，招录2810人，计划完成率100%。贯通培养学制7年，其中前3年为中职教育阶段、中间2年为高职教育阶段、后2年为本科教育阶段；前5年在职业院校学习，后2年在本科高校学习。撤销一批与首都产业转型发展匹配度不高的专业，新增一批人才紧缺领域专业，包括人工智能、云计算、大数据等。“高本贯通”项目由入选国家“双高”计划的高职院校承接，参与贯通培养的高职院校从9所减至7所，参与此项改革的本科高校从13所减至7所，只对接高水平应用型本科高校。

（高飞　赵蕊　胡畔）

5月11日，市教委2021年贯通培养项目新闻现场会在交通运输职院召开（交通运输职院　供）

“1+X”证书制度试点稳步推进

2021年，市教委平稳有序推进“1+X”证书制度试点工作。组织62所院校244个专业参与201个证书试点，参与学生31287人；分3批次开展64个“X证书”考核费用标准核定工作。全年有97个证书在京实施学生考评工作，参与考生7713人，通过6239人，总通过率80.89%。

（项明）

现代学徒制实践稳步推行

2021年，市教委稳步推行职业教育现代学徒制实践。2月，完成“十三五”时期北京市开展现代学徒制试点工作总结。9月，北京市参与国家第三批现代学徒制改革试点的北京市商业学校、北京经济管理职业学院2所学校4个专业全部通过教育部终期验收。

（张兰）

职普融通试验继续开展

2021年，市教委继续开展高中阶段职普融通试验。为拓宽未成年人成长路径，服务高中教育普及，构建职教体系，深化高中阶段职普融通，增强职业教育适应性和普通教育多样性，市教委调整相应政策，择优选择办学基础较好、质量较高的6所职业高中在6个专业开设综合高中班，继续开展高中阶段职普融通试验。

（张兰）

2021年调整后的北京职业高中综合高中班名单

所属区	职业高中名称	专业类别
丰台	北京市丰台区职业教育中心学校	文化艺术类
西城	北京市西城职业学校	美术绘画
朝阳	北京市劲松职业高中	文化艺术类
海淀	北京市信息管理学校	文化艺术类
石景山	北京市黄庄职业高中	动漫设计与制作
门头沟	北京市门头沟区中等职业学校	学前教育

（张兰）

职业院校教材管理加强

2021年，市教委加强职业院校教材管理。7月12日，印发《北京市职业院校教材管理办法》，突出政治导向、首善标准、育人为本、统筹协同，明确教材开发要适应现代职业教育发展、满足教育教学改革要求、依规有序开展，要重点开发编写符合生产实际、反映行业发展新趋势和实际岗位新技术、新工艺、新流程、新规范的教材，开发编写满足工学结合、项目教学改革要求、“教学训做评”一体化的活页式、工作手册式等新型教材。10月，市教委组织中等职业学校开展思想政治、语文、历史三科统编教材试教和审读工作，30所中职学校参与，完成539节试教课，撰写近100份试教报告和30份教材审读报告，在此基础上形成北京市三科教材试教和审读报告近11万字。12月15日，市教委召开北京市职业院校教材建设与管理工作会，总结过去两年北京市职业教育教材领域工作情况，布置2022年北京市职业院校教材领域重点工作。会议发布北京市职业院校教材使用信息平台，组织全市职业院校完成春季学期使用教材信息网上填报，全面实现职业院校教材数字化管理。

（胡雨　项明）

学分银行服务体系建设和学分转换试点工作推进

2021年，市教委推进学分银行信息化系统建设，开展学分认定与转换试点业务实践。面向服务体系单位设立20个实践项目，通过中期检查和验收评选等途径调动积极性，发挥专家指导作用，以检查促交流，以评审促建设，初步形成一批区域特色和典型案例。强化学分银行体系建设和体制机制建设，成立专家咨询委员会并提供咨询建议。扩大北京市学分银行影响力，面向市民开展4场宣传推广活动，加强与国内同行交流，推广首都学分银行建设成效和经验。

（陈敬文）

职业院校教学管理通则出版

3月，市教委组织编写的《北京市职业院校教学管理通则》由北京理工大学出版社出版。通则分12章290条，是市教委组织职业教育“校企行研政”多领域专家集体研讨历时两年编制而成，系统总结北京职业教育“十三五”时期教育教学管理经验做法，凝练一整套体现职业教育特色和教育教学管理规律的系列标准及规范制度体系。

（张兰）

市人大代表调研职业教育发展

4月29日，市人大代表调研职业教育发展座谈会在北京国际职业教育学校召开。会议听取东城区职业教育发展情况汇报，听取北京国职、北京市对外贸易学校等6所中职学校介绍办学情况、存在问题和工作建议，人大代表认为职业教育作为国家教育体系重要组成部分，在人才培养、教育经费、平台建设等方面需要给予关注与投入。代表们实地参观北京国职“十三五”时期教育教学成果展、党建活动室、职业体验实训室和文物保护与修复专业木作、画作、泥塑实训室等。市人大、市教委、东城区人大、东城区教委有关领导，部分中职学校校长、教师和家长代表30余人参加会议。

（张淑敏）

首批北京市产教融合型企业建设培育试点

5月21日，市发展改革委、市教委公布北京市第一批产教融合型企业建设培育试点名单。市发展改革委、市教委会同市有关部门于2020年6月组织开展北京市产教融合型企业建设培育试点工作，根据国家发展改革委《建设产教融合型企业实施办法（试行）》要求，经企业自愿申报、各区初审、专家评估、市级相关部门复核确认、社会公示等程序，对15个区申报的79家产教融合型企业进行遴选，确定北京祥龙资产经营有限责任公司等16家企业为北京市第一批产教融合型试点企业，并纳入北京市产教融合型企业建设信息储备库。

（张兰）

北京市第一批产教融合型企业建设培育试点名单

北京市第一批产教融合型企业建设培育试点名单
北京祥龙资产经营有限责任公司
联想（北京）有限公司
神州数码（中国）有限公司
北京京邦达贸易有限公司
北京公共交通控股（集团）有限公司
北京市地铁运营有限公司
中联资产评估集团有限公司
广联达科技股份有限公司
北京发那科机电有限公司
北控水务（中国）投资有限公司
北京汽车集团有限公司
北京精雕科技集团有限公司
国富瑞数据系统有限公司
北京沃德辰龙生物科技股份有限公司
用友网络科技股份有限公司
北京华航唯实机器人科技股份有限公司

（张兰）

京郊职成教联盟课程思政研究课

6月18日，北京市职业技术教育学会京郊职成教联盟课程思政研究课大教研活动在北京市昌平职业学校举行。

6月18日，京郊职成教联盟课程思政研究课教研活动举办
（昌平职校 供）

活动推出10节课程思政主题研究课，涵盖文化课和专业课。邀请北京教育科学研究院研究员、北京经济管理职业学院教授、北京青年政治学院人文中心主任等专家分4组深入课堂听课，课后分别与授课教师进行一对一评课，从教学设计、教学环节的实施、教学评价以及思政点的融入情况等方面进行点评。评课专家对联盟校教师提出“教师要学习，教育者先受教育”“教师要提升，‘门门有思政、人人讲育人’”“教师要坚守，‘美美与共’打造‘最美课堂’”3个期待。各联盟校领导及相关教师28人参加活动。活动由市职教学会京郊职成教联盟主办，昌平职校承办。

（王红梅）

职业教育专项监督检查

至年底，市教委配合市人大常委会开展职业教育专项监督检查。市教委陪同市人大常委会委员及市人大代表赴东城区、昌平区、顺义区、经开区、石景山区职业院校及相关企业开展实地调研，考察职业院校、企业联合办学及用人情况，听取21所职业院校、19个用人单位、3个培训机构共计43个单位工作汇报和意见建议，做到中职（含技校）、高职全覆盖，公办、民办全覆盖，职业学校、培训机构、用人单位全覆盖。市教委研究起草《关于本市职业教育发展情况的报告》，经市政府常务会审议通过，在市十五届人大常委会第三十二次会议作专题汇报。市人大常委会对北京职业教育事业给予充分肯定，深入研究前瞻性问题并提出具体建议。

（余俊）

承接国家职业教育提质培优行动计划任务

至年底，市教委承接国家职业教育提质培优行动计划任务。组织承接国家职业教育提质培优任务的23所高职院校和26所中职学校开展年度绩效自评，完成学校自评报告和高职553项、中职568项校级任务绩效情况的网络填报。市教委在学校填报材料基础上，研究形成北京市承接国家职业教育提质培优行动计划任务2021年度绩效总结报告，以及市级承接44项任务239项子任务情况的网络填报。

（张兰）

职业素养护照试点持续实施

至年底，北京持续推进中职学生职业素养护照试点，建设完善职业素养护照云平台。全年累计采集学生数据18914份，组织开展线上线下培训113场，培训教师3008人次、学生11792人次，形成阶段性成果。职业素养护照2016年在北京市商业学校首发试点，2019年推广至全市16所中职学校，通过全方位、全流程、网络化、数据化呈现学生成长轨迹和质量，实现素养培养评价量化和可视化，与学业成绩导向的评价体系双轨运行。

（安庞靖）

高等职业学校基本情况表

单位：人

学校（机构）名称	普通本专科学生			教职工数	专任教师			产权占地面积（平方米）	学校产权校舍建筑面积（平方米）	图书（万册）	固定资产总值（万元）	
	毕业生数	招生数	在校生数		计	正高级	副高级				计	其中：教学、科研仪器设备
北京工业职业技术学院	1504	1262	3769	528	361	36	148	240120	232797	77.4	88433.69	48924.96
北京电子科技职业学院	2057	2092	5326	856	517	31	135	456481	337031	121.1	234847.73	79647.83
北京财贸职业学院	1966	1642	4568	636	363	14	115	299043	191348	93.5	74954.56	25649.52
北京经济管理职业学院	1107	877	2659	538	290	17	105	858036	215119	54.1	49823.82	15099.37
北京信息职业技术学院	1915	1450	4253	729	362	14	124	174604	239410	67.0	132620.72	60291.61
北京京北职业技术学院	679	513	1739	213	141	6	29	124000	61259	59.3	24302.40	8490.18
北京交通职业技术学院	394	353	949	186	66	2	21	54376	85662	13.0	22494.50	8545.88
北京青年政治学院	943	703	2127	278	182	10	75	25913	51782	54.9	50355.26	15607.72
首钢工学院	645	742	2462	240	170	4	61			33.7	8720.88	5254.03
北京农业职业学院	1147	1518	4987	821	385	47	175	812214	303429	57.3	82369.83	33527.53
北京政法职业学院	1238	896	2582	375	183	9	68	296380	138842	53.0	35909.63	15196.77
北京戏曲艺术职业学院	155	169	458	368	170	5	21	27055	53994	16.2	26103.50	4848.27
北京劳动保障职业学院	1159	975	2618	281	160	9	62	112306	107260	25.2	35404.78	20457.56
北京社会管理职业学院	1438	1241	3908	342	194	8	52	474748	201744	36.2	34906.51	7778.30
北京体育职业学院	106	169	403	138	64	1	23			10.5	48296.00	11877.00
北京交通运输职业学院	1482	1134	3268	426	216	3	112	289471	165043	56.7	69008.60	32648.37
北京卫生职业学院	1005	1297	3661	502	200	1	60	72026	44881	50.6	36664.87	18211.85

（数据来源：《2021—2022 学年度北京市教育事业统计资料》）

（胡雨）

职业教育

“3+2”中高职衔接办学项目新增 82 个

3 月 17 日，市教委、市人力资源社会保障局公布 2021 年新增及调整“3+2”中高职衔接办学项目名单。经对各职业院校申报项目评审论证，完成“3+2”中高职衔接办学项目新增 82 个、撤销 2 个、微调 2 个。至此，该项目自 2012 年实施至今有试点项目 459 个，衔接专业覆盖率 75%。

（张兰）

第四批职业院校“一校一品”优秀德育品牌认定

3 月 23 日，市教委认定北京市第四批职业院校“一校一品”优秀德育品牌。18 所学校申报，经建设理念与管理、效果与影响、成果与特色等方面初评，11 个项目进入复评。经过现场考察及市教委“一校一品”创评活动领导小组终评，认定 10 个项目为北京市职业院校“一校一品”优秀德育品牌（三星级）。

（巫梅琳）

职业教育新增专业 85 个

3 月 23 日和 30 日，市教委公布 2021 年高等职业教育和中等职业学校新增专业备案名单。18 所高职院校新增信息安全与管理、智能安防运营管理、家政服务与管理等 46 个专业，21 所中职学校新增智能供配电管理、生物技术制药、民族工艺品制作等 39 个专业（技能方向）。同时，1 所高职院校撤销市场营销、物业管理等 6 个专业，1 所中职学校撤销商品经营、导游服务等 7 个专业（技能方向）。

（项明）

石景山职成教中心并入黄庄职高

3 月 24 日，北京市石景山区职业与成人教育中心并入北京市黄庄职业高中。原石景山职成教中心撤销，职责及人员划入黄庄职高。4月12日，石景山职成教中心完成注销手续，其权利义务由黄庄职高承担。石景山职成教中心成立于2003年，隶属于石景山区教委，负责职业高中、成人教育、社区教育和民办教育的教科研、干部教师培训、信息咨询等工作。

（吴娱）

第一批“特高”项目阶段评估

4月1日，市教委会同市财政局、市人力资源社会保障局、市发展改革委对2019年立项的第一批北京市特色高水平职业院校、骨干专业和实训基地建设项目（“特高”项目）开展阶段评估。经项目单位系统填报、专家评估审核、专家组实地考察、专家委员会研究，9月7日，市教委公布“特高”项目阶段评估情况：项目总体进度符合预期，建设成效显著，发挥重要的示范带动作用。同时，指出存在的问题，提出下一步工作要求。

（张兰）

商业学校完成事业单位改革

4月1日，北京市商业学校完成事业单位改革。根据《中共北京市委机构编制委员会关于北京祥龙资产经营有限责任公司所属事业单位改革有关事项的批复》，北京一商集团有限责任公司干部学校、中共北京市物资有限公司党校并入商业学校，组建北京市商业学校（北京祥龙资产经营有限责任公司党校）。学校主要职责是开展全日制中专学历教育，开展成人中等、高等学历教育，开展相关职业技能培训和党员、干部教育培训等。

（安庞靖）

高职院校“三教改革”推进与创新研讨会

4月22日，北京财贸职业学院与高等教育出版社联合主办“新形势下北京地区高职院校‘三教改革’推进与创新研讨会”。会议聚焦教师、教材、教法“三教改革”，围绕政策文件解读、教材管理体系改革、新形态教材开发、专业群教学资源库建设进行研讨和交流。市教委职成处、教育部职教所、高等教育出版社有关领导及北京地区15所高职院校教师代表80余人参会。

（贺雪莹）

电子工业干校（党校）并入北信学院

4月，经市委机构编制委员会办公室批复，北京市电子工业干部学校（北京市电子工业党校）并入北京信息职业技术学院，组建北京信息职业技术学院（北京市电子工业党校）。主要职责是开展相关学科本科、大专学历教育，培养高级技术应用人才；开展党员、干部教育培训等。北京市电子工业干部学校（北京市电子工业党校）前身为1977年8月成立的中国共产党北京市仪表工业局委员会党校，1987年12月更名为北京市电子工业干部学校；1991年12月，电子工业干部学校恢复建立中共北京市电子工业党校，实行党校、干校统一领导。学校隶属于北京电子控股有限责任公司，主要从事国有企业党建研究和党员领导干部教育培训培养工作，是北京市电子行业党员干部教育培训重要基地。

（李丹丹　黄超）

参加全国职业院校技能大赛

5月20日至7月21日，北京职教代表团参加2021年全国职业院校技能大赛。代表团由88支代表队组成，包括126名领队及工作人员、189名学生和150名指导教师，参加中职组31个项目和高职组57个项目比赛，获得高职组一等奖3个、二等奖13个、三等奖18个，中职组二等奖5个、三等奖7个。另有1所高职院校获“突出贡献奖”，12人获评“优秀工作者”，2人获评“优秀裁判员”。全国32个省级行政区2930支队伍、6572名选手和4690名指导教师参加中、高职组102个项目比赛。其中，北京市于7月8日至9日承办该赛事高职组创新创业赛项，来自全国各地30支代表队在北京财贸职业学院展开角逐。此项比赛首次开放真实场景直播，将参赛队的项目运营实践搬到真实网络平台，引起社会广泛关注。

（武晔）

2021年全国职业院校技能大赛一等奖（北京）

组别	项目
高职组	艺术专业技能（声乐表演） 北京戏曲艺术职业学院　韩秋实
高职组	机器视觉系统应用（团体项目） 北京电子科技职业学院　吴润龙　丁帅
高职组	风光互补发电系统安装与调试（团体项目） 北京电子科技职业学院　王旭　汪汉城　唐明坚

（武晔）

职业教育宣传月

5月27日，2021年北京市职业教育宣传月启动仪式在北京新城职业学校举行。仪式上，回顾“十三五”期间北京职业教育改革发展取得成就，专题宣讲全国职业教育大会精神，部分职业院校和企业现场分享人才培养经验。宣传月主题是“未来工匠心向党 青春奋进新时代”。宣传月期间，数十所中高职学校组织开展线上线下观摩体验、志愿服务等活动，参与人数超过8万人，职业院校学生参与率超过80%。

（武晔）

首届全国双师型职业教育博士论坛

5月29日，北京市电气工程学校与天津职业技术师范大学职业教育学院共同举办首届全国双师型职业教育博士论坛。论坛以双师型职教师资人才培养项目为基础，天津职业技术师范大学8名博士生针对职教师资培养、职业教育办学等问题提交论文并作交流发言，参会博士生导师进行专业点评和指导，探讨新时代职业教育发展热点问题。论坛邀请中国教育科学研究院职业与继续教育研究所所长作报告，解读全国职教大会精神，阐述专业建设与产业相适应、落实立德树人根本任务等方面内容。

（陈硕）

5月29日，首届全国双师型职业教育博士论坛举办

（电气工程学校 供）

中职教师讲述育人故事

6月17日，第三届北京市大中小幼教师“讲述我（我们）的育人故事”活动中职启动仪式在北京市昌平职业学校举行。活动以“为党育人 为国育才”为主题，现场播放视频短片《职教强音》，展示职业教育改革创新、“政企社校家”协同育人成效，启动中职教师讲述育人故事活动。来自昌平职校、丰台区职业教育中心学校3名教师分别以《传承红色基因，唱响百年伟业》《格桑花开——我和青海玉树班的故事》《一朝志愿者，终身志愿情》为题讲述育人故事。200人参加启动仪式。活动走进各北京市德育基地校，基地校围绕主题，结合学校德育工作，选拔干部教师参与育人故事讲述，分享育人智慧。活动由北京市学校德育研究会主办，昌平区教委、昌平职校等单位承办。

（刘洋）

职业院校技能大赛教学能力比赛

6月至8月，市教委组织开展2021年北京市职业院校技能大赛教学能力比赛。比赛采用网络评审方式，经系统申报、资格审核、网络评审、评委会确定，229项参赛作品获得市级奖项。12月，择优推荐22项市级比赛获奖作品参加全国职业院校技能大赛教学能力比赛，17项作品获奖，包括一等奖5项、二等奖4项、三等奖8项。比赛探索“岗课赛证”融合育人模式，深化职业教育教师、教材、教法“三教”改革，推进国家教学标准落地，常态化改进教育教学管理能力，构建职业教育教学质量持续改进的良好生态。

（项明）

全国高职首家“中文+职业技能”教育实践与研究基地落户北工职院

9月3日，教育部中外语言交流合作中心与北京工业职业技术学院合作共建“中文＋职业技能”教育实践与研究基地启动仪式在2021年中国国际服务贸易交易会国际教育服务贸易论坛开幕式上举行。“中文＋职业技能”实践与研究基地主要职能是通过建立“中文＋职业技能”教育北方校企协作机制，按照“强强联合、优势互补”原则，吸引政、校、行、企等相关机构参与，共同开展“中文＋职业技能”教育领域交流合作；开展“中文＋职业技能”培训，开发“中文＋职业技能”教学资源，依托海外中资企业及外方相关机构，试点推进“中文工坊”等相关项目，同时开展“中文＋职业技能”教育理论研究和区域国别调查研究，发挥“中文＋职业技能”教育智库作用。

（白旭东 胡军伟）

学前教育职教集团“3+2”中高职衔接一体化培养开班

9月8日，北京青年政治学院牵头的北京学前教育职业教育集团举行学前教育“3＋2”中高职衔接一体化培养开班典礼。活动解读《学前教育“3＋2”中高职衔接一体化人才培养方案》《学前教育“3＋2”中高职衔接一体化培养管理办法》，共同探讨中高职衔接一体化培养落地问题。来自6个区6所中职学校118名2021级学前教育专业新生在北青政参加开班典礼，并在学校实训基地进行“二十分钟小课堂”教学体验。

（王玉江）

商贸职教集团2021年产教融合活动

12月3日，由北京财贸职业学院牵头成立的北京商贸职业教育集团举办2021年产教融合活动。活动通过线上线下相结合方式举办。商贸职教集团吸收首都宾馆、北京物美商业集团股份有限公司、和田职业技术学院等12家新理事成员单位；北财院与首都宾馆、杭州群核信息技术有限公司签署合作协议，与新道科技股份有限公司、北京安信捷达物流有限公司、北京知链科技有限公司、全图通位置网络有限公司进一步深化合作；成立旅游管理产教融合型实训基地、首都旅游管理人才培养基地、新商科数智营销人才校企联合培养中心、金融科技人才校企联合培养中心、智慧建管全图通产教融合创新基地。商贸职教集团30余家成员单位近110名代表参加活动。

（贺雪莹）

京西产学研创服务平台启动

12月28日，首钢工学院与中关村门头沟园管委会、中关村石景山园管委会联合举办京西产学研创服务平台启动仪式。首钢工学院、首钢技师学院"两院"与中关村门头沟园、石景山园"两园"签署合作协议，共同为"京西产学研创服务平台"揭牌。平台办公室设在首钢工学院，职责是促进跨部门、跨行业、跨区域、跨学科深度融合，加强政、产、学、研、资"孵""用"结合，共同推动科技创新和人才培养。学院分别与"侨梦苑、搜狐、智能园"等多家"双园"企业签署"人才培养体系"共建协议；与北京中天瑞合科技有限公司、北京首钢自动化信息技术有限公司等企业签订"新型学徒制"共建协议；与北京中科致远科技有限责任公司和北京城市大数据研究院签订产学研合作协议；与北京侨创空间·侨梦苑共建校外双创基地；为北京枭龙防务科技有限公司等20家企业的高管颁发创业导师证书。

（刘建华）

第三批"特高"项目遴选

12月30日，市教委、市人力资源社会保障局公布第三批北京市职业院校特色高水平骨干专业（群）和实训基地（工程师学院、技术技能大师工作室）建设名单。遴选工作于11月启动，按照"动态调整、助优扶特、精益求精"原则，经系统申报、数据审核、专家评审、会议审定，确定第三批北京市职业院校特色高水平骨干专业（群）29个、特色高水平实训基地（工程师学院、技术技能大师工作室）28个。项目建设周期3年。

（张兰）

职业教育质量年度报告（2020）编制完成

至年底，市教委编制完成《北京市高等职业教育质量年度报告（2020）》和《北京市中等职业教育质量年度报告（2020）》。报告采集15个区政府、53所中等职业学校、25所高等职业学院和42家企业（参与）职业教育人才培养状态数据，全面展示北京市中高等职业教育办学成绩、社会贡献、面临问题及应对策略。报告报送教育部同时在北京职成教网"北京中高等职业教育质量年度报告"专栏向社会发布。

（张兰　赵新亮）

继续教育

高等学历继续教育专业设置管理

1月至3月，市教委完成北京地区高等学历继续教育专业设置管理工作。根据属地化管理原则，统筹指导北京69所开展高等学历继续教育的高校（不含国家开放大学）完成北京高校学历继续教育2021年拟招生专业核验与信息填报。2021年总拟招生专业点1074个，其中高起本224个、专升本587个、专科263个；成人高等教育783个（含业余形式546个、函授形式222个、脱产形式15个）、网络教育267个、开放教育24个。27所央属高校拟招生专业点626个，20所市属高校拟招生专业点220个，7所高职高专院校拟招生专业点44个，1所开放大学拟招生专业点24个，14所独立设置成人高校拟招生专业点160个。

（陈雷）

学分银行试点业务实践项目遴选

3月，北京市学分银行管理中心面向服务体系建设单位开展学分银行试点业务实践项目遴选。经遴选，20个项目予以立项。12月，根据各单位在学分银行信息平台存储与转换的数据量以及专家对实践报告评审打分两部分结果，20项试点业务实践项目均验收通过，评选出特等奖1项、一等奖3项、二等奖4项、三等奖4项。12月17日，市教委发文表彰12个优秀实践项目单位。

（李玥）

"互联网+"乡村振兴人才培养座谈会

4月7日，"互联网+"乡村振兴人才培养座谈会在国家开放大学召开。会议旨在进一步提高国开大"一村一名大学生"计划项目人才培养质量，更好的服务乡村振兴战略。相关专家、教师、学生代表发言，围绕现代信息技术在农村教育教学中的应用、"一村一名大学生"计划项目对当地乡村振兴人才培养的真实成效、"互联网+"助力乡村人才培养等分享经验、提出见解。会上为国开大乡村振兴学院揭牌。来自中国联合国教科文组织全国委员会、联合国教科文组织驻华代表处、教育部、国开大有关专家、领导，国开大部分分部负责人以及互联网企业代表和媒体代表参加座谈会。

（张源）

学润西城"三体一化"项目终端试运行

5月13日，西城区学润西城"三体一化"项目终端"智慧班牌"在北京市西城经济科学大学试运行。"智慧班牌"实现西城区150个学习认证网点的数字化学习路线，使市民学习考勤签到、积分兑换等服务功能更方便、直观，成为西城市民参与终身学习、展示学习成果、互通学习资源、交流心得体会的最佳平台，有效提升西城15个街道文明市民学校中心校和263个社区市民学校的市民学习认证管理效率。

（陈怡）

"百千万智慧助老"公益行动

7月6日，"百千万智慧助老"公益行动在北京开放大学启动。为解决老龄群体"科技困境"，北京老年开放大学利用“线上+线下”教学模式，开设“智慧助老”课程。至12月，市校及系统分校在19个网络平台和视频终端开展线上培训及视频资源放送1038次，受众174574人次；开展线下“智慧助老”活动485场，参与志愿者731人次，覆盖16个区316个社区和78家为老服务机构，辅导老年学员17651人次。全年线上线下服务老年人19.22万人次，发放配套教材2526册。活动被人民网、中国教育新闻网、北京日报等主流媒体报道22次，并被市政府网站转载，受到社会各界广泛关注。

（李玥）

乡村振兴带头人高级研修班

7月，2021年北京市乡村振兴带头人高级研修班在首钢工学院举办。研修班体现“高水平、小规模、重特色”特点，通过专家授课、专题讲座、案例研讨与现场教学相结合方式，运用团队学习、小组讨论、经验交流、行动学习等方法，使学员开阔眼界、提升能力、启发思路，把所学现代农业发展及先进经营理念等与乡村产业发展、生产经营有效结合，为实现具有首都特色的乡村振兴做好教育扶持与服务。来自远郊区乡镇干部、助农技术人员及乡村带头人等33名学员参加。培训班由首钢工学院主办，市人力资源社会保障局全程指导。

（刘建华）

高校学历继续教育大学生优秀毕业论文（设计）遴选

8月，市教委启动2021年北京高校学历继续教育大学生优秀毕业论文（设计）遴选工作。遴选范围包括在京各普通高校及独立设置成人高校（含国家开放大学、北京开放大学）2019届至2021届学历继续教育本科、专科毕业生的优秀毕业设计（论文）。经各校推荐、专家评审、市教委审核并公示等环节，遴选出42所高校优秀毕业论文（设计）93篇，评选出优秀指导教师93人。

（陈雷）

继续教育系统教学骨干研修班

10月，市教委启动2021年（第八期）北京高校继续教育系统教学骨干研修班。研修班与清华大学共同举办，采取线上形式进行授课、讲座和研讨，组织学习习近平新时代中国特色社会主义思想、构建新时代国家治理体系与提升治理能力，5G技术的发展与应用、大数据对未来社会的影响、区块链技术发展机遇、人工智能时代的互联网创新，新冠肺炎疫情防控常态下高等继续教育新思考、新模式、新亮点和新业态等，旨在提升高校继续教育教学及管理骨干综合素质，提高政策理论水平，拓宽视野，强化能力。研修班培训学员65人，其中校处级学员占50%以上，实现北京地区高校全覆盖。

（陈雷）

首批北京市老年学习示范校（点）认定

12月15日，市教委、市老龄办认定20家首批北京市老年学习示范校（点）。评选工作于8月30日启动，旨在扩大老年教育供给，提升老年教育服务能力。经各单位申报、专家组评审、实地考察、综合评议和社会公示等程序，最终确定入选名单。

（陈敬文）

首批北京市老年学习示范校（点）

北京老年开放大学	北京市西城经济科学大学
北京市西城区德胜社区教育学校	北京市朝阳社区学院（职工大学）
北京市朝阳区麦子店街道老年大学分校	北京市朝阳区老年大学来广营分校
北京市海淀区军休老年大学	北京市海淀区中关村学院
北京市石景山老年大学	北京市顺义区社区教育中心
北京市大兴区北臧村镇成人学校	北京市通州区老干部大学
北京市通州区梨园成人文化技术学校	北京市密云区社区教育中心
北京青年政治学院	北京科技职业学院
丰台区老年大学	北京东方老年研修学院
乐成老年事业投资有限公司双桥分公司（双桥恭和家园）	快乐五十（北京）教育文化有限公司

（陈敬文）

首都乡村教育发展论坛

12月24日，房山区北沟乡村教育联盟品牌建设项目结题展示活动暨首都乡村教育发展论坛在北京教育学院房山实验学校举办。活动聚焦“美丽乡村教育的创新实践探索与理性思考”，总结展示房山区北沟乡村教育联盟品牌建设项目4年研究和探索成果，探讨和畅想新时代首都乡村教育未来发展路径。房山区北沟乡村教育联盟由市教委和房山区政府整体统筹，教育学院与房山区教委合作，立足房山区北沟地区教育发展而建立。该项目由7个大项目24个子项目构成一个系统项目群，在创新实践探索中形成首都乡村教育发展的“房山模式”，为首都乡村教育提供典型经验。

（石燕）

2020 北京高等学历继续教育发展报告出版

12 月，市教委组织编写的《2020 年度北京高等学历继续教育发展报告》出版。报告由对外经济贸易大学出版社出版，全书 16 万字，包括 2020 年北京高等学校继续教育发展年度报告、2016—2020 年北京高等学历继续教育大事记、北京各高等学校继续教育发展报告目录等 7 部分内容。报告分析各校继续教育状态数据，汇总各校发展报告、特色案例，呈现北京高校继续教育 2020 年度工作历程，初步梳理新时期高校继续教育在办学定位、质量监管、学科专业调整、特色发展、信息化建设等方面不均衡、不充分问题，为北京高校继续教育质量保障体系建设提供参考。

（陈雷）

学习型城市建设

北京教科院建立 4 个终身学习基地

4 月至 8 月，北京教育科学研究院建立 4 个终身学习基地。北京教科院终身学习与可持续发展教育研究所联合昌平区、顺义区、朝阳区、延庆区的成人教育中心、社区教育中心、社区学院合作建立研究学习基地，本着“创新发展、优势互补、资源共享、共同发展”宗旨，采用“课题引领、陪伴跟踪、成果辐射、资源共享”工作模式，共同打造服务区域社会发展的成人继续教育师资队伍和干部队伍，推动构建和完善服务区域终身学习的教育体系，促进首都学习型社会建设。

（赵志磊）

首届首都终身学习青年论坛

6 月 30 日，第一届首都终身学习青年论坛在北京市朝阳社区学院举办。论坛以“青年人的使命与担当 永远跟党走——推进学习型城市高质量发展”为主题，通过青年学者展示终身学习的研究与实践经验，助力首都终身学习与教育事业发展，促进学习型城市建设。论坛通过线上线下同步直播形式进行，来自各区社区学院、成人教育中心、职业学校等不同背景的 12 名青年学者现场展示，并由专家进行点评。论坛由北京教育科学研究院主办，朝阳社区学院承办。

（邢贞良）

家庭教育与家风建设 2021 年工作推进会

9 月 17 日，市教委与中国下一代教育基金会联合主办的北京市家庭教育与家风建设 2021 年工作推进会在北京市朝阳区职工大学召开。会议为 2021 年新增的 40 余个项目基地校授牌，为新建的大兴、昌平、怀柔和房山家庭教育咨询服务室授牌；邀请专家解读教师、家长关心的家庭教育方面热点问题。北京市家庭教育与家风建设项目于 2017 年由市教委设立，通过中国下一代教育基金会伴随成长公益平台，面向全市中小学、幼儿园及职业学校学生家长定期推送家庭教育指导资讯、组织专家讲座、开展咨询服务等，面向各级各类教育管理人员、中小学幼儿园及职业学校教师、社区志愿者开展普惠培训。至年底，累计培训家庭教育骨干、家庭教育志愿者、家庭教育管理者 4 千余人；组织专家走进基地校或线上咨询讲座活动 200 余场，130 万人次受益；组织开展家庭教育与家风建设主题活动 10 余场；整合资源，制作家庭教育专题音频、视频课程 600 节，编辑家庭教育指导手册及优秀案例集 10 册。

（余俊）

第 12 批首都市民学习之星评选

10 月 22 日，市教委公布第 12 批首都市民学习之星名单。在个人自荐、社会举荐、部门推荐基础上，611 人申报首都市民学习之星，经专家组评审、评委会审议、社会公示，

6 月 30 日，第一届首都终身学习青年论坛举行
（北京教科院　供）

评选出 100 人为第 12 批首都市民学习之星。

（陈敬文）

参加国际学习型城市大会

10 月 27 日至 30 日，北京市参加第五届国际学习型城市大会。会议由联合国教科文组织终身学习研究所与韩国延苏市联合承办，邀请 64 个国家 229 个学习型城市官员、教育主管、教育专家和代表共同商讨“从紧急应对到迅速恢复：通过学习建设健康和恢复力强的城市”主题，市教委一级巡视员代表北京市在会上作交流发言，分享北京学习型城市建设经验，推进首都学习型城市建设。

（陈敬文）

新版“京学网”上线发布

12 月 9 日，新版“京学网”在北京市第 17 届全民终身学习活动周开幕式上上线发布。“京学网”是市教委委托北京开放大学建设的首都市民终身学习平台，于 2014 年上线投入使用，新版“京学网”在服务市民学习基础上，增加终身学习活动展示和各类培训信息发布等功能，开发学习导航、微信分享等服务，增设北京老年开放大学版块。

（李玥）

第 17 届全民终身学习活动周

12 月 9 日，北京市第 17 届全民终身学习活动周开幕式在北京市丰台区职业教育中心学校举行。活动周主题为“数字赋能终身学习，提质增效服务百姓”。开幕式采用线上与线下结合、录播与直播结合方式，宣读 2021 年首都市民学习之星表彰决定，播放 2021 年首都市民学习之星优秀代表宣传片，发布“京学网”升级版，展示东城区老年教育成果和朝阳区家庭教育成果，发布《北京市学习型城市建设行动计划（2021—2025 年）》。4750 人参加线上和线下开幕式。活动周期间，16 个区、部分委办局和高等院校、中等职业学校等举办形式多样的学习活动 8600 余场，470 万人次参与各项活动。

（陈敬文）

高等职业院校

北京工业职业技术学院

概述

2021 年，北京工业职业技术学院设置 7 个院（系、部），开设 35 个专业。学校由市教委举办，为理工院校。拥有教室 440 间，包括网络多媒体教室 435 间。数字终端 5597 台，包括学生终端 3305 台、教师终端 2292 台。数字资源量中电子图书 58.45 万册、电子期刊 1.87 万册、学位论文 487.14 万册、音视频 12.16 万小时。有“双师型”教师 190 人。聘请校外教师 34 人、行业导师 30 人。毕业生中取得职业类证书 985 人。高考北京地区提档线 135 分。在校生中参与现代学徒制培养学生 635 人。网址：www.bgy.edu.cn。

2021 年，学校全面加强党的建设，统筹疫情防控和事业发展，不断增强学校综合办学实力。

教育教学改革深化。编制学校“十四五”规划，推进“双高”“特高”建设任务落实。启动新一轮专业人才培养方案修订，推动专业数字化改造和教学质量整体提升。健全三级教学成果奖评选推优机制，开展校级教学成果评选，申报北京市教学成果奖获特等奖 2 个、一等奖 3 个。组织师生参加高水平竞赛，获全国职业院校技能大赛（高职组）二等奖 3 项、三等奖 2 项，全国大学生数学建模竞赛（专科组）一等奖。落实《提质培优 2020—2023 年行动计划》任务，深化评价机制改革，加强“双师型”教师队伍建设。1 名教师获“北京市优秀共产党员”称号，1 名教师获首届全国教材建设二等奖。

学生教育管理服务水平提升。推进思政课改革创新和课程思政建设，将思想政治教育“无痕”融入课程教学，探索课程思政教学改革特色做法和成功经验，3 门课程入选教育部课程思政示范课程。举办“星火燎原”思政课实践教学汇报会，制定《深入推进课程思政建设实施方案》，举办第三届“最美课堂——课程思政教学比赛”，增强育人协同效应。

服务社会贡献力和影响力提升。制定和完善《科技创新平台管理办法》《科研经费使用管理办法》等制度，提升科研和技术服务水平。调整优化学校培训管理体系和制度规定，整合校内资源，加强社会培训平台建设。实施好强军育才培训、应急管理局安全员培训项目，提升社会培训规模和质量。服务国家“一带一路”建设，确保中国—赞比亚职业技术学院北工职院分院和职业教育型孔子课堂良性运转，3 个专业教学标准成为赞比亚国家职业教育教学标准。开展好教育帮扶与对口支援合作，做好北京冬奥会、冬残奥会志愿服务工作。

学校治理能力和治理水平提升。完成定机构、定岗、定编及定职责工作，严格落实学校内控体系管理办法，加强审计结果运用，发挥审计监督作用。启用“接诉即办”师生服务平台，完善“接诉即办”工作机制，提高“接诉即办”工作质量。加强智慧校园建设，深入推进“双百”示范项目实施。深入开展新时代爱国卫生运动，持续开展健康教育、传染病防控、校园环境改善等活动，持续推进后勤标准化建设工作。落实新冠肺炎疫情各项防控方案，积极组织疫苗接种，“应接尽接”接种率 90% 以上，实现校园“零感染”。

党委书记　王伟（2020 年 12 月 30 日免）
　　　　　高喜军（2020 年 12 月 30 日任）
院　　长　安江英

（胡军伟）

马克思主义学院和新时代高职思政教研中心揭牌

1月9日，北工职院马克思主义学院、新时代高职学校思想政治教育研究中心揭牌。马克思主义学院是在原思政课教学部基础上成立的思政课教学机构，直属学校党委领导，负责统一开设全校思想政治理论课、管理思想政治理论课教师、建设马克思主义理论学科。有专职教师15人，其中副教授8人、讲师7人。新时代高职学校思想政治教育研究中心隶属于马克思主义学院，主要开展高职思政课教学、大学生思想政治教育和高职学生职业基本素养等方面研究。有研究人员17人。

（白旭东　胡军伟）

3个专业教学标准成为赞比亚国家教学标准

7月12日，北工职院—赞比亚职业技术学院申报的储能材料技术、导游、珠宝设计与加工3个专业教学标准获赞比亚职业教育与培训管理局批复成为赞比亚国家职业教育教学标准。3个教学标准均由有色金属行业职业教育“走出去”试点院校组织中赞双方专家在中国相关专业教学标准基础上，依据中国教育理念和教学模式，结合赞比亚教学实际研发制定，其中珠宝设计与加工专业教学标准由学校独立开发制定。至此，学校有8个中国职业教育教学标准进入赞比亚国民教育体系。

（白旭东　胡军伟）

“接诉即办”师生服务平台启用

10月29日，北工职院“接诉即办”师生服务平台上线运行。同时公布“接诉即办”服务平台IP人物“工小应”。“接诉即办”师生服务平台通过整合资源实现“统一平台、统一管理、统一标准”，师生可通过企业微信客户端、校园网个人门户两种方式登录校内“接诉即办”师生服务平台，向学校提出12类问题诉求；平台“7×24小时”为师生提供受理诉求、办理查询、反馈评价等服务。“工小应”为“接诉即办”师生服务平台“代言人”，其IP形象设计整体融入学校元素，体现工科特征，展现活泼、亲切、青春的形象。

10月29日，北工职院“接诉即办”师生服务平台IP人物“工小应”公布　（北工职院　供）

（白旭东　胡军伟）

北京信息职业技术学院

概述

2021年，北京信息职业技术学院设有3个校区，设置8院1部，开设39个专业。学校由北京电子控股有限责任公司举办，为理工院校。拥有教室159间，均为网络多媒体教室。数字终端7436台，包括学生终端6631台、教师终端805台。数字资源量中电子图书15.05万册、电子期刊6.29万册、学位论文46.23万册、音视频0.28万小时。有“双师型”教师179人。聘请校外教师29人、行业导师63人。毕业生中取得职业类证书579人。高考北京地区提档线124分，统招艺术类191分，单考单招206分。在校生中参与现代学徒制培养学生77人。网址：www.bitc.edu.cn。

2021年，学校“十四五”发展规划和12个专项规划发布实施。入选教育部中央电化教育馆职业院校数字校园建设样板校、教育部2020年度网络学习空间应用普及活动优秀学校。

机构调整。二级学院调整重组，围绕北京打造全球数字经济标杆城市战略目标和北京电控构建以芯屏为核心的产业生态，由上年5院2系4部调整为8院1部，重构学科业务单元。

课程思政。3门课程入选北京职业院校课程思政示范课程，3个课程教学团队、3名教师被认定为北京市课程思政教学名师和教学团队。

教育教学科研。“特高”项目通过市教委中期检查，建立“1+X”证书制度试点项目34个。获批北京市级纵向课题5个，获发明专利授权1项、实用新型专利授权15项。1名教师获评全国教材建设先进个人，1本教材获全国优秀教材二等奖。数字商务学院商务数据分析与应用团队入选第二批国家级职业教育教师教学创新团队。10个教学团队参加2021年北京市职业院校技能大赛教学能力比赛全部获奖，包括一等奖3项。

人才培养。学生参加各级各类比赛获国家级奖项6个，包括全国职业院校技能大赛二等奖2个、三等奖4个；获北京市一等奖4个。1名教师获2021年首都劳动奖章。

党委书记　洪伟

院　　长　卢小平

（李丹丹　黄超）

6月25日，北信学院马克思主义学院揭牌成立

（北信学院 供）

程思政教学案例1项。

推进“双高”“特高”项目落实。完成“双高”项目2020年度绩效自评，报送教育部典型案例4项；完成北京市第一批“特高”项目中期检查。数字化国际商贸服务专业群和北京飞机维修工程师学院入选北京市第三批“特高”项目。

高水平专业群建设有序开展。推进专业群优化整合，确立30个教育部备案招生专业，申报无人机应用技术和智能网联汽车技术2个新专业获批。供热通风与空调技术专业为北京冬奥会培养制冰紧缺人才经验做法被中央新闻频道专题报道。成立航空工程学院，入选中国民用航空局飞行标准司CCAR-66R3执照培训机构，面向首都航天产业布局培养航空维修、服务等领域技术技能人才。

人才培养质量进一步提升。“1+X”改革领域新增“X证书”24个、考核站13个。开展教风学风促进月活动，成立兼职教学督导队伍，实现督导听课100%全覆盖。与突尼斯自由大学签约设立海外技术技能培训基地。学生参加各级各类比赛获国家级奖项14项、市级一等奖13项，包括首届德国柏林国际数字化人才创新技能大赛中国赛区一等奖；全国职业技能大赛一等奖2项、二等奖5项、三等奖3项，获奖总数并列全国第一。

“双师型”队伍建设加强。完成教职工新一轮岗位聘任。全年教师参加各类比赛获得国家级奖项29项，包括全国职业院校技能大赛教学能力比赛一等奖2项、二等奖1项、三等奖1项，获奖总数位居全国第一；2名教师分获北京高校青年教师基本功比赛一等奖和二等奖，学校连续六届获一等奖。

产城教融合和校企深度合作推进。成立校企合作办公室、产城教融合办公室。与北京百度智行科技有限公司成立全国首家智能网联汽车产业学院，经验做法获央视朝闻天下栏目专题报道；与北汽集团共建新能源汽车产业学院，与北京久其软件股份有限公司合作构建数智财经产业学院；“集成电路设计与测试”中试基地部分建成使用。

科研和社会服务能力进一步提升。获北京市教育科学规划课题3项、市教委面上项目6个、国家级教学创新团队课题1项。完成各类横向课题50余个，实现成果转化5个，到账经费近700万元。获得授权专利207个，发表论文310余篇，参与制定4项国家标准。获批中国科协创新示范基地和北京经济技术开发区创新工作室各1个。获批成为企业新型学徒制培训机构，获得民用航空器机械维护员（中级工、高级工）培训资质；航空维修培训中心经中国民用航空局飞行标准司批准获得同时具备产教融合培训

与鲲鹏联合创新中心共建产业学院

4月25日，华为全球开发者大会2021（Cloud）北信学院分会场活动举行，北信学院与北京鲲鹏联合创新中心举办共建产业学院和联盟实训基地签约及授牌仪式。双方将围绕华为云、鲲鹏等领域加速“产、学、研、用”闭环建设，共建产业学院和联盟实训基地。市教委、华为技术有限公司、北京鲲鹏联合创新中心等政企代表及学校师生近百人参加活动。

（李丹丹 黄超）

北京电子科技职业学院

概述

2021年，北京电子科技职业学院设有3个校区，设置8个直属院（系），开设50个专科专业。学校由市教委举办，为理工院校。拥有教室240间，均为网络多媒体教室。数字终端10504台，包括学生终端9204台、教师终端1300台。数字资源量中电子图书120万册、电子期刊8500册、学位论文330万册、音视频9900小时。有“双师型”教师371人。聘请校外教师14人、行业导师12人。毕业生中取得职业类证书1665人。高考北京地区提档线不限考专业组173分。网址：www.bpi.edu.cn。

2021年，学校深化职教改革，完成“十四五”时期事业发展总体规划和9个专项规划编制。

思想政治建设见行见效。将党史学习教育融入“双高”“特高”建设实践，获北京市第八次党建先进校提名奖。成立马克思主义学院和习近平新时代中国特色社会主义思想教研中心，思政课教师获北京市第11届教学基本功比赛一等奖。成立课程思政教学研究中心，2门课程获评国家级“课程思政示范课程”，3门课程获评北京市“课程思政示范课程”，获国家级教材成果二等奖1项、教育部课

方式和一般培训方式的 CCAR-147 培训机构资质。全年开展社会培训项目 122 个，培训 1.08 万人次。开发“小小工匠”“小小工程师”职业启蒙教育等新培训项目。在洪泰产业园区等合作单位建成 8 个市民学习休闲书屋并向公众开放。

服务保障更加精准有效。完善疫情防控应急处置体系，确保校园安全稳定。优化配置校内资源，强化审计监督。留学生公寓、培训餐厅等投入使用。

党委书记　张启鸿（1 月 20 日任）
院　　长　姚光业

（常立权　王琴）

马克思主义学院和航空工程学院成立

6 月 1 日和 11 月 18 日，电科职院分别成立马克思主义学院和航空工程学院。马克思主义学院在学校原思想政治理论教研部基础上成立，为正处级直属教学单位，承担学校思政理论课教学任务，有教职工 16 人。航空工程学院为学校正处级专业二级学院，面向首都国际机场、大兴国际机场和“南箭北星”航天产业布局，培养从事航空维修、航天技术和航空服务等领域高素质技术技能人才。学院设 4 个专业、25 个教学班，有教职工 37 人、学生 801 人。

（王琴）

与辽宁大学联合培养研究生

6 月 29 日，电科职院与辽宁大学联合培养研究生项目获批。学校生物工程学院与辽宁大学药学院联合培养研究生项目获辽宁省教育厅 2021 年普通高等学校校际合作项目资助。该项目利用联合培养单位研究生教学团队和科研平台智力资源与仪器设备资源，针对天然产物及生物转化两个研究领域，应用精密仪器分析、微生物培养、生物活性成分分离、活性成分制备等技术，完成对天然活性成分生物转化，依托天然活性物质及大型精密仪器，完善原料从源头提取到产物功效验证的研究流程，提高天然药物化学研究生培养质量。

（王琴）

海外技术技能培训基地暨突尼斯分校成立

12 月 3 日，电科职院海外技术技能培训基地暨突尼斯分校成立。学校于 11 月 29 日与突尼斯自由大学签订合作协议，约定在机电一体化、食品技术、计算机应用技术、市场营销 4 个专业开展合作办学，协议有效期 3 年。至年底，第一批 4 个专业招收语言类留学生 101 人。

（王琴）

与多家企业签约合作

至 12 月，电科职院与 120 家服务京津冀“高精尖”企业及 105 家北京经济技术开发区企业建立合作关系。合作内容包括科技成果转化、共建专业、共同开发社会培训项目、合作课题研究、学生就业创业等。其中，与北京久其软件股份有限公司约定以专业群为基础成立久其产业学院，设立大数据和智慧财经实训实习基地；与北京百度智行科技有限公司（百度 Apollo）协议共建全国首所智能网联汽车产业学院；与光明网传媒有限公司签署战略合作协议并揭牌成立“光明网数字媒体创新实践教育基地”；与北京燕东微电子股份有限公司签约并揭牌成立“企业现代学徒中心”。协议有效期 3 年。

（王琴）

11 月 26 日，电科职院与百度智行公司签约

（电科职院　供）

北京京北职业技术学院

概述

2021 年，北京京北职业技术学院设置 4 个系，开设 10 个专业。学校由怀柔区政府举办，为理工院校。拥有教室 85 间，包括网络多媒体教室 62 间。数字终端 860 台，包括学生终端 593 台、教师终端 267 台。数字资源量中电子图书 0.18 万册、电子期刊 93.80 万册、学位论文 560 万册、音视频 0.14 万小时。有“双师型”教师 57 人。聘请校外教师 14 人、行业导师 3 人。毕业生中取得职业类证书 302 人。高考北京地区提档线文科 150 分、理科 150 分。网址：www.jbzy.com.cn。

2021 年，学校坚持新发展理念，抓实抓细疫情防控工作，深化人才培养模式改革，不断提升信息化水平。

人才培养。推进“1+X”证书试点工作，电子竞技运营师“1+X”证书制度与完美世界教育科技有限公司达成深度合作，2名教师取得电子竞技运营师“1+X”证书考评员资格。推动习近平新时代中国特色社会主义思想进教材、进课堂、进头脑，精简《人文素养课程》校本教材并在五年制各专业广泛运用；2门课程入选北京市课程思政示范课程。

2021年，京北职院举办学前教育十周年技能展演
（京北职院 供）

文化育人。结合艺术专业实践，丰富校园文化生活，在全校范围开展“节气装点校园·美丽始于足下”主题“井盖绘画”活动，制作井盖112个。

劳动教育。开展学生种植活动，利用学校空地，按照班级划分36块区域，学生参与松土、平整土地、浇水、播种、填土、培植和收获整个种植过程，体验劳动真谛。

技能比赛。鼓励师生参加职业技能比赛提升专业技能水平，教师参加北京市职业院校技能大赛教学能力比赛获一等奖1项、二等奖1项、三等奖3项，学生参加护理、学前教育、数学建模等比赛获全国三等奖3项、北京市一等奖2项。

信息化建设。投入74万元更新核心设备与电池系统，增加5G网络，实现全校网络全覆盖。更新办公OA系统，注册学校官方微博和企业微信，优化外网模块，全面提高新闻宣传能力。对教学、科研、管理和生活服务等信息资源进行全面数字化、标准化建设。

校企合作。投入347万余元为护理实训室、电子竞技实训室、幼儿活动实训室、计算机机房等实训场所购置新设备和更新、替换旧设备。加大校外实训基地建设力度，与北京康复医院、一图一数（北京）科技有限公司等机构建立合作关系，新增民航总医院、首都医科大学附属北京潞河医院等校外实习基地4个。

志愿服务。开展美化街巷社区服务活动，参与创城志愿服务，全年组织学生参加志愿项目18个，服务时长5006小时；组织253人参加无偿献血，完成献血量50600cc；组织学生参加公益捐款7000余元。

疫情防控。印发防控通知16份，提前谋划春季、秋季开学工作，利用大数据、网格化及主动上报方式全面排查涉疫地区、点位60余次，为师生员工发放口罩10万余个；定期开展核酸检测累计800余人次；师生新冠病毒疫苗加强针接种率95.20%。

党委书记　梁勇

院　　长　焦宝军

（王长兴）

北京交通职业技术学院

概述

2021年，北京交通职业技术学院设置5个系、部，开设26个专业。学校由昌平区政府举办，为理工院校。拥有教室98间，包括网络多媒体教室69间。数字终端1385台，包括学生终端798台、教师终端262台。数字资源量中电子图书13.10万册、电子期刊2.26万种、学位论文62.98万册。有“双师型”教师37人。聘请校外教师22人。毕业生中取得职业类证书93人。高考北京地区提档线不限选考专业组130分。网址：www.jtxy.com.cn。

2021年，学校坚持办学定位，为首都区域经济和社会发展输送高素质技术技能型人才。

专业建设。新增跨境电子商务专业获批。完成无人机应用技术和新能源汽车技术2个新增专业的专升本对接工作。无人机应用技术专业成立专家指导委员会，邀请行业专家为专业人才培养建言献策。开展特色高水平专业群和实训基地（工程师学院）建设，新申报数字城市建设与管理专业群和北方天途无人机智能制造与应用工程师学院2个“特高”建设项目。成功申报“1+X”证书试点项目26个，涵盖空中乘务、工程造价、城市轨道交通运营管理等15个专业。

校企合作。巩固与河北能源职业技术学院合作基础，完善与北京水利水电学校“3+2”中高职衔接合作；与北京博导前程信息技术股份有限公司就跨境电子商务专业达成校企合作协议。继续推进与京港地铁、北京轨道交通运营管理有限公司、北京现代汽车有限公司等企业深度合作，协同育人，推进高水平特色实训基地建设。

国际合作交流。与俄罗斯莫斯科汽车公路国立技术大学在合作办学目标、合作办学条件、学历定位和认证等方面交流探讨合作途径，探索职业教育国际化发展新模式。

服务区域经济。深入开展“高校文化助力工程”，为昌平区延寿镇旅游文化村、狼儿峪爱国主义教育基地拍摄并制作 VR 全景漫游线上展厅，开展油画培训活动。持续做好北京市初中开放性课程“送课到校”活动。发挥北京市职工继续教育基地功能，承办“迎冬奥酒店英语小课堂”活动，通过线上线下多种授课方式培训 300 余人次；与十三陵特区办事处合作编写《十三陵英语导游词讲解》教材，提高英语导游服务水平。

疫情防控。严格执行疫情防控工作各项要求，不断完善学校疫情防控应急预案，分层次对师生员工进行疫情防控培训；定期对重点岗位人员开展核酸检测；成立“新冠疫苗接种工作专班”，组织、动员全校师生接种疫苗。支援昌平区疫情防控工作，统筹安排 29 人下沉白各庄新区参与疫情防控一线工作。

党委书记　林海波

院　　长　林海波

（冯香春）

服务区域经济

4 月至 10 月，交通职院服务昌平区经济文化发展。深入实施“高校文化助力工程”，挖掘优质教育教学资源，发挥学校文化资源优势对昌平区延寿镇“引、带、帮、扶”作用，促进居民文化素质提升。与延寿镇组织召开“高校文化助力工程”座谈交流会，开展湖门村 VR 全景图拍摄制作活动和油画培训活动。7 月和 10 月，分别为昌平区百善学校和黑山寨学校“送课到校”，为百善学校初一、初二年级学生开展北京市初中开放性科学实践课，131 人次参与；为黑山寨学校初一学生开展“团花似锦”实践课程，并计入学生学分，22 人次参加活动。

（冯香春　滕辉）

7 月 6 日，交通职院为百善学校“送课到校”

（交通职院　供）

学生心理健康管理加强

至 11 月，交通职院加强学生心理健康管理。完成所有新生心理普查工作，建立新生心理档案。实行班级月报表制度，完成秋季全校学生心理危机排查。举办“心‘晴’抗疫，共待佳期”心理健康周系列教育活动，开展趣味心理游园会、“同舟共济”口罩设计大赛、“抗逆成长，心心向阳”心理公益广告大赛、“‘倾注爱的家’我与交院的故事”征集、“‘剧’理力争”学党史沉浸式体验活动和“‘植’为你来”绿植领养活动等，帮助学生缓解疫情期间可能出现的压力和情绪困扰，培养学生积极心态，构建平安和谐校园。

（张梦元）

北京青年政治学院

概述

2021 年，北京青年政治学院设置 6 个二级学院，1 个中心、1 个继续教育分院和 3 个研究所（研究中心），开设 19 个专业。学校由团市委举办，为语文院校。拥有教室 105 间，包括网络多媒体教室 35 间。数字终端 3362 台，包括学生终端 2220 台、教师终端 497 台。数字资源量中电子图书 122.53 万册、电子期刊 51.58 万册、音视频 32.15 万小时。有“双师型”教师 123 人。聘请校外教师 44 人、行业导师 79 人。毕业生中取得职业类证书 489 人。高考北京地区提档线 131 分。网址：www.bjypc.edu.cn。

2021 年，学校以加强治理体系和治理能力建设为目标，做好“制度执行年”的制度完善并强化制度执行工作。开展党史学习教育，推进“我为群众办实事”实践活动，推进职业教育提质培优，推动各项事业进一步发展。

人才培养。以“燧石工程”爱国主义教育基地为平台，依托“三年一贯制”育人工作方案，全面推进“三全育人”纵深发展。开展理想信念、爱国主义和社会责任感教育，开展“请党放心、强国有我”“未来工匠心向党、青春奋进新时代”系列主题教育活动，推进学风建设。

职业教育。聚焦“特高”项目建设，构建“院院有特高”新格局。完成学前教育骨干专业“特高”项目中期阶段评估。“高职人才培养——院园产教融合校外实训基地建设”项目申报成功。与亲子猫（北京）国际教育科技有限公司签约，合作创设国内首家“亲子猫研学旅行学院”；推进王岳川传统文化教育与推广工作室特色高水平实训基地建设、东华软件智慧养老学院特色高水平工程师学院建设；金融街慧爱儿童早期发展学院、融媒体专业群入选第三批北京市职业院校特色高水平实训基地和骨干专业（群）。“大学语文”入选教育部2021年课程思政示范项目，授课教师及团队获评为课程思政教学名师和团队；2门课程入选北京职业院校课程思政示范课程。2个教学团队参加全国职业院校技能大赛专业技能赛项获三等奖2项；3个教学团队参加北京市职业院校技能大赛教学能力比赛获一等奖1项、二等奖2项；1个项目获北京市职业教育教学成果评选特等奖。

4月28日，“燧石工程”爱国主义教育基地首讲启动
（北青政 供）

科研工作。获省部级科研项目立项3项、厅局级科研项目6项。完成“北京市哲学社会科学研究基地——北京青少年教育与发展研究基地”第二期建设任务。

合作交流。投入首都国际交往中心功能建设，参与2021年中国国际服务贸易交易会，展示学校职业教育国际化最新成果。发布第二届“丝路工匠”国际技能大赛学前教育专业技术技能分赛赛项，进一步提升学校职业教育国际影响力。构建线上“中文＋职业技能”课程体系，创新线上教学模式。

志愿服务。26名师生参与北京冬奥会、冬残奥会志愿服务，81人参与2021国际服贸会志愿服务，3000余人次深入校园、社区开展“我为群众办实事”志愿服务。

团干部培训。组织开展各级各类培训32期，培训4389人次，计10751人天。完成宣讲活动6次，形成课程9门，录制相关视频10余部，青少年受众4000余人次。参与团市委“群团组织参与超大型居住区社区治理研究”调研，累计召开座谈会35场，开展访谈400人。围绕中国共青团建团100周年，梳理北京青年运动史重大事件近170件、百年大事记1000余条，10余万字。

疫情防控。坚持“外防输入、内防反弹”总要求和“校园高于社会面”总基调，完善工作体制机制，动态调整校园防控政策，及时开展信息排查，完成新冠病毒疫苗和加强针接种任务。

党委书记　程晓君
院　　长　乔东亮

（王玉江）

“燧石工程”爱国主义教育基地理论宣讲

4月28日，北青政举办“永远跟党走”主题教育活动暨“燧石工程”爱国主义教育基地理论宣讲启动仪式。党委书记作《青年永远跟党走》专题党课。开国中将韩练成之子韩兢、革命先烈左权外孙沙峰开启首场宣讲《百年党史·英雄力量》，讲述“英雄是如何炼成的”。师生代表和北京部分小学红通社记者等400余人参加活动。至年底，“燧石工程”爱国主义教育基地先后举办“百年党史·英雄力量”“百年党史·信仰力量”“百年党史·青年力量”3场线下理论宣讲，开展“百年党史·奋进力量”线上理论宣讲近10次，制作20余部视频课程供师生和社会各界学习使用。

（王玉江）

首批公费师范生获教师能力证书

6月1日，北青政举办学前教育学院首届师范生教师能力证书颁发典礼。北青政是北京市高职院校唯一公费师范生培养单位，首批公费师范生经过校内笔试、面试考核及市教委审核，273名学生通过师范生教师能力认证，获得师范生教师能力证书。

（王玉江）

首钢工学院

概述

2021年，首钢工学院设置8个院（系、部），开设20个专业。学校由首钢集团举办，为理工院校。拥有教室80间，均为网络多媒体教室。数字终端724台，包括学生终端478台、教师终端246台。数字资源量中电子图书13.08万册、电子期刊8000余种、学位论文500万册、音视频9750小时。有“双师型”教师53人。聘请校外教师21人、行业导师2人。毕业生中取得职业类证书367人。高考北京地区提档线120分。网址：www.sgit.edu.cn。

2021年，学校深化教育教学改革，坚持抓好疫情防控，各项事业发展稳步推进。

教育改革持续推进。依据社会需求申报15个“3＋2”中高职贯通培养试点专业获批。以计算机网络技术等5个

试点专业为引领持续开展胡格教学模式改革，完成150余个学习领域开发及300余个学习情境开发，实施40门课程。广泛应用校企合作双元育人培养模式，建立工作过程系统化的课程体系；以主要专业为载体重新构建专业能力、工作能力和社会能力培养并重的人才培养方案和课程标准，打造全新教育教学生态。

校企合作持续加强。与30余家企业深度合作，引入企业标准，推动企业工程师进课堂。与航天科工集团三院31所、润泽科技发展有限公司等单位开展订单培养。与中关村石景山园、门头沟园启动京西产学研创服务平台，助力京西地区产业转型升级发展。

创新创业竞赛取得新成绩。建立相对稳定的创新创业师资团队，构建创新创业课程体系，面向全体学生开设公共选修课，跨专业、跨学科开展“双创”教育。全年申报北京市项目161项，参加第七届中国国际“互联网+”大学生创新创业大赛北京赛区职教赛道获北京市一等奖2个、二等奖6个。获2021首届德国柏林国际数字化人才创新技能大赛中国赛区选拔赛一等奖。

劳动教育和社会服务不断加强。制定劳动教育方案，建立劳动教育体系，开发“劳动创造美好生活”课程。服务北京冬奥会，编译《国际标准冰场建设指南》《2022冰球竞赛国内技术官员教学手册》，举办制冰师培训班，培养冰球裁判员等。志愿者参与新冠肺炎疫情防控、疫苗接种、国际服贸会、大型会议服务等志愿活动33项，参加人数600余人。

理想信念教育持续深入。以建党百年为契机广泛开展党史学习教育，开讲“红色基因代代传”开学第一课、“首都百万师生同上一堂党史课”系列网络公开课、“学习伟大建党精神 努力担当复兴大任”形势与政策课等；举办“奋进百年路 启航新征程”主题展览；以建党百年为主题编排展演《火烧赵家楼》等红色戏剧；利用VR虚拟现实技术制作“飞夺泸定桥”“过雪山”等6项VR红色教育视频。

疫情防控抓实抓细。落实各项疫情防控工作要求，推进疫苗接种工作，严格落实核酸检测工作。全年组织完成9批次疫苗接种，开展核酸检测累计11482人次、环境采样点1051个，全部合格。

党委书记　石淳光

院　　长　段宏韬

（刘建华）

校企合作开展家政服务紧缺人才培训

4月，首钢工学院首次与企业合作开展家政服务紧缺人才培训。学校护理与学前教育学院同北京爱依养老科技发展股份有限公司合作，校企双方共同设计家政服务业岗前培训方案。每期学员在校开展为期8天封闭培训，集中学习病患护理、孕产妇照护、家庭急救、婴幼儿照护等课程。至6月，完成4期培训，培训学员321人。

（刘建华）

服务北京冬奥会

至年底，首钢工学院服务北京冬奥会。面对器材师、场馆运维等专业课程国内中文教材空白现状，学校社会体育专业组织编译完成《国际标准冰场建设指南》《2022冰球竞赛国内技术官员教学手册》。举办制冰师培训班，培养制冰师15人，部分学员培训后担任北京冬奥组委制冰师首届培训班讲师。培养冰球裁判员19人，在市冰协举办的冰球比赛中担任裁判。13名师生受邀作为冬奥会国内技术官员（NTO）分别参加在五棵松体育馆和国家体育馆举行的“相约北京”冬季体育系列测试活动。

（刘建华）

北京农业职业学院

概述

2021年，北京农业职业学院设有4个校区，9个系部，2个研究所，开设37个专业。学校由市农业农村局举办，为农业院校。拥有教室172间，均为网络多媒体教室。数字终端4904台。数字资源量中电子图书213万册、电子期刊20.22万册、学位论文707.55万册、音视频4.84万小时。职业教育仿真实训资源94套。有“双师型”教师268人。聘请校外教师35人、行业导师115人。高考北京地区提档线不限选考专业组125分。在校生中参与现代学徒制培养学生478人。网址：www.bvca.edu.cn。

2021年，学校完成“十四五”规划编制，部署8大类47项重点任务，明确未来发展目标。办学实力进一步彰显，入选全国乡村振兴人才培养优质校和“中国高职50强”。牵头成立的中国都市农业职业教育集团入选全国示范性职业教育集团培育单位。

持续加强教育教学改革。新增3个专业，撤销6个专业。智慧农业专业群入选北京市特色高水平骨干专业群，清河水利建设工程师学院入选北京市特色高水平实训基地。编写完成8种校本教材，出版“双高”“特高”建设项目系列

6月至10月，农职院开展“丝路一家亲”食用菌种植技术线上培训　（农职院　供）

教材《北京三农发展概论》，2部教材获首届全国优秀教材（职业教育与继续教育类）二等奖，18种教材入选农业农村部“十三五”规划教材书目。全面推进“1+X”课证融通工作。构建“劳动理论课+劳动实践课”教育体系。6支教师团队参加北京市职业院校技能大赛教学能力比赛全部获奖，包括一等奖4项。4支队伍参加全国职业院校技能大赛获二等奖1项、三等奖3项。109名学生参加地厅级以上职业竞赛23次，获奖60项。

服务乡村振兴。牵头完成“百村示范工程现状调研”，涉及北京152个示范村；制定“一村一策”乡村振兴方案；首届村务管理学历提升班学员74人毕业，其中39人进入新一届“村两委”班子；培育新型农业经营主体20个、农业产业带头人30人。开展农民教育培训，农民中专学历教育招生入学1027人；承办市级高素质农民示范培训班，全年系统开展线上线下培训3.50万人次；认定第二批北京市农业广播电视学校实训基地63个、田间学校12所，聘任客座讲师79人，改善20所田间学校教学设备条件。

打造科技服务示范品牌。实现自然基金青年专项“零”的突破。建立5个科技创新团队，围绕制约行业产业发展“卡脖子”技术难题开展科研攻关。选育6个高产优质新品种，服务都市现代农业产业发展。第16批次挂职人员对接科技项目17项，引进新技术15项，引入新品种100余种，辐射带动村（合作社）16个。全部12家科技小院完成挂牌，科技小院推广食用菊花、流苏茶等特色产业高产优质套装技术，带动农民增收320余万元，培养乡土人才87人，2家科技小院入选“十佳北京科技小院”。

推进支援合作与引智帮扶。与湖北咸宁职业技术学院签署合作交流框架协议，与河北威县高公庄乡政府签署推进乡村振兴战略项目框架协议；完成西藏拉萨等相关教育扶贫任务。完成北京高校引智帮扶联盟秘书处工作，牵头完成市教委课题“在实施‘引智帮扶’推进乡村振兴中培养锻造新时代大学生的实践与研究”。持续开展“千名干部科技人员进千村入万户”活动。学校获北京市脱贫攻坚专项集体嘉奖，7人获个人嘉奖；1人获市扶贫协作先进个人称号。

国际合作交流开辟全新线上模式。成立中荷都市农业职业教育交流中心，举办第三届中荷都市农业学术论坛。录制蔬菜育苗技术、农业灌溉技术课程，通过“云上看中共”平台推送至东南亚和南亚各国，为当地农业从业者开展农业种植技术培训。与尼泊尔阿尼哥协会签署农业技术培训协议。与北京农学会、毛里求斯福尔肯公民联盟合作开展3期“丝路一家亲”食用菌种植技术系列线上培训，培训200人。与俄罗斯滨海国立农学院开设云端讲堂，举办3期畜牧兽医专业学术讲座，260人参加。

提升治理水平。完成规章制度“留废改立”工作，初步形成以学校章程为核心的现代学校制度体系。撤销3个原二级法人单位，新增1个内设机构，完成并入、撤销、转内设机构等任务。推进第五轮干部聘任及全员岗位聘任工作，制定6个聘任配套文件。

做好新冠肺炎疫情防控。及时根据疫情形势动态调整防控措施，实现全校师生“零感染”。全年召开防控工作部署会14次，发布防控文件14个，向师生推送各类通知、公告11个；累计开展核酸检测15659人次，环境监测采样6840个；组织完成新冠病毒疫苗校内集中接种3次、校外集中接种1次，校内累计接种疫苗3634剂。

党委书记　李云伏
院　　长　范双喜

（孙田田）

“三农”领域市政协委员工作室成立

5月20日，“三农”领域市政协委员工作室在农职院成立。工作室以“服务到基层，助农促发展”为主题开展首次活动。市政协委员现场观摩在农职院开展的果树和花卉种植户培训，与种植户现场互动交流；与部分基层干部、涉农企业负责人和种植养殖户代表等围绕培育本土品牌、人才队伍建设、扶持农村集体经济、打造精品民宿等问题深入座谈交流，对基层群众代表提出的问题和意见建议给予回应和解答。

（孙田田）

与农业农村部科技发展中心签约

7月1日，农职院与农业农村部科技发展中心产教融合战略合作签约仪式举行。根据协议，双方在党建工作、共享平台建设、人才和干部培养、科研合作、服务社会、设备共用、学术交流、实训基地建设、产学研成果转化等领域开展全方位多形式深度合作。仪式上，双方为产学研基地揭牌，深入交流研讨有关合作事项。

（孙田田）

中荷都市农业职业教育交流中心签约揭牌

11月19日，农职院与荷兰朗蒂斯教育集团举办“中荷都市农业职业教育交流中心”线上签约和揭牌仪式。双方共同签署“中荷都市农业职业教育交流中心”合作协议，为中荷都市农业职业教育交流中心揭牌。交流中心与荷兰朗蒂斯教育集团共同发起成立，今后将组织农职院和中国都市农业职教集团各成员单位人员开展学术论坛、师资交流培训、都市农业专业和新型职业农民交流培训。

（孙田田）

与环球度假区人才培养合作签约

12月10日，农职院与北京环球度假区签订“北京环球度假区人才储备班”合作协议。根据协议，农职院依托北京环球度假区人才储备班，通过订单培养模式推进产教深度融合，拓展校企合作路径，为企业培养和输送优质专业技能人才，为学生提供优质实践锻炼和就业机会。

（孙田田）

北京政法职业学院

概述

2021年，北京政法职业学院设置6个二级学院，开设24个专业，包括中央和北京市重点支持建设专业5个。学校由市委政法委举办，为政法院校。拥有教室90间，均为网络多媒体教室。数字终端1951台，包括学生终端1817台、教师终端134台。数字资源量中电子图书136.86万册、电子期刊45.77万册、学位论文673万册、音视频21.10万小时。有“双师型”教师116人。聘请校外教师76人、行业导师22人。毕业生中取得职业类证书87人。高考北京地区提档线120分。网址：www.bcpl.edu.cn。

2021年，学校编制发布“十四五”时期发展规划和“十四五”时期专业建设发展规划、教师队伍建设发展规划，构建新发展格局。

教育教学改革。进一步优化完善专业结构。成立教材工作委员会，提高教材建设与管理水平。修订2021级人才培养方案，优化公共课设置，规范教学计划运行与开展。申报民航安全技术管理、智能安防运营管理、影视多媒体技术等7个新专业获批。法律文秘专业申报速录“1+X”证书获批，促进课证融通。参与司法行指委2个高职新专业和1个职业教育本科新专业调研论证工作。为广东警官学院、山西警察学院提供专业建设支持。全面推进思政课教学改革创新，在原思想政治理论课教研部基础上成立马克思主义学院。开展2门思政课示范课堂、9门课程思政示范课程立项建设，促进军事理论课课程建设科学化和专业化。“政法类高职体育课程融入思政元素的研究”入选中国职业技术教育学会重点课题。

教师队伍建设。举办“坚守教育初心、勇担育人使命、深化新时代师德师风建设”专题网络培训班。宣传优秀教师先进事迹，强化教师“教书育人”责任担当。组织教学竞赛观摩、教学能力比赛等活动，参加全国职业院校技能大赛教师教学能力比赛获得专业课程二组二等奖。

学生教育管理服务。加强“文化育人”顶层设计，面向全体学生开展“向党说句心里话”主题教育实践等活动。制定加强和改进新时代体育工作、美育工作等措施，在人才培养方案中增设音乐鉴赏、美术鉴赏必修课及其他美育类选修课，加快构建“三全育人”新格局。选拔6名教师学生住宿领域志愿者和11名交通领域储备志愿者。

社会服务。承办北京市第一批政法队伍教育整顿市级指导组培训班、教育转化工作培训班、互联网企业党建工作培训班、市监狱戒毒局2021年司晋督培训班等，效果良好。协调组织政法系统88个基层党组织近1200人参观全市政法系统党建队建实训基地。承办的北京政法网向市委政法委报送各类舆情报告280余期。“北京政法”微博入选“全国十大政法委微博”。完成2021年全国卫生专业技术资格考试大兴区考点、2021年经济专业技术资格考试等组考工作任务。

疫情防控。贯彻新冠肺炎疫情防控要求，构建横到边、纵到底、全方位、全过程“五位一体”（三级组织+部门+师生个人）责任体系，落实各项防控措施，保持校园“零疫情”。

党委书记　孙善学（8月18日免）
　　　　　朱光好（12月7日任）
院　　长　许传玺

（李治建）

与凤凰数媒产业教育集团合作签约

9月17日，政法职院与凤凰数媒产业教育集团签订校企合作协议。根据协议，双方在参与教育部职业教育相关项目、共建学生实习实训基地、加大师资培训力度、进一步扩大合作规模等方面加强合作。协议期3年。

（李治建）

北京财贸职业学院

概述

2021年，北京财贸职业学院设有4个校区，设置11个二级学院和2个研究所，开设27个专业。学校由市教委举办，为财经院校。拥有教室290间，包括网络多媒体教室236间。数字终端5564台，包括学生终端4147台、教师终端613台。数字资源量中电子图书111.85万册、电子期刊14.28万册、学位论文19.87万册、音视频6.34万小时。有“双师型”教师185人。聘请校外教师212人。毕业生中取得职业类证书567人。高考北京地区提档线120分。在校生中参与现代学徒制培养学生74人。网址：www.bjczy.edu.cn。

2021年，学校加强党的政治建设，完善制度建设，推进“十四五”规划落地实施，新商科专业（群）影响力不断扩大。

党的政治建设不断加强，制度建设更加完善。全年制定并完成加强党的政治建设具体举措192项，开展理论学习中心组专题学习21次，落实“我为群众办实事”实践活动实事清单241项，发展党员168人，1人入选“北京市优秀党务工作者”。

“十四五”规划落地，“双高”“特高”建设成果丰硕。完成“十四五”时期1个总体规划和9个专项规划编制。谋划“双高”“特高”建设38项重点任务。牵头新版专业目录修订，获首届全国教材建设奖一等奖1项、二等奖2项。10名教师入选全国行业职业教育教学指导委员会委员。

新商科专业（群）影响力不断扩大。获批“供应链运营”新专业和“电竞新媒体技术”“家具数字化设计”2个专业方向。承办2021年全国职业院校技能大赛高职组创新创业赛项全国总决赛。全年获创新创业大赛省级以上奖励55项，其中中国国际“互联网+”大学生创新创业大赛获市级比赛一等奖2项、“逆行守护者”森林消防员应急逃生装置项目团队获全国比赛金奖。

思政工作成果显著。实施“星火北财”计划，以项目制形式深化 12 项改革试点。成立思政课程与课程思政协同育人工作站，培育课程思政案例 1474 个、课程思政示范课例 167 个。1 人获评北京高校优秀德育工作者，1 人获评北京高校优秀辅导员，旅游与艺术学院获评北京高校德育工作先进集体。获北京高校教书育人课程思政类“最美课堂”二等奖 1 项，是北京市唯一获奖高职院校。构建“张秉贵劳动教育体系”，进一步提升素养教育水平。

人才队伍建设成效显著。开展师德师风建设，制定教职工集中学习规则，成立教师发展中心，组织教职工参加各级各类培训班 13 个，累计参训 558 人次；依托国培基地，组织“双师型”教师培训班 9 期，培训教师 744 人次。建立校级人才储备库，建成“校、市、国”三级培育体系，形成梯队合理、可持续发展“金字塔”人才队伍。教师参加教学能力比赛获全国三等奖 1 项、北京市一等奖 4 项。

教科研和校企合作水平持续提升。全年教职工取得各类科研成果 369 项，发表论文 179 篇，出版学术著作 24 部。北京营商环境再升级、王府井步行街建设发展等 3 项科研成果获市领导批示。校企合作发起成立“王府井地区发展研究院”，创立中联大师工作室，共建中智现代学徒中心，成功申报第二批北京市职业院校特色高水平技术技能大师工作室倪东侃织染艺术工作室，与 20 余家企业签订校企合作框架协议，与运河商务区签订校地合作协议，持续抓好“五区三园五基地”建设。

国际化人才培养和社会服务全面加强。在 2021 国际服贸会上发布学校教育教学改革成果 10 项。完成国内首家会计、金融管理专业英国国家学历学位评估认证中心（UK NARIC）国际专业标准评估认证，为泰国、柬埔寨近 400 名师生开展线上培训，与马来西亚拉曼大学开展跨文化交流活动。师生以网络直播形式助销通州区西槐庄村农产品，廊坊校区（廊坊燕京职业技术学院）服务通州区和河北省廊坊市“北三县”职业教育协同发展效果明显。深化社区共建共荣，推进高端人才和“学历＋技能”培训，全年完成培训 20501 人天、社会考试 39011 科次，东城校区获“北京市城乡社区共建先进集体”称号。

常态化疫情防控措施有力有效。召开校级专项会议 30 余次，制定各项工作方案 20 余个，动态调整防控措施，制定完善开学返校等重要节点疫情防控方案，制定疫情期间四级防控工作制度。根据疫情情况临时调整军训方案，首次完成 3120 名学生校内军训任务，训练优秀率 90%。

党委书记　王红兵

校　　长　杨宜

（贺雪莹）

思政课与课程思政协同育人工作站（研究中心）成立

5 月 14 日，北财院思政课程与课程思政协同育人工作站（研究中心）揭牌成立。该工作站（研究中心）是研究型、学习型合作组织，由马克思主义学院牵头组建，由全体专职思政课教师和各学院公共基础课、专业课教师代表组成，以“共商、共建、共享”为运行原则，以开展课程思政理论学习、经验交流、专题研讨、方案设计为主要任务。

（贺雪莹）

智慧财经与数字商贸专业群建设研究课题成果发布

5 月 27 日，北财院与中联企业管理集团共同主办职业教育新版专业目录智慧财经与数字商贸专业群建设研究课题成果发布会。该课题由 30 余所职业院校、行业协会和相关企业 50 余名专家联合参与，课题成果包括 2 份课题研究报告、2 个专业群人才培养方案基本框架、11 项单个专业人才培养方案、22 项特色课程标准，聚焦财经商贸大类专业群课程体系创新，为职业教育新版专业目录实施提供人才培养解决方案。

（贺雪莹）

两个专业通过 UK NARIC 国际专业标准评估认证

12 月 8 日，北财院与英国国家学历学位评估认证中心联合举办 UK NARIC 国际专业标准评估认证成果发布会。学校会计和金融管理两个专业均达到英国规范资历框架（RQF）5 级和欧洲资历框架（EQF）5 级水平，通过 UK NARIC 国际专业标准评估认证，取得 UK NARIC 国际标准证书和国际可比性证书。学校成为中国首家通过 UK NARIC 国际专业标准评估认证的高职院校。

（贺雪莹）

北京戏曲艺术职业学院

概述

2021 年，北京戏曲艺术职业学院设置 7 个系部，开设 7 个专业。学校由市政府举办，为艺术院校。拥有教室 164 间，包括网络多媒体教室 39 间。数字终端 355 台，包括学生终端 40 台、教师终端 39 台。数字资源量中电子图书 18.67 万册、音视频 476 小时。有“双师型”教师 105 人。聘请校外教师 110 人。高考北京地区提档线美术类 107 分、其他专业 112 分，单考单招 62.3 分（专业分）。网址：www.bjxx.com.cn。

2021 年，学校以迎接建党 100 周年为契机，以“特高校”建设工作为重点，围绕立德树人根本任务，推动教育教学改革，全面深化内涵建设。

庆祝建党百年。开展党史学习教育系列活动，包括举办“学习百年党史·牢记初心使命”党史知识竞赛、“永远跟党走”合唱比赛等竞赛活动，组织党史专题教育讲座、党委书记讲党课、支部书记讲党课、党史读书班等学习教育活动。举办庆祝建党百年系列演出，7 个专业系师生举办 13 场庆祝建党百年相关主题演出活动。召开庆祝建党 100

周年暨“七一”表彰大会，为党龄50年以上老党员颁发纪念章。参加庆祝中国共产党成立100周年《伟大征程》文艺汇演。

探索思政教育与艺术专业教育融合。庆祝建党百年系列演出剧（节）目突出“传承红色基因，赓续百年精神血脉”主题，将红色主题剧（节）目排演转化成思政教育资源。2部原创剧目入选全国艺术职业院校“立德树人”校园艺术作品在线展示活动。5门课程思政教学案例入选全国文化艺术职业院校和旅游职业院校“学党史 迎百年”课程思政优秀案例。

推进“特高校”建设。完成“特高校”建设项目中期评估；开展各专业调研，深化专业发展建设与社会需求契合度；加大优势专业、龙头专业发展力度，戏曲表演专业群入选第三批北京市职业院校特色高水平骨干专业建设名单；加强产教融合、校企合作，与中国歌剧舞剧院民族乐团签署合作协议。

加强教师队伍建设。制定“双师”培养规划，开展专业教师企业交流、艺术实践、学习培训等各类活动；组织教师参加教学比赛，4支教师团队在北京市职业院校技能大赛教学能力比赛获一等奖。5名教师获文化和旅游部百名优秀戏曲专业专兼职教师通报表扬。

加强人才培养。学生参加各种专业比赛获国家级奖项19项、北京市一等奖6项。其中，获全国职业院校技能大赛高职组个人一等奖1个、中职组团体二等奖1个；“国戏杯”学生戏曲大赛个人组金奖3个、银奖4个、铜奖1个，集体组铜奖2个；第25届“中国少儿戏曲小梅花荟萃”比赛4名学生获小梅花称号；第七届全国青少年民族器乐教育教学成果展示活动13名学生入选；北京少儿曲艺比赛一等奖3个。

做好科研工作。2016年立项的文化和旅游部课题“清宫节令戏”结项。编撰完成《北京市文化产业品牌案例分析》（2020）和《中国戏曲剧种全集·北京曲剧卷》全卷，参与编辑《北京文化艺术年鉴》2020卷和2021卷。《北京志·文化艺术志》（1994—2010）出版。

加强校园文化建设。开展“春暖北戏，随手公益”爱心捐赠活动和“情系广西山区留守儿童”爱心衣物捐赠活动，为贫困山区儿童及外来务工人员子女送关爱；开展“青春向党·社彩纷呈”第二届校园文化节、“永远跟党走”爱国主义教育实践活动、普法教育讲座、“知信、用信、守信，建设诚信高校”系列活动和国家宪法日暨宪法宣传月系列活动等，弘扬中华传统美德，加强学生道德修养。

党委书记　毕兆炜
院　　长　黄珊珊

（贺红梅）

与中国歌剧舞剧院签署战略合作协议

1月14日，北戏与中国歌剧舞剧院签署战略合作协议。根据协议，中国歌剧舞剧院专家参与学院音乐系声乐和民族器乐专业人才培养工作，协助学院制定两个专业人才培养方案、课程设置规划，并指导教学和带动学院青年教师及学生艺术实践，把剧院作为学院师生实习实训基地，进一步深化产教融合、校企合作。

（贺红梅）

庆祝建党百年暨音乐系第100场星期音乐会

6月10日和11日，北戏举办庆祝中国共产党成立100周年音乐会暨音乐系第100场星期音乐会。音乐会以“为党的百年华诞献礼”为主题，选取不同时期经典音乐作品，分“光明、追寻、颂歌”3个乐章，歌颂中国共产党在100年中带领中国人民从站起来到强起来的伟大奋斗历程，表达师生对党的热爱和赞颂之情。这场音乐会也是

5月12日，北戏举办党史知识竞赛
（北戏　供）

音乐系自2016年9月举办首场星期音乐会以来举办的第100场星期音乐会。

（贺红梅）

首次学生代表大会

12月19日，北戏召开第一次学生代表大会。会议分预备会议、分团会议、正式会议，85名学生代表参加。会议通过《第一次学生代表大会学生会章程》（修订案）和《第一次学生代表大会学生会工作报告》（草案），选举产生第一届学生会主席团主席。

（贺红梅）

北京经济管理职业学院

概述

2021年，北京经济管理职业学院设有2个校区，设置8个院（系、部），开设28个专业。学校由市教委举办，为财经院校。拥有教室122间，均为网络多媒体教室。数字终端4347台，包括学生终端3840台、教师终端507台。数字资源量中电子图书53.83万册、电子期刊0.98万册。有“双师型”教师171人。聘请校外教师43人、行业导师12人。毕业生中取得职业类证书809人。高考北京地区提档线120分，单考单招120分。在校生中参与现代学徒制培养学生78人。网址：www.biem.edu.cn。

2021年，学校章程和“十四五”时期发展规划经市教委核准实施。学校以抓好党史学习教育为主线，以推动高质量发展为主题，统筹疫情防控与事业发展，实现师生“零感染”、校园无疫情。

全面落实立德树人根本任务。开设“新时代新北京新实践”选择性必修课，将中国共产党史和新中国史纳入2021级人才培养方案，深化“11315课程思政教育模式”改革，推动课程思政、专业思政、专业群思政一体化建设；“盐溶式”教学探索与实践效果显著，2个项目入选教育部课程思政示范课程（教学名师和团队）。

专业优化布局实现新突破。优化专业布局，新增学前教育等3个专业获批。学校主持建设的国家级“宝玉石鉴定与加工专业教学资源库”通过教育部验收。国际教育服务专业群和360信息安全工程师学院2个项目入选第三批北京市职业院校特色高水平骨干专业（群）和实训基地建设名单。

教育教学改革及人才培养质量实现新提升。优化“岗课赛证创”融合课程体系，构建“全学段贯通 三课堂融通”育人体系。学校获批成为第二批国家级职业教育教师教学创新团队立项建设单位，入选服务贸易标准化“进校园、进课堂、进课本”首批试点院校、北京市学分银行试点业务实践项目优秀单位。出版一批校企合作开发的新型活页式、工作手册式教材。师生参加各类技能比赛获奖229项，包括全国职业院校技能大赛教学能力比赛三等奖1项、全国职业院校技能大赛三等奖2项，实现历史性突破；获人力资源社会保障部国家二类赛项第二名、第三名各1项。

科技和产教融合校企合作开拓新局面。完成省部级以上纵向课题5项、横向课题18项。通过教育部现代学徒制第三批试点专业验收。与企业共建“鸿蒙生态联合实验室”，开设鸿蒙大数据实验班。新增“1+X”证书试点10个。2个产业学院建设启动。持续推动永定河文化研究院高水平建设。学校获得首届京津冀教育高峰论坛“职业教育领军学校”称号。

创新创业工作取得新成绩。实践案例入选全国普通高校毕业生就业创业工作典型案例；在第七届“互联网+”国际大学生创业创新大赛中获国家级铜奖4个。入选“创客北京2021”创新创业大赛150强，10个作品入选2021“北京礼物”旅游商品及文创产品大赛榜单。

社会培训及对外交流合作亮点纷呈。组织安全生产、企业党建、退役军人就业创业、社区教育、学生创业等各类培训156期，培训10258人次。参加2021国际服贸会、全球服务贸易峰会、全国临空经济职业教育国际发展论坛等活动，推介国际教育产品20项，发布国际教育成果4项。获批教育部“汉语桥”线上团组项目。加入“中文+职业教育”北方院校联盟。持续推进北京牛津商学院优质职教课程输出项目，“投资中国”系列课程被英国雷丁大学亨利商学院采用。合作开展“瓜达尔中巴职业培训中心项目”建设，探索在巴基斯坦共建“鲁班工坊”。

党委书记　张连城
院　　长　王粤（1月任）

（于平波）

首届数字技术技能节

6月1日至11日，经管职院举办首届“技能强国庆华诞 数字赋能扬青春”数字技术技能节。数字技术技能节以“数字”为主线，以思政引领、科技搭台、数字嵌入、孕育职业理想和工匠精神等为主题内容开展活动，形式以二级学院和部门承办的8个主题日活动为时间轴，横向嵌入6个学院特色专题展示和部分职能部门承办的论坛、报告会、讲座和研讨会等。累计开展46场活动，线上线下7500人次参与，展示学校在深化产教融合、专业群建设、服务社会等方面创新性成果。闭幕式上，学校与国奥控股集团股份有限公司、北京出版集团签订战略合作协议；与国奥集团共建BIEM—国奥学院揭牌，在全域旅游、新型体育产业、中国特色学徒制和教育部“提质培优”项目以及“专科+本科+研究生”学历教育体系建设方面展开合作。

（于平波）

优质职教课程输出国外

12月16日，经管职院优质职教课程成功输出国外。英国雷丁大学亨利商学院向学校发送感谢函，确认学校优质职教课程“投资中国”成功登录其官方网站，成为学校“优质职教课程输出项目”成功输出的首门课程。“优质职教课程输出项目”以对中国经济管理、财会金融感兴趣，期待与中国有贸易往来或希望来中国学习工作的海外学生为目标群体，讲授具有中国特色、专业水准高、实用性强、兼具国际化和精品化特点的优质课程。雷丁大学亨利商学院对“投资中国”系列课程进行严格评估，其管委会学术委员会认定该课程水准达到学士学位认定标准，准予采用。因新冠肺炎疫情不确定性，项目前期以线上录播形式授课，之后将推出实时线上讲座，逐步实现由录播课程到直播授课再到现场授课，由专题系列课程讲授到课程融入人才培养方案。

（于平波）

妇女联合会成立

12 月 17 日，经管职院妇女联合会成立大会暨第一次妇女代表大会闭幕。会议经过投票选举产生学校第一届妇女联合会执行委员会委员和第一届妇女联合会主席、副主席。市妇联、市委教育工委统群处有关领导及学校领导、妇联代表等 80 余人参加会议。学校成为北京首家成立妇女联合会的高职院校。

（于平波）

北京劳动保障职业学院

概述

2021 年，北京劳动保障职业学院设有 2 个校区，设置 5 个二级学院和 1 个继续教育学院，开设 20 个专业。学校由市人力资源社会保障局举办，为财经院校。拥有教室 215 间，包括网络多媒体教室 169 间。数字终端 550 台，包括学生终端 539 台、教师终端 11 台。数字资源量中电子图书 133 万册、电子期刊 1.33 万册、学位论文 41 万册、音视频 5.78 万小时。有“双师型”教师 67 人。聘请校外教师 43 人。毕业生中取得职业类证书 395 人。高考北京地区提档线 120 分。在校生中参与现代学徒制培养学生 36 人。网址：www.bvclss.cn。

2021 年，学校完成“十四五”规划编制，推进教育教学改革和教科研工作，构建职教本专贯通、学历教育与岗位培训协同联动、短期学习与终身教育并举的现代职教发展新格局。学校社会影响力持续扩大，北京电视台报道学校安全技术与管理专业“管廊运维员”新职业人才培养工作，学校获首届京津冀教育高峰论坛“职业教育领军学校”称号。

党史学习教育。开展党史知识竞赛、“奋进四十年”口述校史视频征集等近 30 场党史学习教育主题活动。成立党史学习教育讲师团，面向全校各级党组织开展党史专题讲座 5 次。

专业建设。开展专业整合与优化，以“以群建院、以群强院，建设高水平专业群”为目标，形成 3 大专业群。成立马克思主义学院，将贯通培养基础教学部和实验技工学校合并成立基础学院，3 个专业教学系调整为二级学院。人力资源和社会保障专业群入选第三批“特高”专业（群），茵澳家政管理师学校入选第三批“特高”实训基地建设名单。

教育教学。引进专职思政教师，推进教学改革，开发传统文化、红歌、红剧 3 个思政课实践教学模块，增强实践教学效果，促进思政课程建设质量提升。2 门课程入选北京职业院校课程思政示范课程，教师参赛作品获 2021 年外语课程思政优秀教学案例高职高专组全国二等奖。制定教学督导方案，建立专兼职督导员队伍，推进教学督导、课堂教学质量评估、校领导听课等工作，全年教学督导组听课 218 人次。

教学科研。修订学校科研成果奖励办法等制度，规范科研管理。获批市级以上课题 2 个；局级北京调研课题立项 9 个；教师出版著作 3 本、教材 11 本，发表论文 81 篇；获实用新型专利 4 个。1 本教材获首届全国教材建设（职业教育与继续教育类）二等奖。

薪酬制度改革完成。制定 10 余个工资管理制度，开展 5 轮工资改革宣贯、4 轮大型征求意见研讨会、8 轮全员工资套改精算，初步建立绩效工资二级分配体系，实现优绩优酬，使工资分配制度与学校事业发展相适应。

疫情防控。根据实际动态调整防控措施。校门具有人脸识别功能的智能化道闸管控通道投入使用。完成南校教学区和家属区分区管理。组织疫苗接种工作 6 次，全校师生接种率 90% 以上。

党委书记　张青山
院　　长　田宏忠（8 月 18 日任）

（朱珅跃）

社会培训

5 月至 11 月，京劳职院服务国家、地方和行业需求开展高质量培训。与河北雄安一方职业技能培训学校签署合作框架协议，支持雄安技能人才培养举措正式落地。承办 2021 年京津冀地区养老机构管理者能力提升高级研修班，52 人参加培训；承办昌平区 2021 年养老职业技能和能力提升培训班，昌平区 52 家老年公寓、敬老院、养老服务公司、养老驿站、照料中心 662 名养老服务从业人员接受养老护理专业培训。11 月 25 日，与北京德邦货运代理有限公司举行企业新型学徒制项目启动大会暨拜师仪式，为德邦货运公司 600 名物流服务师和 500 名新能源汽车装调及维修人员分别开展为期 1 年培训，学习时长 400 学时。

（朱珅跃）

北京社会管理职业学院

概述

2021 年，北京社会管理职业学院设有 2 个校区，设置 7 个院（系、部），开设 23 个专业。学校由民政部举办，为政法院校。拥有教室 109 间，均为网络多媒体教室。数字终端 2614 台，包括学生终端 2150 台、教师终端 464 台。数字资源量中电子图书 10 万册、电子期刊 3349 册。有“双师型”教师 146 人。聘请校外教师 59 人。毕业生中取得职业类证书 568 人。高考北京地区提档线不限选考专业组 121 分，单考单招 136 分。在校生中参与现代学徒制培养学生 97 人。网址：www.bcsa.edu.cn。

2021 年，学校聚焦立德树人使命，民政特色更加彰显，社会影响力不断提升。

特色育人成果进一步凸显。构建民政特色专业发展格局，智慧健康养老服务与管理专业启动中国特色学徒制人才培养，成功申报殡葬设备维护技术和言语听觉康复技术 2 个新专业。建设校内会计工厂和儿童康复中心，获批成为第一批全国残联系统康复专业技术人员国家级规范化培训基地（辅助器具适配基地）。1 门课程入选教育部课程思政示范课程，1 本教材获全国优秀教材二等奖，1 名教师获国家技能人才培育突出贡献个人奖，10 个团队在北京市职业院校教学能力比赛中获奖。学生篮球队获 CUBA 中国大学生篮球三级联赛北京赛区女子组“四连冠”，在体育、美育、劳动教育方面获 66 项省部级奖励，青春校园励志片《责任》入围第四届柏林短片电影节。

社会服务效果进一步提升。发挥科研智库作用，全年立项省部级课题 5 项、横向课题 11 项、校内课题 120 项，出版著作 25 本，获省部级奖项 9 项。多渠道拓展培训业务，地面培训学员近 4500 人次，建成拥有近 400 门课程的民政特色专业课程资源库，与 11 个地方人民政府、民政厅局、央企国企、部管行业协会等签订战略合作协议，提升服务民政系统干部队伍建设能力。协调推进职业技能标准化，制定《志愿服务组织基本规范》等 3 项国家、行业标准，编制殡仪服务员、遗体防腐整容师、遗体火化师、公墓管理员国家职业技能标准。协助举办首届全国养老护理职业技能大赛、第 11 届全国职业院校民政职业技能大赛殡葬服务赛项。组织研发 25 个企业标准，开展 6 次“1+X”职业技能等级证书全国性考试，推动职业教育教学模式转型升级。师生志愿团赴江西 6 个乡镇 13 个村开展敬老、助残、助农等方面志愿服务 51 天，受益对象 7000 余人次，获 2021 年全国大中专学生志愿者暑期“三下乡”社会实践活动优秀团队称号。

基础能力进一步夯实。制定“十四五”时期事业发展规划，提出 8 个方面 37 项任务，确定学校发展路径。防范化解各类安全风险，集中整治安全风险隐患，确保师生安全。落实疫情防控常态化各项工作任务，实现“零感染”。

党委书记　邹文开

院　　长　王胜三

（张冼）

8 月，社职院老年服务与管理专业学生在亦庄养老照料中心开展敬老爱老活动　（社职院　供）

融合教育生产服务性实训基地启用

4 月 29 日，社职院融合教育生产服务性实训基地启用。该基地与北京睿智全纳教育康复中心合作，在大兴校区打造校企共建实训基地，旨在促进融合教育发展，开展校企师资共育、服务岗位能力开发，推动特殊儿童家庭支持服务中心（站）建设，实现专业建设、人才培育和社会服务等方面高质量发展。

（张冼）

会计工厂正式运营

10 月 18 日，社职院会计工厂在校内正式运营。学校与秦石教育科技（北京）集团有限公司合作在大兴校区建立会计工厂，设置企业财务管理真实岗位。学生在会计工厂中以企业实账为实习资料，学习理票、记账、审核、报税、日常财务管理等实务工作，做中学、学中做，实现校园与职场无缝对接。

（张冼）

民政职业技能培训和“1+X”证书试点

至年底，社职院开展民政职业技能培训和“1+X”证书试点工作。依托民政部培训中心举办藏区和新疆民政干部能力提升专题网络培训班等 6 期培训班，培训学员 4430 人。建成民政特色专业课程资源库，开发课程 132 门，选购课程237门，征集课程60门，总时长接近1000学时，打造特色在线品牌。与吉林、福建、广西、西藏、新疆5地签订省级战略合作协议，与山东济宁、浙江嘉兴2市签订市级战略合作协议，与中国诚通健康养老集团、中国融通集团2个企业签订委托培训协议，与中国殡葬协会、中国社会福利基金会2个社会组织合作开展技能培训，多渠道拓展培训业务。依托民政部职业技能鉴定指导中心，编制殡仪服务员、遗体防腐整容师、遗体火化师、公墓管理员国家职业技能标准。依托北京中民福祉教育科技有限公司，组织"1+X"职业技能等级证书全国性考试6次，22815人参加，18292人获证；研发企业标准25个，建成免费共享的专业群资源库，6.79万名学生利用资源库开展在线学习，推动职业教育教学模式转型升级。

（张冼）

北京体育职业学院

概述

2021年，北京体育职业学院设有3个校区，设置3个院（系、部），开设5个专业。学校由市体育局举办，为体育院校。拥有教室34间，包括网络多媒体教室26间。数字终端266台，包括学生终端181台、教师终端85台。数字资源量中电子图书680万册、电子期刊20.84万册、学位论文1800万篇、音视频5万小时。有"双师型"教师20人。聘请校外教师28人、行业导师8人。高考北京地区提档线121分。网址：www.bjtzhy.org。

2021年，学校编制"十四五"时期发展规划，将特色专业群建设、冰球大师工作室建设、思政教育、智慧校园建设、探索京津冀协同培养高素质体育行业应用型人才、加强班干部培养作为重点任务。

加强党建，开展党史学习教育和庆祝建党百年系列活动。面向学生开展"未来工匠心向党"主题党史教育活动，面向教职员工开展"永远跟党走"主题教育活动。举行庆祝中国共产党成立100周年座谈会暨"光荣在党50年"纪念章颁发大会和"两优一先"表彰大会，为14名在党50年老党员颁发纪念章，表彰学院优秀共产党员、优秀党务工作者和先进基层党支部。

深化教育教学改革，科研工作卓有成效。全年完成课题研究11项，发表论文14篇，与企业共同研发并出版图书2本。鼓励教师参加学术交流和竞赛活动，教师论文入选第11届全国体育科学大会墙报交流论文，教师代表队参加2021年北京市职业院校教学能力比赛获高等职业教育组一等奖。

运动与健康专业群首年建设成绩斐然。完成京外同类院校调研，形成调研报告，课程体系成型，人才培养方案调整完成。完成多门课程标准建设规范、课程资源建设标准、教材研发标准初稿，完善网络课程平台资源，通识课程增加30余门，公共基础课程英语、语文拓展模块精品课程资源建设启动。新增合作企业3家。

社会服务和京津冀协同发展持续推进。体育保健与康复专业学生为第14届全运会提供服务保障，参与运动员训练、外训、外出比赛、备赛等全过程工作，其中1名学生以队医身份参加比赛期间康复保障工作。面向河北省投放40个高职招生计划，实际录取40人，计划完成率100%。

党委书记　王彦席
院　　长　石风华（6月1日免）
　　　　　王宁（6月1日任）

（王亮　陈惠　李建亚）

获首都高校大学生轮滑比赛团体总分第一

5月23日，北京体职院代表队参加首都高校大学生第11届轮滑比赛获团体总分第一名。其中，2018级冰雪专业学生获速度轮滑男子组200米、500米第一名，并打破该项目比赛纪录。1名学生被评为最佳运动员，1名教师获"优秀教练员"称号。比赛由北京市大学生体育协会举办，25所高校200余名师生参加200米追逐赛、300米速度轮滑、500米速度轮滑及速度绕桩4个项目比赛。

（王亮）

北京交通运输职业学院

概述

2021年，北京交通运输职业学院设有6个校区，设置9个院（系、部），1个研究中心，开设5个专业群、32个专业。学校由市交通委举办，为理工院校。拥有网络多媒体教室148间。数字终端3232台，包括学生终端2840台、教师终端392台。数字资源量中电子图书16.14万册。有"双师型"教师140人。聘请校外教师34人、行业导师81人。高考北京地区提档线120分。网址：www.bjjt.edu.cn。

2021年，学校立足交通特色，服务首都交通，深入推进产教融合、校企合作，全面推进"双高""特高"建设，搭建高水平专业群人才培养体系，获2021京津冀教育高峰论坛"职业教育领军学校"称号。

建立"大思政"工作格局。发挥"红色理论社团""北交院·志愿蓝"等德育品牌影响力，实现第一、第二课堂相融合的思想政治教育体系。与郭沫若纪念馆等"北京8+名人故居纪念馆联盟"建立校馆合作协同育人机制。以建党百年为契机开展系列党史学习教育活动和"行走的课堂"井冈山红色研学实践活动，组织京津冀（沪宁晋川）交通职教集团联盟"传承红色基因·励志青春报国"优秀学生校际交流活动。教师团队参加首届全国高等职业院校体育课程思政教学设计大赛获全国二等奖。

打造高水平专业群。开展学院专业群建设顶层设计，邀请职教专家与企业专家从专业组群逻辑、专业群课程体系、专业群师资建设与共享等方面对10个专业群进行论证。研究行业领域人才需求新变化，新增飞机机电设备维修（大兴国际机场）、飞机电子设备维修（大兴国际机场）和人工智能技术服务（车路协同互联技术）3个专业。城市轨道交通类（含运营管理、车辆应用技术、通信信号技术专业）和智慧交通类（含智能网联汽车技术、智能交通技术专业）两类专业首次加入高本贯通培养项目，招录180人。完成2021级专业人才培养方案修订和新开设专业人才培养方案制定工作。完成约400门课程标准制定和评审工作。

学院学生融媒体中
拜师礼

4月7日，交通运输职院与东纳公司签订战略合作协议
（交通运输职院 供）

深入推进产教融合、校企合作。加强校企合作项目管理，制定《关于推进产教融合工作的管理办法》《聘请产业导师工作管理办法》等文件。与中铁北京局集团、环球度假区深化合作；与物美集团、北京国盾信息中心等27家企业（机构）签订合作协议，共建专业、共育人才、共享资源；探索产业学院建设新路径，与北京竞业达数码科技股份有限公司签约共建“智慧城市产业学院”，与北京银建投资公司、北京交通大学等探索建立氢能产业科技研发应用人才培养基地。

强化志愿服务实践创新。398名师生参与庆祝中国共产党成立100周年大会志愿服务保障工作；25名志愿者参与城市保障志愿服务；39名志愿者参与北京冬奥会服务保障；连续第六年承接毛主席纪念堂志愿服务项目，46名学生志愿者在5个岗位服务时长3887小时。

巩固北京交通职教集团办学成果。开展结对帮扶，指导新疆交通职业技术学院汽车专业教师团队参加2021全国教师教学能力大赛，支持2021年宁夏回族自治区职业院校技能大赛新能源汽车检测与维修赛项裁判工作。援藏教师在拉萨市第一中等职业技术学校接力支教，组织参与专业建设和课堂教学。学院获北京市事业单位脱贫攻坚集体记功奖励，1名教师个人记功，15名教师获个人嘉奖。

党委书记　马伯夷（6月免）
　　　　　郭群（6月任）
院　　长　马伯夷

（赵蕊　胡畔）

与27家企业签约合作

2月至12月，交通运输职院与27家企业签约合作。其中，与东方时尚驾驶学校股份有限公司签约共建飞机机电设备维修专业、飞机电子设备维修专业、无人机应用专业和民航运输专业；与北京国盾信息中心签约共建“电子物证联合实验室”；与北京东纳环球国际文化传媒有限公司、北京华阳奥通汽车销售有限公司分别签订合作协议，共建校企合作实训基地，开展现代学徒制人才培养，实现专业共建、人才共育、资源共享。

（赵蕊　胡畔）

校企共同成立汽车工程师人才孵化基地

4月22日，交通运输职院与北京酷车小镇商业管理有限公司、卡迈智汽车管理咨询（北京）有限公司共同成立汽车工程师人才孵化基地。基地落户酷车小镇，以传播汽车文化、培养交通行业人才为目标，为高等职业院校和中小学汽车文化启蒙教育提供实景、实践、实训为一体的教育基地。校企双方合作“双元”育人，共同培养工学结合、知行合一的交通行业技术技能人才。

（赵蕊　胡畔）

首年加入高本贯通培养项目

7月，交通运输职院高本贯通培养项目完成招生180人。这是学校首年加入高本贯通培养项目。共2个招生大类，分别为轨道交通类和智慧交通类。轨道交通大类招生110人，后期分为城市轨道运营管理、城市轨道车辆应用技术、城市轨道交通通信信号技术3个专业。智慧交通类设置智能网联汽车技术和智能交通技术2个专业，每个专业各招收35人。

（赵蕊　胡畔）

北京卫生职业学院

概述

2021年，北京卫生职业学院设有3个校区，设置4个系、2个部，开设10个专业。学校由市卫健委举办，为医药院校。拥有教室141间，均为网络多媒体教室。数字终端2747台，包括学生终端980台、教师终端690台。数字资源量中电子图书 249 册、电子期刊 7798 册。有“双师型”教师 94 人。聘请校外教师 76 人。毕业生中取得职业类证书 381 人。高考北京地区最低录取分数 237 分。网址：www.bjwszyxy.com。

2021 年，学校统筹推进疫情防控和事业改革发展，各项工作取得新进展新成效。

思想政治工作。加强思政工作顶层设计，建立“三全育人”工作体系。制定并实施《思想政治理论课程质量提升工作实施方案》，开展对高职思政课堂教学质量诊断与评价督导工作。制定并落实学院 2021 年课程思政建设工作实施方案，建立院级课程思政示范项目遴选机制，确立首批 10 门院级示范课程。3 门课程入选北京市课程思政示范项目，相关教师入选课程思政教学名师和教学团队。

11 月 23 日，卫职院开展优质课程课堂验收工作

（卫职院 供）

师资队伍建设。通过引进与培养，优化师资队伍年龄和学历结构，开展课程思政培训、师德师风培训等各级各类培训 8011 人次，“双师型”教师占比 83.19%。推动和组织专业教师参加专业实践，累计 35 人参加 1253 天。10 个作品参加北京市职业院校技能大赛教学能力比赛全部获奖，包括一等奖 2 项。

专业建设和教科研工作。首批“特高”建设专业护理专业通过中期检查，中药专业申报第三批“特高”专业获批立项。编写完成 11 本纸质教材和 5 本数字化教材，数字化教材全部在“人卫慕课”平台上线。3 个教学成果获 2021 年北京市教育教学成果奖职业教育一等奖 1 个、二等奖 2 个。

党史学习教育。以建党 100 周年重大历史节点为契机，从严从实推进党史学习教育“走深、走心、走实”。开展“传承红色基因”老少共话座谈会、向老党员颁发“光荣在党 50 年”纪念章等 10 个系列活动，开展“我为群众办实事”63 件。

综合改革和新院区建设。事业编制由 810 人调整为 791 人，修订《学院岗位设置方案》和“三定”方案。起草机构设置工作方案及中层干部聘任工作方案。新院区教学综合区全面开工建设，累计完成工程建设投资 12486 万元、固定资产投资 32841 万元。

社会服务。承担北京教育支援合作地区内蒙古自治区和江西省 2 个批次 3 名教师为期 2 个月来京跟岗研修任务；选派 1 名青年教师赴延庆区门泉石村任第一书记；获北京市事业单位脱贫攻坚专项奖励“嘉奖”。申请 4 个职业鉴定新工种获批；成为通州区区域政策补贴定点培训机构；举办静脉用药集中调配实操技能高级研修班，面向社会和行业开展公益培训和学习体验活动。

党委书记　董维春

院　　长　黄惟清（7 月 10 日免）

　　　　　付丽（7 月 10 日任）

（王海杰）

独立设置成人高等学校选介

北京宣武红旗业余大学

概述

2021 年，北京宣武红旗业余大学占地面积 7415 平方米，产权校舍建筑面积 10480 平方米。固定资产净值 545.47 万元，其中教学、科研仪器设备资产净值 145.69 万元。拥有图书 6.54 万册，电子图书 0.48 万册，计算机 437 台。大型多媒体教室 4 间、标准多媒体教室 11 间。设置 5 个教学系、2 个教学站。开设 13 个专业，覆盖 6 个学科。教职工 69 人。专任教师 35 人，包括教授 1 人、副教授 13 人。聘请校外教师 17 人。专科学历毕业 91 人，招生 75 人，在校生 304 人；北京理工大学继续教育学院红旗大学教学站在校生 78 人；北京理工大学远程教育学院红旗大学学习中心毕业 13 人，招生 23 人，在校生 78 人；北京交通大学继续教育学院红旗大学教学站毕业 117 人，在校生 134 人。网址：www.hqdx.com。

2021 年，学校完成党总支换届，坚持新冠肺炎疫情常态化管理，教学、科研、培训、防疫全覆盖。

规范教育行为，打造合作新模式。教育教学坚持师生联动疫情监控预防机制，确保“传染危险不入校，隔离学员不停学”。利用优质在线课程平台及在线课程教学资源，依托现代信息技术手段开展线上教学。制定大专学历教育学费收退费管理办法，修订大专学历教育学籍管理规定。修订 13 个专业人才培养方案。与 3 家企事业单位签订合作协议，打通企业培训和学历教育壁垒。

加强科学研究，深化课程思政。2 项市级规划课题结题、2 项区级优秀人才资助项目结题。1 名教师获得北京市高等学校青年教学名师奖。开展“深化课程思政建设 提升高校立德树人成效”专题网络培训。

拓宽培训渠道，提升业务能力。为西城区教育系统开发培训项目，为区域内机关企事业单位开展岗位培训。全年为西城区教育系统开展 6 次专项培训，累计 36 门课程，培训 1400 人次；为西城区教育系统 35 个单位开设 17 门课程 47 场专题讲座，培训 1700 人次；为区域其他单位开展 26 门培训课程，390 个培训学时，培训 3850 人次。承接西城区人事考试 2 次，10 场次，考生 1160 人次。

发挥资源优势，增强服务意识。协助西城区教委完成《北京市民终身学习示范基地学习成果汇编》。遴选认定西城区市民终身服务基地 4 个。在第 19 届全民终身学习活动周期间开展彩绘葫芦、软陶饰品制作、玉石枝花制作等体验活动，317 人参加。广外社区教育学校以线上直播方式开设声乐、国画山水、书法行草书、民俗剪纸、古代散文鉴赏、话剧导赏、摄影 7 门线上课程，培训 126 课时，1644 人次；举办 3 场主题讲座，培训 280 人次；开展 1 场“弘扬传统文化 赋能美好生活”之“彩绘兔儿爷”文化体验活动。承办广外街道社工入职培训。社区家长学校为广外地区 12 所学校举办线上讲座 9 场，培训 4690 人次。举办第二届广外地区家庭教育指导师培训，为 6 所小学开展 6 场专题培训，培训 2400 人次，并免费发放家庭教育指导图书《学习治疗手记》。老干部大学开展钢琴初级、篆书初级、旅游英语等 13 个班的线上教学，262 人参加学习。选派 2 名教师分别前往内蒙古鄂伦春自治旗诺敏中学、喀喇沁旗锦山蒙古族中学支教，为期 7 个月。

校　　长　钟淳

（罗克东）

认定 4 个西城区市民终身学习服务基地

5 月至 10 月，红旗大学在西城区 15 个街道开展西城区市民终身学习服务基地认定工作。遴选推荐陶然亭怡得书房、“广艺+”广内市民文化中心、什刹海社会心理服务中心、椿树书苑 4 个单位为西城区市民终身学习服务基地。至此，西城区市民终身学习服务基地数量共 105 个。

（罗克东）

合作办学

7 月 6 日、9 月 8 日和 12 月 30 日，红旗大学分别与北京丰汇物业管理有限公司、北京金融街国际教育科技有限公司和北京市爱莲舞蹈学校签订校企合作协议。根据协议，与丰汇物业公司合作举办现代物业管理专业，学校针对企业人才培养需求，为企业员工开设现代物业管理课程，提高企业员工整体业务水平；与金融街国际教育公司在职业教育培训领域（主要包括但不限于保育师、消防设施操作员、计算机程序设计员、计算机软件测试员等）开展项目课程研发、资源导入以及对外市场化拓展和培训等工作；与爱莲舞蹈学校合作开展艺术职业教育培训，包括但不限于大专、本科艺术类学历教育，以及幼儿园、中小学艺术师资培训、老年艺术教育、家庭艺术教育等。

（罗克东）

北京市总工会职工大学

概述

2021 年，北京市总工会职工大学占地面积 1.29 万平方米，产权校舍建筑面积 2.14 万平方米。固定资产总值 2301 万元，其中教学、科研仪器设备资产值 1880 万元。拥有图书 6.74 万册，计算机 282 台。学校由市总工会举办，设有 2 个教学系。开设 4 个专业，覆盖 2 个学科。教职工 136 人。专任教师 20 人。聘请校外教师 4 人。毕业生 84 人，其中专科生 73 人、本科生 11 人。招生 89 人，其中专科生 38 人、本科生 51 人。在校生 152 人，其中专科生 87 人、本科生 65 人。全年培训工会干部 15851 人次。依托首都职工素质教育工程平台，全年培训职工 4.60 万人次。

2021 年，学校完成校区整体搬迁工作，从陶然校区搬迁至草桥校区。完成学校“十四五”时期发展规划编制，列出 10 余项任务清单，细化形成工作实施方案。

教育教学管理。探索构建教育培训管理体系，以干部教育、职工教育和学历教育 3 个板块教研组建设为重点，构建覆盖党课工会课、技术技能课和职业素养课的课程体系。组建课程库、师资库、专家库，形成教研组建设、主体班次体系建设、班主任队伍建设工作方案以及送教工作制度。加强教学统筹，明确教学活动管理规范，形成开新课、新开课以及二级试讲制度，完善开课申报流程。强化教师管理规范，制定《学历教育远程课程教师暂行管理办法》。落实考务工作规范，制定《考试工作管理规定》。

师资建设。加强师资培养，开展师资研修、专题培训、主题讲座等师资培训 128 人次。完成校内培训 64 个班次 10921 人次，考试 93 场次。组建职工讲师（匠师）队伍，通过匠师讲堂、送教入企、匠师课程定制等形式，深入北京工业技师学院等院校、企业开展讲座等活动，与北京知诚社会组织众扶发展促进会合作开设职工匠师在线讲堂。全年组织 105 人次职工匠师为职工授课。依托“寻找职工好讲师”项目汇聚职工讲师，通过系统培训、教学基本功竞赛、示范课、研讨会等方式助力一线优秀职工由“匠”到“师”。制定职工匠师队伍建设工作方案及框架，推动出台职工匠师队伍建设与管理实施细则。

学历教育。创新工会学历教育办学模式，建设学历教研部，申报社会工作（工会方向）新专业，修订思政课程教学计划及教学大纲，形成具有工会特色的学历教育思政课程体系。落实首都职工技术技能提升计划，面向劳模、大工匠及工会干部等群体开展学历需求调研，深化与北京开放大学合作，探索与北京环卫集团、北京燃气集团等单位校企合作。开展成人高考学历专项清查，强化学籍规范化管理。落实《课程时间管理教学办法（试行）》，开展教学自查、线上听课、学生座谈，召开教师工作会，组织任课教师、教学管理人员和班主任培训，推进学历教育质量提升。

干部教育。线下线上相结合开展工会干部教育培训，全年完成干部教育培训222期，包括市总计划内班次43期、送教到基层179期；累计培训155天、15851人次。强化党课思政课贯穿，全年开展党史、工人运动史、党的精神政策和“三种精神”讲授140课时，覆盖31个班次，学员4900人。

职工教育。加强职工教育培训课程体系建设，提炼职工素养课程42门，开发课程模块40个，建设完成机器人专业课程体系。线上线下结合开展职工素养讲堂、金蓝领技术培训等9个项目77个班次，培训职工4336人。以定制服务方式为基层工会组织设计、举办培训班8个，培训学员2700余人次。推动匠师队伍建设、职工教育培训课程体系建设，组织开展职工教育教研活动。探索学校与首都职工教育培训运行示范点共建共享体制机制，夯实首都职工教育培训联盟。系统研究职工技术技能提升和素质教育工程两个项目体系，一体化构建形成职工教育培训项目体系。

党委书记　刘蓉

校　　长　王冬强

（周东妹）

首批职工匠师遴选

9月10日，市总职大举办首批职工匠师聘书颁发仪式及职工匠师培训与发展中心揭牌仪式。市总工会及学校领导为33名来自首都各行业的劳动模范、大工匠、创新工作室领军人、技能竞赛优秀选手和企业首席技师颁发“职工匠师”聘书。上半年，市总工会启动职工匠师建设工程，面向全市公开招募职工匠师，市总职大按照标准进行遴选。7月，学校组织首期职工匠师研修班，通过一个月线下专题研修和线上针对性指导，培养匠师课程设计、课件制作、课堂讲授等方面教学综合能力，指导匠师深度打磨主题示范课，33名匠师全部通过试讲评审，实现由“匠”到“师”的转变。为加强产业工人队伍建设和技术技能人才培养，市总工会在市总职大建立职工匠师培训与发展中心，职责是培养具有工会特色的职工教育培训师资队伍，助力培养更多高素质技术技能人才、能工巧匠、大国工匠。聘任与揭牌仪式后，聆听以“匠心筑梦、传承三种精神”为主题的首期“匠师讲堂”公开课。

（周东妹）

9月10日，市总职大为首批职工匠师颁发聘书

（市总职大 供）

工会研究体系建设

至年底，市总职大开展工会研究体系建设。以强化工会研究能力为落脚点，形成以工会工作和职工发展为中心，以调查研究和咨政研究为载体，以“教学、科研、咨政一体化”为基本框架的工会研究工作体系。工会研究专项能力提升项目纳入市总工会研究室年度预算进行归口管理。系统梳理并搭建起人才管理体系、项目管理体系、成果管理体系、服务保障体系4个子系统，完成研究人才库、管理数据库、研究成果库、工会研究学习库4个数据资源库的数据汇总与分类整理工作。

（周东妹）

工人运动史研究

至年底，市总职大推进工人运动史项目研究。挖掘北京红色工运资源，组织开展《北京工人运动史》《劳模精神、劳动精神、工匠精神与工会工作》两本主题教材开发，分别完成12万字和10万字书稿编写。发挥工运史以史鉴今、资政育人作用，启动党史、工运史、校史主题教学空间规划设计。整理党史、工运史资料1254份，形成主题教学空间主体框架设计方案。

（周东妹）

规范职工教育培训运行示范点

至年底，市总职大持续规范首都职工教育培训运行示范点。制定示范点管理运行指南，健全示范点项目管理、资金补贴、绩效评价和退出机制。征集示范点特色教育培训项目 93 个，打造职工教育培训“示范班”。全年开展特色培训项目 84 场次，涵盖智能制造、能源环保、文化创意和非遗传承等主题，培训职工 5125 人、46484 人次，汇聚课程 500 余门。开展示范点管理人员培训班，加强示范点管理能力建设。深入示范点交流与调研 52 次，举办示范点间参访活动 4 场，促进各教育培训主体深度融合。

（周东妹）

北京教育学院

概述

2021 年，北京教育学院占地面积 9.59 万平方米，产权校舍建筑面积 15.65 万平方米。固定资产原值 36556.52 万元，其中教学、科研仪器设备资产原值 383.74 万元。拥有图书 73.66 万册，电子图书 1.70 万册，计算机 2312 台。网络多媒体教室 118 间。学校由市政府主办、市教委直管，设有 7 个校区，设置 7 个院（系、部）。开设 81 个专业，覆盖 33 个学科。教职工 498 人。专任教师 256 人，包括教授 24 人、副教授 114 人。聘请校外教师 1215 人，包括教授 70 人、副教授 1145 人。毕业生 308 人，其中专科生 96 人、本科生 212 人。招生 252 人，均为本科生。在校生 1455 人，其中专科生 289 人、本科生 1166 人。全年培训 12830 人次。网址：www.bjie.ac.cn。

2021 年，学院章程获市教委核准。章程明确办学理念和奋斗目标，界定发展定位和主要功能，规定内部治理结构和运行机制。

完成干部教师培训任务。教育教学工作围绕高质量干部教师培训体系建构，全年培训 12830 人。与大兴、顺义、怀柔、昌平、延庆、房山等区合作开展针对中小学（幼儿园）新任教师和初任校长的启航培训，培训 2070 人；开展针对中小学优秀青年干部教师的青蓝培训，培训 1061 人；培训中小学（幼儿园）卓越教师工作室 208 人、市级骨干高研班 404 人、名校长名园长发展工程 24 人、名师发展工程 14 人；开展第二期“协同创新学校计划”项目，开设 43 个项目，140 所项目校（包括郊区项目校 88 所）参与，培训学员 2337 人次；开展教育教学改革特色专题培训，开设 104 个项目班，培训 3687 人。“国培计划”项目完成 5 类项目 10 个研修班 886 名学员培训任务。开展教育对口支援合作项目 10 个，包括来京培训项目 8 个、送培送教项目 2 个，受援地区覆盖河北、内蒙古、甘肃、四川等地，培训辐射 1945 人次。学院获北京市事业单位脱贫攻坚专项奖励“记大功”集体奖，1 人“记大功”、4 人“记功”、20 人获“嘉奖”。学院新疆和田地区双语骨干教师培训项目团队入选“北京市扶贫协作先进集体”。

坚持研训结合。教职工在各类期刊发表论文 420 篇，包括独立或以第一作者发表论文 321 篇。提交服务政府决策的专题研究报告 13 项。在党报党刊、国家级和市级报纸发表文章 13 篇。学术会议论文 13 篇。出版专著、编著、译著、教材 55 部，参编著作 15 部。其他类别科研成果 44 项，包括优秀科研成果获奖 25 项、知识产权类（国家软件著作权）成果 3 项、体育艺术类成果 10 项、音像和网络资源成果 6 项。

坚持政治标准。完善师德师风建设长效机制，面向新任教师举办青年教师师德专题培训；在教师节庆祝大会上进行“新时代好老师”宣誓仪式，举办教授座谈会，开展师德演讲会。推动高水平人才发展，1 人获第 17 届北京市高等学校教学名师奖。

全面深化改革。与西城区、延庆区、北京一零一中教育集团签署战略合作协议；推进与中央民族大学联合培养教育硕士工作；助力通州区教师素质提升，开设 14 个“通州名师工作室”；与房山区教委深度合作，开展美丽乡村教育创新实践，北沟乡村教育联盟品牌建设项目收官。履行代管北京市教师发展中心职责，实现资源共享、共同发展。完成新一轮机构改革，科学设置机构和中层管理岗位，完成中层领导班子换届和中层干部集中选任。

党委书记　肖韵竹

院　　长　何劲松（6 月免）

（石燕　王耕）

6 月 21 日，教育学院展示庆祝建党百年音乐微课《景颇族目瑙纵歌》（教育学院　供）

学习与思维教育首期高研班结业

5月30日，教育学院举行学习与思维教育首期高研班结业典礼。结业典礼上，与会人员听取题为《举办学习与思维教育高级研修班的背景、路径与模式》高研班工作总结报告；6名学员代表汇报研修收获，展示案例教学的讨论式课程形态。该高研班学员来自高校中青年骨干教师、区培训机构骨干培训者、中小学校长和骨干教师，共30人，采取“三自主”（自主设计、自主研修和自主管理）研修模式，形成一支队伍、一批成果和一系列资源“三个一”研修成果，是对异质组班、问题驱动、成果导向和自主管理培训模式的有益探索。

（石燕）

机构改革与基层党组织调整

7月至12月，教育学院完成机构改革与基层党组织调整、中层领导班子换届和中层干部集中调整工作。调整后，管理机构13个、教学科研机构7个、教辅机构2个、群团组织1个，代管北京市教师发展中心；二级党组织12个；选任中层干部65人，包括原岗位任职中层干部18人、交流轮岗中层干部26人、提任中层正职干部8人、中层副职干部13人。自11月1日始，学院开展新一轮部门内设机构设置与教职工岗位（中层干部以下）聘任工作，设置科级内设机构18个、综合办公室7个，教学系18个、直属教研室5个；26名非专任教师被聘为科级实职岗位，30名专任教师被聘为教学系、直属教研室主任（副主任）；其他管理人员、专业技术人员与工勤人员按岗位及专业技术职务类别完成聘任。

（石燕）

遴选中央民大兼职教育硕士研究生导师

11月15日，教育学院与中央民族大学教育学院联合举办兼职教育硕士研究生导师聘书颁发仪式。中央民大向14名教育学院教师颁发聘书。双方于2020年12月签署战略合作协议联合培养教育硕士研究生，分2批遴选教育学院14名优秀教师担任中央民大教育硕士研究生兼职导师。

（石燕）

与一零一中教育集团签约合作

12月2日，教育学院与北京一零一中教育集团签署战略合作框架协议。双方共同探索高质量教师教育有效模式，着力探索大学教师教育与中小学教师队伍建设合作机制。根据协议，一零一中为教育学院初任教师和硕士培养提供全方位支持，为教育学院主办或承办的交流活动、学术研讨等提供支持；教育学院为一零一中教育集团提供优质教师资源，提升各类教师专业能力，支持一零一中教育集团高端教师队伍建设，为一零一中培养教育教学专家。教育学院向一零一中教育集团授挂“高质量教师协同培养示范基地”匾牌。

（石燕）

第二届子曰传统文化教育论坛

12月8日至9日，教育学院举办第二届子曰传统文化教育论坛。论坛主题为“乡土与中国”，立足传统，聚焦经典，注重贯穿学段、融合创新的教学理念，采取“线上＋线下”（线上录课、线下专家研讨和微讲座）相结合方式，以北京市中小学名校名师课堂教学实录为切入点，同时邀请北京师范大学、北京市海淀区教师进修学校、北京市朝阳区教师发展学院以及教育学院专家学者现场点评，共同研讨传统文化融入课堂教学的路径与方式，以期推动传统文化与课堂教学深度融合。

（石燕）

北京开放大学

概述

2021年，北京开放大学占地面积2.61万平方米，产权校舍建筑面积2.78万平方米、非产权校舍建筑面积1.71万平方米。固定资产总值16313.01万元，其中教学、科研仪器设备资产值7252.43万元。拥有图书4.79万册，电子图书12.32万册，电子期刊7836册，计算机1297台。网络多媒体教室7间。学校由市政府举办，设有3个校区。开设35个自办专业，包括专科专业18个、本科专业17个；国家开放大学业务开设41个专业，包括专科专业25个、本科专业16个。教职工332人。专任教师114人（含“双肩挑”10人），包括教授15人、副教授39人。自办业务毕业生3908人，其中专科生508人、本科生3400人；招生14663人，其中专科生11395人、本科生3268人。在校生31713人，其中专科生18671人、本科生13042人。国家开放大学业务毕业生13208人，其中专科生8689人、本科生4519人。招生13968人，其中专科生8352人、本科生5616人。在校生61269人，其中专科生39199人、本科生22070人。全年培训107324人次。网址：www.bjou.edu.cn。

2021年，学校章程及“十四五”规划获市教委批复，

10月13日，北京老年开放大学举行证书颁授仪式

（北开大 供）

各项工作稳步推进。

发展非学历教育，服务首都市民终身学习。成立老年教育研究中心，加强政策、理论和实践研究。举办首届北京市老年教育工作交流会、老年教育发展研讨会和“积极老龄观”公益大讲堂。建立老年开放大学独立运行机制，释放发展活力。“百千万智慧助老公益行动”惠及老年人19.22万人。发挥社区教育指导中心作用，完成老年学习示范校（点）评审。完成教育部“能者为师”实践创新项目申报。组织全市社区教育成果线上展演和社区教育优秀教师评选。上线运行新版“京学网”，助力首都学习型城市建设。探索市场化运行机制和多元培训模式，形成“乐学苑”品牌及国际教育课程等特色项目群。扩大非学历培训规模，完成培训项目82个，累计培训29.11万人次，发放证书8917份。

深化教育教学改革，提升学历教育质量规模。制定《教学综合改革方案》并在新版人才培养方案中启用。探索完全学分制改革，完善教务管理制度流程，加大学习支持服务力度，促进教学质量和管理水平提升。实施创优提质战略，完成综合教学检查，开展“全市一堂课”，获国家开放大学“创优提质”典型工作案例二等奖。以专业群建设为抓手，逐步完善专业体系，加强课程建设统筹管理和质量管理，跨学科选修课程库入库课程142门，建设改造课程95门。

统筹推进学分银行和“1+X”证书制度试点。统筹开展学分银行业务实践试点，为24267名市民建立终身学习档案，存储63433项学习成果，转换成果4554条。发挥北京市“1+X”证书制度试点工作协调推进办公室作用，开展201个证书试点，31287人次申报。开展64个“X证书”考核费用标准核定。初步形成学分银行建设应用模式和典型案例。

加强信息化工作统筹和校本研究，提升支持服务水平和创新发展理性化水平。推进招生教务教学缴费一体化平台建设。整合应用系统，实现6个核心业务系统数据对接。系统整合提升项目入选市教委“学校管理信息化实施优秀案例”。首都终身教育研究基地设立老年教育研究中心和课程与教学研究中心。获批国家社科基金重点课题，获第六届全国教育科学研究优秀成果二等奖。

深化人事制度改革，优化教职工队伍结构。完善教师工作量核定办法和二级学院绩效考核关键指标，做实教师和二级学院考核，激发二级学院积极性。完善专业技术职务评聘制度，坚持向教学倾斜，注重能力、实绩和贡献导向，引导良性竞争。完成学院岗位设置及教师归队，核减党政职能部门人员。优化薪酬激励机制，突出关键环节激励，推动二级部门自主权合理运用。

党委书记　杨公鼎

校　　长　褚宏启

（李玥　许翔）

与青海高校签署教育支援帮扶框架协议

4月28日，北开大与青海开放大学、玉树州广播电视大学签订“十四五”教育支援帮扶框架协议。根据协议，北开大从特色专业建设、教学资源建设、师资队伍建设、校本研究、人才培养、信息化建设等方面对青海开放大学和玉树电大开展教育支持帮扶。三校确定年度工作计划，围绕对口支援青海开放教育取得的成果以及如何落实好“十四五”教育支援帮扶协议进行交流发言。

（李玥）

校志出版

4月，《北京开放大学志（1960—2019）》由国家开放大学出版社出版。校志编纂工作自2019年12月启动，组建校志编纂顾问委员会、编纂委员会、编纂工作组及编辑办公室，稳步推进校志编纂工作。初稿经7次修改、3次征求意见后定稿，共80余万字，包括8篇31章，以及序言、概述、大事记、附录，客观全面展示学校60年来发展历程、办学特色和成就。

（李玥）

民警教师专业技能培训班

7月12日，2021年度民警教师专业技能培训班在北开大举行。培训班邀请国内知名教育专家授课指导，课程设计以专业理念与师德、专业知识和专业能力三大模块为基础，体现理论学习与行动研究相结合、理念前沿与一线实践相结合、目标导向与任务驱动相结合的特点。

（李玥）

国家开放大学

概述

2021年，国家开放大学占地面积8.84万平方米，产权校舍建筑面积12.13万平方米。固定资产总值11.79亿元，其中教学、科研仪器设备资产值2.01亿元。拥有图书11.70万册，计算机3125台。学校由教育部举办，北京总部设有4个校区，设置8个院（系、部），开设240个专业，覆盖10个学科；全国设置学习中心3713个。教职工533人，包括专任教师146人；教授28人、副教授130人。聘请校外教师3人。毕业生112.62万人，其中专科生86.96万人、本科生25.66万人。招生161.41万人，其中专科生123.35万人、本科生38.06万人，授予学位6262人。高等学历教育本专科在校生497.32万人，其中专科生382.56万人、本科生114.76万人。全年培训10万人次。网址：www.ouchn.edu.cn。

2021年，学校坚持推进“四个转变”，打造“四个平台”，各方面工作取得新突破。

一体化办学格局初步形成。2月9日，39所省级广播电视大学全部完成更名开放大学备案。至年底，6所省级开放大学配套出台本省综合改革方案。开放大学“全国一盘棋”一体化办学格局初步形成。

党史学习教育特色鲜明。探索新型大学“互联网＋党史学习教育”新模式。组织办学体系开展“讲党史故事 做奋进青年”大联学，视频点击量569.50万次；建设“党史云课堂”，上线“习近平总书记教育重要论述研究”课程，100万人次观看；推出“党史故事100讲”等8个专题讲座，总点击量超过50万人次。

教育教学质量不断提高。推进思政课程和课程思政建设，开展7个学科课程思政大赛，推出系列思政示范课；在法学本科专业增设“习近平法治思想概论”必修课，新增“铸牢中华民族共同体意识”等选修课；制作“五分钟思政课程”400个，累计726万人参与学习，创建大规模在线思政教育模式。调整专业结构，新设智能互联网络技术、大数据管理与应用、邮政快递运营管理、书法学4个专业。制定教学过程管理规范，组建教学团队11631个，对497.32万人次学生提供支持服务。会同教育部高等教育教学评估中心开展分部办学评估，形成内控、外管、第三方评价联动机制。开展首届总部教学技能大赛，教师专业化水平整体提高。总部、分部及行业学院18种教材获评首届全国教材建设奖“全国优秀教材（职业教育与继续教育类）”，包括一等奖2种、二等奖16种。

信息化水平持续提升。“互联网＋大学”学习网升级与应用持续试点，完成教学平台4个版本迭代开发，在10个单位试点应用，40万名学生试点使用；完成课程迁移3862门。“互联网＋大学”综合管理服务平台完成网络考试系统3次试点应用，开展考试近9000场次，实考12.60万人次；试点应用人脸识别，尝试通过技术手段杜绝替考现象。学校入选“国家区块链创新应用试点名单”，入选教育部“人工智能助推教师队伍建设”第二批试点，入围科技部“面向终身学习的个性化‘数字教师’智能体技术研究与应用”国家重点研发项目。

学分银行平稳运行。职业教育国家学分银行新增学生账户210万个，为5800余所院校、32个省级教育行政部门建立机构账户、提供支持服务。指导发布转换办法468个、转换规则4600余条，近1700门课程实现课证融通。对74个培训评价组织的93个“X证书”进行学分复核和成果认定，279个学习成果获得学分。累计管理考试4000余次、颁发证书43万余张，全部存入学分银行。推进学习成果互认联盟建设，42个机构带入学习成果317个，与权威机构合作制定2171个认定（单元）标准，29个非学历证书与国开大20个专业104门课程之间形成成果对应关系，惠及68万名在籍学生。

国际合作创新发展。研究起草与深圳开放大学、巴布亚新几内亚戈洛卡大学三方共建海外学习中心方案。“一村一名大学生”计划获联合国教科文组织哈马德·本·伊萨·阿勒哈利法国王2020年度教育信息化奖。举办第20届中国国际远程教育大会、远程与开放教育国际化实践研讨会。与德国马格德堡大学合作开展中德联合培养硕士研究生项目。完成中英奖学金研修人员遴选和英国国际贸易部、英国文化教育委员会委托研究项目。研发“工业汉语”系列教材，填补该领域空白。启动首个职业院校“一带一路”国际中文师资专班。

老年教育积极推进。筹建国家老年大学。推进全国老年教育资源共享和公共服务平台建设，开发老年大学学习网、手机App、微信小程序，线上注册学员20.20万人，访问量2247万人次。与国家机关事务管理局共建“中央国家机关老年大学资源共享平台”，为5万余名离退休老干部提供在线教学服务。初步构建老年教育办学体系，推动30个分部成立省级老年开放大学或专门机构，在基层设立4万余个老年教育学习点。线下累计开办10万个班级，服务学员573万人次。

社会培训稳步发展。制定《非学历教育项目负责制实施办法》。推动教师培训学院、京东培训学院等特色实体学院建设。社区教育继续向基层延伸，研发“云课堂”学习产品，研制社区教育师资认证等相关标准，围绕乡村振兴启动社区教育实践创新项目，举办“2021年度全国社区教育工作推进及成果展示”“书香社区全民爱阅读”“全国社区书法篆刻作品巡展”等公益活动，受益人群500万人次。

党委书记 荆德刚

校　　长 荆德刚

（张源）

7月1日，国开大推出面向全民思政教育场景的沉浸式全景虚拟VR党史课 （国开大 供）

首届教学技能大赛

5月13日，国开大举办首届教学技能大赛。各教学部推选19名教师参加现场比赛，展示教学能力和水平，展现个人教学风格和良好精神风貌。来自北京大学、首都师范大学、对外经济贸易大学、北京开放大学、天津开放大学教授担任专家评委，20名听课代表担任学生评委，评选出一等奖2人、二等奖3人、三等奖6人。来自教学部门150余名教师观摩比赛。

（张源）

推出沉浸式全景虚拟VR党史课

7月1日，国开大推出面向全民思政教育场景的沉浸式全景虚拟VR党史课。学习者既可通过全景三折幕(LED屏幕)感受裸眼VR的学习效果，也可通过VR眼镜、手机等智能终端进行第一视角的主动学习。与传统视频课程学习体验不同，学习者在融合3D动画、视频音频、环绕图文等多样化沉浸式学习环境中可按照精心设计的课程主线自主漫游。

（张源）

与北京广播电视台战略合作签约

7月9日，国开大与北京广播电视台签署深度战略合作协议。根据协议，双方共同研制符合新媒体传播规律的优质教育内容，共同推出垂直领域的融媒体精品课程，在共享专家、宣传资源等方面展开深度合作，让国开大优质学习资源借助北京广播电视台媒体平台和融媒体产品得到更好传播，为群众提供更丰富、更易学易用的学习资源和更加便捷的学习体验。此前，国开大“名师好课”项目所有系列讲座均通过北京广播电视台官方音频客户端“听听FM”向社会公众同步直播，后续陆续推出“音频思政课”和音频精编版“名师好课”。

（张源）

首届当代中国马克思主义理论研究高层论坛

10月16日，国开大主办首届“当代中国马克思主义理论研究高层论坛”。论坛以“中国共产党对马克思主义的理论贡献——庆祝中国共产党成立100周年”为主题，来自中央党校、中国社会科学院等科研机构与北京大学、清华大学等高校30余名马克思主义理论研究领域专家、学者先后发言，交流和讨论中国共产党在百年征程中对马克思主义的理论贡献，人民日报、人民网、光明日报等媒体进行报道。

（张源）

北京市西城经济科学大学

概述

2021年，北京市西城经济科学大学（西城区社区学院）占地面积0.68万平方米，产权校舍建筑面积1.52万平方米。固定资产总值1755.65万元，其中教学、科研仪器设备资产值778.31万元。拥有图书6.71万册，计算机623台。网络多媒体教室39间。学校由西城区政府举办，设置3个院（系、部）。开设8个专业，覆盖3个学科。教职工111人，包括高级职称23人、中级职称38人。专任教师40人。毕业生267人，其中本校专科生106人、中国传媒大学西城教学站本科生161人。招生151人，其中本校专科生20人、中国传媒大学西城教学站本科生131人。在校生891人，其中本校专科生178人、中国传媒大学西城教学站本科生713人。

2021年，学校坚持“面向社区、服务居民”办学宗旨，稳步推进各项工作。

教育教学。在专业教学中推进课程思政建设，修订完善7个专业的人才培养方案，开足、开全、开规范思政课程。在教师聘任上严把政治关，在课程教学设计上加强课程思政教学设计模块的落实，在教学管理中加强班级管理、落实学生思想引导，切实做到计划中“有痕”、课堂上“有讲”、管理中“有行”，将立德树人理念贯穿教学管理各环节、全过程。

社区教育。以品牌活动为引领，组织开展西城区第10届市民艺术节合唱比赛、庆祝建党100周年西城区第20届市民书画精品展、第19届西城区市民学习周开幕式等专题活动，为市民参与终身学习、展示学习成果搭建平台。统筹资源丰富市民文化生活，为市民终身学习提供支持服务，开设大专课程班、市民进校单科班、送教进社区课程，总计教学服务6468人次，1104课时。推广市民终身学习成果认证制度，加强认证单位和认证管理员队伍建设，对149个认证点、117名认证管理员及1670名学员进行积分兑换奖励和补贴工作。全年开设443门认证课程，13148课时，完成30门特色课程建设，累计900课时，涉及23个认证单位，受益1000人。

培训项目。采用线上线下相结合方式开展培训教学，为西城区财政局、区人力资源社会保障局、区基层退役军人服务站、新街口街道、北京环雅丽都公司等单位开展培训项目9个，培训3689人。

继续教育。组织112名教职人员开展线上公共知识培训。做好专业技术岗位教职员工继续教育培训，全年发布继续教育培训课程资源74学时。

教研科研。完成西城区学习型城区研究中心科研项目，开发制作“家庭生活小课堂”“探秘北京中轴线”特色微课程20集，制作校内微课程54门。选送优秀微课程参加第六届NERC杯全国社区教育优秀微课程评选，获优秀作品奖和推荐作品奖。

党委书记　张建国
校　　长　张建国

（陈怡）

西城区市民艺术活动

6月和11月，西城区文明市民学校总校暨西城经科大、西城区社区学院组织西城区市民艺术活动。6月18日至28

日，联合西城区文明办举办西城区第十届市民艺术节合唱比赛，以“立足社区、服务居民”为宗旨，以“永远跟党走——礼赞百年路 唱响新西城”为主题，以学润西城“三体一化”平台为依托，通过网上视频展示、专家打分与市民在线打分相结合方式，全面展现西城市民艺术素养不断提升、和谐社区不断发展、文明城区和学习型城区建设成果进一步巩固的文明城区建设成果。来自西城区15个街道文明市民学校中心校、12所社区教育学校选送的32个合唱曲目亮相，1100余人参赛。11月12日至19日，联合西城区教委举办“共庆华诞 翰墨有情”庆祝建党100周年西城区市民书画精品展。展览以线上展出、线下评选的方式进行，展出精选作品50余件。作者上至80岁老人，下至5岁幼儿，多为西城区离退休居民、在校学生和学龄前儿童。

（陈怡）

首次西城区事业编制初任培训

10月11日，首次西城区事业编制初任培训在西城经科大开班。培训内容包括基本政治理论、事业单位工作人员必备素质、区情教育、依法行政等。培训以满足需求为导向，以教师为主导、以学员为主体，综合运用课堂授课、参观学习等教学形式，科学运用理论知识推动实践发展。来自西城区机关事务服务中心、区应急管理局、区国资委和各街道办等机关事业单位98人参加培训。

（陈怡）

经科大门户—协同管理平台项目竣工

10月28日，西城经科大“经科大门户—协同管理平台”项目建设竣工。平台于3月启动建设，11月正式上线运行，整合流程审批、业务办理、信息共享和移动办公等功能，涉及审批流程50余个，进一步规范学校制度管理，促进线上办公、增强部门协作、提高工作效率。

（陈怡）

国家重点中等职业学校选介

北京市昌平职业学校

2021年，北京市昌平职业学校占地面积40.54万平方米，产权校舍建筑面积15.53万平方米、非产权校舍建筑面积4.10万平方米。固定资产总值29305万元，其中教学、实习仪器设备资产值19599万元。拥有图书10.03万册，电子图书2.50万册，数字终端1692台。拥有教室132间，包括网络多媒体教室131间。学校由昌平区教委举办，为职业高中学校。设有8个系部，开设41个专业，118个教学班。教职工335人，包括正高级教师3人、特级校长1人、北京市骨干班主任1人。专任教师263人、教辅人员25人。专任教师中具有研究生学历（学位）98人，本科以上学历100%；高级专业技术职务75人、中级61人；“双师型”教师235人。聘请校外教师45人、行业导师54人。毕业生804人。招生1189人，包括京籍学生1053人。在校生2718人，包括京籍学生2449人；参与现代学徒制培养学生173人。

2021年，学校加强党建引领，形成新冠肺炎疫情期间“一系一方案、一班一课表、一日一调度”教学机制，保证疫情防控和教育教学齐头并进，各项工作稳步推进。

党建工作。建立党建工作体系，实施理论武装、组织力提升、干部培养、互助培养、党建带团建“四带”、党建品牌建设“六大工程”，开展“我为群众办实事”活动，以“三路十八湾”德育体系为主要实施路径，开展“学雷锋”活动月和付冬梅志愿服务月等系列主题活动。

专业建设。坚持“服务重点产业领域、民生紧缺领域”基本原则，成立数字媒体艺术、西餐烹饪、宠物养护等10个专业（群）建设委员会，增设生物技术制药、摩托车运用与维修、新媒体运营等5个中职专业以及智慧农业技术、数字媒体技术应用等7个贯通培养专业，形成基于数字化、智能化的7大专业（群）布局。

人才培养。通过“自建校办企业、引进行业龙头企业、自建小微企业”3种方式建立以工程师学院为平台的校企双元育人机制。新增国家体育总局冬季运动管理中心、91科技集团等9家合作企事业单位。入选教育部第二批示范性职业教育集团（联盟）培育单位。学生获2021全国无人机创新技能大赛、2021首届“A-PKU校园杯”儿童康复教育全国职业技能大赛等全国比

10月12日，昌平职校开展应急救护培训

（昌平职校 供）

赛一等奖 4 项，市级比赛一等奖 10 余项；学生 4 项发明成果获国家知识产权局实用新型专利；42 名学生获国家、北京市政府奖学金。

劳动教育。围绕“劳动六艺”，为昌平区五年级学生开展劳动教育课程实践 15 项，包括中餐烹饪、飞机模拟驾驶、农耕等。8200 余名小学生参加。

教学研究。成立学术委员会。成为第二批国家级职业教育教师教学创新团队立项建设单位。围绕学科核心素养和职业素养，优化“三有”课堂标准，开展“系—校—区—市”四级研究课、公开课、观摩课活动。获 2021 年北京市职业院校技能大赛教学能力比赛中职组一等奖 7 项。

社会服务。承担北京冬奥会、全国两会志愿服务任务，参与社区疫情防控、垃圾分类桶前值守等活动，为昌平区社区居民、镇村人民、企业职工、中小学生、驻昌部队、特种作业人员 6 个人群提供职教服务培训 29656 人次。开办致富带头人培训班、厨师培训班，接收干部教师跟岗研修，提供技能比赛项目培训，承担北京支援合作地区帮扶项目，获评“北京市扶贫协作先进集体”。

助力乡村振兴。成立乡村振兴委员会。承担教育部职教创新相关课题。开发马刨泉村核桃宴、真顺田园果宴等项目，参与策划实施“昌平草莓节”“昌平西瓜节”等活动，为 13 个合作社 56 名农户提供“一对一”直播带货现场教学技术服务，开展直播活动，帮助农民增收。

（彭天夫）

北京市延庆区第一职业学校

2021 年，北京市延庆区第一职业学校占地面积 11.37 万平方米，产权校舍建筑面积 5.62 万平方米。固定资产总值 26200.12 万元，其中教学、实习仪器设备资产值 8106.24 万元。拥有图书 4.60 万册，数字终端 712 台。拥有教室 40 间，包括网络多媒体教室 39 间。学校由延庆区教委举办，为职业高中学校。设有 8 个系部，开设 16 个专业，40 个教学班。教职工 218 人，包括专任教师 142 人、教辅人员 76 人。专任教师中具有研究生学历（学位）10 人，本科以上学历占教师总数 98.6%；高级专业技术职务 86 人、中级 77 人；“双师型”教师 53 人。聘请校外教师 7 人。毕业生 137 人，取得职业类证书 9 人。招生 109 人，包括京籍学生 107 人。在校生 537 人，包括京籍学生 274 人。

5 月 10 日，延庆一中学生到延庆一职开展职业体验

（延庆一职　供）

2021 年，学校围绕校园疫情防控、党史学习教育、职业教育改革、新校区建设等工作，内强素质、外树形象，坚持内涵发展，各项工作取得成效。

坚持五育并举，狠抓立德树人。继续坚持“先教学生做人，再教学生做事，使学生在做事中学做人，在做人中求发展”德育管理理念，落实“文化公共基础课和专业课双轨并行”教学新理念；培养学生健康第一的生活理念，开足开齐体育课，开展阳光体育运动，全面落实每天一小时体育锻炼时间；开设高一年级以民乐二胡为主、高二年级以西洋乐吉他为主的艺术课程，提升学生审美能力；落实“以家庭为基础、学校为主导、社会为支持，共同开展劳动教育”机制。

做好社会培训，助推经济发展。发挥职业学校专业师资和实训设备优势，坚持中等学历教育与社会培训并举并重职能定位，面向延庆区政府机关、企事业单位、街道社区和乡镇农村开展各类培训活动。全年开展各类培训 215 期，累计培训学员 18107 人次。学校获“北京市就业创业先进集体”称号，入选北京市脱贫攻坚先进集体。

选拔优秀人才，服务冬奥筹办。办好冰雪体育服务专业，培养冰雪体育技能型人才。首届冰雪体育服务专业 7 名学生考取滑冰、滑雪教练员初级证书，进入市、区各大滑冰、滑雪场馆开展工学交替。选派 6 名教师借调至北京冬奥组委延庆运行中心开展北京冬奥会筹办服务保障工作。

抓好新校区建设，助力学校转型发展。配合施工单位、管理公司、监理公司扎实推进工程安全管理、质量管控、工程进度。至年底，教学中心完成结构封顶。新校区建设工程纳入 2021 年市、区重点建设工程，被市住建委评为“放心工地”。

（卫秀宗）

北京市密云区职业学校

2021年，北京市密云区职业学校占地面积13万平方米，产权校舍建筑面积6万平方米。固定资产总值37468万元，其中教学、实习仪器设备资产值15882万元。拥有图书7.70万册，数字终端1272台。拥有教室191间，包括网络多媒体教室75间。学校由密云区教委举办，为职业高中学校。设有3个校区，开设13个专业，32个教学班。教职工178人，包括专任教师123人、教辅人员36人。专任教师中具有研究生学历9人，本科以上学历占教师总数64%；高级专业技术职务48人、中级41人；“双师型”教师36人。聘请校外教师12人。毕业生153人，取得职业类证书153人。招生125人，包括京籍学生118人。在校生400人，包括京籍学生386人。

2021年，学校加强党史学习教育，开展教育教学研究，推进社会服务和对口帮扶，各项工作稳步进行。

思政建设。以建党百年为契机开展“学党史、悟思想、办实事、开新局”系列活动。通过组织“网上重走长征路”活动、“四史”学习知识竞赛、“穿越时空的对话”写给革命先烈一封信征集活动、“百名党员讲百年党史”微党课、班级“礼赞建党百年”主题班会评比等教育活动，推进主题教育与德育建设和师德师风建设有机融合、与师生思想政治建设有机结合、与学生良好行为习惯养成和职业素养提升有机结合“三结合”。

三全育人。以“青春护航相伴成长”课题研究为引领，组织优秀主题班会课观摩、特殊学生心理团建等活动。以创建全国文明城区为契机，在卫生习惯、文明礼貌、交通安全意识等方面强化学生良好习惯养成。开展垃圾分类、光盘行动、劳动光荣等主题教育活动。学生参加第三届全国职业院校“华唐杯”呼叫中心客户服务与管理技能竞赛获一等奖4个、二等奖4个。

教育科研。获北京市教育学会专业委员会“十四五”教育科研课题批准立项2个，密云区教育科学“十四五”规划课题获批6个。学校入选北京市“十三五”教育科研先进校。

社会服务。继续发挥职业教育资源优势，做好社会培训、社区教育、职普融通等工作，服务区域经济、助力乡村振兴。组织密云区各类安全培训，完成密云区高低压电工特种作业考试组考工作。

对口帮扶。发挥区域优势，加强对口帮扶合作校交流及资源共享。密云职校—湖北省竹溪县职业技术学校第二批对口帮扶合作办学班开班。接收湖北省竹溪县和河北省涞源县、滦平县、承德县、张家口市297名对口帮扶合作校学生到校学习。学校因在脱贫攻坚工作中贡献突出获市教委“嘉奖”。

（赵明凤）

北京市怀柔区职业学校

2021年，北京市怀柔区职业学校占地面积22.68万平方米，产权校舍建筑面积4.88万平方米、非产权校舍建筑面积0.42万平方米。固定资产总值18254万元，其中教学、实习仪器设备资产值8284.50万元。拥有图书3.36万册，数字终端1270台。拥有教室40间，包括网络多媒体教室36间。学校由怀柔区教委举办，为职业高中学校。设有2个校区，2个系部，开设2个专业，16个教学班。教职工170人，包括专任教师122人、教辅人员39人。专任教师中具有研究生学历6人，本科以上学历占教师总数71.43%；高级专业技术职务76人、中级59人；“双师型”教师160人。无毕业生。未招生。在校生139人，均为河北省丰宁职教中心在校游学培训学生。

2021年，学校严格疫情防控，学习百年党史，创建文明校园。

强化师德师风建设，推进教学改革创新。继续开展“四有好老师”和“四个引路人”实践活动，宣传师德典型，营造尊师重教良好氛围。加强任课、兼课教师课程思政，扎实有效开展灵活多样培训、比赛活动，为教师学习和提升提供机会。

深化合作办学，开展企业员工在职培训。为7家企业开展职工技能素养培训26期，培训922人次。

发展成人教育，培养农村实用人才。继续培养“下得了田地，上得了讲台，做得了农民指导教师”的乡土专家师资队伍，扩大师资库成员。26名优秀“乡土专家”被市农广校聘请为“客座讲

2021年，密云职校举办《弟子规》知识竞赛

（密云职校 供）

师”。开展农村实用人才各类培训 1786 人次。

持续对口支援，提升帮扶村镇技术水平。为河南省卢氏县农民送课到村，在卢氏县 2 个村镇举办“连翘种植管理与病虫害防治”实用技术培训，培训学员 146 人次；举办月嫂培训和厨艺班培训，培训学员 109 人次，并对卢氏县 3 家民宿进行指导。

（王荣梅）

北京金隅科技学校

2021 年，北京金隅科技学校占地面积 11.25 万平方米，产权校舍建筑面积 10.10 万平方米。固定资产总值 33546.52 万元，其中教学、实习仪器设备资产值 15075.06 万元。拥有图书 16.40 万册，电子图书 10 万册，数字终端 1616 台。拥有教室 72 间，包括网络多媒体教室 56 间。学校由市教委举办，为普通中等专业学校。设有 2 个校区和邯郸、保定 2 个分校，设置智能制造工程系、智能控制工程系、建筑与材料工程系、城市服务与管理工程系、文化基础教学部“四系一部”，开设 28 个专业，41 个教学班。教职工 252 人，包括专任教师 159 人、教辅人员 12 人。专任教师中具有研究生学历 41 人，本科以上学历占教师总数 99.4%；高级专业技术职务 68 人、中级 60 人；“双师型”教师 100 人。聘请校外教师 43 人。毕业生 352 人，取得职业类证书 282 人。招生 306 人，包括京籍学生 300 人。在校生 1010 人，包括京籍学生 728 人。

2021 年，学校加强党的建设，推进思政教学研究，深化教学改革，持续支援合作，各项工作取得进展。

开展党史学习教育。把党史学习教育与师德专题教育有机结合。通过开展“学党史、感党恩、听党话、跟党走”主题教育活动、庆祝建党 100 周年系列活动，加强师生“四史”教育，引导师生坚定信心和决心。

全面深化教学改革。工程师学院建设取得阶段性成果；智慧建筑装饰专业群建设项目获市教委批复；楼宇智能化技术服务与管理专业群建设方案进一步修改完善。开发 5 门具有校企融合特色课程及 5 本核心课程融媒体教材，申报实践市级创新成果 6 项，教师参加职业院校技能大赛教学能力比赛获全国三等奖 1 项、北京市一等奖 2 项。学生参加校外技能比赛 8 项，17 人次获奖。

落实立德树人任务。开展师德师风主题教育活动。完成思政教学资源库、思政教学案例建设，推进职业素养工程，加强行为规范管理，完善家校协同育人机制。成立校系两级家长委员会，制定“特殊学生”管理办法等制度 4 项。获市级三好学生 9 人、优秀学生干部 5 人、优秀班集体 1 个，2 名教师入选北京市中小学“紫禁杯”优秀班主任。“BIM 初级建模”课程入选北京市课程思政示范课程，相应授课教师入选课程思政教学名师和教学团队。

深化职教支援合作。开展对口支援河北地区专任教师与领导干部培训 3 期 395 人次，安排 3 个专业 63 名学生短期交流访学，指导河北地区 115 名教师参加 31 项教学能力比赛。完成新疆和田地区 7 所职业学校 20 名干部教师为期 12 天访学活动。接待内蒙古自治区乌兰察布市职业教育干部教师到校跟岗实践，完成内蒙古自治区通辽市中职教师 50 人到校集中跟岗培训工作。

（李淑娟）

北京市园林学校

2021 年，北京市园林学校占地面积 7.49 万平方米，产权校舍建筑面积 2.28 万平方米。固定资产总值 14457.09 万元，其中教学、实习仪器设备资产值 3615.72 万元。拥有图书 4.50 万册，电子图书 0.50 万册，数字终端 567 台。拥有教室 25 间，均为网络多媒体教室。学校由市公园管理中心举办，为普通中等专业学校。开设 19 个专业，24 个教学班。教职工 104 人，包括专任教师 67 人、教辅人员 16 人。专任教师中具有研究生学历 21 人，本科以上学历占教师总数 100%；高级专业技术职务 17 人、中级 31 人；“双师型”教

4 月 28 日，金隅学校在 2021 年“阳光体育”运动会上表演威风战鼓（金隅学校 供）

师34人。聘请校外教师10人、行业导师9人。毕（结）业生57人。招生186人，均为京籍学生。在校生374人，均为京籍学生。

2021年，学校扎实开展党史学习教育，全面加强党的建设，在做好常态化疫情防控工作基础上推进职教事业改革发展，完成学校各项中心工作。

以“特高”项目为引擎，加快专业建设。成立“特高”工作领导小组和“特高”建设办公室，建立“特高”推进机制。“特高”专业通过行业调研，努力将专业建在产业链上；通过“双师教学”将园林行业新技术、新发展融入课堂；通过建设园林庭院营造实训基地、成立李海波花艺工作室、创建园林生产研发创新中心，创新专业发展新途径，增强专业适应性。与北京绿京华生态园林股份有限公司共建绿京华园林工程师学院，为人才培养创新搭建平台。北京文化遗产保护专业群和李海波花艺工作室入选第三批北京市职业院校特色高水平骨干专业群和实训基地建设项目名单。

3月31日，园林学校学生赴北京绿京华生态园林有限公司大兴机场沿线项目工地开展企业实践教学（园林学校　供）

利用资源优势多元发展，提升办学效益。中专学历教育方面，全面推进专业中高学段衔接，招生规模大幅提升。行业培训方面，推进市公园管理中心技能人才自主评价工作，完成自主评价实施方案，做好行业服务。收集11个公园和中国园林博物馆讲解词，更新完善自主评价讲解实操题库并修订实操评价标准。突出实效，完成技能人才培训2期，完成2个工种、381人、9个级别、2677人次培训任务。社会服务方面，围绕市公园管理中心科普重点工作和“中小学课本中的植物”科普品牌建设，开展线下线上相结合科普活动24项，服务1400余人。

强化制度建设，提升内部管理水平。修订内控制度及内控手册，完成各科室制度汇编。持续深化校园安全文化建设，稳步推进平安校园建设，组织大规模培训5次、灭火和逃生演练4次、专项教育2次、微型消防站演练9次。

狠抓责任落实，做好疫情防控。强化新冠肺炎疫情防控组织领导，完善工作机制。全年报送排查相关报表1000余份，疫情排查80余次。加强教育引导，推进疫苗接种。

（张旭）

中央音乐学院附属中等音乐学校

2021年，中央音乐学院附属中等音乐学校占地面积1.46万平方米，产权校舍建筑面积2.95万平方米。固定资产总值3902.79万元，其中教学、实习仪器设备资产值2194.09万元。拥有图书1.56万册，电子图书116万册，数字终端226台。教室304间，包括网络多媒体教室34间。学校由教育部举办，为中等专业学校。开设42个专业，22个教学班。教职工106人，包括专任教师89人、教辅人员17人。专任教师中具有研究生学历61人，本科以上学历占教师总数100%；高级专业技术职务56人、中级33人。毕业生132人。招生234人，包括京籍学生69人。在校生1046人，包括京籍学生223人。

2021年，学校按照“培养高精尖优秀专业人才、为中央音乐学院输送后备人才”办学宗旨，坚持校长办公会、党政联席会、教学行政研讨会等多种方式，开展各项工作。

庆祝建党百年。开展《唱支山歌给党听》宣传片MV拍摄、《唱支山歌给党听》等经典作品演奏、学生参与录制建党百年献礼作品《在灿烂的阳光下》等系列活动；学校师生在国家大剧院“春华秋实——艺术院校舞台艺术精品展演周”活动中以“百年风华、青春向党”为主题展示学习成果，献礼建党百年；学校教授参加庆祝中国共产党成立100周年大型情景史诗《伟大征程》文艺演出，担任“锦绣前程”篇章《命运与共》古筝独奏、领奏。

严抓师德师风。开展新时代师德师风规范教育活动，落实党政同责，校领导与各教研室主任签订《落实师德师风主体责任承诺书》。

推进与港澳交流。与澳门演艺学院音乐学校续签合作办学协议，继续在澳门演艺学院音乐学校举办澳门教学点。学校天才少年团赴澳门参加庆祝澳门回归22周年“明日之星”庆回归音乐会。承办首届京港澳青少年音乐艺术嘉年华活动。

助力乡村振兴。以“教育振兴乡村、艺术服务人民”为理念，与平谷区东高村镇政府签订战略合作框架协议，在平谷区特色美育基地成立美育教室，助力平谷区音乐美育教育发展。

师生参赛获奖。全年获奖293人次，包括国际奖项194人次、国内奖项99人次；教师获奖37人次，学生获奖 256 人次。其中，8 名师生获第 13 届中国音乐金钟奖；3 名学生分别获得第 11 届柴可夫斯基国际青少年音乐大赛中国预选赛 A 组钢琴、小提琴、大提琴专业冠军。

（秦萌）

北京市什刹海体育运动学校

2021 年，北京市什刹海体育运动学校占地面积 3.37 万平方米，产权校舍建筑面积 4.74 万平方米、非产权校舍建筑面积 0.12 万平方米。固定资产总值 23537.97 万元，其中教学、实习仪器设备资产值 4159.91 万元。拥有图书 2.30 万册，数字终端 224 台。教室 14 间，均为网络多媒体教室。学校由市体育局举办，为普通中等专业学校。拥有 9 个运动队，开设 9 个运动项目。教职工 387 人（含一线运动员），包括专任教练 78 人、教师 24 人、教辅人员 6 人（含双肩挑 1 人）。专任教师教练中具有研究生学历 13 人，本科以上学历占教师总数 91%；副高级以上专业技术职务 21 人、中级 31 人。聘请校外教师 3 人。毕业生 32 人，取得职业类证书 26 人。招生 31 人，包括京籍学生 10 人。在校运动员 350 人，其中中职阶段学生 87 人（包括京籍学生 30 人）。学校专业运动队办理入队运动员 154 人，包括试训 33 人、聘用 82 人、局批 39 人；运动员年龄 15 ～ 34 岁。

2021 年，学校完成全国运动会既定目标，各项目成绩稳步提高，训练水平“量”“质”齐升；统筹协调疫情防控和学校发展，确保各项工作平稳有序推进。

综合素质培养。利用网络资源，采取主题班会、知识竞赛、调查问卷等方式在各年级开展拒绝校园欺凌、党史学习教育、庆祝建党百年主题教育活动 4 次，培养学生良好品格。组织在校运动员、教练员及教职工观看爱国主义影片 16 场，加强师生爱国主义情怀。通过开展垃圾分类知识竞赛、举办消防安全培训和消防演练、组织参观劳模图片展等活动，提升综合素质。

文化课教学。组织哲学、语文和英语公开课 4 次，开展教研活动，推进课堂教学改革，提高教学质量。开设旁听生班，进一步提升运动员知识文化水平。开展“训练与成长”等系列运动员讲座，提高运动员体育竞技知识水平。

专业竞赛。专业队运动员参加东京奥运会取得 1 银 1 铜的成绩，参加第 14 届全国运动会取得 3 金 2 银 3 铜的成绩。羽毛球运动员冯彦哲在“苏迪曼杯”世界羽毛球混合团体锦标赛中代表中国队获得混合团体冠军，拳击运动员乌勒怕尔·哈尔恒获得全国男子拳击锦标赛 75 公斤级冠军；拳击运动员杨晓丽获得全国女子拳击锦标赛81公斤级冠军。

疫情防控。以保护在校运动员、教练员和全体师生生命健康为宗旨，坚持封闭管理，加强值班值守，充实防疫物资，实现疫情防控、队伍训练“两不误”。着力开展核酸检测和疫苗接种工作，疫苗全程接种率 95.47%、加强针接种率 85.56%。

（路迪）

北京市外事学校

2021 年，北京市外事学校占地面积 1.19 万平方米，非产权校舍建筑面积 1.89 万平方米。固定资产总值 6977.32 万元，其中教学、实习仪器设备资产值 4424.64 万元。拥有图书 3.49 万册，电子图书 0.15 万册，数字终端 1016 台。教室 94 间，包括网络多媒体教室 71 间。学校由西城区教委举办，为职业高中学校。设有 2 个系部，开设 2 个专业，16 个教学班。教职工 125 人，包括专任教师 103 人、教辅人员 22 人。专任教师中具有研究生学历 16 人，本科以上学历占教师总数 100%；高级专业技术职务 40 人、中级 48 人；“双师型”教师 34 人。聘请校外教师 8 人、行业导师 8 人。毕业生 35 人。招生 104 人，包括京籍学生 92 人。在校生 275 人，包括京籍学生 253 人。

2021 年，学校制定“十四五”发展规划，推动各项工作高质量发展。

加强党建引领。在各专业部设立党支部。以庆祝建党百年为主题举办系列教育活动。创新思政教育模式，总结思政研究课成果，开展“三全育人”教育实践。

加强教师队伍建设。高星级饭店运营与管理专业入选第二批国家级职业教育教师教学创新团队。立项 5 个北京市级职业教育研究课题。新增北京市骨干教师 1 人、北京市骨干班主任 1 人。西城区“汪珊珊名师工作室”在学校

1 月 6 日，什刹海体校举行武术公开赛

（什刹海体校　供）

5 月，外事学校举办“讴歌新时代，红色永传承”歌咏比赛

（外事学校　供）

挂牌成立。开发的慕课在“智慧职教”中职在线精品课程平台上线开课。

提高专业建设水平。推进“特高”专业建设。制定4门网络课程的课程标准，编写2门与网络课程配套的新型活页式（工作手册式）教材大纲。烹饪工艺与营养专业入选第三批北京市职业院校特色高水平骨干专业（群）立项建设名单。依托“生产性实训平台”培养学生创新创业能力，开启“互联网+”专业课程实践性教学改革新模式。推动“岗课赛证”融合课程建设，酒店类专业5名教师入选企业专家库，67名学生参加餐饮服务管理、前厅运营管理“1+X”证书（初级）考核培训。

4月17日，西城职校师生在西城区“机甲大师”机器人对抗赛中获得冠亚军 （西城职校 供）

加强基础建设。学校智慧酒店基本建成。建设特色数字校园，发展“互联网+教育”，引入“学习通”微服务平台，开发15个模块75个应用，合理支配学校多种资源，推动信息技术与教育教学深度融合。

开展奥林匹克教育。通过奥林匹克教育示范学校评估验收。将冬季奥林匹克教育纳入教育教学整体工作，通过体育课、体育活动、校本课程、综合实践活动等方式开展多种主题教育活动；开展冬奥主题校园文化活动，提升素质能力。

深化校企合作。建设北京饭店外事服务学院，编写完成12个项目建设管理制度，校企合作编写完成2个课程标准、1个服务标准、8本专业培训教材。选派3名专业骨干教师进行企业顶岗实践。校企合作搭建信息化平台，建成教务管理平台、生产性实训平台、质量监控平台并试运行，推进智慧化管理。

发挥社会影响力。担任北京市职业技术教育学会旅游与酒店管理专业委员会理事长校。建设北京外事服务职业教育集团，发挥骨干校优势，共享技术资源。为周边居民和企事业单位开展社会培训28项，线下培训10459人次，线上培训2万余人次。年内5名骨干教师赴内蒙古、西藏、河北支教，为对口支援地区送课，为天津、赤峰、张家口、涞源等地同类校举办调酒师资培训班，接待赤峰、邓州对口帮扶学校干部教师跟岗挂职。获北京市教育系统脱贫攻坚专项奖励“嘉奖”。

（张朝辉）

北京市西城职业学校

2021年，北京市西城职业学校占地面积1.36万平方米，产权校舍建筑面积2.56万平方米。固定资产总值11627.68万元，其中教学、实习仪器设备资产值6949.93万元。拥有图书8.28万册，数字终端1968台。网络多媒体教室45间。学校由西城区教委举办，为职业高中学校。设有2个校区，3个系部，开设3个专业，18个教学班。教职工300人，包括专任教师265人、教辅人员7人。专任教师中具有研究生学历16人，本科以上学历占教师总数98.90%；高级专业技术职务101人、中级107人；“双师型”教师69人。聘请校外教师2人、行业导师1人。毕业生87人，取得职业类证书69人。招生589人，包括京籍学生557人。在校生834人，包括京籍学生785人。

2021年，学校完成“十四五”发展规划制定，全面加强党建，创新课程体系，各项事业稳步推进。

教育教学。体育选修课开课。开设篮球、乒乓球、武术、舞蹈、台球、健身操、身体素质7门课程，周课时15节，373人次参与选课。创新课程体系。通过课程建设引导学生践行社会主义核心价值观，以Scratch趣味编程、美术艺术创享、“巧手DIY”等科技类、艺术类、手工类课程激发学生兴趣，形成多元选择的课程体系。幼儿保育专业开展“1+X”幼儿照护职业技能等级证书（中级）考试，41名学生参加考试，35人通过。承担拉萨市职教干部教师4人到校开展为期3个月跟岗研修。

加强党建。举办“永远跟党走”庆祝建党百年“在党50年”优秀共产党员表彰会，表彰50年党龄老党员2人。组织理论中心组学习和交流讨论，完成思维导图81张。邀请市委党校专家作“学习党的十九届六中全会精神”线上讲座，提升全体党员理论认识水平。

迎接北京冬奥会。组织各班级召开“激情冰雪，喜迎冬奥”主题班会。通过开展知识竞赛、才艺展示等多种形式帮助学生了解冰上运动、了解冬奥精神、祝福北京冬奥。

（郜海慧）

北京市财会学校

2021年，北京市财会学校占地面积0.99万平方米，产权校舍建筑面积1.18万平方米。固定资产总值8640.34万元，其中教学、实习仪器设备资产值745.70万元。拥有图书3.60万册，数字终端507台。教室35间，均为网络多媒体教室。学校由西城区教委举办，为职业高中学校。开设财经专业及综合高中，7个教学班。教职工79人，包括专任教师44人、教辅人员23人。专任教师中具有研究生学历1人，本科以上学历占教师总数100%；高级专业技术职务18人、中级21人；“双师型”教师14人。聘请行业导师3人。招生22人。在校生85人，包括京籍学生79人。

2021年，学校以提质培优、增值赋能为主线，确立职业高中、综合高中、核心素养课程“三位一体”发展格局，在原有专业基础上建设全新财经大团队。瞄准关键，深化“三教”改革，全面提升办学质量和教师队伍整体水平。

人才培养。以课堂革命为抓手，全面提升教学质量；完善人才培养方案，将“1+X”证书内容纳入人才培养方案；以在线精品课程建设为抓手，全面提升信息化建设水平。重视学生技能成长，成立各学科技能小组，在小组活动中指导学生开展技能训练，提高学生技能水平。引企入校，企业深度参与职业教育办学，建设专业化产教融合实训基地，校企协同育人。

三全育人。深挖中职阶段各学科课程思想政治教育元素，将课程思政融入课程建设，创新教学工作模式。重视教材建设，确保学生教材内容保持正确政治方向。加强德育团队建设，通过主题德育研讨、德育专题培训、德育业务水平竞赛等各种方式提升德育团队业务水平，实施全员德育。“金融认知”“基础会计”2个课程团队入选北京市职业院校课程思政示范课程、教学名师及团队建设项目。

师资建设。面向全体教师搭建“培训、实践、科研、竞赛、智慧”五大成长平台，多维度培育，激发教师积极性和创造性。以教师教学创新团队建设为抓手，推动“岗课赛证”综合育人，提升教师“双师”素质。抓好骨干教师队伍建设，以骨干教师示范课为契机，带动教师能力整体提升。

社会服务。开发具有职教特色的社区课程、综合实践课程体系，形成系列。6门课程入选西城区社区居民、中小学生线上课程资源库。优化培训课程教学管理、教学实施，全年培训中心完成综合实践活动40天，涉及15所学校，培训13845人（83070节次）；社区培训33次，培训720人次；城宫计划（送课下校）24次，培训9780人次。

（高兰静　马向燕　李纪军）

9月，财会学校学生参加全国中职财经类专业学生金融职业能力大赛集训　（财会学校　供）

北京市实验职业学校

2021年，北京市实验职业学校占地面积1.03万平方米，产权校舍建筑面积1.35万平方米。固定资产总值9203.66万元，其中教学、实习仪器设备资产值2222.93万元。拥有图书10.82万册，电子图书2.58万册，数字终端635台。教室20间，均为网络多媒体教室。学校由西城区教委举办，为职业高中学校。开设2个专业，11个教学班。教职工131人，包括专任教师98人、教辅人员33人。专任教师中具有研究生学历7人，本科以上学历占教师总数99%；高级专业技术职务37人、中级42人；“双师型”教师63人。毕业生38人。招生71人，包括京籍学生68人。在校生177人，包括京籍学生171人。

2021年，学校开展“永远跟党走”主题党史学习教育，并将其融入专业建设、学生培养、市民教育、学区提升、京津冀协同发展和扶贫支教等职业教育转型发展全过程。继续坚持疫情防控与教育教学两手抓，各项工作取得进展。

坚持三全育人。发挥课堂主渠道功能，强化课堂育人；融入实践活动，强化实践育人；融入师资队伍建设，强化示范育人；融入中华优秀传统文化教育，强化文化育人。继续加强对学生开展社会主义核心价值观教育和职业规范、职业行为能力养成教育、“工匠精神”培养教育等，努力实现学生思想道德教育与专业思想教育最佳结合。

发挥中药专业优势。开展中医药文化实践体验活动；落实“绿色学校”创建要求，组织“绿色学校”宣传教育和“中药植物园”建设等实践、劳动活动；举办学生专业技能展示活动；继续以“我身边的榜样”为主题开展“人人皆可成才”成才教育。

推进教师队伍建设与发展。建立完善奖励激励机制，发挥学科带头人和骨干教师在“校内外教育”中引领作用。探索校本研修策略，组织骨干教师开展校级微课题研究，突出问题导向。

探索建立符合首都核心区发展的职业教育培养模式。有序推进服务社区教育、服务中小学社会实践的课程实践，加强社区教育和中小学社会实践课程研究和实施，在原有课程体系基础上向有特色、精品化课程发展。新编写课程大纲42门，合作社区和企事业单位83家、中小学12所，开设课程44门，完成40400人次中小学生培训和5348人次社会培训。

3月至11月，实验职校开展骨干教师教育教学引领示范活动（实验职校　供）

推进京津冀协同发展和精准扶贫。派出骨干教师3人赴河北阜平和内蒙古喀喇沁旗开展为期一年和半年支教工作，接待河南邓州教师来校跟岗学习。

（郝昕蕊）

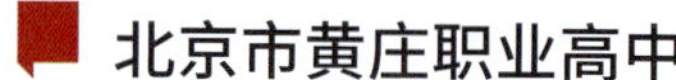

北京市黄庄职业高中

2021年，北京市黄庄职业高中占地面积6.93万平方米，产权校舍建筑面积5.87万平方米。固定资产总值35286.67万元，其中教学、实习仪器设备资产值18997.58万元。拥有图书33.29万册，电子图书30万册，数字终端1541台。拥有教室132间，包括网络多媒体教室130间。学校由石景山区教委举办，为职业高中学校。设有5个校区，5个专业群，开设13个专业，26个教学班。教职工149人，包括专任教师95人、教辅人员28人。专任教师中具有研究生学历18人，本科以上学历占教师总数98.65%;“双师型”教师95人。聘请校外教师21人。毕业生113人。招生168人，包括京籍学生162人。在校生489人，包括京籍学生467人。

2021年，北京市石景山区职业与成人教育中心并入学校。学校根据工作内容及专业方向调整组织架构，设教育教学中心、教学服务中心、资源发展中心、行政管理中心和督政督学中心。

党史学习教育。开展“传承红色基因 播种绿色文明”义务植树实践活动、“红心向党 献礼建党百年 水墨丹青意境远”活动和“红心向党——传承长征精神 践行青春责任”主题教育活动等。举办“党史进课堂，思政润人心”专题研究课观摩活动，呈现10堂党史文化浸润教学课。

构建育人新格局。开展“党史进课堂”等专题研究课活动。以创建文明城区为契机构建“三全育人”新格局，举行“红心向党，文明成长”文明校园素养提升主题教育活动，开展禁毒教育宣传活动、消防安全演练、救护培训等活动。

推进教育教学改革。推进“胡格教学模式”改革项目实施，举办北京市胡格教学模式改革现场教研活动，创新教学模式及方法。实施产教融合真实项目，10名播音艺术专家在学校“金声音录音棚”录制“学习强国”平台《习近平谈治国理政》第三卷，学校师生参与录制、拍摄等工作。

建设后疫情时代教学机制。持续推进线上线下混合教学模式建设，继续开发线上课程。借助“学习通”教学平台建设在线课程385门，发布文本、音视频、图片等资源63860个，题库资源10562个。

继续开展中小学劳动教育。研发生活类、生产类、服务类课程，纵向划分小低、小高、初中阶段课程，构建“五有”教学新模式，依托“项目化+模块化”教学方式组织实施，通过送课下校、职业体验两种方式满足中小学校学生需求。

传承技艺与文化，突显社会作用。发挥北京市非物质文化遗产培训基地作用，开展京式旗袍非遗培训40次，非遗展品入驻北京冬奥会和冬残奥会“中国传统技能技艺文化展示体验区”。持续推进乡村振兴职教帮扶工作，获“北京市扶贫协作先进集体”称号。

（魏祯　杨洋　王向阳）

北京市丰台区职业教育中心学校

2021年，北京市丰台区职业教育中心学校占地面积10.35万平方米，产权校舍建筑面积5.39万平方米。固定资产总值27731.20万元，其中教学、实习仪器设备资产值17736万元。拥有图书13.03万册，电子图书26万册，数字终端1960台。拥有教室162间，包括网络多媒体教室120个。学校由丰台区教委举办，为职业高中学校。设有7个校区，开设22个专业，76个教学班。教职工311人，包括专任教师178人、教辅人员22人。专任教师中具有研究生学历 39 人，本科以上学历占教师总数 100%；高级专业技术职务 98 人、中级 102 人；“双师型”教师 78 人。聘请校外教师 43 人、行业导师 7 人。毕业生 411 人，取得职业类证书 411 人。招生 648 人，包括京籍学生 503 人。在校生 1766 人，包括京籍学生 1301 人；参与现代学徒制培养学生 687 人。

2021 年，学校深入产教融合、校企合作，推进育人方式、办学模式等改革，推动学校高质量发展。

党史学习教育深入推进。开展“学党史、颂党恩、跟党走”和“未来工匠心向党 青春奋进新时代”系列活动，建立“校校组织、班班活动、人人参与”活动机制，开展“百人百篇讲百年”“百技献百年”等特色活动。学校所在党委入选北京市先进基层党组织。

课程思政建设成效突出。全面推动课程思政建设，实现校区教学处、学科教研组、任课教师“三级联动”，落实新课标，提高课程思政建设能效。非遗传承与设计专业研究成果“京绣产品设计与制作”课程入选教育部课程思政示范课程，8 名教师入选课程思政教学名师和团队。汽车运用与维修专业“电动汽车检测与维护”、烹饪专业“炒锅”2 门课程入选 2021 年北京职业院校课程思政示范课程，16 名教师入选教学名师和教学团队。

师资队伍水平整体提升。实施师资队伍“名品”工程建设，打造优秀创新师资团队。影视团队获 2021 年全国职业院校技能大赛教学能力比赛三等奖；5 支团队获北京市职业院校技能大赛教学能力比赛一等奖 2 个、二等奖 3 个；1 名教师获 2021 年全国职业院校技能大赛中等职业学校班主任能力比赛二等奖；2 名教师分获北京市中等职业学校班主任能力比赛一等奖和二等奖。

校企合作打造优质平台。引企驻校，推进现代学徒制，打造产教融合型实训基地，成立“厚德精工”校企合作理事会，建设曲思义电影调色大师工作室、王家飞非遗与设计工作室、李·季咖啡技艺工作室、新华网融媒体工程师学院、海尔智能互联工程师学院等技术创新平台，促进校企发挥双主体育人功能，开展双边多边技术协作。

“特高”建设取得新进展。通过北京市特色高水平职业院校项目建设中期评估。数字商贸专业群、北京宴餐饮艺术与管理学院成为第三批北京市职业院校特色高水平骨干专业（群）和实训基地立项项目。完成“区域职成教育一体化发展”等 12 项北京市教育教学成果奖申报。

区域合作彰显学校社会贡献。在“聚合力·搭平台·建路径”职教扶贫模式下，推进与河北、辽宁、内蒙古等地职业学校合作，稳步开展“技能＋素养＋文化”“就业＋创业＋创新”特色项目。融合北京职业教育优质资源，助力雄安新区职业培训提升；聚焦培养咖啡服务业紧缺专业人才，服务雄安新区经济发展；对标大赛标准，提升雄安新区职业学校班主任队伍建设能力。学校入选“北京市扶贫协作先进集体”。

“丝路学堂”开创国际教育品牌。以“技能＋语言＋文化”为特色建设“丝路学堂”国际合作交流平台。牵头召开“丝路工匠”职业院校国际合作联盟 2021 年年会，发布“丝路工匠”职业教育国际交流网站平台和“丝路学堂”课程。与泰国吉拉达技术学院签约合作，成立泰国“丝路学堂”。在 2021 国际服贸会教育服务专题展区展示“丝路学堂”国际合作与交流平台建设成果，发布相关学习课程。“丝路学堂”项目被列入北京国际消费中心城市建设清单和丰台区“两区”建设任务。

（周秀艳　薛凤彩　李毓荣）

北京市电气工程学校

2021 年，北京市电气工程学校占地面积 10.19 万平方米，产权校舍建筑面积 7.06 万平方米。固定资产总值 16282.41 万元，其中教学、实习仪器设备资产值 14429.26 万元。拥有图书 11.23 万册，数字终端 1476 台。拥有教室 125 间，均为网络多媒体教室。学校由朝阳区教委举办，为职业高中学校。设有 4 个校区，5 个系部，开设 16 个专业，27 个教学班。教职工 177 人，包括专任教师 136 人、教辅人员 7 人。专任教师中具有研究生学历 15 人，本科以上学历占教师总数 100%；高级专业技术职务 57 人、中级 57 人；“双师型”教师 59 人。聘请校外教师 5 人（包括行业导师 4 人）。毕业生 166 人。招生 203 人，包括京籍学生 181 人。在校生 484 人，包括京籍学生 433 人；参与现代学徒制培养学生 129 人。

9 月 28 日，电气工程学校园林花卉专业名师教授学生非遗传统插花技艺　（电气工程学校　供）

2021年，学校持续推动“双高”建设，育人质量不断提高，办学特色更加鲜明，社会影响力和感召力稳步回升。

学校治理。完善现代学校管理制度和治理体系，实现从传统经验管理向现代学校治理方式转变。针对多校址、多主体办学实际，建构“党组织领导、校长负责、专家治学、民主管理、企业参与、社会监督”治理结构。突出学术委员会学术治理地位，强化教代会民主参与职能，深化产教融合、引企入校，实现产学研多主体合作机制。

教师队伍建设。以师德师风教育、教师职业标准统揽队伍建设。教师团队获全国职业院校技能大赛教师教学能力比赛三等奖、北京市职业院校技能大赛教师教学能力比赛一等奖3个。

专业建设。以专业集群建设为重点，新增3个城教融合紧密、社会需求旺盛、企业人才短缺新专业，初步形成城市轨道交通、智能环保、能效管理和自动化、信息技术4个专业集群。探索校企合作融媒体人才培养体系建设，推进中职学校非遗传承人才培养试点研究。6个专业开展“1+X”证书与人才培养方案有效衔接试点改革项目；2个专业入选北京市提质培优重点建设项目，2门课程入选北京市职业院校课程思政示范课程；广播影视节目制作专业立项北京市第三批“特高”专业建设项目；第一批工程师学院和“特高”建设项目通过中期验收。

社会服务。举办北京市朝阳区电梯职业技能培训学校、北京市朝阳区京方职业技能培训学校、北京市将台路职业技能培训学校3所职业技能培训学校，全年完成各级各类社会培训3.71万人次。

助力北京冬奥会。开展冰雪进校园活动，把冰雪运动作为立德树人载体，通过体育学习运动技能，提高学生体质健康，促进学生全面发展。

疫情防控。成立专项工作小组，制定工作方案、制度、工具表，坚持防控信息日报制度，连续施行干部带班、各校区值班制度，确保师生健康和校园平安。

（陈硕）

北京市求实职业学校

2021年，北京市求实职业学校占地面积5.37万平方米，非产权校舍建筑面积8.41万平方米。固定资产总值34541.33万元，其中教学、实习仪器设备资产值13569.80万元。拥有图书12.59万册，电子图书0.65万册，数字终端2112台。教室172间，包括网络多媒体教室139间。学校由朝阳区教委举办，为职业高中学校。设有4个校区，开设16个专业，63个教学班。教职工380人，包括专任教师320人、教辅人员60人。专任教师中具有研究生学历39人，本科以上学历占教师总数87.8%；高级专业技术职务131人、中级140人；“双师型”教师123人。聘请校外教师2人、行业导师8人。毕业生141人，取得职业类证书32人。招生351人，包括京籍学生314人。在校生809人，包括京籍学生713人；参与现代学徒制培养学生796人。

2021年，学校党建、管理、教学、对外合作等各项工作全面发展。举办求实幼儿园。

党建工作。融合“读、讲、亮、观、唱、赛、做、评、研”9个“起来”，面向全体师生开展红色教育，传承红色基因。组织“学科教学融入党史教育”专题研讨会，举办“永远跟党走，唱响爱党情”主题党日活动，通过“周周有内容、次次有新意、课课有内容、活动有落实”的党史学习与创新活动，全面提高干部教师政治思想觉悟。

专业建设。加强专业内涵建设，新增直播电商服务和大数据技术应用2个专业，推荐5个专业开展“3+2”中高职衔接。幼儿保育专业与北京青年政治学院实施的“3+2”中高职衔接人才培养创新项目逐步走向标准化和规范化。3个“特高”专业建设及工程师学院和“1+X”试点持续推进，取得阶段性成效。牵头教育部教学指导委员会专业数字化升级及中高本一体化背景下多个专业标准制订及修订，牵头文秘专业标准修订，参与幼儿保育、动漫游戏、民航运输、金融事务、商务日语、数字档案专业标准修订，为职业教育标准化、规范化发展贡献智慧。

6月18日，求实学校开展直播电商京东6·18实战教学
（求实学校 供）

师资建设。注重师资培训，优化教师结构。教师参加企业实践，提升技能水平，截至11月底137名专业教师累计完成各类形式企业实践2812天。5个教师团队参加北京市职业院校技能大赛教学能力比赛全部获奖，其中一等奖2个。1名教师获2021年北京市中等职业学校班主任能力比赛一等奖。

教学管理。通过推进专业建设，逐步推行系部制改革，以专业建设为抓手带动管理工作科学水平提升。通过项目课改、党史融入课堂及学业评价改革，创新管理模式，项目式学习及评价深入人心，党史与课堂有机融合初见成效，教师对课程思政的探索有更多心得。

国际合作。作为“丝路工匠”职业院校国际合作联盟理事单位参加2021年国际服贸会国际教育成果展示活动，与俄罗斯莫斯科城市开放学院完成项目签约，在学生联合培养、组织国际教育展会和教职员工、学术人员、研究人员互换交流等方面开展国际合作。

支援帮扶与社会服务。与内蒙古自治区卓资县职业中学和察右后旗职业中学签订东西部协作协议，分别对两校开展教学资源建设、教师教学能力提升和学生培养等方面合作帮扶。组织“柠檬黄”志愿者培训21场，培训34个朝阳区精神文明引导员中队1124人，为北京冬奥会助力。

（占福林）

北京市平谷区职业学校

2021年，北京市平谷区职业学校占地面积4.99万平方米，产权校舍建筑面积5.07万平方米。固定资产总值23434.23万元，其中教学、实习仪器设备资产值4357.52万元。拥有图书328册，数字终端426台。教室29间，包括网络多媒体教室25间。学校由平谷区教委举办，为职业高中学校。设有2个校区，10个教研组，开设11个专业，20个教学班。教职工143人，包括专任教师68人、教辅人员55人。专任教师中具有研究生学历2人，本科以上学历占教师总数98.5%；高级专业技术职务33人、中级21人；“双师型”教师31人。毕业生81人，取得职业类证书16人。招生173人，包括京籍学生170人。在校生381人，包括京籍学生372人。

2021年，学校围绕“平谷，人人羡慕的家乡；平职，充满博爱的校园”主题，强化德育管理，推进专业转型发展，服务区域经济。

举办系列德育活动，厚植爱党、爱国情怀。开展系列爱校、爱家乡、爱学校等德育活动，包括庆祝建党100周年主题教育、专业技能竞赛、规范字书法比赛、垃圾分类“桶前值守”等。1人获2020年度北京市优秀共青团员称号。

加强师德师风建设，提升课堂教学实效。打造“三有”课堂。以课堂教学“提质减负”为核心多举措落实“双减”政策，强化“拥非凡的爱，做非凡的事”师德师风建设。完善教师培训，专业教师“课程思政”培训20人、信息化培训129人、转岗培训42人次；完善教师赴企业实践制度，30名教师考取各类职业技能证书；优化课堂教学评价制度，完善“培研”结合制度，以理论引导实践，提升课堂教学实效。

推进校企和院校合作，促进专业发展。新增城市轨道交通运营服务、智能设备运行与维护、航空服务3个专业，首次招生各20人。其中，城市轨道交通运营服务、智能设备运行与维护2个专业与北京交通运输职业学院合作开展“3+2”中高职衔接办学。首次申办涉农专业获批。建立航空服务实习实训基地，承担初中生职普融通航空服务职业体验活动143人次、航空服务师资培训10人次；在校生航空服务第二课堂实践培训每周2节课，每次30人。

服务区域经济，落实对口支援合作。利用平谷区西樊各庄贡品香椿和塔洼地区特有原料，研发特色香椿宴和20道塔洼人家创新菜品。派出15名教师分别到河北省望都县职教中心、内蒙古自治区商都县职业技术学校进行德育及信息技术培训、经验交流、专业教学，接待商都访学学生30人次，接受湖北郧西、内蒙古商都教师跟岗培训17人次。获全国脱贫攻坚先进集体称号。

落实疫情防控措施，维护校园安全稳定。成立疫情处置组、教育教学组、物资供应组、宣传舆情组，党员干部及宿管教师组成志愿服务队，协助疾控部门完成师生流调、核酸检测、环境采样及消毒等工作，同时做好师生心理调适工作。

（刘海燕）

北京国际职业教育学校

2021年，北京国际职业教育学校占地面积2.67万平方米，产权校舍建筑面积6.53万平方米。固定资产总值14783.14万元，其中教学、实习仪器设备资产值7956.84万元。拥有图书18.11万册，电子图书26.10万册，数字终端1611台。拥有教室48间，包括网络多媒体教室38间。学校由东城区教委举办，为职业高中学校。开设8个专业，24个教学班。教职工272人，包括专任教师219人、教辅人员23人。专任教师中具有研究生学历23人，本科以上学历占教师总数100%；高级专业技术职务95人、中级86人；“双师型”教师42人。聘请校外教师10人。毕业生84人，取得职业类证书26人。招生122人，包括京籍学生119人。在校生480人，包括京籍学生458人。

2021年，学校将党史学习教育贯穿全年，坚持和加强党对教育工作全面领导。以“志愿星”党建品牌建设为抓手，落实“双减”、推进“双升”，推动职业教育综合质量提升。坚持党建工作与业务工作同谋划、同部署、同推进、同落实，共同推进学校建设。

课堂教学。各学科教研组以“三有”课堂实践研究为主线，形成具有专业教学特色的实践研究成果；强化三全育人，构建“好习惯教育”育人体系；结合教育部“课程思政”要求，引导教师深入挖掘课程蕴含的思想政治教育元素和承载的思想政治教育功能，明确“四史”进课堂。

专业建设。持续推进北京市职业院校特色高水平骨干专业建设项目和学校专业内涵提升建设项目，以提高专业标准化、打造专业特色化、培育专业高水平发展为目标，动态调整专业人才培养方案，继续优化课程体系，深化课程改革，开发校本教材，提升育人质量。

学生教育。秉承“真、善、美、勇”和“好习惯成就好人生”育人理念，以培养德技兼修高水平技术技能人才为育人目标，开展校园文化节、国职好声音、阳光体育节、非遗进校园、农业实践等校园主题活动，将社会主义核心价值观教育融入其中。落实德育活动课程化建设，将爱国主义教育、国防军事教育、传统文化教育、劳动教育、美育教育、生态文明教育等根植学生心灵。研发编写《社团课程手册》《国防教育与军事训练课程手册》《红色研学课程手册》《体验非遗魅力 感悟劳动精神》《礼仪素养教育手册》等。

5 月 26 日，北京国职文物保护技术专业学生展示彩画小样制作 （北京国职 供）

社会服务。学校职业体验中心为各中小学校提供综合实践课程、“330”课程、“530”课程；为社区教育提供服务课程。全年 87 名教师参与中小学职业体验课程教学工作，开设职业体验课程 91 门，服务中小学 15 所，学生 9751 人 119864 人次；为 2 个街道 7 个社区开设 7 门社区课程，参与教师 8 人，服务居民 379 人 1757 人次。

疫情防控。强化学校疫情防控组织管理，全力推进网格化疫情防控管理体系，做到日常防控措施实实在在、精准到位、落地见效。持之以恒做好个人防护宣传工作，正确科学引导师生及亲属接种疫苗。至年底，新冠病毒疫苗学生接种率 95.64%、在编教职工接种率 92.57%、非在编教职工接种率 96.43%、离退休教师接种率 44.15%。

（戈萌）

北京市大兴区第一职业学校

2021 年，北京市大兴区第一职业学校占地面积 24.95 万平方米，产权校舍建筑面积 11.03 万平方米。固定资产总值 62961.71 万元，其中教学、实习仪器设备资产值 22308.03 万元。拥有图书 11.37 万册，电子图书 32 万册，数字终端 3067 台。教室 206 间，包括网络多媒体教室 47 间。学校由大兴区教委举办，为职业高中学校。设有 3 个校区，4 个系部，开设 17 个专业（包括 15 个“3+2”中高职衔接专业），40 个教学班。教职工 300 人，包括专任教师 226 人、教辅人员 35 人。专任教师中具有研究生学历 9 人，本科以上学历占教师总数 99.56%；高级专业技术职务 93 人、中级 104 人；“双师型”教师 71 人。聘请校外教师 9 人。毕业生 165 人。招生 317 人，包括京籍学生 300 人。在校生 748 人，包括京籍学生 657 人。

2021 年，学校发挥党建引领作用，党委书记走进思政课堂，参与思政教研。注重理实一体化，夯实学生理论基础同时开展“实训周”，集中强化学生专业技能。开展专业集群管理，关注区域产业调整，科学设置、动态调整专业，更好的服务区域经济产业发展。

师资队伍培养。聘请市级专家对市、区级学科带头人及相关教师等 70 人次开展讲座、培训；组织专业教师下企业实践，校企共育“双师”；开展教学诊断活动、文化组教研活动等，提升课堂教学质量。通过承办京郊职成教联盟教师信息化教学设计（说课）大赛、举办班主任大赛等，加强师资培养。师生参加各项技能比赛取得突破，获国家级二等奖 2 个、三等奖 4 个；市级一等奖 3 个。

校企订单式培养。围绕供给侧改革，服务区域经济发展，产教融合，与广州南联航空食品有限公司北京分公司、北京功崇业广文化传播有限公司、北京瑞莎国际航空有限公司等企业签订校企合作协议，开展订单式培养合作，在工学结合、产教结合等办学模式上取得实效。

开展社会服务。作为北京市中小学社会大课堂资源单位和大兴区初中开放性实践课程资源单位，全年接待清华大学附属中学大兴学校、大兴区永华实验学校学生 590 人到校开展实践活动。学校“阳光爱心服务队”与大兴区采育镇铜佛寺村开展“双百双千”结对共建活动，助力乡村振兴。

支援与协作。继续与河北省、内蒙古自治区、新疆维吾尔自治区中高职院校结对帮扶，输出办学成果；接待河北省唐山市曹妃甸职业技术教育中心校长到校开展为期 3 周跟岗研修；派出 3 名教师分赴内蒙古、新疆、西藏支教；通过网络直播形式开展京、蒙、新三地师资培训和教科研等活动，共享优质职教资源。学校获北京市教育系统脱贫攻坚“记功”奖励，3 名教师获“嘉奖”。

疫情防控。严格落实各项防控措施，遇突发情况及时启动防控预案，成立专班，14 个工作组各司其职，保障师生安全和校园稳定。

（李辉）

北京现代职业学校

2021 年，北京现代职业学校占地面积 1.12 万平方米，产权校舍建筑面积 1.53 万平方米。固定资产总值 7462.48

万元，其中教学、实习仪器设备资产值 2599.68 万元。拥有图书 14.68 万册，数字终端 437 台。教室 40 间，包括网络多媒体教室 8 间。学校由东城区教委举办，为职业高中学校。教职工 132 人，包括专任教师 114 人、教辅人员 7 人。专任教师中本科以上学历占教师总数 100%；高级专业技术职务 51 人、中级 47 人；“双师型”教师 32 人。2017 年停止招收学历教育学生，面向区域中小学生开展职业体验教育服务。

2021 年，学校职业体验课程建设利用职业教育经验和优势，促进学生在活动中体验、在体验中成长，补齐中小学校教育内容和形式短板，大力促进职普融通。形成职业生涯、科学与技术、文学与艺术、体质与健康、人文与社会 5 大类 80 门课程资源，全年为东城区 3.80 万人次中小学生开展职业体验课程服务，为 1000 余人次市民开展社区教育课程服务。

推进劳动教育课程建设。研发 8 门劳动教育课程并投入实施。教学形式上，送课下校与基地授课并重、沉浸式教学与合作探究结合、优秀传统文化鉴赏和学生动手传承并举，成为学校课程实施特色亮点。

落实“双减”政策。将“330”“530”课后三点半和五点半服务作为重要抓手，为中小学提供菜单式、多样化课程服务。以建党百年为契机，开发“中国结 结文化”“金丝珐琅装饰画”“中国茶文化”等体验课程，带领学生用作品重温百年党史，描绘红色故事，激发学生爱党爱国热情。

深化教育科研工作。坚持“科研提质”“科研兴校”理念，以校本研究为基础，以课题为抓手，通过多元化实施路径，实现科研与教学、教师与学生、课堂与家庭良性互动，助力学校转型发展提质增效。

（胡博）

北京铁路电气化学校

2021 年，北京铁路电气化学校占地面积 14.06 万平方米，产权校舍建筑面积 6.50 万平方米。固定资产总值 15101.79 万元，其中教学、实习仪器设备资产值 6741.03 万元。拥有图书 17.77 万册，电子图书 8 万册，数字终端 828 台。教室 181 间。学校由市教委举办，为普通中等专业学校。开设 20 个专业，39 个教学班。教职工 188 人，包括专任教师 126 人、教辅人员 3 人。专任教师中具有研究生学历 28 人，本科以上学历占教师总数 97.52%；正高级专业技术职务 1 人、副高级 41 人、中级 41 人；“双师型”教师 65 人。聘请校外教师 12 人。招生 510 人，均为京籍学生。在校生 1196 人，包括京籍学生 1179 人。

2021 年，学校通过创新组织管理，深化产教融合，强化青工培养，夯实专业基础；建立校企德育工作合作机制，构建校企制度文化融合机制；探索专业课程双导师教学，运用信息技术改革教法手段。高质量完成 2021 年上半年铁路机车司机培训工作量 71344 人时，入校培训学员 338 人参加考试，通过 321 人，创造大批量铁路机车司机培训考试通过率新纪录。

继续传承“爱国、创新、严谨、奋斗、奉献”天佑精神，通过举办纪念詹天佑先生诞辰 160 周年暨校企合作签约仪式、树立詹天佑铜像、命名“天佑广场”等活动，确立詹天佑精神作为学校精神坐标。通过开展“课程思政”改革，狠抓课堂教学环节，全面提升教学质量和育人水平。

持续深化校企合作。与多家企业签订校企合作协议，包括与新道科技公司共建“双创教育学院”、与中车集团南口机车厂共建大师工作室、与科大讯飞集团共建智慧城市工程师学院、与世纪超星集团共建“天佑书院”、与商鲲教育集团共建校企培训基地、与中国铁道博物馆共建学校文化和校史馆等。

推进国际交流与合作。与白俄罗斯明斯克铁路运输职业技术学院签订合作协议；与俄罗斯圣彼得堡铁路运输技术学校召开“一带一路”线上国际交流合作会议，就双方优势专业合作达成初步意向，促进“丝路工匠”职业教育国际合作项目深入开展。

（赵卓）

北京市商业学校

2021 年，北京市商业学校占地面积 20.93 万平方米，产权校舍建筑面积 10.53 万平方米。固定资产总值 35776.68 万元，其中教学、实习仪器设备资产值 15584.19 万元。拥有图书 12.58 万册，电子图书 6.44 万册，数字终端 6806 台。拥有教室 224 间，均为网络多媒体教室。学校由北京祥龙资产经营有限责任公司举办，为普通中等专业学校。设有 5 个校区，5 个系部，开设 22 个专业，83 个教学班。教职工 328 人，包括专任教师 199 人、教辅人员 24 人。专任教师中具有研究生学历 116 人，本科以上学历占教师总数 100%；高级专业技术职务 52 人、中级 100 人；“双师型”教师 87 人。聘请校外教师 50 人、行业导师 22 人。毕业生 849 人，取得职业类证书 293 人。招生 875 人，包括京籍学生 744 人。在校生 2563 人，包括京籍学生 1937 人；参与现代学徒制培养学生 195 人。

2021 年，学校扎实推进北京市特色高水平职业院校建设和职业教育提质培优行动计划，统筹抓好疫情防控和高质量发展。

完成事业单位改革，拓宽教学层次。北京一商集团有限责任公司干部学校、中共北京市物资有限公司党校并入学校，组建北京市商业学校（北京祥龙资产经营有限责任公司党校）。

以“特高”建设为抓手，提高人才培养质量。推进“特高”院校及 4 个“特高”骨干专业（群）、3 个工程师学院、2 个大师工作室建设。探索“整体设计、系统培养、校企合作、协同育人”机制模式，推进“一核两轨三堂”混合式教学，投放网络教学资源 5652488 个，开设网络课程 220 门 14570 课时。推进教育部首批“1+X”证书制度试点院校建设，4 批 9 个重点专业 14 个初级证书考核站点资质通过认证。动态调整优化专业布局，新增人力资源管理等 6

个“3+2”合作项目。

坚持多元板块办学，持续服务城教融合。与首都经济贸易大学、武汉理工大学签约合作培养在职研究生，构建“专—本—硕”终身学习服务体系；服务区域经济，完成社会培训近5万人次，服务资格性考试和职称评审近10万人次；协助开展祥龙公司安全基础规范化建设考评工作，统筹组织祥龙系统26家企业完成安全千分制评价考核。

5月13日，商业学校学生在劳动课上手工制作“红船”（商业学校 供）

教学科研成果丰硕，学校影响力持续扩大。入选教育部首批“劳动教育研究中心”、国家首批示范性职教集团培育单位、北京市校企合作“双师型”教师培养培训基地。1个工作室入选教育部课程思政教学研究示范中心，2门课程和2个专业教学团队获评教育部课程思政示范课程和名师团队。电子商务专业入选国家级职业教育教师教学创新团队。与合作企业共同开发专利2项。获首届国家教材建设一等奖1项、二等奖2项。

提升综合服务能力，履行责任担当。服务职业院校教师素质提升工程，承担4个国家培训基地和1个“双师型”实践基地任务，开展培训27次近1000人次，覆盖35所职业院校。承担中国职业教育学会二级学会5家主任单位、3家秘书处、7家行指委主任或常务理事单位工作。

服务乡村振兴、京津冀协同发展等国家战略。与云南省保山市、河北省青龙县教育局和合作学校签约合作，完成15名干部教师培训和跟岗研修任务，接收保山、青龙185名新生到校就读。先后投入扶贫专项经费100.45万元，用于购买学生生活用品、补贴学生寒暑假交通费用等；开展消费扶贫，采购扶贫物资43.26万元。学校入选北京市事业单位脱贫攻坚专项奖励“记大功”集体。

（安庞靖）

北京商贸学校

2021年，北京商贸学校占地面积5.52万平方米，产权校舍建筑面积5.92万平方米。固定资产总值23313.85万元，其中教学、实习仪器设备资产值16079.46万元。拥有图书7.96万册，电子图书8万册，数字终端2735台。教室119间，包括网络多媒体教室92间。学校由北京首农食品集团有限责任公司举办，为普通中等专业学校。设有4个系部，开设21个专业，45个教学班。教职工188人，包括专任教师66人、教辅人员45人。专任教师中具有研究生学历40人，本科以上学历占教师总数100%；高级专业技术职务22人、中级29人；“双师型”教师35人。聘请校外教师3人。毕业生122人，取得职业类证书31人。招生470人，包括京籍学生441人。在校生998人，包括京籍学生927人。

2021年，学校围绕“一个核心，两个功能，三个服务”目标，聚焦教育教学改革，统筹推进学历教育和职业培训双轮发展，全面提升教育教学质量。

落实事业单位改革。中国共产党北京二商集团有限责任公司委员会党校（北京二商集团有限责任公司团校、北京二商集团有限责任公司干部学校）、北京市“SPF猪”育种管理中心并入学校，组建北京商贸学校（北京市SPF技术研究与推广中心）。

教育教学质量稳步提升。有序推进2个特色高水平骨干专业群课程资源建设，构建特色化“专业模块+结合模块+自选模块”课程体系，修订16门专业课程标准，将“1+X”职业技能等级证书、技能大赛等纳入课程体系，实现“岗课证赛”融通，开发7门课程资源，完成5门精品课程建设，撰写教学案例集6套，开发电子商务师企业培训包、食品检验工企业培训包；成功申报北京市教育科学“十四五”规划课题1项、北京市职业技术教育学会课题3项；与中联集团签订战略合作协议，共建“中联数字商贸工程师学院”；1门课程入选北京市职业院校课程思政示范课程，相关教师获课程思政教学名师和教学团队称号。

师资队伍建设水平提升。完成教师各类培训1400余人次，组织专业教师开展为期1个月企业实践活动，学校“双师型”教师比例90%以上。1名教师获北京市职业院校技能大赛中等职业学校班主任能力比赛一等奖、全国职业院校技能大赛中等职业学校班主任能力比赛三等奖；3个教师团队获北京市职业院校技能大赛教学能力比赛二等奖2个、三等奖1个；教师指导学生参赛7项，获市级奖项5项。

“一体双轮”发展战略推进。为大兴区开展职业技能培训24个班次；完成4期中级养老护理员培训；深入企业调研，宣讲职业技能培训政策，开展六必居文创产业提质扩容老字号技艺技能传承专项培训、北京二商肉类食品集团有限公司新入职员工脱产培训；承办全国乡村振兴大赛育婴员项目学生组比赛、健康照护师全国大赛北京赛区选拔赛。深化产教融合，加强协同育人，持续推进“首农大学”技能培训基地建设，建立“以师为根，以课为本”师课共建培养新模式，通过课程体系构建、内训师分类培养、课程内容开发、课程实训应用4个环节，基础课程开发、精品课程开发、课程标准化建设3个层面，促进课程质量和师资水平共同提升，打造职教培训品牌。

（艾民）

北京市供销学校

2021年，北京市供销学校占地面积8.81万平方米，产权校舍建筑面积4.64万平方米。固定资产总值12626万元，其中教学、实习仪器设备资产值5435.23万元。拥有图书7.10万册，电子图书18.61万册，数字终端789台。教室52间，均为网络多媒体教室。学校由市供销合作总社举办，为普通中等专业学校。设有5个系部，开设11个专业，62个教学班。教职工86人，包括专任教师49人、教辅人员11人。专任教师中具有研究生学历3人，本科以上学历占教师总数100%；高级专业技术职务15人、中级20人；“双师型”教师25人。毕业生65人。招生72人，均为京籍学生。在校生208人，均为京籍学生。

2021年，学校完成“十四五”规划编制，内控体系建设日趋完善。持续推进乡村振兴计划，完善农业社会化服务体系，努力营造供销合作事业健康发展良好环境。

加强师资队伍建设。校企深度融合，抓住“师资团队、课程改革、实训设施设备建设”3个重点，持续提升学校综合竞争力。以一体化教学改革为抓手，加大对教研组长、骨干教师和年轻教师培养力度，打造新型职教科研队伍。教师完成教科研课题7项，出版教材5本，发表论文26篇，校外获奖22项。

提升学生技能水平。举办校园技能文化节，参加京津冀世界技能大赛。学生参加北京冬奥会服务保障，为国家体育馆、国家速滑馆等7个场馆音频系统操控工作提供志愿服务。

（沈骏）

北京水利水电学校

2021年，北京水利水电学校占地面积5万平方米，产权校舍建筑面积4.49万平方米。固定资产总值16164.11万元，其中教学、实习仪器设备资产值4473.90万元。拥有图书9.19万册，电子图书3万册，数字终端645台。拥有教室106间，包括网络多媒体教室34间。学校由市水务局举办，为普通中等专业学校。设有4个系部，开设19个专业，26个教学班。教职工144人，包括专任教师60人、教辅人员28人。专任教师中具有研究生学历21人，本科以上学历占教师总数100%；高级专业技术职务20人、中级24人；“双师型”教师34人。毕业生133人，取得职业类证书101人。招生245人，包括京籍学生234人。在校生576人，包括京籍学生554人。

2021年，学校推进北京市特色高水平骨干专业项目建设，统筹中职人才培养与行业培训，进一步服务北京水务改革发展事业，持续做好新冠肺炎疫情常态化防控工作。

围绕中心工作强化党建引领。以庆祝建党百年为中心，落实党史学习教育，举办党史图片展览、诗歌朗诵会、党史教育“五个一”等活动，引领党员群众学党史、感党恩。邀请德育专家进校园，切实发挥思政课程和课程思政协同育人机制。召开警示教育大会，强化教师廉洁从教、依规治教意识。

加强联系合作，搭建发展平台。走访调研北京工业大学，探索中职—本科人才贯通培养路径，形成初步合作办学方案。与北京市水务系统单位加强联系，达成实训基地建设合作意向。联合北京水利学会等水务单位，搭建水务教育教学资源共享平台。加强与属地政府、区规划自然委等有关部门沟通，推进实训楼验收全面使用。

坚持专业引领，谋求特色发展。发挥水专业龙头引领作用，落实水工专业北京市特色高水平骨干专业建设项目中期工作。完成智能水资源实训室建设。开展水专业培训讲座20余场。开发校企合作专业教学软件资源库。邀请行业骨干开展水专业人才培养座谈，集校企合力共育水务专业技术技能人才。

强化育人管理，丰富德育内涵。组织完成校级教师教案设计、教学论文评比等活动。开展教师课程思政教学能力培训，提升教师业务能力水平。聘请属地民警兼任法治副校长，组织法制讲座，持续改进德育工作。丰富德育载体，组织学生升旗仪式、文艺汇演、志愿服务等活动，树立良好校风学风。

开放大学水务学院教育教学工作平稳。按计划完成全年7个专业21个班级教学任务，确保教学秩序稳定；完成期末考试组考等工作近6000人次。完成与北京开放大学新一年度协议签订。

水务培训等工作有序落实。发挥教育教学资源优势，完成市水务系统军转干部、单位技术骨干素质培训，内蒙古、河南外援协作培训，工勤职工技能鉴定报名审核等工作。完成水务和给排水高、中、初级职称评审初审、复审和答辩等组织工作4000余人。协助完成市水务系统事业单位公招组考400人次，水政执法技能竞赛北京预选赛及水利水电工程施工企业安全生产考试工作。协助水利部人事考试中心完成水政执法转段考试和事业单位公招考试近700人次。

疫情防控措施落实到位。统筹校园疫情防控和教育教学中心工作，及时调整宿舍隔离措施，完善发热学生处置流程，错时错峰安排学生在校学习生活。落实各类人员台账式动态化管理，做好校园消杀和防疫物资储备，稳步推进师生疫苗接种工作。

（张一鸣）

北京市自动化工程学校

2021年，北京市自动化工程学校占地面积3.76万平方米，产权校舍建筑面积0.42万平方米、非产权校舍建筑面积 3.34 万平方米。固定资产总值 25539.83 万元，其中教学、实习仪器设备资产值 10689.55 万元。拥有图书 6 万册，电子图书 0.10 万册，数字终端 555 台。拥有教室 55 间，均为网络多媒体教室。学校由市教委举办，为普通中等专业学校。开设 27 个专业，25 个教学班。教职工 135 人，包括专任教师 62 人、教辅人员 29 人。专任教师中具有研究生学历 22 人，本科以上学历占专任教师总数 95.16%；高级专业技术职务 17 人、中级 22 人；“双师型”教师 41 人。聘请校外教师 5 人。毕业生 107 人，取得职业类证书 19 人。招生 291 人，包括京籍学生 275 人。在校生 547 人，包括京籍学生 519 人。

2021 年，学校加强专业内涵建设，深化教育教学改革，加强师资队伍建设，各项工作取得新突破、新成效、新成果。

专业建设。新增 3 个中职专业和 4 个“3+2”中高职衔接专业。智能物联网应用专业群被认定为第三批北京市职业院校特色高水平骨干专业群，运管轨道交通工程师学院入选第三批北京市职业院校特色高水平实训基地。

教学改革。深入推进“三教改革”，加强教学质量监控。深化课程思政建设，城市轨道交通行车组织基础课程团队入选北京职业院校课程思政教学团队。

落实“五育并举”。组织开展 30 期青年大学习，累计参加学生 1459 人次；开展“全国同上一堂课——六种精神话党史”等多项专题学习活动，举办“运动强健体魄，技能成就梦想”第 17 届田径运动会，全面提升德育工作实效。

扩大服务。开发研学实践课程智慧云平台和 22 门线上课程，为 13320 人次学生提供线上研学服务；开展初中开放性科学实践活动“送课到校”活动，406 人次参加。开展多期高铁、地铁岗前培训，培训学员 1100 余人。承办第七届全国职工职业技能大赛北京市选拔赛相关工作，学校被市总工会授予“钳工赛项优秀组织单位”和“数控机床装调维修工赛项优秀组织单位”称号。

内部管理改革。加强基本经费管理，严控“三公经费”，加强所属单位财务监管。完善 11 项内控管理制度。深化人事管理改革，完成 17 个部门、81 个岗位的职责梳理及归纳工作，完成 20 个跨部门协作工作分工梳理，形成规范完整文件。科学制定岗位聘任实施办法以及各岗位任职资格条件，新增 1 个内设机构，调整 6 个内设机构名称，设置 10 个兼职机构、18 个教研室及班组；深化岗位管理改革，突出岗位复合化理念，强化教职工岗位责任感，激发干部职工教书育人、干事创业活力。

师资建设。深入开展师德专题教育活动，评选“师德标兵”、从教满 30 年教职员工及优秀班主任。全面修订职称评审办法，2 人通过市级正高级讲师评审，10 人通过高级讲师评审，1 人通过讲师评审。组织 62 名教师赴企业学习和锻炼。2 个教师团队分获北京市职业院校技能大赛教师教学能力比赛中职组一等奖、二等奖；1 个教学团队获全国职业院校技能大赛教学能力比赛中职组一等奖。1 个教师团队获全国电子信息行业新技术应用职业技能竞赛一等奖。

（张晓旭　杨晓洁　霍玉华）

北京市劲松职业高中

2021 年，北京市劲松职业高中占地面积 9.26 万平方米，非产权校舍建筑面积 7.69 万平方米。固定资产总值 60402 万元，其中教学、实习仪器设备资产值 15979 万元。拥有图书 10.35 万册，电子图书 6.20 万册，数字终端 1131 台。拥有教室 121 间，均为网络多媒体教室。学校由朝阳区教委举办，为职业高中学校。设有 4 个校区，开设 16 个专业，60 个教学班。教职工 218 人，包括专任教师 182 人、教辅人员 8 人。专任教师中具有研究生学历 16 人，本科以上学历占教师总数 100%；高级专业技术职务 73 人、中级 77 人；“双师型”教师 46 人。聘请行业导师 3 人。毕业生 183 人，取得职业类证书 5 人。招生 313 人，包括京籍学生 238 人。在校生 710 人，包括京籍学生 491 人。

2021 年，学校以建党百年为契机，抓住学校内涵建设与发展核心任务，有效推动办学水平和人才培养质量持续提升。编制完成学校“十四五”规划，确立未来办学及改革发展方向。

突出党建引领，提高内部治理水平。通过“五心助五园”党建品牌建设、“党建引领三融合”管理机制创新和干部年度绩效考核改革等工作，全面系统加强领导班子和干部队伍建设，构建专业型、服务型、创新型干部团队。挖掘身边红色资源共建“五里桥谈判纪念室”，建成党的百年历史文化长廊。坚持以师生为中心，通过开展“关键小事”征集活动，从身边小事入手打造师生诉求直通车。通过构建“五横五纵一平台”全面质量监控体系，修订和完善校区、部门、岗位绩效考核方案，完善学校内部督导机制和评价考核体系。持续推进智慧校园建设，逐步实现管理手段智能化。

强化立德树人，提升学生综合素养。构建“三全育人”工作体系，形成“校企家社”协同育人机制，构建“以松的自然生态生长”系统和人才成长价值功能系统为核心的“五维生态育人体系”。广泛开展“学党史知校情，红色基因永相传”主题教育活动。“培松工程”入选北京市职业院校“一校一品”优秀德育品牌。学校获评教育部国防特色教育学校，成为北京市中小幼职德育一体化实践基地。1 名学生参加北京市第十届商业服务业技能大赛获餐厅服务员项目金奖。学校休闲体育服务与管理专业橄榄球队参加全国触式橄榄球分区赛（北京站）比赛获 U18 男子组冠军。

围绕内涵建设，促进专业转型升级。以 6 个北京市“特高”项目建设工作为抓手，全面推进专业建设转型升级。4 个专业群探索“打破教学计划，重组教学模块”，构建“三级融合”课程体系，制定课程标准和评价标准，开发系列配套教材及实训手册。文化艺术专业群为北京市小学自然学科录制“空中课堂”课程 132 节。13 个“1+X”证书试点开展师资培训 135 人次，培训学生 289 人次。1 名教师获评北京市特级教师和北京市先进工作者，3 名教师获评北京市骨干教师。教师市级论文获奖 35 项，参加各类比赛获奖 32 项。6 本教材获评“十三五”国家规划教材。2016 年立项的市教育科学“十三五”规划课题“基于混合式学习的中职实训课教学模式研究”结题，推出300节混合式教学研究课例，79节市区级研究课、评优课。

持续推进支援合作与社会服务。作为北京冬奥会培训基地承接“冬奥餐饮烹饪实操培训”，为相关人员320人开展餐饮原材料选用、餐品制作、食品安全管理及餐饮服务等方面培训。选派教师赴内蒙古自治区科左后旗民族职业技术学校开展为期1年支教帮扶工作。全年派出2名教师赴受援地区支教，培训受援地学生120人；新冠肺炎疫情期间为帮扶学校提供80课时线上教学资源；持续推进“希望厨师”精准扶贫公益品牌项目。获“北京市扶贫协作先进集体”称号。

（王为民　李婷婷）

6月20日，中国音乐学院附中举办“爱乐少年 致敬百年”专场音乐会　（中国音乐学院附中　供）

中国音乐学院附属中等音乐专科学校

2021年，中国音乐学院附属中等音乐专科学校占地面积2.64万平方米，产权校舍建筑面积2.27万平方米。固定资产总值13497.38万元，其中教学、实习仪器设备资产值4675.78万元。拥有图书2.73万册，数字终端253台。拥有教室29间，均为网络多媒体教室。学校由中国音乐学院举办，为普通中等专业学校。开设5个专业，18个教学班。教职工116人，包括专任教师65人、教辅人员35人。专任教师中具有研究生学历36人，本科以上学历占教师总数100%；高级专业技术职务19人、中级40人。聘请校外教师43人。毕业生129人。招生159人，均为京籍学生。在校生736人，均为京籍学生。

2021年，学校秉承中国音乐学院“承国学、扬国韵、育国器、强国音”办学理念，落实立德树人根本任务，如期完成各项工作任务。

党建工作。完成党总支与支部换届。将“我为群众办实事”作为落脚点深入开展党史学习教育活动。结合建党百年，开展“青春，与党同行——庆祝中国共产党建党一百周年”主题党史教育团学活动。推进团组织建设和队伍建设，发展共青团员38人。

教学管理。精准数据化赋能学籍管理、考务管理、琴房管理高效运行。落实“如期开学、延迟返校、先线上后线下”教学方案，加强线上课程建设、管理与督导工作，结合疫情防控形势与校园施工工程进度，确保线上线下教学活动即时切换、无缝衔接。

师资培养。专业课教师指导学生在多项赛事中获奖；1名专业课教师入选北京市中等职业学校骨干教师；文化课教师参加北京市职业院校语文学科课程思政能力比赛、北京市职业院校技能大赛教学能力比赛获奖。

学科建设与人才培养。立足中学实际，推动“中国乐派8+1、思政+X”课程体系建设，将附中人才培养目标与本科教育教学紧密衔接，为中国音乐学院和国内外高水平艺术院校输送优质生源。6名学生入围第七届全国青少年民族器乐教育教学成果展示活动，1名学生获第七届“孔雀杯”全国高等艺术院校声乐展演金奖；举办第六届“鹂鸣春晓”全国作曲比赛；作曲专业学生参与创作的歌曲被确定为北京冬奥会火炬传递主题歌。将《习近平新时代中国特色社会主义思想学生读本》作为思政必修课并有机融入各专业学科教学。

学生工作。开展形式多样劳动教育，多措并举实施手机管控。持续推进实施德育导师制，科学培育学生成长导师，加强学生心理健康课程建设。开展校园文化建设，持续加大“晓窗朗吟”读书堂和海潮文学社等特色学生社团课程思政内容含金量。

艺术实践活动。结合建党百年组织开展少年乐团系列艺术实践活动。完成中国乐派少年弹拨乐团专场音乐会演出录制；举办中国乐派少年爱乐乐团“情系百年·致敬经典”“传递中国声音·奏响经典旋律”系列音乐会；与中央广播电视总台合作举办“爱乐少年·致敬百年”专场音乐会，央视频相关内容点击量30余万次。声乐学科师生云录制《唱支山歌给党听》视频获学习强国App推荐。

疫情防控。坚持全员健康上报；做好防疫物资储备；按照无禁忌人群“应接尽接”原则，建立常态化加强免疫接种工作机制，动态管理工作台账，筑牢校园安全屏障。

（冯琦）

（本栏责任编校　胡雨）

1021 所
民办幼儿园

49 所
民办小学

25 所
民办普通初中

78 所
民办普通高中

19 所
民办中等职业教育学校

15 所
民办普通高校

1021 所
民办幼儿园

49 所
民办小学

25 所
民办普通初中

78 所
民办普通高中

19 所
民办中等职业
教育学校

15 所
民办普通高校

2022 民办教育

NON-STATE EDUCATION

综述

概述

2021 年，北京市有各级各类民办学校 1207 所。其中，民办幼儿园 1021 所，毕业 54824 人，招生 82528 人，在园 239908 人；教职工 46291 人，包括专任教师 18800 人。民办小学 49 所，毕业 5990 人，招生 6878 人，在校 42981 人；教职工 1726 人，包括专任教师 1139 人。民办普通初中 25 所，毕业 6936 人，招生 8538 人，在校 25395 人。民办普通高中 78 所，毕业 1665 人，招生 3035 人，在校 7640 人；教职工 14601 人，包括专任教师 8773 人。民办中等职业教育学校 19 所，毕业 284 人，招生 316 人，在校 905 人；教职工 528 人，包括专任教师 236 人。民办普通高校 15 所（不含北京吉利学院），毕业 14490 人，招生 14916 人，在校 53743 人；教职工 5095 人，包括专任教师 2548 人。另有在教育行政部门注册的民办职业技术培训机构 675 个，结业 681471 人次，注册学生 654216 人；教职工 13072 人，包括专任教师 6906 人。

（胡雨）

民办非学历高等教育机构退出机制完善

2021 年，市教委建立民办非学历高等教育机构退出常态机制，完善监管体系。10 月 28 日，依法公告 10 所民办学校办学许可证注销、16 所民办学校办学许可证废止并注销。12 月 1 日，公告 10 所民办学校办学许可证废止并注销。民办非学历高等教育机构总规模缩减 24%，办学行为进一步规范。

（徐姗）

行政许可和备案事项规范工作流程

2021 年，市教委继续规范行政许可和备案事项工作流程。精简优化备案许可事项办理流程，压减申请材料，规范申请材料模板，与市政务服务管理局共同完成备案许可事项网上办理配置，提升办理效率和服务质量，实现工作管理标准化、科学化。根据有关工作要求，按照“谁审批、谁负责”原则，切实履行备案管理主体责任，监督指导民办学校及时履行备案程序，推动民办学校依法依规办学。全年完成章程变更、决策机构变更、法人变更、校长变更等备案事项 72 项，地址变更、名称变更等许可事项 12 项，主动公开备案许可结果信息。

（付婉宁）

民办高校办学治校和党建工作督导联络机制调整优化

2021 年，市委教育工委、市教委调整优化民办高校办学治校和党建工作督导联络机制。选聘 18 名退休人员担任第五批北京民办高校督导专员、党建工作联络员，聘期 3 年。按照“压减转型、有序规范、提质增效、办有特色”工作思路，督导联络模式由“1＋N”调整为“N＋N”（即由 1 人督导 N 校，调整为 3 人小组督导 N 校），督导民办高校全面贯彻党的教育方针，落实立德树人根本任务，加强党的建设、思想政治和意识形态工作，实现北京民办高校督导联络工作全覆盖。

（侯照阳）

“双减”工作体制机制完善

2021 年，市委教育工委、市教委完善“双减”工作体制机制。建立市区两级专班，在市教委和东城、西城、朝阳、海淀4个重点区新设专门机构，选派驻区联络员，组建重点企业工作专班。依托12345市民热线接受投诉举报，通过日调度、周会商和专班专题研究，解决重点难点和堵点问题，有效推动市级决策部署的贯彻落实。全面推进学科类培训机构党组织建设和党的工作全覆盖。重视风险防范化解，全面排查资金风险、上市风险、意识形态风险、社会稳定风险。制定“一企一策一专班”工作方案，逐一约谈在京头部企业、风险机构，妥善处理员工安置和转型发展等问题。

（吴金柯）

推动校外培训机构转型发展

2021年，市教委多举措推动校外培训机构转型发展。对积极寻求合理转型的机构加强政策和措施指导，严格按照“双减”政策要求加强监督，同时给予必要支持。指导各区对已关停和已转型的无证机构开展“回头看”，确保无证机构“不反弹”“不复燃”。着力解决堵点难点问题，集中研究学科类培训机构登记为非营利法人和“备案改审批”堵点问题，重点就办学许可、法人登记、ICP备案、ICP许可等具体操作衔接问题的解决措施形成一致意见。

（吴金柯）

好未来教育科技公司党建工作调研

6月25日，市委教育工委到北京世纪好未来教育科技有限公司调研培训机构党建工作。调研组实地参观好未来公司最新线上AI人工智能外语课程、GodEye课堂质量评估系统，观摩“那年那兔那些事儿”等思政课程展示，听取党委书记工作汇报，结合“双减”工作，围绕加强校外培训机构党组织建设、思政课程建设、教师队伍建设问题交流研讨。市委教育工委另于9月1日到北京世纪好未来教育科技有限公司解读中央“双减”文件精神和北京市实施意见，同时围绕新背景下对校外培训机构党建工作的新要求讲授专题党课；于12月7日以“深入贯彻党的六中全会精神，促进企业转型发展”为主题组织开展联合学习。年内，北京世纪好未来教育科技有限公司党委入选2021年度市级非公企业党组织奖励支持（第二档），获得15万元建设经费。

（孙亚茹）

民办高校招生简章和广告备案及监测

6月至8月，市教委继续开展民办高校招生简章和广告备案及监测工作。委托北京千龙新闻网络传播有限责任公司重点对16所民办高等学校、65所民办非学历高等教育机构的官方网站、官方微信和微博、论坛贴吧等全网数据实施动态实时监测，依托互联网技术手段，采用人工团队与网络监测相结合，运用“预警＋分析”双线并进方式，引入网络舆情监测系统，加强信息复检和研判，确保监测结果有效。

（侯照阳）

民办高校及其他民办高等教育机构办学状况检查

7月19日，市教委公布2020年度民办高等学校及其他民办高等教育机构办学状况检查结果。75所学校参加年检，包括11所民办普通高校、5所独立学院及59所民办非学历高等教育机构；5所学校未按要求参加年检。专家组审核学校自查报告、办学状况调查表及2020年度财务审计报告等材料，会同相关部门开展学校卫生安全、食品安全和安全稳定工作专项检查，结合日常管理、招生宣传监测、章程备案、信访投诉处理等情况，评定39所学校年检结果为“通过”等次、18所学校为“基本通过”等次、10所学校为“暂缓通过”等次、13所学校为“不通过”等次。10月22日，市教委公布年检结论为“暂缓通过”的民办非学历高等教育机构中有7所机构完成整改并通过复检，准予年度招生，其年检结论由“暂缓通过”调整至“基本通过”。年检工作于5月启动，委托北京民办教育协会开展。

（王敏　徐姗）

具有招生资格的民办高校及民办非学历高等教育机构名单公布

8月9日和10月22日，市教委分两批公布2021年具有招生资格的民办高等学校及其他民办非学历高等教育机构名单。根据2020年度北京民办高等学校及其他民办非学历高等教育机构办学状况年度检查结果以及相关学校整改情况，2021年北京市具有招生资格的民办普通高校及独立学院16所、民办非学历高等教育机构48所（包括全日制民办非学历高等教育机构20所、非全日制民办非学历高等教育机构28所）。

（王敏　胡雨）

2021年北京市具有招生资格的
民办普通高校及独立学院（16所）

北京城市学院	北京培黎职业学院
北京吉利学院	北京科技经营管理学院
首都师范大学科德学院	北京北大方正软件职业技术学院
北京工商大学嘉华学院	北京经济技术职业学院
北京邮电大学世纪学院	北京经贸职业学院

北京工业大学耿丹学院	北京科技职业学院
北京第二外国语学院中瑞酒店管理学院	北京艺术传媒职业学院
北京汇佳职业学院	北京网络职业学院

（王敏　胡雨）

2021 年北京市具有招生资格的全日制民办非学历高等教育机构（20 所）

北京文理研修学院	北京现代音乐研修学院
北京国际标准舞研修学院	北京工商管理专修学院
北京北大资源研修学院	北京财经专修学院
北京航空旅游专修学院	北京东方文化艺术研修学院
北京涉外经济专修学院	北京人文研修学院
北京影视研修学院	北京明园研修学院
北京华嘉专修学院	北京美国英语语言专修学院
北京华夏管理研修学院	北京演艺专修学院
北京瀚林职业研修学院	北京应用技术专修学院
北京世华管理专修学院	北京企业管理研修学院

（王敏　胡雨）

2021 年北京市具有招生资格的非全日制民办非学历高等教育机构（28 所）

北京计算机专修学院	中关村创新研修学院
北京礼仪专修学院	北京新瑞蒙代尔企业家研修学院
北京国际青年研修学院	北京摄影函授学院
北京彼得·德鲁克管理研修学院	北京经济技术研修学院
北京机械工程师进修学院	北京长城研修学院
北京管理软件进修学院	北京民生财富研修学院
北京华大研修学院	北京国际汉语研修学院
北京金融研修学院	北京汉语国际推广中心
北京高等秘书研修学院	北京东方老年研修学院
北京商务研修学院	中国现代教育研修中心
北京高等财经科技研修学院	北京经济研修学院
北京中农大创新研修学院	北京翻译研修学院
中国教育国际交流研修学院	北京当代艺术研修学院
北京韩红艺术研修学院	北京盛唐研修学院

（王敏　胡雨）

民办高校办学状况年检考核评估指标体系修订

8 月，市教委修订《北京市民办高等学校、民办非学历高等教育机构年检考核评估指标体系（试行）》。此次修订采用赋分计分方式，实行分类设置标准，分为民办高等学校年检考核评估指标体系和民办非学历高等教育机构年检考核评估指标体系。两个指标体系将原来 7 个一级指标合并调整为 6 个一级指标。该指标体系于 2021 年度年检正式试行。

（徐姗）

线上学科类培训机构“备改审”工作推进

9 月至 12 月，市教委推进线上学科类培训机构“备案改审批”工作。原备案的线上学科类培训机构改为审批制。至 12 月 31 日，市教委点对点向北京作业帮线上学科培训学校、北京猿辅导线上学科培训学校、北京乐学东方线上学科培训学校、北京希望在线线上学科培训学校、北京途途向上线上学科培训学校、北京高思线上学科培训学校、北京学有方线上学科培训学校、北京志道线上学科培训学校、北京小盒线上学科培训学校、北京豆豆狐线上学科培训学校 10 家完成“备改审”工作的线上学科类培训机构颁发办学许可证。

（吴金柯）

民办普通高校基本情况表

单位：人

学校（机构）名称	普通本专科学生			在学研究生		教职工数	专任教师			产权占地面积（平方米）	学校产权校舍建筑面积（平方米）	图书（万册）	固定资产总值（万元）	
	毕业生数	招生数	在校生数	硕士生	博士生		计	正高级	副高级				计	其中：教学、科研仪器设备
北京城市学院	6814	6857	23534	605		2103	1055	59	263	1214921	485031	215.3	145619.65	24495.77
北京北大方正软件职业技术学院	315	467	1007			115	59	4	20	287814	58927	33.0	20100.71	1566.68
北京经贸职业学院	435	376	1348			138	65	4	31	105693	50632	19.9	15128.51	1692.97
北京经济技术职业学院	379	479	1443			110	53	2	12			24.6	5709.79	1837.67
北京汇佳职业学院	514	609	1507			126	37	1	12	105323	122765	19.5	9057.34	2060.63
北京科技经营管理学院	17	101	287			75	11		2	79130	81592	10.1	25696.09	1068.43
首都师范大学科德学院	826	967	3836			309	183	24	50	258760	164773	51.3	82694.28	5233.32
北京工商大学嘉华学院	676	827	3656			352	185	6	30	363164	80944	52.4	49568.67	2831.22
北京科技职业学院	371	271	880			169	75	8	20	576372	695637	116.1	155787.80	8839.23
北京培黎职业学院	619	609	1930			200	68		17	110038	89160	35.4	6857.70	1912.94
北京邮电大学世纪学院	1160	1005	4786			405	237	15	69			69.4	9915.19	4267.09
北京工业大学耿丹学院	1105	1132	4933			450	213	13	59	293586	214905	53.8	89824.28	6318.45
北京艺术传媒职业学院	71	164	294			122	80	13	11		44660	9.8	6600.80	1345.00
北京第二外国语学院中瑞酒店管理学院	722	628	3002			319	171	11	40	78410	42490	30.8	29306.63	3350.94
北京网络职业学院	240	159	695			102	56		5			13.0	2881.02	1849.84

（数据来源：《2021—2022学年度北京市教育事业统计资料》）

（胡雨）

民办教育管理

平谷学科类校外教育培训机构规范管理

3月至6月，平谷区教委多举措规范管理学科类校外教育培训机构。成立区级、区教育系统两级工作专班，以周末查和周一至周五夜查两种方式对全区55址培训机构开展线下开课情况巡查25轮，参与巡查人员2700余人次，未发现问题。区教委、区卫生健康委、区市场监管局等部门联动，对标“1＋1＋3”审核清单对提交复课申请的45址学科类培训机构进行联合检查，恢复8址；并对全部45址纳入资金监管，同步掌握教师、学生、存量资金等情况。通过“平谷教育”官微推送《致全区中小学生家长的一封信》，引导家长谨慎选择校外学科类培训机构，同时可对违规开展线下培训活动的机构进行监督举报。累计收到学科类校外培训机构协调退费工单14件，涉及5所培训学校，全部实现满意解决。

（李爽）

朝阳无证园治理

6月7日，朝阳区政府教育督导室、区教委、区市场监管局联合印发《朝阳区关于进一步做好深化无证园治理清理规范培训机构变相举办无证园的工作方案》。根据方案要求，相关委办局、各街乡开展无证园和培训机构变相经营排查治理工作，解决无证园反弹以及社会培训机构变相经营等问题。7月28日，区政府召开朝阳区关于无证园治理、清理规范培训机构变相举办无证园工作会。会议决定由区教委牵头每周上报无证园治理进度工作成效；针对不配合整改无证园，通过“街乡吹哨，部门报到”机制，属地街乡联合区教委、区市场监管局、公安朝阳分局、消防救援支队等部门开展联合执法检查，对于拒不整改无证园，区教委转交区市场监管局，依法立案查处。针对排查出的50家问题机构，按照“一事一议”原则，指导规范经营 41 家、关停 6 家、备案社区办园点 3 家。

（周德奇）

顺义规范校外培训机构办学行为

至年底，顺义区教委规范校外培训机构办学行为。通过材料审核与实地验收，批准 43 址培训机构恢复线下办学。区教委形成“领导包片、科室包镇、专业科室包校、督查包点儿”四级联动检查机制，组织机关干部 672 人次检查机构 1764 家次，区民办科 308 人次检查机构 1204 家次。引导培训机构转型或退出教育培训市场，63 址学科类培训机构压减至 23 家 24 址，压减率 62%。协调指导 29 个委办局、25 个镇街、3 个管委会摸排和取缔无证机构，开展联合执法检查 30 余次，向市场监管部门移交违法违规线索 20 条，组织集体会商 12 次、双专班联合约谈 9 次、联合应对 5 次，处置“接诉即办”事项 738 件、舆情提示 36 次。组织召开各层次工作部署会、协调会、约谈会等 60 余次。

（张琪悦）

密云规范校外学科培训机构管理

至年底，密云区教委多举措规范校外学科类培训机构管理。6 月，制定《学科机构资金监管办法》；至年底，累计监管资金 462.91 万元。建立学科类培训机构“三级执法检查”长效工作机制，全年“三级执法”日常检查 2070 人次，针对违法违规问题，通过“案件线索移转”机制向市市场监管局移送立案查处线索 13 起，全区无证机构实现动态清零。成立校外学科培训机构治理专班，制定《学科机构分类压减工作方案》，组织机构召开政策解读、“营转非”部署等工作会、培训会 13 次，贯彻“双减”政策，引导机构转型或退出；至 12 月 31 日，原有 40 址学科类培训机构压减至 13 址，压减率 67.5%；保留的 13 址机构（密云区好望角培训学校、华仁博大教育培训学校、东方金子塔儿童潜能培训学校、龙文培训学校、新锐学子培训学校、玉宇华章培训学校、龙圣培训学校、汇学培训学校、博大培训学校、睿智泽邦培训学校、双全英才培训学校、泽智教育培训学校、优知倍培训学校）全部完成“营转非”和重新准入审批工作。

（廖帝宝　李士新）

民办高等学校

北京城市学院

概述

2021 年，北京城市学院设有 3 个校区，设置 11 个院（系、部），开设 4 个硕士专业、60 个本科专业、12 个专科专业、2 个七年制贯通培养专业。具有二级学科硕士点 4 个、硕士专业学位授权类别 4 个；硕士生导师 186 人；北京市级一流本科专业建设点 7 个，北京高校重点建设一流专业 7 个。学校由个人举办。拥有教室 495 间，包括网络多媒体教室 420 间。数字终端 8056 台，包括学生终端 4836 台、教师终端 1024 台。数字资源量中电子图书 133.77 万册、电子期刊 2.16 万册、学位论文 517.18 万册、音视频 127 小时。北京重点实验室 1 个。有“双师型”教师 299 人。聘请行业导师 594 人。高考北京地区提档线不限选考专业组 430 分、物理必考专业组 431 分、物理 / 化学 / 生物专业组 443 分、物理 / 历史 / 地理专业组 438 分、历史 / 地理专业组 459 分。网址：www.bcu.edu.cn。

2021 年，学校以庆祝建党百年为契机，加强党史学习教育，深化党建和各项事业工作；聚焦“十四五”发展规划，围绕“立德树人”中心工作，细化创建高水平应用型大学。扎实稳健开展新冠肺炎疫情防控，全校师生无一人感染，完成教学任务和社会服务工作。

创新党史学习教育，落实责任担当。开展党史学习教育“六个一百”主题活动，即阅读百篇党史、观看百部影片、访谈先进百人、服务群众百事、创作党史百作、制作百个微党课。学校成为北京市先进基层党组织，获评第一批北京高校党建与思政工作特色项目、第三批北京高校党建难点项目支持计划和北京市“两新”组织“党建强、发展强”党建品牌项目。完成 20 个二级党组织换届调整，发展党员 1174 人；与学校所在街道结对共建，开展党日活动 22 次，建立党员先锋岗、责任区 107 个，志愿服务 678 人次，办实事 300 余项。承担建党百年活动、北京冬奥会和冬残奥会服务保障任务，组建 500 余人“建党百年”庆祝队伍，组织 260 余人参与北京冬奥会、冬残奥会志愿服务工作。

深化制度改革，建设一流本科。调整完善学校党委会、理事会、监事会、校委会、教代会，建立新型现代学校制度；深化教育改革、提升办学水平，4 个专业获批北京市级一流本科专业建设点。持续关注学生心理健康，用“两剧两赛两班会”等活动引导学生健康思维，获北京高校学生心理素质教育工作“特色工作奖”。学校专业教师团队连续两年承担北京市社区社会工作人才培养“优才计划”市级督导与专业支持任务，为第二批 16 个区 28 个试点对象提供专业督导与跟踪指导服务，探索北京市社区社会工作专业人才培养路径。

深化校企合作，加强交流合作。入选顺义区第一批校企合作人才基地，依托大数据学院，为企业利用大数据转型升级、政府企事业单位数据共享等提供服务，为顺义区构建“3+4+1”高精尖主导产业新格局助力。与中国红十字会备灾救灾中心签订战略合作协议；与北京顺鑫控股集团、重庆凤鸣文化传媒有限公司、正元地理信息集团等企业开展合作；成立中俄合作交流中心、墨西哥瓜达拉哈拉大学孔子学院等。

（白梦然）

4 个专业入选北京市级一流本科专业建设点

2 月 10 日，教育部办公厅公布 2020 年度国家级和省级一流本科专业建设点名单，城市学院 4 个专业获批北京市级一流本科专业建设点。4 个专业分别是传播学、中药学、会计学、环境设计。至此，学校有 7 个专业获批北京市级一流本科专业建设点。

（白梦然）

入选顺义区第一批校企合作人才基地

3 月 30 日，城市学院成为顺义区首批校企合作人才基地。基地主要依托大数据学院，重点研究基于顺义区主导产业发展的大数据、云计算、云安全等专业人才需求，创新性开展人才培养工作，为顺义区企业利用大数据转型升级、政府企事业单位数据共享等提供服务，助力顺义区高精尖产业发展，为顺义区构建“3＋4＋1”高精尖主导产业新格局提供支撑。

（白梦然）

中俄合作交流中心成立

12 月 20 日，城市学院中俄合作交流中心揭牌成立。该中心隶属于城市学院，由城市学院与俄中教育科技发展基金会共同发起，旨在与俄罗斯高校、教育文化机构等开展合作，聚焦于推动中俄两国青年开展人文交流活动。活动涉及艺术类和体育健康等学科的教学、培训和师生交流、国际学术会议、国际赛事等领域。中心计划组织柴可夫斯基国际艺术夏令营、柴可夫斯基国际青少年艺术展演、列宾国际美术夏令营、艺术大师班等面向社会的文化交流活动；面向俄罗斯青年开展线上线下相结合的中医药、中国传统文化等非遗领域大师课、工作坊与云课堂，利用现代化技术手段，为俄罗斯学生进一步了解中国文化搭建平台。

（白梦然）

北京北大方正软件职业技术学院

概述

2021 年，北京北大方正软件职业技术学院设置 4 个二级学院，开设 17 个专科专业。学校由北大方正教育投资集团有限公司举办。拥有教室 97 间，包括网络多媒体教室 26 间。数字终端 1660 台，包括学生终端 1586 台、教师终端 74 台。数字资源量中电子图书 8000 册、电子期刊 4890 册。有“双师型”教师 40 人。聘请行业导师 6 人。毕业生中取得职业类证书 208 人。高考北京地区提档线不限选考专业组语数外三科 120 分，各专业不设选考科目要求，单考单招语数外三科 120 分。2020 年 12 月，北京北大方正软件技术学院更名为北京北大方正软件职业技术学院。网址：www.pfc.edu.cn。

2021 年，学校加强党建引领，以“规范办学、特色兴校、追求卓越、持续发展”办学方针为指导开展各项工作。

专业建设。数字出版专业获批“3＋2”中高职衔接办学改革试验项目，与北京商贸学校数字媒体技术应用专业开展中高职衔接办学。护理专业获批五年一贯制人才培养项目，成为全国五年制高等职业教育发展联盟单位；以“打造具有方正特色的五年一贯制护理精品教育”为工作目标，组建专业师资、管理和服务团队，成立由北京大学、首都医科大学和北京中医药大学等临床护理专家组成的专业建设指导委员会。开展课程研发，根据学生特点和专业要求，形成行为习惯养成阶段、职业素养养成阶段、专业技能提升阶段、专业见习阶段、顶岗实习阶段 5 个阶段。护理专业、360 网络安全工程师学院分别入选第三批北京市职业院校特色高水平骨干专业（群）和实训基地（工程师学院、技术技能大师工作室）项目建设名单。

教学改革。率先开展以验收成果定结论的校内工学实践教学活动，通过教师带领学生开展机房布线、网站迁移、微信公众号运营等工学结合项目，以职业岗位为依托，以岗位胜任力为导向，由专业骨干教师和学生组成团队，将教学环节变为工作环节，模拟企业环境，确定学生实际工作岗位，按照行业和企业标准完成工作任务。首个校内工学结合项目 23 号楼综合布线中心机房项目验收合格。学校与廊坊六韬科技有限公司签署虚拟现实技术应用专业校企合作、订单培养协议，联合定向培养虚拟现实领域应用型创新型人才。与 360 政企安全集团共建“北大方正软件学院—360 网络安全产业学院”，为网络安全产业培养高质量高水平网络安全技能型人才。加强“1＋X”课证融合，完成“1＋X”老年照护、失智老年人照护、母婴护理职业技能等级证书考试，通过率均在 90% 以上。

专职辅导员队伍建设。实行多元化培养、多平台锻炼和多维度发展，护理专业开展“专业教师兼职班主任”试点，制定“走进学生生活、走进学生学习、走进学生心灵”方案，通过深入宿舍、课堂、食堂、图书馆等，参与各项学生教育活动，增进师生互动，了解学生思想动态、成长过程、发展需求，“导师制”改革得到师生认可。其他专业陆续实行“导师制”，发挥专业课教师在学生学习兴趣引导、学业规划设计的启蒙作用，在言传身教中助力学生成长。

党建工作。重视“四史”学习，通过入学教育、思政课堂、专题学习等多种形式加强党史学习教育。组织全体党员和入党积极分子参加中国民办教育协会“学党史、守初心、跟党走”主题党史知识竞赛。参加北京教育系统关工委 2021 年“读懂中国”活动，获一等奖 1 个。

（张建红）

京津冀虚拟现实研究院订单班启动

4 月 28 日，北大方正软件学院与廊坊六韬科技有限公司在京津冀虚拟现实协同创新研究院举行虚拟现实技术应用专业校企合作、订单班揭牌仪式。按照“1＋1＋1”（1 年校内学习公共课和专业基础课、1 年校企交替完成专业核心课、1 年企业项目实训和顶岗实习）人才培养模式，京津冀虚拟现实研究院订单班学生在学校完成第一阶段基础课程学习；进入校企交替模式，完成第二阶段专业核心课程学习；第三阶段进入企业实训、学习，并参与企业真实项目生产。学校 2018 年 12 月加入京津冀虚拟现实创新研究院教育联合实验室，并共同成立北大方正虚拟现实工程师学院；3 年来，双方在师资互派、专业建设、实习实训等方面开展合作。

（贾薇）

五年制贯通培养项目首次招生

9 月 22 日，北大方正软件学院护理专业五年制贯通培养项目首批 49 名新生入学。该项目与北京大学人民医院、北京大学口腔医院等联合办学，开设综合护理、口腔护理和康复护理等方向，实行学院专业教师和医院行业专家“双导师制”。五年制高等职业教育是指招收初中毕业生实行五年一贯制的高等职业教育形式，由高职学校招生培养，5 年全部在高职院校学习；学生前 3 年执行中等专业学校学籍管理办法，不接收转学生；四年级至五年级学生执行高等学校学籍管理办法；完成 5 年学习任务，成绩合格者，可取得高等教育专科层次毕业证书。

（张建红）

北大方正软件学院—360 网络安全产业学院揭牌

11 月 10 日，北大方正软件学院与 360 政企安全集团共建的“北大方正软件学院—360 网络安全产业学院”揭牌。双方签署人才订单式培养协议，共同培养高质量高水平网络安全技能型人才。双方基于各自资源优势，发力创新人才培养，深化产教融合，培养高素质网络安全技能型人才。在课程体系建设、师资团队培养、科研平台及环境建设、“1+X”网络安全评估职业技能等级证书培训与考核、联合工作站建立、实习与就业等方面深入开展合作，共同构建校企合作、优势互补、资源整合、开放共享的协同育人体系。

（贾薇）

北京经贸职业学院

概述

2021 年，北京经贸职业学院设置 4 个系部和 1 个教育培训中心，开设 9 个专科专业。拥有教室 98 间，包括网络多媒体教室 46 间。数字终端 982 台，包括学生终端 879 台、教师终端 103 台。数字资源量中电子图书 4000 册。有“双师型”教师 41 人。毕业生中取得职业类证书 129 人。高考北京地区提档线不限选考专业组 120 分。网址：www.csuedu.com。

2021 年，学校推进专业设置优化和专业特色打造，持续推进校企合作产教融合。新增社区管理与服务、影视动画两个专业获批，构建 1 个核心（以培养学生职业能力为核心），3 个层次（基础实践、专业实践、综合实践），5 个模块（课内实训、综合技能实训、认知实习、顶岗实习、社会实践）实践教学课程体系，完善教学组织建设体系。

加强党建引领。以建党百年为契机，加强党的建设。完成党委换届选举。加强对群团组织工作指导力度，践行群众路线，适当扩大工会、教代会代表列席学校决策会议参与度；指导群团组织开展普法、反邪教、防艾滋病、防网络诈骗等教育活动。通过“专家导、领导引、群众促、互相帮”方式，邀请专家、学者作党史学习教育专题辅导讲座，举办党史学习教育主题展览、党史故事诵读等多项学习教育活动。把“学党史”与“办实事”相结合，注重解决师生关心的民生问题，提升师生幸福感、满意度。围绕爱国爱党、爱校爱家，组织开展系列学生活动，提升青年学生认同感和归宿感。

安全文明建设。花园式改造 5000 平方米绿地，改善校园整体环境；提倡厉行节约、杜绝“跑冒滴漏”，节能减排工作效果明显；践行“光盘行动”，减少一次性用品使用，学校生活垃圾减量明显；启用学校餐余垃圾处理站，推进生活垃圾示范单位建设。坚持对消防、安保技防基础设施改造投入，完善安全知识宣传教育、安全技能培训、周边治安综合治理、长效长治机制，提高安全防范技能、安全防范意识、重大突发事件应急处置能力。开展校园安全宣传月活动，举办“一警六员”消防知识培训及实操演练，密切

6 月 1 日，经贸职院师生参加“青年红色筑梦之旅·乡村振兴会计先行”活动 （经贸职院 供）

校地、校警合作，预防各类事故发生。年内，未发生安全事故和重大案件事故。

（杨向军　王亚娜　徐志勇）

北京经济技术职业学院

概述

2021年，北京经济技术职业学院设置3个二级学院，开设13个专科专业。学校由北京思华文化发展有限公司举办。拥有教室78间，包括网络多媒体教室25间。数字终端1092台，包括学生终端971台、教师终端121台。数字资源量中电子图书11.01万册、电子期刊610册、音视频230小时。有“双师型”教师32人。毕业生中取得职业类证书173人。高考北京地区提档线不限选考专业组249分，单考单招148分。网址：www.bibtedu.cn。

2021年，学校主动服务和融入北京城市副中心建设，加入燕郊高新区“中省直单位”联盟理事会，建立与区内中省直单位、企业及高校合作共建机制，服务首都及京津冀产业升级和城市协同发展。

党建工作。将党建工作写入学校章程，进一步健全党组织参与决策和监督机制，强化党组织政治功能。提升基层党组织建设质量，强化民办高校党建工作责任，发挥党员队伍作用，以建党百年为契机，开展党史学习教育活动和主题党日活动，教育引导师生爱党爱国。

思政工作。构建以爱国主义为主线的德育教育体系，结合民办高职院校特征和学生特点及成长规律，因材施教，总结形成组织育人、文化育人、课程育人、资助育人、实践育人“五位一体”的“爱国北经人”德育品牌，获评2021年北京市“一校一品”优秀德育品牌。思政课教师两篇思政教育理论文章在《中国教育报》刊发，并被“学习强国”平台转载。

师资建设。实施名师培养工程，建立名师培养梯队。常态化开展教师教学能力比赛、优秀教学成果奖评选、教师微课大赛、“十佳教师”评选、课程思政说课比赛等活动，调动教师钻研业务、参加课程改革的积极性。

教育教学。与行业企业建立深度融合发展机制，开发和引进行业、企业课程资源。校企双方共同制定人才培养方案，探索基于“工学结合”的现代学徒制培养模式。推动专业核心课对接国家职业标准和行业操作标准，推行“双证书”制度，开展教育部“1+X”职业技能等级证书老年照护试点项目、智能财税试点项目、财务数字化试点项目、社会心理服务试点项目、老年康体指导试点项目、幼儿照护试点项目等，推进课程系统化、模块化和项目化，着重提升学生专业能力、动手实操能力及社会能力，促进学生可持续发展。

（庄恒辉）

签署合作协议

11月18日，经济职院与三河市人力资源社会保障局、燕郊高新区人力资源管理局签署合作协议。根据协议，三方在共建基地、科研攻关、教育培训、实践交流等方面深度开展合作，发挥多方优势，培养高技能优质人才，全面提升服务地方经济社会高质量发展能力和水平。

（庄恒辉）

北京汇佳职业学院

概述

2021年，北京汇佳职业学院设置3个二级学院、1个系部、1个中心，开设19个专科专业。学校由北京汇佳科教发展有限公司举办。拥有教室56间，包括网络多媒体教室41间。数字终端822台，包括学生终端752台、教师终端70台。数字资源量中电子期刊1557册。有“双师型”教师29人。高考北京地区提档线不限选考专业组120分，单考单招84分。在校生中参与现代学徒制培养学生46人。网址：www.hju.net.cn。

2021年，学校坚持稳中求进工作总基调，以改革创新为驱动力，以拓展合作办学为抓手，深化教育教学改革，继续推进校园内涵建设，努力提升办学质量，各项工作均取得新成绩。

党建和意识形态工作。将政治学习纳入年度工作计划，全面提升教师思想政治水平。深入实施中华文化传承工程，开展系列素质教育与校园文化专题活动。落实意识形态工作责任制，通过开展道德讲堂、演讲比赛、主题班会等形式，让爱国主义和社会主义核心价值观融入师生生活。

职教改革和内涵建设。围绕首都发展定位和地区产业发展布局，调整完善专业设置，优化专业结构，调整专业方向。增设机场运行服务与管理、网络营销与直播电商、人物形象设计、戏剧影视表演专业。深化“1+X”证书制度教育改革，完成申报与5所中职学校的“3+2”中高职衔接项目。华晟人工智能工程师学院入选第三批北京市职业院校特色高水平实训基地。引进白丽君大师工作室，创新教育教学和人才培养途径。组织职业技能竞赛活动，激发学生专业学习积极性，促进课堂教学改革和学生职业技能提升。

育人特色持续打造。坚持“一日生活准军事化、教育教学准职业化”育人特色。学生早操工作形成以教师带队、学生退役军人和学生党员共同参与的学生一日生活管理工作团队。宿舍卫生形成宿管教师总负责，带领学生干部每日抽查、每周一次普查的制度，进一步促使学生宿舍卫生达到准军事化管理要求。坚持学生在校期间仪容仪表端正，对染发及着装不规范学生及时教育引导。

国际合作与交流。积极发展与国外高校和科研机构长期稳定合作关系，发掘教学与科研合作机会。与韩国教育部高端人才培养计划（GHC）开展韩国院校国际本科、硕士直通车项目合作。

（杨永琴）

校企合作产业学院建设

5月至10月，汇佳职院推进校企合作产业学院建设。与希毕迪（北京）教育科技有限公司“网络营销与直播电商”专业签约，校企合作成立产教融合式二级学院“数字产业直播创业学院”，按照企业员工培训模式实施岗位化项目课程训练，全面提升学生专业技术技能、就业适应能力和职业发展能力，打造集“产、学、研、转、创、用”于一体，互补、互利、互动、双赢的实体性人才培养创新平台，在校内创建2个实习实训室，实现教育链、创新链、产业链深度融合。与北京泰康之家·燕园养老社区签署协议，双方共同创建“汇佳＆泰康之家燕园——康养护健康产业学院”，学院为“泰康之家”订制培养岗位人才，为北京市及全国健康养老行业培养输送“康、养、护”一体的高素质、高技能、应用型养老专业人才。此外，北京华航航空服务有限公司在2020年建立汇佳航空模拟舱基地的基础上，在配套教室中完善场站地面安检、托运、检票、值机设施设备，完善实习实训和社会培训条件，筹备“汇佳＆航空技术服务产业学院”。

（杨永琴）

北京科技经营管理学院

概述

2021年，北京科技经营管理学院设置9个学院，开设9个专科专业。学校由个人举办。拥有教室160间，包括网络多媒体教室53间。数字终端1327台，包括学生终端1090台、教师终端237台。有“双师型”教师7人。聘请行业导师25人。毕业生中取得职业类证书2人。高考北京地区提档线不限选考专业组120分、物理必考专业组120分、化学必考专业组120分、物理化学必考专业组120分、物理／化学专业组120分、思想政治必考专业组120分、历史／地理专业组120分、物理／化学／生物专业组120分、历史必考专业组120分，单考单招100分。网址：www.jgy1985.cn。

2021年，学校抓好党史学习教育，加强党建和思想政治工作；坚持一手狠抓疫情防控、一手严抓人才培养，落实立德树人根本任务；开展师德校风教育，加强队伍建设与学生教育管理，评选校级“师德之星”16人；加强技防工程建设，提升校园安全管理水平；强化服务师生意识，提高总务后勤工作质量，推动学校各项工作取得进步。

思想政治工作。成立党史学习教育领导小组。开展“永远跟党走”主题教育活动和“学党史、强信念、跟党走”主题团日活动，通过主题宣讲、红色观影、重温入党和入团誓词等形式开展党史学习教育。开展“寻求百年记忆 绽放青春风采”庆祝建党百年系列活动。

5月27日，科技经营管理学院举办庆祝建党100周年合唱比赛

（科技经营管理学院 供）

教育教学工作。以“重实际、抓实事、求实效”为基本原则，以培养学生创新精神和实践能力为重点，深化教学改革，促进产教融合，强化技能培养，校企“双元”育人，全面提升人才培养质量。根据北京“四个中心”功能定位和经济社会发展需要，优化专业设置，新增音乐表演专业。

安全稳定工作。构建分级体系，保持动态调整和管理，提升风险响应能力。制定疫情防控方案、制度、通知等30余项，提高校园疫情防控工作针对性、精准性、科学性和有效性。重视技防物防建设，投资75万余元，完成一期安防工程建设并投入使用，实现校区室外和食堂全覆盖。以维护校园政治安全为根本，强化校园安全教育与管理、校园社会治安综合治理等，确保校园安全稳定。

（李金华）

校企合作办学

10月，科技经营管理学院与北京国艺未来教育科技有限公司签署合作办学协议。根据协议，校企合作共建音乐表演专业。双方共同参与人才培养方案制定、专业招生、专业建设、教育教学、培训实习、就业等各项工作。协议有效期6年。12月，校企共建音乐表演专业获市教委批准，面向全国招生，学制3年，学生修完全部课程考核合格可获得专科学历，2022年开始招生。

（李金华）

首都师范大学科德学院

概述

2021年，首都师范大学科德学院设置4个学院，开设30个本科专业。学校由北京国融远景投资有限公司举办。拥有教室369间，包括网络多媒体教室92间。数字终端1873台，包括学生终端1417台、教师终端456台。数字资源量中电子图书207万册、电子期刊9.15万册、学位论文1204.16万册、音视频1.34万小时。有“双师型”教师4人。聘请行业导师11人。高考北京地区提档线不限选考专业组400分。网址：www.kdcnu.com。

2021年，学校坚持育人为本，召开人才培养质量专项工作会，全面增强教师教学质量和人才培养能力。举办第十届国际大学生微电影盛典，同期举办“电影和传媒的现状及未来方向”主题学术论坛、“北京第九站”影视交流展映活动，联合湖北省黄冈市红安县举办2021年度暑期微电影创研活动，与阳泉市政府合作开展微电影实践创作活动，培养具有社会责任感和国际视野、实践能力和创新能力强、适应并能引领行业发展的应用型艺术人才。

4月29日、12月12日，嘉华学院举办“家校携手话成长 凝心聚力育英才”家校联盟分享交流会。图为演出现场　（嘉华学院　供）

推进教育教学改革，新增网络与新媒体专业。“纪录片创作与用户体验设计”获批“2021年北京高校优质本科课程”,《美学原理》与《新闻采访与写作》获批“2021年北京高校优质本科教材课件”。召开首次科研工作会议，提出“十四五”时期科研重点工作思路，推进教育教学研究持续发展。

（白静静）

北京工商大学嘉华学院

概述

2021年，北京工商大学嘉华学院设置5个院（系、部），开设32个本科专业。学校由北京工商大学、北京立新源技术有限公司举办。拥有教室115间，包括网络多媒体教室57间。数字终端1992台，包括学生终端1656台、教师终端327台。数字资源量中电子图书214万册、电子期刊19.64万册、学位论文1.48万册、音视频2万小时。有“双师型”教师84人。高考北京地区提档线不限选考专业组425分、物理必考专业组425分。在校生中参与现代学徒制培养学生3656人。网址：www.canvard.net.cn。

2021年，学校一方面以“三风”建设为抓手，深化校内综合改革、构建发展新格局，办学成果得到社会认可；另一方面做好全体师生新冠肺炎病毒疫苗接种工作，筑牢校园疫情防控墙。

党建工作取得新突破。获得北京工商大学党建研究重点课题1项、一般课题1项、支持课题2项。学校“学习强国”号上线，成立党员志愿服务团、青年马克思主义研习社暨“四史”宣讲团，完成全年“永远跟党走”党史学习教育工作。

专业建设与人才培养取得新成效。汉语言文学、人工智能、时尚传播3个本科专业获批新增。2门课程获评北京高校优质本科课程，2个课件获评北京高校优质本科教材课件。重视家校共同培养人才，举办家校联盟分享交流会2次，家校共同关注了解学生学习情况、生活情况、成长成才情况，共同探讨优化培养方案。3名学生获评第五届联合国人口基金“一带一路”青年领导力项目校园大使。

产教融合、校企合作持续推进。与中国工商银行股份有限公司地安门支行、三亚中央商务区管理局分别签订合作协议，形成多主体协同育人长效机制。

（彭士校）

校企产教融合

3月至11月，嘉华学院推进产教融合、校企合作。主动对接行业、企业，寻求合作机会，形成多主体协同育人长效机制。与中国工商银行股份有限公司地安门支行签署合约，双方互惠互利，共赢共享，促进学校在金融服务等多领域、全方位多元发展。与三亚中央商务区管理局签约联合建立大学生实习实践基地。邀请北京金融科技研究院、清华五道口金融EMBA教育中心领导、专家参加学校金融科技课程体系建设研讨会，与北京金融科技研究院协商确定在金融科技人才培养、金融科技重大活动举办、金融科技师资培训、实习实践基地建设、金融科技孵化器建设等方面开展合作。

（彭士校）

两所国外大学在学校设立线下学习中心

7月9日和11月8日，澳大利亚迪肯大学和新西兰梅西大学分别在嘉华学院设立线下学习中心。学生通过线上学习模式学习国外大学学位课程，根据实际情况及每学期在线课程授课安排，选学1～4门课程，并获得学习中心辅导教师面对面答疑，享受线下学习中心提供的学习教室、图书馆、学生公寓住宿等设施。至年底，23名学生选学17门课程。

（彭士校）

北京科技职业学院

概述

2021年，北京科技职业学院设有2个校区，设置7个二级学院，开设25个专科专业。学校由北京北科昊月科技有限责任公司举办。拥有教室904间，包括网络多媒体教室90间。数字终端1396台，包括学生终端1100台、教师终端296台。数字资源量中电子图书40万册、电子期刊30种、音视频260小时。有“双师型”教师48人。聘请行业导师18人。毕业生中取得职业类证书384人。高考北京地区提档线不限选考专业组120分、物理必考专业组120分、化学必考专业组120分、物理化学必考专业组120分、物理/化学专业组120分、思想政治必考专业组120分、历史/地理专业组120分、物理/化学/生物专业组120分、历史必考专业组120分，单考单招120分。网址：www.5aaa.com。

2021年，学校以“创新、管理、育人”为重点，各项事业持续、健康、快速发展。

党建引领。持续推进习近平新时代中国特色社会主义思想进教材、进课堂、进头脑，推动习近平重要讲话精神融入思政课教学，推动各类课程与思政课建设同向同行，形成协同效应。开展党史学习教育暨庆祝建党百年系列活动，利用线上线下丰富教学资源，引导学生品红色经典、学百年党史、坚定信念。

三全育人。构建党委全面领导、部门协调负责、教职工自觉育人、各环节全面贯通的育人环境。开展理想信念教育和爱国主义教育，加强体育和健康教育，改进学校美育、劳动教育，着力培养全面发展的职业新人。500余名师生志愿服务北京冬奥会，发挥志愿服务的育人功能。

专业建设。结合社会需求改造升级老专业，扶持优势和特色专业。完成2021级各招生人才培养方案编制；新增护理专业，设立护理学院，首批招生63人；新增文化产业经营与管理专业、环境管理与评价专业。

课程建设。推行“岗课赛证”融通；重新制定、修订所有课程标准；承接提质培优行动计划在线开放课程建设任务，重点建设“中华优秀传统文化”精品课程；打造“思政课程+课程思政”大格局，“中华优秀传统文化”课程团队入选北京市课程思政教学名师和教学团队。

师资建设。完善师德建设体系，推动师德建设常态化、长效化，加强教师职业理想、职业道德、法治和心理健康教育。完善绩效考评制度，建立有吸引力和竞争力的教师薪酬制度，完善绩效工资分配制度，优化绩效工资结构。进一步提高教师学历水平，鼓励教师在职进修。实施教师选聘思想政治素质和业务能力双重考察制度。注重“双师型”教师实践技能水平和专业教学能力评价。教师参加教学技能比赛获市级二等奖2项、三等奖3项。

教育教学科研。加强教学与科研紧密结合，坚持以应用研究为主攻方向，突出职业教育科技研发特色，促进教师教学科研能力提升，主编教材6本，参编教材6本，发表科研论文12篇，获得专利2项；立项校级课题9项。

（王霞　何兴安）

护理学院设立

1月，北科院护理专业获市教委批准新增。学校设立护理学院并建设护理实训中心，中心下设6个医学基础实训室和6个护理专业实训室，同时拥有多家三甲及三级以上医院作为临床实习基地。实训中心邀请医院专家，采取实习生“师徒制”评估考核制度，保障学生临床实习需求和质量。首批学生63人。7月2日至11日，护理学院组织首届临床护理实习培训班。6名授课教师均为市级三甲医院一线临床护理专家，采取教师讲授、示教、学生练习、教师辅导、重点项目考核等方式，培训内容包括常用临床护理基本技能30余项，编写近4万字培训教材。

（何兴安　王霞　王楠）

首届课程思政教学竞赛

5月至6月，北科院举办首届课程思政教学竞赛。比赛分二级学院初赛和校级决赛两个阶段，包括教学文件评审和现场教学竞赛两个环节。经各学院遴选推荐，7名教师进入决赛，根据课程特点，说学情、说内容、说教法、说过程。评审专家结合不同专业特点，从课程教学整体设计、思政元素的充分挖掘与有效融入、典型案例、教学效果评价等多方面评判赋分。最终评出一等奖1人、二等奖1人、三等奖3人。

（王霞　何兴安）

7月2日至11日，北科院护理学院举办首届临床护理实习培训班
（北科院　供）

多措并举助力学生就业

5月至6月，北科院推行多项措施助力2021届毕业生就业。开展“就业月”活动，通过专家指导、现场宣讲、线上招聘、线下推进等途径，丰富学生就业形式，将“走出去”与“请进来”相结合，以“线上＋线下”同步双元模式提高毕业生应聘效率。邀请8家知名企业来校召开专场招聘宣讲会，提供管理、技术、销售、服务等岗位百余个。举办“2021年夏招＋实习专场双选会”活动，吸引80家用人单位参加，提供用人岗位400余个。700余名毕业生和有实习需求的学生参加双选会。

（王霞　李音璇）

北科儿童发展研究院成立

9月12日，北科儿童发展研究院在北科院揭牌。北京教育学院学前教育学院院长为北科院国际幼教学院大一新生分享心得体会。北京市幼教专家、幼儿园园长代表和学前教育专业师生代表100余人参加揭牌仪式。这是北京市首家依托高职院校成立的儿童发展研究机构，旨在深化高职院校产教融合模式，系统性研究儿童身心发展规律和年龄特点，孵化并输出儿童教育新思想、新产品。

（李燕玲）

北京培黎职业学院

概述

2021年，北京培黎职业学院设置9个院（系、部），开设29个专科专业。学校由培黎教育发展中心举办。拥有教室47间，包括网络多媒体教室41间。数字终端1464台，包括学生终端1356台、教师终端108台。数字资源量中电子图书5.60万册、电子期刊1228册。有“双师型”教师43人。聘请行业导师47人。高考北京地区提档线不限选考专业组127分。网址：www.bjpldx.edu.cn。

2021年，学校注重强化“两新”党建，进一步提高党委组织力、凝聚力，从专业课程建设、网络安全和消防安全教育、教师教学队伍建设维度出发，丰富学生在校学习生活，提高学校核心竞争力。学校再次被评为AAAAA级社会组织。

加强党建。“为黎明而培训”党建品牌入选北京市“两新”组织“党建强、发展强”党建品牌项目。向党龄满50年的2名老党员颁发纪念章。举办“永远跟党走”庆祝中国共产党成立100周年合唱表演。

继续开展“1＋X”证书试点。国际商务系通过“1＋X”证书制度电子商务数据分析专业试点院校试考评，于6月25日完成2019级电子商务班“1＋X”电子商务数据分析职业技能等级证书（中级）考试。组织师生参加2021年北京地区高职院校信息素养大赛，教师获微课赛三等奖2人，学生获一等奖2人、二等奖3人、三等奖5人。

加强与中关村地区科技企业交流合作。深入多家中小企业走访调研，了解企业需求，掌握就业市场动态，搭建校企之间供需平台。

（朱基荣）

与北外签署思想政治理论课共建帮扶协议

5月18日，培黎职院与北京外国语大学举办思想政治理论课共建帮扶战略研讨会暨合作协议签约仪式。会议围绕如何平衡法律基础讲授与理想信念树立、如何展开理想信念教育、形势与政策课课时安排、考勤制度、考核制度以及授课效果等问题展开讨论，签署思想政治理论课共建帮扶合作协议。根据协议，北外马克思主义学院在思政课教师队伍建设、思政课教学改革、思政课集体备课等方面对培黎职院思想政治理论课建设展开深度帮扶合作。

（朱基荣）

培黎春蕾20周年纪念活动

6月8日，培黎春蕾20周年纪念活动暨2018级欧喜春蕾班毕业仪式在培黎职院举行。学院于2001年在全国妇联和中国儿童少年基金会支持下创办中国高校第一个“春蕾”大专班，为品学兼优、家庭贫困女生提供优质教育，通过教育实现精准扶贫。20年来，先后举办6届“培黎春蕾”大专班，累计出资、筹集社会捐款700余万元，资助236名女生完成大学专科教育。2018年5月，学院与美国欧喜集团签署合作备忘录，共同举办“欧喜春蕾班”，欧喜集团连续3年每年出资100万元，资助100余名女生接受教育。

（朱基荣）

6月8日，培黎职院举办培黎春蕾20周年纪念活动

（培黎职院　供）

北京邮电大学世纪学院

概述

2021 年，北京邮电大学世纪学院设置 7 个院（系、部），开设 15 个专科专业。学校由北京邮电大学与北京学涵教育科技有限公司共同举办。拥有教室 82 间，包括网络多媒体教室 76 间。数字终端 2937 台，包括学生终端 2694 台、教师终端 243 台。数字资源量中电子图书 39.39 万册、电子期刊 117.80 万册、学位论文 6.13 万册、音视频 407 小时。有“双师型”教师 55 人。聘请行业导师 4 人。毕业生中取得职业类证书 1193 人。高考北京地区提档线不限选考专业组 389 分、物理必考专业组 388 分。网址：www.ccbupt.cn。

2021 年，学校推进新冠肺炎病毒疫苗接种工作，筑牢校园免疫防线。全面推进教育教学改革，编制完成“十四五”时期发展规划。

教学改革。做好线上线下教学、考试工作衔接，保障教学顺利运行；加强课程建设，推进课程思政教学改革项目进程；开展 3 次教材排查工作，做好教材质量建设；推动信息技术与教育教学深度融合。获批北京高等教育本科教学改革创新一般项目 1 个。

师资培养。完成“光彩基金”教师专项培养 166 人次；10 名教师通过北京邮电大学中级职称评审。开展青年教师教学基本功比赛。鼓励教师参加北京市学校美育科研论文评选活动、北京高校第 12 届青年教师教学基本功比赛、第 12 届“外教社杯”全国高校外语教学大赛等赛事活动，10 余名教师获奖。教师发表文章 52 篇，学术著作 1 部，获得专利 14 个。

学科竞赛。学生参加美国（国际）大学生数学建模竞赛与交叉学科数学建模竞赛、北京市大学生集成电路设计竞赛、第七届中国国际“互联网+”大学生创新创业大赛等各类赛事获国际奖项 48 项 144 人次、省部级奖项 34 项 178 人次。

创新创业教育。基于课程教育、“双创”实践、学科竞赛“三维一体”“双创”教育模式，打造 10 个可常态化运营的创新工作室，吸收 200 余名学生进入创新基地开展创新实践。基地全年参加 9 项学科竞赛获得 48 项省部级成果；科技创新结题 27 项，获得专利 2 个、软件著作权 2 项，发表论文 7 篇，开展校企合作交流 3 次。

志愿服务。作为延庆区 2022 北京冬奥会城市志愿者培训基地，开展北京冬奥会城市志愿服务集中学习和基础技能培训，1574 名学生成为储备城市志愿者，10 余名师生志愿者参加北京冬奥会、冬残奥会场馆内志愿服务。学院“五个到位·爱党传媒人”团队入选 2021 年“青年服务国家”首都大中专学生暑期社会实践优秀团队，1 名教师和 1 名学生分别获评 2021 年首都大中专学生暑期社会实践先进工作者和先进个人。

（高敏瑞）

课程思政教学改革

至年底，世纪学院继续开展课程思政教学改革项目建设。开展制度建设，制定学院《课程思政建设工作方案（试行）》。首批建设 13 个课程思政项目均通过结题验收，课题成果在课堂教学中切实应用，教学效果良好。第二批课程思政项目立项完成，支持立项 22 门课程，覆盖全院学生。组织教师参与 2021 年北京市高校课程思政示范课程、教学名师和团队建设工作，2 门课程获批北京市课程思政示范课程，2 名教师及其教学团队被认定为北京市课程思政教学名师和教学团队。

（高敏瑞）

以转设评估促专业建设

至年底，世纪学院以转设自评为契机，开展教学工作全面自评。学院层面，按照教育部新建本科院校合格评估指标体系，对标各观测点，撰写自评意见，全面梳理近 3 学年教学资料。专业层面，在对标合格评估指标基础上，参考北京市专业评估指标，全面评估 14 个专业，撰写各专业自评报告，梳理各专业教学材料。学院聘请校内外专家组成评估专家组，对学院整体教学自评材料和各专业评估报告、评估支撑材料进行两轮审核，对审核中发现的问题逐一提出解决方案。通过自评对教学工作总结、诊断、开方，实现以评促建、以评促改、重在建设的教学评估目标。

（高敏瑞）

北京工业大学耿丹学院

概述

2021 年，北京工业大学耿丹学院设置 5 个院（系、部），开设 25 个本科专业。学校由北京耿丹教育发展中心举办。拥有教室 335 间，包括网络多媒体教室 108 间。数字终端 4100 台，包括学生终端 2691 台、教师终端 1409 台。数字资源量中电子图书 140 万册、电子期刊 20 万册、学位论文 1.48 万册、音视频 3.25 万小时。有“双师型”教师 55 人。聘请行业导师 23 人。毕业生中取得职业类证书 299 人。高考北京地区提档线不限选考专业组 370 分、物理必考专业组 370 分。网址：www.gengdan.cn。

2021 年，学校坚持“人才培养质量是学校生命线”理念，以国际化战略为导向持续推行教育教学综合改革，深入推进专业高质量内涵式发展，承担政府和社会公益项目，服务区域地方经济建设，不断提升办学水平和竞争力。

着力发展工作室项目式教学。鼓励教师根据自身专业和学术特长开设工作室，通过工作室课程开展项目式教学。工作室教学内容丰富多样，实践性强，学生可根据兴趣爱好与特长自主选择工作室，培养自学能力、创造能力和解决问题能力。

聚焦教师“优课”建设。以“OBE 课程改革”为抓手，

5 月 18 日，耿丹学院图书馆入选顺义区“新时代文明实践基地”
（耿丹学院　供）

以“优课”建设为契机，推进课堂教学改革。围绕“优课工程”建设指导意见，制定“优课”验收资源评审标准和验收使用效果评审标准，促进教师主动开展教学研究，提高教学能力；改革教学方法和手段，倡导互动式、启发式、探究式教学，推进小班化、研讨式、混合式、翻转课堂等教学模式改革，提高教学成效。

深化互动教学“新生态”。打造“物理·资源·社交”三空间融合理论，按照统一标准规范，把所有教学空间打造成智慧教室，研发部署云平台，实现师生一人一网络空间，构建线上线下打通、课内课外一体、实体虚拟结合的泛在式智能型教学环境。

构建专业课程体系。根据行业发展、产业转型需求制定各专业人才培养方案、教学计划及课程标准，全面推进专业课程体系建设。与国内多个知名设计公司共建showBIM、室内设计、景观建筑、城市设计 4 个工作室，为学生提供专业实践、国际工作坊、设计游学、艺术拓展等多元化学习系统。英文授课班与爱尔兰都柏林理工大学联合办学，探索更加多元化的能力培养体系。环境设计专业构建当代中国本土人居环境学。

承担政府和社会公益项目。举办“庆百年华诞，赏醉美樱花”顺义区首届樱花文化节；与《中华魂》杂志社和《中华魂》网络信息中心联合主办延安精神与中国共产党“两个一百年”座谈会、社工助力乡村振兴首届大学生论坛；承办首都高校第五届跑射联项锦标赛；入选第一批顺义区校企合作人才基地、顺义区新时代文明实践基地。

（管书艳）

导师育人工作启动

9 月，耿丹学院启动导师育人工作。制定“导师育人工作”优化意见，创新育人方式，探索协同育人机制。导师育人面向学院大一、大二学生，在大一、大二学生工作室选课名单基础上随机分配导师；工作室导师优先配备工作室内学生，根据工作室选课人数，每名工作室教师随机配备 9～15 名学生；未开设工作室的教职工，系统随机配备 8～9 名学生，学期中根据学生学籍异动情况进行调整。导师育人工作旨在调动学校教师、行政教辅人员、辅导员等育人主体积极性，将教书与育人、言传与身教相结合，落实立德树人根本任务。

（管书艳）

碳中和研究所成立

12 月 1 日，耿丹学院碳中和研究所成立。碳中和研究所隶属于工学院，主要开展碳中和政策、碳中和市场动向、碳中和前沿技术和关键核心技术进展、碳中和系统规划与设计技术等方面研究。研究所主动关注校园环境和生态链，倡导能源节约和低碳排放等行动“从师生做起，从身边做起”，加强学院在碳中和方面学科建设、人才培养、科研能力和工程能力。研究所有专职研究人员 3 人，工学院师生参与研究所工程项目可作为工作室课程、专业公选课、专业拓展课对待，参加研究所项目的学生可置换相应实习实践学分，也可申请毕业设计选题等。

（管书艳）

创新工作室项目教学模式

至年底，耿丹学院创新工作室项目教学模式。强化劳动精神培养，鼓励教师根据自身专业和学术特长开设工作室，培养学生自学能力、创造能力和解决问题能力。开设工艺工作室、机器人工作室、创新商务工作室等 105 个工作室，借助 IED 选课系统完成学生自主报名，每周三第五节、第六节课上课。工作室学习模式注重将理论知识应用于实践，学习产出以研究报告、作品、实质性成果等形式呈现；工作室教学模式以引导学生创造性思维及培养学生发现问题、解决问题能力为主。部分企业参与工作室建设，如环境艺术、市场营销、工程管理等专业的工作室为校企共建。

（管书艳）

北京艺术传媒职业学院

概述

2021 年，北京艺术传媒职业学院设置 12 个院（系、部），开设 25 个专科专业。学校由个人举办。拥有教室 54 间，包括网络多媒体教室 14 间。数字终端 276 台，包括学生终端 256 台、教师终端 20 台。数字资源量中电子图书 320 册、电子期刊 116 册。有“双师型”教师 10 人。毕业生中取得职业类证书 45 人。高考北京地区提档线不限选考专业组 120 分。网址：www.bjamu.cn。

2021 年，学校做好高效教学和常态化疫情防控工作。

党建工作。结合学校学科特色，以“舞台上的党建”作为党建特色亮点，弘扬学校“艺中有德、艺中有文、艺中有人”专业特色。在期中汇报演出、期末汇报演出活动中鼓励师生以爱党、爱国、爱人民为素材，创作和表演主旋律作品。以庆祝建党百年为契机，开展“永远跟党走”群众性主题宣传教育活动、“诵读红色经典，献礼建党百年”

9月6日至12日，北艺传媒学生参加军训
（北艺传媒　供）

朗诵比赛等系列主题教育活动。

教育教学。开展“提高有效教学水平，推动高效课堂建设”相关工作，推动全体教师从“有效教学”向“高效教学”转变，打造以实践教学为主线，互动、开放、高效课堂。在专业建设上更加注重实践教学。全年开展两次专家进校“推门听课”教学督导检查活动，专家听课后与授课教师、教学管理人员反馈和交流，促进学校教育管理和教学水平提高。

校企合作，产教融合。注重借力发展，与北京舞蹈家协会、北京音乐家协会、网信集团有限公司等单位签订合作协议，组织学生实习实训。继续与中国书法家协会、中国美术家协会、中国电影家协会、中国音乐家协会等专业协会合作，资源共享，优势互补，促进人才培养。与北京人民艺术剧院、国家话剧院等艺术团体开展合作，为学生实习实训和未来就业开辟新途径。

公益办学，文化立校。全年资助8个革命老区8所中学80名贫困学生。举办“山河颂”大型书画展，义卖作品2万余幅，所得资金全部用于资助贫困学生上学及校园软硬件设施建设。开展“五朵金花”“十大杰出青年”评选活动，弘扬真善美，传播正能量。

（王德秀　马梦雪）

北京第二外国语学院中瑞酒店管理学院

概述

2021年，北京第二外国语学院中瑞酒店管理学院设置1个部，开设5个本科专业、覆盖1个学科门类。学校由北京中瑞乐桑酒店管理有限公司联合北京第二外国语学院共同举办。拥有教室70间，均为网络多媒体教室。数字终端437台，包括学生终端266台、教师终端171台。数字资源量中电子图书2.17万册、电子期刊3.14万册、学位论文119.64万册、音视频105小时。有专任教师171人。聘请行业导师90人。高考北京地区提档线不限选考专业组370分。网址：www.bhi.edu.cn。

2021年，学校坚持“中瑞模式”，不断探索创新，稳步提升人才培养质量和教学管理水平。

党建引领。坚持“特色化、精品化”发展思路，将党建工作与学院中心工作和事业发展相结合，党委从决策到实施全过程、全方位参与管理，把握政治方向。把立德树人融入课程思政建设、理论课堂、实习实操各个环节，把思想政治工作贯穿教育教学全过程。围绕庆祝建党100周年开展各类主题党建活动。开展党史学习教育，引导党员干部学党史、悟思想、办实事。

教学改革。制定《以职业素养为核心的课程思政建设2021年工作方案》《提升师生职业素养实施方案》，将课程思政和职业素养相关要求增加到人才培养方案中，并在教学改革、课堂管理、日常学生管理、实习实训中积极践行，以多种形式落实课程思政，提升师生职业素养。“统计学”“酒店人力资源管理”两门课程入选北京市课程思政示范课程。

校企合作。拓展合作单位，通过线上线下相结合方式开展实习就业工作，全年开展线上实习就业面试会百余场次，为学生开拓更多实习就业机会，实现全年就业率目标。

师资建设。结合专业建设，重点引进高层次、高学历、高职称人才和有丰富业界经验的人才。开展5H认证培训、专题讲座、工作坊、教学沙龙等活动36场，鼓励教师假期回到业界挂职。

校园文化建设。继续丰富中瑞特色校园文化内涵，打造学生5H培训精品课程。将垃圾分类、爱国卫生运动、光

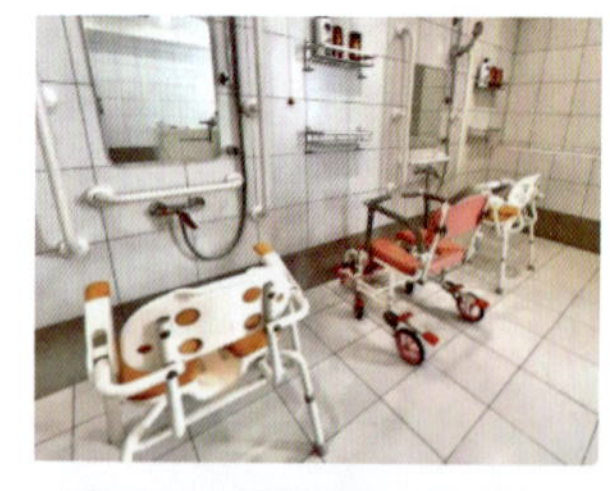

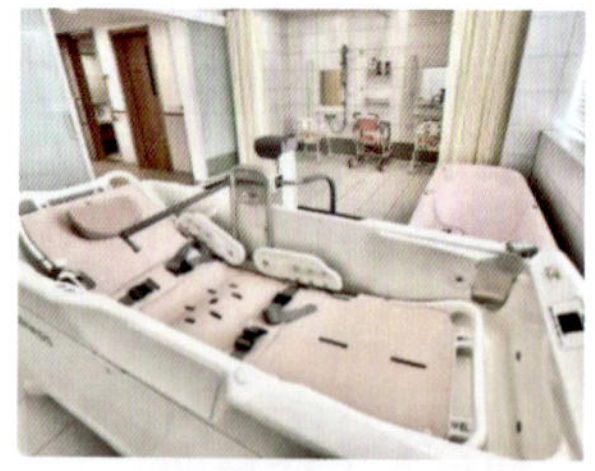

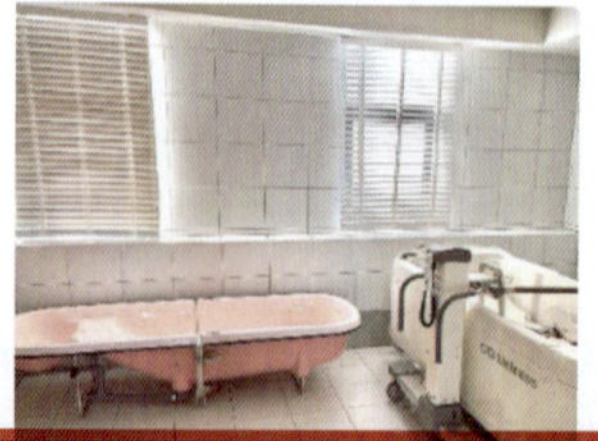

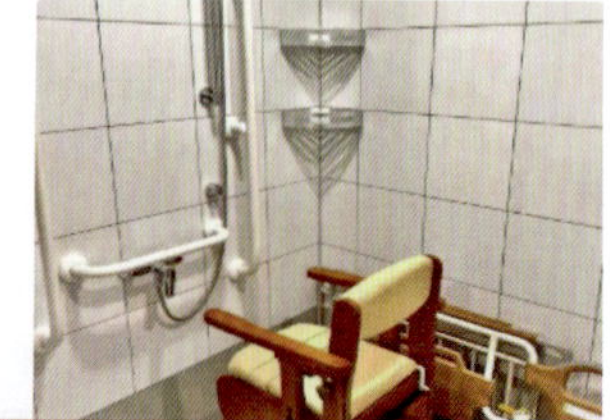

11月，中瑞学院为健康服务与管理专业建设的瑞康实验室投入使用
（中瑞学院　供）

盘行动、无烟校园等内容融入校园文化建设中。通过安全教育专题会议、主题班会、微信推送、主题活动等形式加强学生安全教育和心理健康教育工作。

（韩明月）

酒店及泛服务业中外人文交流研究院揭牌

6月23日，中瑞学院与教育部中外人文交流中心共建的酒店及泛服务业中外人文交流研究院暨人才培养基地揭牌。研究院暨基地办公室设在中瑞学院事业发展部，有工作人员2人，主要结合酒店及泛服务行业和企业发展需求，发挥学校优势和特色，整合各类相关资源，为行业企业国内外发展提供人文交流理论指导、专业人才与技术支持、问题解决方案，为促进中外人文交流和民心相通，服务中国特色大国外交、“一带一路”建设和人类命运共同体构建作贡献。国内外合作院校代表、行业企业代表、中瑞学院师生代表等80余人参加活动。

（韩明月）

瑞康实验室投入使用

11月，中瑞学院瑞康实验室建成并投入使用。该实验室为学院健康服务与管理专业建设，投资近600万元，占地面积500平方米，配置世界领先的养老、康养设备设施，在实验室开展的相关课程可让学生深入了解和掌握养老照护服务理念和专业知识。

（韩明月）

北京网络职业学院

概述

2021年，北京网络职业学院开设9个专科专业。学校由北京国信大教育发展有限公司举办。拥有教室69间，包括网络多媒体教室68间。数字终端502台，包括学生终端400台、教师终端102台。数字资源量中电子图书129册。专职专任教师中有“双师型”教师20人。毕业生中取得职业类证书77人。高考北京地区提档线不限选考专业组150分。网址：www.bjwlxy.org.cn。

2021年，学校以庆祝建党百年为契机，防控疫情不松懈，积极推动教育教学改革，取得一系列成绩。

专业建设。优化专业结构，新增人工智能技术应用专业。专业教学强化“贯通培养”，以市场需求和学生就业为导向，优化人才培养方案和专业课程体系，创新教学组织形式、教学模式和考核评价模式，采取线上线下结合、在校学习和社区（单位、企业）学习、网络直播教学相结合方式，形成专业特色。通过教学竞赛推动“以解题引导教学法”教学模式在实际教学过程中的运用，进一步推动教学改革。遵循“习题内容与课程教案知识点相匹配、题型与课程特点相匹配”原则，建设“难度通关式”习题库26个，覆盖全部核心专业技能教学领域。

通识教育。依据通识教育内容和教育对象的不同，采用“通识必修”和“通识讲座”相结合模式改革通识课教学，采取“实验、实证、实效”方式检验通识课，加大通识教育内涵建设。

教学督导。督导覆盖所有专兼职教师和所有课程，全面推进内部质量保证体系建设。全年督导听评课2135课时，包括专业课1311课时、通识课824课时。根据督导建议，解聘或调换教师5人，杜绝事故发生，有效保障教学工作平稳运行。

产教融合，“双元”育人。以学生为中心、以能力为本位、以课程为抓手，拆分教学计划，重组教学模块，校企联合设计，共同创新“双育人、八合作、三证书”、工学交替、岗位成才的“283”人才培养模式；校企共创人才培养方案，共构课程体系，共改教学组织和方法手段，共建产教融合环境文化，共建人才培养质量监控体系。企业在人才培养过程中参与课程设置、实习实训、职业资格证书考取、授课、就业等工作，打造校企命运共同体。课程设计以企业生产项目为导向，将理论知识与实习实践项目一贯式衔接，使各专业群培养的学生符合未来企业要求。

“1+X”证书制度试点。4月成功申报“奇安信网络安全应急响应”“南京五十五所云计算平台运维与开发”两个证书试点。组织10余人次教师参加“1+X”证书培训，1人通过“奇安信网络安全应急响应”中级师资认证培训，1人通过“深信服网络安全平台运营管理”初中高级师资认证培训并获得相应证书。

6月24日，北网职院举办庆祝中国共产党成立100周年主题演讲比赛。图为退役复学学生诗朗诵 （北网职院 供）

以赛促教，以赛促学。学生获得各类奖项30余项、行业企业证书28份。3个教学团队获得北京市职业院校技能大赛教学能力比赛4个奖项。开展“双师型”教师认定工作，学校“双师型”教师比例大幅提高。

社会服务。依托网络相关专业优势，履行社会责任，64名学生入选北京冬奥会网络服务保障团队，承担北京冬奥会和冬残奥会多个场馆网络技术保障任务。

疫情防控。全年开展排查99次，报备8985人次，组织核酸检测28次2965人次，环境点位检测556次，新冠肺炎病毒疫苗接种率94%以上，实现校园“零感染”。

（李思晗）

校企合作建成产教融合基地

12月，北网职院与中电文思海辉技术有限公司合作建成京南信息技术应用创新产教融合基地。基地面积2236平方米，工位满足350人同时实训。以“产业＋科技＋教育”为脉络，以“生产＋教学”双元育人为途径，以“新产业、新人才、新教育”为主题，启动“信创英才计划”，以产教融合态势将产业高端业态融入人才培养环节之中，致力于为绿色、开放、共享的技术构架和生态体系培养高端技能型人才。

（李思晗）

“双师型”教师认定

至年底，北网职院完成“双师型”教师认定。认定工作自2020年12月开始，根据《北京市职业院校“双师型”教师认定办法（试行）》，8名教师报名，6人通过认定，学校“双师型”教师比例大幅提升。

（李思晗）

通识教育教学改革

至年底，北网职院开展通识教育教学改革。依据通识教育内容和教育对象不同，采用“通识必修”和“通识讲座”相结合模式开展通识课教学改革，采取“实验、实证、实效”方式对通识课进行检验。通识课改革以智通和职通“双通”为目标。“智通”是由“知识”到“智识”的相通，不以知识积累为目的，以“智识”开启为首要；“职通”是“课业”与“职业”相通，既学专业又谋职业。通识课改革突出全程和全面“双全”。全程是指通识教育课程与高等职业教育相配套，整个学程“通识讲座”与“通识必修”相结合；全面是指学生素质养成的全面性，人文素养、科学素养、职业素养全面发展。通识课改革通过“实验、实证、实效”方式进行检验。实验性教学，任课教师依据课程定位、课程大纲编写讲义和教案；实证教学是在教改过程中，通过通识讲座教师轮换，控制通识课讲座教学效果；实效是依据定量的实证评估最终作出定性的实效评价。

（李思晗）

民办高等教育机构选介

北京现代音乐研修学院

2021年，北京现代音乐研修学院占地面积3.60万平方米，产权校舍建筑面积7.02万平方米、非产权校舍建筑面积2.10万平方米。固定资产总值38877.26万元，其中教学、科研仪器设备资产值6124.35万元。拥有图书8.42万册，电子图书211.28万册，数字终端463台。拥有教室270间，包括网络多媒体教室259间。学校由北京歌德文化艺术发展有限公司举办，设置6个院（系、部），开设22个专业。教职工395人，包括专任教师227人、教辅人员168人。结业生1003人，招生692人，注册生3458人。

2021年，学校以教育、服务、创新为先导，以学科专业建设为龙头，以课程体系优化为重点，统筹推进疫情防控和教育教学工作。

强化党建特色活动。与福建省广播影视集团联合开展“八闽情·祖国心”主题党日活动，举办“永远跟党走，听我讲故事”主题晚会。师生参演团市委庆祝中国共产党成立100周年红色舞台剧《百年对话》。与姊妹校天津传媒学院合作推出剧目《大江歌罢》，入选第七届中国校园戏剧节优秀剧目。举办“歌声中的祖国”专题音乐会。

“教、研、践”一体驱动。教学管理、教育研究、艺术实践同步推动。开展校级课题研究10个。开展“用心施教、

5月26日至30日，北音承办首届台湖爵士音乐节

（北音　供）

以爱育人”两个阶段系列主题服务月活动，以教育、教学和琴房等18个窗口部门为载体，推出82项惠生举措、45项提升整改工作、51项配套活动，全面提升管理水平，净化校园舆论环境。

（王晖）

北京工商管理专修学院

2021年，北京工商管理专修学院占地面积5.30万平方米，产权校舍建筑面积0.11万平方米、非产权校舍建筑面积7.58万平方米。固定资产总值19362.19万元，其中教学、科研仪器设备资产值785.96万元。拥有图书3万册，数字终端938台。拥有教室173间，包括网络多媒体教室153间。学校由英泰融通科技（北京）有限公司举办，设置7个二级学院，开设8个专业。教职工314人，包括专任教师128人、教辅人员116人。结业生744人，招生663人，注册生2603人。

2021年，学校加强党建引领，坚持改革创新；继续落实疏解“非首都功能”相关工作要求，加强针对京籍学生的招生培养工作，合理调整生源结构；引导非京籍学生返乡就业，逐步提高返乡就业比例；聚焦信息技术产业和文化创新产业领域，利用国家开放大学实验学院北工商分校的线上线下教育资源，探索面向区域社会经济文化发展需求的多种形式培训服务模式，服务区域社会政治经济文化建设。

（崔友芝）

北京华嘉专修学院

2021年，北京华嘉专修学院占地面积5万平方米，产权校舍建筑面积3.50万平方米。固定资产总值790.01万元，其中教学、科研仪器设备资产值202.62万元。拥有图书2.85万册。拥有教室52间，包括网络多媒体教室6间。学校由北京华嘉教育发展有限公司举办，设置5个院（系、部），开设8个专业。教职工58人，包括专任教师26人、兼职人员14人。结业生682人，招生840人，注册生176人。

2021年，学校以怀柔区国家科学城建设为契机，坚持“项目式教学、工作式学习”教学特色，通过与优质互联网企业合作，建设数字学院，开设计算机应用专业（5G、物联网、云计算、人工智能、大数据方向），培养互联网行业紧缺人才。

围绕高等教育学历助学培训，利用自身教学资源、区域资源和社会资源，提高线上业务比重，增加京籍生源比例，开展学历助学培训，实现校校资源互补、优势共享，助力教育素质全面提升。

加强党建，开展“12个一”党史学习教育活动，通过“线上党课＋实地践学”“党史教育＋艺术活动”方式，将党史知识讲起来、绘起来、唱起来。

（靳雅敏）

民办中小学幼儿园选介

北京市海淀外国语实验学校附属幼儿园

2021年，北京市海淀外国语实验学校附属幼儿园由北京创业联盟教育科技有限公司举办，为日托制民办园，占地面积3.30万平方米，校舍建筑面积0.60万平方米，绿化面积1.60万平方米，运动场地面积0.30万平方米。全年教育经费投入4361.70万元，全部自筹。固定资产总值135.60万元，其中教学仪器设备资产值82.90万元。拥有图书3600册、计算机36台。专用教室10个，普通教室15个。教职工129人，包括专任教师38人，本科学历26人，中级以上专业技术职务4人；保健医5人；保育员（生活教师）39人。开设教学班15个，其中托班1个、小班3个、中班4个、大班7个。幼儿离园200人、入园196人、在园396人（包括托班20人、小班74人、中班101人、大班201人）。

2021年，幼儿园全面执行北京市A级幼儿园督导标准，以幼儿为本，坚持“在自然中探索，在环境中习得，在生

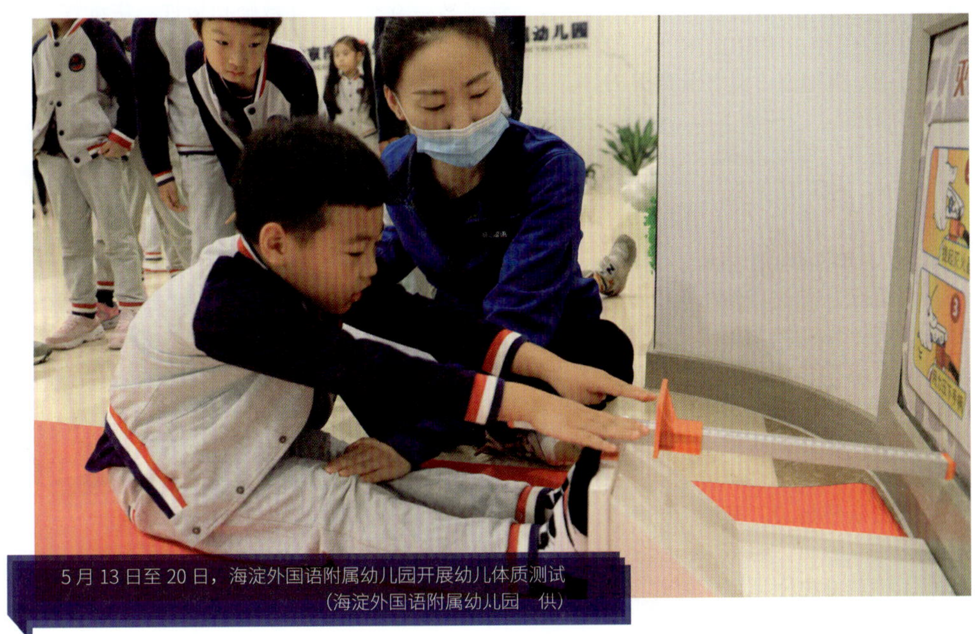

5月13日至20日，海淀外国语附属幼儿园开展幼儿体质测试
（海淀外国语附属幼儿园　供）

活中成长，在兴趣中发展”园所理念，促进幼儿全面、个性化发展。提升教师专业发展水平，打造共同成长的学习型、研究型教师团队，提升幼儿园保教工作质量。

突出自然特色教育。利用自然资源提高教师组织活动的能力。开展自然主题课程指导实践分析活动，引导教师将理论知识与教育实践对接；积累、梳理自然主题活动设计和案例，形成幼儿园自然教育特色。以“在自然主题教育活动中探索自然资源有效利用的策略，促进幼儿自主探究”作为教研方向，通过理论学习、专家引领，提高教师对自然教育理念的理解，结合自然资源有效把握幼儿年龄特点和自然教育的关键经验。以儿童视角开展自然主题教育活动。挖掘幼儿园自然资源，结合秋、冬季节变化特点，开展每周半日“户外自然探索”主题教育活动，小班组班级开展“红红的山楂”“柿子熟了”、中班组班级开展“可爱的小松鼠”“秋天的银杏树”、大班组班级开展“林间的小种子”“神奇的昆虫”等活动。

强化园所安全管理。细化安全管理制度，消除安全隐患。成立安全小组，定期开展安全检查。针对疫情期间校园安全事故特征，完善门卫管理制度、“手递手”制度、外来人员证件查验制度、出入登记制度等安全保卫工作规章制度。通过每天巡视、不定时抽查等方法排查并及时消除安全隐患，确保校园安全。

（李文月）

北京市昌平区幸福童年幼儿园

2021年，北京市昌平区幸福童年幼儿园由个人举办，为B级普惠性日托制民办园，占地面积0.51万平方米，校舍建筑面积0.36万平方米。全年教育经费投入755.10万元，其中财政拨款434.30万元、自筹经费320.80万元。固定资产总值800万元，其中教学仪器设备资产值46.10万元。拥有图书5200余册、计算机28台。专用教室9个，普通教室13个。教职工78人，包括专任教师26人，本科学历5人；保健医5人；保育员21人。开设教学班13个，其中小班5个、中班5个、大班3个。幼儿离园135人、入园159人、在园433人。

2021年，幼儿园高度重视新冠肺炎疫情防控工作，落实教职工及幼儿新冠肺炎病毒疫苗接种工作，构建全园免疫屏障，保障园所安全稳定。

师资队伍建设。开展爱国主义教育，组织教职工参加红色团建活动，传承红色革命文化精神。开展师德培训、师徒结对、师德师风问卷调查等活动，提升教师师德素质。开展骨干教师和青年教师教学展示、青年教师讲故事比赛以及保育员技能大练兵、食堂人员技能大赛等，提升教职工专业能力；增加篮球特色课程，开展体育教学园本教研。开展户外玩具分享活动，使教师在分享中相互学习。

4月28日，幸福童年幼儿园举办红色主题运动会
（幸福童年幼儿园 供）

幼儿素质教育。开展“文明礼仪伴我成长”活动，将礼仪教育融入日常教育活动。开展“红色主题教育月”活动，家园共育观看红色电影、参观中国革命历史博物馆；师幼共同阅读红色故事、唱红歌；举办“勇敢小红军 重走长征路”红色主题运动会。

（欧阳芙红）

北京王府幼儿园

2021年，北京王府幼儿园由法政国际教育投资有限公司举办，为日托制民办园，占地面积3.30万平方米，校舍建筑面积2.96万平方米。全年教育经费投入2268.77万元，全部自筹。固定资产总值509.76万元，其中教学仪器设备资产值51.68万元。拥有图书1.10万册、计算机48台。专用教室15个，普通教室21个。教职工118人。专任教师71人（含外籍教师8人），本科以上学历55人；保健医3人；保育员21人。开设教学班19个，其中托班2个、小班8个、中班3个、大班6个。幼儿离园110人、入园120人、在园422人。

2021年，幼儿园围绕“严格防控，细化管理，加强研究，强化培训”稳步推进各项工作，积累新冠肺炎疫情防控经验，增强教职工及幼儿安全卫生意识及防护习惯，办园质量稳步提升。

围绕幼儿年龄特点、学习方式及教育内容，挖掘和调动教师积极性、主动性，拓展线上渠道，推送公众号文章213篇，组织2700人次活动。举办拍球比赛、轮滑比赛、形体展示、亲子运动会、“小小故事家”“小小演说家”“小小英文剧”等多种主题活动；举办“马背摇篮”演出4场，幼儿120人次参加；与北京体育大学体能教练团队合作（AMT教育），面向幼儿开展体能训练、游泳、篮球、跆拳道等体育活动。12名骨干教师参加帮扶四川省西昌民族幼儿师范高等专科学校卫星课程11次，作课42节。

教师培训与家长培训同步推进，线上线下同步进行。教师培训118场2010人次，家长培训7场1500人次；教师外出学习培训4次14人次。新冠肺炎疫情期间，结合幼儿年龄特点和学习方式为家长提供视频及电子资源，组织多种活动吸引幼儿参与，通过微信群内打卡评价、一对一电话沟通指导、一对多视频沟通等方式增强师幼互动、同伴互动。线上家长课堂直播4场，5000人次参与，解决家长育儿问题，家长满意度99%。

（王小双）

北京第二实验小学怡海分校

2021年，北京第二实验小学怡海分校由北京怡海花园房地产开发有限公司举办，占地面积0.75万平方米，校舍建筑面积1.32万平方米，运动场地面积0.31万平方米。图书馆（室）藏书5万册，电子图书5万册。全年教育经费投入3430.56万元。固定资产总值1231.59万元。学校信息化经费投入53.80万元，拥有计算机212台，网络多媒体教室36个，校园网出口总带宽300Mbps，数字资源量3000GB，“信息技术”课程1课时/周。教职工103人。专任教师71人。开设教学班41个。毕业167人；招生224人；在校生1285人，包括寄宿生144人。

2021年，学校落实“双减”政策要求，稳妥推进教育教学和疫情防控各项工作。

在“双减”大背景下，根据政策和学校实际找到作为民办学校在“双减”工作中的定位。将下午3:30前后课程进行统筹安排，向课内40分钟要质量的同时向课后服务要效益，增加下午3:30课程吸引力。成立语文教师核心团队，加强集体教研，深入学习课标、研读教材；对语数英学科提出课堂“30＋10”时间分配，在课堂上留出练习时间，当堂精讲多练；发挥“两高一优”教师带头引领作用，重视生生互动、师生互动，有效实施教学设计。在延时服务时间为学生提供菜单式课程服务，课程内容兼顾教育性和趣味性，学生根据实际需求和兴趣爱好选择素质课程，满足学生个性化发展需要。

疫情防控和教育教学两手抓。制定疫情防控和线上教学工作方案，推广线上线下混合式教学和五综课程“双师课堂”，保证教学进度

2021年，实验二小怡海分校学生参加丰台区港澳台学生歌咏比赛
（实验二小怡海分校 供）

和质量。同时以此为契机开展系列教育活动，在少先队员中开展“见证身边美好 我们依然绽放”系列德育主题活动，教育学生爱党、爱国、爱人民、爱怡海、懂感恩、负责任。疫情期间推出宣传稿12篇，在北京日报、北京晚报、京报网、今日头条App、学习强国App上进行宣传。

（何媛）

北京市第八中学怡海分校

2021年，北京市第八中学怡海分校由北京怡海花园房地产开发有限公司举办，分南、北两址办学，总占地面积4.69万平方米，校舍建筑面积1.90万平方米，运动场地面积1.91万平方米。全年教育经费投入6135.45万元，全部自筹。固定资产总值1358.26万元。图书馆（室）藏书3万册、电子图书30GB。拥有计算机420台。学校信息化经费投入55万元，校园网出口总带宽110Mbps，数字资源量200GB，“信息技术”课程1课时/周。普通教室77个、专用教室21个、实验室11个。教职工211人，本科以上学历144人。专任教师133人，包括高级职称16人、中级职称38人。开设教学班37个（初中22个、高中15个）。毕业190人（初中129人、高中61人）；招生307人（初中173人、高中134人）；在校生810人，其中京籍学生567人（初中239人、高中328人），包括寄宿生258人。

2021年，学校围绕“学党史明师德、减负增效提质、团结抗疫、改革突破”开展教育教学工作。

加强党建引领。以庆祝建党百年为契机，围绕“永远跟党走”主题面向全体教职员工开展“学党史、明师德、铸师魂”系列活动。以“铭记光辉历程 凝聚奋进力量”为主题开展4次党史讲座。

落实“双减”政策。减负增效，提升教学质量。开全规定课程，增加体育课时。制定课堂教学基本规范，注重课堂教学质量，提高课堂教学效率，提升课内教学质量。修改细化作业管理办法，增补作业公示制度，实现作业“减量不减质”。

推进教学改革。通过访谈、调研等多渠道了解教职员

工对学校发展的建议，结合“双减”政策要求，确定学校教学改革工作方向和思路。引进第三方教育机构推行“以学生为中心”教学改革，在初三年级数学学科推动任务驱动式教学改革，在高一年级开展走班教学试点。学校人工智能教育成果丰硕，获得全国中小学生信息技术与实践大赛一等奖 2 项、三等奖 2 项，北京市一等奖 1 项。

（朱晓艳）

北京市牛栏山一中实验学校

2021 年，北京市牛栏山一中实验学校由北京市顺义牛栏山第一中学举办，占地面积 19 万平方米，校舍建筑面积 8.90 万平方米，运动场地面积 3.90 万平方米。全年教育经费投入 19702.55 万元，其中财政拨款 682.96 万元、自筹经费 19019.59 万元。固定资产总值 2.05 亿元，其中教学仪器设备资产值 74.19 万元。图书馆（室）藏书 3.02 万册。拥有计算机 240 台，网络多媒体教室 112 个。学校信息化经费投入 401 万元，校园网出口总带宽 1000Mbps，数字资源量 1000GB，“信息技术”课程 1 课时 / 周。教职工 420 人，包括正高级职称 2 人、副高级职称 52 人、中级职称 87 人。专任教师 236 人，包括特级教师 2 人、北京市骨干教师 5 人、北京市学科教学带头人 1 人；本科以上学历 302 人。开设教学班 83 个（小学 19 个、初中 64 个）。毕业 1102 人（小学 150 人、初中 952 人）；招生 1189 人（小学 210 人、初中 979 人）；在校生 3545 人（小学 666 人、初中 2879 人），包括寄宿生 2980 人。

2021 年，学校围绕“培养什么人、怎样培养人、为谁培养人”的根本问题，落实“双减”政策。

实施课程建设。结合学校办学发展实际，研究制定《牛栏山一中实验学校课程建设推进实施方案》，继续推进高效课堂、智慧课堂、特色课堂建设。高效课堂建设方面，以实现学生发展为中心，尊重个体差异，满足个性化需求；同时发挥教师个性特长、个人风格。智慧课堂建设方面，借助互联网和大数据终端，为学生提供多样学习资源，鼓励学生构建个性化资源库，同时为教师教学提供可靠数据支持。特色课堂建设方面，设计 40 余门选修课，助力学生综合发展，落实“双减”精神。学生参加学科、科学、艺术、体育等竞赛活动获国家级一等奖 6 人次、二等奖 6 人次、三等奖 5 人次，市级一等奖 51 人次。初二年级 3 名学生设计作品“北京市中轴线非遗元素手工表达”获北京市第三届中小学技术创意设计（TID）一等奖。

9 月 17 日，牛栏山一中实验学校举行初三年级梦想启航仪式
（牛栏山一中实验学校 供）

做好疫情防控。制定新冠肺炎疫情防控相关方案和预案，通过信息平台开展防控安全宣传和个人防护宣讲；启动全封闭管理，线上线下联动教育教学，并开通线上反馈平台。全年实现“零感染”。

（赵金龙　申雅婧）

北京市新英才学校

2021 年，北京市新英才学校由个人举办，占地面积 12 万平方米，校舍建筑面积 11.70 万平方米，运动场地面积 0.50 万平方米。全年教育经费投入 37380.73 万元，全部自筹。固定资产总值 62568 万元。图书馆（室）藏书 5.80 万册，电子图书 4 万册。拥有计算机 1061 台，多媒体教室座位 142 个。学校信息化经费投入 500 万元，校园网出口总带宽 850Mbps，数字资源量 14000GB，“信息技术”课程 1 课时 / 周。普通教室 115 个，专用教室 81 个。教职工 660 人，包括高级职称 5 人、中级职称 26 人；本科以上学历 417 人。专任教师 310 人，包括北京市骨干教师 1 人；本科以上学历 262 人。开设教学班 98 个（学前 22 个、小学 42 个、初中 23 个、高中 11 个）。毕业 473 人（学前 202 人、小学 140 人、初中 123 人、高中 8 人）；招生 566 人（学前 168 人、小学 160 人、初中 103 人、高中 135 人）；在校生 2305 人（学前 425 人、小学 903 人、初中 328 人、高中 649 人），包括寄宿生 1189 人。

2021 年，学校探寻中西合璧的教育教学模式，创新课程体系，建立以“爱与创造”为核心精神的育人目标体系，通过多元文化课程及特色主题课程，培养学生社会责任感和创造能力。

推进课程改革。开发拥有独立版权的 HISTREAM 课程体系。加快人工智能校园建设。通过人格养成训练、国内和国外研学、体能与意志拉练、大咖讲座、项目学习、公益课程、舞台表演等方式，打破时空界限，将世界和真实生活作为课程带给学生。落实“双减”政策，梳理幼升小、小升初、初升高等阶段学生衔接课程。成立学生成长导航中心和管风琴中国学习中心。

组织教育教学活动。启动“青蓝继，薪火燃”2021—2022 学年“青蓝工程”。举行自律月主题升旗仪式以及电影《柳青》北京中学校园首映式、“家住温榆河”项目式探究第二届学生论坛、全国民办学校人工智能与教育发展论坛等活动。

（马晓蒙）

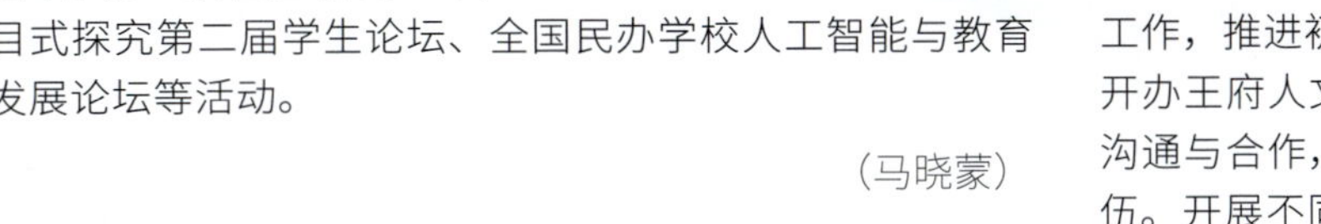

5 月 29 日，王府外国语学校小学部举办“六一”亲子嘉年华活动（王府外国语学校　供）

北京王府外国语学校

2021 年，北京王府外国语学校由法政国际教育投资有限公司举办，占地面积 10 万平方米，建筑面积 5.60 万平方米，体育场（馆）面积 4.10 万平方米。全年教育经费投入 20107.62 万元，全部自筹。固定资产总值 3237.93 万元，其中教学仪器设备资产值 1325.69 万元。图书馆藏书 4.30 万册，电子图书 10.35 万册，订阅纸质报刊 4 种，引进易阅通、Jstor 数据库和大英百科线上学院版（Britannica School）3 种数据库。拥有计算机 664 台，网络多媒体教室 118 个。学校信息化经费投入 544 万元，校园网出口总带宽 15000Mbps，数字资源量 2TB。普通教室 69 个、专用教室 74 个、实验室 10 个。教职工 452 人。专任教师 296 人，包括外籍教师 29 人；本科以上学历 287 人，包括硕士 174 人、博士和博士后 4 人。开设教学班 64 个（小学 41 个、初中 23 个）。毕业 320 人（小学 132 人、初中 188 人）；招生 361 人（小学 219 人、初中 142 人）；在校生 1314 人（小学 874 人、初中 440 人）。

2021 年，学校小学部常态化落实“双减”工作，完善制度建设，保证教学课程质量，延展课后服务内容，建设素质教育课程体系，规范教师及学生行为。搭建教学管理团队，开展各类公开课活动，提升教师自身业务水平；开展不同形式培训、“同伴互助”活动，为新老教师搭建沟通桥梁。严格规范教案撰写要求，开展月度教学常规检查，及时查漏补缺；严抓成绩提升，实时进行成绩追踪，调整绩效考核方案。优化培优班课程设置，开设青少年外交官项目培养课程。推动课题研究，开发有特色的校本课程。面向四川省西昌民族幼儿师范高等专科学校开展教育扶贫远程卫星课堂培训 18 次。

学校初中部拓展学科课程，制定课程标准，落实“双减”工作，推进初高课程融合，调整课程比重，打造国学课堂，开办王府人文沙龙，丰富特色课程内容。加强中外教团队沟通与合作，采取以老带新模式搭建年级骨干教师培养队伍。开展不同主题的网络课经验内部分享活动，提高线上教学质量；教研组开展“教学目标”“课堂活动”“教学法”“教学反思”等主题培训，提高教师教学技能。建立学生个性化成长档案，加强学生心理辅导及个性关注，举办不同主题的青春期心理健康教育及法律意识和规则意识教育讲座。

（王小双）

北京市私立君谊中学

2021 年，北京市私立君谊中学由个人举办，占地面积 2.48 万平方米，校舍建筑面积 1.24 万平方米，运动场地面积 1.10 万平方米。全年教育经费投入 2775 万元。固定资产总值 611 万元。图书馆（室）藏书 0.60 万册，电子图书 2 万册。拥有计算机 135 台，网络多媒体教室 24 个。学校信息化经费投入 18 万元，校园网出口总带宽 200Mbps，数字资源量 256GB，“信息技术”课程 1 课时 / 周。教职工 141 人，包括高级职称 14 人、中级职称 10 人。专任教师 73 人，本科以上学历 73 人。开设教学班 11 个（初中 4 个、高中 7 个）。毕业 62 人（初中 12 人、高中 50 人）；招生 84 人（初中 21 人、高中 63 人）；在校生 268 人（初中 65 人、高中 203 人），包括寄宿生 204 人。

2021 年，学校坚持疫情防控和教育教学两手抓，持续推进各项工作。结合建党百年契机，组织系列主题教育活动，激发学生爱国热情；组织党员干部到社区服务，号召教职工参与捐赠等社会活动。落实“双减”提质增效，开展“科技强国，振兴中华，放飞青春梦想”手抄报设计活动、“应知应会打基础，中华儿女当自强”基础知识竞赛、“见字如面”英文书法比赛等。举办首届校园诗歌戏剧节，进行首次跨学科项目学习尝试；组织美术专业学生参与京内外游学、写生活动，开阔学生艺术视野。

（史国怡　王丽）

（本栏责任编校　胡雨　张楠）

德育

国防教育

体育卫生

冬季奥林匹克教育

艺术与校外教育

劳动教育

2022 | 德育体育美育劳育

MORAL,PHYSICAL, AESTHETIC AND LABOUR EDUCATION

- 13.30 万人次中小学生参加“四个一”活动
- 校园足球先进区及先进单位建设推进
- 54 个首批北京市中小学思政课示范基地认定
- 3 区入选全国中小学劳动教育实验区
- 北京市推进健康校园行动实施方案印发
- 义务教育体育与健康考核评价方案印发
- 冬奥会和冬残奥会高校志愿者工作动员大会

德育体育美育劳育

MORAL，PHYSICAL，AESTHETIC AND LABOUR EDUCATION

综述

13.30 万人次中小学生参加“四个一”活动

2021 年，市教委组织 13.30 万人次中小学生参加“四个一”活动。其中，4.50 万人次中小学生走进军事博物馆、3.90 万人次中小学生走进国家博物馆、2.80 万人次中小学生走进首都博物馆、2.10 万人次中小学生走进抗日战争纪念馆。

（王昱人　李然）

校园足球先进区及先进单位建设推进

1 月 15 日，教育部办公厅公布 2020 年全国青少年校园足球特色学校、试点县（区）、“满天星”训练营和足球特色幼儿园名单。昌平区被认定为试点区（全国入选 41 个），门头沟区教委被认定为“满天星”训练营（全国入选 30 个），全市 64 所幼儿园被认定为足球特色幼儿园（全国入选 2710 所），全市 40 所中小学被认定为足球特色校（全国入选 3663 所）。北京市于 2020 年 7 月启动相关遴选推荐工作，认定 50 所中小学为 2020 年北京市青少年校园足球特色学校。至此，全市有全国青少年校园足球特色学校 334 所，北京市青少年校园足球特色学校 54 所。

（刘梦龙）

54 个首批北京市中小学思政课示范基地认定

4 月至 11 月，市教委、北京教育科学研究院联合开展首批北京市中小学思政课示范基地评选工作。市教委、北京教科院制定《北京市中小学思政课示范基地建设标准》，

7 月 1 日，清华附小举办第十届“马约翰杯”足球联赛颁奖典礼
（清华附小　供）

明确组织领导、课程管理、教学教研、队伍建设、工作保障5个方面18条评选标准。经过学校申报、区级推进、市级评审等程序，认定首批北京市中小学思政课示范基地54个。

（林臻）

金帆艺术团和金帆书画院评审

5月7日，市教委公布北京市学生金帆艺术团和北京市学生金帆书画院评审结果。相关评审工作于2020年9月至12月举行，采取区评、免评、线上及现场相结合的评审方式。经过学校申报、区级推荐、市级评审等程序，认定北京市学生金帆艺术团126个、北京市学生金帆书画院89个。

（徐春生）

3区入选全国中小学劳动教育实验区

5月14日，教育部办公厅公布全国中小学劳动教育实验区名单，昌平、海淀、东城3区入选。2020年，教育部组织开展全国中小学劳动教育实验区遴选推荐工作。在自主申报、省级推荐基础上，经专家评审、综合评定和网上公示，认定96个县（区、市）为全国中小学劳动教育实验区。根据要求，各区要加强组织领导、推进落实实验任务、宣传推广典型经验，并及时将典型经验上报教育部。

（聂莹　孙晓楠）

中小学生奥林匹克教育及冰雪进校园系列活动

5月19日，市教委印发《关于开展2021年北京市中小学生奥林匹克教育及冰雪进校园系列活动的通知》。活动联合市体育局、北京冬奥组委新闻宣传部和北京奥运城市发展促进中心，以“喜迎冬奥盛会，感受冰雪文化”为主题，面向全市中小学生开展，分设奥林匹克文化传播活动、奥林匹克教育进校园活动、冬奥驿站文化教育系列活动、奥运城市青少年国际交流活动4个大类活动。

（孙晓楠）

全国第14届学生运动会团体总分第一

7月12日至17日，北京代表团取得中华人民共和国第14届学生运动会团体总分第一名（1849分）。比赛由教育部、国家体育总局、共青团中央主办，设大学甲组、大学乙组和中学组3个组别，来自全国各省、自治区、直辖市、新疆生产建设兵团和澳门特别行政区的33个代表团7200余名运动员参赛，赛会规模和参赛人数均创新高。北京市选派624名运动员、教练员及工作人员，组成26支代表队参加全部12个项目决赛，获团体总分第一名，金牌榜（61枚）和奖牌榜（132枚）第二名，并获体育道德风尚奖和优秀组织奖。作为运动会重要组成部分，运动会科学论文报告会于15日至17日举行，北京市获“优秀组织奖”，报送的160篇论文中，80篇论文获奖，包括一等奖11篇；北京大学、清华大学、北京体育大学、北京外国语大学4所高校获中国高校体育最高奖“校长杯”。

（李铮）

北服设计东京奥运会中国代表团礼服

7月23日，北京服装学院为2020东京奥运会中国代表团设计的系列礼服亮相东京奥运会。礼服以“开门红”为主题，寓意对中国奥运健儿出征的祝愿与期盼。北服设

10月，中关村二小获北京市体育艺术比赛舞蹈展演金帆组金奖
（中关村二小　供）

计团队于 2019 年 6 月接到设计招标任务，学校民族服饰博物馆馆长设计团队的设计方案、服装艺术与工程学院教师设计团队的设计方案入选正式方案。2020 年 3 月，“开门红”设计方案正式成为中国代表团入场礼服方案。

（付佳）

北京中学获国际标准奥林匹克竞赛金牌

8 月 26 日，北京中学获第 16 届国际标准奥林匹克竞赛初中组金牌。北京中学 3 名学生组成的队伍，作为中国参加国际决赛的 3 支代表队之一，围绕“航天技术—太空马桶—性能指标与实验方法”主题，经过文档撰写、线上答辩等环节，获得初中组金牌。第 16 届竞赛在韩国举行，来自中国、肯尼亚、新加坡等 6 个国家的 40 支初、高中队伍 120 名学生参赛，最终决出金、银、铜牌各 4 枚。国际标准奥林匹克竞赛创办于 2006 年，旨在宣传推广标准化基础知识、增强青少年标准化意识。

（李明海）

中小学生心理健康管理工作加强

9 月 24 日，市教委印发《关于加强中小学生心理健康管理工作的通知》。通知从加强源头管理，全方位提升学生心理健康素养；加强过程管理，提升及早发现能力和日常咨询辅导水平；加强结果管理，提高心理危机事件干预处置能力；加强保障管理，加大综合支撑力度 4 个方面提出 14 项具体要求。要求中小学每校至少配备 1 名专职心理健康教育教师。

（林臻）

22 个北京阳光少年艺术团认定

10 月至 12 月，市教委开展北京阳光少年艺术团市级评审认定工作。评审认定工作涉及 27 个学生艺术团，其中提交免检申请 12 个、接受验收评审 6 个、新申报艺术团 9 个。经过审核免检资格、集中查看材料、集中听取汇报、现场评审等环节，最终认定北京阳光少年艺术团 22 个。

（卢亭）

北京市推进健康校园行动实施方案印发

11 月 29 日，市委教育工委、市教委等十部门联合印发《北京市推进健康校园行动实施方案》，同时针对主要任务制定分解方案。方案指出推进健康校园建设，核心在于促进儿童青少年健康成长，关键在于推动“四个一”工程取得明显成效：让每名儿童青少年至少掌握一项受益终身的体育运动技能，养成一个受益终身的良好卫生习惯，学会一种受益终身的应急救护技能；最终实现一个目标——具备为祖国健康工作 50 年的良好身心素质。方案提出：到 2030 年，中小学生体质健康标准达标优良率达到 60% 以上，儿童青少年总体近视率力争在基线基础上每年降低 1 个百分点以上，超重率和肥胖率年均增幅在基线基础上努力实现下降 80%。方案明确校长推进健康行动、校园医务人员倡导健康行动、教师促进健康行动、学生健康生活方式养成行动、服务保障人员促进健康行动、家长守护行动、常见病防治行动、传染病防控行动、心理健康促进行动、性健康教育行动、健康环境提升行动、安全保障行动 12 项重点任务。方案确定坚持党建引领，加强组织领导；坚持专业专职，加强队伍建设；坚持数据监测分析，加强信息化建设；坚持齐抓共管，加强部门联动；积

4 月 12 日，阜外一小开展四年级学生团体心理辅导

（阜外一小 供）

极营造氛围，加强宣传教育；压实各方责任，加强督导评估6项保障措施。

（宋玉珍）

义务教育体育与健康考核评价方案印发

12月8日，市教委印发《北京市义务教育体育与健康考核评价方案》。方案明确，北京市义务教育体育与健康考核评价包括过程性考核与现场考试2个部分，总分值70分，计入中考总分。其中，过程性考核40分，面向四、六、八年级学生；现场考试30分，面向九年级学生，设置4类22项考试内容。方案自2021年公布之日起施行，分学段过渡、逐步推开。

（孙晓楠）

十三中教师完成“天宫课堂”地面授课任务

12月9日，北京市第十三中学物理教师李晓彤作为地面主课堂授课教师，配合神舟十三号乘组3名航天员完成“天宫课堂”第一课时地面授课任务。此次授课采取天地互动方式，面向全球直播，内容包括太空细胞学研究实验展示、太空转身、浮力消失实验等。地面主课堂设在中国科技馆，十三中7名师生代表现场参与，见证中国首个太空科普教育品牌“天宫课堂”诞生。

（殷梦竹）

中小学生社会大课堂实践活动管理优化

12月21日，市教委印发《关于进一步深化中小学生社会大课堂实践活动管理工作的实施意见》。意见明确完善社会大课堂管理机制，社会大课堂教育资源由各区根据本区实际自主开发，不再新设和评选市级资源单位，管理重心下移至各区，各区资源打通使用，完善市、区、校三级管理体系；优化社会大课堂实践活动组织实施，各类实践活动都统筹到学科10%实践活动课时中，初中开放性科学实践和综合社会实践不再设立专项活动，统筹开展“七个一”活动；改进社会实践活动评价3项工作任务。

5月28日，大兴一职举办社会大课堂实践活动

（大兴一职　供）

（向姣姣）

冬奥会和冬残奥会高校志愿者工作动员大会

12月28日，北京2022年冬奥会和冬残奥会北京高校志愿者工作动员大会召开。夏林茂参加会议并作动员讲话。北京冬奥组委作相关工作部署。北京冬奥组委相关部门及市委教育工委、市教委、团市委等部门负责人在主会场参会，各有关高校负责人及志愿者代表等300余人在分会场参会。

（马驰知　丁贞栋）

德育

德育工作

30人获评首都“新时代好少年”

1月，北京市推出2020年首都“新时代好少年”30人。此次“学习和争做美德少年”活动由首都文明办、市教委、团市委、市妇联、关工委联合举办，面向全市未成年人开展。30名当选者涉及科技创新、防疫抗疫、热心公益等类别。其中，海淀、石景山、房山3个区各3人，东城、西城、朝阳、丰台、通州、大兴、平谷、密云8个区各2人，门头沟、顺义、昌平、怀柔、延庆5个区各1人。

（宋亚甫）

诚信故事短视频征集活动

3月29日，市教委、市经济和信息化局公布“讲述我身边的诚信故事”短视频征集活动获奖名单。经线上征集、专家评选，368人分获高中组、初中组和小学组一、二、三等奖，东城、西城、海淀、丰台、昌平、密云区教委获优秀组织奖。活动于2020年10月启动，面向全市中小学生开展，收到作品2929部，其中高中组132部、初中组719部、小学组2078部。活动选取部分优秀作品在首都教育、地铁网络电视等平台播放，点击量560余万次。

（张军）

“最美少年”艺术学习体验活动

7月15日至20日，北京戏曲艺术职业学院承办“最美少年”艺术学习体验活动。来自16个区的60名美德少年、社区文明小使者参加活动，体验京剧和曲艺2门艺术。

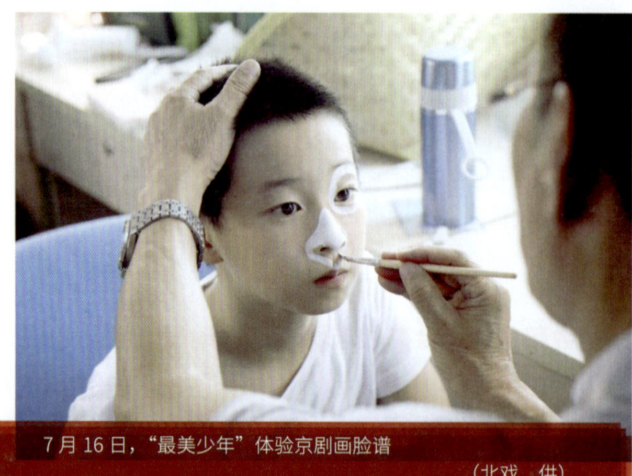
7月16日，“最美少年”体验京剧画脸谱
（北戏 供）

“最美少年”传统艺术学习体验活动由首都文明办主办，是北戏与首都文明办长期合作项目，自2016年启动以来每年举办一期，5年累计有300名美德少年、社区文明小使者参加活动。

（贺红梅）

社会大课堂师生成果评选展示活动

10月至12月，北京市少年宫承办2021年社会大课堂师生成果评选展示活动。活动收到15个区上报的535项师生成果，其中学生成果208项、教师成果327项。经过市级评审，评出学生成果一等奖15项、二等奖28项、三等奖134项，教师成果一等奖44项、二等奖70项、三等奖105项。

（李然）

“紫禁杯”优秀班主任和“学生喜爱的班主任”表彰

12月28日，市教委举办第34届北京市“紫禁杯”优秀班主任和第9届北京市“学生喜爱的班主任”评选获奖教师表彰会。相关评选活动于4月至10月进行，评选出优秀班主任400人、“学生喜爱的班主任”200人。

（王昱人）

专门教育

概述

2021年，北京市有专门学校6所，开设教学班29个，离校人数217人、入校人数204人、在校生479人，教职工295人，包括专任教师220人。

（孙晓楠）

海淀寄读学校志愿服务项目入驻海淀图书馆

3月5日，海淀寄读学校志愿服务项目入驻海淀图书馆（北馆）。在“践行雷锋精神，踏十四五征程”志愿服务实践活动暨志愿者实践教育基地揭牌仪式上，两单位领导共同为“北京市海淀区图书馆（北馆）志愿者实践教育基地”揭牌。基地成立后，海淀寄读学校教职工和学生志愿者每个月到图书馆开展至少2次志愿服务；图书馆持续为该校学生提供书籍，保障学生除校内图书馆外的阅读资源供给。海淀寄读学校志愿服务队由全体400余名师生组成，通过校团委在线上平台发布项目，志愿者线上报名，校团委教师审核岗位要求，并招募符合条件志愿者参加活动。

（胡晓群）

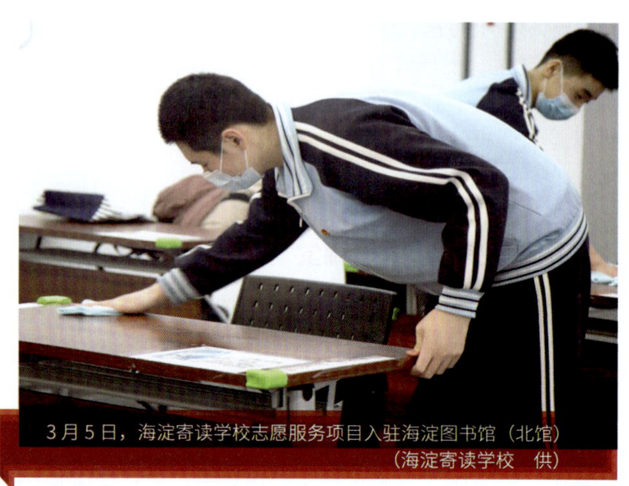
3月5日，海淀寄读学校志愿服务项目入驻海淀图书馆（北馆）
（海淀寄读学校 供）

教育家办学实践研讨会

5月11日，海淀区委教育工委、区教委共同主办教育家办学实践研讨会。会议以人物访谈形式，讲述海淀寄读学校校长肖建国32年成长历程和教育实践。会议肯定海淀寄读学校坚持立德树人办学方针，践行“有教无类”适合教育理念，不断探索专门教育科学性和专门性的成效，为肖建国颁发名校名家收录证书，并将其教育著作《将适合的爱给特别的你》收录于海淀教育名校名家成果。相关单位领导及该校师生等440余人参加活动。

（王常智）

朝阳工读学校禁毒宣传教育

6月和9月，朝阳工读学校分别通过“走出去”“请进来”的方式支持和推进禁毒宣传教育。选派1名教师参加由好心情互联网医院和百度直播共同举办的“无毒人生 绿色向阳”公益直播活动，宣讲“如何防范新型毒品”。邀请北京市朝阳区人民检察院、朝阳区禁毒办相关工作人员到校为学生作禁毒教育讲座，从毒品种类、如何识别、传播方式等方面阐述如何防范新型毒品。学生59人参加学习。

（宋瑞）

朝阳工读学推进德育教育

至年底，朝阳工读学校推进德育教育。2个学期分别举办“品读《大学》”“永远跟党走”2个系列主题活动。组织班主任工作室成员开展法治素养培训，每2人1组研究教学设计并开发课件，1名教师获北京市优秀教师奖并被北京市禁毒教育基地聘为北京禁毒公益讲师。举办文化艺术节展演、党史知识竞答、读红色家书等活动，以活动为载体落实学生一日生活常规管理。

（宋瑞）

国防教育

北京高校军事课教师学党史军史活动

4月10日至14日，北京市教委高校军事课教学指导委员会办公室举办“北京高校军事课教师学党史军史第十期小班教学与集体备课”活动。活动组织来自10所北京高校的15名军事课教师赴贵州，在遵义会议会址、“四渡赤水”战役遗址等地开展现场教学。

（张兵）

第八届北京高校兵棋推演大赛

11月15日至12月5日，市教委举办第八届北京高校兵棋推演大赛。比赛以“高寒山地风暴”为主题，采用“铁甲突击群”国防教育版兵棋推演系统进行比赛。来自29所高校的135支代表队参赛，展开109场红、蓝对抗。18支队伍进入总决赛，北京电子科技职业学院获特等奖。比赛由北京高校国防教育协会承办。

（张兵　肖娜）

第六届“爱我国防”大学生演讲比赛

11月20日，市教委、北京市国防教育办公室联合举办北京高校第六届“爱我国防”大学生主题演讲比赛决赛。来自27所北京高校的29名大学生参赛，其中12名选手晋级决赛。决赛现场，选手围绕家国情怀、国家安全意识和国防观念、理想信念等主题，表达首都当代大学生的爱国情怀与担当。最终，来自北京师范大学和首都师范大学的2名选手获一等奖，另评出二等奖4人、三等奖6人。比赛由北京高校国防教育协会承办。

（张兵　肖娜）

北京高校军事理论课协作教学资格认证

11月24日至26日，市教委开展2021年北京高校《军事理论》课协作教学资格认证。来自23所高校的38名军事理论课教师参加认证，每名教师授课30分钟。经专家现场点评合议，确定35名教师讲授的35个授课专题通过调讲，取得协作教学资格。百余名军事理论课教师在线观摩。

（张兵）

北京市中小学生定向越野比赛

12月12日，市教委、市体育局联合主办2021年北京市中小学生定向越野比赛。中学组比赛设8个组别，来自60所中学的769名初、高中生参赛；小学组比赛设4个组别，来自52所小学的530名学生参赛；另有裁判员、工作人员、志愿者等90人参与赛事组织工作。各组别分别评出前八名和团体奖，另评出优秀组织奖10个、体育道德风尚奖10个。

（李铮）

体育卫生

体育

校园足球精英赛

5月9日至6月13日，北京市校园足球领导小组办公室举办北京市校园足球精英赛。比赛以区为单位组队报名

11月15日至12月5日，市教委举办第八届北京高校兵棋推演大赛　（国防教育协会　供）

参赛，设高中（男子、女子）甲、乙组；初中（男子、女子）甲、乙组；小学（男子、女子）甲、乙组12个组别，各组别设置冠、亚、季军，体育道德风尚奖以及最佳射手、优秀教练员、优秀裁判员3项个人奖项。164支队伍4014人参加比赛。

（刘梦龙）

首都高等学校第59届学生田径运动会

5月13日至16日，市教委、市体育局联合举办首都高等学校第59届学生田径运动会。来自全市64所高校的1400余名运动员、教练员、裁判员参赛。清华大学、北京建筑大学、北京印刷学院分获各组别团体总分第一名，28所院校获“体育道德风尚奖”。另有来自清华的2名学生分别打破男子三级跳远和男子800米项目赛会纪录。

（李铮）

小学生排球比赛

5月16日至29日，市教委、市体育局联合举办北京市中小学生阳光体育系列活动——小学生排球比赛。此次比赛是参赛人数最多、规模最大的一次，来自9个区30所学校的70支代表队720余名运动员参加比赛。比赛设男子组（U12、U10）、女子组（U12、U10）4个组别，另设“最佳运动员”“最佳教练员”2项个人奖项。

（李铮）

杨倩获2020年东京奥运会两金

7月，清华大学经管学院2018级本科生杨倩在2020年东京奥运会上获两枚金牌。24日，在女子10米气步枪比赛中，以251.8环为中国代表团夺得首枚金牌。27日，在射击10米气步枪混合团体比赛中，与队友杨皓然合作，以17:13的成绩战胜美国组合，为中国代表团夺得第九金。

（徐思羽）

中小学生校园足球联赛

10月至12月，北京市校园足球领导小组办公室举办2021年北京市中小学生校园足球联赛。比赛分五人制、八人制、十一人制3种赛制。其中，五人制设小学混合组；八人制设小学男子超级组、冠军组和小学女子超级组、冠军组4个组别；十一人制设初中男子超级组、冠军组，初中女子超级组、冠军组，高中男子超级组、冠军组和高中女子冠军组7个组别。比赛设冠、亚、季军，精神文明奖以及优秀教练员、优秀裁判员2项个人奖项。188支队伍3280人参加比赛。

（刘梦龙）

小学生篮球比赛

12月11日至12日，市教委、市体育局联合举办北京市小学生篮球比赛。24支代表队参赛。经过50场角逐，北京小学通州分校获男子组冠军，北京市东城区和平里第一小学获女子组冠军。

（李铮）

中小学生武术比赛

12月19日，市教委、市体育局联合举办2021年北京市中小学生武术比赛。比赛设小学组、初中组、高中组3个组别，分设86个小项，包括自选项目和传统项目。来自全市194所中小学的900余名学生参赛。

（李铮）

中小学生艺术体操比赛

12月19日，市教委举办2021年北京市中小学生艺术体操比赛。比赛设置集体自选项目、个人自选项目、中国体操协会艺术体操运动员技术等级青年组规定动作等16个

5月13日至16日，市教委、市体育局联合举办首都高等学校第59届学生田径运动会　（市教委相关处室　供）

单项和 6 个全能项目。来自 149 所中小学的 271 名运动员参加比赛。

（李铮）

学校卫生

爱眼日主题宣传活动

6 月 6 日，市教委举办“医教融合 共筑‘睛’彩”2021 年全国爱眼日主题宣传活动。活动邀请首都医科大学附属同仁医院眼科专家就高度近视的低龄化和危害、近视眼综合防控、近视防控适宜技术推广试点和落地等问题进行现场座谈，并与家长互动。活动中，家长、师生代表共同宣读爱眼护眼行动倡议书，学生表演啦啦操、合唱《童心向党》等节目。活动由海淀区教委、区卫健委共同承办，作为首批全国儿童青少年近视防控适宜技术试点区之一，海淀区宣布启动试点工作。市教委及海淀区政府、区委教育工委、区卫健委等单位领导，同仁医院专家，来自海淀区中小学体质健康提升“三精准”试点学校的师生和家长代表等 200 人参加活动。

（宋亚甫）

人民大学朋辈心理中心十年发展论坛

11 月 20 日，首都高校心理健康教育学生骨干培养研讨会暨中国人民大学朋辈心理中心十年发展论坛在中国人民大学举行。活动以朋辈心理中心成立十周年为契机，总结朋辈心理互助模式经验，形成朋辈十年发展报告、案例故事集等成果，开展与斯坦福大学朋辈心理工作骨干对话会等系列活动。2021 年，人民大学依托一批经过系统培训的朋辈咨询师、培训师开展一对一朋辈心理与学业咨询近 400 人次；各类朋辈培训与团体辅导活动覆盖 6000 余人次；“胡邓朋辈心灵成长工作室”承办“全市高校同上一堂课”“北京高校阳光心理大讲堂”等讲座 7 讲，惠及听众 4.30 万人次。

（袁世琨）

首都高校学生百个优秀防艾作品评选

12 月 23 日，市教委公布“2021 年首都高校大学生百个优秀防艾作品评选活动”获奖结果。全市 55 所高校参加评选活动，提交图文类作品 146 组、视频类作品 28 部、表演类作品 11 个。经过专家评审，评选出表演类优秀作品 5 个、视频类优秀作品 17 部、图文类优秀作品 78 组。

（宋玉珍）

健康教育系列活动获奖名单公布

12 月 28 日，市教委公布北京市中小学生健康素养展示大赛等系列活动获奖名单。系列活动还包括健康手抄报、“我和家长一起锻炼”摄影作品征集等。经区级初评，征集到健康手抄报和“我和家长一起锻炼”摄影作品近 4000 件。北京市中小学生健康素养展示大赛中，健康知识竞赛环节评出小学组一等奖 4 个、二等奖 5 个、三等奖 6 个，中学组一等奖 3 个、二等奖 5 个、三等奖 6 个；健康宣传节目环节评出一等奖 5 个、二等奖 8 个、三等奖 13 个；另评出优秀指导教师 29 人。“我和家长一起锻炼”摄影作品评选活动评出一等奖 11 人、二等奖 20 人、三等奖 30 人。健康手抄报征集活动评出一等奖 10 人、二等奖 20 人、三等奖 30 人。全市有 18 个单位获活动组织奖。

（宋玉珍）

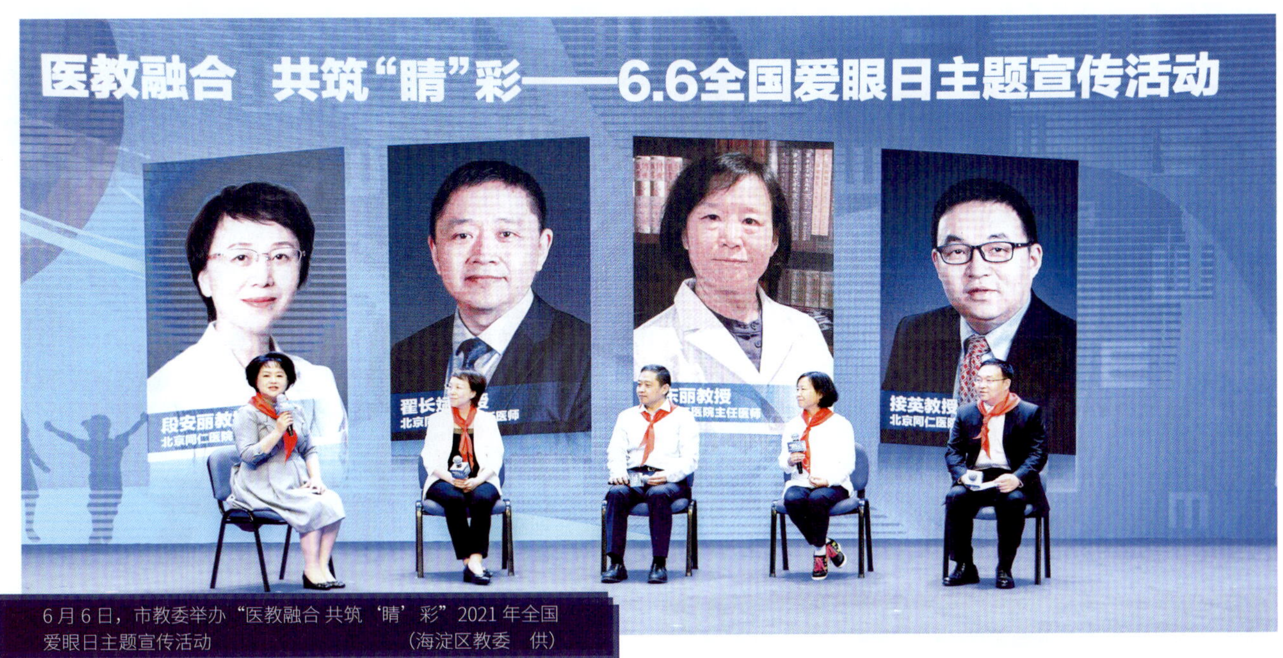

6 月 6 日，市教委举办“医教融合 共筑‘睛’彩”2021 年全国爱眼日主题宣传活动（海淀区教委 供）

冬季奥林匹克教育

5G 高新视频体育融合创新应用国家广电总局实验室建立

2月4日，北京体育大学举办“5G 高新视频体育融合创新应用国家广播电视总局实验室”暨 5G 高新视频助力“科技冬奥”行动发起仪式。活动宣布实验室成立，发布实验室“5G 高新视频助力‘科技冬奥’行动”，打通科研服务中生产的运动训练相关数据与体育赛事和体育内容生产，提升赛事精彩度和信息量，服务冬奥赛事传播、冰雪项目文化普及和体育转播人才培养。30 余家相关单位代表参加活动。该实验室是首个在高校设立的针对冬奥项目赛事转播与内容生产能力提升的省部级实验室。

（马嘉悦）

“大手拉小手”模拟冬奥会冰上展示

4月10日，市教委举办携手共迎北京冬奥·北京冬奥会倒计时 300 天暨“大手拉小手”模拟冬奥会冰上展示活动。活动中，首都体育学院与北京市陈经纶中学签订“大手拉小手，共育冰雪人才”合作协议，将在师资培训、活动开展等方面开展合作，共同培养青少年冰雪人才。活动组织观看两校学生合唱、朗诵、花滑等表演。两校冰球队现场进行冰球友谊对抗赛 1 场。活动为首体院“冬奥驿站”揭牌。“冬奥驿站”占地面积 400 余平方米，设置 7 个分区，成为国内首个，免费向公众开放的，以宣传奥林匹克精神，弘扬奥林匹克文化为主线的重要窗口，采用多媒体技术手段，实物与图片相结合介绍冬奥筹办与冰雪运动相关知识，可同时接待 50 余人参观学习。教育部、国家体育总局、市教委、市体育局、朝阳区政府相关部门负责人，两校师生及媒体代表等 300 余人参加活动。

（申珊　刘忠毅）

二外承接两项冬奥会服务保障任务

6月17日，北京第二外国语学院与石景山区政府、冬奥会和冬残奥会组委会运动会服务部签订《冬奥服务保障合作框架协议》。根据协议，成立二外旅游科学学院学生实践基地、石景山区文化和旅游局冬奥培训基地，学校承接冬奥会“2022 北京新闻中心”对外翻译和冬奥官方服务软件“冬奥通”双语客服项目两项任务。2018 年，二外成为首批北京 2022 年冬奥会和冬残奥会培训基地，累计培训志愿者近万人次。

（王薇）

北京冬奥会和冬残奥会遗产报告发布

6月23日，北京冬奥组委会同北京体育大学编制的《北京 2022 年冬奥会和冬残奥会遗产报告（2020）》向全社会发布。报告以图、文和专栏形式总结提炼北京冬奥会自 2015 年申办成功以来筹办工作所形成的遗产成果，总计 4.20 万字，收录图片 129 张。

（马嘉悦）

首钢工学院建成中国首个冰上器材师实训室

7月，首钢工学院建设完成全国首个冰上器材师实训室。实训室于 2020 年开工建设，使用面积 150 平方米，分设冰刀修理与维护、冰上器材修理与维护、服装器材清洗、比赛服装设计及裁剪 4 个功能区。

（刘建华）

4月10日，陈经纶中学与首体院合作开展模拟冬奥会冰上展示活动　（陈经纶中学　供）

女子学院“志愿者服务礼仪与人际沟通”课程上线北京冬奥组委 IKM 平台

9 月 30 日，中华女子学院研发的“志愿者服务礼仪与人际沟通”课程在北京冬奥组委 IKM 平台正式上线。课程包括冬奥志愿者通用礼仪、冬奥志愿者仪容仪表规范、冬奥志愿者仪态礼仪、人际交往与沟通礼仪、情景模拟训练等内容，共计 5 个学时。2020 年 12 月，受北京冬奥组委志愿者部委托，女性学系礼仪与修养教研室团队启动赛会志愿者服务礼仪课程开发工作，历时一年编写完成专业（岗位）培训教材《北京 2022 年冬奥会和冬残奥会专业（岗位）培训教材——赛会志愿者服务礼仪与人际沟通》，并完成视频课件制作工作和线上课程录制。该课程是志愿者必修通用性基础知识和基本技能培训课程之一。

（杨莉锋）

冬奥餐饮烹饪实操培训

9 月，北京市劲松职业高中作为北京冬奥会培训基地承接“冬奥餐饮烹饪实操培训”。培训对象为场馆运行团队餐饮工作人员、属地政府餐饮保障人员、餐饮服务商管理人员、餐饮原材料备选基地人员及涉食品冬奥赞助商管理人员等。培训内容包括餐饮原材料选用、餐品制作、食品安全管理及餐饮服务等。培训为期 4 天，320 人参加培训。

（王为民）

中央美院设计冬奥会和冬残奥会奖牌

10 月 26 日，中央美术学院设计的北京 2022 年冬奥会和冬残奥会奖牌发布。奖牌由中央美院教授杭海带领团队设计，名为“同心”，牌体由圆环加圆心构成，直径 8.70 厘米，奖牌挂带采用传统桑蚕丝织造工艺，颜色选用红色，奖牌盒以大漆和竹子为主要材料制作。另外，雪上颁奖礼服“瑞雪祥云”由中央美院另一设计团队参与设计。

（任劭坤）

首都高校冬奥、冬残奥志愿者誓师大会

10 月 26 日，团市委、市教委共同举办首都高校冬奥、冬残奥志愿者誓师大会暨首都青少年迎冬奥倒计时 100 天冰雪嘉年华活动。来自北京大学、清华大学、北京工业大学的志愿者代表讲述参与志愿服务的感受。活动为北京城区、延庆、张家口 3 个赛区的城市志愿者团队授旗，北京高校全体志愿者线上线下同步宣誓。首都大学生代表、少年儿童代表、青年职工代表向全球发出诚挚邀请。夏林茂参加活动并作动员讲话。活动同时为冰雪嘉年华活动揭幕。活动由北京体育大学承办，65 所志愿者来源高校师生参加线上活动。

（马嘉悦）

北语两项成果助力冬奥会语言服务

10 月 27 日，《冬奥会体育项目名词》发布暨冬奥术语平台 V3 版交付仪式在北京冬奥组委办公区举行，两项成果均由北京语言大学研制。《冬奥会体育项目名词》和冬奥术语平台收录名词涉及北京冬奥会和冬残奥会全部竞赛项目，覆盖中、英、法、日、韩、俄、德、西班牙 8 个语种，旨在为北京冬奥会的口笔译人员、志愿者、运动员、裁判员、新闻媒体工作人员提供服务。《冬奥会体育项目名词》采用融合出版形式，纸质内容与冬奥术语平台融合联动，由商务印书馆出版，北京冬奥组委和全国科技名词审定委员会支持和指导，作为公益产品，不定价、不销售。

（杨威威）

北服设计冬奥会和冬残奥会系列制服

10 月 27 日，北京服装学院设计的北京 2022 年冬奥会和冬残奥会系列制服发布。系列制服由北服民族服饰博物馆馆长、奥运服饰文化研究中心负责人贺阳设计，灵感来源于中国传统山水画与北京冬奥会核心图形中的雪山图景，分为工作人员服装、技术官员服装、志愿者服装 3 种。

（付佳）

消防救援学院承担北京冬奥会和冬残奥会消防安保任务

11 月 15 日，中国消防救援学院增援北京市消防救援总队，承担北京 2022 年冬奥会和冬残奥会消防安保任务。学院 130 名学员分赴朝阳、石景山、昌平、延庆、怀柔 5 区消防救援支队 35 个站点，承担安保任务。

（王新辉）

北印设计冬奥会和冬残奥会城市志愿者标识系统

12 月 6 日，北京印刷学院师生设计的北京 2022 年冬奥会和冬残奥会城市志愿者标识系统正式发布。标识系统包括冬奥城市志愿者服装装备、冬奥城市志愿者服务站设施和激励物资等相关设计项目。标识系统名称为《同心筑梦》，核心图案来自北京市志愿服务联合会标识中“心手标”元素，包含和平鸽、手掌、爱心、火焰、雪花多重意象。

（杨蕻）

北京冬奥会火种首次“走进”大学校园

12 月 9 日，“圣火照耀 邮苑风华”北京冬奥会火种展示活动启动仪式在北京邮电大学西土城路校区举行，这是冬奥会火种采集回国以来首次“走进”大学校园。活动中，火种护送团队成员把冬奥火种灯摆放至展示台上，北京冬奥组委、中国联合网络通信集团有限公司、北邮代表分别发言。新疆、贵州、四川 3 个北邮支教地的中小学生通过视频连线观看活动，北京冬奥组委、中国联通、相关媒体

代表，学校师生等 80 人参加现场活动。

（刘家杰）

中小学生短道速滑比赛

12 月 11 日，市教委、市体育局联合主办 2021 年北京市中小学生短道速滑比赛。这是市教委首次以校为单位举办短道速滑比赛。30 名执裁裁判中，国家级以上 12 人（国际级 4 人、国家级 8 人），一、二级裁判员 18 人。比赛设有初中组、小学甲组、小学乙组 3 个组别，500 米、1000 米 2 个项目，产生 12 枚金牌。来自 86 所中小学的 191 名运动员参加比赛。

（李铮）

冬奥冰雪体验入校主题活动在房山启动

12 月 17 日，“红领巾爱首都”——冬奥冰雪体验入校主题教育活动在房山启动。启动仪式邀请少先队员代表、全国优秀团干部代表、校外辅导员代表讲述冬奥故事和榜样故事，现场组织学生体验各类冰雪项目。该项活动由团市委、市少工委联合主办，是北京市青少年“我是冬奥体验官”主题宣传教育开展的活动之一。团市委领导，房山区委宣传部、区文明办、区委教育工委、区少工委领导，以及师生代表等 150 人参加启动仪式。

（石金生）

中小学生冬季运动系列比赛

12 月，市教委、市体育局、北京冬奥组委新闻宣传部、北京奥运城市发展促进中心联合主办 2021 年北京市中小学生冬季运动系列比赛。18 日至 19 日，举办陆地冰壶项目比赛，设小学女子、小学男子、初中女子、初中男子 4 个组别。来自 13 个区 49 所学校的 76 支代表队 371 名学生参赛。25 日至 26 日，举办旱地冰球项目比赛，设小学组、初中组、高中组 3 个组别。来自全市 13 个区 52 所学校的 624 名学生参赛。26 日，举办旱地越野滑轮项目比赛，设小学组、初中组 2 个组别，专业滑轮传统式滑行 100 米、400 米自由技术、4×100 米男女混合接力等 7 个项目。来自全市 12 个区 23 所学校的 28 支代表队 200 名运动员参赛。系列活动由北京市少年宫承办。

（李铮　陈海燕）

艺术与校外教育

艺术教育

青少年音乐创新素养培育系列活动

3 月至 12 月，北京校外教育协会与北京音乐家协会共同举办第五届北京市“玩转音乐”青少年音乐创新素养培育系列活动。活动面向全市师生举办即兴编创能力提升线上系列讲座，惠及近百所学校千余名师生；举办展演活动，231 名学生报送 53 组作品参与展演，35 个组合获评展演优秀节目，其中金奖 3 组、银奖 12 组、铜奖 20 组，另评出最佳改编作品奖 1 组、优秀辅导教师奖 40 个、优秀组织奖 19 个；开展为期 1 个月的展演优秀作品云展播，通过线上云展播和网络互动，展现北京市中小学器乐重奏与即兴编创教育成果。

（王媛媛）

北京少年京剧团建团开班

5 月，北京学生活动管理中心与北京国粹艺术传承促进会共建北京少年京剧团。京剧团聘请专业院校教授、艺术

9 月，北京少年京剧团日常授课

（市少年宫　供）

院团一级演员等 14 名专家教师授课，面向全市招生，首批录取学员 38 人，于 7 月集训，9 月开课。

（张君）

清华制作纪录电影《大学》在全国上映

7 月 9 日，清华大学制作的纪录电影《大学》在全国上映。该片创作历时 3 年，作为清华学子献给母校 110 岁生日的“一封家书”，从 4 名清华人的视角出发，将清华园内细碎日常凝固成 110 分钟光影纪实，讲述清华人对理想的执着和热爱，也雕刻着这所大学的永恒青春。12 月 28 日，该片获 2021 年中国金鸡百花电影节“最佳纪录 / 科教片”提名。

（徐思羽）

民族艺术进校园活动

9 月至 11 月，市教委举办 2021 年北京市民族艺术进校园活动。活动面向全市大中小学生，44 个艺术表演团体进校园演出 174 场、剧场演出 35 场，现场观演 11 万余人。演出内容分为歌剧戏剧（含戏曲）类、音乐类、曲艺杂技及其他类 3 个大类，京剧、评剧、音乐剧等 20 个小类。活动由北京市少年宫承办。

（王杨）

首届“海棠杯”全国大学生创意漫画大赛

10 月 24 日，北京第二外国语学院举办首届“海棠杯”全国大学生创意漫画大赛颁奖典礼暨中国漫画馆开馆仪式。比赛收到由 136 所高校选送的 2028 幅（组）作品，分别以青年视角、漫画形式讲述中国故事、传播中华文化。经组委会评审，评出单幅奖 10 个，学院奖 2 个，一等奖 3 个、二等奖 5 个、三等奖 10 个，指导教师奖 5 个。中国漫画馆位于学校求是楼，隶属于科研处，占地面积 500 平方米，设置主题展览、特别企划展、名家名作展 3 个展区，陈列近百幅优秀漫画家作品及“海棠杯”部分获奖作品。

（王薇）

59 所学校入选第三批全国中小学中华优秀传统文化传承校

11 月 23 日，教育部公布第三批全国中小学中华优秀传统文化传承学校名单，北京市 59 所中小学入选。经学校自主申报、省级教育行政部门推荐、专家复核与公示，全国 1885 所学校被认定为第三批全国中小学中华优秀传统文化传承学校。第一批和第二批传承学校遴选工作分别于 2010 年和 2017 年举行，北京市分别有 15 所和 31 所中小学入选。

（徐春生）

第十届国际大学生微电影盛典

12 月 2 日，首都师范大学科德学院举办第十届国际大学生微电影盛典。盛典通过京视网现场直播，现场揭晓获奖榜单及第四届“喜幽优”喜剧短视频展映活动优秀作品名单，同时举办“电影和传媒的现状及未来方向”主题学术论坛、“北京第九站”影视交流展映活动。此次活动以“十年·守望”为主题，收到国内 200 余所高校选送的微电影作品 6000 余部，评选出单项奖 8 个，8 个主题单元评出一等奖 13 个、二等奖 37 个、三等奖 70 个，另评出最佳组织奖 10 个。首届国际大学生微电影盛典于 2012 年举办。

（白静静）

4 月 20 日，海淀民族小学学生与新疆学生同上一节队会课——展示书法作品（海淀民族小学 供）

常规性国家级活动服务保障工作

至年底，市教委继续做好常规性国家级活动服务保障工作。9月30日，组织7所学校120余名学生参加2021年国家烈士纪念日天安门广场活动。12月31日，组织北京市海淀区中关村第一小学金帆京剧团54名学生参加全国政协新春茶话会，参演少儿京剧联唱《红·传》。

（徐春生）

校外教育

校外教育现状调研

3月至4月，北京学生活动管理中心开展北京市校外教育现状调研。调研采取问卷调查和实地调研2种方式开展，调研问卷分为管理者卷、教师卷、学生家长卷，分别收回有效问卷17份、532份、648份；实地调研9家校外教育机构。调查问卷和访谈数据统计分析显示，2019年全市开展兴趣小组活动课程6190门，开展主题群众活动1199次，服务学生217万余人次；72.54%校外教师参与指导学校学生社团工作，68.65%教师承担课外活动计划（课后服务）下校任务；全市校外教育机构服务学校1065所。学生活动管理中心根据分析情况编写完成《关于做好北京市校外教育工作的调研报告》。

（胡盼盼　冯晓虹）

“青创北京”启动

5月20日，团市委、市教委、市科协、市学联联合主办的“青创北京”第11届“挑战杯”首都大学生课外学术科技作品竞赛闭幕式暨“青创北京”启动仪式在北京科技大学举行。活动通过项目路演、签约仪式等方式展示获奖项目。第11届“挑战杯”竞赛设置1个“挑战杯”主赛事和“红色实践”“揭榜挂帅”“科技冬奥”3个专项赛事。全市70所高校的1万余个学生科创团队报名参赛，经过资格审查、网络评审、决赛终审等环节，评选出特等奖43个、一等奖84个、二等奖159个、三等奖316个，北京航空航天大学、北科大获得竞赛“挑战杯”，另有21所高校获得竞赛“优胜杯”。“青创北京”是团市委对标北京“国际科技创新中心”建设打造的重点工作品牌，通过创新、创业、创意、创效四个维度，搭建青年成长平台。首都“挑战杯”是“青创北京”创新领域的主要抓手，“青创北京”品牌的启动标志着团市委将进一步拓展整合全市共青团科创资源，助力首都发展建设和人才培养等相关工作。

（杨蓉　张凯伟）

7月21日、22日、28日和29日，市少年宫举办“乐动 益智 品鉴”半日营暑期公益活动　（市少年宫　供）

2021北京国际模拟联合国大会

5月20日至23日，外交学院举办2021北京国际模拟联合国大会。会议以“声生不息，和合共赢”为主题，设置10个委员会，涵盖中、英、法、西班牙4种联合国官方语言。会议特别开设“走进联合国”杰出青年计划，遴选10名优秀青年参与到“走进联合国”杰出青年项目中。来自全国160余所大学和中学的650名学生代表通过线上、线下方式参会。

（阚四进）

首次举办“乐动 益智 品鉴”半日营

7月21日、22日、28日和29日，北京市少年宫举办“乐动 益智 品鉴”半日营暑期公益活动。活动设置跳绳比赛、高尔夫体验、科普观影等项目，来自全市的400名学生参加活动。

（傅玥　李鹤群）

阳光少年“走近鲁迅”活动

9月至12月，北京校外教育协会主办阳光少年“走近鲁迅”系列活动。活动内容有北京鲁迅博物馆开发的制作、印刷活动，以及《走近鲁迅》研学入校和相关展览，发放研学手册1万套，配合线上网络课程和学校教师线下辅导相结合的方式开展。活动面向北京大学附属中学、北京市三里屯一中、云南省昆明市彩云中学、云南省腾冲市实验中学、江西省九江市修水县东港乡东港中小学、河北省保定市涞源县燕赵学校 6 所中小学，以及河北省保定市金泉书院、甘肃省合作市图书馆、甘肃省夏河县图书馆 3 家单位。除保定市外，参与学生中 30% 为全国扶贫建档立卡户，体现“文化扶贫”性质。

（王媛媛）

科技活动

一〇一中学生获日内瓦国际发明展 2 金 1 银

3 月 10 日至 14 日，北京市第一〇一中学学生获日内瓦国际发明展 2 金 1 银。其中，3 名学生的“基于物联网和无人机的智能遥测系统”和“身临其境交互式水族馆观赏系统”2 个项目获金奖，另外 3 名学生的“水蛭唾液对家兔无痛针刺行为变化的初探”项目获银奖。比赛首次采取线上评选方式，来自 40 余个国家的发明团队选送 1000 余个发明项目参赛。日内瓦国际发明展创办于 1973 年，由瑞士联邦政府、日内瓦州政府、日内瓦市政府和世界知识产权组织共同举办。

（康文中）

首届“海鲈鱼”国际青少年无人系统竞技挑战活动

4 月 23 日，北京学生活动管理中心举办首届“海鲈鱼”国际青少年无人系统竞技挑战活动。活动以“关爱海洋，科创守护蓝色家园”为主题，设小学组和初中组 2 个组别。30 余支中小学代表队入围决赛，北京航空航天大学实验学校小学部“北航附小队”获第一名，将作为中国代表队参加国际无人系统“海鲈鱼”全球挑战活动。

（朱小羽）

“冯如三号”刷新无人机续航时间世界纪录

10 月 1 日，北京航空航天大学“冯如三号”团队创造的 25—100kg 级油动固定翼无人机续航时间获国际航空联合会（FAI）正式认证，刷新世界纪录。5 月 21 日，“冯如三号—100 型”无人机持续飞行 80 小时 46 分 35 秒，刷新由自己保持的该重量级世界纪录，同时打破由美国极光飞行科学公司研发的“猎户座”（Orion）油动固定翼无人机（重量 2500—10000kg 级）2014 年创造的 80 小时 2 分 52 秒的油动固定翼无人机（重量等级无差别）续航时间世界纪录。此次破纪录团队二期成员为 25 名来自 4 个年级、不同专业的本科生，平均年龄不超过 20 岁。“冯如三号—100 型”全机黑色，翼展约 10 米，机身呈潜艇形，由碳纤维复合材料制成。

（朴悦嘉）

亚太空间合作组织大学生小卫星—1 成功发射

10 月 14 日 18 时 51 分，北京航空航天大学牵头研制的亚太空间合作组织大学生小卫星—1（APSCO-SSS-1）在山西太原发射场搭乘长征二号丁运载火箭遥 53 成功发射。卫星体积为 350mm×350mm×700mm，重 36kg，运行于 517km 太阳同步轨道。此次发射任务将对盘绕式伸展臂机构在轨展开技术、ADS-B 空管接收机在轨技术进行验证，并开展遥感成像。亚太空间合作组织大学生小卫星—1 是中国首颗采用中国航天项目管理流程和规范，国内外大学生联合研制、北航师生负责系统设计和研发的 30kg 级微小卫

10 月 1 日，北航“冯如三号”油动固定翼无人机续航时间获国际航空联合会认证，刷新世界纪录 （北航 供）

星，是北航牵头开展的亚太空间合作组织大学生小卫星项目中（简称 APSCO-SSS）的主星。

（朴悦嘉）

“天格计划”学生团队首个研究成果发表

12 月 3 日，清华大学“天格计划”学生团队研究成果《宇宙伽马射线暴事例 GRB 210121A 及其物理分析》在《天体物理学报》（The Astrophysical Journal）发表。该成果是针对 GRID-02 卫星载荷观测到首个宇宙伽马射线暴事例 GRB 210121A，由南京大学天格团队与清华天格团队合作完成天格观测数据的处理和物理分析，是“天格计划”首个正式发表的伽马暴科学观测结果，也是国际上同类卫星伽马暴探测项目中，首例取得科学发现和论文发表的伽马射线暴事例。

（徐思羽）

17 人获中小学生科学建议奖

12 月 23 日，市教委公布第 13 届北京市中小学生科学建议奖获奖名单，授予 17 名学生科学建议奖，11 名学生科学建议提名奖。评选活动于 5 月启动，以“关注社会热点，科学表达主张”为主题。来自 16 个区、燕山地区和经开区 360 所学校的 7279 名中小学生参与活动，报送科学建议和建言献策 6726 项。经初评、复评和终评答辩，评选出科学建议奖 10 项（17 人）、科学建议提名奖 10 项（11 人）、二等奖 82 项、三等奖 110 项，另评出建言献策一等奖 332 项、二等奖 526 项、三等奖 982 项。活动由北京市少年宫承办。

（卢亭　蒋小建）

第 13 届北京市中小学生科学建议奖
（10 项，17 人）

姓名	学校	项目名称
黄锦和 刘钊赫 陶镜全	北京师范大学附属实验中学	关于应用新技术对北京“老城文化”进行创新型保护的建议
龙源威	北京市第八十中学	关于改善城市共享单车卫生条件预防疾病传播的建议
韩佳辰	清华大学附属小学商务中心区实验小学	关闭一扇“夺命窗口”——关于完善桥洞积水水位警示系统的建议
骆柏辰	人大附中北大附小联合实验学校	关于在北京公园绿地中建设生态科学监测科普站点的建议
田嘉一 周端萌	北京市东城区史家胡同小学	关于设立北京中轴线文化观光游览环保专线的科学建议
杜星宜 陈嘉仪	北京师范大学附属实验中学分校	“喂爱发声” 关于北京市普及公共母婴室的科学建议
李岳霖 王薪然	中国人民大学附属中学实验小学	关于在海淀公园设立小学生自然课堂的建议
那晓晖	中国人民大学附属中学丰台学校	关于北京湿地社区化超微化浮岛化打造亲鸟城市的建议
陈森淼 赫妍 李华洋	北京市怀柔区第二中学	关于怀柔山区农村防护坡存在安全隐患的解决建议
罗杨	北京中学	关于北京城市车辆限高加装人工智能提醒装置的建议

（卢亭）

12 月 3 日，清华“天格计划”学生团队首个研究成果发表
（清华　供）

“101 科普小卫星”成功发射

12 月 26 日 11 时 11 分，“101 科普小卫星”搭载长征四号丙遥三十九运载火箭进入预设轨道。“小卫星”采用国际通用 6U 立方星设计，装载由北京市第一〇一中学学生提出设计思路的小型成像相机、半导体温差发电实验和一〇一中业余无线通联等载荷，将为学校师生提供航天科普和教育实践平台，实现辅助地理教学、科学技术实验、校园文化建设等功能。另外，作为“中非 HOPE 航天科普合作计划”启动第一步，中非各校将利用“小卫星”为学生搭建航天交流平台，探索科普教育中非航天合作新模式。“中非 HOPE 航天科普合作计划”是由一〇一中与航天东方红卫星有限公司联合倡议，由中国国家航天局提出的中国与非洲国家和阿拉伯国家航天科普合作计划，被列入中非合作论坛第八届部长级会议上通过的《中非合作论坛——达喀尔行动计划（2022—2024）》。计划首次线上会议于 12 月 16 日召开，另有来自埃及的 2 所学校和来自埃塞俄比亚的 1 所中学，围绕一〇一中“101 科普小卫星”，就立方星项目的基本情况和应用展开交流。

（康文中）

第 39 届北京学生科技节

12 月 26 日，第 39 届北京学生科技节闭幕。科技节于 5 月启动，由市教委、市科委和市科协共同主办，围绕“创新实践、快乐成长”主题，开展学生科技活动 15 项。全市 30 万人次中小学生参加活动。活动由北京市少年宫承办。

（卢亭　刘旭庚）

劳动教育

“延河联盟”劳动教育基地揭牌

3 月 20 日，中国农业大学“延河联盟”劳动教育基地揭牌。基地位于学校涿州教学实验场，设置模式动物表型与遗传研究大设施、国家农作物分子创新育种中心、玉米全程机械自动化创新基地 3 个国家级平台及精准渔业基地、葡萄无病毒原原种基地等 10 个省部级平台，每年可接待 8000 人次大中小学生开展实习实训实践。“延河联盟”于 2019 年 3 月成立，由 9 所诞生于延安的高校组成。

（孙桂凤）

首届“中华小农人”劳动体验活动

4 月 10 日，北京学生活动管理中心举办第一届“中华小农人”春耕劳动体验活动。活动在教学植物园作物区举办“敲春锣 庆春耕”仪式，学生在教师引导下认识农具，通过“火眼金睛辨种子”游戏，认识菠菜、芫荽、刀豆等春耕种子和幼苗，并进行种植。至 17 日，累计举办 4 场活动，60 余名中小学生通过网络预约报名参加活动。

（马凯）

石景山推进劳动教育

4 月 25 日，石景山区委教育工作领导小组印发《石景山区关于全面加强新时代中小学劳动教育的实施方案》，推动全区中小学劳动教育开展。全区中小学以“五一”劳动节为契机，组织学生开展学习劳模、劳动实践活动，举办

4 月 10 日，学生活动管理中心举办首届“中华小农人”春耕劳动体验活动　（学生活动管理中心　供）

劳动教育现场会。11 月，区教委开展中小学校落实“双减”任务中德育、劳动教育优秀做法征集活动，印发《石景山区中小学生暑假生活实践手册》《石景山区中小学生寒假生活实践手册》5 万余册，指导中小学生以寒暑假为契机，开展生活劳动实践。

（康爱农）

全国大中小学劳动教育协同创新发展论坛在东城举行

5 月 8 日，全国大中小学劳动教育协同创新发展论坛在北京市东城区史家胡同小学举行，启动“大中小学劳动教育协作发展共同体”。“共同体”由中国劳动关系学院、北京市昌平职业学校、史家教育集团等 5 个成员单位组成，将在劳动教育基地建设、课程资源开发、教师培养和成果推广 4 个方面发挥共同体功能，挖掘共同体内各校优势，形成资源共享库，积累和交流劳动教育课程案例，通过专题研修方式开展进阶式、多元化培训。史家教育集团提出劳动教育基地建设共同体、劳动课程资源开发共同体、劳动教育教师培养共同体和劳动教育成果推广共同体 4 项功能。活动中，史家教育集团为劳关学院、昌平职校、北京国际职业教育学校教师代表颁发“成长导师”证书；劳关学院向昌平职校、北京国际职业教育学校、北京市第二中学、史家教育集团 4 所学校和教师代表颁发“实践基地”铜牌和“实践导师”证书。活动由东城区委教育工委、东城区教委、史家教育集团共同主办。相关单位领导，来自山东、四川等 14 个省、市教育局的教研员，相关中小学、职业院校领导及教师代表等 300 人参加会议。

（赵朋秋）

延庆成立 10 个劳动教育基地

5 月 10 日，延庆区教委举办中小学生劳动教育基地颁牌仪式。活动为北京王木营蔬菜种植专业合作社、北京绿富隆农业股份有限公司、八达岭世界葡萄博览中心等 10 个新评定的基地颁牌。此次共有 41 个市、区级资源单位参与评选，通过实地调研场地设施、检查综合安全状况、听取劳动课程菜单汇报等评选环节完成选拔评定，落实每周不少于 1 课时的劳动教育课程。5 月 27 日，延庆区劳动教育线上大课堂课程资源展示暨研讨会在北京市延庆区第一职业学校举行。会议举办微课展示和教师说课，围绕如何有效开展大课堂活动组织交流研讨。来自 10 个劳动教育基地的教育专员和 9 所中小学的社会实践教育相关学科教师 30 人参加会议。

（张美丽　卫秀宗）

平谷首个学生劳动教育周

5 月 10 日至 16 日，平谷区教委举办首个“学生劳动教育周”活动。各中小学依据《平谷区关于全面加强新时代中小学劳动教育实施方案》精神，推进劳动教育活动并将其常态化。学生劳动教育包括劳动教育宣传、种植基地实践、家务劳动体验、志愿服务争先 4 项内容。20000 余名小学师生、8000 余名中学师生参与各类活动。

（王春萌）

黄庄职高开设中小学劳动教育课程

6 月至 12 月，北京市黄庄职业高中为石景山区 2 所中小学开设劳动教育课程。课程分为生活类、生产类、服务类 3 类，纵向划分小低、小高、初中 3 个阶段课程，构建“五有”教学新模式，依托“项目化＋模块化”教学方式组织实施，通过送课下校、职业体验 2 种方式满足中小学生需求。6 月，为 2 所学校 352 名初一年级学生提供 18 门劳动教育实践课程；9 月至 12 月，选派 6 名教师到 2 所学校开设课程 7 门 64 课时。

（魏祯）

5 月 8 日，全国大中小学劳动教育协同创新发展论坛在史家胡同小学举行　（史家胡同小学　供）

大兴推进中学生劳动教育

至年底，大兴区教委推进中学生劳动教育。制定《大兴区中学劳动教育实施方案》，开展劳动教育工作。两次召开劳动教育工作推进会，举办大兴区中学劳动教育优秀课例评选活动，通过项目实施推进10所区级劳动教育基地示范校建设。各校通过开设劳动实践课程、建设校内学农小基地、组织志愿服务等方式，为学生搭建劳动实践平台。

（黄山环）

顺义多举措促进劳动教育落实

至年底，顺义区教委多举措促进劳动教育落实。制定《顺义区关于全面加强新时代中小学劳动教育的实施方案》，指导全区开展劳动教育。举办两场顺义区劳动教育现场会，通过典型经验分享、课堂教学展示、劳动实践活动观摩等形式，分享劳动教育成功经验，引领全区劳动教育开展。举办“深化劳动教育 提升综合素养”顺义区小学劳动教育年报线上交流活动，征集各校劳动教育课程设计与实施、劳动教育实践活动、劳动教育评价、家校社相结合开展劳动教育等故事、案例汇报作品54件。开展劳动教育基地评选，从18家申报单位中，择优评选出3家，为各校开展劳动教育实践活动提供服务保障。

（李爱民）

海淀推进新时代劳动教育

至年底，海淀推进新时代劳动教育。10月20日，区教委发布《海淀区3～18岁学生家庭劳动教育任务清单（2021年版）》。清单由海淀区教育科学研究院采取跨部门合作方式研制，通过7月至8月前期试用后对外发布，分为学前3～6岁、小学7～9岁（一年级至三年级）、小学10～12岁（四年级至六年级）、初中13～15岁、高中16～18岁5个学段，按照劳动主题分为自我管理、与人相处、社会适应、创新发展4个主题，围绕4个主题分设劳动主题、劳动目标、劳动内容、评估标准、展示与交流5个部分。构建新时代劳动教育评价体系，推进科技引领型劳动教育。其中，中国人民大学附属中学建立“一核心四模块”劳动教育课程体系，开设4个模块40门课程，研发《人大附中劳动实践学习单》；北京市海淀区玉泉小学建构农场劳动课程，设置7类课程50余个实践项目；北京市十一学校龙樾实验中学基于初中生特点，以“龙樾未来小镇生态”支撑学生劳动方式发生。

（张纪元）

昌平推进劳动教育

至年底，昌平区教委加大劳动教育宣传力度，统筹推进中小学劳动教育。成立昌平区中小学劳动教育课程服务中心，创设“劳动六艺”课程400余项，形成区级劳动教育课程手册4册；通过线上推送、送课到校、基地上课3种途径，组织实施区级课程实践。“昌平教育”公众号发布劳动教育信息21条。《花开未开》栏目制作播出劳动教育主题节目《劳动教育 筑梦芳华》，宣传劳动教育典型经验。《中国教育报》以《在劳动中成长》为题报道昌平区中小学劳动教育课程服务中心为学生提供劳动实践课程的相关内容。

（杨然　柴石彦）

4月20日至25日，人大附中举办首届校园劳动文化节 （人大附中　供）

（本栏责任编校　孙晓楠）

2022 | 党的工作

PARTY WORK

- 坚持和加强党对教育工作的全面领导
- 落实习近平给首都高校师生回信精神
- 全面从严治党纵深推进
- 维护教育系统安全稳定

党的工作

PARTY WORK

综述

坚持和加强党对教育工作的全面领导

2021 年，北京教育系统坚持党的全面领导，推动习近平新时代中国特色社会主义思想在教育系统形成生动实践。强化“第一议题”制度，做到习近平总书记重要讲话、重要指示批示精神及时学习、应学尽学。深入贯彻落实习近平总书记在清华大学考察时的重要讲话精神，制定北京市建设一流大学群体“十项行动计划”。以首善标准组织开展党史学习教育，打造“首都百万师生同上一堂党史课”活动，全方位、多层次扎实推进“我为群众办实事”实践活动。完善党对教育工作领导的体制机制，发挥市委教育工作领导小组抓大事、议要事的作用，8 次专题研究部署“双减”工作。落实高校党委领导下的校长负责制，推进 107 所中小学校党组织领导的校长负责制试点工作，推动民办高校和中小学校党组织 100% 全覆盖。开展“不忘百年初衷·共筑百年梦想”主题教育实践活动，加强党外知识分子思想政治引领。

（付震）

落实习近平给首都高校师生回信精神

2021 年，市委教育工委深入落实习近平总书记给首都高校师生重要回信精神。6 月 21 日，习近平给北京大学的留学生们回信，鼓励他们更加深入地了解真实的中国，把想法和体会介绍给更多的人，为促进各国人民民心相通发挥积极作用。9 月 8 日，习近平回信勉励全国高校黄大年式教师团队代表，真正把为学为事为人统一起来，当好学生成长的引路人，并向全国广大教师致以节日的祝贺和诚挚的祝福。市委教育工委通过多种形式深入学习，推动重要回信精神在办校治校、教书育人、服务“四个中心”功能建设等方面形成生动实践。10 月 23 日，在习近平总书记给中国戏曲学院师生回信一周年之际，夏林茂前往戏曲学院调研并参加座谈会，持续加深对回信精神的学思、笃行，汲取前行智慧，凝

7月1日，中央财大举办建党百年七一快闪活动

（中央财大　供）

聚奋进力量。

（付震）

全面从严治党纵深推进

2021年，市委教育工委、市教委纵深推进全面从严治党。加强全面从严治党责任传导，统筹两委涉及全面从严治党近10项任务，班子成员每人一张《落实全面从严治党主体责任相关工作一览表》，坚持“一张清单管到底”。制定《市委教育工委、市教委政治生态分析研判工作方案》，完善两委对市属高校全面从严治党归口考核办法，全年开展两次政治生态分析研判。对机关党支部和直属单位党组织开展“过筛子”检查和全面从严治党（党建）工作考核动态抽查。推动62所高校全部成立全面从严治党主体责任工作部门。推进高校纪检监察体制改革，市属高校全部成立监察专员办公室。推动高校巡察覆盖3/4的党组织，市领导约谈全面从严治党问题突出高校。打造忠诚干净担当的干部队伍，制定《关于进一步加强机关和直属单位干部队伍建设的意见》。持之以恒落实中央八项规定和市委实施意见，深入整治“四风”。召开北京教育系统全面从严治党工作会、警示教育大会，会同市纪委首次召开“以案四说”警示教育大会。

（付震）

中央巡视市委相关整改任务和市委巡视两委反馈意见整改落实工作

2021年，市委教育工委、市教委推进中央巡视市委相关整改任务和市委巡视市委教育工委、市教委反馈意见的整改落实工作。2月4日，中央第十一轮巡视组向北京市委反馈巡视意见。按照市委统一部署，市委教育工委、市教委承担两项整改任务，至4月，已全部办结。4月，市委第四巡视组反馈对市委教育工委、市教委巡视整改意见。市委教育工委、市教委针对反馈的96个具体事例，研究制定174项整改措施，并实施定期研究会商、重点问题专项整改、整改督查督办等工作机制，推动整改落实。市委教育工委、市教委举一反三抓好中央巡视中管高校整改相关工作，制定高校共性问题和两委工作深化“两张清单”，组织开展自查自纠。

（王希）

中央巡视市委落实意识形态工作责任制情况反馈意见涉教育领域问题整改工作

2021年，市委教育工委、市教委开展中央巡视市委落实意识形态工作责任制情况反馈意见涉教育领域问题整改工作。对照中央巡视市委落实意识形态工作责任制情况反馈意见中的问题清单，研究制定23项整改措施，协调市委组织部、市委宣传部、市公安局等9个部门和10所高校推动整改任务落实，高质量完成各项工作。同时，以巡视整改为契机，修订市委教育工委、市教委《意识形态工作责任制分工方案》，印发《北京教育系统2021年意识形态工作要点》《北京高校二级单位落实意识形态工作责任制工作指引》《关于贯彻落实〈高校学生社团建设管理办法〉的若干措施》等文件。

（王宇航）

中小学校党组织领导的校长负责制试点工作推进

2021年，市委教育工委推进中小学校党组织领导的校长负责制试点工作。市委教育工委调研西城区、大兴区中小学校党组织领导的校长负责制试点工作情况，听取区委教育工委、各试点学校工作汇报，认为试点工作取得阶段性成效，要求各试点区、校要持续用力，确保试点任务圆满完成。年内，就“中小学校党组织领导的校长负责制试点运行研究”课题，市委组织部、市委教育工委召开座谈会，听取东城、西城、通州、大兴区委教育工委和燕山教委党委相关负责人汇报试点课题研究情况，对各区课题研究情况、工作进展、下一步重点任务提出具体要求。中小学校党组织领导的校长负责制试点工作2020年启动，试点范围包括东城、西城、通州、大兴4个区及燕山地区的35所学校。

（孙亚茹）

7月14日，市委教育工委、市教委举办北京市学生“四史”学习知识竞赛总决赛。图为观众席现场　（新闻中心　供）

国先进基层党组织”称号。

（张晓兰）

党的教育方针贯彻落实专项行动

7月22日，市委教育工作领导小组办公室印发《关于开展党的教育方针学习宣传贯彻活动和在全市各级各类学校开展贯彻落实专项行动的工作方案》。专项行动面向全市各级各类学校（含幼儿园、民办学校），以各区各高校为重点，要求建立工作台账，形成有利于党的教育方针准确把握、有力执行、全面贯彻的长效机制。一是开展一次学习宣传。要求各区各高校组织开展多形式分层次全覆盖的学习宣传活动，让党的教育方针深入人心。二是组织一次集中排查。根据中央明确的六项重点任务，细化提出13条清单，要求各区、各高校结合实际抓好排查。三是建立一本工作台账。各区、各高校根据中央要求和市级清单，结合自身实际，建立工作台账。

（张子珽）

高校秋季开学疫情防控工作专题会

8月20日，市委教育工委召开北京高校秋季开学疫情防控工作专题会。会议通报全国高校党建会议有关高校防控要求、教育部及北京疫情防控领导小组相关会议精神以及当前国内疫情形势，明确师生员工返京返校条件要求，对从严做好校园疫情防控和秋季开学工作进行部署。市委教育工委相关负责人及各高校分管疫情防控工作负责人参加会议。市教委另于12月21日召开北京高校疫情防控工作专题会，部署高校元旦、春节和寒假期间疫情防控工作。各高校分管校领导和相关部门负责人在视频分会场参会。

（王星星）

高校党的建设工作会议

9月17日，市委教育工委召开北京高校党的建设工作会议。会议传达全国高校党的建设工作会议和市委常委会会议精神，印发《市委教育工委、市教委贯彻落实第二十七次全国高校党的建设工作会议精神任务清单》，提出40项任务50条具体措施。表彰第八次北京市党的建设和思想政治工作先进普通高等学校及提名奖学校。清华大学、北京科技大学、北京联合大学、北京航空航天大学、北京第二外国语学院代表作交流发言。夏林茂参加会议并讲话。在京高校党委书记、校长93人参加会议。

（付震　郭佳）

协助做好中央巡视中管高校整改工作

9月至10月，市委教育工委落实属地责任，协助做好中央巡视中管高校整改相关工作。制定《市委教育工委、市教委落实习近平总书记听取第七轮巡视汇报时重要讲话精神工作方案》，梳理4项重点内容，建立3项工作机制，制定高校共性问题和市委教育工委、市教委工作深化“两张清单”，把高校普遍问题细化为30个方面，组织开展自查自纠。

（付震　华蕾）

加强和完善中国新型政党制度学术研讨会

10月31日，中国人民大学召开加强和完善中国新型政党制度学术研讨会。会议采取线上方式举办，围绕习近平总书记关于中国新型政党制度的重要论述以及《中国新型政党制度》白皮书内容、完善中国新型政党制度、推进全过程人民民主建设等主题展开研讨。各高校及相关单位的700余名专家学者参加会议。

（吕鹏军）

高校“三全育人”综合改革工作点评会

11月29日，市委教育工委召开北京高校“三全育人”综合改革工作点评会。清华大学、北京科技大学、首都师范大学分别介绍学校“三全育人”综合改革工作推进情况，来自中国人民大学、中国高等教育学会、北京化工大学专家学者逐一点评。郑吉春和教育部相关负责人参加会议并讲话。

（王星星）

2021年，昌平区学校开展日常消杀

（昌平教委　供）

全市民办学校党建工作推进会

12月17日，市委组织部、市委教育工委、市教委召开全市民办学校党建工作推进会。会议传达市委常委会就民办学校党建工作的会议精神。市、区两级组织、教育、民政、人力社保、市场监管部门负责人及民办高校党建工作联络员、部分学校党组织书记198人参加会议。市委教育工委于12月1日向市委常委会汇报民办学校党建工作。会议强调，民办学校也是培养德智体美劳全面发展的社会主义建设者和接班人的重要阵地，要贯彻党的教育方针，坚持社会主义办学方向，落实立德树人根本任务，把党的领导贯穿到办学治校全过程。

（孙亚茹）

北京教育系统警示教育大会

12月28日，市委教育工委、市教委、驻市委教育工委纪检监察组联合召开2021年北京教育系统“以案为鉴、以案促改”警示教育大会。会议播放《假面人生》警示教育片，通报一年来首都教育系统查处的典型案例以及巡视巡察、日常监督检查发现的突出问题，并剖析问题根源。北京教育系统5200余人以现场或视频形式参加会议。

（王希　王雨）

重要活动

蔡奇到北大调研并主持召开市委教育工作领导小组会议

3月24日，蔡奇到北京大学调研并主持召开市委教育工作领导小组会议。蔡奇参观“信仰百年，初心如一——北京大学与中国共产党的建立”专题展览和北京大学百年校史陈列展，主持召开市委教育工作领导小组2021年第1次全体会议。会议审议《市委教育工作领导小组2020年工作总结和2021年重点工作任务》，听取北京教育系统开展党史学习教育有关情况的汇报，强调要办好人民满意的教育，以优异成绩庆祝建党百年。北大、市委市政府相关领导及市委教育工作领导小组成员、相关单位负责人、基层单位代表参加会议。

（张子琎　付震）

习近平在参加首都义务植树活动时叮嘱少先队员

4月2日，习近平参加首都义务植树活动。他一边同少先队员提水浇灌，一边询问孩子们学习生活和劳动锻炼情况，叮嘱他们要从小培养劳动意识、热爱劳动，勤劳是人的基本素质。习近平总书记说，等你们长大了，祖国将更加富强。你们要注重德智体美劳全面发展，既要好好学习、天天向上，又要做到身体强、意志强，准备着为祖国建设贡献力量。北京市陈经纶中学分校少先队员参与植树活动。

（付震　张晓兰）

陈宝生调研北京教育工作

4月9日，陈宝生调研北京市教育综合改革及党史学习教育情况。蔡奇与陈宝生会谈，就推进落实党中央教育决策部署交换意见。陈宝生参加北京市教育工作座谈会，听取市教育、组织、编制、财政、卫生健康部门负责人关于重点工作情况汇报，并赴东城区东华门幼儿园、北京景山学校、北京工商大学、北京市育英学校实地考察，与校长、教师代表交流座谈。他强调要坚持学前教育公益普惠的基本导向，扎实推进减轻义务教育阶段学生作业负担和校外培训负担工作，聚焦群众反映强烈的突出问题改到位、改彻底。教育部、北京市相关部门负责人陪同调研。

（付震）

夏林茂到北工大调研中央巡视整改落实情况

4月12日，夏林茂到北京工业大学专题调研中央第十一巡视组专项检查北京市委落实意识形态工作责任制反馈意见整改落实情况。他实地检查学校加强和改进思想政治工作、健全心理健康教育体系等整改工作进展。调研后，夏林茂主持召开专题调度会，对相关高校推进落实整改工作进行再部署、再督促。市委教育工委、市教委、市纪委市监委驻市委教育工委纪检监察组及北京大学、中国人民大学、北京航空航天大学等10所高校主要负责人参加会议。

（王宇航）

4月9日，陈宝生调研北京教育工作。图为东华门幼儿园幼儿分享传统故事《三打白骨精》　（东华门幼儿园　供）

习近平考察清华

4月19日，习近平考察清华大学。在清华建校110周年校庆日即将来临之际，习近平代表党中央，向清华全体师生员工和海内外校友致以节日的祝贺，向全国广大青年学生致以诚挚的问候。习近平参观美术学院校庆特别展，察看成像与智能技术实验室开展计算光学、脑科学与人工智能交叉科学实验研究和开发新科技应用场景情况，听取关于增强自主创新能力、助力世界主要科学中心和创新高地建设、提高人文社会学科教育研究水平等情况介绍，看望部分老教授、中青年骨干教师代表并同他们交谈，在体育荣誉室察看历史照片、实物展览，了解体育馆保护利用、学校继承发扬优良传统、开展体育教育等情况，出席师生代表座谈会。习近平强调，百年大计，教育为本。今年是中国共产党成立100周年，我国开启全面建设社会主义现代化国家新征程。党和国家事业发展对高等教育的需要，对科学知识和优秀人才的需要，比以往任何时候都更为迫切。我们要建设的世界一流大学是中国特色社会主义的一流大学，我国社会主义教育就是要培养德智体美劳全面发展的社会主义建设者和接班人。我国高等教育要立足中华民族伟大复兴战略全局和世界百年未有之大变局，心怀“国之大者”，把握大势，敢于担当，善于作为，为服务国家富强、民族复兴、人民幸福贡献力量。广大青年要肩负历史使命，坚定前进信心，立大志、明大德、成大才、担大任，努力成为堪当民族复兴重任的时代新人，让青春在为祖国、为民族、为人民、为人类的不懈奋斗中绽放绚丽之花。

（付震　张晓兰）

蔡奇、陈吉宁调研“双减”工作

5月7日，蔡奇、陈吉宁到西城区、海淀区调研减轻义务教育阶段学生作业负担和校外培训负担工作并分别与中小学校长、校外培训机构代表座谈。他们走访西城区师范学校附属小学、海淀区中关村第二中学，了解课后服务情况。在座谈会上，蔡奇强调“双减”事关中小学生健康成长，事关人民群众切身利益。北京要带头贯彻党的教育方针，落实立德树人根本任务，把“双减”作为一项重要政治任务抓紧抓好，坚持素质教育，深化教育改革，多措并举提升校内教育教学质量，丰富课后服务供给，加强校外培训机构规范管理，办好让人民满意的教育，促进学生全面发展和健康成长。市委、市政府相关人员陪同调研，来自西城、东城、海淀等区的中小学校长及好未来教育集团、新东方教育科技集团有限公司等校外培训机构代表参加座谈会。

（付震）

孙春兰检查高考准备工作

6月1日，孙春兰检查北京高考准备工作。孙春兰到北京市陈经纶中学考点、朝阳区招生考试中心检查高考准备工作，实地察看考生入场体温检测和身份识别、考场布置和隔离考场设置、试卷运输保管和分发等工作，了解考务指挥、考试综合管理平台运行情况，并主持召开专题会议，听取有关部门高考组织准备工作情况汇报。她强调，要以最高标准、最严要求做好高考组织和疫情防控各项工作，确保高考平稳顺利举行，确保广大考生和考务人员安全健康。国务院、教育部、北京市相关部门负责人陪同检查。

（付震　王继磊）

孙春兰与少年儿童共度“六一”

6月1日，孙春兰在北京市参加“童心向党 争做好少年”主题活动。孙春兰向全国各族少年儿童转达习近平总书记和党中央、国务院的亲切关怀和节日祝贺，向广大少儿工作者致以诚挚问候。在北京市东城区角楼图书馆，孙春兰与孩子们亲切互动，参与“航天育种”、拼插鲁班锁、“童心绘红船”活动，观看红色经典诵读，和孩子们同唱《唱支山歌给党听》《没有共产党就没有新中国》。孙春兰指出，保证少年儿童健康成长是全党全社会的共同责任。各级党委和政府要深入贯彻党中央、国务院决策部署，落实立德树人根本任务，加快发展学前教育，促进义务教育均衡优质发展，关心农村留守儿童、残障儿童等特殊群体，让他们在党的阳光下、在祖国的怀抱中健康成长。国务院、教育部、北京市相关部门负责人陪同参加活动。“童心向党 争做好少年”主题活动由东城区妇女联合会举办。

（付震）

陈吉宁检查调度高考工作

6月7日，陈吉宁到北京教育考试院检查调度全市高考工作。他召开现场调度会，听取市教委关于2021年全市高考准备情况汇报，视频连线了解有关区高考准备工作。他强调，高考是选拔人才的重要途径，涉及千家万户切身利益，关乎社会公平正义。各级各部门要以高度的责任感和使命感，周密部署、细化措施，统筹抓好疫情防控和高考组织各项工作，细之又细做好考生服务保障，确保全市高考安全、平稳、有序进行。夏林茂、卢彦等领导及市委教育工委、市教委相关人员陪同检查。

（付震　王继磊）

习近平给北大留学生回信

6月21日，习近平给北京大学留学生们回信。习近平鼓励他们更加深入地了解真实的中国，把想法和体会介绍给更多的人，为促进各国人民民心相通发挥积极作用。习近平在回信中说，你们主动了解中国国情和中国共产党历史，这对了解中国的过去、现在、将来十分有益。习近平指出，读懂今天的中国，必须读懂中国共产党。你们提到中国共产党致力于发展经济、消除贫困，积极援助其他国家抗击新冠肺炎疫情。中国共产党做这些事情，是因为中国共产党是为中国人民谋幸福的政党，也是为促进人类进步事业而奋斗的政党。习近平表示，中国有句俗语：百闻不如一见。欢迎你们多到中国各地走走看看，更加深入地了解真实的中国，同时把你们的想法和体会介绍给更多的人，为促进各国人民民心相通发挥积极作用。5月，来自32个国家的45名北大留学生代表给习近平写信，向中国共产党成立100周年致以美好的祝福，同时讲述他们在中国学习生活的体会感悟，表达对在中国共产党坚强领导下中国取得伟大成就的赞许和对中国共产党以人民为中心发展思想的认同。

（付震　张晓兰）

怀进鹏调研北京"双减"工作

8月11日，怀进鹏调研北京"双减"工作。他实地调研海淀区七一小学暑期托管班，在市教委召开"双减"工作座谈会，听取北京市"双减"工作情况汇报并讲话。他强调，要抓住关键第一年，尽快全面推动"双减"政策落地，抓紧压减学科类培训机构，进一步严格培训机构管理，让孩子在校内学足学好，不断提升课后服务水平，积极研究应对新问题。陈吉宁、夏林茂、卢彦陪同调研。

（付震）

夏林茂到中央民大调研

8月26日，夏林茂到中央民族大学丰台校区调研校区启用和学生开学准备工作。夏林茂到教学科研楼、图书馆、计算机中心等地现场查看建设情况，听取有关介绍，对丰台校区即将启用表示祝贺，对开学前期准备工作给予肯定。夏林茂要求，学校要认真贯彻落实习近平总书记对办好民族教育、办好中央民大的重要指示精神，以党建工作为统领，高标准规划，按时保质完成丰台校区后续各项建设任务；要提高政治意识和大局意识，把校园安全稳定和疫情防控主体责任压紧压实，工作做深做细，确保入住新校区师生安全。郑吉春、刘宇辉陪同调研。夏林茂另于9月7日到北京科技大学调研，肯定学校近年来在人才培养、党建工作等方面取得的成绩，希望学校切实做好安全稳定和疫情防控工作，持续推进"双一流"建设，继续服务北京市"四个中心"建设，为"三城一区"建设、京津冀协同发展作贡献。郑吉春及市委教育工委相关人员陪同调研。

（周翊兰　于点）

蔡奇、陈吉宁到学校调研并看望慰问教师

9月10日，蔡奇、陈吉宁到学校调研并看望慰问教师。蔡奇、陈吉宁走访人大附中北京经济技术开发区学校和北京市前门外国语学校，向全市广大教师及教育工作者致以节日问候。蔡奇强调，在教师节来临之际，习近平总书记给全国高校黄大年式教师团队代表回信，对广大教师和教育工作者是极大的鼓舞和鞭策。要认真学习贯彻，坚持社会主义办学方向，落实立德树人根本任务，加强教师队伍建设，深化教育教学改革，稳步推进"双减"工作，办好人民满意的首都教育，促进学生全面发展、健康成长。夏林茂、卢彦等陪同调研。

（付震）

蔡奇到密云二小调研

9月26日，蔡奇到密云区第二小学调研。蔡奇走进图书馆、创客空间并观看学生上课，他在与轮岗教师交流时，询问对"双减"工作的建议。他指出，要坚持以学生为中心，提高课堂教学质量，丰富课后服务，切实把学生负担降下来，办好人民满意的教育；要开展好教师交流轮岗，办好山区教育，让山里孩子享受到均衡的教育。夏林茂及市委、市政府相关单位负责人陪同调研。

（付震）

蔡奇到清华宣讲党的十九届六中全会精神

11月26日，蔡奇到清华大学宣讲党的十九届六中全会精神。蔡奇系统介绍党的十九届六中全会的重大历史意义和取得的重大成果、作出的重大部署。他强调，清华要学习宣传贯彻好党的十九届六中全会精神，深入贯彻习近平总书记考察清华重要讲话精神，发扬优良文

9月10日，蔡奇、陈吉宁到人大附中经开学校看望慰问教师，并察看特色课程授课和"双减"政策落实情况　（人大附中经开学校　供）

化传统和光荣革命传统，与祖国共进、与时代同行，奋力开拓世界一流大学建设新格局，为全面建设社会主义现代化国家作出新的贡献。宣讲前，蔡奇观看“党在清华园——庆祝中国共产党成立 100 周年特展”和“清华大学创新展”。夏林茂及市委、市政府相关负责人陪同参加活动。

（付震　徐思羽）

陈吉宁到北大宣讲党的十九届六中全会精神

11 月 29 日，陈吉宁到北京大学宣讲党的十九届六中全会精神。陈吉宁从全会总结党的百年奋斗重大成就和历史经验的重大意义谈起。他指出，党的十九届六中全会全面总结党的百年奋斗重大成就和历史经验，是郑重的历史性、战略性决策。北大有着鲜明的红色基因，以国家兴亡、民族复兴为己任的使命感塑造北大品质。北大要坚持和加强党的领导，坚定社会主义办学方向，立足新发展阶段、贯彻新发展理念、服务构建新发展格局，继续发挥好学科专长优势，培养高水平专业化优秀人才，努力为社会主义现代化建设贡献更多智慧和力量。宣讲前，陈吉宁到北大未来技术学院和集成电路学院调研了解科技研发和人才培养等情况。市政府相关部门负责人陪同参加活动。

（付震　刘鹏）

组织干部工作

概述

2021 年，党的关系隶属北京市委、归口市委教育工委管理的高校及事业单位 62 个，其中中央部委所属高校 31 个（教育部 24 个、工业和信息化部 2 个、国家体育总局 1 个、国家民委 1 个、国家安全部 1 个、公安部 1 个、中国科学院 1 个），市属高校及事业单位 30 个（高职院校 5 个、事业单位 3 个、成人院校 2 个），民办高校 1 个。高校基层党组织 17678 个（校级党委 62 个，院〈系〉党委 741 个、党总支 489 个、党支部 16386 个）；党员 35.84 万人，包括教师党员 4.48 万人、学生党员 20.35 万人。教师中党员比例 62.31%，其中 35 岁以下青年教师中党员比例 62.06%。在校学生 87.26 万人，党员比例 23.32%，其中研究生党员比例 9.7%、本科生党员比例 15.53%、大专生党员比例 3.55%。北京高校系统入党申请人 27.17 万人，入党积极分子 19.05 万人，发展党员 7.42 万人，其中学生党员 7.20 万人。其他北京市基础教育、职业教育和民办教育系统共有各级各类学校（含幼儿园和民办校外培训机构）3151 所，其中公办学校 1703 所、民办学校 1448 所。各级各类党组织 5084 个，其中公办学校 4300 个、民办学校 784 个；党员 9.27 万人，其中公办学校 8.17 万人、民办学校 1.10 万人。发展党员 6077 人，其中公办学校 3861 人、民办学校 2216 人。

2021 年，市委教育工委、市教委干部工作以党的政治建设为统领，加强干部培养锻炼，激励干部担当作为，着力建设忠诚干净担当的高素质专业化干部队伍，全面做好干部调配、公务员管理、教育培训、管理监督及其他方面工作，不断提高工作质量和水平。完成北京高校校级领导干部任免 131 人次（不含中管高校干部任免，不含 6 月以后双管高校一般协管职务任免），其中双管高校 28 人次、市属高校 103 人次；正职 28 人次，其中双管高校 5 人次、市属高校 23 人次。两委机关和直属单位处级干部任免 106 人次，其中机关 58 人次、直属单位 48 人次；提拔任职 23 人次，包括正处职 8 人次、副处职 9 人次；交流任职 60 人次。完成两委机关公务员 261 人、直属单位处级干部 61 人年度考核工作。面向社会考试录用和遴选公务员 9 人。接收安置军转干部 2 人。做好领导干部出入境登记备案、社团及企业兼职审批、离京请假审批等工作；统筹组织各级各类干部培训班，培训干部 940 余人次。

（孙亚茹　郭佳　霍绪艳）

选人用人专项检查整改

1 月至 7 月，市委教育工委开展市委巡视和选人用人专项检查整改工作。按照要求，成立选人用人专项整改工作组，郑吉春担任组长，干部处牵头，建立日碰头、周会商、月研判机制，研究制定整改措施 55 项，建立工作台账，明确整改目标和时限，按时完成工作任务。

（霍绪艳）

高校党委书记抓基层党建工作述职评议会

3 月 18 日，市委教育工委召开 2020 年度北京高校党委书记抓基层党建工作述职评议会。会议播放北京高校基层党建述职专题片，21 所高校党委书记现场述职，并逐一接受夏林茂点评。会议首次对 52 名高校党委书记抓基层党建情况测评，并反馈述职考核意见。卢彦主持会议。52 所高校书记及市委教育工委相关部门负责人参加会议。

（付震　郭佳）

调研浙江省中小学校党建工作

4 月 19 日至 21 日，市委教育工委组成调研组赴浙江省调研中小学校党建工作情况。调研组与浙江省杭州市拱墅区、上城区教育系统领导干部就中小学校党建工作情况座谈交流，实地走访拱墅区教育系统党群服务中心、杭州市大关实验中学、杭州育才中学（民办）、浙江省杭州高级中学、杭州市杭州中学、杭州海康威视数字技术股份有限公司。市委教育工委主要领导及相关处室负责人，市委组织部、北京教育党校，东城、通州、大兴区委教育工委和燕山教委党委相关负责人参加调研。

（孙亚茹）

抽调“双减”工作联络员 30 人

4 月和 7 月，市委教育工委、市教委抽调“双减”工作联络员 30 人。市委教育工委、市教委协调两委机关处室、直属单位，4 月抽调 18 人担任“双减”工作驻区联络员；7 月抽调 12 人参与“一企一策”工作专班，担任企业联络员。

（霍绪艳）

巡察两委处级直属单位

4 月至 6 月、9 月至 11 月，市委教育工委对两委所属 3 个处级直属单位开展第七轮、第八轮巡察。巡察组围绕“三个聚焦”，深化政治巡察，通过问卷调查、个别谈话、召开座谈会等形式，先后巡察北京教育老干部活动中心、市委教育工委市教委机关服务中心、北京高校房地产开发总公司。市委教育工委、市教委处级直属单位巡察工作 2018 年启动，共开展八轮，累计巡察单位 17 家，至 2021 年，完成巡察全覆盖。市委教育工委同时继续落实巡察整改专项督导机制，由两委领导带队，对第四轮、第五轮接受巡察的 6 家单位整改落实情况进行实地督导。

（王希）

提升市属高校党建工作质量十条措施印发

5 月 20 日，市委教育工委印发《提升市属高校党建工作质量十条措施》。文件明确从能力提升、专项指导、项目支持、品牌培育 4 个方面帮助学校提高党建工作水平，包括具体措施 10 项。

（郭佳）

职业院校党务干部示范培训班举办

6 月 15 日至 17 日，市委教育工委举办北京市职业院校党务干部示范培训班。培训通过专题报告、分组讨论、自主学习等形式，围绕习近平总书记对职业教育的指示精神、党的十九届五中全会精神、加强党对职业教育的全面领导等内容开展。各职业院校党组织书记、党务干部 50 人参加培训。

（孙亚茹）

教育系统 8 个项目入选“党建强、发展强”党建品牌项目

6月18日，市委“两新”工委公布“两新”组织“党建强、发展强”党建品牌项目名单，民办学校及培训机构 8 个项目入选。在各单位推荐、市级部门联审、综合评估基础上，经市委“两新”工委会议审议通过，确定全市 100 个“两新”组织“党建强、发展强”党建品牌项目，教育系统 8 个项目入选。其中，市委教育工委重点指导培育北京城市学院党委“打造服务首都发展的‘红色引擎’”、北京市怡海教育集团党委“怡海党建”、作业帮教育科技（北京）有限公司党委“在线教育红色引擎”3 个党建品牌。

（孙亚茹）

两委机关公务员和直属单位处级干部年度考核

6 月，市委教育工委、市教委完成两委机关公务员和工勤人员、直属单位处级干部 2020 年度考核工作。机关 261 名非领导班子成员参加考核，51 人考核等次为“优秀”、202 人为“称职”，17 人记三等功，66 人获嘉奖。直属单位考核中，5 个单位领导班子年度考核等次为“优秀”、15 个单位领导班子年度考核等次为“良好”；61 名处级干部中，13 人考核等次为“优秀”、47 人为“合格”，1 人暂不确定考核等次。至年底，市委教育工委另按照市委组织部工作要求开展公务员平时考核工作，两委机关 410 人次在平时考核中获得“好”等次。

（霍绪艳）

高校党建和思想政治工作基本标准修订

7 月 16 日，市委教育工委印发新修订的《北京市普通高等学校党建和思想政治工作基本标准》。新标准包括 10 项一级指标、44 项二级指标、111 项测评要素，总分值 1000 分。此次修订是市委教育工委第四次修订该文件。

（郭佳）

两委机关及直属单位制度建设

7 月，市委教育工委、市教委制定修订多项制度政策，推进两委机关和直属单位制度建设。新制定制度包括《关

7月1日，中央财大举办建党百年 七一快闪现活动

（中央财大 供）

于进一步加强机关和直属单位干部队伍建设的意见》《健全完善机关和直属单位抓早抓小工作机制若干措施》《关于领导班子成员联系下级“一把手”若干措施》，修订制度包括《市委教育工委市教委机关及直属单位在职处级干部因私出国（境）管理办法》。

（霍绪艳）

直属单位干部调配

7 月，市委教育工委根据市委编办《关于市委教育工委、市教委所属部分事业单位改革有关事项的批复》，完成直属单位处级干部安置调配方案及涉改单位的领导班子配备工作。改革后，市委教育工委、市教委直属单位由 33 个精简至 18 个（不含学校和医院），市委教育工委调配直属单位干部 33 人次，其中正处级 33 人次、副处级 12 人次。

（霍绪艳）

15 个支部入选第二批全国高校样板党支部

8 月 11 日，教育部公布第二批全国高校“百个研究生样板党支部”和“百名研究生党员标兵”创建名单，北京高校 15 个支部、19 名研究生党员入选。经组织推荐、通讯评审、集中会审、结果公示，教育部遴选产生 100 个研究生样板党支部和 100 名研究生党员标兵。

（郭佳）

“百个研究生样板党支部”创建名单（北京）

支部
北京大学哲学系 2019 级硕士生党支部
清华大学航天航空学院航博 181 党支部
中国人民大学经济学院政治经济学博士班第二联合党支部
中国农业大学农学院种子科学与技术研究中心研究生党支部
北京理工大学材料学院能源与环境材料系 2019 级硕士第三党支部
北京航空航天大学交通科学与工程学院汽车工程系研究生党支部
北京科技大学冶金与生态工程学院炼铁新技术合理化梯队党支部
北京交通大学计算机与信息技术学院 2018 级博士生党支部
北京邮电大学理学院研究生物理党支部
北京林业大学林学院研森经学生党支部
中央美术学院设计学院研究生第二党支部
北京中医药大学中药学院中药化学研究生第一党支部
北京工业大学城市建设学部硕士道桥工管党支部
北京建筑大学土木与交通工程学院道桥工程研究生党支部
北京农学院植物科学技术学院园艺研究生 1 支部

（郭佳）

“百名研究生党员标兵”创建名单（北京）

段嘉伦	北京大学药学院
任浙豪	清华大学地球系统科学系
周晓辉	中国人民大学新闻学院
杨勇琴	中国农业大学农学院
唐鹏飞	北京航空航天大学经济管理学院
郑迪	北京科技大学土木与资源工程学院
曹洋	北京化工大学文法学院
谢行思	北京交通大学土木建筑工程学院
曾杰	中国地质大学（北京）科学研究院
李磊	中国石油大学（北京）安全与海洋工程学院海洋油气工程系
赵森	北京林业大学水土保持学院
王万奇	中央财经大学马克思主义学院
秦光宇	华北电力大学经济与管理学院
伊力尔江·哈力克	中央民族大学管理学院
孟旭	北京协和医学院中国医学科学院阜外医院
连欣康	北京工业大学信息学部
陈越	北京建筑大学土木与交通工程学院结构工程系
董力	首都医科大学第四临床医学院
米尧舸	北京第二外国语学院英语学院

（郭佳）

首批高校党建和思政工作特色项目公布

9 月 16 日，市委教育工委印发《关于设立北京高校党建和思想政治工作特色项目的工作方案（试行）》并公布第一批北京高校党建和思想政治工作特色项目名单。项目旨在鼓励北京高校研究探索高校党建和思想政治工作规律，挖掘、培育和推广基层创造的先进经验。经入校考察、初审、终审等程序，最终确定中国人民大学等高校的 15 个项目入选第一批北京高校党建和思想政治工作特色项目。特色项目建设周期两年，每 2～3 年评选 1 次。

（郭佳）

第一批北京高校党建和思想政治工作特色项目名单

学校	项目
中国人民大学	打造高精尖的思政“金课”
北京理工大学	坚持走红色育人之路，涵育又红又专一流人才

中国农业大学	以“科技小院”模式促进服务社会和人才培养深度融合
北京科技大学	完善“两个引领、三位机制、四重保障”实践育人工作体系
北京林业大学	强化大学生思想入党
北京交通大学	强化课程思政建设，深化“三全育人”
北京中医药大学	实施中华传统文化传承创新“六项工程”
中央民族大学	铸牢中华民族共同体意识，加强少数民族学生思想引领
华北电力大学	基于“先锋指数”的新时代基层党建质量“双循环”提升工程
中国石油大学（北京）	强化文化育人，引导毕业生到祖国最需要的地方建功立业
首都师范大学	构建“5322＋X”实践体系，加强研究生理论学习
北京联合大学	以教师党支部为依托全面推进课程思政建设
首都体育学院	以服务冬奥会筹办为契机，健全体育育人工作体系
北京电子科技职业学院	坚持产城教融合发展，打造高等职业教育人才培养新模式
北京城市学院	构建民办高校民主管理新模式

（郭佳）

5 所高校获评市党建和思政工作先进校

9 月 17 日，北京市党的建设和思想政治工作先进普通高等学校及提名奖名单公布。经学校申报、入校考察、交流展示、评审委员会投票和公示等程序并由市委同意，表彰“北京市党的建设和思想政治工作先进普通高等学校”5 所，分别为中国人民大学、北京理工大学、中国农业大学、北京科技大学、北京联合大学；表彰“北京市党的建设和思想政治工作先进普通高等学校提名奖”5 所，分别为北京林业大学、北京中医药大学、中央民族大学、首都师范大学、北京电子科技职业学院。此次为该奖项第八次评选，共 23 所北京高校参评。

（郭佳）

中小学校党组织书记示范培训班举办

9 月 27 日至 29 日，市委教育工委、市委组织部在中共北京市委党校二分校举办 2021 年北京市中小学校党组织书记示范培训班。培训班围绕“坚持和加强党对中小学校的全面领导”主题，通过专题报告、分组讨论、自主学习等形式，从建设高素质专业化党组织书记队伍、推进中小学校党组织领导的校长负责制试点工作、落实中央“双减”政策、构建高质量教育体系等方面对中小学校党组织书记开展专题培训。全市公办和民办中小学校（含职业学校、幼儿园）党组织书记、副书记 100 人参加培训。

（孙亚茹）

高校发展党员工作专项检查

10 月 18 日至 22 日，市委教育工委对 6 所高校开展发展党员工作专项检查。市委教育工委、市委组织部及部分高校 13 人组成检查组，通过检查材料、召开座谈会、个别访谈等形式，对北京大学、北京第二外国语学院、中国戏曲学院、北京舞蹈学院、北京工业大学、首都医科大学 6 所高校贯彻落实《中国共产党章程》《中国共产党发展党员工作细则》《中国共产党普通高等学校基层组织工作条例》等情况开展专项检查。检查结果显示，6 所高校党委认真贯彻落实中央和市委要求，牢牢把握建党百年重大历史机遇，将发展党员工作作为一项重要政治任务，抓统筹、强队伍、重保障，形成一些特色经验做法，具有一定的推广价值。针对检查中发现的问题，检查组提出有针对性的意见和建议。

（郭佳）

加强民办学校党建工作的若干措施印发

11 月 8 日，市委教育工委、市委组织部、市教委、市委社会工委、市民政局、市人力资源社会保障局、市市场监管局联合印发《关于加强北京市民办学校党建工作的若干措施》。文件包括六部分共 22 条，梳理民办学校党建工作新情况新问题，对民办高校、民办中小学、民办幼儿园和培训机构党建工作分别提出具体要求，推动机制创新，加强分类指导，压实各级各部门工作责任。文件自印发之日起开始施行。

（孙亚茹）

4 月 10 日，一〇一中学怀柔分校举办西柏坡寻根之旅活动。图为学生参观英雄纪念碑 （一〇一中学怀柔分校 供）

划拨 200 万元专项党费支持新冠肺炎疫情防控

11 月 10 日，市委教育工委向北京高校划拨 200 万元专项党费用于支持新冠肺炎疫情防控。市委教育工委向党的关系隶属市委、归口市委教育工委管理的 62 所高校划拨 200 万元专项党费，同时要求各高校结合实际情况以不低于 1∶1 的比例配套资金，用于支持学校新冠肺炎疫情防控工作。

（郭佳）

市委“两新”工委调研“两新”组织党建工作

11 月 11 日，市委教育工委接受市委“两新”工委调研教育系统“两新”组织党建工作。市委教育工委相关负责人围绕“两新”基本情况、主要做法和成效、存在困难和问题以及下一步工作思路等方面汇报对全市民办学校党建工作进展情况，相关处室负责人根据职责范围补充汇报民办学校意识形态和思想政治工作、安全稳定工作以及校外培训工作治理等重点任务落实情况，与会人员围绕民办学校党建和思想政治工作重难点问题开展研讨交流。

（孙亚茹）

向民办高校选派督导专员兼党建工作联络员

11 月 11 日，市委教育工委、市教委印发《关于进一步加强向北京民办高等学校选派督导专员党建工作联络员工作的意见》。文件包括重要意义、选派方式及任职条件、工作方式及主要职责、工作要求、条件保障五部分内容。至 2021 年，市委教育工委、市教委共遴选 4 批民办高校督导专员兼党建工作联络员，每届聘期 3 年。

（孙亚茹）

民办学校党组织负责人网络培训班

12 月 5 日，市委教育工委举办北京市民办学校党组织负责人网络培训班。培训班围绕深入学习贯彻习近平新时代中国特色社会主义思想和党的十九届六中全会精神，贯彻落实中组部、教育部等五部门印发的《民办学校党建重点任务》等文件精神，通过专家讲座、主题报告、系列微课等形式对参训人员的政策理论水平和党务工作能力进行培训。全市各类型民办学校党组织负责人、校长代表及民办学校党建工作联络员 450 人参加培训。培训班计划到 2022 年 3 月 31 日结束。

（孙亚茹）

市属高校开展全面从严治党归口考核

12 月，市委教育工委对市属高校开展全面从严治党归口考核。市委教育工委与市纪委市监委、市委组织部、市委宣传部和市老干部局协作，组建专项检查组，对市属高校开展全面从严治党（党建）工作考核动态抽查。市委教育工委同时结合党建先进校评选入校检查，以及日常工作情况，发现 30 所市属高校存在问题 140 个。

（王希）

发展党员 74201 人

至年底，市委教育工委发展党员 74201 人。市委组织部下达市委教育工委年度发展党员计划数 73226 人，实际发展党员 74201 人（占全市发展党员的 62.7%），完成率 101.33%。

（郭佳）

9 所高校完成党委纪委换届

至年底，9 所高校完成党委纪委换届。分别是中国科学院大学、北京外国语大学、中国传媒大学、北京理工大学、北京科技大学、北京信息科技大学、中央财经大学、北京中医药大学、中国戏曲学院。

（郭佳）

干部教育培训

至年底，市委教育工委组织开展干部教育培训工作。4 月至 6 月，组织开展“落实《深化新时代教育评价改革总体方案》精神，推动教育高质量发展”专题网络培训，提高干部专业化能力。市委教育工委、市教委全体机关干部和直属单位班子成员 350 余人参加培训。5 月 12 日至 14 日，举办两委机关、直属单位处级领导干部学习贯彻党的十九届五中全会精神专题研讨班，培训班采取“视频会

7 月 7 日，中共北京信息科技大学召开第三次党员代表大会

（信息科大 供）

议＋线上学习＋线下研讨”方式，两委机关各处处长、副处长和直属单位领导班子成员 168 人参加培训。7 月至 10 月，组织两委机关干部参加 2021 年高校干部教育培训基地专题研修班选学工作，128 名干部完成培训学习。

（霍绪艳）

干部援派挂职工作

至年底，市委教育工委完成年度干部援派和挂职锻炼工作。选派 1 名干部到河北省雄安新区、1 名干部到教育部挂职锻炼，选调 1 名干部到冬奥组委工作，选派 1 名两委机关干部和 31 名高校干部担任驻村第一书记；协调安排 1 名河北省教育厅干部、1 名通州区教委干部到两委机关挂职。

（霍绪艳）

干部日常管理监督

至年底，市委教育工委做好出国政审备案、离京请假审批、社团兼职审批等日常干部管理监督工作。接收两委机关和直属单位出国（境）人员备案信息 46 人次，其中新增备案 31 人次、更新和撤销备案 15 人次。批准离京外出请假 990 人次，其中高校正职 770 人次、机关和直属单位 220 人次。完成领导干部在社会团体、基金会、民办非企业单位等兼职审批 105 人次，其中高校 93 人次、机关和直属单位 12 人次。完成两委机关公务员和直属单位领导班子成员干部人事档案 347 卷的全覆盖审核工作，对干部人事档案中“三龄两历”（年龄、工龄、党龄；学历、工作经历）等重要信息存在的 36 个问题开展组织认定。协助完成两委局级领导干部个人有关事项报告的组织填报，完成 212 名机关和直属单位处级干部个人有关事项报告的组织填报和数据录入工作。

（霍绪艳）

教育系统人才选派

至年底，市委教育工委完成年度教育系统人才选派工作。选派 5 名教师参加“博士服务团”，选派 13 名北京高校专业技术人员参加第 13 批“人才京郊行”；接收 3 名“西部之光”访问学者到市属高校访学。选派 2 名高校人才参加京津冀高层次人才国情研修班，选派 5 名青年教师参加第六届北京青年人才主题训练营活动。

（霍绪艳）

教育系统 20 人通过政工职称评审

至年底，北京教育系统 20 人通过政工职称评审。经个人申请、学校推荐、工委审核、答辩评审等程序，共 20 人通过政工职称评审。其中，高级政工师 17 人、政工师 3 人。

（霍绪艳）

宣传与思想政治教育

概述

2021 年，北京教育系统围绕市委“一个开局”“两件大事”“三项任务”部署要求，精心组织开展党史学习教育，全力服务保障建党百年庆祝活动，深化思政课改革创新，为培养德智体美劳全面发展的社会主义建设者和接班人提供坚强思想保证。

用习近平新时代中国特色社会主义思想铸魂育人。全面开设“习近平新时代中国特色社会主义思想概论”必修课，覆盖全体本专科新生。深入学习习近平总书记“七一”重要讲话精神，第一时间邀请中央党史和文献研究院院长曲青山为全学段思政课教师开展备课指导；组建思政课教师宣讲团，举办系列宣讲活动。首批编写 12 个“习近平新时代中国特色社会主义思想在京华大地的生动实践教学案例”，包括“接诉即办”“街乡吹哨、部门报到”“垃圾分类”等首都治理的实践案例。

12 月 16 日，清华附小举办《习近平新时代中国特色社会主义思想学生读本》北京市同课异构教学研讨及座谈会 （清华附小 供）

组织开展党史学习教育。印发《北京教育系统党史学习教育工作方案》，召开动员推进会，推动党史学习教育各项任务落地落实。深入开展“永远跟党走”主题教育活动，组织 3.6 万名师生参与服务保障建党百年系列庆祝活动。打造“首都百万师生同上一堂党史课”，录制“跟着总书记学党史”等可视化教材。联合教育部举办“永远的长征”——青年大学生主题诗诵会。组织1200所大中小学参与“唱支歌儿给党听”百万师生网络歌咏比赛。联合市委组织部开展“见证优秀共产党员榜样”首都大学生集体采访行动。

推动思政课改革创新。印发《关于推进北京高校思政课“质量保障工程”的若干措施》，推出“教学诊断”“一师一档”等改革举措。印发《关于进一步加强北京高校“形势与政策”课建设的若干措施》，增强课程的规范性和时效性。打造重点难点问题库，以针对性的教学供给防范化解意识形态领域重大风险。建立常态化巡听旁听制度，两委领导班子以“四不两直”方式，赴28所高校听思政课，有效带动各高校领导走进思政课堂听课评课。成立大中小学思政课一体化建设指导委员会、学校思想政治工作中心和市级研究基地，统筹推进思政课一体化建设。在全国率先印发《大中小幼一体化德育体系建设指导纲要》，推动建立纵向各学段层层递进、横向各课程相互配合、必修课选修课相互协调的思政课体系。

4月23日，全国大中小学思政课一体化实践研讨会举办
（北京教科院 供）

防范化解意识形态领域风险。以巡视整改为契机，修订市委教育工委、市教委《意识形态工作责任制分工方案》，印发《北京教育系统2021年意识形态工作要点》《北京高校二级单位落实意识形态工作责任制工作指引》，以清单形式明确教育系统各级党组织的意识形态工作职责，从制度机制上堵塞漏洞、压紧链条。夯实阵地管理，制定学生社团建设管理若干措施，强化党的领导。举办落实意识形态工作责任制培训班，提高一线干部教师工作能力和水平。

（王宇航）

推进高校思政课质量保障工程的若干措施印发

1月19日，市委教育工委印发《关于推进北京高校思政课质量保障工程的若干措施》。文件面向各高等学校党委，旨在深入实施思政课质量保障工程，提出树立重视教学质量的鲜明导向、构建全方位教学评价体系、开展个性化教学诊断、建立“一师一档”制度、健全绩效管理体系、加强支持保障6项工作举措。

（姜男）

思政课教师“同备一堂课”活动

3月10日，市委教育工委举办“深入学习习近平总书记在党史学习教育动员大会上的重要讲话”暨第九期北京市学校思政课教师“同备一堂课”活动。采取“辅导报告＋示范教学”的模式，邀请中央财经大学、中国人民公安大学、中国人民大学附属中学、西城区中古友谊小学的4名大中小学思政课教师代表，从不同学段的课程目标、教学内容和学生特点出发示范说课。活动通过北京高校思想政治理论课高精尖创新平台直播，全市万余名大中小学思政课教师通过网络直播参与备课，累计收看量6万余人次。

（姜男 郑天仪）

落实意识形态工作责任制专题培训班

4月8日，市委教育工委举办北京教育系统落实意识形态工作责任制专题培训班。培训班组织学习《关于若干历史问题的决议》和《关于建国以来党的若干历史问题的决议》，邀请专家解读历史虚无主义的本质与特征，并部署中央巡视整改意识形态专项任务和全年重点工作。郑吉春参加培训班并讲话。各高校党委宣传部、教师工作部，各区委教育工委宣传思想工作相关负责人200人参加培训。

（王宇航）

全国大中小学思政课一体化实践研讨会

4月23日，北京教育科学研究院、北京教育学院、东城区委教育工委等6家单位共同举办全国大中小学思政课一体化实践研讨会。会议以“学党史”为主题，展示8节思政课程、9节课程思政、6节主题班会。与会专家教师就整体谋划大中小学思政课系统、创新教育方法路径等研讨交流。会上，北京市第十一中学、北京邮电大学马克思主义学院、河北省石家庄市第六中学等40家单位发起成立“全国大中小学思政课一体化建设实践研究共同体”，成员170余家单位。来自国内20余所高校的专家，广东、江苏、北京等省市230余家中小学、相关教育单位的代表

400余人现场参加活动，其他省市联盟校成员线上参与研讨活动。“全国大中小学思政课一体化建设实践研究共同体”旨在整合大中小学、科研单位和社会教育资源，搭建大中小思政课一体化实践研究的共享服务平台，探索各学段衔接的一体化改革模式与途径，促进大中小学思政课高质量发展。

（邱玉 李媛媛 沈培）

首届重点建设马克思主义学院发展论坛

4月27日，市委宣传部、市委教育工委举办首届北京市重点建设马克思主义学院发展论坛。北京理工大学、北京科技大学、中央财经大学等高校的市重点建设马克思主义学院代表围绕“充分发挥马克思主义学院在学校党史学习教育中的应有作用”“着力办好‘形势与政策课’”“建设一支高素质思政课教师队伍”等主题作交流发言。全市16所市重点建设马克思主义学院与16所民办院校签署合作协议，通过选派讲师团、组织集体备课、开展示范教学和党史主题教育等方式，帮助民办院校办好思政课。市重点建设马克思主义学院及民办院校负责人等50人参加论坛。

（姜男 王岩）

高校同上阳光心理大课堂

4月28日，市委教育工委举办第33次“全市高校同上一堂课——阳光心理大课堂”活动。活动以视频会议形式举行，邀请首都医科大学附属北京安定医院副院长李晓虹作《疫情之下青年学生群体常见心理问题及疏导干预策略》专题讲座。市委教育工委、北京高教学会心理咨询研究会相关人员及57所高校2100余名心理教师和辅导员参加活动。“全市高校同上一堂课——阳光心理大课堂”2016年开始举办，旨在传播心理健康知识，提升全市高校心理教育和学工队伍的心理工作专业能力，增强大学生自我保健意识和助人自助技能，培育理性平和、自信阳光的健康心态。

（王星星）

北京地区高校课程思政建设发展论坛

5月11日，北京化工大学召开北京地区高校课程思政建设发展论坛。论坛以“推动高校课程思政建设不断走深走实”为主题，邀请5名专家分别作主题报告，10所高校教师代表作重点发言。会议由北京理工大学、北京邮电大学、北京林业大学、北京工业大学、中国地质大学（北京）、中国矿业大学（北京）、北京中医药大学、北方工业大学、首都经济贸易大学协办，优学院平台全程直播。《北京教育》杂志社、《中国大学教学》杂志社、高等教育出版社、人民网等单位代表及主办协办高校教师代表2000余人线上线下参加论坛。

（肖勇）

北京高校思想政治理论课教学基本功大赛

5月16日，市委教育工委举办第11届北京高校思想政治理论课教学基本功大赛。比赛全面考察思政课教师将教材体系转化为教学体系的能力。经初赛、复赛、决赛选拔，共评出特等奖6个、二等奖18个、三等奖29个。市委教育工委择优推荐获奖者参加第二届全国高校思政课教学展示活动和北京高校第12届青年教师教学基本功比赛。

（姜男 郑天仪）

北理工附中与北理工共建思政课一体化建设基地

6月1日，北京理工大学附属中学、北京理工大学马克思主义学院共同主办“大中小学思政课一体化建设共建基地启动仪式暨同上一堂课”活动。活动为北京理工大学马克思主义学院——北京理工大学附属中学大中小学思政课一体化建设共建基地揭牌，两校4名思政课教师同上“没有共产党就没有新中国”一课，5名专家现场点评。基地将集中两校优势，开展课题研究，推进大中小学以思政课为主渠道的一体化德育体系建设。国家图书馆、北京大学教育学院、海淀区委教育工委、海淀区教师进修学校等单位领导及思政课教师40余人参加活动。

（纪晓丽 王瑾 张凯琪）

高校教师工作部部长读书班

6月9日，市委教育工委举办北京高校教师工作部部长读书班。读书班学员共同学习《深入学习习近平关于教育的重要论述》《习近平总书记教育重要论述讲义》等文献，并就抓好教师思想政治工作和师德师风建设等内容专题研讨。20余所高校教师工作部部长参加活动。

（丁贞栋）

加强高校“形势与政策”课建设的若干措施印发

6月10日，市委教育工委印发《关于进一步加强北京高校“形势与政策”课建设的若干措施》。文件要求要高度重视“形势与政策”课建设，明确课程建设主要原则，要求要严格落实开课要求、强化教学组织、加强市级支撑保障、加强指导监督。文件自印发之日起开始实施。

（姜男）

高校学生社团建设管理工作会

6月18日，市委教育工委、团市委召开北京高校学生社团建设管理工作会。会议介绍学校工作经验，部署巡视整改重点任务。市委教育工委、团市委相关部门及各高校学工、团委负责人等150余人参加会议。市委教育工委、团市委另于11月8日召开北京高校学生社团工作会议，部署学生社团建设管理工作。各高校主管校领导，学工、团委、保卫等相关部门负责人300余人参加会议。

（王宇航）

大中小学思政课一体化建设指导委员会成立

7月8日，市委教育工委成立北京市大中小学思政课一体化建设指导委员会。该委员会是北京市深化学校思政课改革创新的决策协调议事机构，负责对大中小学思政课一体化建设指导、咨询、示范、培训、研判。夏林茂担任主任委员，成员包括市委教育工委、市教委相关领导和处室负责人，各区委教育工委、教委主要负责人等。

（姜男）

高校驻楼辅导员工作现场会

7月8日，市委教育工委召开北京高校驻楼辅导员工作现场会。与会人员实地考察北京大学驻楼辅导员工作开展情况，组织北大、北京林业大学、中央民族大学、首都体育学院交流工作经验。会议要求各高校要把驻楼辅导员工作作为“精准思政”的重要抓手，切实打通思想政治工作的“最后一公里”，并推动“一站式”学生社区综合管理模式建设，不断提升育人实效，助力学生成长成才。市委教育工委相关处室负责人和57所高校学工部长参加会议。

（王星星）

学习习近平总书记“七一”重要讲话精神专题报告会

7月9日，市委教育工委举办北京教育系统学习习近平总书记“七一”重要讲话精神专题报告会。邀请中央党史和文献研究院院长曲青山作《新时代中国共产党人的政治宣言》专题报告。全市高校专兼职思政课教师、马克思主义理论专业研究生约10万人次线上学习。

（姜男）

北京高校思政课教师暑期备课会

7月16日至17日，北京市高等教育学会思想道德修养与法律基础研究分会举办北京高校学习贯彻习近平总书记“七一”重要讲话精神宣讲团首场报告会暨思政课教师暑期备课会。备课会围绕2021版教材《思想道德与法治》邀请专家进行辅导，10所北京高校的50余名思想道德与法治课程任课教师参加学习。北京高校马克思主义学院负责人和300余名思政课教师参加会议。

（刘晖）

第三届大中小幼教师同台讲述育人故事活动

9月4日，市委教育工委、市教委举办第三届北京市大中小幼教师同台讲述我（我们）的育人故事集中展示活动。活动以“为党育人、为国育才”为主题，征集优秀案例160余个。大中小幼各学段的12名教师现场讲述。教育部、市人大、市政协代表及各高校、各区及社会支持单位代表200余人参加活动。

（丁贞栋）

高校思政课“质量提升年”推进会

9月26日，市委教育工委召开北京高校思想政治理论课“质量提升年”工作推进会。会议部署下半年重点推进思政课“质量提升年”工作任务，要求各高校加大课堂教学的保障投入，普遍实行研究生助教制度，依托有经验、政治可靠的离退休教师组建教学督导员队伍，对本（专）科所有思政课课堂教学挂牌督导。郑吉春参加会议并讲话。各高校主管领导和马克思主义学院院长120余人参加会议。市委教育工委将2021年定为思政课“质量提升年”，目的是深入学习贯彻习近平总书记关于思政课建设的重要指示批示精神，以首善标准持续提升北京高校思政课教育教学质量，建强用习近平新时代中国特色社会主义思想铸魂育人的主渠道。

（姜男　舒文琼）

高校心理危机预防与干预工作专题会

10月15日，市委教育工委召开北京高校心理危机预防与干预工作专题会。会议要求各高校聚焦“精细化”“精准化”“规范化”“全员化”，做好学生心理危机预防与干预工作。各高校主管校领导、学工部长、研工部长、保卫部长、心理中心主任300余人在各高校分会场参加会议。

（王星星）

伟大建党精神与马克思主义中国化学术研讨会

10月23日，北京化工大学与全国大学生思想政治教育发展中心共同举办伟大建党精神与马克思主义中国化学术研讨会。研讨会听取题为《建党精神与建党伟业》《从百年党史看中华民族复兴不可逆转》的主旨报告和题为《党的百年执政探索与经验启示》《“两个结合”与新时代马克思主义》的专题学术报告。来自中国人民大学、清华大学、中央党史和文献研究院等60余家高校和科研机构的百余名专家学者参加研讨会。

（肖勇）

北京高校“十佳辅导员”

11月19日，市委教育工委举办2017—2021年度北京高校“十佳辅导员”评审展示会。经学校推荐、专家初评等程序，20名辅导员参与现场评审。经个人事迹视频展示、案例分析专业素质展示和党史宣讲专项工作展示3个环节，来自北京大学、清华大学、北京师范大学等10所高校的10名辅导员获北京高校“十佳辅导员”称号。该评选每5年举行1次。

（王星星）

2017—2021年度北京高校“十佳辅导员”名单

王绍鑫	北京大学
叶慧燕	清华大学

殷实	北京师范大学
徐毅	北京航空航天大学
高爽	北京科技大学
吴星	北京化工大学
安明泰	中国传媒大学
毕帆	对外经济贸易大学
王璐	首都经济贸易大学
刘欣欣	北京联合大学

（王星星）

大中小学思政课一体化建设研究基地揭牌仪式

11月22日，市委教育工委、海淀区政府举办北京市大中小学思政课一体化建设研究基地揭牌仪式。郑吉春、海淀区常务副区长共同为研究基地揭牌，北京市学校德育研究会与海淀区签署协议，合作成立北京市大中小学思政课一体化建设实践研究示范区。北京市大中小学思政课一体化建设研究基地设在海淀区，主要职责是就大中小学思政课一体化开展理论研究、推进内容建设、加强教学方式创新和加大教学资源供给，通过团队协同、创新研究、研讨交流、评价激励4项工作机制，以课题研究为载体，组建研究基地学术指导团队、专家团队、研究与实践团队并共同开展协作攻关。

（姜男　舒文琼　宋亚甫）

学校心理健康教育工作提升计划签约仪式

11月23日，市委教育工委、市教委与中国精神卫生协会签约携手实施学校心理健康教育工作提升计划。根据协议，双方在组建心理卫生专家库、开展科普宣传和培训督导、参与危机个案指导支持、完善学生就医“绿色通道”、推进医校联防联动机制、建立教师访学研修基地、设立心理咨询师督导点、开展心理工作研究探索8个方面开展合作，共同促进提升北京市学校心理健康教育工作专业化、规范化水平。

（王星星）

学习宣传党的十九届六中全会精神师生宣讲团宣讲会

12月2日，市委教育工委在中国人民大学举办北京高校学习宣传党的十九届六中全会精神师生宣讲团宣讲会。来自中国人民大学、中国人民公安大学、中国地质大学（北京）等10所高校的10名宣讲团成员通过多样视角和详实案例阐释全会精神。郑吉春参加宣讲会并为宣讲团成员颁发聘书。北京高校学工干部、辅导员和学生党员5万人次参加线上学习。市委教育工委另组织宣讲团成员录制“以史为鉴 开创未来——北京高校师生学习宣传党的十九届六中全会精神10讲”系列网络宣讲视频，在“学习强国”、新浪微博等新媒体平台推送。

（姜男）

高校教书育人“最美课堂”颁奖典礼

12月11日，市委教育工委举办北京高校教书育人“最美课堂”颁奖典礼。市委教育工委相关负责人为30名获评北京高校教书育人“最美课堂”一等奖的主讲教师颁发奖杯。4名获奖教师从“理论之美”“道德之美”“文化之美”“信仰之美”4个方面作教学展示。北京高校教书育人“最美课堂”评选活动分为“思政课程组”和“课程思政组”，经过初赛、复赛、决赛，30门课程获一等奖、50门课程获二等奖。

（姜男　舒文琼）

12月2日，市委教育工委举办北京高校学习宣传党的十九届六中全会精神师生宣讲团宣讲会　（市委教育工委相关处室　供）

统一战线与群众工作

概述

2021 年，北京高校学习贯彻《中国共产党统一战线工作条例》和市委《关于贯彻落实〈中国共产党统一战线工作条例〉的若干措施》精神，组织党外知识分子学习贯彻习近平总书记关于加强和改进统一战线工作的重要思想和教育重要论述，发挥专业优势建言献策，加强党外代表人士队伍建设，着力构建“大统战”工作格局。

2021 年，党的关系隶属北京市委的 62 所高等教育机构（包括普通高校 57 所）有党外高级知识分子 17300 余人，包括正高级职称 300 余人、副高级职称 11000 余人；民主党派基层组织约 330 个，民主党派成员 8800 余人；党外代表人士 2100 余人，包括民主党派中央副主席 6 人、市级主委和副主委 15 人；各高校推荐政协全国第十三届委员 66 人，政协北京市第十三届委员 69 人；43 所高校有党外知识分子联谊会，23 所高校有归国留学人员联谊会，31 所高校有侨联组织。

（相京）

北京高校党外人士网络理论培训班举办

7 月至 9 月，市委教育工委举办北京高校党外人士网络理论培训班。培训班开设 8 门课程，解读《中国共产党统一战线工作条例》，讲授统战基础理论和知识，组织“四史”、“十四五”规划及 2035 远景目标等内容学习，共计 15 学时。培训班以线上方式为主，同时以高校为单位组织线下交流研讨。北京各高校 724 名党外人士参加学习。培训班同时统筹指导首都经济贸易大学、北京航空航天大学等 13 所高校的 113 名党外人士到甘肃参观考察。

（相京）

高校妇联组织建设试点工作推进

9 月 27 日，市委教育工委、市教委召开北京高校妇联组织建设试点工作动员部署会。会议启动北京高校妇联组织建设试点工作。北京大学、北京航空航天大学等 13 所高校报名参加试点工作。至 12 月，北京石油化工学院、首都师范大学、北京经济管理职业学院、北京服装学院、北京城市学院相继召开妇女代表大会，成立妇联组织。

（相京）

纪检与监察

概述

2021 年，北京教育系统纪检监察工作加强“两个责任”（落实党风廉政建设责任制过程中，党委负主体责任、纪委负监督责任）贯通协同，聚焦“两个维护”，做精做准政治监督。

全程跟进建党百年庆祝活动相关任务落实，对落实习近平总书记视察清华大学重要讲话精神及对教育工作的重要指示批示精神情况开展监督。针对新冠病毒疫苗接种、中高考服务保障等工作赴大中小学、幼儿园实地检查 50 余次，对防控措施落实不到位问题及时督促整改。同时聚焦“双减”落实开展专项监督，盯住中央巡视市委、中管高校相关整改任务落实情况以及市委巡视两委整改任务落实情况跟进监督。

落实会商机制，对两委重要工作部署和决策过程加强政治把关，对班子全面从严治党主体责任落实情况加强监督。定期向两委通报信访举报和案件查办情况，提出工作建议。对两委近三年来全面从严治党（党建）工作考核整改落实情况开展“回头看”监督检查；对两委机关全面从严治党（党建）工作开展年度动态检查，并督促抓好问题整改；对市属高校全面从严治党（党建）工作开展动态抽查。强化“一把手”和领导班子监督，第一时间向市委教育工委传达中央《关于加强对“一把手”和领导班子监督的意见》和《北京市关于加强对“一把手”和领导班子监督的若干措施》，督促制定具体举措抓好落实。

12 月 17 日，经管职院举办妇女联合会成立大会

（经管职院 供）

做实做细日常监督。坚持纠“四风”树新风，督促两委开展违规配备公车、违规发放津补贴等 4 类问题专项

整治，对《市委教育工委关于解决形式主义突出问题为基层减负的具体措施》落实情况开展自查。紧盯重要节点，对两委机关及直属单位公车封存情况开展明查暗访。强化日常提醒教育，重要节点与机关纪委联名印发廉政提醒通知，端午节发送教育领域违反中央八项规定精神典型案例摘编，严明纪律红线。加强分析研判，定期分析两委机关系统、北京高校信访举报和监督执纪立案审查情况，结合日常监督情况做好政治生态分析研判。

落实“以案为鉴、以案促改”。督促两委总结典型违纪违法案件反面教训，自查梳理廉政风险点，制定《关于加强行政领域廉政风险防控的意见》。协同两委召开年度全市教育系统、两委机关系统警示教育大会，做到警示教育常态化。对2021年新提任干部开展集体廉政谈话，增强“不想腐”的自觉。

强化监督执纪问责。完成检举举报平台新旧系统切换，把好执纪审查“入口关”。紧盯教育领域社会关切度高、群众反映强烈的突出问题，做好问题线索处置。严肃查处两委机关及直属单位处级干部违规违纪违法问题，亮明纪法红线。对高校信访工作加强指导，动态掌握转办件办理情况。用好“四种形态”，通过谈话函询、印发工作建议等方式，督促相关业务处室查补管理漏洞、加强精细化管理，切实发挥行业监管职能。完善《审查调查会商工作机制》和廉政意见办理流程，出具廉政意见173人次。

严把案件审理关。依规依纪依法完成自办案件内部审理和市属高校查办案件的统一审理，督促两委有关部门、相关高校做好处分决定执行相关工作，做好查办案件后半篇文章。深入市属高校实地调研，提供业务指导。规范案件数据管理，按月做好在京高校、两委机关及直属单位案管系统数据统计上报。开展长期未结件集中清理，对40所高校纪检干部开展案件管理工作培训。协助高校、区纪委监委及外省市纪委监委开展司法查询、调取材料等案件协查相关工作。

落实纪检监察体制改革任务要求。加强调查研究，面向全市高校开展强化新时期高校政治监督工作的专题调研。加强“室组校”联动，协助市纪委市监委开展市属高校全面从严治党（党建）工作考核专题检查和查处违反中央八项规定精神问题调研督导，召开市属高校纪检监察工作座谈会等。落实高校案件统一审理职责，提前介入市属高校案件审理，指导高校破解办案难题。

加强纪检监察干部队伍建设。领导干部带头廉洁自律，落实“一岗双责”，完善工作制度，强化自我监督。以党史学习教育为主线加强政治理论学习，通过党支部集中学习、领导干部讲党课、谈心谈话等，加强党员干部思想和作风建设。加强党章党规、纪检监察史、监督执纪执法业务知识学习，组织干部定期交流工作经验，不断提升业务水平，促进派驻监督工作规范化、法治化、正规化。

2021年，北京高校纪检监察机构62个，其中双管高校31所，纪检监察专职干部221人；市属高校31所，纪检监察专职干部182人。市纪委市监委驻市委教育工委纪检监察组在编干部21人。

（王雨）

纠“四风”树新风专项整治工作完成

4月至7月，市委教育工委市教委机关纪委完成纠“四风”树新风专项整治工作。按照市纪委的统一部署，重点整治形式主义、官僚主义、违规发放津补贴或福利、违规收送名贵特产和礼品礼金、违规吃喝和违规配备使用公务用车方面的问题。机关纪委通过开展宣传教育、进行自查自纠、强化监督检查、严肃执纪问责方式开展工作。此次整治工作未发现存在相关问题，同时通过专项整治，完善作风建设、强化责任落实。

（刘纪江）

处级直属单位纪检干部专题培训会

6月18日，市委教育工委市教委机关纪委举办2021年处级直属单位纪检干部网上培训会。会议邀请市直机关纪检监察工委相关人员作题为《信访举报的受理与违反党纪行为的处置》的专题报告，从信访举报问题线索的受理与处置、违纪行为处置程序、查办案件中存在的问题3个方面，结合实际案例，讲解基层纪检干部如何更好地履职尽责。两委各直属单位党组织60余名纪委书记、纪委委员、纪检委员和纪检工作人员参加培训会。

（韩宝来）

“以案四说”警示教育会议

7月6日，市委教育工委联合市纪委召开“以案说纪、以案说法、以案说德、以案说责”警示教育会议。会议通报典型案例基本情况，播放忏悔短片，相关部门负责人围绕案件说纪、说法、说德、说责，推动首都高校全面从严治党向纵深发展。市纪委书记参加会议并讲话，夏林茂主持会议。中央纪委国家监委相关部室、驻教育部纪检监察组相关负责人，市纪委市监委班子成员，市委教育工委、市教委班子成员，市委巡视机构负责人，各高校党委书记、校长、纪委书记（监察专员）等参加会议。

（王希）

高校案件管理工作培训

7月13日，驻市委教育工委纪检监察组开展高校纪检干部案件管理工作培训。培训围绕提高高校纪检监察机构案件管理工作水平和案件审理业务能力开展培训指导。23所高校的40余名纪检监察干部参加培训。

（王雨）

市属高校纪检监察工作座谈会

7月15日至16日，驻市委教育工委纪检监察组召开市属高校纪检监察工作座谈会。会议围绕贯彻落实习近平总书记在建党百年庆祝大会上的重要讲话精神和市纪委“以案说纪、以案说法、以案说德、以案说责”警示教育大会精神，就如何做好高校纪检监察工作座谈交流。26所市属高校纪检监察机构负责人参加会议。

（王雨）

出具党风廉政意见 213 人次

至年底，驻市委教育工委纪检监察组出具党风廉政意见 213 人次。其中，处级 212 人次、科级非党员 1 人次。驻市委教育工委纪检监察组同时完善《审查调查会商工作机制》和廉政意见办理流程，当好政治生态“护林员”。

（王雨）

“双减”工作落实专项监督

至年底，驻市委教育工委纪检监察组开展“双减”工作落实专项监督。建立与市委教育工委、市教委领导、责任处室负责人、专班联系人的三级沟通机制，通过参加会议、查阅工作日报专报、重点问题督办等方式跟进监督。节假日和双休日派人员参加市级专班，对各区 40 余址的校外培训机构开展执法检查和“回头看”暗访，以“四不两直”形式实地查访校园，抽查密云、通州多所中小学校。开展“接诉即办”工作监督，对工单台账定期分析筛查，及时向市纪委市监委移交相关问题线索。

（王雨）

安全稳定

概述

2021 年，市委教育工委统筹抓好校园疫情防控和维护安全稳定工作，指导高校应对新冠肺炎疫情，有效防范化解风险挑战，圆满完成建党百年庆祝活动、党的十九届六中全会等重大活动安保任务。召开北京高校安全稳定工作会议，组织高校开展 2021 年“4·15”全民国家安全教育日宣传教育活动，开展校园安全专项整顿、市属高校平安校园建设考核等工作，印发《北京高校“十四五”时期推进建设更高水平平安校园的指导意见》。

（杨硕）

高校安全稳定工作专题部署会

4 月 6 日，市委教育工委召开 2021 年北京高校安全稳定工作专题部署会。会议传达贯彻落实中央、教育部党组和市委有关部署要求，通报突出情况，研判主要风险，部署全年安全稳定工作。56 所北京高校，市委教育工委、市教委 5 家直属单位分管领导和相关部门负责人 200 人参加会议。

（杨硕）

全民国家安全教育日宣传教育活动

4 月，市委教育工委组织北京高校开展 2021 年“4·15”全民国家安全教育日宣传教育活动。活动面向北京各高校开展以“坚持总体国家安全观，庆祝中国共产党成立 100 周年”为主题的总体国家安全观主题海报征集、总体国家安全观 logo 征集活动。征集海报作品 888 份、logo 作品 293 份，最终各评出一等奖 1 个、二等奖 2 个、三等奖 5 个。各高校同时围绕“践行总体国家安全观，统筹发展和安全，统筹传统安全和非传统安全，营造庆祝建党 100 周年良好氛围”主题，采取线上线下相结合的方式，利用“两微一端”等平台，通过知识竞赛、主题“云”班会、在线党团活动等方式，组织师生参与活动。

（杨硕）

落实国家安全教育指导纲要实施细则印发

12 月 23 日，市委教育工委、市教委印发《北京市落实大中小学国家安全教育指导纲要实施细则》。细则包括总体要求、主要内容、实施途径、保障措施 4 个部分，明确小学、初中、高中、大学 4 个学段的主要学习目标和学习内容，要求通过开设相关课程、开展专题教育、融入各学科专业教育教学等方式开展国家安全教育。文件同时提出要选拔、培育一批专门从事国家安全教育的专业骨干教师。

（李异军　杨硕）

3 月 30 日，北京实验学校举办青少年毒品预防教育进校园活动

（北京实验学校　供）

离退休干部与关心下一代工作

概述

2021 年，北京市属高校、两委机关及直属单位离休干部 521 人，比上年减少 69 人，平均年龄 91.3 岁；中共党员 455 人；第二次国内革命战争时期参加革命工作 1 人；抗战时期参加革命工作 60 人；解放战争时期参加革命工作 460 人。退休干部 20198 人，中共党员 11483 人。党的关系在北京市委的普通高校、两委机关及直属单位离退休人员 8.39 万人，离退休干部分党委 37 个，离退休干部党总支 31 个，离退休干部党支部 1387 个；老干部活动中心、站（室）156 个，面积 6.23 万平方米；专职老干部工作人员 428 人。举办线上线下离退休老同志各类读书、学习活动 371 场，1.94 万人次参加活动；举办各类情况通报会、报告会 765 场，3.32 万人次参加活动。通过走访、打电话、邮寄慰问品等形式慰问离退休老同志 10.27 万人次；为 8169 人次离退休老同志发放困难补助金、慰问金 1614 万元。

离退休干部工作。组织老同志开展建党百年主题活动。北京高校完成 77 集《见证辉煌——百年·百人》老党员访谈视频拍摄，其中优秀作品在“学习强国”开设《见证辉煌》专栏展播。在“北京教育老干部工作”微信公众号上开设“永远跟党走”宣传专栏，推送 100 名教育系统老党员感人事迹。线上举办“百年铸辉煌、永远跟党走”第 14 届北京教育系统老同志书法作品展。组织老同志参加北京市“入党志愿书陈列展”“向党说句心里话”“唱首心歌献给党”等庆祝活动。各高校通过举办“光荣在党 50 年”纪念章发放仪式和书画、手工、摄影展等活动，组织老同志庆祝建党百年。组织北京高校 420 余名离退休老同志参加党的十九届六中全会精神线上专题辅导报告会，并组织学习体会交流活动。北京大学离退休工作部获全国老干部工作先进集体，北京航空航天大学、北京联合大学两人获全国先进老干部工作者。

关心下一代工作。印发《关于贯彻落实〈中共教育部党组关于加强新时代全国教育系统关心下一代工作委员会工作的意见〉的通知》。推动大中小学思政课一体化建设，组织 9 个调研组开展相关调研工作并举办集体备课会。推动家校社共育工作，召开家校社共育咨询室建设座谈会，制作家校社共育主题宣传片。举办北京老校长下乡工作总结表彰会，启动新一批老校长下乡工作；老校长刘建文被评为北京市脱贫攻坚先进个人；老校长下乡阜平支教团获河北省脱贫攻坚先进集体。举办三场“守正大讲堂”；组织中小学开展 2021 年“新时代好少年·红心向党”主题教育读书活动；组织北京高校参加 2021 年“读懂中国”活动；举办“薪火好少年 奋进新时代”京冀牵手关心下一代主题教育活动。北京教育系统关工委网络新媒体工作研究中心揭牌，《致敬大先生》和《无名的丰碑》系列微视频在人民视频、“学习强国”、北京时间等平台上线。北京 21 个单位获全国教育系统关心下一代工作先进集体，35 人获全国教育系统关心下一代工作先进工作者、9 人获全国教育系统关心下一代工作突出贡献者。北京教育系统 7 个案例获评 2021 年全国教育系统关工委创新案例。

（杨旭 乔永）

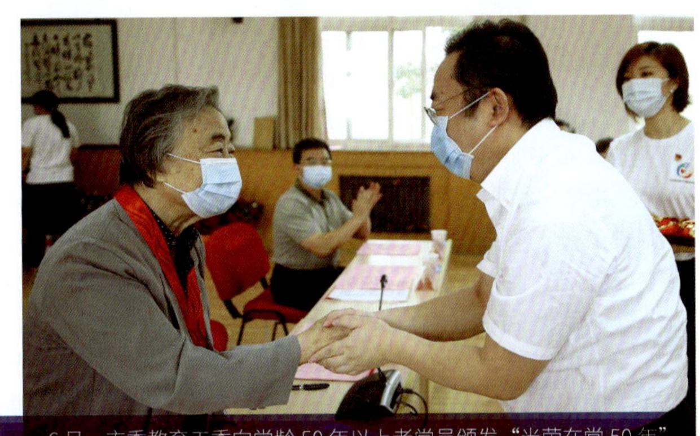

6月，市委教育工委向党龄 50 年以上老党员颁发“光荣在党 50 年”纪念章 （市委教育工委相关处室 供）

“读懂中国”活动启动

3 月 26 日，教育部关工委、北京教育系统关工委在北京航空航天大学举行 2021 年“读懂中国”活动启动仪式。活动以“讲好入党故事，传承红色基因”为主题，北京大学、清华大学等 9 所高校学生现场展示视频及征文作品。中国关工委、教育部、北京航空航天大学、市委教育工委相关负责人参加活动。活动同时在全国设 83 个分会场，1600 余名省级教育系统关工委和直属高校关工委负责人、“五老”代表等参会。“读懂中国”活动是教育部关工委推出的思想政治工作品牌活动，通过征文、视频作品等形式记录身边人讲自身事，使青年学生在记述和传播老同志的故事中受到教育。至 10 月，北京 62 所高校的 3827 名学生直接采访优秀“五老”935 人次，撰写、制作征文、微视频、短视频等 1612 个（篇），21.3 万名大学生通过报告会、座谈会参与活动。其中，获教育部关工委最佳征文 9 篇、优秀征文 19 篇；最佳微视频 6 个、优秀微视频 2 个；最佳短视频 1 个、优秀短视频 3 个。北京教育系统 23 个单位获优秀组织奖。

（乔永）

3 场“守正大讲堂”报告会

4 月 6 日、4 月 29 日、6 月 10 日，北京教育系统关工委在北京市第二十二中学、北京工业职业技术学院、中央民族大学举办 3 场“守正大讲堂”报告会。报告会邀请中共中央党史和文献研究院、首都师范大学、中央民族大学专家分别以《做中国特色社会主义事业的接班人》《唱支山歌给党听——歌声中的党史》《党史中的民族团结故事》为题作报告。高中、职业学校、高校学生近千人现场聆听报告。

（乔永）

网络新媒体工作研究中心揭牌

5 月 12 日，北京教育系统关工委网络新媒体工作研究中心揭牌。中心主要针对网络新媒体环境下高校关工委面临的新问题新任务开展理论研究和实践推广，成员包括华北电力大学、北京大学、北京林业大学、北京邮电大学、北京科技大学、北京交通大学、中央财经大学、对外经济贸易大学、北京信息科技大学、北京联合大学、北京服装学院11所高校。中心设主任、副主任，办公室设在华电。

（乔永）

贯彻落实加强新时代关工委工作的意见

6月2日，市委教育工委印发《关于贯彻落实〈中共教育部党组关于加强新时代全国教育系统关心下一代工作委员会工作的意见〉的通知》。文件包括三部分内容，要求各高校党委和各区教育部门要严格落实“三纳入”（把关心下一代工作纳入党委工作日程、纳入精神文明建设重要考核内容、纳入有关领导职责范围）工作要求，做到与党建同研究、同部署、同考核；要严格落实“三个一”（听取一次关工委工作汇报、组织一次专题学习培训、开展一次集中宣传阐释），研究制订关工委工作改进方案与措施。市委教育工委另于6月29日举办北京教育系统关工委学习贯彻《中共教育部党组关于加强新时代全国教育系统关心下一代工作委员会工作的意见》视频培训会。

（乔永）

“永远跟党走”主题党日活动

6月24日，市委教育工委、市教委举办北京教育系统离退休党员庆祝中国共产党成立100周年暨“永远跟党走”主题党日活动。活动为老党员佩戴中央颁发的“光荣在党50年”纪念章，共同开通《见证辉煌》北京教育系统老党员访谈“学习强国”线上专栏，向北京教育系统“永远跟党走”宣讲团授旗并为宣讲员代表颁发聘书。离退休党员代表发出“传承红色基因,永葆政治本色”的倡议,听取“永远跟党走”宣讲团示范宣讲并重温入党誓词。北京教育系统离退休党员代表50人参加活动。

（杨旭）

两个系列微视频上线

6月，北京教育系统关工委组织高校创作的《致敬大先生》和《无名的丰碑》系列微视频在人民视频、“学习强国”、北京时间等平台上线。视频由各高校“五老”带领学生团队创作。《致敬大先生》系列微视频再现吴玉章、徐特立、林伯渠等12名“大先生”的生平业绩及精神;《无名的丰碑》系列微视频讲述湘江战役中牺牲的战斗英雄、北京西山无名英雄纪念碑上敌后隐蔽战线的革命烈士和沂蒙老区的故事。视频集中播放期间在线观看量超20万人次，师生反馈心得体会超百万字。视频同时以光盘形式发送各基层单位关工委。

（乔永）

新一批北京老校长下乡工作启动座谈会

9月9日，市委教育工委召开新一批北京老校长下乡工作启动座谈会。会议邀请前两批老校长下乡代表分享工作经验和心得体会，并就新一批老校长下乡工作进行部署。新一批9名老校长和17名学生助理将分别赴密云、延庆及河北承德、阜平助教，为期5年。

（乔永）

北京高校荣誉退休示范仪式

10月9日，市委教育工委、市教委在首都师范大学举办北京高校荣誉退休示范仪式。仪式以“扬帆再起航，点亮新征程”为主题，夏林茂及市委教育工委、市委老干部局、首都师范大学领导向40名北京高校2021年度新退休干部代表颁发光荣退休证书。新退休干部代表发言并向教育系统新退休人员发出退休后继续为党和人民事业作出新贡献的倡议。北京高校新退休干部代表、离退休工作部门负责人100人参加活动。

（杨旭）

党建引领老干部工作向基层延伸课题开展

10月至12月，市委教育工委、清华大学联合部分高校开展“党建引领老干部工作向基层延伸在北京高校的实践与探索”课题调查研究。课题组先后到朝阳区东湖街道望京花园社区，海淀区学院路街二里庄党群服务中心、石油共生大院实地调研，与朝阳区委、海淀区委老干部局和东湖街道、学院路街道相关人员座谈，研讨如何打破地方与系统的“条块”分割，以党建为引领，实现工作联动、优势互补、资源整合，共同发挥老同志作用、服务好老同志等问题。课题组还对26所北京高校书面调研。调研结果显示，党建引领老干部工作向基层延伸在北京高校有效的工作体制机制已初步建立，老同志在社区发挥作用方面取得明显成效；在统筹多方力量开展养老服务方面形成大量行之有效的做法。在今后的工作中，北京高校还需在强化统筹协调，建立与街道社区的工作协调机制；加强思想引导，发挥组织优势等方面加强工作。

（杨旭）

大中小学思政课一体化建设集体备课会

12月21日，北京教育系统关工委组织大中小学思政课一体化建设调研工作第八组集体备课会。北京信息科技大学、北京市第二十中学、北京市第二实验小学思政课教师围绕红军长征主题，从不同角度研讨大中小学如何集体备课、讲课，体现思政课教学同一主题、内容的学段间衔接、螺旋式上升的教育教学要求。北京教育系统关工委主任对集体备课进行点评。第八组全体成员、海淀区清河学区主任带领的学区各中小学思政课教学负责人参加会议。至年底，调研工作第三、四、五、九组也分别在北京师范大学、北京科技大学、北京航空航天大学、北京联合大学开展集体备课活动。

（乔永）

27 个单位获全国关心下一代工作先进集体

12 月 22 日，北京教育系统 21 个单位获教育部关工委成立 30 周年表彰。教育部共表彰全国教育系统关心下一代工作先进集体 491 个、全国教育系统关心下一代工作先进工作者 779 人、全国教育系统关心下一代工作突出贡献者 127 人。北京教育系统 21 个单位获先进集体、35 人获先进工作者、9 人获突出贡献奖。

（乔永）

全国教育系统关心下一代工作先进集体（北京）

北京教育系统关心下一代工作委员会
北京市东城区教育关心下一代工作委员会
北京市房山区教育关心下一代工作委员会
北京市顺义区教育关心下一代工作委员会
北京市昌平区教育关心下一代工作委员会
北京市大兴区教育关心下一代工作委员会
北京市平谷区教育关心下一代工作委员会
北京大学关心下一代工作委员会
清华大学关心下一代工作委员会
北京师范大学本科教学督导团
北京理工大学关心下一代工作委员会
中国农业大学关心下一代工作委员会
北京科技大学自动化学院关心下一代工作委员会
中国传媒大学关心下一代工作委员会
华北电力大学关心下一代工作委员会
对外经济贸易大学关心下一代工作委员会
北方工业大学关心下一代工作委员会
北京物资学院关心下一代工作委员会
北京联合大学关心下一代工作委员会
北京电子科技职业学院关心下一代工作委员会
北京农业职业学院关心下一代工作委员会

（乔永）

全国教育系统关心下一代工作先进工作者（北京）

于春荣	及振华	马小莉（女）	王　彪
卢广煜	冯虞章	吕焕卿（女）	朱　虹（女）
刘秀兰（女）		刘金兰（女）	安云凤（女）
孙毓仁	李　梅（女）	李中和	李亚明
杨　弘	吴家钰	余世诚	张　帆
张五洲	陈　圆（女）	郑云珍（女）	赵青山
侯继生	徐玉玺	郭永秀（女）	唐运新
黄震华	崔利群（女）	康敬东	梁宝岩
景　致	程建平	曾妙南	潘伯洲

（乔永）

全国教育系统关心下一代工作突出贡献者（北京）

田　丽（女）	朱常宝	张　雪（女）
陈大白（女）	范伯元	岳素兰（女）
周文济	胡显章	线长久

（乔永）

大中小学思政课一体化建设

至年底，北京教育系统关工委推动大中小学思政课一体化建设工作。开展大中小学思政课一体化建设调研，北京教育系统关工委组成 9 个调研组，围绕“推进大中小学思想政治理论课一体化建设”目标，采用听课、访谈、研讨等方式，调研中国人民大学、首都师范大学、北京市育英学校等 28 个单位。调研组形成《北京市大中小学思想政治理论课一体化建设情况的调研报告》。报告对北京市乃至全国大中小学思政课一体化建设提出数据支撑和意见建议。报告得到中国关工委主任、教育部关工委主任的批示肯定。各调研组另于年底组织开展 5 次集体备课会，从不同角度研讨思政课教学同一主题内容的学段间衔接及教育教学螺旋式上升的问题。

（乔永）

机关党建

概述

2021 年，市委教育工委、市教委机关系统有党组织 127 个，包括党委 8 个、党总支 2 个、党支部 117 个。在职党员 1633 人、离退休党员 234 人、预备党员 23 人。市委教育工委市教委机关党委加强党的政治建设，以巡视整改为抓手，扎实推进规范化建设，以庆祝建党百年和开展党史学习教育为核心，抓好重大学习教育活动和重点工作推进，推动教育两委机关系统党的建设高质量发展。

开展两委机关系统党史学习教育。成立北京教育系统党史学习教育领导小组，完善“四位一体”理论学习机制。举办“北京教育中的红色基因”和“百年党史中的北京教育”

展览，开展“庆祝建党百年华诞·向党说句心里话”主题作品征集活动、庆祝建党百年“奋进百年路”主题朗诵比赛、“学党史 强信念 跟党走”党史知识竞赛等活动推进党史学习教育。

推进市委巡视问题整改落实。明确整改三级负责人及整改完成时限。坚持问题导向，会同纪检监察组和机关纪委约谈党组织书记 10 人次；指导督促机关党支部召开巡视整改专题组织生活会 2 次，直属单位召开巡视整改领导班子专题民主生活会 7 次。注重建章立制，构建巩固整改成果的长效机制，制定《关于进一步加强市委教育工委市教委机关系统党组织规范化建设工作具体措施》，强化措施的贯彻执行。

推进全面从严治党年度工作任务落实。开展全面从严治党（党建）工作考核动态抽查和党建工作专项检查，编制 2021 年两委机关和直属单位全面从严治党（党建）工作考核动态抽查方案和动态抽查手册，细化 164 条检查指标，对机关党支部、部分直属单位党开展“过筛子”检查和全面从严治党（党建）工作考核动态抽查，对机关和直属单位党组织书记抓基层党建工作开展述职评议考核。

推进两委机关系统党组织建设。严格落实党员领导干部双重组织生活和带头讲党课制度，组织指导基层党组织开好专题组织生活会和民主生活会，开展党员民主评议。指导机关系统党支部、直属单位召开民主生活会，完成 2020 年度基层党组织书记述职评议考核。结合直属事业单位改革，指导涉改事业单位撤销、成立党组织，按程序组织选举；及时印发书面换届提醒，指导北京学校、北京金隅科技学校等基层党组织按时换届；严格把握标准条件，做好新党员发展工作；严格落实“三会一课”制度和主题党日活动，加强党费使用管理和公开制度。至年底，市委教育工委、市教委承担的 5 项市级民生项目和 4 项重点实事项目全部完成，机关系统 157 项“我为群众办实事”项目全部完成，在职党员 1227 人次参与“双报到”志愿服务活动，为身边群众办实事 135 件。

做好两委机关系统常态化新冠肺炎疫情防控工作。完善北京教育系统新冠肺炎疫情防控工作领导小组机关工作组运行机制，实时传达并落实疫情防控和新冠病毒疫苗接种工作要求。按照“应接尽接、应快尽快”的原则，紧抓机关处室和直属单位在岗职工及后勤辅助人员的疫苗接种。拨付专项党费 66500 元用于疫情防控。

（马千里　吕晓春）

两委 2020 年度民主生活会

2 月 9 日，市委教育工委市教委机关党委召开两委领导班子 2020 年度民主生活会。郑吉春代表两委领导班子作对照检查，班子成员分别作对照检查发言和批评与自我批评。夏林茂主持会议并讲话，市委第五督导组组长、市直机关工委常务副书记吕和顺作点评讲话。市直机关领导和两委领导班子成员 20 人参加会议。

（吕晓春）

两委处级以上党员干部党史学习教育集中学习

4 月 20 日和 23 日，市委教育工委市教委机关党委组织两委机关处级以上党员干部开展党史学习教育集中学习。学习采取集体自学的形式，以党的光辉发展历程为坐标，分新民主主义革命时期历史、社会主义革命和建设时期历史、改革开放新时期历史、党的十八大以来的历史 4 个专题组织实施。同时组织机关各支部利用党日活动时间，围绕“学习党史、用好党史，两委要以更严的要求、更高的标准，在推动新时代首都教育新发展中走在前、作表率”等 5 个交流题目研讨交流。两委机关处级以上干部 200 余人参加学习。

（宋宇杰）

两委机关及直属单位、市属高校专题党课举办

6 月 25 日，市委教育工委、市教委举办两委机关干部及直属单位、市属高校领导班子专题党课。夏林茂以《传承红色基因 培育时代新人》为题，从红色基因的内涵入手，系统阐明传承红色基因对培育堪当民族复兴重任的时代新人的极端重要性，梳理新时代首都教育系统传承红色基因的关键问题和实践路径，提出了深化党史学习教育，推动首都教育高质量发展的具体要求。两委机关干部及直属单位、市属高校领导班子成员 620 人听课。

（付震）

庆祝建党百年主题党日活动

6 月 28 日，市委教育工委市教委机关党委组织开展两委机关系统庆祝中国共产党成立 100 周年主题党日活动。参加活动人员集体合唱《没有共产党就没有新中国》，重温入党誓词。两委领导为党龄 50 年以上的党员代表颁发“光荣在党 50 年”纪念章，活动邀请新老党员代表发言，组织集体参观“百年党史中的北京教育”展览。教育两委领导班子成员、两委“三优一先”代表、机关各党支部书记、各直属单位党政主要领导和党龄 50 年以上党员代表、年度发展新党员代表 80 人参加活动。

（宋宇杰）

“我为群众办实事”实践活动

9 月至 12 月，市委教育工委市教委机关党委组织开展党史学习教育“我为群众办实事”实践活动。活动要求各基层党组织要围绕两委机关年度重点民生项目清单、办实事清单，坚持问题导向、目标导向、结果导向，做到需求由群众提出、过程由群众监督、成效由群众评价，真心解决基层困难，真正走入群众心中，把实事办好，把好事办实，把学习教育成果转化为首都教育高质量发展的实绩和为民服务的实效。两委 127 个基层党组织通过深入基层开展调查研究、广泛听取基层意见建议，密切联系服务基层、建立志愿服务长效机制等方式，累计开展“我为群众办实事”实践活动 157 项，为身边群众办实事 135 件，建立党员先

锋岗、责任区304个，互联网播发、转载有关为群众办实事内容数量412次，点击量1642213次。

（宋宇杰）

“机关接地气 干部走基层”活动

9月至12月，市委教育工委市教委机关党委组织两委机关系统开展“机关接地气 干部走基层”活动。活动与党史学习教育“我为群众办实事”实践活动、“党旗在基层一线高高飘扬”活动、在职党员社区“双报到”活动深入融合，同向推进。聚焦“建强组织筑堡垒、为民办事解难题”，推动16个机关和企事业单位党支部与社区党支部结对共建，组织在职党员“双报到”1227人次，开展为群众服务、常态化参与疫情防控、环境整治、垃圾分类、社区治理、“周末守桶我参与”等志愿服务活动。

（宋宇杰）

“以案为鉴、以案促改”警示教育大会

12月28日，市委教育工委市教委机关党委召开2021年北京教育系统“以案为鉴、以案促改”警示教育大会。会议通报两委机关系统查处的典型案例，以及巡视巡察、日常监督检查发现的突出问题。从全面加强党的建设、从严从实抓好制度落实、进一步提高巡视整改成效三方面，对两委机关系统全面从严治党工作作出部署。会议通过“北京高校加密电视电话会议系统”召开。两委领导班子成员、副处级以上干部以及直属单位领导班子成员200余人参加会议。

（吕晓春）

两委机关系统党史学习教育活动

至年底，市委教育工委市教委机关党委开展机关系统党史学习教育。成立北京教育系统党史学习教育领导小组，完善“四位一体”理论学习机制，通过理论中心组学习、两委领导宣讲、机关大讲堂等形式，组织党员干部群众学习党的十九届历次全会精神，及时跟进学习习近平总书记重要讲话精神。举办“北京教育中的红色基因”和“百年党史中的北京教育”展览，开展“庆祝建党百年华诞·向党说句心里话”主题作品征集活动、红色观影活动、庆祝建党百年“奋进百年路”主题朗诵比赛、“学党史 强信念 跟党走”党史知识竞赛和庆祝中国共产党成立100周年主题党日活动等。累计1175人次参与活动。

（宋宇杰）

中共北京市委教育工作委员会书记、副书记、委员，一级巡视员

书　　记　王　宁（2月免）　夏林茂（2月任）
常务副书记　郑吉春
副 书 记　刘宇辉　狄　涛（9月免）　李军锋　李　奕
委　　员　张永凯　柳长安（6月任）　丁大伟　张　洋（4月免）　刘晓明
一级巡视员　李　奕（2月任）
正局级干部　张　雪

中共北京市委教育工作委员会二级巡视员、处室负责人

二级巡视员
王泳　韩宝来（7月任）
处室负责人
办公室主任　王建辉
中共北京市委教育工作领导小组办公室秘书处（体制改革处）处长　宋晓晖（7月免）
研究室主任　庞成立
党建工作处（巡察办）处长（主任）　吴　洁（10月免）　赵学智（11月任）
组织一处处长　李丽辉（10月免）　姚林修（10月任）
组织二处处长　李丽辉（7月免）　宋晓晖（7月任）
干部处处长　王　泳
宣教处处长　寇红江
统一战线与群众工作处处长　卢向红
安全稳定工作处处长　庞　谦（7月任）
离退休干部处处长　杜建峰
机关党委专职副书记　马千里
机关纪委书记　韩宝来（7月免）　邹美凤（11月任）

中共北京市纪律检查委员会、北京市监察委员会驻中共北京市委教育工作委员会纪检监察组组长、副组长

组　长　曹文军
副组长　刘　刚　杨　威　滕继辉

（本栏责任编校　张晓兰）

2022 | 综合管理

INTEGRATED MANAGEMENT

- 市级重点民生和实事项目完成
- 深化“双减”工作
- 推进教育评价改革
- 教育大数据平台初步建成
- 推进校方责任保险改革

综合管理

INTEGRATED MANAGEMENT

综述

市级重点民生和实事项目完成

2021年，市委教育工委、市教委完成所承担的市级重点民生和实事项目。两委承担的市级重点民生项目包括解决入园入学难问题、解决优质教育公共资源均衡化问题、解决入校入学难问题、解决就业难问题、关心关爱师生家庭及困难问题5项，制定推进措施7条，完成率100%。实事项目包括围绕推动首都教育高质量发展，不断满足人民群众日益增长的高质量教育需求；回应群众关切，积极稳妥减轻义务教育阶段学生作业负担和校外培训负担；深化放管服改革，减轻基层负担；围绕抓好“接诉即办”，提升群众师生满意度4项，制定推进措施9条，完成率100%。其中，解决入园入学难问题方面，54所幼儿园完成装修改造具备招生条件或已开班招生，有效扩增普惠学位1.3万个；解决优质教育公共资源均衡化问题方面，将集团办学和城乡手拉手学校建设纳入全市义务教育优质均衡发展支持政策，设立专项资金1.5亿元；解决入校入学难问题方面，市教委牵头统筹推进，通过新建、改扩建和接收小区配套等方式，新增中小学学位2.81万个；解决就业难问题方面，实施北京高校毕业生就业促进计划，为2021届毕业生举办各类线下、线上双选会255余场，提供岗位145万个。

（宋宇杰）

10月14日，清华附小举办国家级教学成果推广研讨活动
（清华附小 供）

深化“双减”工作

2021年，市委教育工作领导小组召开8次专题会议，深入推进“双减”工作。蔡奇主持会议，形成高位推动的态势。一是明确工作主线。提出“治乱、减负、防风险”“改革、转型、促提升”的要求，坚持近期远期整体统筹、校内校外双管齐下、线上线下同步治理、教育内外齐抓共管，有力促进教育发展理念回归、教育治理创新和教育生态重塑，推动基础教育领域深刻变革。二是加强制度建设。在全国各省市中率先印发北京市“双减”工作方案，研制义

务教育阶段学科类校外培训收费管理办法、学校课后服务、学校校长教师交流轮岗等多份文件，为“双减”工作提供强有力的制度支撑。三是推动工作落实。定期听取各单位、各区工作进展情况汇报，压实部门责任，推动工作落实，基本扭转校外培训过多过滥的局面。

（张子琎）

推进教育评价改革

2021 年，市委教育工委、市教委统筹推进教育评价改革。印发《北京市贯彻落实〈深化新时代教育评价改革总体方案〉的工作方案》及任务清单、负面清单和 2021 年工作台账，对重点评价改革任务明确责任人和完成时限。督促各区、各高校制订具体方案，对照负面清单完成制度清理。组织区教委开展中小学落实教育评价改革调研。统筹推进禁止宣传中高考状元、市属高校哲社研究评价“唯论文”不良导向专项整治、中考中招改革、体育中考改革、规范中小学日常考试管理、完善中小学体育和劳动教育督导方案一系列重点工作。

（张友伟）

教育大数据平台初步建成

2021 年，“1＋6＋N”北京教育大数据平台初步建成。大数据平台包括 1 套全息教育数据库，大数据分析、数据管理、数据共享交换、数据服务、数据运行监测、数据安全 6 个子系统和学位预测、学生体质健康分析等 N 个教育特色应用场景。平台完成数据资源的全流程闭环管理，实现 28 个业务系统的 192 张数据表、1.3 万个数据要素，共计 3.8 亿条教育数据的常态汇聚。

（田鹏）

校园安全工作加强

2021 年，市委教育工委、市教委加强校园安全工作。召开市教委学校安全工作领导小组会议，专题研究学校安全工作重大事项；召开 2021 年全市中小学幼儿园安全和后勤工作会议，部署加强校园安全工作。印发《北京教育系统中国共产党成立 100 周年庆祝活动安保维稳工作专项督查方案》《关于组织开展全市中小学幼儿园安全工作检查的方案》《关于开展疫情防控和校园安全专项督导工作的通知》《2021 年全市教育系统校园安全专项整顿工作方案》。开展全覆盖式校园安全检查，排查梳理校园及周边存在的突出安全问题，及时发现、消除涉校风险隐患，维护保障在校师生、幼儿的人身安全和教育系统稳定。

（武怀海）

市属高校新校区建设推进

2021 年，市教委加快推进高校新校区建设。北京电影学院、北京信息科技大学新校区部分校舍建成并投入使用，完成年度疏解任务。其中，电影学院怀柔校区一期建成 18 万平方米，完成土地划拨手续，取得一期工程规划许可、施工许可，并完成验收，9 月 14 日，第一批 1129 名学生入驻新校区；信息科大昌平校区建成 18 万平方米，学生宿舍 ABCD 组团及第一教学组团建成交付使用，12 月 18 日，4 个学院及 2210 名学生入驻新校区。至年底，另有北京工商大学良乡校区二期工程概算调整批复，学生宿舍、学生食堂和学生活动中心项目完工，AB 座教学楼开工建设；北京城市学院顺义校区三期工程学生宿舍结构封顶，教师公寓组团取得设计方案审查意见函；首都医科大学大兴新校区完成建设方案并通过市政府常务会审议，取得项目前期工作函、项目规划条件复函；首都体育学院延庆新校区（北京国际奥林匹克学院）项目完成建设方案报市政府审议，同步深化校园总体规划设计方案。

（李冠宁　徐焕喆）

推进校方责任保险改革

2021 年，市教委调整完善校方责任保险保障方案。完善学生意外伤害医疗赔付比例、金额和赔付范围，把暑期托管服务、课后服务和校园课外体育锻炼等扩充到保险范围，调整校方无过失责任保险保费标准，提高校方无过失责任保险每校每年累计赔偿限额，将金额由 1000 万元 / 校提高至 1200 万元 / 校，进一步发挥校方责任保险在防范化解风险、维护校园安全、促进学生健康成长等方面的重要作用。经过政府采购程序，由中国人民财产保险股份有限公司、中国太平洋财产保险股份有限公司服务北京市 2021—2024 学年度校方责任保险及附加无过失责任保险工作，完成新旧保险周期的无缝衔接。至年底，完成 2021—2022 学年校方责任保险及附加无过失责任保险投保工作，其中校方责任保险保费 1087.6 万元、附加无过失保险保费 1696 万元。

（房俊焱　陈娜）

规范教育收费

2021 年，市教委继续组织开展规范教育收费工作。9 月，市教委联合市委宣传部、市发展改革委、市财政局、市市场监管局开展 2021 年教育收费检查，组织教育系统 175 个单位开展教育乱收费自查工作，派出 4 个督查组对 32 个单位开展专项督查，重点检查教育收费公示不规范、违规收费、代收费和服务性收费不规范、票据使用不规范等教育收费不规范问题，实行边查边改，纠正问题资金 20 余万元，清退资金 769 万余元，整改完成率 100%。至年底，市治理教育乱收费局际联席会议办公室接听举报电话 7001 个，比上年同期增长 21.97%，其中与收费有关电话 4513 个，比上年同期增长 34.52%；同时，编辑通报、月报提供有关部门参阅。受理电话举报违规收费、退费不合理等事项 118 件、办理全国治理教育乱收费部际联席会议办公室转办件和领导批办件 2 件，清退资金 660 余万元。

（李新影）

雄安新区“交钥匙”学校建设推进

2021年，市教委继续推进雄安新区“交钥匙”学校建设。市教委与北京市第四中学、北京市东城区史家胡同小学、北京北海幼儿园继续发挥学校建设项目工作专班作用，通过项目调度会、部门协商会、实地调研检查等措施，完成年度建设任务。至12月底，幼儿园竣工交付；中学和小学教学楼全部完工。

（黄莹莹）

校园安全专项整顿

2021年，全市教育系统开展校园安全专项整顿工作。市委教育工作领导小组召开校园安全专项整顿工作会，传达全国校园安全专项整顿会议精神并布置相关工作。市委教育工委、市教委分别印发《北京高校校园安全专项整顿工作方案》《2021年全市教育系统校园安全专项整顿工作方案》。11月1日，北京开展各级各类学校全覆盖式校园安全专项整顿，针对校园安全组织领导、意识形态、疫情防控、网络安全、心理健康、法治安全教育、突发事件应对、涉校矛盾、安防体系、常规安全生产领域开展全覆盖检查。两委组成15个督查小组以“四不两直”形式检查各区各高校，实地走访学校教学楼、学生宿舍、食堂等重点场所。至年底，市、区共派出检查组367个、检查人员16002人次，检查各级各类学校4438校次。排查整治各类涉校安全隐患12562项，其中普通高校7308项、基础教育系统5254项。

（李异军　杨硕）

春季学期开学工作会

2月25日，市委教育工委、市教委组织召开2020—2021学年春季学期开学工作会。会议部署春季学期开学工作，明确开学时间、返校条件、开学准备及校外培训机构恢复线下培训、各类教育考试和疫苗接种等工作，并提出具体要求。夏林茂参加会议并讲话，卢彦主持会议。市委教育工委、市教委、市卫生健康委相关领导，各在京高校主要领导、各区主管教育领导及有关部门负责人等400余人参加会议。

（付震）

清华通州金融发展与人才培养基地项目启动

3月11日，清华大学通州金融发展与人才培养基地项目启动。该基地是北京城市副中心的重点建设项目，也是清华推进“双一流”建设的重要支撑性项目，占地面积14.16万平方米，规划建设总面积50万平方米，预计总投资64.4亿元。基地依托清华五道口金融学院和继续教育学院，构建金融科技交叉研究平台、金融学术国际交流平台和金融科技成果转化平台，培养高层次、创新性、国际化的金融人才，促进北京市金融业的发展并服务于通州新城的建设。

（徐思羽）

教育系统新冠病毒疫苗接种工作部署会

3月12日，全市教育系统新冠病毒疫苗接种工作部署会召开。市委教育工委、市经济和信息化局、市疾控中心负责人分别就做好全市教育系统疫苗接种组织动员工作、疫苗接种信息化工作和疫苗接种支持保障工作进行部署。各高校、各区教育主管部门负责人300余人参加会议。市委教育工委另于10月26日通过视频方式召开北京高校新冠病毒疫苗加强免疫接种工作部署会，动员各高校全面组织开展新冠病毒疫苗加强免疫接种工作。93所高校分管疫情防控工作校领导、部门负责人在分会场参会。

（王星星）

第31届北京教育装备展示会

4月8日至10日，第31届北京教育装备展示会暨北京教育装备论坛在北京国家会议中心举办。展示会展示面积2.20万平方米，展位数900个，139家企业参加展示，展品涉及教育信息化设备及软件，实验室、专用教室、实训平台装备，校园后勤、节能与环保设备，体音美及图书馆设备，学前教育装备及玩教具5个类别。展示会首次设立“党史学习专区”和“校园卫生防疫专区”，展示践行“停课不停学、

9月1日，十一学校新学年开学典礼上，中国第一位航天员杨利伟为学生送上开学寄语　（十一学校　供）

不停教”所取得的教学、教研成果及成功经验。展示会采取线上线下融合模式，对开幕式及多场论坛和会议同步现场视频直播。展示会同期举办高普贯通的教育信息化论坛、第三届北京市中小学实验教学说课成果展示与交流等9场论坛，以及20场企业技术交流活动，600余名市区教研员和教师现场展示，10家企业进行产品与服务展示。活动由北京市高等教育学会、北京教育装备行业协会主办。

（何新潮）

全面加强新时代语言文字工作的实施意见印发

4月30日，市政府办公厅印发《关于本市全面加强新时代语言文字工作的实施意见》。文件包括总体要求、提升国家通用语言文字推广普及质量、提高语言文字服务水平、积极推进中华优秀语言文化传承发展、加强人才培养科学研究和技术创新、加强组织保障共6个部分22条内容，是新时期全面加强北京市语言文字工作的指导性文件。

（邓鸿）

校外培训工作处成立

5月19日，经市委编办同意，市教委在全国省级教育行政部门中最先成立校外培训工作处。该处主要负责校外培训机构规范管理等工作，核定行政编制8名，处级领导职数1正2副。6月24日，经市委编办同意，市教委扶贫协作与支援合作处更名为支援合作处。

（霍绪艳）

教育评价改革工作方案印发

5月27日，市委教育工作领导小组印发《北京市贯彻落实〈深化新时代教育评价改革总体方案〉的工作方案》《北京市贯彻落实〈深化新时代教育评价改革总体方案〉工作任务清单》《北京市贯彻落实〈深化新时代教育评价改革总体方案〉负面清单》。文件提出，要充分发挥教育评价改革的引领作用，坚持“五育并举”，以立德树人为主线，以破“五唯”为导向，以改革对党委和政府、学校、教师、学生、社会五类主体的评价为重点，充分激发教育事业发展的生机活力，促进各级各类教育高质量发展。经过5至10年努力，各级党委和政府科学履行教育职责水平明显提高，各级各类学校立德树人落实机制更加完善，引导教师潜心育人的评价制度更加健全，促进学生全面发展的评价办法更加多元，社会选人用人方式更加科学。到2035年，基本形成富有时代特征、具有北京风格、彰显中国特色、体现世界水平的首都教育评价体系。

（张子琎）

“双减”系列新闻发布会

8月17日、25日、31日，市委教育工委、市教委参加3场市政府新闻发布会介绍教育“双减”新政策。会议权威发布北京“双减”文件、中小学干部教师交流轮岗方案、提升课后服务和教育教学质量、《北京市义务教育体育与健康考核评价方案》等内容，全媒体平台主动公开政策信息。围绕媒体和师生家长关注的“校外培训机构退费”“干部教师轮岗”“培训机构员工转岗转业”“体育中考增分增项目”等热点问题，回答记者问题21个，提高发布实效。全网刊播相关报道8万余篇，微博热点话题近30个，总阅读量约9亿次。

（张娜）

“双减”政策专题报告会

8月至12月，市委教育工委、市教委先后在16个区及燕山地区、经开区举办18场次“双减”政策专题报告会。报告主题是“以‘双减’工作为核心，推动构建高质量教育体系”，重点从“双减”工作的意义及目标，对“双减”工作的认识、思考和策略，新学年面临的挑战和任务及干部教师队伍建设和轮岗流动4个方面进行解读。各区分管领导、区级“双减”专班、区教育两委班子成员、中小学校和幼儿园校（园）长、教研组长和骨干教师代表等8.42万人参加报告会。

（孙亚茹）

新增中小学学位28100个

9月，北京市新增中小学学位28100个。通过新建、改扩建和接收小区配套等方式，全市16所民生实事项目学校建成并于9月1日秋季开学时投入使用，新增中小学学位28100个，包括小学学位12960个。年内，市政府民生

8月31日，首师大附中（通州校区）新校园建成并投入使用
（首师大附中 供）

实事项目目标为新增中小学学位2万个，市教委提前部署、建立机制、部门联动、现场督办，实现民生实事学校的及时交付，超额完成年度项目任务。市教委另通过优质学校办学等方式进一步扩大优质教育资源覆盖面，至年底，累计新增学位3.8万个。

（黄莹莹）

恢复市语委为市政府议事协调机构

12月21日，市委机构编制委员会印发通知，设立北京市语言文字工作委员会为市政府议事协调机构。通知明确，市语委统筹协调市行政区域内国家通用语言文字工作中的重大问题，整体推进和督促落实市语言文字工作，主任为负责教育方面工作的副市长，副主任为联系协调教育方面工作的市政府副秘书长、市教委主任、市委宣传部主管负责人，委员包括市委教育工委、市委网信办、市政府办公厅、市教委、市科委、市经济和信息化局、市民族宗教委、市公安局、市民政局、市人力资源社会保障局、市规划自然资源委、市城市管理委、市交通委、市商务局、市文化和旅游局、市卫生健康委、市市场监管局、市政府外办、市国资委、市广电局、市体育局、市园林绿化局、市城管执法局、市总工会、团市委、市妇联、市残联、市文联、北京卫戍区政治工作部的主管负责人。北京市语言文字工作委员会办公室设在市教委。原市语委1986年4月14日成立，为市政府议事协调机构，办公室设在市教育局；2009年8月11日，市语委并入市教委，不再列入市政府议事协调机构，对外保留北京市语言文字工作委员会的牌子。

（邓鸿　霍绪艳）

政府信息公开

至年底，市教委继续做好政府信息公开工作。通过市教委网站主动公开文件类政府信息339件，其中行政规范性文件18件。通过网站、微信公众号、微博、抖音等平台及时发布公众关注的热点信息，涉及新增中小学学位、义务教育优质均衡发展工作、校外培训机构检查情况等。同时利用报纸、广播、电视积极做好政策解读，市教委主要领导履行“第一解读人”职责，多次参加新闻发布会、《市民对话一把手》节目和市民政务热线（12345）接听活动，解读“中小学体育改革”“双减”等热点问题。利用网站等媒介征求社会公众意见，对《推进新时代北京研究生教育改革发展的实施意见（征求意见稿）》《北京市教育督导规定（修订草案）》《北京市幼儿园、中小学招收和培养国际学生管理办法（试行）》等涉及公众切身利益的决策公开征求意见，增强决策的科学性。规范受理依申请公开事项，积极为申请人解决相关问题，全年受理依申请公开事项115件，3件行政复议维持原告知书，1件诉讼驳回诉讼请求。

（王利利）

办结人大代表建议及政协提案

至年底，市教委协调办理人大代表建议、政协提案346件。其中，人大代表建议99件，政协委员提案247件；单办、主办197件，会办142件，参考7件。内容主要涉及促进教育公平、加强中小学生心理健康教育、加大校外教育培训管理协调力度等。建议提案总数列全市各委办局之首，代表委员对办理答复意见均为满意。

（董景涛）

中小幼师生新冠病毒疫苗接种和核酸检测工作

至年底，市教委组织实施全市幼儿园、中小学在园儿童、在校学生和教职员工新冠病毒疫苗接种和核酸检测工作。完成12～17岁在校学生疫苗接种52.20万人，接种率超过92.5%；完成3～11岁在园幼儿、在校学生第一剂接种156.50万人，接种率93.9%；完成60岁及以上退休教职工接种近6万人，教职工加强免疫接种23.30万人。

（韩景毅）

社会组织管理

至年底，市教委加强社会组织管理工作。审核完成2020年市教委作为业务主管部门的118家社会组织年检年

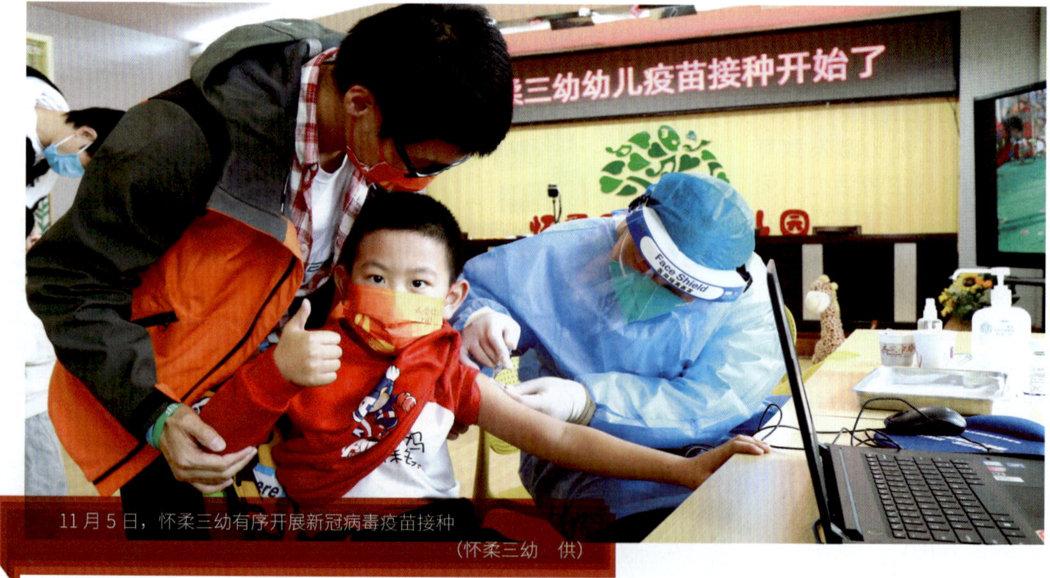

11月5日，怀柔三幼有序开展新冠病毒疫苗接种

（怀柔三幼　供）

报；为加强规范管理，梳理完善社会团体、基金会、民办非企业三类教育社会组织规范管理工作要点，组织118家社会组织开展自查；完成83家教育社会组织换届、章程核准、法人变更等审核备案工作。

（杨馨珠）

市民热线解答工作咨询21万余件

至年底，市民热线解答工作咨询21万余件。其中，各区教育部门办理124732件、市教委本级办理85425件（含线上学科类培训机构退费问题78830件），市教委本级办理量较上年增长48倍；网上在线问答回复8299件；政风行风办理522件。教育系统不断深化“接诉即办”改革，坚持顶层设计、统筹谋划、整体推进，完善工作制度，优化工作流程，加强信息报送，开展工作预警，强化通报、约谈，以“每月一题”为抓手，推进未诉先办、主动治理。

（史晓河　罗芳）

受理群众信访4475件

至年底，市教委信访部门受理群众信访事项4475件。其中，办理群众来信893件；接待群众来访1586批次，包括集体访31批次908人次；办理网信1996件，信访复查34件。市教委办公室被评为全市信访工作先进单位。

（胡武燕　张宇）

受理“行政许可”事项238256件

至年底，市教委驻市政务服务中心受理“行政许可”事项238256件。其中，大厅受理5755件；全程网办223264件，全程网办率94%；其他9237件。另接待群众各类咨询2500余次。政务窗口服务满意度为100%。连续三年被市政务服务中心评为先进进驻单位。市教委同时制定教育领域市场准入清单，推进政务服务事项办理在行政副中心落地；持续优化审批办理流程，政务服务事项实现授权综合窗口受理、授权进驻人员审批“双授权”，所有事项实现“零跑腿”；31个公共服务事项实现在北京通、支付宝、微信小程序等移动端应用办理；完成37个政务服务事项拆解、配置并在统一申办平台上线；压减办事时限，30个行政审批事项办理时限压缩80%。

（唐勇明　李传峰　罗芳）

机关档案管理

至年底，市教委完成年度机关档案管理工作。市教委接收各类机关档案536卷共计3466件；完成档案管理系统转换，实现1.23万案卷、297万条数据、19万份电子文档历史数据的迁移。经鉴定和审批，销毁到期档案277卷、电子文件2102份，共计24439页。

（王薇）

政策法规

概述

2021年，北京教育法治工作围绕首都教育改革发展和新冠肺炎疫情防控，着力推进党史学习教育、“双减”工作、教育评价改革3项年度重点任务。

服务“双减”工作。市教委加强政策研究、进行形势研判、强化执法检查、大力通报惩处。围绕校外培训治理问题研提对策建议，编发《教育决策参考》6期，编发工作进展情况报告等50余份。开展“双减”执法检查，开创教育执法新局面，实现“四个新突破”：制定2021年“双随机一公开”抽查计划，新增与“双减”工作相关检查项目25个，组建专项检查队伍，编制启用新版检查单，全面落实行政执法公示、执法全过程记录、重大执法决定法制审核3项制度，规范执法实现新要求；组织市教委机关全体干部对校外培训机构开展执法检查26轮，检查前开展实操培训、检查中以老带新、检查后交流研讨，执法能力实现新提升；推进与市场监管、公安等部门联合执法，教育系统执法检查量22652件，人均113件，先后对120余家培训机构违规、5名教师校外兼职问题予以通报，并通过新闻媒体曝光，惩处力度实现新突破；加大协调力度，推动各区教育部门行政处罚权划转市场监管部门，共同研制《北京市教育

12月3日，石景山古城小学举办国家宪法日活动

（石景山古城小学　供）

领域行政执法协作方案》，明确双方职责边界和工作衔接办法和流程，权责划转开创新局面。

推进依法行政。制发《2021 年教育法治工作要点》，清理规范教育系统权力清单，持续推进证照分离改革。发挥法律顾问专业优势和决策咨询作用，审查民事合同、各类法律文书 258 件。持续推进优化营商环境。完善专班工作机制，组织召开优化营商环境工作调度会，协调推动完成优化营商环境任务 4.0 版和 5.0 版涉市教委重点任务清单、创新改革举措清单、政策文件清单、国家营商环境创新试点改革任务分工等任务。全年完成法规文件专项清理工作 5 项，印发行政规范性文件 18 份。

抓好教育执法。严格落实行政执法 3 项制度，实行行政执法情况通报制度，压实执法责任。制发 7 期《教育行政执法情况》，通报市教委机关各处室、各区教委执法检查情况。全年执法检查 33959 件，人均执法量 170 件。办理各类教育行政案件 57 件，其中学生申诉 9 件、教师申诉 5 件、行政复议 11 件、行政复议答复 7 件、行政诉讼 25 件。制发《北京市教育领域行政执法协作方案》，明确教育部门和市场监管部门职责边界和工作衔接流程。

推进依法治校。加强《未成年人保护法》《预防未成年人犯罪法》《未成年人保护规定》学习宣传，研制北京市《未成年人学校保护规定贯彻落实分工方案》。指导学校落实《中小学依法治校基本标准》《中小学校教师惩戒规定》。转发教育部关于加强高校法治工作的意见和高校法治工作测评标准，纳入党建和思政工作基本标准。组织完成 6 所普通高校和 2 所成人高校章程制定（修订）和审核工作。在试点的基础上，制定印发《市属高校政事权限清单（试行）》。

教育立法修法。完成《北京市教育督导规定》修订并报市政府审议；完成《北京市中小学生人身伤害事故预防和处理条例》修订工作。推进《北京市实施〈中华人民共和国民办教育促进法〉办法》和《北京市学前教育条例》修订调研，协调推进《北京高校学校安全条例》调研、立项工作。结合《民法典》相关法规清理，配合市人大法制办完成地方性法规一揽子修订。

法治宣传教育。系统总结“七五”普法工作成效，制作《脚步——北京教育系统“七五”普法工作纪实》宣传片和全市教育系统“七五”普法成果展。落实全国教育系统和北京市“八五”普法规划新要求，编制北京教育系统“八五”普法规划，召开“八五”普法启动大会。持续开展“学宪法 讲宪法”活动，146 万余名大中小学生成为“宪法卫士”，北京代表队在全国竞赛中名列前茅；持续开展“法治能力提升工程”，全面落实领导干部学法制度，常态化开展法治作品征集、法治开学第一课、干部教师三级培训和旁听庭审活动。

（李明海　李群伟）

4 次会前集体学法

2 月 8 日、4 月 15 日、7 月 6 日和 11 月 1 日，市教委组织 4 次会前集体学法活动。分别特邀全国人大法工委、北京互联网法院、中国政法大学、教育部相关人员就《家庭教育促进法》、数字教育知识产权保护、新修订的《行政处罚法》《民办教育促进法实施条例》作专题辅导报告。市教委班子成员及各处处长参加学习。

（朱迎）

市人大调研教育系统普法工作

4 月 26 日，市人大调研检查教育系统推进“七五”普法、加强青少年法治教育工作情况。调研组听取市教委及丰台、通州、顺义等区教委，首都经济贸易大学、北京铁路第二中学和北京市崇文小学等学校关于“七五”普法推进情况的汇报，调研丰台区青少年法治教育实践基地建设情况。调研组肯定教育系统“七五”普法工作成绩，提出要进一步总结“七五”普法工作成效、加大家校合作力度、重视和加强校外教育培训机构工作人员的法治培训等意见和建议。市人大监察和司法委员会委员、市人大代表等 20 余人参加调研检查。

（朱迎）

中小学校章程问题巡视整改专题部署会

5 月 10 日，市委教育工委、市教委召开中小学校章程问题巡视整改专题部署会。会议针对市委巡视市委教育工

3 月 18 日，一 0 一中学怀柔分校举办“依法治校，模拟法庭进课堂”活动　　（一 0 一中学怀柔分校　供）

委、市教委提出的“抽查海淀、大兴、平谷、东城4个区的120所中小学学校章程发现，77.5%的学校未将坚持社会主义办学方向列入章程，80%的学校未将培养社会主义建设者和接班人的目标列入校章”部署专项整改工作。要求各区两周内完成中小学校章程自查，列出台账，两个月内基本完成整改工作。两委相关处室负责人及各区教委主管领导、职能科室负责人近50人参加会议。至7月，各区1108所中小学完成章程修订及整改。

（杨俊）

习近平法治思想专题辅导举办

10月19日，市委教育工委、市教委举办习近平法治思想专题辅导。活动邀请中国政法大学校长作《深入学习贯彻习近平法治思想》专题辅导报告，强调要学深悟透习近平法治思想的核心要义和实践要求，做到知其言更知其义，增强贯彻落实的思想自觉和行动自觉。两委领导、全体机关干部、直属单位党政负责人近百人参加学习。

（朱迎）

《市属高校政事权限清单》（试行）印发

11月3日，市委教育工委、市教委印发《市属高校政事权限清单》（试行）。清单明确市委教育工委、市教委、市属高校主要职责和45项具体事项，要求各高校细化研制本校权责清单，推进依法治校。清单在北京工商大学、北京电影学院两所高校试点的基础上研制，经市委编办审核同意予以印发。

（杨俊）

在全国学生“学宪法 讲宪法”活动中获奖

11月28日至12月1日，北京代表队在第六届全国学生“学宪法 讲宪法”活动全国总决赛中获奖。总决赛通过线上方式开展，经过主题演讲、命题演讲两个阶段，北京选手包揽宪法演讲各组别一等奖和知识竞赛团体二等奖，同时获个人赛冠军1个、季军1个、一等奖3个、三等奖1个，为历年最好成绩。全国各地的132名选手参加比赛，小学、初中、高中、高校4个组别分别决出冠、亚、季军各一个，一等奖20个、二等奖32个、三等奖80个。北京市另在争当“宪法卫士”活动中通过在线学习与测评产生146万名“宪法小卫士”，学生总体参与率70%，市教委获第六届全国学生“学宪法讲宪法”活动优秀组织单位，并收到教育部表扬信。

（朱迎）

教育系统“宪法晨读”活动举行

12月3日，教育部组织开展的2021年国家宪法日教育系统“宪法晨读”活动在北京外国语大学举行。活动主题为“以习近平法治思想为引领，深入学习宣传宪法”，现场师生共同诵读《中华人民共和国宪法》的部分条文，合唱歌曲《宪法伴我们成长》。活动宣读第六届全国学生“学宪法 讲宪法”活动全国总决赛获奖名单。活动在全国31个省（区、市）和新疆生产建设兵团设分会场，近30万所学校的8000余万名师生通过网络同步参与。

（崔苗苗）

北京教育系统“八五”普法工作会

12月22日，市委教育工委、市教委召开北京教育系统“八五”普法工作会。会议总结北京教育系统“七五”普法工作取得的成绩，部署北京教育系统“八五”普法工作，宣读《北京教育系统2016—2020年法治宣传教育北京市先进集体和先进个人名单》，介绍北京市中小学法治教育名师工作室特色工作成果。北京物资学院、通州区教委、首都师范大学附属中学分别从高校大学生法治教育实践、落实“谁执法谁普法”责任制、突出宪法教育等方面作交流发言。会议通过视频形式召开，市委教育工委、市教委各处室及直属单位负责人，市教育系统“八五”普法工作领导小组成员，各区教委、各高校相关负责人及“七五”普法工作先进集体和先进个人代表500余人参会。

（朱迎）

核准8所学校新修订章程

至年底，市教委完成8所学校新修订章程的核准。此轮修订旨在推动党和国家对高等教育的新精神新要求进章

12月4日，昌平区教工幼儿园开展国家宪法日主题教育活动
（昌平区教工幼儿园 供）

程。市教委梳理完善工作流程，协调相关部门精减材料与办理时间，实现章程审核网上通办。完成新修订章程核准的学校包括北京开放大学、北京教育学院2所成人高校，首都医科大学、北京服装学院、北京印刷学院、北京舞蹈学院、北京财贸职业学院、北京经济管理职业学院6所普通高校。

（杨俊）

发展规划

概述

2021年，北京教育发展规划工作以高质量发展为主题，绘制首都教育新蓝图。编制印发《北京市“十四五”时期教育改革和发展规划（2021—2025年）》，提出11项主要任务、4条保障措施和25个重点项目，切实回答好新阶段发展什么样的首都教育、怎样发展首都教育的问题。完成全部市属高校“十四五”规划批复，指导首都师范大学等5所高校制定综合改革方案，发挥规划对高校分类发展的引领作用。实现北京国际奥林匹克学院顺利挂牌。

以首都发展为统领，统筹优化各类招生结构。引导高校招生向优势特色专业、新兴交叉专业和首都发展急需专业倾斜。围绕国际科创中心建设需求，扩大市属高校研究生培养规模。

以学生为中心，做好考试招生服务，统筹做好疫情防控与考试组织工作。实现新中考改革平稳落地，科学编制各类招生计划，优质高中招生计划继续增加。积极协调部委高校增加在京招生计划，为北京考生争取更多上好大学的机会。安排420个农村专项高招计划、150个乡村教师计划，实施农村落榜考生专项计划。

以疏解非首都功能为牛鼻子，强化区域教育联动发展。推进北京电影学院、北京信息科技大学等高校新校区建设，提前超额完成年度“疏整促”任务，向城六区外疏解学生1万余人。签订《“十四五”时期京津冀教育协同发展总体框架协议》，协调推进雄安新区和北京城市副中心教育全方位协同合作。

（吴洁）

“十四五”时期教育改革和发展规划印发

9月28日，经市政府同意，市教委印发《北京市“十四五”时期教育改革和发展规划（2021—2025年）》。规划包括发展基础和形势要求、指导思想和主要目标、主要任务、保障措施、规划实施5个部分，明确“十四五”时期持续加强党对教育工作的全面领导、坚持“五育”并举着力培养时代新人、围绕“七有”“五性”优化教育服务等11项主要任务。规划同时印发《“十四五”时期重点项目》，内容包括新时代教育评价改革、家校社协同育人、大中小幼德育一体化等25个项目。

（王鑫）

推进院校调整

至年底，市教委统筹推进院校调整。1月，完成北京工商大学嘉华学院由独立学院到民办普通本科高校的转设工作。推动首都体育学院加挂“北京国际奥林匹克学院”牌子，12月16日，北京国际奥林匹克学院正式揭牌。

（李佳琦）

财务

概述

2021年，北京市级财政拨款教育经费预算340.64亿元，其中市本级预算单位213.94亿元、市对区转移支付资金126.70亿元。市教委机关事业及所属53个事业单位（含25所市属高等院校、4所中等专业学校、24个直属单位）2020年决算显示，全年收入289.23亿元，包括财政拨款236.15亿元；支出268.33亿元。持续完善市属高校分类发展财政保障政策。印发文件防治“小金库”，加强内部控制建设。接受市财政局2021年事前项目绩效评估并自行开展事前项目绩效评估。指导涉及改革的两委直属事业单位预决算工作平稳

12月16日，北京国际奥林匹克学院揭牌

（首体院 供）

推进。与市财政局联合印发《关于市教委所属预算单位房屋、土地出租（出借）管理实施细则的通知》，加强房屋、土地出租（出借）管理。

（李高远　陈彦旭）

预决算公开

3月和9月，市教委完成相关财务预算决算公开。3月，向社会公开2021年部门预算收入支出总体情况、“三公经费”、政府采购、政府购买服务、机关运行经费、项目支出绩效目标以及高等教育高精尖学科和一流专业项目预算情况；9月，公开2020年部门（单位）收支决算总体情况、“三公经费”、机关运行经费、政府采购、政府购买服务及绩效评价工作开展情况等决算信息。

（李高远　李奇）

市属高校分类发展财政保障政策完善

3月至10月，市教委持续完善市属高校分类发展财政保障政策。以“简政放权、统筹兼顾、分类保障、讲求绩效”为原则，构建北京市属高校“1+4+N+1”的拨款模式。其中，“1”是指基本综合经费，“4”是指四类分类发展专项，“N”是指若干市级引导重点项目，“1”是指绩效考核激励专项。新的拨款模式通过压减公用经费不必要支出，给学校适度压力，进一步提高经费使用绩效；通过打通人员经费、公用经费的界限，下放自主权，进一步提升学校经费统筹的能力；通过压减公用经费10亿元，调整用于市属高校分类发展，引导学校整合项目，调整结构，统筹资源，主动作为，逐步实现分类发展目标。

（李高远）

房屋、土地出租（出借）管理实施细则印发

6月，市教委、市财政局印发《关于市教委所属预算单位房屋、土地出租（出借）管理实施细则的通知》。文件包括总则、基本原则、房屋分类管理和审批权限等八部分内容，要求市教委所属预算单位房屋、土地应优先保障自身工作、教学科研和事业发展的需要，明确单位内部决策程序、审批程序及禁止办理的情况。

（霍宁）

内部控制评价

6月，市教委完成对所属预算单位内部控制建设及运行有效性评价。评价分两批，通过实地查验、查看资料、个别访谈等方式，从单位层面、业务层面开展评价，明确内部控制的要求和重点内容，有针对性地提出健全内部控制体系的建议。经评价，20个单位评价结果为“优”、31个为“良”、3个为“中”。

（李奇）

“小金库”防治

7月，市教委印发《关于切实防治“小金库”加强内部控制建设的意见》。文件旨在促进各单位形成防治“小金库”的制度、管理和监督“三位一体”机制，从政策制度宣传、体制机制建设、内部控制建设、收支管理、国有资产管理、采购管理、财务核算、警示教育和监督管理10个方面提出工作要求。

（李奇）

增加中小学教师绩效工资额度

9月，市教委等部门增加各区中小学教师绩效工资额度。在现有绩效工资保障基础上，增加各区中小学教师绩效工资额度4.7亿元，并在2021年追加下达补助经费1.9亿元，用于鼓励和引导教师积极参与课后服务，提高课后服务质量。

（陈彦旭）

9月8日，十一学校教师在课后服务时为学生答疑

（十一学校　供）

预算编制

10月至12月，市教委完成所属预算单位及市对区教育补助2022年预算的审核、汇总、上报工作。市本级预算包括市教委机关事业及所属55个事业单位（含25所市属高等院校、5所中等专业学校、25个直属单位）。根据市人代会预算草案，市教委2022全年预算收入287.58亿元，其中财政拨款194.6亿元；全年预算支出287.58亿元；市对区教育转移支付资金136.4亿元。

（李高远　陈彦旭）

涉改事业单位预决算执行

11月至12月，市教委指导两委涉及改革直属事业单位预决算工作平稳有序推进。印发《北京市教育委员会关于涉及改革直属事业单位2021年预决算执行的通知》，明确2021年预算执行、决算管理、资金支出审批管理等要求。为确保2022年预算资金顺利拨付及收费工作顺利开展，经财政部门批复同意，3个直属单位开立零余额账户和基本账户、9个直属单位变更银行账户名称、5个直属单位撤销零余额账户和基本账户；调整教师资格考试费（面试）、补领学籍IC卡费两项收费执收单位和非税收入系统设置；调整职称评审费、保存档案收费欠缴款两项收费非税收入系统设置。

（李奇）

事前绩效评估

至年底，市教委接受市财政局2021年事前项目绩效评估并自行开展事前项目绩效评估。接受市财政局事前绩效评估的项目32个，涉及单位10家，资金7.57亿元，评估结果为“支持”的13个、“部分支持”的19个。自行开展事前绩效评估的项目179个，涉及单位29个，资金7.22亿元，评估结果为“支持”的125个、“部分支持”的22个、“不予支持”的32个。

（郑桐）

审计

概述

2021年，北京市教育系统内部审计工作围绕全市教育改革发展中心工作，推进教育系统内部审计监督单位全覆盖。完成重大政策跟踪审计、财务收支审计、经济责任审计、基本建设（修缮）审计、科研经费审计、内部控制审计和绩效审计、专项审计和审计调查等审计项目，审计发现问题5704个，健全完善制度和优化业务流程1150项。配合巡视整改、“双减”、全面从严治党检查，将党风廉政建设贯穿审计工作全过程。加强审计整改和结果运用，开展审计整改跟踪检查和“回头看”，持续完善审计提示警示机制，编制审计问题案例清单，加强教育系统的工作指导和监督。会同市审计局对25所市属高校开展内部审计工作评价。加强分类指导和工作交流，开展800人次业务培训。抽调10名特约审计员和骨干参加市教委审计项目。首次开展市教委机关经济活动风险评估。教育系统75个单位中设置独立内部审计机构的单位40个，专职审计人员170人。市教委主要领导接受中国审计报专访。“高参小”审计项目代表北京市参加全国评比，入选全国2021年内部审计促进组织贯彻落实党和国家重大政策措施典型经验。

（张作勇）

审计问题案例清单印发

3月，市教委编制印发《市教育系统2021年审计问题案例清单》。清单综合分析2021年各类审计中发现的问题，包括贯彻执行党和国家经济方针政策决策部署、内部控制、预算管理、收入管理、支出管理、项目管理及绩效、“三公”经费管理和八项规定精神落实、收费管理、财务管理、政府采购管理、国有资产（资源）管理使用、合同管理、对所属单位的监督和管理13个方面共108个案例。清单发放至各区教育主管部门、市属高校、直属单位等，旨在完善审计提示警示机制，指导各单位进一步加强内部控制、防范经济风险。

（陈学淼）

内部审计统计调查

3月和9月，市教委首次组织市属高校、市教委直属单位和市教委机关本级开展内部审计统计调查。调查主要涉及单位基本情况、单位组织结构情况、总审计师与内部审计机构基本情况等12个方面内容。

（张作勇）

教育系统内部审计工作会

4月20日，市教委召开2021年北京市教育系统内部审计工作会议。会议总结2020年审计工作，部署2021年重点工作，刘宇辉参加会议并讲话。会议要求准确把握新形势新要求，以更高站位认识内部审计工作重要意义；围绕中心工作，高质量推进内部审计全覆盖，着力促进重大决策部署贯彻落实，着力促进教育经费使用绩效提高，着力促进完善内部风险防控，着力促进公共权力规范运行；加强贯通协同，强化审计整改和结果运用，压实被审计单位整改落实的主体责任，强化督促检查，强化结果运用；夯实基础，进一步提高内部审计质量和效能，包括加强审计制度建设，加强高素质专业化内审队伍建设，坚持科技强审。市纪委市监委驻市委教育工委纪检监察组组长、市审计局相关负责人，各区教委、市属高校、市教委直属单位主要负责人和内部审计负责人，市委教育工委相关处室、市教委各处室负责人等200余人参加会议。

（李新影）

预算执行与决算审计

4月至11月，市教委对北方工业大学、首都医科大学、北京物资学院、北京财贸职业学院4所市属高校开展2020年度预算执行与决算审计。发现问题22个，涉及资金8943.80万元，提出审计意见和建议并被采纳21条。组织19所市属高校和23个直属单位开展2020年度预算执行和其他财政收支内部审计自查工作。自查发现问题278个，涉及资金77554.60万元。42个单位按照边审边改、立整立改工作要求，制定整改措施267条，促进完善或建立的内部管理制度58个，实现预算执行与决算审计全覆盖。

9月3日至7日，2021年中国国际服务贸易交易会教育服务专题展举办 （国际教育交流中心 供）

（张迎春）

经济责任审计

5月至9月，市委教育工委、市教委完成6家单位6名领导干部经济责任审计，并出具审计报告、审计结果报告。6家单位分别是北京教育科学研究院、北京开放大学、北京市自动化工程学校、北京教育网络和信息中心、北京市国际教育交流中心、北京铁路电气化学校，审计总金额238493.09万元，发现问题61个，涉及资金7145.78万元，提出审计意见建议并被采纳86条。

（张未）

风险评估管理办法印发

6月，市教委办公室印发《北京市教育委员会机关经济活动风险评估管理办法（试行）》。办法明确市教委机关经济活动风险评估工作机制、评估内容、评估程序内容，为开展市教委机关经济活动风险评估工作提供制度保障。

（张未）

重大政策绩效审计

6月至11月，市教委开展重大政策绩效审计。完成“2018—2020年北京市市对区促进基础教育事业发展（学前学段）专项转移支付资金政策绩效审计”，涉及市教委学前教育处和各区教委，并延伸审计幼儿园87所。采取研究式审计方式，开展座谈、调研，组织召开专家论证会和专题研究会6次，做到审计与调研相结合。市教委审计报告针对生均定额补助政策、租金补助政策、资金管理、内部审计监督等五方面提出完善学前三年行动计划政策审计建议12条。

（张未）

审计整改公开和结果运用力度加大

7月至8月，市教委印发《关于公开2020年直属单位领导干部经济责任审计结果的通知》《关于公开2020年市属高校预算执行与决算审计结果的通知》。市教委扩大审计结果及整改公开范围，在系统内部公开2020年4个直属单位经济责任审计项目和6所市属高校2019年度预算执行与决算审计项目的审计结果及整改情况，发挥警示作用。

（张未　张迎春）

服贸会教育项目经费审计

7月至10月，市教委对2021年中国国际服务贸易交易会项目开展跟踪审计。促进节约资金17.27万元，组织收入116.12万元。项目执行期间，审计组向承办单位提供审计咨询意见4条，向市审计局出具审计工作报告1份、审计报告1份，累计提出管理建议被采纳9条，保障项目资金规范使用，提高资金使用绩效。

（李新影）

内部审计工作评价

9月至12月，市教委开展内部审计工作评价。组织25所市属高校根据新修订的《市属高校内部审计工作评价指标体系》，从制度建设、队伍建设、审计业务、质量控制、审计实效、审计信息化建设、创新管理7个方面自评打分。在自评基础上，市教委会同市审计局、市内审协会组成专家组，通过听取汇报、查阅资料、召开座谈会等方式，抽查北京电影学院、北京电子科技职业学院两所学校内部审计工作。

（张迎春）

后续审计

10月至12月，市教委完成对北京教育学院和北京西藏中学经济责任审计后续审计。通过后续审计，了解单位对审计发现问题采取的具体措施及效果，测试类似问题是否再次发生，促进单位完善内部控制，提升管理科学化水平。审计总金额15852.85万元，提出审计意见建议并被采纳8条。针对33个问题开展整改，整改完成率97%。

（张迎春）

离任交接工作制度印发

11月，市委教育工委、市教委办公室联合印发《直属单位主要领导干部离任经济事项交接工作制度》。制度明确直属单位主要领导干部离任经济事项交接对象、交接内容、工作程序、工作要求、交接清册等内容，为开展直属单位主要领导干部离任经济事项交接工作提供制度保障。

（张未）

经济活动风险评估

11月至12月，市教委完成2021年经济活动风险评估。各处室从岗位设置与人员、预算管理、收支管理、采购管理、资产管理、合同管理等方面开展自评。在自评基础上，评估组通过访谈、查阅资料、召开座谈会等方式，分别对单位层面、业务层面、信息化层面的经济活动进行风险评估，最终出具风险评估报告。报告发现6个方面8个风险点共14个具体问题，提出建议12条。

（张未）

内部审计与其他监督部门贯通协调加强

至年底，市教委加强内部审计监督与纪检监察等部门的贯通协调，形成监督合力。审计结果及整改情况纳入财务管理绩效考评和全面从严治党（党建）考核，与党建检查同步开展审计整改联合督查，纳入巡察重点，作为干部管理监督的重要参考依据。会同驻市委教育工委纪检监察组修订审计发现问题线索移送工作程序，沟通完善移送工作机制。继续开展整改约谈，促进单位落实审计整改主体责任，整改销号率达到95%。召开两次审计协调小组会议，沟通研究解决审计重点、难点问题，共享审计结果，增强监督合力。

（陶春梅　张作勇　赵凤旗）

审计整改跟踪检查

至年底，市教委持续开展审计整改跟踪检查。组织对2020年实施的4个经济责任审计项目、6个预算执行与决算审计项目和“高参小”项目审计整改情况跟踪检查，核实整改材料，督促整改落实，整改率95%，仍在整改中的6个问题为“往来款项未及时清理，需要时间推进”。实施审计整改“回头看”，开展对北京西藏中学、北京教育学院经济责任审计项目的后续审计，严格执行审计问题清单、审计整改结果清单和对账销号清单机制。同时督促44个单位对2020年自查发现的问题进行整改，对市审计局实施的首都经济贸易大学、北京信息科技大学经济责任审计等项目督促落实整改、按规定完成整改。通过审计整改，促进制度机制建设97项，其中新制定制度39项、修订完善制度34项、优化完善业务流程24项。纠正各类问题金额8292.15万元，其中，调整会计账目7301.46万元，收回资金712.27万元，归还原资金渠道158.56万元，闲置资产利用等119.86万元；给予政务处分1人。

（赵凤旗　张作勇）

基本建设

概述

2021年，北京市各级各类学校基本建设完成投资1340865.3万元。其中，国家投资736689万元（中央投资245523.1万元、北京市地方安排201801.4万元、区安排289364.5万元）、自筹及其他投资604176.3万元。在施建筑面积7152636平方米，包括新开工面积1924422平方米。竣工建筑面积2371291.9平方米，其中教学及辅助用房1028942.8平方米、行政办公用房80382.9平方米、生活服务用房876165.9平方米、其他用房385800.3平方米。新增固定资产1243922.1万元。

2021年，北京各级各类学校基本建设项目积极推进。一是推进北京高校新校区。北京电影学院、北京信息科技大学新校区部分校舍如期建成并投入使用，累计3700名学生入驻新校区，完成年度疏解任务。北京工商大学良乡校区、北京城市学院顺义校区、首都医科大学大兴校区、首都体育学院延庆校区（北京国际奥林匹克学院）项目顺利推进。推进良乡沙河高教园区建设，累计安排3.88亿元资金用于支持两个高教园区开展公共配套、科教融合、环境提升项目建设。二是推进民生实事项目学校及市级统筹优质学校项目建设。16所民生实事项目学校和3所市级统筹建设优质学校投入使用。累计新增学位约3.8万个。市教委另启动新一轮“回天地区”行动计划教育项目，至年底，“回天地区”17个教育类项目开工。三是印发《北京市教育设施专项规划（2018年—2035年）》，明确至2035年基础教育、职业教育、高等教育设施规划目标。市教委另积极推进雄安新区“交钥匙”学校建设，通过项目调度会、部门协商会、实地调研检查等措施，完成年度建设任务。

（李冠宁　黄莹莹）

3所市级统筹建设优质学校投入使用

9月，3所市级统筹建设优质学校投入使用。3所学校分别是北京学校中学部、清华大学附属中学广华学校、北京大学附属中学新馨苑学校。至年底，市级统筹建设优质学校开工 9 所。

（黄莹莹）

教育设施专项规划印发

10 月 25 日，市教委、市规划自然资源委印发《北京市教育设施专项规划（2018 年—2035 年）》。文件明确至 2035 年基础教育、职业教育、高等教育设施规划目标，规划全市三类教育设施 124 平方千米用地总量，包括新增用地 19 平方千米。其中，基础教育规划用地约 62 平方千米，新增 15 平方千米；职业教育规划用地约 10 平方千米，稳定现状规模；高等教育规划用地约 52 平方千米，新增 4 平方千米。

（张逊）

良乡沙河高教园区建设发展推进

至年底，市教委推进良乡沙河高教园区建设发展。累计安排 3.88 亿元资金用于支持两个高教园区开展公共配套、科教融合、环境提升项目建设，12 所入驻高校校舍总建筑面积（含竣工及在建）361 万平方米，入驻学生 7.8 万人。

（马骏）

“回天地区”17 个教育类项目开工建设

至年底，市教委推动“回天地区”教育项目建设。和谐家园东侧规划小学和幼儿园、领秀慧谷小区西侧九年一贯制学校、华龙苑南里幼儿园等“回天地区”17 个教育类项目开工建设，其中幼儿园 8 个、中小学 9 个，建成后可增加学位 1.38 万个。7 月 2 日，市政府办公厅印发《深入推进回龙观天通苑地区提升发展行动计划（2021—2025 年）》，文件明确在新一轮建设计划中，要完成中国人民大学附属中学昌平学校二期、华龙苑南里幼儿园等 15 所中小学和幼儿园建设；启动清华附小昌平学校天通苑校区二期、奥北幼儿园等 8 所规划中小学和幼儿园建设。到 2025 年，区域内各学段入学需求基本满足，教育资源配置更加优化，教育质量稳步提升。

（黄莹莹）

后勤管理

概述

2021 年，北京教育系统学校后勤工作坚持高质量发展，推进工作提质增效。全力做好教育系统春节假期保供稳价工作，提升中小学在校就餐保障能力，全力确保校园食品安全，扎实开展北京市平衡膳食校园健康促进行动，加强学校后勤标准化、规范化、精细化管理，着力推进学校节能减排工作，持续抓好“光盘行动”和“厕所革命”等“关键小事”，紧密围绕中心、服务大局，有力维护良好的教育教学秩序。

（李异军）

平衡膳食校园健康促进行动

1 月 21 日，市教委、市卫生健康委联合印发《“营”在校园——北京市平衡膳食校园健康促进行动工作方案（2021—2025 年）》。方案包括行动目标、行动时间、组织机构和职责及行动内容 4 个部分，明确行动时间为 2021

1 月 22 日，北师大实验幼儿园举办“爱在舌尖，创意无限”厨艺大赛 （北师大实验幼儿园　供）

年 1 月至 2025 年 12 月，行动内容包括多种途径传播儿童青少年营养健康知识、整合资源完善营养工作队伍、开展营养监测评价和干预指导等 5 个方面内容。市教委、市卫生健康委同时印发《北京市平衡膳食校园行动中小学生营养监测方案》《北京市平衡膳食校园行动专家团队名单及职责》。市教委、市卫生健康委另于 2021 年 7 月 6 日至 7 日举办校园营养健康管理人员营养健康知识技能专项培训，各中小学 586 名校园营养健康管理人员参加培训。

（于杰）

绿色学校创建标准印发

3 月 25 日，市教委分别印发《北京市绿色学校创建标准（中小学）》和《北京市绿色学校创建标准（高校）》。标准包括组织领导、制度建设、宣传教育等指标，总分为“100＋10（加分项）－10（控制项）”，得分 80 分及以上的学校即为创建达标。中小学创建工作包括工作方案制定、学校自查自评、区级评估检查、市级评估抽查 4 个阶段；高校创建工作包括开展创建工作、学校自查自评、申报材料初审、现场评估验收 4 个阶段。2020 年，市教委、市发展改革委联合印发《北京市绿色学校创建行动方案》，提出在全市开展绿色学校创建行动，到 2022 年年底，全市 70% 以上的学校达到绿色学校的创建要求。

（邹翔）

北京高校企业体制改革工作会

6 月 4 日，市教委召开北京高校企业体制改革工作会。会议通报高校企业体制改革工作进展情况，宣讲高校企业体制改革相关政策，并对相关工作具体部署。北京信息科技大学、首都经济贸易大学、北京农学院代表分别作会议交流发言。市教委相关部门负责人及 23 所市属高校的产业主管领导和部门负责人参加会议。

（李萌）

高等学校能源消耗限额修订

6 月 22 日，市教委印发新修订的《DB11/T 1267-2015 高等学校能源消耗限额》地方标准。新标准完善指标体系、优化指标数值，包括范围、规范性引用文件、术语和定义、技术要求、统计范围、计算方法、节能管理与技术措施 7 个部分。新标准旨在通过标准引领、目标考核、树立标杆、深度挖潜、系统施策，形成“内涵促降、系统促降”的节能减排新格局。新标准 10 月 1 日实施。

（邹翔）

秋季学期学校食堂工作指引印发

8 月 28 日，市教委印发《北京市 2021 年秋季学期学校食堂工作指引》。文件包括落实疫情防控措施、做好食堂供餐前准备、加强食堂用工管理等 9 个部分内容，要求各区教委、各高校在严格落实疫情防控各项措施和提前做好供餐前各项准备的基础上，持续加强食堂用工、原材料采购、食品加工区域、食堂餐厅、师生就餐等环节的全方位全要素全过程管理。

（程增科　常勇）

高校生活垃圾分类示范创建工作

9 月 28 日，市教委印发《关于全面开展教育系统生活垃圾分类示范创建工作的通知》。文件面向各高等学校，要求各高校根据《北京市生活垃圾管理条例》《北京市党政机关生活垃圾分类工作实施方案》和《北京市学校生活垃圾分类指引（试行）》，组织开展示范单位创建工作，做到本单

9 月，北航沙河校区西区食堂正式运营

（北航　供）

位人员生活垃圾分类知晓率、分类收运合同签订规范化率、分类容器设置达标率等 7 个基本 100%。创建工作包括开展自查自评、申报进度安排、现场评估核验、加强宣传推广 4 个阶段。至年底，73 所高校达到垃圾分类示范创建标准。

（邹翔）

发放高校食堂平抑资金 2.09 亿元

11 月，北京市学校基建后勤管理事务中心完成 2021—2022 学年度高校学生食堂价格平抑资金拨付管理工作。向 93 所高校学生食堂拨付价格平抑资金 2.09 亿元，督促学校加强结余资金监管，保障高校学生食堂饭菜价格平稳。

（崔莲莲）

教育系统垃圾分类工作推进

至年底，北京教育系统持续推进垃圾分类工作。市教委、市城市管理委按照《北京市生活垃圾管理条例》实施一周年宣传工作安排，面向全市中小学和幼儿园征集垃圾分类主题作品，征集手抄报、绘画、创意视频等作品 551 件。各高校、各区开展“垃圾分类，我们一起来”生活垃圾分类创意标识征集活动，征集设计作品 1596 件。市教委组织开展教育系统生活垃圾分类示范单位创建工作，加快教育系统生活垃圾分类从“立标杆、树典型”的“引领式”工作方式，向普遍推行的“标准式”转变，73 所高校达到创建标准。市教委同时积极开展垃圾分类宣传，在“北京城市广播副中心之声”栏目中，邀请北京市第二十中学、西城区康乐里小学师生代表分享校园垃圾分类经验成果和心得体会；在北京卫视“垃圾分类 我们在行动”栏目中宣传相关学校垃圾分类好经验好做法。

（邹翔）

校方责任保险及附加无过失责任保险投保工作完成

至年底，北京市学校基建后勤管理事务中心完成 2021—2022 学年校方责任保险及附加无过失责任保险投保工作，校方责任保险主险投保 217.52 万人，保费 1087.58 万元；附加无过失保险投保 169.60 万人，保费 1695.99 万元。理赔工作正常有序开展，校方责任保险主险报案 1381 件，附加无过失责任保险报案 2022 件，总赔付金额 1777.51 万元，有效维护学校正常教学秩序和教育系统稳定。

（房俊焱　陈娜）

校服征订 149 万件（套）

至年底，北京市学校基建后勤管理事务中心完成各区校服征订基本情况和数据统计。共征订校服 148.94 万件（套）。其中，体育装 121.66 万件（套）、制式装 11.36 万件（套）、其他款 15.93 万件（套），减免 953 件（套）。征订校服中包括顺义区政府出资为学生购置的校服 76122 件（套）。

（张棣滢）

信息化管理

概述

2021 年，北京教育信息化工作完成建党百年、中国国际服务贸易交易会等重要时期网络安全保障任务，推进各项工作顺利开展。

初步建成教育大数据平台。全力推进教育大数据建设，初步建成北京教育大数据体系，实现数据资源的全流程闭环管理，推进学位预测、学生体质健康分析等教育特色应用场景。实现 28 个业务系统 3.8 亿条教育数据的常态汇聚，筑牢教育大数据“底座”。

推动“互联网＋基础教育”发展。完善“空中课堂”建设，梳理空中课堂课程并进行补录，覆盖全学段、全学科；推进“双师课堂”建设，推进录课基地规范化，制定《北京市中小学空中课堂录制基地管理规定》《北京市中小学空中课堂录制基地录制规范》等规范制度；“融合课堂”试点工作开展。

推动信息化规范化建设及应用。印发《北京市中小学校信息化建设规范（试行）》《北京市教育数据资源管理办法（试行）》。开展北京教育信息化应用优秀案例及研究成果评选。举办 3 次北京市教育信息化融合创新“双百”示范行动工作交流会，开展第一批“双百”项目评估验收工作，38 个智慧校园融合应用示范基地、29 个信息技术与课堂应用融合创新课题入选“双百”示范行动优秀建设项目。制定《关于推进北京市教育系统信用建设工作的意见》，开展“讲述我身边的诚信故事”短视频征集活动，部分优秀作品在首都教育、《信北京》和地铁网络电视等媒体平台上发布。

（陈萌）

教育信息化融合创新“双百”示范行动工作交流会

1 月 15 日、5 月 13 日和 6 月 17 日，市教委分别召开 3 场北京市教育信息化融合创新“双百”示范行动工作交流会。北京工业大学实验学校、北京市第二十中学代表第一批入选单位分享项目建设的阶段性成果和经验；北京第八十中学、北京大学附属中学石景山学校、北京大学附属小学石景山学校、东城区史家胡同小学分享项目建设思路、建设成果及建设经验；科大讯飞股份有限公司、北京世纪好未来教育科技有限公司、中文在线数字出版集团股份有限公司 3 家在线教育企业介绍相关线上教育场景的优秀产品和案例。来自各区教委和有关学校教育信息化分管负责人、信息化部门负责人、“双百”项目责任人和参与人等 800 余人参加会议。

（陈萌）

市教委综合办公平台建设完成

3 月，市教委综合办公平台建设完成。办公平台涵盖收文、发文、提案建议、依申请公开等 11 个业务事项，由北京教育网络和信息中心建设。至年底，平台日均访问量 500 人次，文件办理总量 4000 余条。

（张潇）

中小学师生电脑作品交流展示活动

3 月 12 日，北京教育网络和信息中心启动第 22 届北京市中小学师生电脑作品交流展示活动。2458 件电脑作品参选，其中学生作品 1131 件、教师作品 1327 件。经评选，1455 件作品获奖，其中学生作品 659 件、教师作品 796 件。推荐 124 件作品参加全国学生信息素养提升实践活动，其中 111 名学生获参与证书、9 名学生获交流证书、4 名学生获“创新之星”称号。此外，248 支代表队参加机器人、人工智能、创客项目比赛，其中 148 支代表队获奖。

（赵筱姝　刘雪娇）

“互联创未来”项目在京落地实施

3 月至 10 月，北京教育网络和信息中心组织延庆和石景山两个区 10 所学校参加戴尔“互联创未来”项目。项目主要开展创客教育实践及信息技术在教育教学中的深度应用融合培训和线上指导。北京项目校提交 10 个创客案例，经全国评审，获优秀案例 1 个、典型案例 1 个。该项目由教育部和戴尔股份有限公司共同启动，中央电化教育馆具体实施，主要针对 4～5 年级学生开展创客教育实践，探索信息技术在创客教育中的应用。

（赵筱姝）

网络安全保障工作部署会

4 月 28 日，市教委召开建党 100 周年网络安全保障工作部署视频会议。会议解读北京市教育系统网络安全保障工作方案，明确相关要求和措施。市教育系统网络安全和信息化工作领导小组及相关部门负责人，各区教委、市属高校、民办高校、两委直属单位、教育类社团的网络安全分管负责人 365 人参加会议。会议由北京教育网络和信息中心提供技术支持。

（徐晶）

教育系统网络安全和信息化工作领导小组会议

4 月 30 日，市教育系统网络安全和信息化领导小组召开专题会议。会议研究审议《2021 年北京市教育系统网络安全和信息化工作要点》《庆祝中国共产党成立 100 周年北京市教育系统网络安全保障工作方案》，要求要压实网络安全责任，为建党百年庆祝活动的顺利举办打下坚实基础；要健全责任体系，形成网络安全合力。会议强调要圆满完成建党百年、北京服贸会、全运会等 8 个时段 83 天的重要时期网络安全保障任务，确保教育系统安全稳定。教育系统网络安全和信息化工作领导小组另于 10 月 13 日召开专题会工作会听取 2021 年教育系统网络安全保障、教育部网络攻防演习、网络安全宣传周活动等工作情况汇报。

（张如双）

密码应用自查与关键基础设施认定

4 月，市教委开展重要领域密码应用工作督查。北京教育网络和信息中心受市教委委托，对相关密码应用采取摸底梳理、自查整改、完善制度等步骤开展自查。经网络安全专家组对教育系统 42 个关键信息基础设施识别认定，确定 19 个关键信息基础设施并上报教育部。经教育部评审，认定 12 个关键信息基础设施，涵盖学生学籍

5 月 16 日，第 22 届北京市中小学师生电脑作品活动机器人比赛现场　（数字中心　供）

信息、资助管理、考试管理、教师管理等北京市重要教育信息系统。

（张潇）

市属教育行业信息安全等级保护定级评审

4月、6月和10月，市教委组织开展市属教育行业信息安全等级保护定级评审工作。经过评审，市教委向市属教育行业141个信息系统出具审批意见，确定安全等级三级14个、二级82个、一级45个。评审工作由北京教育网络和信息中心及新组建的北京市数字教育中心承办。

（张潇）

推进教育系统信用建设工作的意见印发

5月15日，市教委印发《关于推进北京市教育系统信用建设工作的意见》。文件从大力开展诚实守信教育、持续推进信用文化建设、积极开展信用承诺工作、探索建立信用监管机制、推进个人诚信建设、加强科研诚信建设、加快推进政务诚信建设和建立信用信息共享应用机制8项重点任务展开梳理研究，搭建以广泛开展诚信教育、强化诚信文化建设为重点，以信用分级分类监管为抓手的北京教育系统信用工作法规框架。文件标志北京教育系统推进信用体系建设拥有法规性依据和政策性保障。

（张军）

中小学校信息化建设规范印发

5月26日，市教委、市经济和信息化局、市财政局印发《北京市中小学校信息化建设规范（试行）》。规范明确北京市中小学校信息化建设内容，从建设原则、规范框架、基础设施、数字教学资源、应用软件、互联网服务、网络和信息安全、教育信息化服务方面作详细说明。文件要求中等职业学校参照执行。

（陈萌）

全国中小学信息技术创新与实践大赛北京选拔赛

6月13日，市教委举办第19届全国中小学信息技术创新与实践大赛（NOC）北京选拔赛。比赛设7个赛项，415支队伍671名学生参赛。经选拔，82支队伍获一等奖、190支队伍获二等奖、103支队伍获三等奖。其中，83支队伍推荐参加全国竞赛。另有267件教师作品获得成果奖。

（刘雪娇）

教育数据资源管理办法印发

7月30日，市教委印发《北京市教育数据资源管理办法（试行）》。文件包括总则、教育数据资源目录、教育数据资源采集、教育数据资源汇聚、教育数据资源共享、教育数据资源开放、教育数据资源安全、保障与监督机制、附则共9章内容。规范教育数据的目录编制、分级分类、汇聚共享、更新质检，为数据的开发利用奠定基础。

（陈萌）

6所高校联合完成网络安全攻防演习

9月13日至28日，北京市数字教育中心开展网络安全攻防演习。组织协调北京理工大学、北京信息科技大学、北京工业大学等6所高校20余名师生和技术支撑单位，通过现场集中办公、每日例会、专题研讨等形式，规范、安全、可控地完成攻防任务。累计突破10个目标单位的多个目标系统及多个同等重要系统，处理攻击事件5千余次，提交有效攻击报告24份、防守成果报告65份，在全国46支参演队中取得攻方总分排名第一。

（徐晶　钱雨杭）

3家单位入选首批国家智能社会治理实验基地

9月29日，清华大学、北京大学、东城区入选首批国家智能社会治理实验基地（教育）。评选工作由中央网信办等8部门联合举办，经地方推荐、专家评审、网上公示等程序，确定首批10家综合基地和城市管理、教育、养老、社区治理、环境治理、卫生健康、体育7个领域82家特色基地。北京地区有北大、清华两所高校及东城区入选教育特色基地。

（张淑敏　李媛媛　张晓兰）

国家网络安全宣传周活动

10月11日至17日，市委教育工委、市教委组织开展2021年国家网络安全宣传周活动。北京市各高校、中小学校开展主题宣讲、网络安全大赛等网络安全校园日活动。市委教育工委、市教委指导学校排查网络安全隐患，及时填补技术漏洞。

（王宇航）

第一批“双百”项目评估验收

10月，市教委完成第一批“双百”示范行动项目验收评估工作。经学校自评、区级验收、市级评估等工作程序，中国人民大学附属中学、海淀区教育科学研究院、北京市第四中学等38个智慧校园融合应用示范基地和北京市第八中学、北京教育学院朝阳分院、昌平区教师进修学校等单位报送的29个信息技术与课堂应用融合创新课题入选“双百”示范行动优秀建设项目。市教委拟对优秀项目给予适当经费支持，进一步推进后续项目开展和示范推广工作。

（陈萌）

人工智能与教育大数据大会

12月16日至19日，北京师范大学、中央电化教育馆、中国教育国际交流协会、科大讯飞股份有限公司联合举办“AI＋教育 共创共生”——2021全球人工智能与教育大数据大会（2021 AIDE）。会议举办1场主论坛与17场分论坛，议题涵盖脑智发育、教育监测与评估、人工智能与区域治理等领域。论坛以线上线下相结合形式举办，教育部、中央电教馆相关领导及联合国代表参加活动并致辞；北师大、中国工程院、清华大学、科大讯飞、经济合作与发展组织（OECD）相关负责人参加主论坛并作《开展脑智发育研究，助力中国特色学生心理健康公共服务体系建设》等报告。国内外 100 余名教育专家分享最新研究成果和技术实践；在线直播实时观看量达 1000 余万人次。

（申政）

教育系统网络安全培训会

12 月 27 日，市教委召开 2021 年度北京市教育系统网络安全培训会。培训采取线上线下相结合方式，设 69 个分会场，内容涵盖如何把握当前国际国内、教育系统网络安全工作新形势、新要求，解读网络安全法律法规和政策要求，国家网络安全职能部门和教育部网络安全制度规范等内容。各区教委、市属高校、民办高校、两委直属单位、教育类社团 380 余人参加学习。

（徐晶）

教育信息化应用优秀案例及研究成果评选

12 月 27 日，市教委公布北京教育信息化应用优秀案例及研究成果评选结果。经各单位自主申报、专家评审等程序，共遴选优秀案例 47 个、优秀研究成果 22 个。评选力求挖掘各区、各学校在教育教学、智慧校园、在线教育等方面运用信息技术的好经验、好做法，总结大数据、人工智能、5G 等新技术支撑教育教学的理论研究与创新应用成果，共收到案例 310 个、研究成果 199 个。

（陈萌）

召开网络安全培训工作会

12 月 27 日，北京市教育系统网络安全和信息化工作领导小组以视频会形式召开 2021 年度北京教育系统网络安全培训工作会。会议总结回顾 2021 年北京教育系统网络安全工作，分析研判网络安全面临的形势任务，部署 2022 年工作任务，组织开展 2021 年度北京市教育系统网络安全培训讲座。会议设 1 个主会场、69 个分会场，各区教委、市属高校网络安全的主管领导及网络安全主管部门、宣传部门负责人等 380 余人参加会议。

（张如双）

校园安全

概述

2021 年，北京市校园安全工作完成全市中小学幼儿园平安校园建设达标验收，推进校园周边交通综合治理，开展校园安全专项整顿和全市中小学幼儿园安全工作检查，北京各级各类学校校园安全迈上新台阶。

安全宣传教育工作。通过平安校园创建，100% 实现中小学每月一次、幼儿园每季度一次应急疏散演练。把消防知识纳入新生军训课程。举办市级学校安全校长培训班、开展全市幼儿园安全督查员业务培训。开展“应急宣传进万家”“安全生产月”活动，各区各校通过多种形式对师生开展安全宣传教育。举办“5·12”“6·16”“11·9”等主题宣传日教育。与市应急局联合开展应急示范学校创建试点工作。

建立全市中小学幼儿园全年安全形势分析制度。市教委联合公安、消防、应急、交管等部门，定期会商、信息共享，有针对性地开展风险研判、形势分析和工作提醒，形成长效工作机制。新的机制按季度开展中小学幼儿园安全形势分析研判，加强学校安全风险预警和重大风险研判能力，推动学校风险防控体系建设。全年研制并印发《北京市中小学幼儿园安全形势分析及下季度安全工作提示》4 篇。

11 月 5 日，洁如幼儿园保安等相关人员开展防恐防爆演习

（洁如幼儿园　供）

消防安全工作开展。落实《北京市学校消防安全标准化管理规定》，开展教育系统消防安全专项整治三年行动、“防风险、除隐患、保平安”消

防安全隐患集中排查专项行动、学科类校外培训机构和寄宿制学校安全隐患排查和“回头看”专项行动。督促各区开展消防安全隐患排查整改。定期开展联合检查，重点开展实验室、图书馆、教学楼等重点场所集中整治，深化电动自行车综合整治。继续执行2020年建立的教育系统火情火灾通报机制，施行“一火情一通报”“一季度一分析”“一周一研判”。

安全生产专项整治三年行动。市教委按质按量按时推进安全生产专项整治年度目标任务落实，2020、2021两年年度任务清单完成率100%，年度挂账问题隐患整改率和销账率100%，挂账隐患抽查核验整改合格率95%以上。

（李异军）

学校安全工作联席会议第四次会议召开

6月23日，北京市学校安全工作联席会议第四次会议召开。会议强调要充分认识当前形势，做好校园安全工作，坚决防范遏制学校安全事故发生。会议要求各区、各部门要加强统筹领导，压紧压实校园安全责任，充分发挥学校安全工作联席会议机制作用，深入落实《北京市中小学幼儿园安全管理规定（试行）》，推动平安校园建设提质升级，确保教育系统安全稳定形势，为建党百年庆祝活动营造平安校园环境。卢彦参加会议并讲话。北京市学校安全工作联席会议成员单位相关负责人60人参加会议。

（房俊焱）

人民大学开设安全教育在线课程

9月至12月，中国人民大学创新开设安全教育在线课程。课程以思想教育为主线，以课程建设为载体，以线上平台为抓手，围绕人身安全、财产安全、突发事件、急救处理、网络安全、校园安全、人际安全、实践与实验安全专题，引导学生做到知危险、避危险。课程面向2021级本科新生，为选修课程，共8课时，计1学分。

（张作宾）

校园安全专项整顿工作会

10月26日，市委教育工作领导小组召开校园安全专项整顿工作会。会议部署校园安全专项整顿工作，传达全国校园安全专项整顿会议精神，要求精心组织校园安全专项整顿，对各级各类学校和幼儿园全覆盖、对各类校园安全隐患全覆盖，突出抓好学校日常安全管理和安全教育、校园欺凌治理等重点任务，着力解决涉校安全难点问题，确保不发生重特大校园安全事件。夏林茂、卢彦参加会议并讲话。各区分管教育工作的常委、副区长，相关部门负责人，北京高校主要党政负责人200人参加会议。

（杨硕）

北京市校园管理服务平台启用

11月，北京市校园管理服务平台启用。平台服务于中小学校幼儿园校园安全管理，主要包含数据治理、政策宣传、安全检查、安全教育等功能，整合全市中小学幼儿园校园安全人防、物防、技防、安全运行及隐患治理等数据。平台由市教委统筹推进，北京市教育数字教育中心统一建设、市区校三级应用，建设PC固定端和手机移动端两个应用场景，实现市区校互联互通、高效指挥、智慧评估。

（房俊焱）

中小学幼儿园平安校园建设达标验收完成

12月，全市中小学幼儿园平安校园建设达标验收全部完成。2020年10月至2021年12月，市委教育工委、市教委、市委政法委、市公安局和市消防救援总队联合完成东城、西城、朝阳、海淀、通州、昌平、大兴、平谷、怀柔、延庆10个区的中小学幼儿园平安校园建设达标验收工作。至此，2020—2021全市中小学幼儿园平安校园建设达标验收全部完成，各区均按要求完成平安校园建设任务。为鼓励各区、各校平安校园建设工作成效，市教委另向各区拨付1亿元用于支持人员安全培训、防卫器械配备、安防监控及网络建设等。

（战先政）

市属高校平安校园建设考核

12月，市委教育工委、市教委组织开展社会治安综合治理（平安校园建设）考核。考核工作面向25所市属高校，通过日常工作评价与自查自评相结合的方式量化计分。经考核，首都医科大学、北京第二外国语学院、北京建筑大学等8所高校年度社会治安综合治理（平安校园建设）考核结果优秀。

（杨硕）

中小学幼儿园安全工作检查

至12月，市教委组织开展中小学幼儿园安全工作检查。市教委组成13个督查组，结合建党百年庆祝活动安保维稳工作安排、学前教育专项督查工作机制、中小学幼儿园平安校园检查验收工作安排及市级校园安全联合检查机制，通过“四不两直”方式，对全市中小学幼儿园开展全覆盖式校园安全检查，督促指导学校排查梳理校园及周边存在的突出安全问题，及时发现、消除涉校风险隐患，维护保障在校师生、幼儿的人身安全和教育系统稳定。

（李异军）

学校周边交通综合治理

至年底，市教委推进学校周边交通综合治理。市教委会同相关职能部门联防联管联治，推进完成学校周边交通综合治理市政府民生实事项目；采取“一区一案”“一校一策”治理模式，通过推广石景山区“聘请交通副校长”的经验、倡导各区实现护学岗全覆盖等具体举措，基本形成市级推动、区级统筹、属地落实和学校为主的市、区、校联动工作机制。列入治理行动计划的51所学校，全部按照六类设施齐全（交通标志，隔离设施、隔离墩或升降柱等防冲撞设施，施划交通标线，地面标识，安装视频监控，非现场执法设备）、四支队伍到位（公安、交警、综合执法、交运）、三方责任压实（属地责任、相关部门职责、学校主体责任）治理标准，按计划完成治理任务，实现学校周边交通有序、安全的目标。

（王建水）

语言文字

概述

2021年，北京市语言文字工作完善工作格局，恢复北京市语言文字工作委员会为市政府议事协调机构；落实属地管理要求，推进高校语言文字工作体制机制建设，指导87所高校成立学校语言文字工作领导小组（或语委）；指导各区、各单位开展干部培训和相关行业从业人员培训、座谈、研讨，近半数区语委召开语言文字会议。

强化宣传教育。印发《关于全面加强新时代语言文字工作的实施意见》；把学习、宣传《国家通用语言文字法》等内容纳入市委教育工委、市教委法治教育工作要点；举办北京市语言文字工作能力提升培训班和北京高校干部语言文字工作能力提升培训班；组织开展以“普通话诵百年伟业，规范字写时代新篇”为主题的第24届全国推广普通话宣传周相关宣传活动。

夯实工作基础。强化学校主阵地作用，加强中小学生语言能力提升工程，开展2021年北京市学生语言能力提升系列活动。开展学校语言文字工作规范化达标建设，指导各区制定《学校达标建设工作方案》，推进市技工院校语言文字工作达标。开展中华经典诵读工程系列活动；加强语言文字推广基地建设，指导和帮助北京师范大学、清华大学、首都师范大学、中央民族大学成功申报第二批国家语言文字推广基地。完成《提升语言文字社会服务能力的研究》联合调研课题，推进《北京语言生活报告》绿皮书编写工作。

促进工作交流。推进京津冀语言文字工作的协同发展，组织第七届京津冀中学生辩论邀请赛，协同河北、天津共同举办京津冀书法作品展。落实“推普助力乡村振兴”对口帮扶工作要求，组织有关高校对甘肃省临夏回族自治州语言文字骨干和语文教师开展100人次普通话提升培训、对青海省3州12县区开展2021年“童语同音”计划师资培训、对6个国家乡村振兴重点帮扶县开展教师国家通用语言文字能力提升在线示范培训。

加强语言服务。开展“北京市民语言文化大讲堂”活动，面向中小学师生和市民群众，开展百余场形式多样的语言文化送课活动，累计惠民5万余人次。加强行业用语用字规范化监督管理，与市司法局开展《国际语言环境建设条例》合法性审查，对459个地铁站站名的汉语拼音进行审定。开展冬奥语言环境治理工作；举办第二届北京冬奥语言服务计划小使者展示活动。

做好测试工作。制定常态化疫情防控下的测试方案，压实“测试＋防控”双重责任，指导各测试分中心开展普通话水平测试工作；开展专题研究，制定《普通话水平测试管理规定》；完成180批次、74461人次普通话水平测试。在全国率先落实测试“一站式服务”，为考生提供免费证书快递服务2.5万人次以上。完善测试员、骨干测试员、管理人员等培训轮训制度，组织第14期北京市普通话水平测试骨干测试员培训班。开展线上线下免费公益培训53场，参训考生5226人次。受国家测试中心委托，分4批次为香港恒生大学和新加坡智源教育学院2099人开展远程网络实时测试。

（邓鸿）

全市语言文字年度工作会议

4月21日，市语委召开全市语言文字年度工作会议。会议传达2020年全国语言文字工作会议精神，总结2020年语言文字工作，部署2021年语言文字重点任务。卢彦参加会议并讲话。市市场监督管理局、通州区语委、北京科技大学作交流发言。市语委各成员单位、各区语委、各高等学校分管领导和相关部门负责人等440余人参加会议。

（邓鸿）

中华经典诵读工程系列活动

4月至12月，市语委办举办2021年北京市中华经典诵读工程系列活动暨教育部、国家语委第三届中华经典诵写讲大赛北京市初赛。活动以“传承中华经典，庆祝建党百年”为主题，包括“诵读中国”经典诵读大赛、“诗教中国”诗词讲解大赛、“笔墨中国”汉字书写大赛、“印记中国”师生篆刻大赛4项赛事，每项赛事同时根据参赛人群和作品类型进行组别分类。16个区及燕山地区、经开区的中小学和92所普通高校的在校学生及部分社会人员参加初赛。比赛收到参赛作品26050个，评出一、二、三等奖及优秀奖5523个，优秀指导教师奖416个，优秀组织奖114个。市语委另推荐748个作品参加全国复赛，北京市212个作品获奖，市语委同时获评“优秀组织奖”。

（邓鸿）

4所高校入选国家语言文字推广基地

9月3日，国家语委公布第二批国家语言文字推广基地名单，北京4所高校入选。经全国各省（区、市）教育行政部门审核推荐、专家评审、实地考察等程序，共62家单位入选第二批国家语言文字推广基地，其中北京4所高校入选。分别是清华大学、北京师范大学、首都师范大学和中央民族大学。

（周翊兰　张晓兰）

9月12日至18日，石景山组织开展第24届普通话宣传周活动
（石景山教委 供）

全国推广普通话宣传周

9月12日至18日，市教委、市语委开展第24届全国推广普通话宣传周活动。活动以“普通话诵百年伟业，规范字写时代新篇”为主题，组织各区及首都师范大学、北京语言大学等部分高校通过在主要街道悬挂宣传横幅、张贴宣传画等方式开展宣传。活动同时印发语言文字规范化宣传材料10万份，并举办第24届推普周工作成果展。展览介绍全国推广普通话宣传周小知识，展示近年工作成果，集中呈现中华经典诵写讲大赛和北京市学生语言能力提升系列活动的优秀作品。近20万人次参加推普周活动。

（邓鸿）

语言文字工作规范化达标建设抽查

9月27日和29日，市教委、市语委、市人力资源社会保障局开展语言文字工作规范化达标建设抽查。检查组分别到北京市工业技师学院、北京电子信息技师学院等技工院校，通过听取学校汇报、查看相关资料、召开师生座谈会等方式对学校语言文字工作达标建设情况全面调研检查。检查组就有关检查情况向学校交流反馈，有效促进学校语言文字工作开展。

（邓鸿）

北京市学生语言能力提升系列活动

9月至12月，市语委办开展2021年北京市学生语言能力提升系列活动。活动包括2021年北京市“演说中国”学生演讲比赛、第七届北京市中小学生辩论赛、各区教师培训活动、学生语言能力基地校送示范课活动4项内容。其中，2021年北京市“演说中国”学生演讲比赛以“传承中华经典，庆祝建党百年”为主题，收到小学、初中、高中组参赛视频6702个，最终评出获奖作品1332个，其中一等奖130个、二等奖263个、三等奖403个、优秀奖536个；优秀指导教师奖69个；优秀组织奖40个。第七届北京市中小学生辩论赛分校际赛和个人赛两个赛事。151支学校代表队（包括小学32支、初中55支、高中64支）参加校际赛，经过4轮线上角逐，最终决出冠军3个、亚军3个、季军6个；最佳辩手4名；优秀指导教师奖31个；优秀组织奖10个。全市276所中小学的1918名学生参加个人赛，经过辩题知识考查、一对一辩论、四人制组队辩论等，最终评选一等奖136个、二等奖125个、三等奖268个；最佳辩手9名；冠军44个、亚军44个、季军77个；优秀指导教师奖51个；优秀组织奖45个。

（邓鸿）

《中国诗词大会》北京赛区选拔活动

10月31日和11月7日，市教委、市语委分两批举办《中国诗词大会》第七季北京赛区线上选拔活动。活动依托“丘瑞斯北京市学生在线活动平台”，通过30秒自我介绍、4～6人飞花令以及专家一对一提问等环节，评选出入围第七季《中国诗词大会》中央广播电视总台总决赛选手16名。各区及54所高校推荐709名选手参加比赛，北京赛区入围总决赛人数为全国各赛区之首。活动由教育部、国家语委、中央广播电视总台指导，北京教育融媒体中心承办。

（邓鸿　滑经纬）

72所学校入选语言文字工作规范化达标建设校

11月10日，市教委、市语委印发《关于2021年语言文字工作规范化达标建设学校认定的通知》。经学校申请、区级检查、市级抽查等程序，市教委、市语委认定2021年语言文字工作规范化达标建设校72所，其中中小学幼儿园61所、技工学校11所。

（邓鸿）

北京市语言文字工作规范化达标建设中小学幼儿园名单

北京市东城区春江幼儿园
北京市第十五中学附属陶然亭幼儿园
北京市西城区大栅栏幼儿园

北京市西城区京华实验学校
首都师范大学金泽小学
北京市海淀区恩济里体大幼儿园
北京中外友好幼儿院
北师大二附中海淀学校
北大附中西三旗学校
北京十一晋元中学
北京市门头沟区第五幼儿园
北京市门头沟区第六幼儿园
北京市门头沟区第七幼儿园
北京市门头沟区外国语学校
北京市潭柘寺学校
北京市第五幼儿园城市副中心园
北京市通州区潞苑幼儿园
北京一幼海晟实验园城市副中心园
北京市北海幼儿园城市副中心园
北京市通州区潞苑小学
北京市史家小学通州分校大杜社校区
北京市通州区通运小学
北京市通州区贡院小学徐辛庄校区
北京拔萃骏源学校
北京市通州区芙蓉小学焦王庄校区
北京市通州区芙蓉小学沙古堆校区
北京市通州区龙旺庄小学
北京学校
北京黄城根小学通州校区
北京市通州区运河中学附属小学
北京市通州区兴顺实验小学
北京市通州区红星小学
北京市通州区艺才小学
北京市通州区嘉英小学
北京市通州区运河中学东校区
北京市通州区新未来实验学校
北京市通州区月河学校
北京通州华仁学校
北京中加学校
北京潞河国际教育学园
北京市私立树人·瑞贝学校
北京市通州区德闳学校
北京市现代音乐学校
北京市顺义区龙泉苑幼儿园
北京市顺义区牛栏山第三幼儿园
北京市顺义区天裕昕园幼儿园
北京市顺义区板桥幼儿园
北京市顺义区赵全营镇北郎中村幼儿园
北京市顺义区裕龙小学第二学校
北京市黄城根小学顺义分校
北京市昌平区清悦幼儿园
清华大学附属小学成志幼儿园
北京航空航天大学附属小学昌平学校
北京市中关村第二小学昌平学校
北京市西城区黄城根小学昌平学校
北京十一未来城学校
中国人民大学附属中学昌平学校
北京市大兴区瀛海第四幼儿园
北京市大兴区采育第三幼儿园
北京市大兴区礼贤新航城第二幼儿园
北京市密云区第十幼儿园

（邓鸿）

北京市语言文字工作规范化达标建设技工学校名单

北京市工业技师学院
北京市工贸技师学院
北京市仪器仪表高级技工学校
北京科技高级技术学校
北京市公共交通高级技工学校
北京市工艺美术高级技工学校
北京市新媒体技师学校
北京汽车技师学院
北京市应用高级技工学校

北京市城市管理高级技术学校

北京电子信息技师学院

（邓鸿）

语言文字工作能力提升培训班

11月19日和23日，市语委分别举办北京市语言文字工作能力提升培训班和北京高校干部语言文字工作能力提升培训班。培训班线上举行，学习全国语言文字工作会议、北京市语言文字工作会议精神和市政府办公厅《关于本市全面加强新时代语言文字工作的实施意见》等内容，同时为每名学员提供《线上课程资料》《线上培训平台使用操作手册》以及《学员手册》等材料。各区、各高校语言文字工作负责人及市语委成员单位相关负责人380余人参加培训。

（邓鸿）

北京市教育委员会主任、副主任，一级巡视员、二级巡视员

主　　任　刘宇辉

副 主 任　张永凯　柳长安（6月任）　丁大伟　张　洋（4月免）　刘晓明　黄　侃　温　涛（挂职，6月免）

一级巡视员　黄　侃　王定东　冯义国（2月任）

二级巡视员　冯洪荣（2月免）　葛巨众

北京市人民政府教育督导室主任、副主任

主　任　刘宇辉

副主任　冯义国（2月免）

北京市教育委员会二级巡视员、处室负责人

二级巡视员

杨江林　王东江　张凤华　龙　梅（7月任）　刘新军（7月任）

处室负责人

办公室（突发事件应急工作处）主任（处长）　刘新军

政策研究与法制工作处处长　王艳霞

发展规划处（功能疏解工作处）处长　姚林修（10月免）　吴　洁（10月任）

基本建设处处长　冷传才

学前教育处处长　郭春彦

基础教育一处处长　魏旭斌

基础教育二处处长　徐建姝

职业教育与成人教育处处长　王东江（7月免）　张树刚（7月任）

高等教育处处长　刘　霄

民办教育处处长　聂　荣（7月免）　王力志（7月任）

校外培训工作处处长　聂　荣（5月任）

高校学生处处长　刘新军（5月免）　王　栋（5月任）

科学技术与研究生工作处（北京市学位委员会办公室）处长（主任）　李善廷

体育卫生与艺术教育处处长　杨志强（7月免）　刘忠心（7月任）

督政处处长　张凤华

督学处处长　龙　梅（7月免）　胡　靖（11月任）

评估与监测处处长　张晓玲

教育信息化处处长　张宪国

支援合作处处长　王力志（7月免）　吴雅星（7月任）

国际合作与交流处（港澳台事务及侨务工作办公室）处长（主任）　潘芳芳

学校后勤处处长　武怀海

语言文字工作处处长　王　栋（5月免）　杨志强（7月任）

审计处处长　陶春梅

财务处处长　范忠伟

人事处（师资管理办公室）处长（主任）　杨江林

工会专职副主席　吴雅星（10月免）　史晓河（11月任）

（本栏责任编校　张晓兰）

教育督导

EDUCATION SUPERVISION

综述

中小学督导制度标准完善

2021 年，市教委、市政府教育督导室完善中小学督导制度标准。制定《北京市普通中小学校发展素质教育督导评价方案（修订）》《北京市中小学校体育工作督导评估方案（试行）》《北京市中小学校劳动教育督导评估方案（试行）》。方案构建起以“素质教育督导评估方案 + 德智体美劳全要素督导评估标准”为内容的“1+N”学校督导制度标准体系，完善与基础教育改革相适应的学校督导工作机制，促进学校坚持立德树人、落实“五育”并举。

（胡靖　蒋婧）

教育评估监测体系建设推进

2021 年，市教委、市政府教育督导室推进教育评估监测体系建设。继续实施学前教育发展状况监测、国家义务教育质量监测、高等教育质量监测和硕士论文抽检、教育工作满意度调查，开展“双减”工作落实情况专项调查，启动本科毕业论文抽检方案研制，研究制定市属高校本科教育教学审核评估方案。加强教育评估监测信息化建设，完善学前教育监测系统，建成并使用硕士论文抽检系统，实现各类型硕士学位论文全覆盖抽检。形成《北京市教育评估与监测报告汇编（2021 年）》，为改进教育教学和教育公共决策提供支撑。完善各项评估监测工作的制度体系、流程体系、数据体系和监管体系，推动评估监测工作精细化、高质量发展。

（黄艳香）

4 月 27 日，朝阳区北辰福第幼儿园接受市级督导检查
（朝阳区教委　供）

挂牌责任督学专项督导

2021 年，市教委、市政府教育督导室组织挂牌责任督学开展专项督导工作。先后围绕“双减”和“五项管理”（中小学作业、睡眠、手机、读物、体制管理）、校园安全、疫情防控、体育、劳动教育、春秋季开学工作，累计组织 1.8 万余人次挂牌责任督学，对全市中小学、幼儿园实施 11 轮全覆盖专项督导。依托市教育督导信息管理系统和手机蓝信平台，实现督导情况的实时上报、实时汇总，形成 11 份督导报告报送领导和相关部门。坚持问题导向，将抓实问题整改作为全年开展责任督学挂牌督导工作的重点，及时将督导结果反馈相关部门。向各区印发专项督导情况通报，向存在问题的区印发整改通知

35 份，通过信息系统向存在问题的学校发出整改通知 700 余份。督促 1000 余项问题整改销号，保障首都教育改革政策末端落实。

（胡靖　蒋婧）

强化教育评估监测结果运用

2021 年，市教委持续强化教育评估监测工作结果运用。一是及时通报评估监测结果。将年度开展的学前教育发展状况与国家义务教育质量监测结果、硕士论文抽检结果分别通报到各区政府和相关培养单位，首次将教育工作满意度调查结果反馈到各区党委、人大、政协并向社会公开。二是加强整改落实。首次明确由各区政府针对学前、义务教育监测发现的 80 余个问题，教育工作满意度调查收集到的两万余条意见和建议制定整改方案，引导各区教育改革“有方向”、整改落实“有措施”，实现评估监测工作“有回响”。三是开展约谈。对 2019—2020 学年硕士学位论文抽检中“存在问题论文”比例较高且篇数较多的学位授予单位集体约谈，要求学位授予单位要用好抽检结果、压实整改责任、强化质量保障，切实采取措施，力求整改取得实效。

（黄艳香）

职业院校人才培养质量督导评估试评

2021 年，市教委、市政府教育督导室开展职业院校人才培养质量督导评估试评。修订完善职业院校人才培养质量督导评估标准，围绕完善现代职业教育体系、深化办学模式改革、推进技术技能型人才培养等工作，组织专家组对北京市昌平职业学校、北京工业职业技术学院实地督导评估。专家组查阅制度文件百余份、访谈座谈 50 余人次、听课看课 40 余节，并考察实习实训教学等工作情况。通过试评工作，市教委、市政府教育督导室了解职业院校技能型人才培养工作现状，听取职业院校对于督导评估工作的意见建议，探索符合职业教育特点、适应北京市经济社会发展和京津冀协同发展需要的职业院校人才培养质量督导评估模式方式，促进职业院校提升技术技能型人才培养质量和内涵建设水平。

（胡靖　蒋婧）

幼儿园办园质量督导评估

2021 年，市教委、市政府教育督导室完成首轮幼儿园办园质量督导评估。根据《北京市幼儿园办园质量督导评估办法（试行）》，按照自 2019 年起每三年完成一轮对全市所有幼儿园督导评估的工作安排，完成首轮幼儿园办园质量全覆盖督导评估。全年组织幼儿园 100% 完成网上自评，对 1200 所幼儿园开展督导评估。2019 年至 2021 年，三年完成全市 2194 所幼儿园督导评估，累计委派 2600 余人次市级专家参加各区督导评估工作，同时组织专家对各区开展观察督导。市教委、市政府教育督导室总结首轮督导评估工作情况，形成《2019—2021 年北京市幼儿园办园质量督导评估工作报告》，将督导评估结果反馈相关部门，并将督导评估发现的问题作为重点，强化监督指导，督促各区和幼儿园落实问题整改。

（胡靖　赵旭山）

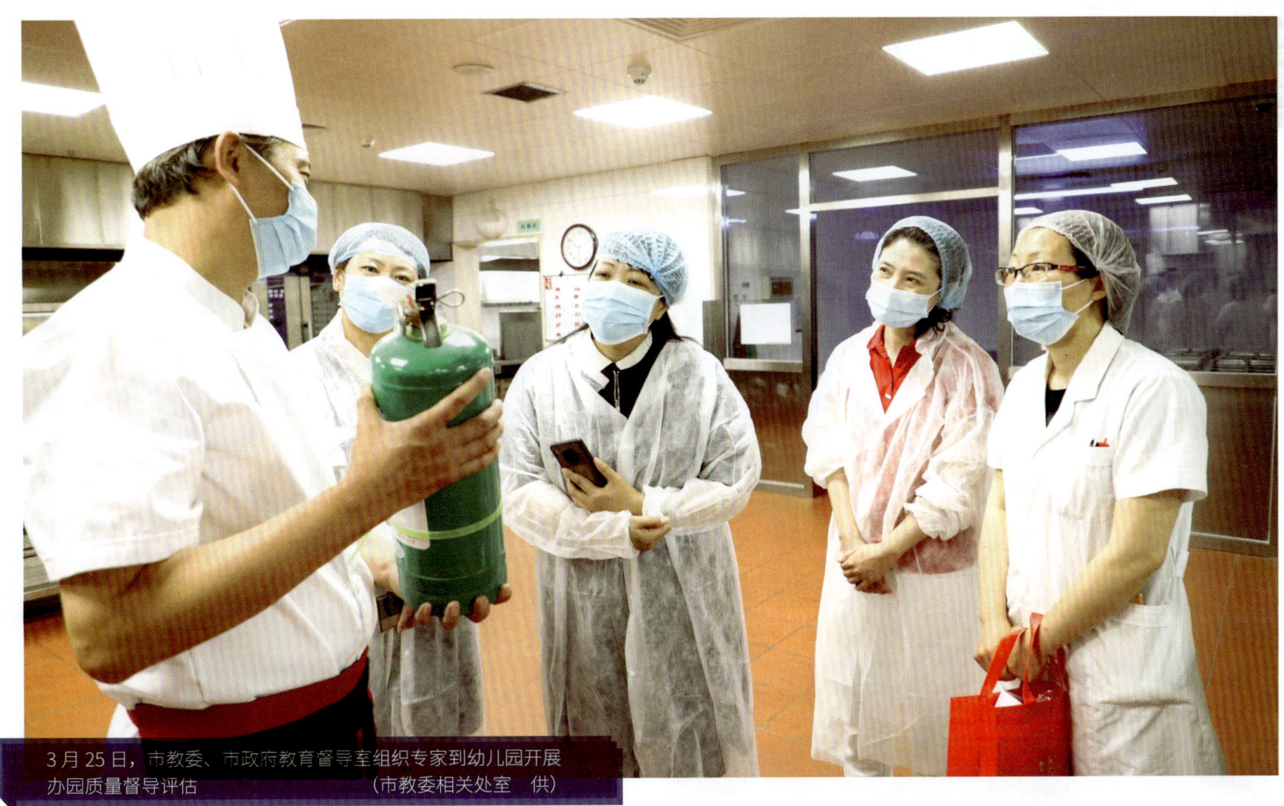

3 月 25 日，市教委、市政府教育督导室组织专家到幼儿园开展办园质量督导评估　（市教委相关处室　供）

教育督导体制机制改革推进会议

3月17日，市政府教育督导委员会2021年扩大会议暨教育督导体制机制改革推进会议召开。会议审议通过2020年北京市教育督导报告、2021年北京市政府教育督导委员会工作要点。会议强调，要深化教育督导体制机制改革，各区要加快研制出台实施方案，持续强化教育督导委员会职能作用，建好用好区级教育督导委员会，切实完善教育督导结果使用机制，职能部门要依据职责用好督导结果。市政府教育督导委员会委员、成员单位督学及各区政府主管教育副区长、区教委主任、区政府教育督导室主任、市级督学代表等百余人参会。

（胥丹丹）

北京教育督导评估院挂牌成立

8月30日，北京教育督导评估院挂牌成立。评估院是北京市首个独立的教育督导专业机构，整合北京教育科学研究院、北京教育学院等单位的教育督导专业力量，主要承担教育督导、教育评估与质量监测研究、咨询及组织实施等工作，是市委教育工委、市教委所属正处级公益一类事业单位。设院长1人、副院长3人，编制51人。

（胥丹丹）

教育工作满意度为“比较满意”

9月10日至30日，市教委开展北京市2021年教育工作满意度调查。调查内容主要包括公众对政府统筹、学校办学、师资队伍、教育效果4个方面的满意度，同时专项调查“双减”及“五项管理”（中小学生作业、睡眠、手机、读物、体质管理）相关内容。通过网络调查方式，随机推送调查问卷填答邀请短信435991条，收到有效样本47582个（其中学生家长样本36307个，人大代表、政协委员样本982个，校〈园〉长、教师样本8303个，督学样本1990个）。调查结果显示，北京市教育工作满意度综合得分85.7分，达到“比较满意”以上水平。16个区及燕山地区教育工作满意度亦均达到“比较满意”水平。

（赵兴）

督政

学前教育普及普惠实地督导评估

9月6日至7日，市政府教育督导委员办公室赴延庆区开展学前教育普及普惠实地督导评估。此次评估在区级自评申报和市级初核基础上开展，通过听取区政府工作汇报、与相关委办局座谈访谈、查阅档案材料、实地察看幼儿园方式，了解核查延庆区学前教育普及普惠情况。督导评估结果经市教委主任办公会审定后报告市政府，同时以市教委名义报送国务院教育督导委员会办公室申请国家认定。

（胥丹丹）

区政府履行“双减”职责情况全覆盖专项督导

9月14日至15日和12月1日至10日，市政府教育督导委员会办公室开展区政府履行“双减”职责情况全覆盖专项督导。4个督导组分赴16个区，通过听取区政府工作汇报、召开区级专班成员单位负责人及培训机构负责人座谈会、实地察看中小学等形式，了解各区在加强“双减”工作统筹谋划、“双减”专班运行、深化校外机构治理、减轻学生过重作业负担和提升课后服务水平、加大专项工作执法检查力度等方面的工作情况及实际成效。督导组综合

9月15日，市教委到海淀区学校督导“双减”工作

（海淀区教委　供）

各区自评情况、相关数据情况、实地督导检查情况，形成督导反馈意见和督导检查报告。

（胥丹丹）

首次实现对区政府履行教育职责整改情况回访督导全覆盖

12月1日至10日，市政府教育督导委员会办公室对区级政府履行教育职责整改情况开展驻地式回访督导检查。督导工作组成4个检查组，分赴石景山、门头沟、房山、大兴、昌平、平谷、怀柔、延庆8个区以及燕山地区，围绕各区政府履行教育职责存在问题的整改情况、全面落实《北京市关于深化新时代教育督导体制机制改革的实施意见》等方面开展督导。检查组通过听取汇报、查阅资料、召开座谈会、实地考察等方式了解各区政府在教育专项规划、资源布局、学位供给等方面的情况并形成问题清单反馈各区。市政府教育督导委员会办公室另于4月20日至28日完成东城、西城、朝阳、海淀、丰台、顺义、通州、密云8个区的区级政府履行教育职责整改情况回访督导检查。至此，实现对区级政府履行教育职责整改情况回访督导全覆盖。

（胥丹丹）

督学

高校内部督导调研

9月至10月，市教委、市政府教育督导室开展高校内部督导工作调研。调研组到北京信息科技大学、北京第二外国语学院、北京电影学院（怀柔校区），通过调阅文件、座谈访谈、实地查看等方式，调研学校内部督导工作情况，指导学校完善内部督导体系建设。调研结果显示，各学校结合实际建立完善内部督导机制，有序推进内部督导工作，为学校持续提升教育教学质量和办学水平提供有力保障。

（王俊杰　贾姜媛）

中小学校全面实施素质教育督导评估

10月至12月，市教委、市政府教育督导室开展中小学校全面实施素质教育督导评估。指导各区开展区级督导评估工作，同时根据疫情形势，创新采用“实地督导＋线上督导”相结合的方式，对通州区、燕山地区17所中小学校开展市区联合督导。督导组在学校自评基础上，通过实地走访、听课看课、线上查阅档案材等方式，了解学校素质教育实施情况，并形成对17所学校素质教育实施情况的督导评估意见和《2021年北京市中小学校全面实施素质教育督导评估报告》。通过督导评估，市教委、市政府教育督导室同时督促学校落实“双减”工作责任、全面提升学生综合素养。

（胡靖　蒋婧）

中小学幼儿园责任督学挂牌督导工作经验交流会

11月11日，市教委、市政府教育督导室召开北京市中小学幼儿园责任督学挂牌督导工作经验交流会。会议宣读历届“督学之星”和第四届教育督导案例论文征文活动获奖人员名单，观看“督学之星”宣传片，邀请朝阳、海淀、怀柔区政府教育督导室及部分督学代表介绍创新推进挂牌督导工作典型经验和督导履职有效做法。会议肯定八年来责任督学挂牌督导工作取得的成绩，部署下一阶段责任督学挂牌督导重点工作。会议以视频方式召开，刘宇辉参加会

6月1日，通州区政府领导开展儿童节入校慰问
（通州区教委　供）

议并讲话，市教委相关处室和直属单位负责人、各区教委及督评中心相关人员、全市挂牌责任督学等近 2000 人参会。

（胡靖　蒋婧）

学校督导工作信息化运行管理模式优化

至年底，市教委优化学校督导工作信息管理系统、完善信息管理模式。完善幼儿园办园质量督导评估、责任督学挂牌督导、中小学素质教育督导评估、督学队伍管理四个信息管理系统，强化功能建设。完善一体化平台管理、多终端共享的学校督导信息化工作模式，健全学校督导工作、督学队伍大数据库，强化督学队伍动态管理、分级分类管理。

（胡靖　赵旭山）

督导工作总结宣传强化

至年底，市教委、市政府教育督导室强化督学工作总结宣传。开展第四届教育督导优秀论文、案例征集评选活动，评选 134 篇优秀论文、案例并部分结集出版。制作“督学之星”宣传片，通过地铁电视、学习强国 App、“央视频”等平台宣传 32 名“督学之星”。通过教育部督导局官方微信公众号、“首都教育督导”微信公众号等平台宣传首都教育督导工作经验成果。

（蒋婧　王俊杰）

评估与监测

全市适龄儿童毛入园率 90%

3 月至 6 月，市教委完成北京市 2020—2021 学年学前教育发展状况监测。监测内容主要包括学前教育发展规模、幼儿园布局与结构、办园条件等 8 项。16 个区及燕山地区的 2844 所幼儿园在线填报监测数据。经过数据审核、清理及分析，形成监测报告。监测结果显示，全市幼儿园在园幼儿 58.4 万人；适龄儿童毛入园率 90%；普惠性幼儿园覆盖率 85% 以上；公办园在园幼儿占比 50% 以上；2020 年市区两级财政性学前教育经费投入持续增加；生均绿地面积、生均户外活动场地面积指标达到国家标准规定的基本要求，并高于全国平均水平；幼儿园师资学历大专及以上的达到 95% 以上。

（沈柳莺）

第三个测试周期国家义务教育质量监测工作启动

5 月 27 日至 28 日，市教委组织 16 个区及燕山地区、经开区中小学参加 2021 年全国义务教育阶段学生数学学业质量、体质与健康和心理健康现场测试。196 所小学、128 所初中的近 9500 名四、八年级学生和近 3880 名相关年级数学、体育、心理健康教师、班主任及校长参加测试。市、区、校三级相关部门派出 6800 余名工作人员对测试组织、测试工具保密、新冠肺炎疫情防控、特殊天气应对进行服务保障，市教委主要负责人、教育部专家到各区检查指导。此次测试为第三个监测周期首次国家义务教育质量监测，测试时间由 1 天增至 1 天半，新增心理健康教育测试科目。

（沈柳莺）

义务教育优质均衡发展监测

5 月至 11 月，北京市义务教育优质均衡发展监测开展。监测基于国家义务教育优质均衡监测相关指标和标准，结合北京市教育事业统计、教育经费统计、满意度调查等数据，

5 月 27 日，市委教育工委、市教委、市政府教育督导室领导带队前往东城区前门小学视导现场测试工作 （市教委相关处室　供）

12 月 13 日，裕达隆小学落实“双减”要求开展第二届拼音嘉年华活动 （顺义区教委　供）

通过调取已有数据、构建模型进行统计分析、实地调研等方式开展监测。监测结果显示北京市各区义务教育优质均衡发展水平不断提升。教育督导评估院同时形成北京市义务教育优质均衡发展决策参考报告 1 份、各区分报告 16 份。

（段鹏阳　范文凤）

完成 65 所普通高校本科教育教学质量常态监测

9 月，市教委、市教育督导室完成 65 所普通高校本科教育教学质量常态监测工作。市教委根据“属地化、全覆盖”原则，组织 65 所高校在“高等教育质量监测国家数据平台”上完成 2021 年数据填报，采集 645 个通用数据项，师范类、医学类、工程类等 296 个特色数据项，覆盖学校概况、办学条件、师资队伍、学科专业、人才培养、学生信息、质量监控方面信息。各高等学校依据监测数据编制并公开发布 2021 学年度本科教学质量报告。市教委在各高校监测数据和质量报告的基础上，形成《北京普通高等学校本科教育教学质量报告（2020—2021 学年）》，服务政府管理与决策。

（黄艳香）

硕士学位论文抽检合格率 98.08%

11 月，市教委完成 2019—2020 学年北京硕士论文抽检工作，首次实现各类型硕士论文全覆盖。抽检北京地区 107 家学位授予单位（军队系统除外）5622 篇硕士论文，涵盖学术学位的 13 个学科门类（98 个一级学科）和专业学位的 5 个大类（39 个专业学位类别）。抽检结果显示，2019—2020 学年北京地区抽检合格论文 5514 篇，合格率 98.08%；存在问题论文 108 篇，不合格率 1.92%。市教委及时将抽检结果反馈各学位授予单位，约谈 11 家问题突出的单位，并对问题严重的单位研究生教育资源配置予以调减。

（杨旸）

开展“双减”工作落实情况调查

12 月 13 日至 20 日，市教委围绕重点工作及时开展义务教育阶段“双减”工作调查。调查内容包括学校“双减”政策落实情况、校外培训机构“双减”政策落实情况、家长的感受与实际获得以及对“双减”工作的需求、意见和建议 4 个方面。调查通过网络调查方式，共随机向义务教育阶段家长推送调查问卷填答邀请短信 405932 条，收到有效样本 30000 个（其中小学生家长样本 20094 个、初中生家长样本 9906 个）。调查结果显示，“双减”政策整体落实情况较好；学校作业布置与批改、课后服务开设、学校教育教学规范办学等情况得到学生家长广泛认可，减轻学校作业负担相关措施在学校得到较好落实；校外培训机构治理效果明显，违规现象得到有效遏制；学生过重作业负担和校外培训负担、家庭教育支出和家长相应精力负担得到有效减轻，家长教育焦虑得到较大程度缓解，学生和家长的实际获得感较高；家长对提高学校教育教学质量、完善双减政策、完善升学考试制度、加强课后服务的内容和质量等方面的呼声较高。

（赵兴）

（本栏责任编校　张晓兰）

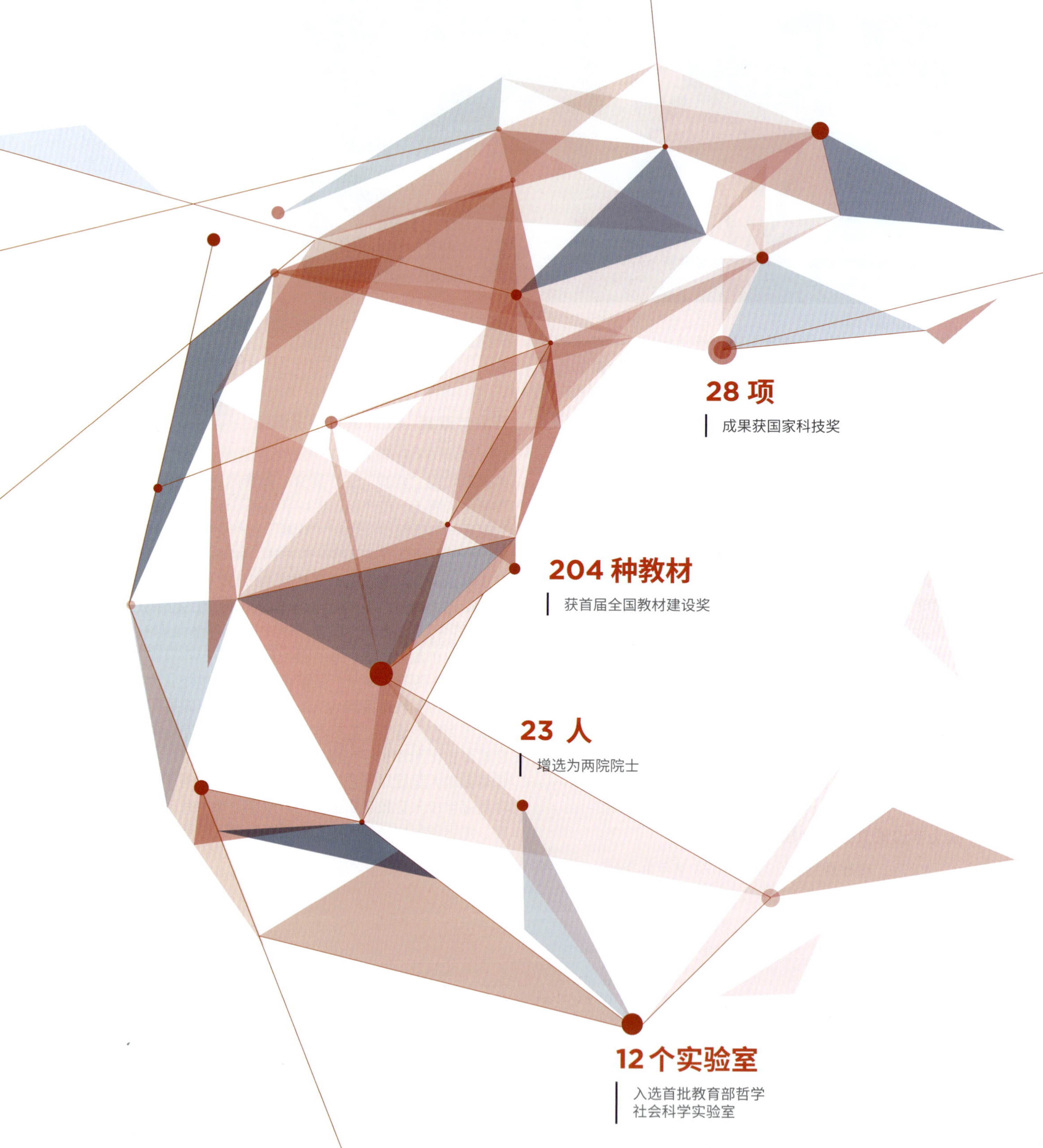
28 项
成果获国家科技奖
204 种教材
获首届全国教材建设奖
23 人
增选为两院院士
12 个实验室
入选首批教育部哲学
社会科学实验室

2022 科学研究

SCIENTIFIC RESEARCH

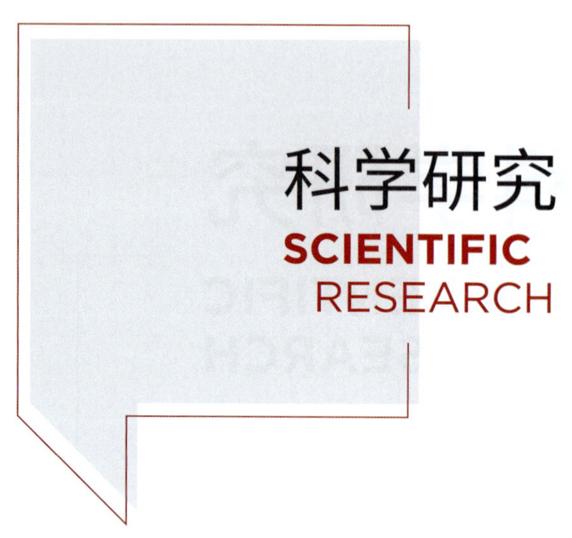

75 所设有理工农医类高校
（含 29 所高校附属医院）
有教学与科研人员 79333 人

43 所设有理工农医类市属高校
（含 18 所高校附属医院）
有教学与科研人员 39029 人

92 所设有人文社科类全日制普通本科高校
共有人文社科活动人员 40372 人

53 所设有人文社科类市属高校
有人文社科活动人员 15450 人

北京地区高校出版科技专著 1038 部
北京地区高校出版人文社科著作 3464 部

综述

概述

2021 年，北京地区高校及附属医院从业人员 177172 人，教学与科研人员 119705 人；科研经费总投入 416.05 亿元；承担研究项目 130835 个；发表学术论文 132144 篇、出版学术专著 4502 部；获省部级及以上奖励 718 项；研究机构 1327 个，研究与发展（R&D）经费支出 144.6 亿元，年末科研仪器设备原值 302.68 亿元。

（刘帅）

科技人员及投入

2021 年，北京地区 75 所设有理工农医类高校（含 29 所高校附属医院）有从业人员 136800 人，教学与科研人员 79333 人，包括具有教授职称 9945 人，具有高级职称 27482 人；研究与发展（R&D）人员 78301 人；科技经费投入 379.76 亿元，包括政府资金投入 153.42 亿元，企事业单位委托投入 69.94 亿元。市属 43 所北京设有理工农医类高校（含 18 所高校附属医院）有从业人员 52196 人，教学与科研人员 39029 人，包括具有教授职称 3414 人，具有高级职称 5664 人；研究与发展（R&D）人员 19138 人；科技经费投入 39.30 亿元，包括政府资金投入 15.52 亿元，企事业单位委托投入 6.34 亿元。

（刘帅）

科技活动

2021 年，北京地区 75 所设有理工农医类高校（含 29 所高校附属医院）有科研活动机构 940 个；开展科技课题 75989 项，包括研究与发展（R&D）成果应用及科技服务课题 9436 项；派遣进修访问学者 688 人次，接受进修访问学者 1235 人次；出席国际学术会议 77221 人次，交流论文 6707 篇。市属 43 所设有理工农医类高校（含 18 所高校附属医院）有科研活动机构 206 个；开展科技课题 13419 项，包括研究与发展（R&D）成果应用及科技服务课题 774 项；派遣进修访问学者 266 人次，接受进修访问学者 430 人次；出席国际学术会议 68329 人次，交流论文 1651 篇。

（刘帅）

科技产出

2021 年，北京地区高校出版科技专著 1038 部；发表学术论文 99289 篇，包括在国外学术刊物发表 59228 篇；科学引文索引扩展版（SCIE）收录论文 45141 篇、工程索引（EI）30885 篇、科学技术会议录索引（CPCIS）4627 篇；获奖成果（第一单位）422 项，包括国家级奖 45 项，省部级奖 247 项。市属高校出版科技专著 323 部；发表学术论文 20093 篇，包括国外学术刊物发表 8659 篇；科学引文索引扩展版（SCIE）收录论文 7948 篇、工程索引（EI）2989 篇、科学技术会议录索引（CPCIS）410 篇；获奖成果（第一单位）47 项，包括国家级 8 项，省部级 35 项。

（刘帅）

科技推广

2021 年，北京地区高校签订技术转让合同 1448 项，合同总金额 15.03 亿元，当年实际收入 6.91 亿元。其中，专利出售合同 917 项，合同总金额 12.28 亿元，当年实际收入 5.52 亿元；北京地区高校申请专利 24167 项，其中发明专利 20426 项、实用新型 3361 项、外观设计 380 项。市属高校签订技术转让合同 600 项，合同总金额 2.56 亿元，实际收入 1.25 亿元。其中，专利出售合同 200 项，合同总金额 7497 万元，当年实际收入 3648.9 万元；市属高校申请专利 4998 项，占北京地区高校专利申请量 20.68%，其中发明专利 3159 项、实用新型 1697 项、外观设计 142 项。

（刘帅）

社科人员及投入

2021 年，北京地区 92 所设有人文社科类全日制普通本科高校人文社会科学活动人员 40372 人，研究与发展（R&D）人员 53760 人；市属高校人文社会科学活动人员 15450 人，研究与发展（R&D）人员 15406 人。北京地区高校人文社科研究经费投入 34.46 亿元，包括政府资金投入 18.04 亿元，企事业单位委托资金投入 15 亿元，其他资金投入 2.28 亿元；市属高校人文社科经费投入 6.72 亿元，包括政府资金投入 3.76 亿元，占北京地区高校政府资金投入 20.9%；企事业单位委托资金投入 2.73 亿元，占北京地区高校企事业单位委托资金投入 18.2%；其他资金投入 0.27 亿元，占北京地区高校其他资金投入 11.9%。

（刘帅）

社科活动

2021 年，北京地区高校在研人文社科项目 54864 个，当年投入经费总额 23.47 亿元；举办学术会议 1913 次，其中独办 1295 次、合办 618 次，参加学术会议 33525 人次，提交论文 9840 篇；受聘讲学派出 3694 人次，来校受聘讲学 4131 人次；进修学习派出 2858 人次，来校进修学习 1999 人次；合作研究课题 1181 项。从在研项目级别看，北京地区高校在研人文社科国家级项目 6578 个，占在研项目总数 12.0%；在研省部级项目 4575 个，占在研项目总数 8.3%；在研其他项目 43711 个，占在研项目总数 79.7%。市属高校在研人文社科项目 15459 个，占北京地区高校在研人文社科项目总数 28.2%，当年投入经费总额 5.05 亿元，占北京地区高校当年投入经费总额 19%。举办学术会议 244 次，其中独办 168 次、合办 76 次，参加学术会议 9640 人次，提交论文 3174 篇；受聘讲学派出 945 人次，来校受聘讲学 1538 人次，进修学习派出 841 人次，来校进修学习 127 人次，合作研究课题 369 项。

（刘帅）

人文社科研究成果

2021 年，北京地区高校出版人文社科著作 3464 部；发表人文社科学术论文 32855 篇；提交研究与咨询报告 2155 篇，研究与咨询报告被采纳 1492 篇。市属高校出版人文社科著作 889 部，占北京地区高校出版人文社科著作总数 25.7%；发表人文社科学术论文 7512 篇，占北京地区高校发表人文社科学术论文总数 22.9%。提交研究与咨询报告 339 篇，占北京地区高校提交部门研究报告总数 15.7%，研究报告被采纳 211 篇。

（刘帅）

长城工程科技会议第一次主题大会

6 月 17 日至 18 日，科技部、中国工程院、清华大学联合举办长城工程科技会议 2021 年第一次主题大会。会议以“碳达峰碳中和关键技术问题和工程路径”为主题，分为大会报告、专题研讨、专家碰头会和闭门会 4 个部分，围绕零碳非电能源技术体系构建、构建以新能源为主体的新型电力系统、碳中和目标下工业流程重塑与建筑交通减碳、加大非二氧化碳温室气体控制力度、生态碳汇与碳移除技术潜力、碳中和技术产业化与区域示范 6 个关键方向开展研讨，提出相关重大科技项目和重大工程建议。来自科技界、产业界、工程界和有关地方政府 200 余名专家学者和代表参加会议。长城工程科技会议是由科技部、中国工程院、清华三方共同发起主办的常设性学术会议，主要任务是围绕国家工程科技发展重大问题和关键技术，以及国民经济发展重大需要，每年不定期举办若干场研讨会，形成研讨成果，及时上报国家有关部门并向社会发布。

（徐思羽）

9 月 22 日，清华碳中和研究院成立

（清华　供）

北京高校知识产权信息服务共建

6月23日，北京高校知识产权信息服务共建启动仪式在北京科技大学举行。仪式上，中关村知识产权促进中心与北京科技大学、北京交通大学、北京工业大学、北京化工大学、北京中医药大学5所在京高校知识产权信息服务中心分别签署《北京市高校知识产权信息服务共建协议》。根据协议，中关村知识产权促进中心与高校共同致力于提升北京市知识产权信息公共服务水平，完善知识产权信息公共服务体系，实现优势资源共享与成功经验分享，立足自身特色，发挥比较优势，相互取长补短、推进横向沟通合作和协同发展。国家知识产权局、市知识产权局及各高校相关负责人参加活动。

（于点）

北京204种教材获首届全国教材建设奖

9月26日，国家教材委员会印发《关于首届全国教材建设奖奖励的决定》，第一编者所在单位为北京单位的204种教材获奖。其中，高等教育类107项、基础教育类58项、职业教育与继续教育类39项。高等教育类获奖教材中，特等奖1项、一等奖27项、二等奖79项，获奖总数量在全国省市中位列第一；基础教育类获奖教材中，特等奖2项、一等奖12项、二等奖44项；职业教育与继续教育类获奖教材中，一等奖10项、二等奖29项。另有，北京10个单位获先进集体奖，31名个人获先进个人奖。该奖项评选出全国优秀教材999种，其中高等教育类399种、基础教育类200种、职业教育与继续教育类400种。全国教材建设先进集体99个，全国教材建设先进个人200人。该奖项由国家教材委员会主办、教育部承办，分设“全国优秀教材（基础教育、职业教育与继续教育、高等教育3大类）”“全国教材建设先进集体”“全国教材建设先进个人”3个奖项，每4年评选一次。这是中国首次设立全面覆盖大中小学教材建设的专门常设性奖励项目，是全国教材工作领域最高奖项。

（刘国庆　杨馨珠　曾婷）

全国优秀教材特等奖获奖名单（北京）

序号	教材名称	主编	出版单位	主编所在单位
1	冰冻圈科学概论（修订版）	秦大河	科学出版社	中国科学院大学
2	义务教育教科书语文一年级至九年级（共18册）第1版	温儒敏	人民教育出版社	北京大学
	义务教育教科书语文一年级至九年级（共18册）第1版	齐世荣	人民教育出版社	首都师范大学
3	普通高中教科书英语必修第一册第1版	陈琳	外语教学与研究出版社	北京外国语大学

（刘国庆　杨馨珠　曾婷）

北京高校28项成果（个人）获国家科技奖

11月3日，2020年度国家科学技术奖励大会在北京人民大会堂举行，清华大学教授王大中获国家最高科学技术奖，北京高校作为第一完成单位的27项通用成果获国家科学技术奖励。其中，获得国家自然科学奖二等奖7项，国家技术发明奖一等奖1项、二等奖6项，国家科学技术进步奖一等奖1项、二等奖12项。习近平等党和国家领导人出席会议并为获奖代表颁奖。2020年度国家科学技术奖评选出264个项目、10名科技专家和1个国际组织。其中，国家最高科学技术奖2人；国家自然科学奖46项，其中一等奖2项、二等奖44项；国家技术发明奖61项，其中一等奖3项、二等奖58项；国家科学技术进步奖157项，其中特等奖2项、一等奖18项、二等奖137项；授予8名外籍专家和1个国际组织中华人民共和国国际科学技术合作奖。

（曾婷）

2020年度国家自然科学奖获奖项目
（通用项目　北京高校　第一完成单位）

二等奖

序号	项目名称	第一完成单位
1	p进霍奇理论及其应用	北京大学
2	活细胞化学反应工具的开发与应用	北京大学
3	单壁碳纳米管的可控催化合成	北京大学
4	水稻驯化的分子机理研究	中国农业大学
5	面心立方材料弹塑性力学行为及原子层次机理研究	北京工业大学
6	河流动力学及江河工程泥沙调控新机制	清华大学
7	具有界面效应的复合材料细观力学研究	北京大学

（曾婷）

2020年度国家技术发明奖获奖项目
（通用项目　北京高校　第一完成单位）

一等奖

序号	项目名称	第一完成单位
1	超高清视频多态基元编解码关键技术	北京大学

二等奖

序号	项目名称	第一完成单位
1	良种牛羊卵子高效利用快繁关键技术	中国农业大学
2	小麦耐热基因发掘与种质创新技术及育种利用	中国农业大学
3	海洋深水浅层钻井关键技术及工业化应用	中国石油大学（北京）

序号	项目名称	第一完成单位
4	烯烃可控配位聚合方法与高性能弹性体制备技术	北京化工大学
5	高分子分散与高分子稳定液晶共存体系的材料设计、制备及应用	北京大学
6	航天飞行器极端条件下主动热防护关键技术及应用	清华大学

（曾婷）

2020 年度国家科学技术进步奖获奖项目（通用项目　北京高校　第一完成单位）

一等奖

序号	项目名称	第一完成单位
1	工业烟气多污染物协同深度治理技术及应用	清华大学

二等奖

序号	项目名称	第一完成单位
1	食品动物新型专用药物的创制与应用	中国农业大学
2	高纯 / 超高纯化学品精馏关键技术与工业应用	北京化工大学
3	面向机动平台的高清晰精准光电探测关键技术与装备	北京航空航天大学
4	智能型科技情报挖掘和知识服务关键技术及其规模化应用	清华大学
5	国家超级计算基础设施支撑软件系统	北京航空航天大学
6	复杂受力钢 / 混凝土组合结构基础理论及高性能结构体系关键技术	清华大学
7	高性能隔震建筑系列关键技术与工程应用	北京建筑大学
8	面向复杂数控装备的监测评估关键技术及标准体系	北京航空航天大学
9	低氧与缺血适应防治缺血性脑卒中新技术体系的创研及推广应用	首都医科大学
10	脑血管病医疗质量改进关键技术与体系的建立和应用	首都医科大学附属北京天坛医院
11	耳科影像学的关键技术创新和应用	首都医科大学附属北京友谊医院
12	中医药循证研究“四证”方法学体系创建及应用	北京中医药大学

（曾婷）

北京高校 23 人增选为两院院士

11 月 18 日，北京高校 23 人增选为中国科学院、中国工程院院士。其中，7 人增选为中国科学院院士、16 人增选为中国工程院院士。2021 年，中国科学院、中国工程院分别选举产生 65 名中国科学院院士和 25 名中国科学院外籍院士，84 名中国工程院院士和 20 名中国工程院外籍院士。

（曾婷）

2021 年新当选中国科学院院士名单（北京高校）

数学物理学部

陈松蹊　北京大学

化学部

王梅祥　清华大学

地学部

邓　军　中国地质大学（北京）

朴世龙　北京大学

朱　彤　北京大学

信息技术科学部

钱德沛　北京航空航天大学

技术科学部

姜培学　清华大学

（曾婷）

2021 年新当选中国工程院院士名单（北京高校）

机械与运载工程学部

王云鹏　北京航空航天大学

李克强　清华大学

信息与电子工程学部

龙　腾　北京理工大学

张宏科　北京交通大学

罗　毅　清华大学

化工、冶金与材料工程学部

张立群　北京化工大学

能源与矿业工程学部

孙友宏　中国地质大学（北京）

张来斌　中国石油大学（北京）

葛世荣　中国矿业大学（北京）

土木、水利与建筑工程学部

杜修力　北京工业大学

农业学部

谯仕彦　中国农业大学

医药卫生学部	
田金洲	北京中医药大学
姜保国	北京大学人民医院
徐兵河	中国医学科学院肿瘤医院
蒋建东	中国医学科学院医药生物技术研究所
工程管理学部	
王自力	北京航空航天大学

（曾婷）

北京高校12个实验室入选首批教育部哲学社会科学实验室

11月26日，北京12所高校12个实验室入选首批教育部哲学社会科学实验室，其中试点类4个、培育类8个。4个试点类实验室是北京大学语言学实验室、清华大学计算社会科学与国家治理实验室、中国传媒大学国家舆情实验室、中国政法大学数据法治实验室；8个培育类实验室是中国人民大学数字政府与国家治理实验室、北京师范大学汉字汉语研究与社会应用实验室、北京外国语大学人工智能与人类语言实验室、中央音乐学院音乐人工智能实验室、对外经济贸易大学全球价值链研究院、北京航空航天大学低碳治理与政策智能实验室、中国科学院大学数字经济监测预测预警与政策仿真实验室和中国美术学院文创设计智造实验室。该项目要求服务国家战略和区域发展，瞄准学术前沿，推进学科交叉融合，创新研究范式方法，利用现代信息技术和先进实验手段，开展战略性、前瞻性、实践性研究，推动高校哲学社会科学研究现代化。经高校申报、前期调研、专家评审、现场考察，确定首批教育部哲学社会科学实验室30个（含试点类9个、培育类21个），建设周期5年。

（张晓兰　朴悦嘉）

科研管理

2个北京实验室立项新增

5月，市教委完成2个北京实验室立项工作。分别是首都医科大学过敏性疾病北京实验室和首都医科大学口腔健康北京实验室。该项目将以国家和北京经济社会发展需求为导向，瞄准国家战略性新兴产业和北京高精尖产业方向，集聚北京高校优势学科与科研资源，融汇北京地区优势科研院所和创新企业，以“多元、融合、互赢”协同创新理念，建立开放、联合、协同的运行机制，探索形成以产业需求为纽带、以科技创新和人才培养为核心的聚力攻关科技创新的新模式。

（刘安邦）

3个人文中心立项新增

10月，市教委完成3个北京人文社会科学研究中心立项工作。分别是中国社会科学院大学21世纪马克思主义研究中心、清华大学人工智能治理研究中心和首都师范大学中外文明传承与交流研究中心。人文中心将在21世纪马克思主义、人工智能治理、中外文明传承与交流领域，以立德树人为根本，融通校内外优质资源，推进知识创新、理论创新、方法创新，提升学术原创能力和水平，推动学术理论中国化，创新科教融合育人育才机制，开设北京人文论坛，高标准打造在国内外领域内具有重要影响力的学术高地、创新人才培养培育高地和服务创新高地。

（张豫）

4所高校增列为北京市哲社研究基地

12月，市教委和市社科联、市社科规划办认定4所高校增列为北京市哲学社会科学研究基地。4个基地分别为北方工业大学北京城市治理研究基地、北京体育大学冬奥文化与冰雪运动发展研究基地、北京理工大学航空数字经济研究基地和北京航空航天大学研究生教育改革与发展研究基地。该项目根据新时代首都发展需要，按照《北京市哲学社会科学研究基地建设管理办法（试行）》相关规定，经综合宏观论证和实地考察论证后确认。截至12月，北京教育系统有64个北京市哲社研究基地。

（张豫）

科研成果

中国古代人物塑像与服饰修复完成

2月6日，北京服装学院修复完成的中国古代人物塑像与服饰在国家博物馆“中国古代服饰文化展”中展出。科研团队参与15尊古代人物超写实雕塑及服饰复原制作，通过数字化手段和技术，先后开展人物设计、矩阵数控技术扫描、数字雕塑建型深化、泥塑深化塑造、影视特效深化制作、影视特效化妆工作。修复后的作品完整再现中国古代衣冠配饰整体形象。

（付佳）

稳态微聚束原理的实验演示发表

2月25日，清华大学与国外团队合作的研究成果《稳态微聚束原理的实验演示》（Experimental demonstration of the mechanism of steady-state microbunching）在《自然》（Nature）杂志发表。该成果报告一种新型粒子加速器光源“稳态微聚束”的首个原理验证实验，基于SSMB原理，能获得高功率、高重频、窄带宽的相干辐射，波长可覆盖从太赫兹到极紫外（EUV）波段，可应用于极紫外（EUV）

光刻和角分辨光电子能谱学等领域。

（徐思羽）

人文社科期刊、机构评价成果发布

3 月 30 日，中国人民大学人文社科成果评价发布论坛暨学术评价与学科发展研讨会（2021·北京）召开。论坛以“哲学社会科学学术评价的中国标准”为主题，发布《2020年度复印报刊资料转载指数排名》《复印报刊资料重要转载来源期刊（2020 版）》两项成果，并就学术评价、学科建设、期刊发展相关主题开展学术研讨交流。行业内专家学者、学术期刊与学术机构代表 80 人与会，论坛同步在线直播。

（吕鹏军）

工业机器人“卡脖子”技术难题攻破

4 月 11 日，北京工业大学科研成果获光明日报以《源头创新解决“卡脖子”技术难题——一名工科教师翻越成果产业化“四座大山”的启示》为题头版头条报道。工业机器人 RV 减速器技术翻越从基础研究源头创新到成果产业化过程中的理论验证、中试、资金投入、国际市场竞争“四座大山”，在北京亦庄开发区和河北石家庄建厂并实现量产，开启 RV 减速器国产化之路。

（凌晨）

国家未来互联网试验设施主干网开通

4 月 20 日，清华大学、北京大学等 40 所高校承建的“未来网络试验设施国家重大科技基础设施：未来互联网试验设施 FITI（Future Internet Technology Infrastructure）”高性能主干网开通仪式在清华举行。FITI 是全球规模最大的互联网试验设施，也是中国信息领域第一个国家重大科技基础设施项目——未来网络试验设施的重要组成部分。未来互联网试验设施以纯 IPv6 技术为主，主干网的核心节点分布在全国 31 个省、自治区和直辖市的 40 所高校，实现与国内外 IPv4/IPv6 试验设施的互联互通，为各类用户提供未来互联网物理层、数据链路层、网络层、传输层、应用层的试验服务。

（徐思羽）

世界语言文字“两库一蓝本”和汉语语音点查询系统发布

4 月 22 日，北京语言大学语言资源高精尖创新中心通过线上学术发布会推出世界语言和文字基本知识库、世界语言文字名称中文译写规则（两库一蓝本）以及“汉语语音点查询系统”。世界语言和文字基本知识库重点展现世界上 7000 余种已知语言的存在状况和使用状况。世界语言文字名称中文译写规则为世界语言文字名称的中文翻译和文献检索提供学术蓝本。汉语语音点查询系统是主要面向海内外汉语教师、普通话培训人员及相关研究人员，提供以语音点为检索条件的字词查询，对不同词表里的字词筛选和展示。

（杨威威）

地幔柱驱动岩石圈地幔的克拉通再生成果发表

4 月 28 日，中国地质大学（北京）作为第一署名单位的科研成果《地幔柱驱动岩石圈地幔的克拉通再生》（Plume-driven recratonization of deep continental lithospheric mantle）在《自然》（Nature）在线发表。经历复杂地质过程形成的克拉通大陆岩石圈地幔具有巨厚、亏损和难熔性质，这也是古老克拉通大陆长期稳定的关键。在克拉通岩石圈地幔成因上，克拉通破坏已经被识别出来，但如何识别克拉通再生在学术界仍未形成共识。

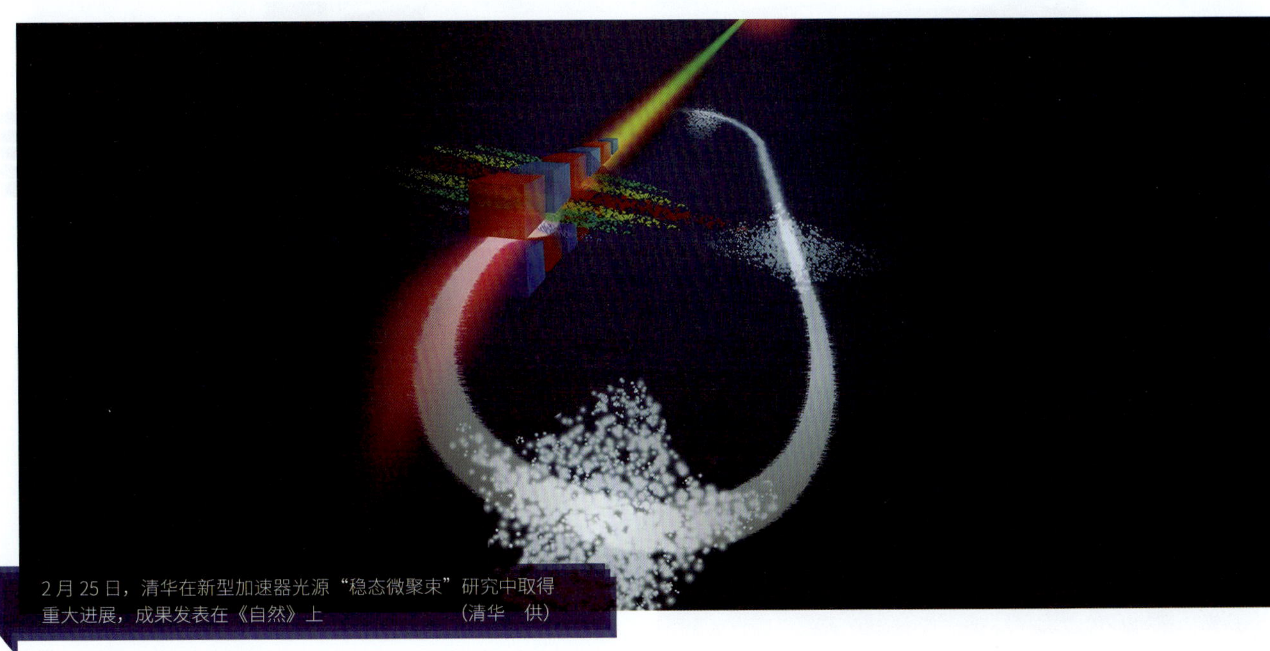

2 月 25 日，清华在新型加速器光源“稳态微聚束”研究中取得重大进展，成果发表在《自然》上　（清华　供）

该成果针对克拉通演化过程中是否存在克拉通再生这一重大科学问题，对加拿大北极地区地幔橄榄岩包体开展地球化学、地球物理学和数值模拟等多学科联合攻关，取得突破性认识。

（师昊）

新矿物发现并以科学家姓氏命名

4月，中国地质大学（北京）申报新矿物李氏钨矿（liguowuite）获国际矿物学协会新矿物、矿物命名及分类命名委员会（IMA-CNMNC）高票通过。新矿物以地大教授李国武名字命名，以铭记其在新矿物及矿物晶体学领域所作贡献。新矿物编号为IMA2020-097，发现于云南华坪县南阳村一金矿点附近的半风化中酸性岩中，是该地点发现的第三种新矿物，与此前发现的乌木石（$KAl_{0.33}W_{2.67}O_9$）和碲钨矿（$K_{1.5}(Te，W)_{1.5}W_5O_{19}$）有同源、同成因关系。李氏钨矿是化学成分为纯 WO_3 的天然矿物，扫描电镜结果显示其由纳米级晶粒构成，外形呈三斜柱状外观晶体假象。发现新矿物是对基础矿物学的重要发展，新矿物命名获得IMA-CNMNC批准后将为世界各国所公认。

（师昊）

清华计算显微成果发布

5月25日，清华大学研究成果《数字自适应光学迭代层析成像技术使三维亚细胞毫秒尺度活动的小时级长时活体观测成为可能》（Iterative tomography with digital adaptive optics permits hour-long intravital observation of 3D subcellular dynamics at millisecond scale）在《细胞》（Cell）期刊在线发表。该成果提出一种计算成像框架，称为数字自适应光学扫描光场相互迭代层析成像（DAOSLIMIT），具有高速、高分辨率3D成像、平铺波前校正和低光毒性的优势，可实现 $225\times225\times16um^3$ 的体积成像，横向分辨率高达220纳米，轴向分辨率高达400纳米，时间分辨率达毫秒级，观测时长可达小时级。

（徐思羽）

电子制冷材料及器件研究取得新进展

7月8日，北京航空航天大学的研究成果《电子制冷材料及器件研究新进展》（Momentum and energy multiband alignment enable power generation and thermoelectric cooling）在《科学》（Science）在线发表。该研究首次尝试基于SnSe晶体材料对热电器件的装配与性能表征，表明其能够实现显著温差发电效率和通电制冷性能，该研究表明宽带隙SnSe晶体具有作为电子制冷材料潜力，因SnSe材料具有成本低、储量丰富和重量小等优势，具有十分重要应用价值。

（朴悦嘉）

约17万年斜率周期驱动中高纬度有机碳埋藏理论发表

7月9日，中国地质大学（北京）作为第一署名单位的研究成果《约17万年斜率周期驱动中高纬度有机碳埋藏》（Organic carbon burial is paced by a ~173-ka obliquity cycle in the middle to high latitudes）在学术期刊《科学进展》（Science Advances）在线发表。该成果丰富地球系统科学理论，证明17万年“非常规”天文轨道周期对中高纬度地区有机碳埋藏调控作用，揭示该信号对全球碳循环周期性影响，强调在以往研究中经常被忽视的“非常规”天文周期信号地质意义。另一方面，研究成果揭示烃源岩中有机质含量约17万年周期性变化，对油气资源勘探具有潜在指导意义。

（师昊）

4月，地大申报新矿物李氏钨矿（liguowuite）获国际矿物学协会新矿物、矿物命名及分类命名委员会高票通过 （地大 供）

《马克思主义经典文献传播通考》出版座谈会

7月16日，清华大学召开《马克思主义经典文献传播通考》（100卷）出版座谈会。该著作100卷2400余万字，于4月出版，是国内第一套权威、全面、系统考证马克思主义经典文献传播的大型主题图书，由辽宁出版集团、辽宁人民出版社与清华马克思主义学院共同策划，组织全国高校和研究机构近百名专家学者编写完成。通过收集、整理、考证1949年以前马克思主义在中国传播的主要经典文本，用文献史料展示自五四运动到新中国成立30年间马克思主义在中国传播的历史进程及其对新民主主义革命胜利的影响。全国理论界、出版界的专家学者和高校教师150余人参加座谈会。

（徐思羽）

“太极一号”卫星首批科学成果发布

7月20日，中国科学院大学“太极一号”首批科学成果在《自然·天文》（Nature Astronomy）发布。该成果显示关键指标的实现验证空间引力波探测核心技术的可行性，并首次在国际上提出利用“太极—LISA”进行联网观测建议，有望将哈勃常数准确度提高到千分之五。联网观测可对引力波波源位置进行更快更准定位，并有望提升精度4个量级。同时，世界科学出版社的《现代物理国际期刊》（International Journal of Modern Physics A）以专辑形式发布“太极一号”卫星部分实验结果，包括26篇论文，由30余家单位180余名研究人员共同完成。“太极一号”于1月在轨交付国科大，第一阶段在轨测试和数据分析汇总结果在《自然》（Nature）子刊《通讯·物理》（Communications Physics）上发表。

（顾盼）

《指数全球2021》发布

9月3日，北京外国语大学举办《指数全球2021》新书发布。该书收录全球化晴雨指数报告、全球智能创新指数报告、国家语言能力指数报告、国家翻译能力指数报告、中国大学翻译能力指数报告、会计信息形式质量指数报告6个报告，是北外全球指数研究系列建设项目初期成果。该书47万字，由外语教学与研究出版社出版发行。12月31日，与全球治理高等研究院举办“指数全球新年论坛（2022）”。论坛以“指数全球，创见未来”为主题，发布全球首个“元指数”“指数伦理宣言”及“全球指数网”，对2022年20种原创指数预发布。

（吴天宇）

《中华医学百科全书》发布

9月17日，北京协和医学院举办《中华医学百科全书》百卷图书发布会。会议以“盛世巨著 全球共享”为主题，发布《中华医学百科全书》阶段性学术成果。该著作100卷，总字数1.2亿字，由中国协和医科大学出版社出版发行。会议围绕“构建人类卫生健康共同体，实现共赢共享”主题对话交流，探讨在健康科普与全球公共治理变革中中国医学界的责任和使命。《中华医学百科全书》2008年4月立项，由40余名院士发起，国家重点出版工程，由中国医学科学院牵头，集合医药卫生领域各学科知名学者共同实施。全书分为基础医学、临床医学、药学、中医药学、公共卫生学、军事与特种医学6大类144卷，涵盖医学全部学科分支，是对现代医学和中国传统医学的核心知识与基本概念一次全面、梳理和编撰，是中医药卫生领域重大成就集中展现。

（孙莉娜）

7月16日，清华召开《马克思主义经典文献传播通考》（100卷）出版座谈会 （清华 供）

人工智能驱动的重大疾病动态画像新技术和远程高效防治系统入选世界互联网领先科技成果

9月26日，北京邮电大学研究成果“人工智能驱动的重大疾病动态画像新技术和远程高效防治系统”（AI-empowered System for Dynamic Profiling，Efficient Diagnosis and Major Diseases Prevention）入选2021世界互联网领先科技成果。该研究系统在通用医学大数据处理、智能学习优化平台等方面取得多项技术进展，实现快速响应危急重症，高效发现关键诊断决策依据，动态量化疾病风险因素，以及准确追踪病情进展等能力。成果发表在《细胞》（Cell）和《自然》（Nature）等国际期刊上，并实现技术转化和社会服务。该评选由国家网信办和浙江省政府举办。

（刘家杰）

仿生高分子碳化钛纳米复合材料研究新突破

10月1日，北京航空航天大学化学学院为第一完成单位的仿生高分子碳化钛纳米复合材料最新研究成果《高强度可伸缩桥联诱导致密化碳化钛薄膜》（High-strength scalable MXene films through bridging-induced densification）在《科学》（Science）发表。该研究发现并大幅降低高分子纳米复合材料中长期被忽视的孔隙缺陷，颠覆高分子二维纳米复合材料层层紧密堆积结构的传统认知，为其他二维纳米片组装提供启示，为从孔隙缺陷角度研究高分子纳米复合材料结构与性能的构效关系奠定基础。

（朴悦嘉）

中国土系志河南卷和新疆卷参加科技创新成就展

10月21日至27日，中国地质大学（北京）主持编著的土壤系统分类领域专著《中国土系志·河南卷》和《中国土系志·新疆卷》参加国家“十三五”科技创新成就展。两部专著为土壤系统分类领域专著，由科学出版社出版，是科技部基础性工作专项重点项目“我国土系调查与《中国土系志》编制”研究成果。专著主要阐述河南省和新疆维吾尔自治区的土壤地理概况，包括区域概况与成土因素、主要成土过程、土壤分类发展等。编著工作由地大师生共同参与，耗时14年，先后有20余名研究生参与承担河南省和新疆维吾尔自治区的土壤系统分类调查与成果撰写，累计行程逾10万公里。

（师昊）

中国医院/中国医学院校科技量值发布

10月31日，中国医学科学院发布2020年度中国医院/中国医学院校科技量值。其中，中国医院科技量值研究对象覆盖全国1634家三级医院，发布综合及31个学科前100位医院。综合分值位列前10的医院分别是四川大学华西医院、中国医学科学院北京协和医院、复旦大学附属中山医院、浙江大学医学院附属第一医院、华中科技大学同济医学院附属同济医院、中国医学科学院肿瘤医院、北京大学第三医院、上海交通大学医学院附属瑞金医院、华中科技大学同济医学院附属协和医院、中南大学湘雅医院。中国医学院校科技量值对全国110所独立医学院校和设立医学学科的综合大学科技量值进行测算，综合分值位列前10的医学院校分别是北京协和医学院、北京大学医学部、上海交通大学医学院、复旦大学上海医学院、首都医科大学、中山大学（医学学科）、浙江大学（医学学科）、四川大学华西医学中心、华中科技大学同济医学院、南京医科大学。

（孙莉娜）

基于呼出气挥发性有机物筛查新冠肺炎技术研发获新进展

10月，北京大学研究成果以《基于呼出气挥发性有机物筛查新冠肺炎》（COVID-19 Screening Using Breath-borne Volatile Organic Compounds）为题在《呼吸研究》（Journal of Breath Research）刊物发表。该研究发现新冠肺炎患者和其他呼吸系统患者呼出气中丙醇水平相比健康受试者显著升高，而新冠肺炎患者呼出气中丙酮水平相比其他呼吸系统感染患者和健康受试者显著降低，成功研发新冠感染的无创呼出气快速筛查系统（Test Breath Now-TBN），识别呼出气中12种关键VOCs标志物进行建模，可

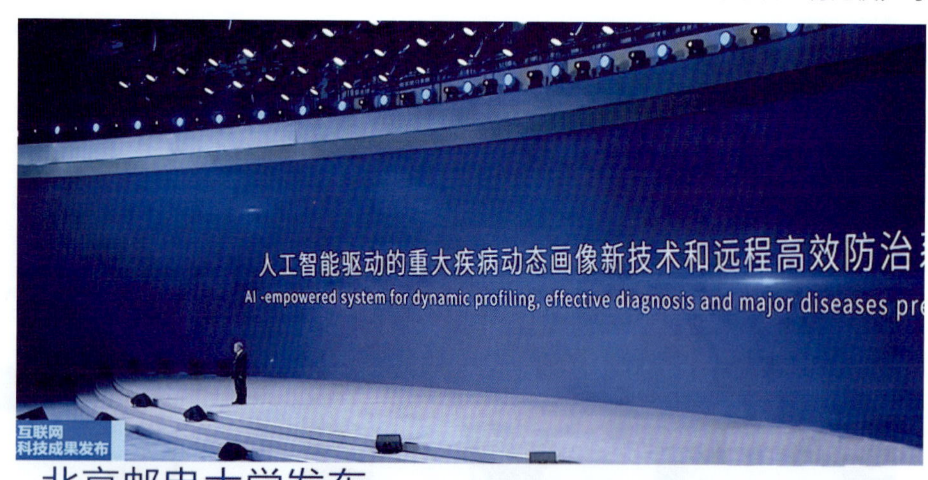

9月26日，北邮研究成果入选2021世界互联网领先科技成果

（北邮 供）

准确区分新冠患者和非新冠的其他呼吸系统感染患者，基于现有数据模型验证特异性和灵敏度达到95%以上，接收曲线下面积（AUC）>0.95。该测试方法取样过程完全无创，被试者使用一次性呼吸袋，只需呼气30秒便可完成样品采集。该检测系统程序操作简单，无需任何检测试剂，结合机器学习模型最快能在5～10分钟内实现新冠患者快速筛查，单次检测费用显著降低。

（徐聪颖）

p进霍奇理论及其应用获国家自然科学奖二等奖

11月3日，北京大学作为第一完成单位承担的“p进霍奇理论及其应用”项目获国家自然科学奖二等奖。p进霍奇理论是当前算术几何和代数数论研究中有重要影响力的核心分支，该成果在p进霍奇理论的基础理论及应用方面取得一系列重大进展，特别是对非交换p进霍奇理论作出一系列开创性工作，解决p进模形式领域一些多年悬而未决的猜想。

（刘钊）

活细胞化学反应工具的开发与应用获国家自然科学奖二等奖

11月3日，北京大学作为第一完成单位承担的“活细胞化学反应工具的开发与应用”项目获国家自然科学奖二等奖。该成果发展适用于活细胞化学反应和工具，建立活细胞“化学工具箱”，突破在活体内“原位”研究蛋白质功能的技术瓶颈；在国际上首次提出并发展“生物正交剪切反应”，开拓利用外源化学反应研究生物大分子的新途径。

（刘钊）

单壁碳纳米管的可控催化合成获国家自然科学奖二等奖

11月3日，北京大学作为第一完成单位承担的“单壁碳纳米管的可控催化合成”项目获国家自然科学奖二等奖。该成果发展一系列合成单壁碳纳米管的催化剂体系，提出基于催化剂设计的单一手性纳米管生长策略，为困扰领域内20年的难题提出一种解决方案。

（刘钊）

面心立方材料弹塑性力学行为及原子层次机理研究获国家自然科学奖二等奖

11月3日，北京工业大学作为牵头单位承担的“面心立方材料弹塑性力学行为及原子层次机理研究”项目获2020年度国家自然科学奖二等奖。该项目历经15年探索，创建全新原位原子层次材料力学行为实验研究方法，并应用于面心立方材料弹塑性行为及原子层次机理研究，创建材料弹塑性力学行为原子层次机理研究新方法；首次提出并在原子层次实现“晶格弯曲限域效应”，在镍纳米线中获得34.6%巨弹性切应变，突破17%材料理论弹性极限；发展纳米多晶金属塑性理论；发现脆性硅基材料室温脆韧转变及大塑性的原子层次机理。该项目发表论文53篇，专利5项。

（凌晨）

河流动力学及江河工程泥沙调控新机制获国家自然科学奖二等奖

11月3日，清华大学作为第一完成单位承担的“河流动力学及江河工程泥沙调控新机制”项目获2020年度国家自然科学奖二等奖。该项目提出非恒定河流动力学理论、

11月3日，北大作为第一完成单位的“活细胞化学反应工具的开发与应用”项目获国家自然科学奖二等奖　（北大　供）

河流动力学非平衡滞后响应理论、生物膜泥沙动力学理论，建立河流生态安全协同水利工程安全的江河工程泥沙调控新机制，为河流的科学综合管理奠定基础。

（徐思羽）

具有界面效应的复合材料细观力学研究获国家自然科学奖二等奖

11 月 3 日，北京大学作为第一完成单位承担的“具有界面效应的复合材料细观力学研究”项目获国家自然科学奖二等奖。该项目建立具有界面效应的非经典 Eshelby 体系，发展具有界面效应的复合材料细观力学理论框架，为连续介质力学的应用范围推广到小尺度提供新科学依据，为具有界面效应的复合材料广泛的力学行为提供新理论基础。

（刘钊）

超高清视频多态基元编解码关键技术获国家技术发明奖一等奖

11 月 3 日，北京大学作为第一完成单位承担的“超高清视频多态基元编解码关键技术”项目获国家技术发明奖一等奖。该成果突破传统视频编码和计算框架，形成完整的技术体系和自主的 AVS 系列标准，支撑中国首个超高清频道 CCTV-4K 的开播等重大应用，近三年直接经济效益 70 亿元。

（刘钊）

海洋深水浅层钻井关键技术及工业化应用获国家技术发明奖二等奖

11 月 3 日，中国石油大学（北京）作为第一完成单位承担的“海洋深水浅层钻井关键技术及工业化应用”项目获国家技术发明奖二等奖。该项目旨在解决深海油气勘探开发“卡脖子”技术难题，历经 14 年产学研用联合攻关，在深水浅层钻井设计、作业控制、关键装备方面取得重大突破，创建钻井参数与时间协同的钻井设计方法；发明三合一安全高效钻井作业控制技术，深水浅层钻井平均作业时间减少 50%，成功率 100%；研发出高承载高效率深水浅层钻井作业关键装备并实现产业化。主要应用于中国深水全部自主作业的 93 口井及世界典型深水海域的 95 口井，为全球最大的超深水油田（巴西 Libra）贡献中国方案；支撑中国首个自主作业深水气田陵水 17-2 高效开发，打破技术垄断；创造西太平洋最大水深 2619 米作业纪录（荔湾 22-1-1 井），应用该成果钻探发现 5 个大中型深水油气田，实现中国海洋石油工业从浅水到深水重大跨越，为开发南海深水领域、保障能源安全、实施海洋强国战略奠定技术基础。获授权发明专利 32 项、软件著作权 13 项，发表论文 100 余篇，出版专著 4 部。

（李强楠）

烯烃可控配位聚合方法与高性能弹性体制备技术获国家技术发明奖二等奖

11 月 3 日，北京化工大学作为第一完成单位的“烯烃可控配位聚合方法与高性能弹性体制备技术”项目获国家技术发明奖二等奖。该成果发明高活性高定向选择性的催化剂及其制备方法、烯烃可控配位聚合方法及聚合工艺和高性能烯烃基聚合物弹性体制备技术，实现产业化应用，为大规模生产高性能烯烃基聚合物弹性体提供技术支撑。

（肖勇）

高分子分散与高分子稳定液晶共存体系的材料设计、制备及应用获国家技术发明奖二等奖

11 月 3 日，北京大学作为第一完成单位承担的“高分子分散与高分子稳定液晶共存体系的材料设计、制备及应用”项目获国家技术发明奖二等奖。该成果创立高分子分散和高分子稳定液晶共存（PD&SLC）新体系，开发出其规模化加工技术，突破现有高分子分散液晶（PDLC）和高分子稳定液晶（PSLC）体系无法兼具优异电一光（或热一光）力学性能的技术瓶颈。

（刘钊）

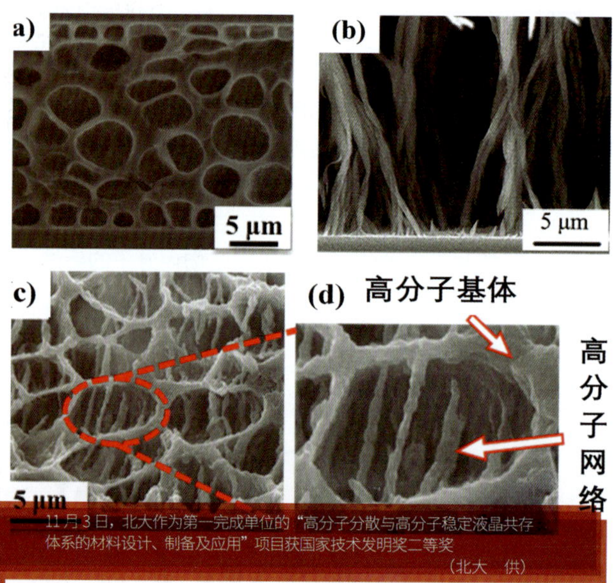

11 月 3 日，北大作为第一完成单位的“高分子分散与高分子稳定液晶共存体系的材料设计、制备及应用”项目获国家技术发明奖二等奖

（北大 供）

航天飞行器极端条件下主动热防护关键技术及应用获国家技术发明奖二等奖

11 月 3 日，清华大学作为第一完成单位承担的“航天飞行器极端条件下主动热防护关键技术及应用”项目获 2020 年度国家技术发明奖二等奖。该项目发明基于飞行器燃料物性与热防护结构协同调控的主动冷却方法，突破极端热环境与冷却流体和结构耦合约束问题；发明多光谱成像的温度场与瞬态热流分布非接触测量技术，实现对热防护技术可靠性的准确考核测量；发明自抽吸自适应相变发汗冷却方法，克服相变换热不稳定问题，构建主被动复合的大面积热防护结构。研究成果在长征

三号甲系列和长征五号火箭发动机、高速飞行器等任务中成功应用。

（徐思羽）

工业烟气多污染物协同深度治理技术及应用获国家科学技术进步奖一等奖

11月3日，清华大学作为第一完成单位承担的“工业烟气多污染物协同深度治理技术及应用”项目获2020年度国家科学技术进步奖一等奖。该项目围绕中国钢铁、建材等行业烟气多污染物协同深度减排难题，发明双功能催化剂、碳基多功能材料及覆膜梯度滤料等核心材料，研制脱硫除尘及低温多污染物吸附再生关键装备，开发系列多污染物协同深度治理先进工艺，工程运行结果满足全球最严格的超低排放。研究成果在钢铁烧结、水泥、玻璃等行业进行工程示范及推广应用，遍及全国32个省、自治区、直辖市及23个海外国家。

（徐思羽）

高纯/超高纯化学品精馏关键技术与工业应用获国家科学技术进步奖二等奖

11月3日，北京化工大学作为第一完成单位承担的“高纯/超高纯化学品精馏关键技术与工业应用”项目获国家科学技术进步奖二等奖。该成果针对超高纯化学品尤其是芯片级高纯硅的战略性需求，开发精馏提纯关键核心技术及装备体系，项目成果99.99999999%高纯硅、电子级二氯二氢硅等应用于工业生产，改变中国以约1万元/吨出口粗品，再以约380万元/吨进口高纯硅且受国外封锁的局面；近三年新增直接经济效益40.99亿元，节能折合标煤31.11万吨，减排化学物料45.57万吨。

（肖勇）

智能型科技情报挖掘和知识服务关键技术及其规模化应用获国家科学技术进步奖二等奖

11月3日，清华大学作为第一完成单位承担的“智能型科技情报挖掘和知识服务关键技术及其规模化应用”项目获国家科学技术进步奖二等奖。该项目突破一系列以精知识、深关联、大规模知识服务为中心的关键技术，研制智能型科技情报挖掘系统AMiner，形成智慧人才信息、趋势分析等系列产品，服务于全球220个国家，1000余万个用户。

（徐思羽）

复杂受力钢—混凝土组合结构基础理论及高性能结构体系关键技术获国家科学技术进步奖二等奖

11月3日，清华大学作为第一完成单位承担的“复杂受力钢—混凝土组合结构基础理论及高性能结构体系关键技术”项目获国家科学技术进步奖二等奖。该项目针对钢—混凝土组合结构在分析设计方法、构件性能提升和体系创新三个关键难题，建立组合结构基础分析方法及精准计算模型，研发多种新型高性能组合构件并提出精细设计方法，构建高性能组合结构新体系并研发配套的设计施工技术。成果直接应用于深圳京基100大厦、北京奥运塔、岳阳洞庭湖大桥等30余项大型复杂建筑与桥梁工程。

（徐思羽）

低氧与缺血适应防治缺血性脑卒中新技术体系的创研及推广应用获国家科学技术进步奖二等奖

11月3日，首都医科大学作为第一完成单位承担的“低氧与缺血适应防治缺血性脑卒中新技术体系的创研及推广应用”项目获国家科学技术进步奖二等奖。该项目基于人体对缺血缺氧适应本能，探索提高脑组织对缺血的耐受能力，取得系列创新成果：首次提出“低氧组织适应”学说，发现并证实低氧适应脑保护作用，阐明其抗缺血缺氧损伤机制；首创“肢体远隔缺血适应”新方法，证实其防治缺血性脑卒中的作用，揭示“干预外周、保护中枢”机制；研发双上肢远隔缺血适应专用设备，获医疗器械注册证和生产许可证，实现临床转化；建立双上肢远隔缺血适应防治缺血性脑卒中临床应用新策略。制定《远隔缺血适应防治脑血管病》国际指南，向全球推广远隔缺血适应技术。

（陈飞飞）

脑血管病医疗质量改进关键技术与体系的建立和应用获国家科学技术进步奖二等奖

11月3日，首都医科大学附属北京天坛医院作为第一完成单位承担的“脑血管病医疗质量改进关键技术与体系的建立和应用”项目获国家科学技术进步奖二等奖。该成果以降低脑血管病复发率、致残率和死亡率为目标，取得系列创新成果：研发一整套基于影像特征、生物标记物和基因新指标的脑血管病精准治疗技术，通过“绕行”基因方法筛选出抗血小板药物“抵抗”患者的适宜替代方案，使脑血管病复发率相对下降37%～73%；创立以精准治疗等适宜技术规范化应用为核心的医疗质量改进转化技术体系，可使脑血管病1年复发率相对下降28%，致残率相对下降26%；创建集卒中单元——卒中中心组织化管理模式、国家——省级——市县层级化质控架构、国家数据库和信息化平台于一体的脑血管病医疗质量改进体系，实现实时监测和反馈医疗服务质量，使中国脑血管病医疗质量指标规范执行率相对提高21%；完成国家卫生健康委唯一的脑血管病医疗质量控制标准和3项行业指南，出版专著19部，获批实用新型专利1项和软件著作权5项，转化经费1.05亿元。

（陈飞飞）

耳科影像学的关键技术创新和应用获国家科学技术进步奖二等奖

11月3日，首都医科大学附属北京友谊医院作为第一完成单位承担的“耳科影像学的关键技术创新和应用”项目获国家科学技术进步奖二等奖。该成果创建耳科影像的规范检查方案和系统评价模式，提升耳科疾病的病生理结构显示能力，取得系列创新成果：在国际率先阐明搏动性耳鸣全链条发生机制，构建致鸣多因素影像评估体系，制定中国指南，改写美国标准，引领该领域前沿研究；构建耳科影像检查及诊断新体系，实现低辐射高质量成像和病变精准检查，提升诊断效能，主导行业发展；研制小焦点大功率 X 线发生器，提出系列新算法，发明双源——双探测器设计的世界首台微米级临床耳科计算机断层扫描（CT）专用设备，填补国际空白。

（陈飞飞）

猪胚胎多能干细胞建系难题获突破

11 月 30 日，中国农业大学研究成果《猪稳定的原肠前上胚层干细胞建系与特征分析》在《细胞研究》（Cell Research）上发表。该研究成功建立世界家畜干细胞传代次数最多（传代 260 次以上）、可进行多次基因编辑操作的猪胚胎干细胞系，攻克猪胚胎上胚层多能干细胞建系的国际难题，由国内 6 家单位共同完成。

（孙桂凤）

中国首个抗新冠病毒抗体药物获批上市

12 月 8 日，清华大学研究成果新冠单克隆中和抗体安巴韦单抗 / 罗米司韦单抗联合疗法获中国药品监督管理局（NMPA）应急批准上市。这是中国首个全自主研发并经过严格随机、双盲、安慰剂对照研究证明有效的抗新冠病毒抗体药物。该药物由清华医学院、全球健康与传染病研究中心与艾滋病综合研究中心领衔研发，用于治疗新型冠状病毒（SARS-CoV-2）检测结果为阳性，同时伴有进展为重型 COVID-19 危险因素的成人和青少年（≥ 12 岁，体重≥ 40kg）患者。与安慰剂相比，新冠单克隆中和抗体安巴韦单抗 / 罗米司韦单抗联合疗法能够降低高风险门诊患者的住院和死亡风险，具有统计学显著性。

（徐思羽）

清华藏战国竹简（拾壹）成果发布

12 月 16 日，《清华大学藏战国竹简（拾壹）》成果发布。该成果收录长篇战国竹书《五纪》，130 简，全篇内容基本完整，总字数近 4500 字，是前所未见的先秦佚籍。《五纪》借托后帝之口，以五纪（日、月、星、辰、岁）、五算为中心，确立天地万物的常规、法度。全篇构建宏大而复杂的天人体系，是先秦时期对天人关系认识的综合与总结。

（徐思羽）

福利彩票蓝皮书发布

12 月 26 日，中国社会科学院大学与社会科学文献出版社共同发布《福利彩票蓝皮书：中国福利彩票发展报告（2021）》。该书是福利彩票蓝皮书系列第 4 本，全面梳理 2020 年福利彩票市场的销售，公益金筹集、分配和使用情况等，呈现福利彩票事业发展概貌、动态及趋势，分析彩票产业和彩票事业发展不同领域问题，提出有针对性政策建议。至 2020 年底，中国累计发行销售彩票 4.46 万亿元，筹集公益金 1.27 万亿元，其中福利彩票累计发行销售 2.36 万亿元，筹集公益金超过 7000 亿元。

（李安）

首部系统研究黄河生态文明的绿皮书出版

12 月，北京林业大学编撰完成的《黄河流域生态文明建设发展报告（2020）》出版发行。该报告由 90 名教师和 40 余名研究生共同完成，由社会科学文献出版社出版发行，总字数 35 万字。报告全面梳理黄河流域生态保护和高质量发展的现实基础和最新进展，包括 1 个总报告和 30 个分报告，分为生态保护和治理篇、高质量发展篇和黄河文化篇 3 个篇章，内容涉及 26 个领域，是中国首部系统研究黄河生态文明的绿皮书。

（焦隆）

12 月，北林大编撰完成的《黄河流域生态文明建设发展报告（2020）》出版发行（北林大 供）

肿瘤显像药物获审批

12 月，北京师范大学领衔研发的肿瘤显像药物 1.1 类新药“锝 [^{99m}Tc] 异腈葡萄糖注射液”获国家药品监督管理局药物临床试验批准通知书。该研究围绕 ^{99m}Tc 标记葡萄糖类衍生物用作肿瘤 SPECT 显像剂开展系列创新性工作，采取产学研模式把放射性药物研究成果直接转化

6月18日，北京市中小学校党组织领导的校长负责制试点运行研究结题会召开（教育学院 供）

为商品化药盒，依托北师大化学学院医药创新平台——北京师宏药业有限公司，筛选出新型肿瘤分子探针 ^{99m}Tc-CNDG。该药为原创新药，拥有中国自主知识产权，申请美国、英国、德国、加拿大、日本、韩国等国专利，获北京市科技重大专项“G20工程医药产业创新研发项目”资助。

（申政）

教育科学研究

《北京教育发展研究报告》出版

5月，《北京教育发展研究告·2020—2021年卷》由社会科学文献出版社出版发行。报告内容分为总报告、分报告和专题报告3部分15篇研究报告，全面反映首都教育改革发展进展及面临的问题和挑战，提出推动各级各类教育事业发展的政策建议，为教育决策部门、教育管理者、教育科研工作者以及社会公众提供有益参考。

（赵佳音）

幼儿园课程多样态研究

5月至12月，北京教育科学研究院开展全市幼儿园课程样态调查研究。调查选取北京市六一幼儿院、北京市东城区光明幼儿园等15个在课程研究和课程实践方面有经验的幼儿园，以及朝阳区、怀柔区等近年来课程改革持续推进的区域，实地调查课程建设背景、课程理念、课程体系和课程实施效果等内容，以课程文本+视频呈现相结合形式，形成《儿童为本 师幼同行——北京市幼儿园课程多样态研究与实践》研究成果。

（张霞）

中小学校党组织领导的校长负责制试点运行研究结题

6月18日，北京教育学院召开市委教育工委重大课题“北京市中小学校党组织领导的校长负责制试点运行研究”结题会。会议听取总课题组研究情况陈述，听取5个试点区子课题负责人介绍“教育集团化学校试点策略”“跨区域办学学校试点策略”“党政‘一肩挑’学校试点策略”“党政分设学校试点策略”“学校内设党支部管理策略”“党组织领导德育和思想政治工作策略”“试点学校干部选拔任用管理策略”和“试点学校各类示范文本研究”的成果与思考。北京市率先开展学校领导体制改革相关试点工作，研究通过总课题加子课题“1+8”模式开展。由北京教育党校承担总课题，引领课题研究总体运行；由东城、西城、通州、大兴、燕山5个试点区和35所试点校牵头承担8个子课题。研究结果显示北京市中小学校党组织领导的校长负责制试点运行成效显著，但在组织体系完善、制度机制配套、干部队伍选配培养等方面有待加强。课题组提出提高政治站位、发挥组织领导优势、扩大宣传培训力度、提高党建质量等对策建议。

（石燕）

首届儿童哲学论坛举办

6月18日至19日，北京教育科学研究院举办“智慧书写童年——学校、家庭、社会‘三位一体’共育研究”课题交流研讨会暨北京市第一届儿童哲学论坛。论坛是北京市第一个以“儿童哲学”为专题的研讨会，实现儿童哲学与学科教育、家庭教育的初步融合。论坛上发布儿童哲学读物《儿童哲学课堂：小学毒品预防教育》，是全国第一本将儿童哲学与毒品预防教育有机融合的读物。论坛由北京教科院、北京市教育科学“十三五”规划2020年度优先关注课题“学校、家庭、社会‘三位一体’共育研究”课题组以及北京市中小学家校合作与家庭教育重点研究室共同主办，国内相关高校专家、北京市各区中小学科研人员、一线教师、媒体代表50人参与会议。

（赵澜波）

北京市教科研工作会

9月24日，北京教育科学研究院组织召开2021年北京市教研科研工作会。会议解读“双减”工作方案，介绍基础教育优秀课堂教学设计征集与展示、教研队伍建设调研等重点工作方案以及关于“双减”成果征集和专项课题立项工作。参会人员分3个组围绕推进“双减”工作落实交流讨论，来自东城、西城、朝阳、海淀、丰台、石景山、房山、密云 8 个区的教科研机构负责人作交流发言。16 个区以及燕山地区、经开区的教研、科研机构负责人和北京教科院相关业务部门领导干部 70 人参加会议。

（戚群）

13 项课题获全国教育科研优秀成果奖

9 月 27 日，北京教育系统 13 项课题获第六届全国教育科研优秀成果奖。其中，二等奖 7 人、三等奖 6 人。北京教育科学研究院组织该奖项申报工作，8 个区 13 所高校报送申报材料 137 份，经专家评审，遴选 90 项成果报送参评。该评选由全国教育科学规划办公室举办。

（王一丹）

社区学院课后服务体系建设研究

9 月至 12 月，北京教育科学研究院开展社区学院课后服务体系建设研究。该研究以社区学院为切入口，通过座谈、问卷、访谈等形式，调研朝阳、石景山、昌平等区学校课后服务需求和社区学院的课程建设情况，梳理实践中亟待突破核心问题，形成推进社区学院课后服务工作的建议，为学生提供更加优质精确的“升级版”课后服务。助力校内教育与校外教育紧密衔接与资源共享，创新家教社协同育人机制，探索课后服务模式，构建公益性、普惠型、精品化的课后服务体系。

（沈欣忆）

教育系统高水平人才高地建设调研

11 月，北京教育科学研究院完成北京教育系统高水平人才高地建设调查研究。课题组收集 22 所在京高校自评报告，市教委相关处室、北京教科院研究部门提供相关材料，完成《北京高水平人才高地建设调研工作教育专项调研报告》。报告显示，北京市高度重视高水平人才高地建设，在着力深化人才培养体制改革，提升人才培养质量方面取得显著成效。但存在人才高地建设的创新能力不足、教育系统人才培养的国际化程度不高、人才工作的质量考核机制不够健全等方面问题，需要进一步完善。

（宋洪鹏）

首届中小学心理健康教育学术年会

12 月 7 日至 8 日，北京教育科学研究院召开北京市首届中小学心理健康教育学术年会。会议听取心理健康教育特色校代表及优秀成果特等奖获得者介绍学校心理健康教育工作经验和心育成果，中国科学院心理所和中国人民大学心理咨询中心教授开展学术讲座。会议采用线上线下两种形式，200 名教师参加活动。

（朱凌云）

教育教学研究

海淀启动基础教育国家级教学成果推广应用工作

3 月 27 日至 29 日，海淀区教师进修学校举办基础教育国家级教学成果推广应用工作启动暨培训会。会议围绕“转化·融合·赋能”主题，分 4 个单元，听取 5 个主旨报告、4 个专题报告，举办 4 场工作坊研修、1 次案例分享、1 次集中展示交流。采取“现场＋直播”形式进行，来自全国 10 个省市 11 个示范区的教育行政领导、教研机构负责人、学科教研员、校长，内蒙古科右前旗、云南怒江、北京延庆和怀柔等教育帮扶地区代表等 200 余人参加现场会，在线观看量超过 2 万人次，覆盖 14 个省、自治区、直辖市。国家级优秀教学成果推广与应用计划由教育部基础教育司启动，海淀教师进修学校研究成果“创建基于课程标准的区域教学改进体系”获 2018 年基础教育国家级教学成果奖一等奖，被选为全国推广应用成果。

（宋亚甫）

北京市优质数字课程资源评选

3 月至 7 月，北京教育科学研究院开展 2021 学年度北京市优质原创数字课程资源评选。评选采用专家各自评分、综合排序的方式，覆盖中小学不同学段国家、地方课程 27 个学科，教学案例、微课程等 8 类数字资源，评选优质资源 1206 项。新增首都特色优质课程资源 750G，资源总量 8TB。围绕数字化教材开发应用实验及学习方式变革，形成数十所典型学校案例。

（乐进军）

校外教育机构教师教育教学基本功展评

4 月，北京学生活动管理中心启动 2021 年北京市校外教育机构教师基本功展评活动。活动由单一奖项转变为“3＋1＋1”，分教育教学活动设计、教育教学活动展示、教育教学活动评价组织评选，并设优秀指导教师奖、展评活动优秀组织奖。3039 人次教师报名，1181 名校外教师参评。11 月 24 日，市教委公布获奖名单，教育教学活动设计奖一等奖 62 个、二等奖 117 个、三等奖 172 个；教育教学活动展示奖一等奖 51 个、二等奖 97 个、三等奖 141 个；教育教学活动评价奖一等奖 53 个、二等奖 99 个、三等奖 150 个；优秀指导教师奖 33 个；优秀组织奖 18 个。

（卢亭　胡盼盼　冯晓虹）

第二届大学俄语课件微课比赛

9 月，北京市高等教育学会大学俄语研究分会举办第二届大学俄语课件微课比赛。比赛收到 17 所院校 24 件作品，其中微课 7 件、PPT 稿件 17 件。经专家评审，评出一等奖 5 个、二等奖 8 个。11 月 27 日，召开线上会议展示获奖稿

12月16日，北京教科院举办《习近平新时代中国特色社会主义思想学生读本》北京市同课异构教学研讨及座谈会　　（清华附小　供）

件，思政元素有机融入是比赛亮点。

（刘晖）

基础教育精品课评选

11月10日，市教委公布北京市基础教育精品课评选结果。各区教师录课晒课991节，经过学校推荐、区级初选、组织录课、上传和市级评审等遴选程序，评出市级精品课700节。该活动由北京市数字教育中心承办。

（车英子）

北京市幼小衔接课堂教学研讨会

12月16日，北京教育科学研究院召北京市幼小衔接课堂教学研讨会。会议以“游戏化、生活化、综合化”为主题，分专题研讨和课堂教学两部分。参会教师通过观课、评课方式共同探究幼小衔接有效方式，会议提出幼小衔接重在家校合力，小学一年级要发挥好“引桥功能”，从幼儿心理、生理需求入手，通过家校配合，共同完成幼升小过渡。北京教科院语文、数学、英语学科教研员和海淀区教研员、学科专家、一线教师30人线下参加会议，全市各区教研员及一年级教师线上参会。

（时雁）

北京市作业优化成果展示交流研讨会

12月20日，北京教育科学研究院召开北京市作业优化成果展示交流研讨会。会议以“优化作业，减负提质”为主题，分为中小学理科、中小学文科、中小学综合学科、中小学语言类学科4个分会场交流作业设计与批改讲评。会议采取线上线下相结合形式，分课堂教学观摩及交流分享两部分，中学各学科进行现场研究课展示，并就教、学、作业的设计与思考进行分享。北京教科院面向全市发布文科类、理科类、语言类《中小学作业指导手册》以及《中小学综合类学习活动指导手册》。16个区及燕山地区、经开区的教研部门、校长、学科教师参会。

（时雁）

同课异构教学研讨会

至年底，北京教育科学研究院举办两次同课异构教学研究活动。11月26日，与通州区教委联合举办北京城市副中心第二届同课异构教学研究展示活动，围绕“基于单元教学，聚焦高效课堂”主题，授课内容涉及高中、初中各12个学科、小学13个学科，立足“双减”工作精神，提升教师研究意识，促进课堂教学方式变革，提高课堂教学质量，优化作业设计，提高作业质量。活动采用线上腾讯会议方式进行，分设小学、初中、高中3个会场，来自东城、西城、海淀、朝阳、密云、通州6个区108名优秀教师作课堂教学交流展示。12月16日，召开“新时代，新思想，新实践——《习近平新时代中国特色社会主义思想学生读本》”北京市同课异构教学研讨及座谈会，围绕小学低年级“新时代　新生活”“伟大的中国梦”、小学高年级“绿水青山就是金山银山”“人类是一个休戚与共的命运共同体”4节课展开同课异构，采用线下线上结合的方式向北京市教育系统开放，6000余名思政课教师和德育工作者等在线共同学习。

（时雁　白文会）

（本栏责任编校　曾婷）

师德建设

师资管理

师资培训

职称评定与资格认定

2022 | 师资建设

TEACHERS CONSTRUCTION

- 中学教师开放型在线辅导计划辐射全市初中学生
- 中小学有偿补课和教师违规收受礼品礼金问题专项整治
- 各区落实减轻中小学教师负担工作要求
- 北京教育系统师德专题教育开展
- 中小学教师开放型在线研修计划印发
- “十四五”时期市属高校教师队伍建设支持计划印发
- “十四五”时期中小学干部教师培训工作方案印发
- “十四五”时期职业院校教师素质提高计划印发

师资建设

TEACHERS CONSTRUCTION

综述

人才重点任务落实

2021 年，市教委继续落实全市人才重点任务。推动北京高校遴选 4 名本土战略科技人才；支持培养 4 名本土战略科技人才领衔的高水平创新团队，支持培育战略科技人才。协助推动清华大学五道口金融学院独立招收并培养 30 名 2021 级非全日制金融（技术转移）硕士研究生；支持北京理工大学、北京工业大学将本校技术转移专业方向研究生教育试点改革方案纳入北京市技术转移人才培养改革计划。

（纪奇明）

中学教师开放型在线辅导计划辐射全市初中学生

2021 年，市教委将北京市中学教师开放型在线辅导计划实施范围逐步拓展至全市初中学生。项目继续在通州、延庆、怀柔、密云、平谷、房山、门头沟和大兴区初中全体学生中开展。在全面总结“十三五”期间试点情况基础上，推动平台迭代优化升级。12 月 8 日，市教委召开线上部署会，将计划实施范围逐步拓展至全市所有初中学生。全年累计 3440 名辅导教师为 32167 名学生开展有效辅导。其中，“一对一”辅导 28.20 万次，时长 8.20 万小时；教师开设“一对多”在线辅导课程 15788 节，累计时长 1.40 万小时；上传微课 4473 节，包括优质微课 273 节；“问题广场”解答问题 3.40 万个，提供答案 7.60 万个。

（崔亚超）

乡村教师队伍建设加强

2021 年，北京市加强乡村教师队伍建设。12 月 24 日，市委教育工委、市教委等九部门印发《北京市落实〈教育部等六部门关于加强新时代乡村教师队伍建设的意见〉的工作方案》。方案提出，“十四五”期间，北京市将通过实施系列政策措施，进一步加强乡村教师队伍建设；通过推动 8 项重点任务，切实提升乡村教师政治地位、社会地位、职业地位，夯实“越往基层、越是边远、越是艰苦，地位待遇越高”激励机制，形成“下得去、留得住、教得好、发展快”良好局面，造就一支热爱乡村、数量充足、素质优良、充满活力的乡村教师队伍。

（李海燕　陈静）

中小学有偿补课和教师违规收受礼品礼金问题专项整治

2021 年，市教委面向中小学校及教师开展有偿补课和违规收受礼品礼金问题专项整治工作。专项整治工作自 7 月开始，以区为单位，指导基层学校通过开展对照自查、问题自查自改、严肃处理通报、做好警示教育、加强工作检查抽查、开展师德专题教育等措施，有效遏制中小学教师“课上不讲课下讲”“组织开办校外培训班”“到校外培训机构兼职”“同家长搞利益交换”等突出问题，治理和查处侵害群众利益的不正之风和腐败问题，营造风清气正育人环境。

（李海燕　陈静）

各区落实减轻中小学教师负担工作要求

2021 年，市教委督促指导各区落实减轻中小学教师负担有关工作。各区开展自查，集中清理涉及中小学校和教师的督查检查评比考核事项。在统筹规范督查检查评比考核事项、社会事务进校园、抽调借用中小学教师、切实避免安排中小学教师参加无关培训活动、统筹规范精简相关报表和材料填写等方面建立台账和清单。至年底，各区涉及中小学校和教师的督查检查评比考核事项在现有基础上均减少 50% 以上。

（崔亚超）

“紫禁杯”优秀班主任及班主任工作坊评选表彰

1 月 21 日，市教委与北京教育科学研究院联合举办第 4 届中小学班主任基本功培训与展示活动总结交流暨第 33 届“紫禁杯”优秀班主任、第 8 届“学生喜爱的班主任”、首批“紫禁杯”班主任学校优秀工作坊评选表彰活动。活动通过线上方式开展，表彰第 4 届中小学班主任基本功培训与展示活动获奖教师 200 人、第 33 届“紫禁杯”优秀班主任 400 人、第 8 届“学生喜爱的班主任”200 人，为首批 35 个“紫禁杯”班主任工作室学校优秀班主任工作坊授牌。6 月至 9 月，评选第二批北京市“紫禁杯”班主任工作室学校优秀班主任工作坊，35 所学校入选，运行周期 2 年，在北京教科院指导下开展班主任队伍建设相关研究和实践。12 月 28 日，北京教科院以线上直播方式召开表彰会，表彰第 34 届“紫禁杯”优秀班主任 400 人和第 9 届“学生喜爱的班主任”200 人。各区教育行政部门负责人、中小学德育干部、优秀班主任代表 600 余人通过视频直播参加活动。

（杨丙涛　巫梅琳）

北京教师发展蓝皮书研制

3 月至 12 月，北京教育科学研究院完成北京教师发展蓝皮书研制。课题组采用问卷调查法，从师德师风、专业发展、教师绩效考核等方面对中小学教师发展质量进行研究，对 9 个区中小学各 20% 教师开展在线问卷调查，收集有效问卷 15925 份。研究结果显示，中小学教师师德、专业发展、绩效考核等方面整体状况良好，但仍需优化师德培训内容，唤醒教师自主发展意识，完善绩效考核指标。

（宋洪鹏）

40 人获首都劳动奖章

4 月 25 日，北京市总工会公布 2021 年首都劳动奖章、奖状和北京市工人先锋号名单，教育系统（含高校附属医院）40 人获首都劳动奖章、4 个单位获首都劳动奖状、11 个单位获“北京市工人先锋号”称号。北京市 299 人获首都劳动奖章，58 个单位获首都劳动奖状，118 个单位获“北京市工人先锋号”称号。

（张晓兰　胡雨）

7 名教师获全国中小学外语教师园丁奖

4 月，第 11 届全国中小学外语教师园丁奖暨全国三“十佳”外语教师获奖名单公布。全国 469 人入选，包括北京市 7 人，分别为北京市延庆区第一中学赵春青、北京市西城区教育研修学院景鹏、北京教育学院石景山分院郑艺、北京市朝阳区教育研究中心赵文娟、北京市昌平区教师进修学校李珍珠、北京市东城区教师研修中心赵月霞和北京教育学院丰台分院付绘。其中，景鹏入选“十佳”高中外语教师。该奖项于 1993 年由原国家教委基教司批准设立，每两年评选一次，是中国基础教育界针对中小学外语教师所设国家级单项奖和荣誉之一；自 2006 年起，在每届园丁奖评选基础上评选小学、初中、高中“十佳外语教师”，每届 30 人。

（胡雨）

36 人入选市优秀青年人才

5 月 29 日，市人才工作局、市人力资源社会保障局公布第九批“北京市优秀青年人才”名单，北京教育系统（含高校附属医院）36 人入选。经提名推荐、专家评审和市人才工作领导小组审定等程序，并经市委、市政府批准，表彰第九批“北京市优秀青年人才”61 人，其中北京教育系统 36 人，包括高校 21 人、高校附属医院 14 人、普通中学 1 人。“北京市优秀青年人才”每三年评选表彰一次，每次表彰 60 人左右，旨在促进创新型、领军型高层次人才队伍建设。

（霍绪艳　张晓兰）

第六届北京市人民教师奖评选表彰

6 月 21 日，市委教育工委、市教委、市人力资源社会保障局、市财政局、市教育工会联合开展第六届北京市人民教师奖评选表彰。评选面向北京地区各级各类学校、幼儿园在岗教师，按照“自下而上、逐级推荐、差额评选、民主择优”方式产生推荐候选人员。经市评选表彰工作领导小组审议、公示、市政府批准，9 月 8 日，授予 10 人“北京市人民教师”称号，同时对 10 名“北京市人民教师提名奖”获得者予以表彰奖励。

（邓永卫）

第六届北京市人民教师奖获得者

武强	中国矿业大学（北京）
倪晋仁	北京大学
赵明	首都医科大学
杨春鹏	北京市工贸技师学院
张雪燕	北京市密云区第二中学
杨森林	首都师范大学附属中学
梁博	北京市顺义牛栏山第一中学
刘春青	北京市平谷区第一小学
贾晓村	北京小学大兴分校
解春荣	北京市延庆区第一幼儿园

（邓永卫）

认定第二批中小学特级校长 44 人

7 月 15 日，市委教育工委、市教委公布北京市第二批中小学特级校长名单。经北京市中小学校长职级制评审委员会评审，市委教育工委、市教委审定，44 人当选，职级待遇自 7 月起计算。

（邓永卫）

市属高校 7 人入选北京学者

7 月 30 日，市人才工作局公布 2021 年北京学者名单。全市 17 人入选，其中市属高校（不含高校附属医院）7 人，分别为北京工业大学崔素萍、尹宝才、郑宏，首都师范大学付红兵、袁广阔，首都医科大学吉训明和北京建筑大学徐世法。北京学者计划是北京市高层次专业技术人才选拔和培养体系重要组成部分，旨在培养一批在自然科学、工程科学技术和哲学社会科学领域具有国际先进水平、富有创新能力、取得重大成果的科学家、工程师和名家大师，每两年评选一次。

（纪奇明）

4 人获首届全国高校教师教学创新大赛一等奖

7 月 30 日，北京 4 名高校教师参加首届全国高校教师教学创新大赛决赛获一等奖。其中，北京科技大学赵鲁涛“概率论和数理统计”课程获部属院校正高组一等奖、北京协和医学院梁乃新“人体解剖学——面向临床的解剖”课程获部属院校副高组一等奖、北京邮电大学刘奕彤“通信系统建模与仿真”课程获部属院校中级及以下组一等奖、北方工业大学李道勇“城市规划原理（2）”课程获地方院校中级及以下组一等奖。首届全国高校教师教学创新大赛由教育部高教司指导、中国高等教育学会主办、复旦大学承办，设部属高校类和地方高校类 2 个赛道和正高组、副高组、中级及以下组 3 个组别，1071 所普通本科高校 50386 名教师参加校级比赛，12625 名教师参加省级比赛，评出一等奖 30 项、二等奖 69 项、三等奖 99 项和教学活动创新奖、教学学术创新奖、教学设计创新奖等专项奖 19 项。

（张晓兰　仪修宪）

7 校入选国家级职业教育教师教学创新团队立项建设单位

8 月 9 日，教育部公布第二批国家级职业教育教师教学创新团队立项建设单位名单，北京 7 所职业院校入选。分别为北京信息职业技术学院（商务数据分析与应用专业）、北京交通运输职业学院（城市轨道交通运营管理专业）、北京经济管理职业学院（人工智能技术应用专业）、北京电子科技职业学院（药品生物技术专业）、北京市商业学校（电子商务专业）、北京市外事学校（高星级饭店运营与管理专业）和北京市昌平职业学校（新能源汽车运用与维修专业）。经院校自主申报、省级教育行政部门和全国行业职业教育教学指导委员会审核推荐、项目秘书处形式审查、专家会议评审、网上公示，确定国家级职业教育教师教学创新团队立项建设单位 240 个。

（纪奇明）

70 人获市高校教学名师奖

9 月 3 日，市教委公布第 17 届北京市高等学校教学名师奖和第 5 届北京市高等学校青年教学名师奖获奖名单。教学名师奖评选面向具有 15 年及以上高等教育教学经历，近 3 年实际课堂教学任务平均不少于 64 学时 / 年的高校教师；青年教学名师奖评选面向具有 8 年及以上高等教育教学经历且年龄不超过 45 岁，近 3 年实际课堂教学任务平均不少于 64 学时 / 年的高校青年教师。经学校推荐、评审专家组评议、评审委员会投票、市教委审核并公示，70 名教师获第 17 届北京市高等学校教学名师奖，69 名教师获第 5 届北京市高等学校青年教学名师奖。

（赵晓琳）

5 校 3 区入选教育部人工智能助推教师队伍建设行动试点单位

9 月 7 日，教育部公布第二批人工智能助推教师队伍建设行动试点单位名单。北京地区 5 所高校（北京大学、中国农业大学、国家开放大学、北京协和医学院、首都师范大学）和 3 个区（西城区、海淀区、大兴区）入选。该行动旨在深入推进人工智能等新技术与教师队伍建设融合，推动教师主动适应信息化、人工智能等新技术变革，积极有效开展教育教学。

（高新民）

3 名教师入选全国乡村优秀青年教师培养奖励计划

9 月 9 日，教育部教师工作司、中国教师发展基金会公布 2021 年乡村优秀青年教师培养奖励计划入选教师名单，北京市 3 名教师入选。分别是北京市海淀区台头小学马恋（女）、北京市昌平区兴寿学校马加良子和北京市通州区宋庄镇中心小学韩瑶（女）。该计划面向全国遴选 300 名教师，教育部教师工作司将实施名师领航工程，对入选教师分批纳入名师工作室进行培养，或采取其他培训方式开展能力建设。根据要求，各省级教育行政部门要将入选的乡村优秀青年教师纳入当地骨干教师、名师等培养序列，予以重点支持和培训。中国教师发展基金会联合人民教育出版社对入选教师每人奖励 1 万元（税后）。

（白文会　孙晓楠）

北京高校优秀本科育人团队和教学管理人员评选

9 月 13 日，市教委公布 2021 年北京高校优秀本科育人团队和优秀教学管理人员名单。评选工作于 5 月启动，经学校推荐、专家评选、市教委审定等程序，北京高校 45

个团队获评“北京高校优秀本科育人团队”，56人获评“北京高校优秀教学管理人员”，包括本科45人、继续教育11人。

（赵晓琳）

5个教师家庭入选全国首批教育世家

9月，教育部公布全国首批100个教育世家名单，北京市5个教师家庭入选。教育部于6月开展首批教育世家学习宣传活动，市教委按照规定要求组织各区各校开展首批教育世家推荐申报工作。经基层推荐、专家评议、审核认定，北京市钱易（清华大学）、黄少安（中央财经大学）、任维平（北京信息科技大学）、纪建生（北京市平谷区黄松峪中学）、高峰（北京市海淀区玉泉小学）5个教师家庭入选全国首批教育世家。

（邓永卫）

3名个人和3个集体获全国杰出专业技术人才表彰

10月26日，中组部、中宣部、人力资源社会保障部、科技部印发《关于表彰第六届全国杰出专业技术人才和专业技术人才先进集体的决定》，北京教育系统3名个人和3个集体入选。其中，首都医科大学附属北京天坛医院王拥军、中国人民大学王利明、中央民族大学杨圣敏获“全国杰出专业技术人才”称号；北京大学极端光学创新研究团队、清华大学高温气冷堆团队、北京师范大学中国传统语言学现代化科研创新团队获“全国专业技术人才先进集体”称号。全国表彰“全国杰出专业技术人才”93人、“全国专业技术人才先进集体”97个。

（徐思羽　张晓兰）

中小学教师开放型在线研修计划印发

11月18日，市教委、市财政局印发《北京市中小学教师开放型在线研修计划（试行）》。计划总体目标是搭建中小学教师开放型在线研修管理服务平台，为教师提供多样化、个性化、精准化的线上互助研修服务，形成线上线下相融合的研修新生态。计划拟于2022年组织中小学市级骨干教师、市级学科教学带头人、特级教师、特级校长、正高级教师，通过名师直播课堂、一对一实时研修、开放式检课3种方式，针对通州、密云、延庆、门头沟4个远郊区义务教育阶段教师开展在线研修试点工作。

（崔亚超）

教师队伍建设情况报告通过市委常委会审议

11月24日，市教委研制的《北京市教师队伍建设情况报告》通过市委常委会审议。报告内容主要包括2021年持续加强教师队伍特别是青年教师和新入职教师思想政治工作，推动师德师风建设长效机制落地见效，提升教师教书育人能力素质，深化教师评价制度改革，加强郊区教师队伍建设，促进教育均衡发展等情况，以及推进市级各相关部门、各区、各高等学校和职业院校全面落实深化教师队伍建设改革任务的情况。

（崔亚超）

中小学校教职工资源配置情况调研

11月，市教委研制完成《北京市中小学校教职工资源配置情况的报告》。报告通过调研相关区的中小学校教职工资源配置实际情况，综合师生比标准、班师比标准、增加附加编制比例、“双减”背景下教师工作任务调整等情况，细化研究北京市中小学校教职工资源配置情况，并向市领导作专题汇报。

（杨伟丽）

名校长领航工程李希贵校长工作室首批学员结业

12月10日，北京市名校长领航工程结业仪式暨乡村学校育人模式转型展示活动在北京市密云区不老屯中

12月10日，李希贵在北京市名校长领航工程李希贵校长工作室结业仪式上授课　　（市教师发展中心　供）

学举行，李希贵校长工作室首批学员结业。来自11个区23名中学副校长（或中层干部）完成李希贵校长工作室项目为期3年学习正式结业，并取得丰硕成果，其中11人晋升为正职校长、书记。2018年，市委教育工委、市教委实施“北京市名校长领航工程”高端培养项目，委托时任北京市十一学校校长李希贵成立第一个工作室，旨在培养造就一批具有较大社会影响力、能在基础教育领域发挥示范引领作用的领军人才，探索干部培训新模式。

（邓永卫　徐超　潘超）

“十四五”时期市属高校教师队伍建设支持计划印发

12月31日，市委教育工委、市教委等八部门联合印发《“十四五”时期北京市属高校教师队伍建设支持计划》。该计划为今后一段时期市属高校教师队伍建设提供政策依据和工作参照。

（高新民）

4所学校人员编制调整

至年底，市教委完成4所学校人员编制调整。为北京学校增加财政补助事业编制100个，所需编制从北京工业大学调剂；调整后，北京学校财政补助事业编制由234个增至334个，北工大财政补助事业编制由3696个减至3596个。为北京建筑大学增加财政补助事业编制100个，所需编制从首都经济贸易大学调剂；调整后，北建大财政补助事业编制由1220个增至1320个，首经贸财政补助事业编制由1987个减至1887个。

（杨伟丽）

拓展中小学教师来源行动计划

至年底，市教委继续实施《北京市拓展中小学教师来源行动计划（2018—2022年）》。通过扩大院校培养师范生规模、支持相关院校增设相关学科教育专业（师范）等方式，增加招收公费师范生1871人；北京师范大学和首都师范大学开展定向培养高起点教师工作，面向北京地区高校招收非京生源非教师教育类专业在读研究生进行教师教育类课程专项培训，培训132人；组织完成首都师范大学为远郊区定向培养“一专多能”乡村教师公费师范生75人，其中昌平区10人、大兴区10人、顺义区10人、房山区10人、怀柔区10人、平谷区10人、延庆区15人。

（房卫青）

师德建设

朝阳教育系统师德师风建设

3月至12月，朝阳区教育系统开展师德师风建设工作。朝阳区教委指导基层学校制订师德师风建设工作计划，确保师德师风建设“月月有活动、全员全覆盖”。463个基层单位建立师德负面清单，采取校内自查、案例警示和分组研讨等方式学习，确保人人应知尽知、人人自省自警。7月，在全区各基层单位开展“学重要论述、重党建引领、遵师德准则、学师德楷模、强思政示范、守师德底线、严教师选聘、建诚信机制”等师德专题教育活动。9月，开展“永远跟党走”歌曲传唱、新教师入职教育、基础教育大会精神大学习大讨论、师德先进表彰、“我为群众办实事”实践、向王红旭学习等7项活动，对有偿补课和教师违规收受礼

9月7日，朝阳区教委组织新任教师入职教育活动

（朝阳区教委　供）

品礼金等现象进行专项整治，对涉嫌有偿补课在职教师进行调查取证并按照相关程序给予处理和处分，营造风清气正育人环境。配合“双减”工作，核查申请复课的51家培训机构1426名从业人员身份。

（张婉月）

平谷教育系统师德专题教育大会

6月17日，平谷区委教育工委、区教委召开全系统师德专题教育大会。会议以师德师风建设为主题，解读《平谷区教育系统师德专题教育工作方案》，宣读对系统内违反师德行为教师的处分决定、对3所民办校（园）违反师德行为相关教师及所在校（园）的处理通报，并就师德主题教育、师德警示教育提出要求。区委教育工委、区教委领导班子成员，机关各科室负责人，区教委所属事业单位党政正职、主管师德工作负责人，以及各民办校（园）、校外培训机构负责人100余人参会。

（孟宪丽）

北京教育系统师德专题教育

6月至12月，北京教育系统开展师德专题教育工作。市委教育工委、市教委制定《关于在北京教育系统开展师德专题教育的工作方案》，成立师德专题教育领导小组，统筹指导各区各校开展师德专题教育工作，以各种形式开展习近平关于师德师风的重要论述学习、师德优秀典型先进事迹宣传学习，强化教师“四史”学习教育，引导教师学习践行新时代师德规范，集中开展师德警示教育和教师诚信教育。

（李海燕　陈静）

人民大学“吴玉章师德师风大讲堂”活动

9月9日，中国人民大学启动“吴玉章师德师风大讲堂”系列活动。首场活动邀请“人民教育家”国家荣誉称号获得者高铭暄作题为《做为党育人、为国育才的好老师和“大先生”》讲座。高铭暄回顾自己求学到从教70余年的历程，讲述老校长吴玉章率先垂范、言传身教的师德师风事迹，分享学习吴玉章教育思想、传承老校长师德师风、引领学界后辈的体会。12月31日，举办大讲堂活动第二讲，邀请教育部教师工作司司长围绕“抓好《中共教育部党组关于完善高校教师思想政治和师德师风建设工作体制机制的指导意见》贯彻落实，以正确政治方向和价值导向引领教师素质全面提升”主题作辅导报告。学校教师代表、相关职能部门和各学院（书院）负责人及部分学生代表参加活动。

（许小成）

昌平师德师风宣传教育

至年底，昌平区教委推进师德师风宣传教育工作。“昌平教育”公众号累计推送师德师风建设相关信息28条；开设“特级校长”“扎根农村教育”2个师德宣传专题栏目，累计宣传昌平教育系统优秀党员、师德师风建设典型200余人。北京电视台分2期报道昌平1名优秀援藏教师和1名优秀幼儿园干部先进事迹；《现代教育报》对昌平区扎根农村教育的先进干部教师进行系列宣传报道；昌平电视台2档栏目各分2期报道昌平1名优秀援藏教师先进事迹。1月至2月，区教委采用线上培训形式开展2021年昌平区教育系统师德师风全员培训，组织参训人员观看学习25个专家讲座视频，总时长超过900分钟。来自161所学校11304名教职工参训，其中11158名教职员工完成视频学习和培训总结，成绩合格，获“十四五”时期继续教育公共必修课1学分。

（杨然　孙长力）

师德失范典型案例曝光

至年底，市教委加大对违反师德师风典型案例曝光力度，不定期选择各区各校师德失范典型案例在市教委“师德失范曝光平台”通报。全年在平台上通报5名中小学在职教师在校外培训机构违规兼职取酬处理结果，要求各区各校以典型案例为反面教材，引导广大教师“知红线、明底线”，知规明纪，以法自律。

（李海燕　陈静）

师资管理

特岗计划乡村教师招聘351人

3月8日，市教委、市人力资源社会保障局联合印发《北京市乡村教师特岗计划（2021—2025年）》。计划面向北京地区普通高等学校本科及以上学历毕业生、京外省级师范类普通高等学校本科学历师范专业毕业生、京外普通高等学校硕士研究生及以上学历毕业生，为门头沟区、房山区（含燕山）、通州区、顺义区、昌平区、大兴区、怀柔区、平谷区、密云区、延庆区乡村中小学校、幼儿园每年招聘教师400人左右，推进乡村教师队伍建设高质量发展。招聘重点在加强音乐、体育、美术、劳动教育、思想品德、生物、地理、历史等紧缺学科教师的补充，优先保障生态涵养区中小学校和幼儿园教师补充需求。2021年招聘特岗教师351人。

（房卫青）

市教委直属处级事业单位招聘31人

6月，市教委发布《直属处级事业单位2021年公开招聘工作人员公告》。北京铁路电气化学校、北京市自动化工程学校、北京西藏中学、北京市盲人学校开展公开招聘，招聘对象为列入国家统一招生计划、培养方式为非定向的2021年应届毕业生以及社会人员，招聘程序包括报名、资格审查、线上综合测试、公示等。招聘岗位47个，实际招聘 31 人。

（房卫青）

乡村教师奖励力度加大

8 月，市教委加大对乡村教师奖励力度。继续利用乡村教师专项基金对优秀乡村教师给予奖励。从在乡村学校任教满 30 年乡村教师中奖励 100 人，从在乡村学校任教满 20 年乡村教师中奖励 200 人，奖金分别为每人 10000 元和 5000 元。由北京银行提供经费保障。

（邓永卫）

师范生公费教育协议书签订

9 月，市教委、相关培养院校与 2021 年北京市新招收的 3099 名师范生签订《北京市师范生公费教育协议书》。其中，中华女子学院 145 人、首都体育学院 328 人、北京服装学院 50 人、首都师范大学 1528 人、中央民族大学 50 人、北京联合大学 759 人、北京青年政治学院 165 人、北京舞蹈学院 24 人、中国音乐学院 50 人。根据协议，师范生在 4 年修读年限内免缴学费并领取生活补助，同时可享受其他非义务性奖学金；毕业时在需求岗位范围内双向选择，要求在北京市从事中小学校、幼儿园教育教学工作（含教育行政及相关部门审批注册的中等及中等以下学历教育机构）不少于 5 年。

（房卫青）

乡村教师岗位生活补助发放办法制定

12 月 31 日，市教委与市财政局、市人力资源社会保障局联合印发《北京市乡村教师岗位生活补助发放办法》。办法明确乡村教师支持计划实施范围为乡村、镇区的中小学校及幼儿园教师。市级财政重点支持乡村中小学校和山区镇区中小学校（即分布在市农业农村局划分的 82 个山区乡镇的镇区中小学校）；平原地区的镇区中小学校和乡村及镇区的幼儿园由区级财政支持。办法确定市级补助额度核定工作流程和区级额度分配原则，要求各区根据文件精神修改完善本区实施办法。办法执行期自印发之日至 2025 年 12 月 31 日。

（刘国庆　杨馨珠）

首届北京高校系统管理岗位青年教职工职业能力竞赛

12 月，市委教育工委、市教委、市教育工会联合举办首届北京高校系统管理岗位青年教职工职业能力竞赛。比赛围绕“办好一项重点工作”理念，要求各参赛组“为首都大学 70 周年校庆活动设计庆祝方案”，包括方案设计、现场展示和总结反思 3 个环节。经遴选，53 个学校进入决赛。经现场展示、评委打分，决出一等奖 21 个、二等奖 16 个、三等奖 16 个。

（张晓兰　于点）

教育系统接收非北京生源毕业生 1349 人

至年底，北京教育系统接收非北京生源毕业生 1349 人。根据市人力资源社会保障局 2021 年接收非北京生源毕业生工作要求，完成对市属高校、直属单位、城六区教委的非北京生源计划分配、网上材料审核申报以及进京落户手续办理等工作，接收非京生源毕业生 1349 人。

（房卫青）

师资培训

中小幼青年教师教学基本功培训和展示

4 月，市委教育工委、市教委和市教育工会联合举办北京市中小幼第三届“京教杯”青年教师教学基本功培训和展示活动。活动重在培训，引导教师树立现代教育理念，重点提升青年教师单元设计、课堂教学能力水平。经区级推荐初评、市级复评、培训指导等过程，700 余名中小学和幼儿园教师进入说课答辩展示环节。说课答辩展示于 12 月 25 日、26 日通过中国教研网面向全国直播。活动由北京市教育学会和中国教研网承办。

（马亚莉）

12 月 25 日，第三届“京教杯”青年教师基本功展示活动说课现场　（市教育学会　供）

新增 3 所学校为“双师型”教师培养培训基地

6 月 9 日，市教委公布新增北京市职业院校校企合作“双师型”教师培养培训基地名单。经北京市职业院校教师素质提升计划领导小组审定，决定北京舞蹈学院、北京信息职业技术学院和北京体育职业学院 3 所院校作为北京市职业院校校企合作的“双师型”教师培养培训基地，承担相关培训项目。

（纪奇明）

56 名教师进入市属高校教师发展基地研修

6 月 11 日，市教委公布 2021 年北京市属高等学校教师发展基地研修人员录取名单。经学校推荐、基地校考察确认、市教委审核，北京大学、清华大学、北京师范大学、中国人民大学、北京外国语大学、北京交通大学和北京航空航天大学 7 个市属高等学校教师发展基地录取研修学员 56 人，其中北大 10 人、清华 8 人、北师大 7 人、人民大学 8 人、北外 9 人、北京交大 7 人、北航 7 人。学员于 7 月进入基地开展为期 1 年研修。

（高新民）

高等学校教师岗前培训

7 月至 9 月，市教委委托北京市高等学校师资培训中心实施第 81 期北京地区高等学校教师岗前培训。课程和考试均通过线上方式进行，在京 143 个单位 4183 人（含重修和补考人数）参加培训。

（高新民）

中小学新任教师教学风采展示总结交流大会

9 月 29 日，北京教育学院组织召开北京市中小学新任教师第五届“启航杯”教学风采展示总结交流大会。北京市 757 名新任教师参加第五届“启航杯”教学风采“双线”展示活动。通过线上展示和线下微格展示，156 名信息技术应用娴熟、基本技能扎实、各具教学风采的青年教师获得表彰。

（石燕）

职业院校教学管理干部培训

9 月，北京教育科学研究院开展职业院校教学管理干部培训。培训采用线下线上相结合方式，对 9 个区教委、46 所中职学校、26 所高职院校的教学管理干部以及天津、河北、西藏拉萨、四川成都、宁夏银川等地 36 所中高职院校 500 余名领导和教师开展为期 6 天的系统性业务培训，促进京津冀和西部地区职业院校教学管理工作水平整体提升。

（王春燕）

特殊教育教研员系列培训

9 月，北京教育科学研究院开展北京市特殊教育兼职教研员及区特教中心专业人员系列培训。培训针对“双减”背景下开展支持服务工作的需要，设计和构建“市级特教兼职教研员及区特教中心专业人员系列培训课程”，以线上线下相结合方式，从政策、理论与实践 3 个维度，带领学员学习特殊教育实践领域基础知识、基本理论、重要技能和方法。组织 13 次 26 场累计 52 学时培训课程，开展 2 次作业考核，参训教研员和教师近 4000 人次。

（朱振云）

第二届教师学习与专业发展研讨会

10 月 17 日至 18 日，北京教育学院举办第二届教师学习与专业发展研讨会。会议围绕“面向 2035 教师学习的变革与创新”主题，设置主论坛、分论坛和大会主题沙龙 3 个板块。主论坛上，来自北京师范大学、中国教育学

10 月 17 日至 18 日，第二届教师学习与专业发展研讨会召开
（教育学院 供）

会及北京教育学院的专家解读习近平关于教育重要论述，阐述新时代教师使命，分析教师边界学习与循证教研的内涵与要素，探讨“双减”背景下教师学习目标与价值。分论坛上，23 名专家学者聚焦教师学习动力激发、教师学习能力提升与教师学习促进 3 个话题作分论坛报告。来自全国的研究者及培训者、实践者 3300 余人参加线下、线上活动。

（石燕）

首期“双减”专题研讨班

10 月 22 日至 23 日，北京教育学院举办北京市首期“双减”专题研讨班。包括培训和集中交流研讨两个环节。培训设置“双减”背景下作业减量增质设计、“双减”背景下体育艺术学科课后服务、“双减”背景下高质量教育的管理改进——课后服务与管理等 5 个主题，市、区两级培训机构以及来自一线的特级校长、特级教师、市级学科带头人、市级骨干教师共同聚焦“双减”背景下基础教育变革和教育生态重构等热点难点问题，分享一线学校实践智慧。集中交流研讨环节线下线上同步进行，来自全国各地 5 万余名基础教育教师、研究者和培训者参加交流和研讨。

（石燕）

“十四五”时期中小学干部教师培训工作方案印发

12 月 6 日，市委教育工委、市教委印发《“十四五”时期北京市中小学干部教师培训工作方案》。方案明确，到 2025 年，进一步健全高质量干部教师培训体系，完善干部教师培训的管理体制与运行机制，增强干部教师培训师资的培训能力，丰富与教育改革发展相适应的培训内容，创新干部教师培训方式，切实提高干部教师培训主动性、针对性和实效性，全面提升干部教师思想政治素质、师德素养和教书育人能力素质，为首都基础教育高质量现代化发展提供坚实的人才保障。“十四五”时期，根据教育改革发展要求、干部教师岗位需求和专业发展需要，市、区、校三级协同，开展规定学时、学分的全员培训。

（李海燕　陈静）

“十四五”时期职业院校教师素质提高计划印发

12 月 30 日，市教委、市财政局印发《“十四五”时期北京市职业院校教师素质提高计划》。计划包括教师素质提升计划、高水平教师队伍培育和支持计划、“双师型”教师认定和实践计划 3 个部分。通过计划实施，完善职业院校教师全员培训制度，健全职业院校教师培训工作体系和内容体系，全面提高职业院校教师教育教学能力。

（胡雨　纪奇明）

“十三五”时期中小学干部教师培训工作成绩突出集体和个人通报表扬

12 月，市教委通报表扬“十三五”时期中小学干部教师培训工作成绩突出集体和优秀个人。市教委于 2020 年 3 月组织开展“十三五”时期区教育系统干部教师培训评估，根据评估结果及各区推荐，通报表扬工作成绩突出的海淀

10 月 22 日至 23 日，北京市首期“双减”专题研讨班举办
（教育学院　供）

区、朝阳区、东城区、西城区、丰台区、通州区、密云区7个集体，以及101名优秀教师和66名优秀管理者。

（李海燕　陈静）

中小学教师信息技术应用能力提升工程2.0持续推进

至年底，北京市中小学教师信息技术应用能力提升工程2.0培训项目持续推进。开展在职在岗专任教师信息技术应用能力提升培训，实现“三提升一全面”（校长信息化领导力、培训团队信息化指导能力、教师信息化教学能力提升，全面促进信息技术与教育教学融合创新发展）总体发展目标。至年底，1520所学校134224名教师参加此培训项目，整体参训率99.81%，合格率99.69%。

（李海燕　陈静）

职称评定与资格认定

2020年下半年中小学教师资格考试面试

1月9日至10日，北京市2020年下半年中小学教师资格考试面试工作在全市24个考点、749个考场同时进行。申请面试25137人，实际参加面试22095人，面试合格16848人。笔试工作于2020年10月30日进行。

（李海燕　陈静）

首医大率先实施临床教师分类评聘

3月19日，首都医科大学率先在全国医学院校中对临床教师按照教学科研型和教学型予以分类评聘。根据评聘新政策，在临床教师高级职务岗位中设立教学科研型和教学型，对于教学经验丰富、长期致力于医学人才培养的临床教师，学校支持和鼓励其选择教学型岗位；对于治学严谨、潜心于医学领域研究的临床教师，学校支持和鼓励其选择教学科研型岗位；对于研究兴趣特别高的临床教师，学校助力其开展基础性、战略性和前瞻性创新研究，从而培育更多高水平科研成果和拔尖创新人才。经个人申请、临床医院评议推荐、学校评议、上级主管部门验收、拟聘人选公示、学校审定等程序，完成1505人聘任，其中教授、副教授486人（教学型教师47人、教学科研型教师439人），讲师1019人。

（陈飞飞）

2021年中小学教师资格考试

3月至12月，市教委、市教师资格认定事务中心组织北京市2021年中小学教师资格考试。上半年中小学教师资格考试笔试报名82328人，实际参加考试61521人，笔试合格21091人；面试报名29209人，实际参加考试27329人，面试合格20293人。下半年中小学教师资格考试笔试报名91898人，实际参加考试69415人，笔试合格21330人；面试报名26185人，实际参加考试23853人，面试合格17777人。

（李海燕　陈静）

44429人通过教师资格认定

至年底，北京市44429人通过教师资格认定。全年完成各类教师资格认定44429人，包括高校教师资格5513人、高中教师资格15358人、中职教师资格414人、中职实习指导教师资格13人、初中教师资格4623人、小学教师资格13286人、幼儿园教师资格5222人。

（李海燕　陈静）

高校教师92人通过专业技术职务学术评议

至年底，北京市高校教师92人通过专业技术职务学术评议。市教委全面下放市属高校教师职务评审权，加强对市属高校职称评聘情况和评聘结果监管，同时做好委托代评的学术评议工作。全年北京市高校教师专业技术职务学术评议委托评议申报115人，经北京市高校教师专业技术职务学术评议委员会评议，通过92人，未通过23人，通过率80%。

（杨伟丽）

中小学教师385人晋升正高级教师

至年底，北京市中小学教师385人晋升正高级教师。经各区推荐，412人申报中小学正高级教师职称评审，经北京市中小学教师系列高级（正高级）专业技术评审委员会评审，385人晋升正高级教师。

（杨伟丽）

中职学校教师387人通过职称评审

至年底，北京市中等职业学校教师387人通过职称评审。评审分上下半年两次。上半年申报210人，评审通过177人，通过率84.29%。其中，正高级职称申报21人，通过18人；副高级职称申报124人，通过100人；中级职称申报65人，通过59人。下半年申报226人，评审通过210人，通过率92.92%。其中，正高级职称申报36人，通过33人；副高级职称申报116人，通过105人；中级职称申报74人，通过72人。

（杨伟丽　杨彦彤）

（本栏责任编校　胡雨）

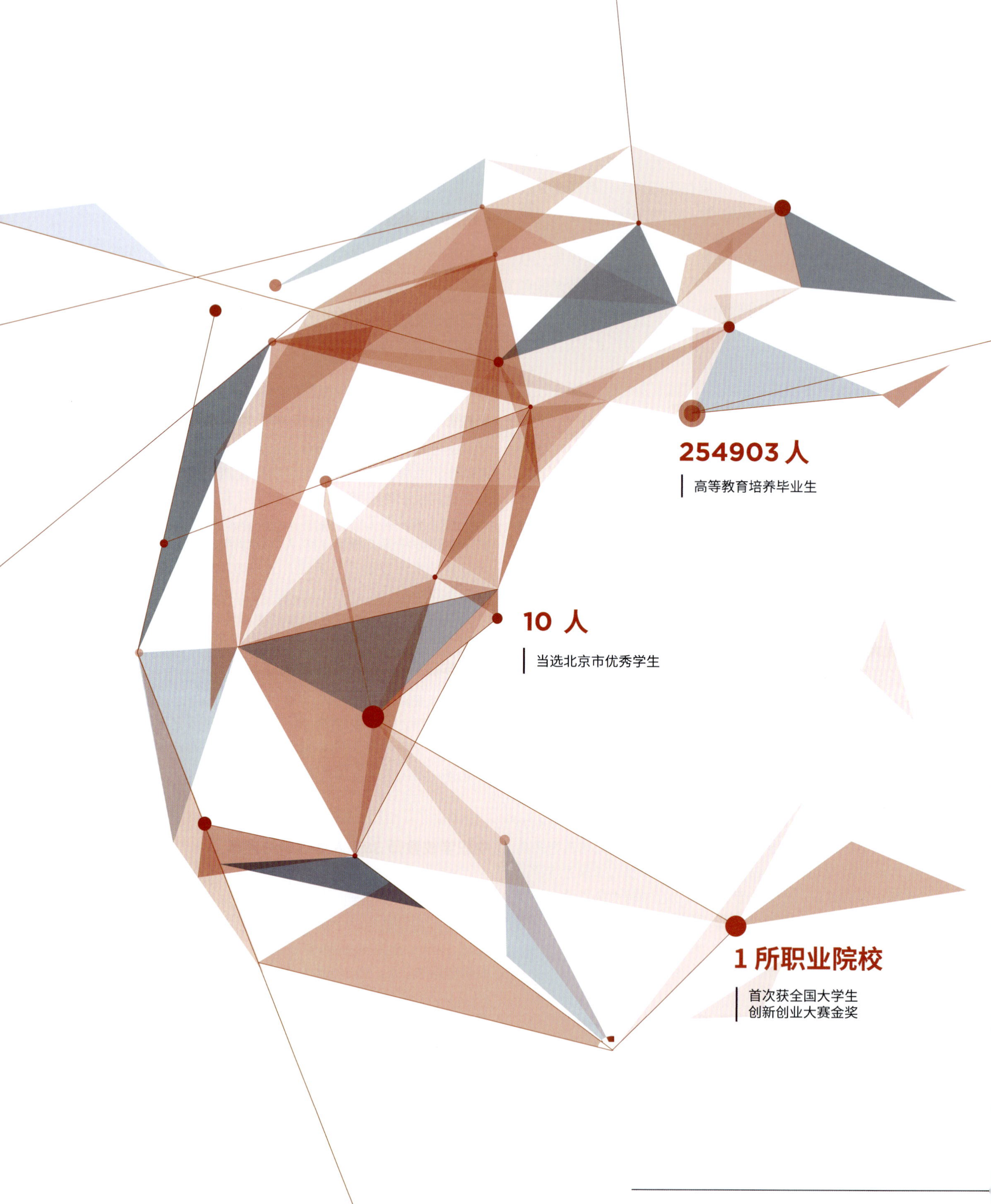
254903 人
高等教育培养毕业生
10 人
当选北京市优秀学生
1 所职业院校
首次获全国大学生
创新创业大赛金奖

2022 | 学生管理

STUDENTS MANAGEMENT

学生管理
STUDENTS MANAGEMENT

综述

学籍学历管理

2021 年，市教委做好学籍学历管理工作。修订并印发《北京市中小学校学生学籍管理办法》，规范中小学校学生学籍管理，保障入学招生改革成果。11 月 5 日，召开 2021 年北京地区高等教育学生学籍学历管理工作交流会，总结交流学籍管理工作痛点难点，部署有关工作。

（张海涛）

做好就业工作

2021 年，市教委做好高校毕业生就业创业工作。印发《关于开展北京高校市级就业指导名师工作室和优秀毕业生职场体验基地遴选工作的通知》，提升北京高校整体就业指导服务水平。转发教育部《关于做好 2022 届全国普通高校毕业生就业创业工作的通知》，部署北京高校 2022 届毕业生就业创业工作。

（张海涛）

大学生实践创新创业训练

2021 年，市教委开展 2021 年度国家、市级、校级大学生创新创业训练计划立项、结题、年度报告等工作。高校立项 15962 个，包含国家级项目 2449 个、市级项目 4804 个、校级项目 709 个；重点支持领域立项 48 个。通过结题验收的大学生创新创业项目 13941 个，其中国家级项目 2704 个、市级项目 4261 个、校级项目 6976 个。

（荣燕宁）

5 月 17 日，2021 届高校毕业生就业促进周在中国农大举办
（大学生就业指导中心　供）

6月6日，国防教育协会举行2021年征兵启动大会
（国防教育协会 供）

大学生征兵

2021年，北京大学生征兵工作完成。征集大学学历新兵占征集任务97.4%，较上年增长2.8%。其中，本科及以上学历占大学生新兵总数42.9%；大学毕业生占大学生新兵总数35.9%。大学生新兵和应届毕业生数量均创新高。

（孙世光）

加强职业院校学生管理专项行动开展

3月25日，市教委印发《关于开展加强职业院校学生管理专项行动的通知》，启动加强职业院校学生管理专项行动。行动为期3周，着力推动北京市职业院校根据《职业院校学生管理工作排查要点》，全面深入开展隐患排查，加强学生管理，强化家校共育，完善应急管理，建立问题台账，制定整改措施。

（高飞）

优秀在校退役大学生士兵评选

3月至8月，2021年北京市优秀在校退役大学生士兵评选活动举办。经高校推荐、资格审核、述优答辩、专家评审等环节，从65所高校及4个区推荐的80名在校退役大学生士兵中选拔出30名个人综合素质过硬、在服役期间和退役返校后均表现优异的退役大学生士兵，授予“2021年北京市优秀在校退役大学生士兵”称号。5月15日和6月6日，举办北京市优秀退役大学生士兵先进事迹首场宣讲会和北京市2021年国防教育暨征兵宣传进校园活动。8月，编印《青春戎光》2021年北京市优秀退役大学生士兵事迹选，收录优秀退役大学生士兵故事，再现青年大学生初入军营的激情与自豪、在军旅生活中的蜕变与成长，以及退伍后精神气质的沉淀与升华。活动由北京高校国防教育协会承办。

（肖娜　孙世光）

北京高校学生社团发展指导中心成立

4月27日，市委教育工委、团市委在北京联合大学成立北京高校学生社团发展指导中心。该中心由北京联大承办，设综合办公室、研究中心、信息中心、服务中心，主要落实理论研究、信息分析、政策咨询、服务交流4个职能，为上级主管部门提供决策参考，为北京高校提供指导服务。该中心拥有工作指导委员会和学术指导委员会，遴选19所北京高校为委员单位，聘请11名专家担任学术指导委员会委员。

（王岩）

149个团队入选高校大学生优秀创业团队

7月15日，市教委公布2021年北京地区高校大学生优秀创业团队评选结果。61所高校及研究生培养单位推荐1920支创业团队参评，经团队报名、高校初评、专家网络评审、复赛现场答辩和决赛现场答辩等环节，评选出北京地区高校大学生优秀创业团队149个，其中一等奖30个、二等奖51个、三等奖68个。

（吴静　祝欣　曾婷）

2021年北京地区高校大学生优秀创业团队一等奖

中国地质大学（北京）：谛声科技——企业级声学AI技术服务独角兽、面向雷达装备应用的高导热复合材料
北京电子科技职业学院：新球战疫：PCR核酸检测试剂新型冻干微球
北京理工大学：华车时代——特种动力源解决方案、智坦慧能——让军车在高原上跑个“马拉松”、理明科技——人虫复合仿生慧眼、固芯能源——高能安全固态锂电先锋、多功能无人两栖机动平台、基于5G的心率与脉搏智能检测系统开发和智能硬件产业化、KARMA——企业数字化研发体系开拓者、金视智检——国内首创压铸铝件多功能检测系统、脑机接口与人工智能康养平台

中国科学院大学：POCT 末梢血血细胞检测设备、“小跟班”智能跟随型自主移动机器人
北京大学：AI for Science——基于 AI 技术的数字化科研基建
北京经济管理职业学院：冰山数据
北京中医药大学：疲劳预警手环——脉象分析诊断一体化的智能预警装备、肝益康——全周期防治肝病中医药系列产品、“宠物 ok 绷”液体凝胶创口贴
北京航空航天大学：“伏翼”可自由起降的吸附式微型固定翼无人机
北京科技大学：鼎钛科技、“刚柔并济”——面向穿戴设备自备电源的高能量柔性锂电池、BE—3D 乳腺癌探测者
北京工业大学：刚柔相济——源头创新破解精密谐波传动“封喉之痛”、锄禾智能——设施农业数字化赋能者
北京邮电大学：芯网安——物联网安全管理与态势感知系统一站式解决方案
中国人民大学：豆柴院子——满足新时代解压与社交需求的新消费项目
中国农业大学：化繁为简——化控成就棉花产业新希望
北京联合大学：传联科技——中国智能驾驶教育服务的引领者
中国石油大学（北京）：量点科技——可穿戴抗坏血酸生物智能传感器

（吴静　祝欣　曾婷）

10 人当选北京市优秀学生

8 月 4 日，市教委公布 2020—2021 学年度“北京市优秀学生”名单。经研究决定，授予北京市第二中学高国雄等 10 名学生“北京市优秀学生”称号。“北京市优秀学生”在北京市“三好学生”基础上，按万分之一比例从高中阶段应届毕业生中选出，高中阶段各类学校包括普通高中、职业高中、技工学校、中等专业学校。评选工作于 2 月至 6 月进行，同时评出北京市三好学生 10300 人，先进班集体 456 个，优秀学生干部 394 人。

（王昱人）

2020—2021 学年度北京市优秀学生名单
（10 人）

高国雄	北京市第二中学
阚紫嫣	北京市第四中学
时　悦	北京市陈经纶中学
刘和生	北京市八一学校
马晨超	北京市大峪中学
刘　云	北京市第十二中学
刘依蔓	北京市顺义牛栏山第一中学
盖　乐	北京市劲松职业高中
杨心怡	北京舞蹈学院附属中等舞蹈学校
卞莉雯	北京市商业学校

（孙晓楠）

大学生创新创业大赛北京职教新突破

10 月 15 日，第七届中国国际“互联网+”大学生创新创业大赛举办，北京高校获 19 金 28 银 47 铜的总成绩。北京航空航天大学“中发天信——万米高空无人守护者”

10 月 15 日，北航“中发天信——万米高空无人守护者”项目获第七届中国“互联网+”大赛全国亚军　　（北航　供）

获亚军，北京邮电大学“智汇——中国社区治理智慧生态的首创者”获社区治理奖。北京财贸职业学院“逆行守护者”森林消防员应急逃生装置团队项目获职教赛道金奖，这是北京市职业院校在该项赛事获得的首个金奖。

（荣燕宁）

3 所高校入选全国高校毕业生就业能力培训基地

10 月 20 日，教育部办公厅公布全国高校毕业生就业能力培训基地名单，北京 3 所高校入选。分别为北京工业大学、北京科技大学、北京理工大学。该评选是教育部中央专项彩票公益金“宏志助航计划”的重要内容，全国 135 所高校入选。为促进高校毕业生更加充分更高质量就业，教育部通过中央专项彩票公益金支持，实施“宏志助航计划”，针对普通高校毕业生求职就业等方面短板，通过线上线下就业能力培训，引导毕业生努力向学、学以致用，增强就业和报效国家、服务社会能力。

（祝欣）

首批高校分园绩效考核

11 月 17 日，市教委公布第一批北京高校大学生创业园高校分园绩效考核结果。经高校总结、现场答辩、专家评审及网上公示等环节，8 个高校分园均通过绩效考核。其中，北京航空航天大学创业园、北京工业大学大学生创业园（G 星系创客空间）、北京中医药大学杏林众创空间、中国人民大学大学生创业园绩效考核优秀，北京财贸职业学院创业孵化中心、北京信息科技大学大学生创新创业基地、北京外国语大学“歆创”孵化器、北京工商大学学生创业园绩效考核良好。

（吴静）

13 个案例入选全国百所就业创业典型案例

11 月 26 日，市教委和北京 12 所高校案例入选教育部普通高校毕业生就业创业典型案例名单。12 所北京高校分别是北京大学、清华大学、北京师范大学、北京理工大学、北京科技大学、北京化工大学、中国政法大学、中国石油大学（北京）、中国地质大学（北京）、北京建筑大学、北京工业大学、北京经济管理职业学院。全国 100 个案例入选。

（张海涛）

3 所高校科技园入选市级创业孵化示范基地

11 月，市人力资源社会保障局发布第 5 批北京市创业孵化示范基地认定名单，3 所高校科技园入选。分别是中国人民大学文化科技融合创业孵化基地、北京农学院国家大学科技园、华北电力大学国家大学科技园。

（王磊）

高等教育毕业就业情况

至年底，北京地区普通高等学校、研究生培养单位培养毕业生 254903 人。北京生源毕业生 65132 人，占毕业生总数 25.55%。按照毕业去向统计显示，升学 50872 人、出国（境）13079 人、拟继续升学 3051 人、申请暂不就业 930 人、待就业 10368 人。扣除上述各种情况，实际参加就业 176603 人，占毕业生总数 69.28%。北京地区高校毕业生到西部地区就业 1.7 万人，基层就业 2.6 万人，1200 名毕业生实现自主创业。

（张海涛）

退役大学生士兵就业升学

至年底，市教委落实退役大学生士兵就业和升学工作。就业方面，为 1540 余名符合定向招聘条件退役大学生士兵

10月，北理工入选首批全国高校毕业生就业能力培训基地
（北理工 供）

5月11日，2021年北京市退役大学生士兵招聘会举办
（就业创业指导中心 供）

提供专业匹配、对口率高岗位3465个。升学方面，207名符合条件退役大学生士兵参加专升本考试、816名退役大学生士兵免试升入本科。

（孙世光）

学籍管理

中小学学生学籍管理办法修订

4月15日，市教委印发新修订的《北京市中小学校学生学籍管理办法》。该办法坚持教育公平、体现人文关怀，贯彻放管服改革精神，以坚持落实上位政策要求、坚持问题导向、坚持教育公平为原则，进一步规范中小学校学生学籍管理，保障入学招生改革成果。调整中小学生转学申请时间，要求应在寒、暑假放假前一周提出申请，同时完善高中阶段转学条件和办理要求。在减证便民、优化服务方面，取消因身体状况延缓入学、因病假休学需提交的医院证明，改为出示二级甲等及以上医院病历；取消转学联系表、接收学校证明、乡镇人民政府或街道办事处开具的《子女关系证明信》。新办法还明确特殊教育学校、特教班、随班就读学生的毕业条件。办法自6月1日起施行。

（张代龙）

毕业生学历证书电子注册

7月，市教委完成毕业生学历证书电子注册工作。审核注册93所普通高等教育学校（按教育部国标代码计算）毕业生学历证书151220本，比上年增加649本。其中，本科生123109本、专科（含高职）生27908本、第二学士学位生203本。审核注册143个研究生培养单位毕业生学历证书111272本，比上年增加4023本。其中，博士生22318本、硕士生88954本。审核注册76所成人高等教育学校毕业生学历证书46670本，比上年减少3588本。其中，本科生30931本、专科生15739本。审核注册17所高校网络教育学院毕业生学历证书338179本，比上年减少32340本。其中，本科生151583本、专科生186596本。

（张道明）

新生学籍电子注册

12月，市教委完成新生学籍电子注册。审核注册97所普通高等教育学校（按教育部国标代码计算）新生155475人，比上年减少2258人。其中，本科生132070人、专科（高职）生23405人。审核注册147个研究生培养单位新生148314人，比上年增加6790人。其中，博士生31206人、硕士生117108人。审核注册18所高校网络教育学院新生219816人，比上年增加50159人。其中，本科生167120人、专科生52696人。4月，审核注册89所成人高等教育学校新生26567人，比上年减少15887人。其中，本科生22865人、专科生3702人。

（张道明）

创新创业

创新创业大赛北京参赛人数创新高

7月11日至12日，市教委在北京邮电大学举办第七届中国国际“互联网+”大学生创新创业大赛北京赛区复赛。

5.2 万人次 9701 个项目报名参赛，经过校级初赛和市赛网络初审，45 所高校 407 支团队进入高教主赛道和青年红色筑梦之旅赛道一等奖争夺赛。经过路演、现场评分等环节，评出一等奖项目 147 个。北京航空航天大学“中发天信——万米高空无人守护者”项目获冠军，北京大学“霸蛮：无界餐饮的数字化实践”项目获亚军，中国地质大学（北京）“谛声科技——企业级声学 AI 技术服务独角兽”项目获季军。来自企业、高校专家等百名专家评委、千余名师生参加比赛。比赛期间组织线上线下结合的师资培训、推进会、训练营、“青年红色筑梦之旅”等活动，12 万人次参加，比赛覆盖面、影响力均为历届之最。

（曾婷　武晔）

百余创业团队入驻创业园

10 月 22 日，北京高校大学生就业创业指导中心在北京高校大学生创业园（理工园）举办 2021 年北京高校大学生创业园创业团队入园典礼暨项目路演活动。活动作为全国“双创”周（北京分会场）系列活动之一，展现大学生“双创”风采，呈现北京教育系统推动大众创业万众创新的重要成效。市级“三园”吸纳“互联网 +”大学生创新创业大赛、2021 年北京地区高校大学生优秀创业团队评选获奖团队及高校推荐 100 余支大学生创业团队入驻。

（祝欣）

市级“三园”团队创业获成效

至年底，市级“三园”在园团队创业成效显著。孵化面积 2 万平方米，孵化团队 709 个，带动就业 9000 余人。在园孵化创业团队 232 个，带动就业 1935 人，其中理工园 172 个、软件园 40 个、良乡园 20 个。89 个团队注册资金 22079.74 万元；166 个团队自有资金投入 43369.45 万元；28 个团队完成社会融资 53143.5 万元；133 个团队近一年营业额合计 77666.02 万元。67 个团队获发明专利 409 项，40 个团队获实用新型专利 165 项，72 个团队获软件著作权 410 项，65 个团队注册商标 860 个。

（祝欣）

毕业就业

北京高校毕业生就业创业工作会

6 月 3 日，市教委召开 2022 届北京高校毕业生就业创业工作推进视频会。会议提出面对复杂严峻就业形势，要全力以赴做好北京高校毕业生就业创业工作。会议从加快推进工作、落实好政策性岗位、做好困难生帮扶和就业统计 4 个方面提出工作要求。北京地区各普通高校主管校领导、就业部门负责人等 200 余人通过视频参会。12 月 9 日，市教委、市人力资源社会保障局联合召开 2022 届北京高校毕业生就业创业工作视频会议，部署 2022 届北京高校毕业生就业工作，指出在疫情防控常态化条件下，扎实做好“六稳”工作，全面落实“六保”任务，确保毕业生就业局势稳定。要坚持就业育人导向，健全工作机制，拓宽市场化就业渠道；拓展毕业生创业空间，深化部门联动、校企联合，努力做到有就业意愿、在合理预期下都能就业，有创业意愿、符合条件的都能得到创业支持和服务，促进北京高校毕业生更加充分更高质量就业创业。北京高校、各区人力资源社会保障局、部分用人单位负责人以视频形式参会。

（张海涛）

北京高校就业创业服务季

9 月 16 日，北京高校大学生就业创业指导中心举办北京高校 2022 届毕业生就业创业服务季暨校企对接交流

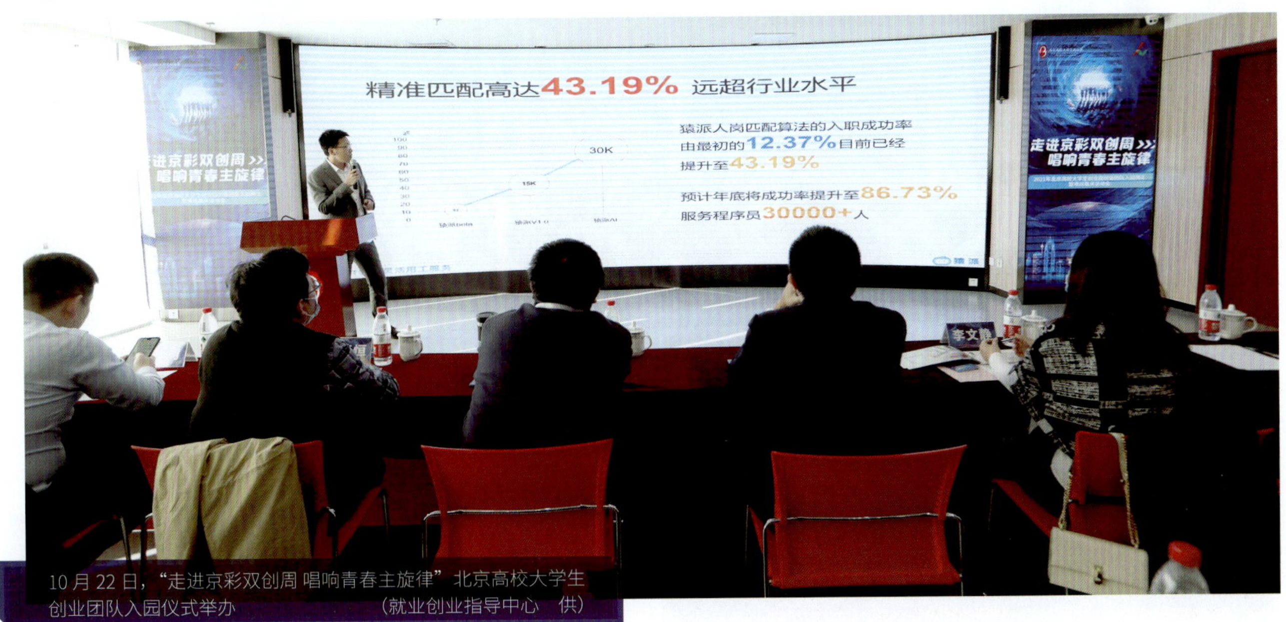

10 月 22 日，“走进京彩双创周 唱响青春主旋律”北京高校大学生创业团队入园仪式举办　（就业创业指导中心　供）

会和2022届毕业生重点领域重点行业专场双选会。就业创业服务季暨校企对接交流会邀请66所高校128人，96家参会单位164人参会。重点领域重点行业专场双选会有79家参会单位提供14644个岗位，吸引毕业生1100余人次求职。

（祝欣）

就业指导名师工作室和优秀毕业生职场体验基地公布

12月6日，市教委公布市级就业指导名师工作室和优秀毕业生职场体验基地名单。33所高校41个工作室申报"北京高校就业指导名师工作室"，27所高校推荐40个"北京市优秀毕业生职场体验基地"。经专家审阅材料、初评和最终评审等程序，确定16个名师工作室、40个职场体验基地。

（张海涛）

高校毕业生就业质量年度报告编制完成

12月，市教委编制完成《2021年北京地区高校毕业生就业质量年度报告》。报告全面地反映2021年北京地区高校毕业生就业创业工作的整体情况，由3个章节和附录组成。报告数据来源于两部分：一是2021年北京地区高校毕业生就业信息库（数据统计时间截至2021年12月31日）；二是2021届北京地区普通高校毕业生就业创业状况问卷调查（调查时间为2021年5月12日至7月16日）。调查有效样本量61653个，占北京地区普通高校毕业生总数24.63%。报告主要内容包括毕业生规模与结构、毕业去向情况和与就业质量相关的部分指标。

（张海涛）

233场毕业生专场双选会

至年底，北京高校大学生就业创业指导中心举办233场毕业生专场双选会。其中，线上双选会119场，12996家用人单位提供931489个岗位，37470名学生参会求职；线下双选会114场，7555家用人单位提供616249个岗位，60461名学生参会求职。此外，举办京津冀主题双选会9场，女大学生专场、退役士兵专场、台湾毕业生专场等重点群体专场9场，实习专场8场，中小微企业专场4场，教育专场17场等特色双选会。

（祝欣）

征兵工作

高校征兵工作先进评选

2月2日，市政府在召开的北京市征兵工作动员会上表彰高校征兵工作先进集体和个人。北京20所高校被评为"2021年度高校征兵工作先进单位"，20名个人被评为"2021年度高校征兵工作先进个人"。

（孙世光）

4月8日，硕博专场双选会举办

（就业创业指导中心　供）

国防教育暨征兵宣传进校园活动

6月6日，市政府征兵办公室、市教委在北京化工大学举办北京市2021年国防教育暨征兵宣传进校园活动。活动以“传承红色基因、担当强军重任”为主题，通报表彰北京市优秀退役大学生士兵，举办“百年征程见初心，淬火成钢铸军魂”首都兵役征集工作发展历程主题展和北化“军旗跟着党旗走，立德树人守初心”国防教育与征兵工作成果展。北京93所高校近千名师生和北京卫戍区官兵代表参加活动。

（肖勇）

奖贷助学

家庭经济困难学生普查

9月，北京市教育资产与财务事务管理中心完成家庭经济困难学生普查。该普查自上而下对受助对象类型和需求开展全面摸排和快速筛查，对普查类型开展动态调整，将原建档立卡学生替换为原建档立卡中脱贫家庭学生、脱贫不稳定家庭学生、边缘易致贫家庭学生，将北京低收入农户学生移出普查范围。该项工作为后续认定分档以及国家资助、学校资助、社会资助的跟进做准备，也为政策文件和管理措施的修订、改进提供参考依据。

（宋慧宇）

国家学生资助额度调高

9月，北京市教育资产与财务管理事务中心根据相关文件调整国家助学贷款额度和使用范围。全日制普通本专科学生（含第二学士学位、高职学生、预科生）每人每年申请贷款额度由不超过8000元提高至不超过12000元；全日制研究生每人每年申请贷款额度由不超过12000元提高至不超过16000元。学生申请的国家助学贷款优先用于支付在校期间学费和住宿费，超出部分可用于弥补日常生活费。全日制在校退役士兵学生全部享受本专科生国家助学金，资助标准为每生每年3300元。

（单伟娜）

450名学生获国家奖学金

10月26日，市教委召开2020—2021学年度国家奖学金评审会。51所高校365名本专科生和85名中职学生参评。评审工作领导小组审议通过评审意见和建议名单，经研究，全部参评学生上报参加全国评审。最终全部学生获国家奖学金。

（单伟娜）

年度资助检查

12月，北京市教育资产与财务管理事务中心开展年度资助检查。委托第三方事务所开展专业核查，以全国学生资助中心区生源地贷款专项核查和高中、中职常规核查、市财政局资助经费使用管理情况检查、审计署资助经费专项审计等发现的问题以及涉及政策变化的助学贷款、服义务兵资助等工作为主线，借鉴、适用不同的检查方式方法，从资金管理切入，深入至前期业务管理和资金保障环节，查找问题分析原因，指导督促整改取得实效，同时组织学校各级资助工作人员和各类受助学生分别座谈，解读和宣讲资助政策，听取意见和建议。

（宋慧宇）

疫情汛情下学生资助工作

至年底，北京市教育资产与财务管理事务中心加大学生资助工作力度。向初高中毕业生印发《致学生及家长的一封信》，宣传资助政策；向社会公开市、校资助热线电话，解答资助政策；印发文件指导学校救助受疫情汛情等影响的困难学生；开通新生绿色通道，实施困难学生临时救助。至9月底，4741名困难新生通过绿色通道入学，696名受疫情汛情影响学生获得临时救助。

（宋慧宇）

（本栏责任编校　曾婷）

47408 人

高考统一招生录取

74900 人

中考统招录取

118247 人

北京 144 个高等学校和科研机构招收硕士生

31561 人

北京 82 个高等学校和科研机构（不含解放军在京单位）招收博士生

2022 | 招生与考试

ENROLLING AND TESTING

- 新中考改革全面实施
- 疫情防控下各类考试招生
- 市属高校研究生招生规模稳步增长
- 高考首次实现考务终端全覆盖
- 国家教育考试综合管理平台投入使用

招生与考试
ENROLLING AND TESTING

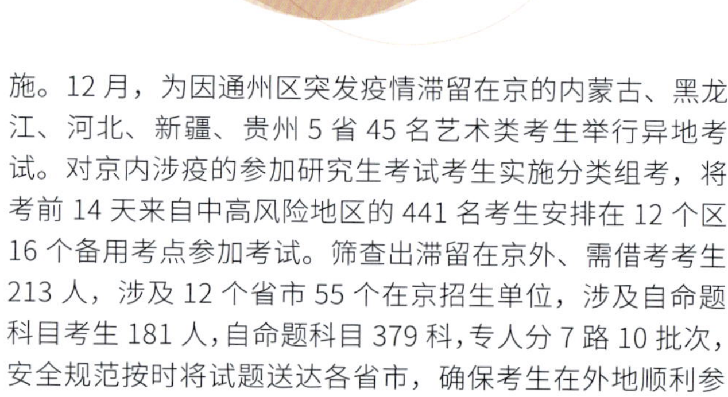

综述

新中考改革全面实施

2021 年，新中考改革方案全面落地。基于初中学业水平考试成绩、结合综合素质评价的高中阶段学校考试招生录取模式初步形成。新中考将初中毕业考试和高中招生考试“两考合一”。总成绩满分 660 分，计入成绩的统考科目为语文、数学、外语、道德与法治、物理、历史、地理、化学、生物和体育与健康，其中历史、地理和化学、生物中各选择成绩高的一门计入成绩。普通高中录取稳中有升，职技类招生吸引力明显增强。首次采用征集志愿方式进行补录，确保补录工作公平公正。

（王小东）

市属高校研究生招生规模稳步增长

2021 年，市属高校研究生招生规模继续保持适度增长。2021 年市属高校研究生招生计划 21147 人，比上年增长 11%。其中，博士生招生计划 1859 人，比上年增长 15.5%；硕士生招生计划 19288 人，比上年增长 10.6%。实际招生 20903 人，其中博士生 1832 人、硕士生 19071 人。

（姚转珍）

疫情防控下各类考试招生

2021 年，市教委统筹抓好考试组织，打好“抗疫组考”主动仗。在中高考期间，用接种疫苗、核酸检测、健康监测的“三个 100%”，各项考试平稳有序实施。结合疫情变化，制定工作预案，会同卫健部门制发各类考试组织工作通知、中高考疫情防控方案等文件，细化完善防疫措施。12 月，为因通州区突发疫情滞留在京的内蒙古、黑龙江、河北、新疆、贵州 5 省 45 名艺术类考生举行异地考试。对京内涉疫的参加研究生考试考生实施分类组考，将考前 14 天来自中高风险地区的 441 名考生安排在 12 个区 16 个备用考点参加考试。筛查出滞留在京外、需借考考生 213 人，涉及 12 个省市 55 个在京招生单位，涉及自命题科目考生 181 人，自命题科目 379 科，专人分 7 路 10 批次，安全规范按时将试题送达各省市，确保考生在外地顺利参加考试。协商安排 18 名湖北、陕西籍滞留考生在京借考。

12 月，中学考英语听说机考试疫情防控现场

（北京考试院　供）

全年组织考试 30 项，涉及考生 260 万人，实现疫情防控工作到位、考试组织严密、考风考纪良好、社会舆情平稳，社会总体反映良好。

（王鑫）

义务教育入学

4 月 19 日，市教委印发《关于 2021 年义务教育阶段入学工作的意见》。明确坚持政府统筹，将义务教育阶段入学工作作为政府行为予以保障；坚持区级为主，各区教委负责组织实施本区义务教育阶段入学工作；坚持免试就近，确保每名适龄儿童少年平等地接受义务教育；坚持有序规范，严格规范程序，严肃执纪问责，确保入学工作平稳有序。公办小学、初中就近入学率保持在 99% 以上。

（刘碧原）

高考首次实现考务终端全覆盖

6 月，北京市国家教育考试考务专网建成投入使用。考务终端首次在高考中全面应用，实现高考考务指挥延伸至考场末梢。部署 2594 台考务终端到各考场和考务室，考务终端系统融合身份验证、流程管理和应急指挥等考务管理功能，涵盖考点、考场、考生、考务人员相关信息，打通考务工作全流程，成为考务人员的“数字助理”。考务专网完成从北京市考试指挥中心到各区考试中心、高考考点考场建设，实现专网与互联网隔离、与其他应用隔离，保障考务数据平台的通畅性和安全性。

（李欣　王登奎）

国家教育考试综合管理平台投入使用

至年底，北京市投入使用国家教育考试综合管理平台。普通高等学校招生考试、研究生招生考试、成人高等学校招生考试、高等教育自学考试 4 项教育招生考试使用该管理平台。通过“一网、三库、六系统”，实现考情数据全入库、高清视频全覆盖、指挥指令实时达、考务管理可视化。高考期间，管理平台导入 45238 名考生数据，配合各考点考场和考务室 1516 台考务终端，首次实现考务指挥全程可视化，有效提高考务指挥能力和水平，率先在全国实现国家、市、考区、考点、考场五级应用。

（赵虎　李欣）

高级中等学校招生

概述

2021 年，新中考改革方案全面落地。北京市初中学业水平考试承担“两考合一”功能，考试分数同时作为检验初中生毕业和升入高一级学校的依据。总成绩满分 660 分，其中语文 100 分、数学 100 分、外语 100 分（卷面成绩 60 分、听力口语成绩 40 分），听力口语考试采取计算机考试方式，与统考笔试分离，有两次考试机会。物理（含开放性科学实践活动 10 分）、化学（含开放性科学实践活动 10 分）、生物（含开放性科学实践活动 10 分）、道德与法治（含综合社会实践活动 10 分）、历史（含综合社会实践活动 10 分）、地理（含综合社会实践活动 10 分）六门科目总分值均为 80 分。体育与健康成绩满分 40 分，其中现场考试 30

9月1日，海淀区两所新增小学举行开学典礼

（海淀区教委　供）

分、过程性考核10分。北京市84849人报名参加北京市初中学业水平考试，比上年增加2233人。招生学校354所，招生计划89974人，比上年增加3374人，其中普通高中招生计划63776人，中专、技校、职业高中和五年高职等职技类学校招生计划26884人。录取考生74900人，完成招生计划82.62%，录取率96.9%，录取普职比7.7：2.3。获得加分和优先照顾录取资格考生1623人。学籍与户籍不在同一区，申请回户籍报考考生853人。综合社会实践满分考生7.70万人，开放性科学实践活动满分7.74万人，两项均满分考生7.70万人，占具有升学资格考生98.6%。初中综合素质评价纳入校额到校招生，录取总分570分且综合素质评价达B等的考生可填报市级统筹和校额到校相关志愿。综合素质评价达B等考生7.17万人，占具有校额到校批次录取资格考生98.9%。

（王小东）

高级中等学校计划招生8.95万人

5月，市教委发布高级中等学校招生计划。各类高级中等学校招生规模8.95万人，其中普通高中招生规模6.18万人、中等职业教育招生规模2.77万人。中等职业教育招生规模中，普通中等专业学校招生规模0.91万人、职业高中招生规模0.69万人、技工学校招生规模0.66万人、五年制高等职业教育招生规模0.23万人、高端技术技能人才贯通培养项目招生规模0.28万人。

（李佳琦）

初中学业水平考试举行

6月24日至27日，2021年北京市初中学业水平考试举行。这是北京市初中学考改革实施后首次全科开考，43.37万人次参加。初三年级7个学科为首次命题，对物理、化学、历史和道德与法治4个学科考试时长和试卷结构进行调整，道德与法治和物理由选考变为必考，生物/化学和地理/历史首次进行选分对比。4月17日，2021年初中学考命题工作正式启动，130余名命（审、做）题教师和工作人员入闱命题，完成语文、数学、英语、物理、化学、生物、历史、地理、道德与法治9个学科18套试卷命制工作。7月5日，考试成绩查询系统开通，公布中招各区分数段人数统计，各区总分排名前20名考生成绩不予公布，杜绝炒作中考状元。

（赵海燕　王小东）

首次采用志愿征集方式进行补录

7月30日，市教委首次组织未被录取考生网上填报征集志愿。参加志愿征集学校92所，招生计划10634人，按考生分数和志愿录取。征集志愿期间填报志愿考生935人，录取874人。市教委摸底调查未被录取考生去向，调查显示，未填报志愿考生1980人，主要去向为回原籍、到外地、到国际学校、到民办学校、出国、复读和休学等。

（王小东）

普通高中学业水平合格性考试

概述

2021年，北京市普通高中学业水平合格性考试报考144665人558151科次。其中，普通高中类138879人、职技类5292人、社会类494人。颁发《北京市高中学业水

6月24日，门头沟新桥路中学考点，考生有序测温进入

（门头沟教委　供）

3月，中学考英语听说机考考前教育

（北京考试院 供）

平合格证》44157 份，其中普高类合格证 44078 份、职技类合格证 79 份。

（肖军）

144665 人参加高中学考合格考

1月13日至15日和7月7日至9日，2021年北京市第一次、第二次普通高中学业水平合格性考试举行。第一次考试，59469 人报考语文、数学、外语、思想政治、物理、化学、生物、历史和地理 9 个学科，255729 科次。设置 17 个考区 93 个考点 9148 个考场。第二次考试，85196 人报考语文、数学、外语、思想政治、历史、地理、物理、化学、生物 9 个学科考试，302422 科次。设置 18 个考区 104 个考点 10507 个考场。

（肖军）

高中学业水平合格证核发

7月12日和9月23日，2021年《北京市普通高中学业水平合格性考试合格证》核发两次。44157 名学生获“北京市普通高中学业水平合格性考试合格证”，其中，应届生 43756 人、往届生 322 人、职技类 79 人。参加考试应届普通高中毕业生 47737 人，取得合格证占毕业生总人数 91.66%。

（肖军）

普通高等学校招生

概述

2021年，全国 713 所高等学校在京招生。计划招生 47012 人（含统考艺术类分省招生计划），另设高职班、师资班计划单独招生 278 人。按学历层次分本科 37702 人，占计划总数 80.20%；专科 9310 人，占计划总数 19.80%。按学校所在地域分在京院校计划招生 39550 人，占计划总数 84.13%，其中，部委院校招生 5411 人，占招生计划总数 11.51%，市属市管院校在京招生 34139 人，占招生计划总数 72.62%；外埠院校招生 7462 人，占计划总数 15.87%。全市 51729 人报名参加 2021 年普通高等学校招生考试，录取 47408 人。统招部分报名 48952 人，录取新生 45109 人，其中本科 39586 人、专科 5523 人（含高会统招 1645 人、高职自主招生 3878 人）。高职单独招生部分，报名 2777 人，录取 2299 人，其中，高职自主招生 2275 人、单独考试招生 20 人、联大师资班录取 4 人。811 名符合免试专升本的优秀退役士兵考生经审核被录取升入本科。

（姜华）

168 人在京参加港澳台侨学生联招

3月1日至31日，2021年普通高校联合招收华侨、港澳、台湾地区学生入学考试报名。168 人在京报名参加考试，其中文史类 107 人、理工类 61 人；香港 43 人、澳门 5 人、台湾 59 人，华侨 61 人。5月22日至23日，2021年普通高校联合招收华侨、港澳、台湾地区学生入学考试在北京科技大学附中举行。

（姜华）

高考英语听说机考

3月20日，2021年北京市高考英语第二次听说机考举行。报名考生 45273 人，设 17 个考区、167 个考点、406 个考场，举行 4 个场次考试。12月11日，北京市 2022 年高考第一次听说机考举行，首次在听力考试基础上增加对“说”的考查，卷面赋分从 30 分增至 50 分。报名考生51865人，设18个考区、180个考点、441个考场，举行6场次考试。该考试9月25日启动命题工作，50余名命（审）题教师和工作人员入闱工作，完成4套平行试卷命制。

（姜华　郝娜　赵海燕）

1471人参加体育专业测试

4月10日，北京市2021年普通高等学校体育专业测试在首都体育学院举行。测试项目为田径、篮球、排球、足球、体操、艺术体操（女）、武术、游泳和乒乓球等。体育教育、社会体育指导与管理、休闲体育、体能训练、冰雪运动、体育旅游6个专业开展体育测试，1471人参加考试。

（姜华）

697人参加体育单招文化课统一考试

4月17日至18日，北京市2021年普通高等学校运动训练、武术与民族传统体育专业招生文化课统一考试在北京市陈经纶中学举行。考试科目为语文、数学、政治和英语4门，各科试卷满分150分，总分600分。697人报名参加考试。

（姜华）

高职招生考试

4月至12月，系列高职招生考试举行。4月17日，北京市38所高校推荐的高等职业教育（专科层次）优秀应届毕业生3385人（含退役士兵考生207人）参加“高职升本科”文化课考试。考试在中国劳动关系学院、北京联合大学、北京城市学院、北京财贸职业学院举行，14所高校参加招生，计划招生2411人，实际录取2365人（含实行计划单列的退役士兵考生110人）。5月21日，36所高职院校完成2021年自主招生考试，计划招生9777人，6162人报名，录取6153人。11月至12月下旬，高职院校扩招专项考试招生工作完成，19所高职院校参加专项扩招，录取1250人。

（姜华）

45238人参加高考

6月7日至10日，北京市2021年普通高等学校招生全国统一考试及高中学业水平等级性考试举行。45238人参加考试，其中统考44915人、单考单招323人。设17个考区、107个考点（含备用考点17个）、1887个考场（含备用考场321个）。包含统考90个考点、1548个考场；单考14个考点、18个考场。6月9日至25日，高考评卷工作在北京大学、清华大学、北京师范大学、首都师范大学、北京第二外国语学院和北京工业大学6个评卷点举行，继续采用全科目网上评卷办法，扫描考生答题卡27万余张，评阅试卷31万余份，参加评卷教师1300人。6月16日，在清华、北京教育考试院举行高考评卷媒体开放日活动，北京大学相关评卷专家通过视频形式参加，30余家媒体参加。

（姜华）

高考录取最低控制分数线公布

6月25日，北京市2021年普通高等学校招生录取最低控制分线向社会公布。普通本科录取控制分数线

6月7日，北京市大峪中学高考考点现场

（门头沟教委　供）

9月3日，清华线上线下结合举行2021级本科生新生开学典礼（清华 供）

400分、特殊类型招生控制分数线513分、艺术类本科录取控制分数线300分、体育类本科录取控制分数线（体育成绩60分）328分；普通专科、高职单考单招分数线120分。

（姜华）

40723人参加本科志愿填报

6月27日至7月1日，北京市组织高考志愿填报。本科普通批志愿设置为院校专业组方式，可填报30个平行志愿。本科提前批分艺术类和普通类，考生只能选报其中一类，不能兼报。艺术类和普通类均设置A、B两段，并分别按顺序依次录取。对高水平艺术团和高水平运动队特殊类型招生单独设置特殊类型志愿。40723名统考考生完成本科志愿填报，29名单考考生完成志愿填报。

（姜华）

119人被香港院校录取

7月，10所香港院校在京录取新生119人。其中，香港大学、香港科技大学等8所自主招生高校录取新生84人；香港中文大学和香港城市大学继续参加本科提前批次录取，录取35人。

（姜华）

市属高校普通高等教育计划招生73215人

7月，市教委发布市属高校普通高等教育招生计划。计划招生73215人，其中本科招生45778人、高职（专科）招生27437人。为落实国家第二学士学位扩招任务，安排第二学士学位招生计划1500人。

（王鑫）

5.47万余人报名2022年高考

11月30日，北京市2022年普通高等学校招生考试报名工作完成。5.47万余人报名，比上年增加近3000人，增幅5.76%。其中，全国统考报名5.2万人，比上年增加3000余人，增幅7.19%；高职单考单招报名2200余人，比上年减少500余人，降幅19.45%。应届生近5.2万人，占报名人数95.87%；往届生2200余人，占报名人数4.13%；男生2.7万人，占报名人数49.33%，女生2.77万人，占报名人数50.67%；城镇考生4.4万人，占报名人数80.15%，农村考生1.09万人，占报名人数19.85%。此外，2022年北京市继续实施进城务工人员随迁子女在京参加高职招生考试政策，290余人提出申请，经审核，符合条件并参加高考报名204人。

（姜华）

3585人参加美术类专业统一测试

12月19日，北京市2022年普通高等学校招生美术类专业统一考试举行。考试首次由高校考点调整到各区组织，设17个考区、18个考点、183个考场，3585名考生报名，实考3489人。12月20日至25日，考试评卷工作在首都师范大学和北京服装学院举行，3466人取得美术统考合格资格，占实考人数99.34%。其中，取得本科合格资格考生3037人，占实考人数87.05%。

（姜华）

研究生招生

概述

2021年，全国下达北京市144家招生单位硕士生招生计划121751人，较上年增加4938人，增长4.23%，录取硕士研究生118247人。其中，全日制学术学位招生计划50531人，实际录取49511人；全日制专业学位招生计划53281人，实际录取52003人；非全日制学术学位招生计划153人，实际录取125人；非全日制专业学位招生计划17786人，实际录取16608人。在录取新生中，高等学校录取112633人，占录取总数95.2%；其他在京科研机构录取5084人，占录取总数4.3%；党校系统录取113人，占录取总数0.1%；在京军队院校（地方研究生）录取417人，占录取总数0.4%。按录取考试方式统计，全国统考90635人，占录取总数76.6%，单独考试507人，占录取总数0.4%；本科毕业生推荐免试入学27105人，占录取总数23%。按录取类别统计，录取非定向就业生100615人，占录取总数85.1%；定向就业生17632人，占录取总数14.9%。按录取学习方式统计，录取全日制考生101514人，占录取总数85.8%；录取非全日制考生16733人，占录取总数14.2%。继续实施专项计划招生，强军计划166人，实际录取90人；援藏计划66人，实际录取40人；少数民族高层次骨干人才计划1306人，实际录取1089人；退役大学生士兵专项计划762人，实际录取627人。82家在京招生单位招收博士生31561人，比上年增加1780人，增长6%。报名67279人，比上年减少8257人，减少10.9%，招生专业覆盖全部12个学科门类和12个专业学位领域。29家招生单位面向港澳台地区招收研究生696人。

（郝娜）

同等学力申硕全国统考

5月23日，北京市2021年同等学力人员申请硕士学位全国统一考试举行。设12个高校考点、1226个考场。北京大学、中央财经大学和中国科学院大学为新增考点。北京市报名考生23770人，比上年减少4133人，减幅14.8%；报考35937科次，比上年减少6408科次，减幅15.1%。经审核，北京市报考外国语水平考试考生18263人，比上年减少2229人，比上年减幅10.9%；报考学科综合水平考试考生17674人，比上年减少4179人，减幅19.1%。实考1.3万余人，2.4万余科次。

（郝娜）

32738名优秀毕业生获推免

5月31日，北京市85个招生单位接收推免生32738人。推免生比上年增加2132人，增长7%。其中，硕士研究生27105人，占82.8%；直博生5633人，占17.2%。

（郝娜）

研考非应届毕业生在京报考条件改革

10月，北京市改革2022年研考非应届毕业生在京报考条件改革。为结合疫情防控常态化形势和北京市工作实际，在2022年研考报名中进一步规范实施非应届毕业生在京报考条件，要求考生须具有在京户籍或者报名当年在京连续缴纳6个月（含）以上社会保险中的基本养老保险或

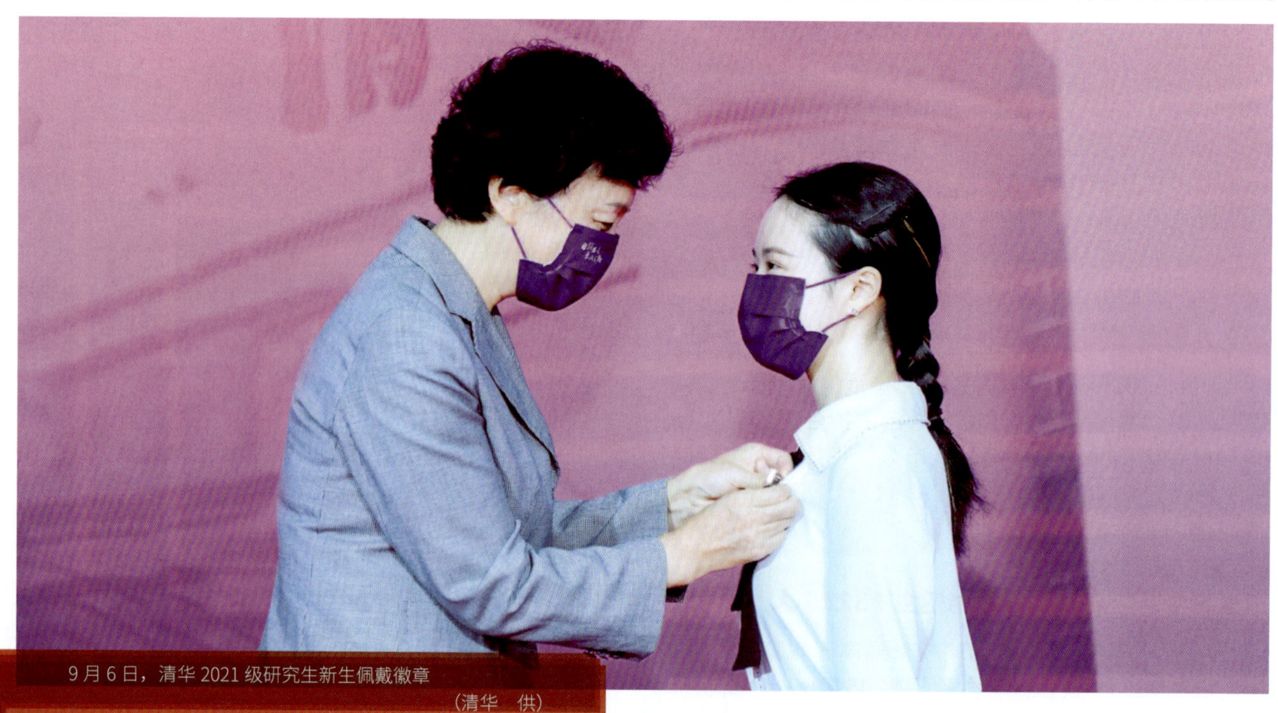

9月6日，清华2021级研究生新生佩戴徽章

（清华 供）

基本医疗保险（均不含补缴）。

（郝娜）

154395名考生参加研考

12月25日至27日，北京市2022年全国硕士研究生招生考试举行。154395名考生在74个考点参加考试，比上年增加16640人，增幅12.1%。涵盖24个全国统考科目和9379科次招生单位自命题科目。参加考务组织工作人员2万人。12月26日至29日，中国人民公安大学40名学员协助完成24个全国统一命题科目60万张考生答题卡扫描工作。报考京内127个招生单位考生134355人，占在京考生人数87.0%；报考外埠535个招生单位考生20040人，占在京考生人数13.0%。全国报考北京招生单位考生465866人（不含推免考生），比上年增加18596人，增幅4.2%。

（郝娜）

成人高等学校招生

概述

2021年，64所成人高等学校在京招生，比上年减少2所；招生专业715个，比上年减少43个；招生计划数20012人，比上年增加1730人。其中，市属高校招生专业数420个，减少16个；部属高校招生专业数295个，减少27个。5所高校有单考单招专业12个。报名考生30184人，通过资格审核26699人，缴费25316人（其中考试生24350人、免试生966人），比上年增加3507人。招生19249人，完成调整计划96.1%，录取率96.7%。

（詹晓庄）

上半年成人本科学士学位英语统一考试举行

5月15日，2021年上半年北京地区学位英语考试举行。36743人（包括外埠回京考生6969人）报考46个学校，设考点42个、考场1243个。实考考生27520人，缺考考生9223人，缺考率25.1%。处理违规考生35人，违规率0.13%。60分及以上考生2497人，合格率9.07%。考试成绩于6月1日发布。

（詹晓庄）

成人高校招生录取最低控制分数线划定

11月19日，北京市成人高校招生录取最低控制分数线划定。高起专：文史外语类123分、艺术类90分、理工类127分；高起本：文史外语类140分、艺术类144分、理工类140分；专升本：文史中医类181分、艺术类178分、理工类128分、经济管理类131分、法学类200分、教育学类158分、农学类143分、医学类178分。

（詹晓庄）

成人高校招生录取19249人

11月29日至12月24日，64所成人高校录取新生19249人。完成调整计划98.1%，录取率96.7%，录取分两个批次进行，第一批为本科批次，录取新生15427人，其中，高起本录取1902人、专升本录取13525人；第二批

10月22日，门头沟成人高考监考员培训会举办

（门头沟教委　供）

为专科批次，录取新生 3822 人。6 所院校参加“校企合作”项目试点，报名 528 人、录取 457 人；5 所院校参加“专升本推优免试入学”项目试点，报名 433 人、录取 408 人。单考单招录取新生 1394 人。

（詹晓庄）

高等教育自学考试

概述

2021 年，北京高等教育自学考试 16 所主考学校开考 48 个专业，其中专科 19 个、本科 29 个。开考课程 470 门（不含专科实习、本科论文）。公布教材 425 种，启用新教材 12 种，新编和修订 23 门大纲。组织报考 2 次，报考 101378 人次，较上年增长 7.9%；报考 291006 科次，较上年增长 10.3%；注册新生 18761 人，较上年减少 6.9%。4 月、10 月笔试课程考试 2 次，设置考区 17 个、考点 150 个，考试 13487 场次，参与监考员 5332 人、20230 人次，处理违规考生 230 人次。1 个考区为 2 名考生设置特殊考场。组织完成 2 期考试网上评卷 192964 份，较上年增长 10.2%；发布成绩 326361 科次，较上年增长 10.6%。组织 2 期毕业申报和 2 期学位申报，审核办理毕业生 5395 人次，较上年减少 2.65%；推荐授予学士学位 2417 人次，较上年减少 20.1%。

（蒋来）

自考证明信自助打印功能开通

3 月 1 日起，北京教育考试院启动自学考试证明信网上自助打印功能。考生可在线自助开具各类自考成绩单、证明信，无需到现场办理。

（蒋来）

自考考试时间调整至全国统考周

5 月 25 日，北京教育考试院发布调整北京市高等教育自学考试时间的通知。自 2022 年起，北京自学考试笔试课程考试时间安排统一调整至全国统考周，确保北京自考开设全部专业考试时间与全国一致。

（蒋来）

社会考试

概述

2021 年，北京教育考试院举办 4 个社会考试项目，组织 8 次考试，报考 925101 人次。北京地区全国大学外语四、六级考试笔试报考 621442 人次，口试报考 58711 人次。2021 年全国计算机等级考试 70722 人次报考，21994 人次取得合格证书，取证率 31.10%。中小学教师资格考试（笔试）174226 人报考，报考科次 356227 个，包括 153 名港澳台居民、74 名驻京现役军人和武警。北京停考二级 Visual Basic 语言程序设计，新增二级 WPS Office 高级应用与设计、三级 Linux 应用与开发技术、四级 Linux 应用与开发工程师 3 个科目，开考 4 个级别 23 个科目。

（刘莹）

4 月 10 日，高等教育自学考试考生排队测温入场

（门头沟教委　供）

教师资格考试报名审核系统首次使用

1月，北京市中小学教师资格考试首次使用教师资格报名信息辅助审核系统。系统以每台计算机6秒/人次的速度，每天审核1.44万名考生，相当于原有20名审核人员1天的工作量。辅助审核系统统一审核标准，提高工作效率和准确率，有效减轻审核压力，提升考生考试体验。全年完成资格审核25.4万人次。

（宋成）

中小学教师资格考试

3月13日和10月30日，北京教育考试院举办两次中小学教师资格考试。上半年考试报名考生82328人，报名科次165923个，包括59名港澳台居民、30名驻京现役军人和武警。其中，师范生9388人，占比11.40%，非师范生72940人，占比88.60%；在校生41849人，占比50.83%，非在校生40479人，占比49.17%；男生18716人，占比22.73%，女生63612人，占比77.27%。实考61521人，缺考率25.27%。全市设49个考点2248个考场，设置备用隔离考场数231个，处理违纪考生37人。下半年考试报名考生91898人，报名科次190304，包括94名港澳台居民、44名驻京现役军人和武警及1名残疾（视障）考生。其中，师范生13289人，占比14.46%，非师范生78609人，占比85.54%；在校生45693人，占比49.72%，非在校生46205人，占比50.28%；男生20761人，占比22.59%，女生71137人，占比77.41%。实考69415人，缺考率24.47%。设48个考点、2640个考场，设置备用隔离考场数266个，处理违纪考生59人。北京市首次组织视障人员参加中小学教师资格考试，为1名视障考生提供合理便利，考生在陪考志愿者帮助下获取题目信息，考试过程全程录音录像。

（宋成）

全国计算机等级考试

3月27日至29日、9月25日至27日，北京教育考试院分别组织上半年和下半年2021年全国计算机等级考试。考试采取无纸化上机考试，所有科目均使用同一套考试系统举行。上半年考试设置32个考点、上机考场115个、考试场次724个。报考38043人次，按科目级别统计，一级考生10561人、二级考生24581人、三级考生2799人、四级考生102人；按考生类别统计，考点本校学生27097人、社会考生10946人。151名考生因疫情未能参加考试予以全额退付报名费。12273人取得合格证书。9月25日至27日，下半年考试设置33个考点、上机考场105个、考试场次592个。报考32679人次，按科目级别统计，一级考生8520人、二级考生19850人、三级考生4088人、四级考生221人；按考生类别统计，考点本校学生18258人、社会考生14421人。2名考生因疫情未能参加考试予以全额退付报名费。9721人取得合格证书。

（周德松）

全国大学外语四、六级考试

至年底，北京教育考试院组织2021年北京地区全国大学外语四、六级考试笔试。6月12日，上半年全国大学外语四、六级考试笔试报考312160人次，其中英语四级122119人、六级187764人，日语四级847人、六级215人，德语四级221人、六级63人，俄语四级169人、六级57人，法语四级705人。设95个考点11042个考场，其中四级考场4627个、六级考场6415个。缺考39963人，缺考率12.8%。28名违纪考生被查处。112名残疾考生申请合理便利，其中37名视力残疾考生、71名听力残疾考生和4名肢体残疾考生。12月18日，下半年全国大学英语四、六级考试笔试报考309282人，其中英语四级124168人、六级185114人。设99个考点10467个考场，其中四级考场4207个、六级考场6260个。缺考29141人，缺考率9.4%。23名违纪考生被查处。133名残疾考生申请合理便利，其中32名视力残疾考生、95名听力残疾考生和6名肢体残疾考生。

（金辉）

（本栏责任编校　曾婷）

国际交流与合作

港澳台侨交流与合作

支援合作

2022 | 交流与合作

COMMUNICATION AND COOPERATION

交流与合作
COMMUNICATION AND COOPERATION

综述

教育国际影响力持续提升

2021 年，市教委创新工作方式，持续提升北京教育国际影响力。举办 2021 年中国国际服务贸易交易会教育服务专题展和论坛，推出一批国际教育服务成果，呈现“最前沿、新科技、多互动”特点。支持施耐德电气城市能效管理应用工程师学院，启动“丝路工匠”职业院校国际合作联盟网站平台。与德国科隆市教育部门、日本北海道教育厅以及法国、芬兰、马来西亚驻华使馆等开展持续交流，组织北京中小学与日本福山市中小学、韩国济州道中小学开展线上交流，探索“云外事”“云交流”等对外交流新模式、新路径，保持对外交往工作不断线。

（刘斯　蒋小婷）

“两区”建设教育领域工作

2021 年，市教委牵头北京市国家服务业扩大开放综合示范区、中国（北京）自由贸易试验区“两区”建设教育协调工作组工作，推进“两区”建设教育领域相关工作。在基础教育、职业教育、高等教育和国际教育合作等方面推行先行先试政策，培育示范项目，加大教育服务供给，推进试点政策和项目落地实施。围绕区域产业布局和国际人才子女就学需求，在国际人才社区和人才引进密集区新布局一批国际学校。放宽中国社会组织和个人利用非财政性经费举办外籍人员子女学校政策，允许中小学按国家有关规定接收外籍人员子女入学，为北京市吸引和汇聚国际人才提供方便适宜的教育环境。打造教育领域“类海外”环境，引入国际职业资格证书考试，按照规定引进境外教材，鼓励外资投资成人类语言培训机构，探索建立高校留学生勤工助学制度。推进职业教育国际合作示范项目，支持北京市职业院校与国际优质企业开展高质量合作。

（刘斯）

国际交往中心功能建设教育专项工作

2021 年，市教委牵头的北京推进国际交往中心功能建设教育专项工作组聚焦涉外教育工作提质增效，推进首都教育对外开放。一是加快推进国际学校建设，营造“类海外”教育环境。聚焦北京“优化营商环境、率先建成高层次人才高地”目标，实施《北京市国际学校发展三年行动计划》，在 8 个国际人才社区新布局 26 所国际学校，推动学校建设，服务国际人才和引进人才子女教育需求。二是培育“留学北京”品牌，聚焦提质增效，促进来华留学高质量内涵式发展。印发《北京市幼儿园、中小学招收和培养国际学生管理办法》等文件，研究制定《北京市来华留学生高等教育质量发展指标体系》，持续优化留学北京政策环境。三是推动各级各类教育国际化人才培养，探索“云外事”“云交流”等对外交流新模式、新路径。组织北京市中小学与芬

5 月 29 日，施耐德电气工程师学院揭牌

（电气工程学校　供）

兰赫尔辛基、日本福山、韩国济州道等城市中小学开展线上交流活动；围绕“双一流”建设，支持高校在紧缺、薄弱专业举办高水平中外合作办学项目；鼓励职业院校与国外知名企业共建基地、共育人才，设立“施耐德电气城市能效管理工程师学院”“丝路学堂”等国际合作与交流平台，促进产学研用一体化发展。

（刘皓）

国际教育供给提升

2021年，市教委推进国际教育供给提升工作。根据北京市开展国际消费中心城市培育建设要求，市教委牵头成立国际教育供给提升工作组，市教委主要领导担任组长，成员单位包括市发展改革委、市公安局、市财政局、市规划自然资源委、市商务局、市政府外办、市人力资源社会保障局及各区政府。工作组多次召开专题会议，研究制定实施方案，明确实施路径，2021年主要从扩大政策支持、打造示范项目、搭建高端平台3个方面推进教育领域促消费工作。

（刘皓）

共建“一带一路”教育工作

2021年，市教委继续对接教育部《推进共建“一带一路”教育行动》，发挥北京教育在“一带一路”建设中基础和支撑作用。统筹规划北京市与“一带一路”沿线国家开展教育互联互通、人才培养合作和共建合作机制工作；继续实施北京市外国留学生“一带一路”奖学金项目，吸引“一带一路”沿线国家优秀学生来京学习；继续实施“一带一路”国家人才培养基地项目，向24所基地学校提供支持。

（刘亮　刘月）

中外合作办学

2021年，市教委继续支持北京市学校与国外学校通过多种方式合作办学。北京市有中外合作办学机构25个、中外合作办学项目137个。报教育部审批本科及以上中外合作办学机构和项目35个（含延期），受理本科以下中外合作办学机构和项目28个（含延期）。所有行政许可和备案事项进驻政务服务大厅，及时对外公开办事指南；规范高等学校办学活动，配合教育部做好本科及以上层次机构和项目评估工作，通报并公示2021年本科及以上层次中外合作办学评估结果，督促问题项目整改；加强监管，抽查本科以下中外合作办学机构和项目，发现问题及时要求整改。

（郭奇琦　史玉婷）

6月16日，“丝路工匠”职业院校国际合作联盟网站平台发布

（丰台职教中心校　供）

国家公派出国留学

2021年，市教委完成国家留学基金资助出国留学选拔。包含国家留学基金公派高级研究学者及访问学者（含博士后）、建设高水平大学公派研究生项目等6个项目17个子项目，受理175人，录取91人。

（郭奇琦　史玉婷）

与港澳台地区教育合作交流继续保持

2021年，市教委继续保持与港澳台地区教育合作交流。召开京港、京澳青少年交流专项工作领导小组全体会议，加强各有关单位协同联动，与港澳地区保持紧密联系。与市台办组织第七届京台基础教育校长峰会。指导各区、各高校继续与港澳台地区友好交流校及交流合作较多的学校开展线上交流，探索交流合作新内容和新形式。全年属地高校和区教委开展对台教育交流项目16个、港澳台学生国情教育项目3个。组织相关区和有关单位设计港澳中小学生赴内地游学项目，开展港澳姊妹学校平台建设工作。

（蒋小婷）

港澳台师生管理加强

2021年，市教委加强在京港澳台师生管理。强化高校党委对港澳台学生工作领导，制定北京地区高校港澳台学生管理办法，进一步明确有关政策要求。推动高校扎实推进港澳台学生国情教育，完善课程设置，丰富教育形式，培育品牌项目。完成港澳台侨学生奖学金评审工作。

（蒋小婷）

持续做好外籍师生、港澳台师生疫情防控

2021年，市教委按照教育部和市政府外办要求，持续开展境外中国师生、外籍师生、港澳台师生数据摸排，坚持周报制度。指导高校做好在京外籍师生、港澳台师生新冠肺炎疫苗接种工作，坚持外籍、港澳台师生接种数据日报制度。配合开展“春苗行动”，指导各高校、各区摸排在部分国家中国籍师生疫苗接种需求，保障北京市学校在外人员生命安全和身体健康。做好国际学校外籍教师返京协调工作，本着“总量控制、确有必要”原则，协调2788人次办理来华签证，确保国际学校教育教学正常开展。指导区教委和学校落实各环节防控工作要求，落实入境返京人员健康情况半月报机制，严防输入风险。

（吉晓喆）

“中美合作应对新冠疫情”在线闭门会议和云论坛

2月4日和3月1日，清华大学与美国布鲁金斯学会共同主办在线高级别闭门圆桌会议和云论坛，探讨两国合作抗疫有效途径。在线高级别闭门圆桌会议以“中美合作应对新冠疫情：防控与治疗”为主题，邀请中国驻美大使发表特邀致辞，5名中美两国政府官员及公共卫生领域专家学者发表主旨演讲，6名专家学者和业界代表重点发言，20余名参会代表围绕医学和研究合作、疫苗研发和分配以及跨境旅行和全球公共卫生合作进程3个分议题展开讨论；云论坛以“快速复苏的正轨：中美新冠疫情防控与治疗合作”为主题，中美公共卫生与医学领域专家就医学和研究合作、疫苗研发等议题展开讨论，并就数据分享、中美合作如何帮助其他国家、群体免疫等相关问题交换看法。

（徐思羽）

“上合组织20年”国际研讨会

5月13日，“上合组织20年：迈向绿色健康共同发展的命运共同体”国际研讨会在中国人民大学召开。会议是以上海合作组织成立20周年为主题的首场国际学术研讨会，也是2021年在中国昆明举办的《生物多样性公约》第15次缔约方大会（COP15）系列预热活动之一。会议围绕“上海合作组织成立20周年”主题，研讨“上合组织20年的成就与经验”“汇聚上合力量，助力地区绿色经济复苏”“夯实健康安全合作，扩大人文交流”议题。中外40余家机构60余名政府、学界代表和驻华使节参加会议。

（吕鹏军）

第九届世界和平论坛

7月3日，第九届世界和平论坛在清华大学开幕。国务委员、外交部部长王毅参加开幕式并发表《守护世界和平，推动人类进步》主旨演讲。论坛主题为“后疫情时代的国际安全合作：维护和践行多边主义”，为期2天，多国前政要、驻华使节、智库负责人针对新冠肺炎疫情以及逆全球化等新形势下的危机进行讨论，提出创造性应对方案，推动国际社会多领域、多层次合作。论坛由清华主办、中国人民外交学会协办。

（徐思羽）

第三届世界马克思主义大会

7月17日至18日，第三届世界马克思主义大会在北京大学召开。会议以“马克思主义与现代化”为主题，下设14个分论坛和4个高端对话专场，围绕“马克思主义现代化理论”“中国共产党与中国现代化”“贫困治理与发展中国家现代化”“北京大学与中国共产党”等议题，研讨新时代马克思主义新发展。会议以线上和线下相结合方式举行。来自世界五大洲60余名国际学者和200余名中国学者参加会议。

（徐聪颖）

2021国际服贸会教育服务专题

9月3日至7日，市教委承接2021年中国国际服务贸易交易会教育服务专题。包括教育服务专题展和国际教育服务贸易论坛两部分内容。展览主题为“教育引领未来”，在首钢园4号馆举办，布展面积3300平方米，分为区域教育合作、国际教育服务、智慧教育、综合洽谈4个区块，144家教育机构参加线上、线下展览，其中线下展商55家，包括龙头企业10家，综合国际化率33%。展览以“最前沿、新科技、多互动”为最大特色，收集、发布成果48个。国际教育服务贸易论坛于9月3日在首钢园区举办，主题为“新

7月3日，第九届世界和平论坛在清华开幕

（清华　供）

时代教育的变革创新与发展机遇”。论坛举行“全球音乐教育联盟新媒体平台”上线发布、“中文＋职业技能”教育实践与研究基地启动仪式等活动，邀请中国教育发展战略学会执行会长、爱尔兰国立都柏林大学校长、清华大学附属中学校长等7名嘉宾演讲发言。来自高等教育、基础教育、职业教育院校及教育机构管理者，国内教育服务贸易行业从业者和互联网教育企业从业者300余人次参加活动。

（刘皓　史玉婷）

“中国与世界的对话”国际论坛

10月27日，中国人民大学举办“中国与世界的对话——新时代中国特色社会主义”国际论坛。论坛围绕中国共产党与世界社会主义、中国共产党与人类反贫困、中国共产党与生态文明、中国共产党与人权事业进步、中国共产党与全球治理等主题展开对话研讨。全球10余个国家专家学者30余人通过线上线下参加论坛。

（吕鹏军）

外籍人员子女学校招生工作规范

10月，市教委规范外籍人员子女学校招生工作。制定相关文件，明确北京市外籍人员子女学校招生工作原则、范围、程序和要求，将外籍人员子女学校招生工作下放至区教委监督管理、学校实施。文件印发后，面向相关区教委和学校召开政策解读会，要求各区教委和学校要完善机制、认真组织、严肃纪律、落实责任，确保招生工作平稳开展，杜绝违规招生，要增强服务意识和大局意识，做好人才子女入学服务保障工作。

（刘月）

第七届世界汉学大会

11月6日至7日，中国人民大学承办第七届世界汉学大会。会议采取线上方式举办，围绕“理解中国：汉学之新义”主题展开对话。34个国家近百名汉学家和中国学者参会。这是世界汉学大会2007年举办以来首次以线上形式召开。

（吕鹏军）

外交学院学生与联合国大会主席视频对话

11月25日，外交学院学生代表与第76届联合国大会主席、马尔代夫共和国外交部长阿卜杜拉·沙希德视频对话。对话围绕“世界面临的挑战与蕴含的希望以及青年人的作用”主题，沙希德用汉语朗诵毛泽东诗句“恰同学少年，风华正茂，书生意气，挥斥方遒”作为开场白，以毛泽东诗句“指点江山，激扬文字”作为结束语，与外交学院学生就可持续发展、气候变化、环境保护、疫苗分配、疫后复苏等话题展开交流。学生代表50人参加对话。

（阚四进）

国际交流与合作

友好往来

中法能效管理应用人才培养和研究中心揭牌

3月25日，中法能效管理应用人才培养和研究中心暨施耐德电气城市能效管理应用工程师学院揭牌仪式在北京工业职业技术学院举行。这是能效管理领域中法两国共同合作成立的首个创新研究中心。中法能效管理应用人才培养和研究中心由北工职院与法国国际教育研究中心、施耐德电气（中国）有限公司合作建设，将发挥各方优势，共建基地、共育人才；施耐德电气城市能效管理应用工程师学院在中心建设基础上延伸拓展、互为补充；中心和工程师学院相互支撑，产、学、研、用一体化发展，面向产业

3月25日，中法能效管理应用人才培养和研究中心暨施耐德电气城市能效管理应用工程师学院揭牌仪式举行　（北工职院　供）

链中数千家企业开发优质培训课程，提升员工技术技能水平，发挥国际合作方面桥梁作用，成为中法职业教育领域合作典型代表。

（白旭东　胡军伟）

中美气候变化合作闭门会

4月8日，中国人民大学与美国哥伦比亚大学联合主办中美气候变化合作闭门对话圆桌会。会议在线上召开，包括主旨演讲和3个主题研讨环节。中美50余名专家学者参会。会议是2021年在中国举办的《生物多样性公约》第15次缔约方大会（COP15）系列活动之一，也是自2017年人民大学、哥伦比亚大学签署校际合作协议后第五次研讨会。

（吕鹏军）

2021大学校长全球论坛

4月19日至24日，清华大学举办2021大学校长全球论坛。论坛采用线上线下相结合方式开展，围绕“共创未来：大学的愿景与新使命”“作为文化空间的大学：继往开来”“全球碳中和：大学责任与行动”“重思在线教育的未来与新使命”“全球大学领导力”5个议题开展研讨，探讨大学变革前景和挑战，探寻通往更开放、更融合和更具韧性大学的路径，展望大学未来发展愿景与新使命。论坛发布《清华共识》，引领思考世界高等教育未来发展。来自全球330余所大学和77个国际组织、学术机构、大学联盟、产业界代表500余人在线参加论坛，来自中国70所大学和62所中学校长以及清华师生代表300余人现场参加论坛，活动传播量超过2200万人次。

（徐思羽）

世界戏剧教育大会

5月18日至23日，中央戏剧学院举办第四届世界戏剧教育大会暨第六届亚洲戏剧院校大学生戏剧节。会议以线上线下相结合方式召开，第四届世界戏剧教育大会以“媒体艺术与戏剧”为主题，第六届亚洲戏剧院校大学生戏剧节以“古希腊戏剧中的人性”为主题，来自9个国家15篇论文、10部戏剧作品通过网络进行展示。日本大学艺术学部、韩国中央大学、中国戏曲学院等18所国内外戏剧院校线上参加活动。

（李静静）

对外经贸大学以色列分校成立

8月4日，对外经济贸易大学以色列分校（UIBE—ISRAEL）揭牌成立。以色列分校2019年12月筹建，2021年7月获以色列官方授权办学资质。以色列分校以学历教育为主，开设工商管理专业（本科），是唯一一所被以色列官方承认、在以色列独立办学的中国大学。

（苏隆中）

首届国际数字化人才创新技能大赛

9月7日，2021首届德国柏林国际数字化人才创新技能大赛颁奖典礼在柏林、北京和莫斯科三地通过网络视频形式共同举办。比赛由柏林州政府发起，邀请北京和莫斯科共同举办。北京经济管理职业学院为中国赛区线下会场及线上会场联络地。中国赛区近百支职业院校代表队参赛，最终经管职院等10所学校参赛项目获得中国赛区选拔赛一等奖。

（于平波）

国际警务论坛

9月13日至15日，中国人民公安大学举办第12届国际警务论坛。论坛以“国际疫情防控警务模式”为主题，采用线上线下相结合模式，设“疫情常态化背景下的警察教育”警察院校长分论坛、“公共安全与公共卫生事件的警务处置及警务科技创新”分论坛、“国际疫情防控常态化的跨国犯罪预防打击与国际合作”分论坛和“疫情常态化背景下的警察教育”青年分论坛。论坛就国际疫情防控背景下警务工作重点、难点和前沿问题研讨交流并达成多项国际警务执法合作共识。全球46所警察院校和警务机构170余名专家学者参加论坛。

（孙文玥）

北京国际设计周教育主题活动

9月，北京市与芬兰首都赫尔辛基市在2021北京国际设计周期间举办多场教育主题活动。2021年是北京市与赫尔辛基市缔结友好城市关系15周年，为推动两市在教育领域务实合作，9月18日，召开北京国际设计周主宾城市教育合作研讨会，以线上线下相结合方式，通过教育创新合作研讨会、展览等形式介绍芬兰教育创新研究成果与实践经验。9月27日至30日，两市联合举办北京—赫尔辛基友城学校线上学习创意项目活动。北京育才学校、北京市前门外国语学校、北京景山学校、北京电子科技职业学院、北京大学附属中学5所学校与赫尔辛基市5所学校进行在线定向对接，两地师生根据不同主题和环境设置，通过学生自主设计课程并分享观点，创造共同学习和教学一体环境，使学生成为学习活动的主动参与者。

（郭奇琦）

世界音乐人工智能大会

10月22日至24日，中央音乐学院与中国人工智能学会联合举办世界音乐人工智能大会。会议包括开幕式暨交响音乐会、6个世界音乐人工智能论坛、圆桌讨论会及全球音乐科技提案展示等环节。与会者共同探究未来音乐世界，推动音乐人工智能“产、学、研、用”发展。会上为中央音乐学院音乐与脑科学实验室揭牌。来自国内外高校及企业专家、学者44人发表演讲，通过圆桌讨论会交流学科理论及实践最新成果。相关领域院校师生及科研人员 1300 余人次参加现场会。

（王小夕）

中印尼人文交流发展论坛

10 月 24 日，2021 中印尼人文交流发展论坛以线下线上方式在北京化工大学举行。论坛以“人文交流模式创新与产学研合作”为主题，开幕式上，发布《中国与印度尼西亚人文交流发展报告（2021）》；北化、中国化学工程集团有限公司倡议发起的“中印尼产学研合作联盟”揭牌，中国、印尼 70 余家单位加入联盟，将搭建资源共享平台，推动中印尼教育科技深入合作。论坛上，两国 20 余名专家、学者围绕“人文交流模式创新与产学研合作”“疫情后时期中印尼人文交流”“产学研融合模式教育合作助力中印尼人文交流”等主题交流研究成果和工作经验。论坛与教育部中外人文交流中心、华中师范大学共同举办。

（肖勇）

10 月 24 日，2021 中印尼人文交流发展论坛举办

（北化　供）

中塞青年论坛

10 月 26 日，外交学院主办中国—塞浦路斯青年论坛。论坛在中塞建交 50 周年前夕举办，在中国北京和塞浦路斯尼科西亚设立两个会场，北京会场设在外交学院。双方青年学生分别就数字联通、健康安全、文明对话 3 个议题交流研讨。活动由中国驻塞浦路斯大使馆发起，外交学院与塞浦路斯欧洲大学、塞浦路斯驻华使馆、中国人民对外友好协会等共同主办，两国青年学生 30 余人参加活动。

（阚四进）

首届世界卫生健康论坛

11 月 20 日至 21 日，清华举办首届世界卫生健康论坛。论坛以“建设有韧性的公共卫生体系”为主题，采用线上直播形式，设 4 场全体大会、4 场青年论坛。孙春兰在开幕式上发表视频致辞。论坛围绕“联合国 2030 可持续发展目标与全民健康覆盖”“大流行应对准备”“在快速变化的环境中确保人类健康”等议题交流研讨。国内外有关政要、国际组织负责人及来自 20 余个国家高校、企业专家学者 150 余人参加论坛。

（徐思羽）

全球音乐教育联盟金砖国家成员单位签约合作

12 月 2 日，中国音乐学院举行全球音乐教育联盟金砖国家成员单位合作签约仪式。中国音乐学院校长以全球音乐教育联盟主席身份视频连线巴西、南非、俄罗斯代表性艺术团体与音乐院校，云端签订合作协议，开启基于全球音乐教育联盟平台的金砖国家成员单位未来合作计划。根据协议，学院将依托全球音乐教育联盟与金砖国家全球音乐教育联盟成员机构在未来开展演出交流、人才协同培养、

9 月，北京—赫尔辛基友城学校线上学习创意项目活动举办

（市教委相关处室　供）

联合艺术节等活动。协议长期有效。

（江瑾尧）

2021 世界慕课与在线教育大会

12 月 6 日至 9 日，2021 世界慕课与在线教育大会在线举办。会议以“一起向未来——引领新数字时代高等教育创新”为主题，设主会议和 7 个分论坛，旨在搭建全球慕课与在线教育发展交流与互鉴平台，促进优质慕课及其他各类在线教育资源共建共享。来自海内外 100 余家高校与机构相关人员参加会议。经 2021 年世界慕课联盟理事一致通过，联盟更名为“世界慕课与在线教育联盟”。会议由教育部高等教育司指导，清华大学发起成立的世界慕课联盟与联合国教科文组织教育信息技术研究所共同主办。

（徐思羽）

中国加入世贸组织 20 周年高端论坛

12 月 8 日，对外经济贸易大学、中国互联网新闻中心、中国世界贸易组织研究会举办中国加入世界贸易组织（WTO）20 周年高端论坛暨第 20 届“世界贸易组织与中国”学术年会。会议回顾中国加入世贸组织以来 20 年成就与贡献。与会人员围绕加入世贸组织对中国的影响、中国对 WTO 规则履行以及中国对 WTO 发展的贡献等议题建言献策，并围绕世界经济形势、多边合作体制、全球化与中国发展等方面交流探讨。国务院发展研究中心和 WTO 相关负责人、各高校及研究机构专家学者参加论坛。

（苏隆中）

中外青少年人文交流活动“姊妹校”推荐

12 月，市教委委托北京市国际教育交流中心开展北京冬奥会和冬残奥会“共迎未来”中外青少年人文交流活动“姊妹校”推荐工作。推荐 51 所学校参与该“姊妹校”项目。通过项目持续追踪，各校开展丰富多彩的奥林匹克主题教育和交流活动。通过线上和线下相结合方式，开展奥林匹克教育大课堂、“同上一堂课”、模拟实践教育等，举办中外青少年音乐、美术、舞蹈、戏剧等多种艺术形式的交流展示活动，促进中国青少年与其他国家（地区）青少年深入交流、互学互鉴，搭建更加畅通的中外青少年人文交流平台，为北京冬奥会和冬残奥会营造良好氛围。

（史玉婷）

一带一路

首届知识“一带一路”论坛

4 月 22 日至 23 日，中国人民大学与意大利帕多瓦大学在敦煌举办首届知识“一带一路”论坛。论坛以线上线下相结合形式举办，围绕“文化遗产保护”主题，设“文化遗产：研究、保护与维护”“法律与政策角度的文化遗产保护”“文化遗产的意义”“文化遗产修复技术”4 个分议题。来自中国、意大利及其他“一带一路”沿线国家高校专家学者参加。23 日，人民大学与国际文化交流学术联盟在敦煌举办“一带一路”高等教育合作国际文化交流研讨会，围绕“一带一路”高等教育合作议题开展多层次、立体化、系统性探讨，分享高等教育合作与国际文化交流相关经验，探索搭建文化交流机制与平台，深化与“一带一路”沿线国家高等教育合作。20 余家国际文化交流学术联盟成员单位和兄弟院校近百名代表参加会议。

（吕鹏军）

“丝路一家亲”食用菌种植技术线上培训

6 月 7 日、7 月 9 日和 10 月 12 日，北京农业职业学院与北京农学会、毛里求斯福尔肯公民联盟举办 3 期“丝路一家亲”食用菌种植技术线上培训。6 月培训由农职院教授讲授食用菌分类、特点、生长环境、硬件设施、种植流程等知识，通过图片展示各环节具体操作方法，回答参会者问题。福尔肯公民联盟成员 62 人参加。7 月培训由北京市农林科学院植物保护环境保护研究所食用菌研究室专家用纯英文教学结合实例进行分析讲解，对食用菌培养基制作和接种过程开展示范教学，让学员更加直

12 月 9 日，世界慕课与在线教育大会在线举办

（清华 供）

观感受和学习食用菌种植技术。10 月培训在食用菌种植大棚中开展，示范和讲解菌棒制作全过程。福尔肯公民联盟 50 余名蘑菇种植户参加培训。

（孙田田　杨喜涛）

“丝路工匠”职业院校国际合作联盟网站平台发布

6 月 16 日，“丝路工匠”职业院校国际合作联盟 2021 年年会暨“丝路工匠”职业院校国际合作联盟网站平台发布会在北京市丰台区职业教育中心学校举办。会上发布“丝路工匠”职业院校国际合作联盟网站平台。平台重点在课程建设、项目建设、标准与证书建设、成果转化输出等方面开展特色化服务，促进来华留学招生。会议以“服务‘一带一路’倡议 培育‘丝路工匠’人才”为主题，旨在深化职业教育国际合作交流，搭建技能融通、文化互通、民心相通平台，提升中国与“一带一路”国家职业院校国际化办学水平。俄罗斯大使馆、白俄罗斯大使馆、哈萨克斯坦大使馆等外国使节及市、区领导参加，26 所北京职业院校和 5 所京外职业院校现场参会，9 所国外职业院校参加线上会议。会议由市教委、丰台区教委、俄罗斯大使馆、白俄罗斯大使馆、哈萨克斯坦大使馆主办，丰台职教中心校、北京威酷国际教育文化有限公司承办。

（李毓荣　余俊）

“一带一路”国家文化教育大系首批新书发布

6 月 25 日，北京外国语大学“一带一路”国家文化教育大系首批新书发布。首批新书 10 册，由外语教学与研究出版社出版发行，分别是《阿尔巴尼亚文化教育研究》《阿联酋文化教育研究》《安哥拉文化教育研究》《蒙古国文化教育研究》《摩洛哥文化教育研究》《莫桑比克文化教育研究》《尼泊尔文化教育研究》《塞内加尔文化教育研究》《塔吉克斯坦文化教育研究》《约旦文化教育研究》。每册内容均包括国情概览、文化传统、教育历史、学前教育、基础教育、高等教育、职业教育、成人教育、教师教育、教育行政与教育政策规划以及与中国的教育交流情况。“一带一路”国家文化教育大系是国家社会科学基金（教育学）重大项目“新时代提升中国参与全球教育治理的能力及策略研究”阶段性研究成果，国内外 120 名专家学者参与撰著，计划出版 72 册、约 1800 万字。

（吴天宇）

“一带一路”财经类大学联盟成立

9 月 17 日，对外经济贸易大学线上举办“一带一路”财经类大学联盟成立仪式并召开第一届理事会。联盟理事会全体成员参加并一致表决通过《“一带一路”财经类大学联盟章程》。联盟由对外经贸大学倡议发起成立，来自中国、奥地利、突尼斯、泰国、巴西等国家 20 所大学作为创始成员加入，旨在联合“一带一路”国家财经类院校，促进中外财经教育院校间国际合作及资源共享。

（苏隆中）

“一带一路”中欧科技发展国际学术论坛

10 月 11 日至 12 日，北京工商大学举办“一带一路”中欧科技发展国际学术论坛暨第一届国际食品营养健康与风味创新论坛。论坛以“加强带路中欧科技交流合作，助力食品营养健康与风味科技创新”为主题，启动 2021 年度食品创新创业大赛。比赛以“科技赋能食品 健康创领未来”为主题，旨在通过比赛选拔优质项目和人才，重点扶持、资源对接，推动食品工业科技创新和产品创新。论坛围绕当前食品营养和风味领域最新研究成果开展探讨，设置大会报告和营养健康、风味感官、研究生专场 3 个分论坛，以线上线下相结合方式进行。国内外相关研究领域知名专家学者呈现 58 场学术报告。来自国内外政府部门、高校、科研院所专家学者及企业代表近 200 人参加论坛。

（杨蓉　张凯伟）

中国—吉尔吉斯斯坦人文交流中心揭牌

10 月 14 日，中央民族大学—奥什国立大学“中国—吉尔吉斯斯坦人文交流中心”揭牌。此举旨在铺设中吉

10 月 11 日至 12 日，“一带一路”中欧科技发展国际学术论坛举办　（北工商　供）

互学互鉴、民间相互了解桥梁，推动两国人文领域合作交流及“一带一路”高质量发展。中心定期举办人文交流活动，开展吉尔吉斯斯坦驻华大使作客“民大国际讲堂”活动、两校学生互访等青年人文交流活动和学术研究合作。该中心是吉尔吉斯斯坦在中国建立的第一个吉中人文交流中心。学校同时通过视频方式签署两校学生交换协议。

（周翊兰）

中国农大和北农获批建设 14 个“一带一路”国际农业科技创新院

11 月 2 日，农业农村部人力资源开发中心、中国农学会批准中国农业大学和北京农学院牵头建设 14 个“科创中国”“一带一路”国际农业科技创新院。其中，中国农大牵头建设“一带一路”国际草牧业科技创新院等 13 个创新院，北农牵头建设“一带一路”国际葡萄与葡萄酒产业科技创新院。“科创中国”“一带一路”国际农业科技创新院是为配合国家“一带一路”倡议实施，深化推动与“一带一路”沿线国家交流与合作而建设的合作平台，分为产业创新院、区域创新院和专业创新院 3 种类型。

（孙桂凤　王磊）

“一带一路”国际筝乐学术交流季

11 月 15 日至 17 日，中国音乐学院举办“一带一路”国际筝乐学术交流季活动。活动为古筝艺术终身荣誉奖、古筝艺术特殊贡献奖获得者颁奖。开幕式暨颁奖典礼面向全球同步直播，近 30 万人观看。活动还举办“筝承国学”纪念曹正百年诞辰学术研讨会、“一带一路”国际筝乐高峰论坛、多场筝乐学术交流论坛以及“筝扬国韵”“筝育国器”“筝强国音”3 场筝乐新作和筝乐名家音乐会。

（江瑾尧）

泰国“丝路学堂”揭牌

12 月 2 日，北京市丰台区职业教育中心学校与泰国吉拉达技术学院举行云签约暨泰国“丝路学堂”揭牌仪式。仪式通过视频方式开展，标志丰台职教中心校在泰国建设的“丝路学堂”正式成立。根据协议，两校在“一带一路”倡议指导下开展并深入推进跨境办学、人才培养、师生交流、升学留学、实训实习、就业创业等领域合作。“丝路学堂”由丰台职教中心校在泰国建设海外分校，学校中餐烹饪专业与吉拉达技术学院食品专业采取“2＋1”联合培养模式实现课程互认；中泰双方院校骨干教师以线上线下相结合方式开展教学，泰国学生前两年在本国就读，第三年可来华留学，在学习专业核心课程同时学习中文和中国传统文化课程。首批招生 14 人。“丝路学堂”项目被列入北京国际消费中心城市建设清单和丰台区“两区”建设任务。

（李毓荣）

中国与中东欧国家智慧教育论坛

12 月 20 日，北京师范大学举办 2021 中国与中东欧国家智慧教育论坛。论坛包括主题演讲、专题讨论等环节，来自阿尔巴尼亚、匈牙利、塞尔维亚等 9 个中东欧国家的专家、师生参与活动，分享各自国家智慧教育发展现状与成果，探讨未来合作建设计划。论坛通过线上方式举行，由北师大主办、塞尔维亚贝尔格莱德大学合办，是中国—中东欧国家高校联合会框架下的教育学学科共同体建

10 月 14 日，“中国—吉尔吉斯斯坦人文交流中心”揭牌
（中央民大　供）

设活动之一。

（申政）

外国学生教育与管理

概述

2021 年，在北京高校和科研机构学习的外国留学生 4.27 万人次，来自 186 个国家和地区。市教委完善“引人、育人、留人”全链条政策环境，研究探索国际学生在北京自贸试验区试点开展勤工助学。服务北京科创中心功能建设，研究制定《北京市来华留学生高等教育质量发展指标体系（试行）》，完善来华留学质量标准，强化来华留学高等教育质量保障，培育“留学北京”品牌。精准实施北京市外国留学生奖学金和“一带一路”奖学金，资助 4100 余名国际学生在北京高校学习。统筹做好国际学生新冠肺炎疫情防控工作，指导区教委和高校创新方式方法，主动关爱服务国际学生，坚持线上线下两套教学机制并行，保障学生学业进展。同时加强正面宣传教育，引导国际学生正确看待和支持疫情防控工作。

（刘亮）

幼儿园中小学招收和培养国际学生管理办法印发

12 月 22 日，市教委、市政府外办、市公安局印发《北京市幼儿园、中小学招收和培养国际学生管理办法》。办法共 8 章 38 条，明确市区两级教育、外事、公安等部门和学校在国际学生工作中职责，规范北京市幼儿园和中小学招收、培养、管理国际学生行为，提升首都教育国际化水平。办法自印发之日起施行。

（胡雨）

来华留学生高等教育质量发展指标体系制定

12 月 23 日，市教委印发《北京市来华留学生高等教育质量发展指标体系（试行）》。指标体系根据北京高校不同情况和特点，按照工作内容和类别逐层细化，将高校来华留学顶层设计、教育教学、管理服务和办学成果量化为可以配置分值的参数体系，包括一级指标 4 个、二级指标 26 个和三级指标 85 个。评价满分 500 分，不同分数段对应级别“优”（400 分以上）、“良”（300 分至 399 分）、“差”（299 分以下）。评价结果在全市高校范围内通报，中央部门所属高校评价结果同时向其上级主管部门通报。评价结果为“优”的高校，在后续北京市外国留学生奖学金评审等方面给予一定倾斜。评价结果为“差”的高校，对后续北京市外国留学生奖学金批复金额进行削减，并要求限期整改；对来华留学生招生和培养过程中出现违法违规行为的，可限制其招生培养行为。2022 年开始分批启动评价工作，每 5 年为一个评价周期。

（胡雨）

国际汉语教育

北外成立中华文化国际传播研究院

4 月 30 日，北京外国语大学举办中华文化国际传播研究院成立大会暨世界汉学家研修基地揭牌仪式。会议分别为中华文化国际传播研究院、世界汉学家研修基地揭牌，与国际儒学联合会签署战略合作框架协议。中华文化国际传播研究院隶属于北外，以研究中华文化的世界意义为宗旨，以推动文明互鉴、中华文化国际传播为目标，在世界范围内探究中华文化国际传播轨迹和路径，打造集学术研究、人才培养、咨政服务为一体的重点研究基地，下辖北京中外文化交流研究基地、海外汉学研究中心、全球文化指数研究中心、中外影视跨文化能力研究中心、国际文化创意产业研究中心、传统文化传播研究中心，有专职研究人员 10 人。世界汉学家研修基地由北外与国际儒学联合会共同建设，主要职责是通过举办世界汉学家研修班或工作坊、开展世界汉学家访问交流和国际汉学（中国学）研究生培养等方式，构建以汉学家为主体的国际化人才培养体系，设置中国学研究和中华文化国际传播 2 个专业，有专职研究人员 5 人。

（崔苗苗）

2021 年，北京市外国留学生奖学金项目验收评审会召开

（国际教育交流中心　供）

中央财大与希腊色萨利大学合作承建孔子学院揭牌

11 月 8 日，中央财经大学与希腊色萨利大学合作承建的希腊色萨利大学孔子学院揭牌。色萨利大学孔子学院是希腊境内第三所孔子学院，对色萨利地区所有公民开放。两校在孔子学院设立中希城市与区域发展研究中心，将汇聚中希和世界各地学者，推进国际学术科研合作。

（王卉乔）

共建国际中文教育实践与研究基地签约

11 月 13 日，北京语言大学和中外语言交流合作中心共建国际中文教育实践与研究基地暨国际中文教师学院签约。国际中文教育实践与研究基地主要职能包括开展国际中文教育领域理论研究与政策咨询服务、举办高端中文师资培养培训、建设综合性教学资源平台、设立“语合智慧课堂”实验室、开展各类中外语言文化交流、承担国别区域研究课题、配合支持外国中小学开展中文教育项目等；基地由北语独立运行，是兼具管理服务职能的教学科研实体机构。国际中文教师学院是全国首个国际中文教师学院，对国际中文教育师资队伍建设迈向专业化、本土化、内涵化具有重要意义。

（杨威威）

国际中文教育交流周

12 月 13 日至 17 日，2021 国际中文教育交流周活动在北京语言大学启动。活动由中外语言交流合作中心、世界汉语教学学会、中文联盟主办，以“携手合作、共创未来”为主题，线上线下举办活动近 40 场。启动仪式首次发布《国际中文教育中国文化和国情教学参考框架》《国际中文在线教育行动计划（2021—2025）》《国际中文教育教学资源发展报告》等文件，首批围绕《国际中文教育中文水平等级标准》研制的国际中文教育新时代精品教材和以外国视角解读中国文化的《外国人讲中国故事系列》文化读本，以及首档专门面向非洲国家的中文教学电视栏目《快乐中文》等系列优质教学资源。

（杨威威）

港澳台侨交流与合作

概述

2021 年，在北京市高校和中小学就读的港澳台学生 9997 人，其中高校 5056 人（包括香港学生 1996 人、澳门学生 1029 人、台湾学生 2031 人），中小学 4941 人（包括香港学生 4342 人、澳门学生 49 人、台湾学生 550 人）。12 所学校 89 名学生获得教育部全国学生资助管理中心 2021 年度台湾学生、港澳及华侨学生奖学金。

（蒋小婷　史玉婷）

澳门特区公务员外交知识综合培训班

5 月 11 日至 21 日，外交学院举办第七期涉领事工作澳门特区公务员外交知识综合培训班。澳门特别行政区政府 20 个部门 21 名学员参加。该班是新冠肺炎疫情以来外交学院首次接待境外人员来京参训。

（阚四进）

在京台生体验北京社会实践活动

7 月 17 日至 23 日，市委教育工委、市教委、市台办共同举办在京台湾学生体验北京社会实践活动。活动组织在京台生赴曹妃甸钢铁电力产业园区、新首钢高端产业综合服务区、北京对口支援地区内蒙古自治区乌兰察布市等地开展社会实践活动，帮助台湾学生加深对祖国发展成就的理解和认识。北京大学、清华大学、北京语言大学等高校台湾学生 40 余人次参加活动。

（相京）

首届京港澳青少年音乐艺术嘉年华

9 月 30 日，首届京港澳青少年音乐艺术嘉年华活动在北京中山音乐堂开幕。10 余名音乐家、演奏家作为音乐导师为京港澳青少年团员开展线上或线下授课、讲座、互动交流、分声部和乐团排练等活动 20 余场；邀请书法家、中医专家、武术专家等为团员开展中国传统文化教育体验活动等。来自北京、香港、澳门 90 余名青少年参与学习、体验和交流。10 月 8 日晚，活动闭幕式暨汇报音乐会在北京国家大剧院举行，全新组建的京港澳青少年交响乐团表演中外交响乐经典作品，展示学习成果。活动由北京国际音乐节艺术基金会主办，中央音乐学院附属中等音乐学校承办。

（秦萌）

10 月 8 日，首届京港澳青少年音乐艺术嘉年华闭幕
（中央音乐学院附中　供）

港澳台侨新生“开学第一课”

10 月 20 日，中国人民大学依托北京市港澳台侨学生教育管理研究分会平台举办 2021 北京市港澳台侨新生“开

学第一课”活动。人民大学习近平新时代中国特色社会主义思想研究院院长作《中国共产党与中国现代化》主题讲座。活动以线上直播形式开展，来自教育部港澳台事务办公室、国务院台湾事务办公室交流局、香港特别行政区驻北京办事处、澳门特别行政区驻北京办事处、中央人民政府驻香港特别行政区联络办公室北京联络部、中央人民政府驻澳门特别行政区联络办公室北京联络部、市政府台湾事务办公室等相关部门以及北京 42 所高校的港澳台侨学生共同在线参与。

（吕鹏军）

京台基础教育校长峰会

10 月 23 日，第七届京台基础教育校长峰会举办。会议主题为“传承中华文化、科技助推融合”，在北京、台北、高雄三地设置会场，通过线上与线下相结合方式，围绕两岸基础教育热点问题和先进理念，开展多种形式研讨交流。会议由市台办、市教委指导，海淀区教育学会主办，北京市第十九中学承办，东城区、西城区、朝阳区、丰台区、石景山区、通州区有关单位和台湾中小学校长协会共同协办，来自京台两地 120 余名校长、教师和教育界人士参加。

（蒋小婷）

两岸高等教育（北京）高峰论坛

11 月 3 日，2021 两岸高等教育（北京）高峰论坛在京举办。论坛以“两岸携手 智创未来”为主题，海峡两岸高校共同探讨全球智能化浪潮下各学科领域的智能化研究，加强两岸高校学科交流合作，提升两岸高校人才培养质量。论坛由市台办、市委教育工委和市教委联合主办，北京交通大学、北京中医药大学、首都师范大学等高校共同协办。

（蒋小婷）

打造北京特色国情教育品牌项目

12 月，市教委举办北京市国情教育实践项目线上观摩活动，打造北京特色国情教育品牌项目。该项目是港澳台学生以“寻根溯源”为主题自编自演的作品。演出作为国情教育课程，邀请在京高校 2000 余名港澳台学生同时在线观看。

（蒋小婷）

北京与港澳姊妹学校平台建设

至年底，市教委推进北京与港澳姊妹学校平台建设工作。全年 7 个区开展港澳姊妹学校远程交流 72 次，内容涵盖学生互学、教师互研、学校行政管理人员经验分享等，进一步促进姊妹学校间教学互通、课程共享、文化共融、制度共鉴。推动京港、京澳各级各类教育交流交往，分批次向香港特别行政区教育局、澳门特别行政区教育暨青年局推荐 8 所北京中小学，为北京与港澳地区基础教育资源共享、协同发展搭建平台。有关工作由北京市港澳台教育交流中心承办。

（史玉婷）

支援合作

概述

2021 年，市委教育工委、市教委克服新冠肺炎疫情影响，稳妥推进实施市区两级教育支援合作项目，推动脱贫地区

9 月 27 日，平谷职校专业教师为对口支援合作访学学生介绍航空实训基地设备 （平谷职校 供）

持续发展，助力乡村振兴战略全面实施。全年331名干部教师在受援地区持续开展“组团式”支教。“首都教育远程互助工程”实施成效不断扩展。组织培训受援地区干部教师11071人，选派955名专家教师送教讲学，648所学校参与“手拉手”结对帮扶。市属高校“引智帮扶”工程新增帮扶20个集体经济薄弱村，新增3所高校参与。京津冀教育协同发展持续推进，援助雄安新区办学工作成效明显，优质教育资源向河北省廊坊市三河、大厂、香河“北三县”延伸。开展消费帮扶工作，累计采购脱贫地区帮扶农副产品3854万余元。实施全市教育系统支援合作干部能力提升项目，完成北京市教育扶贫支援资料宣传片制作。

（吴雅星）

人民大学与四川荣县共建“人大班”

1月11日，四川省自贡市荣县首届“人大班”开班。荣县“人大班”项目以荣县第一中学和荣县玉章高级中学校为支点，依托中国人民大学研究生支教团，连接人民大学优质教育教学资源，帮助荣县学生树立远大理想、丰富文化知识、涵养高尚品德。首届学生30人。人民大学自2010年连续选派77名研究生支教团学生到荣县开展扶贫接力。

（吕鹏军）

教育系统脱贫攻坚专项奖励

1月，市教委完成教育系统脱贫攻坚专项奖励。奖励脱贫攻坚先进集体128个，其中记大功7个、记功35个、嘉奖86个；脱贫攻坚先进个人502人，其中记大功10人、记功86人、嘉奖406人。2020年9月，市教委按照市人力资源社会保障局、市扶贫支援办《关于在我市事业单位集中开展脱贫攻坚专项奖励工作的通知》要求，在教育系统开展脱贫攻坚专项奖励工作。

（杨馨珠）

入选全国脱贫攻坚先进个人和先进集体

2月25日，中共中央、国务院表彰全国脱贫攻坚先进个人和先进集体，北京教育系统14人获“全国脱贫攻坚先进个人”称号、11个集体获“全国脱贫攻坚先进集体”称号。全国1981人获“全国脱贫攻坚先进个人”称号、1501个集体获“全国脱贫攻坚先进集体”称号。

（胡雨）

全国脱贫攻坚先进个人（北京教育系统）

姓名	单位及职务
康柏利	北京市延庆区第一职业学校汽车工程系副主任
张钧	东北师范大学附属中学朝阳学校副校长
蒋京春	北京市通州区大杜社中学教师
魏学东	北京市怀柔区第一中学教师
郭冬生	中华女子学院（全国妇联干部培训学院）儿童发展与教育学院副院长
聂伟	北京体育大学宣传部常务副部长
赵汐	北京理工大学党委组织部副处级干部
宋彪	中国人民大学学校办公室副主任
张琦	北京师范大学中国扶贫研究院院长、经济与资源管理研究院党总支书记
李小云	中国农业大学文科讲席教授、国际发展与全球农业学院名誉院长
李萌	北京科技大学扶贫办副主任、党委组织部副处级组织员
徐泽敏	北京化工大学国内合作交流处副处长
张磊	中国地质大学（北京）科技处助理研究员
张骅	北京林业大学团委副书记

（胡雨）

全国脱贫攻坚先进集体（北京教育系统）

清华大学继续教育学院
清华大学对口支援办公室
北京大学国家发展研究院
北京航空航天大学扶贫工作办公室
首都师范大学京疆学院
中国农业大学农学院
北京邮电大学计算机学院（国家示范性软件学院）
首都医科大学附属北京友谊医院
北京市垂杨柳医院（清华大学附属垂杨柳医院）
北京市第二中学
北京市平谷区职业学校

（胡雨）

教育系统单位和个人获市扶贫协作表彰

3月15日，北京市扶贫协作总结表彰大会举行，教育系统单位和个人获得表彰。会上宣读《关于表彰北京市扶贫协作先进集体和先进个人的决定》，150个先进集体和302名先进个人受到表彰，其中教育系统20个集体获“北京市扶贫协作先进集体”称号、37名个人获“北京市扶贫协作先进个人”称号。12月，经市委市政府研究决定，对原表彰对象进行“同批升格”，表彰名称变更为“北京市脱贫攻坚先进集体和先进个人”。其他事项不变，原表彰撤销。

（贺捷）

北师大黄廷方西部地区县域卓越教师培养计划签约

3月22日，北京师范大学黄廷方西部地区县域卓越教师培养计划、陕西师范大学黄廷方西部地区中小学校长培养项目捐赠签约。根据协议，黄廷方慈善基金支持上述两所高校分别开展卓越教师培养计划和中小学校长培养项目，为教育发展不均衡地区精准培养本土化优秀教师，构建西部地区中小学校长骨干体系。其中，向北师大捐赠1176.60万元，分5年拨付。北师大计划4年内在3个县域培养90名优秀中小学教师，并通过到校研修、跟岗培训、在岗研修等方式完成两年的教育能力提升计划。黄廷方教育基金2017年在北师大、贵州师大分别设立，主要为甘肃靖远、陕西南郑等当时尚未摘帽的国家级贫困县提供培训课程。

（申政）

北京老校长下乡工作表彰会

3月31日，市委教育工委、市教委，河北省委教育工委、省教育厅，北京教育系统关工委在市教委召开北京老校长下乡工作表彰会。会议传达教育部教师工作司给北京“老校长下乡”团队的感谢信，河北省委教育工委、省教育厅分别给北京市委教育工委、市教委、北京教育系统关工委赠送锦旗，参与支教的老校长领受“2020年北京榜样”奖杯、证书。会议总结“老校长下乡”活动开展以来所做工作和取得成效，对下一步活动深入开展听取意见建议并研究推进举措。

（李鹏）

国开大“一村一名大学生”计划获联合国教科文组织教育信息化奖

4月6日，联合国教科文组织巴黎总部宣布国家开放大学“一村一名大学生”计划获得“联合国教科文组织哈马德·本·伊萨·阿勒哈利法国王2020年度教育信息化奖”。该项目自2004年启动，以“扶贫先扶智、扶智靠教育”理念，通过现代远程教育方式，借助信息化手段，汇聚优质资源，构建基于网络自主学习与面授辅导相结合的混合式教学模式，培养“留得住，用得上，干得好”的乡土人才，助力脱贫减贫。截至2021年底，该项目1513个学习中心覆盖全国29个省、自治区、直辖市，累计开设29个本专科专业（方向），累计毕业61.61万人，为新农村建设和乡村振兴培养一大批应用型实用人才，对缩小高等教育地域差距、城乡差距、促进教育公平和服务构建全民终身学习的教育体系、助力决战脱贫攻坚起到推动作用。

（张源）

凉山州师生智慧赋能乡村振兴项目启动

4月8日，北京师范大学与四川日报、西昌民族幼儿师范高等专科学校等共同发起的“凉山州师生智慧赋能乡村振兴项目”启动仪式在四川省凉山州西昌市举办。活动为共建的VR工作站揭牌。该项目包括“1+1手牵手青少年VR看凉山”“凉山州中小学教师网络素养提升”“互联网+智慧课堂资源共享”“随手拍‘我和我的家乡’凉山州青少年短视频传播”“凉山百名师生游学互联网科技平台”5个部分。各发起单位和支持单位的领导专家、凉山州市县融媒体中心记者、西昌幼专师生350余人参加活动。

（申政）

加强教育支援合作培训项目管理工作通知印发

5月10日，市教委印发《关于加强教育支援合作培训项目管理工作的通知》。通知明确教育支援合作培训的组织与管理、质量与评估、经费与使用、工作标准等方面内容，要求各承办单位加强教育支援合作培训项目管理，进一步提高培训质量和效益。

（刘伟）

3月31日，北京老校长下乡工作表彰会召开

（市教委相关处室　供）

市属高校“引智帮扶”农村集体经济薄弱村工作动员部署会

6月25日，市教委、市农业农村局共同召开市属高校“引智帮扶”农村集体经济薄弱村工作动员部署会。会议总结交流市属高校“引智帮扶”低收入村工作经验，部署安排高校“引智帮扶”农村集体经济薄弱村工作。在保持原有结对关系不变的基础上，新增北京工业职业技术学院、北京经济管理职业学院、北京电子科技职业学院3所高校参与帮扶工作，新增20个集体经济薄弱村结对。市教委、市委农工委、市农业农村局以及26所市属高校主管领导和相关处室负责人参加会议。

（李鹏）

对口支援甘肃省临夏州语言文字工作骨干教师普通话培训

7月15日，市教委、市语委举办北京市“推普助力乡村振兴”对口支援甘肃省临夏州语言文字工作骨干教师普通话培训。培训为期10天，采取大班教学和小班教学相结合、辅以“一对一”辅导的形式进行。来自甘肃省临夏回族自治州下辖“一市七县”100名中小学幼儿园语言文学骨干教师参加学习。培训由北京教育学院承办。

（石燕）

京蒙教育对口协作框架协议签订

7月21日，市教委与内蒙古自治区教育厅在呼伦贝尔市签订《京蒙教育对口协作框架协议（2021—2025）》。根据协议，未来5年，京蒙教育部门立足“解决关键性问题”，有效整合资源，按照精准施策、分类推进原则，从实施教师交流培训、提供职业教育优质资源支持、优质数字教育资源共享、高校科技交流合作、高等教育人才培养协作、组织社会力量参与教育乡村振兴帮扶、本科招生计划投放倾斜、鼓励京蒙结对帮扶区县持续开展教育交流合作8个方面开展协作。

（贺捷）

北京教育扶贫支援资料宣传片制作完成

8月，《北京教育扶贫支援资料宣传片》由现代教育报社制作完成。资料宣传片包括宣传片《播撒希望 共筑梦想——北京教育扶贫支援纪实》和资料片两部分。宣传片时长24分48秒，通过北京教育系统脱贫攻坚典型案例，展现北京市教育扶贫支援过程中的经验举措；资料片共6集，每集20分钟，对北京教育系统扶贫支援工作进行全景式记录和展示。

（贺捷）

华北五省大学生学科竞赛

8月至12月，北京市、天津市、河北省、山西省、内蒙古自治区教育主管部门举办华北五省（市、自治区）大学生人文知识、计算机应用、机器人3项学科竞赛。受新冠肺炎疫情影响，竞赛采取线上方式举办。竞赛对激发大学生学习兴趣与潜能，培养大学生人文精神、创新精神、实践能力和团队协作意识，加强华北五省高校师生交流、校际合作、资源共享起到积极作用。竞赛分别由中央民族大学、北京联合大学、北京信息科技大学承办。

（荣燕宁 李萌）

中国矿大内蒙古研究院签约成立

9月7日，中国矿业大学（北京）、内蒙古自治区鄂尔多斯市政府、鄂尔多斯高新区签约合作。根据协议，中国矿大内蒙古研究院落地鄂尔多斯。研究院围绕能耗“双控”、智慧矿山、矿山生态修复等重点领域，开展技术攻关和成果转化，打造国内领先的能源科技创新、产业发展和人才培养基地。拥有研究员3人，专兼职教职工22人，包括高级职称5人、副高级3人。中国矿大同时与北京大学、清华大学等高校和企业共同签约建设鄂尔多斯碳中和研究院。研究院是从事碳减排、碳转化、碳捕捉、碳封存技术研发与服务，开展大气污染治理和环境保护等集科技研发、成果转化、企业孵化、学术交流等功能于一体的科技创新平台。

（杨恬）

地大“化隆地学”旅游开发成果发布

9月24日，中国地质大学（北京）定点帮扶青海省海东市化隆回族自治县研究成果发布。化隆县地学旅游开发成果新闻发布会发布县域内6个地质遗迹类型和10处国家级地质遗迹，发布4条地学旅游路线，并介绍阿河滩地质文化村建设情况。此次发布内容是地大定点帮扶化隆县科技项目“青海省化隆县地质遗迹调查及地学旅游开发”和教育部“高校服务乡村振兴创新实验”项目“青海省化隆县阿河滩地质文化村建设”研究成果，由学校与化隆县文旅局深度合作、共同研究。发布会由央广网、中国新闻网、青海日报等媒体相继报道。学校驻化隆县帮扶工作组获“青海省脱贫攻坚先进集体”称号，自2015年先后选派3批7名干部赴化隆县挂职、担任驻村第一书记和扶贫队员。

（师昊）

对口支援青海大学20周年工作会议

9月29日，对口支援青海大学20周年工作会议在青海大学举行。会议学习贯彻习近平关于教育、对口支援工作重要讲话指示批示精神，系统总结对口支援工作成效和经验，研究部署“十四五”时期对口支援工作。会后，支援高校团队与青海省政府签署“十四五”战略合作框架协议、对口支援“十四五”协议和2021—2022年度工作协议。2001年，清华大学率先对青海大学进行对口支援，逐步形成清华、上海交通大学、中国地质大学、西北农林科技大学、华东理工大学、北京化工大学6所

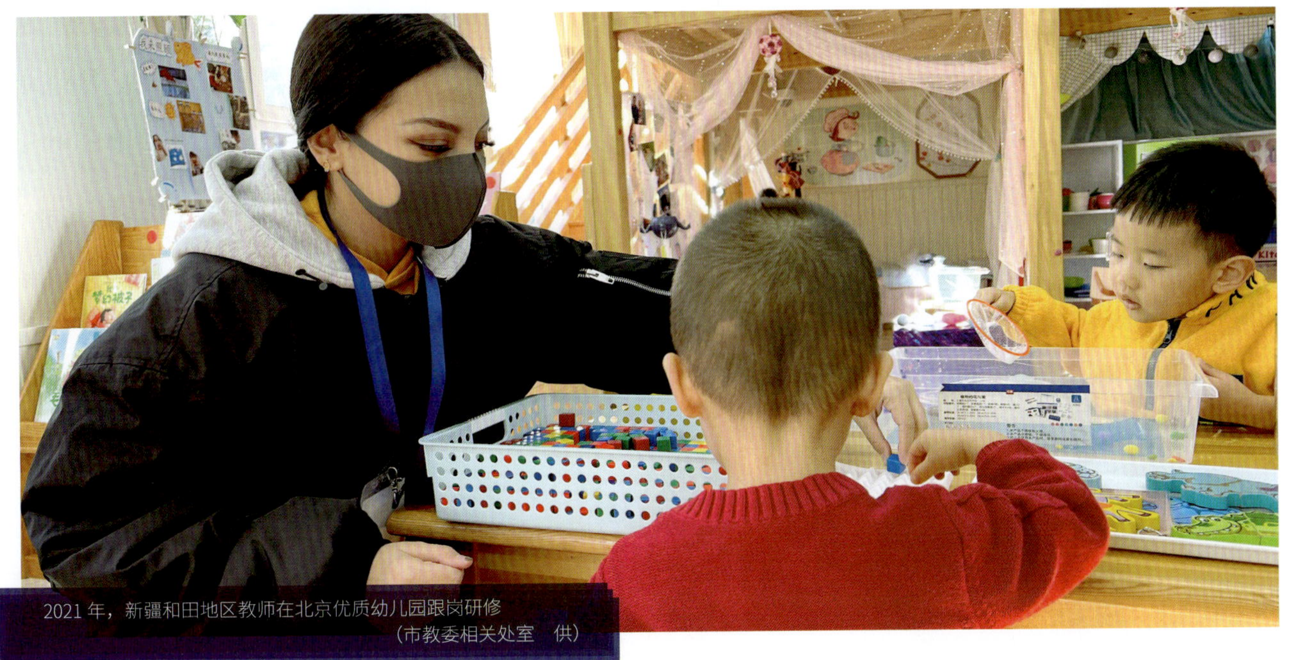

2021 年，新疆和田地区教师在北京优质幼儿园跟岗研修
（市教委相关处室　供）

高校共同对口支援青海大学相关学科发展模式，助力青海大学成长为国家“世界一流学科建设高校”、国家“211工程”重点建设大学。

（徐思羽）

市教育学会吴正宪内蒙古工作站培训活动

10 月 8 日，北京市教育学会“吴正宪内蒙古工作站”培训活动在内蒙古自治区兴安盟突泉县开展。培训采取线上线下相结合方式进行，3 名北京教师分别讲授“数认识和数运算的一致性”“如何提高课堂教学实效”“如何设计作业，减负增效”3 节指导课，吴正宪工作站突泉分站工作人员听取突泉县教师业务需求并指导教师调试学习设备。突泉县各学校 500 余名教师参加培训。

（马亚莉）

首届京豫小学校长办学实践研讨会

10 月 29 日，首届京豫小学校长办学实践研讨会在北京教育学院举行。会议交流研讨如何贯彻落实好“双减”政策精神、更好地培养德智体美劳全面发展的社会主义建设者和接班人等议题，旨在推动京豫两地学校应对“双减”挑战、重构学校现代治理体系，更好地减负提质。来自北京、河南两地小学校长、教师代表 90 余人参加会议。

（石燕）

新疆干部教师来京培训

10 月，2021 年度新疆和田地区、新疆生产建设兵团第十四师干部教师来京培训项目启动。两地教育系统 184 名干部教师参加为期 2 个月培训。首都师范大学京疆学院发挥首都师范大学和优质中小学校各自优势，依托“互联网 + 大数据”，采取“进京跟岗”和返疆后“伴随式云指导”等方式，强化学员培训成果的实际转化，系统构建教育人才培训共同体；依托北京丰富的教育资源，提升新疆干部教师的国家通用语言文字授课能力，铸牢其中华民族共同体意识，探索京疆协同培养教育人才长效机制。

（贺捷）

选派对口支援教师

至年底，市教委完成 2021 年度对口支援教师选派工作。北京教育系统选派对口支援教师 45 人，其中“组团式”教育援藏教师 28 人、“万名教师支教计划”12 人、第六批援青教师 5 人，工作年限均为 2 年。

（李海燕　陈静）

（本栏责任编校　胡雨）

基础教育

普通高等教育

职业与继续教育

2022 京津冀教育协同发展

BEIJING-TIANJIN-HEBEI EDUCATION COORDINATED DEVELOPMENT

京津冀教育协同发展

BEIJING-TIANJIN-HEBEI EDUCATION COORDINATED DEVELOPMENT

综述

京津冀教育协同发展继续深化

2021年，北京市继续深化京津冀教育协同发展。市教委印发《2021年北京市京津冀教育协同发展工作要点》，明确教育疏解和协同工作重点任务、职责分工、保障措施。提前谋划“十四五”时期三地教育协同发展合作重点内容，会同津冀教育部门共同签署《“十四五”时期京津冀教育协同发展总体框架协议（2021—2025年）》，会同雄安新区管理委员会签署《关于雄安教育发展合作协议（2021—2025年）》。

（徐焕喆）

4所北京高校获批建设雄安校区

2021年，经党中央、国务院批准，北京4所高校首批建设雄安校区。分别为北京交通大学、中国地质大学（北京）、北京科技大学和北京林业大学。

（张晓兰　焦隆）

京津冀教育发展报告（2019—2020）出版

3月，《京津冀教育发展报告（2019—2020）·面向2035》出版。该书由北京教育科学研究院编纂，社会科学文献出版社出版发行，包括总报告、专题篇、地区篇、借鉴篇4部分13篇研究报告，围绕面向2035的教育现代化发展战略，多层次、多角度分析京津冀教育协同发展内涵、形势、进展与问题，提出相关改革建议。

（吕贵珍）

京津冀专场线下招聘会

5月17日，教育部会同市教委、天津市教委、河北省教育厅在中国农业大学举办“教育部24365校园招聘服务”京津冀专场线下招聘会。招聘会为京津冀地区2021届高校毕业生提供就业岗位2.30万个，北京市教育系统人才交流服务中心会同津冀有关单位组织三地高校2000余名毕业生参会求职。

（祝欣）

京津冀自学考试协作研讨会

7月2日，北京教育考试院召开京津冀高等教育自学考试协作研讨会。会议以视频会议方式召开，就三地共开专业统称、选定首批试点专业及开考时间、建立三地课程考试成绩互认机制等事项达成共识，讨论并确定考籍管理、经费划拨使用等方面意见，还结合全国课程命题思路对三地合作命题工作开展讨论。教育部考试中心相关处室负责人、三地自学考试和命题部门人员及有关主考学校人员参加会议。

（蒋来）

京冀牵手关心下一代主题教育活动

7月3日，市委教育工委、河北省委教育工委在河北省保定市阜平县举办“薪火好少年 奋进新时代”京冀牵手关心下一代主题教育活动。活动以《唱支山歌给党听》快闪开场，分为探寻、感恩、传承、奋进4个篇章，通过党史情景教学、聆听访谈故事、共颂党情党恩对中小学生进行党史学习教育。活动为参加访谈的老干部、老战士、老专家、老教师、老模范颁发纪念牌，教育部关工委、人民教育出版社向阜平县18所中小学校捐赠图书1万余册，价值近24万元。中国关工委主任、教育部关工委主任以及京冀

7月3日，京冀牵手关心下一代主题教育活动举办
（关工委秘书处 供）

两地学校师生代表400余人参加活动。

（乔永）

第七届京津冀中学生辩论邀请赛

8月21日至24日，市教委、市语委，天津市教委、市语委，河北省教育厅、省语委共同主办第七届京津冀中学生辩论邀请赛。比赛线上举行，来自京津冀16支中学生代表队160余人参加比赛。参赛队围绕高考命题、房产税、遗产税等社会热点话题，经过小组赛、复赛、半决赛、决赛4轮角逐，北京市第一〇一中学获冠军、北京师范大学第二附属中学获亚军、天津市第一中学和河北省邯郸市第一中学获季军。

（邓鸿）

京津冀教育协同发展总体框架协议签订

10月19日，“十四五”时期京津冀教育协同发展总体框架协议暨雄安教育发展合作协议签约仪式在雄安新区举行。市教委与天津市教委、河北省教育厅共同签署《“十四五”时期京津冀教育协同发展总体框架协议（2021—2025年）》，市教委与雄安新区管委会签署《关于雄安教育发展合作协议（2021—2025年）》。协议明确“十四五”时期京津冀教育协同发展工作目标，内容涵盖北京城市副中心、雄安新区、河北省廊坊市“北三县”等重点地区，涉及基础教育、职业教育、高等教育等重点领域。

（李鹏）

2021河北大厂送培任务完成

12月4日至5日，北京教育学院受市教委委托完成对口支援河北省廊坊市大厂地区基础教育提升任务。在2019年和2020年培训基础上继续“送培上门”，面向大厂地区干部教师开展线上送培活动。培训主题为“新时期干部教师专业素养提升”，分为中学校长专题、中学班主任专题、中学骨干教师专题、小学语数外学科专题、学前教育专题5个项目类别，共8个培训班，培训学员1760余人。

（石燕）

首届京津冀教育高峰论坛

12月15日，2021年首届京津冀教育高峰论坛在京举办。相关教育行政管理部门领导、国际国内教育专家和学者、优秀校长和教师、媒体人士等百余人围绕“双减”政策落地后学校教育教学提质增效、考试评价机制改革以及“十四五”时期京津冀教育协同发展等主题，通过主题演讲、专题报告、主题论坛等方式进行政策解读和经验分享。论坛首次颁发“我身边的好学校”“职业教育领军学校”“国际学校领军人物”“改革先锋教育品牌”等奖项。论坛由市教委指导，北京广播电视台联合天津、河北广播电视台主办，北京城市广播副中心之声、京津冀之声、天津经济广播、河北生活广播频率群共同承办。

（胡雨）

基础教育

保定市教育脱贫项目名校长工作站启动

4月28日，由北京教育学院对口支持的河北省保定市教育脱贫项目“李梅校长工作室”启动“牛宝存校长工作站”。工作站按照“开放合作性、前瞻引领性、变革创新性、辐射带动性”要求开展工作，入站成员校长将在两年研修期间完成“读一本好书、解决一个具体问题、指导一个教研组发展、举办一次辐射周边学校的活动”等任务，以成长为专家型校长为目标，切实提升自身学术水平，推动当地教育发展。

（石燕）

京津冀画展暨美术教学研讨

6月15日和17日，中央美术学院附属实验学校举办“红心向党，携手共进”京津冀三校师生庆祝建党100周年书画作品展。画展展出中央美术学院附属实验学校、天津市宝坻区艺术中学、河北省唐山市第十中学3所学校选送的师生国画、油画、素描、水彩、书法等作品100幅，讴歌建党百年革命精神。6月17日，举办交流研讨活动，三校干部及专业教师47人就素描基础教学、美术联考教学策略和“尚美教育”课程结构、专业与文化课程平衡等方面内容开展讨论，三校校长就基础教育美术教学方向、推动美术教师专业成长、开展有效教研活动提出建设性要求。

（刘玉斌）

京冀两地初中数学教研

9月17日，中国人民大学附属中学朝阳学校与河北省保定市4所学校共同举办初中数学“双减”之下教学策略研讨线上会议。人大附中朝阳学校初中数学组37名教师与保定市4所中学81名教师参与讨论，分享“双减”政策下教育教学实践、课后服务课程资源开发等经验和做法，并结合课程建设进一步优化学科课内、课外资源开发新思路，形成可行、有效策略。

（孙红强　李婷）

京津冀中小学生天文艺术节

9月至12月，2021北京阳光少年天文艺术节暨第三届京津冀中小学生天文艺术节举办。活动主题为“探索宇宙 筑梦星海”，来自北京、天津、河北258所中小学校和校外机构参加活动，近6000名中小学生参与创作，提交各类作品5609部，包括绘画作品4871幅、摄影作品411件、手工作品301套、科普剧26部。经初评、终评，1291部作品获奖，其中225部作品获一等奖；51家单位获优秀组织奖，100名教师获优秀指导教师奖。活动由北京校外教育协会举办，北京天文馆、天津科学技术馆及河北省科学技术馆联合支持。

（王媛媛）

潞河中学三河校区揭牌

10月12日，通州区与河北省三河市教育一体化高质量发展暨北京潞河中学三河校区揭牌仪式举行。北京潞河中学三河校区位于三河市燕郊开发区，为初级中学，占地面积2.47万平方米、建筑面积2万平方米，建设40个教室，可提供学位2100～2200个，为京津冀教育协同发展和北京市优质教育资源向河北省廊坊市“北三县”延伸布局起到推动促进作用。6月，通州区教委与三河市教育和体育局签订试点办学合作协议，作为优质教育资源输出方，由北京市通州区潞河中学承办三河市燕昌中学，学校更名为北京潞河中学三河校区，推动通州区与“北三县”在教育领域合作实现实质性进展。

10月12日，北京潞河中学三河校区揭牌
（通州区教委　供）

（白文会　张娜）

普通高等教育

京津冀国家技术创新中心合作共建协议签订

4月6日，北京航空航天大学与北京协同创新研究院签约共建京津冀国家技术创新中心。根据协议，双方共建京津冀国家技术创新中心以及智能交互机器人前沿实验室和结构功能一体化材料前沿实验室，促进前沿科学技术接续研发，共同推动重大基础科研成果产业化，培养创新创业人才，为建设国家创新体系、促进京津冀协同发展提供有力支撑。

（朴悦嘉）

京津冀高校思想政治工作队伍研讨会暨党史学习教育专题研讨会

5月13日至14日，第二届京津冀高校思想政治工作队伍研讨会暨党史学习教育专题研讨会在北京化工大学举行。会议以“学百年党史 汲智慧力量 育时代新人”为主题，举办专题报告1场、主论坛1场、分论坛2场、总结分享会1场，旨在贯彻落实习近平在党史学习教育动员大会上讲话精神，加强高校思想政治工作队伍建设，提升高校思想政治工作队伍素质能力和专业水平。会议由高校思想政治工作队伍培训研修中心（北化）主办，北京师范大学、北京科

4月6日，京津冀先进制造协同创新中心揭牌
（北航　供）

技大学、南开大学、河北师范大学高校思想政治工作队伍培训研修中心协办，京津冀三地高校思想政治工作队伍培训研修中心负责人以及高校思政工作骨干40余人参加会议。

（肖勇）

京冀共建中国首个雪上运动学院

5月27日，河北省体育局、北京体育大学、涞源县人民政府签约共建北京体育大学中国雪上运动学院。根据协议，三方重点在雪上项目竞技体育人才培养、科学研究、高水平赛事体系建设和人才培训等领域开展合作。学院致力于培养能代表国家参加国际赛事的高水平竞技体育人才；致力于提升解决制约中国雪上项目发展关键环节和重大理论实践问题的能力；组织开展竞技体育与全民健身相结合、国内与国际相结合的品牌赛事；打造以运动员、教练员、裁判员为主的雪上项目“三员”人才培养体系。

（马嘉悦）

京津冀高校档案工作协同发展研讨会

6月10日，北京市高等教育学会档案研究分会联合天津市和河北省高等教育学会举办京津冀高校档案工作协同发展研讨会。会议讨论三地高校档案工作协同发展问题，就推动三地高校档案工作方法相互借鉴、工作思路相互学习、档案信息相互共享、管理经验相互交流、工作水平共同提高等方面提出建议。来自京津冀教育主管部门领导、高校领导、专家学者和高校档案工作者20余人参加会议。

（刘晖）

京津冀公安院校学术研讨会暨北京冬奥安保论坛

12月16日，北京警察学院、天津公安警官职业学院、河北公安警察职业学院联合举办京津冀公安院校合作第四届学术研讨会暨北京2022年冬奥安保论坛。论坛以“深化警务合作，助力冬奥安保”为主题，通过线上线下相结合方式举行；来自7个省、自治区、直辖市公安机关和警察院校百余名专家围绕主题交流研讨。会议征集论文196篇，经专家评审，评出一等奖10篇、二等奖17篇、三等奖21篇。

（肖婧怡）

职业与继续教育

农职院与威县高公庄乡政府签约推进乡村振兴

4月15日，北京农业职业学院与河北省邢台市威县高公庄乡政府签署推进乡村振兴战略项目框架协议。根据协议，农职院着力为高公庄乡开展农业产业发展业务培训和技术指导、协助引进农业产业化企业等，全力助力高公庄乡推进乡村振兴战略项目，带动高公庄乡农业产业升级、产业链完善、村民收入增加。

（张洪伟）

通武廊职业学校技能大赛

5月20日，通州区教委举办2021年“丹佛斯”杯通武廊职业学校技能大赛。学生技能比赛设置学前教育专业、职业生涯设计技能、电子商务运营技能、数字影音后期制作技术、汽车机械拆装、汽车营销、职业礼仪7个项目，教师教育教学能力比赛设置思政课教师基本功、班主任基本功2个项目。来自通州区、天津市武清区和河北省廊坊市3个地区5所学校216名学生选手、35名教师选手、110名指导教师、85名裁判员参加比赛。通武廊职业教育联盟自2019年起每年联合组织教育教学能力比赛，增进区域间职业教育交流，促进各地区职教水平提升。

（李继龙）

5月20日，2021年通武廊职业学校技能大赛举办

（通州区教委　供）

京津冀地区养老机构管理者能力提升高级研修班

10月17日，由市人力资源社会保障局主办、北京劳动保障职业学院承办的2021年京津冀地区养老机构管理者能力提升高级研修班结束。研修班为期3天。京劳职院老年服务与管理专业群及国家教学创新团队教师围绕“养老机构盈利模式探讨”“养老行业发展趋势”“养老机构品牌营销”“养老机构法律风险分析与防控优化”“老年心理教育与社会心理服务”和“金融助力医养融合发展”6个主题开展培训，引导学员增长老年人与社会服务心理层面知识，增加学员对养老行业品牌营销、产业融合及发展趋势等方面认识，并在机构管理和风险防控方面传授更多经验和做法。来自京津冀地区大型养老社区、养老院、养老驿站、敬老院、家居护理服务等养老机构高级管理人员、专业技术人员及青年骨干59人参加研修。

（朱珅跃　胡雨）

（本栏责任编校　胡雨）

怀柔区

平谷区

密云区

延庆区

燕山地区

经开区

门头沟区

房山区

通州区

顺义区

昌平区

大兴区

2022 | 各区教育

DISTRICTS EDUCATION

- 东城区
- 西城区
- 朝阳区
- 丰台区
- 石景山区
- 海淀区

各区教育

DISTRICTS EDUCATION

东城区

概述

2021年，东城区教委辖属教育单位179个。其中，幼儿园67所（教育部门办园30所、其他部门办园7所、地方企业办园1所、部队办园3所、集体办园2所、民办园23所、中外合作办园1所），小学47所（全部为教育部门办校），初级中学7所（全部为教育部门办校），完全中学25所（教育部门办校24所、民办校1所），高级中学2所（全部为教育部门办校），九年一贯制学校2所（全部为教育部门办校），十二年一贯制学校2所（全部为教育部门办校），特殊教育学校2所，专门学校1所，中等职业学校4所，成人教育学校2所，其他法人单位18个。招生33804人（幼儿园6041人、小学12829人、初中9039人、普通高中5699人、中等职业学校196人）；毕业25526人（幼儿园5345人、小学9379人、初中6316人、普通高中4308人、中等职业学校178人）；在校生132400人（幼儿园19790人、小学69354人、初中26096人、普通高中16278人、中等职业学校693人、特殊教育学校189人）。教职工总数17908人（幼儿园3742人、小学5921人、中学6477人、中等职业学校473人、特殊教育129人、专门学校51人、成人教育学校156人、校外教育339人、其他教育单位620人），其中高级职称3629人、中级职称6056人。北京市特级教师69人、北京市骨干教师171人、北京市学科教学带头人34人。全年教育总投入74.98亿元。中小学固定资产总值45.94亿元。

2021年，东城区教委推进党史学习教育。教育两委承担党史学习教育主体责任，成立工作专班和56个巡回指导组。开展“学党史、强信念、跟党走”主题团队课交流及“百节主题班队会”评比展示活动。绘制《北京市东城区中小学红色文化教育地图》，发布“红色文化教育研学单”。编辑党史学习读物《百年百事》。与爱国主义教育基地开展“红色共建行动”。拍摄制作专题片《铭记——中国共产党领导下的东城教育路（1949—2021）》。

3月2日，东城区高校战略合作工程启动仪式暨“院士进校园”开学第一课在景山学校举行　　（东城区教委　供）

提升教育综合质量。系统构建中小幼一体化德育工作体系，重点拓宽劳动教育、红色文化教育两大德育路径。打造家校社协同育人、德育干部队伍提升、学生阳光心理建设三大德育工作支撑体系。构建“小初高大”一体化思政课程体系与人才协同培养模式。评审确定东城区首批名学科基地28个，引领区域学科高地建设。加大优秀生培养力度，成立“卓越成长营”，建立2个区级优秀生培养基地。推进“健康·提升2025工程”，坚持“健康第一”理念，完善学生健康管理平台和健康成长档案建设。举办区级阳光体育赛事14项，7300余人次参赛。建设季节性冰场，推广冰雪运动，举办速滑、旱地冰球等比赛。开展《国家学生体质健康标准》区级统测，完成11176人初、高中体育与健康学业水平考试。研发学段贯通长链条劳动教育课程，东城区劳动教育实践研究案例入选教育部《全国中小学劳动教育典型案例集》。开设中小学生职业体验课程155门，市民素质提升课程15门，覆盖东城区28所中小学和各街道，175740人次中小学生和1836人次居民参与线下学习。制定《东城区为适龄重度残疾儿童少年送教上门工作实施方案》。

加强人才队伍建设。推进“中小学校党组织领导的校长负责制”试点工作。作为全市首批义务教育学校干部教师交流轮岗试点区，在原有教育综合改革基础上，新增交流轮岗结对校27对，涉及学校45所。打造政治素质和业务能力突出的“双强型”干部教师队伍，系统培训“青年成长营”营员235人。

教育资源供给优质均衡。增加普惠性学前学位供给。小学扩班53个，新增学位3092个。深化学区制教育综合改革，天永学区新建、改扩建2所优质中学初中部校区并招生，新增1个九年一贯对口直升项目。初中、小学就近入学率分别为99.65%、99.68%。

提升教育治理能力。加强2021年度预算执行管理，优化财政支出结构，做好重点工程、课后服务、示范区建设、教育教学改革等重点工作资金保障。巩固拓展脱贫攻坚成果同乡村振兴有效衔接，与受援地区继续打造特色项目、品牌工程，惠及师生近2万人。完成79所中小学年度综合评价。完成东城区“十四五”时期教育发展规划编制工作。获评国家智能社会治理实验基地教育特色基地。

落实“双减”政策。建立区级“双减”工作专班，形成专班推进、部门协同、上下联动的工作机制。区教委机关增设校外培训工作科，校外学科类培训机构由82址压减至20址；做实做强校内保障，建立184个“双师教学教室”，提供超百节优质“双师课程”；丰富课后供给，开设素质拓展类课程4100余门，79所中小学的8800余名教师及少年宫、科技馆等单位的近400名校外教师参与课后服务。面向家长开展课后服务问卷调研，满意率93.8%。

（高佳　崔蕾　李媛媛）

“双师课堂”建设推进

2021年，东城区教委推进“双师课堂”建设。区内37个中学校区升级184间“双师课堂”教室，成立“1+8+X”立体网状实践共同体，以东城区教育科学研究院为引领，以8个学区为基本单元，联动X个学校（集团）；形成1+1+1（X）教研共同体，以教研员引领，龙头校名师为主讲教师，X名成员校教师远程参与，开展跨区、跨校区教研活动。85所学校2800余名教师开课，课堂教学累计106299节次，覆盖12个学科，形成区本、校本各类教研教学实录和电子共享资源1044个。推进第二批31所中小学“双师课堂”试点，利用“双师课堂”优秀教师示范课带动青年教师改进教学。

（张淑敏　李媛媛）

青年成长营

4月2日，“培根铸魂 责任担当”——东城区教育系统青年成长营开学第一课开讲。第一课内容为北京师范大学马克思主义学院教授讲授的《习近平新时代中国特色社会主义思想概论》。北师大、东城区教育两委领导及相关工作人员，区教委机关青年党员代表、教育党校干部教师、青年成长营营员等100余人参加活动。2020年10月31日，东城区教委与北师大合作启动青年成长营培训项目，从各校推荐的800余人中遴选出236名区级营员，其中核心营员98人；2021年3月，举办8场面对面营员座谈会，经过全面个性指标（CPI）测试，首批选取99名学员开展为期2～3年在职连续培养。

（李媛媛）

与清华马克思主义学院签约合作

5月7日，东城区委教育工委、区教委与清华大学马克思主义学院签约并发布战略合作方案。双方将联合开发党史学习教育课程、联合开展基础教育新课程研究、建立

5月7日，东城区教育系统与清华马克思主义学院战略合作推进会举行　（广渠门中学　供）

基础教育思政教师培训基地、开办党政正职综合素质提升研修班、探索定向在职博士培养试验项目、建立“大学中学衔接培养”共同体、联合开展优秀大学生就业指导服务、建立综合类优秀人才引进机制8项重点任务。

（陈海伦　李媛媛）

新一轮干部教师交流轮岗工作启动

8月31日，东城区委教育工委、区教委召开东城区深化推进干部教师交流轮岗工作启动会。会议解读《东城区深化推进义务教育学校干部教师交流轮岗工作方案》，启动新一轮干部教师交流轮岗工作，将按选派普通教师交流轮岗、区级以上骨干教师均衡配置和正职、副职交流轮岗3个层次推进。区教育两委班子成员，各结对学校校长，部分交流轮岗干部教师代表、教科院教研员等80人在主会场参会；各单位中层以上干部、年级组长、教研组长及参与交流轮岗学校的干部教师代表等3000余人参加线上会议。

（陈星玲　李媛媛）

第15届中小学民族团结教育周

9月24日，东城区委教育工委、区教委举办“强国有我，少年续华章——东城区第15届中小学民族团结教育周主题活动启动仪式”。活动回顾15年来东城区各中小学推进民族团结教育工作的有效做法；来自9所中小学的师生代表通过校园剧表演、民族歌曲合唱、民族体育运动展示等形式展现各校推进民族团结教育成果；青少年学生代表向东城区全体中小学生发出努力成为担当民族复兴大任的时代新人倡议。

（李媛媛）

特教质量提升表彰

12月30日，东城区教委举办东城区特殊教育2017—2020年质量提升总结暨表彰会。会议回顾东城区特殊教育办学过程及发展概况，总结3年来东城区特殊教育质量提升工作。会议表彰2021年东城区教育系统特殊（融合）教育先进学校（园所）10个，东城区教育系统特殊（融合）教育优秀教师30人，并为17名新一届东城区特殊教育专家委员会成员颁发聘书。教育部基础教育司、中国残联、中国残疾人特殊艺术指导中心、中国残疾人艺术团、北京教育科学研究院及东城区相关委办局主要领导，首都特殊教育专家，全市各区特教中心、特教学校相关负责人等90余人参加会议。

（朱艳秋　李媛媛）

西城区

概述

2021年，西城区教委辖属教育单位224个。其中，幼儿园88所（教育部门办园30所、其他部门办园13所、地方企业办园1所、部队办园3所、集体办园10所、民办园31所），小学58所（全部为教育部门办校），初级中学4所（全部为教育部门办校），完全中学31所（全部为教育部门办校），教育部门办高级中学1所，九年一贯制学校2所（教育部门办校1所、民办校1所），十二年一贯制学校4所（教育部门办校3所、民办校1所），特殊教育学校2所，中等职业学校4所，校外教育单位12个，其他直属法人单位18个（含成人学校3所）。招生52949人（幼儿园9579人、小学21357人、初中13595人、普通高中8074人、特殊教育学校66人、专门学校6人、中等职业学校272人）；毕业33699人（幼儿园6671人、小学12280人、初中9064人、普通高中5477人、特殊教育学校92人、专门学校2人、中等职业学校113人）；在校生194530人（幼儿园25061人、小学108159人、初中38277人、普通高中21991人、特殊教育学校329人、专门学校6人、中等职业学校707人）。教职工总数20970人（幼儿园4562人、小学7152人、中学8351人、中等职业学校637人、特殊教育235人、专门学校33人），其中高级职称3557人、中级职称5828人。北京市特级教师79人、北京市学科教学带头人36人、北京市骨干教师176人、北京市骨干班主任47人。全年教育总投入99.25亿元；固定资产原值63.66亿元，净值28.09亿元。新建小学1所（北京市西城区育翔小学分校）、中学1所（北京市西城区德胜中学）。设立学区11个。

2021年，西城区教委坚持“五育并举”，落实立德树人根本任务。围绕建党百年，组织“开学一课”“拿起纸笔·见字如面”等系列主题教育活动，传承红色基因。贯通学段培养，形成推进一体化德育体系建设框架及学段衔接课程。制定“贯彻落实新时代学校体育工作的实施方案”，实施体育改革“五项工程”，启动“跳动校园”活动，实现跳绳运动全区中小学全覆盖。推进“小胖墩、小眼镜、小豆芽、小焦虑”精准防治工作。构建家校社协同育人环境，完善终身教育体系。聚焦不同年段学生特点，设置“双减”专题，完成西城区家长学校网上课堂课程体系建设。新认定4个西城区市民终身学习服务基地，2个基地的学习项目获评“北京市终身学习品牌项目”。

推进教育治理能力提升。完善工作机制、优化工作方法、强化分析研判和源头治理，区教委热线办理工作解决率和满意率呈同步双升态势。推进依法治校，加强法律服务支持保障，强化内部审计监督服务职能和内部控制制度建设，提升教育治理水平。聚焦群众需求，22所暑期托管服务承办校提供2期托管服务，惠及学生530人次。推进“平安校园”建设全覆盖，“一校一址一策”，加强校园周边综合治理，完成绿色学校创建验收工作。推进“互联网+明厨亮灶”智慧管理模式，学校食堂100%实现“明厨亮灶”。推进普通高中新课程新教材实施国家级示范区建设工作。全覆盖打造教育高峰，聚焦学生多元发展和学校课程体系建设，立项266个，实现“双新”建设研究区域全覆盖。报送至教育部的6项“双新”经验成果全部入围。

聚焦干部教师队伍建设。制定“优秀人才引进实施方案"，分批次引进教育人才。对新入职教师开展集中培训和跟踪培养，实施名师培养工程，组织"金秋杯"教学活动，推进 37 个"名师工作室"和 32 个"导师团"建设，教师队伍结构进一步优化。西城区获批教育部"人工智能助推教师队伍建设"试点区。

4 月 16 日，西城区教委举办"跳动校园"西城区中小学跳绳系列活动启动仪式（西城区教委　供）

多措并举着力破解学位供需难题。在招生入学工作中着眼当前，立足长远，坚决执行"多校划片"政策，破解"学区房"困境，打造"类西城"教育生态圈。全年新增学前学位 2000 个，义务教育学位 13000 余个；新增 6 个校址面向全区招生，新增北京八中京西校区寄宿制招生。

推进"双减"工作纵深发展。在推进"双减"中推行课后服务点"餐"到校模式，入选教育部首批 10 个"双减"典型案例在全国推广。制定"干部教师交流轮岗工作方案"，推动教育资源合理配置。在区"双减"专班统一指挥下，全区校外培训机构治理任务提前完成，校外机构总量下降 78%，全部纳入资金监管，无证机构动态清零。

（杨海蓉）

西城推进"双减"落地落实

2021 年，西城区教委推进"双减"落地落实。完善机制建设，出台相关指导文件 10 余个，指导各校制订"一校一案"。建立"2＋4""双减"工作制度支持体系，即《西城区义务教育学校"双减"工作评估要点》《西城区义务教育学校课后服务评估要点》2 个标准和协同联动、典型案例推广、专业支持、四级督查调研 4 项工作保障机制。建立日报、周报、半月报、月报制度，追踪"双减"相关数据及落实情况；印发《西城区中小学"双减"工作简报》（1—3 期）。建立四级督查调研制度，每周下校调研，先后 5 次开展课后服务整体调研。建立资源共享机制，点"餐"到校课后服务项目入选教育部首批 10 个落实"双减"典型案例。加强各初中考试管理，研究制定《西城区中小学试卷专项检查工作方案》，健全区级试卷检查长效机制。问卷调查显示，学生和家长对校内减负提质满意度超过 94%。暑假期间举办 2 期小学生托管服务，每期 12 天。22 个托管服务承办校分布在 15 个街道，2 期参与学生分别为 356 人、174 人。

10 月，宣武少年宫为学生提供儿童创意美术课后服务（西城区教委　供）

（孙宇　沈璐萍）

"双新"建设推进

2021 年，西城区教委有序推进普通高中新课程新教材实施国家级示范区建设工作。根据示范区建设三年工作规划和第一年度工作方案，推进项目申报，开展全员培训，完成示范区（校）年度总结，在教育部就"双新"第一年工作所开展的经验成果征集活动中，报送的 6 项经验成果全部入围，并被推广至全国；完成 2 次调研活动，组织 16 所学校接受市教委委托的北师大专家团队入校调研，完成区域项目实施总结报告；9 月，接受教育部基础教育课程教材发展中心调研。11 月 26 日至 12 月 3 日，依托西城区教育科研月，以"'双新'建设 高质量高中教育区域实践"为主题，开展系列学术研讨活动。11 月 30 日，作为代表在教育部"双新"国家级示范区（校）建设工作年度总结交流会上作经验成果交流。

（孙宇　陈甜甜）

德育体系建设实施细则，采取典型引路，分 3 批建设，先公立后其他类型，计划于 2025 年完成全区一体化德育体系建设任务。

（乔春江）

食品安全管理

至年底，朝阳区探索学生食品安全管理新思路。1 月，朝阳区卫生保健所开通食品安全“接诉即办”专线（85988624）。全年接报学校师生、家长及社会对学生餐问题的投诉意见和建议 304 个，全部反馈相关制作单位，得到解决。1 月至 4 月，完成 62 校址集体订餐合同和 230 所学校委托管理食堂合同审核备案；联合区食品安全办公室、区市监局、区疾控中心、区公安分局开展外供餐企业供餐资质考察评审工作，认定 28 家企业为区教育系统准入供餐单位，其中区公安分局为首次加入考察评审工作。

（车凤鸣）

1 月，朝阳区卫生保健所开通食品安全“接诉即办”专线
（朝阳区教委 供）

心理健康教育推进

至年底，朝阳区教育系统各单位推进学生心理健康教育。4 月 19 日至 23 日，北京教育学院朝阳分院对区内 13 所小学、8 所中学，21 所样本校开展心理健康教育下校调研，关注心理辅导室建设与使用、心理课开设、专兼职心理教师配备、心理健康工作设计与实施 4 部分内容。结果显示学校心理健康教育发展不均衡，个别学校需要加强师资、课程建设。该院另于 5 月中旬启动“十四五”心理健康教育课程需求调研，收回有效问卷 294 份。调研结果显示，心理教师在“心理危机学生的识别与干预”“个别心理咨询理论与技术”“特殊学生的识别与教育干预”等方面学习需求迫切。5 月 25 日，朝阳区教委启动 2021 年“心理健康关爱行动”主题活动月；6 月，北京市朝阳区教师发展学院启动第 17 届“朝阳杯”心理健康教育成果评优活动；9 月至 12 月，区教师学院开展“医教结合”中小学生心理体检工作，93 校址 15795 名初一年级学生、154 校址 21827 名五年级学生参与。

（杨红　乔春江）

丰台区

概述

2021 年，丰台区教委辖属教育单位 283 个。其中，幼儿园 144 所（教育部门办园 27 所、其他部门办园 4 所、地方企业办园 4 所、事业单位办园 1 所、部队办园 13 所、集体办园 23 所、民办园 72 所），小学 70 所（教育部门办校 65 所、民办校 5 所），初级中学 11 所（教育部门办校 10 所、民办校 1 所），完全中学 12 所（教育部门办校 11 所、民办校 1 所），高级中学 4 所（全部为民办校），九年一贯制学校 14 所（教育部门办校 12 所、其他部门办校 1 所、民办校 1 所），十二年一贯制学校 5 所（教育部门办校 4 所、民办校 1 所），特殊教育学校 1 所，中等职业学校 5 所，其他法人单位 17 个。招生 36785 人（幼儿园 14597 人、小学 11146 人、初中 7088 人、普通高中 3353 人、中等职业学校 601 人）；毕业 27571 人（幼儿园 11281 人、小学 8969 人、初中 4779 人、普通高中 2141 人、中等职业学校 401 人）；在校生 144522 人（幼儿园 45752 人、小学 67020 人、初中 20629 人、普通高中 9200 人、中等职业学校 1725 人、特殊教育学校 196 人）。教职工总数 18754 人（幼儿园 7870 人、小学 4723 人、中学 5765 人、中等职业学校 355 人、特殊教育 41 人），其中高级职称 1710 人、中级职称 4511 人。北京市特级教师 85 人、北京市骨干教师 148 人、北京市学科教学带头人 28 人。全年教育总投入 60.99 亿元。中小学固定资产总值 30.53 亿元。新建中学 1 所。设立教育集群 8 个。

2021 年，丰台区教育系统优化教育布局。推进北京教育学院丰台分院实验学校、北京十一学校中堂实验学校、北大附小丰台学校改扩建工程等市、区级重点建设项目；加快办理北京市丰台区丰台第一小学丽泽分校项目等 5 项建设工程前期手续，完成西山甲一号配套幼儿园等 2 所幼儿园接收工作；完成首都师范大学附属云岗小学托管北京大学附属小学丰台分校工作。明确 3 所小区配套园办园主体，针对民办非普惠园 2020 年转普生均定额补助、一次性奖励资金，开展资金使用及管理情况审计工作，全年新增普惠性学前学位 990 个，超额完成年初制定的新增 800 个学前学位任务。开展社区办园点分类治理工作，学前教育普惠率由年初的 70% 提升至 91.7%。

推动学生全面发展。德育工作不断深入，开展“一校一案”案例评选活动，召开丰台区深化新时代思政课改革推进会。开展庆祝建党百年丰台区中小学校百年百团唱百歌系列活动；推荐 2 所幼儿园参加全国足球试点幼儿园认定工作，完成 25 所冰雪运动特色学校及奥林匹克教育示范校评估验收。发挥职成一体化发展优势，推进北京市特高校建设项目，通过特高校中期验收。北京市丰台区老年开放大学开学。

推进教育改革。建立丰台区小学引进校“高品质课程教学研究”基地校联盟和丰台区“小学生核心素养培养研究”基地校联盟，带动学校课堂教学质量提升。启动丰台区义务教育学校品质提升项目，以校长研修方式推进项目开展。实施普通高中高品质示范、品牌特色学校建设项目。办结行政许可审批事项 11 项。优化教育督导管理体系，选聘新一届幼儿园兼职责任督学。完善教育督导与教育质量评估监测中心建设，划分 9 个督学责任区，构建全区“119”督导管理体系（1 个科室、1 个督导中心、9 个督学责任区）。

12 月 25 日，2021 年丰台区中小学生冰球挑战赛开幕
（丰台区教委 供）

夯实工作基础。打造优质师资队伍，完成 2 批次应届毕业生公开招聘和事业单位公招。深化绩效工资改革，坚持向教育教学一线、班主任、骨干教师倾斜。推进城市安全隐患治理 3 年行动工作，年度监督检查学校、幼儿园 300 所次，完成率 100%。根据 2021 年教育系统安全隐患台账挂账信息反馈，对 7 所上账学校 14 处隐患进行现场核查与四方签字，并由属地完成挂账隐患销账工作，销账率 100%。开展垃圾分类、爱卫创卫工作，由工作专班统筹爱卫、创卫、垃圾分类、光盘行动等工作。开展教育系统生活垃圾分类专项行动及“小手拉大手，垃圾分类你我同行”主题教育活动。与对口帮扶地区新建结对校 33 对，派遣教师支教 13 人，连续第 11 年做好内地新疆高中班承办工作。

推进“双减”工作。探索形成“区专班＋街镇＋楼宇，集中执法＋科技监管＋帮扶纾困”的“三三式”综合治理模式。召开中小学“双减”工作交流会两次；构建学校“五项管理”长效机制、深化课堂教学改革、优化课后服务内容。

（陶慧贤　武卫华　杨玉朝）

丰台推进“双减”落地落实

2021 年，丰台区教委推进“双减”工作落地落实。建立区教育两委、属地街镇、相关委办局共同参与的校外培训机构检查机制。召开相关培训会、研讨会，展示学校“双减”成效。10 月至 12 月，组织挂牌责任督学对 103 所（142 址）学校，围绕规范教育教学秩序、课后服务、“五项管理”等内容，开展 3 轮义务教育学校“双减”工作专项督导。至年底，全区累计压减学科类培训机构 174 址，其中有证机构从 49 址压减至 8 址，压减率 83.67%。

（谢守成　魏国华　张良利）

深化新时代思政课改革

3 月 18 日，丰台区教委召开“立德 育人 实践 创新”深化新时代思政课改革推进会。会议解读丰台区“全要素、贯通式、实践性”思政课程框架，展示 3 节大、中、小贯通式思政课，发布 9 条“行走的思政课”精华路线，公布 47 所丰台区首批“新时代学校思想政治理论课改革创新基地校”。教育部基础教育司、市教委、丰台区教委领导，全区中小学校长、教师代表等 200 人参加会议。

（李冉）

丰台区老年开放大学成立

6 月 3 日，北京市丰台区老年开放大学成立仪式暨校园开放日体验活动在丰台社区学院举行。活动为“北京市丰台区老年开放大学”揭牌，并为首期专职、兼职教师代表颁发聘书。丰台区老年开放大学是在北京开放大学、丰台区教委支持下，由北京市丰台区职业与成人教育集团举办的一所面向老年人、承担区域老年教育的大学。学校设在丰台区望园东里 23 号丰台职工大学院内，设有茶艺教室、电子琴教室、舞蹈教室等专用教室 10 个，首期开设电子琴、素描、京剧等 12 门课程，招收学员 205 人。

（赵妹）

第五届“创新杯”骨干教师基本功展示活动

7 月至 11 月，丰台区教委举办职教系统第五届“创新杯”骨干教师教学基本功展示活动。60 名选手参加初赛选拔，其中 35 人进入决赛。决赛分为公共基础课和专业课 2 个组别，设置教学设计、教学片段、说课和答辩展示3项内容。活动评选出一等奖8人、二等奖13人、三等奖14人。

（吴玉鸿）

义务教育学校品质提升项目启动

10月9日，丰台区教委召开丰台区义务教育学校品质提升项目暨干部培训班启动会。项目首批选定实施学校38所，围绕义务教育质量主线，集中资源，聚焦德育实效、课程建设、劳动教育等重点任务，定向突破，形成办学特色，打造教育品牌。相关学校校长及项目负责人等80人参加启动会。

（李冉）

第五期“春风计划”高级研修班启动

11月16日，北京教育学院丰台分院举办第五期“春风计划”项目高级研修班启动会。会议解读研修班项目方案，阐述整体架构、提出项目设计思考和策略，针对课程体系、保障机制进行说明。2名教师代表24名参训学员发言，叙述学习期待和学习规划。“春风计划”项目于2017年启动，每2年举办1期，面向丰台区市级骨干教师选拔学员，旨在培养专家型教师队伍。

（吴晨）

幼师美育课程项目启动

12月10日，北京教育学院丰台分院举办“丰台区幼儿园教师美育课程”启动仪式。培训项目由教育学院丰台分院教师发展中心协同学前教研室与丰台区少年宫共同完成，通过区域优质学前艺术教育资源融合和共享，为幼儿园培养艺术教育师资力量和幼儿艺术教育深入开展打基础。40余名区属园所骨干教师参加启动仪式，1000余名幼儿教师线上参与活动。

（王春平）

12月10日，“丰台区幼儿园教师美育课程”启动

（丰台区教委 供）

中学作业设计与指导手册发布

12月27日，北京教育学院丰台分院发布《丰台区中学作业设计与指导手册》。手册研发工作于5月启动，面向1300余名教师和10000余名学生开展作业专项调研，并在调研的基础上起草《丰台区中学作业设计与实施指导意见》和《各学科作业设计与实施建议》，经过3轮修改，组织学科组、学校管理、学科专家征求意见，最终确定“试行版”。

（刘青岩）

石景山区

概述

2021年，石景山区教委辖属教育单位109个。其中，幼儿园48所（教育部门办园10所、地方企业办园4所、部队办园2所、集体办园1所、民办园31所），小学25所（全部为教育部门办校），初级中学6所（全部为教育部门办校），完全中学3所（全部为教育部门办校），高级中学2所（全部为教育部门办校），九年一贯制学校5所（教育部门办校4所、民办校1所），十二年一贯制学校5所（教育部门办校3所、地方企业办校1所、民办校1所），特殊教育学校1所，中等职业学校2所，其他法人单位12个。招生14472人（幼儿园5400人、小学4548人、初中2976人、普通高中1450人、职业高中98人）；毕业10177人（幼儿园3367人、小学3494人、初中2216人、普通高中987人、职业高中113人）；在校生55268人（幼儿园17158人、小学24855人、初中8824人、普通高中4109人、职业高中234人、特殊教育学校88人）。教职工总数7382人（幼儿园2873人、小学1358人、中学2967人、职业高中150人、特殊教育34人），其中高级职称1121人、中级职称1749人。北京市特级教师21人、北京市骨干教师55人、北京市学科教学带头人12人。全年教育总投入26.43亿元，中小学固定资产总值30亿元。设立学区4个。

2021年，石景山区教委聚焦“幼有所育、学有所教”，推进学前教育普及普惠安全优质发展。优化学前教育资源布局，接收配套幼儿园3所，增加学位810个，普惠性幼儿园覆盖率87%以上。推进义务教育优质均衡发展，普通高中多样化发展。编制完成并实施石景山区“十四五”教育信息化发展规划，开展智慧校园达标建设，持续推动“互联网+基础教育”项目建设，推进“双师课堂”建设，构建“双师”背景下的优质教学资源“内循环、外循环和大循环”。完成首批特色学校评估申报工作。推进北大附中石景山学校（新址）、北京市十一学校石景山学校、金顶街小学施工建设和衙门口配套学校、首钢东南区配套学校前期手续办理。坚持“治乱、减负、防风险”与“改革、转型、促提升”并重，推进“双减”工作。深化“双减”校内工作“大学习 大讨论 大检查 大落实”行动。落实作业减量提质，丰富课后服务供给，建立暑期托管长效机制。继续做好高中中外合作办学项目，支持学校缔结新的友好、姊妹关系。持续开展教师支教、教师培训、学校结对、精准助学等项目，推进与内蒙古、青海、河北、天津、河南等地区的教育合作交流。“特殊教育提升计划（2017—2020年）”落实情况获市教委评估组肯定，区教委针对评估意见确定进一步落实方案，特别将学前融合教育纳入全区特殊教育体系。

深化德智体美劳全面培养的育人体系建设。制定《石景山区贯彻落实〈深化新时代教育评价改革总体方案〉的工作方案》。推动学生评价改革和教师评价制度改革，突出教育教学实绩。推动职业院校毕业生在就业、落户方面与普通高校毕业生享受同等待遇。推进“石景山区拔尖创新人才培养育苗工程”和高三学习力提升工程，加强创新人才培养。加强中华优秀传统文化教育，推进区域学生阅读工程实施，创立石景山区武术进校园品牌，开展第35届中小幼师生“四联展”、第7届“墨香书法”等活动。强化体育课和课外锻炼，举办区、集团、校、班四级体育赛事，统筹区域运动场馆、体育设施用于学生体育锻炼。对全区40余所学校实施中小学校普通教室照明改造，开展心理健康体检，建立完善市、区、校三级医教结合心理危机干预体系。

5月24日至6月14日，石景山区教委举办第35届中小幼师生“四联展”活动　（石景山区教委　供）

建设高素质干部教师队伍。开展“四有”好老师评选等活动，营造“学有榜样、赶有方向”氛围。把师德考核作为教师年度考核的核心内容，建立教师诚信记录目录清单，加大师德失范问题处理和曝光力度，将教师教育行为记入个人信用记录，对存在严重不良行为的依法实行行业禁入。推进第三期书记、校长工作室建设，利用教师研修信息化管理平台，开展线上线下相结合的教师培训。科学设计新教师入职培训、青年教师提升培训、骨干教师研修、特级教师工作室等分层培训项目，以市、区级培训为引领，加大校本培训力度，完善“六层级教师培养课程”体系。推进实施《石景山区教育系统人才引进暂行办法》，引进高层次教育人才，聘请20余名国内优秀教育专家带动教师队伍发展。深化校长职级制改革，加强教师信息管理系统建设。实行“人员额度”管理，补充幼儿园教师，规范幼儿园外聘人员管理。推进中小学教师“区管校聘”试点。

提升教育治理能力和水平。深化平安校园建设。以国家安全教育日等为契机，开展安全专题教育及应急救援进校园活动。做好中小学幼儿园挂牌责任督学每月专项督导、中小学校发展素质教育督导、集团化办学改革绩效督导、幼儿园办园质量督导评估等督导评估，开展综合督导回访，督促学校问题整改。开展石景山区第二届“督实杯”督学论文案例征集活动和石景山区“督学之星”评选。提升“接诉即办”工作水平，推动主动治理、未诉先办。

（丁荣利）

石景山推进“双减”落地落实

2021年，石景山区教委推进“双减”落地落实。制定《石景山区关于进一步减轻义务教育阶段学生作业负担和校外培训负担的实施方案》和《石景山区进一步优化课后服务工作实施方案》等文件，建立健全问题整改反馈、教科研视导、督查指导、家校共育和宣传引导5项机制。召开全体校长会4次、全体教学干部工作会2次，组织“五项管理”培训及骨干教师“双减”专题培训班等。组织全区中小学围绕“双减”开展校级研究活动626次、区级研究活动194次、市级研究活动65次。制定《2021年石景山区教育系统小学生暑期托管服务工作方案》。7所小学作为暑期托管承办校，完成2期24天暑期托管服务工作，惠及学生314人，校级领导32人、中层干部40人、教师204人、校医和安保人员61人参加托管服务工作。9月5日，协调组织全区中小学、幼儿园，举办校外培训机构人才专场招聘会，提供中小学、幼儿园工作岗位167个（包括在编岗位46个）。

（王贤鑫　荆林　白璐）

“迎冬奥”活动

2021年，石景山区开展各类活动“迎冬奥”。4月15日，中国滑冰协会在北京景山学校远洋分校举办“体教融合·植根计划”行动启动暨石景山区实验基地授牌仪式。“体教融合·植根计划”行动计划旨在培养滑冰指导员，帮助青少年掌握滑冰技能，建立人才库带动营造校园体育氛围，搭建校园体育赛事平台。10月8日，区教委组织小学体育教师开展“冰雪操”动作培训，启动面向全区小学的“冰雪操”普及活动。10月，区教委发布“迎冬奥 一起来”系列活动方案，确定“学起来”“唱起来”“滑起来”“画起来”“做起来”——五大活动主题方案。10月至12月，区教委分别举办“妙笔生花迎冬奥，翰墨丹青庆华章”第7届中小学师生“墨香书法”展示活动和“数字赋能终身学习，提质增效服务冬奥”全民终身学习活动周活动。

（金清苗　荆林　彭中群）

创城工作动员部署会

3月10日，石景山区委教育工委、区教委召开教育系统2021年创城工作动员部署会。会议传达总结上一轮、部署新一轮创建工作，发布《石景山区教育系统2021年创城工作要点》，并为7所创城示范学校授牌。区委教育工委、区教委班子成员，全区各中小学、职业高中、相关直属单位主要领导和创城工作负责人，区教委各科室负责人参加会议。

（马新）

一体化德育实践研究示范区建设

5月17日，石景山区教委与北京市学校德育研究会签订《石景山区幼小初高一体化德育协同育人实践研究》合作协议。双方将在“十四五”期间合作推进幼小初高一体化德育实践研究，开展为期3年的合作。区教委制定《石景山区建设北京市一体化德育实践研究示范区建设实施方案（2021—2023）》，组建理论研究小组开展幼小初高分阶段学生身心发展特点研究，指导8个教育集团分别围绕理想信念、社会主义核心价值观、中华优秀传统文化、生态文明、心理健康教育，探索构建主题德育内容体系。

（康爱农）

第35届中小幼师生“四联展”

5月24日至6月14日，石景山区教委与石景山区精神文明建设委员会联合举办“党在我心中 永远跟党走”石景山区第35届中小幼师生“四联展”活动。“四联展”坚持继承和发展相结合，将以往的“绘画、工艺、书法、篆刻”展示内容调整为“绘画、工艺（含篆刻）、劳技、科技”，利用各幼儿园、中小学以及各园、各校所在社区宣传橱窗，展示中小幼学生作品3551件、教师作品856件。82所中小学、幼儿园参展，布展社区橱窗121个。

（荆林）

中小学生爱乐交响乐团成立

7月17日，石景山区中小学生爱乐交响乐团成立仪式在石景山区青少年活动中心举行。作为石景山区首个区级中小学生交响乐团，该乐团为石景山区爱好音乐学生搭建展示自我、学习交流高水平艺术平台，助力艺术教育发展。乐团首批成员38人，来自区内20所中小学，通过线上初试、线下复试选拔产生。乐团聘请中国爱乐乐团大提琴副首席关正跃担任团长，每周五晚17：00—20：00开展线下排练。

（金清苗）

中小学中华优秀传统文化教育

至年底，石景山区教委多举措推进中小学中华优秀传统文化教育，印发《石景山区关于进一步推进中小学中华优秀传统文化教育的工作方案》，指导全区中小学进一步开展中华优秀传统文化教育。6月9日，举办“京式旗袍传统制作技艺”非遗项目专项成果汇报展，发布由北京市黄庄职业高中教师研发设计的“京式旗袍中式手袋”等石景山区非遗礼物。6月11日，京式旗袍工作室代表石景山区参加北京市文化和自然遗产日“北京非遗 致敬百年”宣传展示活动，展示雪花装饰画、盘扣雪花挂件、花型胸针等作品，工作室传承人展示布艺铃铛香囊、非遗盘扣饰品等器件制作。9月3日至7日，京式

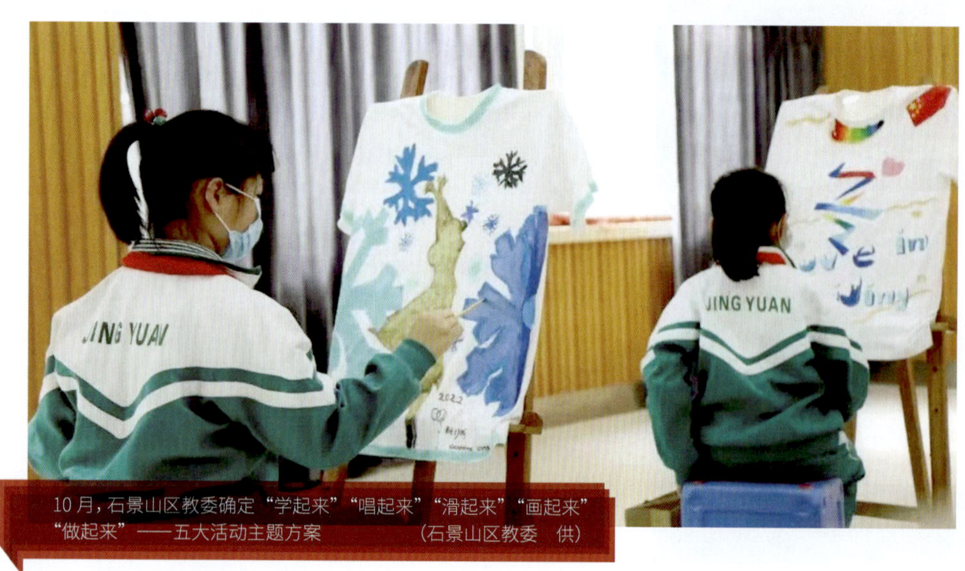

10月，石景山区教委确定“学起来”“唱起来”“滑起来”“画起来”“做起来”——五大活动主题方案　（石景山区教委　供）

旗袍工作室在首钢园服贸会展出盘扣饰品等50余款作品，并现场展示盘扣小雪花挂件制作。京式旗袍工作室成立于2015年，设在黄庄职高，有成员5人，累计开展非遗进社区活动100余次，惠及3万余人；走进18所大中小学和幼儿园80余次，惠及学生2万余人次。

（魏祯　荆林）

“双师课堂”项目建设

至年底，石景山区教委推进“双师课堂”项目建设。“双师课堂”一期项目完成3所实验校39间教室全部设备安装及调试，完成实验校100余名教师培训。10月12日，召开“双师赋能，资源融通，共享共生”石景山区“双师课堂”展示与交流活动，为石景山区“互联网＋基础教育”专家智库首批3名专家颁发聘书，通过交流、展示、总结、分享4个环节展示石景山区“双师课堂”项目建设初期成果和未来展望。“双师课堂”作为石景山区重点建设项目，被列入石景山区教育信息化“十四五”发展规划。11月26日，“双师课堂”二期建设项目方案论证会举行，在石景山区“双师课堂”一期资源建设项目基础上申请二期建设。

（王贤鑫）

海淀区

概述

2021年，海淀区教委辖属教育单位485个。其中，幼儿园223所（教育部门办园30所、其他部门办园15所、地方企业办园5所、事业单位办园26所、部队办园36所、集体办园24所、民办园86所、具有法人资格中文合作办学1所），小学130所（教育部门办校103所、其他部门办校9所、民办校18所），初级中学6所（教育部门办校5所、民办校1所），完全中学38所（教育部门办校28所、其他部门办校4所、民办校6所），高级中学2所（其他部门办校1所、民办校1所），九年一贯制学校13所（教育部门办校11所、民办校2所），十二年一贯制学校28所（教育部门办校13所、其他部门办校2所、民办校13所），特殊教育学校2所，专门学校1所，中等职业学校1所，其他法人单位41个。招生102147人（幼儿园26942人、小学34066人、初中25521人、普通高中14813人、中等职业学校805人）；毕业78208人（幼儿园19871人、小学26606人、初中18839人、普通高中12224人、中等职业学校668人）；在校生385197人（幼儿园78210人、小学186638人、初中73840人、普通高中43714人、中等职业学校2310人、特殊教育学校485人）。教职工总数42793人（幼儿园13958人、小学10000人、中学18023人、中等职业学校428人、特殊教育384人），其中高级职称5123人、中级职称8905人。北京市特级教师205人、北京市骨干教师305人、北京市学科教学带头人63人。全年教育总投入152.58亿元。中小学固定资产总值153.40亿元。新建小学2所、中学5所。设立学区17个。

2021年，海淀区教育系统扩增普惠性学前学位。巩固学前三期计划成果，扩增学前学位，新增小区配套园全部办成普惠园。全年新增15所普惠幼儿园、改扩建4所幼儿园，扩增普惠学位5640个。北部地区引入北京明天幼稚集团、新区恩济幼儿园、中科院三幼等优质公办园承办新建小区配套园。探索“央地合作”办园模式，推进区教委与中央党校合作办园，由党校提供办园场地，北京市六一幼儿院承办，为青龙桥地区补充优质学前教育资源。支持社会力量办园，新审批民办园10所，扩增学位2190个。

9月至11月，海淀区北部地区5所幼儿园开园

（海淀区教委　供）

优化区域教育资源配置。完成北大附中新馨苑九年一贯制学校等19项中小学、幼儿园新建改扩建项目，新建改扩建面积174211平方米；完成10个中小学综修项目，修缮面积73654平方米。以上项目新增小学学位7640个、中学学位2040个。实施操场修缮51块，修缮面积32.06万平方米。育英学校科学城北区分校招生，人大附中二分校、北京市第十九中学增设小学学段，北京市清河中学增设高中学段，北京市十一学校借址设立北校区。

高质量开展东西部帮扶工作。采取全覆盖学校结对、派驻支援教师、指导建设教师发展中心、承接跟岗培训等方式继续深化与新疆和田地区，以及北京延庆、怀柔两区的教育合作关系，持续开展对疆藏蒙冀的支援工作。本年度在结对帮扶地区新增手拉手结对学校34所，对内蒙古科右中旗43所学校开展教育帮扶，支持41名援疆、10名援蒙援冀、4名援藏干部教师继续开展支援工作，选派2021年援藏教师5人、援蒙教师29人。

推进智慧教育发展。开展"智慧教育示范区""基于教学改革、融合信息技术的新型教与学模式试验区""人工智能助推教师队伍建设"和北京市"互联网+基础教育"建设工作。完成北部新区21所幼儿园新建校信息化工程统建工作。完成全区5750间智慧教室建设工作。初步建成大数据支撑平台，实现区域教育数据的部分互通。启动全区互联网统一出口建设工作。制定《海淀区"三个课堂"建设2021年度工作方案》，提升信息技术教育教学融合能力。出台《海淀智慧教育建设管理细则》和《海淀区智慧教育项目竣工验收规范》，提升智慧教育建设管理规范化。

创新增强德育实效。与北京市学校德育研究会合作建立北京市大中小学思政课一体化建设示范区，成立全市首个"大中小思政课一体化建设研究基地"，发挥立德树人的先行探索和示范引领作用。召开"永远跟党走"学科德育现场会，探究学科教学融合党史教育方法路径。新增25所"绿色成长"学科德育项目实验校，推进跨学段一体化课例研究。推进垃圾分类工作，开展"科技助力新时尚，创新引领新未来"垃圾分类"小手拉大手"活动。

抓好学生学习质量，加强体质和心理教育。首次开展小学五年级语文和体育学业质量评价，以问题为导向，精准施策，在"双减"背景下，促进教学质量进一步提升。初中学业水平考试全区及格率提升至98%以上。出台《海淀区全面加强和改进新时代学校体育工作的实施方案（试行）》，增加体育课时，丰富体育课外活动，确保学生在校期间每天锻炼一小时。完成海淀区122所学校27000名五年级学生体质测试工作。进一步完善中重度心理问题学生"一人一策"工作机制，形成心理危机事件的预防、预警及干预制度，对所有中学和部分小学的心理健康教育与干预工作进行现场调研和检查评估，开设心理健康教育课程，促进学生身心健康成长。

重视劳动教育。制定《海淀区全面加强新时代中小学劳动教育的实施意见》，建设科技引领型全国中小学劳动教育实验区，评选出62所海淀区首批劳动教育"特色学校""实验学校""研究学校"，在课后服务时段开设劳动教育课程。发布《海淀区3～18岁学生家庭劳动教育任务清单》，指导学生劳动实践。

（尹涛　宋亚甫）

海淀推进"双减"落地落实

2021年，海淀区教委推进"双减"落地落实。召开"聚焦'双减'政策落地，谱写教育改革新篇章"教育科研工作会、校外培训机构规范办学专题会议、落实"双减"工作学区汇报会等，部署相关工作，搭建交流平台。海淀区教委、区民政局、区市场监管局等部门建立"同审联批"机制，明确非营利机构设置标准和审批流程。9月30日，完成首家培训机构"营转非"登记工作，同时7家机构承诺先培训后付费。9月至11月，区教委整合10家区属青少年活动中心为区域学校提供课后服务，组织58名教师为11个学区22所学校提供课后服务。

（宋亚甫）

人才公寓房源抽签

1月19日，海淀区教育两委举行人才公寓房源抽签仪式。抽签仪式以视频会议方式，相关单位、申请单位和申

9月至11月，海淀区10家青少年活动中心为区域学校提供课后服务　（海淀区教委　供）

6月11日，中关村一小承办"北京市小学体育特级教师'师带徒'示范引领教学改革成果展示"活动　　（中关村一小　供）

请人代表监督下进行，为海悦梧桐苑项目房源第二次分配，有房源167套，其中一居室123套、两居室44套。区教育系统106家单位729人提出申请。

（宋亚甫）

两份学生"提案"上两会

3月5日，北京市第一〇一中学学生模拟政协两份"提案"经全国青少年模拟政协组委会推荐，由全国政协委员提交全国政协大会。其中，提案《关于将照护老人技能培训纳入高中劳动教育课程的建议》着眼于照护老人技能培训，以劳动教育课程为切入口，通过学校对口连接，在教委统一组织领导和卫健委、教育部门协助下，建立长期有效的照护老人技能培训联动机制；提案《关于在全国推广食物共享理念减少食物浪费的建议》建议在全国推广食物共享理念，建立"食物银行"，收集过剩食物捐助给有需要的低收入人群，开发食物共享手机应用程序（APP或小程序），将餐厅、超市等即将处理的食物低价卖给顾客，避免浪费、减少厨余垃圾形成。

（宋亚甫）

垃圾分类教育

4月22日，海淀区教委首批设立6所垃圾分类示范教育基地校。全区形成"教委和学校签约""学校与家庭签约"顶层设计，以签约形式把垃圾分类重点工作、时间安排、推进效果落实在纸面上。海淀区教育系统生活垃圾分类工作于2020年5月启动，发挥党员带头示范作用，1万余名党员完成垃圾分类小程序注册、填报；在全市首推"垃圾分类"空中课堂，供全区中小学生线上学习垃圾分类知识；通过小手拉大手，学生带动家庭，家庭影响社会，将垃圾分类新时尚由校内延伸到家庭和社会。

（宋亚甫）

每周3～5节体育课

4月，海淀区中小学每周开设3～5节体育课。区内中小学全部出台课程改革方案并进入过渡阶段，小学每周5节体育课进入课表，初高中根据现有资源调整课时，初中每周4～5节体育课，高中每周3～5节体育课。此外，各校将课后服务时段的大部分时间用于开展特色体育运动；在保证"课外运动1小时"方面，海淀区明确各校要给家长开体育锻炼"菜单"，鼓励学生在家动起来。区教委还通过区级运动会选拔人才、倡导学校每年创新运动会形式、加强与相关高校对接等方式，拓宽体育渠道，完善体育教研和体育师资培养模式。

（宋亚甫）

智慧教育示范区启动

5月12日，海淀区教委举办"智慧教育示范区"启动大会。会议为"智慧教育示范区"创建项目揭牌，组织听取区教委《智慧引领 聚众合力 共谋海淀智慧教育新篇章》工作报告，为海淀区首批29所示范项目创建校授牌。作为区教委授权智慧教育示范区创建执行单位，海淀区教育科学研究院分别与首都师范大学教师教育学院和北京师范大学互联网教育智能技术及应用国家工程实验室签约。2014年，海淀区提出"智慧教育"概念，先后成立"海淀互联网教育研究院"和"中关村科学城互联网教育联盟"；2020年11月，海淀区向教育部提交"智慧教育示范区"创建申请报告。

（宋亚甫）

优秀种子教师工作站

7月9日，海淀区优秀种子教师工作站启动。启动会解读优秀种子教师工作站实施方案，宣读优秀种子教师工作站成立决定，为海淀区教育科学研究院授"海淀区优秀种子教师工作站"牌匾，并为工作站30名理论导师、38名实践导师、15所领航学校代表颁发聘书和授牌。工作站与北京师范大学教育学部签署共同培养优秀种子教师战略合作协议。工作站将实施"实践+理论"双导师制，按照学段分成若干学习共同体，并设共同体负责人，利用高校教育资源为教师搭建高端学习平台。工作站有学员374人，覆盖中、小、幼各个学段。海淀区优秀种子教师工作站前身为2013年海淀教科院启动的教育科研种子教师研究项目（2届种子教师结业，累计396人）。

（宋亚甫）

与内蒙古两旗签署东西部协作协议

10月和11月，海淀区教委与内蒙古两旗分别签署东西部协作协议。10月19日，与兴安盟科尔沁右翼前旗教育局签署东西部协作框架协议。两地两所幼儿园签约建立“手拉手”合作关系。10月至12月，海淀区教育党校举办海淀区—科右前旗副校级干部培训班，设计5个模块课程，开展专题教学52次、党性教育现场教学3次，举办教学工作坊3个，组织综合人文素养考察2次，开展对话、研讨交流活动10余次。来自科右前旗的20名副校级干部学员参加学习。2018年，海淀区教委与科右前旗教育局签署教育扶贫协作3年行动框架协议；至2021年，两地“手拉手”结对学校从14所增至51所，实现全覆盖。11月22日，与敖汉旗教育局就《北京市海淀区教委 敖汉旗教育局东西部协作框架协议》进行网上签约。根据协议，海淀区将继续在实施教师交流培训、实施学校提升工程、实施科研指导项目3个方面给予敖汉旗帮助。2017年11月，海淀区教委与敖汉旗教育局签订对口帮扶合作协议；至2021年，两地先后组织39所学校“手拉手”。海淀区教委先后选派6名长期援助教师、22名短期援助教师赴敖汉旗开展援教工作。2020年至2021年，先后接待80余名敖汉旗干部教师来海淀跟岗学习。

（宋亚甫）

海淀家长学校成立

12月2日，海淀区教委举办海淀家长学校成立大会。会议解读“海淀家长学校”实施方案，为来自北京师范大学、中国教育科学研究院等12家单位的20余名家庭教育领域资深专家颁发顾问聘书，为海淀家长学校总校和学区家长学校授铜牌，同时完成与合作院校、单位的协议签订。海淀家长学校总校和17个学区家长学校挂牌后，海淀构建起“区级—学区—学校”三级家长学校服务体系，共同推进家庭教育工作协同运行与发展。同时，海淀区教育科学研究院启动“中小学家庭教育指导师”培训项目，首期开设6次线上培训课程、4次线下培训课程。至年底，完成线上课程3次，惠及3800余人。

（宋亚甫）

门头沟区

概述

2021年，门头沟区教委辖属教育单位93个。其中，幼儿园41所，小学21所，初中9所，完全中学4所，九年一贯制学校2所，十二年一贯制学校2所，中等职业学校1所，特殊教育学校1所，专门学校1所，直属单位11个。招生8728人（幼儿园3555人、小学2465人、初中1691人、普通高中994人、中等职业学校18人、特殊教育学校5人）；毕业6217人（幼儿园2080人、小学1918人、初中1393人、普通高中774人、中等职业学校44人、特殊教育学校8人）；在校生32765人（幼儿园10755人、小学14161人、初中4909人、高中2815人、中等职业学校44人、特殊教育学校81人）。教职工总数4433人（幼儿园1702人、小学1227人、初中657人、普通高中670人、中等职业学校117人、

9月17日，门头沟二幼举办“老师教我打月饼”活动
（门头沟二幼　供）

特殊教育29人、专门学校31人），其中高级职称948人、中级职称1511人。北京市特级教师17人、北京市骨干教师53人、北京市学科教学带头人6人。全年教育总投入19.98亿元。固定资产总值37.27亿元。

2021年，门头沟区教育系统聚焦“幼有所育”，坚持以普及普惠、安全优质、内涵发展为核心，全面提升办园水平，幼儿园普惠率100%；聚焦“学有所教”，优化教育资源布局，义务教育就近入学率99%。

推进教育精品区建设。落实全面从严治党主体责任，推进党史学习教育走深走实，建立干部“月末大课堂”常态培训机制，累计培训6000余人次。建设“1+5+N”红色门头沟党性教育基地。成立中小学思想政治教育研究会，完成法治示范校创建和中小学校章修订。

增加优质教育资源供给。优化区域教育空间布局，区内品牌学校持续发力。与北京市第八中学深度合作，校本部招收2个寄宿班到京西校区就读，推动教师、课程等资源共享。清华附中潭柘寺学校开学，名校办分校数量占全区中小学比率26%。与北京师范大学开展干部教师培训等项目合作，成立京西教育研究院。

深化改革，激发教育活力。开展“1+3”项目试验，为全区中小学配备外教。在全国率先实施“区管校聘”“银龄计划”“名师送教”等系列改革，建立名校长、名教授工作室及14个名师工作室，提升干部教师素质。推进“双减”，压减培训机构，保障课后服务供给，构建“2+1”三段式课后服务体系。全区35所义务教育学校全部开展课后服务，学生参与率99.74%。

服务区域发展能力增强。选派58名教师援疆、援藏、援青、援蒙，开展支教和送课讲学活动，覆盖当地教师770余人、学生近5000人。成立志愿者服务队57支，1900余名党员教师下沉社区助力防疫，发挥“小手拉大手”作用，带动3万余个家庭开展垃圾分类、文明出行、疫苗接种等活动。

坚持“五育并举”，教育教学质量提升。实现中小幼德育工作和教育教学工作一体化，实施“一站一营”三全育人模式，发挥未成年人心理健康辅导站作用。累计开办“好家长”训练营106期，家长学校覆盖率100%，惠及3万余个家庭，30余万人次参与。实施“3+X”项目工程，确保中小学生每人至少掌握2项体育技能和培养1项艺术爱好。北京市金帆艺术团、金帆书画院、金鹏科技团等社团数量为“十二五”时期3倍。打造京西“五育并举实践体验圈”，体验学生1万余人次。

（常广瑛）

门头沟推进“双减”落地落实

2021年，门头沟区教委推进“双减”工作落地落实。成立门头沟区义务教育“双减”工作专班和门头沟区教育系统“双减”工作专班，印发《门头沟区关于进一步减轻义务教育阶段学生作业负担和校外培训负担的实施方案》等系列文件。明确课外读物进校园审核推荐和选用流程，建立“双审两随机”和全程动态预警监督管理机制。组织全区39所中小学开展自查和督导评估，涉及校园课外读物100万册。通过规范与治理，有证学科类机构从24家（址）压减至6家（址），压减率75%，剩余6址全部完成“营转非”，9址无证学科类机构实现清零，17址无证变相幼儿园停止幼小衔接班类学科培训。面向6家学科类培训机构，开展教师授课内容意识形态排查，累计排查186件，涉及157人。制定实施《门头沟区推进义务教育学校校长教师交流轮岗实施方案》，完成8名干部轮岗交流和142名教师校际岗位竞聘交流。

（王曦　张博文　许中山）

融合教育资源建设及交流合作

2021年，门头沟区教委加强融合教育资源建设并发挥优质资源辐射作用。印发《门头沟区普通学校资源教师管理办法》，试行融合教育“持证上岗”“师资储备库”机制。9月，部署、推动全区37所普通中小学全面建立校级融合教育推行委员会和融合教育教研组，同时制订校级实施方案和工作计划。11月26日，举办“全区普通中小学融合教育种子教师培训班启动会”。该项培训设置20个专题，首批培训学员76人（备案资源教师16人、随班就读教师60人）。

（张博文）

“8+1”行动落实推进

2021年，门头沟区教委推进“8+1”行动落实。项目为5所中小学捐助桌椅2600套，为山区学校捐赠书屋，开展“助梦起航”送温暖等活动。推进“8+1”英语教学质量提升项目，通过民进北京市委邀请北京市英语学科带头人走进门头沟听课并开展培训指导。5月和9月，分别在民革北京市委和九三学社北京市委“8+1”助学项目支持下，邀请2名北京同仁医院眼科医生和1名健康科普专家，走进区内3所中小学举办3场主题讲座。9月10日，市委统战部召开新一轮“8+1”行动启动仪式暨2021年推进会。“8+1”行动于2013年12月4日启动，是在中共北京市委领导下，市委统战部统筹指导下，8个民主党派北京市委汇聚优质资源重点支持门头沟区发展的统一行动。

（范兵　陈润泽　裴军）

特教二期提升计划收官

2021年，门头沟区完成北京市特殊教育二期提升计划验收评估工作。区教委印发《门头沟区融合教育推行委员会建设方案》《关于进一步加强落实残疾学生免伙食费 补交通费、特殊学习用品费和校服费的资助工作方案》《门头沟区普通学校资源教师管理办法》，推动建成中小幼融合教育贯通发展网络、“12114N”资源服务实体工程、学前至高中残疾学生全覆盖资助体系3项融合教育专门保障机制，实现年均承担特殊学生康复服务 1500 人次，师资、家长培训 2500 人次，资助残疾学生 180 人。

（张博文）

外籍教师进社区

3 月，门头沟区教委启动“外教进社区”活动。活动组织来自南非的 2 名外籍教师分别走进龙泉镇三家店东南街社区和东辛房街道石门营六区，为居民开展 4 次非洲舞培训。4 月至 6 月，区教委通过走访街道社区居民、开展座谈等方式了解社区居民需求，在城子街道、东辛房街道、龙泉镇，开展非洲舞、手工制作、绿色种植等活动 4 次，惠及社区居民 100 余人。

（王坤）

门头沟事业单位改革完成

3 月，门头沟区教委完成所属事业单位改革。涉改单位 14 个，其中保留 9 个、更名 1 个，另对 4 个单位进行两两整合，新组建单位 2 个。改革后，由 14 个单位压减至 12 个。

（肖新）

京西教育研究院揭牌

5 月 14 日，门头沟区教委与教育部普通高校人文社会科学重点研究基地北京师范大学教师教育研究中心联合举办京西教育研究院揭牌仪式暨首届京西教育高质量发展论坛。来自全国的 20 余名专家学者基于自身研究，共同探讨京西教育研究院的发展路径、门头沟区教师专业发展与学校管理者队伍建设。活动为京西教育研究院揭牌，该研究院在中国民主促进会支持下设立，暂设 8 个分中心，隶属于门头沟区教委，为门头沟区教育教学研究性教师专业发展提供指导，为区域教育质量诊断与改进的研究任务及区内教育领域综合改革政策研究提供支持，同时辐射北京市及周边区域。

（王曦）

课后服务及暑期托管

7 月至 12 月，门头沟区教委积极推进暑期托管及课后服务工作。印发《门头沟区进一步完善义务教育阶段学校课后服务绩效发放方案（试行）》，按照多劳多得、优绩优酬原则，优化课后服务绩效工资方案，鼓励和引导教师积极参与课后服务。全区统筹安排师资，组织教师、管理服务人员、后勤保障人员 320 余人次，在 4 所承办校开展 2 期 24 天暑期托管，为来自 9 所学校的 39 名学生提供服务。构建区域“2+1”三段式课后服务体系，将课后服务时间划分为 2 个集中服务时间段和 1 个延时服务时间段。推进门头沟区中小学课程服务管理平台建设，各中小学规范排课选课，“一校一策”设置课后服务菜单。

（王燕　刘丹）

习近平新时代中国特色社会主义思想学生读本教学

9 月，门头沟区教委组织全区 38 所中小学开展习近平新时代中国特色社会主义读本征订和教学工作。创新采取“分层与分段结合”“培训与展示结合”“集中与分散结合”“指导与调研结合”“四结合”策略，通过分层培训、线上线下研讨、入校指导调研等形式，做好读本培训和研修工作。全区组织专题研究 8 次，专题研究课 12 节，分学段组织 3 场大型专题培训，教师累计参与 800 余人次。全区中小学统筹利用班队会、思政课开展读本教学，每册集中学习 1 个学期，每周安排 1 课时。

（张博文）

3 月，门头沟区教委启动“外教进社区”活动
（门头沟区教委　供）

2021 年，大峪中学课后服务——希格斯重力棋课
（大峪中学 供）

育部门办校 10 所、民办校 2 所），特殊教育学校 1 所，中等职业学校 3 所，其他法人单位 12 个。招生 30685 人（幼儿园 11551 人、小学 9528 人、初中 5647 人、普通高中 2855 人、中等职业学校 1089 人、特殊教育学校 15 人）；毕业 23292 人（幼儿园 8962 人、小学 6978 人、初中 4849 人、普通高中 2161 人、中等职业学校 332 人、特殊教育学校 10 人）；在校生 117460 人（幼儿园 33979 人、小学 56103 人、初中 17168 人、普通高中 8015 人、中等职业学校 2077 人、特殊教育学校 118 人）。教职工总数 14173 人（幼儿园 5679 人、小学 3583 人、中学 4103 人、中等职业学校 210 人、特殊教育 38 人、其他法人单位 560 人），其中高级职称 1882 人、中级职称 4201 人。北京市特级教师 32 人、北京市骨干教师 128 人、北京市学科教学带头人 19 人。全年教育总投入 47.77 亿元。中小学固定资产总值 36.06 亿元。

2021 年，房山区教委全面加强党对教育工作的领导。推进“永远跟党走”系列活动，做好党史学习教育“三百工程”“唱支歌儿给党听”“给革命先烈的一封信”等活动。启动王建宗、孙玉梅等 7 个党员特级校长（教师）工作室，组织边红工作坊总结展示活动，发挥优秀校园长引领作用，推动干部队伍高质量发展。聚焦重点领域开展自查自纠和专项整治，完成对违规使用办公用房、公务用车和公车加油卡等问题的自查整改工作。

加强顶层设计，优化教育供给。制定《北京市房山区“十四五”时期教育事业发展规划》，为房山教育未来发展指明方向。加强与城区优质校、国内高校和教科研部门合办学校的管理。扩增教育优质资源，引进首都师范大学附属育新教育集团、首都师范大学入驻房山办学。深化与丰台区教育协作，与丰台区教委、北京十二中联合总校签署第二轮合作办学协议。创新与西城区建立长期教育合作机制。推进乡村教育联盟品牌建设，挖掘区域教育资源，推进“红色课程、绿色课程、金色课程”三色课程体系构建。依托北京师范大学优质资源，推动琉璃河学区实施燕都文化特色课程研究项目和大石窝学区实施汉字文化涵养师德项目。

深化教育教学改革。以房山区中小学幼儿园课程领导力提升工程三年行动计划为引领，明确课程建设方向。全面开展“双减”工作，强化学校教育主阵地作用，深化校外培训机构治理，制定《房山区“双减”工作实施方案》《关于提升教育质量减轻学生负担工作实施方案》《中小学生课

首届学前教育教师基本功培训展示

12 月 9 日，门头沟区教育研修学院举办首届“育幼杯”学前教师基本功培训与展示活动。活动围绕“研究儿童 提升教师观察评价能力”主题，邀请人民教育出版社资深编辑作“如何撰写优秀的幼儿游戏案例”培训。在园级评优基础上，组织开展现场游戏案例展示，引导教师进一步研究儿童，提升教师专业水平。来自 34 所幼儿园的 45 名青年教师参加活动。

（李乾）

“双师课堂”落地应用

至年底，门头沟区教委推进“‘互联网＋基础教育’双师课堂”落地应用。5 月至 7 月，完成 2 所城区学校与 11 所山区学校“双师课堂”建设项目软硬件安装与培训工作。9 月至 11 月，召开 3 次项目推进会，指导各项目校“定学科、定时间、定内容、定人”。12 月，开展 3 次教学交流展示课活动。4 所项目校利用“双师课堂”教学环境，开展“双师课堂”教学研讨。

（王颖）

房山区

概述

2021 年，房山区教委辖属教育单位 235 个。其中，幼儿园 128 所（教育部门办园 38 所、民办园 87 所、其他 3 所），小学 46 所（教育部门办校 41 所、民办校 5 所），初级中学 33 所（教育部门办校 32 所、民办校 1 所），高级中学 12 所（教

12 月 17 日，红领巾爱首都——冬奥冰雪体验入校主题教育活动在房山启动（房山区教委 供）

后服务工作实施方案》《关于学科类校外培训机构治理方案》《房山区中小学课后服务课程化建设实施意见》。举办“房教杯”教师基本功大赛，以赛促改，提升教师课堂教育教学能力。制定《关于加强义务教育学校作业管理工作方案》和《中小学示范性作业指南》，统筹作业管理。完善学生发展性质量评价改革，制定《房山区中小学学生学业评价指导意见》，指导教师精准分析学情，因材施教。

教育服务水平提升。推动事业单位改革，撤销 26 个事业单位，成立 2 个事业单位。推进 3 所中小学管办评分离试点工作。树立“生命至上、安全第一”理念，贯彻落实《北京市中小学校幼儿园安全管理规定（试行）》，推进学校安全生产专项整治三年行动集中攻坚，开展校园周边综合治理和隐患排查治理。坚持问题导向，运用大数据分析，加强规律性研究，提前预测百姓关注问题，优化“吹哨报到”全流程闭环工作机制，采用内部通报、交流、提示、督办、调度、约谈有机结合方式，提升诉求办理实效。优化督政、督学、评估监测“三位一体”教育督导工作体系，推动《督导问责条例》落地。

学段协调发展，教育综合实力增强。学前教育普惠性覆盖率 95.85%，超额完成市委、市政府下达的目标任务。优化区域教育资源，完善房山区基础教育与大学城高校深度合作实施方案，增加优质教育资源供给。校企合作取得新进展，与北京中联正兴电子商务有限公司等 4 家区内优质企业新签订校企合作协议。加强与文化部印刷厂合作，连续第四年完成全国两会文印保障任务。3 所学校被评为北京市校园足球特色学校，1 所学校被评为全国青少年校园足球特色学校，4 所幼儿园被评为国家级足球试点园。完成千名创新人才项目，截至 2021 年，1092 项成果取得国家实用新型发明专利。

（石金生）

房山推进“双减”落地落实

2021 年，房山区教委推进“双减”工作落地落实。4 月，全面启动“双减”工作。制定区级《“双减”工作实施方案》及“五项管理”方案等文件 10 余个。6 月，召开房山区中小学校长大会，总结“双减”工作阶段性落实情况，部署下一步工作。9 月，房山区教委中小教科干部、专职督学、各校教学校长等人员组成 17 个工作组，走进 109 所中小学（含民办校、完小），指导学校“双减”工作开展。10 月，召开房山区 2021 年中小学“双减”工作专项推进会，组织观看“双减”工作宣传片，回顾房山区“双减”工作历程，发布并解读《房山区中小学学生学习基本规范》《房山区中小学示范性作业指南》《房山区中小学课后服务课程化建设实施意见》《房山区关于进一步加强中小学家庭教育工作的实施意见》4 个区级“双减”工作指导意见，并向全区中小学发放服务“双减”宣传手册，宣传介绍全区 26 家职成学校为中小学生提供课后服务和劳动实践服务情况。

（石金生）

“基于教学改革、融合信息技术的新型教与学模式”国家级实验区建设

2021 年，房山区教委启动并推进“基于教学改革、融合信息技术的新型教与学模式”国家级实验区建设。4 月 17 日，召开房山区“基于教学改革、融合信息技术的新型教与学模式”国家级实验区启动暨培训会，为 6 名建设指导专家颁发聘书，解读实验区建设方案，确定未来建设的重点内容及预期成效和成果。7 月 20 日，举办“2021 首届教育信息化与教学深度融合高峰论坛”，以“人工智能推动下的精准教学应用研讨”为主题，围绕信息技术与教育教学的深度融合、智慧校园建设与创新发展、人工智能推动下的教学应用等内容展开研讨。12 月 3 日，召开房山区“基于教学改革、融合信息技术的新型教与学模式实验区”的“双师课堂”教学研究启动会。14 所集团校 33 名教师分别在输出端、输入端学校参加活动。

（石金生）

全市首个人事考试基地揭牌

4 月 14 日，房山区人事考试基地签约授牌仪式在房山区成教中心举行。活动为考试基地揭牌，并组织市、区相关领导实地考察成教中心笔试考场、机考教室、考试电子指挥系统等设施设备及校园环境。房山区人力社保局与房山区成教中心签约合作，将房山区人事考试基地设在成教中心。

（石金生）

房山区大中小思政课一体化建设研讨

7 月 16 日，房山区教委与 5 所驻区高校联合举办“房山区大中小思政课一体化建设”研讨会。会议就《房山区大中小思政课一体化建设实施方案》组织交流研讨。经研讨达成共识，房山区将在现有实践探索基础上，依托驻区高校思政课专业优势，将铸魂育人与立德树人结合起来，本着“突出政治性”“把握有序性”“发挥引导性”“着力系统性”原则，重点从“教师队伍建设”“理想信念培养”“课

程资源开发”“思政教学改进”“科研课题引领”“实践基地拓展”6个着力点来推进房山区大中小思政课一体化建设内涵式发展。北京教育科学研究院、北京工商大学、北京中医药大学、中国社会科学院大学、北京理工大学代表，房山区教委、区教师进修学校领导及相关干部教师等20余人参加活动。

（石金生）

与首师大及附属学校合作共赢

至年底，房山区教委及区内学校与首都师范大学及附属学校保持友好合作关系。5月14日，区教委与首师大、北京高端制造业（房山）基地管委会签署三方合作协议；区教委与首都师范大学附属育新学校签署合作协议，并为首师大附属育新学校房山分校校长颁发聘书。根据协议，首师大将在窦店高端制造业基地园区内承办1所十二年一贯制学校和1所幼儿园，首师大附属育新学校将承办长阳镇稻田C地块项目配套小学。6月23日，房山职业学校与首师大初等教育学院大学生实践基地签约揭牌仪式举行。根据协议，首师大学生将在房山职业学校北校区定期开展科学实践、教学课程研讨等活动。

（石金生）

通州区

概述

2021年，通州区教委辖属教育单位406个。其中，幼儿园248所（教育部门办园45所、其他部门办园1所、部队办园1所、集体办园40所、民办园161所），小学81所（教育部门办校77所、民办校4所），初级中学16所（全部为教育部门办校），完全中学9所（教育部门办校8所、民办校1所），高级中学3所（教育部门办校1所、民办校2所），九年一贯制学校13所（教育部门办校9所、民办校4所），十二年一贯制学校5所（教育部门办校4所、民办校1所），特殊教育学校1所，中等职业学校2所，其他法人单位28个。招生45199人（幼儿园19965人、小学13650人、初中7571人、普通高中3683人、中等职业学校276人、特殊教育学校54人）；毕业30675人（幼儿园13393人、小学9288人、初中5553人、普通高中2297人、中等职业学校90人、特殊教育学校54人）；在校生168512人（幼儿园57823人、小学77728人、初中21982人、普通高中9891人、中等职业学校655人、特殊教育学校433人）。教职工总数20640人（幼儿园10227人、小学4881人、中学5327人、中等职业学校142人、特殊教育63人），其中高级职称1349人、中级职称3325人。北京市特级教师43人、北京市骨干教师170人、北京市骨干班主任28人、北京市学科教学带头人19人。全年教育总投入69.34亿元。中小学固定资产总值40.47亿元。新建幼儿园1所。设立义务教育学区5个。

4月24日，通州区教委举办中小学生航模竞赛

（通州区教委 供）

2021年，通州区教育两委推进实施“双减”工作，构建副中心教育系统新格局。完成“十四五”专项规划编制，提出到2025年建成首都基础教育优质均衡示范区、教育体制机制创新引领区、教育开放融通先行区和京津冀教育协同发展先导区的“四区”任务，将教育融入区域发展之中。

各级各类教育快速发展。新增民办普惠园19所、公办园3所，可提供学位6540个。推进“通州区小学单元课程资源建设项目”，开展覆盖小学全学科单元整体教学设计研究；高考本科上线率95.92%，高于全市8.54个百分点，重点本科上线率48.44%，较上年提升6.34个百分点。推进集团化办学改革，挂牌成立运河中学、史家小学通州分校、北京教科院第一实验小学、芙蓉小学、贡院小学5个教育集团，实现集团内管理章程、考核奖惩、培训教研、办学理念全统一。职业教育改革持续推进，新增幼儿保育专业“3+2”中高职衔接项目。成立通州区社区教育学院，完善终身教育体系建设。

学生全面发展。开展党史教育、爱国主义教育系列活动；10人获评北京市“紫禁杯”优秀班主任、4人获评北京市学生喜爱的班主任。区内18所学校获2018—2020年度“首都文明校园”称号。体育、艺术特色凸显，11所幼儿园被推荐为全国足球特色园。举办“阳光下成长 快乐中绽放”通州区第24届学生艺术节，开展“合唱专场展演”“器乐专场展演”活动。“阳光体育”2021年通州区中小学生田径运动会中，28人次打破18项赛会纪录。5所学校被认定为第三批全国中小学中华优秀传统文化传承学校。

推进人事制度改革。尝试“区管校聘”和“交流轮岗”机制，涉及67所学校107人；制定《通州区社会化教育人才经费使用和管理办法》，社会化教师财政人均投入增加5.10万元，实现同工同酬。首师大附中通州校区、北京学校完工并投入使用；2所小学完成主体结构施工，初步达到使用条件。制定《2021年通州区非本市户籍适龄儿童少年接受义务教育证明证件材料审核实施细则》《2021年通州区义务教育阶段入学工作实施细则》，保障招生工作顺利完成。启动微信公众号在线咨询功能，拓宽渠道，接收工单9529件，全年响应率99.53%，解决率87.57%，满意率90.91%，综合成绩91.3分。推动京津冀协同育人纵深拓展，全年选派援教教师37人，承办北京潞河中学三河校区。

改革教育督导体制机制。印发《通州区新时代教育督导体制机制改革的实施方案》。市区联合对6所小学、6所中学开展全面实施素质教育线上综合督导；组织331所幼儿园完成自评工作，对226所园（址）开展实地督导评估，市级认定等级A级16所、B级94所、C级66所、D级50所。聘任124名责任督学，做到中小学幼儿园、公办民办全覆盖，完成市、区两级专项督导10余次，提交督导报告单3182份，下达整改问题清单165份。组织20所学校完成国家义务教育质量监测，完成学前教育发展状况监测和教育部办园行为监测数据的审核上报。完成2020—2021学年度126所中小学、幼儿园年度绩效考核，优秀45个、合格81个。

推动“双减”工作落地见效。坚持“校外治理、校内保障、疏堵结合、标本兼治”总体思路，校内校外共同发力。推进校外培训机构治理，有证学科类校外培训机构由104址压减至23址，压减率77.9%；无证学科类校外培训机构107址，在全市率先实现动态清零。校内多措并举提质增效，制定《通州区规范教育教学秩序提高课堂教学质量工作实施方案》《通州区义务教育学校课堂教学基本规范》和“五项管理”系列方案，加强顶层设计，备齐政策“工具箱”；提升课后服务水平，实现课后服务“三个全覆盖”（实施范围全覆盖、时间全覆盖、服务对象全覆盖），首次开展暑假托管服务；实施大数据精准支持教学改革项目，构建智慧教育体系。

（刘琪　白文会）

通州推进“双减”落地落实

2021年，通州区教委推进“双减”工作落地落实。坚持无证学科类培训机构清理，有证学科类培训机构规范，制定《北京市通州区“双减”工作专班工作方案》，委托北京银行对培训机构实施资金监管。实现区内107址无证学科类培训机构动态清零；有证机构数量由104址压减至23址，并重新核发办学许可，重新核定经营范围，其中7址培训机构于年内提出“营转非”申请。召开义务教育学校校长大会，“双减”政策大学习、大理解、大讨论、大落实会议等，传达相关精神，通报市、区相关部门调研各校开展“双减”工作阶段性进展情况，部署下一阶段工作。举办优化作业设计提高教学质量——通州区小学数学落实“双减”工作主题研修、“双减”背景下义务教育学校教学质量提升专题报告会、“聚焦‘双减’内核点 构建副中心教育新生态——通州区提升小学学校教育教学质量之探析作业设计路径 发挥作业设计功能”研讨等活动，推广优秀经验，巩固阶段成果。

（刘森　白文会）

加强和改进新时代学校体育工作

2021年，通州区教委全面加强和改进新时代学校体育工作。12月28日，成立《全面加强和改进新时代学校体育工作行动方案》专家指导组、业务工作组并为2021年通州区“林荣杯”优秀课例获奖教师颁奖。区教委组建由16名教师组成的区级专家指导组和27名教师组成的业务工作组。“林荣杯”课堂教学评优活动展示包括足球、篮球、排球、体操4项教学内容，课堂上使用监测腕表实时监控学生运动负荷。通过学校评比、区级录像评比、区级异地现场教学评比3个阶段评审，评选出中学优秀课例7节、小学优秀课例10节、幼儿园优秀课例9节，26名教师获奖。

6月23日至29日，通州区教委举办中小学体育“林荣杯”课堂教学评优活动异地现场教学评比活动　（通州区教委　供）

（王川　张金玲）

通州事业单位改革完成

3月，通州区委教育工委、区教委完成所属事业单位改革。涉改单位29个，其中保留6个、撤销2个、更名11个，另对10个单位进行两两整合，新组建单位5个。改革后，由29个单位压减至22个。

（臧振宇）

未来工程师博览与竞赛活动

4月10日，通州区教委举办2021年通州区青少年未来工程师博览与竞赛。活动设置木梁承重、千机变、创意花窗、过山车、投石车、“创意微拍1+1”、爱创造7项博览与竞赛。来自全区30余所学校的500余名学生参加比赛。该项竞赛是一项综合运用科学、技术、工程、数学与艺术知识的科技实践创新活动，通州区教委于2008年举办首届比赛，之后连续举办11届。

（吴秀玉）

首批16家公益书屋投入使用

4月23日，通州区教委与团中央中国光华科技基金会携手共建的首批16家“光华公益书屋”投入使用。16家书屋获捐配备图书1.20万册，总价值35万余元。通州区教委、团中央机关党委、中国光华科技基金会、团区委和相关街道领导参加启用仪式。

（李继龙）

史家小学通州分校教育集团成立

5月，北京市史家小学通州分校教育集团成立。该教育集团有北京市史家小学通州分校和北京市史家小学通州分校大杜社校区2所成员校，两校成为通州区首批集团化办学改革实验校。11月4日，史家小学通州分校教育集团组织全体数学教师与史家教育集团成员校——北京市东城区东四七条小学数学团队开展交流活动。3校50余名教师参与现场教学活动，100余名教师参与线上交流。

（刘艳　邱冬梅）

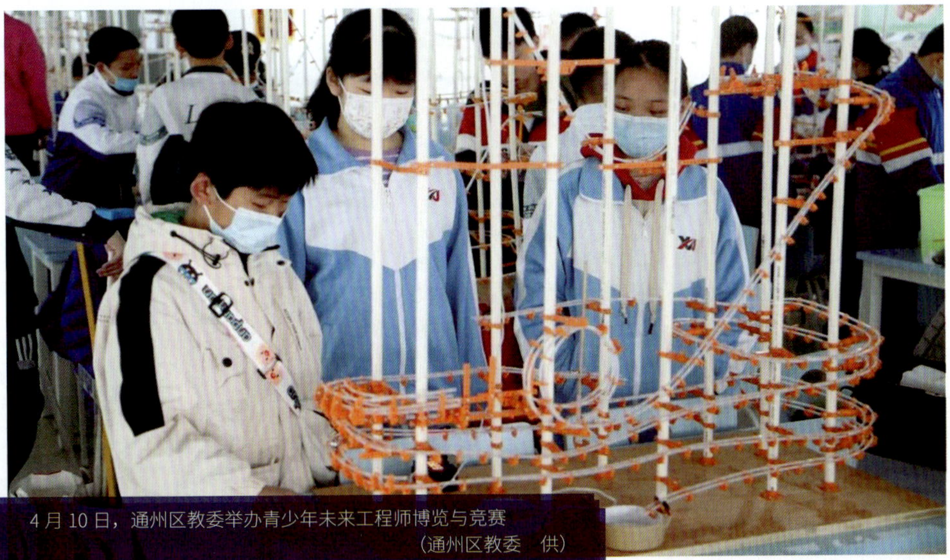

“基于教学改革、融合信息技术的新型教与学模式”实验区启动会

6月16日，通州区教委召开教育部“基于教学改革、融合信息技术的新型教与学模式”通州实验区启动会。会议从指导思想与基本原则、工作目标与实施内容、实施阶段与推进措施、组织保障4个方面解读实验区方案，为18所首批实验学校授牌。通州实验区建设以“1个数据中枢大脑”为核心总控，8项工程行动为基本支撑，8个试点单元为先行布点，完成全域范围一体覆盖。教育部实验区专家组、市教委“互联网+基础教育”工作专班、北京教育科学研究院相关负责人和专家，通州区各中小学校长、教学副校长，通州区教师研修中心、通州区教育信息中心负责人及相关研修员等200余人参加会议。

（白文会）

首师大附中（通州校区）开学

8月31日，首都师范大学附属中学（通州校区）举办落成仪式暨开学典礼。该校占地面积5.50万平方米、建筑面积8.60万平方米，规划开设教学班54个，可提供学位2300个，首批开设初、高中6个年级34个教学班，在校生1347人。校园内设置学生服务中心、学生社团中心、艺体中心等10余个主题功能场所。学校建设项目于2017年启动，总计投入资金10亿元。

（白文会）

乡村振兴对口帮扶

9月，通州区教委分别与奈曼旗教体局、翁牛特旗教育局、武当山特区教育局签订乡村振兴对口帮扶合作协议。根据协议，通州区教委将在教育教学研究、教学资源共享、人员互派交流等方面为受援地区提供帮扶支持。通州区27所中小学及直属单位与奈曼旗中小学签订校对校合作联谊协议；17所中小学、幼儿园及职业学校与翁牛特旗各类学校签订合作交流协议；区教委与武当山特区教育局继2018年签订的第一个合作协议后，再次签订3年教育对口协作框架协议。11月22日至29日，区教委以视频会议形式

4月10日，通州区教委举办青少年未来工程师博览与竞赛

（通州区教委　供）

开展“2021年通州区支持内蒙古翁牛特旗干部教师高研班”培训活动，翁牛特旗90名学员参加培训。

（翟柳英　白文会）

顺义区

概述

2021年，顺义区教委辖属教育单位224个。其中，幼儿园112所（教育部门办园58所、部队办园1所、集体办园25所、民办园28所），小学51所（教育部门办校48所、民办校3所），初级中学17所（全部为教育部门办校），完全中学2所（全部为教育部门办校），高级中学4所（全部为教育部门办校），九年一贯制学校4所（教育部门办校3所、民办校1所），十二年一贯制学校7所（全部为民办校），特殊教育学校2所（教育部门办校1所、其他部门办校1所），中等职业学校6所（教育部门办校2所、民办校3所、附设中专班1所），其他法人单位19个。招生29779人（幼儿园10874人、小学9630人、初中5977人、普通高中3244人、中等职业学校15人、特殊教育学校39人）；毕业22993人（幼儿园8199人、小学6841人、初中5138人、普通高中2590人、中等职业学校201人、特殊教育学校24人）；在校生118236人（幼儿园34870人、小学55541人、初中17855人、普通高中9506人、中等职业学校140人、特殊教育学校324人）。教职工总数15374人（幼儿园5640人、小学3934人、初中1706人、九年一贯制学校160人、完全中学479人、高级中学1215人、十二年一贯制学校1974人、中等职业学校177人、特殊教育89人），其中高级职称2175人、中级职称4111人。北京市特级教师63人、北京市骨干教师97人、北京市学科教学带头人21人。全年教育总投入79.11亿元。中小学固定资产总值39.99亿元。新建幼儿园6所、小学1所。

2021年，顺义区教委全方位推动教育高质量发展。各项规划落地，研究制定《顺义区教育事业发展“十四五”规划》《顺义区基础教育设施专项规划（2022年—2035年）》《关于〈顺义区促进教育事业优先发展的意见〉的分工方案》和《顺义区推进教育高质量发展三年行动计划（2021—2023年）》，确保教育事业各项发展任务落地见效。

优质教育资源扩增，教育发展内生力增强。7所幼儿园投入使用，新增学位2250个。2所小学新建项目开工；黄城根小学顺义分校投入使用，新增学位960个。与西城区教委签订教育合作框架协议，与北师大附属实验中学、北京市西城区黄城根小学签订合作办学协议。推进“多校划片”“六年一学位”等义务教育招生改革新政策落实。公办民办学校同步招生、民办学校超额摇号政策全面实施。

实现“七有五性”重要民生目标。增加普惠园学位供给，提升教育质量。截至10月，普惠率达到90.66%。采取新建、改扩建、接收小区配套幼儿园、鼓励举办普惠性民办园等方式增加学位1200个，超额完成学位扩增任务。

规范合同管理工作。重新梳理合同管理流程，制订《顺义区教育系统合同管理办法》，梳理出示范文本25件。强化培训学习，组织各校法治干部开展合同业务专题培训。严格审核备案，全年审核合同9000余份，其中重大合同400余份，全部按照规定履行审核备案手续。加强清理整改，对律师法审合同、平台备案合同及学校上报的合同台账进行综合比对，查找问题并督促整改。

人防、物防和技防资金投入持续增加，累计资金投入1.10亿元。完成新一期中小学、幼儿园保安招投标工作，投入5300余万元配备1163名专职保安员。投入1600万元为33所学校更新补充视频监控系统。投入113万元为11所学校安装一键报警设备、与系统联网并为全区所有学校提供一键报警接报警服务。投入1200余万元改造14所学校消防水池、电力系统等。投入1700万元为68所学校幼儿园安装液压升降桩。投入600万元为5所学校租用学生接送车辆。

“双减”工作精准发力。成立顺义区“双减”工作专班。批准全区51家学科类机构中的37家恢复线下培训，占比72%，监管资金2300余万元。“有照无证”学科类培训机构缩减74%。向社会发布12址学科类校外培训机构白名单。在全市率先启动课后服务和延时托管全覆盖，制定

12月起，北小营中心小学开展“强国有我——运动快乐”大课间活动　　（顺义区教委　供）

《关于拓展课后服务内容，助力中小学生健康成长的工作方案》。义务教育阶段学校 100% 提供课后服务，100% 满足午餐需求和延时托管需求。至年底，61822 名学生参加课后服务，占比 94.8%，包括 1439 名学生参加延时托管。暑期，全区 22 所学校分 2 批为 400 余名有需求的学生提供暑期托管服务。

（徐振阳）

顺义推进“双减”落地落实

2021 年，顺义区教委推进“双减”工作落地落实。成立区级“双减”工作专班，印发《顺义区关于进一步减轻义务教育阶段学生作业负担和校外培训负担工作的实施方案》《顺义区“双减”专班工作方案》。召开“双减”工作调度会，解读顺义区《学科类校外培训机构规范管理工作方案》《关于拓展校外课后服务内容、助力中小学生健康成长的工作方案》。区教育研究和教师研修中心立项“双减”专项课题 21 项。召开“双减”和“五项管理”工作视频会，部署基础教育管理监测平台填报工作及课后服务工作新要求。召开“双减”专班风险防范会，加大学科类培训机构检查力度和密度。

（徐振阳）

10 个学校工程项目建设推进

2021 年，顺义区教委推进 10 个学校工程项目建设。胡各庄小学、龙湾屯学校、建南幼儿园、南彩第一幼儿园 4 个项目完成建设，合计增加学位 3120 个。推进北石槽中心小学、南彩第一小学、龙湾屯中心幼儿园 3 个项目验收，计划于 2022 年投入使用，可提供学位 2280 个。加快北师大附属实验中学顺义分校、后沙峪第二小学、向阳小学 3 个项目建设，其中北师大附属实验中学顺义分校项目 12 栋建筑完成结构封顶。全年完成固定资产投资 8 亿元，超额完成年度绩效目标；全年启动建设项目 21 个。全年接收配套幼儿园 5 个，增加学位 1980 个。

（王乐欣）

对口支援及教育合作

2021 年，顺义区教委做好对口支援及教育合作工作。选派 43 名教师赴西藏拉萨市尼木县、内蒙古赤峰市巴林左旗、内蒙古通辽市科左中旗等受援地区支教。协助市教委完成 61 名援藏干部教师集中考核。接待 3 批次 164 名外省市干部教师来顺跟岗研修。重新研究学校结对帮扶工作，组织 26 所学校（研修部门）与内蒙古自治区 47 所学校（研修部门）签署结对协议，完成对接 150 余次。动员 4 家社会组织（民办幼儿园）与结对地区贫困村签署帮扶协议，对口开展捐款捐物活动，物品总价值 4.61 万元。与昌平区结对协作，8 对结对协作校开展干部教师培训 78 次，联合教学教研 133 次，课程改革研究 20 次，同课异构、学生活动 56 次，辐射干部教师 3300 人次，学生 4500 余人次。

（王渐苏）

课后服务工作做实

2021 年，顺义区教委做实课后服务工作。实施课后服务“5+2”模式，即学校每周 5 天开展课后服务，每天至少 2 小时，结束时间不早于 17：30。统筹学生需求、课程建设、资源单位，提供跨年级、多类别选课菜单。10 月 14

9 月 22 日，李桥中心小学召开“双减”背景下的课后服务现场会
（顺义区教委　供）

日，召开顺义区课后服务现场会之“课程设置多元化 课后服务显特色”，组织参会人员结合北京市顺义区李桥中心小学课程设置、学生参与状态、体育锻炼等方面问题开展研讨，交流课后服务工作经验。全区小学校长、教学干部等 80 余人参加活动。10 月，区教委与易来福居家养老服务中心签订协议，委托该公司参与延时托管，累计为区内 16 所学校提供服务，惠及学生 959 人。

（李爱民 刘翠）

多元主体社区教育格局创建

2021 年，顺义区社区教育中心创建多元主体社区教育格局。形成一镇（街）一特色，一村（居）一品牌格局，推动形成市民终身学习圈。打造 E 学堂精品课程、义品经典国学讲堂，为镇街和学校累计提供培训 200 余次，服务 9000 余人次，线上参训超 10 万人次。全年举办 10 场顺义朗读者沙龙活动，累计观摩人数 1.50 万人次；举办 8 场纪念建党 100 周年朗诵作品巡演。家长教育大讲堂全年组织讲座 10 场，邀请 10 名社会知名人士为家长讲家庭教育故事。家长教育沙龙全年举办讲座 10 期，130 万名家长在线学习。家教名师校园行以家长学校试点校为重点服务群体，针对试点校上报的主题、专家、时间等需求，送专家进学校，与家长教师面对面，同时开通线上直播，全年举办活动 27 场，覆盖 50 所学校，现场参与千余人，线上直播参与人数累计 3 万余人次。社区亲子绘本领读活动设计 34 项主题，开展线下活动 127 场，2500 人次参与。对接旺泉街道澜西园社区孵化中心，开展“绘本领读爱心团”实施工作，服务 3～8 岁儿童家庭。

（廖蕊）

学生近视防控

3 月 11 日，顺义区教委启动学生近视防控系列活动。活动分为“制作爱眼护眼健康小报”“我和家长一起锻炼”摄影作品收集两部分。全区各中小学学生、家长累计报送爱眼护眼健康小报作品 500 份、摄影作品 400 份。经评选，121 份优秀作品获奖。9 月 7 日，顺义区中小学卫生保健所联合区疾控中心启动顺义区学生近视监测，抽取 12 所学校（幼儿园 4 所、小学 3 所、初中 3 所、高中 2 所），以整班为单位开展，每所幼儿园至少抽取 80 名 5 岁半至 6 岁半儿童，小学、初中、高中每个年级至少抽取 80 名学生，每所初中、高中至少抽取 240 名学生，总计监测学生 3000 人。监测结果显示：2021 年顺义区儿童青少年近视率为 54.2%，较上一年度（54.1%）上升 0.1 个百分点。

9 月 7 日，顺义区中小学卫生保健所联合区疾控中心开展顺义区学生近视调查 （顺义区教委 供）

（刘斌）

顺义事业单位改革完成

3 月 23 日，顺义区委教育工委完成直属事业单位改革。其中，7 个单位更名；4 个单位，两两整合，组建 2 个单位；北京市顺义区学生活动管理中心调整为在北京市顺义区体育卫生与艺术教育管理服务中心加挂牌子。改革后，直属单位由 14 个压减至 11 个，编制维持 178 个不变。

（杨刘晨月）

国家教育考试综合管理平台建设完成

5 月，顺义区国家教育考试综合管理平台建设完成并投入使用。平台涵盖顺义区所有标准化考点，可满足市、考区、考点、考场协同工作需要，数据实时在国家平台共享，实现对高考、中考、学考、成考、自考等各类国家教育考试全覆盖。平台建设改造视频巡查高清设备 295 台、身份认证考务管理终端 478 台、二期考务管理终端 180 台，总投入 1525.80 万元。

（刘金起）

顺义教育工作大会

9 月 10 日，顺义区教育工作大会召开。会议播放教育宣传片《奋楫扬帆正当时》，组织听取顺义区教育工作报告。报告回顾上年教育系统工作，全面梳理脱贫支教、扩增优质教育资源、改善教育服务质量等重点工作，重点部署下一阶段工作。区委、区人大、区政府、区政协、天竺综保区、区法院、区检察院及相关委办局领导和各镇街行政正职，区教育两委班子成员、机关科长、中心主任和各级各类学校、各园所校（园）长，驻区高校主要负责人等 300 余人参加会议。

（桂欣然）

“扣好人生第一粒扣子”教育实践活动

至年底，顺义区教委创城办开展“扣好人生第一粒扣子”教育实践活动。活动举办“礼让斑马线 宣传进校园”“小手拉大手 共创文明城”“童心齐创城 画笔传文明”等主题教育实践活动540余场；邀请教育专家、法治副校长等作教育公开课。活动同步线上直播，点击量37.60万次。组织干部教师参与“创城有我，微信小程序问卷”调研，参与人数11370人，参与率99.03%。在“顺义区新时代文明实践周”活动中，28所中小学组织学生800人次参与路口志愿服务。

（胡翠荣）

昌平区

概述

2021年，昌平区教委辖属教育单位330个。其中，幼儿园162所（教育部门办园32所、地方企业办园3所、事业单位办园3所、部队办园7所、集体办园27所、民办园90所），小学91所（教育部门办校78所、民办校13所），初级中学12所，九年一贯制学校18所，十二年一贯制学校20所，完全中学7所，高级中学1所，特殊教育学校1所，职业高中3所，中等职业学校3所，其他法人单位12个。招生38390人（幼儿园15022人、小学11849人、初中6144人、普通高中2334人、中等职业学校2994人、特殊教育学校47人）；毕业26569人（幼儿园10582人、小学7456人、初中4584人、普通高中1725人、中等职业学校2170人、特殊教育学校52人）；在校生124384人（幼儿园46533人、小学63471人、高中6555人、中等职业学校4938人、职业高中2751人、特殊教育学校136人）。教职工总数19431人（幼儿园7451人、小学4075人、中学6762人、中等职业学校1093人、特殊教育50人），其中高级职称2353人、中级职称3644人。北京市特级教师38人、北京市骨干教师162人、北京市学科教学带头人19人、北京市骨干班主任29人。全年教育总投入58.72亿元。固定资产总值34.33亿元。设立学区11个。

2021年，昌平区委教育工委、区教委深化教育综合改革，提高整体办学水平。调整3所学校办学体制，对2个学区调整扩容，新建7个学区，实现学区制管理全覆盖。深化“区管校聘”改革，会同编办、人力社保、财政等部门，制订区管校聘改革实施意见，创新编制管理，688名教职工参与跨校竞聘交流轮岗。推进教育系统事业单位改革，区教委所属事业单位由16个压减至12个。深化教育评价改革，制订教育改革评价实施方案、工作台账和负面清单，克服“五唯”顽疾，树立科学的人才成长观。推进依法治校，对全区中小学章程进行专项修订。深化职业教育产教融合，对接“两谷一园”建设，北京市昌平职业学校新增生物制药、食品检测技术、新能源汽车等专业，加强与“生命科学园”入驻企业合作共建，促进人才培养与昌平经济社会发展的深度融合。

以人民为中心办教育，提升教育服务能力。保障幼有所育、学有所教，新增幼儿园6所，增加学位2250个。认定普惠性民办园和社区办园点8个，增加普惠性学位2130个，普惠率91%。落实幼儿园、小学、初中招生“四证”审核要求，创新多校划片、电脑派位、六年一学位等政策，精准对接新业态、新就业群体，通过预登记、开通咨询热线、设立回天服务站等提高服务针对性，幼儿园招生1.50万人，义务教育招生1.18万人，公办中小学新增学位2265个，义务教育就近入学率99%。加强平安校园建设，实施“护校安园”工程，建立“护学岗”工作机制，切实保障校园及周边安全。积极回应群众关切，全年接办热线诉求1万余件，全部按时办结。

强化两支队伍建设，增强发展内生动力。召开师德师风警示教育大会，建立师德正面规范和负面清单，组织师德师风全员培训，推进师德师风建设政策措施落地见效。名优教师数量不断扩大，1人获北京市人民教师提名奖，1人获“首都劳动奖章”。22名班主任入选北京市“紫禁杯”优秀班主任，14名班主任获北京市“学生喜爱的班主任”称号。评选师德标兵100人，师德建设先进集体30个。优化教师学历结构，“双一流大学”毕业生占招聘总数的66.4%，硕士以上学历占63.8%。

坚持“五育并举”，促进学生德智体美劳全面发展。坚

12月1日，昌平区开展“12.2全国交通安全日”嘉年华主题教育活动（昌平区教委 供）

持“为党育人、为国育才”初心使命，大中小幼一体化德育体系建设实施方案，推进学校德育工作高质量发展。初中学考改革平稳落地，公办校总优秀率56.2%。制定实施和改进新时代学校体育工作方案，以开齐开足体育课、开展系列阳光体育活动为重点，确保学生每天课内课外2小时体育锻炼；兼顾普及和提高，通过艺术教育培养学生审美素养。重视劳动教育，中小学劳动教育课时每周不少于1课时，昌平区被评为全国青少年校园足球试点区、全国劳动教育实验区。

落实“双减”工作要求，持续优化教育供给。首创校外培训机构绿色“合格”防伪标识并在全市推广，实现“有照无证”学科类培训机构清零。完成学科类培训机构“营转非”工作，动态更新培训机构白名单。向全区中小学家长发布5封公开信，引导家长合理选择培训机构。“双减”前后参加学科类校外培训的学生比例从72.4%降至49.3%。强化学校教育主阵地作用，提高课堂教学实效，加强作业、睡眠、手机、读物、体质“五项管理”。组织优秀教师向山区学生直播授课。提升课后服务效果，实现全体学生、全部学校、全部工作日3个“全覆盖”，优秀骨干教师课业辅导参与率99%。开设课后服务课程2800余门，全区学生课后服务参与率98.3%，学生和家长课后服务满意度97%。昌平“双减”工作经验做法被中央电视台《晚间新闻》《朝闻天下》和“现代教育报”“北京教育杂志社”报道。

（王丽梅　由婉秋）

昌平推进“双减”落地落实

2021年，昌平区教委推进“双减”工作落地落实。5月25日，举办昌平区校内“双减”工作推进会，对“双减”工作进行再解读、再部署。10月11日至15日，区教委督导科组织“两类”挂牌督学面向全区106所义务教育学校开展“双减”工作专项督导，围绕“规范教育教学秩序”“课后服务”两项重点内容开展督导检查。检查结果显示：全区义务教育学校积极落实“双减”相关政策，建立健全“双减”相关制度，全面开展课后服务，做到5天全覆盖；充分保障学生睡眠时间，中小学早晨第一节上课时间严格遵守规定要求；统筹学生作业，控制学生作业量；为个别确有需求的学生提供课后托管服务；特级教师、高级教师、骨干教师积极参与课后服务。

（李龙娇　孟宇　王蓉）

“回天地区”教育质量提升

2021年，昌平区教委继续推进“回天地区”教育质量提升。组织“回天地区”手拉手幼儿园通过线上、线下两种形式开展市、区两级拉手活动，首批拉手园主动与市级优质园联系，累计开展拉手活动100次，惠及幼儿748人次；新建拉手关系的园所开展拉手活动81次，惠及幼儿913人次。5月6日，昌平区招生考试中心分别在天通苑、回龙观两个地区成立义务教育招生便民服务站。区招生考试中心抽调派驻专业招生人员进驻工作站，为居民宣传招生政策、解答问题、审验证件等。上半年，“回天地区”属地学校学籍教师全部参与服务站工作，面对面为市民服务，2个工作站累计接待家长500人次，接听电话1000余个，协助镇街解决问题20件。

（石林子　钮亚磊）

卓越校长培养

2021年，昌平区教委深入实施卓越校长培养计划。制定《2021年“创新昌平·名校长领导力诊断与提升项目”工作计划》；先后举办昌平一中教育集团未来发展规划现场研讨会、“完善绩效工资制度·共绘学校美好未来”燕丹学校绩效工资全区大型现场会；组织专家围绕“深化新时代教育评价改革中的若干问题”等主题举办讲座。创新读书形式，分别以政策文本汇编阅读分享、教育电影观影分享、传统书籍分享形式举办3次悦读成长活动。基于区内学校实际，开展研讨活动14次，指导区内8所学校完善“十四五”期间学校发展规划。12月22日，区委教育工委、区教委、区教师进修学校、北京师范大学项目组举办线上“创新昌平·卓越校长领导力诊断与提升”项目结项校长论坛。1.03万人线上观看直播。该项目是区教育两委为促进区域教育整体发展与校长队伍建设，与北师大合作开展的为期3年

9月至12月，北航附小昌平学校菜单式课后服务——机器人兴趣选修课活动　（北航附小昌平学校　供）

校长研修项目。

（孙铭泽　郝志惠）

教育支援合作

2021 年，昌平区教委推进教育支援合作。落实东西部协作，选派来自 18 个单位的 21 名教师赴内蒙古阿鲁科尔沁旗、太仆寺旗开展为期 1 年的支教工作；接待受援地区干部教师来昌平跟岗培训 6 次 212 人，其中区支援合作办（区发改委）牵头培训 4 次 154 人、市教委牵头培训 2 次 58 人。组织区内 23 所学校与阿鲁科尔沁旗 25 所学校重新签署“手拉手”东西部协作帮扶协议 26 份，组织区内 12 所学校与太仆寺旗 12 所学校重新签署“手拉手”东西部协作帮扶协议 12 份，为期均为 3 年。北京市昌平职业学校招收 26 名玉树学生来校就读。区教委选派 3 名优秀教师赴西藏拉萨市实验小学和拉萨北京实验中学支教，为期 2 年。

（臧鹏　高秀云）

中小学校学区制管理全覆盖

2021 年，昌平区教委推进中小学学区制管理，实现区内中小学校学区制管理全覆盖。在原有 4 个学区基础上，调整扩大其中 2 个学区范围，新组建 7 个学区，学区总数达到 11 个。

（张颖）

“双师课堂”推进实施

2021 年，昌平区教委推进“双师课堂”实施。成立区级“互联网＋基础教育”工作领导小组、技术保障组、业务指导组和工作督查组，实行“1＋N”协作直播授课（1 名输出名师，N 指 2～4 所输入学校）和微课资源引领学习“两种应用模式”，通过课前、课中、课后一体化授课规划，实现“节节课都有名师”，形成区、片、校三级教研网络和一体化大教研双循环动态闭环的“课堂教学线”；将空中课堂、“双师课堂”生成的课堂实录、教学设计、课堂学习单等通过昌平教育云平台分享至全区。1 月，昌平区小学道德与法治学科开始实施“双师课堂”项目，计划在 3 年内完成小学道德与法治学科 6 个年级全套教材教学。全区 44 名优秀学科教师，通过“双师”网络平台为 13 所山区小规模学校 72 个教学班 1314 名学生开展集中授课。全年完成 8 个单元，44 个主题 332 课时教学。

（杨剑英　张翠珍　宋金红）

户籍农民培训

1 月至 6 月，昌平区成人教育中心（农广校）开展户籍农民培训。培训利用农民田间学校优势，结合昌平区学习型城区建设项目和昌平区科协农民提素科普讲座培训项目，深入农村为 13 个镇的户籍农民开展“农业技能＋科学文化”素质提升培训。完成 9 个镇 39 个村 2399 人次户籍农民培训工作，惠及 1363 人。

（郑丽媛）

昌平事业单位改革完成

4 月，昌平区教委完成所属事业单位改革。纳入改革调整优化范围的事业单位由 16 个压减至 12 个，其中撤销 8 个、保留 4 个、更名 4 个、组建 4 个。

（张卫）

首届中小学生创意编程大赛

7 月 21 日，昌平区教委与哈尔滨工业大学机器人与智能制造青少年科技培养基地联合举办首届“阳光少年 创想未来”创想杯——中小学生创意编程大赛。比赛设置“科技创意博览”与“创意编程挑战”2 个项目，围绕“科技创新助力生态文明建设”主题，促进青少年了解人工智能技术，利用人工智能等技术尝试挑战解决生态文明发展问题，探索如何应用科技手段应对问题。来自昌平区 34 所中小学的 400 名中小学生参赛。

（胡天雪　刘苗苗）

教育系统生活垃圾分类示范创建

8 月至 12 月，昌平区教委落实教育系统生活垃圾分类示范创建工作。印发《教育系统生活垃圾分类示范创建工

7 月 21 日，首届昌平区创想杯——中小学生创意编程大赛在昌平二中举行　（昌平二中　供）

作方案》，成立教育系统垃圾分类专班，每月集中对镇街地区的中小学、幼儿园开展“四不两直”检查。教育系统上报生活垃圾分类示范创建中小学、幼儿园187所，后因部分学校合并，将示范创建底数调整为184所；截至12月，98所中小学、幼儿园完成生活垃圾分类示范创建，完成率53.26%。

（杨光）

53306.90万元普惠园专项资金落实

至年底，昌平区教委落实2021年普惠性幼儿园专项资金53306.90万元。其中，普惠性幼儿园生均定额补助资金49548.40万元、一次性扩班补助资金3652万元、非普惠性幼儿园转普惠性幼儿园补助106.50万元。涉及辖区内111所普惠性幼儿园及56所普惠性社区办园点。专项资金主要用于支付园所增添玩教具、校舍维修改造、教师培训等。

（赵越）

大兴区

概述

2021年，大兴区教委辖属教育单位249个。其中，幼儿园99所（教育部门办园46所、民办园50所、地方企业办园2所、部队办园1所），小学77所（教育部门办校70所、民办校7所），中学22所（教育部门办校19所、民办校3所），九年一贯制学校15所（教育部门办校12所、民办校2所、县级其他部门办校1所），十二年一贯制学校4所（全部为教育部门办校），特殊教育学校1所，中等职业学校7所，其他法人单位24个（无学生单位10个、成人学校14所）。招生33393人（幼儿园13562人、小学10342人、初中5846人、普通高中2510人、中等职业学校1133人）；毕业22656人（幼儿园8105人、小学7440人、初中4508人、普通高中1830人、中等职业学校773人）；在校生128183人（幼儿园39838人、小学60941人、初中16849人、普通高中6954人、中等职业学校3438人、特殊教育学校163人）。教职工总数16420人（幼儿园6047人、小学3676人、中学5257人、中等职业学校799人、特殊教育32人、无学生单位609人），其中高级职称2628人、中级职称4514人。北京市特级教师33人、北京市骨干教师123人、北京市学科教学带头人16人。全年教育总投入63.28亿元。中小学固定资产总值39.98亿元。新增幼儿园9所（教育部门办园4所、民办园5所）。设立学区8个。

11月16日，安定镇中心小学接受大兴区综合督导

（安定镇中心小学 供）

2021年，大兴区教育系统构建德智体美劳全面培养教育体系。落实《中小学德育工作指南》，开展“一校一案”评优、精品德育展示交流、德育创新项目研究等活动，举办“学党史，永远跟党走”主题宣传教育活动。规范课程建设，开展“一堂好课大讨论”、课程成果和优质资源评选及交流展示活动。增强学生体质，制定《大兴区关于全面加强和改进新时代学校体育工作方案》，完成98所中小学2940名学生体质健康抽样监测。印发《大兴区儿童青少年近视防控工作方案》，加强儿童青少年近视防控。助力学生科技艺术素养提升，推进实施戏曲进校园活动。印发《大兴区全面加强新时代中小学劳动教育的指导意见》，发挥15个劳动教育基地作用，开展以“劳动教育”“文明环保”为主题的社会大课堂实践活动。

优化供给。完成13所幼儿园、1所小学、1所初中和1所完全中学建设任务，新增学前学位4440个、小学学位960个、初中学位1920个、高中学位3240个。提高优质教育资源总量。探索实施幼儿园集团化办学模式，成立大兴一幼、大兴七幼2个教育集团，发挥优质园所引领和辐射作用。北京市大兴区第一中学西校区于9月1日投入使用。组建大兴一中教育集团，与清华大学、北京大学等高校签约合作打造学院课程，北京语言大学国际学院大兴国际课程中心在大兴一中成立。引进优质学校，全区优质资源校增至46所。

打造专业化干部教师队伍。探索线上线下混合式培训模式，开展教师多样化分层分类培训、集中培训和学习分享活动。成立研究生教师工作坊，推进吴正宪小学数学教师工作站、小学英语“1+1”项目。启动第三期中小幼中层干部轮训工作，累计培训600余人。推进二期名校长工程、硕博副校长培养项目，举办2期兴教名家大讲堂。建立10个名校长工作室。对150个基层单位的204名党政正职、269名副校级干部开展校长三年任期目标考核。

5月28日，大兴一职举办社会大课堂实践活动

（大兴一职　供）

坚持服务中心工作。推进“接诉即办”工作，设立大兴教育服务专线，专人负责教育服务专线受理、督办、回访等工作。推进创城、创卫工作，成立综合创建专班，制定《2021年创建全国文明城区工作方案》等指导性文件，对全区82个单位进行全覆盖检查。坚持安全发展理念，各项防控措施落实常态化。启动教育系统教职工和12～17岁学生新冠疫苗接种工作，25298名学生完成第二针疫苗接种。

完善学习型城区终身学习服务体系。成立29所“家校协同基地校”；社区学院成立北京市家庭教育咨询服务室。社区学院“父母大学”、黄村镇成人学校“玻璃艺术培训”被评为北京市2021年“终身学习品牌项目”。全年完成党员培训4.30万人次、农民教育3.10万人次、老年教育4.69万人次、父母大学培训2.75万人次。

推进“双减”工作。成立以主管区长为组长的大兴区“双减”工作领导小组，区级七部门在区教委联合办公。制定《大兴区“双减”工作方案》《大兴区学科类校外培训机构规范管理工作实施方案》等指导性文件。实现无证机构动态清零，压减率100%。印发《“双减”文件汇编》，开展中小学校内提质集中大调研，深入91所中小学，指导学校抓好学生作业、睡眠、手机、读物、体质“五项管理”。组织召开课后服务工作推进会，修订《大兴区中小学生课后服务工作方案》和《大兴区中小学生答疑辅导工作方案》，完成82所学校课后服务工作督查检查。全区中小学开设体育、科技等各类社团3073个，课业辅导班3130个。课后服务覆盖率100%，学生参与率96.5%。

（韩艳清　宋薇　李倩）

大兴推进“双减”落地落实

2021年，大兴区教育两委推进“双减”工作落地落实。制定《大兴区关于全面规范中小学教育教学秩序大力提升课堂教学质量的实施方案》等工作指导文件17份，印发《落实“双减”要求、规范办学行为、提升育人质量基础教育重要文件汇编》等培训材料5册。举办中学“双减”工作推进会、大兴区教育两委“落实双减政策，回归育人本质”论坛、基于校本研究统编教材理念下的大单元教学暨语文学科“双减”大讨论等。大兴区教师进修学校初中教研部围绕“基于‘双减’工作要求，提高调研与指导质量”主题，深入4所学校，进行课堂观察72节、审看学科计划32份、举办学科组座谈32场次。区教委小教科开展协作区“双减”专项检查工作，督促各校保证学生校内体育锻炼1小时、三年级至六年级在校内基本完成作业。区教委中教科面向全区35所中学开展“双减”工作督查。

（郭金梅　逯秀滨　何艳萍）

党组织领导的校长负责制试点工作推进

2021年，大兴区教委统筹推进北京市中小学校党组织领导的校长负责制试点工作。第一批8所试点校重点参与，建立试点校分工合作、每周汇报、课题引领、工作简报4项工作机制和5项会议制度，印发15期工作简报，总结出“六步工作法”，并以课题研究为抓手，打造出“三个一”试点成果（即“一校一策”实施细则、“一校一案”个性机制、“一校一品”党建品牌）。10月，区内试点校增至27所。12月，区委教育工委应内蒙古锡林郭勒盟教育工作领导小组邀请作试点工作专题培训，推广试点工作经验。

（巴宇萌）

大兴事业单位改革完成

3月至4月，大兴区教委完成所属事业单位改革。其中，7个单位经整合、组建，调整为2个；撤销2个；更名1个；新设立北京市大兴区教育融媒体中心。调整后，无学生事业单位由31个压减至25个；编制由782个压减至736个。

（王大楠　张静）

职普融通互动

4月至5月，大兴区教委职成科联合北京市大兴区第一职业学校开展职普融通互动。大兴一职作为北京市中小学生社会实践大课堂教育资源单位，结合2021年全国职教活动周和北京市职教宣传月，举办14个劳动教育社会大课堂实践系列活动。来自区内2所中学的590名学生参加活动，体验“我是机场安检员”“陶瓷艺术之旅”“四六自由度飞机模拟仓体验”等活动。

（宋薇）

2个幼儿园教育集团成立

11月25日，大兴区教委举办大兴区幼儿园教育集团成立暨授牌仪式。活动解读《关于推进大兴区幼儿园教育集团化办学的实施方案》，宣读《关于成立大兴一幼、大兴七幼教育集团的决定》并为2个教育集团授牌。大兴一幼教育集团以北京市大兴区第一幼儿园为牵头园，有3所成员园；大兴七幼教育集团以北京市大兴区第七幼儿园为牵头园，有4所成员园。

（韩艳清）

对口支援

至年底，大兴区教委积极开展对口支援工作。选派61名教师赴内蒙古、新疆两地开展支教工作，其中45人赴内蒙古、16人赴新疆。区内各结对单位开展送教、教育教学交流活动60次，培训受援地区教师1150人次。接收受援地区127名干部、教师来京跟岗研修，其中内蒙古察右前旗24人、正镶白旗20人，其他地区83人。

（梁雪）

中学生心理健康教育加强

至年底，大兴区教委加强中学生心理健康教育。印发《大兴区中学心理健康教育课程教学指导意见》，撰写《大兴区中学特殊学生案例分析报告》《大兴区中学生学习心理测试汇总报告》，召开心理健康教育推进会。发挥大兴区未成年人心理辅导站作用，为基层学校培训专、兼职心理教师90余人，惠及学生2000余人。35所学校完成心理健康“五个一”教育活动（推动一项管理制度——“导师制”、进行一次家庭教育指导、重点关注一个群体——毕业年级学生、发放一份心理健康教育资源包、组建一个心理健康辅导团队）。

（黄山环）

怀柔区

概述

2021年，怀柔区教委辖属教育单位132个。其中，幼儿园81所（教育部门办园18所、事业单位办园2所、部队办园1所、集体办园11所、民办园49所），小学18所（全部为教育部门办校），初级中学10所（全部为教育部门办校），完全中学4所（全部为教育部门办校），九年一贯制学校4所（全部为教育部门办校），民办十二年一贯制学校1所，特殊教育学校1所，中等职业学校2所（教育部门办校1所、民办校1所），其他法人单位11个。招生11198人（幼儿园4052人、小学2937人、初中2462人、普通高中1437人、特殊教育学校8人、中等职业学校302人）；毕业8823人（幼儿园3138人、小学2745人、初中1977人、普通高中872人、特殊教育学校10人、中等职业学校81人）；在校生41225人（幼儿园11931人、小学17557人、初中7053人、普通高中4046人、特殊教育学校93人、中等职业学校545人）。教职工总数6894人（幼儿园2199人、小学1588人、中学2399人、中等职业学校259人、特殊教育37人、其他直属单位412人），其中高级职称1730人、中级职称2229人。北京市特级教师15人、北京市骨干教师49人、北京市学科教学带头人7人。全年教育总投入26.57亿元。中小学固定资产总值17.09亿元。设立教育集团11个（中学5个、小学6个）。

6月18日，怀柔四幼开展劳动体验活动
（怀柔区教委 供）

2021年，怀柔区教育系统坚持党建引领。强化党对教育全面领导，深入开展党史学习教育活动。组织4000余名党员教师参加全市“永远跟党走”党史知识竞赛。开展“百名团员述党史”等16项主题学习活动，实现全区2.70万名中小学生党史学习教育全覆盖。把党建工作要求写入民办学校章程。发挥基层党组织作用，动员干部教师投身社区疫情防控值守、参加争创全国文明城区志愿服务活动等。

统筹优化教育资源布局。实施第四中学调整为第三小学北校区改造（二期），新增学位 210 个。3 所镇乡中心幼儿园投入使用，增加学前学位 570 个。新增 4 所民办园，缓解学前教育入园压力。强化顶层设计，起草优化区域教育布局实施方案，完成“十四五”时期怀柔区教育事业发展行动计划编制。

持续深化体制机制、人事绩效和课程改革。印发《关于推进中小学教师“区管校聘”改革的实施意见》等文件，为推进“区管校聘”改革提供制度保障。压缩临时用工 216 人，节约区级资金 600 余万元。给予学校办学人才选拔、引进、评价等自主权，将绩效分配向骨干教师、班主任等重点人群和教学一线岗位倾斜。突出教育科技特色，聘请 35 名中科院科研院所等单位专家教授担任中小学科技副校长，实现全区中小学校科技副校长全覆盖。6 所中小学获评北京市科技教育示范校，2 校获评“全国青少年人工智能活动特色单位”。中小学 10% 学科实践活动常态化，形成“一校一品”办学格局。推广歌曲《一起向未来》，开展“冬奥知识问答”“冬奥大讲堂”“冰雪体验”等主题教育活动。对接怀柔科学城院所、企业需求，开展人才技能培训 1000 余人次。

深化一体化合作办学及对口支援交流。发挥十一学校九渡河小学辐射带动作用，推动乡村教育改革向全面纵深发展。一体化办学和教研校增至 10 所。以怀柔一中、三中教育集团为试点，探索深度融合的集团化办学模式，制定实施《怀柔区中小学集团化办学实施意见》。怀柔区 18 所学校与内蒙古、青海、河南 3 地 39 所学校签署新一轮支援合作协议。区教委获评北京市脱贫攻坚先进集体，教师魏学东获评全国脱贫攻坚先进个人，3 名教师获评北京市脱贫攻坚先进个人。

优化师资结构。制定《怀柔区骨干教师管理办法（试行）》《怀柔区教育系统名师工作室管理办法（试行）》。抓好人才引进工作，公开招聘和“雁栖计划”引进硕士研究生及以上学历教师 57 人。提任校级干部 41 人，创新年轻干部选拔模式，将 7 名全日制硕士研究生学历教师直接提任到副校级岗位。发挥特级、高级校长示范作用和名师“头雁”效应。借力海淀怀柔一体化教研 24 个“名师工作室”，强化骨干教师、教学能手梯队培养。

强化教育系统治理。完成 2021 年市级回访督导和国家义务教育质量监测任务，获评教育部 2021 年“县级优秀组织单位”。发挥挂牌责任督学在推动“双减”工作落地、春秋季开学安全检查、学校规范办学等方面的监督指导作用。开展 22 个基层单位财务专项审计和 11 个基层单位领导班子调整后的责任审计，并完成整改。获评北京市 2019—2020 年度“接诉即办”改革工作先进集体。

推进“双减”工作落地落实。制定《怀柔“双减”工作区级专班工作方案》《怀柔区学科类校外培训机构规范管理工作实施方案》《关于进一步做好中小学生课后服务工作的实施意见》等制度文件。学科类校外培训机构压减 38 址（转型为非学科类机构 12 址、关停 26 址），压减率 72%，无证机构实现动态清零。丰富课后服务供给，做到面向人人、覆盖全员、“一校一案”持续实施。15 所初中校全面开设晚自习，学生参与率 80.13%。

（缐金秋）

校外培训机构规范管理

2021 年，怀柔区教育两委推进校外培训机构规范管理。成立“双减”工作专班，由区委、区政府领导任组长，成员单位包括教育、政法、市场监管等 21 个部门。召开区级专班调度会议 13 次，区教育两委召开专题会 65 次，印发工作简报 35 期。学科类校外培训机构由 53 址降至 15 址，压减 38 址，压减率 72%。无证机构于 6 月实现动态清零。区级专班从办学许可、教师资质、课时收费等维度规范学科类培训机构办学行为，制定“一址一案”工作方案。8 月，面向社会公布第一批校外培训机构白名单 6 址、黑名单 3 址和已公告注销名单 6 址；12 月，根据动态检查结果从白名单中删除 2 址。15 址学科类校外机构恢复工作日 17：30—20：30 线下培训。

（缐金秋　张翔宇）

新一阶段教育支援合作

2021 年，怀柔区教育系统启动新一阶段教育支援合作。区教委与三省三地（内蒙古四子王旗、青海杂多县、河南

12 月 20 日，杂多县教育系统一行 5 人到怀柔三幼参观交流

（怀柔三幼　供）

卢氏县）开展远程互动、送讲送课、教师集中培训等活动。选择 12 所学校与四子王旗 16 所学校签署对接协议，开展新一轮教育帮扶。分 3 批组织四子王旗 59 名骨干教师来怀跟岗挂职培训。组织四子王旗牧区、卢氏县优秀学生代表 60 余人来京参加暑期研学。邀请四子王旗、卢氏县教师 32 人来怀开展为期 5 天的集中研修。为四子王旗、卢氏县、杂多县分别捐赠价值 7 万元，总值 21 万元的教育教学用品，为三地捐赠价值 90 余万元的学前教育所需玩教具。选派 6 名支教教师赴四子王旗支教 1 年。全年组织各类专家送教送讲 160 余次，惠及师生 700 余人次。组织专题培训 10 余次，来京培训 100 余人次。教育系统通过“扶贫 832 平台”以及怀柔双创中心等渠道助力消费扶贫，累计采购扶贫地区产品价值 256.08 万元。

（缐金秋　王文涛）

怀柔事业单位改革完成

3 月 27 日，怀柔区教委完成所属事业单位改革。纳入改革调整优化范围的事业单位由 13 个压减至 11 个，其中新整合组建 4 个、更名 1 个、保留 6 个。事业编制由 392 人减至 383 人，压减 9 人并调整至学校使用。调整后事业单位全部为怀柔区委教育工委、区教委所属公益一类事业单位，经费形式为财政补助（全额拨款），除北京市怀柔区考试中心为副处级事业单位，其余 10 个均为正科级事业单位。

（缐金秋　白坡）

学校卫生工作加强

3 月至 5 月，怀柔区教委联合区卫健委、区疾控中心、区市场监管局等部门做好学校卫生工作。3 月，举办 2021 年学校卫生工作培训会，内容涉及传染病防控、学生“食育”教育、近视防控等方面。全区中小学校校医、保健教师代表 50 余人参加培训。4 月 29 日，开展怀柔区教育系统 2021 年传染病防控技能培训及考核，邀请区疾控中心讲师专题讲授聚集性急性胃肠炎疫情、重点呼吸道传染病症状辨别及处置措施。来自全区各中小学、幼儿园的 116 名校医、园医、保健教师代表参加活动。5 月，开展怀柔区中小学、幼儿园传染病疫情防控工作监督检查，累计检查中小学、幼儿园 52 所，出动检查人员 520 余人次，出动车辆 156 车次。

（缐金秋　张新英　杨雪）

中小学科技副校长全覆盖

4 月 16 日，怀柔区第二批中小学校科技副校长聘任仪式暨中国科学院科研院所与怀柔区中小学校、幼儿园共建签约仪式在中国科学院大学雁栖湖校区举行。活动为 35 名来自中国科学院大学、中科院在怀科研院所、高新企业的教授、研究员和工程师颁发中小学校科技副校长聘书，聘期 1 年。至此，怀柔区实现中小学科技副校长全覆盖。2019 年 12 月，怀柔区启动科技副校长聘任项目，首批聘任国科大教授 17 人。

（缐金秋　杨雪　项尚）

集团化办学深度融合工作推进会

5 月 14 日，怀柔区教委召开集团化办学深度融合工作推进会。区教委从区内 5 个中学学段教育集团中，选取第一中学、第三中学 2 个教育集团开展深度融合试点工作。试点单位要结合新形势、新课改定期开展教育教学主题研讨活动，实施教研、培训、科研一体化管理，促进教师队伍整体优化发展，实现集团校间教育资源的深度融合，构建区域特色教育体系，运用新机制、新模式突出新改革成效；要根据实际办学需求及区域教育资源现状，因地制宜，打造自身办学特色，凝聚发展共识，打造文化共同体。6 月 4 日，区教委在第三中学教育集团举办同上一节课——献礼建党 100 周年暨教育集团主题研讨活动。第三中学教育集团 4 名思政学科教师作课堂展示分享。

（缐金秋　李艳花）

“送教育政策到村居”活动

5 月 29 日，怀柔区教委举办“送教育政策到村居”活动。活动针对义务教育入学审核登记时段市民电话咨询诉

5 月 29 日，怀柔区教委举办“送教育政策到村居”活动

（怀柔区教委　供）

求，发放《义务教育幼升小常见问题解答》《初中入学相关政策解释》《“十三五”时期怀柔区学前教育成果》《校外培训机构规范管理应知应晓》等宣传手册900余份，解答问题120余条。区教委相关科室、怀柔区电化教育管理中心工作人员10人参加活动。

（线金秋　邢桂伶）

融合教育推进

9月18日，怀柔区教委、北京市怀柔区特殊教育中心共同组织召开怀柔2021—2022学年度融合教育推进会。会议总结上学年融合教育亮点工作，肯定学区中心、资源教室布局合理性，以及怀柔镇中心小学、怀北学校2个学区融合教育工作推进情况；解读义务教育阶段中小学校成立融合教育推行委员会的意义，部署融合教育工作。怀柔特教中心作随班就读学生认定、个案管理及个别化教育计划培训。全区7个示范性融合教育资源中心、2个自闭症基地、18个资源教室下辖普通中小学校融合教育推行委员会副主任委员、执行秘书委员、专兼职资源教师等80人参加会议。至年底，全区36所中小学（含培智学校），18所教办园及怀柔区职业学校全部成立融合教育推行委员会。

（线金秋　任海明）

家庭教育团体咨询活动

10月16日，怀柔区社区教育中心举办两场家庭教育团体咨询活动。活动邀请清华大学特聘专家，围绕“中小学生手机使用‘痛点’家长解决方案”“二孩家庭老大‘难题’，家长解决方案”2个主题，针对各个家庭存在的问题给予讲解和指导。家庭教育团体咨询项目借助北京市家庭教育与家风建设项目优质专家资源，至年底，完成6场线下和6场线上咨询，每场为30名学生家长提供咨询服务。

（线金秋　彭兴龙）

家庭教育指导教师培训

至年底，怀柔区教委推进家庭教育指导教师培训。4月23日，启动“家校协同”培训项目，以心理学为视角，旨在提高家庭教育指导教师的工作能力，全年累计开展线下培训8次、线上培训32次。36名中小学家庭教育指导教师参与学习。9月24日至11月8日，启动“双减”背景下小学家庭教育服务指导教师培训项目，开展6次培训（线上4次、线下2次），累计48学时。来自全区6所小学实验校和1所幼儿园的60名小学德育管理干部和优秀班主任参与培训。12月20日，举办“强化责任 学法用法 护‘未’成长——宣传落实《家庭教育促进法》主题论坛”活动，从培训内容科学、培训方式灵活、培训效果显著3个层面汇报“怀柔区家校协同”项目开展情况，为50名考取“高级家庭教育指导教师”的中小学教师代表颁发证书。

（线金秋　钟赫杰）

“双师课堂”推进

至年底，怀柔区教育系统全面推进“互联网＋基础教育‘双师课堂’”建设。建设完成市级空中课堂录制基地1个，区内“双师课堂”教室22间，结合怀柔区城区、平原、山区布局与区内教育发展规划，实现城区优质学校与乡村学校备课同步实施、课堂同步互动、教师同步研修、资源同步共享。12月31日，怀柔区小学第三学区开展“双师助力‘双减’学区共研学情”复习课研讨活动。活动利用“双师课堂”设备，以北京市怀柔区第三小学为输出校，部分山区、平原学校为输入校，实现教师共研、资源共享。

（线金秋　孙宇婷）

“海怀一体化教研”项目助力教师成长

至年底，“海怀一体化教研”项目取得阶段性成果。怀柔区教育系统干部教师参加海淀区教师进修学校大型活动12次；开展线下一体化教研活动53次；24个名师工作室每月至少举办1次活动，累计开展线上教研239次。全年9000余人次干部、教师参与各类活动。选送30节课参加全国精品课录制活动，其中24节课入选市级精品课，入选率80%；13节课入选2021年基础教育“部级精品课”，入选率43.3%，位列全市首位。推荐中小学新教师15人参加北京市新任教师“启航杯”风采第一阶段展示，8人进入市级现场展示环节，入围率53%。

（线金秋　王金菊）

平谷区

概述

2021年，平谷区教委辖属教育单位150个。其中，幼儿园92所（教育部门办园5所、集体办园40所、民办园47所），小学29所（教育部门办校28所、民办校1所），初级中学12所（全部为教育部门办校），完全中学4所（全部为教育部门办校），九年一贯制学校2所（全部为教育部门办校），民办十二年一贯制学校1所，特殊教育学校1所，中等职业学校1所，其他法人单位8个。招生12924人（幼儿园5211人、小学3545人、初中2449人、普通高中1546人、中等职业学校173人）；毕业10219人（幼儿园3827人、小学2912人、初中2219人、普通高中1180人、中等职业学校81人）；在校生49148人（幼儿园16043人、小学20594人、初中7415人、普通高中4579人、中等职业学校391人、特殊教育学校126人）。教职工总数7971人（幼儿园2892人、小学2207人、中学2666人、中等职业学校144人、特殊教育62人）。专任教师中，高级职称918人、中级职称1835人。北京市特级教师10人、北京市骨干教师58人、北京市学科教学带头人10人。全年教育总投入27.15亿元。中小学固定资产总值23.82亿元。

新建幼儿园 5 所，接收新入园幼儿 373 人。设立学前教育学区 5 个，教育集团 14 个（小学 4 个、中学 10 个）。

2021 年，平谷区教委规范常规管理。整合资源，推进绿谷教育论坛落地生根，持续提升绿谷教育品质。完成区教委所属事业单位改革，将 10 个区教委直属单位压减至 8 个。

立德树人。加强师德师风建设，召开师德教育主题大会暨警示教育大会。制定《平谷区教育系统师德专题教育工作方案》，指导 162 个单位制订师德教育实施方案，并利用宣传栏、橱窗、微信公众号宣传开展。开展党史学习教育主题系列活动，加强中心组理论学习，提升党员干部政治素质和理论水平。修订完善《平谷区教育系统理论学习中心组学习制度》。开展以“学起来”“唱起来”“讲起来”“做起来”为主要方式的主题教育活动。打造“绿谷红娃”品牌，开展“绿谷红娃唱红歌”“新时代好少年——红心向党”“绿谷红娃”少年先锋岗等系列活动。

推进劳动教育。印发《平谷区关于全面加强新时代中小学劳动教育实施方案》，建立以学校为主体、家庭为基础、社会为支持的劳动教育协同实施机制；开展首个“学生劳动教育周”活动，搭建学校、家庭、社会三级劳动教育平台，统筹家庭劳动、校内劳动和校外劳动。

夯实职业教育。北京市平谷区职业学校分别与北京交通运输职业学院、通航未来（北京）航空技术发展集团有限公司开展院校合作、校企合作，签订三方人才战略合作协议；新增航空服务专业、机电设备安装与维修（城市轨道交通）专业、城市轨道交通运营管理 3 个专业，9 月首批招生 40 余人。推进无人机、新能源汽车实训基地建设，制订《平谷区职业学校无人机专业建设方案》。

加强管理及执法检查。全面开展中小学、幼儿园安全检查，出动检查人员 800 余人次。加大对校外培训机构的执法检查力度，以周末日查和周一至周五夜查 2 种方式，多轮次全覆盖巡查违规线下开课现象。首次将民办学校（幼儿园）纳入教育质量满意度测评。完成 1 所民办幼儿园和 10 所培训学校按照办学章程自行终止办学，稳步退出。

推进基建项目复工、完工。通过协调会、委托专业管理公司管理等方式管理项目，确保 9 个工程项目如期复工、按期完工，其中 4 个项目于 2021 年完工，增加学位 1950 个；委托北京绿都基础设施投资有限公司对大基建项目前期手续的办理开展专业管理，推进 2 个工程项目前期手续办理。

落实“双减”。制订规范性文件并加强统筹监督，提升课后服务水平和质量，规范教育教学管理、作业管理、手机管理、读物管理及睡眠管理等。根据《平谷区提升教育教学质量两年行动计划》，制定《平谷区推进“双减”一学科一策指导意见》《平谷区推进“双减”一年级一策工作指导意见》，并引导学校实现“一校一策，一年级一策，一学科一策”；制定《教委一把手入校工作方案》，深入基层，攻坚克难。

（高宁　吴玉仙）

普惠园规范管理

2021 年，平谷区教委多举措推进普惠性幼儿园规范管理。普惠性幼儿园 100% 全覆盖，并全部纳入区教委统一管理，采取归口管理方式严格规范管理。制订《平谷区幼儿园一日活动指导意见》，要求各园所“依法办园，科学保教”。构建学习共同体，建立以示范园为龙头的 5 个教育学区，通过结对互助、观摩学习等形式，面向全区乡镇园、民办园开放教学 200 余次，累计参与教师 1 万余人次。制订《平谷区普惠性幼儿园保教质量提升方案》，构建区域内幼儿园课程模式；建立“区级—学区级—园级”三级 100% 覆盖教研体系。落实监管责任，为每所幼儿园配备 1 名责任督学，同时成立学前教育督查室，保证对每所民办园每月至少督查 1 次。

（张冬梅）

12 月，平谷区教委举办阳光体育 2021 年平谷区中小学生校园足球联赛（平谷区教委　供）

平谷推进“双减”落地落实

2021 年，平谷区教育系统推进“双减”工作落地落实。制定《平谷区关于落实“双减”措施与推动教育事业高质量发展的工作方案》《平谷区推进新时代教育督导体制机制改革实施方案》；建立“班主任主导、年级组核查、教务处指导”作业统筹管理机制。全区 67 所中小学均安排骨干教师打破班级界限开展课后答疑辅导，惠及学生 2.20 万人；组织本班任课教师开展“一对一”课后补差。丰富课后服务资源供给，设计体育、劳动教育、跨学科实践活动等内容。成立工作专班，采取“周末查+夜查”方式，对全区 50 址学科类及语言类培训机构线下开课情况巡查 31 轮，未发现擅自恢复线下培训；督导提交复课申请的 45 址学科类培训机构全部纳入资金监管。10 月 20 日，组织区教育系统领导、教师等 2230 余人，听取市委教育工委平谷区“双减”工作宣讲报告会。

（吴玉仙）

中小学生心理健康公益咨询热线开通

2 月 1 日，平谷区教育系统开通平谷区中小学生心理健康公益咨询热线（89981010）。热线咨询团队由平谷区中小学生心理健康工作室成员组成，11 人轮流值班为中小学生及家长提供免费咨询服务，试运行时间为每周一至周五 6：00—18：00。至年底，热线累计收到学生、家长咨询 344 条；对 187 人次未成年人进行团体辅导、沙盘辅导 41 次；对 78 人进行个别辅导 133 次。

（吴玉仙）

第五届“詹天佑杯”中小学生棒垒球锦标赛

9 月 11 日至 12 日，平谷区教委举办第五届“詹天佑杯”中小学生棒垒球锦标赛。赛事设置 U8 T—ball 组、U8 女子组、U10 T—ball 组、U10 抛打组、U12 抛打组、U15 慢投组 6 个组别，举行比赛 35 场。16 所中小学选派 26 支队伍 400 余名学生参赛。

（杨春苗）

与玉树教育局签订对口高中班办学协议

9 月 29 日，平谷区教委与青海省玉树州教育局对口高中班办学签约仪式在北京实验学校举行。根据协议，2021 年至 2023 年，北京实验学校连续 3 年招收玉树高一新生，每年招生 80 人，面向玉树州初中毕业暨升学考试总分达到高中录取最低控制分数线的初中毕业生；学生在北京实验学校完成高中 3 年学业，在北京市教委注册高中学籍，参加北京市普通高中学业水平考试，由北京市教委颁发毕业证，高中毕业后回青海参加高考。合作办学期间，北京实验学校承担玉树对口高中班学生学习和日常生活管理工作，并负责对学生进行综合素质评价，以保证他们在学习和生活上与其他在校学生享有同等待遇。协议有效期自签字之日起至 2024 年 6 月 30 日止。

（郭峰亭）

高素质农民和农技推广员培养

12 月 4 日和 10 日，北京开放大学平谷分校分别承办 2021 平谷区高素质农民培育班和平谷农技推广骨干人员素质提升培训班。农民培育班培训为期 6 天，围绕桃优新品种和土肥水科学管理技术、国华高效示范园果树标准化整形修剪技术、果树病虫科学测报与绿色防控等内容开展培训。来自平谷区各乡镇的大桃生产经营从业人员及新型农业经营主体带头人 60 人参加培训。农技推广骨干人员素质提升培训班培训为期 10 天，涉及种植业果树和蔬菜 2 个专业，每个专业培训 40 学时。培训聘请中国农业大学

12 月 15 日，平谷六小“双减”课堂——滑雪体验课
（平谷区教委　供）

4月8日，京津冀首届千人现场书法大赛及优秀作品展启动
（平谷区教委 供）

等高校专家讲解农产品质量安全生产、电商营销、病虫害防控等理论知识。100名种植业基层农技推广人员参加培训，果树培训班和蔬菜培训班各50人。

（王艳丽）

平谷事业单位改革完成

12月，平谷区教委完成所属事业单位改革。经调整，区教委所属事业单位由10个压减至8个，编制由315个压减至297个。

（吴玉仙）

书法教育特色交流

至年底，平谷区依托书法教育特色开展交流活动。4月8日，“翰墨薪传——平谷区第二届中小学师生作品展暨京津冀首届千人现场书法大赛及优秀作品展”启动仪式在平谷区青少年活动中心举行，展出作品170幅，均为京津冀首届千人现场书法大赛优秀作品。6月25日，平谷区教育研修中心、北京市平谷区大兴庄中心小学共同承办“庆建党百年 书传统经典”北京市区域联动书法课堂教学交流活动。北京教育科学研究院书法教研员、平谷区教研中心相关人员，昌平、海淀、平谷三区书法教研员及一线书法学科骨干教师等50余人参加活动。

（杨春苗 吴玉仙）

密云区

概述

2021年，密云区教委辖属教育单位139个。其中，幼儿园78所（教育部门办园52所、地方企业办园4所、集体办园2所、民办园20所），小学26所（全部为教育部门办校），初级中学17所（全部为教育部门办校），教育部门办完全中学1所，高级中学3所（全部为教育部门办校），九年一贯制学校3所（全部为教育部门办校），特殊教育学校1所，中等职业学校1所，其他法人单位9个。招生15232人（幼儿园5697人、小学3927人、初中3279人、普通高中2211人、中等职业学校118人）；毕业12384人（幼儿园4083人、小学3315人、初中3378人、普通高中1497人、中等职业学校111人）；在校生55389人（幼儿园15436人、小学23008人、初中10082人、普通高中6357人、中等职业学校400人、特殊教育学校106人）。教职工总数5865人（幼儿园1107人、小学2033人、中学2497人、中等职业学校178人、特殊教育50人），其中高级职称1370人、中级职称2359人。北京市特级教师23人、北京市骨干教师78人、北京市学科教学带头人12人。全年教育总投入28.43亿元。中小学固定资产总值17.23亿元。接收小区配套园2所，新建幼儿园分园1所、在1所小学新增一年级部。设立教育集团2个、初中学区4个、小学城乡教育共同体7个、幼儿园学习与发展共同体5个。

2021年，密云区教委学前教育普惠优质发展。贯彻落实《“十四五”学前教育发展提升行动计划》，提高幼儿园保教质量。启动幼儿园学习与发展共同体建设，完成对32所幼儿园的督导评估，着力加强镇村园、非教办园教师队伍建设。深化幼小衔接，举办幼儿阅读节、体育节、艺术节，推进数学领域课程实施能力提升项目。强化普惠园补助资金监管，规范办园行为。租赁北京民宇安装工程有限公司房产进行改造，建成第二幼儿园分址，接收密云清水湾、悦欣汇小区配套园建成2所公办园，扩增普惠学位690个，普惠园覆盖率96.4%。做好普惠性幼儿园生均定额补贴申报审核工作，制定《密云区普惠性幼儿园生均定额补助资金申请与拨付实施方案》，每月实行动态监管全覆盖。完成数据审核工作12次，审核幼儿园材料288份，涉及幼儿86915人次，审批、拨付补助资金8570万元。

中小学教育优质均衡发展。完善全面培养体系，制定《中小幼一体化德育工作实施方案》，构建要素融通、学段衔接的一体化德育工作格局。深化生态文明教育，教育系统74家单位完成区垃圾分类示范单位创建工作。落实“新时代学校体育工作实施方案”，聚焦“教会、勤练、常赛”，提升学生体质健康水平。启动冰雪嘉年华系列活动，营造喜迎冬奥氛围。开展班级合唱素养提升教师培训、杨敏舞蹈工作室培训及下校辅导，艺术教师专业素养不断提升。新增北京市金帆书画院1所、阳光少年艺术团1个。推进实践基地建设，劳动教育实效性不断增强。

教育改革创新不断深化。深化教育合作，启动“海淀·密云”一体化教研合作项目，推进“朝阳·密云”跨区研修活动，在教科研、师资培训等方面取得新进展。开展不老屯中学综合改革试点，推进北京市密云区古北口镇中心小学一体化管理改革，促进城乡教育优质均衡发展。首都师范大学附属密云中学加挂“北京市密云区外国语学校”校牌，探索高中多样化特色办学之路。推进“基于教学改革、融合信息技术的新型教与学模式”实验区建设，实施“智慧教育环境建设”“师生信息素养提升”等“六大行动”，推动信息技术与教育教学深度融合。以中高考备考、学科研修为抓手，推进“大单元备课”“生动课堂”研究，强化单元整体教学。

职成教育供需融合发展。探索校企合作、职普融通、职社融通办学新途径，10名学生获全国“互联网+”创新创业大赛二等奖，组织中小学生600余人参与职业技能体验，接收河北等合作区域学生近500人访学，面向社会开展电焊特种作业等职业技能培训近1600人次。推进成人学历教育、老年教育和社区培训，成功举办第17届全民学习周，密云老年大学被认定为首批北京市老年学习示范校（点）。

师资队伍建设全面加强。招聘新教师140人。密云被确定为全市干部教师轮岗交流试点区，安排268名干部教师参与岗位交流，其中正校级干部交流38人、副校级干部交流12人、教师城乡交流118人、区域内交流27人、骨干教师到其他学校学科指导73人。开展师德师风培训、“我的育人故事”主题宣讲、师德表彰活动，营造良好育人氛围。推进思政教师专业能力提升、“百名教师拜师”等项目。

办学条件不断改善。优化资源配置，新增中小学、幼儿园学位1095个。加快推进4项新建、改扩建工程，启动征占地等前期工作。协调北京市第四中学与北京市西城区黄城根小学承办北京第二实验学校。投资1.35亿元，实施修缮改造、设备配备项目116个，修缮改造操场9块。开展绿色学校创建工作，验收申报学校25所。

教育督导有效开展。深化新时代教育督导体制机制改革，推进责任督学换届工作。围绕“双减”、疫情防控、学校安全3项重点工作开展专项督导，责任督学下校督导1100余人次。

推进“双减”工作落实。贯彻市、区部署安排，坚持校内校外双向发力，推动“双减”工作取得阶段性成效。强化校内主渠道作用，加强作业、手机、睡眠、读物、体质“五项管理”。推进暑期托管服务，丰富课后服务供给，骨干教师全员参与答疑辅导，课后服务学生参与率99.8%；深化校外培训机构治理，建立资金监管、三级执法等8项治理模式，学科机构压减率67.5%，无证机构动态清零。

（王云阶　张丹　李士新）

绿色学校创建

2021年，密云区教委多举措推进绿色学校创建工作。制定绿色学校创建实施方案和计划，召开3次全系统绿色学校创建工作推进会、培训会，加强绿色学校创建工作组织领导。以“节能宣传周”“城市节水宣传周”“低碳日”等为契机，宣传生态文明理念，营造崇尚生态文明的良好氛围。4月，密云区启动绿色学校创建工作，按照学校自愿申报、区级评估验收、市级评估抽查程序开展相关工作。10月21日至29日，区教委依据《北京市绿色学校创建标准（中小学）》开展申报校验收工作，首批25所学校全部通过验收。

（李士新）

4月27日，密云五幼举办第九届体育节闭幕式

（密云五幼　供）

密云推进“双减”落地落实

2021年，密云区教委推进“双减”工作落地落实。6月9日，召开全区义务教育学校校长大会，传达中央、北京市关于“双减”、提高学校教育质量、规范教育教学秩序、认真做好课后服务等有关工作精神，分学段部署相关工作。9月28日，组织干部、教师5000余人聆听落实“双减”工作政策宣讲会。10月11日至15日，开展义务教育“双减”工作专项督导检查。58所中小学全部落实区教委“双减”工作要求，管理规范，各项措施扎实有效。

（齐飞蜓　孙芳莹　李士新）

新型教与学模式实验区工作启动会

3月28日，密云区教委召开“基于教学改革、融合信息技术的新型教与学模式”实验区工作启动会。会议播放密云区教育信息化助推教育教学改革专题片，为密云区2020年教育信息化先进单位颁奖，听取2所学校信息化工作经验交流汇报。区教委领导解读实验区工作方案，为特聘专家颁发聘书，并为21所实验校授牌。教育部、市教委、密云区政府有关领导，特聘专家，区教育两委班子成员，各中小学、幼儿园、直属单位党政正职、副职，各中小学骨干教师代表等200余人参加会议。2020年7月，密云区获批教育部基础教育司“基于教学改革，融合信息技术的新型教与学模式实验区”，实验时间3年。

（张学虎　李士新）

书记、校（园）长研究工作室项目总结

6月11日，密云区教委召开书记、校（园）长研究工作室项目总结展示会。会议从工作室的组织管理、推进路径、实施成效等方面对项目进行全面总结。各工作室分别以“专题片＋主题发言”形式汇报展示。区教委于2017年12月启动书记、校（园）长研究工作室，遴选出30名书记、校（园）长，成立4个干部研究工作室。3年间，成员出版教育专著14本、成果集锦5本，在《人民教育》《中小学管理》《教育家》等期刊发表文章百余篇。

（史小强　李士新）

百名教师拜师项目启动

6月29日，密云区教委召开“百名教师拜师”项目（第一批）启动会。该项目与首都师范大学合作开展，以提升学科教师综合育人能力促进教师持续发展为目标，通过提升优秀教师的业务能力、科研能力，打造一支在北京市乃至全国有影响力的教育教学卓越团队。第一批组建小学语文、小学数学、小学英语、初中班主任、学前教育5个小组，每组有学员3～5人，配备通识性导师、理论导师、实践导师各1人，项目实施周期为2年。其间，通识内容培训导师每月开展1次集中指导；各研修小组与理论、实践导师协商共同制定研修小组工作方案和成员培养方案，每月至少开展1次研修活动。

（杨海芳　李士新）

“三全”劳动教育实践探索活动

6月29日，密云区教委举办新时代“三全”劳动教育的实践探索活动。活动组织观摩北京市密云区巨各庄镇中心小学展示的3节劳动教育课程，听取该校“全内涵、全链条、全层次，新时代‘三全’劳动教育的实践探索”经验介绍，组织专家团队、干部教师、学生及家长代表参与

12月29日，冯家峪镇中心小学课后服务——国际象棋社团活动
（密云区教委　供）

劳动教育主题沙龙活动。区教委主要领导，全区中小学校长等 150 余人参加活动。

（张鑫　李士新）

中学体育教师专业技能考核

10 月 16 日至 19 日，密云区教委开展中学体育教师专业技能考核。考核面向 1971 年 1 月 1 日以后出生的男教师和 1976 年 1 月 1 日以后出生的女教师，设置口令及队列、课堂教学能力、专业技能水平测试 3 项考核内容，将参加考核的教师随机分组，现场抽取田径、体操、足球等项目进行考核。69 名体育任课教师参加考核，全部合格。

（陈辉　李士新）

首届“育苗杯”学前优秀班主任基本功展评

11 月 19 日，密云区教委举办第一届“育苗杯”学前优秀班主任基本功展评活动。活动设置说课展示、班级管理宣讲和情景答辩 3 个环节，邀请密云区教师研修学院学前研修室研修员、城区优秀幼儿园园长担任评委。29 名区级骨干班主任参加展评，经现场打分，评出一等奖 9 人、二等奖 12 人。

（杨阳　李士新）

首届中小学生陆地冰壶和旱地冰球比赛

12 月 10 日，密云区教委举办第一届中小学生陆地冰壶和旱地冰球比赛。比赛设中学男子组、中学女子组、小学男子组、小学女子组 4 个组别，采用小组单循环排名赛制。全区 20 支代表队 150 名运动员参加比赛。

（彭秀伶　李士新）

12 月 30 日，密云区教委开展冰雪嘉年华——雪上两项水弹枪打靶比赛　　（密云区教委　供）

冰雪嘉年华启动

12 月 30 日，密云区教委举办“情燃冰雪，冬奥有我”2021 年密云区中小学生冰雪嘉年华启动仪式。启动仪式上，密云区师生滑雪队、北京市密云区第一小学、北京市密云区季庄小学、青少年宫舞蹈团分别进行雪上和陆地项目表演；学生分别参加雪上趣味毛毛虫、雪上铜锣喧天、双板直滑降猜时赛、雪上两项水弹枪打靶 4 项趣味冰雪竞赛活动。全区各中小学师生代表近 400 人参加活动。

（彭秀伶　李士新）

课后服务及暑期托管服务

至年底，密云区中小学全面落实课后服务工作。3200 余名干部教师为 3.20 万名中小学生提供课后服务，学生参与率 99.8%，教师参与率 89.11%。各校根据本校实际制定课后服务工作计划，设计体育锻炼必修单元和科学实践、劳动、美育活动、课业辅导答疑等选修内容，确保学生每天体育锻炼时间。暑期，区教委安排城内 6 所小学分 2 期为 43 名有暑期托管服务需求的小学生提供托管服务，管理干部 48 人次、班主任专业教师 108 人次、安保人员 68 人次、校医 6 人以及其他人员 6 人参与。

（齐飞蜓　张文华　李士新）

延庆区

概述

2021 年，延庆区教委辖属教育单位 106 个。其中，幼儿园 50 所（教育部门办园 34 所、民办园 16 所），小学 24 所，初级中学 11 所，完全中学 2 所，高级中学 2 所，九年一贯制学校 4 所，特殊教育学校 1 所，中等职业学校 1 所，其他法人单位 11 个。招生 9001 人（幼儿园 3471 人、小学 2126 人、初中 1928 人、普通高中 1288 人、中等职业学校 175 人、特殊教育学校 13 人）；毕业 6891 人（幼儿园 2095 人、小学 2064 人、初中 1734 人、普通高中 847 人、中等职业学校 137 人、特殊教育学校 14 人）；在校生 32331 人（幼儿园 9011 人、小学 13176 人、初中 5708 人、高中 3814 人、中等职业学校 537 人、特殊教育学校 85 人）。教职工总数 5129 人，其中幼儿园1501人（含民办园483人）、小学1445人、中学1921人、中等职业学校218人、特殊教育学校44人，包括专任教师3571人。专任教师中，高级职称557人、中级职称1244人。北京市特级教师18人、北京市骨干教师59人、北京市学科教学带头人9人。全年教育总投入20.88亿元。中小学固定资产总值22.31亿元。设立学区12个（幼儿园4个、小学4个、初中3个、高中1个）。

2021年，延庆区教委推进各级各类教育协调发展。成立5所独立幼儿园，改善校办园质量不高问题。出台民办幼儿园管理细则，规范办园行为，提升民办园保教质量。幼儿园超班额、师生比超标、园长无任职资格证等问题全部解决，各项评价指标全部达标。通过新建、以租代建、改扩建以及全区扩班等方式，扩增学位1310个，基本满足全区适龄儿童入园需求。城区学校通过内部挖潜、租赁、改建等方式解决学位缺口100个，保障适龄儿童入学。教育满意度调查排名全市第一。

促进学生全面发展。印发《防范中小学欺凌专项治理行动方案》，开展中小学生不文明行为专项整治。加强校园足球“满天星”训练营建设，新增3所训练营基地校，新招队员200人，延庆区被评为全国校园足球优秀试点区。5名学生获国家一级运动员称号（冰雪）、35名学生获国家二级运动员称号（冰雪、足球）。出台《全面加强新时代中小学劳动教育实施方案》，评选认定10家劳动教育基地。

加强干部教师队伍建设。强化师德师风建设，评选“延庆名师”、优秀教师、优秀教育工作者151人，1名教师获评全国优秀党务工作者，延庆一职教师康柏利获全国脱贫攻坚先进个人称号，1名教师获北京市人民教师奖。新增北京市特级校长2人，调整校科级干部86人次，选优配强基层干部队伍。引进市区优秀教师23人，其中全职引进9人、非全职引进14人，北京教育学院首批选派1名博士后和1名硕士到延庆区实训。新招聘教师132人、区外调入48人，调出教育系统18人，实际补充162人。义务教育阶段和幼儿园教师交流轮岗321人，占符合交流条件教师总数16.3%，其中区级以上骨干教师75人，占交流教师总数23.7%。援疆援藏、对口支援18人，到市区交流或挂职38人。与北京教育学院签订战略合作协议，重点开展青年人才、骨干教师等9类培养培训项目，累计培训1100人；与北京第二外国语学院合作，对全区320名英语教师开展口语能力提升培训；与海淀区、东城区教育部门合作，开展校级干部挂职培训和教研员培养。组织干部教师参加各类培训8000人次。

服务保障区域绿色发展。选派38名干部教师直接参与冬奥服务。在全市率先召开全区语言文字大会，全面启动冬奥语言环境百日攻坚行动。牵头落实未成年人教育环境建设指挥部工作。联合宣传部、市场监管局等部门对网吧、校外培训机构和校园周边等重点场所开展两轮联合检查，做好“创城”工作。面向各乡镇、各部门人才培养，开设成人培训课程30门，参训学员2万人次。

强化校内教育服务供给，出台课堂教学、作业、手机、睡眠和读物“五项管理”办法，课后三点半时段为全区18680名中小学生提供课后服务，为116名学生提供延时看护服务；面向全区初中生开设晚自习，17所有初中生的学校（初级中学11所、完全中学2所、九年一贯制学校4所）全部参与，5418名学生参加，参与率94.9%。暑期为195名小学生提供托管服务。

（张美丽　赵文新）

课后服务及暑期托管工作

2021年，延庆区教委探索义务教育阶段全新课后服务模式，完成暑期托管服务工作。3月15日起，为义务教

11月，千家店中心小学教师利用课后服务时间指导学生阅读

（延庆区教委　供）

育阶段学校确有需求学生提供课后服务，每日提供菜单式选修课课表，学生可自主选择体育运动、课外活动、劳动教育等课程。各校统筹安排校内教师、社会力量、志愿服务团队和家长委员会等资源参与课后服务工作。年底统计显示：小学阶段和初中阶段参加课后服务学生人数分别为11470人和7338人，均占在校生总数的99.99%；小学阶段和初中阶段参与课后服务的教职工分别为1252人和1025人，分别占教职工总数的91.45%和83.54%。聘请校外师资214人参与课后服务。7月19日至8月20日，为一年级至五年级小学生提供暑期托管服务，开设2期，每期12天。每名学生每期收取服务费360元，指导学生完成作业，开放图书馆、阅览室、体育场馆，组织学生开展阅读、体育活动等。川、山区学校无学生报名，城区4所直属小学193名学生参加，占比1.8%。9月，区内17所初中校全部开设晚自习。5222名学生参加晚自习，参与率为96.8%。根据区教委部署，各初中校为所有学生提供晚餐服务，各班任课教师提供答疑辅导，行政干部和校园保安定期巡视和维护秩序。

（张美丽　赵文新）

未成年人思想道德建设

2021年，延庆区教委继续开展未成年人思想道德建设工作。构建思政、历史等学科课程化党史学习体系，党史学习主题在班团队会中占比50%；开展全区校级“新时代好少年”评选活动，遴选出区级新时代好少年10人；组织4900名学生开展清明现场祭扫，2万名学生参加“守护·2021清明祭英烈”网上祭扫活动；开展“争当社区文明小使者”主题教育实践活动，6000名“小使者”参加33个社区举办的实践活动132场；评选认定10个劳动教育基地，集中开展学农实践活动；57所公办学校（幼儿园）和20所民办幼儿园（办园点）均开办“家长学校”，定期举办家庭教育指导培训382次；2000名干部教师到18个街道乡镇的300个社区、行政村开展家访；常态运行区、校两级心理辅导热线，团区委聘请专业人员为20名心理异常学生作专门辅导；联合公安、城管等部门及属地街道，对校园周边上网服务营业场所、培训机构等进行执法检查8次，区青少年活动中心开设永宁分中心，与15所乡村少年宫、400个新时代文明实践所（站），为农村地区未成年人提供教育活动阵地。

（张美丽）

新时代文明实践工作

2021年，延庆区教委开展新时代文明实践工作。通过微信公众号、微信群向学生推送传统文化经典中爱国主义、民族精神篇目，累计60篇次；教育系统干部教师参与社区桶前值守7342人次；组建“1+3”雨润妫川教育志愿服务支队，根据教育资源种类，下设基教、高校和职成3支志愿服务分队；教育系统2531人注册成为“延庆乡亲”志愿者，参与相关志愿服务活动；组织青少年开展“志愿青春·献礼百年”志愿服务活动、学雷锋活动160场，全年团员、少先队员4100人次开展志愿服务活动累计1.80万小时；利用班级微信群和腾讯会议等网络平台，为群众9097人次提供线上培训服务83次，累计992小时；为全区新时代文明实践所（站）提供点单派单服务活动274期，累计培训15384人次；面向全区实践所、实践站，开展“垃圾分类变废为宝”“绿色生活微园艺”线上、线下培训，67个班3892人次参加活动。2018年10月，延庆区入选新时代文明实践中心建设全国50个试点县（市、区）之一，是北京唯一试点区，18个乡镇街道被确定为新时代文明实践所，376个行政村和47个社区设立新时代文明实践站。

（张美丽）

“终身学习网”平台免费开放

1月28日，“延庆终身学习网”数字化学习资源平台免费对外开放。平台结合疫情期间社区居民学习需求，通过“妫川社区教育”微信公众号向全区居民不定期免费推送线上微课。微课内容涉及人文、艺术、科学等40个方面。全年推送课程4280门，网站总访问量127813人次。

（高寒）

4月9日，延庆区教育系统“文明引导绿色出行”工作常态化
（延庆区教委　供）

经开区

概述

2021年3月18日，根据《北京市教育委员会关于同意北京经济技术开发区社会事业局行使经开区教育职权的通知》相关要求，北京经济技术开发区社会事业局纳入区级教育行政管理部门，并在经开区“60平方公里”范围内全面履行教育行政部门各项职责，辖属教育单位28个。其中，幼儿园18所（教育部门办园5所、民办园13所），小学3所（全部为教育部门办校），教育部门办完全中学1所，九年一贯制学校2所（教育部门办校1所、民办校1所），十二年一贯制学校4所（教育部门办校3所、民办校1所）。招生6775人（幼儿园2154人、小学2910人、初中1216人、普通高中495人）；毕业3518人（幼儿园1614人、小学1019人、初中683人、普通高中202人）；在校生23248人（幼儿园6561人、小学12160人、初中3189人、普通高中1338人）。教职工3217人（幼儿园1182人、中小学2035人），其中高级职称237人、中级职称405人。北京市特级教师12人、北京市骨干教师5人、北京市学科教学带头人2人。全年教育总投入16.12亿元。全区教育固定资产总值4.76亿元。新建并投入使用十二年一贯制学校2所。

2021年，经开区推进各级各类教育共同发展。完成北京经济技术开发区四海幼儿园审批，规划班级21个，新增普惠性学位735个。推进基础教育优质均衡发展，先后引入北京市十一学校、中国人民大学附属中学、北京市第二中学等优质办学主体。加大教育经费投入，增强教育承载力，加快北京市第二中学经开区学校、人大附中亦庄新城学校、建华实验亦庄学校（E13校区）校区建设，并于9月开学，新增优质学位9855个。探索高中“1+3”贯通培养模式，实现高中特色化办学。继续推动产教融合、校企合作，支持北京电子科技职业学院、长城研修学院、国际艺术学校和各企业大学等社会机构扩规培优，加强“双师型”教师培养，增强职业技术教育适应性。提升国际教育服务水平，支持北京亦庄实验中学、人大附中北京经济技术开发区学校增设高中国际部，加快北京市大兴区耀华京港学校建设。推进民办教育质量提升，完善民办中小学课程设置、校园安全、收费标准等规章制度，推动民办校与公办校一同管理。召开经开区首届教育大会，发布《“十四五”时期北京经济技术开发区教育事业发展规划（2021—2025年）》，成立教育理事会，助力经开区教育事业改革发展。

重抓“双减”，守好学校主阵地，落实立德树人根本任务。协同各委办局成立区级“双减”专班，抓好中小学阶段学科类校外培训机构治理，建立培训机构台账，达成2021年底校外机构动态清零目标。充分发挥学校主阵地作用，围绕政策学习先后召开区内干部交流研讨会10余次，并以学校公众号为载体，面向家长宣传《家庭教育促进法》，推进《家庭教育指导手册》应用。为提升课堂教学秩序，与海淀区教师进修学校、首都师范大学、北京教育科学研究院等专业力量合作，在中小学教材、考试、教研、教师继续教育等方面实现与海淀同步。提升学生综合素质，举办经开区第一届中小学生运动会、第一届艺术节、第一届“兰亭杯”作品征集和第一届科技节，参与学生超5万人次。

提升教育服务保障能力。推进2所小学老旧校区改造。为加大学校经费使用自主权，完善中小学经费包干使用制度，不断完善学校经费预算和支出管理。加强教师队伍建设，推进区级骨干教师评选。根据经开区实际情况，探索聘任制教师用人机制，建立招聘优秀人才任教的“绿色通道”。以评促优，以赛促教，充分发挥领头人作用，组织开展“成

2021年，二中经开区学校开展阳光足球社团活动
（二中经开区学校 供）

长杯”“京教杯”等评选活动，成立2个“优秀园长工作室”、3个“优秀教师培养工作室”和1个“教研工作室”，提升各类型幼儿园保教工作质量。

加强管理监督。按照“因地制宜、疏堵结合、逐步规范、长期规划”工作思路，对经开区21所在册无证园开展治理工作，拟取缔其中7所办园场地不达标园所，要求另外14所经抗震、消防整改后可达到审批条件的园所签订承诺书并限期整改。开展学前教育督查工作，建立督查员月考核机制，将督查检查结果运用于幼儿园年检和考核中，全年完成区内8所幼儿园办园质量督导评估工作，其中2所评价优异。

（李哲晖　刘欣　周杨）

基础教育优质均衡发展

2021年，经开区社会事业局持续推进中小学教育教学优质均衡发展。结合亦庄新城城市功能布局，推进教育组团式布局、集团化发展。规范教学管理，制定《北京经济技术开发区中小学教学基本规范（讨论稿）》，重视教师听评课制度建设，要求校长、书记及主管教学、主管德育副校长每学期听评课或参加教研活动不少于100节。优秀毕业生引进指标向中小学倾斜，为教师提供教职工宿舍、白领公寓、人才公租房等多元化住房保障，探索聘任制教师用人机制，建立招聘优秀人才任教“绿色通道”。

（李哲晖　刘欣）

促进学生全面发展

2021年，经开区社会事业局搭建健康成长平台，促进学生全面发展。制定《北京经济技术开发区关于全面加强和改进新时代学校体育工作的行动方案》，举办经开区第一届中小学生运动会。以冬奥为契机，开展冰雪项目进校园活动，围绕“筑梦冰雪，亦起冬奥”“相约北京·我为冬奥加油”等主题开展书画作品征集活动。举办经开区首届艺术节、首届科技节活动，结合经开区区域优势举办青少年未来工程师博览与竞赛。借助经开区“科技馆之城”，搭建“校企桥梁”，让学生走出课堂，开拓视野。加大劳动教育力度，引导学校每周五开展校内扫除。结合法治宣传周以及热点时事，组织学生学习《未成年保护法》，引导学生关注身边事。

（李哲晖　刘欣）

经开区推进“双减”落地落实

2021年，经开区社会事业局推进“双减”工作落地落实。3月，召开经开区“双减”工作调度会，成立北京经济技术开发区“双减”工作专班，制定《经开区“双减”专班工作方案》，明确各部门职责分工。审核7个有证校外培训机构，查处12个无证机构。截至10月，区内在册有证、无证培训机构全部停止学科类办学行为，实现阶段性动态清零。8月27日，召开“双减”工作专题培训班暨首届教育创新发展论坛，组织探讨新发展格局下的北京经开区教育工作。会议发布《北京经济技术开发区关于进一步减轻义务教育阶段学生作业负担和校外培训负担的实施方案》。

（李哲晖　周杨　刘欣）

信息化建设推进

2021年，经开区社会事业局加快推进信息化建设。从促进教育理念的转变、推动构建教育新生态、提升教师的信息素养、加强政策制度创新、协调发展与安全5个方面开展相关工作。上半年重点提高硬件规划产能，开展调查研究22次，形成《经开区教育信息化基础配套建设项目（一期）》方案，保障教育教学与校园管理刚性需求。12月底，启动“经开区教育信息化基础配套设施”和“考务专网”建设工作。

（李凌飞）

义务教育首次划片入学

5月1日，经开区全面启动义务教育阶段入学工作，发布《北京经济技术开发区关于2021年义务教育阶段入学工作的意见》。意见按照“免试就近入学”等相关政策，首次

10月19日至11月30日，人大附中亦庄新城学校举办欢乐跃动季系列活动　（人大附中亦庄新城学校　供）

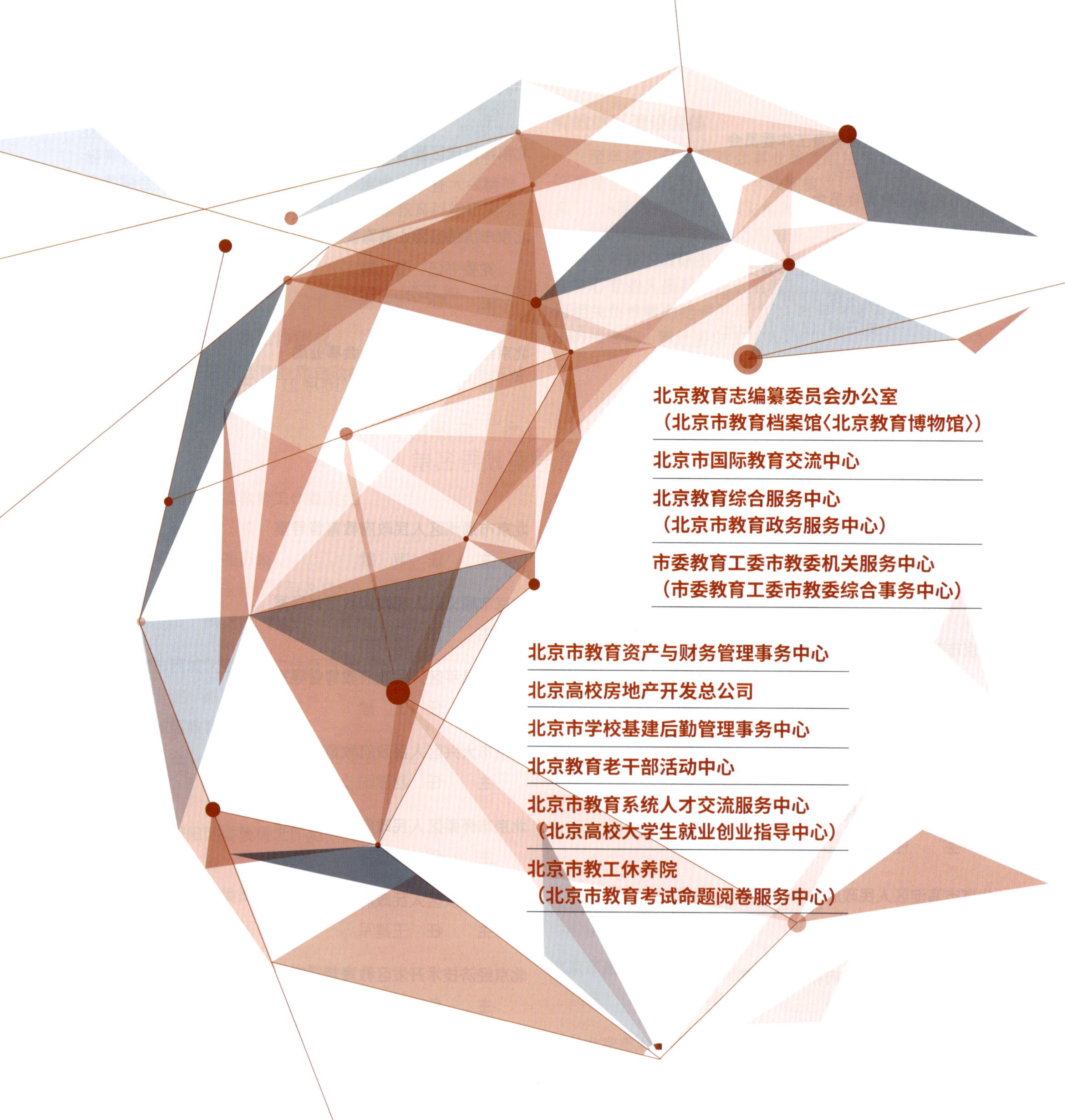

北京教育志编纂委员会办公室
（北京市教育档案馆〈北京教育博物馆〉）

北京市国际教育交流中心

北京教育综合服务中心
（北京市教育政务服务中心）

市委教育工委市教委机关服务中心
（市委教育工委市教委综合事务中心）

北京市教育资产与财务管理事务中心

北京高校房地产开发总公司

北京市学校基建后勤管理事务中心

北京教育老干部活动中心

北京市教育系统人才交流服务中心
（北京高校大学生就业创业指导中心）

北京市教工休养院
（北京市教育考试命题阅卷服务中心）

2022 市委教育工委 市教委直属单位

DIRECTLY AFFILIATED INSTITUTIONS TO THE EDUCATION COMMISSION OF CPC BEIJING MUNICIPAL COMMITTEE AND BEIJING MUNICIPAL EDUCATION COMMISSION

- 北京教育科学研究院
- 北京教育考试院
- 北京教育融媒体中心
- 北京教育督导评估院
- 北京市教师发展中心
- 北京市数字教育中心
- 北京市学校思想政治工作中心
- 北京学生活动管理中心（北京市少年宫）

市委教育工委市教委直属单位

DIRECTLY AFFILIATED INSTITUTIONS TO THE EDUCATION COMMISSION OF CPC BEIJING MUNICIPAL COMMITTEE AND BEIJING MUNICIPAL EDUCATION COMMISSION

综述

市委教育工委市教委直属事业单位改革

5 月 27 日，市委机构编制委员会批复市委教育工委、市教委关于所属事业单位改革方案的请示。改革后，直属事业单位由 33 个精简至 18 个（不含学校和医院），事业编制由 1807 人精简至 1270 人（不含学校和医院）；首都师范大学财政补助事业编制由 2809 人增至 2825 人，北京联合大学财政补助事业编制由 1722 人增至 1757 人。改革后，保留单位 5 个、整合组建单位 4 个、更名单位 6 个、新增单位 3 个。另外，将原北京市教育系统人才交流服务中心部分职责划入市人力资源社会保障局所属北京市公共人力资源服务中心，相应划转事业编制 5 人；将北京古月新材料研究院、北京市语言文字测试中心、首师大文化研究院、老干部活动站、北京联大机械工程学院实习工厂转为相关高校内设机构，其事业编制按比例精简后分别划入首师大 16 人、北京联大 35 人；撤销首都体育学院所属大学生体育馆、北京建筑大学所属市场管理服务中心，北京市教育学会、北京市高等教育学会、北京市成人教育学会、北京市职业教育学会编制全部收回。北京教育科学研究院、北京教育学院（北京教育党校）改革方案另行批复。

（华蕾　曾婷）

部分市委教育工委市教委所属事业单位名录

序号	机构名称	机构规格	机构类别	经费形式	事业编制
1	北京教育考试院	正局级	公益一类	财政补助	184
2	北京教育融媒体中心	副局级	公益二类	财政补助	154
3	北京教育督导评估院	正处级	公益一类	财政补助	51
4	北京市教师发展中心	正处级	公益一类	财政补助	54
5	北京市数字教育中心（北京电化教育馆）	正处级	公益一类	财政补助	105
6	北京市学校思想政治工作中心	正处级	公益一类	财政补助	30
7	北京市少年宫（北京市青少年科技馆、北京教学植物园）	正处级	公益一类	财政补助	232
8	北京市教育档案馆（北京教育博物馆）	正处级	公益一类	财政补助	20
9	北京市国际教育交流中心（北京市港澳台教育交流中心、北京市汉语国际推广中心）	正处级	公益一类	财政补助	33
10	北京市教育政务服务中心	正处级	公益一类	财政补助	26
11	市委教育工委市教委综合事务中心	正处级	公益一类	财政补助	42

序号	机构名称	机构规格	机构类别	经费形式	事业编制
12	北京市教育资产与财务管理事务中心	正处级	公益一类	财政补助	35
13	北京市学校基建后勤管理事务中心	正处级	公益一类	财政补助	40
14	北京教育老干部活动中心（北京教育老干部大学、北京教育老干部党校）	正处级	公益一类	财政补助	26
15	北京市老年病医疗研究中心	正处级	公益一类	财政补助	81
16	首都医科大学脑重大疾病研究中心（北京脑重大疾病研究院）	正处级	公益一类	财政补助	39
17	北京高校大学生就业创业指导中心	正处级	公益二类	财政补助	40
18	北京市教育考试命题阅卷服务中心	正处级	公益二类	财政补助	78

（曾婷）

保留所属事业单位5个

5月27日，市委机构编制委员会批复市委教育工委、市教委关于所属事业单位改革方案中，保留事业单位5个。其中，保留北京教育考试院，仍为正局级公益一类事业单位；保留北京市国际教育交流中心（北京市港澳台教育交流中心、北京市汉语国际推广中心）、北京教育老干部活动中心（北京教育老干部大学、北京教育老干部党校）、北京市老年病医疗研究中心、首都医科大学脑重大疾病研究中心（北京脑重大疾病研究院）。另保留企业1个，为北京高校房地产开发总公司。

（华蕾　曾婷）

整合组建直属单位4个

5月27日，市委机构编制委员会批复市委教育工委、市教委关于所属事业单位改革方案中，整合组建单位4个。其中，整合北京教育音像报刊总社、北京教育新闻中心、现代教育报社、中小学管理杂志社、北京考试报社、教育科学研究杂志社，组建北京教育融媒体中心，为副局级公益二类事业单位；整合北京市教育委员会会计核算中心（北京市学生资助事务管理中心）、北京市校办产业管理中心，组建北京市教育资产与财务管理事务中心，为正处级公益一类事业单位；整合北京学校后勤事务中心、北京市教育技术设备中心的资产管理职责，组建北京市学校基建后勤管理事务中心，为正处级公益一类事业单位；整合北京教育网络和信息中心（北京电化教育馆）以及北京市教育技术设备中心的办学条件、实验室与图书装备研究，北京数字学校等职责，组建北京市数字教育中心（北京电化教育馆），为正处级公益一类事业单位。

（华蕾　曾婷）

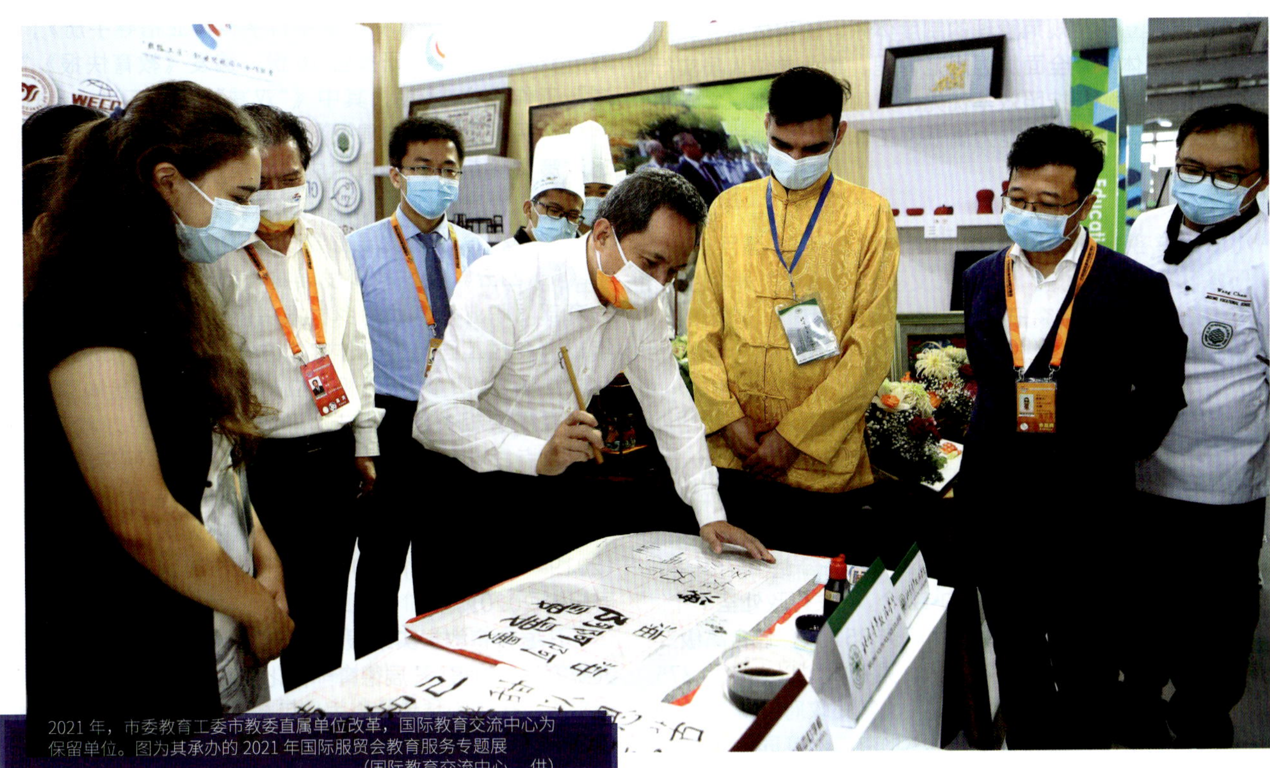

2021年，市委教育工委市教委直属单位改革，国际教育交流中心为保留单位。图为其承办的2021年国际服贸会教育服务专题展（国际教育交流中心　供）

的考试数据分析，形成面向各区的初中学业水平考试、高考、高中学业水平考试等级考数据分析报告和数据统计分析报告 321 份，包括初中学考数据统计分析报告 11 份、高考及高中学业水平考试等级考数据统计分析报告 9 份、高中学业水平考试合格考数据统计分析报告 18 份、初中学考及高考英语听说机考数据统计分析报告 17 份，为高考数学学科提供数据分析报告 1 份。

（张青华　扈岩）

北京教育融媒体中心

概述

2021 年 8 月 31 日，北京教育融媒体中心揭牌。融媒体中心由原北京教育音像报刊总社、北京教育新闻中心、现代教育报社、中小学管理杂志社、教育科学研究杂志社、北京考试报社整合组建，为副局级公益二类事业单位。内设 10 个管理部门，包括党委办公室（纪检办公室）、行政办公室、总编室（新媒体中心）、人力资源部、财务部、教育服务事业部、新闻部、网络舆情部、政务融媒体部、工会（老干办）；内设 8 个业务部门，包括《现代教育报》报社、《北京考试报》报社、《健康咨询报》报社、《学前教育》编辑部、《北京教育》编辑部、《中小学管理》编辑部、《中小学信息技术教育》编辑部、《教育科学研究》编辑部。在职职工 224 人，包括高级专业技术职务 30 人、中级 81 人。主要职责为承担北京教育融媒体平台建设、管理、运营等技术性、事务性工作，统筹教育融媒体宣传资源，推进教育融媒体品牌建设；承担北京市教育网络舆情监测、研判、应对新闻宣传、舆论引导、政策解读等事务性工作，建设教育公共服务信息化平台；承担有关报纸、杂志、音像制品编辑出版发行等工作。

服务首都教育系统中心工作。组织政策发布和解读，重点做好教育“双减”、义务教育入学、教育评价综合改革、思政课改革创新、教师队伍建设等政策举措发布解读。坚持政策制定与政策解读、舆情风险评估同步研究、同步部署、同步推进，掌握舆论引导主动权与主导权。坚持立足服务、强化引导，打造以需求为导向的教育政务平台，强化政务新媒体平台影响力，完善首都教育政务新媒体平台与社会公众对话的运行机制。

强化首都教育服务“四个中心”建设，主动作为。教育信息权威发布。依托市级新闻发布会及时权威发布延期开学、返校复课、招生考试、高校及中小学寒假安排等大事要事；策划专题节目、接受媒体采访等形式主动持续解读体质健康、毕业生行李打包、校园封闭管理等热点焦点问题；组织媒体到学校集体采访等形式宣传报道开学准备、抗疫故事、线上教学等变化。抗击新冠疫情期间，主动发布、回应、集体采访 209 次，媒体报道 10000 余篇，中央广播电视总台《新闻联播》报道 11 次，相关话题 36 次登上新浪微博热搜榜，平均阅读量超 1 亿次，最高阅读量超 4 亿次；市教委领导接受采访、参与节目录制，主动回应热点问题 66 次；市区教育部门参加新闻发布会 24 场，现场回应热点问题 145 个。

加强“三报五刊”精品建设。立足特色定位，发挥专业优势，聚焦内容质量，做好选题策划，发行和线上线下联动，打造融媒体中心品牌特色。支持并引导所属各媒体开展各类活动，创新传播形式，提升传播力、引导力、影响力和公信力。承担北京市青少年法治教育中心相关工作，做好青少年法治教育读本编写及发放工作，组织开展各类宪法主题教育活动。承担北京市教育学会初中教育研究分会、高中教育研究分会、农村中小学教育研究会等各项工作。完成“身边好学校”拍摄制作任务。研究探索“丘瑞斯”在线活动新模式。承担《中国诗词大会》北京赛区选拔工作。

增强宣传影响力。聚焦媒体融合发展、重大选题策划、新媒体运营等，以官方微博、微信、客户端、抖音、快手号为抓手，打造政务融媒体传播矩阵。坚持“一次采集、多种生成、多元传播”的融媒体思路，打造双“特”战“疫”等融媒体品牌，回应网友“真问题”，指导生活、引导思想、疏导心理，实现有效服务引导；推动政媒关系转型升级，增强宣传引导效果。做好年度采编业务评选，参与社会评奖。

官方微信公众平台订阅号：bjedu-news，网址：微博“北京市教委”、微信公众号（视频号）“首都教育”。新浪及腾讯官方微博：北京教育播报。

党委书记　李开发

主　　任　张淑芳（12 月任）

（刘雯）

“双减”系列报道

11 月 12 日至 12 月 31 日，融媒体中心开展“双减”系列报道。“北京教育播报”栏目推出“双减”校园系列报道，采用图文超链接多媒体融合形式，各平台阅读量超 3 万人次，近 1.2 万人次参与互动，与北京教育手机报、“北京教育播报”微博多端联动报道，被搜狐号、头条号等第三方平台转载。启动“双特谈双减”“双特谈体育”“领航谈体育”融媒体专题宣传，倡议特级教师和特级校长围绕家校沟通、作业考试、课堂教学与课后服务、体育健康等主题，借助融媒体宣传平台交流思考认识、分享治理策略、探索创新方法。50 余名双特教师参与，形成宣传报道百篇。

（刘雯）

北京创新教育实践研训线上活动

11 月至 12 月，融媒体中心举办“云聚未来　重构生态”2021 年北京创新教育实践研训线上活动。活动包含 6 场线上研训，主题包括“中小学信息技术教育与创新人才培养”“落实‘双减’，聚焦高质量教育体系的构建”“信息技术助力‘双减’实施：经验、案例及最新发展”“携手信息技术，助力教师专业发展”“新时代背景下的人工智能教育”“教育信息化助力区域教育高质量发展”“区域人工智能课程的设计与实施”“例说人工智能课怎么上”“回顾与展望：信息化驱动的中小学教学教育创新”等。近 2000 人参加并观摩研训。

（仲玉维）

《北京教育》开展征文活动

至年底，《北京教育》高教版开设“中国共产党成立 100 周年征文”活动。全年刊发 12 期 66 篇文章，作者单位涵盖国内 41 所知名高校及教育主管部门，包括 15 所高校党委书记以及党建研究专家等。

（于洋）

《北京教育》开展系列特色公共服务

至年底，《北京教育》普教版开展系列特色公共服务。推出 4 期“专家名师线上培训”，2 万人次参与培训。组织“小学体育教学中游戏的创编与器材的运用”“美育新时代美术教师课程领导力提升的途径探索”，提升体育美育学科教育水平；邀请北京高校首批思想政治理论课特级教师讲授“党史学习教育融入思想政治理论课”；开展“2021 年首都基础教育大扫描”——《建设高质量教育体系，构建首都教育发展新格局》系列报道，策划“百年接力，让党旗熠熠生辉”“迈好第一步，见到新气象”等重要栏目。其中，“百年接力，让党旗熠熠生辉”栏目回顾红色历史，挖掘红色资源，图文并茂呈现 16 个区 16 所红色基因的中小学校红色教育基地。

（郭薇　汤灏）

“首都教育”官方抖音号和官方快手号上线

至年底，“首都教育”官方抖音号和官方快手号上线。双平台粉丝量突破 50 万，播放量突破 2.12 亿次，获赞 710 万，被抖音短视频平台评为“2020 年政务抖音号优秀创作者”。其中，“2020 北京新高考适应性测验”短视频《谁说居家考试能随便的？》单条播放量近 3000 万次，获赞 71.1 万，创下年度原创短视频点赞量新高。抗击新冠疫情期间，抖音推送 242 条，播放量 7375.6 万次，获赞 212.7 万；快手推送 97 条，播放量 8189.6 万次，获赞 287.9 万。

（刘雯）

视频平台直播新形式

至年底，融媒体中心采用视频平台直播新形式开展宣传。在抖音、快手平台策划开展 35 场直播，观看量 111 万人次。包括抖音直播《青春记疫——大学生在行动云晚会》单场观看量 14 万人次，快手直播《北京市教委权威解读 2020 高考防疫和组织工作方案》单场观看量超 30 万人次，《对话市教委新闻发言人、中小学校长全面解答返校复课安排》单场观看量 10.1 万人次，获赞 33.6 万。与《北京日报》联合策划推出《同学们，欢迎回“家”》全媒体特别节目，市教委新闻发言人、中小学校长走进演播室，围绕返校复课学生适应调整等热点焦点问题在线直播交流；推出《欢迎回“家”——直击北京中小学生返校复课》图文视频现场直播，观看量超 1000 万人次。

（刘雯）

首都教育特色视频产品

至年底，融媒体中心打造首都教育特色视频产品。制作生产 9 期《双特在线，帮您战疫》、2 期《抗击疫情这堂课，我们该怎么上》、20 期《双特战疫专栏特别节目》、13 期首都教育重大新闻发布会视频产品和 15 期返校复课融媒体产品。连续 6 年打造《师说》原创品牌，创新融媒节目形式，推出 23 期升级改版的《健康小课堂》，平均单期点击量超 3 万次，获国家、北京市卫健委等多个奖项。在“首都教育新媒体联盟”微信公号打造“战‘疫’一课”专栏，指导学生上好特殊时期的爱国课、奋斗课、指导课、人生课。同时，推出《好书共读》与《佳肴 2（居家做美食）》2 档节目。

（刘雯）

北京教育督导评估院

概述

2021 年 8 月 30 日，北京教育督导评估院挂牌成立。教育督导评估院由北京教育科学研究院原北京市教育督导与教育质量评价研究中心、北京教育学院原北京市督学研修中心和北京市学前教育规范监督管理办公室合并而成，为新组建的正处级公益一类事业单位，事业编制 51 人，设院长 1 人、副院长 3 人，内设正科级职数 7 个。至年底，工作人员 29 人，其中专业技术人员 24 人，包括正高级职称 3 人、副高级 12 人、中级 9 人，管理人员 5 人。主要工作职责为承担教育督导、教育评估与质量监测研究；为教育行政与政府教育督导等部门提供理论和信息等决策咨询服务；承担教育督导、教育评估和质量监测的组织实施及成功经验的总结推广；对北京市教育工作重大问题开展调查研究，对北京市教育政策实施效果进行评价；负责管理和维护北京市教育督导评估数据库并进行数据挖掘分析；负责督学队伍日常管理和培训；组织开展相关学术交流活动，为各级各类教育机构提供业务指导和专业服务等。开展创新学校督导机制研究。

至年底，完成对北京市丰台区第七小学、北京市丰台区扶轮小学、北京市佟麟阁中学、北京市右安门外国语学校 4 所项目学校的校本督导；开展重点课题研究，参与市重点课题“北京市深化中考改革和治理校外培训机构，推动减轻义务教育阶段学生作业负担和校外培训负担的实践研究”，承担“北京市中考中招改革”专题研究。组织开展专兼职督查员和督学培训。

（陈济　程素萍　杜文平）

督查员队伍专业化建设

9月至10月，教育督导评估院举办专兼职督查员培训会。培训会邀请高校学前教育、法律等领域专家、市区教研人员、幼儿园园长等针对幼儿园幼小衔接、师德师风建设、普法教育等工作进行详细解读；组织专家与各区督查员修订《北京市学前教育督查工作手册》，组织编写《北京市学前教育督查工作优秀案例集》。来自16个区及燕山地区、经开区200余名专兼职督查员参加培训。

（曾婉）

1253人次参加督学培训

至年底，教育督导评估院完成1253人次督学培训任务。包括督学大讲堂1012人、学校内部督导45人、中小学骨干督学28人、幼儿园责任督学28人、基础教育质量监测评价17人、督学培训课程开发培训18人、延庆督学专业能力培训38人以及房山区北沟一校一品整校改进项目67人。培训围绕教育督导重点工作，开展责任督学挂牌督导、学校内部督导、教育质量监测等相关培训，促进督学队伍督导素养及督导能力提升。

（何育萍）

中小学生综合素质评价研究与实践

至年底，教育督导评估院推进中小学生综合素质评价研究与实践。研制《北京市义务教育学生综合素质评价实施意见》；开展中小学生综合素质评价典型案例征集评选，评出学校、教师和学生优秀案例1076篇；开展学生综合素质评价现状调研，完成市区两级小学、初中和高中调研报告54份；举办小学、初中和高中阶段成果交流和案例推广线上研讨活动。900余人参加活动。

（杜文平）

8月31日，教师发展中心正式挂牌

（教师发展中心　供）

8轮疫情防控专项及例行督查

至年底，教育督导评估院组织各区学前督查部门开展8轮幼儿园全覆盖督查。督查涉及幼儿园管理、师德师风、保教工作、安全工作、卫生防疫等内容，实地调研13个区督查工作组织开展情况。对丰台、大兴及朝阳5所幼儿园开展跨区联合督查，促进区域间督查工作经验交流与分享。经过例行督查，全市各类幼儿园树立主动规范行动意识，有效促进各类幼儿园安全规范管理。

（傅坤昆）

北京市教师发展中心

概述

2021年8月31日，北京市教师发展中心挂牌。教师发展中心是新组建的正处级公益一类事业单位，整合北京市中小学中等职业学校干部教师培训中心（含北京市教师资格认定事务中心）、北京市高校师资培训中心、北京市幼教师资培训中心、北京市教育人才交流中心（人事管理职能）以及北京教育综合服务中心（部分职能）5部分与教师专业发展相关职能。主要工作职责为承担市级教育系统人事人才管理、各级各类教育教师培训服务管理等事务性工作，包括师范生履约管理、教师资格认定、编制管理、岗位管理、人员招聘、工资、专业技术职务评审、考核评价、表彰奖励、各级各类人才项目评审、教师管理信息平台建设等管理服务工作；承担北京市教师队伍建设、教师培训、教师发展基地建设的统筹规划、组织实施、监督指导、评估验收等管理服务工作。内设8个职能机构，分别为教师资格认定指导部、基础教育教师（含干部）发展部、职业教育教师发展部（国培办）、高校教师发展部、人事管理服务部、教育人才评审服务部、信息化建设部、办公室。编制54人，在编28人，设主任1人、副主任3人，专业技术高级职称13人、中级13人、初级7人。

基础教育干部教师队伍建设。完成北京市“十三五”时期中小学干部教师培训工作总结，开展北京市“十三五”时期中小学干部教师培训工作优秀管理者、优秀教师评选；完成《关于“十四五”时期中小学干部教师培训工作的意见》相关配套文件研制，研制《北京市“十四五”时期“新时代名师名校（园）长发展工程”实施意见》及培养计划、培养基地建设管理办法、导师管理办法，研制《北京市中

9月，2021年教师系列职称评审材料初期审核
（教师发展中心 供）

小学干部培训学分管理办法》《北京市“十四五”时期中小学幼儿园教师培训学分管理办法》《北京市中小学校领导人员任职资格培训结业证书管理办法》以及《北京市中小学校领导人员任职资格培训课程方案》。配合市教委开展北京市中小学教师信息技术应用能力提升工程2.0全员培训。推动各区按计划完成2021年度115项师干训立项课题开题。

教师资格认定工作。依法依规开展各级各类教师资格认定及面试组考工作。全年认定各级各类教师资格44429人，组织非授权委托高校477人参加教育教学能力测试。完成49424名中小学教师资格考试面试工作。实现高中、中职教师资格认定“全程网办”。探索“接诉即办”向“未诉先办”转变的主动治理机制，提高服务水平。

教育人才评审工作。组织实施2021年度中小学正高级教师职称评审、中等职业学校教师职称评审以及高等学校教师学术评议3项教师系列职称评审工作。配合落实中等职业学校职称制度改革。完成2021年度市教育系统政工系列职称评审、市属高校正高级经济师、正高级会计师审核推荐工作；完成中小学正高级教师及中等职业学校教师职称评审专家库换届备案工作，梳理新一届入库专家470余人。

人事管理服务工作。完成18个事业单位档案服务2031卷，整理装订1715卷；档案专项审核1671卷。组织开展人事干部专业化培训3期。推进职能划转，完成8517册库存档案移交。协助组织完成特级校长等10项市级评选表彰、公费师范生管理及非京生源进京审批落户、北京市教师管理信息系统常规维护等重点工作。

（马甜甜）

中小学教师资格考试面试

1月8日至9日和5月15日至16日，教师发展中心完成两次新冠疫情常态化下中小学教师资格面试组考工作。网上报名缴费考生54542人，全市设5个考区、28个考点，单日最多729个考场，实考49424人，通过37141人。对特殊考生分类施策，做到“应考尽考”。

（曲静）

教师资格认定实现减证便民

8月至12月，教师发展中心改革高中、中职教师资格认定流程，实现“减证便民”。与市卫健委实现教师资格体检数据对接，体检通过的申请人无需到现场提交材料，报名、证书领取等均可以通过北京市高中、中职教师资格认定网上审核系统在线完成，实现高中、中职教师资格认定“全程网办”。为应届毕业生提供证书寄递服务，为需要现场领取证书毕业生延长证书领取时间，由原有3～5天延长至1个月。至年底，认定各级各类教师资格44429人，包含直接认定高校教师资格5542人、高级中学教师资格15387人、中等职业学校教师资格413人、中等职业学校实习指导教师13人；指导各区完成初级中学教师资格4652人、小学教师资格13297人、幼儿园教师资格5264人。组织非授权委托高校477人参加教育教学能力测试，通过340人。

（曲静）

3项教师系列职称评审工作完成

9月至12月，教师发展中心组织完成2021年度3项教师系列职称评审工作。412人申报中小学正高级教师职称评审，经学科组答辩评议、评审委员会评审，最终通过385人，通过率93.45%；226人申报中等职业学校教师职称评审，经学科组答辩评议、评审委员会评审，最终通过210人，通过率92.92%；115人申报高等学校教师学术评议，经学科组答辩评议、评议委员会评审，最终通过92人，通过率80%。

（杨彦彤）

北京市数字教育中心（北京电化教育馆）

概述

2021年9月1日，北京市数字教育中心（北京电化教育馆）揭牌。数字教育中心由北京教育网络和信息中心，北京市教育技术设备中心的办学条件、实验室与图书装备研究职能和北京数字学校职能组建，为正处级公益一类事业单位，编制105人，在编75人，设党政办公室、数字教育研究推广部、资源建设与服务部、系统建设部、数据服务部、运行保障部、项目管理部、装备标准部、装备应用部、网络安全部、业务支持部、财务管理部、后勤服务部13个部门。主要职责为承担全市数字教育相关工作，开展有关办学条件、实验室与图书装备研究。

6月15日，信息中心拍摄精品实验课程
（信息中心 供）

信息技术支持与电子政务服务。全面维护北京教育信息网各类服务器、存储、网络、安全设备及机房环境设施、数据库、光缆链路、骨干汇聚网络系统等安全稳定运行，维护改造机房IT基础设施，排查机房消防隐患3处，日常维护光缆总长度14370公里，系统正常运行率99%以上。构建教育大数据体系，由教育大数据综合分析决策系统、共享服务系统、教育管理服务平台及教育公共服务平台组成，初步完成“京学通”App及网站建设，为师生提供一站式服务。通过ISO20000信息服务管理体系和ISO27001信息安全体系年度复审，完成市属39个教育信息系统网络安全等级保护测评。协助做好校外培训机构App审核，保障各级各类视频会议300余次，为教育系统各业务平台提供400电话人工座席服务近4万余条。牵头组织参加教育部全国教育系统网络安全攻防演习。

提高数字教育资源建设使用效益。组织拍摄空中课堂微课12节、优质资源示范课68节、精品实验课程200节，录制德育主题班会，开展新型网络（5G）环境下基础教育教学创新应用研究。开展“双百”创新专项和“百千万”数字资源年度汇聚共享专项活动，实现市区两级数字资源流动共享。北京市智慧校园资源服务与应用监测云平台访问数据直达大数据平台领导驾驶舱。配合市教委开展教育信息化创新融合“双百”示范行动工作，评选出第二批32个基地、42个课题。

提升师生信息素养与创新能力。开展基础教育精品课评选，遴选出区级基础教育精品课程991节、北京市级精品课程700节。根据改革统一要求，注销培训学校。完成2021年信息化应用典型优秀案例及研究成果征集，组织“网络学习空间人人通”项目评选及在线教育应用创新项目区域和学校评审，为中小学教师提供信息化支持服务1.7万余次。举办北京市第22届中小学师生电脑作品交流展示等多项活动。

推动教育装备数字化转型。协助市教委制定中小学智慧校园建设标准。开展中小学馆藏文献、馆员培训课程研究，组织中小学图书馆员基本技能与基本素养系列培训，配合开展课外读物进校园相关工作。

北京数字学校成立于2013年，是市教委为满足市民需求、促进教育均衡发展，精心打造的网上虚拟学校。北京电化教育馆成立于1958年，是全国第一个推进现代化教育技术的省级专业机构，北京电化教育馆牌子保留。

网址：http://bdec.bjedu.cn。

（聂冯接）

中小学编程素养提升实验活动

9月至12月，数字教育中心开展中小学编程素养提升实验活动。面向全市范围遴选19所中小学作为项目校，开展中小学编程素养提升培训，送课到校1998人次。通过对项目校学生开展提升实验前测试和实验后测试对比，开展编程素养调查研究，参与项目中小学生编程素养明显提高，该实验形成中小学编程素养提升前后测试对比性研究报告。

（季茂生）

“教师在线”工程助力教师专业发展

9月至12月，数字教育中心开展北京市“教师在线”工程。面向16个区及燕山地区、经开区发放3.2万个账号，为中小学教师提供7×24小时109134次个性化信息支持服务，比上年度增加21551次，满意度、故障首次解决率均为85%以上，在线服务平均时长24分钟，各项指标均优于上年度。

（王华辉）

数字教育基线调研

10月，数字教育中心开展北京市数字教育基线调研。调研工作分析国内外数字教育发展现状，调查北京市教育信息化建设与发展现状，选择全国“智慧教育示范区”（东城区和海淀区）、全国“基于教学改革、融合信息技术的新型教与学模式”北京实验区（朝阳区、房山区和密云区）

以及丰台区作为调研对象，结合教育信息化发展轨迹和基层教育教学的应用及需求，对数字教育未来发展趋势做出审慎分析与预测。调研结果显示北京数字教育处于全国领先水平，教育数字化转型有明显成效，调研结果形成《北京市数字教育发展现状调研报告》等成果。

（王红）

数字化教育教学技术支持教师发展现状研究

10月至12月，数字教育中心开展北京市数字化教育教学技术支持教师发展现状调查、分析与研究。针对全市数字化教育教学技术支持教师队伍的人员构成、基本信息、数字化教学设备的使用情况、人工智能进校园的建设和应用现状开展问卷调查，发放问卷33267份，收回有效问卷30637份。通过大样本数据分析显示，北京已拉开教育数字化转型序幕，数字化教育教学技术支持教师队伍逐渐形成，并且成为北京市实现数字教育转型的核心队伍。

（季茂生）

400电话人工坐席技术支持服务

至年底，数字教育中心为市教委“北京市教育系统疫情防控系统”“北京数字学校空中课堂”“北京市义务教育入学服务平台”“北京市初中实践活动管理服务平台”等业务平台提供400电话人工坐席技术支持服务。全年呼入116369条咨询电话，通话时长317688分钟，平均通话时长2.73分钟，用户满意度99%，为全市教师、学生和家长解决市教委各平台技术问题。

（车英子）

北京市学校思想政治工作中心

概述

2021年8月30日，北京市学校思想政治工作中心挂牌成立。学校思政中心为新建正处级公益一类事业单位，编制30人，设综合科、宣传科、研究科、活动科、培训科5个科室。主要职责为贯彻落实市委市政府关于学校党的建设和思想政治工作决策部署，坚持培育和践行社会主义核心价值观，组织开展学校党建和思政工作，特别是思想政治理论课建设、意识形态工作等的理论研究、业务培训、实践探索，完成市委教育工委、市教委交办的其他任务，发挥对相关工作的支撑作用。

聚焦职责，加强谋划，发挥全市思政工作支撑作用。参与组织高校党建工作会、“讲述我（们）的育人故事”、新生引航工程启动仪式、“永远跟党走”北京市宣讲团高校专场宣讲、高校教师理论培训、党的十九届六中全会师生宣讲团宣讲、北京高校马克思主义学院院长论坛、思政课教师“同备一堂课”等10余项专项工作。开展调研，开辟业务领域。建章立制，夯实基础，持续推进内部建设。

（刘娟）

智慧智能思政调研

9月，学校思政中心开展智慧智能思政调研。围绕智慧智能思政实验室建设工作，就大数据、人工智能、云计算等5G时代前沿技术与思政工作结合的现状及发展趋势等问题，面向市场运营主体、有关专业机构、省市及高校开展专题调研，形成智慧智能思政实验室建设方案。

（刘娟）

学校思政工作调研

至年底，学校思政中心开展学校思政工作调研。围绕自身职责定位，通过座谈、访谈、书面征求意见等形式，面向区教育主管部门、高校、中小学、幼儿园德育工作者及两委机关处室，征求工作建议和服务需求，为开展大中小幼一体化德育建设、思想政治队伍建设、网络舆情监测引导、党建研究、宣传思想等工作提供有益参考。

（刘娟）

8月30日，学校思政中心挂牌仪式

（学校思政中心　供）

北京学生活动管理中心（北京市少年宫〈北京市青少年科技馆、北京教学植物园〉）

概述

2021 年 7 月，北京学生活动管理中心更名为北京市少年宫（北京市青少年科技馆、北京教学植物园）。少年宫为正处级公益一类事业单位，编制 232 人。在编教职工 197 人，包括专业技术人员 155 人，教师 137 人，高级职称 50 人，包括正高级教师 2 人、特级教师 1 人，市级学科带头人 1 人，市级骨干教师 1 人。主要职责为面向北京市青少年、儿童开展课外校外教育活动，开展自然科学和劳动实践教育活动；承担校外教育教科研工作；承担北京地区有关学生活动组织管理事务性工作。全年组织面试 4647 人次，招收新学员 3500 余人次。开设艺术、美术、科技、体育、能力与健康 5 大类 49 个项目，在读学员 1.3 万人次。流行舞、芭蕾舞、国标舞等 7 个兴趣小组项目通过论证，逐步纳入招生计划。完成草药园改造项目面积 660 平方米，中草药种类 100 种，新增互动性科普设施 7 个。展览温室区、盆景园、水生区设计、更换科普橱窗 18 块。铺设园区踏步石 400 延米。

深化“管理服务年”。研究制定 40 项民生实事清单，改善教学环境和办学条件，服务好教职员工和学员家长。严格人员、车辆管控，举办消防培训和 120 急救大课堂等。获首都文明单位、北京市科普工作先进集体等称号。

服务保障重大活动。抽调和选派 10 余人参与庆祝建党 100 周年等国家重大政治活动服务保障工作，以及教育两委疫情防控、“双减”等专项工作。规范有序开展兴趣小组教学，稳定保障每学期 6500 人次学位供给。承办市级学生活动。

承办市级艺术、体育、科技类学生实践活动 30 余项，惠及百万名学生。做好北京市学生金帆艺术团、金鹏科技团、金帆书画院、北京阳光少年艺术团等管理工作，切实发挥学生社团示范引领作用。探索实践“双减”工作，举办夏令营、半日营和体育集训营等，组织“中华小农人”劳动体验、绿色科技俱乐部等活动。

校外教育机构教师培训。开展教科研工作者、兴趣小组教师、STEM 暨科技教师、群众活动教师、乡镇校外活动站教师、骨干教师 6 个校外教育机构教师培训，组织 35 场专家讲座、25 个实践案例展示和 2 次特色项目观摩活动，330 名教师参加 160 学时培训。代表北京市学生金鹏团秘书处连续组织 6 场教师培训及 1 场大家讲坛活动。16 个区及燕山地区、经开区的北京市科技教育示范校、北京市学生金鹏科技团承办单位管理者和一线科技教师 500 余人次参加培训。

社会大课堂资源单位管理。完成 488 家市级资源单位属地化管理，每学期提供 1500 余项活动课程，20 项节日主题活动，推进“四个一”活动。兴趣小组教学实践。组织艺术小组教学实践 12 次。其中，舞蹈团参加首都文明办、市教委、团市委等单位举办的“铭记百年历史争做时代新人——童心向党·首都‘新时代好少年’先进事迹展示活动”；录制《童心向太阳——建党百年童声合唱作品精粹》，由人民音乐出版社出版；参加第 17 届北京舞蹈大赛群文少儿组比赛，获一等奖、二等奖各 1 项；参加第 11 届“小荷风采”全国少儿舞蹈展演，获金奖 2 项。合唱团受邀参加人民教育出版社出版的盲校四年级音乐教材录制。举办 3 次体育教学实践活动，包括 2021 年北京市少年宫体育研学实践活动、2021 年北京市少年宫“棋星杯”3 项棋少儿大赛和 2021 年北京市少年宫暑期体育研学实践公益性活动。举办 20 场阵地活动，包括“草坪游园会”、六一主题游园活动、“探梦实验室”暑期公益活动，4200 人次学生参加活动。举办 3 项美术教育教学实践活动，62 人次参与活动。

植物教学活动。研发开设“植物大课堂”自然体验课程，接待来自小学、大学、科技馆的学生 2500 余人次开展 40 次“爱绿一起”生态文明宣传教育活动。在首都生态文明宣传教育示范基地科普导览活动中，策划设计“染料植物”“药用植物”“胭脂植物”与“植物文化”四条主题讲解路线。

北京学生活动管理中心前身为成立于 1956 年的北京市少年宫；2000 年，市少年宫与北京市青少年科学技术馆合并，成立北京学生活动管理中心；2013 年，学生活动管理中心与北京教学植物园合并，重新组建北京学生活动管理中心（北京市少年宫、北京市青少年科技馆、北京教学植物园）。

（张艳飞　胡舟野）

7 月 17 日，市少年宫舞蹈团参加第 17 届北京舞蹈大赛（市少年宫　供）

16次植物主题科普活动

3月至12月，学生活动管理中心（市少年宫）举办16次植物主题科普活动，2000名中小学生参加。活动内容包括“春天在哪里——自然观察”活动、“春分时节找春天”活动、“樱桃树在忙什么”活动、“生物多多 快乐多多”六一儿童节特别活动、“生态景观营建”系列活动、“草木情 胭脂红”活动、“寒露种牡丹”活动、“堆肥”系列活动、“秋天果实的故事”活动、“肥皂DIY”活动、“识红色植物 编红军草鞋”活动、“说文解字——华夏农业中的天道思想”活动；开展“自然笔记”线上作品征集活动，征集作品311幅，评选学生一、二、三等奖作品分别为59份、87份和124份，优秀指导教师37人、优秀组织奖5人；开展“生物多多 快乐多多”生物多样性系列活动；开展“浓浓红色植物情”作品征集活动，征集作品75幅，评选优秀作品24幅、优秀指导教师2人；开展“中华小农人”之“春耕”“夏耘”“秋收”“冬藏”系列活动。

（马凯）

首届“三爱”主题教育系列活动

3月至12月，学生活动管理中心（市少年宫）举办首届“爱学习、爱劳动、爱祖国”主题教育系列活动10项。开展未来公民教育系列活动2项，包括“国门安全进校园”活动，主题移动博物馆展览10次、生物安全讲座20次、互动实践体验10次，40所学校2000名学生参加。开展“自护自救进校园”主题教育活动，15所中小学、少年宫2000余名学生参加。开展“与匠心对话”劳动技能展示系列活动3项，包括“劳模进校园”专家讲座，1200名学生参加；线上征集全市劳动故事演讲视频，收到作品1102个，500人获“劳动小能手”称号；开展“五一劳动节”劳动技能体验市级活动，500名学生参加。开展少先队主题教育系列活动3项，包括“向阳起舞、童心向党”少先队集体舞市级展示活动，16个区87所学校3000余名学生参加，评选集体舞最佳风采奖（36个）、集体舞优秀奖（52个）、最佳辅导教师奖（100人）、优秀辅导教师奖（142人）、优秀组织奖（16个）；开展“童谣唱响新时代”北京市少年儿童原创童谣作品征集活动，收到16个区及燕山地区少年儿童作品2710幅，评选最佳创作奖（196幅）、优秀奖（780幅）、优秀辅导教师奖（881人）；开展“童心向党 快乐成长”庆祝中国少年先锋队建队72周年暨集体舞、新童谣颁奖展示活动，16个区及燕山地区300余名少先队员及辅导员代表参加。开展“与自然同行”环保方案征集活动，11个区16所校外教育单位300余名学生参加，评选环保标兵奖（8个）、环保达人奖（12个）、环保能手奖（19个）和优秀环保方案（33个）。开展“共赴冬奥之约”首都少年儿童原创美术作品征集展览活动，16个区及燕山地区24所校外教育单位500余名学生参与，评出最佳作品奖（41幅）、优秀作品奖（141幅）、辅导教师奖（102人）、组织奖（41个），展览获奖作品100幅。

（李鹤群）

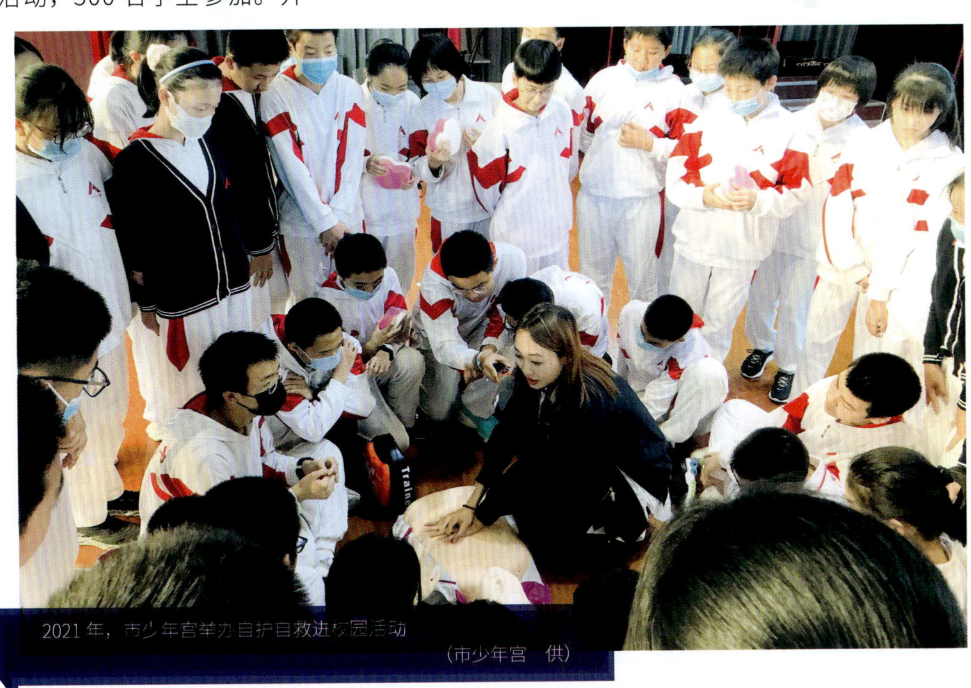
2021年，市少年宫举办自护自救进校园活动

（市少年宫 供）

线上大课堂课程资源征集及展评

4月至11月，学生活动管理中心（市少年宫）承办线上大课堂课程资源征集及展评活动。收到194个视频资源、40个图文资源，推出10个十佳课程资源奖、10个十佳课程资源提名奖、173个获得优秀课程资源奖。11月，召开线上总结交流会，4名十佳课程资源设计者展示交流。

（李然）

两次美术作品展

5月，学生活动管理中心举办两次美术作品展。举办《我们共同成长——北京市少年宫成立65周年教学成果展示》展览，展出学生绘画、书法、摄影作品98幅；举办《我们共同成长——北京市少年宫成立65周年历史图片展》，展出历史图片100幅。

（纪东 张碧云）

教师基本功展评

5月至8月，学生活动管理中心（市少年宫）举办教师基本功展评活动。270人次教师参加评选，经过材料评选、现场评选，最终评选出一等奖43个、二等奖43个、三等奖111个，比赛获奖率72%，5名教师获优秀指导教师奖。

（胡盼盼　冯晓虹）

承办市级学生科技竞赛活动

5月至12月，学生活动管理中心（市少年宫）承办市级学生科技竞赛12项。5月15日至16日，承办第21届北京市中小学生金鹏科技论坛，16个区及燕山地区、经开区500所学校2.2万名师生参与，577个研究项目晋级市赛，147个项目参加终评答辩；5月22日至23日，承办北京市青少年未来工程师博览与竞赛，16个区300所学校329支参赛队540名学生参加现场比赛，580名学生参与网络评比；5月22日和12月25日，承办北京市中小学生观鸟比赛，15个区278所学校1020人参加现场活动，16个区284所学校3.2万人参加线上知识竞赛；5月30日和7月17日，承办北京市中小学生航天科技体验与创意设计大赛，15个区220所学校1550名学生参加；11月27日，承办北京市中小学生环境教育系列活动，16个区及燕山地区192所学校4600余名学生参与，提交作品3816份；12月4日，承办北京市中小学生科学在身边活动，16个区及经开区161所学校1500余名学生参赛，288项学生作品参加市级评审。

（张峥　郑升）

自然教育公开课

6月9日，学生活动管理中心联合东城区教育科学研究院举办“保护生物多样性，共建地球生命共同体”校内外联合公开课展示活动。自然教育部教师与东城区校内小学科学教师共同研讨，展示“叶片侦探”“叶序”“茎的奇妙”“植物如何‘喝’水”“花和花序”“植物园探‘蜜’”“花已盛开，蜜蜂蝴蝶自来？”7节公开课。300余名校内外教师参加课程观摩。

（马凯）

承办大学生艺术系列活动

至年底，市少年宫承办北京大学生艺术系列活动。大学生戏剧节、舞蹈节和音乐节收到55所高校369件作品，评出艺术表演奖金奖28个、银奖26个、铜奖27个、纪念奖7个、优秀创作奖18个；大学生舞蹈节评出艺术表演奖金奖29个、银奖29个、铜奖29个、纪念奖6个、优秀创作奖25个；大学生音乐节评出艺术表演奖金奖57个、银奖57个、铜奖58个、纪念奖16个、优秀创作奖1个。3所高校获精神风貌奖、8所高校获优秀组织奖。

（王峤峤）

举办“教学四个一”活动

至年底，市少年宫举办“教学四个一”活动。包含“做好一个教学单元设计、上好一堂教学公开课、撰写一篇教学公开课反思、组织一次教学汇报”4项专题。47名兴趣小组教师参与“做好一个教学单元设计”与“撰写一堂教学公开课反思”，活动评出一等奖各4人、二等奖各8人、三等奖各15人；46名专职教师参与“上好一堂教学公开课”活动；“组织一次教学汇报”结合建党100周年、建宫65周年，呈现一次融艺术、美术、科技、体育的精品教学成果汇报。

（程波）

北京教育志编纂委员会办公室（北京市教育档案馆〈北京教育博物馆〉）

概述

2021年9月1日，北京市教育档案馆（北京教育博物馆）挂牌成立。教育档案馆在北京教育志编纂委员会办公室基础上扩充职能后更名，为市教委直属正处级公益一类事业单位，主要工作职责为志鉴编研、档案管理及编研、教育博物馆建设。单位职能由原来的单一志鉴业务，扩展为“档案、志鉴、博物馆”三位一体的综合业务，实现“资料——编研——展宣”三个上、中、下游业务板块的有机结合。编制20人，在编11人，包括高级职称2人、中级职称3人。

党建工作。全年组织理论中心组学习、党史专题学习和主题党日活动25次。召开支委会12次、支部书记讲党课1次、党员干部微党课10次，党员双报到率100%。创新开展党史学习教育，挖掘、整理红色教育史料58套210件，举办“史料背后的红色故事”分享会，全员参与史料鉴别解读，编印《红色史料研究成果集锦》。承办市委教育工委、市教委举办的“百年党史中的北京教育——庆祝中国共产党成立100周年”专题展。11月25日，教育档案馆第一届党支部委员经选举产生。

修志工作。出版《北京市学校志稿（基础教育卷）》《北京市教育委员会文件选编（2020）》《中国近现代高等教育文物史料图鉴》（全九册）。编纂完成北京教育志丛书第七部志书《北京市学校志稿（高等教育卷）》。编印《北京教育志编纂委员会办公室教育史料图鉴》《北京市百年学校概览》和《北京教育史志丛刊》（2期）、《北京市教育委员会政报》（6期）。

“两馆”建设。编纂完成《北京教育志编纂委员会办公室教育史料图鉴》，鉴别精品实物442件，刊载照片653幅；编印《北京市百年学校概览》；初步整理“两馆”建设规章制度近百项。

年鉴工作。完成《北京教育年鉴》（2021）网络版和微信小程序发布，印制完成《北京教育年鉴简本》（2021），出版《北京教育年鉴》（2021）正本纸质年鉴。继续推进

“北京教育年鉴在线资源平台”网站（njzypt.jyzh.cn）、北京教育年鉴数据资源库、北京教育年鉴在线编纂系统更新改造。数据资源库收录文字 4400 万字、条目 12 万个、图片 3 万幅，在线资源平台访问量 200 万次 / 年。开展年鉴条目智能编写的研发。为《中国教育年鉴》《北京年鉴》《北京农村年鉴》等提供相关内容。推动《昌平教育年鉴》公开出版，指导《门头沟教育年鉴》创编。为 9 个单位开展年鉴培训和指导。首次举办线上年鉴业务培训会。

北京教育志编纂委员会办公室成立于 1997 年，挂靠北京教育科学研究院，正处级事业单位，编制 8 人，同时加挂北京教育年鉴编辑部牌子。2005 年隶属关系调整为市教委直属事业单位，机构性质、人员编制、经费形式均不变。2009 年，增加事业编制 4 人至 12 人。25 年来，教志办编纂出版 25 卷《北京教育年鉴》，编印完成 5 卷年鉴简本，发布 5 卷网络版年鉴。出版 25 卷《北京市教委委员会文件选编》，编制 129 期《北京市教育委员会政报》。建立由北京教育年鉴在线资源平台、北京教育年鉴在线编纂系统、年鉴在线资源库、网络年鉴、掌上北京教育年鉴形成的“互联网+年鉴”新模式，并开展年鉴条目智能编写研究。完成第一轮修志收尾工作。北京教育系统二轮修志工作历时十余年圆满完成，《北京志·教育志》（1991—2010）由北京出版社出版。其间，面向高校、区县、直属单位收集有效资料 5000 余万字，图片 3000 余幅。面向社会单位征集专项资料编写资料性工作书，编纂出版《北京教育档案文萃》《北京教育 60 年》《北京中小学修业证书图鉴》等图书，填补多项北京教育档案资料开发利用空白。开展国家“九五”规划重点课题“中国地方教育史研究”研究，编纂出版《北京教育史》获北京市哲学社会科学一等奖。评选 3 批北京市百年学校 71 所，出版《北京百年老校丛书》7 部。开展影像志编纂工作，录制“故学巡礼”和“京师撷录”两个系列的影像。编纂《北京教育志丛书（1991—2010）》7 部。组织指导各区和 40 余所高校完成第二轮区县教育志和高校志编纂。

（赵长顺　林业　华蕾）

年鉴条目智能编写

1 月，教志办启动年鉴条目智能编写项目。该项目与北京信息科技大学合作，基于北京教育年鉴在线资源平台和北京教育年鉴在线编纂系统，旨在利用智能语言技术，通过信息在线收集、模块拆分、智能编写，完成年鉴条目的自动生成。至年底，完成年鉴人物类条目的智能编写研发及调试工作。

（张晓兰）

年鉴优秀组稿单位评选方案印发

3 月 22 日，北京教育志编纂委员会印发《北京教育年鉴优秀组稿单位评选方案》。该方案通过北京教育年鉴第 38 次常务编委会会议审议通过，采取量化评分方式，每年评选 50 人。评选实行一票否决制，未按时交稿单位不具有参评资格，返稿时间也作为重要考量指标记入评价标准。评选依据质量优先、分组评价、综合打分的原则，对各组稿单位年度工作情况进行综合评价打分，其中，客观分值 75 分、主观分值 25 分，按各单位得分情况拟定候选单位名单，送交北京教育年鉴常务编委会会议审议确定。2021 年度优秀组稿单位的评选首次以评选方案为依据完成评审。

（华蕾）

高等教育文物史料图鉴出版

8 月，《中国近现代高等教育文物史料图鉴》（全九册）出版。该著作由教志办组织编写，于 2014 年启动，北京大学教授程道德担任主编，国家图书馆出版社出版发行。全书采用四色精装的印装形式，开本为小 8 开（340mm×240mm），7 卷 9 册，包括“章程校刊校徽卷”“聘书卷”“教师授业卷”“学生入学修业卷”“毕业证书卷”“同学录卷”和“校长遗墨卷”，收录晚清至 1952 年全国高校院系调整期间中国近现代高等文献史料和实物史料 1800 余件，是全国首部以文物史料图鉴形式全面系统阐释中国近现代高等教育史著作，在历史、文化、艺术等领域具有重要的学术价值。

（张驰）

市教委文件选编 2020 卷出版

8 月，教志办负责编纂的《北京市教育委员会文件选编 2020》出版。该书包括行政规范、综合、法治建设等 27 个类目，收录市教委 2020 年文件百余份，112 万字，由北京出版集团（北京出版社）出版发行。文件选编工作由市教委主持，教志办负责统筹编纂，首卷《北京市教育委员会文件选编 1996》于 1997 年出版。

（张晓兰）

基础教育学校志稿出版

9 月，《北京市学校志稿（基础教育卷）》由方志出版社出版发行。该志稿编纂工作于 2012 年 6 月随北京教育系统第二轮修志资料收集工作而展开，先后经历基层学校编写、各区编辑加工、全书编纂、各区复核补充等阶段。该志稿接续第一轮志书《北京普通教育志稿（中卷）》，以全市中小学、幼儿园为对象，客观记述其建置沿革、地理位置、办学特点和 2010 年办学规模。全书以首都功能核心区行政区划调整前的区县为类目，各类目分设幼儿园、小学、普通中学、特殊教育和工读教育学校 4 类细目，细目下以学校（幼儿园）为子目。同时，各类目附设各类学校（幼儿园、直属单位）一览表，小学、中学撤并更名一览表。全书 94.7 万字，立目学校（幼儿园）1805 所，一览表 113 幅。志稿为“北京教育志丛书（1991—2010）”第六部，此前先后出版基础教育志稿、职业教育志稿、学前教育志稿、教育投入分析志稿、教育管理志稿。

（林业）

馆藏教育史料图鉴编印完成

9 月，《北京教育志编纂委员会办公室教育史料图鉴》编印完成。该图鉴以图文结合方式，研究馆藏史料基本特征，记述史料规制、历史价值、物主信息等。图鉴以代表性和完整性为标准，介绍馆藏史料 442 件，刊载照片 653 幅。1996 年以来，教志办在教育志研究和博物馆筹建过程中陆续收集一批教育史料实物，其中教育史料实物 7105 件（套），包括教材讲义、图书、报纸期刊、证书、匾额、照片挂图等类别，形成年代上起明清，下至社会主义建设新时期，使用地域和范围以北京为主。2020 年，教志办编纂《北京教育志编纂委员会办公室教育史料题录》。

（林业）

百年学校概览编印完成

9 月，教育档案管编印完成《北京市百年学校概览》。该书概述市教委 3 批百年学校评选工作，以图文形式介绍 71 所百年学校校史。图书序言部分总结北京市百年学校源起特点，附录刊载“北京市百年学校”分类统计表和北京 1920 年以前建校的中小学一览表。

（林业）

微党课形式学习“七一”讲话

9 月至 12 月，教育档案馆党支部开展“七一”重要讲话系列微党课活动。微党课涵盖 6 个主题，两周举办一场，安排 5 场 10 节微党课。全体党员干部发挥史志、档案工作特长，深入考据、研究概念，从民族、教育、国际时事等角度学习讲话内容，宣讲“七一”讲话重要意义。

（张大力）

红色史料研究集锦编印完成

12 月，教育档案馆编印《红色史料研究成果集锦》。该成果在馆藏红色史料整理、红色史料鉴别、红色史料历史价值研究基础上开展，包括红色史料故事、红色史料图鉴、馆藏红色史料目录 3 部分。其中，红色史料故事 10 篇由教育档案馆全员参与完成。红色史料图鉴以图文结合方式，揭示红色史料特征，内容涉及红色学校、根据地教材、革命读物、报纸期刊、文件和宣传品、边区纸币 6 类史料，收录文章 58 篇文物照片 191 张。馆藏红色史料目录著录馆藏史料 58 套 210 件。年内，教育两委成立以市委教育工委宣教处、教育档案馆为牵头单位的红色基因研究专班，开展北京教育系统红色基因研究工作。

（林业）

教育年鉴编纂完成

至年底，教育档案馆完成《北京教育年鉴（2021）》编纂工作。收到来稿 218 万字，包括 6166 个条目，图片 4700 幅、视频 123 个，自查资料近 200 万字。年鉴以网络版、正本纸质图书和简本形式呈现，同时在微信小程序（掌上北京教育年鉴）中发布网络版和正本纸质年鉴版本。网络版年鉴发布在“北京教育年鉴在线资源平台”网站，收录文字 130 万字，收录图片 1389 幅、视频资料 37 个。简本年鉴收录文字 29 万字、图片 152 幅；正本年鉴由北京出版集团（北京出版社）出版发行，全书 4 色印刷，收录文字 175 万字、图片 563 幅。年度关注栏目收录年度重点、焦点、热点事件 17 个。年度专题性栏目收录“首都教育系统同心抗疫”的内容，图文并茂展示北京教育系统师生共同抗疫情况。

（华蕾）

北京市国际教育交流中心（北京市港澳台教育交流中心、北京市汉语国际交流中心）

概述

2021 年，北京市国际教育交流中心（北京市港澳台教育交流中心、北京市汉语国际推广中心）有教职工 30 人，设置 5 个科室。

全年承担重大国际交往活动服务保障工作。参与 2021 年中国国际服务贸易交易会教育服务专题展览展示和国际教育服务贸易论坛筹办工作，展览面积 3300 平方米，吸引 144 家境内外知名教育机构及企业通过线上线下方式参加，论坛邀请高校（含高职）教育工作者、基础教育和国际教育工作者 300 余人次参加。

为市教育两委各类涉外工作提供支持。做好本科以下中外合作办学机构项目延期（新申请）材料初审工作，涉及 7 个区 9 所学校百余份材料。做好中外合作办学机构项目招生入学情况统计工作，统计入学情况 131 个。完成普通高中阶段中外合作办学机构项目引进境外教材线上系统填报教材核对工作，核对 27 所学校（含机构和项目）教材 340 余册。对 2021 年高中中外合作办学延期、新申请机构项目计划使用的境外教材清单进行核对，涉及 9 个项目 134 册教材。

继续履行教育外事工作职能。推进对港澳台教育交流工作提质增效，组织 7 个区开展 72 次姊妹学校远程交流，向香港教育局和澳门教育及青年局推荐 8 所中小学。做好高校港澳台侨奖学金有关工作，参与北京市外国留学生管理，做好北京市政府外国留学生奖学金有关工作，审核 60 余所高校申报材料。继续为基层教育单

9月3日至7日，2021国际服贸会教育服务专题展（国际教育交流中心 供）

位对外交流搭建平台、做好服务，组织5个区推荐第六批中美“千校携手”项目学校，组织16个区及燕山地区推荐“共迎未来”中外青少年人文交流活动“姊妹校”。继续开展国家公派出国留学工作，涉及6个大项17个子项目175人。继续开展汉语国际教育有关工作。筹办北京市教育国际交流协会。

（史玉婷）

北京教育综合服务中心（北京市教育政务服务中心）

概述

2021年8月31日，北京市教育政务服务中心挂牌成立。政务服务中心由北京教育综合服务中心调整职能后更名，为正处级公益一类事业单位，编制26人，在编22人。主要负责市教委政务服务相关事务性工作。承担政务服务进驻窗口事项的事务性工作，教育系统市民热线相关工作，信息公开、政务公开工作；承担政风行风及政民互动平台相关工作；协助机要交换工作；承担北京市学位授予信息管理及报送工作。全年完成市教委行政审批窗口服务工作，4人参与市教委在北京市政务服务中心的窗口服务工作，承担市教委行政审批服务事项的咨询、受理等工作，受理“行政许可”事项238256件，大厅受理5755件。完成北京市市民热线服务中心教育委员会分中心解答咨询工作，解答咨询132620件，比上年同期上升192.2%，包含接听群众来电40345件、网上在线问答回复8299件，受理市民热线（12345）网络派单83454件。完成市教委政府信息公开工作，整理、收集市教委已发文件1030件，市教委网上主动公开文件292件，包括行政规范性文件移送18件、依申请公开文件115件。机关交换机要文件8246件。完成高等院校及科研院所学位授予信息管理。

北京教育综合服务中心于2000年成立，由北京市学位与研究生教育评估中心、北京高等学校教育质量评议中心、北京市中小学幼儿园教师考核办公室合并组建，保留北京市学位与研究生教育评估中心、北京高等学校教育质量评议中心牌子，加挂北京教育专业技术职务服务中心牌子。综合服务中心为市教委直属正处级差额拨款事业单位，事业编制45人，其中处级领导职数一正三副。2002年，因成立北京市教育委员会会计核算中心，所需编制从综合服务中心调剂，调整综合服务中心编制为55人。2007年，综合服务中心不再承担有关学生贷款工作。2010年，综合服务中心由差额拨款变更为全额拨款事业单位，人员编制由33人核减至28人，其中处级领导职数为一正两副。调整后，综合服务中心的主要职责是：受市委教育工委和市教委委托，承担政府信息公开、行政许可相关事务性工作；承担信访投诉受理、非紧急救助服务、政风行风热线接听受理等事务性工作；承担北京市教育系统专业技术人员职称评审、学位证书管理、学位授予单位评估等事务性工作；承担本市高校教育质量评估、民办高校管理、中外合作办学机构监管等事务性工作；承担委机关机要文件交换、会议服务、政策性培训等工作，承担市教育基金会常务理事会办公室的日常工作。

（罗芳）

学位授予信息管理

至年底，政务服务中心完成学位授予信息管理工作。2020—2021学年度上报电子数据288533条（含光盘报送数据），其中博士学位23741条、硕士学位100633条、学士学位164159条。全年受理43个学位授予单位59次修改信息申请，涉及567条数据；受理9个学位授予单位9次信息补报申请，涉及374条数据；受理9个学位授予单位27次撤销申请，撤销79名学生学位；受理3个学位授予单位3次补报照片，补报照片14张；受理24个学位授予单位申请添加专业，添加105个专业。

（罗芳）

月，改革整合组建北京教育融媒体中心。

（张娜）

策划党史学习融媒体产品

5月17日，新闻中心联合北京广播电视台制作的党史学习融媒体产品《校史中的红色记忆》播放。《校史中的红色记忆》为6集党史教育类系列节目，定位青少年群体，分别走进北京大学、北京师范大学、清华大学、中国人民大学、中国传媒大学、北京理工大学6所高校，通过校史与党史相结合方式，邀请在校学生，通过角色扮演、情境再现等多种表现形式，以学生沉浸式体验开展爱国主义教育，让学生与党史人物开展交互式对话。节目通过电视、新媒体平台联动播出，浏览量650万次，其中抖音端观看量600万次。

（张娜）

推出《家书》节目

5月，新闻中心原创视频栏目《师说》与人民网合作策划推出《家书》节目。该节目展现不同年代、不同背景下的家书，表现革命年代的家国情怀、困难时期的家风传承、和平年代的两岸情感以及疫情防控的共克时艰，聚焦家风建设，以故事传播“立德树人”教育理念，以情感深化爱国主义宣传教育效果。《师说》栏目所在的歌华有线“首都教育”专区全年打开率3680万次。

（张娜）

北京教育网络和信息中心

概述

2021年7月前，北京教育网络和信息中心内设9个部门，在职职工67人，具有专业技术职务44人，其中高级职称14人、中级职称15人、初级职称15人。主要负责全市教育信息化建设情况的调查和需求预测；实施北京市教育系统网络建设、远程教学、网上学习的规划、设计和管理；承担全市教育系统网络及教育教学信息资源建设和管理标准的制定；负责全市教育单位网络及教学信息资源的技术人员培训和业务指导。

信息技术支持与电子政务服务。完成市教委综合办公平台建设，维护改造机房IT基础设施，排查机房消防隐患近20处，日常维护光缆总长度14370公里，系统正常运行率99%以上。构建教育大数据体系，建成教育大数据综合分析决策系统、共享服务系统、教育管理服务平台及教育公共服务平台。完成市属141个教育信息系统网络安全等级保护测评及19个关键信息基础设施认定。协助市教委做好办公设备国产化改造，保障各级各类视频会议700余次，为教育系统各业务平台提供400电话人工座席服务6万余条。围绕建党100周年、两会、中高考等重点时期抓好网络安全值守，实现网络安全无事故。组织中小学办学条件装备、图书馆等相关业务现状调研，为中考改革提供支持。

提升教育资源建设使用效益。制定“空中课堂”摄制基地建设标准，升级改造演播室，打造市级教育资源录制示范基地。组织拍摄“空中课堂”课程110余节。升级完善北京市智慧校园资源服务与应用监测云平台，完成第一批示范项目建设验收及评估评优，评选优秀示范成果67项。持续开展校园影视评优活动，全市选送优秀作品1000余部。

营造智慧教育创新发展氛围。评审教育技术应用研究2021年度课题，立项161个。开展北京市中小学编程素养提升实验等项目研究，形成中小学编程素养提升前后对比性研究报告等系列成果。至9月，中小学教师提供信息化支持服务6万余次。根据改革统一要求，注销培训学校。先后举办北京市第22届中小学师生电脑作品交流展示、中国教育发展基金会——戴尔“互联创未来”、第19届全国中小学信息技术创新与实践大赛（NOC）北京选拔赛等活动。

信息中心成立于2001年，由原北京教育科学研究院教育信息中心与原北京电化教育馆合并组成。2021年9月，改革组建北京市数字教育中心。

（聂冯接）

建党百年活动网络安全保障

3月至7月，信息中心开展庆祝建党百年网络安全保障工作。信息中心成立工作专班，明确职责分工，建立5项机制，

5月28日，信息中心召开网络安全部署会

（信息中心 供）

开展10项行动。全方位开展隐患风险排查、资产摸排普查、组织测评整改、24小时值班值守等工作。通过漏洞扫描和渗透测试，发现风险资产223个，发现修复超危漏洞14个、高危漏洞11个、中危漏洞7个；在庆祝活动期间，进行7×24小时不间断网络安全监测值守保障，发现攻击或疑似攻击4万余次，分析攻击事件4000余次，处理重大攻击事件6起，封禁异常IP地址500余个。

（张潇）

专项攻防演习

4月8日至22日，信息中心组织开展教育系统及相关联动系统的专项攻防演习工作。发现攻击或疑似攻击5万余次，经分析，处理攻击事件5000余次，形成防守成果报告81份。

（张潇）

中高考重点时期网络保障

4月至6月，信息中心完成2021年中高考远程电子巡查系统网络保障。保障高考107个考点，1566个考场；初三学考220个考点，3267个考场；初二学考228个考点，4063个考场；协助北京教育考试院完成2021年会考、成考、自考、社考、司法考及研考等考试的信息网络保障工作。

（张潇）

北京市校办产业管理中心

概述

2021年7月前，北京市校办产业管理中心设办公室、国资企管科、科技成果推广科、综合科4个科室，在编13人。主要开展高校所属企业体制改革工作、机关事业单位所办企业清理规范工作、全民所有制企业公司制改革工作、“僵尸企业”处置工作、高校校办企业领域腐败风险清理整顿等专项工作。

高校所属企业体制改革专项工作基本完成。全市23所市属高校办有515户企业，其中需清理关闭323户，脱钩剥离97户，保留管理95户。至年底，完成体制改革工作企业495户，完成率96%，基本完成改革任务。机关事业单位所办企业清理规范专项工作基本完成。市教委13家直属单位办有企业58户。至年底，完成清理规范企业52户（含经市政府批复保留5户），完成率93%。全民所有制企业公司制改革专项工作全面完成。市教委纳入改革范围企业33户，至年底，完成31户，完成率94%，基本完成改革任务。剩余2家单位2户企业，根据市国资委要求，可按照视同完成处置。“僵尸企业”处置专项工作基本完成。市属高校和市教委直属单位17家单位208户“僵尸企业”纳入工作范围，占全市“僵尸企业”专项工作总量38%。至年底，完成处置198户，完成率95%，其中实际完成185户，视同完成13户。

协助完成教育部关于高校校办企业领域腐败风险专项清理整顿工作。协助组织召开视频会议部署相关工作，制定印发工作方案，在各高校开展自查自纠基础上，成立由市教委财务处、校产管理中心和高校专家组成的核查工作组对8所高校开展现场核查并提出明确工作要求，汇总各高校工作情况形成总结报告。

校产管理中心前身是北京市校办工业公司。1987年4月25日，北京市教育局成立北京市校办工业公司。1992年9月24日，北京市校办工业公司加挂市教育局生产劳动处牌子。1993年2月19日，北京市校办工业公司更名为北京市校办产业总公司。1999年7月13日，北京市校办产业总公司更名为北京市校办产业管理中心，同时加挂北京市学生统一着装管理服务中心牌子。2013年4月17日，北京市学生统一着装管理服务中心独立设置，更名为北京学校后勤事务中心。2021年9月，改革组建北京市教育资产与财务管理事务中心。

（宋慧宇）

北京高校校产统计

5月，校产管理中心开展2020年全国普通高校校办企业统计，54所在京高校参加。统计显示，至2020年底，北京地区54所高校投资办企业834户，其中一级企业120户、二级企业231户、三级及以下企业483户。校办企业年末资产4244.43亿元，较2019年减少52.54%；负债3612.93亿元，较2019年减少49.31%；所有者权益631.52亿元，较2019年减少65.23%，包括归属于学校方股东的所有者权益192.95亿元，较2019年减少23.66%；营业收入1142.20亿元，较2019年减少61.9%；利润总额−57.35亿元，较2019年减少18.69%；净利润−94.38亿元，较2019年减少29.53%；实际缴纳税金总额79.80亿元，较2019年减少2.55%。获授权专利1587项，包括计算机软件及集成电路版权548项，获国家和省市部委奖项224项；研发费用支出13.49亿元。接纳学生实习9334人次108.31万小时，在培硕士研究生621人，在培博士研究生70人。职工总人数46164人，包括研究开发人员4350人、专职管理人员4582人、具有学校事业编制733人。北京大学和清华大学资产总额4036.75亿元，占全市资产总额95.11%；所有者权益总额517.74亿元，占全市所有者权益81.98%；营业收入1042.22亿元，占全市营业收入91.25%。

（宋慧宇）

北京市学生资助事务管理中心

概述

2021年7月前，北京市学生资助事务管理中心有职工10人，全部在编。完善学生资助政策，加大边远山区基层就业学费补偿国家助学贷款代偿政策实施力度，资助对象由市属高校北京生源应届毕业生扩大至北京地区普通高校及外地普通高校北京生源应届毕业生。全面落实精准资助，各项资助资金及时足额拨付到位，落实从学前到研究生学段学生资助项目近30个，国家资助全年受助学生（不含义务教育免学杂费、免借读费）192.9万人次，资金13.2亿元。加强资助常态化监管，3月启动资助绩效考评，以区、市属中专学校、市属高校为考评对象，以区校自评、第三方考评和师生问卷调查为主要形式，全面优化考评指标和问卷内容，12月开展业务管理和资金管理现场检查。深入推进资助宣传和资助育人，4月印发《关于调整本专科学生资助政策简介印发工作的通知》，由市属高校自编简介并随录取通知书寄发至新生。7月15日至8月31日，北京市资助热线电话开通，帮助学生和家长及时准确了解国家资助政策，申请资助。加快提升学生资助信息化水平。

2007年，学生资助中心成立，在北京市教育委员会会计核算中心下加挂牌子，与原北京教育综合服务中心同一法人合署办公。2016年，资助中心正式启用编制，至2019年资助中心10名编制满编，主要职责为承担国家助学贷款、资助等方面的实施及管理工作。2021年9月，改革整合组建北京市教育资产与财务管理事务中心。

（单伟娜）

资助宣传格局优化

至7月，学生资助中心多举措优化资助宣传格局。3月，联合北京日报社、北京青年报社等多家权威媒体对北京市“十三五”学生资助政策落实成效进行整版宣传报道；6月，围绕庆祝建党100周年策划制作“百年心向党资助育人行——北京市学生资助政策特刊”。7月，紧抓中招高招、高校新生入学关键时间节点，采用更加贴近受众的形式推送“学生资助政策大礼包”；制作发行《北京学生资助专刊》48个版，北京学生资助自有宣传阵地建设迈出新步伐。

（单伟娜）

北京学校后勤事务中心

概述

2021年7月前，北京学校后勤事务中心设办公室、高等教育科、基础教育科、综合科4个部门，17名职工全部在编。以“四不两直”的方式对海淀、昌平、延庆、朝阳、东城、怀柔、密云、平谷8个区学校食堂和学生餐配送企业开展现场督导，督促学校和食品经营单位将疫情防控和食品安全工作落到实处。落实事业单位改革工作。逐项推进三定方案制定、法人登记、人员划转、机构设置、岗位聘用等工作。开展平安建设工作。做好办公场地安全管理、内部保密、网络安全管理和职工安全教育等平安建设工作。强化安全管理。组织实施校园安全督导检查工作。做好后

3月30日，学校后勤中心协助举办北京高校绿色学校创建工作部署及交流会 （学校后勤中心 供）

勤管理。研究制定中小学和高校绿色学校验收标准，推进绿色学校申报和验收工作；配合开展市生活垃圾分类有关宣传工作；完成学校食堂和学生餐配送企业现场督导工作；完成各类学校学生公交卡新生办理及补办工作；完成北京高校学生食堂价格平抑资金使用管理情况走访、调研和督查工作。

学校后勤事务中心成立于2013年9月，主要承担北京学校后勤保障管理、校园安全管理、校车安全管理、学生统一着装管理和节能减排等方面的辅助性、事务性工作。2021年9月，改革组建北京市学校基建后勤管理事务中心。

（张棣滢）

平抑资金规范管理

3月至7月，学校后勤事务中心对高校学生食堂价格平抑资金使用开展规范管理。3月至5月，开展2019—2020学年度北京高校学生食堂价格平抑资金使用管理情况调查，分析93所高校学生食堂价格平抑资金管理使用情况，监督学校规范使用，充分发挥平抑资金的使用效益。7月，针对各高校学生食堂价格平抑资金结余情况，抽取不同类型学校开展现场调研，通过听取学校现场汇报、实地查看学校基本伙食堂经营情况等方式，总结平抑资金规范使用的经验做法，对不规范行为提出改进意见，确保平抑资金充分合理利用。

（崔莲莲）

学生公交卡办理工作

3月至7月，学校后勤事务中心分别开展2021年各类学校学生公交卡新生办理及补办工作。办理新生公交卡84398张，30所科研机构、76所普通高校、58所中等职业学校办理新卡；补办学生卡7182张，25所科研机构、52所普通高校、46所中等职业学校补办公交卡。

（崔莲莲）

绿色学校创建和节能减排

4月至7月，学校后勤事务中心参与制定中小学和高校绿色学校创建标准。组织召开绿色学校创建工作部署会及交流研讨会，制定验收标准手册、搭建验收工作信息管理平台，落实绿色学校申报和验收工作组织程序，92所高校和各区教委参加。组织参加全国节能宣传周期，展示绿色学校创建成果，配合做好公共机构节能目标责任考核及迎检工作。

（张炀）

北京市教育技术设备中心

概述

2021年7月前，北京市教育技术设备中心建筑面积3144平方米，其中办公场所2144平方米、库房1000平方米。设备中心设办公室、发展规划科、管理科、技术科、采购科，职工36人。主要职能是对中小学教育技术装备的管理与实践教学研究，负责北京市中小学校实验室（专用教室）和教学仪器设备的建设、配备、管理、使用和质量检测及技术服务等。

主要完成《2021年教学触控一体机行业分析报告》，研究制订《中小学危险化学品柜技术规范 T/JYBZ 018—2021》团体标准正式发布，在《中国现代教育装备》杂志发表7篇实验室安全管理工作类文章，对16个区和燕山地区300余所中小学近1000间实验室开展的安全调研与检查。

设备中心成立于1960年11月，原名北京市教育局教学仪器供应社。1974年1月，更名为北京市教育局教学仪器组。1974年4月，更名为北京市教育局教学仪器站。1979年12月，更名为教学仪器公司。1989年6月，更名为北京市教育局教育技术装备部。1997年5月，经北京市机构编制办公室批准，原北京市教育局教育技术装备部与原北京市高教局北京市高等学校仪器设备公司合并成立北京市教育技术设备中心。2021年9月，改革组建北京市学校基建后勤管理事务中心。

（赵文强）

教学触控一体机行业分析报告

3月至6月，设备中心完成《2021年教学触控一体机行业分析报告》。该报告对北京市中小学触控一体机行业现状、技术发展趋势及产品安全性能和质量情况进行全面分析，结果显示在教学触控一体机现行标准、质量现状方面还存在不同程度问题。报告对问题产生原因详细分析并分别对生产商、政府监管部门、各地教育装备部门给出改进建议。

（赵文强）

中小学危险化学品柜技术规范团体标准发布

6月2日，设备中心研究制订《中小学危险化学品柜技术规范 T/JYBZ 018—2021》团体标准正式发布。规范面向中小学易制毒化学品柜和易制爆危险化学品柜，其他中小学危险化学品柜酌情参考。主要内容涉及中小学危险化学品柜基本要求，包括术语和定义、分类、通用要求、特殊要求、试验方法、标志、包装和使用说明等。

（赵文强）

（本栏责任编校　曾婷）

要去逐利化、去泡沫化，解除资本对教育绑架，斩断剧场效应，降低百姓教育消费负担，使改革成果切实惠及人民。北京作为在全国率先开展“双减”工作的城市，又是校外培训头部企业、上市公司聚集地区，在这方面先行先试，各项工作正在坚定有序推进。

三、“双减”是对教育生态的重塑

良好的教育生态是高质量教育体系的应有之义。在一个良好的教育生态中，受教育者的利益应当处于最高位置、得到最大保护。教育生态系统的各个组成部分，都应以凝聚人心、完善人格、开发人力、培育人才、造福人民为工作目标，同心同向、协力奋斗，使受教育者能够获得支持每个人终身学习的教育、平等面向每个人的教育、适合每个人的教育、更加开放灵活的教育，从而全面有个性地发展。

“双减”问题的提出，很大程度上源于教育生态的失衡。在学校教育体系之外，资本意图打造另一个体系，学生、家长、教师、学校受之裹挟、冲击，爱恨交织，剪不断、理还乱。开展“双减”工作，就是要以快刀斩乱麻之势，拨乱反正，使学校、家庭、社会各安其位，学生、家长、教师各负其责，促进教育生态全面、协调、可持续发展。从家校协同到家校社协同，体现了新时期大教育观背景下育人生态的重构，从三者定位看，学校是育人主体，家庭是育人共同体，社会教育是育人的有益补充，只有三者各归其位，各自发挥应有的作用，才能够真正实现育人目标。要夯实学校教育主渠道主阵地，增强校内供给的竞争力和创造力，把孩子吸引在校园、吸引在课堂。家庭是育人共同体的薄弱环节，也是重要一环，要加强对家长的教育引导和支持。当前，尤其需要加快推进家庭教育立法，明确家庭教育的法定责任，加强家庭对学生道德品质、知识技能、文化修养、生活习惯等方面的培育、引导和影响。校外教育不仅包括校外培训机构，还包括青少年宫、研学基地等各类主体，同时也包括各类线上教育资源，要与校内教育错位发展、个性化发展、特色化发展，而不能越俎代庖，再造一个教育体系。

育人不仅仅是学校的问题，更需要学校、家庭、社会协同发力。“双减”问题之所以变得如此紧迫，关键在于共识度不够特别是尚未完全转化为共同行动，其中既有校外培训的越位，也有家庭教育和学校教育的不到位。要真正减轻学生作业负担和校外培训负担，必须进一步解放思想、凝聚共识，深化基础教育供给侧结构改革，构建更为紧密有效的协同育人共同体。北京市在“双减”工作中，召开了系列政策宣讲会、新闻发布会、万人校长大会和学校家长、教师会，开展了“大学习大调研大讨论”活动，为家校社协力攻坚“双减”奠定了思想基础。与此同时，北京正在推进完善家校社协同育人体系。出台中小学家访制度，明确每个学生每学期接受一次家访。落实家庭教育指导服务规划，在中小学校试点建设家庭教育工作室，进一步加强网上家长学校和中小学家长课堂建设，发挥家长委员会作用。依托“街乡吹哨、部门报到”机制，发挥社区在校外培训机构治理和课后服务、暑期托管等方面的作用。

四、“双减”是对教育治理的创新

长期以来，教育管理部门的工作重心一直在发展教育事业上，行业治理是教育管理的短板和弱项，存在意识不强、力量不足、办法不多等难题。“双减”工作对原有教育治理构成巨大挑战，需要治理理念、治理模式、治理工具的创新，推动教育管理部门由管学校向管行业、由单独管向联合治、

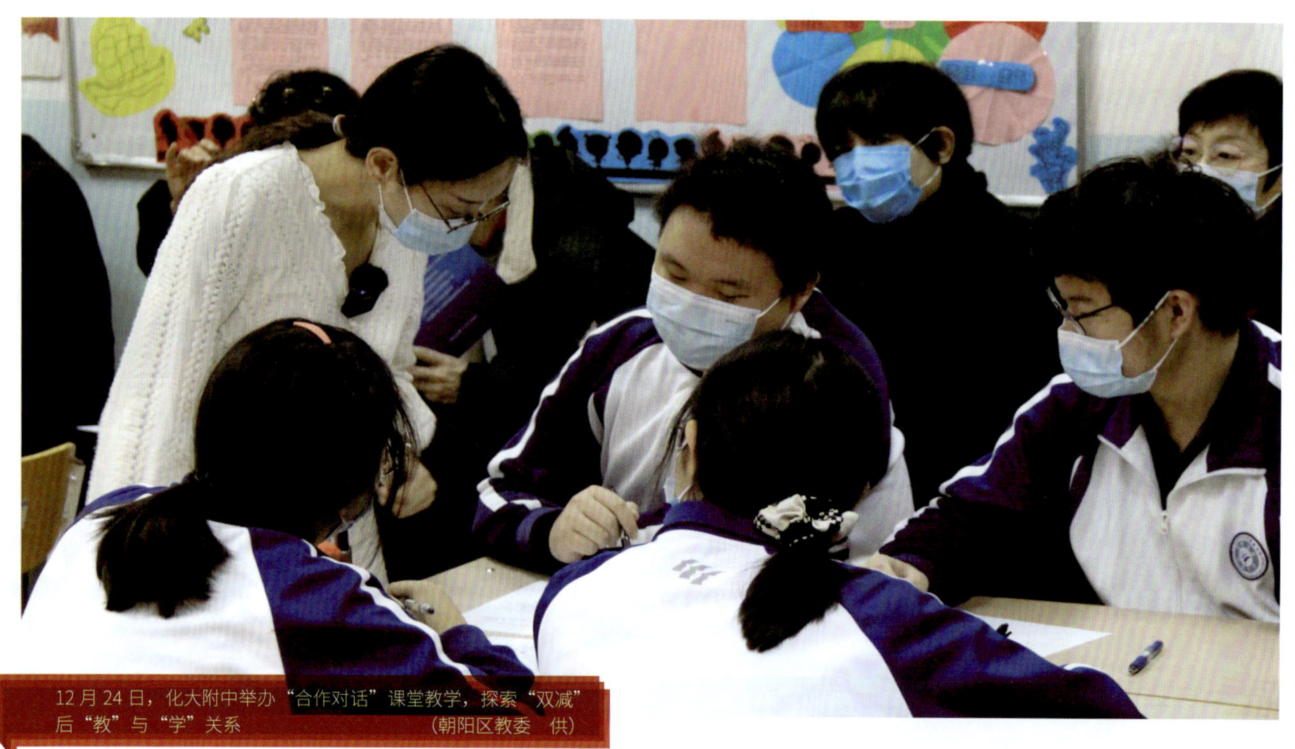

12月24日，化大附中举办“合作对话”课堂教学，探索“双减”后“教”与“学”关系 （朝阳区教委 供）

勤管理。研究制定中小学和高校绿色学校验收标准，推进绿色学校申报和验收工作；配合开展市生活垃圾分类有关宣传工作；完成学校食堂和学生餐配送企业现场督导工作；完成各类学校学生公交卡新生办理及补办工作；完成北京高校学生食堂价格平抑资金使用管理情况走访、调研和督查工作。

学校后勤事务中心成立于2013年9月，主要承担北京学校后勤保障管理、校园安全管理、校车安全管理、学生统一着装管理和节能减排等方面的辅助性、事务性工作。2021年9月，改革组建北京市学校基建后勤管理事务中心。

（张棣滢）

平抑资金规范管理

3月至7月，学校后勤事务中心对高校学生食堂价格平抑资金使用开展规范管理。3月至5月，开展2019—2020学年度北京高校学生食堂价格平抑资金使用管理情况调查，分析93所高校学生食堂价格平抑资金管理使用情况，监督学校规范使用，充分发挥平抑资金的使用效益。7月，针对各高校学生食堂价格平抑资金结余情况，抽取不同类型学校开展现场调研，通过听取学校现场汇报、实地查看学校基本伙食堂经营情况等方式，总结平抑资金规范使用的经验做法，对不规范行为提出改进意见，确保平抑资金充分合理利用。

（崔莲莲）

学生公交卡办理工作

3月至7月，学校后勤事务中心分别开展2021年各类学校学生公交卡新生办理及补办工作。办理新生公交卡84398张，30所科研机构、76所普通高校、58所中等职业学校办理新卡；补办学生卡7182张，25所科研机构、52所普通高校、46所中等职业学校补办公交卡。

（崔莲莲）

绿色学校创建和节能减排

4月至7月，学校后勤事务中心参与制定中小学和高校绿色学校创建标准。组织召开绿色学校创建工作部署会及交流研讨会，制定验收标准手册、搭建验收工作信息管理平台，落实绿色学校申报和验收工作组织程序，92所高校和各区教委参加。组织参加全国节能宣传周期，展示绿色学校创建成果，配合做好公共机构节能目标责任考核及迎检工作。

（张炀）

北京市教育技术设备中心

概述

2021年7月前，北京市教育技术设备中心建筑面积3144平方米，其中办公场所2144平方米、库房1000平方米。设备中心设办公室、发展规划科、管理科、技术科、采购科，职工36人。主要职能是对中小学教育技术装备的管理与实践教学研究，负责北京市中小学校实验室（专用教室）和教学仪器设备的建设、配备、管理、使用和质量检测及技术服务等。

主要完成《2021年教学触控一体机行业分析报告》，研究制订《中小学危险化学品柜技术规范 T/JYBZ 018—2021》团体标准正式发布，在《中国现代教育装备》杂志发表7篇实验室安全管理工作类文章，对16个区和燕山地区300余所中小学近1000间实验室开展的安全调研与检查。

设备中心成立于1960年11月，原名北京市教育局教学仪器供应社。1974年1月，更名为北京市教育局教学仪器组。1974年4月，更名为北京市教育局教学仪器站。1979年12月，更名为教学仪器公司。1989年6月，更名为北京市教育局教育技术装备部。1997年5月，经北京市机构编制办公室批准，原北京市教育局教育技术装备部与原北京市高教局北京市高等学校仪器设备公司合并成立北京市教育技术设备中心。2021年9月，改革组建北京市学校基建后勤管理事务中心。

（赵文强）

教学触控一体机行业分析报告

3月至6月，设备中心完成《2021年教学触控一体机行业分析报告》。该报告对北京市中小学触控一体机行业现状、技术发展趋势及产品安全性能和质量情况进行全面分析，结果显示在教学触控一体机现行标准、质量现状方面还存在不同程度问题。报告对问题产生原因详细分析并分别对生产商、政府监管部门、各地教育装备部门给出改进建议。

（赵文强）

中小学危险化学品柜技术规范团体标准发布

6月2日，设备中心研究制订《中小学危险化学品柜技术规范 T/JYBZ 018—2021》团体标准正式发布。规范面向中小学易制毒化学品柜和易制爆危险化学品柜，其他中小学危险化学品柜酌情参考。主要内容涉及中小学危险化学品柜基本要求，包括术语和定义、分类、通用要求、特殊要求、试验方法、标志、包装和使用说明等。

（赵文强）

（本栏责任编校　曾婷）

北京老教育工作者总会

北京校外教育协会

北京高校国防教育协会

北京教育装备行业协会

北京市红十字会

2022 社会团体

SOCIAL GROUPS

- 北京市教育学会
- 北京市高等教育学会
- 北京市职业技术教育学会
- 北京民办教育协会
- 北京市学前儿童保教工作者协会

社会团体 SOCIAL GROUPS

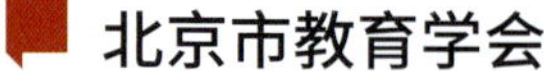

北京市教育学会

概述

2021 年，北京市教育学会有区教育学会 13 个、专业委员会（分支机构）67 个；集体会员 1226 个，个人会员 7.50 万人。

2021 年，学会第三次被市民政部门认定为 AAAAA 级社会组织。加强党的建设，调整学会社会组织党建委员会委员。完成 67 个专业委员会调整充实。接受申报“十四五”课题 6258 项，经过评审立项课题 4177 项，包括重点立项课题 165 项。召开首届北京市基础教育发展论坛暨 2021 年学术年会；承接全国伴随成长公益项目“伴随成长家庭服务平台”“昌平区教育干部领导力提升”“顺义区骨干教师人才培养项目”“国际化人才培养课程实践探索”等培训项目；受市教委委托承担“中小学生健康人格塑造及人文素质培养与成长环境优化”项目，建立北京市中小学市区校三级医教结合心理危机干预试点子项目和“农村学校学生语文素养和综合能力提升”子项目并通过中期考核；承办第三届“京教杯”青年教师基本功展示活动，推荐 700 余名中小学和幼儿园教师参加市级展示说课答辩。编印《北京教育教学研究》内部会刊 6 期，订阅量 6216 份。微信公众号发布 50 期，包含 400 余篇政策解读、理论与实践探讨、经验分享等方面文章。

各区学会和专业委员会全年开展学术活动 363 次，参与学术活动 21.18 万人次；开展各类科普活动 462 次，参与人数 100.34 万人次；开展各类培训 932 次，参加者 9.22 万人次；对外交流 93 次，参与人员 7102 人次；撰写学术文章、编辑论文集 261 项，参与人员 4450 人次。

（马亚莉）

“骨干教师人才培养”（顺义区）项目第二期启动

4 月 21 日，市教育学会与顺义区教委共同启动第二期“骨干教师人才培养”项目。经过遴选的顺义区小学、初中、高中 40 余名教师通过线上参加培训，在导师带领下以教育教学实践能力为着力点，促进教育教学行为转变，

12 月 23 日，北京市基础教育发展论坛“冬至 冬奥 一起向未来”分论坛举办。图为“二十四节气”课堂　（市教育学会　供）

整体提升综合素质和专业能力。项目要求学员完成6项基本任务，即读一本书、完成1次区级以上示范课、每学期至少辅导1名以上青年教师至少完成1次校内或校外研究课、每名学员需独立承担1项市级以上科研课题、每学期跟随导师至少参加1次北京市或全国专业研讨活动、每年完成1篇公开发表的教（科）研论文（包括北京市教育学会会刊）。导师需配合完成相应6项工作。项目自2016年开始实施，每期5年，市教育学会负责各学科专家队伍的组织和项目实施。

4月29日，“融通理念下全学科阅读方式的实践探索，促进教育过程的整体优化”论坛举办。图为主题对话现场　（市教育学会　供）

（马亚莉）

融通理念下全学科阅读方式的实践探索论坛

4月29日，市教育学会主办的“融通理念下全学科阅读方式的实践探索，促进教育过程的整体优化”论坛在北京市京源学校小学部举办。论坛观摩京源学校语文、数学、道德与法治等6节公开课，分别从各自学科特点出发，挖掘、设计、探究，学生通过不同的任务开展深度阅读，运用多种学科思维提升阅读素养。北京师范大学、市教育学会、北京教育学院石景山分院以及京源学校家长、校长共同探讨全学科阅读给教学和学生带来的变化。北京市中小学学科阅读项目是市教育学会重点项目，自2019年启动。来自北师大、教育学院石景山分院、西城区教科院等相关单位负责人以及项目组成员校教师千余人线上线下参加论坛。

（马亚莉）

年度重点立项课题开题论证会

11月7日，市教育学会举办“十四五”2021年度重点立项课题线上开题论证会。165项重点课题同时开题，课题负责人及课题组核心成员3000余人参加会议。来自中国教育科学院、北京师范大学、首都师范大学、北京教育科学研究院、北京教育考试院等单位45名专家学者组成15个专家评审组，以线上方式同时开设15场开题论证会。年初，市教育学会发布“十四五”教育科研课题指南及管理办法，遵循顶层设计、问题导向、自主申请、规范程序等评审原则，在全市范围内组织2021年度课题申报，收到来自北京中小学幼儿园一线教师和教育科研部门研究工作者申报的课题6258项，覆盖1929个单位。经过评审，4177项课题立项，包括重点课题165项。选题覆盖教育教学、课程建设、学生学习与发展、教师发展、资源开发、家校社协作、区域学校发展等方面，集中在教学改革、学生学习与发展、课程建设3个领域。

（马亚莉）

北京市高等教育学会

概述

2021年，北京市高等教育学会有团体会员单位86个，其中普通本科院校59所、高职院校18所、独立院校5所、教育管理科研院所1个、其他单位3个。全年，举办各类学术年会、研讨会、学术报告会、学术论坛222场次，49803人次参与；科普活动56次，59526人次参与；课题研究调研17项，191人次参与；培训活动331次，110569人次参与。

（刘晖）

工程教育研讨会

4月16日至18日，市高教学会计算机教育研究分会与河南省高等学校计算机教育研究会联合主办“积极推进工程教育改革，全面提高人才培养能力和质量”研讨会。会议围绕“工程教育专业认证”主题，听取《新型专业建设与工程认证》《如何落实工程教育认证的两线思路》《工程教育专业认证内涵理解》等7个专题报告。来自河南省、北京市的30余所高校200余名领导和专家学者参加会议。

（刘晖）

优秀研究分会和优秀学会工作者评选

5月15日至12月31日，市高教学会开展优秀研究分会和优秀学会工作者评选。经各研究分会自评、推荐和初审，评审小组终审及公示等环节，确定16个分会为优秀研究分会、26 人为优秀学会工作者。

（刘晖）

2021 年学术年会

7 月 12 日，市高教学会研究生教育研究分会会员大会暨 2021 年学术年会在京召开。会议主题为“加快推进新时代研究生教育改革发展”，围绕“新形势下如何进一步提升首都研究生招生考试工作质量和服务水平的思考”“研究生培养改革实践、质量保障及评价机制探索”“新时代研究生学位授予分类评价标准”“新形势下研究生心理健康教育创新机制”“专业学位质量提升与特色发展”“同等学力申请学位的质量监控举措与成效”等议题展开讨论与交流。会议听取教育部和中国人民大学负责人士作专题报告，审议并通过工作报告等文件，进行研究分会理事会换届选举，评选和表彰学会突出贡献个人 11 人、学会先进工作者 32 人。会议由人民大学承办，北京地区 50 余所高校和研究院所近 200 名代表参会。

（胡涛）

“一站式”学生社区学风建设论坛

12 月 8 日，市高教学会学业辅导研究分会举办的“一站式”学生社区学风建设论坛在北京航空航天大学召开。论坛采取线上线下相结合、多会场同步直播方式举行。主论坛听取专家分别从“一站式”学生社区综合管理模式改革、学生“学涯—生涯”发展需求、朋辈辅导、三全育人、优良学风建设机制等角度分享不同高校对“一站式”学生社区学风建设的探索与思考。分论坛从“学风建设与学业辅导专业化”和“学业辅导在‘一站式’学生社区综合管理模式建设中的创新与实践”两个方面展开。来自全国 40 余所高校学工部长、学生工作负责人、教师和辅导员共计 300 余人参加线上线下会议。

（刘晖）

北京市职业技术教育学会

概述

2021 年，北京市职业技术教育学会设有秘书处（办公室、学术部、财务部）和 31 个分支机构（专业委员会、学科研究会），有团体会员 109 个，其中高职院校 19 个，中专学校 19 个，职业高中 35 个，技工学校 18 个，市、区科研与服务机构 18 个。有常务理事 49 人、理事 161 人、个人会员 400 人。学会召开第四届理事会会员代表大会，通过修改后的学会章程。完成 2019—2020 年度科研课题结题、2021—2023 年度科研课题立项评审。根据职教改革发展需要，吸纳相关职业院校及企业参与学会工作，增设历史教学、体育与健康教育、心理健康教育 3 个研究会，恢复成立教学管理与科教研工作研究会。与新华三集团有限公司联合举办北京职教高峰论坛，承办中国职教学会党建工作委员会 2021 年年会暨全国职业院校党委书记论坛。

新冠肺炎疫情时期，学会采取“线上线下相结合，以线上为主”工作模式，充分利用微信群发放各类通知，通报疫情防控情况，线上完成科研课题及立项评审，采取音视频方式进行网上学习交流，完成学会各项工作任务。

（张新颖）

北京职教高峰论坛

3 月，市职教学会与新华三集团有限公司联合举办北京职教高峰论坛。论坛探讨校企如何在数字经济形势下改革创新人才培养模式，在智慧校园建设、产教融合、人才培养等领域实现突破创新，共同培养适应数字经济迅猛发展的高素质技能型人才。8 所职业院校参加活动。

（张新颖）

科研课题结题、立项评审完成

至年底，市职教学会完成科研课题结题和新课题立项评审。评审理事单位上报的 110 个 2019—2020 年度科研课题，88 个课题予以结题，评出优秀、良好、合格、不合格四等。评审 2021—2023 年度科研课题开展立项申请，从 103 项申报课题中预批立项94个，开题报告评审合格者颁发立项证书。

（张新颖）

北京民办教育协会

概述

2021 年，北京民办教育协会有团体会员单位 237 个，基础教育分会 1 个分支机构。协会按照“以党建促业务、以业务强服务、以服务扩影响”工作思路，履行行业代表、行业自律、行业管理、行业协调和行业服务职能，在加强行业党建、参与行业治理、引导行业自律、服务会员发展等方面发挥作用。积极参与“双减”工作，与中国民办教育协会共同成立“校外培训纠纷矛盾诉前调解中心”，帮助培训机构解决一系列纠纷矛盾，探索出符合民办教育特色的托管退费新模式，有效维护行业安全稳定。组织完成 75 所民办高等学校及其他民办高等教育机构年度检查工作，组织各类线上、线下活动 30 余次。

（王敏）

民办教育践行社会责任公益展示活动

5 月至 8 月，民教协会联合北青网组织开展北京民办教育践行社会责任公益展示活动。活动吸引 70 余所民办学校和民办教育机构参与，旨在引导民办学校坚守社会公益，汇聚行业公益力量，向社会展现民办教育公益内涵，提升行业践行社会责任的整体形象，营造首都民办教育聚焦公益的舆论氛围。展示内容在民教协会官方微信公众号、北

8月至12月，民教协会参与校外培训纠纷矛盾诉前调解各项工作（民教协会 供）

青网教育频道、首都教育热线网站上刊载。

（王敏）

参与校外培训纠纷矛盾诉前调解

8月至12月，民教协会参与校外培训纠纷矛盾诉前调解各项工作。与中国民办教育协会合作成立校外培训纠纷矛盾诉前调解中心，对校外培训中出现的与学员、职员及第三方有关矛盾纠纷开展诉前调解。根据校外培训矛盾纠纷的特点建立完整的调解机制，以个案调解的模式精准介入，成功化解一系列校外培训矛盾纠纷，在缓解机构与消费者之间的退费兑课矛盾、解决机构与房东之间的退租矛盾、调节机构与员工之间的雇佣矛盾中发挥沟通、协调作用，为集中解决北京地区学员退费纠纷探索出一条防风险、促稳定的托管退费新模式。

（王敏）

协助推进民办学校党建工作

至年底，民教协会协助推进北京民办学校党建工作。协会参与中组部、教育部委托的全国民办学校党建工作大调研，承担问卷开发、现场调研、数据分析、撰写调研报告等工作，部分研究成果被中组部、教育部等有关部门采用；举办民办高校党建工作专题研讨会，引导民办高校主动思考“十四五”时期党建工作规划。在市委教育工委指导下，筹备成立民办学校党建研究分会，为破解民办教育行业党建难题提供智库支持。

（王敏）

北京市学前儿童保教工作者协会

概述

2021年，北京市学前儿童保教工作者协会有会员单位83个，覆盖从业保教工作者5000人。完成理事会换届，建立第十届常务理事会。成立临时党支部，以线上、线下相结合方式组织各类支部活动，推动党建工作。重视基层调研，围绕北京学前教育事业发展动向及政府要求、网站宣传及协会家园共育工作、京苏两会携手合作、张雪门思想研究、健康体育、幼小衔接等方面开展调研活动。调研密云区幼儿园保育教育质量提升项目，成立健康体育专业委员会，持续推动张雪门思想研究专业委员会、幼小衔接专业委员会工作。整合多方专家资源，开展涵盖卫生保健、教育教学、政策解读、教师队伍建设等多领域内容的公益线上讲座7次，通过中秋、武术、冰雪、小篮球、快乐体操5项专项培训助力保教工作者全面提升专业素养。

（孙一凇）

理事会换届

3月31日，保教协会召开会员大会暨第十届理事会换届大会。会议通过第九届理事会工作报告等各项报告、草案、相关工作办法，选举产生第十届理事会和监事会成员。召开新一届理事会、监事会第一次会议，确定理事会、监事会职责是要明确定位、应对挑战，增强做好保教协会工作的使命感和责任感；完善机制、拓展功能，全面提升协会管理水平和服务水平；加强领导、强化参与，提高会员单位获得感和价值感。部分教职工、会员单位200余人参加会议。

（杨秀治　李炬）

3月31日，保教协会第十届理事会换届大会召开。图为常务理事合影（保教协会 供）

公益线上讲座

4月，保教协会举办“共筑保教家园”系列公益线上讲座活动。讲座基于协会发展目标与宗旨以及广大保教工作者现实需求，累计开展7次，涵盖学前儿童保教工作中卫生保健、教育教学、政策解读、教师队伍建设等内容，辐射超过80个会员单位，超3000人次参与线上讲座直播。

（孙一淞）

5场专项培训

6月至12月，保教协会开展5场专项培训助力保教工作者全面提升保教工作专业素养。5场培训为中秋节专项培训、武术能力专项培训、冰雪特色体育活动专项能力培训、小篮球专项培训、快乐体操专项培训。178名保教工作者参加专项培训，98人通过考核结业。

（孙一淞）

健康体育专委会成立

10月15日，保教协会健康体育专业委员会成立。专委会宗旨是“弘扬体育精神、促进师幼健康、提高保教质量、创新专业服务”，工作任务主要围绕学前儿童健康领域理论与实践，开展系列培训与讲座，培养一批能够发挥示范引领作用的健康领域骨干教师，通过组建健康领域专题研究小组，为教师开展学前儿童健康领域课题研究等提供指导与服务。

（王天明）

北京老教育工作者总会

概述

2021年，北京老教育工作者总会有团体会员单位45个；会员96174人，新会员1840人；基层分会1337个；文化体育社团597个。全年开展活动3777次，其中各区老教育工作者协会开展活动2585次、高等学校老教育工作者协会开展活动1192次。发挥社会组织作用，开展老教育工作者向贫困山区学生捐赠图书活动；履行与密云区委教育工委协议，15名特级教师继续向密云区5所学校送教支教。全年发行会刊《京华烛心》4期，18.40万本。

（刘爱枫）

向河北希望学校赠书

9月18日，老教总会一行赴河北省石家庄市平山县河渠希望学校赠送书籍。10个区级老教协和7个高校老教分会捐赠上万册书籍，老教育工作者在赠书上写下寄语，送给山区儿童。

（刘爱枫）

坚持赴密云山区支教

至年底，老教总会坚持开展密云山区支教活动。组织15名特级教师赴密云库南二学区5所学校支教。完成入职三年青年教师培训、骨干教师教学特色培训，以及初三毕业班“史地政生”全科教师的教学、教材、课标等培

9月17日，保教协会开展中秋节专项培训。图为教师示范兔儿爷彩绘 （保教协会 供）

训，指导参与学校教学科研课题研究工作及教师论文写作培训。

（刘爱枫）

北京校外教育协会

概述

2021 年，北京校外教育协会有会员单位 142 个。组织开展第十五届北京阳光少年活动，组织会员单位开展第八届北京校外教育理论与实践研究培训交流活动，举办第三届北京阳光少年天文艺术节暨京津冀中小学生天文艺术节、北京市中小学生生态环保主题演讲比赛等主题教育活动，组织“建党百年 智绘未来”2021 北京青少年科普展评活动和第五届北京市“玩转音乐”青少年音乐创新素养培育系列活动。

（王媛媛）

承办环球自然日活动

4 月 7 日至 6 月 20 日，校外教育协会与北京自然博物馆承办 2021 年环球自然日北京赛区活动。活动涉及故事播讲、科普绘画、展览、表演 4 种形式，其中故事播讲和科普绘画为线上征集、展览和表演为现场展示。参赛学生完成选题、研究、设计、现场制作、答辩全过程，经过社会征集和初选，440 支团队参与现场活动，包括故事播讲和科普绘画 212 个作品、展览和表演 228 支团队。活动直播浏览量 253535 次。北京赛区活动推荐 60 个作品参加全国总决赛，获得一等奖 19 个、二等奖 26 个、三等奖 15 个。活动由北京市科学技术研究院主办。

（王媛媛）

6 月 20 日，第十届环球自然日北京赛区活动展览组展示
（校外教育协会提供）

校外教育理论与实践研究培训班

9 月 27 日至 28 日，校外教育协会举办北京校外教育理论与实践研究培训班。培训班邀请校外教育领域专家、学者和具有丰富科普教育经验的一线教师授课，通过课堂教学、研讨交流、实地调研等形式让学员共同参与，通过专家主题讲座与案例分享，交流校外教育理念，帮助校外教育工作者提升科学文化素养和创造力，提升科普教育工作者实践和理论研究水平，提升校外教育机构参与“双减”工作的能力与成效。来自北京市校外教育机构和校外场馆等 58 家会员单位 120 人参加培训。

（王媛媛）

北京高校国防教育协会

概述

2021 年，北京高校国防教育协会有本专科院校会员单位 73 个，军训基地及相关企业会员单位 16 个。秘书处办公地点设在首都师范大学。全年组织第六届“爱我国防”大学生主题演讲比赛、第八届北京高校兵棋推演大赛、北京高校军事定向越野比赛等国防教育相关活动 15 项。开展国防教育工作培训，承办北京市优秀在校退役大学生士兵评选、优秀退役大学生士兵先进事迹宣讲会、国防教育暨征兵宣传进校园等系列活动，协助市征兵办编制《青春戎光》2021 年北京市优秀退役大学生士兵事迹汇编。

（肖娜）

北京高校学生定向运动系列比赛

4 月至 12 月，国防教育协会举办北京高校学生定向运动系列比赛。4 月 24 日，在奥林匹克森林公园举办 2021 年北京高校“北斗杯”学生定向运动锦标赛。比赛设置短距离徒步军事定向赛和短距离赛两个竞赛项目，39 所高校 649 名选手参加比赛。5 月 22 日、6 月 5 日和 10 月 10 日，分别在顺义区顺鑫绿色度假村、通州区城市绿心公园、西山森林公园开展 3 站积分赛。12 月 4 日，在北京园博园举办 2021 年“铸剑杯”定向运动普及赛。比赛赛制为短距离个人赛，设置高校男子组、高校女子组、高校新生男子组、高校新

6月2日，国防教育协会开展国防教育业务培训
（国防教育协会 供）

生女子组、高职男子组和高职女子组，28所北京高校参加。12月11日，在台湖公园举办总决赛，按照各学校在积分赛各站与“北斗杯”定向运动锦标赛、“铸剑杯”定向运动普及赛5场比赛的积分成绩，24所高校179名运动员获得参加年度积分总决赛资格，最终分别评出高校总团体、高校男子团体、高校女子团体、高职总团体、高职男子团体、高职女子团体奖项，以及高校男子、高校女子、高职男子、高职女子个人奖项。

（肖娜）

国防教育工作培训

6月2日，国防教育协会在北京昌平砺志国防教育培训学校开展国防教育工作培训。邀请东南大学教授作高校国防教育史报告。学员体验轻武器仿真步枪射击。40余名会员代表参加培训。

（肖娜）

观摩调研中国大学生国旗护卫队展示赛

10月20日至25日，国防教育协会组织北京高校会员赴浙江传媒学院观摩“红色百年”2021年中国大学生国旗护卫队展示赛。展示赛分为本科组（A组）、高职组（B组）和士官组（C组），32支队伍参赛。观赛后，协会形成调研工作报告《关于“红色百年”2021年中国大学生国旗护卫队展示赛的观摩小结》。

（肖娜）

北京教育装备行业协会

概述

2021年，北京教育装备行业协会有会员单位286个，包括企业会员259个、事业单位会员27个。1月1日，协会官方网站恢复运营，完善网络宣传机制，会员单位积极投稿。加强党建，组织“迎建党百年大庆 走百年奋斗之路”会员定向越野活动，以及红色文化参观学习、线上党史学习等活动。举办第31届北京教育装备展示会暨北京教育装备论坛，组织北京企业参加第79届和第80届中国教育装备展示会，组织12个会员单位首次参加2021年中国国际服务贸易交易会教育服务专题展。向北京市盲人学校捐赠20万元用于学校学前班新学期开班购置教学与生活装备。网址：www.bjjyzbhyxh.cn。

（何新潮）

组织参加中国教育装备展示会

4月21日和10月21日，教育装备行业协会组织北京企业分别赴厦门和重庆参加第79届和第80届中国教育装备展示会。第79届中国教育装备展示会北京有58家企业参展，其中教育装备行业协会会员单位46家，展位425个，包括特展346个、标展79个，展位面积3825平方米。第80届中国教育装备展示会北京有65家企业参展，其中教育装备行业协会会员单位52家，展位737个，包括特展645个、标展92个，展位面积6633平方米。

（何新潮）

北京市红十字会

概述

2021年，北京市红十字会学校工作委员会下设学校红十字会1636个，其中高等院校红十字会89个、中小学校红十字会1547个。红十字青少年会员77.40万人、教职工会员3.50万人。在“志愿北京”网站实名注册的学校红十字志愿服务队近百支，志愿者1000余人。年度红十字青少年工作方向是以人道教育为品牌，以志愿服务项目为抓手，以应急救护知识科普为重点，促进各学校红十字会自身发展。在新冠肺炎疫情影响下，创新工作方法，鼓励学校在校园内开展形式多样的志愿服务活动，将支持的青少年品牌项目扩展至11个，涵盖无偿献血、急救科普、防艾宣传等领域，至12月底项目全部完成。组织红十字博爱周、红十字青少年活动月等活动，开展青少年人道教育，宣扬红十字精神。举办首都高校骨干青年和志愿者线上培训班，培训高校学生骨干、志愿者200余人。为8所高校培训应急救护师资19人。中华骨髓库北京分库登记捐献15万余人，

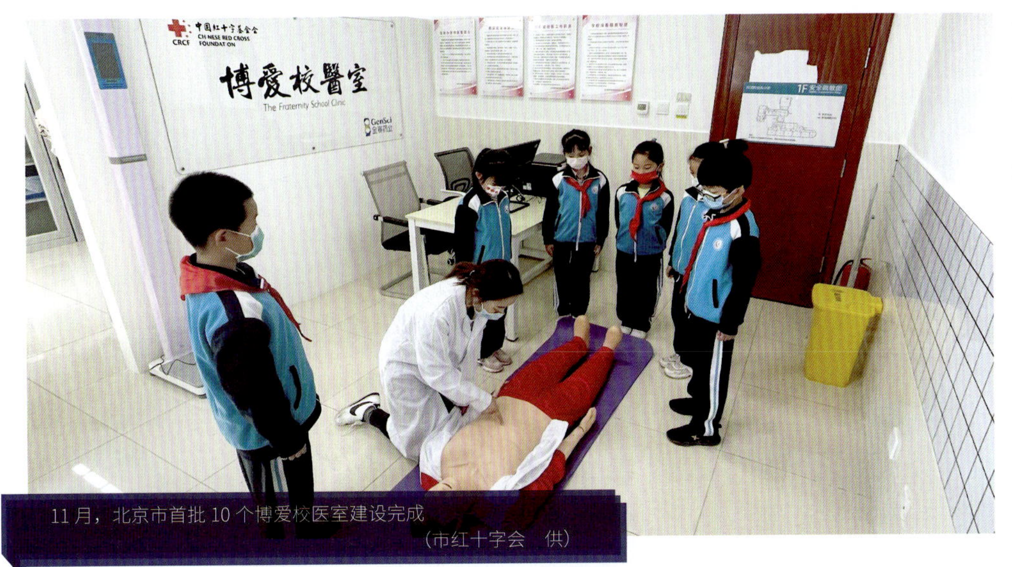

11月，北京市首批10个博爱校医室建设完成
（市红十字会　供）

其中大学生占比35%，年度成功实现捐献20例。学校红十字系统完成各类红十字应急救护取证培训98483人，开展红十字应急救护大讲堂20余场。

（杨一）

红十字博爱周

5月8日，市红十字会学校工作委员会面向高校红十字会和青年学生开展“红十字博爱周”主题活动。各级各类学校红十字组织开展内容多样、形式丰富的线上线下纪念活动，传递“人道 博爱 奉献”红十字精神。50余所高校参与活动，利用微博、微信等新媒体平台，开设世界红十字日专题。北京财贸职业学院组织红十字主题线上答题活动、北京大学医学部开展留言征集活动；北京工商大学、北京体育大学、中央财经大学将红十字知识、应急救护技能与体育活动相结合，在户外开展活动；首都医科大学开展“持炬迎风 弘扬博爱”诗词诵读校际接力活动；北京师范大学、北京城市学院举办急救主题志愿服务活动；清华大学等高校开展献血活动。

（杨一）

首次“红气球”定向越野活动

5月8日，中国红十字基金会与市红十字会主办的“红气球”定向越野赛在通州区城市绿心森林公园开跑。该活动是中国首个以应急救护为主题的五人团队式定向徒步运动公益赛事，市红十字会学校工作委员会组织北京师范大学、北京大学等10支代表队参赛，在高校校园内倡导“人人学急救、你行我也行”公益理念，同时普及急救知识。

（杨一）

首批10个博爱校医室建成

11月，北京市首批10个博爱校医室建设完成。该项目是在中国红十字基金会支持下开展的“救在身边、校园守护”行动，包括建设10个博爱校医室、培训600名校医及体育教师。前期经过推荐、评选、实地考察等系列过程，确定10所博爱校医室建设学校，分布在朝阳区、海淀区、大兴区、怀柔区、平谷区和延庆区。9月，博爱校医室建设进入实施阶段，项目建设质量高、速度快，校医室装修、办公用品和医疗器械配备等配套标准化，并配备自动体外除颤器（AED）应急救护一体机，改善原有校医室条件。此外，项目部分经费用于学校师生急救培训、校园生长发育筛查等健康教育项目，在校园内倡导积极健康的生活方式和防灾避险生存技能。市红十字会为博爱校医室提供红十字马甲、急救包等物资支持，并持续关注博爱校医室作用的发挥。

（杨一）

13名师生当选中国红十字会“会员之星”

12月，中国红十字会总会公布中国红十字会“会员之星”名单。北京29名会员入选，包括学校教职工3人、中小学生6人、大学生4人。优秀会员主动作为，发扬成绩，大力弘扬“人道、博爱、奉献”红十字精神，为北京市红十字事业作出积极贡献。

（杨一）

教育系统造血干细胞捐献数量创新高

至年底，北京教育系统师生捐献造血干细胞数量创新高。20名大学生成功捐献造血干细胞，包括清华大学7例、中国政法大学2例、北京交通大学2例、首都经济贸易大学2例、北京大学1例、北京科技大学1例、北京工业大学1例、中国地质大学（北京）1例、中国人民大学1例、中国科学院大学1例、中国石油大学（北京）1例。此外，大学生在遗体捐献、器官捐献等方面也开展广泛宣传，中国劳动关系学院组织“红十字精神看得见”主题影片大放映活动，通过纪录片展现器官捐献全过程，使观看者体会到红十字会在保护人的生命和健康方面所做努力。首都医科大学、北京协和医学院、北京大学医学部等高校医学生参加清明节前市红十字会举办的缅怀纪念活动，感恩捐献者作为无言良师对医学事业的贡献。

（杨一）

（本栏责任编校　胡雨　张楠）

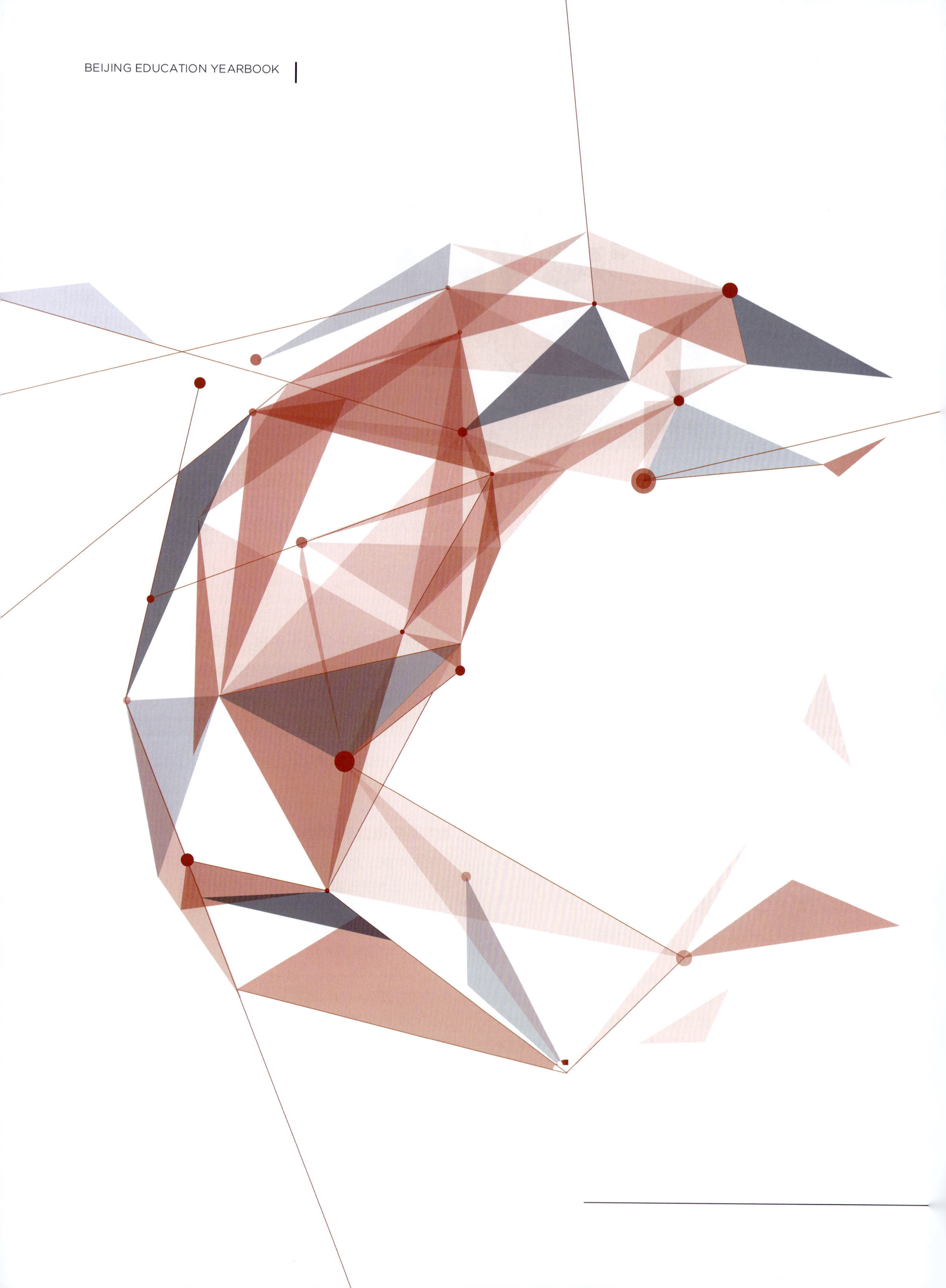

2022 | 人物

PERSONAGE

- 先进人物
- 逝世人物

人 物
PERSONAGE

先进人物

魏学东

2月25日，北京市怀柔区第一中学教师魏学东获全国脱贫攻坚先进个人称号。魏学东，1970年5月29日出生于北京市怀柔区怀柔镇。2000年至2003年，取得北京市委党校成人教育学院行政管理专业本科学历。1993年7月至2006年7月在怀柔区师范学校任教，2006年7月至2021年8月在怀柔一中任教，2021年8月至今在怀柔区学生活动管理中心任教；2019年8月至2021年8月赴西藏自治区拉萨北京实验中学任教。任教期间，他指导学生560人，每周12节课，尽管工作环境恶劣，身体长期不适，仍然坚持教学，并坚持每节课录像。他说："我在这里只工作两年，如果把每节课都录下来，将视频材料留在这里，那我为拉萨学生和人民带来的价值就不止这两年。"在教研方面，积极参加备课、听课、评课活动，通过做示范课、带藏族教师徒弟，推广先进教学改革理念，并结合当地实际状况，研究可行的西藏教学方法。通过浸入体验式教学，运用多媒体手段激励学生参与热情，培育学生音乐素养、爱国情怀，助力文化传承；组建学生合唱社团、摄影社团、足球社团，关注学生心理健康和社会实践能力。利用假期和业余时间，深入附近藏族村庄牧区，挨家挨户走访，了解当地人民生活状况和受教育情况，增进与当地学生家长沟通交流。曾获"北京市第17届学生艺术节美术书法摄影大赛优秀指导教师"称号。

（线金秋）

2月24日，怀柔一中教师魏学东获得全国脱贫攻坚先进个人称号（怀柔区教委　供）

康柏利

2月25日，北京市延庆区第一职业学校教师康柏利获全国脱贫攻坚先进个人称号。康柏利，1966年10月10日出生于北京市延庆县井庄镇。1988年毕业于北京科技大学延庆分校，1998年在首都师范大学数学系进修。2002年到延庆一职任职。先后4次赴新疆支教，最短1年、最长3年，累计7.5年。其间，他先后担任受援地区职业院校教师、副校长、院长助理，将北京职业学校先进教育教学管理理念引入当地学校，促成两地职业院校合作，助力新疆和田地区职业教育发展。先后资助7名和田维吾尔族学生完成学业；引进北京汽车集团和福建美克制鞋公司两家内地企业，在和田技师学院建立校办企业，开展校内学生生产实训，每年输送2000余名毕业生到内地就业；引进上海天坤人力资源公司成立天和蓝领就业指导中心，带动和田地区13所职业院校1万余名毕业生到内地就业，助力"一人就业全家脱贫"脱贫攻坚任务。2019年获全国模范教师称号。

（宋佳）

韩贵琳

4月22日，中国地质大学（北京）教授韩贵琳获卡拉克（Kharaka）奖。韩贵琳，女，1971年10月出生，籍贯江西省广丰县。1993年毕业于贵州工学院，获工学学士学位；2002年毕业于中国科学院研究生院，获博士学位。主要从事环境地球化学和同位素地球化学方面教学科研工作，研究方向为流域风化与全球碳循环，稳定同位素（传统与非传统稳定同位素）环境地球化学，包括大气、水、土壤、人类活动干扰等。主持国家自然科学基金重点国际合作项目、国家重大科学研究计划项目等15个，与美国劳伦斯伯克利国家实验室、法国巴黎地球物理研究所、德国莱布尼兹海洋研究所等开展合作研究。在国际地学期刊《地球与行星科学通讯》（EPSL）等发表论文160余篇，发表《科学引文索引》（SCI）论文100余篇，发明专利2项。教育部“长江学者”特聘教授（2014年）、国家杰出青年科学基金资助（2013年）。卡拉克奖创立于2015年，主要表彰在地球化学研究方面取得突出研究成果的发展中国家地球化学学者和专业技术人员。

（师昊）

何满潮

6月3日，中国矿业大学（北京）教授何满潮当选俄罗斯矿业科学院外籍院士。何满潮，1956年5月出生，河南省灵宝人。1985年获长春地质学院工程地质专业硕士学位；1989年获矿大北京研究生部工程力学博士学位，2011年获比利时蒙斯大学（MONS）名誉博士学位。1985年到矿大工作，主要从事深部岩体力学与工程灾害控制研究，建立以软岩变形力学机制为核心的软岩工程岩体力学理论与支护技术方法，从事矿山岩体大变形灾害控制理论和技术研究。发表学术论文300余篇，5篇次入选“中国百篇最有影响学术论文”。培养硕士84人、博士16人和博士后38人。2013年当选中国科学院院士，任全国政协第13届委员，兼任国际岩石力学学会副主席、中国岩石力学与工程学会理事长等职。2005年所著《岩石力学与工程》获国家级教学成果二等奖，2014年获何梁何利基金科学与技术进步奖，国家技术发明奖三等奖1项，国家科技进步奖二等奖3项。俄罗斯矿业科学院是俄罗斯联邦司法部注册的跨地区公共组织，主要汇集从事采矿、地质学、石油、天然气工业、矿石和非金属储量开发领域的顶尖研究人员和专家。

（杨恬）

吴良镛

6月28日，清华大学教授吴良镛获全国优秀共产党员称号。吴良镛，1922年5月出生，籍贯江苏南京，1944年毕业于重庆中央大学建筑系，1946年协助梁思成创建清华大学建筑系，1950年获美国匡溪艺术学院建筑与城市设计系硕士学位，毕业后回国到清华建筑系任教。长期从事建筑与城乡规划基础理论、工程实践和学科发展研究，针对

3月31日，吴良镛参加“国匠：吴良镛学术成就展”开幕式
（清华 供）

中国城镇化进程中建设规模大、速度快、涉及面广等特点，创立人居环境科学及其理论框架，开展从区域、城市到建筑、园林等多尺度多类型的规划设计研究与实践，在京津冀、长三角、滇西北等地取得一系列前瞻性、示范性的规划建设成果；主持开展京津冀城乡空间发展规划研究，在2004年北京城市总体规划修编、天津总体规划修编中起到重要作用，在实践中取得创新方法纳入《城市规划编制办法》；主持完成北京菊儿胡同四合院工程，推动从“大拆大建”到“有机更新”的政策转变，达成从“个体保护”到“整体保护”的社会共识；主持设计曲阜孔子研究院等建筑，创造一批传统文化内涵和现代艺术整体性相统一的建筑。1980年当选中国科学院院士，1995年当选中国工程院院士，获2010年陈嘉庚技术科学奖、2011年度国家最高科学技术奖。

（徐思羽）

贾梦秋

8月2日，北京化工大学教授贾梦秋当选乌克兰国家工程院外籍院士。贾梦秋，女，1964年出生，籍贯黑龙江齐齐哈尔。1987年毕业于南开大学化学系物理化学专业，1988年被国家教委选派赴前苏联攻读博士学位，1993年毕业于俄罗斯门捷列夫化工大学，获理学博士学位。长期致力于功能性重防护涂层材料和先进储能材料等关键技术研究，在耐高温防腐涂料、重防腐高耐磨涂料、超疏水海洋重防腐涂料、耐高温复合材料以及锂/钠/钾离子电池与锂硫电池等先进储能材料设计与制备、结构与性能研究等方面取得丰硕研究成果。先后主持国家自然科学基金、北京市自然科学基金以及企业合作等项目，发表《科学引文索引》（SCI）论文100余篇，获国家发明专利8项，通过省部委鉴定成果3项，编写国家标准1项，出版精品教材1部。担任欧美同学会留苏分会副会长、秘书长，积极推动中国与独联体国家民间友好往来。2020年获俄罗斯国际人文合作署颁发的“友谊与合作勋章”，以表彰其多年来为中俄两国文化交流和友好往来做出的突出贡献。乌克兰国家工程院是乌克兰最高学术机构之一，其前身为苏联工程院乌克

兰共和国分院，成立于 1989 年。

（肖勇）

邵峰

9 月 25 日，清华大学教授邵峰获 2020 年度北京市突出贡献中关村奖。邵峰，1972 年 1 月出生，籍贯江苏淮安，1996 年毕业于北京大学技术物理系应用化学专业，1999 年获中国科学院生物物理研究所硕士学位，2003 年获美国密歇根大学医学院博士学位，并进入美国加利福尼亚大学圣迭戈分校医学院开展博士后研究，2004 年进入美国哈佛大学医学院开展博士后研究，2005 年回国到北京生命科学研究所工作，现任清华生物医学交叉研究院教授、北京生命科学研究所资深研究员。长期从事病原细菌和宿主相互作用的分子机理研究，在病原菌毒力机制、抗菌天然免疫、细胞焦亡以及肿瘤免疫领域开展杰出研究，开辟炎症性细胞坏死研究新方向，为肿瘤免疫治疗药物研发提供新思路。2012 年获得国家杰出青年科学基金资助；2013 年作为首名大陆本土科学家获得国际蛋白质学会颁发的鄂文·西格青年科学家奖；2014 年入选国家创新人才推进计划；2015 年当选为中国科学院生命科学和医学学部院士；2017 年获中国细胞生物学学会杰出成就奖；2019 年获未来科学大奖“生命科学奖”。突出贡献中关村奖是北京市科学技术最高奖，每年不超 2 人。

（徐思羽）

姚期智

11 月，清华大学教授姚期智获 2021 年京都奖（先进技术类）。姚期智，1946 年 12 月出生于上海。1967 年获台湾大学物理学士学位，1972 年获哈佛大学物理博士学位，1975 年获伊利诺伊大学计算机科学博士学位。2004 年起在清华大学任教。研究方向包括计算理论及其在密码学和量子计算中的应用，最先提出量子通信复杂性，提出分布式量子计算模式，后来成为分布式量子算法和量子通讯协议安全性的基础。2000 年获图灵奖。京都奖是由稻盛和夫创办的国际奖项，被称为亚洲诺贝尔奖，颁发给为科学进步、文明发展以及人类精神的丰富和提升作出卓越贡献的个人。

（徐思羽）

王大中

11 月 3 日，清华大学教授王大中获 2020 年度国家最高科学技术奖。王大中，1935 年 3 月出生于河北省昌黎县。1958 年毕业于清华工程物理系，1982 年获德国亚琛工业大学自然科学博士学位。历任清华核能所研究室主任、所长，核研院院长、总工程师，清华校长等职务。几十年在先进核能技术研发领域耕耘，主持研究、设计、建造、运行成功世界上第一座 5 兆瓦壳式一体化低温核供热堆，主持研发建成世界第一座具有固有安全特征的 10 兆瓦模块式球床高温气冷实验堆，并积极推动以上两种先进反应堆技术的应用。领导清华核能研究团队以提高核能安全性为主要学术理念，走出中国以固有安全为主要特征的先进核能技术从跟跑、并跑到领跑世界的成功之路。发表论文 70 余篇，出版专著 1 本。作为项目第一完成人，获 1992 年度和 2006 年度国家科学技术进步奖一等奖。1987 年获全国“五一”劳动奖章和全国优秀科技工作者，1989 年获全国先进工作者和北京市劳动模范，1993 年当选中国科学院院士。11 月 26 日，王大中夫妇将所得全部奖金捐赠给清华教育基金会，设立“王大中奖学金”。12 月 31 日，“王大中奖学金”捐赠仪式在清华举行。

（徐思羽）

武强

11 月 14 日，中国矿业大学（北京）教授武强当选国际欧亚科学院院士。武强，1959 年 10 月出生，内蒙古呼和浩特人。1982 年获河北地质学院学士学位，1985 年至 1991 年获中国地质大学（北京）硕士、博士学位；1992 年至 1994 年在矿大（北京）开展博士后研究，出站后留校工作。2015 年当选中国工程院院士，7 月当选国际矿井水协会副主席，是该国际组织第一位连续两届当选该职位的亚裔人。长期从事矿山水防治与资源化利用教学和科研工作，创新性提出中国煤矿水防治的脆弱性指数法等，取得的理论和技术成果在中国多个水害严重矿山得到成功应用。曾作为国务院特别重大透水事故调查专家组组长，先后 6 次负责特别重大透水矿难现场抢险救援或调查研究工作。国际欧亚科学院成立于 1994 年，是由世界各国著名科学家、技术专家、文化活动家组成的科学团体，拥有 46 个国家 600 余名院士、通讯院士和荣誉委员。

（杨恬）

张亚勤

11 月 18 日，清华大学教授张亚勤当选中国工程院外籍院士。张亚勤，1966 年 1 月出生，籍贯山西太原，美国国籍。1985 年毕业于中国科学技术大学，1985 年获中国科大硕士学位，1989 年获美国乔治华盛顿大学博士学位。1999 年至 2014 年任微软公司全球资深副总裁兼微软亚太研发集团主席、微软亚洲研究院院长兼首席科学家、微软中国董事长和微软全球副总裁，2014 年 9 月至 2019 年 10 月任百度公司总裁，2019 年 12 月受聘清华“智能科学”讲席教授，同时牵头筹建“清华大学智能产业研究院”。创立的微软中国研究院（2001 升级为微软亚洲研究院）是全球计算机一流的研究机构，为中国和全球计算机、互联网和人工智能领域培养顶尖科学家和企业领袖，成为教育部人才培养基地。成立微软风投加速器，孵化超过 200 家人工智能、AR/VR、自动驾驶领域的创业公司。他发起微软与教育部合作的人才培养计划——长城计划，培养各类人才 30 余万人，微软亚洲研究院也成为教育部人才培养基地。发表学术论文 500 余篇，专著 11 本，授权美国专利 60 余项。1997 年被授予电气与电子工程师协会（IEEE）会士，2004年获IEEE技术先锋奖，2012年当选国际欧亚科学院院士，2017年当选澳大利亚国家工程院（ATSE）院士，2019年当选美国艺术与科学院院士。

（徐思羽）

陈松蹊

11月18日，北京大学教授陈松蹊当选中国科学院数学物理学部院士。陈松蹊，1961年出生于北京。1983年获北京师范大学数学学士学位；1988年获北师大数理统计硕士学位；1993年获澳大利亚国立大学统计学博士学位。2000年至2003年任新加坡国立大学副教授；2003年至2017年任美国爱荷华州立大学（Iowa State University）统计系终身副教授、教授，2008年任北大讲席教授。主要研究方向为超高维大数据统计分析、环境统计、非参数统计方法等，在超高维假设检验方法和非参数经验似然方法方面取得丰硕成果，推动统计学关键性发展。注重数理统计应用，以国家大气污染防治的重大需求为出发点，在数学地球物理领域作出前沿交叉成果，为精准度量污染排放和评估大气治理效果提供科学方法。当选为数理统计学会会士、美国统计学会会士、美国促进学会会士，曾任统计学顶级期刊《统计学年鉴》(《The Annals of Statistics》)和美国统计学学会会刊编委、数理统计学会（IMS）常务理事，入选斯坦福大学2020全球前2%顶尖科学家榜单，现任伯努利学会科学书记。

（张子瑞）

王梅祥

11月18日，清华大学教授王梅祥当选中国科学院化学部院士。王梅祥，1960年9月出生，籍贯上海。1983年毕业于复旦大学化学系，1989年、1992年分获中科院化学研究所有机化学硕士和博士学位，毕业后到中科院化学研究所工作，曾任中科院化学研究所所长，2009年5月到清华任教，现任化学系教授、博士生导师。长期从事有机化学基础研究，建立和发展腈的对映选择性转化反应合成手性羧酸及衍生物的方法；建立和发展具有鲜明结构和性能特色的冠芳烃和杂杯芳烃的大环与主客体化学体系；提出“跨湾构桥”创新合成策略，突破锯齿型环带烃分子合成难点，为锯齿形碳纳米结构分子更为可控和精准合成奠定基础。发表论文50余篇，应邀为大型有机化学专著和丛书撰写4章专论文章。1998年获求是杰出青年学者奖、茅以升北京青年科技奖，2005年获第三届中国化学会有机合成专业委员会有机合成创造奖金奖，2016年获中国化学会物理有机化学奖。当选第十届全国人大常委会委员、全国人大环境与资源保护委员会委员，第十二届全国政协委员，第十二届、十三届全国政协常委。

（徐思羽）

邓军

11月18日，中国地质大学（北京）教授邓军当选中国科学院地学部院士。邓军，1958年1月出生，湖南常宁人。1975年10月参加工作。1989年6月获地大（武汉）矿产地质系地质力学专业硕士学位；1992年6月获中国地质科学院地质力学研究所构造地质学（含地质力学）专业博士学位；1994年4月地大（北京）博士后出站并留校任教。2010年9月至2019年3月，任地大（北京）校长。长期从事矿床学研究，中国矿床学重要学术带头人。立足胶东半岛和西南三江地区，开展古陆边缘和特提斯域成矿研究，在复合成矿系统理论、金矿成因和勘查预测方面取得系统性创新成果：揭示胶东巨量金来源和超常富集机理，提出“胶东型”金矿床新类型；创新性提出“复合成矿系统”模式，揭示复合造山成矿机理；创新矿床预测理论和勘查模型，指导深部找矿获重大突破。发表《科学引文索引》（SCI）论文225篇，以第一作者出版专著4部，主编国际期刊专辑3部；主持两轮“973”计划和国家自

11月18日，北大陈松蹊（右2）、朴世龙（左2）、朱彤（右1）、姜保国（左1）4人当选为两院院士 （北大 供）

然科学重点基金等项目，获国家科技进步奖二等奖 4 项，省部级一等奖 3 项。

（师昊）

朴世龙

11 月 18 日，北京大学教授朴世龙当选中国科学院地学部院士。朴世龙，1976 年出生，朝鲜族，吉林延边人。1995 年至 2004 年就读北大并获理学学士和博士学位。2004 年到法国从事博士后研究，2007 年回北大任教。主要从事自然地理学领域的陆地生态系统与气候变化互馈关系研究，在中国陆地生态系统碳汇功能、陆地生态系统对气候变化的响应及反馈等方面取得系统性创新成果。相关成果入选“2009 年中国基础研究十大新闻”和“2013 年中国高等学校十大科技进展”；获发展中国家科学院地球科学奖和中国青年科技奖，2017 年以来连续入选科睿唯安“全球高被引科学家”。

（张子瑞）

朱彤

11 月 18 日，北京大学教授朱彤当选中国科学院地学部院士。朱彤，1962 年出生，籍贯江苏宜兴，1983、1986 年分获北大理学学士和硕士学位，1991 年获得德国伍珀塔尔大学物理化学博士学位。主要研究领域为大气化学与环境健康，取得大气污染来源甄别、成因解析及健康危害评估等系列创新成果，致力于将基础前沿研究突破性成果应用于解决中国重大环境问题，带领北大团队提出《奥运会北京空气质量保障方案北京周边省区市措施》，在华北六省市实施，为保障北京奥运会期间空气质量作出贡献。推动环境健康交叉学科研究和学科建设，在北大先后创立环境与健康研究中心、环境健康二级学科、环境健康系。现兼任美国地球物理联合会理事会理事、“未来地球计划——亚洲季风区可持续发展集成研究”（MAIRS）科学指导委员会主席、中国环境科学学会常务理事、中国青藏高原研究会常务理事等。

（张子瑞）

钱德沛

11 月 18 日，北京航空航天大学教授钱德沛当选中国科学院信息技术科学部院士。钱德沛，1952 年 8 月出生，浙江海宁人。1977 年本科毕业于西安交通大学计算机专业，1984 年获美国北德克萨斯州立大学计算机专业硕士学位，1991 年至 1992 年在德国汉诺威大学做高级访问学者。长期从事计算机体系结构和高性能计算系统研究，解决基于分散、异构、动态资源构建网络计算环境的关键技术问题，主持研发国家高性能计算环境 CNGrid；提出改善众核并行编程的系统性方法，促进高性能计算普及应用；长期任高性能计算方向国家重大项目总体组长，主持制定战略目标和实施方案，确立高性能计算机体系结构和技术方案，实现高性能计算机跨越发展。相关成果获省部级以上科技奖励 9 项，授权发明专利 30 项，发表论文 400 余篇。

（朴悦嘉）

姜培学

11 月 18 日，清华大学教授姜培学当选中国科学院技术科学部院士。姜培学，1964 年 9 月出生，籍贯山东烟台。1986 年毕业于清华热能工程系（现能源与动力工程系），1991 年获苏联莫斯科动力学院博士学位，毕业后回国到清华热能工程系任教，现任清华机械工程学院院长、能源与动力工程系主任、清华山西清洁能源研究院院长。长期从事能源动力领域中极端条件热质传递研究，针对低碳能源与空天动力系统呈现的微纳结构、高温高压、极高热流及高超声速等特点，发展极端条件热质传递理论，提出强化传热与超临界流体热质传递计算方法，研发出高温表面热防护关键技术，取得系统性创新成果，研究成果应用于航天航空、二氧化碳利用与封存等领域，对超高速飞行器主动热防护技术领域发展起到重要作用。发表论文近 400 篇，《科学引文索引》（SCI）论文 200 余篇，总引用 8700 余次，授权国家发明专利 60 余项、美国专利 2 项。获 2014 年度国家自然科学奖二等奖，2019 年何梁何利基金科学与技术进步奖，2020 年“全国先进工作者”称号及国家技术发明奖二等奖等。

（徐思羽）

11 月 20 日，北航召开 2021 年新晋院士座谈会

（北航　供）

王云鹏

11月18日，北京航空航天大学教授王云鹏当选中国工程院机械与运载工程学部院士。王云鹏，1966年12月出生，满族，吉林舒兰人。1988年、1994年分别获吉林工业大学（现吉林大学）汽车运用工程学士学位、硕士学位，1997年获吉林工业大学农业机械设计制造专业博士学位，2001年至2002年在美国堪萨斯大学访学。2009年到北航任教。长期从事道路智能交通系统研究，创立车路协同前沿发展方向，在行车安全监测、路网联动控制、路车融合控制等方面作出基础性和开拓性工作，取得多项重要的工程应用成果，为国内车路智能协同技术的发展和进步作出重要贡献。出版中英文专著6部，发表《科学引文索引》（SCI）论文96篇，《工程引文索引》（EI）论文67篇。获国家科技进步奖二等奖2项、省部级一等奖4项，授权发明专利51项，制订国家和行业标准8项，2020年获第二届全国创新争先奖。

（朴悦嘉）

李克强

11月18日，清华大学教授李克强当选中国工程院机械与运载工程学部院士。李克强，1963年1月出生，籍贯四川资阳。1985年毕业于清华汽车工程系，1995年获重庆大学机械工程系博士学位，2007年到清华任教，现任汽车安全与节能国家重点实验室主任、国家智能网联汽车创新中心首席科学家。长期致力于汽车智能驾驶系统动态设计与控制理论研究、技术攻关和产品研发，针对汽车智能化技术演进及其产业化发展重大需求，攻克“控制协同、结构共用、车云融合”3大核心关键技术，先后主持研制“智能安全驾驶”“智能集成驾驶”“智能网联驾驶”3代系统装置，并实现产业化应用，为智能汽车系统核心技术突破和产业化做出重要贡献。发表论文200余篇，出版学术专著3部，授权国内外发明专利60余项。获2010年度和2013年度国家技术发明奖二等奖，2018年度国家科技进步奖二等奖，2020年获中国汽车工业科学技术进步奖特等奖。

（徐思羽）

龙腾

11月18日，北京理工大学教授龙腾当选中国工程院信息与电子工程学部院士。龙腾，1968年1月出生，湖北黄冈人。1989年获中国科学技术大学无线电电子学系学士学位，1991年和1995年获北理工电子工程系硕士、博士学位，后留校任教，先后担任讲师、副教授、教授、博士生导师。2004年任雷达技术研究所所长，2008年任信息与电子学院院长，2018年任学校副校长。长期从事新体制雷达与实时信息处理领域的研究工作，围绕该领域基础性、共性科学技术问题，主要开展新体制一维高分辨成像雷达、二维合成孔径成像雷达、空天对地探测实时信息处理新技术及应用等方面的研究。获国家技术发明奖二等奖2项、省部级发明特等奖1项，省部级一、二、三等奖8项，获全国创新争先奖章、何梁何利基金科学与技术进步奖、IEEE信息物理系统专业委员会杰出领导力奖，获“北京十大杰出青年”称号。

（岳鹏）

张宏科

11月18日，北京交通大学教授张宏科当选中国工程院信息与电子工程学部院士。张宏科，1957年9月出生，山西省大同人。1988年和1993年，分别获电子科技大学（原成都电讯工程学院）硕士和博士学位。现任北交大博士生导师，移动专用网络国家工程研究中心主任，电气和电子工程师协会会士（IEEE Fellow），中国电子学会、中国通信学会常务理事。长期从事专用通信网络理论与工程技术研究，是中国标识网络技术开拓者之一，建立标识网络功能结构及解析映射机制，攻克复杂场景下网络高移动支持和高可靠传输难题，主持研制出相关网络设备与系统，为解决国家和行业专网工程急需作出重要贡献。获国家技术发明奖二等奖2项，省部级一等奖4项，出版专著6部。

11月18日，北理工龙腾（中）及4名校友当选工程院院士
（北理工 供）

享受国务院政府特殊津贴，获首批“全国高校黄大年式教师团队带头人”“全国模范退役军人”“北京市先进工作者”称号。

（高杰）

罗毅

11 月 18 日，清华大学教授罗毅当选中国工程院信息与电子工程学部院士。罗毅，1960 年 2 月出生，籍贯四川资阳。1983 年毕业于清华电子工程系电子物理与激光专业，1987 年、1990 年分获日本东京大学硕士和博士学位，1990 年至 1992 年在日本光计测技术开发株式会社中央研究所任研究员。1992 年到清华电子工程系任教，1999 年任教育部长江学者奖励计划特聘教授，现任北京信息科学与技术国家研究中心副主任、国务院学位委员会电子科学与技术学科评议组召集人。长期从事化合物半导体光电子器件及其集成应用技术研究，包括激光器、LED、光调制器、光探测器及其在光纤通信、宽带信息感知、半导体照明等领域的应用。发表学术论文 367 篇，授权国内外发明专利 34 项。1995 年获国家杰出青年科学基金，获 2011 年度国家科技进步奖二等奖，2012 年度、2014 年度国家技术发明奖二等奖。

（徐思羽）

张立群

11 月 18 日，北京化工大学教授张立群当选为中国工程院化工、冶金与材料工程学部院士。张立群，1969 年 12 月出生，籍贯内蒙古多伦县。1990 年获北京化工学院（现化大）橡塑工程专业工学学士学位，1995 年获化大材料学专业工学博士学位并留校工作，1999 年至 2001 年，分别在美国阿克伦大学聚合物科学系和凯斯西储大学高分子系做访问学者和博士后。2005 年任教育部“长江学者奖励计划”特聘教授，2007 年获国家杰出青年基金，2013 年担任国家“973”项目首席科学家。长期从事高性能橡胶纳米复合材料、绿色橡胶材料和特种功能橡胶材料领域科学研究与工程技术开发，成果转化应用于国内众多企业。先后主持国家和省部级项目 30 余个，以通讯作者发表《科学引文索引》（SCI）论文 395 篇，获国家发明专利 120 项，主编著作 2 部，获国家技术发明奖二等奖 2 项、国家科技进步奖二等奖 1 项、国防技术发明奖 1 项，2011 年获何梁何利基金科学与技术创新奖——青年创新奖。

（肖勇）

孙友宏

11 月 18 日，中国地质大学（北京）教授孙友宏当选中国工程院能源与矿业工程学部院士。孙友宏，1965 年 7 月出生，江苏如皋人。1987 年获长春地质学院探矿工程系钻探工程专业学士学位，1990 年获长春地质学院探矿工程系钻探工程专业硕士学位并留校任教，1998 年获博士学位。

11 月 18 日，地大孙友宏当选工程院院士

（地大 供）

2019 年 3 月起，任地大（北京）党委副书记、校长。长期从事探矿工程理论研究、技术创新和装备研发，中国地质工程学科（探矿工程领域）学科带头人之一。在高效耐磨仿生金刚石钻头材料、仿生钻探机具、大陆深部科学钻探装备技术和潜在油气资源钻采技术等研究领域从事复杂条件钻采技术研究；围绕天然气水合物和地球深部探测等国家重大战略需求，开展探矿工程前沿技术攻关并用于生产实践；主持研发中国“地壳一号”万米大陆科学钻探钻机、高性能全液压地质系列钻机、陆地冻土带天然气水合物冷钻热采技术、高效耐磨仿生金刚石钻头、油页岩地下原位裂解技术等。发表论文 124 篇，出版著作 4 部，主持承担科技部、国土资源部、教育部和国家自然科学基金委等各类科研项目 40 余个。获国家技术发明奖二等奖 2 项、省部级科技奖励一等奖 4 项，以第一发明人授权发明专利 60 项；相关成果入选教育部“中国高等学校十大科技进展”。

（师昊）

张来斌

11 月 18 日，中国石油大学（北京）教授张来斌当选中国工程院能源与矿业工程学部院士。张来斌，1961 年 9 月出生，安徽铜陵人。1982 年 7 月获华东石油学院石油矿场机械专业学士学位，1985 年 6 月获华东石油学院北京研究生部石油机械工程专业硕士学位，1991 年 11 月获石油大学（北京）机械工程专业博士学位并留校工作。2005 年 6 月至 2021 年 2 月任石油大学（北京）校长。现任应急管理部油气生产安全与应急技术重点实验室主任，国务院第八届安全科学与工程学科评议组召集人，教育部安全工程专业教育指导委员会副主任。长期从事油井管损伤检测、油气生产大型动力机组故障诊断及油气生产系统风险评估和早期预警方面研究；在油气安全科学与工程研究领域，先后主持和负责完成重点研究项目 30 余个，在基于巨磁阻效应的油井管损伤磁记忆检测诊断技术、油气站场动力机组精确诊断预警技术、在役炼化装备智能故障溯源与安全预警技术等方面科技成果达到国际先进或领先水平。创建石油高校首个安全科学与工程学科，瞄准油气钻采领域系统及装备损伤检测、故障诊断及风险评估持续攻关，为学科成长提供核心成果支撑。获国家技术发明奖二等奖2项，出版专著及教材多部，授权发明专利50余项，发表学术论文200余篇。

（李强楠）

葛世荣

11月18日，中国矿业大学（北京）葛世荣当选中国工程院能源与矿业工程学部院士。葛世荣，1963年4月出生，浙江天台人。1983年获黑龙江矿业学院煤矿机械化专业学士学位，1986年获中国矿业学院北京研究生部矿山机械工程硕士学位，1989年获矿大矿山机械系机械工程专业工学博士学位。1997年至2018年任矿大副校长、校长、党委副书记。中国煤炭开采运输工程专家，30余年一直研究矿井安全高效运输技术并取得突破性进展，为中国煤矿智能化采运技术发展作出重要贡献。发表论文300余篇，出版学术著作5部。获国家技术发明奖二等奖3项、国家科技进步奖二等奖1项、国家科技进步奖三等奖1项，授权发明专利30余项。

（杨恬）

杜修力

11月18日，北京工业大学教授杜修力当选中国工程院土木、水利与建筑工程学部院士。杜修力，1962年12月出生于四川省广安市。1983年获解放军理工大学工程兵工程学院地下工程专业学士学位，1986年获中国科学院工程力学研究所防灾减灾与防护工程专业硕士学位，1990年获中国地震局工程力学研究所防灾减灾与防护工程专业博士学位，1992年在哈尔滨工业大学土木工程学院力学博士后站从事博士后科研工作。1992年10月，进入中国水利水电科学研究院任高级工程师，历任学位委员会委员，结构振动研究室主任。2001年8月调入北工大，历任科技处处长、建筑工程学院院长等职，2014年任副校长。主要从事工程结构抗震研究，先后主持完成国家自然科学基金重大研究计划重大集成、创新群体，科技部“973”和科技支撑等国家级重大项目5个，获国家科技进步奖二等奖5项，省部级科技进步奖一等奖4项；以第一或通讯作者在国内外期刊发表论文200余篇，出版中英文著作6部；以第一发明人获授权发明专利21项（含国外专利4项）；参编完成国家或行业规范 / 标准5部。

11月18日，北工大杜修力当选工程院院士

（北工大　供）

（凌晨）

谯仕彦

11月18日，中国农业大学教授谯仕彦当选中国工程院农业学部院士。谯仕彦，1963年4月出生于四川省南充市阆中市。1987年在北京农业大学兽医系毕业后留校工作，1997年获农大博士学位。1998年至1999年在加拿大萨斯喀彻温大学畜牧系从事博士后研究。1995年起任农大动物科学技术学院讲师、副教授、教授。主要从事猪蛋白质氨基酸营养代谢与营养需要基础研究、氨基酸及其中间代谢产物研究开发、饲用微生物制代谢产物研究开发、新型饲料资源研究开发等。先后主持“国家科技攻关”和“国家支撑计划”项目、农业行业公益性专项、北京市重大科技计划项目、国家自然科学基金重点项目和重点国际合作项目等。发表科研论文120余篇，出版著作2部，译著2部。获中国发明专利25项，美国、欧盟发明专利各1件，主持制订修订国家标准6项。获国家科技进步奖二等奖3项、国家技术发明奖1项，省部级一等奖4项，中国优秀专利奖2项。2005年获国家杰出青年科学基金，2012年获评全国农业科研杰出人才及其创新团队，2020年获第二届全国创新争先奖。

（孙桂凤）

田金洲

11月18日，北京中医药大学东直门医院脑病科主任医师、教授田金洲当选中国工程院医药卫生学部院士。田金洲，1956年12月20日出生于湖北省天门市。1989年在北京中医学院博士毕业后留校任教，1996年赴英国留学，2004年获英国曼彻斯特大学博士学位，同年进入英国牛津大学开展神经心理学博士后研究。2005年入选清华大学“百人计划”特聘教授回国。主要从事中医内科学临床、教学及研究工作，对阿尔茨海默病、血管性痴呆、帕金森病以及失眠等脑病的中医药防治开展系统研究，在阿尔茨海默病领域成绩突出，探索复方中药从脑微循环治疗阿尔茨海默病的途径，挖掘阿尔茨海默病中医药治疗理论和方法，研制阿尔茨海默病早期诊断的系列中国标准。主编《中国痴呆诊疗指南》等著作7部，发表论文300余篇，主编中国第一本全国高等医药院校试用教材《中医老年病学》。曾获全国优秀教材奖（高等教育类）特等奖。

（曾婷）

姜保国

11月18日，北京大学人民医院院长姜保国教授当选中国工程院医药卫生学部院士。姜保国，1961年出生于辽宁省丹东市。1979年至1987年获中国医科大学临床医学学士、解剖学硕士学位，1988年至1992年获北京医科大学骨科学博士学位，1990年至1992年作为中国首批中日联合培养博士赴日本新潟大学留学。长期从事创伤外科临床救治，致力于降低创伤致死率和致残率学术研究，是中国临床多发伤救治领域的学术带头人。在周围神经损伤修复技术、关节周围骨折诊疗技术、严重创伤救治体系建设领域取得重要成果。先后获国家科技进步奖二等奖、中国工程院光华工程科技奖、何梁何利基金科学与技术进步奖。

（张子瑞）

徐兵河

11月18日，北京协和医学院长聘教授、中国医学科学院肿瘤医院徐兵河当选中国工程院医药卫生学部院士。徐兵河，1958年2月出生于湖北省黄石市大冶市。1982年获湖北医科大学学士学位；1984年考入中国协和医科大学，先后获硕士和博士学位。1987年至今在中国医学科学院肿瘤医院工作，1991年至1993年赴美国迈阿密大学医学院从事博士后研究工作。1998年6月破格晋升为主任医师；2003年1月至2019年1月担任中国医科院肿瘤医院大内科副主任、主任；2019年2月至今担任中国医科院肿瘤医院国家新药（抗肿瘤）临床研究中心（GCP中心）主任。在乳腺癌早期诊断领域创建超声结合X线筛查新方法，成果应用于248万女性，将I期诊断率从19%提高到筛查队列的66%；开创和发展以分子分型为突破点的乳腺癌个体化治疗新领域；在国内率先开展乳腺癌耐药研究，建立外周血无创疗效评价新方法及耐药预测新体系，打破多药耐药患者“无药可医”困境，推动乳腺癌患者生存率大幅度提升，为人类抗击乳腺癌贡献中国智慧，确立中国在乳腺癌内科领域的国际学术地位。成果多次入选国内外乳腺癌年度重要进展，推动中国乳腺癌治疗5年生存率由90年代68%提升至93%，跃居国际先进行列。发表《科学引文索引》（SCI）论文163篇，获国家发明授权专利10项，研究成果写入23部国内外指南，获国家科技进步奖二等奖。

（孙莉娜）

蒋建东

11月18日，北京协和医学院长聘教授、中国医学科学院医药生物技术研究所蒋建东当选中国工程院医药卫生学部院士。蒋建东，1958年11月出生于江苏省南京市。1981年毕业于南京医科大学医疗系，1985年获中国协和医科大学病毒学硕士学位，1988年获复旦大学上海医学院传染病学博士学位。1989年至1999年，在美国纽约大学西奈山医学院从事博士后研究，担任助理教授、医学系免疫室主任职务；1998年至2010年，先后担任中国医科院医药生物技术研究所研究员、病毒室主任、所长助理、副所长、所长；2011年至今担任中国医科院药物研究所院长。长期从事药学基础理论和新药研发工作，发现抗菌药小檗碱是新机理的降脂（及降糖）药物，揭示小檗碱药物复杂体系的化学和生物学原理，结果被证实并应用于临床，提出标本兼顾的药效云理论。建立国际先进的抗感染药物技术体系，提出调控宿主细胞为机制治疗病毒感染的抗病毒药物理论，并付诸实践，在抗感染药物研究中获得重要突破，主持研究的抗新冠病毒化药进入三期临床实验阶段。发表《科学引文索引》（SCI）论文270余篇，获专利48项，主持或参与的研究获新药证书和临床批件7个，获国家自然科学奖二等奖等奖项。

（孙莉娜）

王自力

11月18日，北京航空航天大学教授王自力当选中国工程院工程管理学部院士。王自力，1964年10月出生，四川南充人。1985年获北京航空学院（现北航）电气工程学士学位，1988年获北京航空学院飞机设计（可靠性工程）硕士学位后留校任教。长期从事可靠性系统工程理论研究与重大工程管理实践，形成可靠性综合集成理论，成功用于多个重大型号研制，突破“两张皮”技术瓶颈，推动质量设计技术变革，走出中国可靠性系统工程从引进吸收到集成创新的特色发展之路。两度受聘“973”技术首席专家，发表高水平学术论文140余篇，出版专著7部，授权发明专利30余项，培养博士38人、硕士48人。先后获国家科技进步奖二等奖2项、省部级科技进步奖一等奖4项，团队获国家科技进步奖特等奖2项。

（朴悦嘉）

郑新奇

12月15日，中国地质大学（北京）教授郑新奇当选俄罗斯自然科学院外籍院士。郑新奇，1963年出生，河南伊川县人。1987年获河南大学地理系硕士学位，2004年获解放军信息工程大学地图制图学与地理信息工程博士学位。2006年到地大（北京）任教，现任信息工程学院院长，自然资源部北京房山综合勘查野外科学观测研究站站长。长期从事土地信息技术和空间分析建模领域教学与科研工作，围绕土地节约集约利用、国土空间规划等国家重大需求，针对建设用地集约优化配置、多目标国土空间规划辅助决策支持技术、城市群土地优化利用和时空动力学模型等关键技术难题，提出集约化变量新理论，建立地理时空动力学新模型，研发复杂系统仿真决策新系统等系列标志性成果。主持参加百余项国家及省部级和企事业单位技术研发和服务项目，成果支撑国家部委相关决策，参加研制3个国家行业标准，授权发明专利（软件著作权）53项，发表论文300余篇，出版著作教材10余部。

（师昊）

逝世人物

胡迺武

6月9日，中国人民大学荣誉一级教授胡迺武逝世，享年87岁。胡迺武，1934年出生，山西文水人。1959年人民大学计划经济系本科毕业后继续攻读硕士研究生，毕业后留校任教。致力于中国经济改革与发展、中国宏观经济管理和社会主义经济理论等重大实践与理论问题研究，出版专著（独著、主编）30余本，发表学术论文300余篇，中国国民经济管理学领域开拓者之一，曾获国家级有突出贡献中青年专家称号、第一届中国发展百人奖。学术成果和教学成果多次获孙冶方经济科学论文奖与著作奖、北京市哲学社会科学优秀科研成果奖一等奖、北京市普通高校优秀教学成果奖一等奖等。

（吕鹏军）

许渊冲

6月17日，北京大学教授、翻译家许渊冲逝世，享年100岁。许渊冲，1921年4月18日出生，江西南昌人。1938年考入西南联合大学外文系，1944年考入清华大学研究院外国文学研究所，1983年起任北大教授。从事文学翻译60余年，译作涵盖中、英、法等语种，翻译集中在中国古诗英译，形成韵体译诗的方法与理论，被誉为“诗译英法唯一人”。在国内外出版中、英、法文著译60本，包括《诗经》《楚辞》《李白诗选》《西厢记》《红与黑》《包法利夫人》等中外名著。2010年获得“中国翻译文化终身成就奖”，2014年8月获国际翻译界最高奖项之一的“北极光”杰出文学翻译奖，系首位获此奖项的亚洲翻译家。

（刘钊）

陈共

7月23日，中国人民大学荣誉一级教授陈共逝世，享年95岁。陈共，1927年出生，辽宁盖州人。1947年就读于东北大学，1948年赴华北大学学习，后留校工作。1950年转入人民大学工作。1972年至1978年在北京经济学院工作，1978年人民大学复校后返校任教。新中国财政理论重要奠基者、新中国财政学教材建设主要开拓者。1961年主持编写的《财政学》（初稿）是中国社会主义财政学教材开山之作；1990年主编出版财经类专业核心课“财政学”教学大纲，主持编写的《财政学》获首届全国优秀教材（高等教育类）一等奖。2017年获首届“中国财政理论研究终身成就奖”。

（吕鹏军）

马绍孟

9月13日，中国人民大学原党委书记马绍孟逝世，享年87岁。马绍孟，1934年出生，江苏涟水人。1951年参军入伍，1952年赴朝鲜参加抗美援朝战争，1954年至1956年先后任中国人民解放军探照灯第421团三营标图员、班长。1956年至1960年在人民大学马列主义政治学系国际共产主义运动史专业学习。1963年至1994年先后任人民大学哲学教研室助教，北京大学马列主义发展史研究所助教，人民大学马列主义发展史研究所教授，科研处处长、教务长、副校长、党委副书记等职。1994年至2001年任人民大学党委书记。致力于马克思主义理论研究，主要研究方向为马克思主义哲学发展史、马克思主义哲学与现代领导等，注重马克思主义哲学发展史领域的现代性研究，开创马克思主义现代领导方法研究。始终坚持社会主义办学方向，全面推动学校学科建设、人才培养、科学研究和国际交流等工作，为学校党的建设与思想政治工作、高等教育改革创新作出重要贡献。

（吕鹏军）

陈文新

10月7日，中国农业大学教授、土壤微生物学家陈文新逝世，享年95岁。陈文新，女，1926年9月出生，湖南浏阳人。1952年毕业于武汉大学，1958年于苏联季米里亚捷夫农学院获副博士学位。1959年进入北京农业大学工作，2001年当选中国科学院院士。主要从事根瘤菌分类与应用研究，一生踏遍全国32个省（市）600余个县，发表2个根瘤菌新属和40余个新种，保藏近2万株根瘤菌，建成世界最大的根瘤菌种资源库和数据库，创立“中国农业大学根瘤菌研究中心”，是中国现代根瘤菌分类学开拓者。先后主持国家科委、国家自然基金委一系列课题及国际合作项目，发表140余篇论文，研究成果先后获国家和省部级一、二等奖6项；获评2003年新中国成立60周年“三农”模范人物、2017年中国有机肥行业突出贡献人物。

（孙桂凤）

徐迈

12月9日，中国人民公安大学原党委书记兼公安部管理干部学院原党委书记徐迈逝世，享年91岁。徐迈，原名徐麟善，1930年4月出生于山东省黄县海云寺徐家村，1951年毕业于中央公安干部学校第四期，大学文化。1950年12月参加公安工作，1979年至1982年任中央政法干部学校办公室副主任，1982年至1984年任中央人民公安学院办公室副主任、副院长，1984年至1991年任公安大学副校长、公安大学党委书记兼公安部管理干部学院党委书记，1991年4月退休。1991年9月，被授予人民警察蓝盾荣誉章。

（孙文玥）

（本栏责任编校　曾婷）

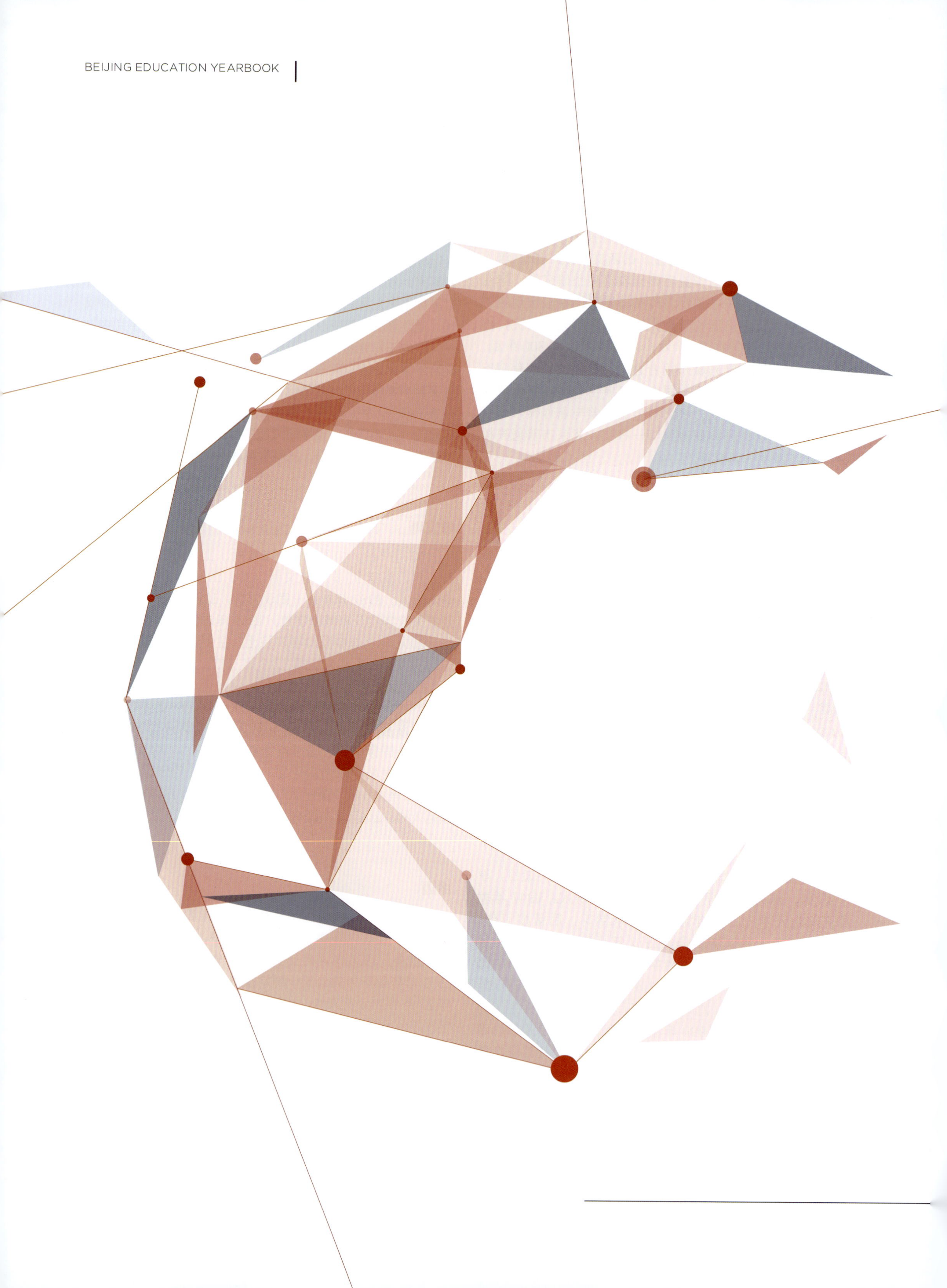

2022 | 专文与纪实

SPECIALIZED ARTICLES AND RECORDS

专文与纪实

SPECIALIZED ARTICLES AND RECORDS

“双减”引发的新时期教育思考

■ 刘宇辉

近年来，校外培训在资本助力下迅速扩张，一些机构偏离了教育教学规律和学生成长规律，加重了学生课业负担和家长经济负担，减损了人民群众的获得感。党中央坚持以人民为中心，从关心学生健康成长、减轻家庭教育负担、巩固全面建成小康社会成果的政治高度出发，制定并实施《关于进一步减轻义务教育阶段学生作业负担和校外培训负担的意见》。“双减”工作是贯彻落实习近平总书记关于教育的重要论述的生动实践，是贯彻落实新时期党的教育方针的必然要求，是教育发展理念的回归、教育生态的重塑和教育治理的创新，必将促进基础教育领域的深刻变革，最终实现去功利化、回归公益化，去应试化、回归素质化，去焦虑化、回归理性化，让孩子全面发展、健康成长。

一、“双减”是贯彻落实党的教育方针

党的教育方针是党的理论和路线方针政策在教育领域

3月15日，延庆区教委开启义务教育阶段全新课后服务模式

（延庆区教育宣传中心　供）

的集中体现，在教育事业发展中具有根本性地位和作用。今年4月，全国人大常委会做出了关于修改《教育法》的决定，将党的教育方针落实为国家法律规范，成为各级各类教育机构必须遵循的法定要求。

新时期教育发展要对标党的教育方针深入落实立德树人根本任务，无论是学校教育还是校外教育都要坚守党的教育方针不动摇，深刻把握教育工作的政治属性、宗旨方向、目标任务，着眼为谁培养人、培养什么人、怎样培养人的根本问题，着眼国家和民族的未来，把牢政治方向、校正误区偏差，使各级各类教育更加符合教育规律和人才成长规律。“双减”工作的核心任务，正是加强党对教育的全面领导，守正创新、去伪存真，坚持学生为本、问题导向，从人才培养底色与立德树人方向出发，努力培养德智体美劳全面发展的社会主义建设者和接班人，努力培养担当民族复兴大任的时代新人。凡是不利于实现这个任务的做法都要坚决改过来。

党的教育方针落实到基础教育改革的方向和具体路径上，就是要坚持发展素质教育，努力构建德智体美劳全面培养的教育体系，形成更高水平的人才培养体系。开展“双减”工作，就是要优化学生成长成才环境，着力培养学生的社会责任感、创新精神和实践能力，促进学生全面发展，更好应对未来社会的变化。一方面，要下大力气治理校外学科类培训机构野蛮生长、贩卖应试焦虑、助推惰化思维和投机取巧的学习方法等问题，支持其转型素质类培训；另一方面，要坚决纠正学校教育“重智育、轻德育、弱体育美育和劳动教育”的应试导向，摒弃唯分数论、唯升学论，将党的教育方针有效融入教育行政管理、办学治校和教育教学全过程，着力构建高质量基础教育体系。

二、“双减”是教育发展理念的回归

教育是国之大计、党之大计，也是重要的民生工程。要坚持把人民对“有学上、上好学”的期盼作为奋斗目标。为此，教育发展理念要回归公平优质。义务教育并非竞争性、选择性教育，而是保障性、基础性教育，需要政府来承担优质均衡发展的主责。近年来义务教育学校的硬件建设已大为改观，供给不均衡主要来自教育管理、教师队伍和教学资源的差异。因此，北京将促进义务教育优质软件资源均衡配置作为“双减”工作的一项重大任务，从四方面协同发力：一是规范教育教学秩序，市、区、校三级分别出台中小学教育教学基本要求、基本规程、基本规范，严格督查、严肃处理违规招生、超纲超进度教学等问题。二是提高教育教学质量，全面深化课程教学改革，促进课堂提质增效。着力实施“互联网+基础教育”，依托新一代信息技术推动上好每一堂课、教好每一个学生。三是大面积大比例促进干部教师轮岗交流，从区域内校长交流轮换、骨干教师均衡配置、普通教师派位轮岗三个维度，实现教育关键要素流动，从根源上促进教育优质均衡，让每一个孩子在家门口接受公平而有质量的教育。四是推动课后服务全覆盖，提升质量、增强吸引力，与课堂教学统筹推进，确保学生要校内学足、学好。

教育发展理念要回归公益普惠。民办教育事业属于公益性事业。义务教育更是具有强公共产品属性，无论是公办学校还是民办学校，包括校外培训机构，都必须坚持教育公益属性，“不能把良心的事业变成逐利的产业”。要管住资本，不能扰乱教育、不能在孩子身上取利、不能让校外培训唯利是图。“双减”文件中关于严禁随意资本化、由营利性转为非营利性的要求和对于收费价格的指导，就是

4月，首师大附属云岗小学教师落实“双减”工作，积极做好学生课业辅导（首师大附属云岗小学 供）

要去逐利化、去泡沫化，解除资本对教育绑架，斩断剧场效应，降低百姓教育消费负担，使改革成果切实惠及人民。北京作为在全国率先开展“双减”工作的城市，又是校外培训头部企业、上市公司聚集地区，在这方面先行先试，各项工作正在坚定有序推进。

三、“双减”是对教育生态的重塑

良好的教育生态是高质量教育体系的应有之义。在一个良好的教育生态中，受教育者的利益应当处于最高位置、得到最大保护。教育生态系统的各个组成部分，都应以凝聚人心、完善人格、开发人力、培育人才、造福人民为工作目标，同心同向、协力奋斗，使受教育者能够获得支持每个人终身学习的教育、平等面向每个人的教育、适合每个人的教育、更加开放灵活的教育，从而全面有个性地发展。

“双减”问题的提出，很大程度上源于教育生态的失衡。在学校教育体系之外，资本意图打造另一个体系，学生、家长、教师、学校受之裹挟、冲击，爱恨交织，剪不断、理还乱。开展“双减”工作，就是要以快刀斩乱麻之势，拨乱反正，使学校、家庭、社会各安其位，学生、家长、教师各负其责，促进教育生态全面、协调、可持续发展。从家校协同到家校社协同，体现了新时期大教育观背景下育人生态的重构，从三者定位看，学校是育人主体，家庭是育人共同体，社会教育是育人的有益补充，只有三者各归其位，各自发挥应有的作用，才能够真正实现育人目标。要夯实学校教育主渠道主阵地，增强校内供给的竞争力和创造力，把孩子吸引在校园、吸引在课堂。家庭是育人共同体的薄弱环节，也是重要一环，要加强对家长的教育引导和支持。当前，尤其需要加快推进家庭教育立法，明确家庭教育的法定责任，加强家庭对学生道德品质、知识技能、文化修养、生活习惯等方面的培育、引导和影响。校外教育不仅包括校外培训机构，还包括青少年宫、研学基地等各类主体，同时也包括各类线上教育资源，要与校内教育错位发展、个性化发展、特色化发展，而不能越俎代庖，再造一个教育体系。

育人不仅仅是学校的问题，更需要学校、家庭、社会协同发力。“双减”问题之所以变得如此紧迫，关键在于共识度不够特别是尚未完全转化为共同行动，其中既有校外培训的越位，也有家庭教育和学校教育的不到位。要真正减轻学生作业负担和校外培训负担，必须进一步解放思想、凝聚共识，深化基础教育供给侧结构改革，构建更为紧密有效的协同育人共同体。北京市在“双减”工作中，召开了系列政策宣讲会、新闻发布会、万人校长大会和学校家长、教师会，开展了“大学习大调研大讨论”活动，为家校社协力攻坚“双减”奠定了思想基础。与此同时，北京正在推进完善家校社协同育人体系。出台中小学家访制度，明确每个学生每学期接受一次家访。落实家庭教育指导服务规划，在中小学校试点建设家庭教育工作室，进一步加强网上家长学校和中小学家长课堂建设，发挥家长委员会作用。依托“街乡吹哨、部门报到”机制，发挥社区在校外培训机构治理和课后服务、暑期托管等方面的作用。

四、“双减”是对教育治理的创新

长期以来，教育管理部门的工作重心一直在发展教育事业上，行业治理是教育管理的短板和弱项，存在意识不强、力量不足、办法不多等难题。“双减”工作对原有教育治理构成巨大挑战，需要治理理念、治理模式、治理工具的创新，推动教育管理部门由管学校向管行业、由单独管向联合治、

12月21日，化大附中举办“合作对话”课堂教学，探索“双减”后“教”与“学”关系（朝阳区教委 供）

2021 年，北理工附中落实“双减”工作。图为学校小学部开展期末乐考　　（北理工附中　供）

由传统管理向智慧治理转变。

要加强源头治理。“双减”的关键在校内，出路在改革。北京市坚持问题导向，改革考试招生“指挥棒”，提高考试命题质量，减少中考科目和考试频次，强化体育过程性考核，丰富中招录取方式，淡化一考定终身，以考试减负推动全面减负，进而撬动基础教育综合改革不断深化。

要加强系统治理。系统治理强调改革站位要高、覆盖要广、落地要稳。北京将“双减”作为重大性、全局性政治任务来抓，高位统筹，市区两级专班集中办公，在市教委和四个重点区新设专门机构，确定各项工作时间表、路线图和责任人，坚持校内校外同步发力，线上线下一并治理。建立高位协同、联防联治的风险防范处置机制，从风险评估、监测预警、矛盾化解、依法打击四个方面及时做好风险防控工作。在治理过程中，注重利用信息技术提升治理效率，建立培训机构管理平台，实现资金、学生、教师、课程、材料“五个管起来”，实现系统施治。

要加强综合治理。“双减”工作涉及方方面面，需要多元共治、综合施策才能形成合力。上下联动、部门协同既是北京市前期校外培训治理的重要经验，又是打赢“双减”攻坚战的体制机制保证。北京在“双减”中坚持压实属地和公安、市场监管等 20 余个相关部门主体责任，守土有责、守土尽责，确保工作落实落细。同时，充分发挥民办教育行业协会在企业转型引导、行业自律自治、矛盾纠纷化解、困难企业帮扶等方面的作用。使过去仅仅依靠教育部门一家不可能解决的难事，经过半年多时间的联合作战，取得了明显成效。

要加强依法治理。要深入贯彻《教育法》《义务教育法》《未成年人保护法》《民办教育促进法》和《民办教育促进法实施条例》等法律法规，用法治思维和法治方式推动“双减”工作行稳致远。北京市坚持在法律的框架内，结合北京实际创制校外培训机构复课标准、营转非、备改审等各项政策，依法依规从严治理。每周开展执法检查，发现问题进行“双通报、双转办”，对百余家机构、多名教师予以通报。通过开展“双减”专项行动，进一步完善了依法治理体制机制，提升了依法治教能力。

（作者为市委教育工委副书记、市教委主任、市政府教育督导室主任）

（本栏责任编校　张晓兰）

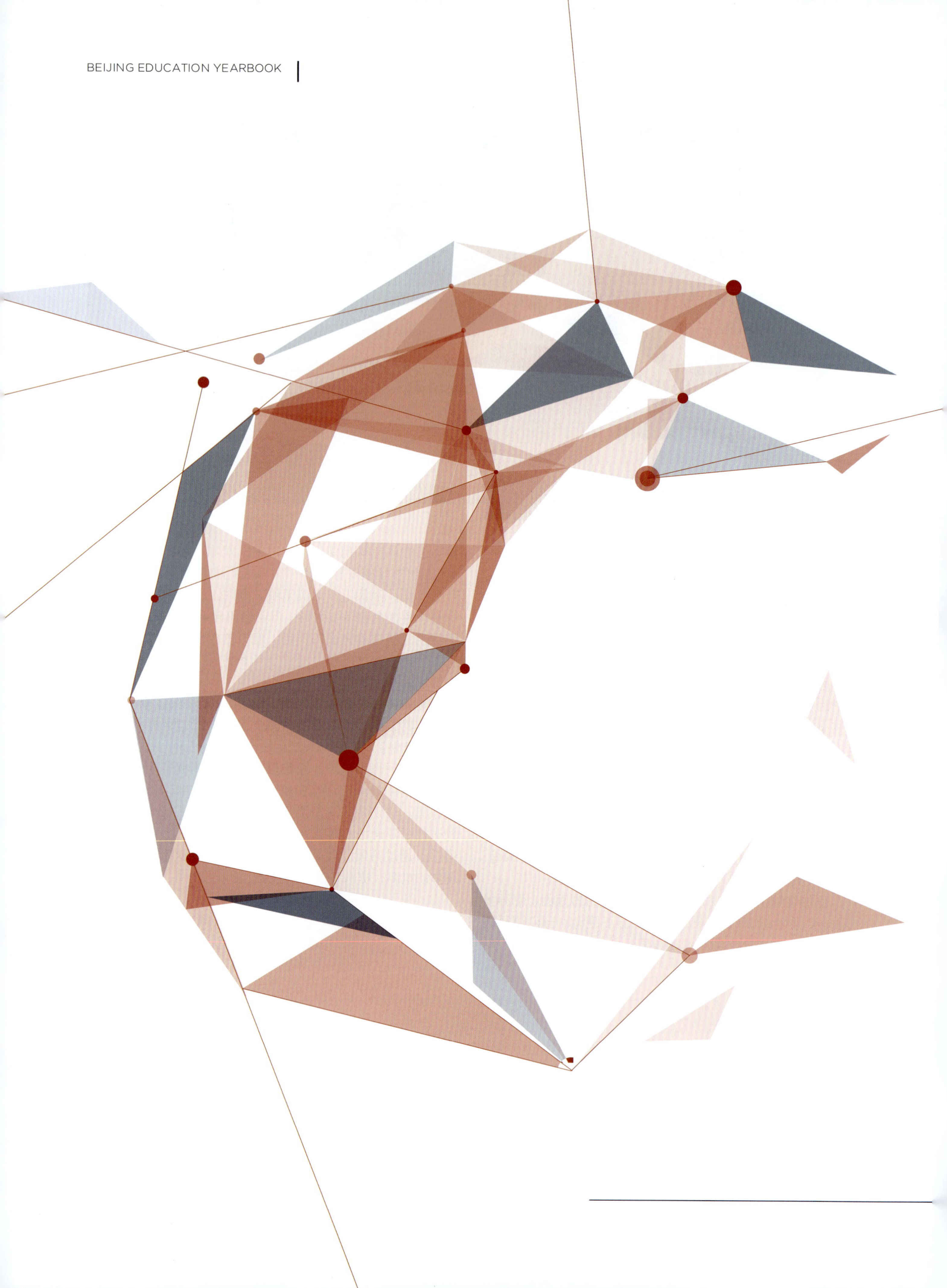

2022 | 文献

DOCUMENTS

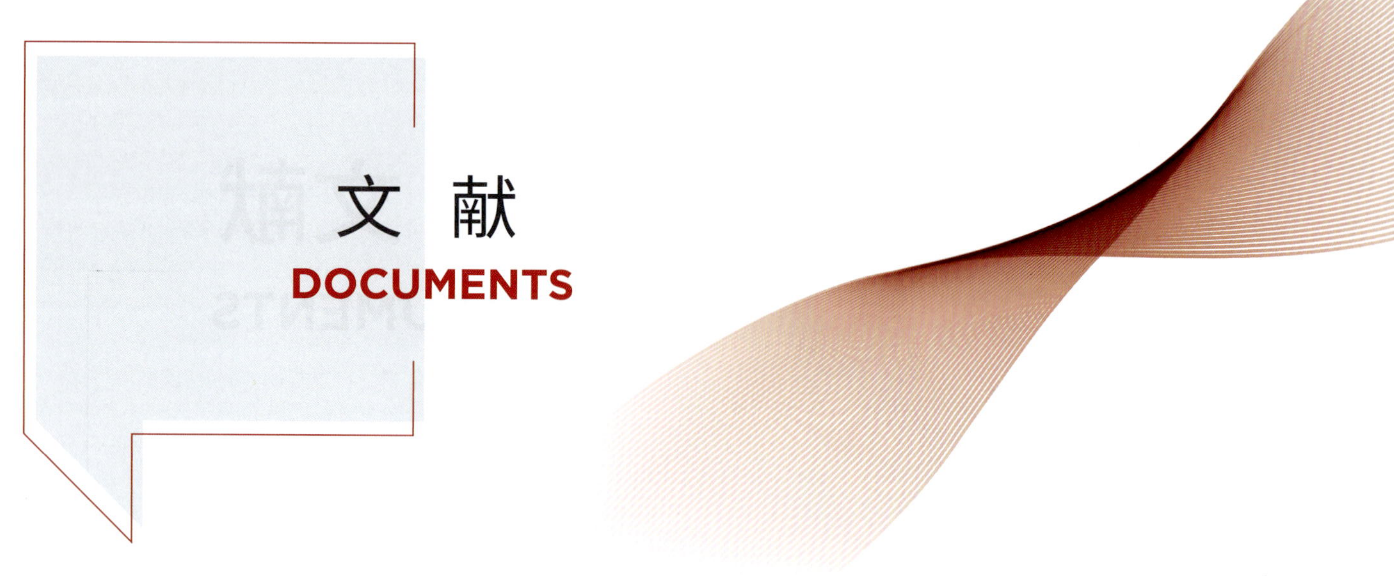

北京市关于进一步减轻义务教育阶段学生作业负担和校外培训负担的措施

为坚决贯彻落实中共中央办公厅、国务院办公厅《关于进一步减轻义务教育阶段学生作业负担和校外培训负担的意见》，持续规范校外培训（包括线上培训和线下培训），做好本市减轻义务教育阶段学生作业负担和校外培训负担（以下简称“双减”）工作，制定以下措施。

一、总体要求

1. **指导思想**。坚持以习近平新时代中国特色社会主义思想为指导，全面贯彻党的教育方针，落实立德树人根本任务，着眼建设首都高质量教育体系，坚持首善标准，按照“校外治理、校内保障、疏堵结合、标本兼治”的总体思路，推进基础教育综合改革，强化学校教育主阵地作用，深化校外培训机构治理，坚决防止侵害群众利益行为，积极构建教育良好生态，形成校内外协同育人的良好局面，有效缓解家长焦虑情绪，促进学生全面发展、健康成长。

2. **工作原则**。坚持育人为本、回应关切。遵循教育规律，从有利于学生身心健康成长出发，整体提升学校教育教学质量和服务水平，积极回应社会关切与期盼，减轻学生和家长负担。

坚持依法治理、标本兼治。严格执行义务教育法、未成年人保护法、民办教育促进法等法律规定，坚持校外培训的公益属性，注重源头治理、系统治理、综合治理。

坚持政府主导、各方联动。进一步优化教育资源配置，强化政府统筹，落实部门职责，健全保障政策。强化学校教育体系，发挥学校主体作用，同步深化学科类培训机构治理，明确家校社协同责任，营造良好社会氛围。

坚持统筹推进、稳步实施。严格落实国家有关规定，积极推广典型经验，深入探索推进重难点问题治理，确保“双减”工作平稳有序。

3. **工作目标**。全面落实中央决策部署，围绕“治乱、减负、防风险”的工作要求，校内校外双向发力，稳妥推进，分步实施，确保学生过重作业负担和校外培训负担、家庭教育支出和家长相应精力负担于2021年底前有效减轻、两年内成效显著，人民群众教育满意度明显提升。

校内服务提质增效。充分发挥学校育人主渠道作用，加大改革力度，统筹校内校外教育资源，统筹课内课后两个时段，对学校教育教学安排进行整体规划，全面系统构建学校育人生态。提升校内教育服务质量，提高学校育人水平，让每个学生在校内能够学得会、学得好、学得足。

校外培训规范有序。坚持从严治理，全面规范校外培训机构，防止无序扩张，严查各类违规培训和侵害群众利益的行为，为学生全面健康成长创造有利环境。

二、有效减轻学生过重作业负担

4. **统筹作业管理**。进一步完善作业统筹管理机制，学校制定作业管理办法，建立作业校内公示制度，公开班级各学科作业，加强质量监督。作业必须在课内布置，坚持作业全批全改、及时反馈，加强面批讲解，作业难度不得超过国家课标。不得布置机械重复、惩罚性作业。严禁给家长布置作业或要求家长检查、批改作业。

5. **控制作业总量**。小学一、二年级不布置家庭书面作业，可在校内适当安排巩固练习；小学三至六年级书面作业平均完成时间不超过60分钟；初中书面作业平均完成时间不超过90分钟。个别学生经努力仍完不成书面作业的，也应按时就寝，确保充足睡眠。

6. 加强作业设计指导。发挥作业诊断、巩固、学情分析等功能，将作业设计纳入教研体系，系统设计符合学生年龄特点和学习规律、体现素质教育导向、涵盖德智体美劳全面育人的基础性作业，鼓励布置分层、弹性、个性化作业。教师要指导小学生在校内基本完成书面作业，初中生在校内完成大部分书面作业，认真分析学情，做好答疑辅导。不得要求学生自批自改作业。

7. 用好课余时间。学校和家长要引导学生放学回家后完成剩余书面作业，进行必要的课业学习，从事力所能及的家务劳动，开展适宜的体育锻炼、阅读和文艺活动等。引导学生合理使用电子产品和网络，保护视力健康，防止网络沉迷。家长要积极与孩子沟通，关注孩子心理健康，帮助其养成良好学习生活习惯。寄宿制学校要统筹安排好课余学习生活。

三、提升学校课后服务水平

8. 整体规划设计。学校要做好教育教学活动和教师资源的统筹，将课后服务时段分两个阶段进行整体规划、系统设计。第一阶段完成体育锻炼，保障学生每日 1 小时体育锻炼时间；第二阶段开展课业辅导和综合素质拓展类活动，结束时间原则上不早于 17 点 30 分。两个阶段相互衔接，满足学生多样化需求。对有特殊需要的学生，学校应提供延时托管服务。初中学校工作日晚上可开设自习班。学校可统筹安排教师实行“弹性上下班制”。

9. 丰富服务内容。学校制定具体的课后服务实施方案，提供菜单式课后服务项目和内容，供学生自愿选择，切实增强课后服务的吸引力。学校充分利用课后服务时间，指导学生完成作业，组织优秀教师对学习有困难的学生进行课业答疑和辅导，为学有余力的学生拓展学习空间。积极开展丰富多彩的科普、文体、艺术、劳动、阅读、兴趣小组及社团活动等综合素质拓展类活动。学校不得利用课后服务时间讲授新课。

10. 拓宽服务渠道。课后服务一般由本校教师承担，校级干部、特级教师、市区级学科带头人、骨干教师应主动承担课后服务工作任务，也可聘请退休教师、具备资质的社会专业人员或志愿者等优质师资，引入校外优质资源，共同做好课后服务。教育部门可组织优秀教师到本区域内优质资源不足或有需要的学校开展课后服务。充分利用社会资源，发挥好少年宫、青少年活动中心等校外活动场所在课后服务中的作用。课后服务不能满足部分学生发展兴趣特长等特殊需要的，教育部门可通过遴选，适当引进非学科类培训机构参与课后服务，并建立评估退出机制。

11. 做强做优免费线上学习服务。全面实施“互联网+基础教育”工程。充分利用信息技术，提升教育教学水平和教育管理能力。健全线上教学管理制度，完善线上公共教学平台，打造“双师课堂”。教育部门要指导学校用好免费线上优质教育资源，免费向学生提供覆盖各年级各学科的学习资源，以及法制、安全、心理健康等方面的高质量专题教育资源，深化开放式互动答疑，惠及更多学生。

四、深化校外培训机构治理

12. 严格审批准入。不再审批新的面向义务教育阶段学生的学科类培训机构。对现有学科类培训机构重新审核登记，逐步压减，动态清零无证机构。保留的学科类培训机构统一登记为非营利性机构。依法依规严肃查处不具备相应资质条件、未经审批多址开展培训的学科类培训机构。对已备案的线上学科类培训机构按要求全面排查，并按标准重新审批准入。未通过审批的，取消其原有备案登记和互联网信息服务业务经营许可证（ICP）。

13. 严控学科类培训时间。严格执行未成年人保护法有关规定，校外培训机构不得占用国家法定节假日、休息日及寒暑假期组织学科类培训。学科类培训时间不得与中小学校教学时间相冲突；线下培训结束时间不得晚于 20 点 30 分，线上培训结束时间不得晚于 21 点。线上培训要注重保护学生视力，每课时不超过 30 分钟，课程间隔不少于 10 分钟。探索利用人工智能技术合理控制学生连续线上培训时间。

14. 规范培训服务行为。完善学科类培训管理服务平台，动态掌握学科类培训的培训内容、培训材料、教师资质等信息，健全完善培训内容备案与监督制度。严禁超标超前培训，严禁非学科类培训机构从事学科培训，严禁提供境外教育课程。线上培训机构不得提供和传播“拍照搜题”等惰化学生思维能力、影响学生独立思考、违背教育教学规律的不良学习方法。依法依规坚决查处超范围培训、培训质量较差、内容低俗违法、盗版侵权等突出问题。从事学科类培训的人员，必须具备相应教师资格；培训机构不得高薪挖抢学校教师；不得泄露家长和学生个人信息。聘请在境内的外籍人员要符合国家有关规定，严禁聘请在境外的外籍人员开展培训活动。

学科类培训机构实施信息公开制度，对机构资质（办学许可证、法人登记证书相关信息）、教师资质（包括姓名、照片、任教班次及教师资格证编号等）、收退费标准（包括收费标准、退费办法、培训费收取账号等）、培训内容（包括课程名称、时间、价格等）、聘用外籍人员情况（包括姓名、来华工作许可证件编号），在机构办学场所显著位置及网站进行公示。

15. 强化经营活动监管。严格控制资本过度涌入培训机构，培训机构融资及收费主要用于培训业务经营，坚决禁止为推销业务以虚构原价、虚假折扣、虚假宣传等方式进行不正当竞争，依法依规坚决查处行业垄断行为。落实将义务教育阶段学科类校外培训收费纳入政府指导价管理的要求，科学合理确定计价办法，明确收费标准，坚决遏制过高收费和过度逐利行为。校外培训机构每次招生前须向教育部门报备招生简章、课程内容、教师资质、收费情况等事项。加强对培训领域贷款的监管，全面使用《中小学生校外培训服务合同（示范文本）》，严查经营者利用不公平格式条款侵害消费者合法权益的行为。全面落实学科类校外培训机构预收费管理办法。鼓励实施“先培训后收费”“一课一消”培训收费模式，有效防范“退费难”“卷钱跑路”等问题发生。

16. 严控广告宣传投放。加强校外培训广告管理。市属主流媒体、新媒体以及公交车站和地铁等公共场所、居民区各类广告牌和网络平台等，不刊登、不播发校外培训广告。不得在中小学校、幼儿园内开展商业广告活动，不得利用中小学和幼儿园的教材、教辅材料、练习册、文具、教具、校服、校车等发布或变相发布广告。依法依规严肃查处各种夸大培训效果、误导公众教育观念、制造家长焦虑的校外培训违法违规广告行为。

17. 严禁学科类培训机构上市融资。严格落实中央有关要求，学科类培训机构一律不得上市融资，严禁资本化运作。上市公司不得通过股票市场融资投资学科类培训机构，不得通过发行股份或支付现金等方式购买学科类培训机构资产。外资不得通过兼并收购、受托经营、加盟连锁、利用可变利益实体等方式控股或参股学科类培训机构。已违规的，要进行清理整治。

18. 完善长效治理机制。完善全链条、全流程的管理服务工作体系，进一步健全违规行为发现机制、常态化风险监测机制和联动执法惩戒机制。用好“黑白名单”制度，不断完善信用管理和分级分类监管，推进监管模式创新。依托 12345 市民服务热线，设立专门举报电话和举报邮箱，畅通监督举报途径，发挥群众监督举报、媒体监督作用。发挥行业协会在自律规范、权益保护、纠纷处理、行业信用建设等方面的积极作用，形成行业自律、政府监管、社会监督互为支撑的协同监管格局。

五、提升校内教育教学质量

19. 推进优质均衡发展。积极开展义务教育优质均衡创建工作，持续深化集团办学、学区制管理，促进教育全要素有序流动，努力实现教学、队伍、资源的全区域统筹。加快城乡一体化学校和市级统筹优质学校建设。充分激发学校办学活力，扩大优质资源覆盖面，缩小城乡、区域、学校间教育水平差距，整体提升学校育人能力，促进义务教育优质均衡发展。

20. 规范教育教学秩序。严格落实国家课程方案和课程标准，开齐开足开好国家规定课程，严格规范教材使用。学校不得随意增减课时、提高难度、加快进度，小学一年级坚持零起点教学，其他年级按教学计划开展教学，做到应教尽教。降低考试压力，改进考试方式，不得有提前结课备考、违规统考、考题超标、考试排名等行为，考试成绩呈现实行等级制。学校不得利用国家法定节假日、休息日及寒暑假期，组织义务教育阶段的未成年学生开展任何形式的集体补课，不得组织任何形式的招生、分班考试，严禁划分重点班、实验班。

21. 提高课堂教学质量。落实课堂教学基本要求、基本规范和基本规程，优化教学方式，强化教学管理，积极推进“空中课堂”“双师课堂”“融合课堂”建设，提升学生在校学习效率。加强学科建设和教研管理，科学做好幼小、小初衔接，引导教师准确把握学科特点、知识结构、思想方法，遵循学生认知与成长规律，切实提高教学质量。

22. 深化高中招生改革。积极完善基于初中学业水平考试成绩、结合综合素质评价的高中阶段学校招生录取模式，不断深化高中招生考试方式改革，坚持德智体美劳全面评价，探索过程性评价，依据不同科目特点，完善考试和成绩呈现形式。坚持以学定考，进一步提升中考命题质量，防止偏题、怪题、超过课程标准的难题。逐步提高优质普通高中招生指标分配到区域内初中的比例，规范普通高中招生秩序，杜绝违规招生、恶性竞争。

23. 纳入质量评价体系。各区党委和政府要树立正确政绩观，严禁下达升学指标或片面以升学率评价学校和教师，认真落实义务教育质量评价指南，将“双减”工作成效等情况作为区、校义务教育质量评价的重要内容。

六、增强支撑保障能力

24. 做好课后服务保障。严格执行中小学教师编制标准，配齐配足教师。完善学校课后服务经费保障办法，确保经费增量满足课后服务需要。深化绩效导向，积极向参与课后服务人员倾斜。进一步优化中小学教师绩效工资方案，确保课后服务经费主要用于参与课后服务教师和相关人员的补助。把用于教师课后服务补助的经费额度，作为增量纳入绩效工资并设立相应项目，不作为次年正常核定绩效工资总量的基数。对聘请校外人员提供课后服务的，课后服务补助可按劳务费管理。教师参加课后服务的表现应作为职称评聘、表彰奖励和绩效工资分配的重要参考。

25. 促进家校社协同。进一步明确家校育人责任，密切家校沟通，创新协同方式，推进协同育人共同体建设。教育部门要会同妇联等部门，办好家长学校或网上家庭教育指导平台，推动社区家庭教育指导中心、服务站点建设，指导学校建立定期家访制度，完善家长培训体系，引导家长树立正确的育儿观、成才观，精准分析学生发展需求，理性确定孩子成长预期，努力形成减负共识，为学生成长营造良好环境。

26. 严禁教师有偿补课。严禁在职中小学干部教师参加校外培训机构或由其他教师、家长等组织的有偿补课；不得与校外培训机构合作，为校外培训机构介绍学生或提供学生信息；不得组织、推荐或引导学生参加有偿补课。依法依规严肃查处教师校外有偿补课行为，直至撤销教师资格。

七、切实加强组织领导

27. 全面加强组织领导。全面加强党对“双减”工作的领导，充分发挥党委和政府的组织领导作用，进一步巩固校外培训机构专项治理成果，把“双减”工作作为重大民生工程，列入重要议事日程，纳入党委教育工作领导小组重点任务，加强统筹协调，精心组织实施，确保“双减”工作落地落实。中小学校党组织要认真做好教师思想工作，充分调动广大教师积极性、创造性。校外培训机构要加强自身党建工作，发挥党组织的战斗堡垒作用。

28. 明确部门工作职责。落实“市级统筹、属地负责”工作机制，市、区“双减”工作专班做好统筹协调工作，研究解决重点难点问题，进一步完善工作例会和定期调度机制，定期报告工作进展，确保“双减”工作取得实效。

教育部门要抓好统筹协调，会同有关部门加强对校外培训机构日常监管，指导学校做好“双减”有关工作；宣传、网信部门要加强舆论宣传引导，网信部门要配合教育、经济和信息化部门做好线上校外培训监管工作；机构编制部门要及时为中小学校补齐补足教师编制；发展改革部门要会同财政、教育等部门制定学校课后服务性或代收费标准，会同教育等部门制定校外培训机构收费指导政策；财政部门要加强学校课后服务经费保障；人力资源社会保障部门要做好教师绩效工资核定有关工作；民政部门要做好学科类培训机构登记工作；市场监管部门要做好非学科类培训机构登记工作和校外培训机构收费、广告、反垄断等方面监管工作，依法行使教育行政处罚权和相应的行政检查权，加大执法检查力度，依法依规严肃查处违法违规行为；应急管理部门负责牵头做好培训场所安全管理工作；政法部门要做好维护和谐稳定相关工作；公安部门要依法加强治安管理，联动开展情报信息搜集研判和预警预防，做好相关涉稳事件应急处置工作；金融监管部门和人民银行营业管理部、北京银保监局、北京证监局负责指导银行等机构做好校外培训机构预收费风险管控工作，清理整顿培训机构融资、上市等行为；纪检监察部门负责监督执纪工作；党委、政府督查部门负责督查检查工作；其他相关部门按各自职责分工抓好落实。

各相关行业主管部门负责明确本领域校外培训机构的设置标准、准入方式，并强化日常监管。教育部门负责中小学学科类培训机构和各类外语培训机构的管理；文化和旅游部门负责文化艺术培训机构的管理；体育部门负责体育培训机构的管理；科技部门负责科普知识培训机构的管理。

29. **强化监督检查。**加大“双减”工作专项督查力度，将落实“双减”工作成效作为督查督办、漠视群众利益专项整治和政府履行教育职责督导评价的重要内容。充分发挥市、区两级教育督导力量，对“双减”工作进行专项督导检查。建立责任追究机制，对责任不落实、措施不到位的属地、部门、学校及相关责任人，要依规依纪依法严肃追究责任。督查结果纳入年度绩效考核。

30. **加强宣传引导。**新闻媒体要坚持正确舆论导向，及时宣传党的教育方针、政策，积极营造良好社会氛围，稳定社会面预期。及时总结“双减”推进工作中的好经验好做法，并做好宣传推广。

31. **稳妥推进实施。**坚决贯彻落实中央要求，准确把握“双减”政策，了解机构诉求，引导机构转型和规范发展。着力解决各类重点难点问题，对特殊情况，采取“一企一策”予以化解。各区各部门各单位要高度重视并防范可能出现的风险隐患，制定应对方案，不断完善政策措施，妥善处置突发事件，维护社会安全稳定。

在做好义务教育阶段学生“双减”工作的同时，统筹做好面向3至6岁学龄前儿童和普通高中学生的校外培训治理工作，不得开展面向学龄前儿童的线上培训，严禁以学前班、幼小衔接班、思维训练班等名义面向学龄前儿童开展线下学科类（含外语）培训。不再审批新的面向学龄前儿童的校外培训机构和面向普通高中学生的学科类校外培训机构。对面向普通高中学生的学科类培训机构的管理，参照中央及本市有关规定执行。

（文件由市委办公厅、市政府办公厅
于2021年8月14日印发）

北京市“十四五”时期教育改革和发展规划（2021—2025年）

“十四五”时期是首都教育全面落实《北京城市总体规划（2016年—2035年）》《首都教育现代化2035》，向实现高水平教育现代化迈进的重要时期。为深入贯彻党的十九届五中全会精神，根据《国家教育事业发展第十四个五年规划》和《北京市国民经济和社会发展第十四个五年规划和二〇三五年远景目标纲要》，为进一步明确2021至2025年首都教育改革发展的主要目标和任务，特制定本规划。

一、发展基础和形势要求

（一）发展基础

教育是国之大计、党之大计。习近平总书记十分关心首都教育事业，党的十八大以来先后10次视察北京教育系统，18次作出重要批示，24次给北京市大中小学回信，为做好首都教育工作提供了根本遵循。“十三五”时期，在市委、市政府的正确领导下，首都教育以加强党的领导和政治建设为坚强保证，坚持以人民为中心，坚持优先发展，持续深化综合改革，育人水平、服务经济社会发展能力、人民群众获得感均有明显提升，圆满完成了“十三五”时期教育规划确定的主要任务，在全国率先实现了教育现代化。

——立德树人谱写新篇章。始终牢牢把握为党育人、为国育才的初心和使命，坚持党的全面领导，遵循教育发展规律，不断探索中国特色、首都特点的教育发展之路。成立市委教育工作领导小组，召开全市教育大会，制定“4+N”政策体系，进一步完善了首都教育改革发展顶层设计。实施“一十百千”工程，开展“四个一”活动，大力构建大中小幼一体化德育体系，在全学段开展“我和我的祖国”“使命在肩、奋斗有我”主题教育活动。大学生思想政治教育进行了创新性探索，扎实推进全国“三全育人”综合改革试点区建设，取得积极成效。中小学幼儿园德育工作体系进一步完善，学生思想道德水平和文明素养进一步提高。首都教育长期保持安全稳定局面。在服务保障新中国成立70周年庆祝活动中，北京近9万名师生圆满完成各项任务，充分展示当代青少年的风采，得到了社会各界的积极评价。

——教育现代化迈上新台阶。首都教育发展水平继续处于全国领先地位，主要教育指标均排在全国前列，若干指标位居首位，提前达到《中国教育现代化2035》确定的主要事业发展目标。通过国际比较，首都教育达到世界发达国家水平，普及程度、教育质量、公共财政教育支出等指标处于世界前列。

——教育公平达到新高度。重点在教育公平方面持续发力，有效破解了一些人民群众长期反映强烈的热点难点问题。五年累计增加学前教育学位23万个，学前教育普及、普惠程度大幅提升，有效缓解了入园难、入园贵问题。通过不断扩充优质教育资源和规范入学办法，在“资源优质”和“机会公平”上同时发力，使老百姓在家门口就能上好学校，有效破解择校难题，小学、初中的就近入学比例均达到99%以上，中考中招选择机会更为丰富，高考高招录取率持续保持在90%以上，群众满意度不断提高。

——教育质量实现新提升。34所高校、162个学科进入“双一流”建设名单，在京高校A+类学科数量占全国的44%。重点建设100个一流专业，实施高水平人才交叉培养计划，每年近万名学生受益。推进职业教育“高质量、有特色、国际化”发展，7所高职院校入选国家高职教育“双高计划”。国家义务教育质量监测结果显示，北京学生的学习成绩、学习习惯、学习自信心以及教师的教育教学行为和效果持续保持前列，学生参加PISA测试取得优异成绩。首都教育在办学传统、办学理念、课程教学、教师队伍等方面的优势不断增强。

——教育综合改革取得新突破。深化教育领域综合改革，改革的系统性、整体性、协同性不断增强。考试招生制度改革取得重大进展，组织实施了新一轮中考改革，高考综合改革平稳落地。“校额到校”“市级统筹”“1+3”培养等方式对促进教育公平发挥了良好作用。高端技术技能人才贯通培养项目、中高职衔接项目进一步拓宽了职业人才培养通道。市属高校分类发展格局基本形成。高校、科研院所、艺术院团共同参与中小学办学，有效扩大了优质教育资源覆盖面。加强教师队伍建设，评选出首批中小学特级校长。“放管服”改革成效明显，民办教育分类管理、教育督导体制机制取得新突破，各级各类学校办学活力进一步激发。

——服务首都发展做出新贡献。高校积极参与国际科技创新中心建设，在关键核心技术研发、大科学装置建设与运营、技术转移和技术服务等方面发挥了重要作用。北京地区高校获国家科学技术“三大奖”数量占全国高校获奖数的22%，占全市获奖数的49.3%。布局99个高精尖学科，建设22个高精尖创新中心，获得国家级、省部级科学技术奖励100余项。高校产出了一批具有重大带动作用和影响的科技创新成果，培养打造了一批具有国际影响力的科学家、科技领军人才、高水平创新团队。全民受教育程度不断提升，全市新增劳动力受教育年限达到15.7年，教育为建设高精尖经济结构提供了有力的人才支撑。

——京津冀教育协同发展开创新局面。积极推动教育领域“疏整促”工作，严格控制市属高校和中职学校招生规模，以建设良乡、沙河大学城为重点促进部分中央高校向外转移，聚焦推进北京工商大学、北京电影学院、北京城市学院等5所市属高校向外疏解，教育空间布局不断优化。统筹全市优质教育资源在城市副中心规划建设14所优质学校，北京学校、黄城根小学分校等已开始招生。积极参与支持河北雄安新区建设，4所援助学校办学水平明显提升，3所“交钥匙”学校建设进展顺利。京津冀教育协同发展不断深化，教育资源共建共享水平显著提高。以援藏、援疆等为重点深化教育扶贫协作和支援合作，为决胜脱贫攻坚做出了应有贡献，形成了北京经验。

——教育保障能力实现新提升。各级政府高度重视教育事业，确保教育优先发展。投入持续增加，结构不断优化，2020年全市教育财政经费投入达到1128亿元，公共财政教育支出占公共财政支出比例达到15.85%。改革教育经费体制，投入市级财政资金150多亿引导民办幼儿园转成普惠园，让更多老百姓受益。健全教师绩效工资激励机制，落实乡村教师岗位生活补助，每年向3万余名乡村教师发放岗位生活补助，教师收入水平不断提升。深入推进“平安校园”建设，出台中小学幼儿园安全规定100条，为家长送上“定心丸”。

——教育系统疫情防控夺取新胜利。始终把师生员工生命安全和身体健康放在首位，取得抗击新冠疫情斗争重大战略成果。构建起市、区、校三级防控体系，以首善标准奋力打好疫情防控阻击战，筑好教育战“疫”的“防火墙”。“一区一案”“一校一策”制定防控预案，精准精细做好校园疫情防控工作，做到校内师生员工“零感染”。广大教师学生积极投身疫情防控工作，1.2万个基层党组织、5万余名党员投入防控一线，北大援鄂医疗队、首都医科大学疫情防控志愿者等得到党中央的充分肯定。坚持“停课不停教、停课不停学”，实现二级应急响应下的中高考工作平稳落地。倾力倾心做好高校就业工作，出台多项促进就业政策措施，加强困难群体毕业生帮扶，实现北京高校2020届毕业生整体就业率达到92%。

五年的成绩来之不易，根本在于我们始终坚持以习近平新时代中国特色社会主义思想为指导，努力推动习近平总书记关于教育的重要论述在首都教育领域落地生根，形成生动实践。五年来，我们始终坚持落实立德树人根本任务，全面发展素质教育，孩子们眼中有光、心中有梦，每个孩子都有了更多人生出彩的机会；始终坚持把服务首都“四个中心”功能建设作为首都教育的基本职责，为建设国际一流的和谐宜居之都提供有力的人才保障和智力支持；始终坚持以人民为中心，努力破解人民群众关心的教育热点难点问题，持续提高人民群众的教育获得感和满意度；始终坚持教育优先发展，持续提升教育保障能力，得到了全社会的关心、理解和支持，汇聚起办好教育的强大合力；始终坚持以改革创新为根本动力，持续完善教育体制机制，努力推进首都教育治理体系和治理能力现代化。首都教育正在发生深刻转型，教育面貌正在发生格局性变化，为“十四五”时期开启高水平教育现代化建设新征程奠定了坚实基础，首都教育站在了新的历史起点上。

（二）形势要求

“十四五”时期是我国全面建成小康社会、实现第一个百年奋斗目标之后，乘势而上开启全面建设社会主义现代化国家新征程、向第二个百年奋斗目标进军的第一个五年，也是北京落实首都城市战略定位、建设国际一流的和谐宜居之都的关键时期。首都教育在率先实现教育现代化的基础上，全面开启建设高质量教育体系和高水平教育现代化的新阶段。

首都教育必须在落实立德树人根本任务、培养德智体美劳全面发展的社会主义建设者和接班人上作出新表率。要牢牢把握为党育人、为国育才的初心使命，在党的坚强领导下，全面贯彻党的教育方针，坚持马克思主义指导地位，坚持中国特色社会主义教育发展道路，坚持社会主义办学方向，培养担当民族复兴大任的时代新人。

首都教育必须在“四个中心”功能建设、提高“四个服务”水平上发挥更大作用。要深入学习贯彻习近平总书记关于教育的重要论述和对北京重要讲话精神，持续优化首都教育功能，进一步筑牢全国政治中心功能建设的重要阵地，夯实文化中心功能建设的重要载体，扩大国际交往中心功能建设的重要窗口，巩固科技创新中心功能建设的重要支撑。

首都教育必须在满足市民更加充分、更高质量的教育需求上下功夫。要紧扣“七有”要求、“五性”需求，适应学龄人口规模快速增加和人口老龄化加速的趋势，优化教育资源配置，扩大教育资源供给，提升基本公共教育服务水平，持续增强人民群众的教育获得感和满意度。

首都教育必须在适应科技发展、探索教育与科技融合方面发挥引领作用。新一轮科技革命蓬勃兴起，带动了以绿色、智能、泛在为特征的群体性重大技术变革，大数据、云计算、人工智能等新一代技术广泛运用到教育领域。首都教育要顺应科技发展变化，大力发展数字教育，加速推进教育理念、内容、技术、模式的创新，主动引领教育发展模式变革。

首都教育必须在构建终身教育体系、提升全民素质方面有更大作为。公平优质的教育成为世界教育发展的最大共识，国际前沿教育理念更加关注个体的教育需求，强调开放、灵活、全方位的终身学习，为所有人发挥自身潜能提供机会。首都教育要主动回应人民群众的教育向往期待，加快城教融合发展，全面构建服务全民终身学习的教育体系。

首都教育必须在开放发展、推进高水平教育交流合作方面发挥重要作用。国际教育交往遭遇逆流，首都教育利用全球资源开展人才培养和科技创新受到前所未有的冲击，主要依靠体制内资源的传统教育发展之路已不可持续。首都教育必须顺应形势，主动服务“两区”建设，加强与各类社会资源的沟通合作，加强同世界各国的互鉴、互容、互通，形成开放发展的新动能。

首都教育必须在构建更加科学高效的教育治理体系方面进行深入探索。新冠肺炎疫情期间开展的大规模线上教育正在引发教学模式、育人模式的深刻变化。深化新时代教育评价改革，对塑造首都教育新的生态提出了变革性要求。教育系统要准确把握教育变化趋势规律，加快提升管理的规范性和精细化程度，加快完善教育治理体系与治理能力。

面对新的环境和形势，要清醒地看到，首都教育发展还存在一些问题，突出表现在：教育的规模、布局、结构、质量还不完全适应首都城市发展变化的节奏，还不完全适应“四个中心”功能建设和国际一流的和谐宜居之都建设需要；首都教育资源供给尚难以充分满足市民对更高质量更加多样教育的期盼；教育深度支撑首都发展，为经济社会发展的直接贡献力不够，教育的人才优势还没有充分转化成科技创新优势；运用科技赋能教育的深度和广度不够，数字教育有待进一步探索与应用；教育治理体系和治理能力与教育现代化目标还存在差距，学校、家庭、社会协同育人机制仍需完善。

环境和形势的深刻变化，带来首都教育发展的一系列新机遇和新挑战。机遇前所未有，更具战略性、变革性，挑战前所未有，更具紧迫性、艰巨性。我们必须完整、准确、全面贯彻创新、协调、绿色、开放、共享的发展理念，统筹发展与安全，牢牢把握教育工作的规律性，以首善标准建设高质量教育体系，构建首都教育发展新格局。

二、指导思想和主要目标

（一）指导思想

以习近平新时代中国特色社会主义思想为指导，全面贯彻党的十九大和十九届二中、三中、四中、五中全会精神，深入贯彻习近平总书记关于教育的重要论述和对北京重要讲话精神，贯彻落实全国和全市教育大会精神，在党的坚强领导下，全面贯彻党的教育方针，坚持以人民为中心发展教育，坚定不移贯彻新发展理念，坚持改革开放，坚持系统观念，以首都发展为统领，牢牢把握首都城市战略定位，统筹发展与安全，遵循教育发展规律，培养德智体美劳全面发展的社会主义建设者和接班人，加快建设高质量教育体系，构建首都教育发展新格局，全面提升教育现代化水平，努力办好人民满意的首都教育，为建设教育强国、实现第二个百年奋斗目标、谱写中华民族伟大复兴中国梦的北京篇章做出更大贡献。

（二）主要目标

到2025年，全面构建首都高质量教育体系，实现更高水平、更具影响力的教育现代化，培养具有家国情怀、首都气派、国际视野、创新精神的高素质人才，努力让每个孩子都享有公平而有质量的教育，让每个孩子都有人生出彩的机会。全面支撑首都“四个中心”功能建设，为北京率先基本实现社会主义现代化发挥基础性、先导性、全局性作用，为北京建设成为伟大社会主义祖国的首都、迈向中华民族伟大复兴的大国首都、国际一流的和谐宜居之都做出新的贡献。

——德智体美劳全面发展的教育体系更加健全。实现立德树人融入教育教学各环节，贯穿各级各类教育领域，学生品德修养、综合素质、运动技能、审美情趣、劳动实践能力全面提升，家庭、学校、社会密切配合的育人体系更加健全。

——学前教育更加普及普惠安全优质。全市适龄儿童入园率保持在90%以上，普惠性幼儿园覆盖率达到90%，学前教育教师接受专业教育比例达到85%。适龄幼儿就近接受高质量的学前三年教育，科学的保教体系基本形成，保障儿童健康快乐成长。

——义务教育更加优质均衡。义务教育就近入学率保持在99%以上。优质义务教育资源更加丰富均衡，区域、校际优质教育资源差距显著缩小。教师队伍建设全面加强，义务教育专任教师中本科及以上学历人员比例超过96%。中小学生体质健康测试达标优良率超过70%。

——高中教育更加多样化有特色。优质高中教育资源不断扩大，学生全面而有个性发展的育人方式基本确立，形成一批特色优势明显、质量水平上乘、辐射带动力强的高品质学校，普通高中多样化有特色发展的教育生态全面形成。普通高中与中等职业教育协调发展，学生自主学习和发展的能力显著增强。

——职业教育服务城市发展能力更加高效。职业教育适应性明显增强，高素质技术技能人才供给能力显著提升，“双师型”教师比例达到82%，国际一流的职业院校和特色高水平专业建设取得明显进展，基本建成现代职业教育与培训体系。

——高等教育国际竞争力更加显著。一流大学和一流学科群建设取得积极进展，市属本科高校分类发展的格局基本形成。高等教育人才培养质量明显提升，国际学生和高端学术交流的吸引力显著增强。

——数字教育更加深入推进。科技为教育注入新活力，教育服务向体验化、品质化和数字化方向提档升级。形成泛在开放的学习环境，提供丰富多元的数字教育资源，构建处处能学、时时可学的智能化平台，满足不同学生个性化学习需求。智慧校园覆盖率达到85%以上。

——终身学习环境更加优越。全民受教育程度不断提升，新增劳动力受教育年限达到15.8年。各级各类教育互动与协同共进的格局不断增强，基本建成融通便捷的终身教育体系和终身学习成果认证体系。建成布局合理、学段衔接、普职融通、教康结合的特殊教育体系。专门教育保障机制更加健全。

——教育治理格局更加完善。依法治教体系更加健全，中国特色、首都特点的现代学校制度基本形成。教育财政保障机制更加健全，公共财政教育支出占公共财政支出比例达到16%。教育教学环境更加绿色、安全，绿色学校达标率超过70%，平安校园达标率达到100%。

——人民群众教育获得感更加明显。教育领域综合改革全面深化，教育供给更加充分多样，适应学龄人口受教育需求。素质教育得到有效实施，因材施教的理念全面落实，成长成才的渠道更加畅通多元，群众对首都教育获得感和满意度明显提升。

专栏：教育事业发展与人力资源开发主要指标

	指标	2020年	2025年
1	学前教育入园率（%）	90	＞90
2	普惠性幼儿园覆盖率（%）	87	90
3	义务教育就近入学率（%）	＞99	＞99
4	学前教育专任教师接受专业教育比例（%）	81	85
5	义务教育专任教师中本科及以上学历人员比例（%）	95	＞96
6	职业教育“双师型”教师比例（%）	80	82
7	新增劳动力平均受教育年限（年）	15.7	15.8
8	公共财政教育支出占公共财政支出比例（%）	15.85	16
9	中小学生体质健康测试达标优良率（%）	62.4	＞70
10	智慧校园覆盖率（%）	—	＞85
11	绿色学校达标率（%）	—	＞70
12	平安校园达标率（%）	100	100

三、主要任务

（一）持续加强党对教育工作的全面领导

充分发挥各级党委总揽全局、协调各方的领导核心作用，坚定社会主义办学方向，突出思想引领，以高质量党建引领首都教育高质量发展。

1. 强化党的创新理论武装

把学习贯彻习近平新时代中国特色社会主义思想作为首要政治任务，充分运用理论学习中心组、重大政治理论轮训等形式，做到学懂弄通、融会贯通、真信笃行。持续推进习近平新时代中国特色社会主义思想进教材进课堂进头脑，构建以习近平新时代中国特色社会主义思想为核心内容的课程群。深化北京市学校思政课“同备一堂课”机制，及时推动习近平总书记最新重要讲话精神融入思政课教学。实施课程思政建设工程，推动各类课程与思政课建设同向同行，形成协同效应。依托北京高校思政课高精尖创新中心等智库平台，组织专家学者深入研究阐释党的创新理论成果，建设思政课教学重点难点问题库，及时解答和回应重大理论问题和现实关切。推动党的创新理论成果“浸入式”宣讲常态化，引导师生树牢“四个意识”、坚定“四个自信”、做到“两个维护”。

2. 健全党对教育工作全面领导的体制机制

贯彻党把方向、谋大局、定政策、促改革的要求，完善上下贯通、执行有力的组织体系，推动中央和市委各项部署要求不折不扣落实。持续深化机构改革“后半篇文章”，充分发挥市委教育工作领导小组、市教育体制改革专项小组作用，理顺配套体制机制，调动各成员单位积极性，形成推动教育改革发展合力。坚持和完善高校党委领导下的校长负责制，推行中小学党组织领导的校长负责制，加强民办学校党的组织有效覆盖，形成落实党的领导纵向到底、横向到边、全面覆盖的工作格局。

3. 深入推进教育系统党的建设

充分发挥全面从严治党引领保障首都教育事业发展作用，不断巩固深化“不忘初心、牢记使命”主题教育成果，探索建立主题教育工作的常态化机制。纵深推进高校党的政治建设攻坚战，抓好《关于加强高校党的政治建设的若干措施》落地见效。全面贯彻新时代党的组织路线，强化基层党组织的政治功能和组织力，推动基层党组织全面进步、全面过硬。贯彻落实普通高等学校基层组织工作条例。加强干部队伍建设，落实好干部标准，突出政治素养培养，提高教育系统各级领导班子和干部适应新时代新要求抓改革、促发展、保稳定水平和专业化能力，加强对敢担当、善作为干部的激励保护，以正确用人导向引领干事创业导向。持续提升人才工作水平。锲而不舍落实中央八项规定精神，持续纠正形式主义、官僚主义，切实为基层减负。用好巡视巡察利剑，加强内部审计监督，坚持无禁区、全覆盖、零容忍，一体推进不敢腐、不能腐、不想腐，营造风清气正的良好政治生态和育人环境。加强党的统一战线工作，增强群团工作政治性，凝聚推动首都教育改革发展的强大合力。

（二）坚持“五育”并举着力培养时代新人

注重学生全面发展，大力发展素质教育，促进德育、智育、体育、美育和劳动教育有机融合，充分利用各类资源，一体化设计、一体化推进，推动实现课程教学、组织管理、学校文化等教育生态的整体变革，努力构建德智体美劳全面发展的教育体系，为学生终身发展奠基，让学生成为生活和学习的主人。

1. 构建系统衔接的大中小幼一体化德育体系

完善德育一体化实施机制。把立德树人融入思想道德教育、文化知识教育、社会实践教育各环节，贯穿基础教育、职业教育、高等教育各领域。针对不同年龄段学生，合理设计德育内容、途径、方法，加强相邻学段德育工作交流，使德育层层深入、有机衔接。充分发挥课堂教学的主渠道作用，创新教学方式，严格落实德育课程。充分挖掘各学科课程蕴含的德育资源，强化全学科德育功能。

扎实推进“三全育人”。构建市委统一领导、各部门主动参与、全社会关心支持、优质资源全方位供给的育人大环境。在高校构建党委全面领导、部门协调负责、教职工自觉育人、各环节全面贯通的育人小环境。大力推进全国“三全育人”综合改革试点区建设。

深入开展理想信念教育。围绕党和国家中心工作和重大主题，在全市教育系统每年开展贯穿全年的主题教育活动，继续组织“四个一”活动，开展“学习新思想，做好接班人”主题教育活动。以社会主义核心价值观为引领，大力开展中华优秀传统文化、革命传统、总体国家安全观等教育，引导学生听党话、跟党走。深化民族团结进步教育，铸牢中华民族共同体意识。广泛开展生态文明教育和可持续发展教育。加强法治教育，培育学生的法治理念、法治思维和法治信仰。加强国防教育，增强学生国防观念和忧患意识。加强诚信教育，增强学生的诚信理念、规则意识和契约精神。

深入持久开展爱国主义教育。贯彻北京市新时代爱国主义教育实施方案，深入开展以爱国主义为核心的民族精神和以改革创新为核心的时代精神教育。用好习近平新时代中国特色社会主义思想在京华大地的生动实践，深入开展党史、新中国史、改革开放史、社会主义发展史学习教育。紧扣庆祝建党 100 周年、迎接党的二十大等历史节点，深入开展爱党、爱国、爱社会主义教育。用好中国共产党早期革命活动（北大红楼）、抗日战争（卢沟桥和宛平城）、建立新中国（香山革命根据地）等红色文化资源，广泛拓展爱国主义教育途径。

2. 着力培养学生的核心品格和关键能力

增强学生认知能力和创新意识。严格按照国家课程方案和课程标准实施教学，充分发挥教师主导作用，引导教师深入理解学科特点、知识结构、思想方法，科学把握学生认知规律，上好每一堂课，确保学生达到国家规定的学业质量标准。加强科学教育和实验教学，广泛开展多种形式的科技活动、读书活动。加强教学内容与社会、自然的联系，培养创新思维和能力。促进学生将知识与现实生活和未来发展建立联系，为学生终身学习能力的形成奠定基础。

探索适应新场景的教学方式。加强智慧教室、智能教学助手、人工智能教师等新技术在教育领域的应用，优化教学组织方式，推动线上线下混合教学。加强对学习认知和学习行为规律的研究，积极发展基于数字教育的“翻转课堂”，注重启发式、互动式、探究式教学，推动教育教学方式由“以教师为中心”向“以学生为中心”的转变，促进学生自主有效学习。

3. 全面加强学校体育和学生健康教育

提升体育的育人水平。坚持健康第一的教育理念，进一步丰富学校体育供给，破解制约学校体育发展的瓶颈难题，帮助学生在体育锻炼中享受乐趣、增强体质、健全人格、锤炼意志。全面推进体教融合工作，将体育与健康纳入北京市基础教育课程综合改革统筹谋划，构建具有北京特色的体育与健康课程体系。学前教育阶段开展适合幼儿身心特点的游戏活动，培养体育兴趣爱好，促进运动机能协调发展。职业教育体育课程与职业技能培养相结合，培养身心健康的技术人才。高等教育阶段体育课程与创新人才培养相结合，培养具有崇高精神追求、高尚人格修养的高素质人才。

涵养阳光健康的校园体育文化。围绕 2022 年北京冬奥会和冬残奥会，开展形式多样的奥林匹克教育活动。推进冰雪运动进校园，持续建设 200 所中小学冰雪特色学校，引导百万学生参与冰雪运动。加快建设北京国际奥林匹克学院。弘扬和传承中华传统体育文化，因地制宜开展体育教学、训练、竞赛活动。完善青少年体育赛事体系，打造校园体育精品赛事，促进各类体育竞赛活动全员化、常态化、品牌化发展。

全力呵护学生健康成长。健全学校健康教育工作体系，配齐心理教师、卫生专业技术人员和营养健康管理人员，做好学生常见病监测和防治。将健康教育融入日常教学和学生管理，引导学生不吸烟、少熬夜、少吃不健康食品，从生活点滴中自觉养成健康的行为习惯。关注青少年心理健康，探索医教结合、学段衔接、校内外有效协同的心理健康教育工作模式。加强儿童青少年近视综合防控体系建设，定期开展中小学生视力监测和干预，坚决遏制“小眼镜”问题。

4. 全面加强和改进学校美育

着力提高学生审美和人文素养。充分挖掘和运用各学科蕴含的体现中华美育精神与民族审美特质的丰富美育资源。有机整合相关学科的美育内容，推进课程教学、社会实践和校园文化建设深度融合，大力开展以美育为主题的跨学科教育教学和课外校外实践活动。将音乐、美术、舞蹈、戏曲、戏剧和书法等课程以及参与学校组织的艺术实践活动情况纳入学业要求，实现义务教育阶段学生基本具备1项艺术爱好。建立艺术素养评价体系，将艺术素质测评结果作为学生综合素质评价的重要内容和学校教育教学质量的重要指标，促进美育教学质量稳步提升。

深化拓展美育实践活动。充分利用高水平艺术院团支持学校美育发展。将中华优秀传统文化和艺术经典全方位、全过程融入学校美育，持续开展京剧等民族艺术进校园和高雅艺术进校园活动。总结美育经验，凝练美育理念，构建美育模式，形成具有首都特色的现代化美育体系。

5. 全面加强劳动教育

充分发挥劳动育人功能。将劳动教育贯通大中小学各学段，紧密结合首都经济社会发展变化和学生生活实际，积极探索具有首都特点的劳动教育模式。广泛开展劳动教育实践活动，组织学生参加各种力所能及的劳动或职业体验，培养学生动手实践能力，养成尊重劳动、热爱劳动的品质。将劳动素养纳入学生综合素质评价体系。中小学劳动教育必修课平均每周不少于1课时。职业院校要开设不少于16学时的劳动专题教育必修课。普通高校将劳动教育纳入专业人才培养方案。

增强劳动教育合力。强化家庭基础作用、学校主导作用和社会支持作用，形成“三位一体”推进劳动教育局面。发挥北京市社会大课堂资源单位的劳动教育作用，系统设计实践内容，形成北京市劳动教育实践基地体系。支持中小学因地制宜利用高校、科研院所、行业企业等资源，宜工则工、宜农则农，采取多种方式开展劳动教育。加强劳动教育师资队伍建设，健全经费投入机制，强化安全保障。

(三) 围绕“七有”“五性”优化教育服务

以充分满足人民群众幼有所育、学有所教为目标，促进基础教育优质均衡，努力办好每一所学校，为每一位少年儿童创造更加优越的成长环境。

1. 推动学前教育普及、普惠、安全、优质发展

适应群众多样化入园需求，合理优化学前教育资源，精准布局学前教育学位，有效保障群众就近就便入园。进一步完善学前教育管理体制、办园体制和政策保障机制，健全覆盖城乡、布局合理的学前教育公共服务体系。实施学前教育质量提升行动计划，促进非教育部门办园、民办园、社区办园点整体提升办园质量。完善学前教研体系，开展生活化、游戏化、自然化的幼儿园活动研究和实践。建立健全全市幼儿园质量评估标准，将各类幼儿园纳入质量评估范畴，定期向社会公布评估结果。加强对各类幼儿园的规范管理和专业指导，提升幼儿园科学保教水平，提高安全卫生保障能力，坚决防止幼儿园“小学化”倾向。拓展幼儿园师资来源，加强教师培训，提高教师待遇。健全学前教育普惠发展支持政策，完善市区财政扶持措施，探索建立幼儿园收费与财政补助联动机制，确保普惠性幼儿园持续健康发展。

2. 推进义务教育优质均衡发展

统筹推进城乡义务教育一体化改革发展，加强城乡一体化学校建设，建立健全教学、服务、管理标准，完善优质教育资源共享机制，继续加大城区优质基础教育资源向郊区辐射力度。大力推动中小学集团化办学发展，进一步优化集团办学布局，完善集团治理结构，激发集团发展活力，提高学校办学水平。深化中小学学区制改革，促进区域教育教学质量整体提升。切实提升农村教育水平，支持乡村小规模和乡镇寄宿制学校发展，加强农村困境儿童和留守儿童关爱保护。完善进城务工人员随迁子女享受基本公共教育服务保障机制。扎实做好民族教育工作，推动民族教育内涵发展。扎实推进减轻义务教育阶段学生作业负担和校外负担工作，着力提升课堂教学质量，创新课后服务机制，推动中小学普遍开展课后服务工作，严格规范管理校外培训机构。

3. 深化普通高中多样化有特色发展

适应教育发展趋势和人才需求变化，不断改进普通高中学校样态、教育教学、评价方式、学习方式。修订普通高中学校办学条件标准细则，建立体现普通高中学业质量标准、促进学生核心素养培育的学校评估考核机制。优化课程实施，加强课程整体建设，完善学校课程管理。鼓励普通高中开设丰富的选修课程，满足学生多样化需求。创新教学组织管理，完善选课走班教学管理机制。结合人才培养规律、学生兴趣特长和招生大数据分析，指导学生科学选课。注重利用高校、科研机构、企业等资源，加强学生生涯发展指导。完善市级优质高中教育资源统筹工作机制，大幅扩大郊区优质高中教育资源。坚持“一校一案”，结合学校历史积淀、学校文化和办学优势，培育一批特色优势明显、质量水平上乘、辐射带动力强的高品质学校。

4. 促进特殊群体教育保障提质升级

扩大学前特殊教育学位供给，提高义务教育阶段特殊教育办学质量，加快发展以职业教育为主的高中阶段特殊教育，提高残疾人接受高等教育的比例。加强特殊教育师资培训和课程资源建设，持续推进特教学校达标工作。推进融合教育，加强自闭症基地和学区融合教育资源中心建设，为有特殊需求的少年儿童提供适宜的教育。健全促进

专门教育发展的政策措施，优化师资配置，改进教学水平，有效提升教育矫治能力。加强家庭经济困难学生教育资助，促进每个学生全面发展、共享人生出彩机会。

5. 构建服务全民终身学习的教育体系

深化推进城教融合，建设高水平学习型城市。加快构建网络化、数字化、个性化、终身化的教育体系。推进职业技术教育、高等教育、继续教育统筹协调与融合发展。加快推进学分银行建设，推动多种形式学习成果的认定、积累和转换，实现不同类型教育、学历与非学历教育、校内与校外教育之间互通衔接，畅通终身学习和人才成长渠道。大力发展城乡社区教育，探索社会学习资源共建共享机制，建设智能化终身学习公共服务平台，培育终身学习示范项目和品牌。积极推进老年教育和社区共学养老。大力培育高素质农民和农村实用人才。深化语言文化建设，加强语言人才培养、科学研究和技术创新，健全语言文字工作组织保障，提高语言文字社会应用规范化的治理与服务能力。

（四）打造落实城市总体规划的教育样板

锚定城市总体规划确定的目标和任务，持之以恒推进教育布局优化调整，在城市发展的宏伟蓝图上书写出精彩的教育篇章。

1. 多渠道增加中小学学位供给

加快中小学学校建设，全市新建、改扩建和接收居住区教育配套中小学 150 所左右，完成后新增学位 16 万个左右。充分挖掘利用现有教育资源，对有条件的校舍进行改扩建。支持学校整合校内空间资源，通过各类教室复合利用，增加学位数量。在保障教学质量和安全的前提下，适当扩大班级容量。统筹区域内职业教育、校外教育等资源，积极用于补充中小学学位缺口。加大出租出借校舍的回收力度。统筹使用各类教育设施，加强学区内、教育集团（集群、联盟）内、一贯制学校内和学校间的资源共享，充分提高学位资源利用效率。积极面向校外拓展办学资源，充分利用城市疏解腾退空间资源，优先用于补充义务教育学位缺口。

加强优质教育资源市级统筹。在城市副中心、三城一区、大兴国际机场临空经济区等重点功能区和人才聚集区，规划建设 17 所左右优质中小学学校。通过“市建共管”或“市建区办”方式，统筹全市优质教育资源支持学校建设，建成后提供优质中小学学位 5 万个左右。

大力推进国际学校建设。在国际人才社区等国际人才密集地区布局一批国际学校。重点打造 1～2 所高品质国际学校，借鉴国外先进理念，形成具有北京特色的国际化教学模式和课程体系，带动全市国际学校高质量发展。结合外语外交人才需求，支持外国语学校规范健康发展，鼓励和支持北京国际语言环境建设。服务国家和本市人才引进战略，不断完善涉外教育服务供给体系，为在京常住外国人和海外优秀人才营造良好的教育服务环境。

2. 分区域优化教育资源配置

合理保障核心区入学需求。推进公共服务用地优先保障基础教育设施建设。实施校园更新改造，通过精细化、非标准化设计，提升教育资源空间品质。综合运用户籍、住房、入学等政策，合理控制核心区入学规模。发挥核心区优质教育资源引领带动作用，促进核心区内外教育质量均衡发展。

促进中心城区教育资源均衡配置。人口密集地区结合街区修补，补充中小学办学资源。城乡结合部地区严格落实配套标准，确保中小学设施与村庄改造同步规划、同步建设、同步交付。全面补齐海淀山后、丰台河西等地区教育设施短板，大力引入优质教育资源。

加强城市副中心教育配套保障。推动教育设施规划落地，加快北京学校、首师大附中、景山学校、北海幼儿园等优质教育项目建设，有序实施老城区校舍改造，有效增加学位资源。持续推进教师素质和基础教育质量提升，统筹中心城区优质学校与城市副中心学校精准帮扶协作，促进区域教育质量整体提升。

提升多点地区教育承载力。根据区域功能定位和人口变化，合理规划建设一批中小学。加强重点功能区教育服务保障，建设一批优质学校，新建、扩建一批国际学校。加快补齐昌平回天、房山长阳等人口密集地区教育设施缺口。

突出生态涵养区办学特色。积极创建优质学校，带动整体提高办学质量。结合镇域规划，均衡布局学校，缓解城区入学压力。优化乡村学校布局，保障偏远山区低龄儿童就近入学需求。支持乡村学校通过因地制宜、内外兼修等措施，激发发展活力，努力打造一批时代特色鲜明的美丽乡村学校。

3. 持续疏解中心城区部分教育功能

深入落实疏解整治促提升专项行动，有序疏解中心城区部分普通高校，压缩高校中心城区在校生规模。北京电影学院、北京信息科技大学等高校新校区建成使用。加快首都医科大学、首都体育学院新校区建设，推动中心城区校址整体腾退。统筹新老校区资源，结合区域规划和功能，有序推动已疏解高校老校区腾退空间的合理利用。推进沙河、良乡高教园区向大学城转化，建设结构合理、要素齐全、职住平衡、充满活力的科教融合新城。加快建设中国人民大学通州校区、北京化工大学昌平校区和中央民族大学丰台校区。研究推进相关高校到郊区落地，努力推进实现“区区有高校”的目标。

4. 推进形成更加紧密的京津冀教育协同发展格局

全力支持河北雄安新区教育发展，建成三所“交钥匙”学校并投入使用，持续推进学校对口帮扶工作，适时拓展实施一批帮扶合作项目。支持部分中央在京高校向雄安新区有序转移。推进北京城市副中心与河北廊坊北三县教育统筹规划发展，促进优质教育资源向北三县地区延伸布局。唱好京津教育“双城记”，实现各类教育优势互补、深度融合。强化区域教育协同联动发展，鼓励北京优质中小学采取教育集团、学校联盟、对口帮扶、开办分校等方式开展跨区域合作办学，扩大教育资源辐射面。加强教师培养培训基地共建，促进数字学校、素质教育基地、实习实训基地和体育运动设施共享。鼓励职业院校通过联合办学、校区建设等形式开展实质性合作。深化京津冀高校联盟建设，鼓励高校发挥学科互补优势，开展协同创新攻关与成果转化应用。

5. 深化跨区域教育交流合作

充分发挥首都优质教育资源辐射带动作用，紧密结合对口支援地区实际需求，细化完善教育帮扶机制，提升教育帮扶精准度和实效性。办好内地民族班，落实好少数民族高层次骨干人才培养计划。强化与发达地区交流合作，共享先进的教育理念和教育经验，开展多层次、多领域的平台和项目合作，共同创造具有中国特色的现代化教育发展模式和经验。

（五）增强教育服务首都发展的能力水平

聚焦现代化经济体系建设，深化教育领域供给侧结构性改革，优化教育资源配置，提高教育供给与经济社会发展需求的契合度，为北京率先探索构建新发展格局的有效路径提供支撑。

1. 支持“双一流”建设

分类建设一流大学和一流学科。建立完善的分类管理、分类支持、分类发展的引导机制，支持高校把发展科技第一生产力、培养人才第一资源、增强创新第一动力更好结合起来，合理定位、办出特色、争创一流。支持一流大学全面提高人才培养能力，培养一流人才方阵。引导一流大学完善以健康学术生态为基础、以有效学术治理为保障、以产生一流学术成果和培养一流人才为目标的大学创新体系，勇于攻克“卡脖子”的关键核心技术，加强产学研深度融合，促进科技成果转化。

引导“双一流”建设高校主动服务国家和北京经济社会发展。深入推进“双一流”大学与其他在京高校学科合作共建，深化校际平台合作，加强学术交流和科研合作，强化师资队伍建设，全面提升学科带头人和学科骨干的学术水平，深入推进研究生联合培养，构建市属高校与中央高校学科优势互补、融合发展新模式。

2. 深化高等学校分类发展改革

完善市属高等学校分类发展政策体系。改革市属高校考核模式，建立分类的财政支持政策，深化市属高校内部人事制度改革，促进市属高校内涵、特色、差异化发展，实现高校在不同类型和不同领域办出特色、争创一流。

支持高水平研究型大学建设。聚焦国家、北京和特定领域的核心需求设置专业，突出重点领域、促进学科交叉，大力开展前沿研究、基础研究和应用基础研究，重点培养德才兼备、全面发展、具有较强创新能力的优秀人才。

加强高水平特色型大学建设。面向国家发展和首都急需，集中力量发展最具优势和前景的学科专业，深入推进行业产业领域的基础研究和应用研究，重点培养品学兼优、能力突出、社会需要的行业建设优秀人才。

推进高水平应用型大学建设。深化教育教学改革，加强学科专业建设，紧密结合北京经济社会发展和人才培养需求，开展高相关性理论探索和科技创新，重点培养知行合一、学以致用、具有创新精神的优秀应用型建设人才。

3. 全面提升人才培养质量

优化学科专业结构。支持高校加强基础学科培养能力，打破学科专业壁垒，对现有学科专业体系进行调整升级，瞄准科技前沿和关键领域，推进新工科、新医科、新农科、新文科建设，加快培养紧缺人才。支持一批应用学科建设，加强服务经济社会发展人才支撑。要用好学科交叉融合的“催化剂”，布局一批战略性新兴交叉学科，加强学科重组整合、交叉融合，不断培育新的学科增长点，加快交叉学科高层次人才培养。

提升本科教育教学水平。深入开展教学改革研究，打造一批高校优质本科课程和本科教材，支持一批具有前瞻性、探索性的高等教育人才培养项目。推进高校一流专业建设，培育一批高水平的创新团队和教学团队，建立教学质量标准和教师专业标准。持续推进“双培计划”“外培计划”。广泛开办大学生学科竞赛，大力建设校内外实习实践平台。持续深化“北京学院”“卓越联盟”建设。鼓励在京高校与国内外知名大学、机构和企业开展人才培养交流合作。

提高研究生教育质量。稳步发展学术学位研究生教育，大力发展专业学位研究生教育。面向世界科技发展最前沿，对接国家及北京重大需求，实施关键领域核心技术紧缺和经济社会发展亟需高层次人才培养专项。创新科教融合育人机制，完善产教融合协同育人模式。加强研究生课程教材和导师队伍建设，提升导师队伍水平。鼓励培养单位与国内外高水平大学、顶尖科研机构、世界高新科技企业开展深度交流合作。

提升人才培养与经济社会需求的匹配度。瞄准北京经济社会发展紧缺人才、复合型优秀人才、高素质技能型人才缺口，深化市属本科高校和高职院校人才培养机制改革，促进高校招生、培养、就业密切联动，学科专业提前布局、动态调整，提高人才培养的科学性、针对性、实用性。

4. 提升高校科技创新能力

深度参与国际科技创新中心建设。支持高校深入落实国际科技创新中心建设战略行动计划，发挥科技和人才资源优势，积极参与“三城一区”建设发展。深入推进新一期高精尖创新中心建设，聚焦国家战略需求和北京重大任务，全面开展大交叉、大联合、大纵深协同创新，增强关键核心技术供给能力。统筹加强北京实验室建设，面向现代产业体系发展需求，深化产学研体制机制创新，促进源头创新、技术研发、产业化应用的紧密结合。鼓励高校面向量子、脑科学、人工智能、纳米能源、生物育种、干细胞与再生医学等领域，汇聚创新资源，培育创新力量。支持高校开展高水平国际科技交流活动，打造国际科技创新中心的高校力量。

全面提升原始创新能力。支持高校加强基础研究，遵循基础研究规律，强化长期稳定支持，致力科学前沿突破，孕育重大原始创新成果。优化高校科技创新体系，完善科技项目形成机制，加强“从 0 到 1”基础研究。全方位谋划基础学科人才培养，突破常规，创新模式，着力培养未来各领域杰出的科学家、领军人物和拔尖人才。统筹布局卓越青年科学家计划项目，支持一批有志于长期从事科研的青年科学家，瞄准重大原创性基础前沿和关键核心技术的科学问题开展研究。改进高校科技项目组织管理方式，实行“揭榜挂帅”等制度。优化科研项目管理，改进基础研究评价，营造勇于创新、敢于啃硬骨头和学术民主、宽容失败的创新环境。

加强高校科技成果转化。引导高校深化科技成果转移转化机制创新，推进高校科技成果转移转化促进中心建设，加大技术转移专业人才培养力度。推动高校完善知识产权管理体系，构建政府、高校、产业和资本等紧密衔接的创新创业生态体系，促进科技成果高质量转化。

推进哲学社会科学繁荣发展。加强中国特色哲学社会科学理论建设，支持高校立足当代中国和首都实践，着力提升学术原创能力，推出更多有影响力的学术成果，推动形成具有中国特色、中国风格、中国气派的哲学社会科学学科体系、学术体系、话语体系。加强哲学社会科学人才培养，为增强文化自信、建设文化强国培养一大批哲学社会科学领军人才。依托首都社会科学资源优势，加强新型高端智库建设。

5. 增强职业教育适应性

深化高水平技能型大学建设。贯彻城教融合发展理念，面向高精尖产业结构、城市运行与发展、高品质民生需求，培养更多高素质技术技能人才、能工巧匠、大国工匠。深入推进育人方式、办学模式、管理体制和保障机制改革，重点建设12所有特色、高水平的高等职业学校和100个左右骨干特色专业，探索开发与国际先进标准相对接、体现北京特色和水平的职业教育课程体系。

优化职普融通人才培养模式。推动具备条件的普通本科高校向应用型转变，鼓励有条件的普通高校开办应用技术类型专业或课程。加强普通中小学生职业体验和动手实践，稳步推进职业教育综合高中班教学。

深入推进产教融合校企合作。重点建设100个左右校企共建的“工程师学院”和“大师工作室”。推进具有中国特色、首都特点的学徒制模式改革，探索现代学徒制与1+X证书制度融合的培养模式。深化“双师型”教师队伍改革，加强企业实践基地和校企合作培养培训基地建设，推动职业院校教师普遍成为“双师型”教师。

6. 促进毕业生高质量就业创业

加强毕业生就业指导力度。健全就业指导课程体系，遴选50门市级就业指导“金课”、50个市级就业指导名师工作室和50个市级优秀毕业生职场体验基地。引导毕业生投身国家重大工程、重大项目、重要领域就业，鼓励毕业生到西部、到基层、到祖国最需要的地方建功立业。加大对困难群体毕业生的帮扶力度，努力使有就业意愿毕业生在合理预期下都能就业。

加强创新创业教育支持。把创新创业教育融入人才培养全过程，加强创新创业课程和师资队伍建设，提升学生职业能力、职业素养和职业准备。建立健全多形式、立体化的高校就业创业服务体系。加强北京高校大学生创业园建设，完善大学生创业园孵化体系，推进“一街三园多点”提质升级。加强大学生创业园孵化体系和中关村创业体系的衔接。

（六）建设高素质专业化创新型教师队伍

积极探索新时代教育教学方法，不断提升教师教书育人本领，在全社会营造尊师重教的良好风尚，努力让教师成为最受社会尊重和令人羡慕的职业。

1. 全面提升教师思想政治素质和师德师风水平

始终坚持把思想政治和师德师风建设摆在教师队伍建设的首位，把师德表现作为教师资格定期注册、业绩考核、职称评聘、评优奖励首要条件。完善大中小幼一体化的师德建设体系，持续推动师德建设常态化长效化。加强教师职业理想、职业道德、法治和心理健康教育。将大中小幼教师职业行为十项准则纳入教师培训内容。持续加强对优秀师德典型的宣传报道，创作文艺作品感染和激励广大师生，树立师道尊严。

营造教师与学生在一起的浓厚氛围。引导教师树立政治要强、情怀要深、思维要新、视野要广、自律要严、人格要正的价值取向，让教师成为大先生，做学生为学、为事、为人的示范，促进学生成长为全面发展的人。倡导教师严慈相济、诲人不倦，潜心研究每一个学生，做到因材施教。倡导教师深入学生内心，真心关爱、严格要求、公平公正对待学生，做学生的良师益友。完善中小学教师家访制度，将家校联系情况纳入教师考核。

2. 提升教师教书育人能力素质

突出提升教师人文素养。将教师人文素养建设贯穿师范生培养及教师生涯全过程，把立德树人渗透到教师教育各方面。充分发挥典型引领示范和辐射带动作用，开展多层次的优秀教师选树宣传活动。加强在职培训，重点强化新任教师和乡村教师培训，涵养教书育人情怀，激发投身教育事业使命感、责任感。

着力增强教师信息化素养。加快构建以校为本、基于课堂、应用驱动、注重创新的教师信息化素养发展机制，加强教师信息技术应用能力培训，不断提升教师应用信息技术、人工智能等创新教育教学方式的能力。

加大教师培养力度。构建以师范院校为主体、高水平非师范院校参与的开放灵活的师范教育培养体系，更好发挥高水平综合大学的教师培养作用。持续实施拓展中小学教师来源行动计划，完善政府、高等院校、中小学校“三位一体”协同培养师范生的机制，健全非师范从教人员职前专业化进修制度，确保师资来源稳定、数量充足。

完善教师专业化发展体系。以实践为导向建立教师教育课程标准体系，注重与上岗执教后的衔接，促进基础教育教师专业发展。不断完善高层次教育人才队伍支持服务体系，持续实施“名师名校（园）长工程”“特级教师工作室”项目，培养一批特级教师、特级校长，打造一支教育理念先进、锐意改革创新的“双特”队伍。

3. 深化教师管理制度改革

完善教师准入机制。进一步提高基础教育教师学历水平，鼓励教师在职进修。完善职业院校教师资格标准，探索将行业企业从业经历作为认定教育教学能力、取得专业课教师资格的必要条件。实行高校教师选聘思想政治素质和业务能力双重考察。

突出教育教学实绩。幼儿园教师评价突出保教实践。中小学教师绩效工资分配向班主任倾斜，向教学一线和教育教学效果突出的教师倾斜。注重职业院校“双师型”教师实践技能水平和专业教学能力评价。完善高校教授上课制度，既要确保课时数量，更要确保教学质量。高校不得将教师的论文数、项目数、课题经费等量化指标与绩效工资分配、奖励直接挂钩。

健全教师管理机制。扩大“区管校聘”管理改革制度，多措并举推进校长教师交流轮岗。重点配好美育教师，配强体育老师，建设一支专兼职相结合的劳动教育师资队伍。健全职业院校教师与企业工程技术人员、高技能人才的双向聘用机制，完善职务聘任、晋升办法等。建立高校教学、科研双轨制教师职业生涯发展通道。健全高校教师跨校执教、校际间合作育人和校企间流动机制。完善教师退出机制。

4. 全面提升教师岗位吸引力

建立有吸引力和竞争力的教师薪酬制度，不断完善绩效工资分配制度，优化绩效工资结构。完善市属高校绩效考核办法和机制，探索适应高校分类发展的薪酬分配制度，扩大收入分配自主权，探索灵活多样的分配方式。鼓励和规范高校教师通过技术创新、科技开发、成果转让和决策咨询等方式服务社会，获取合理报酬。落实建设乡村教师周转宿舍和为乡村教师租赁周转房政策，帮助青年教师解决住房、子女入园入学等难题。关心教师心理健康，完善教师荣誉和表彰制度，对贡献突出的教师予以奖励。挖掘、提炼和宣传优秀教师的先进事迹，塑造首都教师的良好社会形象，显著提升教师的政治地位、社会地位、职业地位。

（七）推进教育与现代科技深度融合发展

适应科技发展趋势，努力构建新技术环境下的人才培养、教育服务和教育治理新模式，以新技术激发教育活力，培育教育发展新动能。

1. 大力发展数字教育

以人工智能、大数据、区块链、5G 等技术集成应用为引擎，加速形成数字教育创新发展的技术体系，加快数字教育势能释放，探索数字教育治理方式，积极面向未来抢占数字教育变革和发展先机。构建覆盖全学科全链条课程资源的“空中课堂”，建设以专业化、智能化线上核心教学平台为承载的“双师课堂”，打造智能化、数据化、浸润式、虚拟化的“融合课堂”。促进线上线下教育融合发展，利用优质数字资源和网络构建不同形态、灵活、高效的学习共同体，实现自主学习、探究学习、协作学习等多种形式的智能化学习。

2. 推进网络化智能化的教育管理服务

建设教育大数据平台，实现教育大数据广泛汇聚、深度融合与创新应用，推动建立大数据支撑下的教育治理与服务新模式。完善数据管理机制及标准，构建全时态、多场景、广覆盖的教育大数据资源库，聚焦中小学学位预测、教育评估监测、学生体质健康、校园安全稳定等主题提供决策服务。鼓励学校、教师、学习者和企业共建首都数字教育资源库，扩大数字教育资源使用范围。加强“教育公共管理、教育公共服务、教育公共资源”三大教育平台建设，推动各级各类教育信息系统深度整合，实现“一站式”管理与服务。

3. 建设智能互联的数字教育基础设施

将数字教育基础设施建设作为新基建的重要内容，加大投资力度，建设教育专用网络基础设施。开展“北京教育云”建设，不断提升各类标准化信息服务水平，满足教育系统各级各类用户对基础设施资源的共性需求。依托 5G 等网络新技术，逐步推动学校信息化应用“入云”，面向师生提供安全、稳定、高效的信息化服务。

（八）开创开放融通有活力的教育新局面

树立大教育资源观，以改革开放为动力，加快推进新时代教育资源内外融通和开放共享，优化首都教育发展生态环境。

1. 促进教育系统内外资源融通共享

深化教育资源开放合作。围绕“两区”建设，深入推进教育领域扩大开放，探索构建教育体制内资源与体制外资源协调、合作、共赢的现代化教育服务体系。整合利用文化馆、图书馆、影剧院、博物馆、科技馆、档案馆、体育场馆等社会文化机构资源支持教育。支持中小学在学生社会实践、特长培养、研学旅行等方面与社会力量开展合作，扩大学校自主购买社会培训机构、科研机构、企业等教育资源的权限，为学生提供可选择、个性化的服务。加强校外教育机构建设，加大校外教育服务供给。深化教育领域军民融合发展，加强军地教育培训资源合作，加大军地合力培养人才力度。

加快发展教育服务新业态。鼓励企业等社会力量参与数字教育建设，提供高质量的运维和支持服务。将数字教育服务纳入政府购买服务指导性目录，引导各类学校与平台型企业合作开发在线课程、个性辅导等优质线上教育产品，支持优质校外线上培训机构参与本市中小学线上课程建设。培育壮大网络课堂、远程培训等教育新型消费，推动教育消费向体验化、品质化和数字化方向提档升级。加强广覆盖、保基本的公办学校教育资源与增值性公办、民办教育培训服务的衔接。

2. 推进民办教育规范发展

强化民办教育分类管理。完善民办教育分类管理配套政策，健全营利性与非营利性民办学校差别化政策体系，在财政、税收、用地等方面对非营利性民办学校给予支持。积极引导部分优质民办幼儿园探索特色化办学模式。加强民办学校教师队伍建设，提升民办学校教师素养，建立民办学校与公办学校教师交流共享机制，设置专项基金支持教师培训。鼓励支持民办普通高校培育优质学科、专业、课程和师资，提升管理水平和教育教学质量。稳妥推进独立学院转设工作。

加强民办教育规范管理。完善民办非学历高等教育机构退出机制，积极推进民办非学历高等教育机构转型发展。规范民办义务教育学校办学行为，重点加强教育教学、招生考试、办学条件、资产财务、名称使用的监管。规范学科类校外培训机构办学行为，明确行业准入方式和规则，厘清事中事后监管职责，建立健全培训机构预付式消费资金监管模式，推进各部门建立联动响应和综合执法机制。推进校外线上培训实施备案承诺、分类监管。

3. 深化教育国际交流合作

优化教育对外交往布局。着力加强教育对国际交往中心功能建设的服务支持能力。围绕“一带一路”建设，持续扩大以高等教育为重点的教育对外开放。稳步推动高校境外办学，支持应用型本科、职业院校联合企业“走出去”。支持中小学开展以学科学习、创新思维为主题的学生国际交流活动。设立北京市国际教育发展专项，鼓励开展国际教育相关研究。

加大国际化人才培养力度。把国际化人才培养理念融入教育的各学段、各环节。学习借鉴国际先进教育思想、教学内容、教学方法和评价制度，促进基础教育课程和教学改革。鼓励高校开展高水平人才联合培养和科学研究，以教育国际化促进高等教育人才培养模式创新，培养高层次国际化人才。对接国际先进标准，创新职业教育人才培养模式。

促进来京留学提质增效。做大做强“留学北京”品牌，优化北京市外国留学生奖学金项目，优化留学生招生结构，提高学历层次，提高学历生比例。完善留学生高等教育质量标准，健全来京留学质量保障体系。

4. 进一步激发学校办学活力

保障学校办学自主权。鼓励支持学校结合本地本校实际办出特色、办出水平。依法保障学校和教师加强对学生的教育管理。大力精简、严格规范各类“进校园”专题教育活动，有效排除对学校正常教育教学秩序的干扰。加大学校行政领导人员聘任制推行力度。建立健全高校总会计师委派制度。

增强学校办学内生动力。构建完善的教师激励体系，健全教师精神荣誉、专业发展、岗位晋升、绩效工资和关心爱护等激励方式，充分激发广大教师的教育情怀和工作热情。发挥学校文化引领作用，广泛凝聚广大师生的价值追求和共同愿景。加强优质学校带动，增强薄弱学校内生动力，整体提高学校办学质量。

推进教育家办学治校。着力培养好、选配好校长，加大校长培养培训力度。深入推进校长职级制改革，完善校长任期目标管理、考核评价、工资、奖惩、流动、培训各项制度。鼓励校长勇于改革创新，努力造就一支政治过硬、品德高尚、业务精湛、治校有方的高素质专业化校长队伍。

5. 建设人文校园、科技校园、绿色校园

大力加强校园文化建设。充分发挥校园文化在学校教育中的导向、陶冶、约束、凝聚和社会辐射功能，挖掘学校建筑、园景、文物、校训校歌等承载的文化底蕴，提升校园人文历史内涵。加强百年学校的保护，在修缮改造项目中注重保留学校传统建筑特色，把校园建设成为有历史厚度的知识殿堂。

推动校园数字化赋能改造。加强智慧校园建设，培育100所智慧校园示范校，推进普及智能教室、智能实验室、智能图书馆、智能博物馆等智能学习空间。建设数字孪生校园，运用大数据、云计算、区块链、人工智能等前沿技术推动校园管理理念、手段等创新。

提升校园绿色低碳发展水平。加强校园绿化美化，优化景观设施，努力实现使用功能、审美功能和教育功能的和谐统一，营造浓厚的书香氛围。实施绿色学校创建行动，建立健全绿色学校创建制度、政策、标准。落实碳达峰、碳中和重大部署，适时推进节能绿色化改造，全面推进校园节能减排，制定高校和中小学幼儿园能耗限额地方标准，开展教育系统节能减排目标责任考核。加强节能减排意识教育，培养师生低碳节约行为习惯。

（九）促进育人方式和育人模式创新变革

遵循教育规律和学生成长规律，创新教育教学组织方式，更新教育教学内容，丰富教育教学手段，深入推进育人方式变革，探索构建具有首都特点的新型育人模式。

1. 深化智能时代的教育教学方式变革

推进以信息技术为支撑的教育教学方法创新，研发以云计算、大数据为主要依托的智能教学系统，通过教育数据挖掘、学习分析、深度学习等技术，实时监测学习者的学习进度与状态，刻画知识图谱、能力图谱，为学习者提供全面、有效的智能诊断、资源推送和学习辅导等服务，支持差异化的“教”和个性化的“学”。研发设置适应一线教学需求的“智能助教”系统，利用人工智能为教师提供全程助教支持，帮助教师完成查找资源、批改作业、在线答疑等辅助性工作，支持教师课堂教学，建立智能、快速、全面的教育分析系统，实现人机共教、人机共育。支持研发符合在校生学习需求的“智能学伴”，为学生提供高度个性化的学习支持服务。

2. 推进拔尖创新人才育人模式改革

发挥首都教育资源优势，全面优化创新人才早期培养生态，探索大中小各学段有机衔接的拔尖创新人才培养模式，开辟拔尖创新人才脱颖而出的“绿色通道”。探索建立中小学与高校、科研院所联合发现和培养青少年拔尖创新人才的有效方式，强化人才培养质量动态监测和跟踪评价。尊重人才成长规律和科研活动自身规律，为急需和前沿学科人才量身定制方案，提供长期稳定支持，鼓励人才自由探索。推进科教协同育人，充分利用各类优质科研资源，探索建立结合重大科研任务进行拔尖创新人才培养的机制。

3. 构建首都特色课程教材体系

整体推进大中小学课程教材建设，全面落实习近平新时代中国特色社会主义思想进课程教材要求，充分体现马克思主义中国化要求，体现党和国家对教育的基本要求，健全教材工作制度、机制、机构和队伍。充分利用首都教育资源优势，建设精品地方课程教材。加强教材选用使用管理，定期组织课程方案执行、课程标准落实和教材使用情况检查。支持职业院校适应科技发展趋势和产业发展需求，对接行业标准、职业标准和岗位规范，开发建设精品特色专业教材。丰富各类培训教材资源，满足信息化、网络化条件下劳动者职业技能水平和就业创业能力提升的实际需求。支持高校编写一批反映世界先进水平的自然科学教材，瞄准国家重大战略、北京市建设需求、学科前沿发展方向编写新兴交叉学科相关教材。积极推进数字教材建

附表：“十四五”时期重点项目

项目名称	主要内容
1. 新时代教育评价改革项目	深化各级党委和政府履行教育职责评价、学校评价、教师评价和学生评价等关键环节，改进结果评价，强化过程评价，探索增值评价，健全综合评价。充分利用信息技术，提高教育评价的科学性、专业性、客观性。完善评价结果运用，综合发挥导向、鉴定、诊断、调控和改进作用。对人才培养质量进行定期监测，提升各级各类教育的人才培养水平
2. 家校社协同育人项目	宣传学校家庭社会协同育人理念，健全学校家庭社会协同育人机制，将协同育人融入思想道德教育、文化知识教育和社会实践教育等各个环节，贯穿基础教育、职业教育和高等教育等各个领域。通过家长学校、家长委员会、邀请企业、社区、社会组织代表等多种形式，丰富家长和社会参与教学和管理的渠道。深入开展家庭教育
3. 大中小幼德育一体化项目	合理设计德育内容、途径、方法，实施课程思政建设工程，推动各类课程与思政课建设同向同行，形成协同效应。健全“三全育人”体制机制。围绕党和国家中心工作和重大主题，在全市教育系统每年开展贯穿全年的主题教育活动。深入开展以爱国主义为核心的民族精神和以改革创新为核心的时代精神教育。广泛利用首都红色文化资源，拓展爱国主义教育途径
4. 学校体育和学生健康提升项目	统筹推进体育与健康在基础教育课程综合改革的内容和实施路径。推进冰雪运动进校园，开展形式多样的奥林匹克教育活动。持续建设 200 所中小学冰雪特色学校。加快建设北京国际奥林匹克学院。完善青少年体育赛事体系，打造校园体育精品赛事。加强传染病防控知识的宣传教育，加强儿童青少年近视综合防控体系建设，关注青少年心理健康
5. 学校美育质量提升项目	开展以美育为主题的跨学科教育教学和课外校外实践活动。将音乐、美术、舞蹈、戏曲、戏剧和书法等课程以及相关艺术实践活动情况纳入学业要求，实现义务教育阶段学生基本具备 1 项艺术爱好。建立艺术素养评价体系。持续开展京剧等民族艺术进校园和高雅艺术进校园活动。形成具有首都特色的现代化美育体系
6. 劳动教育提升项目	推进实施加强新时代中小学劳动教育的政策文件。将劳动教育贯通大中小学各学段，系统设计实践内容。发挥北京市社会大课堂资源单位的劳动教育作用，打通高校、科研院所、行业企业等资源边界，形成北京市劳动教育实践基地体系。支持鼓励中小学采取多种方式开展劳动教育。加强劳动教育师资队伍建设，健全经费投入机制，强化安全保障
7. 学前教育质量提升项目	建立健全全市幼儿园质量评估标准，将各类幼儿园纳入质量评估范畴，加强幼儿园规范化管理和专业化指导，整体持续提升各类公办园、民办园、社区办园点的办园质量。全面提升师资的专业水平，多渠道配齐补足公办园师资，严把教师入口关。完善学前教研体系，提升园长与师资的分层分类培训质量，实现研训一体化及全覆盖
8. 中小学学位建设项目	新建、改扩建和接收居住区教育配套中小学 150 所左右，完成后新增学位 16 万个左右。加强优质教育资源市级统筹，在城市副中心、三城一区、大兴国际机场临空经济区等重点功能区和人才聚集区，规划建设 17 所左右优质中小学学校。面向首都城市发展和国际人才引进需求，布局一批优质国际学校，重点打造 1～2 所高品质国际学校
9. 减轻义务教育阶段学生作业负担和校外负担项目	着力提升课堂教学质量。持续完善中小学课后服务工作机制和措施，不断探索课后服务有效模式，将课后服务和特色资源、活动有机结合，推进课内外、校内外教育有机融合，尽最大努力为有需要的学生提供课后服务，努力化解“课后三点半”难题。严格规范管理校外培训机构
10. 普通高中多样化特色发展项目	持续推动普通高中育人方式改革，不断改进学校样态、教育教学、评价方式和学习方式。优化课程实施，鼓励普通高中开设丰富的选修课程，强化特色课程建设。促进普职融通，为学生提供多元化学习渠道与资源。分类引导学校立足自身条件，明确发展定位，打造育人特色，培育一批特色优势明显、辐射带动力强的高品质学校
11. 职业教育“双高”建设项目	重点建设 12 所特色鲜明、国际一流的标志性职业院校，高水平建设 100 个左右骨干专业。深入推进校企合作，重点建设 100 个左右校企共建的“工程师学院”和“技术技能大师工作室”，重点建设 15 个左右职教集团和若干世界技能大赛集训基地，扩大校企联合招生、联合培养
12. 高等教育人才培养与经济社会需求匹配度提升项目	瞄准北京经济社会发展紧缺人才、复合型优秀人才、高素质技能型人才缺口，深化市属本科高校和高职院校人才培养机制改革，促进高校招生、培养、就业密切联动。每年调整 10% 本专科招生指标，每年调整 5% 专业设置，每年 10% 的教师接受产学研合作培训，建设 200 个左右校企合作实践基地。支持部分高校以服务行业和区域为导向，开展人才综合改革试点

项目名称	主要内容
13. 一流学科与一流专业建设项目	持续推动高精尖学科建设，支持一批优势学科、提升一批特色学科、建设一批新兴交叉学科、繁荣一批人文社会学科。深入推进高校学科共建，构建学科优势互补、融合发展新模式。推动市属高校整合办学资源，优化专业结构，强化优势特色，建成一批强势专业、行业急需专业、新兴交叉复合专业。引导中央在京高校立足北京、服务北京、融入北京，结合北京经济社会发展需要开展专业建设
14. 高精尖创新中心项目	以服务国家和北京重大战略需求、推动高精尖产业发展为目标，以科技创新体制机制改革为重点，依托北京高校建设 10 个左右高精尖创新中心，主动对接高精尖产业，强化关键共性技术、前沿引领技术、现代工程技术、颠覆性技术创新，解决产业发展重大科学难题，提升引领产业集群式发展的源头供给能力
15. 大学生高质量就业创业项目	健全创新创业课程和师资队伍，完善高校就业创业服务体系。加强大学生创业园建设，完善大学生创业园孵化体系，推进“一街三园多点”提质升级。以“特岗计划”“三支一扶”等专项计划引导毕业生面向基层就业，鼓励毕业生积极应聘科研助理岗位
16. 学习型城市建设项目	推进学分银行建设，推动多种形式学习成果的认定、积累和转换，强化不同类型教育、学历与非学历教育、校内与校外教育之间互通衔接，大力发展城乡社区教育，加强终身学习公共服务平台建设，为市民终身学习和成才提供丰富多元、融通便捷的资源与服务。开展学习型城区和学习型组织建设，培育终身学习示范项目和品牌
17. 教师培养与素质提升项目	健全以师范院校为主体、高水平非师范院校参与的开放灵活的师范教育培养体系，确保师资来源稳定、数量充足、质量优质。完善教师培训体系，完善各级各类学校研修制度，开展线上线下混合式培训研修，提升培训研修质量。继续实施名师名校长工程，不断完善高层次人才队伍支持服务体系，持续培养名师、名校长、教育家
18. 新型教育教学形态探索项目	以数字智能为引擎优化教育资源配置方式，构建一体化培养链条，开展基于跨学段、跨学科的资源整合。探索新场景下的教学方式方法，利用大数据做好学生诊断性评价。鼓励教师与学生共同创新，共创课程，共享教学资源。推动教育服务向体验化、品质化和数字化方向提档升级，满足不同学习者个性化发展需求
19. 智慧校园建设项目	建立健全市区两级推进智慧校园建设的政策支持体系，完善智慧校园评价标准体系，先行选择 100 所有条件的学校作为试点校，加大经费投入和政策保障，支持学校先行探索互联网 + 教育教学、人工智能+教育教学新型模式，树立全市智慧校园新标杆，逐步推广复制，实现智慧校园覆盖率 85%
20. 绿色校园建设项目	建立健全绿色校园创建制度、政策、标准，实施绿色校园创建行动，加大经费投入和政策保障，优化绿色校园建设的途径和模式，树立全市绿色校园建设示范，逐步推广复制，实现绿色校园建设达标率 70%
21. 平安校园建设项目	完善市区校三级统筹推动平安校园建设的政策体系和投入保障体系，健全平安校园评价指标体系，指导学校严格落实公共安全责任和管理制度，加大学校安全经费投入，加强安全教育和培训，建立健全校园安全隐患排查和安全预防控制体系，建立校园及周边综合治理长效机制，保持学校安全稳定。实现平安校园建设全部达标
22. 京津冀教育协同发展和功能疏解项目	推进中心城区部分高校教育功能向外疏解。服务北京城市副中心建设，提升教育配套保障水平，鼓励开展教育改革试点，推动形成一批学校品牌。全力对接服务河北雄安新区规划建设。鼓励优质教育资源开展跨区域合作办学。共建教师培养培训基地，开展京津冀职业技术技能人才联合培养，深化高校联盟建设
23. 高水平国际教育项目	优化政策环境，建立健全来华留学管理制度和质量标准，加大经费投入和政策保障，聚焦国际化人才培养，持续提升留学生培养层次和培养质量，培育“留学北京”品牌。优化国际学校布局，打造“类海外”教育环境
24. 民办教育健康发展项目	强化民办教育分类管理，健全退出机制。拓宽社会资源进入教育领域渠道，鼓励社会力量举办普惠性幼儿园。鼓励民办中小学探索创新、在教育理念、学校文化、特色课程、人才培养等方面形成特色。鼓励民办职业学校、民办高校适应首都产业转型升级需要，提升人才培养质量。规范学科类校外培训机构办学行为
25. 教育督导与评价专业化建设项目	完善督政、督学、评估监测三位一体的现代教育督导体系。加强教育督导信息管理应用系统建设、教育督导队伍建设、社会支持系统建设。健全第三方评估监测机制，切实提高教育督导评估和监测结果的使用效能

（经市政府同意，文件由市教委于 2021 年 9 月 28 日印发）

（本栏责任编校　张晓兰）

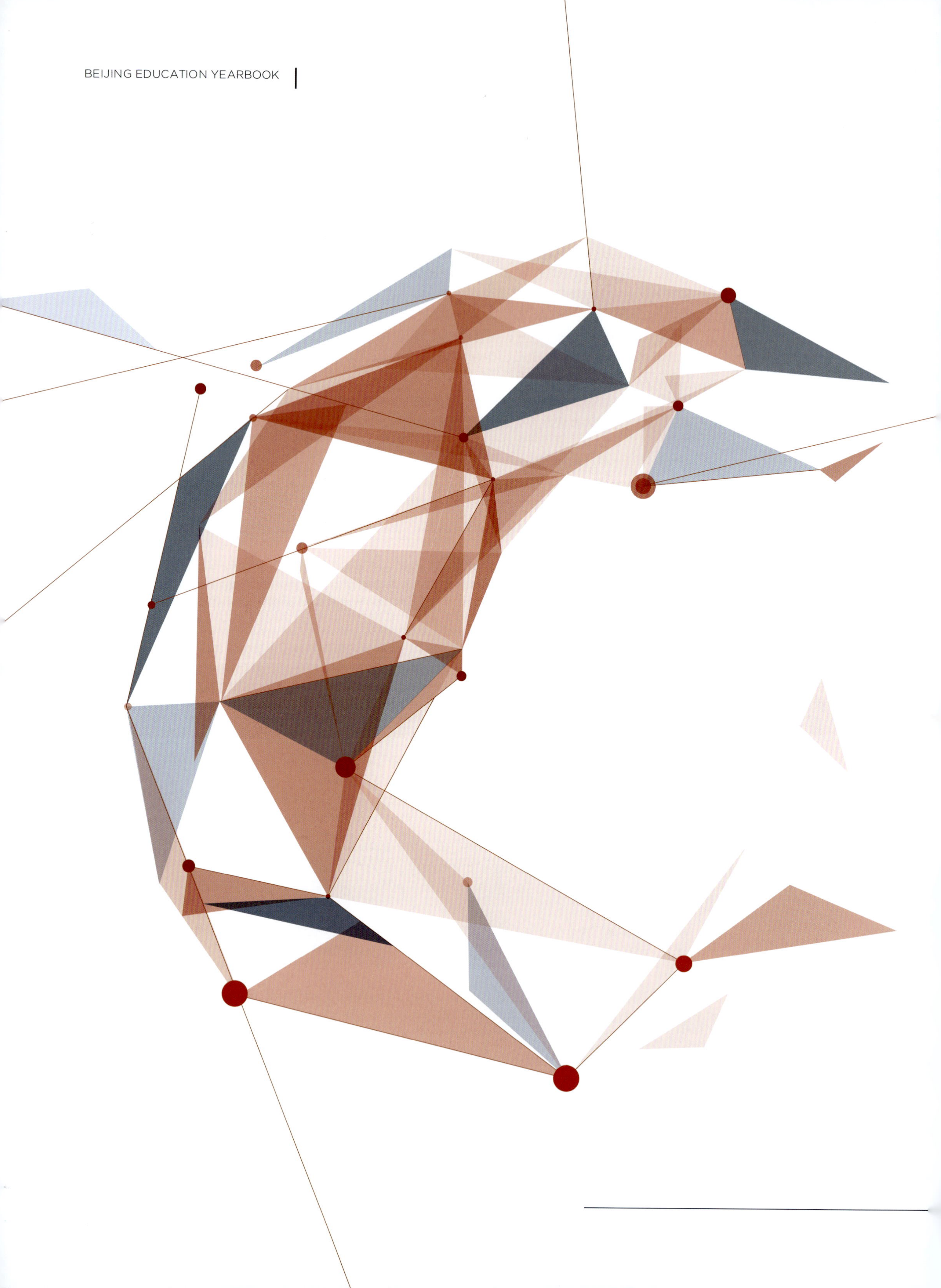

2022 调研报告

RESEARCH REPORTS

工公布情况，确保决策实施，维护党组织领导权威。

4. 统筹各类会议管理。一是厘清各类会议的权责边界，完善党组织会议、校长办公会、教职工大会等各类会议的职能职责、会议规则和内容清单。二是做好会议安排和衔接转承，防止次序颠倒、内容错乱；对涉及学校改革发展稳定、事关师生员工切身利益等事项，在提交党组织会决策前，校长办公会、教职工大会进行前置研究；党组织会决策后，校长办公会议及其他有关会议应及时作出部署，推动任务落地。三是统筹管理各类会议，坚持按规则开会，开管用的会、高效的会。

（三）强引领——牢牢抓住高质量党建引领和保障育人质量提升的关键环节

1. 加强党对基础教育事业改革发展的领导。一是明确目标方向。把党的全面领导落实到引领学校改革发展和立德树人根本任务上来，树立学校最大政治就是教育质量提升的意识，明确学校党组织书记和班子成员带头学政策、促改革、提效益的工作要求。二是聚焦重点任务。把做好“双减”后半篇文章、推进校长和教师交流轮岗、落实“五育并举”、建设高质量教育体系等融入教育教学日常工作，明确学校各级党组织围绕中心抓党建、抓好党建促发展的思路要求。三是激发基层动力。持续深化“双培养”工作，广泛开展党员教师示范教学活动，加强年级组、学科组、教研组长等骨干队伍党的建设，引导一线教师积极参与课后服务、作业设计、家校社协同育人等工作。

2. 加强党对德育和思政课的领导。一是建立学校德育和思想政治工作领导小组，健全党组织领导、校长负责、群团组织参与、家庭社会联动的德育工作机制，明确书记、校长担任组长，专职副书记、德育副校长担任副组长。二是强化政治启蒙和价值观塑造，加强“思政（德育）课程”建设，推进“课程（德育）思政”创新，牢牢把握育人方向，全面提高育人水平。三是研究制定学校领导人员和相关部门的德育责任清单，督导班子成员和各部门履行德育工作责任。

3. 加强党对教师队伍的领导。一是强化政治引领，组织深入学习中央精神和市委要求，回应教师关心的改革问题，明确党组织抓教师思想政治工作具体职责，把理想信念教育作为教师教育的必修课，把涵养教育报国情怀作为重要内容。二是做好政治吸纳，加大在德育和思想政治工作者中发展党员力度，确保学校关键课程、关键岗位由党员教师把关。三是加强政治监督，健全师德教育体系，严把师德师风第一标准，强化教师入口管理和过程监督，完善考评机制，落实师德师风“一票否决”要求。

4. 加强党对意识形态工作的领导。一是把握主动权，深入推动习近平新时代中国特色社会主义思想进教材、进课堂、进头脑，加强“四史”教育和形势政策教育，弘扬正能量，引导舆论导向。二是唱响主旋律，建设以社会主义核心价值观为引领的具有时代特征和学校特色的校园文化，开展丰富多彩的德育、美育、体育和社会实践活动，培育良好校风教风学风。三是筑牢主阵地，加强教材、教案、橱窗、公众号、校报校刊和论坛讲坛等各类思想文化阵地建设。四是打好主动仗，严格校纪校规，强化纪律约束，健全党组织定期研判意识形态工作机制，防范意识形态风险。

（四）增供给——持续加大学校领导体制改革各项配套措施的保障力度

1. 创新学校干部选任和管理。一是明确选任标准。注重选拔党性强、懂教育、会管理、有威信、善于做思想政治工作的优秀党员干部担任党组织书记，着力培养政治过硬、品德高尚、业务精湛、治校有方的校长队伍。二是优化培养路径。科学设计党组织书记、校长素质模型和成长路径，探索把党务岗位作为培养复合型干部的重要平台，把优秀年轻干部安排在党务和教学等多岗位锻炼，把专职副书记作为培养选拔书记、校长的重要台阶。优先选用有副书记、副校长复合经历的优秀党员干部担任党组织书记。三是加强组织领导。开展党组织书记抓基层党建工作述职评议考核，建立和落实领导体制改革执行情况报告制度，学校领导班子成员在民主生活会、组织生活会、述职评议、年度工作总结中报告个人执行情况，严肃组织纪律和有关要求。

2. 创新学校领导班子配备。一是明确学校党组织设置为党委、党总支的，书记、校长一般分设，书记一般不兼任行政领导职务，校长是党员的同时担任副书记；党组织设置为党支部的，书记、校长一般由一人担任，同时设 1 名专职副书记。二是充实专职副书记配备，明确书记、校长“一肩挑”或规模较大学校通常配备专职副书记，负责党建工作。三是配强学校党组织委员，依章依规确定委员名额，明确委员一般应为副校级及以上党员干部，不兼任行政领导职务的委员，应分管部分业务或行政工作。

3. 创新学校党组织设置。一是探索“一个主体一个党委”模式，即同一区内的集团化办学、多址办学的学校，党员人数达到或接近 100 人的，成立集团（总校）党委，统一领导各成员校工作。二是探索“总校指导＋属地管理”模式，即跨区承办分校、加盟集团的，可探索属地为主、双重管理的模式，建立符合实际的决策制度和运行机制。三是探索“把党组织建教书育人一线”模式，即推动学校校区、职能机构、教育教学单位（年级组、学科组、教研组、备课组）等设置与党组织建设同步优化。四是探索“管业务同时管党建”模式，即选拔“双强型”党员干部担任学校基层党组织负责人，明确学校党政办、人事、德育、团少等部门负责人应为党员。

4. 创新学校党建工作。一是建立与党组织领导的校长负责制相适应的保障机制，健全党务工作机构，充实党务工作力量，落实党务工作队伍激励保障措施。二是用好用足中央政策，借鉴公立医院、公办高校等体制改革思路举措，积极协调市区两级各有关部门，按照“市级给政策、各区抓落实”的思路，推动解决基层反映强烈的书记、副书记、党办（党政办）主任等无编制无职数，以及党务工作者职业发展通道不畅、待遇偏低等问题。三是加强“五个基本”建设，提升党组织组织力，强化政治功能，运用互联网技术和信息化手段推动基层党建工作创新发展。

（市委教育工委常务副书记　郑吉春）

北京市“互联网+基础教育”实践与思考

当今世界，互联网、大数据、云计算、区块链、人工智能等新一代信息技术飞速发展，科技革命和产业革命正在对经济发展、社会进步和全球治理产生重大而深远的影响。习近平总书记在致国际人工智能与教育大会的贺信中强调“要积极推动人工智能和教育深度融合，促进教育变革创新”。以人工智能为代表的新技术必将对传统的教育思维和模式带来前所未有的冲击，也将全面推动教学模式、教学内容和教学方法的深刻变革。

2020 年初，突发的新冠肺炎疫情，对利用互联网开展线上教学提出新要求，促进“互联网+教育”的创新发展和应用落地。北京市基础教育在线上教学方面有良好基础，近 13 万名教师、150 万名学生实现线上教学，做到“学校不停课、教师不停教、学生不停学”。为探索推进北京市“互联网+教育”新模式，在深入总结疫情防控期间在线教育经验、广泛调研学校和互联网教育企业基础上，市教委于 2021 年 4 月印发《关于推进“互联网+基础教育”的工作方案》，高位统筹、系统部署，深入指导推动各区各校开展探索与试验。

为深入了解“互联网+基础教育”实践情况，市教委相关处室和北京师范大学远程教育研究中心通过文献研究、座谈交流、实地调研和问卷调查等多种方式对 11 个区教委和多所学校开展调研。其中，面向东城、朝阳、海淀、房山、顺义和昌平 6 个区开展信息化教学与教师专业发展专题座谈会；面向西城、石景山、丰台、大兴和密云 5 个区开展数字教育资源与课后服务专题座谈会；到石景山区北京市第九中学和东城区北京汇文中学实地观摩“双师课堂”；与朝阳区、丰台区和昌平区就教育网络环境建设对相关负责人开展个人访谈；面向 11 个区的一线教师发放电子问卷，收到有效问卷 2397 份，涵盖全学段全学科中小学教师。

一、北京市推进“互联网+基础教育”的背景

“互联网+基础教育”是深化基础教育教学改革、加快推进教育现代化的重要举措。疫情期间停课不停学取得的积极成效，以及智能技术为教育教学模式转型与创新提供的助力，均体现出“互联网+基础教育”对提高基础教育应对重大突发事件能力、推动新时代教育公平和质量提升的重大意义。

（一）新一代信息技术推动教育教学模式变革

以人工智能为核心的新一轮智能科技催生第四次教育革命，这为突破传统教育模式，推动教育教学模式转型与创新发展提供前所未有的契机与助力。国际上，以联合国教科文组织（UNESCO）、美国、英国、澳大利亚等为代表的国际组织与国家高度重视人工智能在教育中的应用，积极探索互联网空间下的教学模式创新。例如，美国利用多种在线平台竭力打造 MOOC 课程，有利拓展线下学习空间，并注重对线上线下数据的采集、存储、分析与可视化；芬兰的现象教学、澳大利亚推行的 STEM 课程均从跨领域、多学科视角出发突破传统桎梏，开展教学创新。

国内，在教育信息化、“双减”政策背景下，各地区通过网络教学、翻转课堂、双屏互动、双师教学、机构联盟等方式，积极探索新理念指导下的技术与教育教学的深度融合，推动传统课堂教学模式向“以学生为本”的多元教学模式转变，探索虚拟课堂和传统课堂兼容模式。例如，海淀区的“空中课堂”自 2020 年建成与启动之初，便开始借助网络平台向全国免费提供海淀区优质精品课程，实现跨时空教学。

（二）学生全面健康成长需要创新在线教育模式

为应对新冠疫情对教育教学的影响，保障学生学习进度和全面健康成长，北京市认真落实停课不停学要求，迅速搭建线上教育教学体系，建立稳定可靠的“空中课堂”，升级北京数字学校，协调五类 14 家企业构建多元线上教学平台，先进性稳定性居全国前列，为全市学生提供有质量、全覆盖的基本公共教育服务，取得家庭、学校、社会协同落实停课不停学的良好效果。国家统计局北京调查总队数据显示，疫情期间师生家长对北京市线上学习满意率达 83.3%，向教育部报送 729 个优秀线上教学案例分享至全国。

疫情期间停课不停学的深入落实与优秀经验，为推进“互联网+基础教育”工作奠定良好基础。北京市在回顾与总结已有成效与经验的基础上，进一步立足实际，探索新一代信息技术与教育教学的深度融合。

（三）“双减”落地见效迫切需要校内校外互联互通

推进“互联网+基础教育”有利于助力“双减”任务落实、提升“双减”政策成效。一方面，校内外协同发力、互联互通，以“三个课堂、四种能力平台、五个工作机制”为抓手，汇聚校内校外数字课程资源，共享校内校际优质教师资源，探索教师跨区在线个性化辅导新模式，推动教育供给侧改革；另一方面，提升校内课后服务质量，促进课堂提质增效，促进全流程教育教学变革，基于互联网先进技术推进教育双线供给，丰富素质教育资源，为学生个性化发展提供精准教育服务。校外治乱减负防风险，校内改革转型促提升，充分发挥互联网对深化落实国家“双减”政策的助力作用。

（四）基础教育优质均衡需要信息技术支撑

推进“互联网+基础教育”，利用平台模式汇聚共享全社会优质教育资源，扩大优质教育资源覆盖面，鼓励教师、社会机构等共同参与资源共建，创新基础教育资源共建共享新模式，建立健全资源动态优化更新机制，利用优质师资服务在线流转、“双师课堂”等优化资源供给和资源配置，通过向薄弱学校输入新理念、新技术和优质资源，提升薄弱学校教育教学和管理水平，助力缩短校际、城乡和区域

三、中等职业教育

3-1 中等职业学校（机构）数

	合计	中央部门
总计	83	8
普通中等专业学校	29	7
成人中等专业学校	10	1
职业高中学校	44	
附设中职班（不计校数）	30	2

3-2 中等职业学校（机构）各类学生数

	毕业生数			招生数
	计	其中：职业类证书	其中：职业技能等级证书	
总计	14169	2710	1022	16495
其中：女	6981	1225	319	7698
五年制高职中职段	5177	885	170	8740
全日制学生	12178	2710	1022	15372
非全日制学生	1991			1123
另有：国家开放大学附设中职班	401290			613323

单位：所

	地方				民办	中外合作办
	计	教育部门	其他部门	地方企业		
	56	**35**	**17**	**4**	**19**	
	21	6	14	1	1	
	8	2	3	3	1	
	27	27			17	
	26	17	9		2	

注：中等职业学校中不包含技工学校数。

单位：人

	在校生数						预计毕业生数
	计	其中：现代学徒制	一年级	二年级	三年级	四年级以上	
	48028	**194**	**16521**	**16057**	**12560**	**2890**	**12699**
	23032	44	7685	7615	5981	1751	6007
	22923	110	8764	8447	5712		5704
	44778	194	15398	15071	11419	2890	11558
	3250		1123	986	1141		1141
	595783		595783				533876

3-3 中等职业学校分办学类型及举办者学生情况

	合计		
	毕业生数	招生数	在校生数
总计	14169	16495	48028
其中：女	6784	7417	22104
按办学类型分			
普通中专学校	4625	6075	17337
成人中专学校	1920	237	1609
职业高中学校	3802	6048	14837
附设中职班	3822	4135	14245
另有：国家开放大学附设中职班	401290	613323	595783
其中：女	168763	262818	251164
按举办者分			
中央部门（机构）	560	390	2090
地方	13325	15789	45033
教育部门	6691	8983	24049
其他部门	6490	6691	20259
地方企业	144	115	725
民办	284	316	905
中外合作办			
另有：国家开放大学附设中职班	401290	613323	595783

3-4 中等职业学校教职工情况

	教职工数			
	计	专任教师	行政人员	教辅人员
总计	8621	5598	1425	1108
其中：女	5387	3948	732	605
在编人员	7718	5196	1229	951
普通中专	3176	1707	742	572
其中：女	1803	1115	386	281
在编人员	2842	1590	680	459
成人中专	410	203	139	45
其中：女	227	133	70	22
在编人员	361	175	129	40
职业高中	5035	3688	544	491
其中：女	3357	2700	276	302
在编人员	4515	3431	420	452

单位：人

	中职全日制学生			中职非全日制学生		
	毕业生数	招生数	在校生数	毕业生数	招生数	在校生数
	12178	15372	44778	1991	1123	3250
	5610	6970	20915	1371	728	2117
	4625	6075	17337			
	214		113	1706	237	1496
	3517	5162	13083	285	886	1754
	3822	4135	14245			
				401290	613323	595783
				168566	262537	250236
	560	390	2090			
	11334	14666	41783	1991	1123	3250
	6406	8097	22295	285	886	1754
	4784	6454	18763	1706	237	1496
	144	115	725			
	284	316	905			
				401290	613323	595783

单位：人

	教职工数		校外教师	行业导师	外籍教师
	工勤人员	其他附设机构人员			
	490		494	120	5
	102		271	62	1
	342		—	—	—
	155		198	37	1
	21		132	23	
	113		—	—	—
	23		215	15	
	2		90	10	
	17		—	—	—
	312		81	68	4
	79		49	29	1
	212		—	—	—

3-5 职业高中分区基本情况

单位：人

	校数（所）	毕业生数	招生数	在校生数	教职工数	
					计	其中：专任教师
总计	44	2291	5083	12671	5035	3688
东城区	3	133	195	691	432	347
西城区	4	113	272	707	637	512
朝阳区	5	235	769	1738	776	633
丰台区	5	135	490	1205	355	205
石景山区	3	78	98	234	150	95
海淀区	1	581	805	2305	428	357
门头沟区	1	8	16	41	117	80
房山区	4	123	269	582	251	196
其中：房山	3	123	269	582	210	161
燕山	1				41	35
通州区	2	90	276	655	142	120
顺义区	5	5	15	27	151	64
昌平区	3	410	1170	2716	484	357
大兴区	3	118	317	748	313	231
其中：大兴	3	118	317	748	313	231
经开						
怀柔区	2	9	5	9	259	158
平谷区	1	81	173	391	144	68
密云区	1	135	118	379	178	123
延庆区	1	37	95	243	218	142

四、普通中学

4-1 普通中学校数

单位：所

	合计	完全中学	高级中学	十二年一贯制学校	初级中学	九年一贯制学校	合计中：独立设置少数民族学校
总计	667	171	35	126	188	147	8
教育部门	555	157	21	69	185	123	7
其他部门	4		1	1		2	1
地方企业	1			1			
民办	103	14	9	55	3	22	
中外合作办	4	—	4	—	—	—	
城　区	512	159	30	110	106	107	5
教育部门	421	145	19	65	103	89	4
其他部门	4		1	1		2	1
地方企业	1			1			
民办	84	14	8	43	3	16	
中外合作办	2	—	2	—	—	—	
镇　区	80	5	4	7	40	24	2
教育部门	70	5	2	2	40	21	2
其他部门							
地方企业							
民办	8			5		3	
中外合作办	2	—	2	—	—	—	
乡　村	75	7	1	9	42	16	1
教育部门	64	7		2	42	13	1
其他部门							
地方企业							
民办	11		1	7		3	
中外合作办		—		—	—		

4-2 普通中学教职工数

	教职工数		
	计	专任教师	行政人员
总计	96583	76803	6866
其中：女	70940	59282	3828
少数民族	5872	4884	390
在编人员	79609	66672	4418
教育部门	80738	67167	4468
其他部门	550	430	60
地方企业	348	295	53
民办	14601	8773	2208
中外合作办	346	138	77
城　区	83259	67015	5739
教育部门	70080	58908	3708
其他部门	550	430	60
地方企业	348	295	53
民办	12253	7366	1910
中外合作办	28	16	8
镇　区	7689	5677	599
教育部门	6009	4723	383
其他部门			
地方企业			
民办	1362	832	147
中外合作办	318	122	69
乡　村	5635	4111	528
教育部门	4649	3536	377
其他部门			
地方企业			
民办	986	575	151
中外合作办			

单位：人

	教职工数			校外教师	外籍教师
	教辅人员	工勤人员	其他		
	9758	3029	127	677	1547
	6776	991	63	516	578
	515	76	7	22	5
	7376	1076	67	—	—
	7681	1347	75	625	249
	44	16		3	
	1920	1648	52	49	1249
	113	18			49
	7852	2553	100	666	1367
	6284	1132	48	614	248
	44	16		3	
	1523	1402	52	49	1111
	1	3			8
	1146	246	21	3	96
	757	125	21	3	1
	277	106			54
	112	15			41
	760	230	6	8	84
	640	90	6	8	
	120	140			84

4-3 普通中学分区基本情况

	校数（所）		班数（个）			毕业生数		招生数	
	合计	其中：高中及完中	计	初中	高中	初中	高中	初中	高中
总计	667	332	16295	10925	5370	87856	45077	120431	62263
东城区	39	30	1307	789	518	6316	4308	9039	5699
西城区	42	36	1707	1031	676	9064	5477	13595	8074
朝阳区	96	50	2304	1772	532	10415	3635	17501	5916
丰台区	46	21	971	666	305	4779	2141	7088	3353
石景山区	22	11	427	288	139	2216	987	2976	1450
海淀区	87	68	3543	2181	1362	18839	12224	25521	14813
门头沟区	17	6	252	166	86	1393	774	1691	994
房山区	50	13	849	596	253	5328	2491	6162	3220
其中：房山	45	12	750	531	219	4849	2161	5647	2855
燕山	5	1	99	65	34	479	330	515	365
通州区	46	17	905	639	266	5553	2297	7571	3683
顺义区	34	13	790	530	260	5138	2590	5977	3244
昌平区	58	28	811	614	197	4584	1725	6130	2330
大兴区	49	21	920	649	271	5191	2032	7062	3005
其中：大兴	41	15	717	525	192	4508	1830	5846	2510
经开	8	6	203	124	79	683	202	1216	495
怀柔区	19	5	379	268	111	1977	872	2462	1437
平谷区	19	5	345	222	123	2219	1180	2449	1546
密云区	24	4	479	315	164	3110	1497	3279	2211
延庆区	19	4	306	199	107	1734	847	1928	1288

单位：人

在校生数												教职工数	
计	初中						高中					计	其中：专任教师
	计	其中：女	一年级	二年级	三年级	四年级	计	其中：女	一年级	二年级	三年级		
525706	**349611**	**167653**	**120702**	**119487**	**108281**	**1141**	**176095**	**88697**	**62771**	**61546**	**51778**	**96583**	**76803**
42374	26096	12635	9049	8583	8204	260	16278	8187	5732	5675	4871	6718	5851
60268	38277	18344	13635	12842	11800		21991	10972	8165	7796	6030	8351	6739
65813	49970	23996	17544	17893	14518	15	15843	8181	5950	5553	4340	15605	13303
29829	20629	9895	7098	7457	6074		9200	4611	3363	3126	2711	5765	4929
12933	8824	4198	2978	3032	2618	196	4109	2141	1457	1419	1233	2967	2342
117554	73840	34841	25563	24614	23663		43714	21146	14986	15712	13016	18023	13695
7724	4909	2399	1696	1688	1525		2815	1437	998	950	867	1327	1019
28444	19339	9403	6173	6545	6087	534	9105	4769	3229	3164	2712	4535	3746
25183	17168	8346	5656	6014	5498		8015	4164	2864	2772	2379	4103	3351
3261	2171	1057	517	531	589	534	1090	605	365	392	333	432	395
31873	21982	10754	7596	7445	6941		9891	5105	3707	3450	2734	5327	4270
27361	17855	8538	5983	5954	5918		9506	4861	3254	3055	3197	5534	4007
24149	17594	8419	6144	6118	5332		6555	3407	2334	2191	2030	6762	5050
28330	20038	9537	7111	6884	5907	136	8292	4280	3011	3065	2216	6186	5088
23803	16849	8031	5893	5725	5095	136	6954	3612	2512	2569	1873	5257	4355
4527	3189	1506	1218	1159	812		1338	668	499	496	343	929	733
11099	7053	3374	2465	2505	2083		4046	2062	1440	1331	1275	2399	1791
11994	7415	3612	2451	2545	2419		4579	2317	1558	1606	1415	2666	1700
16439	10082	4879	3282	3422	3378		6357	3260	2217	2154	1986	2497	1996
9522	5708	2829	1934	1960	1814		3814	1961	1370	1299	1145	1921	1277

五、小学

5-1 小学校数

单位：所

	合计	合计中：独立设置少数民族学校
总计	837	22
教育部门	787	22
其他部门	1	
地方企业		
民办	49	
城区	575	10
教育部门	546	10
其他部门	1	
地方企业		
民办	28	
镇区	94	2
教育部门	85	2
其他部门		
地方企业		
民办	9	
乡村	168	10
教育部门	156	10
其他部门		
地方企业		
民办	12	

5–2 小学教职工数

单位：人

	教职工数						校外教师	外籍教师
	计	专任教师	行政人员	教辅人员	工勤人员	其他		
总计	**65269**	**59013**	**2719**	**2521**	**917**	**99**	**603**	**38**
其中：女	51772	48077	1540	1807	289	59	475	17
少数民族	3960	3621	148	152	35	4	13	
在编人员	61514	56241	2485	2227	491	70	—	—
教育部门	63469	57806	2490	2436	644	93	598	7
其他部门	74	68	6					
地方企业								
民办	1726	1139	223	85	273	6	5	31
城区	54227	49623	1992	1928	605	79	570	38
教育部门	52998	48803	1826	1864	431	74	565	7
其他部门	74	68	6					
地方企业								
民办	1155	752	160	64	174	5	5	31
镇区	5235	4468	342	274	137	14	6	
教育部门	4970	4284	318	265	89	14	6	
其他部门								
地方企业								
民办	265	184	24	9	48			
乡村	5807	4922	385	319	175	6	27	
教育部门	5501	4719	346	307	124	5	27	
其他部门								
地方企业								
民办	306	203	39	12	51	1		

5–3 小学分区基本情况

	校数（所）	班数（个）								毕业生数	招生数
		计	一年级	二年级	三年级	四年级	五年级	六年级	复式班		
总计	837	29977	5291	5572	5194	5149	4547	4224		134051	186440
东城区	47	1816	324	334	310	304	283	261		9379	12829
西城区	58	2868	563	556	492	485	406	366		12880	21357
朝阳区	74	5217	910	934	921	897	804	751		19988	28970
丰台区	70	1982	326	377	342	346	304	287		8969	11146
石景山区	25	771	134	143	134	136	117	107		3494	4548
海淀区	89	4977	896	890	837	844	767	743		26606	34066
门头沟区	21	428	74	79	76	76	66	57		1918	2465
房山区	53	1767	292	341	311	318	269	236		7515	10150
其中：房山	46	1673	274	321	291	297	254	236		6978	9528
燕山	7	94	18	20	20	21	15			537	622
通州区	81	2044	355	388	358	352	306	285		9288	13650
顺义区	51	1584	273	304	275	266	241	225		6841	9630
昌平区	91	1988	355	375	350	341	298	269		7456	11842
大兴区	80	2170	378	418	387	376	324	287		8459	13252
其中：大兴	77	1801	298	341	322	318	275	247		7440	10342
经开	3	369	80	77	65	58	49	40		1019	2910
怀柔区	18	531	92	96	88	92	82	81		2745	2937
平谷区	29	678	122	132	117	118	97	92		2912	3545
密云区	26	682	117	120	115	117	108	105		3537	3927
延庆区	24	474	80	85	81	81	75	72		2064	2126

六、专门学校

6–1 专门学校基本情况

	校数（所）	班数（个）	离校人数
总计	6	29	217
其中：女	—	—	32
少数民族	—	—	11

单位：人

	在校生数								教职工数	
	计	其中：女	一年级	二年级	三年级	四年级	五年级	六年级	计	其中：专任教师
	1036584	498307	186551	202355	182111	181399	151073	133095	65269	59013
	69354	33278	12829	13255	12108	12133	10108	8921	5700	5302
	108159	51427	21375	20970	18694	18438	15289	13393	7152	6660
	162918	78782	28981	31810	28836	28674	23882	20735	7111	6638
	67020	32198	11152	13486	11823	11844	9834	8881	4723	4415
	24855	11951	4552	4833	4430	4420	3583	3037	1358	1208
	186638	89053	34072	34256	31706	32312	28003	26289	10000	9139
	14161	6983	2468	2735	2517	2585	2082	1774	1227	1010
	59303	28568	10158	12014	10882	10711	8614	6924	3870	3514
	56103	26985	9536	11333	10223	10020	8067	6924	3583	3248
	3200	1583	622	681	659	691	547		287	266
	77728	37406	13659	15439	13844	13729	11302	9755	4881	4577
	55541	26595	9635	11119	9670	9675	8298	7144	3934	3323
	63471	30736	11849	13201	11545	10946	8670	7260	4075	3677
	73101	35026	13269	14878	13196	12792	10416	8550	3965	3551
	60941	29104	10358	12312	11117	10881	8897	7376	3676	3292
	12160	5922	2911	2566	2079	1911	1519	1174	289	259
	17557	8641	2940	3231	3039	3189	2652	2506	1588	1309
	20594	10047	3550	4130	3578	3592	2948	2796	2207	1863
	23008	11164	3932	4394	3894	4067	3406	3315	2033	1673
	13176	6452	2130	2604	2349	2292	1986	1815	1445	1154

单位：人

	入校人数	在校生数	教职工数	
			计	其中：专任教师
	204	479	295	220
	34	80	133	101
	15	30	23	21

七、特殊教育

7-1 特殊教育学校数

单位：所

	合计	盲人学校	聋人学校	培智学校	其他学校
总计	20	1	1	11	7
教育部门	19	1	1	11	6
其他部门	1				1
地方企业					
民办					
中外合作办					
城区	17	1	1	10	5
教育部门	17	1	1	10	5
其他部门					
地方企业					
民办					
中外合作办					
镇区	1				1
教育部门					
其他部门	1				1
地方企业					
民办					
中外合作办					
乡村	2			1	1
教育部门	2			1	1
其他部门					
地方企业					
民办					
中外合作办					

7–2 特殊教育学校教职工数

单位：人

	教职工数					校外教师	外籍教师
	计	专任教师	行政人员	教辅人员	工勤人员		
总计	1291	1057	90	106	38	34	
其中：女	979	848	45	77	9	27	
少数民族	93	81	2	7	3	1	
在编人员	1273	1056	90	106	21	—	—
接受过专业教育	1134	957	80	82	15	30	

7–3 特殊教育分区基本情况

单位：人

	校数（所）	班数（个）	毕业生数	招生数	在校生数	教职工数	
						计	其中：专任教师
总计	20	358	1673	1134	7808	1291	1057
东城区	2	21	75	55	410	141	102
西城区	2	54	150	91	579	235	206
朝阳区	1	41	456	213	1504	78	71
丰台区	1	13	74	70	624	41	39
石景山区	1	10	26	24	153	34	30
海淀区	2	60	290	244	1327	273	217
门头沟区	1	9	23	15	143	29	22
房山区	1	21	88	61	372	38	34
其中：房山	1	19	75	54	342	38	34
燕山		2	13	7	30		
通州区	1	19	54	54	433	63	60
顺义区	2	31	83	80	528	89	63
昌平区	1	18	154	88	531	45	36
大兴区	1	13	82	55	469	32	27
其中：大兴	1	13	82	54	450	32	27
经开				1	19		
怀柔区	1	11	24	22	182	37	36
平谷区	1	16	39	23	261	62	42
密云区	1	12	22	15	147	50	40
延庆区	1	9	33	24	145	44	32

八、幼儿教育

8-1 幼儿园园数、班数

单位：个

	园数（所）		班数					
	计	其中：独立设置少数民族幼儿园	计	托班	小班	中班	大班	混合班
总计	2000	9	20067	35	6888	7111	5547	486
教育部门	524	7	6410		2314	2248	1792	56
其他部门	49		681		244	233	193	11
地方企业	41		532		187	194	147	4
事业单位	46		979	7	341	348	258	25
部队	75		808	6	287	294	216	5
集体	242	1	1615		541	594	464	16
民办	1021	1	9020	22	2967	3192	2470	369
其中：普惠性民办幼儿园	678	1	6581	3	2238	2433	1780	127
中外合作办	2		22		7	8	7	
城　区	1559	8	16815	34	5786	5956	4637	402
教育部门	342	6	4809		1763	1672	1360	14
其他部门	49		681		244	233	193	11
地方企业	39		513		180	190	141	2
事业单位	46		979	7	341	348	258	25
部队	72		786	6	280	284	211	5
集体	116	1	993		342	368	276	7
民办	893	1	8032	21	2629	2853	2191	338
其中：普惠性民办幼儿园	573	1	5769	3	1952	2143	1558	113
中外合作办	2		22		7	8	7	

单位：个

	园数（所）		班数					
	计	其中：独立设置少数民族幼儿园	计	托班	小班	中班	大班	混合班
镇　区	181	1	1682	1	567	615	463	36
教育部门	82	1	877		305	325	233	14
其他部门								
地方企业	2		19		7	4	6	2
事业单位								
部队	2		17		5	8	4	
集体	26		179		53	72	53	1
民办	69		590	1	197	206	167	19
其中：普惠性民办幼儿园	57		479		168	175	131	5
中外合作办								
乡　村	260		1570		535	540	447	48
教育部门	100		724		246	251	199	28
其他部门								
地方企业								
事业单位								
部队	1		5		2	2	1	
集体	100		443		146	154	135	8
民办	59		398		141	133	112	12
其中：普惠性民办幼儿园	48		333		118	115	91	9
中外合作办								

8-2 幼儿园教职工数

单位：人

	教职工数								校外教师	外籍教师
	计	园长	专任教师	保育员	卫生保健人员	行政人员	教辅人员	工勤人员		
总计	98322	3473	47973	17051	4972	5222	4683	14948	1083	424
其中：女	88229	3298	46995	16944	4906	4470	3932	7684	1040	202
少数民族	4982	193	3082	625	234	272	226	350	42	6
在编人员	23170	1141	16494	577	1290	1184	1603	881	—	—
接受过专业教育	75251	3115	45553	12217	2584	3527	3026	5229	938	225
教育部门	27698	885	18543	2505	1317	905	1889	1654	924	
其他部门	3791	114	1798	659	216	218	182	604	2	
地方企业	2737	100	1177	549	149	178	106	478	2	
事业单位	5288	141	2323	1005	323	305	239	952	24	
部队	4460	134	2094	819	247	248	211	707	11	
集体	7953	329	3187	1711	434	411	298	1583	45	
民办	46291	1766	18800	9775	2278	2955	1758	8959	72	424
其中：普惠性民办幼儿园	33249	1257	13506	7228	1704	1910	1176	6468	50	12
中外合作办	104	4	51	28	8	2		11	3	
城　区	84168	2843	40909	14590	4376	4572	3919	12959	781	401
教育部门	21551	618	14654	1777	1089	691	1400	1322	623	
其他部门	3791	114	1798	659	216	218	182	604	2	
地方企业	2641	94	1134	531	143	174	106	459	2	
事业单位	5288	141	2323	1005	323	305	239	952	24	
部队	4342	130	2034	804	241	242	207	684	11	
集体	5147	192	2046	1089	295	276	225	1024	45	
民办	41304	1550	16869	8697	2061	2664	1560	7903	71	401
其中：普惠性民办幼儿园	29123	1076	11944	6291	1520	1697	1020	5575	49	12
中外合作办	104	4	51	28	8	2		11	3	

单位：人

	教职工数								校外教师	外籍教师
	计	园长	专任教师	保育员	卫生保健人员	行政人员	教辅人员	工勤人员		
镇　区	7446	307	3829	1330	305	343	367	965	219	6
教育部门	3514	143	2239	470	121	127	231	183	218	
其他部门										
地方企业	96	6	43	18	6	4		19		
事业单位										
部队	83	3	40	14	5	4	4	13		
集体	806	29	351	177	44	43	30	132		
民办	2947	126	1156	651	129	165	102	618	1	6
其中：普惠性民办幼儿园	2441	108	920	563	110	129	84	527	1	
中外合作办										
乡　村	6708	323	3235	1131	291	307	397	1024	83	17
教育部门	2633	124	1650	258	107	87	258	149	83	
其他部门										
地方企业										
事业单位										
部队	35	1	20	1	1	2		10		
集体	2000	108	790	445	95	92	43	427		
民办	2040	90	775	427	88	126	96	438		17
其中：普惠性民办幼儿园	1685	73	642	374	74	84	72	366		
中外合作办										

8-3 幼儿园分区基本情况

	园数（所）	班数（个）	离园（班）人数
总计	2000	20067	136077
东城区	68	722	5345
西城区	88	970	6671
朝阳区	309	3520	23041
丰台区	144	1625	11281
石景山区	48	620	3367
海淀区	223	2584	19871
门头沟区	42	367	2080
房山区	135	1263	9385
其中：房山	128	1206	8962
燕山	7	57	423
通州区	248	2160	13393
顺义区	112	1085	8199
昌平区	162	1665	10582
大兴区	116	1567	9719
其中：大兴	99	1343	8105
经开	17	224	1614
怀柔区	81	406	3138
平谷区	94	628	3827
密云区	80	547	4083
延庆区	50	338	2095

单位：人

入园（班）人数	在园（班）人数	教职工数	
		计	其中：专任教师
190211	566735	98322	47973
6041	19790	3742	2401
9579	25061	4562	2772
31991	96383	18253	8538
14597	45752	7870	3631
5400	17158	2873	1376
26942	78210	13958	6341
3555	10755	1702	1007
12098	35580	5901	2995
11551	33979	5679	2850
547	1601	222	145
19965	57823	10227	4714
10874	34870	5640	2309
15022	46533	7451	3348
15716	46399	6951	3486
13562	39838	6047	3019
2154	6561	904	467
4052	11931	2199	1295
5211	16043	2892	1334
5697	15436	2600	1460
3471	9011	1501	966

70 人

第 17 届北京市高等学校教学名师奖

229 个

2021 年北京高校“优质本科课程”

29 个

第三批北京市职业院校特色高水平骨干专业（群）

54 人

北京市优秀共产党员（教育系统）

2022 | 附录

APPENDIX

普通高等教育

2021年北京高校“优质本科课程”名单

序号	学校名称	项目名称	课程类型	项目类型
1	北京大学	康复医学	专业课	重点
2	中国人民大学	科学技术哲学	专业课公共课	重点
3	清华大学	大学物理	公共课	重点
4	北京交通大学	刑法总论	专业课	重点
5	北京科技大学	离散数学	专业课	重点
6	北京化工大学	中国近现代史纲要	公共课	重点
7	北京邮电大学	大数据技术基础	专业课	重点
8	中国农业大学	农业、环境与人类健康	公共课	重点
9	北京林业大学	荒漠化防治学	专业课	重点
10	北京中医药大学	内经选读	专业课	重点
11	北京师范大学	普通心理学	专业课	重点
12	北京外国语大学	口译实务	专业课	重点
13	北京语言大学	高级商务汉语综合课	专业课	重点
14	中国传媒大学	传播学概论	专业课	重点
15	中央财经大学	中外经济关系史	专业课	重点
16	对外经济贸易大学	高级微观经济学	专业课	重点
17	国际关系学院	全球化语境下的跨文化交际	专业课	重点
18	中央音乐学院	配器	专业课	重点
19	中央戏剧学院	毛泽东思想和中国特色社会主义理论体系概论	公共课	重点
20	中国矿业大学（北京）	数学分析	专业课	重点
21	中国石油大学（北京）	石油地质学	专业课	重点
22	北京航空航天大学	计算机网络实验	专业课	重点
23	北京理工大学	有机材料化学基础	专业课	重点
24	北京电子科技学院	信息安全概论	专业课	重点
25	北京协和医学院	临床诊断学	专业课	重点
26	中国人民公安大学	计算机网络	专业课	重点
27	北京体育大学	排球专项训练实践与理论	专业课	重点
28	中央民族大学	民族教育学	专业课	重点
29	中国劳动关系学院	企业文化学概论	专业课	重点
30	中国科学院大学	电子信息科学引论及创新案例分析	专业课	重点
31	中国消防救援学院	消防基层管理	专业课	重点
32	北京工业大学	理论力学	专业课	重点
33	北方工业大学	计算机组成原理	专业课	重点
34	北京工商大学	信息系统分析与设计	专业课	重点
35	北京服装学院	信息图形	专业课	重点
36	北京建筑大学	城市空间信息学	专业课	重点
37	北京石油化工学院	环保设备原理与设计	专业课	重点
38	首都医科大学	外科学	专业课	重点
39	首都师范大学	世界地理	专业课	重点
40	首都体育学院	田径	专业课	重点
41	北京第二外国语学院	中国文化概论（俄语）	专业课	重点
42	首都经济贸易大学	国际经济学	专业课	重点
43	中国音乐学院	古筝主课	专业课	重点
44	北京电影学院	中国动画史	专业课	重点
45	北京联合大学	国际金融	专业课	重点
46	北京警察学院	社区警务	专业课	重点
47	北京大学	生命化学基础	专业课	
48	北京大学	文化遗产踏查与测绘实习	专业课	
49	北京大学	民法总论	专业课	
50	北京大学	保险学原理	专业课	

序号	学校名称	项目名称	课程类型	项目类型
51	中国人民大学	外国法制史	专业课	
52	中国人民大学	地籍测量学	专业课	
53	中国人民大学	计量经济学	专业课	
54	中国人民大学	中国近现代史通论	专业课	
55	清华大学	信号与系统	专业课	
56	清华大学	流体力学	专业课	
57	清华大学	中美贸易争端和全球化重构	公共课	
58	清华大学	组织学	专业课	
59	北京交通大学	运输组织学	专业课	
60	北京交通大学	测控系统设计	专业课	
61	北京交通大学	计算机体系结构	专业课	
62	北京科技大学	冶金物理化学	专业课	
63	北京科技大学	管理学原理	专业课	
64	北京科技大学	材料科学基础	专业课	
65	北京化工大学	自动控制原理	专业课	
66	北京化工大学	会计学	专业课	
67	北京化工大学	机械原理	专业课	
68	北京邮电大学	游戏开发	专业课	
69	北京邮电大学	天线理论	专业课	
70	中国农业大学	液压与气压传动	专业课	
71	中国农业大学	自然科学与素养	公共课	
72	中国农业大学	管理学原理	专业课	
73	中国农业大学	生命科学导论	公共课	
74	北京林业大学	家具设计基础	专业课	
75	北京林业大学	流体力学	专业课	
76	北京林业大学	遥感原理与应用（双语）	专业课	
77	北京中医药大学	外科护理学	专业课	
78	北京中医药大学	方剂学	专业课	
79	北京中医药大学	仪器分析	专业课	
80	北京师范大学	语法与修辞	专业课	
81	北京师范大学	数理统计	公共课	
82	北京师范大学	近世代数	专业课	
83	北京师范大学	招聘与选拔	专业课	
84	北京外国语大学	国际金融	专业课	
85	北京外国语大学	现代汉语	专业课	
86	北京外国语大学	劳动法	专业课	
87	北京语言大学	商务汉语（中国经济聚焦）	专业课	

序号	学校名称	项目名称	课程类型	项目类型
88	北京语言大学	公司战略与风险管理	专业课	
89	北京语言大学	中国音乐国际传播	专业课	
90	中国传媒大学	新媒体交互设计	专业课	
91	中国传媒大学	影视广告实务	专业课	
92	中国传媒大学	现代电视原理	专业课	
93	中央财经大学	政府组织与治理	专业课	
94	中央财经大学	西方社会学理论	专业课	
95	中央财经大学	中国新闻史	专业课	
96	对外经济贸易大学	公司理财	专业课	
97	对外经济贸易大学	法理学	专业课	
98	对外经济贸易大学	国际谈判学	专业课	
99	国际关系学院	西方国际关系理论概论	专业课	
100	国际关系学院	中国文化史	专业课	
101	国际关系学院	发展经济学	专业课	
102	中央音乐学院	中国近现代音乐教育史	专业课	
103	中央音乐学院	配器	专业课	
104	中央美术学院	造型基础——形体表现	专业课	
105	中央美术学院	美学	专业课	
106	中央戏剧学院	多幕剧排演（一）	专业课	
107	中央戏剧学院	阅读与鉴赏	专业课	
108	中国政法大学	刑事诉讼法学	专业课	
109	中国政法大学	国际经济法	专业课	
110	中国政法大学	行政法与行政诉讼法	专业课	
111	中国政法大学	中外文学名著导读	公共课	
112	华北电力大学	工程图学	专业课	
113	华北电力大学	自动控制理论 A	专业课	
114	华北电力大学	核反应堆热工分析	专业课	
115	中国矿业大学（北京）	矿山压力与岩层控制	专业课	
116	中国矿业大学（北京）	土壤污染控制	专业课	
117	中国矿业大学（北京）	矿山火工品安全管理	专业课	
118	中国石油大学（北京）	石油工程岩石力学基础	专业课	
119	中国石油大学（北京）	地球物理测井	专业课	

序号	学校名称	项目名称	课程类型	项目类型
120	中国石油大学（北京）	材料力学	专业课	
121	中国地质大学（北京）	地下水动力学	专业课	
122	中国地质大学（北京）	海洋地质学	专业课	
123	中国地质大学（北京）	地球化学	专业课	
124	中国地质大学（北京）	地统计学（现代空间统计学）	专业课	
125	北京航空航天大学	基础化学（1）	公共课	
126	北京航空航天大学	自旋电子科技前沿	专业课	
127	北京航空航天大学	马克思主义基本原理概论	公共课	
128	北京航空航天大学	电路	专业课	
129	北京理工大学	内燃机原理	专业课	
130	北京理工大学	先进复合材料	专业课	
131	北京理工大学	运作决策理论与实践	专业课	
132	北京理工大学	视觉审美与设计赏析	公共课	
133	北京电子科技学院	保密督查	专业课	
134	北京电子科技学院	EDA 技术	专业课	
135	北京协和医学院	药理学	专业课	
136	北京协和医学院	护理教育概论	专业课	
137	外交学院	翻译理论	专业课	
138	外交学院	世界战争史研究	专业课	
139	外交学院	数据库程序设计	公共课	
140	中国人民公安大学	金融犯罪案件侦查	专业课	
141	中国人民公安大学	犯罪活动空间分析与制图	公共课	
142	北京体育大学	运动损伤学	专业课	
143	北京体育大学	运动技能学习与控制	专业课	
144	中央民族大学	傣族舞蹈	专业课	
145	中央民族大学	宗教学导论	专业课	
146	中央民族大学	组织社会学	专业课	
147	中华女子学院	移动媒体交互与视觉设计	专业课	
148	中华女子学院	家庭社会工作	专业课	
149	中华女子学院	女性创业学	专业课	

序号	学校名称	项目名称	课程类型	项目类型
150	中国劳动关系学院	中国政府与政治	专业课	
151	中国劳动关系学院	中国法制史	专业课	
152	中国科学院大学	物理化学 II	专业课	
153	中国科学院大学	能源材料	专业课	
154	中国社会科学院大学	微积分	专业课	
155	中国社会科学院大学	当代中国政府与政治	专业课	
156	中国社会科学院大学	美国政治经济与外交	专业课	
157	中国消防救援学院	森林灭火指挥	专业课	
158	北京工业大学	交通信息与控制技术基础	专业课	
159	北京工业大学	物理光学	专业课	
160	北京工业大学	中国近现代史纲要	公共课	
161	北方工业大学	管理学	专业课	
162	北方工业大学	建筑设计（1、2）	专业课	
163	北方工业大学	大学美育	公共课	
164	北京工商大学	人力资源管理	专业课	
165	北京工商大学	保险学	专业课	
166	北京工商大学	有机化学	专业课	
167	北京服装学院	创意结构与纸样	专业课	
168	北京服装学院	交互设计	专业课	
169	北京服装学院	色彩构成基础	专业课	
170	北京印刷学院	计算机网络	专业课	
171	北京印刷学院	包装印刷技术	专业课	
172	北京印刷学院	新闻编辑	专业课	
173	北京印刷学院	互联网运营	专业课	
174	北京建筑大学	道路勘测设计	专业课	
175	北京建筑大学	电工与电子技术（A）	公共课	
176	北京建筑大学	城市轨道交通车辆牵引与制动	专业课	
177	北京石油化工学院	机械设计与制造（II）	专业课	
178	北京石油化工学院	化学反应工程	专业课	
179	北京石油化工学院	线性代数 A	公共课	
180	北京农学院	兽医公共卫生学	专业课	
181	北京农学院	发酵工程	专业课	

序号	学校名称	项目名称	课程类型	项目类型
182	北京农学院	普通植物病理学	专业课	
183	北京农学院	农业政策与法规	专业课	
184	首都医科大学	医学免疫学	专业课	
185	首都医科大学	毒理学基础	专业课	
186	首都医科大学	口腔正畸学	专业课	
187	首都师范大学	德育原理	专业课	
188	首都师范大学	中国共产党思想政治教育史	专业课	
189	首都师范大学	幼儿游戏与指导	专业课	
190	首都体育学院	体能训练理论与方法	专业课	
191	首都体育学院	管理学原理	专业课	
192	首都体育学院	康复治疗技术	专业课	
193	北京第二外国语学院	阅读与写作	专业课	
194	北京第二外国语学院	微观经济学	专业课	
195	北京第二外国语学院	中高级汉语视听说	专业课	
196	北京物资学院	线性代数	公共课	
197	北京物资学院	宏观经济学	专业课	
198	北京物资学院	配送中心规划设计	专业课	
199	北京物资学院	政府及非营利组织会计	专业课	
200	首都经济贸易大学	国际法	专业课	
201	首都经济贸易大学	中国税制	专业课	
202	首都经济贸易大学	零售管理	专业课	
203	中国音乐学院	视唱练耳	公共课	
204	中国戏曲学院	导演创作	专业课	
205	中国戏曲学院	把子	专业课	
206	中国戏曲学院	新伴奏模式乐队实践课	专业课	
207	北京电影学院	影视技术导论	专业课	
208	北京电影学院	电影人物造型艺术	专业课	
209	北京舞蹈学院	现代舞技术（基本功训练）	专业课	
210	北京舞蹈学院	舞蹈概论	专业课	
211	北京信息科技大学	证券投资学	专业课	
212	北京信息科技大学	物理光学	专业课	
213	北京信息科技大学	数据库系统基础	专业课	
214	北京信息科技大学	程序设计基础（C 语言）	专业课	
215	北京联合大学	工程材料	专业课	
216	北京联合大学	会计及纳税综合实训	专业课	
217	北京联合大学	教育心理学	专业课	
218	北京警察学院	网络犯罪侦查	专业课	
219	北京警察学院	大学体育	公共课	
220	北京城市学院	场地设计	专业课	
221	北京城市学院	医务社会工作	专业课	
222	北京城市学院	英语视听说 2	专业课	
223	首都师范大学科德学院	纪录片创作	专业课	
224	首都师范大学科德学院	用户体验设计	专业课	
225	北京工商大学嘉华学院	公司治理与薪酬设计	专业课	
226	北京工商大学嘉华学院	中国商业环境	专业课	
227	北京邮电大学世纪学院	数字信号处理	专业课	
228	北京工业大学耿丹学院	数字电子技术	专业课	
229	北京第二外国语学院中瑞酒店管理学院	企业战略管理	专业课	

（陈雷）

2021 年度普通高等学校本科专业备案和审批结果（北京）

新增备案本科专业名单

序号	学校名称	专业名称	学位授予门类	修业年限
1	北京大学	人工智能	工学	四年
2	中国人民大学	数字经济	经济学	四年
3	中国人民大学	数据计算及应用	理学	四年
4	北京科技大学	智能感知工程	工学	四年
5	北京化工大学	国际经济与贸易	经济学	二年
6	北京化工大学	计算机科学与技术	工学	二年
7	北京化工大学	行政管理	管理学	二年
8	北京化工大学	金融数学	经济学	二年
9	北京化工大学	法学	法学	二年
10	北京化工大学	人工智能	工学	二年
11	北京化工大学	数据科学与大数据技术	工学	二年

序号	学校名称	专业名称	学位授予门类	修业年限
12	北京邮电大学	空间信息与数字技术	工学	四年
13	中国农业大学	酿酒工程	工学	四年
14	中国农业大学	城乡规划	工学	四年
15	中国农业大学	金融学	经济学	二年
16	中国农业大学	法学	法学	二年
17	中国农业大学	大数据管理与应用	管理学	四年
18	中国农业大学	会计学	管理学	二年
19	北京林业大学	生态学	理学	四年
20	北京林业大学	家具设计与工程	工学	四年
21	北京林业大学	草坪科学与工程	农学	四年
22	北京师范大学	应用统计学	理学	四年
23	北京师范大学	水文与水资源工程	工学	四年
24	北京师范大学	遥感科学与技术	工学	四年
25	北京师范大学	应急技术与管理	工学	四年
26	北京语言大学	传播学	文学	四年
27	北京语言大学	健康服务与管理	管理学	四年
28	中国传媒大学	数字出版	文学	四年
29	中央财经大学	经济学	经济学	二年
30	中央财经大学	保险学	经济学	二年
31	中央财经大学	统计学	理学	二年
32	中央财经大学	财政学	经济学	二年
33	中央财经大学	法学	法学	二年
34	中央财经大学	工商管理	管理学	二年
35	对外经济贸易大学	金融科技	经济学	四年
36	对外经济贸易大学	人工智能	工学	四年
37	对外经济贸易大学	创业管理	管理学	四年
38	中央美术学院	艺术教育	教育学	四年
39	中央美术学院	城市设计	工学	四年
40	华北电力大学	网络与新媒体	文学	四年
41	华北电力大学	能源与环境系统工程	工学	四年
42	华北电力大学	集成电路设计与集成系统	工学	四年
43	中国矿业大学（北京）	智能建造	工学	四年
44	中国地质大学（北京）	翻译	文学	四年
45	中国地质大学（北京）	统计学	理学	四年
46	中国地质大学（北京）	光电信息科学与工程	工学	四年
47	中国地质大学（北京）	环境生态工程	工学	四年
48	中国地质大学（北京）	数字经济	经济学	四年
49	中国地质大学（北京）	法学	法学	二年
50	中国地质大学（北京）	防灾减灾科学与工程	工学	四年
51	中国地质大学（北京）	新能源材料与器件	工学	四年
52	中国地质大学（北京）	储能科学与工程	工学	四年
53	中国地质大学（北京）	应急技术与管理	工学	四年
54	中国地质大学（北京）	大数据管理与应用	管理学	四年
55	中国地质大学（北京）	艺术与科技	艺术学	四年
56	北京航空航天大学	法语	文学	四年
57	北京航空航天大学	电子与计算机工程	工学	四年
58	北京航空航天大学	智能医学工程	工学	四年
59	北京理工大学	金融科技	经济学	四年
60	北京理工大学	机器人工程	工学	四年
61	中国消防救援学院	航空航天工程	工学	四年
62	北京体育大学	运动康复	理学	二年
63	中国劳动关系学院	新闻学	文学	二年
64	中国劳动关系学院	应用统计学	理学	四年
65	中国劳动关系学院	财务管理	管理学	二年
66	中国劳动关系学院	劳动与社会保障	管理学	二年
67	中国劳动关系学院	法学	法学	二年
68	北京工业大学	社会学	法学	二年
69	北京工业大学	环境工程	工学	二年
70	北京工业大学	信息管理与信息系统	管理学	二年
71	北京工业大学	焊接技术与工程	工学	四年
72	北京工业大学	大数据管理与应用	管理学	四年
73	北方工业大学	智慧交通	工学	四年
74	北京工商大学	数学与应用数学	理学	四年
75	北京工商大学	数字经济	经济学	四年
76	北京印刷学院	智能制造工程	工学	四年
77	北京印刷学院	新媒体艺术	艺术学	四年
78	北京建筑大学	社会工作	法学	二年
79	北京建筑大学	信息与计算科学	理学	二年
80	北京建筑大学	地理信息科学	理学	二年

序号	学校名称	专业名称	学位授予门类	修业年限
81	北京建筑大学	车辆工程	工学	二年
82	北京建筑大学	交通工程	工学	二年
83	北京建筑大学	环境工程	工学	二年
84	北京建筑大学	机器人工程	工学	二年
85	北京建筑大学	智能建造	工学	二年
86	北京建筑大学	导航工程	工学	四年
87	北京农学院	设施农业科学与工程	工学	四年
88	首都师范大学	大数据管理与应用	管理学	四年
89	首都体育学院	冰雪运动	教育学	四年
90	北京第二外国语学院	印度尼西亚语	文学	四年
91	北京第二外国语学院	泰语	文学	四年
92	北京第二外国语学院	越南语	文学	四年
93	北京物资学院	人工智能	工学	四年
94	首都经济贸易大学	劳动经济学	经济学	四年
95	中国音乐学院	艺术管理	艺术学	四年
96	北京信息科技大学	智能制造工程	工学	四年
97	北京城市学院	戏剧影视美术设计	艺术学	四年
98	北京城市学院	跨境电子商务	管理学	四年
99	北京城市学院	音乐教育	艺术学	四年
100	首都师范大学科德学院	人工智能	工学	四年
101	北京工商大学嘉华学院	汉语言文学	文学	四年
102	北京工商大学嘉华学院	时尚传播	文学	四年
103	北京工商大学嘉华学院	人工智能	工学	四年
104	清华大学	科学史	历史学	四年
105	北京交通大学	智能运输工程	工学	四年
106	北京邮电大学	密码科学与技术	工学	四年
107	中国农业大学	生物育种科学	理学	四年
108	北京语言大学	国际组织与全球治理	法学	四年
109	中央美术学院	科技艺术	艺术学	四年
110	中央戏剧学院	曲艺	艺术学	四年
111	中央戏剧学院	音乐剧	艺术学	四年
112	华北电力大学	氢能科学与工程	工学	四年
113	中国矿业大学（北京）	碳储科学与工程	工学	四年
114	中国石油大学（北京）	碳储科学与工程	工学	四年
115	中国地质大学（北京）	智能地球探测	工学	四年
116	中国地质大学（北京）	碳储科学与工程	工学	四年
117	北京航空航天大学	空天智能电推进技术	工学	四年
118	中国人民公安大学	移民管理	法学	四年
119	中国人民公安大学	反恐警务	法学	四年
120	中国消防救援学院	火灾勘查	工学	四年
121	北京体育大学	旅游管理	管理学	四年
122	中国劳动关系学院	劳动教育	教育学	四年
123	中国劳动关系学院	旅游管理	管理学	四年
124	首都师范大学科德学院	航空服务艺术与管理	艺术学	四年

（陈雷）

撤销专业名单

序号	学校名称	专业名称	学位授予门类	修业年限
1	北京林业大学	工业设计	工学	四年
2	北京师范大学	社会工作	法学	四年
3	北京师范大学	食品科学与工程	工学	四年
4	北京师范大学	行政管理	管理学	四年
5	北京师范大学	国际事务与国际关系	法学	四年
6	华北电力大学	材料化学	工学	四年
7	北京工商大学	广播电视学	文学	四年
8	北京工商大学	统计学	理学	四年
9	北京工商大学	物联网工程	工学	四年
10	北京工商大学	公共事业管理	管理学	四年
11	北京工商大学	环境设计	艺术学	四年
12	首都师范大学	政治学与行政学	法学	四年
13	首都经济贸易大学	应用统计学	理学	四年
14	北京舞蹈学院	公共事业管理	管理学	四年
15	北京舞蹈学院	表演	艺术学	四年
16	北京邮电大学世纪学院	机械工程	工学	四年
17	北京邮电大学世纪学院	电子科学与技术	工学	四年
18	北京邮电大学世纪学院	信息管理与信息系统	管理学	四年
19	北京邮电大学世纪学院	公共事业管理	管理学	四年

（陈雷）

职业与继续教育

第三批北京市职业院校特色高水平骨干专业（群）建设名单

（排名不分先后）

序号	学校名称	专业（群）名称
1	北京交通运输职业学院	道路桥梁智慧管养专业
2	北京信息职业技术学院	数字商务专业群
3	北京电子科技职业学院	数字化国际商贸服务专业群
4	北京劳动保障职业学院	人力资源和社会保障专业群
5	北京农业职业学院	智慧农业专业群
6	北京培黎职业学院	大数据财贸专业群
7	北京市丰台区职业教育中心学校	数字商贸专业群
8	北京戏曲艺术职业学院	戏曲表演专业群
9	北京财贸职业学院	智慧建筑管理专业群
10	北京市昌平职业学校	城市轨道交通车辆运用与检修专业
11	北京青年政治学院	融媒体专业群
12	北京经济管理职业学院	国际教育服务专业群
13	北京政法职业学院	智慧司法专业群
14	北京市对外贸易学校	全域数字化运营专业群
15	北京市自动化工程学校	智能物联网应用专业群
16	北京市商业学校	智能交通服务专业群
17	北京市大兴区第一职业学校	智能技术服务专业群
18	北京市外事学校	烹饪工艺与营养专业
19	北京市经济管理学校	数媒创意与应用专业群
20	北京金隅科技学校	智慧建筑装饰专业群
21	北京市新媒体技师学院	时尚消费服务专业群
22	北京市园林学校	北京文化遗产保护专业群
23	北京市电气工程学校	广播影视节目制作专业
24	首钢技师学院	环境保护与检测专业
25	北京市信息管理学校	人工智能技术应用专业群
26	北京工业职业技术学院	智能安全法务专业群
27	北京卫生职业学院	中药学专业
28	北京北大方正软件职业技术学院	护理专业
29	北京新城职业学校	环球度假区新媒体运营专业群

（张兰）

第三批北京市职业院校特色高水平实训基地（工程师学院、技术技能大师工作室）建设名单

（排名不分先后）

序号	学校名称	项目名称	合作企业
1	北京电子科技职业学院	北京飞机维修工程师学院	北京飞机维修工程有限公司
2	北京市工贸技师学院	李东方珂罗版技术非遗传承大师工作室	北京李东方文化艺术中心
3	北京信息职业技术学院	新大陆数据智能工程师学院	新大陆科技集团有限公司
4	北京市昌平职业学校	央广数字媒体艺术学院	央广网智媒科技（北京）有限公司
5	北京经济管理职业学院	360 信息安全工程师学院	北京奇虎科技有限公司
6	北京农业职业学院	清河水利建设工程师学院	北京清河水利建设集团有限公司
7	北京北大方正软件职业技术学院	360 网络安全工程师学院	北京鸿腾智能科技有限公司
8	北京培黎职业学院	曙光瑞翼全媒体数字营销师学院	曙光信息产业股份有限公司
9	北京工业职业技术学院	大疆无人机测绘工程师学院	深圳市大疆创新科技有限公司
10	北京市自动化工程学校	北京运管轨道交通工程师学院	北京市轨道交通运营管理有限公司
11	北京交通运输职业学院	华录高诚智慧交通工程师学院	北京华录高诚科技有限公司
12	北京劳动保障职业学院	茵澳家政管理师学院	北京茵澳生活服务有限公司
13	北京商贸学校	中联数字商贸学院	中联企业管理集团有限公司
14	北京市对外贸易学校	阿里巴巴直播电商学院	阿里巴巴（中国）教育科技有限公司
15	北京青年政治学院	金融街慧爱儿童早期发展学院	北京金融街国际教育科技有限公司
16	北京市丰台区职业教育中心学校	北京宴餐饮艺术与管理学院	北京宴禧餐饮管理有限公司
17	北京市经济管理学校	锐艺多吉影视艺术学院	北京锐艺多吉文化传播有限公司
18	北京市仪器仪表高级技工学校	腾讯新媒体设计师学院	腾讯云计算（北京）有限责任公司
19	北京市新媒体技师学院	王志鸥数字光影大师工作室	北京黑弓文化传播有限公司

序号	学校名称	项目名称	合作企业
20	北京汇佳职业学院	华晟人工智能工程师学院	北京华晟经世信息技术股份有限公司
21	北京市园林学校	李海波花艺工作室	北京市花木有限公司
22	北京电子信息技师学院	北京电控集成电路智能制造工程师学院	北方华创科技集团股份有限公司
23	北京财贸职业学院	优联信驰会展策划管理师学院	北京优联信驰文化发展有限公司
24	北京交通职业技术学院	北方天途无人机智能制造与应用工程师学院	北方天途航空技术发展（北京）有限公司
25	北京体育职业学院	华体体育产业学院	华体体育发展股份有限公司
26	北京市工业技师学院	库卡智能制造工程师学院	库卡机器人（上海）有限公司
27	北京科技高级技术学校	泰西工业测量工程师学院	泰西（北京）精密技术有限公司
28	北京市信息管理学校	金木堂艺术设计创意师学院	北京市金木堂数码科技有限公司

（张兰）

党的工作

北京市优秀共产党员名单（教育系统）

郑飞翔	北京市第二十一中学副校长
孔　燕	北京市第三十五中学党委书记
陈立华（女）	北京市朝阳区实验小学党总支书记、校长
张跃强（女）	北京教育学院朝阳分院教师
杨清海（女）	北京市朝阳区小金星幼儿园党支部书记
刘　畅（女）	北京市海淀区中关村第一小学党委副书记、校长
董红军	北京市海淀区教师进修学校附属实验学校党委副书记、校长
刘可钦（女）	北京市海淀区中关村第三小学党委副书记、校长
马炳霞（女）	北京师范大学石景山附属幼儿园党支部书记、园长
张增莲（女）	首都医科大学附属北京潞河医院保健科科长
蒋秀凤（女）	北京市顺义区高丽营第二小学教导副主任
应雪花（女）	北京市昌平区长陵学校教师
卜朝辉	北京教育学院附属大兴实验小学党支部副书记、校长
张晓成	北京市平谷区特教中心党支部书记
崔　峰	北京市第一0一中学怀柔分校执行校长
兰春艳（女）	北京市密云区第二中学副校长
燕继荣	北京大学政府管理学院院长
贺克斌	清华大学环境学院教授，中国工程院院士
吴易风	中国人民大学经济学院经济学系教授（退休）
苏东林（女）	北京航空航天大学电子信息工程学院、前沿科学技术创新研究院教授，中国工程院院士
吴　锋	北京理工大学杰出教授、校学术委员会副主任、求是书院院长、能源与环境材料学科首席教授，中国工程院院士
沈建忠	中国农业大学动物医学院院长，中国工程院院士
谢建新	北京科技大学新材料技术研究院教授、校学术委员会主任，北京材料基因工程高精尖创新中心主任，中国工程院院士
张晓光	北京邮电大学电子工程学院信息光子学基础中心主任
童贻刚	北京化工大学生命科学与技术学院院长
张宏科	北京交通大学下一代互联网互联设备国家工程实验室主任
张志强	北京林业大学水土保持学院院长
罗　林	北京语言大学国别和区域研究院院长、中东学院院长
蒙　曼（女）	中央民族大学历史文化学院教授
姜爱华（女）	中央财经大学财政税务学院财政管理系党支部书记
徐春明	中国石油大学（北京）重质油国家重点实验室主任，中国科学院院士
何满潮	中国矿业大学（北京）深部岩土力学与地下工程国家重点实验室主任，中国科学院院士
王　锐（女）	北京服装学院材料设计与工程学院党委副书记、院长
刘小明	北方工业大学电气与控制工程学院交通信息与控制工程系主任
苏　中	北京信息科技大学自动化学院党委副书记、院长
胡廷江	中国音乐学院附中副校长
穆　钧	北京建筑大学生土建筑研究中心主任
黄庆明	中国科学院大学计算机科学与技术学院副院长
陈　明	北京中医药大学中医学院教授
张晋藩	中国政法大学教授
李俊梅（女）	中国传媒大学艺术学部副学部长、音乐与录音艺术学院党委副书记、院长
周令钊	中央美术学院教授（离休）
刘　念	华北电力大学电气与电子工程学院副院长
毕雁英（女）	国际关系学院法学院院长

张　颖（女）	北京第二外国语学院中国公共政策翻译研究院执行院长
李厚林	首都体育学院体育教育训练学院田径团队党支部书记、田径教研室主任
蒋林树	北京农学院继续教育学院直属党支部书记、院长
秦立强	中国人民公安大学期刊处处长
郭　凯	北京工业职业技术学院实训教师
张林师	北京教育考试院高招办主任
杨春学	首都经济贸易大学经济学院教授、校学术委员会主任
李　岫（女）	中央戏剧学院思政部党支部书记、主任
马文辉（女）	首都医科大学附属北京同仁医院南区急诊科护士长
艾庆巍（女）	首都医科大学附属北京友谊医院急诊科病区护士长

（张晓兰　仪修宪）

北京市优秀党务工作者名单（教育系统）

时芝枚(女)	北京市第八十中学党总支纪检委员、副校长
张之俊	北京市十一学校党委副书记
边　红(女)	北京市房山区教师进修学校党委副书记
代　维(女)	北京市通州区运河中学党总支副书记
白淑新(女)	北京市大兴区第一幼儿园党支部副书记、园长
张敬贤(女)	北京市平谷区第五中学党委办公室主任
白本锋	清华大学党委学生部部长、武装部部长
杜　娜(女)	北京工业大学理学部党委副书记
沈　莹(女)	北京电影学院怀柔校区管委会常务副主任、学工部部长、研工部部长
邹丽春(女)	北京师范大学党委组织部副处级专职组织员
张　媛(女)	中国音乐学院党委组织部部长、统战部部长
袁　方(女)	北京电子科技职业学院党委组织部部长
孔　军	北京联合大学党委宣传部常务副部长、教师工作部常务副部长
董　昕(女)	中国戏曲学院党委办公室主任、巡察办公室主任
段兴中	北京财贸职业学院建筑工程管理学院党总支副书记、副院长
刘达丽(女)	北京舞蹈学院纪委副书记、纪检监察综合办公室主任
刘　慧(女)	首都医科大学附属北京佑安医院宣传中心主任
张瑞美(女)	首都医科大学附属北京安定医院党委委员、工会专职副主席

（张晓兰　仪修宪）

北京市优秀基层党组织书记（教育系统）

王京红（女）	北京工业大学附属中学党总支书记
马志太	北京交通大学附属中学党委书记
郑淑敏（女）	丰台区嘉园第一幼儿园党支部书记、园长
任志梅（女）	首都师范大学附属顺义实验小学党支部书记、校长
兰　杰（女）	怀柔区庙城学校党总支书记、校长
顾　巍（女）	北京科技大学外国语学院大学英语系党支部书记
阮宝娣（女）	中央民族大学中国少数民族语言文学学院语言学教师、党支部书记、汉语文教学部主任
王　伟（女）	首都医科大学基础医学院党委书记
王　易（女）	中国人民大学马克思主义学院党委书记、常务副院长
王韶婧（女）	北京第二外国语学院旅游科学学院本科生第一党支部书记、辅导员

（张晓兰　仪修宪）

北京市先进基层党组织名单（教育系统）

北京市东城区史家教育集团党委
北京小学党委
北京市朝阳区第二少儿业余体校党支部
北京市朝阳区垂杨柳中心小学党总支
北京市八一学校党委
北京市六一幼儿院党总支
北京市丰台区职业与成人教育集团党委
北京市京源学校党委
北京市大峪中学分校党总支
北京中医药大学房山医院党委
北京市昌平区第一中学教育集团党委
北京教育新闻中心党支部
北京大学第三医院党委
北京师范大学党委
北京航空航天大学能源与动力工程学院党委
北京理工大学机械与车辆学院党委
中国农业大学动物科学技术学院党委
北京化工大学材料科学与工程学院先进弹性体材料研究中心党支部
北京体育大学中国排球运动学院教师与博士联合党支部

北京工业大学城市建设学部党委
北京交通大学土建学院建工系教师党支部
北京林业大学园林学院党委
北京联合大学艺术学院党委
中国传媒大学电视学院党委
北京服装学院服装艺术与工程学院党委
北京城市学院党委
北京语言大学人文社会科学学部党委
中国地质大学（北京）地球科学与资源学院党委
首都师范大学数学科学学院党委
北京工商大学食品与健康学院食品科学与工程系教师党支部
北京物资学院物流学院物流管理专业教工党支部
中国石油大学（北京）地球科学学院油气勘探与开发地质系教工党支部
北京邮电大学信息与通信工程学院泛网无线中心党支部
对外经济贸易大学国际经济贸易学院党委
首都医科大学附属北京中医院门诊党支部
首都医科大学附属北京儿童医院医政党支部

（张晓兰　仪修宪）

师资建设

第九批“北京市优秀青年人才”（教育系统）

序号	姓名	单位
1	丁　铭（女）	北京航空航天大学，教授
2	于　丹（女）	首都医科大学附属北京儿童医院，副研究员
3	王剑晓	华北电力大学，讲师
4	王　娟（女）	首都医科大学附属北京朝阳医院，医师
5	王　晗	清华大学，助理研究员
6	王雷明	首都医科大学宣武医院，主治医师
7	冯　越	北京化工大学，教授
8	朱　奎	中国农业大学，教授
9	刘　珏（女）	北京大学，副研究员
10	刘晓光	中国人民大学，副教授
11	许　镇	北京科技大学，教授
12	李　勇	清华大学，副教授
13	李寅青	清华大学，教师
14	李　琳	首都医科大学附属北京妇产医院，助理研究员
15	李慧嘉	北京邮电大学，研究员
16	杨　丹（女）	北京石油化工学院，副教授
17	杨莹韵（女）	中国医学科学院北京协和医院，主治医师
18	肖　盟	中国医学科学院北京协和医院，助理研究员
19	张守红	北京林业大学，教授
20	张维敏	北京大学肿瘤医院，副研究员
21	张　玥（女）	首都医科大学附属北京地坛医院，副研究员
22	和　渊（女）	中国人民大学附属中学，高级教师
23	金　烁	清华大学附属北京清华长庚医院，主治医师
24	胡　帅	北京师范大学，讲师
25	段军超（女）	首都医科大学，教授
26	保肇实	首都医科大学附属北京天坛医院，副主任医师
27	施海韵（女）	首都医科大学附属北京友谊医院，医师
28	宫勇吉	北京航空航天大学，教授
29	顾　锞	北京工业大学，教授
30	高　霏（女）	首都医科大学附属北京安贞医院，副主任医师
31	涂凌波	中国传媒大学，教授
32	黄　伟	北京大学人民医院，副主任医师
33	黄玲玲（女）	北京理工大学，教授
34	靳路远（女）	首都医科大学附属北京口腔医院，副主任医师
35	魏巧玲（女）	首都师范大学，教授
36	魏　昕（女）	对外经济贸易大学，教授

（霍绪艳　张晓兰）

第二批北京市中小学特级校长

序号	姓名	工作单位	所属区
1	洪　伟	北京市东城区史家胡同小学	东城区
2	滕亚杰	北京市东城区灯市口小学	东城区
3	邹　平	北京市第五幼儿园	东城区
4	李建丽	北京市西城区棉花胡同幼儿园	西城区
5	申敬红	北京师范大学第二附属中学	西城区
6	王　岚	北京市西城区三教寺幼儿园	西城区

序号	姓名	工作单位	所属区
7	王莉萍	北京师范大学附属中学	西城区
8	陈春红	北京工业大学附属中学十八里店分校	朝阳区
9	付晓洁	北京第二外国语学院附属中学	朝阳区
10	郝朝阳	北京市朝阳区第二实验小学	朝阳区
11	林 辉	北京市陈经纶中学新教育实验分校	朝阳区
12	于亚玲	北京市朝阳区实验小学三里屯分校	朝阳区
13	张义宝	北京市润丰学校	朝阳区
14	祁 红	北京教育科学研究院丰台实验小学	丰台区
15	马炳霞	北京师范大学石景山附属幼儿园	石景山区
16	王 英	北京市石景山区实验中学	石景山区
17	戴文胜	北京交通大学附属中学	海淀区
18	历春香	北京市海淀区立新幼儿园	海淀区
19	刘晓昶	北京市第五十七中学	海淀区
20	沈 军	北京市八一学校	海淀区
21	宋继东	首都师范大学附属小学	海淀区
22	王殿军	清华大学附属中学	海淀区
23	许培军	北京市海淀区翠微小学	海淀区
24	杨 刚	北京市海淀区中关村第二小学	海淀区
25	张建芬	北京市海淀区七一小学	海淀区
26	顾兰荣	北京市房山区西潞街道办事处中心幼儿园	房山区
27	任彩云	北京市房山区长阳镇长阳中心小学	房山区
28	常恩元	北京市通州区第六中学	通州区
29	丁永明	北京市通州区张家湾中学	通州区
30	李 涛	北京市通州区芙蓉小学	通州区
31	田连启	北京市通州区梨园学校	通州区
32	任志梅	首都师范大学附属顺义实验小学	顺义区
33	王 涵	北京市昌平区燕丹学校	昌平区
34	王志强	北京市昌平区第二中学	昌平区
35	郑克瑜	北京市第十五中学南口学校	昌平区
36	白淑新	北京市大兴区第一幼儿园	大兴区
37	李洪祥	北京印刷学院附属小学	大兴区
38	王 敏	北京小学大兴分校	大兴区
39	李德志	北京市怀柔区第四中学	怀柔区
40	王福江	北京市怀柔区第二小学	怀柔区
41	杜云朋	北京市平谷区第五中学	平谷区
42	霍劲松	北京市密云区第二中学	密云区
43	纪桂武	北京市延庆区沈家营中心小学	延庆区
44	李卫新	北京市延庆区第四幼儿园	延庆区

（邓永卫）

第 17 届北京市高等学校教学名师奖获奖名单

学校	姓名
北京大学	陈 斌
	冯 艺
	唐少强
	宁 琦
	赫忠慧
中国人民大学	冯玉军
	宋学勤
	支晓强
清华大学	康重庆
	冯西桥
北京交通大学	黄 辉
	冯 华
北京航空航天大学	刘旭东
	梁国柱
	周 宁
北京理工大学	郭丽萍
	胡耀光
	李炳照
北京科技大学	冯妍卉
	赵海雷
北京化工大学	崔丽鸿
北京邮电大学	张金玲
中国农业大学	李志红
	胡 剑
北京林业大学	张秀芹
	王毅力
北京协和医学院	张奉春
北京中医药大学	程 凯

学校	姓名
北京师范大学	寇谡鹏
	孙 宇
	江 源
	刘 娟
北京外国语大学	李莉文
北京语言大学	沈庶英
中国传媒大学	孙振虎
中央财经大学	刘志东
对外经济贸易大学	李海莲
北京体育大学	李小芬
中央音乐学院	叶小钢
中央美术学院	张 伟
中央戏剧学院	张庆山
中央民族大学	孙 英
中国政法大学	刘家安
华北电力大学	李 季
中国矿业大学（北京）	王炳文
中国石油大学（北京）	刘建军
中国地质大学（北京）	李治平
	顾雪祥
中国劳动关系学院	王 李
中国消防救援学院	白 夜
北京工业大学	唐 军
	赵晓华
北方工业大学	邹杰涛
北京工商大学	周艳杰
北京服装学院	李秀艳
北京石油化工学院	戴玉华
首都医科大学	张澍田
	卢凤香
首都师范大学	张桃洲
首都体育学院	丁传伟
首都经济贸易大学	高杰英
中国音乐学院	董 华
北京电影学院	程 樯
北京舞蹈学院	周 萍
北京信息科技大学	陈 勇
北京联合大学	杜 煜
北京教育学院	伍春兰
北京开放大学	张琳琳
北京市崇文区职工大学	宋晓星
北京市东城区职工业余大学	牛继飞

（赵晓琳）

交流与合作

北京市脱贫攻坚先进集体（教育系统）

北京联合大学党委办公室、校长办公室	北京市丰台区职业教育中心学校
首都医科大学宣武医院教育处	北京市丰台区丰台第八中学
北京教育学院新疆和田地区双语骨干教师培训项目团队	北京市黄庄职业高中
北京市援藏教育团队	北京市大峪中学分校
青海玉树指挥部教育团队（第四批第二期）	北京市房山区教师进修学校
东城区教委	顺义区教委办公室
北京市西城区三义里小学	北京市昌平职业学校
北京市劲松职业高中	大兴区教委
北京市海淀区中关村第三小学	怀柔区教委
北京市信息管理学校	北京市育英学校密云分校

（胡雨）

北京市脱贫攻坚先进个人（教育系统）

序号	姓名	单位
1	贺 捷	市教委扶贫协作与支援合作处四级调研员
2	杨 颉	市教委职业教育与成人教育处二级调研员
3	范存丽	北京教育科学研究院基础教育教学研究中心教研员
4	李佳健	首都师范大学出版社副社长
5	张国龙	北京师范大学文学院教授
6	钟栎娜	北京第二外国语学院旅游科学学院教授
7	常卫民	北京服装学院服装艺术与工程学院副教授
8	仵 坤	北京物资学院对外合作办公室工作人员
9	高照全	北京农业职业学院园艺系园艺技术专业副主任

序号	姓名	单位
10	胡彦丽	北京市景山学校北校区初中部主任，挂职河北省张家口市北京景山学校崇礼分校执行校长
11	徐　杰	北京市第二中学分校原副校长，挂职北京市第二中学阿尔山分校执行校长
12	高　伟	东城区教委副处职，挂职内蒙古自治区兴安盟阿尔山市市委常委、副市长
13	郑飞翔	北京市第二十一中学副校长，挂职北京市第二中学阿尔山分校执行校长
14	刘建文	北京市西城区陶然亭小学原书记兼校长
15	张　伟	北京市财会学校教师
16	田传真	北京市求实职业学校高级教师
17	罗　滨	北京市海淀区教师进修学校校长
18	刘乐天	北京市海淀区青龙桥学区管理中心副主任，挂职新疆维吾尔自治区和田地区和田市教育局副局长
19	刘志敬	北京教育学院附属丰台实验学校教学主任
20	杨勇学	北京市丰台区丰台第二中学教师
21	李文革	北京市京源学校教科研工作室主任
22	李玉荣	北京市门头沟区大峪第一小学教师
23	蔡卫军	北京市房山区良乡第三中学教师，挂职新疆维吾尔自治区和田地区第三中学德育主任
24	王紫鑫	北京市通州区北关中学教师
25	李　峰	北京市第二中学通州校区教师
26	申秀丽	北京市顺义区东风教育集团裕龙小学教师
27	冯　静	北京市顺义区幸福幼儿园保教主任
28	仇丽燕	北京市顺义区第五中学教师
29	丁云鹏	北京市昌平职业学校副校长
30	应雪花	北京市昌平区长陵学校教师
31	唐建成	北京市大兴区榆垡镇第一中心小学教师，挂职新疆维吾尔自治区和田地区和田县第三小学高级教师
32	郭存斌	北京市平谷中学教师，挂职内蒙古商都县高级中学教师
33	王雪冰	北京市海淀五一小学怀柔分校教师
34	石海涛	北京市怀柔区第二中学教师
35	魏宝江	北京市怀柔区北房镇中心小学教师
36	赵　伟	北京市密云区太师庄中学教师
37	吴连柱	北京市延庆区第六幼儿园党支部书记

（胡雨）

部分单位全称简称对照表

由于篇幅有限，年鉴中出现的国务院和北京市部分机构名称原则上使用规范简称。学校、市教委直属单位和社会团体等单位名称在本单位栏目内或在同一条目中第二次出现时使用简称。以下为部分单位全称简称对照表。

国务院部分机构全称简称对照表

全称	简称
中华人民共和国外交部	外交部
中华人民共和国国防部	国防部
中华人民共和国国家发展和改革委员会	发展改革委
中华人民共和国教育部	教育部
中华人民共和国科学技术部	科技部
中华人民共和国工业和信息化部	工业和信息化部
中华人民共和国国家民族事务委员会	国家民委
中华人民共和国公安部	公安部
中华人民共和国国家安全部	安全部
中华人民共和国民政部	民政部
中华人民共和国司法部	司法部
中华人民共和国财政部	财政部
中华人民共和国人力资源和社会保障部	人力资源社会保障部
中华人民共和国自然资源部	自然资源部
中华人民共和国生态环境部	生态环境部
中华人民共和国住房和城乡建设部	住房城乡建设部
中华人民共和国交通运输部	交通运输部
中华人民共和国水利部	水利部
中华人民共和国农业农村部	农业农村部
中华人民共和国商务部	商务部
中华人民共和国文化和旅游部	文化和旅游部
中华人民共和国国家卫生健康委员会	国家卫生健康委
中华人民共和国退役军人事务部	退役军人部
中华人民共和国应急管理部	应急部
国务院国有资产监督管理委员会	国资委
中华人民共和国海关总署	海关总署
国家税务总局	税务总局
国家市场监督管理总局	市场监管总局
国家广播电视总局	广电总局
国家体育总局	体育总局

国家统计局	国家统计局
国家医疗保障局	国家医保局
国家林业和草原局	国家林草局
国家知识产权局	国家知识产权局

（孙晓楠）

北京市部分机构全称简称对照表

中国共产党北京市委员会	市委
北京市人民政府	市政府
中共北京市委教育工作委员会	市委教育工委
北京市教育委员会	市教委
北京市人民政府教育督导室	市政府教育督导室
中共北京市委教育工作委员会、北京市教育委员会	两委
北京市发展和改革委员会	市发展改革委
北京市科学技术委员会	市科委
北京市经济和信息化局	市经济和信息化局
北京市民族宗教事务委员会	市民族宗教委
北京市公安局	市公安局
北京市民政局	市民政局
北京市司法局	市司法局
北京市财政局	市财政局
北京市人力资源和社会保障局	市人力资源社会保障局
北京市规划和自然资源委员会	市规划自然资源委
北京市生态环境局	市生态环境局
北京市住房和城乡建设委员会	市住房城乡建设委
北京市城市管理委员会	市城市管理委
北京市交通委员会	市交通委
北京市农业农村局	市农业农村局
北京市水务局	市水务局
北京市商务局	市商务局
北京市文化和旅游局	市文化和旅游局
北京市卫生健康委员会	市卫生健康委
北京市审计局	市审计局
北京市人民政府外事办公室	市政府外办
北京市人民政府国有资产监督管理委员会	市国资委
北京市市场监督管理局	市市场监管局
北京市应急管理局	市应急局
北京市广播电视局	市广电局
北京市文物局	市文物局
北京市体育局	市体育局
北京市统计局	市统计局
北京市园林绿化局	市园林绿化局
北京市地方金融监督管理局	市金融监管局
北京市知识产权局	市知识产权局
北京市人民防空办公室	市人防办

（孙晓楠）

部分学校全称简称对照表

普通高等学校	
北京大学	北大
中国人民大学	人民大学
清华大学	清华
北京交通大学	北京交大
北京工业大学	北工大
北京航空航天大学	北航
北京理工大学	北理工
北京科技大学	北科大
北方工业大学	北方工大
北京化工大学	北化
北京工商大学	北工商
北京服装学院	北服
北京邮电大学	北邮
北京印刷学院	北印
北京建筑大学	北建大
北京石油化工学院	石化学院
北京电子科技学院	电科院
中国农业大学	中国农大
北京农学院	北农
北京林业大学	北林大
北京协和医学院	协和医学院
首都医科大学	首医大
北京中医药大学	北中医
北京师范大学	北师大
首都师范大学	首师大
首都体育学院	首体院
北京外国语大学	北外

北京第二外国语学院　二外
北京语言大学　北语
中国传媒大学　传媒大学
中央财经大学　中央财大
对外经济贸易大学　对外经贸大学
北京物资学院　物院
首都经济贸易大学　首经贸
中国消防救援学院　消防救援学院
外交学院　外交学院
中国人民公安大学　公安大学
国际关系学院　国关
北京体育大学　北体大
中央音乐学院　中央音乐学院
中国音乐学院　中国音乐学院
中央美术学院　中央美院
中央戏剧学院　戏剧学院
中国戏曲学院　戏曲学院
北京电影学院　电影学院
北京舞蹈学院　北舞
中央民族大学　中央民大
中国政法大学　法大
华北电力大学　华电
中华女子学院　女子学院
北京信息科技大学　信息科大
中国矿业大学（北京）　中国矿大
中国石油大学（北京）　中石大
中国地质大学（北京）　地大
北京联合大学　北京联大
中国青年政治学院　中青院
中国劳动关系学院　劳关学院
北京警察学院　北京警院
中国科学院大学　国科大
中国社会科学院大学　中国社科大
中国农业科学院研究生院　中国农业科学院研究生院
北京工业职业技术学院　北工职院
北京信息职业技术学院　北信学院
北京电子科技职业学院　电科职院
北京京北职业技术学院　京北职院
北京交通职业技术学院　交通职院
北京青年政治学院　北青政
首钢工学院　首钢工学院
北京农业职业学院　农职院
北京政法职业学院　政法职院
北京财贸职业学院　北财院
北京戏曲艺术职业学院　北戏
北京经济管理职业学院　经管职院
北京劳动保障职业学院　京劳职院
北京社会管理职业学院　社职院
北京体育职业学院　北京体职院
北京交通运输职业学院　交通运输职院
北京卫生职业学院　卫职院

民办高等学校及高等教育机构

北京城市学院　城市学院
北京北大方正软件职业技术学院　北大方正软件学院
北京经贸职业学院　经贸职院
北京经济技术职业学院　经济职院
北京汇佳职业学院　汇佳职院
首都师范大学科德学院　科德学院
北京工商大学嘉华学院　嘉华学院
北京科技职业学院　北科院
北京培黎职业学院　培黎职院
北京邮电大学世纪学院　世纪学院
北京工业大学耿丹学院　耿丹学院
北京艺术传媒职业学院　北艺传媒
北京第二外国语学院中瑞酒店管理学院　中瑞学院
北京网络职业学院　北网职院
北京现代音乐研修学院　北音
北京工商管理专修学院　工商管理专修学院
北京华嘉专修学院　华嘉学院

成人高等学校

国家开放大学　国开大
北京教育学院　教育学院
北京开放大学　北开大
北京宣武红旗业余大学　红旗大学
北京市总工会职工大学　市总职大
北京市西城经济科学大学　西城经科大

国家重点中等职业学校

北京市昌平职业学校　昌平职校

北京市延庆区第一职业学校　延庆一职
北京市密云区职业学校　密云职校
北京市怀柔区职业学校　怀柔职校
北京金隅科技学校　金隅学校
北京市园林学校　园林学校
中央音乐学院附属中等音乐学校　中央音乐学院附中
北京市什刹海体育运动学校　什刹海体校
北京市外事学校　外事学校
北京市西城职业学校　西城职校
北京市财会学校　财会学校
北京市实验职业学校　实验职校
北京市黄庄职业高中　黄庄职高
北京市丰台区职业教育中心学校　丰台职教中心校
北京市电气工程学校　电气工程学校
北京市求实职业学校　求实学校
北京市平谷区职业学校　平谷职校
北京国际职业教育学校　北京国职
北京市大兴区第一职业学校　大兴一职
北京现代职业学校　现代职校
北京铁路电气化学校　京铁电校
北京市商业学校　商业学校
北京商贸学校　商贸学校
北京市供销学校　供销学校
北京水利水电学校　水电学校
北京市自动化工程学校　自动化学校
北京市劲松职业高中　劲松职高
中国音乐学院附属中等音乐专科学校　中国音乐学院附中

（仪修宪　胡雨）

市教委直属单位全称简称对照表

北京教育科学研究院　北京教科院
北京教育考试院　北京考试院
北京教育音像报刊总社　音像报刊总社
北京市教工休养院　教工休养院
北京市校办产业管理中心　校产管理中心
北京教育网络和信息中心　信息中心
北京教育综合服务中心　综合服务中心
北京市教育系统人才交流服务中心　人才交流中心
北京市国际教育交流中心　国际教育交流中心
北京学生活动管理中心　学生活动管理中心
北京市教育技术设备中心　设备中心
北京教育老干部活动中心　老干部活动中心
北京高校房地产开发总公司　高校房地产总公司
北京教育志编纂委员会办公室　教志办
北京市学生资助事务管理中心　学生资助中心
北京教育新闻中心　新闻中心
北京学校后勤事务中心　学校后勤事务中心
北京教育融媒体中心　融媒体中心
北京市教育考试命题阅卷服务中心　命题阅卷服务中心
北京市教育资产与财务管理事务中心　教育资产与财务中心
北京市数字教育中心　数字教育中心
北京市教育政务服务中心　政务服务中心
北京高校大学生就业创业指导中心　就业创业指导中心
北京市少年宫　少年宫
北京市学校基建后勤管理事务中心　学校基建后勤中心
中共北京市委教育工委市教委综合事务中心　综合事务中心
北京市教师发展中心　教师发展中心
北京教育督导评估院　教育督导评估院
北京市教育档案馆（北京教育博物馆）　市教育档案馆
北京市学校思政中心　学校思政中心

（曾婷）

社会团体全称简称对照表

北京市教育学会　市教育学会
北京市高等教育学会　市高教学会
北京市职业技术教育学会　市职教学会
北京民办教育协会　民教协会
北京市学前儿童保教工作者协会　保教协会
北京老教育工作者总会　老教总会
北京校外教育协会　校外教育协会
北京高校国防教育协会　国防教育协会
北京教育装备行业协会　教育装备行业协会
北京市红十字会　市红十字会

（胡雨）

（本栏责任编校　华蕾）

INDEX
索 引

说 明:

一、本索引由条目主题词、表格、单位名称和人名四部分组成。

二、本索引词条均以汉语拼音顺序排列，第一个字相同的，按第二个字顺序排列，余类推。其中，随文表格按照页码顺序排列。

三、本索引数码标记依次为：页码、栏序、本栏目自上而下条目所处位置，三部分均用“/”隔开。如：国家网络安全宣传周活动 397/ 右 /3，则表示 397 页右栏第 3 个条目内容涉及“国家网络安全宣传周活动”。条目位置标记时，条目附表不计入条目顺序数。

四、本索引中的条目主题词索引不包括类目、分目、次分目标题，北京教育总述、大事记、专文与纪实、文献、调研报告等内容也不做主题分析索引。为标记清晰，各单位内的条目内容，添加单位简称。

五、条目主题词索引选取出现频次较高、社会关注度较高，以及体现新事物、新情况、新发展的词语，检索内容涉及该主题词表述主旨。部分主题词包含二级主题词。例如：“冰雪活动”主题词下设“冰雪嘉年华启动”“冰雪运动学院成立”“冬奥冰雪体验入校主题活动在房山启动”“海淀民族幼儿园冰雪运动会”“中小学生奥林匹克教育及冰雪进校园系列活动”等二级主题词。

六、表格索引只标注所在页码，不标注栏别。

七、单位名称索引检索到单位名称标题栏，以及除本栏以外的具有检索意义的内容。

八、人名索引不含外国人（华侨华人除外）。

条目主题词索引

A

B

C

D

E

F

J

K

L

P

Q

R

S

T

W

X

Y

Z

表格索引

单位名索引

C

D

F

G

H

J

M

P

Q

S

人名索引

勘 误

CORRIGENDUM

本勘误收录《北京教育年鉴》2017 卷至 2021 卷已知错误。更正范围仅限于文字内容，不涉及版式、图片、索引和不影响理解的标点符号。

本勘误表“索引 / 提示”依次表示页码、栏序、条目（段落）和错误文字所处的行数，并以“/”号隔开。如：92/ 右 /3/9/ 错 1 字，即表示第 92 页右栏第 3 个条目（段落）第 9 行文字中有 1 个错字。文中出现的条目性名单按照条目计算，标题计入行数。非条目错误文字标明段落和行数。作者姓名和单位名称不计入行数。

本勘误表错误数量以汉字为单位计算，英文单词、一组阿拉伯数字均算作一词（字）。提示分为脱字、衍字和错字 3 种，并分别在误、正表格中用“_”标明。

2017 卷

索引 / 提示	误	正
287/ 左 / 3 / 10 / 脱 1 标点	打造均衡高地带动全市	打造均衡高地，带动全市
316/ 右 / 2 / 8 / 脱 1 字	微信公号	微信公众号

2018 卷

索引 / 提示	误	正
139/ 右 / 3 / 1 / 脱 1 字	断拓展	不断拓展
172/ 右 / 7 / 2 / 脱 1 字	2800 平米	2800 平方米
200/ 右 / 1 / 8 / 脱 1 字	研究生 47080	研究生 47080 人
220/ 右 / 4 / 7 / 错 1 字	出赛	参赛

2019 卷

索引 / 提示	误	正
009/ 左 / 3 / 3 / 错 1 标点	昌平新校区，北京工商	昌平新校区、北京工商
009/ 右 / 5 / 2 / 脱 1 字	6.8 亿资金	6.8 亿元资金

索引／提示	误	正
041/右/1/3/脱1标点	粽情端午乐享	“粽”情端午乐享
041/右/1/12/脱1字	街道中心幼儿	街道中心幼儿园
060/左/2/2/脱1字	北京教育科研究院	北京教育科学研究院
085/左/2/10/脱1字	家长开放日活	家长开放日活动
100/右/2/4/脱1字	马尔代夫青少代表团	马尔代夫青少年代表团
101/右/3/5/脱3字	全国天文奥林匹克竞赛	全国中学生天文奥林匹克竞赛
102/右/3/9/错2字	进入通过使用阶段	进入推广使用阶段
122/右/5/7/脱1字	间操	课间操
130/左/2/2/脱1字	杭州杨绫子学校	杭州市杨绫子学校
131/右/4/3/错2字	市性健康教育委员会	市性健康教育研究会
136/左/2/表/错3字	先进显微学与跨标准质料学科创新引智基地	先进显微学与跨尺度材料学科创新引智基地
170/左/3/4/脱1字	第一完单位	第一完成单位
173/左/2/5/错1字脱5字	亚太地区林业教育大会	亚太地区林业教育协调机制会议
176/左/3/8/脱1字错1字	住院医规范化培养合格证书	住院医师规范化培训合格证书
181/左/3/7/脱1字	全新增本科	全年新增本科
188/左/4/7/错1字	大学生冰壶竞标赛	大学生冰壶锦标赛
198/右/2/9/脱1字	北京首钢篮球俱乐	北京首钢篮球俱乐部
199/左/5/4/错1字	玛利亚·卡拉斯国际歌剧大奖赛	玛丽亚·卡拉斯国际歌剧大奖赛
241/右/5/1/衍1字	马来西亚吉两所	马来西亚两所
271/右/4/3/脱1标点	十三五	“十三五”
294/左/2/7/脱1字	中移动	中国移动
299/右/3/4/错1字	音乐教师	音乐教室
304/右/3/4/错1标点	6499.68万元.	6499.68万元。
305/左/1/7/衍1字	课程60课时	课程6课时
305/左/4/8/衍1字	中级级职称5人	中级职称5人
382/左/1/5/错1符号脱1标点	0.5‰且不少于400个	0.5%，且不少于400个
459/右/3/3/错1字	与上年增长	比上年增长

2020卷

索引／提示	误	正
013/左/4/4/衍1字	等制度改革等	等制度改革
91/左/1/6/衍7字1标点	旱地越野滑雪、旱地越野滑雪等	旱地越野滑雪等
198/左/1/5/错1词	352211.39万元	2370386.67万元
257/右/2/9/脱1字	500亿	500亿元

索引 / 提示	误	正
391/ 左 / 4 / 3 / 衍 1 标点	双随机、一公开	双随机一公开
391/ 左 / 5 / 10 / 错 1 字	系类活动	系列活动
393/ 左 / 2 / 4 / 错 1 词	普通高等教育招生计划 74987 人	普通高等教育招生计划 74897 人

2021 卷

索引 / 提示	误	正
051/ 左 / 1 / 3 / 脱 1 字	“十四”期间	“十四五”期间
053/ 右 / 1 / 1 / 错 1 标点	拒绝“舌尖上的浪费”	“拒绝舌尖上的浪费”
071/ 左 / 3 / 11 / 脱 2 字	成熟期和骨干教师	成熟期教师和骨干教师
120/ 右 / 2 / 5 / 脱 1 字	教育经费投	教育经费投入
169/ 左 / 3 / 5 / 错 1 字	22.37 亿元	223.65 亿元

注： 增补 2016 卷勘误

2016 卷

索引 / 提示	误	正
324/ 右 / 3 / 9 / 错 3 字	认定门头沟区为“北京市建设学习型城市工作示范区”	认定平谷区为“北京市建设学习型城市工作示范区”

通讯地址：北京市东城区夕照寺街东玖大厦 B 座 802 室

邮政编码：100061

电　　话：87194371

传　　真：87194370